도서관 경영의 이론과 실제

Barbara B. Moran & Claudia J. Morner 저

오동근 역

도서출판 태일사

Library and
Information Center
Management

By Barbara B. Moran & Claudia J. Morner

Translated by Dong-Geun Oh

Translated from the English Language edition of Library and Information Center Management, 9th edition, by Barbara B. Moran & Claudia J. Morner, originally published by Libraries Unlimited, an imprint of ABC-CLIO, LLC, Santa Barbara, CA, USA. Copyright © 2018 by Barbara B. Moran & Claudia J. Morner. Translated into and published in the Korean language by arrangement with ABC-CLIO, LLC, by Prof. Dong-Geun Oh. All rights reserved.

No part of this book may be reproduced or transmitted in any form or by any means electronic or mechanical including photocopying, reprinting, or on any information storage or retrieval system, without permission in writing from ABC-CLIO, LLC.

Taeil Press, Korea

역자서문

이 책은 Barbara B. Moran과 Claudia J. Morner가 공저한 *Library and Information Center Management*의 최신판인 제9판을 우리말로 옮긴 것이다. 주지하는 바와 같이, 이 책은 1977년에 Robert D. Stueart와 John T. Eastlick에 의해 그 초판이 발행된 이래로 저자들을 바꾸어 가면서 시대의 흐름과 변화에 발맞추어 그 내용을 수정하고 보완해 오고 있는 도서관 경영 분야의 하나의 고전적인 저서이다.

경영이라고 하는 것이 다른 사람들을 통해 수행하고자 하는 어떤 일을 완수해 내는 것(doing something through people)이라고 한다면, 도서관 경영은 이러한 성격에 더해 영리 조직들이 갖는 이윤 추구라는 목적과는 거리를 두고 비영리적 성격을 바탕으로 이용자에게 서비스를 제공해야 하는 또 하나의 과제를 더 안고 있다고 할 수 있을 것이다. 이 책은 일반 경영 이론에 이러한 도서관적 관점을 잘 접목시켜 독자들에게 적절한 예들과 함께 어려운 이론들을 잘 설명해 주고 있다.

아울러 오늘날의 경영 이론들이 경영자가 수행하는 기능들을 중심으로 기획(planning)과 실행(doing), 통제(controlling)의 과정에 초점을 맞추어 해석하는 경우가 많은데, 이 책은 이러한 방식에 따라, 먼저 오늘날의 도서관의 경영의 상황과 경영 이론의 발전 과정, 변화에 따른 혁신 등에 대해 개괄적으로 분석하고, 핵심적인 부분을 기획과 조직화, 인적 자원, 지휘, 조정 등의 순서로 그 내용을 구성하여 살펴본 후, 차세대를 위한 경영상의 조언을 제시하면서 마무리하고 있다. 이러한 전반적인 내용과 함께, 이 최신판에서는 특히 전략적 기획에 관련된 내용은 물론 도서관 시설에 대한 상세한 고찰과 정보 서비스의 마케팅에 대한 분석, 조직의 리더십과 전문직 윤리, 직원 임파워먼트, 도서관의 기금 조성(fund-raising) 등에 대해 상세하게 분석하고 있다는 점에서도 독자들에게 많은 도움이 될 수 있을 것이다.

각 장의 구성에서도, 맨 앞부분에 "이 장의 요점"을 제시하여 해당 장에서 알아야 할 중요한 내용들을 명확히 안내하고, "현장의 경영 사례"를 통해 해당 장에서 어떤 부분에 초점을 맞추어 이해하고자 노력해야 하는지를 보여 주고 있으며, 맨 뒷부분에는 "학습 내용 연습하기"와 "토론용 질문"을 마련하여 해당 장을 통해 파악해야 할 내용들을 실제 상황과 관련하여 충분히 연습하고 토론할 수 있도록 구성함으로써 도서관 현장 적응을 위한 준비를 갖추는 데 도움이 되도록 하고 있다. 또한 본문 안에는 다양한 형태의 도표들을 적절하게 사용하면서, "이야기해 보기"와 "스킬 연습하기"를 마련하여, 실제 상황과 유사한 사례들에 대비한 일종의 시뮬레이션과 토론이 가능하도록 해 주고 있다.

도서관 경영이라는 분야 자체가 어느 면에서는 문헌정보학 영역에서 가장 종합적인 분야의 하나이기도 하고, 일반 경영학의 이론과 실제의 전반적인 내용은 물론 도서관과 정보센터가 갖는 특수성을 함께 이해하고 적용해야 하는 또 다른 어려움이 있는 분야라는 점에서, 이 분야의 연구가 결코 용이하지 않고, 아울러 훌륭한 책이 나오기도 쉽지 않은 것이 사실이다. 이 책은 이 분야에서 거의 반세기 동안이나 전 세계적으로 큰 인기를 구가해 온 명저이다. 역자 본인은 도서관 경영 분야의 어려움을 실감하고, 문헌정보학을 연구하면서도, 일반 경영학의 학부 과정과 대학원 과정에서 실제 학습과정을 거쳤고, 이를 바탕으로 국내외의 학술지를 통해 일반 경영학의 이론과 도서관 현장의 실제 상황을 접목한 연구 성과들을 발표하고자 나름대로 노력해 오고 있다. 그럼에도 불구하고 이 책의 번역에는 많은 어려움이 있었음이 사실이다. 상당히 많은 용어들은 경영학 분야에서조차도 아직 충분히 정착되어 일반화되지 않은 경우가 많고, 원본에도 간혹 비문(非文)들이 섞여 있어 어려움을 가중시키는 경우도 없지 않았다. 이 책을 번역하는 거의 1년 이상의 기간 동안 본인의 부족한 능력을 다시 한 번 통감하는 시간이 되었음을 고백하지 않을 수 없다.

여러모로 부족한 이 번역서가 문헌정보학을 공부하는 많은 학생들과 도서관 현장의 실무자 여러분이 급변하는 환경 속에서 도서관 이용자라는 고객에게 더 나은 서비스를 제공하는 데 다소나마 도움이 되길 기대하며, 번역 초고를 함께 읽어 주고 교정에도 애써 준 계명대학교 문헌정보학과 대학원생 권누리, 전미정, 정다영, 정지원에게 고마움을 전하고자 한다. 태일사의 김선태 사장님과 직원 여러분도 변함없이 부족한 내용을 훌륭한 하드웨어로 완성시켜 주셨다. 올해는 본인이 계명대학교에 부임한 지 30년이 되는 뜻 깊은 해이다. 계명대학교와 우리 학과의 동료 교수님, 동문과 재학생, 문헌정보학 분야의 동학제현과 도서관 현장의 실무자 여러분이 그 동안 베풀어 주신 관심과 배려가 없었다면 모든 면에서 변변치 못한 능력으로 긴 세월을 무탈하게 학자의 길을 걸어 올 수 없었을 것이다. 모든 분들께 감사하는 마음으로 이 책을 상재(上梓)하면서, 여러분의 아낌없는 성원과 질정(叱正)을 바란다.

역자 드림

서 언

이 책의 첫 번째 판은 1977년에 출판되었다. Robert D. Stueart와 John T. Eastlick가 공저자로 참여했던 초판은 문헌정보학을 전공하는 학생들을 위한 경영학 기본 교재의 필요성에 부응하기 위해 설계된 것이었다. 출판 당시에는 도서관 경영에 관련하여 이용할 수 있었던 자료가 거의 없었기 때문에, 도서관 경영론을 담당하고 있던 문헌정보학과 교수들은 행정학이나 경영학을 전공하는 학생들을 위해 만들어진 교재를 사용하거나 아니면 다양한 소스에서 발췌한 경영에 관한 추천 자료 리스트를 만들어 활용해야 했다.『도서관 경영론』(Library Management)의 초판이 발행된 이래로 40년 이상의 세월 동안 도서관 및 정보 서비스는 극적인 변화를 겪어 오고 있으며, 이 책의 각각의 신판(新版)들은 도서관은 물론 도서관을 둘러싼 외부 환경에서 발생하고 있는 이러한 변화들을 반영해 오고 있다. 이 책의 제9판은 1977년에 발행되었던 것과는 상당히 다르다. 그럼에도 불구하고 그 의도는 동일한 것이다. 즉 문헌정보학을 전공하는 학생들뿐만 아니라 초보 도서관 경영자들을 위해 도서관 경영의 가장 중요한 모든 기능들을 한 권의 책을 통해 포괄적으로 소개하는 것이 그것이다.

이 책의 각 판에서는 새로운 자료들과 특징들을 소개해 오고 있다. 인터넷이 등장하기 이전의 초기의 판에서는, 그 상당 부분을 경영자들이 사용하는 여러 가지 양식과 차트, 문서의 사례에 할애한 바 있었다. 좀 더 최근에 들어서는, 그러한 사례들을 이 교재의 자매편 웹 사이트에 수록해 오고 있다. 이 신판은 자신의 수업에서 이 책을 사용하고 있는 미국은 물론 전 세계 문헌정보학과 교수들로부터 얻은 유용한 피드백을 반영하고 있다. 이 개정판을 준비하면서, 저자들은 경영학과 행정학, 사회과학의 많은 영역을 포함한 여러 관련 분야의 저술과 연구들을 자유롭게 지속적으로 참고해 왔다. 모든 장을 개정하고 업데이트하기는 했지만, 예산 편성에 관한 장을 증보하여 실생활에서 볼 수 있는 더 많은 예들을 추가하고, 기금 조성(fund raising)에 관련된 장에는 보조금 신청 제안서 작성(grant writing)에 관한 소절을 마련하였다.

이 판에서는 계속적으로 사례 연구(case study)와 역할극(role play), 경험적 학습(experiential learning)을 위한 시뮬레이션을 통해 많은 기회를 제공함으로써, 학생이나 초보 경영자들이 자신들의 지식을 실세계의 여러 문제나 상황에 응용할 수 있도록 하였다. 또한 이 최신판에서 우리는 더 많은 활동을 추가하여 학생들이 서로 간에 상호 작용을 하고 경영에 관련된 연습에 참여할 수 있도록 하였다. 이러한 것을 새로이 추가하기 위해,

각 장의 맨 앞에 "이 장의 요점"(Chapter takeaways)을 신설하여 그 장에서 다루고 있는 가장 중요한 개념들을 제시하도록 하였다. 또 하나의 새로운 특징은 각 장의 앞부분에 "현장의 경영 사례"(Management on the job)를 마련하여 그 장에서 다루고 있는 경영 기능을 다양한 도서관 상황에 적용하고 있는 최신의 예들을 제시하고자 하였다. 이 판에서는 또한 각 장의 뒷부분에 두 가지 새로운 특징을 추가하였다. 첫 번째는 "학습 내용 연습하기"(Practice what you have learned) 섹션으로, 이것은 학생들로 하여금 그 장의 개념들을 자기 자신의 경험에 적용할 수 있도록 하기 위한 것이다. 두 번째는 "토론용 질문"(Discussion questions) 섹션으로, 여기서는 학생들이 서로 토론할 수 있도록 하기 위한 흥미로운 질문들을 제시하고 있다. 인바스켓 훈련(in-basket exercise)과 사례 연구, 시뮬레이션과 같은 이러한 여러 경험 활동의 더 많은 것들은 이 책의 자매편 웹사이트에서 활용할 수 있는데, 그러한 것들은 이 책에 제시되어 있는 자료를 보완하고 보충해줄 수 있을 것이다.

    문헌정보학과 교수님과 학생, 경영자 여러분이 이 책의 자료를 통해 도움을 받을 수 있길 기대한다. 우리는 즐겁게 이 제9판을 완성하였다. 부디 우리의 책이 도서관과 정보 관련 조직의 경영이라는 중요한 기능에 대한 통찰력과 균형감을 가질 수 있도록 하는 데 도움이 되길 고대해 본다.

감사의 말씀

우리는 이 『도서관 경영의 이론과 실제』(원제: *Library and Information Center Management*) 제9판의 발행에 도움을 주신 많은 분들께 감사드리고자 한다. 학생과 교수님, 실무자를 포함한 이전의 여러 판의 독자들은 도움이 될 만한 제안들을 제시해 주셨고, 그 상당 부분은 이 최신판에 반영된 바 있다. 미국과 전 세계의 동료 여러분은 이 책이 자신과 학생들에게 가치가 있다는 사실을 말씀해 주셨다. 용기를 북돋워주신 데 대해 감사드리며, 이 판의 변경된 내용들이 여러분에게 기쁨을 드릴 수 있게 되길 바란다.

이 판의 준비에 도움을 주신 데 대해, University of North Carolina(UNC, Chapel Hill) 문헌정보대학의 Robecca Vargha와 Simmons College 문헌정보학대학의 Monica Colon-Aguirre, University of New Hampshire 도서관의 Elizabeth Fowler에게 감사드린다. UNC 문헌정보학대학의 Brian Nusabaum과 IT 데스크의 유능한 학생 보조원들로 이루어진 팀에서는 도움이 필요할 때마다 많은 도움을 주었다. 원고를 준비하는 데 도움을 주신 Rachel Anne에게도 감사드린다. Libraries Unlimited의 에디터 Blanche Woolls는 내내 우리를 도와주었다. 이 책의 또 하나의 신판을 낼 수 있도록 효율적으로 업무를 처리해 주고, 뒷받침해 주고, 계속적으로 성원해 준 데 대해 Libraries Unlimited의 다른 동료 여러분들, 특히 Emma Bailey에게 고마움을 표하고자 한다.

아울러 이 책과 웹 사이트에서 사용하고 있는 상당수의 사례 연구를 마련해 준 A. J. Anderson의 공헌에 대해 다시 한 번 감사드린다. 마지막으로, 40년 전에 도서관 경영의 교재가 필요함을 처음으로 인식하고 이 『도서관 경영의 이론과 실제』의 처음 일곱 판을 함께 집필한 바 있는 친구이자 멘토 Bob Stueart에게도 다시 한 번 고마움을 전하고 싶다.

많은 도서관과 정보 센터의 경영자들은 이 책과 웹 사이트에서 예로 사용되고 있는 여러 자료들을 우리가 가져다 쓸 수 있도록 허락해 주셨다. 그분들께도 감사드린다. 그분들의 경영의 실제와 절차를 통해 우리는 여러 이슈와 도전 과제에 대해 더 적절하고 효과적으로 논의하고 설명할 수 있었다.

끝으로, 이 원고를 작성하는 동안 도움을 주고 격려를 아끼지 않은 남편 Joe와 Lennie, 그리고 우리 가족들에게도 감사드린다. 그들의 도움이 없었다면, 이 작업은 마무리할 수 없었을 것이다.

Barbara B. Moran, Chapel Hill, North Carolina
Claudia J. Morner, Portsmouth, New Hampshire

Contents

| 역자서문 | 3
| 서 언 | 5
| 감사의 말씀 | 7

Section 1 서 론

Chapter 01 _ 현대 도서관의 경영 ············ 23
- 1.1. 경영의 중요성 ············ 25
- 1.2. 경영이란 무엇인가? ············ 30
- 1.3. 경영자는 누구인가? ············ 30
- 1.4. 경영자는 무엇을 하는가? ············ 32
- 1.5. 경영자의 역할 ············ 35
- 1.6. 경영자는 어떤 자원을 이용하는가? ············ 37
- 1.7. 오늘날의 경영자에게는 어떤 기술이 필요한가? ············ 39
- 1.8. 영리 조직과 비영리 조직의 경영의 차이점은 무엇인가? ··· 43
- 1.9. 결 언 ············ 45

Chapter 02 _ 경영 사상의 발전 ············ 49
- 2.1. 고대사에 나타나는 경영 ············ 52
- 2.2. 산업 시대가 경영에 미친 영향 ············ 54
- 2.3. 고전적 관점 ············ 56
- 2.4. 인본주의적 접근법 ············ 64
- 2.5. 계량적 접근법 ············ 69
- 2.6. 시스템적 접근법 ············ 71
- 2.7. 상황 적응적 접근법 ············ 73
- 2.8. 새로운 접근법 ············ 74
- 2.9. 요 약 ············ 79
- 2.10. 도서관 경영에 대한 역사적 관점 ············ 80
- 2.11. 결 언 ············ 85

Chapter 03 _ 변화: 혁신 프로세스 ·················· 89
- 3.1. 변화를 촉진하는 요인 ·················· 91
- 3.2. 임파워먼트: 변화의 주도자 ·················· 96
- 3.3. 패러다임 전환: 신화 또는 현실 ·················· 98
- 3.4. 변화를 위한 조직화 ·················· 101
- 3.5. 변화의 진단 ·················· 104
- 3.6. 개방 시스템으로서의 도서관 ·················· 107
- 3.7. 변화에 대한 저항 ·················· 109
- 3.8. 결 언 ·················· 112

Section 2 기획

Chapter 04 _ 전략적 기획과 의사 결정, 정책 ·················· 119
- 4.1. 전략적 기획 ·················· 122
- 4.2. 기획: 개요 ·················· 122
- 4.3. 계획은 왜 세우는가? ·················· 125
- 4.4. 전략적 계획의 구성 요소 ·················· 126
- 4.5. 가치와 문화 ·················· 128
- 4.6. 환경 스캐닝 ·················· 131
- 4.7. 비 전 ·················· 133
- 4.8. 사 명 ·················· 135
- 4.9. 목적과 테마, 방향 ·················· 137
- 4.10. 목 표 ·················· 138
- 4.11. 활동과 과업, 이니셔티브 ·················· 140
- 4.12. 평가: 행위의 책무성 ·················· 141
- 4.13. 의사 결정 ·················· 145
- 4.14. 정책 결정 ·················· 152
- 4.15. 결 언 ·················· 159

Chapter 05 _ 도서관 시설의 기획과 유지 보수 ·················· 161
- 5.1. 건축이나 리노베이션 기획에서 도서관장과 직원, 이용자, 그 밖의 사람들의 역할 ·················· 164
- 5.2. 주장의 정당화 ·················· 164

5.3. 예비 계획 ································· 165
5.4. 도서관 건물을 위한 자금 조달 ·············· 166
5.5. 부지 선정 ································· 167
5.6. 도서관 설계를 위한 단계 ·················· 168
5.7. 건 축 ····································· 172
5.8. 지속 가능한 도서관 ······················· 172
5.9. 거주 후 평가 ······························ 173
5.10. 비상 계획과 안전 ························· 174
5.11. 도서관의 유지 보수 ······················ 176
5.12. 결 언 ····································· 177

Chapter 06 _ 정보 서비스의 마케팅 ················· 181

6.1. 마케팅: 전략적 구성 요소 ·················· 183
6.2. 마케팅: 감사 ······························ 186
6.3. 마케팅: 가치 요인 ························· 189
6.4. 커뮤니케이션: 기본 요소로서의 촉진 ······· 191
6.5. 평가: 견제와 균형 ························· 195
6.6. 결 언 ····································· 196

Section 3 조직화

Chapter 07 _ 조직과 조직 문화 ······················ 201

7.1. 조직화 ····································· 203
7.2. 조직이란 무엇인가? ······················· 205
7.3. 조직의 구조화와 리스트럭처링 ············· 208
7.4. 조직화의 시작 ···························· 213
7.5. 공식 조직과 비공식 조직 ·················· 217
7.6. 조직으로서의 도서관 ······················ 218
7.7. 조직도 ···································· 218
7.8. 조직 문화 ································· 222
7.9. 조직 문화의 전 세계적 차이점 ············· 227
7.10. 문화 알아가기 ···························· 228
7.11. 결 언 ····································· 231

Chapter 08 _ 조직 관리의 기초: 전문화와 조정 ········· 235

- 8.1. 전문화 ········· 238
- 8.2. 조직의 부문 ········· 241
- 8.3. 부문화의 방법 ········· 243
- 8.4. 계층 구조 ········· 254
- 8.5. 조정 ········· 266

Chapter 09 _ 적응적 조직 구조의 설계 ········· 275

- 9.1. 기계적 조직 구조와 유기적 조직 구조 ········· 278
- 9.2. 관료제 ········· 281
- 9.3. 도서관 관료제의 수정 ········· 287
- 9.4. 일반적으로 사용되는 관료제 조직의 변형 ········· 289
- 9.5. 도서관 조직 구조의 재구성 ········· 295
- 9.6. 미래의 도서관 조직 ········· 299
- 9.7. 결언 ········· 305

Section 4 인적 자원

Chapter 10 _ 도서관의 충원 ········· 313

- 10.1. 인적 자원 관리의 복잡성 증가 ········· 316
- 10.2. 직원의 유형 ········· 318
- 10.3. 문헌정보학 교육과 인적 자원 활용 정책 ········· 322
- 10.4. 충원을 위한 조직 체계 ········· 325
- 10.5. 모집과 채용 ········· 335
- 10.6. 결언 ········· 346

Chapter 11 _ 도서관의 인적 자원 기능 ········· 349

- 11.1. 온보딩과 교육 훈련, 직원 개발 ········· 352
- 11.2. 인사 고과 ········· 359
- 11.3. 징계와 고충 처리 ········· 375
- 11.4. 직원에 대한 보상 ········· 380
- 11.5. 표창과 포상 ········· 387
- 11.6. 결언 ········· 391

Chapter 12 _ 인적 자원 관리의 기타 이슈 ·················· 395

    12.1. 인적 자원 정책과 절차 ································· 397
    12.2. 경력 개발 ·· 398
    12.3. 도서관의 건강과 안전 이슈 ························· 406
    12.4. 인적 자원에 대한 외부의 영향: 법적 보호 ··· 413
    12.5. 결 언 ·· 424

Section 5 지 휘

Chapter 13 _ 업무 현장의 동기 부여 ·························· 429

    13.1. 조직의 인간적 측면 ····································· 430
    13.2. 동기 부여 ·· 437
    13.3. 내용 모델 ·· 440
    13.4. 프로세스 모델 ·· 450
    13.5. 경영자는 어떻게 직원에게 동기를 부여해야 하는가? ······ 459
    13.6. 결 언 ·· 462

Chapter 14 _ 조직 리더십 ·· 469

    14.1. 리더십이란 무엇인가? ································· 472
    14.2. 경영자와 리더 ·· 473
    14.3. 리더십 자질 ·· 474
    14.4. 독성 리더십 ·· 476
    14.5. 리더십 연구에 대한 초창기의 접근법 ········· 479
    14.6. 리더십의 스타일 ··· 483
    14.7. 리더십에 대한 상황 모델 ··························· 488
    14.8. 21세기의 리더십 ··· 492
    14.9. 리더십의 도전 ·· 498
    14.10. 리더십의 개발 ·· 499

Chapter 15 _ 전문직 윤리 ·· 509

    15.1. 현대 조직의 윤리 ······································· 511
    15.2. 윤리의 정의 ·· 513
    15.3. 윤리의 중요성 ·· 517

15.4. 윤리적 정보 전문직 ·· 521
15.5. 문제가 있는 윤리적 상황 ·· 523
15.6. 윤리적 의사 결정을 위한 도구 ····································· 526
15.7. 윤리 교육 훈련 ··· 534
15.8. 경영자가 윤리적 행동을 촉진하기 위한 지침 ················· 536
15.9. 결 언 ··· 537

Chapter 16 _ 조직 커뮤니케이션 ···································· 541

16.1. 조직 커뮤니케이션의 중요성 ······································· 544
16.2. 커뮤니케이션 모델 ·· 547
16.3. 명확한 커뮤니케이션의 장애 요인 ································ 549
16.4. 커뮤니케이션의 유형 ··· 553
16.5. 커뮤니케이션의 흐름 ··· 560
16.6. 비공식 조직 커뮤니케이션 ·· 566
16.7. 갈 등 ··· 570
16.8. 갈등의 결과 ··· 573
16.9. 갈등의 관리 ··· 576
16.10. 결 언 ·· 578

Chapter 17 _ 팀제를 이용한 직원 임파워먼트 ······················ 581

17.1. 직원 임파워먼트 ··· 583
17.2. 직원 임파워먼트의 장점 ··· 587
17.3. 직원에 대한 임파워먼트 부여 방법 ······························ 590
17.4. 참여의 수준 ··· 593
17.5. 도서관의 팀제의 이용 ··· 593
17.6. 효과적인 팀제의 특성 ··· 600
17.7. 팀 개발의 단계 ·· 602
17.8. 팀 구축의 기본적인 단계 ··· 603
17.9. 사람들이 팀에서 수행하는 역할 ··································· 604
17.10. 팀 커뮤니케이션 ··· 607
17.11. 도서관 업무 팀의 미래 ·· 607
17.12. 지휘에 대한 상황 적응적 접근법 ······························· 610
17.13. 결 언 ·· 612

Section 6 조정

Chapter 18 _ 조직 성과와 평가 … 619
- 18.1. 측정과 평가 … 622
- 18.2. 조정과 통제 … 625
- 18.3. 활동 평가 기법 … 629
- 18.4. 조정의 도구 … 635
- 18.5. 결과와 책무성을 위한 프로그램의 모니터링 … 648
- 18.6. 결 언 … 651

Chapter 19 _ 도서관 재정과 예산 … 653
- 19.1. 예산: 기획과 평가의 도구 … 655
- 19.2. 도서관의 수입 … 658
- 19.3. 자금 조달 프로세스 … 660
- 19.4. 예산 편성 프로세스 … 665
- 19.5. 예산 설명서, 마케팅 기회 … 666
- 19.6. 예산 편성 기법 … 668
- 19.7. 책무성과 보고 … 678
- 19.8. 결 언 … 680

Chapter 20 _ 도서관 기금 조성(도서관 개발)과 보조금 신청 제안서 작성 … 683
- 20.1. 기금 조성 프로세스 개관 … 684
- 20.2. 기금 조성 자원 … 688
- 20.3. 첫 번째 단계 … 689
- 20.4. 기금 조성 용어와 기부의 유형에 대한 이해 … 689
- 20.5. 증여의 유형 … 693
- 20.6. 기금 조성 활동의 유형 … 695
- 20.7. 기금 조성을 위한 충원 … 696
- 20.8. 기금을 조성하는 사람이 가져야 할 최고의 퍼스낼리티 특성 … 698
- 20.9. 보조금 … 700
- 20.10. 예비 단계 … 701

20.11. 보조금 정보원 ··· 701
20.12. 다음 단계 ··· 702
20.13. 보조금 지원 신청서의 작성 ························ 703
20.14. 결 언 ·· 706

Section 7   21세기의 경영

Chapter 21 _ 차세대의 경영자 ···························· 711

21.1. 오늘날의 도서관의 경영 ······························ 712
21.2. 새로운 세대의 경영자 ································ 715
21.3. 경영자가 되기 위한 의사 결정 ····················· 717
21.4. 경영자가 되는 단계 ··································· 721
21.5. 경영자에게 필요한 기술 ······························ 725
21.6. 경영 기술의 습득 ······································ 727
21.7. 결 언 ··· 732

| 색인 | 737

Section 1 서론

끊임없는 변화는 뉴 노멀(new normal)이 되었다는 말은 이제 상투적인 표현이 되어 버렸지만, 변화의 속도가 극적으로 증가하고 있는 시대에 우리가 살고 있는 것만은 분명하다. 모든 유형의 조직은 적응하지 못하는 조직은 살아남지 못할 것이라는 사실을 알아채고, 자신들의 전통적인 활동 방식을 위협하는 여러 변신보다 앞서 나가기 위해 노력하고 있다. 2015년에 독일의 기업가 겸 최고 경영자(CEO)인 Udo Gollub는 신속하게 적응하지 못한 결과에 대한 흥미로운 전망을 제시한 바 있다. 그는 충분히 신속하게 적응하지 못한 조직의 예로 불과 몇 년 전까지만 해도 카메라와 필름하면 누구나 알고 있었던 이름인 코닥(Kodak)을 들고 있다. 1998년 당시 코닥은 17만 명이 넘는 직원을 둔, 전 세계에서 팔리는 모든 인화지의 85퍼센트의 공급원이었다. 하지만 불과 몇 년 사이에 그 사업 모델은 완전히 붕괴되었으며, 회사는 완전히 파산하고 말았다. 코닥은 사진술의 환경에 혁신적 변화(transformative change)를 이룬 디지털 사진술의 출현에 대한 대응에서 너무 늦게 대응한 나머지 변화를 이루지 못했던 것이다. 이러한 변화는 그 영역에서 100년 넘게 리더로서 존재해 왔던 조직의 종말을 가져왔던 것이다. Gollub은 "코닥에게 일어났던 일은 앞으로 10년 안에 많은 산업에서 일어나게 될 것이며, 대부분의 사람들은 그것을 예상하지 못할 것"[1]이라고 내다보고 있다.

Gollub은 불과 몇 년 안에 주류(主流)를 이룰 것으로 자신이 생각하고 있는 그 밖의 혁신적인 변화들을 설명하고 있는데, 그것들은 디지털 사진술이 코닥에 주었

---

1) Udo Gollub's Facebook Page, April 22, 2015 〈https://www.facebook.com/udo.gollub/posts/10207978845381135〉. 이 인용 자체는 IT가 지적 재산권(intellectual property)에 가져다주고 있는 어떤 변화들에 대한 흥미로운 설명을 제시해 주고 있다. 원 포스트는 Gollub이 Singularity University의 한 이벤트에 참석한 후에 작성한 Facebook 엔트리였다. 원 포스트는 광범위하게 공유되고 많은 '좋아요'를 받은 바 있다. 흥미로운 것은 그러고 나서 이후에 곧 아주 똑같은 포스트들이 다른 사람들이 저자라고 칭하면서 인터넷에 나타나기 시작했다는 사실이다. 내가 아는 한, 이 포스트의 원 저자는 Gollub이었다.

던 것과 똑같은 위협을 많은 기존 조직의 전통적인 관행에 가져다주게 될 진전들인 것이다. 이러한 것들은 오늘날의 경영자들이 자신의 조직이 살아남도록 하고자 한다면 지금 당장 대응해야 하는 트렌드인 것이다. 이러한 변화들을 몇 가지 예로 들어보면 다음과 같다.

- 소프트웨어: 조직들은 이제 그 조직들이 실제로 소유하고 있는 것에 의해서가 아니라 소프트웨어에 의해 정의되고 있다. Uber는 현재 전 세계에서 가장 큰 택시 회사이며, Airbnb는 가장 큰 호텔 회사이다. Uber는 어떤 택시도 소유하고 있지 않으며, Airbnb 또한 어떤 호텔도 갖고 있지 않다.
- 인공 지능(artificial intelligence): 컴퓨터는 기하급수적으로 점점 더 훌륭하게 세상을 정의하고 있다. 인간에게 얻는 것보다 더 정확한 법률적 및 의학적 어드바이스를 IBM Watson으로부터 얻을 수 있다. Facebook은 이제 얼굴을 인간보다 더 잘 인식할 수 있는 소프트웨어를 가지고 있다.
- 무인(無人) 자동차(driverless cars): 불과 몇 년 안에 무인 자동차를 일반 대중들이 이용할 수 있게 될 것이다. 이러한 혁신은 Tesla와 구글(Google)과 같은 새로운 진입자들이 자동차를 바퀴 달린 컴퓨터로 상상하기 시작하고 있기 때문에 전통적인 자동차 산업을 파산시킬 수도 있을 것이다.
- 3D 프린팅: 가장 저렴한 3D 프린터의 가격이 극적으로 하락하고 있고, 곧 스마트폰은 3D로 스캔할 수 있게 될 것이다. 예를 들면, 여러분은 곧 여러분의 발을 스캔하여 집에서 완벽한 구두를 인쇄해 낼 수 있을 것이다. 10년 이내에, 제작되는 모든 제품의 10퍼센트는 3D로 프린트 될 것이다.
- 업무: 앞으로 20년 안에, 현재 존재하는 직무들의 70퍼센트에서 80퍼센트는 사라지게 될 것이다. 새로운 직무들이 존재하게 되겠지만, 그것들이 어떠한 것일지 그리고 얼마나 많은 직무들이 존재하게 되는지는 그다지 분명하지 않다.
- 농업: 100달러짜리 농업용 로봇의 개발로 농부들은 하루 종일 들판에서 일하는 것으로부터 벗어나게 될 것이다.

- 통화(currency): 비트코인(Bitcoin)이 주류가 될 것이며 기본 준비 통화(default reserve currency)가 될 수도 있을 것이다.
- 교육: 가장 저렴한 스마트폰의 값은 이미 아프리카와 아시아에서 단돈 10달러에 불과하다. 곧 거의 모든 사람들은 최고급 교육 정보에 대한 접속을 제공해 줄 수 있는 스마트폰을 소유하게 될 것이다.
- 태양(solar): 태양열 발전은 계속해서 기하급수적으로 성장할 것이다. 에너지의 가격이 너무나도 많이 떨어져서 모든 석탄 회사들은 몇 년 안에 사라져 버리게 될 것이다.

이상에서 열거한 변화들은 모두 추측이기는 하지만, 현실에 바탕을 두고 있다. 그러한 변화들은 Gollub이 예상한 기간 안에는 이루어지지 않을 수도 있겠지만, 모두 이루어지게 될 가능성이 높다. 그 대부분은 이미 일어나기 시작하고 있다. 오늘날 존재하는 모든 조직들은 이러한 하나 이상의 혁신적 변화의 영향을 느끼게 될 것이며 우리가 아직 예견하지 못하고 있는 다른 변화의 영향을 받게 될 것이다. 경영자들은 이러한 변화에 앞서 나가야 할 필요성을 절감하면서 동시에 자금(funding)과 지원의 측면에서 이전의 어느 때보다도 더 많은 경쟁에 직면하고 있다. 조직들이 직면하고 있는 몇몇 변신들은 인구 통계적 및 그 밖의 변화의 결과이지만, 대부분은 지난 몇십 년 동안 테크놀로지가 엄청난 속도로 변화한 결과인 것이다.

18세기의 산업 혁명의 등장 이후에 조직들이 변신했던 것과 똑같이, 이제 우리는 새로운 산업 혁명에 접어들고 있다. 이 새로운 시대는 디지털 혁명(Digital Revolution), 제2차 기계 시대(Second Machine Age),[2] 제4차 산업 혁명(Fourth Industrial Revolution)[3]을 포함한 다양한 이름으로 불리고 있지만, 이름이 무엇이든, 이 새로운 시대는 우리가 살아가고 일하는 방식의 근본적인 변화를 가져 올 태세를 갖추고 있음을 보여 주고 있다. 제1차 산업 혁명은 1700년대 중반에 이전에는 손으로 했던 많은 프로세스들을 기계화할 수 있도록 해 준 증기 기관의 등장으로 촉발되었다. 제2차 산업 혁명은 100여 년 뒤에 대량 생산을 추진하기 위해 전력을 사용하기 시작하면서 등장하였다. 제3차 산업 혁명은 1960년대 말에 시작되었

---

2) Erik Brynjolfsson and Andrew McAfee, *The Second Machine Age: Work, Progress, and Prosperity in a Time of Brilliant Technologies*, (New York: W. W. Norton & Company, 2014).
3) Nicholas Davis, "What is the Fourth Industrial Revolution?" *World Economic Forum*, January 19, 2016, 〈https://www.weforum.org/agenda/2016/01/what-is-the-fourth-industrial-revolution/〉.

으며 정보를 만들어 내고, 처리하고, 공유하는 새로운 방식들을 제공한 전자 테크놀로지를 기반으로 하였다. 제4차 산업 혁명은 앞서의 혁명들과는 달리, 단일의 테크놀로지를 바탕으로 하는 것이 아니라, 그 대신에 다수의 테크놀로지들이 함께 몰려오는 것이다. 이러한 테크놀로지의 융합이 물리적, 디지털적, 생물학적 영역의 경계선을 불분명하게 해 주고 있는 것이다.[4] 세계 경제 포럼(World Economic Forum)의 보고서가 설명하고 있는 것처럼, "몇 가지만 이름을 들어 보자면, 유전학(genetics)과 인공 지능, 로봇 공학(robotics), 나노 기술(nanotechnology), 3D 프린팅, 생명 공학(biotechnology)은 모두 다른 것을 기반으로 하거나 서로 확장해 주고 있다. 이것은 우리가 지금까지 보아 온 어떤 것보다도 더 포괄적이고 모든 것을 어우르는 혁명의 토대를 구축하게 될 것이다."[5]

오늘날의 조직들은 제3차 산업 혁명과 관련되어 있는 정보 테크놀로지(IT: information technology)가 가져온 변화의 영향을 이미 받고 있다. 어떤 조직도 책임과 활동의 거의 모든 영역에서 변화를 경험하고 있는 도서관만큼 많은 변신을 하고 있는 경우는 거의 없다. 이미 변신을 한 이러한 조직들은 제4차 산업 혁명 동안 추가의 변화들을 마주하게 될 것이다. 적어도 가까운 미래에, 도서관은 늘 수행해 온 전통적인 기능(legacy functions)의 상당 부분을 계속 이어가면서도 동시에 21세기 이용자의 정보 니즈(information needs)에 부응하기 위해 필요한 새로운 서비스들을 실행해야 할 것이다. 오늘날의 도서관 경영자들은 이러한 새로운 환경에 신속하면서도 유연하게 대응할 수 있어야 한다. 훌륭한 경영은 도서관에서 언제나 중요했지만, 도서관이 제4차 산업 혁명에 직면하는 상황에서는 훨씬 더 중요해지게 될 것이다.

이 책에서는 도서관과 그 밖의 정보 관련 기관에서 현재 활용되고 있는 경영 관행에 대해 살펴보고자 한다. 또한 경영학에 대한 현재의 사고는 물론 여전히 현대의 조직에 대한 사고의 골격을 제공해 주는 과거 여러 세기에 걸쳐 개발된 몇몇 원칙에 대해서도 논하게 될 것이다. 교재의 첫 번째 장은 현대의 경영자들에게 요구되는 기술과 역량에 대한 전반적인 개관으로 시작할 것이다. 이 장의 다음에는 현대 경영학의 뿌리들에 대해 회고적으로 살펴보는 역사적 개관으로 이어질 것이다. 세 번째 장에서는 변화와 그것이 여러 조직에 미치는 영향에 초점을 맞추고자 한다.

---

4) Klaus Schwab, "Will the Fourth Industrial Revolution Have a Human Heart?" *World Economic Forum*, 2015, 〈https://agenda.weforum.org/2015/10/will-the-fourth-industrial-revolution-have-a-human-heart-and-soul〉.
5) Klaus Schwab and Richard Samans, "Future of Jobs," *World Economic Forum*, 2016, 〈http://reports.weforum.org/future-of-jobs-2016/preface/〉.

이 『도서관 경영의 이론과 실제』는 경영의 여러 원칙을 소개하고 있지만, 하나의 기초로서의 역할만을 수행하는 것이다. 경영의 원칙들을 전해 줄 수는 있겠지만, 경영의 실무는 실제로 가르칠 수 없으며, 여러 경험을 통해 터득해야만 하는 것이다. 이 책은 여러분이 경영의 기본적인 원칙과 개념, 기법과 친숙해지도록 해 줄 것이다. 이 책에서는 또한 경영학의 전문적인 어휘를 여러분에게 알려 줄 것이다. 그러나 여러분이 경영자가 되는 데 흥미를 가지고 있다면, 여러분은 계속해서 배워야만 한다. 훌륭한 경영은 모든 조직의 성공에 매우 중요하다는 점에서, 이 책이 여러분으로 하여금 여러분 스스로 경영자가 되고자 하는 데 관심을 갖도록 해 주길 기대하는 바이다.

현대 도서관의 경영

이 장의 요점

이 장을 마친 후 여러분은:

- 모든 조직에서 경영자가 왜 중요한지에 대해 이해해야 한다.
- 경영자가 수행하는 가장 일반적인 기능에 대해 잘 알아야 한다.
- 경영자가 조직에서 수행하는 역할에 대해 논의할 수 있어야 한다.
- 경영진의 세 개 계층과 각 계층에서 필요로 하는 기술에 대해 익숙해야 한다.
- 영리 부문과 비영리 부문 경영 간의 주요 차이점에 대해 알아야 한다.
- 오늘날의 경영자가 직면하고 있는 몇몇 도전을 확인할 수 있어야 한다.

도서관은 고대 세계에도 존재하였으며 현대의 정보 사회에서도 여전히 그 중요성을 유지하고 있다. 역사를 통틀어, 도서관은 다양한 나라와 문화 속에서 발달하면서도, 모두 어떤 유형의 매체에 기록되어 온 정보에 대한 접근을 제공한다는 결정적인 특징을 공유하고 있다. 수년간에 걸쳐, 매체는 석판(石板)에서 점토판(粘土板)으로, 파피루스와 야자나무 잎으로부터 독피지(犢皮紙: vellum)로, 두루마리로부터 필사된 도서로, 그리고 가장 최근에는 인쇄된 종이로부터 상호 작용이 가능한 전자 및 멀티미디어 자원으로 변해 오고 있다.

두루마리가 책이라는 새로운 테크놀로지로 대체되었을 때 고대의 사서들이 느꼈던 우려는 쉽게 상상할 수 있을 것이다. 현대의 하이브리드 도서관이 그 인쇄 자원을 전자 자원으로 보충하거나 대체하면서, 그와 같은 우려는 오늘날에도 여전히 존재하고 있다. 하지만 사서에게 있어서, 정보가 기록되는 포맷은 고객이 이 정보를 효율적으로 그리고 효과적으로 검색하고 그렇게 접근할 수 있는지에 비하면 훨씬 덜 중요하다. 그러한 검색과 접근이 가능한 한 원만하게 이루어지도록 하기 위해, 사서들은 적절한 경영 방법을 사용함으로써 적합한 환경을 만들어 내야 하는 것이다.

현장의 경영 사례: 시골 지역 및 소도시 도서관의 경영상의 도전

도서관 경영의 상당 부분의 문헌은 대규모의, 훌륭한 자금 지원을 받고 있는 도서관에 초점을 맞추고 있다. 그러나 미국의 공공도서관의 거의 90퍼센트는 5만 명 이하의 인구를 가진 도시에 소재하고 있는 소규모 도서관이다. 2015년에 Rachel K. Fischer는 그러한 도서관이 당면하고 있던 경영상의 도전을 파악하기 위해 이러한 몇몇 소규모 도서관의 경영자를 대상으로 서베이(survey)를 실시한 바 있다. 대부분의 이러한 경영자에게는 예산이 큰 문제였다. 대부분의 도서관은 연간 25만 달러 미만의 예산을 가지고 있었다. 낮은 예산 때문에, 몇몇 경영자들은 제한된 개관 시간과 낮은 급여, 테크놀로지를 따라잡는 데 겪는 어려움과 같은 여러 문제를 보고하였다. 그런데 좋은 뉴스는 이러한 도서관의 3분의 2 이상이 지난 5년 이내에 예산이 증가하였다는 사실이다.

모든 도서관은 소규모 직원들을 두고 있으며 대부분은 단 한 명의 경영진의 직위를 두고 있었다. 이러한 도서관 경영자들은 많은 마케팅을 할 수 없다고 보고하였는데, 그럼에도 불구하고 대부분은 자신의 도서관이 지역 사회로부터 가치를 인정받고 있다고 보고하였다. 응답자들은 테크놀로지상의 변화를 따라잡는 것이 특히 도전적이라고 밝혔다. 이러한 도서관이 뒤처져 있는 두 가지 테크놀로지 영역은 전자책 단말기(e-readers)의 대여와 적합한 웹 사이트를 갖추는 것이었다. 서베이의 응답자들은 다수의 경영상의 도전을 제시하였다. 리스트의 첫 번째를 차지한 것은 충원(充員: staffing)이었다. 해야 할 모든 일을 수행할 충분한 사람이 없다는 것이다. 일부는 석사 학위를 가진 사서를 고용할 수도 없다. 자주 언급되는 그 밖의 도전으로는 예산/자금 조달, 마케팅/PR/홍보(advocacy), 시간 관리(time management), 인적 자원에 관련된 이슈들, 테크놀로지, 이사회(board of trustees), 건물의 유지 보수, 자원봉사자가 있었다.[1]

소규모 도서관은 자신의 일단의 경영상의 도전에 직면하게 되지만 그러한 모든 문제점이 전적으로 소규모 기관에만 나타나는 것은 아니다. 소규모 도서관의 경영상의 도전은 대규모 조직의 도전과 어떻게 다른가? 여러분은 두 유형의 도서관 사이에서 나타나는 경영상의 책임의 주된 차이점은 무엇이라고 생각하는가? 여러분은 대규모 조직에서 일하고 싶은가 아니면 소규모 조직에서 일하고 싶은가?

---

1) Rachel K. Fischer, "Rural and Small Town Library Management Challenges," *Public Library Quarterly* 34, no. 4, (2015): 354-371.

1.1. 경영의 중요성

　도서관과 그 밖의 정보 집약적인 사업은 수년간에 걸쳐 기업과 산업체, 정부에서 비롯된 많은 경영 원칙을 채택해 오고 있다. 어느 경우에는, 도서관이 예를 들면, 정부 구조나 다른 상위 조직의 일부일 때처럼, 그렇게 해야만 하는 경우도 있다. 그렇지만 대개 도서관 경영자들은 자신의 조직이 더 성공적이 되도록 하기 위해 비도서관 세계의 이미 정립된 경영 원칙을 차용하여 사용하고 있다.

　물론 대부분의 도서관은 기업이 아니며, 거의 모든 도서관은 비영리 조직(non-profit organizations)이다. 그럼에도 불구하고, 모든 사업들은 영리적이든 비영리적이든, 고객이나 의뢰인에게 어떤 제품을 제공하고, 일관성 있고 효율적인 서비스를 전달하며, 직원과 고용주에게 행복감(sense of well-being)을 주고, 매력적이면서도 건강한 환경을 조성해 주어야 한다. 훌륭하게 경영되는 도서관은 이러한 모든 목표를 부실하게 경영되는 도서관에 비해 훨씬 더 잘 수행하게 된다.

　효과적인 조직은 과거의 성공에 안주할 수 없다. 그 대신 그러한 조직은 품질과 고객 만족에 초점을 맞추고, 외부 환경의 변화에 신속하게 대응하며, 독창적이고 혁신적이며, 계속적인 학습에 전념해야 한다. 도서관은 제4차 산업 혁명이라는 도전에 직면하고 있기 때문에, 미래에 성공을 거두기 위해 계속해서 변화해야 할 것이다.

 이야기해 보기

　제1부 서론에 열거되어 있는 예견되는 변화를 살펴보고 그러한 변화 중 어느 것이 도서관에 이미 영향을 미치고 있는지 논의해 보라. 어떤 것이 장차 도서관에 영향을 미칠 가능성이 있는가? 여러분은 오늘날의 도서관이 제4차 산업 혁명의 도전에 부응하기 위해 적절하게 준비되어 있다고 생각하는가? 그렇지 못하고 있다면, 다른 어떤 것을 해야 할 것인가?

　가장 효과적인 조직은 경쟁 우위(競爭優位: competitive advantage)를 유지하기 위해 자신의 이용 가능한 자원들을 활용한다. 과거에는 도서관이 공공의 "이익"[2]으로 간주되었기 때문에 정보 제공에 대해 거의 완전하게 독점하고 자금 지

---

2) 역자주: 원문은 "public good"으로 공익이라고도 한다.

원을 받았었다. 그러나 오늘날의 환경에서, 도서관은 공공의 지원을 얻기 위해 수많은 다른 비영리 조직과 경쟁해야만 한다. 더구나 도서관의 지위는 민간 정보 섹터의 영향력 증가로 약화되고 있는 중이다. 그 결과로 도서관은 점점 더 영리 기관처럼 처신하고, 심지어는 이전에는 무료였던 서비스에 대해 비용을 청구하지 않을 수 없는 입장이다. 민간 섹터에서는, 개별 회사들이 살아남기 위해 그 경쟁자들보다 더 나은 성과를 내고자 노력하는 데 익숙해져 있다. 경쟁 우위는 조직과 그 주주를 위해 더 큰 가치를 창출해 내는 데 있어서 어떤 회사가 가지고 있는 라이벌에 비해 우세한 것이다. 도서관은 이제 자체의 경쟁 우위에 초점을 맞추기 시작하고 있다. 도서관은 일반적으로 다른 도서관과 경쟁해야 하는 것은 아니지만, 도서관의 이해 관계자들이 도서관에 투자한 것에 상응하는 가치를 만들어 낼 수 있다는 사실을 보여 주기 위해 활용할 수 있는 가능한 모든 수단을 이용해야 한다. 도서관은 이제 그 경쟁 우위를 보여 주어야 하며, 훌륭한 도서관 경영자들은 성공적으로 경쟁하기 위해 이용 가능한 자원들을 타깃으로 하고 있다. 경쟁 우위를 설명하기 위해 일반적으로 사용되는 척도로는 제공되는 제품의 품질과 효율성, 고객 니즈(patron needs)에 대한 반응성(responsiveness), 시장의 새로운 수요에 대해 지속적으로 부응하는 측면에서의 혁신(innovation)이 있다[3] (〈그림 1.1〉을 참고하라).

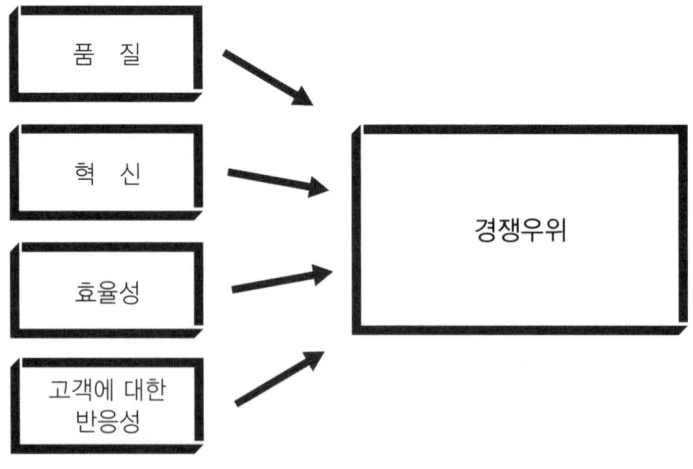

〈그림 1.1〉 경쟁 우위의 요소

---

3) Maurice B. Line, "The Pursuit of Competitive Advantage in Libraries Leads . . . Where?" *New Library World* 95, no. 6 (1994): 4-6.

거의 모든 도서관은 경쟁적 디자인의 요소를 그 업무에 통합하고자 시도해 오고 있다. 오늘날의 도서관이 제공하는 제품의 **품질**은 지속적으로 개선되고 있다. 디지털화(digitization)는 도서관으로 하여금 이전에는 전혀 가능하지 않았던 제품을 제공할 수 있도록 해 주고 있는데, 이러한 제품들은 도서관의 고객에게 대단히 매력적인 것이다. 많은 도서관은 이전에는 이용할 수 없었던 서비스들과 제품을 **혁신**하여 제공하고 있다. 도서관은 그 재화(財貨)나 서비스를 만들어 내기 위해 사람과 같은 더 적은 자원을 사용할 때 그 **효율성**을 증진시킨다. IT 혁명은 모든 근로자의 생산성을 증가시키고 있는데, 최근의 도서관 자금 삭감은 모든 수준에서 책임감과 업무 부담의 증가를 가져오고 있다. 오늘날의 대부분의 도서관은 과거에 비해 훨씬 더 효율적이다. 도서관은 더 적은 직원을 가지고 더 많은 것을 하고 있다. 도서관은 점점 더 고객 지향적이 되고 있으며 고객 니즈에 대한 **높은 반응성**을 갖고 있다. 사서들이 마켓 리서치(market research)[4]를 하고 고객이 어떤 서비스와 장서를 제공받고자 하는지 찾아내는 것은 일반적인 일이다. 이와 같이 고객 서비스와 품질, 효율성에 대해 새로이 강조한 결과로 모든 사람을 위해 더 좋은 도서관이 만들어지고 있는 것이다.

그렇지만, 훌륭한 경영지는 누구나 도서관이 이 모든 요소에서 한꺼번에 뛰어날 수는 없다는 사실을 알고 있다. 조직 성과를 증진시키도록 하는 압박은 조직으로 하여금 그 우선순위와 관행에 대해 다시 생각하지 않을 수 없도록 만들기 때문에 도움이 될 수 있을 것이다. 그러나 효율성 증진에 대한 너무 많은 압박은 해로울 수도 있다. 그것은 직원에게 커다란 스트레스를 주게 되고 경영자로 하여금 어떤 방식으로든 가능하면 비용이 들어가는 절차를 무시하도록 하는 결과를 초래할 수도 있다. 영국의 도서관 컨설턴트 Maurice Line은 다음과 같이 지적하고 있다.

> 개선된 생산성과 서비스가 영원히 지속되는 것은 거의 불가능하다. 그것은 마치 육상 경기의 기록과도 같은 것이다. 즉 그 기록은 계속해서 깨지지만, 빈도는 점점 더 줄어들면서 그 폭은 점점 더 작아진다. 동시에 신체는 점점 더 많은 스트레스를 받게 되는데, 때로는 근육과 힘줄, 뼈, 내부 조직에 영구적인 손상을 입기도 한다. 마찬가지로, 제품과 서비스에 대한 '진전'(progress)이 계속해서 이루어짐에 따라, 우위의 폭은 분명히 줄어들게 되고, 산업체들은 스스로와 그 직원들을 점점 더 녹초로 만들어 버리게 되는 것이다.[5]

---

4) 역자주: 시장 조사, 시장 연구라고도 한다.

도서관 인력이 예산 삭감의 결과로 계속해서 줄어들게 된다면, 제공되는 서비스의 품질과 고객들의 니즈에 대한 반응성은 불가피하게 떨어지게 될 것이다. 경쟁 우위의 다양한 요소 사이에는 균형을 유지할 필요가 있다.

 **스킬 연습하기**

여러분이 잘 알고 있는 어떤 도서관이나 정보 센터를 확인해 보라. 그곳에서는 경쟁 우위의 요소를 어떻게 설명하고 있는가? 여러분은 이 조직이 경쟁 우위의 다양한 요소의 균형을 유지할 수 있다고 생각하는가 아니면 다른 요소에 대해 어떤 영향을 미치는 더 효율적이 되어야 할 추진 장치라고 생각하는가?

현대의 도서관은 도서관이 운영되는 풍토의 변화에 계속적으로 적응하고 있다. 도서관은 대공황(Great Depression) 이래로 최악의 경제 침체로부터 겨우 벗어나고 있으며, 변화하는 시장에서 경쟁력을 갖기 위해 그 비즈니스 모델을 재평가하지 않을 수 없게 되었다. 이 재평가는 유용한 도움을 준다.[6] 그 오랜 역사 때문에, 도서관은 과거에 효과적으로 작동해 온 관행을 따르는 경향이 있는데, 과거에 성공을 거두었던 조직이 혁신하기를 주저하다가 결국 고객의 역동적인 니즈에 제대로 부응하지 못하는 경우를 종종 보게 된다. 도서관이 오늘날에 직면하고 있는 도전은 도서관이 살아남을 수 있도록 그 역할과 책임에 대해 재고해 볼 기회를 제공해 주는 것이다. 급성장하는 그리고 종종 공격적인 정보 산업과 경쟁하기 위해서는, 도서관 경영자들은 새로운 방법과 기법에 적응할 수 있어야 하고, 항상 그에 대해 열린 자세를 가져야 할 것이다.

수년간에 걸쳐, 도서관이 점점 더 커져감에 따라, 훌륭한 경영의 중요성도 그에 따라 높아지고 있다. 메이저 국립도서관과 공공도서관, 학술도서관은 여러 면에서 대규모 영리 기업과 대등하다. 과거에는 학자들이 많았던 도서관장은 필수적으로 오히려 최고 경영자(CEO: chief executive officers)에 가까워지고 있다. 대규모 도서관의 관장들은 엄청난 예산을 책임지고 있다. 2015년에, 미국의회도서관(LC: Library of Congress)은 6억3천1백만 달러가 넘는 예산을 가지고 있었다.[7] 미국의

---

5) Maurice B. Line, "The Pursuit of Competitive Advantage in Libraries Leads . . . Where?" *New Library World* 95, no. 6 (1994): 4-5.
6) Stephanie Ball, "The Competitive Advantage." *AALL Spectrum* 17, no. 1 (September 2012): 20-2.

회도서관은 세계 최대 규모의 것 중 하나이기 때문에, 이 도서관의 엄청난 예산은 일반적인 것은 아니다. 그럼에도 불구하고, 모든 유형의 도서관의 경영자들이 수백만 달러의 예산을 다루고 있는 것은 매우 일반적이며, 예산의 규모에 관계없이, 자금을 확보하고 관리하는 방법을 아는 것은 어느 기관의 성공에나 중요한 것이다.

그 대규모 예산에도 불구하고, 미국의회도서관은 경합하는 여러 우선순위 사이에서 어려운 선택을 하지 않을 수 없다는 점에서 다른 도서관과 마찬가지이다. 2010년부터 2015년까지, 이 도서관의 예산 책정액은 5천3백만 달러 또는 8퍼센트 이상 감소하였다.[8] 따라서 대규모 도서관은 물론 소규모 도서관의 경영자도 단지 동일하게 유지되는 예산을 가지고 일할 수 있어야 할 뿐만 아니라 줄어드는 예산을 가지고도 일할 수 있어야 한다. 재정적인 책무 이외에도, 도서관장은 또한 많은 직원과 대규모 시설을 감독하게 되는데, 이것은 추가의 기술을 필요로 하는 경우가 많은 과업이다.

물론 도서관장은 관리 기술(managerial skills)을 필요로 하는 유일한 사람은 아니다. 거의 모든 사서들은 어떤 종류의 관리상의 책임을 가지고 있으며, 따라서 관리상의 전문 지식을 계발해야 한다. 오늘날의 사서들은 이전의 어느 때보다도, 점점 더 증기하는 경쟁과 글로벌리제이션(globalization), 계속적으로 변화하는 테크놀로지, 그리고 급속한 변화 속도로 인해 야기되고 있는 더 큰 도전에 직면하고 있다. 앞에서도 살펴본 것처럼, 제4차 산업 혁명의 결과로 생겨나는 변화는 모든 종류의 변화에 적응해야 할 필요성으로 계속해서 도서관을 뒤흔들어 놓게 될 것이다. 아울러 도서관은 다른 모든 비영리 기관과 마찬가지로 최근의 역사에서 직면하고 있는 가장 힘든 경제적 시기로부터 겨우 회복하기 시작하고 있는 중이다. 정부 자금과 기관 자금, 자선 자금 등 모든 유형의 자금 지원은 극적으로 줄어드는 반면, 도서관 서비스에 대한 수요는 사상 최고로 늘어났다. 도서관 자원은 모든 삭감으로 인해 혹사당했으며, 이제 겨우 회복하기 시작하고 있다. 도서관은 정보 제공 세계의 이러한 새로운 발전에 대처하기 위해 모든 수준에서 유능한 경영진이 필요하게 될 것이다.

---

7) "Fiscal 2016 Bud get Justification," *Library of Congress*, 2016, 〈https://loc.gov/portals/static/about/reports-and-budgets/documents/budgets/fy2016.pdf〉.
8) *Ibid.*, 1.

1.2. 경영이란 무엇인가?

경영의 기본적인 과업은 조직의 자원을 이용하여 정의된 목적(goals)을 달성하는 것이다. 어떤 조직 내에서, 경영자는 조직으로 하여금 그 목표(objectives)를 달성할 수 있도록 해 주는 의사 결정을 내리는 사람이다. 그리고 경영자는 다른 사람이 효과적으로 그리고 효율적으로 이러한 목표들에 도달하도록 도와주는 일을 하게 된다.

20세기 초에, Mary Follett은 경영을 "사람을 통해 일이 이루어지도록 하는 기술"이라고 특징지었다. 당연히 혼자서 경영하는 것은 불가능하기 때문에 Follett의 관찰은 여전히 적합한 것이다. 경영자는 성공을 거두기 위해 다른 사람의 기술과 노동에 의존하게 되며, 따라서 경영자에게는 대인 기술(interpersonal skills)이 극히 중요하다. 나아가 모든 경영자는 기획(planning)과 조직화(organizing), 충원(staffing), 지휘(leading), 통제(controlling)의 기능을 수행해야 한다. 이러한 기능의 각각에 대해서는 이 장의 뒷부분에서 더 상세하게 다루고자 한다.

1.3. 경영자는 누구인가?

이상에서 살펴본 것처럼, 경영자는 어떤 조직 내에서 다른 사람의 일에 대해 책임을 가지며 아울러 이를 뒷받침해 주는 사람이다. 경영자는 다양한 방식으로 범주화할 수 있다. 일반적으로 그들은 수직적 계층 구조 내에서 일한다. 경영자는 조직의 모든 계층을 감독한다. 자연적으로 계층 구조의 상층부에 더 가까이 있는 사람들은 더 낮은 계층에 있는 사람보다 더 광범위한 책임과 권한을 갖는다. 도서관을 포함한 일반적인 조직에서는, 경영진을 다음과 같은 세 개 계층으로 구분할 수 있다.

- **최고 경영진**(top management): 도서관에서는 대개 관장과 부관장을 의미하는데, 전체 조직의 전반적인 기능 수행에 대한 책임을 갖는다. 대부분의 경우, 최고위층에 있는 경영자는 조직 전반의 정책을 설정하며 기업 전체의 리더십 스타일 설정에 영향력을 미친다.
- **중간 경영자**(middle managers)는 조직의 특정 하부 단위나 기능을 맡게 된다. 도서관과 정보 센터에서는, 부서장들이 중간 경영자의 역할을 한다. 그들은 도

서관의 다양한 부분이 성공적으로 확실하게 기능을 수행하도록 하는 책임을 갖는다. 중간 경영자들은 특정 하부 단위나 기능 팀을 이끌어 가는 이외에도, 최고 경영진과 감독자 사이에서 연락 담당자의 역할도 수행한다.

- **감독자**(supervisors)는 때로는 일선 경영자(first-line managers)라고도 불리는데, 경영 계층 구조의 가장 낮은 단계에 있는 사람들이다. 감독자는 조직의 목표를 달성하기 위해 일하는 직원의 하루하루의 활동을 이끌어 가며, 재화(財貨: goods)나 서비스의 생산에 대한 책임을 갖는다. 도서관에서는, 시간제 학생 근로자 그룹과 함께 일하는 야간 대출 관리자가 감독자로 간주될 수 있을 것이다. 일선 경영자들은 자신이 맡고 있는 단위가 효과적으로 그리고 효율적으로 업무를 수행할 수 있도록 해 주는 절차들과 프로세스들을 실행한다.

전통적인 경영상의 계층 구조는 〈그림 1.2〉와 같다. 다른 사람을 감독하고 있는 사람은 누구나 경영 프로세스에 관련되어 있다는 사실에 유의해야 한다. 미국의 경우 대학원 문헌정보학(LIS: library and information science) 프로그램의 최근 졸업생들은 그 상당수는 대학원 재학 당시에 스스로 이러한 역할을 맡으리라고 상상하지 못했었지만, 자신들의 최초의 전문적 직위로 경영자가 되는 경우가 많다.

이 책의 뒷부분에서 다시 살펴보겠지만, 이 전통적인 경영 계층 구조는 오늘날의 업무 현장에서 일어나고 있는 많은 변화의 영향을 받고 있다. 널리 확산되고 있

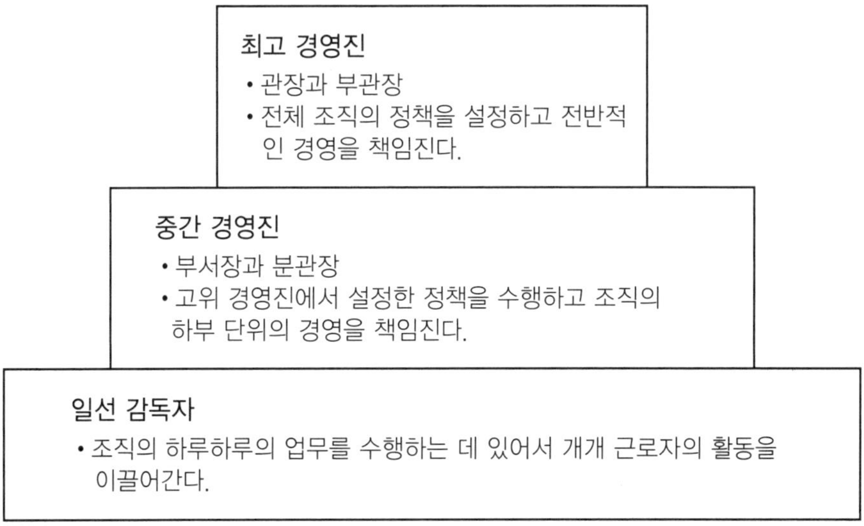

최고 경영진
- 관장과 부관장
- 전체 조직의 정책을 설정하고 전반적인 경영을 책임진다.

중간 경영진
- 부서장과 분관장
- 고위 경영진에서 설정한 정책을 수행하고 조직의 하부 단위의 경영을 책임진다.

일선 감독자
- 조직의 하루하루의 업무를 수행하는 데 있어서 개개 근로자의 활동을 이끌어간다.

〈그림 1.2〉 도서관의 경영 계층

는 변화의 하나는 팀 기반 조직 구조의 채택인데, 이로 인해 경영 피라미드가 수평화되고 몇몇 중간 경영진의 직위가 사라지고 있다. 도서관을 포함한 오늘날의 대부분의 조직에서는, 경영 책임이 이전의 어느 때보다도 더 광범위하게 분산되고 있다.

1.4. 경영자는 무엇을 하는가?

경영자는 자신의 많은 책무를 동시에 수행해야만 하는 매우 바쁜 사람이다. 그 결과 경영자는 종종 다중 작업을 해야 하며, 그들의 업무는 방해를 받는 경우도 빈번하다. 과업은 세분될 수도 있는데, 어떤 관리 기능(managerial functions)은 거의 매일 발생하고, 어떤 기능은 더 부정기적으로 수행된다. 이러한 이유 때문에, 경영자의 삶이라는 천을 구성하고 있는 모든 가닥들을 가지런하게 정리하기는 어렵다. 경영자가 무엇을 하는지를 검토하기 위해, 가장 일반적으로 사용하는 두 가지 접근법은 경영자가 수행하는 기능들을 고려하는 것과 경영자가 수행하는 역할을 설명하는 것이다.

경영에 대한 매우 일반적인 방식의 하나는 경영을 적절하게 수행되었을 때 조직의 효율성과 유효성을 가져오는 일단의 공통적인 프로세스나 기능으로 간주하는 것이다. 관리 기능은 경영자들이 그 직위의 일부로서 수행하는 그러한 과업이다. 이러한 기능은 다양한 방식으로 분류될 수 있다.[9] 그러나 다양한 경영 이론가들에 의해 사용된 용어와 관계없이, 경영자는 기업 내에서 기획(planning)과 조직화(organizing), 충원(staffing), 지휘(leading), 통제(controlling)의 다섯 가지 주요 기능들을 수행한다는 사실에는 일반적으로 동의하고 있다. 이러한 다섯 가지 기능은 〈그림 1.3〉에 제시되어 있다. 경영 경험을 가지고 있는 사람이라면 누구나 그 모든 기능에 익숙하게 될 것이다.

기획(planning)[10]은 경영자로 하여금 조직의 목적을 달성하기 위해 수행해야 할 과업을 예상하고 그러한 것을 완수하기 위한 최선의 방법에 대한 이해를 필요

---

9) 경영의 기능을 성문화하고자 하는 최초의 시도의 하나는 Gulick과 Urwick에 의해 제안되었는데, 그들은 경영자의 기능을 설명하기 위해 POSDCORB(planning, organizing, staffing, directing, coordinating, reporting, and budgeting)라는 두문자어(頭文字語, acronym)를 제시한 바 있다. Luther H. Gulick, "Notes on the Theory of Organization," in *Papers on the Science of Administration*, eds. Luther Gulick and Lyndall Urwick. (New York: Institute of Public Administration, 1937): 3-45.

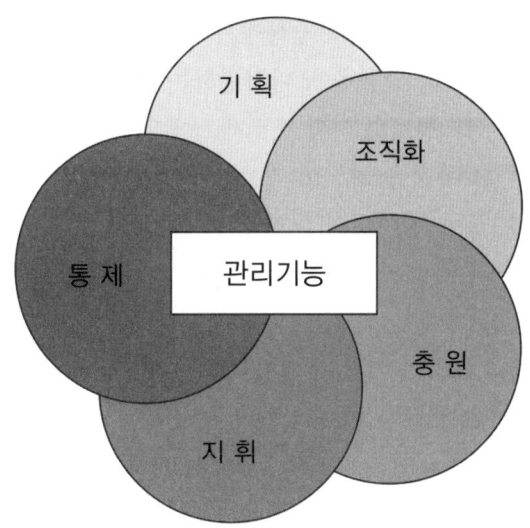

<그림 1.3> 경영의 기능

로 한다. 기획은 경영자가 자신의 조직이 미래에 어디에 있기를 바라는지를 결정할 수 있도록 해 주고 아울러 그 조직으로 하여금 오늘에서 내일로 옮겨 갈 수 있노록 해 준다.

조직화(organizing)는 경영의 두 번째 기능이다. 경영자는 직원 사이에 업무를 구분해 주게 되는 권한의 공식적인 구조를 설정한다. 경영자는 우선 개개인과 개개인의 재능을 직무가 수행되도록 하기 위해 필요한 기능과 구조와 매치시켜야 한다. 그런 후에 단위 사이의 커뮤니케이션을 원활하게 해 주는 채널을 만들게 된다.

충원(充員: staffing)은 종종 인적 자원(human resources) 또는 인사(personnel)라고도 하는데, 조직의 목표를 달성하기 위해 필요한 사람을 고용하고, 훈련시키고, 보상하고, 유지시켜 주는 것과 관계가 있다. 어떤 조직도 효과적인 직원 없이는 성공을 거둘 수 없는 것이다.

지휘(leading)는 조직 내에 공동의 문화와 가치를 창출해 내고, 그 직원에게 목적에 대해 커뮤니케이션하고, 모든 계층의 사람의 동기를 유발해 내는 것에 관계가 있다. 이 범주 아래에 망라되는 모든 하위 기능은 조직의 인간적 요소에 초점을 맞추고 있다. 이 인간적 요소는 매우 중요한 것이다. 왜냐하면 직원의 태도와 인식, 퍼스낼리티 속성은 직원의 업무에 영향을 미치기 때문이다.

---

10) 역자주: 계획, 계획 수립이라고도 하는데, 이 책에서는 계획 자체와 계획을 수립하는 행위나 과정을 구분하기 위해 일관되게 "기획"으로 번역하여 사용하고자 한다.

통제(controlling)는 어떤 조직이 그 목적에 부응하기 위해 올바른 길로 나아가도록 보장하기 위해 그 조직의 활동을 모니터링하는 것이다. 통제는 조직의 업무를 분석하고 그러고 나서 그 정보를 기획 프로세스에 알리는 것을 필요로 한다. 이러한 방식으로, 조직은 그 목적을 최신의 정보에 비추어 계속적으로 검토하고 바로잡을 수 있는 것이다. 통제는 기획의 미러 이미지(mirror image)이다. 기획에서 경영자는 조직이 어디로 향해야 하는지를 설정하는 반면, 통제에서는 이러한 목적에 도달하기 위해 타깃을 제대로 겨누고 있는지를 평가하게 된다. 기획은 경영자로 하여금 자신의 조직이 나아갈 곳을 결정할 수 있도록 해 주며, 통제는 경영자로 하여금 조직이 그것을 달성해 내고 있는지 알아낼 수 있도록 해 준다.

모든 경영자는 이러한 다섯 가지 기능을 수행한다. 물론 서로 다른 계층과 서로 다른 부서에 있는 경영자는 그러한 기능에 기울이는 시간과 그러한 기능을 수행하는 깊이에서 차이가 있을 것이다. 대부분의 다른 경영학 교재와 마찬가지로, 이 『도서관 경영의 이론과 실제』는 이러한 다섯 가지 기능을 중심으로 편성하고, 각각의 기능에 대한 섹션을 마련하고 있다.

 **스킬 연습하기**

여러분은 중간 규모 도시에 소재한 주립대학의 도서관장이다. 여러분의 도서관과 시의 공공도서관을 두 이용자 집단 모두에게 서비스를 제공하는 새로운 건물에 합치기로 하는 결정이 내려졌다. 여러분과 이 공공도서관 관장은 두 도서관의 장서를 어떻게 결합시키고 하나의 공동 시설에서 서비스와 직원들을 어떻게 운영할는지를 계획해야 한다.[11]

여러분은 직원이 자신의 사무실에 거의 없는 다국적 기업의 정보 센터의 관장이다. 여러분은 방금 전에 도서관을 전화와 인터넷을 통해 입수할 수 있는 정보를 갖춘 가상 도서관(virtual library)으로 탈바꿈하는 계획을 세우라는 요청을 받았다.[12]

여러분은 새 고등학교를 계획하고 있는 도시에 이제 막 채용된 학교도서관 사서이다. 별안간 여러분은 여러분이 백만 달러짜리 업무의 관리자로 시설 기획자와 설계자, 테크놀로지 컨설턴트, 예산 권한을 가진 사람(budget authority)으로서의 기술을 갖추어야 한다는 사실을 알게 되었다.[13]

---

11) Ilene Rockman, "Joint Use Facilities: The View from San Jose," *Library Administration and Management* 13, no. 2 (1999): 64-67.
12) Doris Small Helfer, "Lessons from PricewaterhouseCoopers." *Searcher* 7, no. 1 (January 1999): 16-17.
13) Lisa Wilson, "Bringing Vision to Practice: Planning and Provisioning the New Library Resource Center," *Teacher Librarian* 32, no. 1 (October 2004): 23-27.

> 여러분은 부서를 이용하여 조직된 도서관으로부터 팀을 이용하여 조직되는 도서관으로 변경되는 와중에 있는 공공도서관에서 근무하고 있다. 여러분은 이러한 두 개 유형의 경영 사이의 이행(移行)을 위해서는 어떤 것들이 이루어져야 하는지를 결정하게 될 조정 위원회(steering committee)에 참여하고 있다.[14]
> 여러분이 이상에서 살펴본 실제 문제와 같은 도전적인 문제에 직면하고 있는 도서관의 관장이라고 상상해 보라. 여러분은 설명된 문제들을 어떻게 관리하고자 하는가?

1.5. 경영자의 역할

경영자는 자신의 직무를 잘 수행하기 위해 많은 역할을 해야 한다. 역할은 일단의 기대되는 행동과 활동으로 정의할 수 있을 것이다. 캐나다의 경영 이론가인 Henry Mintzberg는 상당 기간에 걸쳐 많은 경영자의 활동을 관찰하고 자신의 관찰을 통해 경영자들이 수행하는 일단의 역할을 제시하였다. Mintzberg는 이러한 역할을 대인적 역할과 정보적 역할, 의사 결정 역할의 세 가지 광범위한 범주로 그룹화하였다.[15] 이러한 역할은 〈그림 1.4〉에서 볼 수 있다.

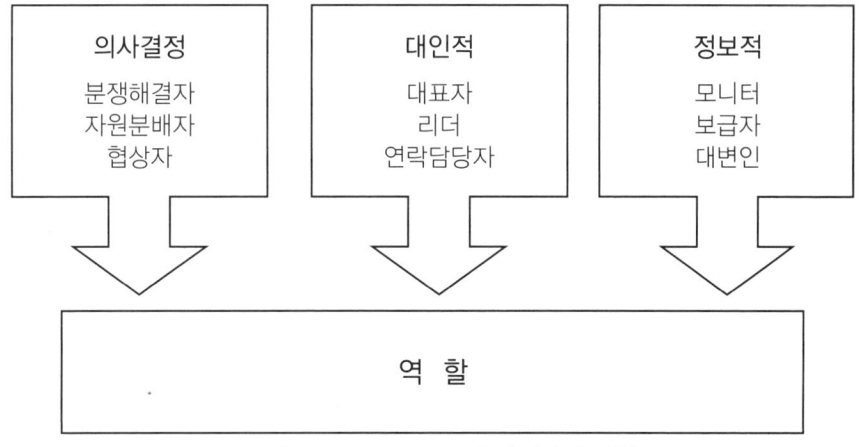

〈그림 1.4〉 Mintzberg의 경영자의 역할

---

14) Betsy A. Bernfeld, "Developing a Team Management Structure in a Public Library." *Library Trends* 53, no. 1 (June 2004): 112-128.
15) Henry Mintzberg, *The Nature of Managerial Work* (New York: Harper & Row, 1973).

대인적 역할(interpersonal roles)은 하나의 범주로서, 사람과 함께 일하는 것에 관계가 있다. 예를 들면 최고 경영자들은 종종 명목상의 **대표자**(figureheads)로서의 역할을 한다. 이 용어가 약간의 경멸적인 어조를 띄고 있기는 하지만, 명목상의 대표자들은 외부 세계에 대해 자신들의 조직을 대표하는 데 상당히 많은 시간을 보내는 고위층 경영자들과 같은 사람이다. 그들은 의식상의 기능을 수행하며 조직을 대표하여 접대를 한다. 그와 같은 경우에, 최고 경영자들은 조직 자체의 상징으로서의 역할을 하는 것이다.

경영자들은 또한 리더로서의 역할을 한다. 경영자들은 그들을 위해 일하는 사람들에게 동기를 부여하고, 그들과 커뮤니케이션하고, 그들을 고무시키는 것과 같은 기능을 수행한다.

경영자들은 종종 직원 그룹 사이에서 또는 직원과 고객 사이에서 **연락 담당자**(liaisons)로서 활약하기도 하는데, 조직 안팎의 정보원(information sources)을 연결해 주는 것이다. 종종 경영자들은 훌륭한 네트워커(networkers)가 되어야 한다고 말하곤 한다. 실제로 경영자들이 연락 담당자의 역할을 할 때는 조직 내에서 또는 조직과 외부 세계 사이에서 필수적인 네트워크를 구축하고 있다.

정보적 역할(information roles)은 오늘날의 정보 기반 조직에서는 이전의 어느 때보다도 더 중요하다. Mintzberg가 파악한 역할 중 하나는 **모니터**의 역할이다. 모니터는 항상 조직의 안팎 모두로부터 정보를 찾고 있다. 모니터는 자신의 단위의 성과를 계속적으로 추적하기 위한 시스템을 개발한다. 그들은 자원의 이용을 감독한다.

경영자는 자신의 정보 탐색 역할을 보완하기 위해, 정보의 **보급자**(disseminators)로서의 역할도 수행한다. 경영자는 정보를 모을 뿐만 아니라, 그것을 다른 사람들과 공유한다. 이 보급은 개인적으로나, 이메일을 통해, 또는 그 밖의 커뮤니케이션 매체를 통해 이루어질 수 있다. 일반적으로 조직이 더 참여적이 되어감에 따라, 경영자는 과거보다도 더 광범위하게 정보를 공유하고 있다.

경영자가 수행하는 마지막 정보적 역할은 **대변인**(spokesman)의 역할이다. 그 자체로, 경영자는 이메일이나 연설, 뉴스레터 등을 통해 조직에 관한 공식적인 정보를 공중에게 알릴 수도 있을 것이다.

의사 결정 역할(decisional roles)은 경영의 바탕이 된다. 내려야 하는 의사 결정은 전술적이거나, 재정적이거나, 대인적인 것일 수도 있을 것이다. 예를 들면, 경영자는 종종 **분쟁 해결자**(disturbance handlers)로서의 역할을 해야 한다. 갈등 해소와 위기 대처는 경영자의 직무 중 더 도전적인 측면이 될 수도 있을 것이다. 마찬가지로 경영자는 종종 **협상자**(negotiator)의 역할을 수행하기도 한다. 여기에서 경영자는 자금이나 장비, 또는 그 밖의 지원 형식과 같은 자원을 확보함에 있어서 자신의 조직이나 부서를 대표하게 된다. 경우에 따라서는, 경영자가 단체 교섭(collective bargaining)에 참여할 수도 있을 것이다.

경영자는 **자원 분배자**(resource allocators)로서의 역할에서, 시간과 자금, 사람과 같은 자산을 조직 내에서 어떻게 배포하게 될 것인지를 결정하는 데 상당히 많은 시간을 투입한다. 특히 대부분의 조직에서 자원이 부족한 오늘날에는, 자원을 분배하는 것에 대해 내려야만 하는 의사 결정들이 항상 존재하게 마련이다.

마지막으로, 경영자가 조직 내에 혁신을 도입하는 일을 할 때, 경영자는 **기업가**(entrepreneur)의 역할을 수행한다. 경영자는 어떤 새로운 아이디어가 조직에 가져올 만한 가치가 있는지를 결정하고 그러고 나서 조직이 계속적으로 경쟁력을 유지하도록 하는 데 필요한 변화를 확실하게 이루어 내도록 해야 한다.

경영자의 역할에 대한 Mintzberg의 개념은 관리 기능(managerial functions)의 전통적인 관점에 대한 흥미로우면서도 유용한 대안을 제공해 주고 있으며 경영학 분야의 다른 연구자에 의해 확장되어 오고 있다. Mintzberg가 설명하고 있는 명목상의 대표자 역할이나 공식적인 대변인 역할과 같은 몇몇 역할은 기본적으로 최고 경영진에 의해 수행된다. 그러나 모든 경영자는 자신의 경영 활동 과정에서 이러한 역할의 상당 부분을 수행해야 한다.

 **스킬 연습하기**

어떤 조직이든 여러분이 친숙한 조직의 중간 경영자나 하위 경영자에게 간략하게 이야기할 기회를 마련해 보라. 그 경영자에게 자신의 매일매일의 일상적인 업무와 다섯 개 관리 기능 각각에 대해 쏟는 시간의 양에 대해 물어 보라. 그러고 나서 그 경영자에게 경영자가 수행한다고 Minzberg가 말하고 있는 역할에 관해 물어 보라. 그 경영자는 Mintzberg의 역할 중 어느 것인가를 수행하고 있는가 그리고 그 역할이 수행되었을 때 직무의 어떤 부분이 수행되고 있었는가?

1.6. 경영자는 어떤 자원을 이용하는가?

한 정의에 따르면, 경영자는 조직의 자원을 사용할 권한을 갖는 사람이다. Mintzberg는 경영자의 역할 중 하나는 자원 분배자의 역할이라는 사실에 주목한 바 있다. 경영자가 통제하는 자원들로는 다음과 같은 네 가지 주요 유형이 있다.

인적 자원(human resources)은 어떤 조직에서 일하는 모든 직원이다. 이러한 직원은 기술과 경험, 교육의 수준에서는 다양하지만, 각각 조직의 필수적인 목적을 수행하게 된다. 전형적인 도서관에서는 전문직 사서와 준전문직, 사무직 근로자, 기술직 전문가, 그리고 많은 경우에 학생 보조원과 사환과 같은 파트타임 근로자들을 고용한다. 경영자는 이러한 모든 인적 자원의 배분을 감독한다.

재정 자원(financial resources)은 어떤 조직의 자금이다. 영리 세계에서, 자금원(資金源)은 기본적으로 고객인데, 그들은 재화나 서비스에 대한 대가로 조직에 돈을 준다. 비영리 조직에서는, 자금들은 대개 미국의 경우, 연방이나 주, 시 정부와, 자선적인 기부, 보조금(grants), 그리고 유사한 자금원으로부터 나온다. 두 영역 모두에서, 경영자들은 그 조직의 재정 자원에 대해 점점 더 많은 책무성을 갖고 있다. 비영리 조직에서 경영자들은 종종 보조금을 확보하거나 기금 조성(fund-raising)[16]에 참여하도록 요구받고 있다.

물적 자원(physical resources)은 사무용품으로부터 사무실 건물에 이르는 어떤 조직의 유형 자산 또는 물질적인 자산이다. 도서관은 자체의 부지를 거의 소유하고 있지 않다. 대신에 건물은 시나 대학과 같은 다른 독립체에서 제공받고 있다. 그럼에도 불구하고 도서관 경영자는 여전히 건물과 그 안에 있는 모든 것들에 대한 적절한 관리의 책임을 갖는다. 물적 자원의 관리에는 많은 시간이 소요되는데, 왜냐하면 그것은 유지 보수 이외에도, 도서관의 시설과 장비의 입수와 최종적인 교체를 포함하기 때문이다. 많은 대규모 도서관에서는, 시설 관리자들이 지정되어 있지만, 값비싼 자원이 포함되는 경우에는 일반적으로 최고 경영자가 최종 의사 결정을 하게 될 것이다. 용품(supplies)과 같은 비싸지 않은 물품의 통제는 대개 하위 경영자에게 위양된다.

정보 자원(information resources)은 모든 경영 상황에서 점점 더 중요하다. 물론 도서관의 중요한 기능은 언제나 정보 자원에 대한 관리가 되고 있다. 경영자는 이면에서 다른 정보 자원들, 즉 조직의 하루하루의 기능에 관련되어 있는 자원을 통제한다. 한때는 이러한 정보가 중앙에 위치해 있는 조직의 파일 캐비닛에 서류로 보관되었다. 컴퓨터의 등장 이후로, 대부분의 도서관은 직원과 자원, 그 밖의 경영 책임에 관련된 정보의 전자 데이터베이스를 관리해 오고 있다. 네트워크는 업무상의 정보를 조직 전체에 걸쳐 직원이 입수할 수 있

---

16) 역자주: 모금이나 모금 활동이라고 번역하거나, 그대로 펀드레이징으로 옮겨 적는 경우도 많다.

도록 해 주고 있다. 이 모든 정보 자원은 중요한 자산으로 전략적 우위를 위해 사용해야 한다. 한편 경영자는 또한 비즈니스 관련 자료의 프라이버시와 비밀을 보장하기 위해 특정의 정보, 특히 전자적으로 입수할 수 있는 정보를 보호해야 한다.

1.7. 오늘날의 경영자에게는 어떤 기술이 필요한가?

분명히 사서들은 경영 구조상의 자신들의 위치에 따라 서로 다른 기술 세트를 필요로 하게 될 것이다. 한 고전적인 논문에서, Robert Katz는 전문적 기술(technical skills), 인간적 기술(human skills), 개념적 기술(conceptual skills)의 경영자의 기술의 세 가지 필수적인 세트를 확인한 바 있다.[17] 전문적 기술은 특정의 기능이나 과업에 관련되는 기술로, 일선 경영자에게 우선적으로 해당된다. 효과적인 감독자가 되기 위해서는, 그 직무가 망라하고 있는 프로세스를 이해해야 한다. 편목 부서의 장은 분류와 편목에 관해 알지 못하고서는 카피 편목 담당자(copy catalogers)를 감독하기가 어렵다는 사실을 깨닫게 될 것이다. 반면에 한때 이러한 기술적인 지식을 경험한 적이 있을 수도 있는 도서관장은 특히 메타데이터의 작성과 같은 더 새로운 역량 부분에서는, 더 이상 그와 같은 기술을 갖지 못할 수도 있을 것이다. 그 대신 고위 경영자들은 개념적 기술과 조직의 "빅 픽처"(big picture)를 볼 수 있는 자신들의 능력에 더 많이 의존하게 된다. 인간적 기술은 사람과 효과적으로 상호 작용할 수 있는 능력으로, 모든 수준에서 중요하다.

 이야기해 보기

여러분이 친숙한 조직을 확인하고 그곳에서 일하는 경영자를 생각해 보라. 경영 책임의 서로 다른 수준에서 어떤 기술이 필요하고, 왜 필요한가? 계층 구조에서 경영자의 지위가 올라가면서, 그들은 새로운 직위로 성공적으로 이행(移行)하기 위해 필요한 새로운 기술을 어떻게 익히는가?

---

17) Robert Katz, "Skills of an Effective Administrator," *Harvard Business Review* 52, no. 5 (September 1974): 90-102.

Katz의 경영자의 기술에 대한 개괄적인 설명과는 반대로, 다른 경영 전문가들은 중요한 기술을 더 상세하게 파악하고 있다. 몇몇 연구들은 도서관 경영자에게 필요한 기술을 구체적으로 살펴보고 있다. 예를 들면, 몇 년 전에 G. Edward Evans는 사서와 아키비스트(archivists), 정보 관리자를 위한 일반적인 경영 지식의 핵심을 제시하였는데, 그가 제안한 핵심은 오늘날에도 여전히 적합하다. 그의 리스트에 열거된 12개 항목은 기획과 충원, 재정 관리, 동기 부여, 커뮤니케이션, 리더십, 계량적 방법, 윤리, 의사 결정, 위양, 마케팅이다.[18]

약간의 변형이 있기는 하지만, 과거에 필요했던 많은 기술은 현재의 필요 기술 리스트에서 여전히 언급되고 있다. 2016년에, *Library Journal*의 편집자들은 유명한 도서관장의 그룹을 대상으로 여론 조사를 하면서 신입 사서에게 어떤 기술이 가장 필수적인지를 물었다. 언급된 기술은 홍보(advocacy)/정치, 공동 작업(collaboration), 커뮤니케이션/대인 기술, 독창성/혁신, 비판적 사고, 데이터 분석, 유연성, 리더십, 마케팅, 프로젝트 관리, 테크놀로지 지식이었다.[19] 놀라운 것은 아니지만, 사서들에게 필요한 기술은 모든 지식 근로자(knowledge workers)가 필요로 하는 것과 크게 다르지 않다. 〈표 1.1〉에서는 2015년과 2020년에 제4차 정보 혁명에서 성공하기 위해 필요한 것으로 세계 경제 포럼에서 파악한 상위 10개 기술을 열거하고 있다.

〈표 1.1〉 2015년과 2020년에 성공을 위해 필요한 가장 중요한 기술

2015년의 상위 10개 기술	2020년의 상위 10개 기술
복잡한 문제 해결	복잡한 문제 해결
다른 사람들과의 조화	비판적 사고
사람 관리	독창성
비판적 사고	사람 관리
협 상	다른 사람들과의 조화
품질 관리	감성 지능(정서 지능)
서비스 지향성	판단력과 의사 결정
판단력과 의사 결정	서비스 지향성
적극적 경청	협 상
독창성	인지 유연성

---

18) G. Edward Evans, "Management Education for Archivists, Information Managers and Librarians: Is There a Global Core?" *Education for Information* 2, no. 4 (December 1984): 295-307.

이러한 리스트들은 모든 경영자에게 유용한 경영자 기술의 핵심을 제공해 주지만, 특정 경영자에게 필요한 정확한 역량은 직위와 조직의 유형에 따라 달라질 것이기 때문에, 이를 정의하기가 어렵다. 이러한 우려에도 불구하고, 다음과 같은 기술은 대부분의 현대 경영자들에게 필수적인 것으로 입증되고 있다.

정치적 기술(political skills). 대부분의 업무 현장과 마찬가지로, 도서관과 정보 관련 기관은 상당히 정치적인 조직이다. 오늘날의 풍토에서 살아남기 위해, 경영자는 비전(vision)을 만들어 내는 것은 물론 다른 사람들로 하여금 그 비전을 신뢰하도록 고취시켜야 한다. 경영자는 전략적 사고와 행동에 도움이 되는 업무 현장 분위기를 만들어 내야 한다. 정치는 내부 업무 안에서 뿐만 아니라 조직이 갖는 자체 외부의 힘과의 관계로부터도 생겨나는 것이다. 조직의 균형을 유지하기 위해서는, 유연성과 리스크(risks)를 감수하려는 의지가 필수적인 경우가 많다.

분석적 기술(analytical skills). 경영자는 변화 주도자(change agents)의 역할을 하는 경우가 많으며 따라서 비판적 사고와 분석에 능숙해야 한다. 통찰력이나 직관을 바탕으로 하는 의사 결정을 옹호하는 것은 거의 불가능하지만, 명쾌하고 합리적이며 논증이 잘된 분석은 경영자의 행동을 위한 굳건한 토대가 된다.

문제 해결 기술(problem-solving skills). 문제 해결은 거의 틀림없이 경영자의 가장 중요한 일상적인 활동일 것이다. 문제 해결은 보통 어떤 조직 내에서 변화를 일으키는 것과 관계가 있다. 앞에서 살펴본 것처럼, 유연성이 성공에 중요한 경우가 많기 때문에, 경영자는 변화 관리에 대해 긍정적인 태도를 가질 필요가 있다.

사회적 기술(social skills). 사람은 모든 조직의 심장이다. 사람은 많은 서로 다른 차원을 가지고 있기 때문에, 경영자는 불가피하게 이러한 모든 차원을 다루어야 한다. 그렇게 하기 위해 가장 필수적인 기술은 커뮤니케이션에 관련된 기술과 갈등 해소, 대인적 기술이다. 경영자들은 팀 중심의 계획을 조정하는 책임을 갖게 되는 경우가 점점 더 많아지고 있다. 따라서 경영자들은 최선의 팀 관리 기법을 알아야 할 뿐만 아니라 자신의 부하 직원을 어떻게 코치하고 멘토링해야 하는지 이해해야 한다. 조직의 다른 사람의 눈을

---

19) Meredith Schwartz, "Top Skills for Tomorrow's Librarians." *Library Journal* 141, no. 4 (2016): 38-39.

통해 상황을 바라보도록 배우는 것은 상호 협력을 용이하게 해 주고 갈등을 줄여 줄 수 있다. 경영자는 자신이 관리하는 사람의 우려와 관심을 전달하는 것을 목표로 해야 하며, 당연히 유머 감각은 언제나 도움이 된다.

재정적 기술(financial skills). 모든 경영자는 자신이 속한 조직의 재무 구조에서 견실한 기초를 가져야 한다. 경영자는 자금이 어디서 흘러오고, 어디로 흘러가며, 그것을 어떻게 확보해야 하는지에 대해 알아야 한다. 이러한 기술은 또한 마케팅에 대한 지식을 포함해야 하는데, 왜냐하면 마케팅이 자금 확보의 핵심 요인이 될 수 있기 때문이다. 아울러 도서관에 대한 정부의 자금 지원이 감소하고 있는 시대에는, 민간 기금 조성에 대한 책임이 특히 최고 경영자에게는 표면화되고 있다. 기금 조성(fund-raising)은 시간을 많이 필요로 하지만, 이를 통해 들어오는 돈은 종종 도서관 예산의 추가 부분에 사용될 수 있다.

시스템 기술(system skills). 자연히 모든 도서관 경영자는 컴퓨터 기반의 정보 시스템에 친숙해야 하지만, 이러한 유형의 기술은 컴퓨터의 범위를 훨씬 넘어서는 것이다. 무엇보다도 시스템은 테크놀로지적인 것들뿐만 아니라 구체화된 결과들을 만들어 내기 위해 설계된 자원과 루틴의 물리적 배치도 포함한다. 오늘날의 도서관은 대개 훨씬 더 큰 상위 시스템의 일부이며, 경영자는 그러한 상위 시스템 안에서 자신이 속한 조직의 위치를 알아야 한다.

요약하면, 경영자의 직무는 복합적이고 다차원적이기 때문에, 경영자는 기술적이고 구체적인 비즈니스 지식과 같은 "하드" 기술(hard skills)은 물론 앞서 살펴본 대인 관계의 능숙함과 같은 "소프트" 기술(soft skills)을 둘 다 가져야 한다. 어떤 경영자도 유용한 것으로 입증될 수도 있는 모든 기술을 완전히 마스터할 수는 없다. 하지만 훌륭한 경영자는 자신의 성공이 자신의 기술과 지식에 좌우된다는 사실을 알고 있기 때문에, 자신의 전 경력에 걸쳐 계속해서 기술을 배우고 개발하는 것을 목표로 하게 되는 것이다.

스킬 연습하기

도시에 소재한 대규모 공공도서관에서 열람 서비스 책임자를 채용하고자 하는데 직무 광고에서 그 직위의 책임과 요건에 대해 다음과 같이 설명하고 있다:

여러분은 메인 도서관과 20개 분관, "가상" 도서관을 지휘함으로써 열성적인 도서관 이용자들과 후원자로 이루어진 지역 사회에서 고객 서비스의 우수성을 지속시키면서, 혁신적인 공공 서비스 계획을 성공적으로 실행하는 데 초점을 맞추게 될 것입니다. 상임 이사(executive director)에게 보고하면서, 여러분은 2천4백만 달러의 예산과 800명의 직원들을 관리하게 될 것입니다. 여러분은 다른 리더십 임원진의 멤버와 함께 일하면서 전략을 개발하고 도서관의 비전(vision)의 달성을 지원하게 될 것입니다. 도전해야 할 과제로는 새로운 마케팅 계획 및 브랜드 이미지의 완성, 공공 서비스 프로그램의 수정, 승계 계획(succession planning)의 일부로서 이루어지는 직원들에 대한 파악과 멘토링, 도서관 소셜 미디어의 개선, 장기적인 시설 계획의 개발이 있습니다. 성공적인 후보자의 핵심적인 특징으로는 입증된 프레젠테이션 기술, 전략적 민첩성, 프로세스 관리 및 시스템 사고(systems thinking)에 대한 신속한 이해가 포함될 것입니다.

경영진의 수직적 계층 구조를 이용한다면, 이것은 어떤 계층의 경영자인가? 이 직위에는 어떤 유형의 기술이 필요한가? 그와 같은 직위를 얻기 위한 자격을 갖추고자 하는 사서는 그러한 기술을 어떻게 습득할 수 있을 것인가?

1.8. 영리 조직과 비영리 조직의 경영의 차이점은 무엇인가?

어떤 도서관과 정보 센터들은 영리 조직으로 자리 잡고 있지만, 거의 대부분은 그렇지 않다. 대부분의 도서관은 미국의 경우 주나 지방의 세금 또는 사립대학과 같은 비영리 조직의 자금 지원을 받고 있다. 비영리 조직은 특유의 역할을 수행한다. 이러한 조직은 이윤을 창출하기보다는 오히려 공공 서비스를 제공하기 위해 만들어지고 있다.

영리 조직은 비즈니스 오너나 주주를 위해 돈을 벌어들이는 일차적인 사명을 갖는다. 반면에 대부분의 도서관은 이윤을 창출하는 데 중점을 두지 않고 있다. 그 대신 도서관은 공공의 이익(public good)에 기여하기 위해 존재한다. 비영리 기관은 대개 자체의 자금을 발생시키지 않으며, 일반적으로 특별한 형식의 재정 통제와 회계를 사용한다. 보통 이러한 기관은 그 예산의 일부로서 결손이나 대규모 적립금을 갖도록 허용되지 않는다. 이러한 핵심에 나타나는 비유사성은 영리 조직과 비영리 조직 경영의 가장 중요한 차이점이다. 하지만 도서관이 비즈니스를 계속하기 위해 이윤을 만들어 내야 하는 것은 아니라고는 하더라도, 도서관은 영리 조직과 마찬가지로 급속하게 변화하는 환경에서 경쟁 우위를 유지하고자 노력해야 하며 항상 가능한 한 효과적으로 그리고 효율적으로 운영해야 한다.

그렇지만 비영리 세계의 경영은 이러한 조직의 목적을 제대로 표현하기가 어렵기 때문에, 비교적 복잡해 보일 수도 있을 것이다. 영리 조직은 그 오너를 위해 돈을 벌어들인다는 아주 간단한 목적을 가지고 있다. 반면에 비영리 조직은 "사회에 봉사"한다거나 "잘하는" 것을 목표로 하는데, 이것은 많은 서로 다른 방식의 해석이 가능한 목적인 것이다.

결과적으로 비영리 조직의 경영자는 때로는 구체적인 목적을 설정하는 데 어려움을 겪을 수도 있을 것이다. 그러면 조직이 이러한 목적을 달성하고 있는지를 평가하기도 마찬가지로 어려울 수 있다. 아울러 인적 자원 관리의 어떤 측면은 비영리 조직의 직원이 정부 근로자이거나 또는 대학도서관에서 때때로 볼 수 있는 정년 보장과 같은 특별한 혜택을 받고 있는 경우에는, 영리 영역과 다를 수도 있다.

이러한 작은 차이 이외에는, 경영자가 수행하는 것의 대부분은 그들이 어디에서 일하든 동일하다. 잘 알려진 경영 전문가 Peter Drucker는 영리 조직과 비영리 조직 간의 유사성을 강조한 바 있다.[20] Drucker는 모든 조직의 경영자는 다음과 같은 다섯 가지 본질적인 질문에 대해 스스로에게 질문을 던져 보라고 제시하고 있다. "우리의 사명은 무엇인가? 우리의 고객은 누구인가? 고객은 무엇에 가치를 부여하는가? 우리의 결과물은 무엇인가? 우리의 계획은 무엇인가?" 이러한 프로세스는 비영리 조직에 훨씬 더 중요할 수도 있을 것이다. 왜냐하면 비영리 조직은 자신에게 자금을 지원하는 존재의 신뢰와 믿음을 유지하기 위해서는 결과를 만들어 내야 하기 때문이다.

요약하면, 이러한 두 가지 유형의 조직 사이에는 경영상의 약간의 차이가 있기는 하지만, 두 유형의 경영자는 여전히 기획과 조직화, 인적 자원 관리, 지휘, 통제의 다섯 가지 본질적인 기능에 관여하고 있는 것이다. 또한 두 유형의 경영자 모두 Mintzberg가 설명하고 있는 역할을 수행한다. 이러한 유사성을 고려하면, 어느 한 유형의 조직의 훌륭한 경영자는 다른 영역의 경영자로 아주 쉽게 옮겨갈 수 있을 것이다. 모든 조직은 구조에 상관없이, 조직이 그 사명과 목적을 달성하도록 도와주기 위해 숙련된 경영자를 필요로 한다.

---

20) Peter Drucker, *Managing the Non-Profit Organization: Principles and Practices* (New York: Harper Collins, 1990).

1.9. 결 언

21세기의 사서들은 분명히 급변하는 환경 속에서 일하게 될 것이다. Peter Vaill은 한때 이러한 격동의 미래를 설명하기 위해 설득력 있는 비유를 사용한 바 있다. 그는 오늘날의 경영자는 그가 영구적인 "급류"(white water)라고 부르는 것에 맞서기 위한 준비를 해야 한다고 설명하고 있다. 그의 견해에 따르면, 조직의 경영이 잔잔하고 조용한 강을 타고 내려오는 즐거운 뱃놀이 같았던 적이 있었지만, 미래는 달라질 것이다. 그것은 여울과 소용돌이, 회오리로 가득할 것이다.[21] Vaill이 영구적인 급류의 시작을 예측한 지 25년 이상의 세월이 흘렀다. 환경은 그 시기 이후로 격변하고 있으며, 예상대로 제4차 산업 혁명이 도래한다면, 그 물을 훨씬 더 소용돌이치게 할 것이다. 도서관은 이 신나는 여행을 위해 배의 키를 잡을 수 있는 노련한 경영자가 필요한 것이다.

오늘날의 경영자들은 의심할 여지없이 수많은 도전에 직면하고 있으며, 따라서 경영이 어려울 수 있다. 그럼에도 불구하고, 그것은 또한 경력을 쌓을만한 좋은 기회들을 주고 어떤 조직 내에서 중요한 변화를 이룰 수 있도록 해 준다. 앞으로 다가올 수십 년에 걸쳐 도서관의 성공을 보장하기 위해서는, 이러한 조직들은 물론 그들이 서비스하는 이용자들도 재능을 갖춘 경영자를 필요로 하게 될 것이다.

이 『도서관 경영의 이론과 실제』의 첫 번째 장에서는 경영자가 수행하는 것들과 경영자가 갖추어야만 하는 기술에 대해 개략적으로 살펴보았다. 다음 장에서는 수년간에 걸쳐 이루어진 경영 이론의 발전에 대해 고찰해 보고자 한다. 그리고 나서 이 도입부는 오늘날의 급변하는 도서관 환경에서의 변화 관리에 초점을 맞추고 있는 제3장으로 마무리하게 될 것이다.

---

21) Peter Vaill, *Managing as a Performance Art: New Ideas for a World of Chaotic Change* (San Francisco: Jossey-Bass, 1989).

학습 내용 연습하기

1. 미국 North Carolina주의 Charlotte시는 그 공공도서관 시스템에 대해 오랫동안 자랑거리로 삼아 오고 있다. "Charlotte Mecklenburg Public Library는 재탄생과 성장으로 명성을 얻고 있다. 이 도서관은 1995년에 Library Journal이 선정한 올해의 도서관에 이름을 올렸고, 불과 2년 전까지도 도서관 시스템에서 분관 수뿐만 아니라 그 서비스에서도 확장을 하기 위해 새로운 방법을 찾고 있었다. 2009년의 장기 발전 계획에서는 8개의 새로운 분관을 추가하고, 그 프로그램을 확장하며, 구직자를 위한 새로운 취업 지원 센터를 오픈하도록 제안한 바 있다. 최근의 경기 침체는 Charlotte에 세차게 몰아쳤다. 세수(稅收)가 가파르게 떨어졌고 Charlotte도 다른 많은 도시들과 마찬가지로, 그 도서관에 대한 자금 지원을 삭감하지 않을 수 없었다. 2010년 봄을 시작으로, Charlotte Mecklenburg Library는 대략 카운티 자금 지원의 1,200만 달러를 잃게 되어, 그 예산을 2008-09년 초의 4,120만 달러에서 2,540만 달러로 감축하게 되었다. 그러한 삭감의 결과로 4개 분관을 폐관하고, 나머지 분관의 개관 시간을 단축하고, 인력의 거의 3분의 1에 해당하는 180명 가까운 직원을 감원하였다.[22]
다행히도 Charlotte는 앞서 살펴본 최근의 경기 침체의 영향으로부터 훌륭하게 회복하고 있다. 그러나 극심한 예산 삭감은 어느 조직에나 닥칠 수 있다. 여러분은 앞서 살펴본 것과 같은 상황에서 일하고 있는 경영자가 직면하게 되는 주된 도전은 무엇이라고 생각하는가? 그와 같은 직위에서 성공을 거두기 위해 경영자는 어떤 기술과 특징을 필요로 하게 될 것인가?

2. 여러분이 과거에 가지고 있던 또는 현재 가지고 있는 직무를 생각해 보라. 첫째로, 여러분의 감독자와 그 사람의 일반적인 행태와 경영 스타일, 태도에 대해 생각해 보라. 그리고 나서 여러분의 동료 직원과 그들의 역량과 일과 조직 그리고 여러분에 대한 그들의 태도에 대한 여러분의 인식에 대해 생각해 보라. 마지막으로, 조직 자체와 그 정책, 절차, 관행에 대해 곰곰이 생각해 보라. 이 직무에 대해 좋은 것은 무엇이었는가? 그것의 부정적인 특징은 무엇이었는가? 여러분의 직속 상관과 최고 경영진을 포함하여 경영자들은 그 직무에 관해 여러분이 좋아했던 것이나 싫어했던 것에 얼마나 많은 원인을 제공하였는가? 이 직무로부터 여러분은 경영에 관해 무엇을 배웠는가?

3. Carville Public Library에는 아주 즐거운 일이 있었다. 도서관장인 Sam Gates가 이직하였다. 직원들은 6개월 전에 그가 부임한 이후로 이 발표를 학수고대하고 있었다. 이것이 왜 기쁜 일이었을까? 그렇게 묻는다면, 직원들은 다음과 같이 대답할 것이다. "왜냐하면 그 사람은 우리의 직무를 수행할 수 있는 자신과 우리의 능력에 지장을 주는 심각한 심리적 문제점을 가지고 있기 때문이다." 설명해 달라고 하면, 그들은 그는 지나치게 예민하고 자의식이 대단

---

22) Bethea, April D., "Has Charlotte Survived?" *Library Journal* 136, no. 9 (May 15, 2011): 28-32.

히 강했다고 대답했을 것이다. 이러한 소심증이 모든 자발성과 자연스러움을 그에게서 앗아 갔던 것이다. 그는 냉정하고, 내성적이며, 딱딱했던 것 같다.

　　Carville의 사서들은 이사들로부터 공공도서관장은 어떤 특성과 능력, 재능을 가져야 하는 지에 대한 질문을 받았다. 그들은 또한 자신들이 신임 도서관장을 뽑기 위한 면접에 참여할 것이라는 말을 들었다. 직원들은 이 채용을 위한 의사 결정에 참여하는 데 대해 흥분을 감추지 못하면서, 도서관장은 어떤 자질을 갖추어야 하는지를 결정하고 면접 중에 그 직위의 지원자가 그러한 자질을 갖추었는지를 어떻게 밝혀낼지에 대해 고심하고 있는 중이다. 여러분이 Carville 도서관의 직원의 입장에 있다면, 신임 관장이라는 측면에서 여러분이 지지를 받을 것이라는 사실에 대해 어떻게 생각하는가? 어떤 지원자가 이러한 기술을 갖추었는지를 결정하기 위해 여러분은 어떤 질문을 던질 것인가?

토론용 질문

1. Brynjolfsson과 McAfee는 자신들의 책, *The Second Machine Age: Work, Progress, and Prosperity in a Time of Brilliant Technologies*에서, 제4차 산업 혁명은 많은 도움이 되는 결과를 가져오게 되겠지만, 몇몇 곤란한 도선도 가셔오게 될 것이라고 지적한 바 있다. "급속하고도 가속화된 디지털화는 환경적 혼란보다는 경제적 혼란을 야기할 가능성이 있는데, 이것은 컴퓨터가 더 강력해져 감에 따라, 기업은 어떤 종류의 근로자에 대한 필요성이 줄어들 것이라는 사실에 기인한다. 테크놀로지의 진보는 항상 앞서가기 때문에, 어떤 사람, 심지어는 많은 사람을 뒤처진 채로 방치하게 될 것이다. … 특별한 기술을 갖거나 올바른 교육을 받은 근로자가 되기에 이보다 더 좋은 때는 결코 없었다. 왜냐하면 이러한 사람은 테크놀로지를 이용하여 가치를 창조하고 가치를 차지할 수 있기 때문이다. 그러나 제공해야 할 '평범한' 기술과 능력을 가진 근로자가 되기에 이보다 더 나쁜 시기는 결코 없었다. 왜냐하면 컴퓨터와 로봇, 그 밖의 디지털 테크놀로지는 이러한 기술과 능력을 놀라운 속도로 습득하고 있기 때문이다."

　　도서관에서 일하는 사람이 필요로 하는 직무 기술에 대해 생각해 보라. 그들이 가지고 있는 기술은 "평범한" 것인가 아니면 "전문화된" 것인가? Brynjolfsson과 McAfee의 예측이 옳다면, 여러분은 어떤 도서관 직무가 가장 위험하다고 생각하는가?

2. Henry Mintzberg는 다음과 같이 말하고 있다. "경영자는 결코 직무를 자유로이 잊을 수 없으며, 잠시라도 해야 할 것이 아무것도 없다는 사실을 알게 되는 즐거움을 누릴 수 없다. … 경영자들은 언제나 자신들이 조금이라도 더 많은 기여를 할 수도 있다는 고질적인 느낌을 달고 산다. 그런 이유로 그들은 수그러들 줄 모르는 속도로 자신들의 일을 떠맡는 것이다."[23]

---

23) Henry Mintzberg, *The Nature of Managerial Work* (New York: Harper & Row, 1973). 36.

경영자는 거의 항상 경영자가 아닌 사람보다 더 많은 급여를 받지만, 더 많은 책임을 갖고 보통은 더 열심히 일하는 것 같다. 여러분은 경영자가 더 많은 급여를 받을 만하다고 생각하는가? 여러분은 경영자가 되는 데 관심이 있는가?

3. 2001년에 Rosabeth Moss Kanter는 다음과 같이 말하고 있다. "성공은 더 완전한 변신, 즉 전체 조직의 업무를 어떻게 조직할 것인지에 대한 모델의 재고(再考)를 필요로 한다. 그것은 고객과의 관계와 내부 및 외부 커뮤니케이션, 의사 결정, 운영 스타일, 경영 행태, 직원 동기 부여 및 유지에 관한 전통적인 가정에 대한 도전을 필요로 한다. 그리고 그러한 것이 새로운 방식을 정의하게 된다.[24]

이러한 주장은 오늘날의 조직에 대해서도 여전히 적합하다. 도서관은 어떻게 자신들의 전통적인 가정(假定)에 대해 재고할 수 있을 것인가? 무엇이 모든 조직으로 하여금 이러한 것을 정기적으로 하지 못하도록 가로막고 있는가?

---

24) Rosabeth Moss Kanter, *Evolve!: Succeeding in the Digital Culture of Tomorrow* (Boston: Harvard Business School Press, 2001), 72.

경영 사상의 발전

이 장의 요점

이 장을 마친 후 여러분은:

- 경영 이론의 발전에 대한 지식이 오늘날의 경영자들에게 왜 중요한지를 이해해야 한다.
- 경영 이론의 주요 학파들과 각 학파는 그것이 개발된 시기를 어떻게 반영하고 있는지에 대해 논의할 수 있어야 한다.
- 오늘날의 조직들과 다양한 시각들이 개발되었던 당시에 존재했던 조직 간의 몇 가지 주된 차이점에 대해 알아야 한다.
- 단 하나의 "최선의" 경영 방식이 존재하지 않는 이유를 설명할 수 있어야 한다.
- 여러분은 어느 것이 미래의 일반적인 경영 "학파"가 될 것이라고 생각하는지에 대해 논의할 준비가 되어 있어야 한다.

지난 250년 이상의 기간에 걸쳐, 거의 모든 국가들은 대부분의 근로자들이 기본적으로 농부나 독립된 기술자로서 독자적으로 일하는 사회로부터 거의 모든 근로자들이 조직에 고용되어 있는 사회로 발전하고 있다. 불과 한 세기 이전에는, 미국 인력의 38퍼센트가 소규모 회사에서 근무했었다. 오늘날에는 3퍼센트 미만의 미국인이 생계를 위해 농업에 종사하고 있다.[1] 현대의 근로자들의 거의 대부분은 어떤 종류의 조직에 고용되어 있으며, 자신들의 일을 안내하고 지시하는 경영자를

---

1) U.S. Department of Labor, *Report on the American Workforce* (Washington, DC: 2001), 〈http://www.bls.gov/opub/rtaw/rtawhome.htm〉.

갖고 있다.

　미국에서 제조업이 시작되었던 18세기 말에는, 공장들이 소규모였다. 1849년 당시 미국에서 가장 큰 공장은 시카고 소재의 것으로 123명의 근로자를 고용하고 있었다. 1860년과 1890년 사이에, 미국의 제조업에서 일하는 사람들의 숫자는 다섯 배로 늘었다. 1913년까지는 12,000명 이상의 사람들이 Michigan에 있는 포드 자동차 회사(Ford Motor Company) 공장 한 곳에서 근무하였다. 조직에서 일하는 사람들이 증가함에 따라, 경영에 대한 관심도 증가하였다. 대규모의 조직이 소규모였을 때는 경영 기법들이 그다지 중요하지 않았지만, 산업화의 폭발과 함께, 감독자들은 갑작스럽게 대규모 인력과 복잡한 조직을 관리하는 최선의 방식에 관한 지식이 필요하게 되었다.

　초창기 조직의 경영자들은 자신들의 경험을 제외하고는 어떻게 경영해야 하는지에 대해 그들을 안내해 줄 자원들이 거의 없었다. 그러다가 19세기 후반에 이르러서, 몇몇 경영자들과 경영 이론가들이 가장 효과적인 경영 관행들을 찾아내고자 하는 시도로 자신들의 경험과 관찰을 체계적으로 심사숙고하기 시작하였다. 이러한 가장 효과적인 관행들은 대개 원칙이라고 불리는데, 더 정확하게는 과학적인 사실이라기보다는 좋은 경영에 대한 가이드로 간주되고 있다.[2] 경영에 대한 연구는 최근 수십 년간에 상당히 확장되고 있는데, 이는 헤아릴 수 없는 경영자들이 성공하도록 도움을 주고 있는 새로운 아이디어들의 뒷받침을 받고 있다. 실제로 경영 이론들은 경영 사상의 다양한 학파들과 마찬가지로, 각각 최선의 접근법을 제공한다고 주장하면서, 계속해서 급증하고 있다.

　오늘날의 경영 기법들은 초창기의 관행과 원칙, 연구로부터 발전해 온 것이다. 경영의 역사에 대한 상세한 검토는 최신의 경영 개념들을 배우고, 과거에 효과가 있었던 것을 규명하고, 미래에 알려져 있는 실수들을 피하기 위한 맥락과 배경을 제공해 주게 된다. 경영학을 공부하는 어떤 학생도 이 영역의 선구적인 사상가들에 대해 낯설어서는 안 된다. 조직은 이러한 선구자들의 어떤 관행들로부터는 거리가 멀어졌지만, 그들의 아이디어는 아직도 현재 시행되고 있는 많은 경영 기법들의 토대를 이루고 있다.

　경영에 대한 공식적인 연구는 175년도 안 되는 이전에 시작되었지만, 경영 기법들은 경영 원칙들이 연구되고 성문화되기 오래전인 초창기 문명의 시대로부터

---

[2] Daniel A. Wren and Arthur G. Bedeian, *The Evolution of Management Thought* (Hoboken, NJ: John Wiley and Sons, 2009), 409.

사용되어 오고 있다. 스톤헨지(Stonehenge)와 마야 피라미드를 생각해 보라. 이러한 프로젝트의 어느 것도 경영 없이는 이루어질 수 없었을 것이다. 인간들이 협동적으로 일해야 할 때는 언제나, 업무를 기획하고, 조직화하고, 지휘하고, 통제하는 표준적인 관리 기능을 맡아 수행하는 사람들이 있었다. 이 장에서는 초기 단계로부터 현재에 이르기까지의 경영 사상과 실제의 발전에 대해 살펴보게 될 것이다. 또한 경영에 대한 새로운 접근법을 취하고 있는 몇몇 최신 트렌드들에 대해서도 간략하게 초점을 맞추어 보고자 한다. 그리고 나서 이 장은 사서들은 일반적인 경영 원칙을 어떻게 자신들의 업무 현장에 맞게 적용시켜 왔는지에 대한 간략한 요약으로 마무리하게 될 것이다.

현장의 경영 사례: Nicholson과 Bodleian Library

1912년 3월, 런던의 *The Times*는 지난 30년간 Oxford의 Bodleian Library의 도서관장으로 봉사했던 E. W. B. Nicholson의 타계 소식을 전했다. Nicholson은 H. O. Coxe의 타계 이후인 1882년에 그 직에 임명되었는데, 부고에서는 이어서 Nicholson이 맡았던 자리는 Coxe가 "품위 있고 친절한 학자로, 그 대학에서 너무나도 많은 사랑을 받고 있었다는 점에서 그 후임자는 비교되어 시달림을 당할 수밖에 없기"[3] 때문에, 어려운 자리였다고 전하고 있다.

Nicholson은 Oxford의 도서관을 최신의 것으로 만들어야 했기 때문에 고용되었으며, "따라서 신임 도서관장은 새로운 요건으로 생각되는 것들에 부응하도록 낡은 기관을 재조직화해 주는 근대적인 방식의 사람, 에너지를 가진 사람으로서 선발되었다."[4] 하지만, 부고에서 주목하고 있는 것처럼, Nicholson은 강력한 반대에 부딪혀서 자신의 목표들을 수행할 수가 없었다. 왜냐하면 그가 주창했던 변화들은 도서관은 물론 대학 내의 격렬한 반대에 직면했기 때문이다. 그럼에도 불구하고, 최종적으로 Nicholson은 도서관을 더 유용하게 만들겠다는 자신의 일차적인 목표를 달성할 수 있었으며, "자신의 생을 마감하기 이전에 자신이 가장 소중하게 생각했던 계획의 일부가 이루어지거나 착수되는 것을 보게 되는 만족을 누렸다." 이러한 것들 중에는 서가 분류 시스템과 주제명 목록, 도서관의 확장, 지하 저장 시설, 직원 수의 증가 등이 포함되어 있다. 부고에서 제대로 짚어 주고 있는 것처럼, 이것은 "한 사람의 재직 기간으로는 놀랄 만한 기록"[5]이었다.

Nicholson은 오늘날에는 거의 알려져 있지 않지만, 새로운 경영 기법들을 도서관에 도입함으로써 선구적인 역할을 한 20세기 전환기의 수많은 사서의 한 사람이었다. 확립된 도서관 경

---

3) Obituary of E. W. B. Nicholson, *The Times* (London, England), March 18, 1919.
4) *Loc. cit.*
5) *Loc. cit.*

영의 규범이나 관행의 이점을 갖지 못한 채 일하면서도, 도서관 경영자의 이 제1물결의 멤버들은 도서관 관리에 대한 다양한 접근법들을 시험하였다. 이러한 초창기의 많은 시도들은 성공을 거두지 못하고 시간이 흐르면서 폐기되었지만, 어떤 것들은 지속적인 가치가 있는 것으로 입증되어 여전히 오늘날의 도서관 경영에도 이용되고 있다.

Bodleian Library를 혁신하기 위해 시도하면서 Nicholson이 직면했던 상당수의 문제점들은 현대의 경영자들에 의해서도 부딪히고 있다. 경영자들은 고객들에게 더 나은 서비스를 제공하기 위해 자신의 조직이 계속해서 최신성을 유지하고 "유용성을 갖도록" 하기 위한 방식들에 대해 고심하고 있다. 많은 사랑을 받은 전임자의 뒤를 이어 임명을 받고 업무를 처리하는 과거의 방식들을 대대적으로 개편하는 주요한 혁신을 실행하기는 여전히 어려운 것이다. 시대는 변해가지만, 경영의 많은 문제점들은 그대로 남아 있다. 잘 확립된 조직에 변화를 가져오기가 어려운 이유는 무엇인가? 변화를 더 용이하게 하기 위해 경영자가 할 수 있는 것은 무엇인가?

2.1. 고대사에 나타나는 경영

Nicholson이나 다른 초창기 경영자의 선구자들의 시대보다 훨씬 이전에도, 어떤 과업을 이루어내기 위해 사람들이 함께 협력하여 일해야 했을 때는 언제나 경영 기법을 이용할 필요가 있었다. 비록 이러한 경영의 시도들은 전혀 체계적이지도 않았고 성문화되지도 않았지만, 고대사에는 기획과 조직화, 지휘, 통제라는 표준적인 관리 기능을 수행한 개인들의 예들이 많이 나타나고 있다. 일찍이 기원전 3000년에, 수메르인들(Sumerians)은 점토판(粘土板)에 기록들을 보관하였는데, 그러한 기록의 상당수는 Ur[6]의 성직자들이 따랐던 경영 관행과 관련된 것이다. 바빌로니아의 왕 함무라비(Hammurabi: 기원전 약 1792-1750)는 282개조의 법률을 담은 법전을 발행하였는데, 그 상당 부분은 회계 그리고 임금 및 요금의 규정을 포함한 비즈니스 관행에 관련된 것이었다.[7] 고대 히브리인들의 계층 구조(hierarchy)와 위양(delegation)의 중요성에 대한 이해는 구약 성서에 잘 나타나있다. 예를 들면, 모세(Moses: 기원전 약 1300년)는 "이스라엘 무리 중에서 능력 있는 사람들을 택하여 그들을 백성의 우두머리 곧 천부장과 백부장과 오십부장과 십

---

6) 역자주: 우르. 현재의 이라크 남부 지역의 유프라테스강 근처에 있었던 수메르의 도시 국가.

7) Daniel A. Wren and Arthur G. Bedeian, *The Evolution of Management Thought* (Hoboken, NJ: John Wiley and Sons, 2009), 13.

부장을 삼으매, 그들이 때를 따라 백성을 재판하되 어려운 일은 모세에게 가져오고 모든 작은 일은 스스로 재판하더라"[8]라고 하였다.

기원전 2560년경에는, 기자의 대 피라미드(Great Pyramid at Giza)를 대략 2만 명에서 3만 명의 노동자들을 동원하여 23년이 되지 않는 기간에 완성하였다.[9] 분명히 그러한 위업은 광범위한 기획과, 조직화, 통제 없이는 이루어질 수 없었을 것이다. 마찬가지로, 3천 년 전의 중국의 경영 활동에 대한 기록들도 존재한다. 그 시기에 이르기까지 중국인들은 관리들의 계층 구조를 갖춘 정부 조직을 확립하고 있었다.[10]

 스킬 연습하기

그것은 서기 73년의 일로, Vespasian 황제는 네로(Nero) 황제가 세상을 떠난 후 로마 시민의 신뢰를 회복하기 위해 로마에 새로운 콜로세움을 건설하기로 결정하였다. 이 새로운 구조물은 5만 명의 관중에게 무료의 검투사 게임과 그 밖의 오락을 제공하게 될 것으로, 로마의 공학과 건축술, 미술의 최신의 것을 보여 주도록 설계되었다. 여러분이 콜로세움 작업을 수행하는 사람들의 집단의 감독관이라고 상상해 보라. 건축에는 일부의 강제 노동이 활용되기는 하겠지만, 여러분은 이전에 대규모 건축 프로젝트를 수행한 경험을 가지고 있는 로마 건축가들의 팀을 감독하고 있는 중이다.[11]

여러분은 이 집단을 감독하는 과업을 어떻게 접근하려고 생각하고 있는가? 그러한 집단을 어떻게 관리할 것인가? 그들에게 어떻게 동기를 부여할 것인가? 2천 년 전의 그러한 집단을 관리하는 것과 오늘날의 건축 집단을 관리하는 것에는 어떤 차이점이 있는가?

초창기 그리스의 역사 기록들은 경영에 대한 구체적인 통찰력은 거의 제공해 주지 못하고 있지만, 의회와 대중 법원, 행정 관료, 협의회를 가진 아테네 연방의 존재 자체가 다양한 관리 기능에 대한 이해를 보여 주는 것이다. 유명한 그리스의 철학자 소크라테스(기원전 469-399)는 공적 관심사와 개인적 관심사 관리의 차이에 대해 쓰고 있으며, 그의 제자 플라톤(기원전 428-348)은 전문화에 대해 쓰고 있다.[12]

---

8) Exodus. 18: 25-26.
9) Penn State University, "How Were the Egyptian Pyramids Built?" *Science Daily*, March 29. 2008, 〈http://www.sciencedaily.com/releases/2008/03/080328104302.htm〉.
10) Daniel A. Wren and Arthur G. Bedeian, *op. cit.*, 13.
11) Andrea Pepe, "The Roman Colosseum," *The-Colosseum.net*, 〈http://www.the-colosseum.net/idx-en.htm〉.

고대 로마에서는 거대한 제국 관리의 복잡성 때문에 정교한 경영 기법들을 이용할 필요가 있었다. 로마인들은 광범위한 도로 시스템을 구축하였는데, 이를 통해 로마 제국의 모든 부분으로 재화가 배포되고 군인들이 이동할 수 있게 되었다. 사실 로마 제국의 성공의 상당 부분은 제국의 대의명분을 위해 일과 사람을 조직할 수 있는 로마인들의 능력으로부터 생겨났던 것이다.

경영 개념의 그 밖의 많은 다른 예들을 고대와 중세로부터 찾을 수 있을 것이다. 그러나 산업 시대의 여명이 밝아 오고 개인들이 공장에 대규모로 고용되면서, 경영자들은 이전에 마주했던 것과는 다른 스케일의 문제점들에 직면하기 시작하였다.

2.2. 산업 시대가 경영에 미친 영향

18세기 말에, 새로운 테크놀로지의 발전 결과로 산업 혁명이 이루어졌다. 대규모 공장의 증가는 노동자들을 센터의 한곳으로 모으고 그렇게 함으로써 다른 노동자들과 접촉하도록 해 주었다. 대규모 직무를 많은 작은 구성 요소로 나눌 수 있도록 해 주는 분업(分業: division of labor)은 각 노동자가 프로세스에 대한 전반적인 지식을 가질 필요 없이 온종일 수행되는 하나의 작은 과업의 전문 지식만 가지면 되는 노동력으로 이어졌다.

이러한 새로운 조직들이 개발되면서, 리더들은 그러한 조직을 효과적으로 그리고 효율적으로 운영하고자 노력하였으며, 현재는 친숙해진 많은 경영 개념들이 등장하기 시작하였다. 예를 들면, Adam Smith는 특히 *The Wealth of Nations*에서, 분업과 시간 및 동작 연구를 설명하고 경영자들에게 그러한 것들을 이용해 보라고 권고하였다. Robert Owen과 Charles Dupin과 같은 당대의 그 밖의 저술가들은 공장의 경영에 대한 문제점들을 상세히 검토하였다.[13] Charles Babbage(1791-1871)는 군사 조직과 그 밖의 조직들을 위해 표로 된 자료를 계산할 수 있도록 한다는 바람을 갖고 근대 컴퓨터의 전신(前身)을 만들어 내고자 시도하였다.[14] 그는 다수

---

12) Daniel A. Wren and Arthur G. Bedeian, *The Evolution of Management Thought* (Hoboken, NJ: John Wiley and Sons, 2009), 18.

13) Larry N. Killough, "Management and the Industrial Revolution," *Advanced Management Journal* 7, no. 3 (July 1970): 67-70.

의 제조 회사들을 연구하고, 1832년에 On the Machinery and Manufacture라는 책을 출판했는데, 여기에서 그는 고도의 기술을 가진 노동자는 자신의 기술 수준 아래의 과업에서 일해서는 안 된다고 주장하였다.[15]

실제로 경영에 대한 관심은 공장 시스템의 규모와 복잡성이 증가하면서 산업 혁명 동안에 널리 확산되었다. 작업 현장에서 부딪히는 문제점들이 크게 증가함에 따라, 해결책에 대한 수요 역시 증가하였고, 경영자로서 고용되는 사람들의 수도 급증하였다. 시기적으로 그 단계에서, 경영에 대한 연구가 더 체계화되고 공식적이 되었으며, 다양한 접근법이나 이른바 경영 학파들이 모습을 갖추기 시작하였다. 이러한 학파들은 사람들과 그들이 일하는 조직에 관한 서로 다른 가정을 기반으로 하는 이론적인 틀이다. 각 학파들은 그 시대의 가장 효과적인 해결책과 아울러, 그 시대의 문제점을 반영한다.

전문가들은 학파들을 서로 다른 방식으로 나누고 세분하기 때문에, 경영 학파의 수에 관해서는 어떤 합의도 존재하지 않는다. 아울러 저술가들은 종종 특정 아이디어나 이론이 속하는 학파에 관해 동의하지 않는다. 이 장의 다음 섹션에서는 사상에 대한 이러한 학파 중 가장 중요한 것들에 대해 간략하게 살펴볼 것이다. 논의를 단순화하기 위해, 모든 학파들을 다루거나, 모든 세분에 대해 살펴보지는 않을 것이다. 우리는 다음과 같은 다섯 개의 주요 경영 학파들만을 다룰 것이다.

- 고전적 관점(the classical perspective)
- 인본주의적 접근법(the humanistic approach)
- 계량적 관점(the quantitative perspective)
- 시스템적 접근법(the systems approach)
- 상황 적응적 경영(contingency management)

경영 사상에 대한 이러한 각 학파들의 요소들은 오늘날의 조직에서 여전히 사용되고 있다. 사실 대부분의 조직은 둘 이상의 이러한 접근법들로부터 도출된 관행들을 결합하여 이용하고 있다. 하지만 경영 관행은 계속해서 발전하고 있으며, 오늘날의 경영자들은 종종 자신들의 직원과 조직의 니즈(needs)에 부응하기 위해

---

14) John Markoff, "It Started Digital Wheels Turning," *New York Times*, November 7, 2011, 〈https://mobile.nytimes.com/2011/11/08/science/computer-experts-building-1830s-babbage-analytical-engine.html〉.

15) Charles Babbage, *On the Economy of Machinery and Manufacturers* (London: Charles Knight, 1832).

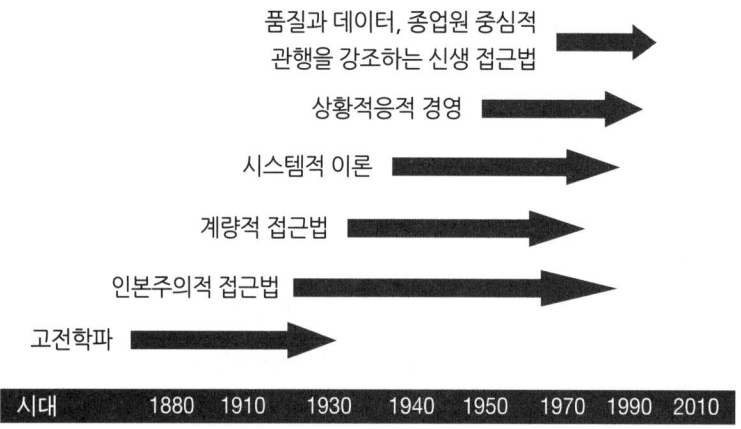

〈그림 2.1〉 경영 사상의 주요 학파

더 인정받고 있는 경영 사상 학파들의 어떤 것들을 보충하거나 수정하기도 한다. 새로운 접근법들은 당대의 조직이 기능을 수행하는 환경의 변화의 결과물이 되고 있다. 경영에 대한 이러한 새로운 접근법에 나타나는 많은 요인들은 앞서 열거한 다섯 가지 학파들의 원리로부터 성장한 것으로, 그 어느 것도 완벽한 경영 이론을 제공하지 못하고 있다. 그러나 이러한 세 가지 현대의 접근법들은 대략 다음과 같이 분류할 수 있을 것이다.

1. 품질에 대한 강조의 증가
2. 증거 기반 경영(evidence-based management)과 빅 데이터에 대한 의존의 증가
3. 더 직원 중심적인 업무 현장의 발전

이러한 모든 새로운 방법들은 현대 조직에서 제기되는 이슈들과 맞서는 경영자들에게 도움이 되는 것으로 입증되고 있는데, 각각에 대해 간략하게 살펴보고자 한다. 경영에 관한 이러한 사상들 전체와 영향의 대략적인 시대를 살펴보면 〈그림 2.1〉과 같다.

2.3. 고전적 관점

초기 경영 학파들은 종종 "고전적" 관점으로 범주화되고 있다. 이러한 고전적 관점들이 등장하기 이전에는, 경영자들은 근로자들을 관리할 때 자신들의 과거 경

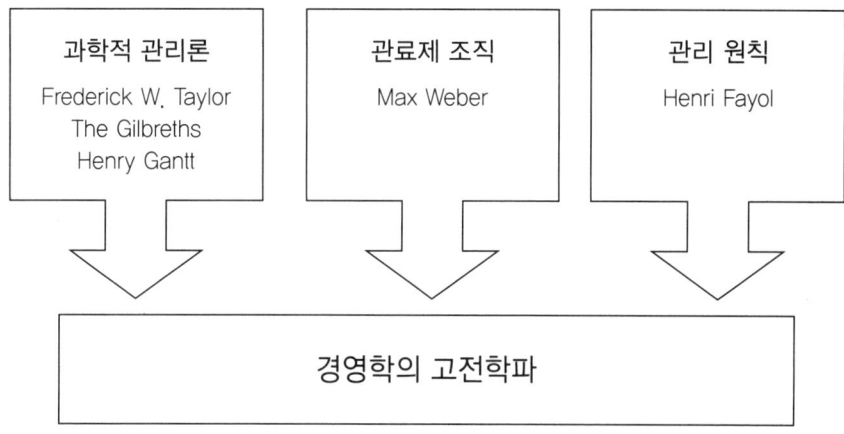

<그림 2.2> 경영학의 고전학파

험 아니면 조직의 경험에 의존하였다. 그러나 극소수의 경영자들은 직무를 수행하는 어느 한 방식이 다른 방식보다 더 좋은지를 찾아내고자 시도하였다. 고용주들은 근로자들의 기술이 과업에 매치되는지에 관해 거의 아무런 생각도 하지 않은 채 그들을 고용하였고, 신입 근로자들은 체계적인 교육 훈련을 거의 받지 못하였다. 도구나 프로세스의 표준화도 없었다.

조직들이 성장하고 급속히 커져감에 따라, 저술가들과 사상가들은 더 체계적인 접근법을 경영에 도입하고자 시도함으로써 반응을 보였으며, 업무를 운영하는 더 효율적이고 효과적인 방식들을 제안하였다. <그림 2.2>에서 볼 수 있는 것처럼, 고전학파의 가장 중요한 것들은 과학적 관리론과 관료제, 관리 원칙 학파이다. 이하에서는 이러한 각 학파에 대해 별도로 살펴보고자 한다. 흥미롭게도 이러한 고전적 관점은 서로 다른 국가에서 생겨났으면서도, 많은 공통적인 특성을 공유하고 있다.

2.3.1. 과학적 관리 운동

Frederick Winslow Taylor(1856-1915)는 미국의 기계 엔지니어로, 과학적 관리론(scientific management)의 아버지로 간주되고 있다. 과학적 관리론의 배경이 되는 기본적인 가정은 근로자는 기본적으로 돈에 의해 동기를 부여받고, 재정적으로 보상을 받으면 최선의 노력을 다하게 될 것이라는 것이다. 이 접근법은 최대한의 아웃풋에 중점을 두며, 부분적으로는 과업과 테크닉을 기획하고 표준화함으로써 낭비와 비효율성을 제거하는 데 초점을 맞추고 있다. Taylor는 경영자는 다음과 같은 사람이 되어야 한다고 생각하였다.

- 직원들이 자신들의 일상 업무를 수행하도록 도와주는 일련의 규칙과 루틴을 개발한다.
- 가장 효율적인 방법들을 찾아내어 채택함으로써 주먹구구식 관행들을 대체한다.
- 각 신입 사원을 과학적으로 선발하고, 그러고 나서 근로자를 교육 훈련하고 개발한다.
- 아웃풋의 향상을 권장하기 위해 근로자들에게 급여 인센티브를 제공한다.[16]

효율성은 Taylor의 중심 테마였다. Taylor는 Pennsylvania의 제철 공장 근로자들을 관리하면서, 자신이 천성적으로 게으르다고 간주하고 있던 근로자들로부터 어떻게 하면 더 많은 것을 얻어낼 수 있을는지에 대해 생각하기 시작하였다. 그는 이러한 게으름은 부실한 경영에 의해 조장된다고 추측하였다. Taylor는 "천성적으로 에너지가 넘치는 사람이 게으른 사람 옆에서 며칠만 일하면, 상황 논리에 대해 반박할 수가 없다. '게으름뱅이 동료는 나와 똑같은 급여를 받으면서 겨우 절반의 일만 하는데 내가 왜 열심히 일해야 하는가?'"[17]라는 사실을 관찰하였다. Taylor는 각자가 주어진 직무를 수행하는 하나의 최선의 방식을 찾아내기 위해 과학적 리서치 방법을 사용할 것을 제안하였다. 그는 생산성의 증대는 방법에 대한 규정과 가용한 최선의 기구 및 도구의 채택, 위생적인 작업 조건, 과업에 대한 협력을 포함한 강제적 표준화를 통해서만 보장된다고 생각하였다.

〈그림 2.3〉 Frederick W. Taylor

Taylor가 과학적 관리 운동의 가장 중요한 주창자이기는 하지만, Frank Gilbreth(1868-1924)와 Lillian Gilbreth(1878-1972)를 포함한 그 밖의 사람들도 과학적 접근법의 대중화에 기여하였다. 엔지니어였던 Frank와 심리학 박사였던 Lillian은 생산성 증진에 관심이 있었다. 두 사람은 피로나 낭비되는 동작과 같은 인간적 요인들이 어떤 과업의 효율적인 실행에 지장을 준다는 사실을 알았기 때문에, 그들의 작업은 어떤 과업을 수행하기 위한 최선의, 즉 가장 편안하면서도 시간상 효율적인 방식을 찾아내고자 노력하였다. (Gilbreth 부부는 또한 12명의 자녀 중 두 자녀가 쓴 책, *Cheaper by the Dozen*의 능률 전문가 부모로서도 유명해졌다.)[18]

거의 같은 시기에, Henry L. Gantt(1861-1919)는 Taylor의 성과급 제도와 유사한 과업 상여제(task-and-bonus system)를 개발하였다. Gantt의 시스템에서는 아웃풋의 비율을 설정하고 있는데, 조직이 그러한 생산 비율을 초과하면, 근로자들은 상여금을 지급받게 된다. 그의 시스템을 채택한 어느 경우에는, 생산율이 두 배 이상이나 증가하기도 하였다. 그는 또한 Gantt 차트(Gantt chart)를 고안한 것으로도 알려져 있는데, 이것은 직원의 작업 일정을 도표화하고 산출하기 위해 여전히 널리 사용되고 있다. Gantt는 도표의 횡축을 따라서 시간과 작업 일정, 완료 작업 측면을 표시하고, 종축을 따라서는 그와 같은 일정에 할당되는 개인이나 기계를 열거하였

〈그림 2.4〉 Lillian Gilbreth와 Frank Gilbreth

---

16) Frederick W. Taylor, *Principles of Scientific Management* (New York: Harper & Row, 1911), 36-37.
17) *Ibid.*, 31.
18) Frank B. Gilbreth and Ernestine Gilbreth Carey, *Cheaper by the Dozen* (New York: Perennial Classics, 2002).

다. 가로 막대(horizontal bars)는 각 참여자의 과업과 이러한 과업들이 전체 일정에 어떻게 맞추어지는지를 보여 준다. 이러한 방식으로, 경영자들은 프로젝트의 많은 완성 단계 전체를 쉽게 추적할 수 있는 것이다. 예에 대해서는 〈그림 2.5〉를 보라.

발전 초기에, 과학적 관리론은 조직의 외부 환경에는 거의 관심을 기울이지 않은 채, 거의 전적으로 내부 조직에 관심을 두고 있었다. 또한 근로자들의 니즈에는 거의 중점을 두지 않고, 그 대신에 더 나은 결과를 만들어 내는 데 초점을 맞추고 있었다.

2.3.2. 관료제 학파

미국에서 과학적 관리론이 개발되고 있던 거의 같은 시기에, 유럽에서는 독일의 사회학자인 Max Weber(1864-1920)가 관료제 학파의 토대를 이루는 많은 이론들을 소개하는 중이었다. Weber는 조직의 권한(authority)의 구조에 관한 이론을

RFID 타임라인: 11/19/10	담당스태프	주	시작	종료	타임라인						
					May	June	July	Aug	6-Sep	13-Sep	20-Sep
입찰/고용 승인											
재정검토	LB/SS/CS	1	2010	per-June							
경영자 승인 진행	Manager	1		per-June							
LH/TC 검토	SS/LH	1		per-June							
LB검토	LB/SS			per-June							
RFP개발											
RFID초안	SS/SM	2	16-Jun	23-Aug							
IT/기술위원회 검토	SS/LH	1	June	July							
구매에이전트 검토	RC/SS/SM	1	23-Jun	23-Aug							
최종 RFP	LB/SS/SM/RC	1		24-Aug							
사후 RFP	RC	3		25-Aug							
벤더 선정											
벤더선정기준 + 설문지 개발	SS/SM w/KLH	2	August	Sept							
공개입찰	RC	1		13-Sep							
제안서 평가	KLH/RC	2		14-Sep							
벤더인터뷰 일정조정	SM/SS	1	14-Sep	17-Sep							
벤더인터뷰	KLH/LH	1	20-Sep	23-Sep							

〈그림 2.5〉 간략한 Gantt 차트

> **이야기해 보기**
>
> 과학적 관리론의 이러한 원칙들은 많은 제조업 조직에서 여전히 사용되고 있다. 여러분이 정기적으로 수행하는 과업을 생각해 보라. 이것은 점심을 만들거나, 세탁을 하거나, 쇼핑을 하는 것과 비슷한 것이 될 수 있을 것인가? F. W. Taylor나 Gilbreth 부부가 여러분 옆에 지키고 서서 여러분으로 하여금 더 효율적이 되도록 하고 시간을 좀 더 잘 활용하라고 채찍질하고 있다고 상상해 보라. 그들은 여러분에게 이 과업을 시작하는 주요 단계들을 확인하고 그러고 나서 불필요한 것들을 제거하거나 관련된 몇몇 과업들을 결합시키라고 제안하고 있다. 그들은 또한 여러분이 더 좋은 도구와 교육 훈련이 필요할 수도 있다고 말하고 있다. 여러분이 더 효율적이 되도록 하기 위해 여러분이 이 과업을 수행하는 방식을 표준화할 방법이 있는가? 이 과업을 수행하는 "최선의" 방식이 여러분의 시간을 절약시켜 준다면 여러분은 이를 배우는 데 기꺼이 시간을 투자할 의사가 있는가?

명확하게 밝히고, 권력(power)과 권한을 구별하고, 강요된 행위와 자발적 반응을 구분한 첫 번째 사람이었다. 그의 관심은 개인의 업무 스타일보다는 오히려 조직의 구조를 중심으로 하고 있었다. 그의 저술과 연구의 대부분은 노동의 전문화의 중요성과 규정과 절차의 가치, 정보에 근거한 의사 결정을 위한 계층 구조의 장점을 다루고 있다. Weber에게 있어서, 이상적인 조직은 다음과 같은 특성을 가진 관료제 조직이었다.

1. 노동은 권한과 책임에 대한 분명한 지시와 함께 구분되어 있다.
2. 계층 구조의 원칙이 존재한다.
3. 직원들에 대해서는 확정된 자격을 바탕으로 선발과 승진이 이루어진다.
4. 규칙들은 명문화되어 있고 통일적으로 적용된다.
5. 경영진으로 승진하기 위해서는 기술적 역량을 보여 주어야 한다.
6. 규칙과 절차를 통해 신뢰할 수 있고 예측 가능한 행동을 보장해 준다.[19]

오늘날 관료제(bureaucracy)라는 용어는 종종 머리를 쓸 필요가 없는 규칙과 지나친 형식주의(red tape)와 연상되어 있기 때문에, 때로는 경멸적으로 간주되기

---

19) Max Weber, *The Theory of Social and Economic Organizations* (New York: Oxford University Press, 1947).

<그림 2.6> Max Weber

도 한다. 그러나 이상적인 구조에 대한 Weber의 개념은 대단히 강력한 것으로 구석구석에 스며있다. 관료제는 많은 상황, 특히 안정된 환경에 있는 안정된 조직에 잘 어울린다. 상당수의 도서관을 포함한 많은 대규모 조직들은 Weber의 관료제 원칙을 반영하는 구조를 가지고 있다.

 스킬 연습하기

여러분이 20세기 초에 도시 지역의 대규모 공공도서관의 관장으로 여러분과 동시대 사람인 Frederick W. Taylor와 Max Weber에 의해 제기되고 있는 첨단 경영 이론들에 대해 읽었다고 상상해 보라. 여러분은 그들의 아이디어가 여러분의 경영 방식에 어떤 영향을 미쳤을 것이라고 생각하는가? 여러분 자신의 도서관에서는 어떤 원칙들을 시도해 보고자 할 것 같은가? 이러한 원칙들은 공장보다 도서관에서 실행하기가 얼마나 더 어려울 것 같은가?

2.3.3. 관리 원칙

과학적 관리론과 관료제 학파가 등장한 것과 거의 같은 시기에, 관리 원칙 학파가 프랑스에서 발전되고 있었다. 프랑스의 기업가인 Henri Fayol(1841-1925)은 개념적 틀을 설정하고, 경영의 원칙들을 확인하고, 이를 바탕으로 이론을 구축하고자 시도하였다. Fayol은 과학적 접근법을 취했다. 그러나 현장의 근로자들을 고려하면서 출발했던 Taylor와는 달리, Fayol은 하향식(top-down)으로 관리를 검토하면서, 기획자와 조직자, 통제자로서의 경영자의 역할에 집중하였다. 그는 경영자들은 업무를 수행하는 일단의 기본적인 원칙들이 필요하다고 믿고, 비즈니스 관리의 모든 수준에서 가르쳐야 할 필요성을 강조하였다. 그는 기획과 조직, 명령, 조정, 통제를 포함한 경영의 기능에 관해 저술한 첫 번째 사람이다.[20] 그는 〈표 2.1〉

〈표 2.1〉 Fayol의 14개 경영 원칙

분업(division of work)	책무에 대한 명확한 구분이 있어야 한다. 직무를 더 작은 부분으로 세분하면 전문화가 이루어지게 될 것이다. 경영은 분리하여 별개로 이루어져야 한다.
권한(authority)	개인이 갖는 권한은 책임과 동등해야 한다. 어떤 과업의 결과에 대해 책임을 갖는 사람은 누구나 그 성공을 보장하기 위해 필요한 조치를 취할 수 있는 권한을 부여받아야 한다.
규율 유지(discipline)	조직의 최대 이익을 얻기 위한 명확한 규칙과 행동에 대한 완전한 복종이 있어야 한다.
명령 일원화(unity of command)	직원은 혼란과 갈등을 피하기 위해 단 한 사람의 감독자로부터 명령을 받아야 한다.
지휘 일원화(unity of direction)	통합된 노력을 보장하기 위해서는 한 사람의 장(長)과 하나의 계획이 있어야 한다.
개인 이익에 대한 전체 이익의 우선(subordination of individual interest to general interest)	직원은 자신의 관심보다는 조직의 관심을 우선시해야 한다.
보수 적정화(remuneration of personnel)	급여는 공정해야 한다.
집권화(centralization)	집권화는 조직 내의 바람직한 조치이다.
계층화(scalar chain)	각 직위는 수직적 권한 체인(스칼라 체인)의 일부이다. 커뮤니케이션은 명령 체인을 따라 상하로 이루어져야 한다.
질서 유지(order)	갈등을 피하기 위해, 조직의 모든 것과 모든 사람은 올바른 곳(적소: 適所)에 있어야 한다.
공정성(equity)	직원을 다룰 때는 대우의 균등성을 고려해야 한다. 공정성은 친절과 조화를 이루어야 한다.
고용 안정(stability of tenure of personnel)	근로자들의 장기적인 안정성은 조직에 좋은 것이다.
창의 존중(initiative)	생산을 독려하기 위해서는 인센티브 보상(incentive reward)을 제공해야 한다.
단결(esprit de corps)	사기와 통합에 대한 강력한 센스를 개발하고자 노력하라. 커뮤니케이션은 만족스런 근로 집단의 열쇠이다.

출처: Henri Fayol, *General and Industrial Management*, trans. by Constance Storrs (New York: Pitman, 1949), 22.의 일부 수정

---

20) Henri Fayol, *General and Industrial Management* (New York: Pitman, 1949), 22.

에서 볼 수 있는 것과 같은 일단의 원칙들을 고안하였다. Fayol은 다음과 같은 여러 가지 점에서 Taylor와 의견을 같이 하고 있다. 즉 근로자들은 천성적으로 게으르고, 집단으로 일할 때는 일에 대해 더 효과적으로 저항한다는 점과, 엄격하게 규율을 지키도록 해야 한다는 점, 더 높은 임금이라는 인센티브가 최선의 동기 부여라는 점, 직원들은 타고난 능력과 수용력에 상당한 차이가 있지만 적절한 지시를 받을 경우 업무를 훨씬 더 잘 할 수 있다는 점이 그것이다.

이러한 세 가지 고전적 관점의 학파들은 모두 일관성과 효율성, 분명한 규칙을 강조하며, 모두 근로자의 니즈를 조직의 니즈에 종속시키고 있다. 이 학파들은 외부의 환경적 요인들에 대해서는 거의 또는 전혀 관심을 기울이지 않고 있다. 이러한 초기 학파들에 대한 가장 큰 비판은 그들이 조직의 공식적 측면들을 부당하게 강조하면서, 그 안에서 개인의 퍼스낼리티와 비공식 집단, 조직 내 갈등, 의사 결정 프로세스가 공식 구조에 영향을 미치는 방식들은 전적으로 등한시하고 있다는 사실이다. 또한 변화에 대한 경직성과 저항을 가져온다는 비판도 받고 있다. 그러나 이 세 학파의 이론들은 그 이론들이 형성되던 동시대에 발전되고 있던 대규모 조직을 효율적으로 조직하고 관리하기 위한 방식을 제공했던 것이다. 도서관을 포함한 많은 조직들은 여전히 이러한 고전 이론의 몇몇 측면에 상당 부분 의존하고 있다.

2.4. 인본주의적 접근법

1930년대 동안에는, 경영 이론가들이 조직에서 일하는 개인들의 관심에 대해 고찰하기 시작하였다. 근로자들은 더 이상 산업이라는 기계의 단순한 톱니에 불과한 것으로 간주되지 않게 되었다. 이론가들이 사람들을 작업 환경에 통합시키는 방법에 대해 숙고하면서, 관찰과 연구는 개인과 공식 조직 내에서 나타나는 비공식 집단에 초점을 맞추게 되었다.

2.4.1. Mary Parker Follett

조직의 인간적 요소에 관한 글을 쓴 최초의 사람 중 한 사람은 사회사업가로 조직 행동 분야의 선구자인 Mary Parker Follett(1868-1933)이다. 그녀는 1933년에 세상을 떠난 후 거의 잊혔었지만, 경영학에 미친 그녀의 공헌들은 불과 지난 몇십 년 사이에 재발견되고 있다.

<그림 2.7> Mary Parker Follett

출처: Used by permission of the University of Reading, Special Collections (Lyndall Fownes Urwick Archive)

Follett은 Taylor 및 Fayol과 거의 동시대를 살았지만, 그녀의 아이디어들은 그들의 아이디어와는 상당히 달랐다. 그녀는 경영진과 근로자들의 상호 작용을 강조하였다. Follett은 20세기 초에 팀워크(teamwork)와 임파워먼트(empowerment)와 같은 이슈들에 관한 글을 썼기 때문에 오늘날 경영학의 선지자로 간주되고 있다.[21] Follett에게는 어떤 경영 활동에서든 사람이 중심이었는데, 그녀는 근로자들에게 더 큰 책임을 부여하도록 주창하였다.

Follett은 또한 조직 갈등(organizational conflict)을 논한 최초의 이론가 중 한 사람이었다. 그녀는 갈등을 피할 수 없는 인생의 현실로 간주하고 경영자들은 갈등을 활용하고 조직을 위해 작동하도록 해야 한다고 주장하였다. 그녀는 갈등을 해소하는 최선의 방법으로 "윈윈"(win-win)의 개념을 주창한 최초의 사람이었다. 권력(power)에 관한 그녀의 아이디어들도 시대를 앞선 것이었다. 그녀는 자신이 "파워 오버"(power over)라고 부른 바 있는, 어떤 사람의 의지를 다른 사람에게 강요하는 아이디어를 거부하고, 그 대신에, "파워 위드"(power with)가 옳다고 생각하였다. 그녀는 다음과 같이 말하고 있다. "강압적 권력이 아니라, 공공으로 개발되는 권력인 파워 위드의 개념을 개발할 수 있을 것이다.… 진정한 권력은 단지 성장할 수 있을 뿐이며, 그렇지 않으면 그것을 잡으려고 애쓰는 모든 독단적인 손으로부터 미끄러져 빠져나가게 될 것이다."[22] 그녀는 리더십은 "어떤 형식으로든 강

---

[21] Follett의 작업 중 가장 중요한 것들은 다음 자료에서 확인할 수 있다: Pauline Graham, *Mary Parker Follett—Prophet of Management: A Celebration of Writings from the 1920s* (Boston: Harvard Business School, 1995).

요를 의미하는 것이 아니다. 그것은 내 생각으로는, 자유롭게 해 주는 것이다. 어느 한 사람이 다른 사람에게 줄 수 있는 가장 위대한 서비스는 그의 자유, 즉 자유로운 범위의 활동 및 생각과 통제력을 증가시켜 주는 것이다"[23]라고 믿고 있었다는 점에서, 리더십에 대한 그녀의 생각들 또한 선지자적이었다.

Mary Parker Follett은 고전 경영 학파에 대한 대안을 제시한 초기 사람 중 한 사람이었기 때문에 경영학의 역사에서 중요한 인물이다. Follett의 아이디어들은 재발견될 때까지 오랜 시간을 기다려야 했지만, 그녀는 이제 21세기 경영학에서 일반적으로 받아들여지고 있는 많은 아이디어의 창시자로 인정되고 있다.

2.4.2. Mayo와 인간관계 운동

인간관계 학파는 개인과 집단, 조직의 니즈(needs)와 열망, 동기는 물론 조직에서의 개인의 행동과 삶의 질에 초점을 맞추고 있다. 기본적인 가정은 경영이 직원을 행복하게 해 주면, 그 결과로 최적의 성과가 발생한다는 것이다.

이 학파의 지지자들은 Elton Mayo(1880-1949)와 산업심리학자 그룹이 시카고의 Western Electronic Hawthorne Plant에서 실행한 리서치로부터 많은 아이디어를 얻고 있다. 1920년대 말의 Hawthorne 연구들은 조직의 인간적 측면의 중요성을 보여 주는 최초의 것들 중 하나이다.[24] 흥미롭게도 이 연구들은 과학적 관리론의 정신으로 시작되었는데, 공장의 근로자들을 위한 다양한 실내조명에 의해 효율성과 유효성을 증가시키는 방식을 찾아내기 위해 설계되었던 것이다.

능률 전문가들은 다양한 유형의 조명으로 실험을 하면서, Hawthorne 공장의 직원들이 보인 예기치 못한 반응을 주목하게 되었다. 조명이 증가했을 때, 생산성이 증가하였다. 그러나 놀랍게도, 조명이 감소했을 때, 생산성이 계속 증가하였다. 조명이 전혀 변경되지 않았을 때도 동일하게 생산성이 증가하였다. 이 패러독스를 상세히 검토하면서, Mayo는 이유가 작업 조건의 변경에 있는 것이 아니라, 근로자들이 스스로를 인식하는 방식의 변화에 있다는 사실을 발견하였다. 근로자에게 관심을 기울여줌으로써, 실험자들은 근로자들에게 마치 자신들이 회사에 중요한 것

---

22) Mary P. Follett, *Dynamic Administration: The Collected Papers of Mary Parker Follett* (London: Pitman Publishing, 1941), 72.
23) *Ibid.*, 304.
24) Saul W. Gellerman, *The Management of Human Relations* (New York: Holt, Rinehart & Winston, 1966), 27.

처럼 느끼도록 만들었던 것이다. 결과적으로 이전에는 무관심했던 이 직원들은 상당한 집단적 자부심을 가진 마음이 맞는 응집력을 가진 집단으로 합체(合體)되었던 것이다. 이것은 소속과 역량, 성취에 대한 근로자들의 욕구를 달성하는 데 도움을 주었고, 그 때문에 그들의 생산성이 증가했던 것이다. Hawthorne 연구는 다음과 같은 사실을 밝혀냈다.

1. 근로자는 경제적인 인센티브보다도 사회적 보상이나 인정에 의해 더 많은 동기 부여가 이루어진다.
2. 근로자의 행동은 집단의 영향을 받는다.
3. 어느 공식 조직에서든, 공식적인 규범과 비공식적인 규범이 함께 존재한다.

Hawthorne 연구는 조직을 사회 시스템으로 설명하고, 근로자의 생산성은 물리적 요인뿐만 아니라 대인적인 요인에도 좌우된다고 결론지은 최초의 것이었기 때문에, 경영학 리서치의 획기적인 것이 되고 있다. Mayo의 결론은 근로자들은 돈에 의해서만 동기 부여가 이루어진다고 믿었던 Taylor의 결론과는 대조적이었다. Mayo는 근로자들은 기본적으로 소속감(togetherness)에 의해 동기 부여가 이루어지며, 자신들의 집단 내에서 개인적으로 인정받기를 갈망한다고 생각했던 것이다. 일반적으로 인간 행동 운동은 조직이 직원을 행복하게 만들면, 그 조직은 그들의 최대의 협력과 노력을 얻게 되고 따라서 최적의 효율성에 도달하게 될 것이라는 입장을 견지하고 있다.

2.4.3. 자아실현 운동

자아실현 운동은 인간관계 운동에 밀접하게 관련된 것으로, 종종 그와 서로 뒤얽혀서 인식되는 경우도 있다. 그러나 그 기본적인 포인트가 경영자는 근로자의 중요성을 인식하고 근로자를 행복하게 하고자 해야 한다는 것이 아니라, 그보다는 근로자로 하여금 더 높은 수준의 니즈를 만족시키고 그 잠재력을 더 많이 활용할 수 있도록 해주는 직무를 설계하는 데 중점을 둔다는 점에서, 인간관계 학파와는 다르다. 심리학자인 Abraham Maslow는 이 학파의 초창기 지지자 중 한 사람이다. Maslow의 욕구 이론(needs theory)은 인간은 욕구의 단계(hierarchy of needs)를 가지고 있다고 상정하고 있다. 즉 그의 다섯 가지의 단계별로 높아져 가는 레벨은 음식물과 보호, 의복에 대한 기본적인 육체적 필수품으로부터 시작하여, 자아실현과 성취라는 무형의 욕구에 이르기까지 확장된다.[25] (Maslow의 이론은 제13장에서 더 상세하게 다루고자 한다.)

　　Douglas McGregor(1906-1964)는 이 학파의 또 한 사람의 영향력 있는 사상가였다. 1950년대에 McGregor는 근로자에 관한 두 세트의 가정을 제시하였는데, 그는 이를 X이론(Theory X)과 Y이론(Theory Y)이라고 하였다(〈표 2.2〉 참조). 첫 번째 세트의 가정인 X이론은 McGregor가 전통적이고, 전제적인 경영자들이 근로자에 대해 가졌던 인식이라고 간주했던 것을 반영하고 있다. McGregor는 근로자에 대한 X이론의 인식이 노동자가 높아지는 생활 수준을 누리며 교육 수준도 점점 더 높아지는 민주 사회에 적합한지에 대해 묻고 있다. 대부분의 작업 현장에서, 보통의 직원은 자신의 충분한 지적 잠재력을 개발하지 못하고 있다고 주장하고 있다. 그리하여 그는 Y이론이라는 인간 본성과 인적 자원 관리에 관한 별도의 일반 이론을 발표하였다.[26]

　　Y이론은 근로자에 대한 훨씬 더 긍정적인 모습을 제시해 준다. 그러나 이 이론을 구성하고 있는 가정은 경영자들에게 도전을 일으키고 있다. 이러한 가정은 인간 본성은 정적인 것이 아니라, 역동적이라는 것, 즉 인간은 성장하고 개발할 수 있는 능력을 가지고 있음을 암시하고 있다. 따라서 Y이론은 경영자들로 하여금 직원의 긍정적인 발전을 촉진하는 환경을 만들어 내는 책임을 갖도록 하는 것이다. Y이론을 받아들이는 경영자들은 직원에게 외적인 통제나 지시를 부과하려고 하기보다는 그 대신 직원들이 자기

〈표 2.2〉 McGregor의 X이론과 Y이론의 가정

X이론의 가정	Y이론의 가정
보통의 인간은 본질적으로 일을 싫어하며 가능하면 일을 회피하려 할 것이다.	일하는 데 신체적, 정신적 노력을 기울이는 것은 놀이나 휴식과 마찬가지로 자연스런 것이다.
사람들은 일을 하도록 하기 위해서는, 강요받고, 통제받고, 지시받고, 처벌에 대한 위협을 받아야 한다.	개인들은 자신들이 헌신하고 있는 목표들을 수행하면서 자기 지시와 자기 통제를 발휘하게 될 것이다.
사람들은 지시받기를 더 좋아하며, 책임을 회피하려고 하고, 비교적 적은 야망을 가지며, 무엇보다도 안정을 원한다.	사람들은 적절한 조건 아래서는, 책임을 받아들이는 것뿐만 아니라 책임을 맡도록 배우게 된다.
사람들은 자기중심적이며 변화를 좋아하지 않는다.	상상력과 창의력, 독창성은 근로자들 사이에 광범위하게 분포되어 있다.

---

25) Abraham Maslow, *Toward a Psychology of Being* (Princeton: Van Nostrand, 1962).
26) Douglas McGregor, *The Human Side of Enterprise* (New York: McGraw Hill, 1960).

지시를 할 수 있도록 허용해 주게 된다. McGregor의 저작들은 많은 경영자들에게 자신들이 개개 근로자들의 잠재력을 간과해왔다는 사실을 인식하도록 해 주었다.

>  **이야기해 보기**
>
> 아주 대규모 도서관의 우편물실의 감독자인 John Doe는 사소한 것까지 다 챙기는 관리자이다. 그는 근로자들이 과업을 수행하는 동안 그들의 어깨 너머에 서서 "도움이 되는" 조언을 한다. 그는 자신의 직원들이 해내는 모든 일을 체크하고 또 체크하라고 강조한다. 그는 모든 일정을 조정하고 모든 의사 결정을 내린다. 근로자들은 업무 현장에 출입할 때마다 서명해야 하며 일정 조정에 어떤 융통성도 허용되지 않는다. McGregor는 이러한 경영자를 설명해 주는 이론을 우리에게 제공하고 있다. McGregor의 이론을 이용한다면, 여러분은 John Doe를 어떻게 분류할 것이며, 어떤 특성들 때문에 여러분은 그를 그 범주에 포함시켰는가?

이 학파의 또 한 사람의 지지자는 Peter Drucker(1919-2005)이다. 그는 1950년대에 목표에 의한 관리(MBO: management by objectives)라는 개념을 도입하였는데, 이것은 전통적인 권위적 스타일을 더 참여적인 접근법으로 대체할 것을 주창하고 있다. 이러한 접근법을 취하고 있는 그 밖의 학자로는 Renais Likert와 Warren G. Bennis, Robert Blake, Jane Mouton 등이 있는데, 이들에 대해서는 이 책의 뒷부분에서 살펴보고자 한다.

인본주의 학파의 저술가들은 직원을 조직의 단순한 도구로 보는 관점, 즉 많은 고전적 접근법의 기저를 이루었던 관점에 도전하였다. 그들의 아이디어는 경영자들로 하여금 업무 현장에서 대인 관계 프로세스에 대해 생각하고 근로자들을 소중한 자원으로 간주하게 해 주었다. 비평가들은 이러한 저술가들의 일부는 근로자의 본성과 개인의 복잡성을 지나치게 단순화하고 있다고 비난하지만, 그들의 아이디어는 여전히 많은 영향력을 미치고 있다.

2.5. 계량적 접근법

제2차 세계대전 기간 중에, 미국과 영국의 과학자와 수학자, 통계학자들은 군사적 목표들에 관련된 병참의 문제들을 해결하는 작업을 함으로써 전쟁에 기울이는 노력에 이바지하였다. 전쟁이 끝난 후, 미국과 많은 다른 나라의 기업체 간부들은 더 훌륭하고 더 정교한 경영 도구들을 만들어 내고자 하는 바람으로 이러한 많은 수학적 기법들을 채택하였다. 이 경영 운동은 계량적 접근법(quantitative approach)으로 알려지게 되었다. 이 학파의 사상가들은 경영자들이 더 정확한 예측과 그에 따른 더 스마트한 의사 결정을 할 수 있도록, 복잡한 수학적, 통계적, 경제적 모델들을 민간 조직에 적용하고자 하였다. 컴퓨터가 더 광범위하게 확산되면서, 의사 결정을 알리기 위해 사용되는 기법들은 더 정교해지게 되었다. 계량적 관점 내의 하위 영역으로는 경영과학(management science), 의사 결정 이론(decision theory), 오퍼레이션 리서치(OR: operations research)가 있다. 여러모로 계량적 관점은 이전의 과학적 관리론의 접근법과 관련이 있다.

경영과학자들은 과학적인 분석을 경영 문제에 적용할 때, 경영자의 의사 결정 능력 증진과 경제적 유효성 기준에 대한 높은 관심, 수학적 모델에 대한 의존, 컴퓨터의 활용이라는 목적을 공유하고 있다.[27] 의사 결정 이론 운동은 기본적으로 합리적인 의사 결정 절차와 인간 경영자들이 실제로 어떻게 그와 같은 의사 결정에 이르게 되는지에 관한 연구에 관심을 두고 있다. 그렇게 하기 위해, 이러한 이론가들은 게임 이론과 시뮬레이션, 선형 프로그래밍(linear programming)과 같은 기법들을 사용한다. 이 운동의 많은 연구자들은 의사 결정 프로세스를 설명하기 위해[28] 또는 의사 결정은 어떻게 이루어져야 하는지를 규정하기 위해[29] 심리학과 경제학을 활용하고 있다. 밀접하게 관련된 오퍼레이션 리서치는 경영자들이 자재와 자본, 직원에 관련된 더 나은 의사 결정을 내리는 데 도움을 주기 위해 고급의 분석적 및 수학적 방법을 적용하고 있다. 그것은 생산 시설을 구성하는 최선의 방식이나 생산된 재화를 배포하는 가장 효과적인 방식과 같은 토픽들에 관련되는 응용 영역이다.

전반적으로 보면, 계량적 학파의 연구자들은 모델과 측정 기반의 접근법들이 기획과 통제, 의사 결정에 어떻게 이용될 수 있는지에 관한 경영자들의 인식을 제고시켜 주었다. 뒷부분에서도 살펴보겠지만, 모든 유형의 데이터의 수집과 처리를 용이하게 해 주는 고속 컴퓨팅이 조직에 등장하게 됨으로써 이 모든 접근법들이 더 일반화되게 되었다.

---

27) Richard M. Hodgetts, *Management: Theory, Process and Practice* (Philadelphia: W. B. Saunders, 1975), 113.
28) James G. March and Herbert A. Simon, *Organizations* (New York: John Wiley & Sons, 1958).
29) Sheen Kassouf, *Normative Decision Making* (Englewood Cliffs, NJ: Prentice Hall, 1970).

2.6. 시스템적 접근법

현대 경영학을 위해 가장 널리 받아들여지고 있는 이론적 토대 중 하나는 시스템적 접근법(systems approach)이라고 불리고 있다. 조직을 전체적으로 기능을 수행하는 시스템으로 상상함으로써, 이 운동은 생물학과 물리학, 행동과학에서 도입한 지식을 통합하고 있다. Ludwig von Bertlanffy(1901-1972)는 "유기체의 시스템 이론"[30]에 관한 글을 쓴 최초의 사람 중 한 사람이다. 그는 시스템을 다음과 같이 정의하고 있다. "요소 자체 간의 상호 관계와 환경과의 상호 관계 속에 존재하는 요소들의 집합. 정말로 중요한 측면은 전체적이고, 역동적인 시스템을 만들어 내기 위한 요소들 간의 상호 작용이다. 이 시스템은 개방 시스템의 경우, 그 환경과 상호 작용하게 된다."[31] 따라서 시스템은 환경의 영향을 받으며, 또한 반대로 환경에 영향을 미치게 되는 것이다. 어떤 시스템을 세분할 때, 여러분은 그것이 여러 개의 하위 시스템(subsystems)으로 구성되어 있음을 알 수 있다. 마찬가지로 조직은 더 큰 환경에 속하는 하나의 하위 시스템에 불과한 것이다. 경영학의 이전의 학파들은 조직을 외부 환경과는 전혀 상호 작용하지 않는 폐쇄 시스템(closed systems)으로 간주하였다. 반면에 시스템 이론은 조직을 외부 세계에 의해 크게 영향을 받는 다공성(多孔性)을 가진 실체로 생각하고 있는 것이다.

조직 자체가 더 큰 시스템의 일부 구성 요소라는 사실을 무시할 수는 없다. 각각의 개별 조직은 어떤 방식으로 처리되어 최종적으로 아웃풋(outputs)으로 조직을 벗어나게 되는 인풋(inputs)을 받게 된다. 주위를 둘러싼 환경은 시스템의 모든 요소에 영향을 미치며 조직으로 하여금 그 아웃풋이 성공적인지 아닌지를 평가할 수 있도록 해 주는 피드백(feedback)을 제공해 준다. 시스템 이론의 요소들은 〈그림 2.8〉에서 볼 수 있다.

인풋과 아웃풋은 조직의 유형에 따라 다양하다. 공공도서관에서는 인풋이 (1) 서비스를 지원하기 위한 시로부터의 자금이나, (2) 입수 중인 미처리 도서 및 저널, (3) 정보와 독서 자료를 찾고 있는 이용자들, (4) 스토리 시간에 참여하기 위해 찾아오는 어린이들이 될 수도 있을 것이다. 이러한 모든 인풋들은 외부 환경으로부터 받아 그러한 것들이 어떤 방식으로 처리되거나 변환되는 도서관으로 가져오게

---

30) Ludwig von Bertalanffy, "The History and Status of General Systems Theory," *Academy of Management Journal* 15, no. 4 (December 1972): 407.
31) *Ibid.*, 417.

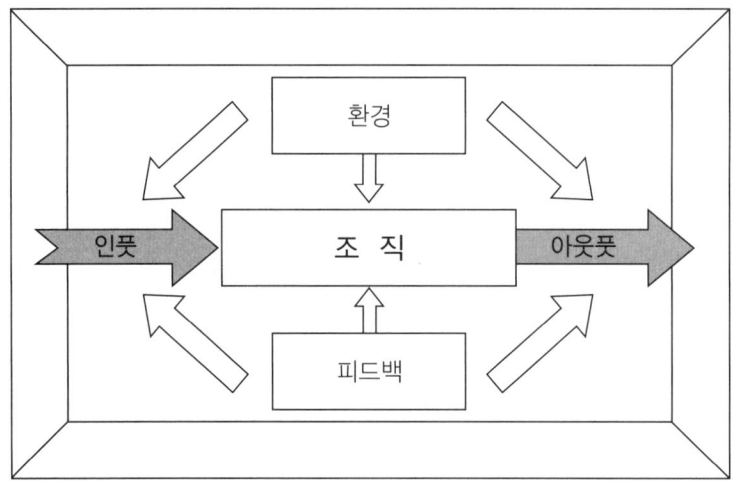

<그림 2.8> 시스템 이론의 요소

된다. 그리고 나서 도서관은 아웃풋을 만들어 내게 되는데, 이러한 아웃풋은 (1) 고객과 함께 가정으로 가는 도서나, (2) 참고 데스크에서 질의를 하고 자신의 정보 니즈를 충족시키는 성인들, (3) 그날 아침 도서관에서 들은 스토리에 대해 얘기하면서 집으로 돌아가는 어린이들과 같이 다양할 수도 있다. 도서관은 대출되는 도서 수나, 스토리 시간의 참석자 수, 이용자들의 의견과 같은 데이터로부터 피드백을 받고, 그리고 나서 경영자들은 도서관의 업무를 변경하기 위해 그 피드백을 이용한다.

시스템 이론은 또한 경영자들에게 시너지(synergy)라는 개념을 제공하고 있는데, 이것은 전체는 그 부분들의 합보다 더 크다는 개념이다. 어떤 조직이 일을 잘하게 될 때는, 각 하부 단위는 단독으로 일했을 때 할 수 있는 것보다 더 많은 것을 해 낼 수 있다. 시스템 이론은 경영자들로 하여금 조직을 고립된 것으로 간주하는 것이 아니라, 조직에 대한 환경의 중요성과 하위 시스템과 공동 시스템의 상호 의존성을 명심하도록 하는 결과를 가져오고 있다.

 이야기해 보기

도서관이든 아니면 다른 유형의 조직이든, 여러분이 잘 알고 있는 조직을 생각해 보고, 시스템적 관점에서 이를 간주해 보라. 시스템의 인풋과 아웃풋은 무엇인가? 인풋을 아웃풋으로 변

> 환시키기 위해 시스템에서는 무엇이 이루어지고 있는가? 환경은 시스템에 어떤 영향을 미치고 있고 피드백은 어떻게 받고 있는가? 여러분은 조직이 시너지를 내고 있다고 생각하는가?

2.7. 상황 적응적 접근법

1970년대에서 시작된 상황 적응적 접근법(contingency theory)은 경영을 생각하는 중요한 방식이 되었다. Frederick W. Taylor는 "최선의" 경영 방식을 찾으려고 시도하였지만, 상황 적응 이론은 하나의 최선의 방식은 존재하지 않는다고 말하고 있다. 그 대신에 이 이론은 상황적 요인들이 중요하다는 입장을 갖는다. 이 이론에서는 각 상황의 환경들을 고려하고 그리고 나서 어떤 반응이 최대한의 성공 기회를 갖는지를 결정한다.[32] 상황 적응적 접근법은 다음과 같이 주장하고 있다.

- 최선의 경영 기법은 존재하지 않는다.
- 최선의 경영 방식은 존재하지 않는다.
- 어떤 기법이나 경영 원칙도 항상 효과적일 수는 없다.

상황 적응 이론가들은 어느 것이 가장 잘 작동하는지에 대한 질문을 받는다면, 간단한 답변은 "그것은 전적으로 상황에 달려 있다"[33]라고 생각한다. 그들은 각 조직은 서로 다르기 때문에 모든 조직에 보편적 원칙은 적용될 수 없다고 주장한다. 조직의 유형과 외부의 영향, 규모, 근로자들의 기술 수준, 그 밖의 요인들이 모두 조직을 어떻게 경영할 것인지를 결정하는 데 역할을 하게 된다.

상황 적응적 접근법의 도전은 조직의 상황을 실제로 존재하는 그대로 인식하고, 그러한 상황에 가장 적합한 경영 전술을 선택하고, 그리고 나서 그러한 전술을 능숙하게 실행하는 데 있다.[34] 상황 적응 이론은 경영자들에게 이른바 묘책(妙策: silver bullet),

---

32) Don Helbriegel, J. S. Slocum, and R. W. Woodman, *Organizational Behavior* (St. Paul, MN: West, 1986), 22.

33) Chimezie A. B. Osigweh, *Professional Management: An Evolutionary Perspective* (Dubuque: Kendall/Hunt, 1985), 160.

34) Samuel C. Certo, *Modern Management: Quality, Ethics, and the Global Environment* (Boston: Allyn & Bacon, 1992), 48.

즉 만능의 접근법은 존재하지 않는다고 말하고 있다. 그 대신에, 경영자는 경영상의 접근법을 선택하기에 앞서, 조직과 조직의 목적 및 목표, 사용하고 있는 테크놀로지, 그곳에서 일하고 있는 사람들, 외부 환경, 그 밖의 많은 요인들을 검토해야 한다.

2.8. 새로운 접근법

이 장의 이전 섹션들은 경영학의 이론과 실제의 발전과 역사에 대한 개관을 제공해 주었다. 상황 적응 이론 이후로 상당히 중요한 주요 경영 이론이 개발되고 있지는 않지만, 경영자들로 하여금 자신들의 접근법을 다시 생각해 보도록 해 주는 조직의 다수의 최신 트렌드들이 존재하고 있고, 새로운 기법들도 개발 중에 있다. 앞에서도 살펴본 것처럼, 이러한 모든 새로운 접근법들은 이전의 경영 학파들 안에 뿌리를 두고 있지만, 과거의 기법들은 최신 환경의 니즈에 부응하기 위해 재작업이 이루어지고 있다. 이러한 새로운 접근법들은 다음과 같은 세 개의 일반적인 영역으로 범주화할 수 있다. 즉 첫째는 품질 보증에 대한 초점, 둘째는 경영상의 의사 결정에서 빅 데이터를 포함한 데이터의 활용, 셋째는 자신들의 직장 생활에서 더 큰 몰입(engagement)을 갈망하는 오늘날의 직원들의 니즈 변화에 부응하기 위한 업무 현장의 재구조화가 그것이다.

2.8.1. 품질 보증

품질은 국제적인 경쟁에 대항하여 미국 제조업이 더 경쟁력을 갖도록 하는 데 도움을 주기 위해 전사적 품질 경영(TQM: Total Quality Management)이라는 개념이 개발된 1970년대 이래로 미국 조직에서 점점 더 많은 관심을 끌고 있다. 품질에 대한 강조는 W. Edwards Deming과 Joseph M. Juran이 일본 회사들의 제조업을 개선하기 위한 작업을 하면서 제2차 세계대전 이후에 이 두 사람에 의해 제창되었다. 하지만 그들의 노력은 미국에서는 일본 자동차 메이커들로부터의 경쟁이 자동차 산업을 위협할 때까지 대부분 무시되고 있었다. 소비자들은 미국에서 만들어지는 자동차보다 일본차들이 훨씬 더 고품질이라는 사실을 깨닫게 되었으며, 미국 자동차 메이커들은 비즈니스를 계속하기 위해서는 개선을 하지 않을 수 없게 되었다. TQM이라는 개념이 전국을 휩쓸었다. TQM은 계속적인 개선에 전념하는 조직을 만들어 내는 포괄적인 시스템으로, 저렴한 비용이 생산성과 이윤을 증가시키는 최선의 방식이라고 믿는 초창기의 일부 경영 이론가들과는 반대되는 것이다. TQM의 모토(만트라: mantra)는 처음부터 그리고 매번 잘하라는 것이다. 불행히도, TQM이 많은 조직에서 채택되었지만, 특히 대부분의 경영자나 직원이 결코 받아들이지 못하는 변화를 요구하는 "품질 전문가"를 초빙한 조직에서, 언제나 성공을 거두는 것은 아니었다. 바로 그 점에서, 많은 조직들은 TQM 시도를 포기하였으며, 이 접근법은 많은 사람들에 의해 잠깐 왔다가 사라져 버린 일시적 유행에 불과한 것으로 간주되기 시작하였다.

그렇지만, 21세기의 전환 이래로, 품질에 대해 새로이 강조하게 되었는데 이러한 강조는 영리 섹터로부터 헬스케어와 교육, 도서관과 같은 비영리 섹터로 옮겨가고 있다. 이러한 조직들은 자신들이 그 고객들을 만족시키고 자금 지원을 정당화하고자 한다면 자신들의 품질을 증진시켜야 한다는 사실을 깨닫고 있다. 그들은 품질을 최고 우선순위에 두고 직원은 품질을 보장하는 책임을 갖는다는 사실을 알리고 있다. 품질에 초점을 맞추고 있는 조직들은 그들이 수행하는 모든 것을 개선하는 길을 계속해서 찾고 있으며, 어떻게 개선을 하고 그러고 나서 어떻게 요구되는 변화를 해야 하는지에 대한 이용자들로부터의 피드백을 구하고 있다. 분명히 경영에 대한 이러한 접근법은 종종 조직 문화의 변화를 필요로 하는데, 실행하고 수용되는 데는 시간이 걸리게 마련이다. 하지만 해 볼 만한 가치가 있는 노력이다.

Peter Drucker는 다음과 같은 주장을 했던 1970년대 초반에 이미 이를 알고 있었다. "비즈니스는 회사 이름이나 규정, 정관에 의해 정의되는 것이 아니다. 그것은 고객이 제품이나 서비스를 구매할 때 고객이 만족하게 되는 그 원하는 것에 의해 정의되는 것이다. 고객을 만족시키는 것은 모든 비즈니스의 사명이자 목적이다." Drucker는 계속해서 다음과 같이 말하고 있다: "어느 시점에서든지, 고객이 보고, 생각하고, 믿고, 원하는 것은 경영진에 의해 객관적 사실로 받아들여져야 한다. 고객에게는 어떤 제품이나 서비스, 그리고 분명히 어떤 회사도 아주 중요한 것은 아니다. 고객은 단지 제품이나 서비스가 자신을 위해 내일 무엇을 하게 될는지 알고 싶을 뿐이다."[35] 성공하고자 하는 조직들은 그 고객의 만족에 전념해야 하며 이렇게 해서 자신들의 재화와 서비스, 그리고 다른 모든 것들의 품질을 유지하는 데 초점을 맞추어야 할 것이다. 오늘날과 같은 더 큰 경쟁의 시대에, 품질에 대한 관심이 재등장하고 있다는 사실은 놀라울 게 없다.

---

35) Peter Drucker, *Management: Tasks, Responsibilities, Practices* (New York: Harper Row 1974), 79-80.

2.8.2. 데이터 및 증거 기반 경영

품질에 대한 드라이브와 밀접하게 관련된 것은 의사 결정을 위한 근거로써 데이터나 증거를 사용하는 데 점점 더 많은 중점을 두는 것이다. 조직이 자신의 고객들이 만족하고 있다는 사실을 아는 방법 중 하나는 고객의 만족 수준에 관한 정보를 수집하고 그러고 나서 어떻게 품질을 개선할 것인지에 관한 의사 결정을 준비를 하기 위해 그 데이터를 사용하는 것이다. 경영에 대한 이러한 새로운 접근법은 종종 "증거 기반" 경영(EBM: "evidence-based" management)이라고 불리고 있다. EBM은 적합성을 가진 정보를 수집하고 그러고 나서 경영자의 의사 결정에 정보를 제공하기 위해 그 데이터를 이용함으로써 리서치와 실제의 가교 역할을 하고자 시도하고 있다.[36]

정보 테크놀로지는 조직으로 하여금 업무에 관한 데이터를 더 효과적으로 수집할 수 있도록 해 주는 도구를 제공하고 있다. 경영학 문헌은 최근 들어 "빅 데이터"와 이를 통해 조직에서 이전에는 알지 못했던 패턴과 상관관계, 마켓 트렌드, 고객의 선호도를 밝혀내도록 제공해 줄 수 있는 분석 정보를 논하고 있는 논문들로 가득하다. Google과 Amazon, Facebook과 같은 대규모 조직들은 이러한 분석 정보를 활용하여 비즈니스 성과를 개선하고 있다. 물론 더 많은 또는 더 좋은 데이터를 갖는 것은 시작에 불과하며, 성공을 거두는 조직들은 유용한 방식으로 그 데이터를 이용할 수 있는 조직들이다. 조직은 그럼에도 불구하고 올바른 목적들을 설정하고, 성공을 하려면 무엇을 해야 하는지를 정의하며, 올바른 질문을 할 수 있는 리더십을 갖추어야 한다.[37]

이러한 데이터 기반의 접근법은 아직도 비교적 새로운 것으로 종종 문제점을 제기하기도 한다. 어떤 데이터 분석 정보는 오도된 패턴을 제공할 수도 있을 것이다. 아울러 프라이버시에 대한 우려도 많은데, 이것은 더 많은 조직들이 그와 같은 데이터를 의사 결정을 추진하기 위해 사용하기 시작하면서 점점 더 중요해질 가능성이 있다. 그렇지만 McAfee와 Brynjolfsson이 밝히고 있는 것처럼, "증거는 명백하다. 즉 데이터 기반 의사 결정이 더 나은 의사 결정이 되는 경향을 보이고 있다. 리더들은 이 사실을 받아들이거나 아니면 이를 받아들이는 다른 사람으로 교체될

---

36) Jeffrey Pfeffer and Robert I. Sutton, *Hard Facts, Dangerous Half-Truths and Total Nonsense: Profiting from Evidence Based Management* (Boston: Harvard Business School Press, 2006).

37) Andrew McAfee and Erik Brynjolfsson, "Big Data: The Management Revolution," *Harvard Business Review* 90, no. 10 (October 2012): 60-68.

것이다. 섹터별로 보면, 분야의 전문 지식(domain expertise)을 어떻게 데이터 사이언스와 결합시켜야 하는지를 이해하는 회사들은 그 경쟁자들로부터 벗어나게 될 것이다."[38]

경영에는 "측정할 수 없는 것은 관리할 수 없다"는 격언이 있다. 증거와 데이터를 경영자의 의사 결정의 근거로 이용하고자 하는 모든 시도들은 경영자들이 최선의 정보를 가지고 의사 결정을 할 수 있도록 도와주는 것이다. 하지만 경영에는 데이터를 생산해 내거나 용이하게 EBM에 참여하지 못하는 많은 측면들이 있다. 특히 그것이 사람들에게 해당하게 되면, 인간 행동의 모든 측면을 파악하는 계량 지표를 이용하는 것은 거의 불가능하다. 계량 지표는 대용물에 불과한 경우가 많으며, 최선의 경영자들은 과거의 경험으로부터 축적해 온 데이터와 지식뿐만 아니라 자신들이 관찰해 온 패턴과 관계를 이용하여 수집해야 하는 데이터와 의사 결정을 추진하기 위해 그 데이터를 이용하는 방법을 선택할 때 그들에게 도움을 주게 된다.

2.8.3. 직원 몰입

인간관계론 이론가들의 시대 이후로, 경영자들은 자신의 일에 몰입하는 직원들이 더 생산적이고 더 많은 동기 부여를 받는다는 사실을 알게 되었다. 몰입하는 직원들은 단지 만족하는 범위를 넘어서, 자신들의 일에 완전히 빠져들고 열정을 갖게 된다. 이러한 근로자들은 자신들의 일에 매력을 느끼며 일로 인해 영감을 받고("나는 이 일을 하고 싶다"), 헌신적이며("나는 내가 하고 있는 일의 성공에 전념한다"), 매료되어 있다("나는 내가 하는 일을 사랑한다"). 그들은 조직의 미래에 대해 관심을 가지고 있으며 조직이 성공할 수 있도록 하기 위해 기대하는 것보다 더 열심히 일하고자 하는 의지를 가지고 있다.[39] 업무 현장에서 점점 더 비율이 높아지고 있는 밀레니엄 세대 직원들은 특히 자신들을 몰입시키는 업무를 제공해 주는 조직에 매력을 느끼고 있다.

더 높은 직원 몰입(employee engagement)을 이끌어 내는 검증된 방식 중 하나는 근로자들에게 학습과 개발을 제공하는 것이다. 몰입을 고무시키는 환경을 제공하고자 하는 시도로, 몇몇 조직들은 학습 조직(learning organization)이 된다는 개념을 받아들이고 있다. 그 이름이 함축하고 있는 것처럼, 학습 조직은 모든 직원이

---

38) *Ibid.*, 68.
39) Tim Rutledge, *Getting Engaged: The New Workplace Loyalty* (Toronto: Mattanie Press, 2009).

계속적으로 기술과 경험을 터득하는 조직이다. 조직의 모든 계층의 사람들이 그 조직이 당면하고 있는 문제점들을 확인하고 해결하는 데 초점을 맞추게 된다. 학습 조직은 오픈 커뮤니케이션과 분권화된 의사 결정, 더 수평적인 조직 계층 구조를 유지한다.

학습 조직의 개념은 1990년에 조직으로 하여금 급변하는 환경의 도전에 부응하도록 도움을 주기 위한 방식으로서 Peter Senge에 의해 처음 제안되었다.[40] 이러한 유형의 조직은 한계점들을 극복하고, 조직을 거스르는 압력들을 이해하고, 기회가 주어졌을 때 이를 잡을 수 있다. 학습 조직 접근법의 기본 원칙은 다음과 같은 다섯 가지 핵심 테마로 정리할 수 있다.

1. 개인적 숙련(personal mastery): 사람들이 프로세스에서 무엇이 중요한지를 파악한다.
2. 정신 모델(mental model): 조직이 구성원들의 정신 모델을 증진시키기 위해 지속적으로 도전한다.
3. 공유 비전(shared vision): 어떤 조직이 되어야 하는지에 대한 상상이 필요하다.
4. 팀 학습(team learning): 상호 협력과 커뮤니케이션, 조화성(compatibility)을 통한 학습
5. 시스템 사고(system thinking): 조직을 전체적으로 인식

리더들은 직원들을 통제하기보다는 오히려 직원들에게 서비스하기 위해 학습 프로세스의 혁신가나 브로커, 지휘자, 프로듀서, 조정자, 모니터, 촉진자, 교사, 집사, 디자이너 등의 다양한 역할을 맡는다.[41] 학습 조직 접근법은 "부문과 부서의 조직인 지휘 및 통제 조직(command-and-control organization)으로부터 지식 전문가들의 조직인 정보 기반 조직(information-based organization)으로 옮겨가기"[42] 위해 경영자들이 사용하고 있는 하나의 방식에 불과하다. 어느 조직이든 그 성공은 그 조직이 환경의 변화에 대응하고 적응할 수 있도록 그 지식을 관리할 수 있는

---

40) Peter M. Senge, *The Fifth Discipline: The Art and Practice of the Learning Organization* (New York: Doubleday/Currency, 1990).
41) Sue R. Faerman, "Organizational Change and Leadership Styles," *Journal of Library Administration* 19, no. 3-4, (15 March 1994): 62.
42) Peter F. Drucker, "The Coming of the New Organization," *Harvard Business Review* 66, no. 1 (January 1988): 45-53.

능력에 좌우된다. 오늘날의 근로자들은 학습 조직의 일부가 되는 데 대해 호의적으로 반응하고 있다.

2.9. 요약

이상에서 살펴본 일반적인 개요를 통해서는 이러한 경영학의 개념과 이론을 상세하게 논의할 수 없을 것이다. 그 대신 이 간략한 소개를 통해 학생이나 관심을 가지고 있는 전문직 종사자에게 필요한 기본적인 배경을 제공함으로써 가장 잘 알려져 있는 이론들에 친숙해질 수 있도록 하고자 의도하였다. 이미 언급된 이론들의 상당 부분의 응용에 대해서는 이 책의 다른 장에서 다시 살펴보게 될 것이다.

경영 이론이라는 미로(迷路)를 바라보는 최선의 방식은 아마도 각각의 운동을 조직에서 함께 일하는 사람들의 전체 시스템을 고찰하는 하위 시스템 또는 구체적인 수단으로 간주하는 것일 것이다. 현재의 정치적, 경제적, 사회적, 기술적 풍토는 시스템과 구조를 계속적으로 재평가하고 몇몇 초창기 경영 이론을 재고하지 않을 수 없게 하고 있다. 현대의 경영자들은 앞서 살펴본 모든 이론적 골격의 어떤 부분을 여전히 사용하고 있다. 왜냐하면 그들은 종종 어느 한 특정 조직을 경영하기 위한 최선의 방식을 만들어 내기 위해 여러 접근법을 혼합하여 사용할 필요가 있기 때문이다.

경영학의 역사를 되돌아보면 경영의 실제가 과거에 미쳤던 영향을 살펴볼 수 있다. Gary Hamel이 설명하고 있는 것처럼, "경영학은 의심할 여지없이 인류의 가장 중요한 발명의 하나이다." 하지만, 그는 또한 경영학은 연소 기관과 마찬가지로, "성숙 테크놀로지"(mature technology)라는 사실을 지적하고, 이 영역은 오늘날의 환경에 맞게 재발명되어야 한다고 제안하고 있다.[43] 오늘날 모든 조직의 경영자들은 변화하는 세계의 니즈에 부응하기 위해 최선의 경영 유형을 찾아내고자 노력하고 있는데, 이것은 결코 작은 일이 아니다. 그러나 비록 그것이 엄청난 도전이기는 하지만, 경영자들은 용기를 가져야 한다고 Hamel은 주장하고 있다. 그가 주장하고 있는 것처럼, "최초의 경영학의 선구자들은 자유로운 사상을 가진 사나운 인간들을 순종적이고 굽실거리는 직원으로 바꾸어야 했다. 그들은 인간 본성에 어긋나는 일을 하였다. 반면에 우리는 그 본성과 함께 일하고 있다. 우리의 목적은

---

43) Gary Hamel, "Moon Shots for Management," *Harvard Business Review* 87, no. 2 (February 2009): 91.

조직에서 인간성이 줄어들도록 하는 것이 아니라, 더 인간적이 되도록 하는 것이다."[44] 오늘날의 경영 스타일은 발전을 거듭할 것이며, 내일의 경영자들은 오늘날에는 듣지 못했던 새로운 경영 기법들을 주창할 수도 있을 것이다.

2.10. 도서관 경영에 대한 역사적 관점

이 장의 나머지 부분에서는 도서관들이 어떻게 이러한 일반적인 경영학의 접근법들을 효율적으로 활용해 오고 있는지에 대해 살펴보고자 한다. 처음부터 도서관 경영은 예상대로, 다른 유형의 조직 관리와 구별되는 어떤 확인할 만한 특징도 보여 주지 않았다. 그러므로 경영학 문헌에서 논의되는 트렌드와 이론, 기법들이 쉽게 도서관 실무에 흘러들어 오게 되었으며 수년간에 걸쳐 다양한 정도의 성공을 거두면서 실행되어 왔다. 사서들은 영리 세계에 비해 더 늦게 특정의 경영학의 접근법들을 채택하는 경우가 많았지만, 최종적으로는 기업 섹터에 도입되는 거의 모든 경영학의 접근법들을 시도하였다. 그러한 이론들과 기법들을 도서관 업무에 통합한 것에 대해서는 한 세기 이상 동안 도서관 분야 문헌에서 광범위하게 보고되어 오고 있다.

20세기 시작 이전의 도서관 경영은 아직 발전의 초기 단계에 있었는데, 도서관을 경영하기 위해 일반적으로 받아들여지는 일단의 최선의 관례들이 존재하지 않았다. 도서관이 소규모일 때는 경영 기법이 중요하지 않았지만, 이러한 조직들이 커져 감에 따라, 더 많은 수의 직원과 더 복잡한 조직을 경영하기 위한 최선의 방식에 관한 지식이 필요하게 되었다.

19세기 말과 20세기 초의 많은 사서들은 자신들이 경영하는 도서관의 유효성과 효율성을 증진시키기 위한 시도로 전통적인 도서관 실무에 변화를 가져왔다. 예를 들면, 미국의 Melvil Dewey와 Charles McCarthy, Charles Cutter는 도서관에서 더 높은 효율성과 표준화를 이루어내기 위한 방식들을 실험하였다.[45] 이러한 선구적인 도서관 경영자들은 스스로를 기본적으로 경영자가 아닌 학자로 간주했던 자신들의 전임자들과는 다르게 도서관의 업무를 바라보았다. 끌어다 쓸 만한

---

44) Gary Hamel, "Moon Shots for Management," *Harvard Business Review* 87, no. 2 (February 2009): 98.

45) Jane A. Rosenberg, "Library Management," in *Encyclopedia of Library History*, eds. Wayne A. Wiegand and Donald G. Davis, Jr. (New York: Garland Press, 1994), 374.

당대의 현존하는 상당 부분의 전문 지식이 없었기 때문에, 각자가 사실상 독립적으로 자신의 기관의 니즈에 부응하는 방법들을 찾아내고자 시도하였다.

 이야기해 보기

1876년에, 나중에 *Library Journal*이 된 잡지의 첫 호에서, Melvil Dewey는 도서관 전문직에서 일어나고 있던 변화에 대해 다음과 같이 쓰고 있다. "처음부터 도서관은 크나큰 존중을 받아오고 있으며, 값을 매길 수 없는 가치에 대해 많은 사람들이 글로 쓰고 있다. 그러나 사서는 지키는 사람(keeper)일 뿐으로 책이 손실되지 않도록 보존하면 충분히 책무를 다하고 있다는 견해가 상당히 팽배해 있다.… 아주 유능한 비즈니스 재능을 가진 사람이 공공도서관의 경영에 참여하는 것을 발견더라도 전혀 놀라울 게 없는 시대가 오고 있다. 우리가 학식이 부족한 것이 아니라, 우리가 더 많은 삶을 누리고 있는 것이다. 수동적인 것은 능동적이 되고 있고, 우리는 시장과 가게와 마찬가지로 인파들이 도서관을 들락날락거릴 바라는 것이다."[46]

도서관과 Dewey로 하여금 이러한 주장을 하게 했던 환경에는 어떤 변화들이 일어나고 있었던 것인가? "학자" 사서들이 경영자로 대체되었을 때 도서관에 어떤 영향을 미쳤는가?

1887년에 St. Louis 공공도서관의 사서 F. M. Cruden은 다음과 같이 설명하고 있다. "도서관 최고 경영자의 책무는 주식회사 경영자의 책무와 본질적으로 전혀 다르지 않다. 사서는 사업가의 방법에서 이익을 얻을 수도 있을 것이다."[47] Arthur E. Bostwick은 1891년의 New Zealand Library Association의 강연에서, 도서관의 업무에 사업 효율성의 방법들을 채택할 것을 주창하였다.[48] 영국에서는 1902년을 시작으로 Oxford University의 사서 E. W. B. Nicholson이 Bodleian Staff Kalendar [sic]를 제작하였는데, 이것은 수년간에 걸쳐 수행해야 할 업무의 일정에서 도서관 실무에 관한 최초의 매뉴얼의 하나로 발전하였다.[49] Charles C. Williamson을 포함한 그 시대의 다른 도서관 리더들은 산업계의 방식이 도서관에 대해 갖는 가치를 강조하면서, "어느 누구도 아직까지 도서관 서비스나 도서관 경영의 원칙과 철

---

46) Melvil Dewey, "The Profession," *American Library Journal* 1, no. 1, (30 September 1876): 5-6.
47) Gertrude M. G. Drury, *The Library and Its Organization* (New York: H. W. Wilson, 1924), 83-84.
48) Arthur E. Bostwick, "Two Tendencies of American Library Work," *Library Journal* 36, no. 6 (January 1911): 275-278.
49) Barbara B. Moran, "E. W. B. Nicholson and the Bodleian Library Staff Kalendar," *Libraries & the Cultural Record* 45, no. 3 (2010): 297-319.

학을 포괄적으로 다루고자 시도하지 못하고 있다"[50]고 지적하였다. Williamson이 이렇게 말하고 있을 당시에는, 과학적 관리 학파가 발전하고 있었는데, 그 이론들이 많은 산업계의 상황에는 이미 적용되고 있었지만 도서관에는 아직 적용되지 못하고 있었다. 1930년대까지도 과학적 관리론을 도서관에 적용하는 데는 초점이 맞추어지지 못하였다. Donald Coney는 "과학적 관리론은 도서관 관리자들에게 그들의 활동의 방향을 설정해 주는 유용한 수단을 갖추어준다"[51]고 설명함으로써 이 "새로운" 접근법을 강조하였다. 1940년대 말과 1950년대 초에는, Ralph R. Show가 도서관 업무의 과학적 관리에 관한 그의 기념비적 연구를 시작하였다.[52]

인간관계론 학파가 도서관과 정보 서비스에 미친 영향도 1930년대 초반에 나타나기 시작하였다. 도서관 근로자에 관련된 이슈들이 관심을 받기 시작하였고, 도서관 관리자들을 위한 교육 훈련은 인사 관계 접근법을 강조하였다. 1930년대 중반에, J. Periam Danton은 경영의 인간적 측면에 대한 트렌드를 강조하였는데, 여기서는 인사 관리가 도서관 조직의 민주화에 무엇보다 중요하였다.[53] 이것은 Clara W. Herbert의 도서관 인사 관리에 관한 1939년판 책에서 더 상세하게 다루어졌다.[54] Herbert의 권고 중에는 인사 관리에 대한 더 큰 관심과 특히 활동을 단순화하고 조정하는 방향으로 나아가는 기본적인 조직에 대한 더 많은 관심, 더 많은 직원 개발, 더 좋은 작업 조건 등이 있었다.[55]

계량 학파 또는 수리 학파도 도서관 업무에 큰 영향을 미쳤다. 1960년대 말을 시작으로, 도서관 경영자들은 의사 결정에 응용된 오퍼레이션 리서치를 이용하였다. 1960년대에는 MIT(Massachusetts Institute of Technology)의 Philip Morse가 이끄는 연구자 그룹이 Purdue University의 Ferdinand Leimkuhler가 주도하는 후발 그룹과 함께, 도서관 문제를 연구하기 위해 오퍼레이션 리서치를 사용하였다.[56] 1972년에는 University of Pennsylvania의 Wharton School에서 대학과 대규모 공

---

50) Charles C. Williamson, "Efficiency in Library Management," *Library Journal* 44, no. 2 (February 1919): 76.
51) Donald Coney, "Scientific Management in University Libraries," in *Management Problems, with Special Reference to the Textile Industry,* ed. G. T. Schwennig (Chapel Hill: University of North Carolina Press, 1930), 173.
52) Ralph R. Shaw, "Scientific Management in the Library," *Library Trends* 21, no. 5 (January 1954): 359-483.
53) J. Periam Danton, "Our Libraries: The Trend toward Democracy," *Library Quarterly* 4, no. 1 (January 1934): 16-27.
54) Clara W. Herbert, *Personnel Administration in Public Libraries* (Chicago: American Library Association, 1939).
55) *Ibid.,* xiii-xiv.

공도서관의 정보 시스템의 관리를 위한 모델을 디자인하고 개발하기 위해 미국의 연방 보조금의 지원을 받은 연구를 완료하였다.[57]

경영 이론이 발전함에 따라, 사서들은 개발되는 지침과 원칙들을 자신의 조직에 계속해서 적용하고 있다. 사서들은 경영의 과학적 관리 학파와 인본주의 학파에 대해 취했던 것과 똑같이, 시스템적 관리론과 상황 적응적 경영을 채택하였다. 도서관은 이제 더 상위의 환경의 영향을 받고 그러한 환경에 대응해야 하는 개방 시스템으로 간주되고 있다. 상황 적응적 경영의 광범위한 수용과 함께, 도서관 경영자들은 각각의 특유의 상황의 니즈에 가장 적합하게 될 구체적인 경영 접근법을 찾고 있다.

도서관들은 또한 품질 보증과 증거 기반 경영을 중심으로 하는 새로운 관점을 채택하고, 직원들이 자신들의 업무 생활에 더 크게 몰입하도록 허용해 주고 있다. 점점 더 많은 도서관들이 평가 기법을 사용하고 자신들의 서비스의 품질을 개선하기 위해 노력하고 있다. 그들은 "사서들은 새로운 사고방식과 고객 중심의 서비스 품질 모델을 적용하기 위한 대안을 필요로 한다"고 설명하고 있는 Hernon과 Altman의 조언에 귀를 기울이고 있다. 그들은 사서들에게 "서비스를 바라보는 새로운 방식을 개발하고 … 도서관과 도서관의 제도적 맥락에 관심을 가지고 있는 이해 관계자들의 관점에 초점을 맞추라"[58]고 강력하게 권고하고 있다. 많은 도서관들은 이미 품질 보증 프로그램을 도입하고 있으며 더 많은 도서관들이 그들의 리드를 따를 가능성이 있다.[59]

증거 기반 경영은 사정(查定)과 평가가 정규 업무 절차의 일부가 되고 있는 오늘날의 도서관에서 거점을 마련하고 있다. 예를 들면, 아일랜드 최대의 대학인 University College Dublin의 도서관은 최근에 극심한 재정 삭감에 직면하였는데 대학 전체에 걸친 인쇄 자원 취소 프로젝트를 실행하기 위해 EBM을 이용하였다.

---

56) Don R. Swanson and Abraham Bookstein, eds., *Operations Research: Implications for Libraries* (Chicago: University of Chicago Press, 1972).

57) Morris Hamburg et al., *Library Planning and Decision Making Systems* (Cambridge, MIT Press, 1974).

58) Peter Hernon and Ellen Altman, *Assessing Service Quality: Satisfying the Expectations of Library Customers* (Chicago: ALA Editions, 2010).

59) Judith Broady-Preston and Allison Lobo, "Measuring the quality, value and impact of academic libraries: The role of external standards," *Performance Measurement and Metrics*, 12, no. 2 (2011): 122-135; Håkan Carlsson, "Library Assessment and Quality Assurance—Creating a Staff-Driven and User-Focused Development Process," *Evidence Based Library and Information Practice* 11, no. 2 (June 2016): 28-33; Susan Umeozor and Helen Emasealu, "Impact of External Quality Assurance on Academic Libraries," *Annals of Library and Information Studies* 63, no. 2 (June 2016): 103-109.

다양한 인쇄 자원들에 관한 엄청난 양의 데이터가 수집되었으며, 취소에 관해 내려진 최종 의사 결정은 잘 수용되었다.[60] 한 도서관 경영자는 "전문 사서들에 의해 제시된 객관적인 데이터를 갖는 것은 도서관 책임자로서 나로 하여금 프로세스에 대한 동료들의 인풋이 우리가 우리 학교의 리서치는 물론 교육학상의 의제에 가능한 최소한의 영향을 미치게 될 현명한 의사 결정을 내릴 수 있도록 가능한 한 많은 데이터와 정보에 의해 결정된다는 사실을 보장할 수 있게 해 주었다."[61] 모든 사서들은 더 훌륭한 경영을 하고 더 효과적인 서비스를 제공하기 위해 자신들이 더 많은 정보를 가지고 의사 결정을 내릴 수 있도록 해 주는 더 많은 증거를 만들어 내게 될 리서치를 지지할 필요가 있다.[62]

너무나도 많은 도서관들이 직원들로 하여금 그들의 업무 현장에 대해 더 큰 몰입을 할 수 있도록 해 주는 방식을 찾고 있다는 사실은 그다지 놀랍지도 않다. 사서들은 열성적으로 학습 조직을 채택해 오고 있다. 학습 조직에 관한 Senge의 개념을 채택하고 있는 다양한 유형의 도서관들을 설명하는 많은 논문들이 최근 몇 년 사이에 발행되고 있다.[63]

이러한 새로운 접근법들은 현대 도서관 경영의 많은 발전의 토대를 이루고 있기 때문에, 이 책의 뒷부분의 장에서는 이러한 경영 이론들이 어떻게 도서관에 적용되고 있는지에 대해 훨씬 더 상세하게 살펴보고자 한다. 모든 조직에서, 경영 프로세스는 오늘날의 변덕스런 환경의 수요에 부응하기 위해 발전을 거듭하고 있다. 자신의 조직이 오늘날 그리고 미래에 직면하는 문제점들에 맞서기 위해 경영을 "재발명"하는 것은 도서관 경영자의 도전이 될 것이다.[64]

---

60) Caleb Derven and Valerie Kendlin, "Evidence-Based Librarianship: A Case Study of a Print Resource Cancellation Project," *The Journal of Academic Librarianship* 37, no. 2 (March 2011): 166-170.

61) *Ibid.*, 167.

62) I. Diane Cooper, "Let's Get a Stronger Evidence Base for Our Decisions," *Journal of the Medical Library Association* 104, no. 4 (October 2016): 259-261.

63) L. J. Bender, "Team Organization—Learning Organization: The University of Arizona Four Years into It," *Information Outlook* 1, no. 9 (1997): 19-22; Kyle K Courtney, "YOLO: The Year of the Learning Organization," *AALL Spectrum* 16, no. 3 (December 2011): 20-23; Bernadine Goldman, "Transforming Your Library into a Learning Organization," *Public Libraries* 50, no. 3 (May 2011): 20-21; Jan Hayes, Maureen Sullivan, and Ian Baaske, "Choosing the Road Less Traveled: The North Suburban Library System Creates a Learning Organization," *Public Libraries* 38, no. 2 (1999): 110-114; Joan Giesecke and Beth McNeil, "Transitioning to the Learning Organization," *Library Trends* 52, no. 1 (June 2004): 54; Jensen, Judith, "CityLibraries Townsville as a learning organisation within a local government framework," *Australian Library Journal* 63, no. 4 (October 2014): 292-300.

64) Gary Hamel, "Moon Shots for Management," *Harvard Business Review* 87, no. 2 (February 2009): 91-92.

> **이야기해 보기**
>
> *Hard Choices in Hard Times Lessons from the Great Depression*에서는 대공황(Great Depression)의 영향이 생생하게 묘사되어 있다. "Chicago Public Library의 경험은 고통스러운 환경에서 공공 서비스를 유지하기 위한 노력의 환상적인 사례 연구를 제공해 주고 있다. 1930년대 초의 시카고는 붕괴의 위험에 처해 있었다. 실업률이 추정치로 30퍼센트까지 치솟으면서, 자포자기한 근로자들이 거리로 몰려나와 최루 가스와 곤봉을 휘두르는 경찰들과 맞부딪혔다. Chicago Public Library의 재정 기금은 급속하게 줄어들었다. 일찍이 1930년 1월에 이미 도서관은 20퍼센트의 예산 부족을 예측하였다. 초기의 대응에는 분관의 개관 시간 단축과 직원들의 약 5분의 1의 해고가 포함되어 있었다.… 개관 시간 단축에 대한 항의에 부딪히자, 도서관은 그 우선순위를 재검토하였다. 분관의 개관 시간은 원상회복되었고 많은 직원들은 급여를 삭감하여 재고용되었다. 1931년 5월에는 모든 도서 주문이 중단되었다. 1932년의 편지에서, 도서관장 Carl Roden은 상황을 다음과 같이 요약하고 있다. '우리는 우리가 겪어 본 최악의 재정적 어려움으로 고통을 받고 있다. 우리는 8개월 동안 어떤 책도 입수하지 못하고 있으며, 1932년의 잡지 구독은 취소되었다.… 금년도의 예산에 대해서는 어떤 계획도 세우지 못하고 있으며 그나마 축소된 활동들에 대한 자금의 전망은 이 글을 쓰고 있는 현재로는 전혀 고무적이지 못하다.'"[65]
>
> 우리는 역사를 통해 배운다고 항상 말하고 있다. 여러분은 오늘날의 도서관들이 대공황이 1930년대의 도서관에 미친 영향으로부터 무엇을 배울 수 있다고 생각하는가?

2.11. 결언

우리는 지금까지 과거 150년 동안 개발된 다양한 경영 이론들, 즉 과학적 관리론과 인간관계론, 계량적 접근법, 개방 시스템, 상황 적응적 접근법, 학습 환경 등이 오늘날의 도서관 및 정보 센터의 업무에 적용되고 있음을 살펴보았다. 그와 같은 이론과 기법들의 지속적인 이용과 개발, 개선은 결과적으로 더 효율적이고 효과적인 도서관 서비스를 가져오게 될 것이다. 경영자들은 어떻게 하면 자신의 조직을 더 효과적으로 만들 것인지 하는 것으로 인해 계속해서 도전을 받을 것이기 때문에 작업은 끝난 것이 아니다. 경영에는 단 하나의 "최선의" 방식은 결코 존재하지 않을 것이지만, 그러나 더 나은 방식을 찾도록 하는 것은 언제나 경영자들의 과업인 것이다.[66]

---

65) Eric Novotny, "Hard Choices in Hard Times Lessons from the Great Depression," *Reference & User Services Quarterly* 49, no. 3 (April 2010): 222-224.
66) Walter Kiechel III, "The Management Century," *Harvard Business Review* 90, no. 11 (November 2012): 75.

> **학습 내용 연습하기**

1. 우리가 현대적이고 최첨단이라고 생각하는 많은 아이디어들은 과거부터 사용되어 오고 있다. 몇 년 전 *Harvard Magazine*의 한 논문에서는 모세(Moses)로 분한 Charlton Heston이 파라오에게 "내 사람들을 가게 해달라"고 명령하는, 피라미드 빌딩에 대한 할리우드(Hollywood) 버전에 대해 치명타를 가한 바 있다. 논문에서는 고고학자 Mark Lehner가 피라미드 작업자들은 전혀 노예가 아니라는, 적어도 그 단어의 현대적 의미로는 아니라는 증거를 발견했다고 밝히고 있다. 그 대신 Lehner는 피라미드는 "모듈식의 팀 기반 조직의 한 종류에 속하는 교대 근무를 하는 인력"[67]에 의해 세워졌다고 믿고 있다.

   Lehner의 발견은 우리가 아주 근대적이라고 생각하는 얼마나 많은 기법들이 사실은 그렇지 않은지에 대한 좋은 예를 제공해 준다. 여러분은 겉보기에는 새로운 개발인 것 같은데 실은 과거로부터 가져온 다른 어떤 것을 생각해 볼 수 있는가?

2. 여러분은 어떤 컴퓨터 테크놀로지도 도서관에 등장하기 훨씬 이전인 1938년의 학술도서관의 도서관장이다. 이 때는 타자기와 계산기(둘 다 비전기식), 필사 또는 타자(打字)로 작성된 복본 도서 카드, LC 카드를 입수하지 못하면 간략 형식의 자체 편목(original cataloging)을 타자로 만들어 내는 시대이다. 물론 OCLC는 존재하지 않는다. 유일한 국가 목록은 책자체(冊子體)이며 문자 "R"까지 완료된 Bibliotheque Nationale의 목록만이 탐색에 많은 도움을 주고 있다.

   여러분의 도서관은 소규모 장서와 소규모 직원을 가진 전형적인 도서관이다. 사서가 되기 위한 교육적 준비는 도서관학 프로그램의 5년제 학사 학위(BLS)이며, 사서들은 본질적으로 성격상 사무적인 많은 과업을 수행한다. 급여는 낮다. 몇몇 참고 서비스가 제공되지만, 특히 공식적으로는 장서의 이용에 관해 학생들을 가르치는 데는 거의 노력을 기울이지 못하고 있다. 도서관의 도서 선정은 사서가 아니라, 관심을 가진 교원에 의해 이루어진다. 수서 예산은 소규모이며, 대규모 도서관들만이 어떤 유형의 시청각 자료나 마이크로필름을 소장할 수 있기 때문에 장서는 거의 전적으로 도서와 저널로 이루어져 있다. 여러분의 직원으로 있는 사서들은 여러분이 내리는 의사 결정에 거의 어떤 인풋도 제시한 적이 없다. 존재하는 도서관 상호 협력 사업은 소수에 불과하며, 여러분의 도서관은 그 어느 사업의 일부에도 속해 있지 않다. 여러분의 도서관은 자체 기관 외부의 다른 도서관이나 사서들과 어떤 공식적인 관계도 없이 상대적으로 고립되어 운영되고 있다.[68]

   그 도서관의 도서관장으로서, 여러분은 여러분의 도서관을 운영하기 위해 어떤 경영 이론

---

67) Jonathan Shaw, "Who Built the Pyramids?" *Harvard Magazine*, (July/August 2003): 42-49 and 99.
68) Jean M. Ray, "The Future Role of the Academic Librarian as Viewed Through the Perspective of Forty Years," *New Horizons for Academic Libraries: Papers Presented at the First National Conference of the Association of College and Research Libraries, Boston, Massachusetts, November 8-11, 1978* ed. Robert D. Stueart (New York: K. G. Saur, 1979), 405.

에 의존하게 되었을 것인가? 여러분이 21세기 학술도서관을 운영한다면 여러분은 동일한 이론에 의존했을 것인가? 경영 스타일의 차이를 설명해 주는 몇몇 요인들은 무엇인가?

3. EBM의 지지자들은 경영자들에게 경영상의 의사 결정을 내리는 데 사용되는 데이터를 수집하기 위한 리서치를 이용함으로써 더 "과학적"이 되도록 권장하고 있지만, 경영은 과학일 뿐만 아니라 예술이다. *Evidence Based Library and Information Practice*의 최근 논문에서, Denise Koufogiannakis는 사서들은 두 요소 모두에 대해 알아야 한다고 주장하고 있다. 그녀는 다음과 같이 말하고 있다.

> 우리는 증거 기반 실무의 과학과 예술을 둘 모두 받아들여야 한다. 그렇지 않으면 우리는 전체 상황의 중요한 요소들을 간과하게 될 것이다.… 그렇게 하는 것은 말끔하게 잘 정돈되지는 않지만, 그것이 정말 문제인가? 문헌정보학은 사회과학이며, 사람과 실생활의 상황은 쉽게 통제되지 않는다는 점에서 여기서 말하는 "사회"는 '혼란스럽다'는 것을 암시한다. 우리가 가지고 있는 기술의 예술은 우리로 하여금 혼란스런 상황을 받아들이고, 창조적이 되는 방식들을 찾아내고, 우리의 전문적 판단력을 사용하고, 우리가 리서치 자료에서 찾아낸 것 중 최선의 것과 함께 개개 이용자에게 도움이 될 가능성이 있다고 우리가 알고 있는 것 중 최선의 것을 적용함으로써 개개 이용자의 니즈에 부응하기 위한 최선의 해결책을 찾아낼 수 있도록 해 준다. 실무자로서 나의 순전히 비과학적인 판단으로는 문헌정보학 실무는 구체적인 토픽에 따라 더 많을 수도 더 적을 수도 있겠지만, 아마도 30%의 과학과 70%의 예술인 것 같다. 그 자체로, 우리는 증거 기반 실무의 예술을 무시할 수 없으며, 사실 더 훌륭한 과학자는 물론 더 훌륭한 예술가가 되는 방법에 대해 생각하기 시작해야 할 것이다.[69]

여러분은 경영자가 자신의 업무에서 예술과 과학 사이의 갈등을 어떻게 처리해야 한다고 생각하는가? 두 요소를 모두 무시하게 되면 무슨 일이 일어날 것인가? 여러분은 어떤 경영자들은 왜 어느 한 요소를 다른 요소보다 더 선호한다고 생각하는가? 여러분은 문헌정보학 실무의 70퍼센트는 예술이라는 것에 동의하는가?

4. 여러분은 감독자가 끊임없이 여러분의 일을 체크하고 마치 여러분 스스로는 어떤 의사 결정도 내릴 수 없기라도 한 것처럼 행동하는 꼼꼼하게 관리하는 마이크로 경영자(micromanager)인 직무에서 일해 본 적이 있는가? 그것은 여러분으로 하여금 어떤 느낌을 갖도록 하였는가? 여러분은 그 직무에서 여러분의 모든 능력을 발휘해서 열심히 일했는가? 여러분은 McGregor의 X이론을 실행하는 경영자는 직원으로 하여금 그들이 가진 잠재력에 도달하지 못하도록 막는다고 생각하는가? 어떤 근로자들은 그러한 방식으로 다룰 필요가 있는가? 한 명의 직원

---

69) Denise Koufogiannakis, "Evidence Based Practice: Science? Or Art?" *Evidence Based Library and Information Practice* 6, no. 1 (2011): 1-2.

으로서 여러분은 X이론 경영자를 위해 일하고 싶은가 아니면 Y이론 경영자를 위해 일하고 싶은가?

 **토론용 질문**

1. 심리학자인 Abraham Maslow는 인간은 끊임없이 원하는 동물이라고 생각하였다. 그는 "우리 사회의 정상적인 대부분의 구성원은 자신의 모든 기본적인 욕구에 대해 부분적으로 만족하고 동시에 자신의 모든 욕구에 대해 부분적으로 만족하지 못하고 있다"[70]고 말하고 있다.

   여러분은 Maslow의 가정이 옳다고 생각하는가? 우리 중 누군가는 완전히 만족하고 있는가? 근로자의 동기를 부여할 때 이러한 만족의 결여는 어떻게 이용할 수 있는가?

2. 과거의 경영상의 관행에 대한 지식은 오늘날의 경영자의 성과를 어떻게 개선시켜 주는가?

3. X이론과 Y이론의 고안자인 Douglas McGregor는 "보통의 사람은 적절한 조건 아래에서는, 책임을 받아들일 뿐만 아니라 책임을 맡으려 하도록 배운다. 조직의 문제점들을 해결하는 데 있어 비교적 고도의 상상력과 창의력, 독창성을 발휘하는 능력은 사람들에게 좁게 분포되어 있는 것이 아니라, 광범위하게 분포되어 있다"[71]고 밝히고 있다.

   여러분은 McGregor에게 동의하는가? 직원들이 이러한 특질을 드러낼 수 있도록 해 주는 업무 현장 또는 이를 억누르는 업무 현장이 있는가? 근로자들의 창의 존중(initiative)에 영향을 미치는 여러분이 일했던 곳의 어떤 관행들에 대해 논의해 보라.

4. 만일 Frederick W. Taylor가 여러분의 상관이라면 여러분은 어떤 종류의 업무 현장을 기대할 것인가? Mary Parker Follett은 어떤가? Elton Mayo는? 여러분은 어떤 것이 이러한 각각의 업무 현장의 강점과 약점이 되리라고 기대하는가? 만일 여러분이 여러분의 상관을 뽑을 수 있다면, 여러분은 누구를 선택할 것인가?

5. 이 장에서 살펴본 모든 경영 학파들을 고려해 보고 그러고 나서 여러분이 친숙한 업무 현장에 관해 생각해 보라. 여러분은 이러한 다양한 학파의 요소들이 현대 조직에서 사용되고 있음을 알 수 있는가? 이러한 조직 중 어느 조직인가는 그 경영의 관점을 바꿈으로써 개선이 이루어질 것인가?

---

70) Abraham Maslow, "A Theory of Human Motivation," *Psychological Review* 50, no. 4 (July 1943): 394.
71) Douglas McGregor, *The Human Side of Enterprise* (New York: McGraw-Hill, 1960).

Chapter 03 변화: 혁신 프로세스

이 장의 요점

이 장을 마친 후 여러분은:

- 변화를 불가피하게 하는 요인이나 압력을 확인해야 한다.
- 변화의 장애 요인들에 대해 이해해야 한다.
- 변화의 풍토에 참여하고 이를 조성하는 방법에 대해 배워야 한다.
- 변화 프로세스에서 커뮤니케이션의 중요성에 대해 알아야 한다.

    도서관과 정보 센터의 직원들은 매일같이 변화를 마주하게 된다. 경영자들은 이 다이내믹하고 어려운 환경에서 훌륭한 정보 서비스가 성공을 거두기 위해서는 조직이 계속 번창하고 그 사명을 완수할 수 있도록 변화해야 한다는 사실을 깨닫고 있다. 그중에서도, 이것은 지속적인 변화 프로세스에 충분히 참여하도록 도서관 시스템의 모든 계층의 책임 있는 근로자들에게 임파워먼트(empowerment)를 부여하는 것을 의미한다. 사서의 초점은 이용자들에게 맞추어질 것이며, 서비스의 품질을 제고하기 위해 낡은 업무 방식들은 폐기되고 임파워먼트의 문화가 조직 전체에 걸쳐 조성될 수도 있을 것이다.

    주요한 변화가 이루어질 수 있도록 하기 위한 패러다임 전환(paradigm shift)이라는 대중적인 개념은 고객들이 필요로 하는 것과 이러한 니즈를 충족시켜 주는 방법 사이의 재조정을 이룬 새로운 조직 구조로 문화를 바꾸는 것을 의미하는 경우가 아주 많다. 이를 위해서는 개정된 조직 목적들에 비추어 개별 근로자의 노력을 재검토하고 조정해야 한다. Rafael Ball은 학술 커뮤니케이션의 역사와 현재 상태로의 이러한 전환을 설명해 주는 흥미로운 논문을 발표하고 있다.[1]

변화는 모든 유형의 도서관과 그 밖의 정보 센터의 정보 서비스 개발에 중요한 역할을 한다. 이 장에서는 끊임없이 진화하는 글로벌 환경에서 이루어지는 정보 서비스 기관의 변화라는 토픽에 대해 소개하고자 한다.

현장의 경영 사례: 전통적인 학교도서관으로부터 학습 공유 공간으로의 이행(移行)

새로운 직무를 시작한 첫해 동안 쓴 다섯 편의 간략한 논문 시리즈에서, Christina A. Bentheim은 도서관이 Brinley Middle School의 새로운 사명을 정비하기 위해 그녀가 어떻게 학교장과 협력했는지에 대해 설명하고 있다. 각 논문에서는 이 학교도서관을 변화시키기 위해 그녀가 취한 조치(잘못된 조치)와 그녀가 사용한 프로세스를 보여 주고 있다. 흥미롭게도 그녀는 다음 가을에 일할 일자리를 4월에 제안 받았다고 하는데, 가을에 도착하면 "너무 늦을 것"[2]이라고 느꼈기 때문에, 봄에 그 도서관에 대한 계획을 세우고 준비하기 시작하였다. 이 기간 동안 그녀는 도서관에 대해 조사하였고 공식적으로 그 직무를 시작하기에 앞서 많은 정보를 얻게 되었다. 온라인 목록에 일찌감치 접속함으로써, 보고서를 실행하여 장서와 그 장서들이 어떻게 이용되는지에 대해 이해하게 되었다. 5월과 6월에는 학교를 여러 차례 방문하여 교장과 교사, 직원들(관리인 포함)과의 관계를 개발하기 시작하였다. 또한 도서관에 대한 사진과 아이디어를 담은 노트북을 가지고 다녔으며, 커뮤니케이션을 위해 소셜 미디어를 이용하였다. 6월 말까지(이것은 그녀의 직무가 시작되는 9월 이전이라는 점을 명심하라) 그녀는 물리적 공간을 재배치하고, 낡은 자료들을 치우고, 도서관을 재단장하였다. 또한 전략적 기획(strategic planning)과 비전 및 사명 선언문, 지침으로서의 개인적 목적을 활용함으로써, 도서관에 다시 활력을 불어넣고 초점을 학생에 맞추도록 변경하였다. 대출의 87퍼센트 증가와 학습 공유 공간(learning commons) 웹사이트의 주목할 만한 정도의 이용, 교사들이 자원들을 찾는 가치 있는 공간 등이 구체적인 성과로 나타났다. 그녀는 가변적 공간(flexible space)을 제공하고 도서관의 장비를 교실로 가져다주는 것이 이용과 유용성을 상당히 증가시킨다는 사실을 발견하였다. 그녀의 1년간에 걸친 전환은 에너지와 비전을 가진 한 사람의 전문직이 성공적인 변화를 어떻게 이루어 낼 수 있는지를 보여 주고 있다.

---

1) Rafael Ball, "The Scholarly Communication of the Future: From Book Information to Problem Solving," *Publishing Research Quarterly* 27, no. 1 (2011): 1-12.

2) Christina A. Bentheim, "Doing the Legwork, Building the Foundation, and Setting the Stage for Meaningful Transition from Traditional Library to Learning Commons," *Teacher Librarian*, 41, no.1 (October 2013): 50; Christina A. Bentheim, "Continuing the Transition Work from Traditional Library to Learning Commons," *Teacher Librarian* 41, no. 2 (December 2013): 29-36; Christina A. Bentheim, "Bumps, Bruises, and Bandages," *Teacher Librarian* 41, no. 3 (February 2014): 26-28; Christina A. Bentheim, "Moving down the path and hitting stride," *Teacher Librarian* 41, no. 4 (April 2014): 26-31; Christina A. Bentheim,

3.1. 변화를 촉진하는 요인

경영학 책에서는 왜 "변화"라는 개념에 하나의 장을 마련하고 있는가? 변화는 우리 삶의 모든 곳에 존재하며, 도서관과 정보 센터는 극적으로 변화하고 있고 진화하고 있다. 적극적인, 때로는 열띤 논의들은 변화가 있어야 하는지의 여부가 아니라, 무엇을 다르게 해야 하는지를 어떻게 확인하는지 그리고 어떻게 그것을 가장 훌륭하게 해낼 것인지에 중점을 두고 있다. 정보 서비스 세계에서는, 사회의 대부분의 영역과 똑같이, 현재 상황에 대한 대안(代案)이 되는 다양한, 때로는 상충하는 제안들을 들을 수 있다. 많은 변화 전략들은 적어도 처음에는, 어떻게, 무엇을, 왜라는 질문의 형식으로 표현된다. 이러한 것들은 모두 일을 수행하는 수단에 초점을 맞추고 있는 질문과 이슈들이다.

"어떻게"(how)라는 질문은 "우리는 어떻게 사람들이 더 개방적이 되도록 하거나 더 많은 책임을 맡도록 하거나 더 창의적이 되도록 하거나 더 생산적이 되도록 하는가?"와 같다. 밀접하게 관련된 것이 "무엇"(what)이라는 질문이다. "어떤 변화들이 필요한가, 성과를 보장하기 위해서는 어떤 조치들이 있어야 하는가, 어떤 기준들을 적용해야 하는가, 변화를 통해 우리는 무엇을 이루고자 하는가?" 모든 질문 중에서 일차적이고 가장 기본적인 질문은 "왜"(why)라는 것이다. "우리가 하고 있는 것을 왜 하고 있는가? 우리는 왜 우리가 하고 있는 것을 하는 더 좋은 방식을 확인해야 하는가?" 이러한 질문을 던지는 것은 모두 다음과 같은 또 하나의 근본적인 질문으로 이어지게 된다. "무엇인가 다르게 하는 것이 정말 필요한 것인가? 성공을 예측하기 위해 어떤 지표들을 사용할 수 있는가? 어떤 새로운 또는 다른 표준들을 적용해야 하는가? 우리가 효과적인지를 알기 위해 우리는 어떤 성과 척도들을 사용하게 될 것인가?"

그러한 질문을 던져 성공적인 성과를 얻으려면 다음과 같은 것들이 필요하게 된다.

- 조직의 문화에 대한 재검토
- 변화의 필요성을 받아들이기 위해 필요한 마인드셋(mind-set)의 습득
- 변화와 변화를 관리하는 방법에 대한 기본적인 이해

"Looking Back on a Year of Transition from Traditional Library to Learning Commons," *Teacher Librarian*, 41, no. 5 (June 2014): 50-53.

이러한 이해는 불확실성을 줄여 주고 개방성과 양호한 커뮤니케이션, 명확한 비전을 촉진해 준다. 효과적인 리더십과 직원 임파워먼트(employee empowerment)는 긍정적인 결과를 가져오게 된다. 전략적 변화, 리엔지니어링(reengineering)조차도, 이러한 질문과 학습 프로세스의 결과이다.

몇 가지 정의

- **변화**: 직무 기능(job functions)의 성과가 조직 전체에 걸쳐 사람들로 하여금 새로운 행동과 기술을 필요로 하는 상황
- **임파워먼트**(empowerment): 업무를 개선하고, 비용을 줄이고, 제품의 품질과 고객 서비스를 개선하기 위해 근로자들이 솔선수범하도록 권장하고 권한을 부여하는 것
- **리엔지니어링**(reengineering): 어떤 시스템을 새로운 형식으로 리메이크하기 위해 그것을 상세하게 검토하고 고치는 것
- **패러다임 전환**(paradigm shift): 어느 한 근본적인 견해로부터 다른 견해로의 현저한 변화로, 종종 단절을 포함하기도 한다.

이야기해 보기

J. K. Rowling은 Harvard Alumni Association의 연설에서, "우리가 세상을 변화시키기 위해서는 마법(魔法)이 필요한 것이 아니다. 우리는 우리가 필요로 하는 모든 파워를 우리 자신의 내면에 이미 가지고 있다. 즉 우리는 더 훌륭하게 상상하는 파워를 가지고 있는 것이다"[3]라고 말했다. 다른 학생과 팀을 이루어 더 좋은 도서관을 상상하기 위해 여러분 각자가 어떤 파워를 가지고 있는지 논의해 보라. 변화 관리 프로세스에 참여하기 위해 여러분이 활용할 수 있는 개인적인 자질과 기술, 능력의 리스트를 작성해 보라.

최대의 도전은 새로운 방법과 시스템을 오랜 전통을 가진 조직에 실행하는 것이다. 그러한 노력은 직원들이 익숙한 관행과 절차들을 포기해야 하기 때문에 쉽지 않다. 변화를 이루어내기 위해서는 현재 상황에 대한 계속적인 질문이 요구되

---

[3] J. K. Rowling, in *Chambers Dictionary of Great Quotations*, 3rd ed. (London: Chambers Harrap, 2015).

는 많은 시간이 소요되는 일련의 계획을 통해 조직을 일신(一新)하는 방향으로 나아가는 섬세한 균형과 신중한 진행이 필요하게 된다.

많은 외부 요인들이 정보 서비스의 변화를 위한 기본적인 주도자의 역할을 수행한다. 이른바 조직 외부의 환경적 압력은 조직이 거의 또는 전혀 통제력을 발휘할 수 없는 가장 자주 보게 되는 요인이다. 환경적 압력의 예로는 모체 기관에 대한 재정적 변화, 도서관에서 구매하는 제품의 변경, 벤더의 합병이나 폐업, 지역 사회의 인구 통계적 변화, 네트워크 테크놀로지와 유비쿼터스(ubiquitous)의 강력한 검색 엔진이 가져다준 이용자 기대의 변화 등이 있다. 그와 같은 외부의 힘에 직면하게 되면, 정보 서비스 조직의 경영자들은 성공적인 성과를 개발해야 하는 도전을 갖게 된다. 정보 테크놀로지 환경의 지속적인 변화는 도서관으로 하여금 변화하도록 몰아가고 있다. 이러한 테크놀로지의 변화는 로컬에서 그리고 전 세계적으로 파트너십과 컨소시엄, 공동 협의회(collaborative alliance)를 촉진하고 가능하게 해 주고 있다.

아울러 몇 가지 글로벌한 변화도 지식 기반의 도서관과 정보 센터의 변화에 영향을 미치고 있다. 그 가운데 주요한 것을 살펴보면 다음과 같다.

- 글로벌 복합체(global complex)의 출현으로 정보 서비스 센터는 정보 경제(information economy)의 일부로서 내부에서, 온라인으로, 컨소시엄을 통해, 그리고 가상 접근(virtual access)을 통해 훨씬 더 다양한 서비스를 제공할 수 있도록 해 준다.
- 변화하는 정치적 사회적 매트릭스의 발전은 정보를 탐색하는 사람들에게 현재 상황에 대한 환멸감을 표출하고 대안을 요구하는 임파워먼트를 부여해 준다.
- 대체 정보원(alternative information sources)의 이용 가능성은 도서관에서 충분한 접근 편이성을 제공하지 못할 때는 이용자들이 돌아설 수도 있는 옵션을 제공해 준다.
- 세계 구석구석에서 이루어지는 대규모 디지털화 프로젝트들은 유비쿼터스한 이용 가능성을 제공해 준다.
- 지식 경제의 창조는 글로벌 사회에서 아이디어와 지식을 입수하는 것이 특징이다. 지식은 발전의 중요한 중심 요인이 되고 있다.

이러한 이니셔티브들은 새로운 도전을 제시하고 있다. 왜냐하면 정보 서비스 조직의 경영자들은 그러한 조직을 둘러싼 변화하는 세계의 상당 부분은 통제할 수 없지만, 정보 서비스 영역에서 그들이 어떻게 대응하는지는 통제할 수 있으며, 변화를 예상하고 받아들일 것인지 아니면 변화에 저항할 것인지를 선택할 수 있기 때문이다. 이러한 조직의 경영자들은 변화를 원인으로 간주할 것인지 아니면 조건으로 간주할 것인지를 선택하고 그렇게 함으로써 사후 대응적이 되거나 사전 예방적이 될 수 있다.

 이야기해 보기

"변화는 삶의 법칙이다. 그리고 과거와 현재만을 바라보는 사람은 분명히 미래를 놓치게 될 것이다."[4] John F. Kennedy는 50년 이상 이전에 이 조언을 한 바 있다. 여러분은 과거나, 현재, 미래를 바라보는 사람의 예를 정보 커뮤니티의 어느 곳에서 볼 수 있는가? 리스트를 작성하고 여러분의 예에 대해 논의해 보라.

지식 기반 조직의 경우, 이러한 계속 진행 중인 혁명이 이미 거대한 변화의 물결을 만들어 내고 있다. 고객들이 정보를 찾고, 접근하고, 이용하고, 가치를 부여하는 방법은 그와 같은 니즈에 부응하기 위한 새로운 물리적 지적 구조를 만들어 내지 않을 수 없게 하고 있다. 테크놀로지와 직원 개발, 그 밖의 계속 진행 중이거나 새로운 우선순위나 계획들을 뒷받침하도록 자원들을 효과적으로 조직하고 투입하기 위해 즉각적인 의사 결정들이 이루어지고 있다. 정보 서비스 조직은 효과적인 의사 결정이 내려질 수 있도록 관리되거나, 또는 더 적절하게 말하면, 안내되어야 한다. 하지만 변화를 확인하고 실행하기 위한 기간은 계속해서 단축되고 있다. 이 때문에 모든 계층의 경영자들과 직원들은 자신들의 일차적인 정보 서비스 계획에 관한 의사 결정은 물론 직무 성과에 대해 곧바로 책임을 져야 한다. 대개 이러한 의사 결정들은 미래에 관한 최선을 다해 추측한 가정을 바탕으로 하게 된다.

어떤 미래 시나리오에서는, 경영 이론가들과 컨설턴트들이 리엔지니어링을 통해 조직을 재설계하도록 권고하고 있는데,[5] 이 용어는 중복성(redundancy) 및 다운사이징(downsizing)과 동의어가 되고 있다. 하지만 그와 같은 급진적인 변화 프

---

4) John F. Kennedy, "Address in the Assembly Hall at the Paulskirche in Frankfurt," June 25, 1963. Gerhard Peters and John T. Woolley, eds. *The American Presidency Project*. 〈http://www.presidency.ucsb.edu/ws/?pid=9303〉. accessed November 4, 2016.

5) Charles Handy, *The Age of Unreason* (Boston: Harvard Business School Press, 1990).

로세스는 개선을 이루어내고 부가 가치를 갖는 특성을 제공하기 위해 도서관과 정보 센터의 구조와 시스템, 서비스를 다시 고치는 것을 필요로 한다. 다른 이론가들과 컨설턴트들은 더 근본적인 재구조화를 권장하는 반면에, 소수의 사람들은 그 아이디어를 더 발전시켜, "비이성의 시대"[6]라고 불리는 것에 대처해야 할 필요성을 예상하고 있다. 이견(異見)이 거의 없이, 어떤 이는 카오스(chaos)[7]라고 부르는 단절과 소요의 현시대는 과거의 오히려 안정된 도서관과 정보 서비스 조직에 대한 재평가와 재개발, 체질 개선, 나아가서는 재설계를 요구하고 있다는 사실을 받아들이고 있다. 그러한 프로세스에서, 미래 학자들은 성과를 예측하고자 노력하면서, 한동안 성장해온 다양한 세력들의 중요성에 관한 예상을 하고 있다.

변화 활동은 어떤 조직의 성공은 변화를 관리하는 동안 안정성을 유지할 수 있는 직원들의 능력에 좌우되기 때문에 패러독스를 만들어 내게 된다. 경영자는 통제라는 책임과 영감을 줄 필요성 사이의 균형을 유지한다. 오늘날의 경영자는 비전과 기획, 개발, 설득, 평가의 기술을 필요로 한다. 프로세스를 성공시키기 위해서는 무엇을 변화시키고 어떻게 변화시킬 것인지에 대해 반드시 알아야 한다. 이를 위해서는 지식 기반 조직의 변화와 혁신의 방향이 어떻게 지식 이전(knowledge transfer)을 구체화할 수 있는지에 대해 이해해야 한다. 왜냐하면 그러한 이전을 실행하는 데는 자기 지시(self-directing)와 팀워크가 필요하기 때문이다.

오늘날의 도서관과 정보 서비스 조직 경영자들은 개념적으로 생각하고, 자신들이 알고 있는 것에 따라 논리적으로 행동하며, 개방적이고 유연한 마인드를 유지할 수 있는 능력을 자신들의 주요 자원으로 삼고 있는 지식 근로자들(knowledge workers)을 고용한다. 경영자들은 자신들의 직원은 전문가라는 사실을 이해하고 그들이 의사 결정에 참여하도록 한다.[8] 성공적인 조직은 커뮤니케이션을 왜곡하고 바라는 결과를 조직이 달성하는 것을 막을 수도 있는 비공식 커뮤니케이션 네트워크인 이른바 그레이프바인 접근법(grapevine approach)과 대조적으로, 사람들로 이루어진 집단의 에너지와 재능을 모든 구성원이 자신의 행동에 책임을 갖는 개방적인 쌍방향 커뮤니케이션 전략과 결합시킨다. 그와 같은 사전 예방적 조직 상황에서 일하는 개인들은 변화를 자신들에게 일어나는 해프닝이 아니라, 실행 가능하면서도 불가피한 미래로서 자신들이 동의한 것을 만들어 내기 위한 기회로 간주한다.

---

6) *Loc. cit.*
7) Dirk van Gulick, *Encounter with Chaos* (New York: McGraw-Hill, 1992).
8) Petra Düren, "Leadership in Libraries in Times of Change," *IFLA Journal* 39, no. 2 (06, 2013): 136.

그다음에는 의도적인 기획과 방향 변경 둘 모두가 필요하게 된다. 왜냐하면 계획된 변화가 제공하는 질서가 없으면, 조직은 제대로 기능을 수행하지 못하게 되며, 변화가 없이는, 지식 기반 조직은 더 이상 존립할 수 없으며, 도태되게 되고, 사회로부터 소외되거나 아니면 종종 영리적인 동기를 가지고 끼어들어 오고자 하는 의사를 갖고 이미 준비를 갖춘 다른 기관들로 급속하게 대체되게 되기 때문이다.

3.2. 임파워먼트: 변화의 주도자

개인들은 변화를 조직 라이프에서 일어나는 어떤 힘으로 치부하는 경향을 보이면서도, 동시에 자신의 개인적인 삶에서는 그것을 받아들인다. 예를 들면, 리서치에서는 미국의 전체 근로자들 중 거의 3분의 1은 잠재적인 미래 변화의 의미를 일상적으로 거부하는 이른바 평가 절하자(discounters)이고, 다른 40퍼센트는 얼마 지나지 않은 과거의 트렌드들이 예측 가능한 미래에도 계속될 것이라고 믿는 이른바 추세 연장자(extrapolators)라는 사실을 보여 주고 있다. 그런데 평가 절하자와 추세 연장자의 40퍼센트는 자신들의 삶이나 커리어에서 스스로가 시작한 중대한 변화를 현재 경험하고 있으며, 다른 40퍼센트는 그와 같은 변화에 착수하기 위해 적극적으로 계획을 세우고 있다고 밝히고 있다.[9] 개인적인 삶에서의 변화의 수용과 조직 라이프에서의 변화에 대한 저항에 대한 태도의 이러한 모순은 어떻게 설명할 수 있을 것인가? 아마도 그 대답은 전통적으로 변화에 대한 장벽을 만들어 주는 조직 문화와 가치 시스템에 있을 것이다. 그와 같은 장벽들은 다음과 같은 것에서 확인할 수 있다.

- 변화에 대한 긴박감의 조성 실패
- 공유 비전(shared vision)의 부재
- 새로운 비전의 장애물 제거 실패
- 변화의 조직 문화화 정착 실패
- 단기적 성공을 위한 체계적 기획과 달성의 실패
- 계획 완수의 실패[10]

---

9) Daniel Yankelovich, *New Rules: Searching for Self-Fulfillment in a World Turned Upside Down* (New York: Random House, 1981), 79.

도서관과 정보 센터의 직원들이 성공을 확신하고 자신들이 없어서는 안 되는 필수적인 존재라고 믿을 때는, 무사안일주의는 덫이 되기가 십상이다. 역사적인 성공은 혁신적인 아이디어를 기반으로 이루어지고 있지만, 일반적으로는 과거의 업적에 의존하는 경향을 보인다. 그러나 그러한 성공을 지속하기 위해서는 오늘날의 경쟁적인 환경에서 다시 깨어나서 리뉴얼해야 하는데, 이것은 적극적이면서도 신중한 프로세스이다. 인간적 측면에서 보면, 그러한 성공의 장벽들은 심리적인 동시에 제도적인데, 대부분은 조직도(organization charts) 상에서보다는 오히려 지식 근로자들의 마음속에 존재하는 것이다.[11] 예상대로, 이를 위해서는 지식 기반 조직에서 일하는 모든 사람, 즉 경영자와 비경영자, 전문직과 보조 직원들 모두의 리오리엔테이션(reorientation)과 재헌신(recommitment)이 필요하게 된다. 또한 고객은 물론 잠재적인 고객들에게 그들의 정보 및 지식 니즈가 충족될 수 있다는 사실을 알리는 마케팅 프로그램도 필요하게 된다. 변화는 위협적인 프로세스이며 통제에서 쉽게 벗어날 수 있기 때문에, 적절한 준비가 없으면, 분명히 어느 조직에서나 대립 과정을 야기할 수 있다. 그러한 저항을 이해하기 위해서는, 지식 기반의 도서관과 정보 센터에서 어떤 일이 일어나고 있는지를 살펴보아야 한다.

정보 서비스 조직의 경영자들은 변화를 받아들이는 것이 시급하다는 사실을 알고 있다. 처음에 어떤 사람들은 미래의 니즈를 예상하여 노동자가 필요로 하게 되는 지식과 기술의 유형을 재평가하였다. 그들은 현재 및 미래 서비스에 필요한 핵심 주제와 가치를 파악하기 위해 문헌정보학 프로그램의 교원과 연합체를 구성하기도 하였다. 이러한 지식과 윤리적 접근법과 함께 점점 더 증가하는 권한과 창의력을 발휘할 수 있는 더 많은 자유를 가진 전문직에 대한 임파워먼트(empowerment)가 나타나게 된다. 이것은 또한 정보 서비스 영역 전반에 걸쳐 변화와 개선을 진작시켜 주는 문화를 만들어 준다. 공통된 염원인 비전(이에 대해서는 제4장 전략적 기획과 의사 결정, 정책에서 더 상세하게 살펴보고자 한다)은 정보 서비스 조직의 미래 방향과 우선순위의 바탕을 이루게 된다. 자료와 방법, 기법과 도구의 보완이 이루어지는 인적 자원(human resources)은 오랫동안 확립된 경영 원칙들이 전통적으로 적용되어온 구성 요소이다. 이러한 것들은 변화하는 지식 기반 조직의 라이프의 핵심으로 남아 있으며, 그 성공은 모든 직원의 지식과 헌신에 좌우된다.

---

10) John Kotter, "Leading Change: Why Transformational Efforts Fail," *Harvard Business Review* 73 (March-April 1995): 59-67.
11) L. Hirschenhorn and T. Gilmore, "The New Boundaries of a Boundaryless Company," *Harvard Business Review*, 70 (1992): 104.

그 밖의 다양한 요인들도 도서관과 정보 서비스의 변화를 위한 전략적 이니셔 티브들을 추진시켜 주고 있는데, 여기에는 서비스 비용과 배달(delivery)의 속도와 방법, 새로운 교수법, 고객의 가치와 기대의 변화, 기업가적 활동, 부가 가치 서비스의 품질 등이 포함된다. 또한 테크놀로지 풍토와 글로벌 커뮤니케이션 시스템은 지식 기반 조직과 그 서비스의 재구성을 촉진해 준다. 그와 같이 다이내믹한 환경에서, 무엇을 하고 그것을 어떻게 하는지의 중요성은 그것을 왜 하는지 아니면 어느 경우에는, 왜 그것을 안 하는지에 대한 질문을 통해 끊임없이 도전을 받게 된다. 도서관과 정보 센터의 변화를 가져오는 것은 복잡하고도 어려운 일이지만, 필요하면서도 노력할만한 가치가 있는 것이다.

 이야기해 보기

"변화의 필요성은 새로운 제품의 개발과 새로운 경쟁자들의 진입, 소비자 취향의 이동, 그리고 회사가 운영되는 문화적, 정치적, 경제적, 법률적 체계의 변경으로부터 생겨나기 때문에"[12] 변화 관리는 필요한 것이다. 소규모 그룹의 상황에서, 새로운 제품과 새로운 경쟁자, 소비자 취향의 이동, 그리고 도서관과 정보 센터의 문화적, 정치적, 경제적, 법률적 구조의 변화에 대한 리스트를 작성해 보라. 여러분의 리스트를 다른 것들과 비교하고 토론해 보라.

3.3. 패러다임 전환: 신화 또는 현실

패러다임 전환(paradigm shift)은 지식 기반 조직 내의 자원과 서비스, 이용자 기대에서, 그리고 지식 근로자의 서비스와 시스템에 대한 책임에서 발생한다. 이러한 지속적인 패러다임 전환은 현재 포괄적인 조직 변화를 위한 최선의 기회를 제공해 주고 있다(〈그림 3.1〉을 참고하라).

변화는 조직의 다른 구성원에게 주는 것과 똑같이 최고 경영자들에게도 위협을 준다. 변화는 일상적인 의사 결정을 조직의 직원들에게까지 밀고 내려갈 수 있기 때문에 특히 독재적인 관리자들에게 위협을 준다. 아울러 지식 근로자들로 이루어진 팀의 개발은 손가락만 까딱거리는 경영자들이 모든 의사 결정을 내린다는 아

---

12) *The New Penguin Business Dictionary*, 4th ed., (London: Penguin: 2003), s.v. "Change Management."

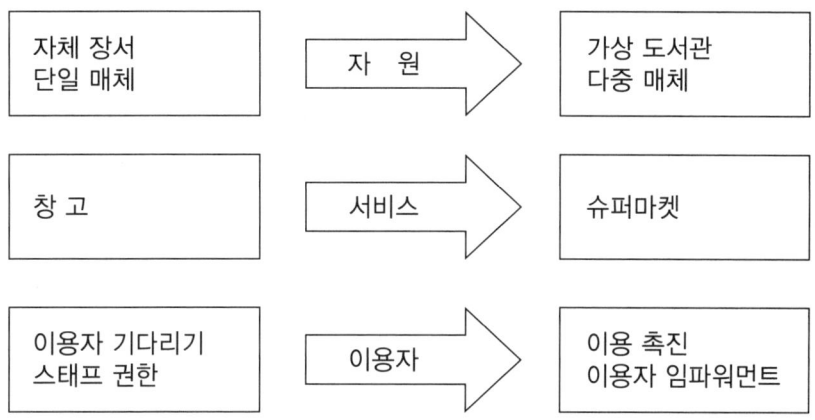

<그림 3.1> 정보 패러다임의 전환

이디어를 불가능하게 한다. 그와 같은 시나리오에서, 경영자는 특정의 성과에 대해 통제할 수 없게 되면서, 권한에 대한 상실감을 느낄 수도 있을 것이다. 더 포괄적인 경영자들조차도 자신들이 의사 결정을 위한 더 훌륭한 시각을 가지고 있다고 느낄 수도 있을 것이다. 조직의 최고위층으로부터 모든 계층에 걸쳐, 리오리엔테이션(reorientation)은 새로운 아이디어와 기법, 기술의 수용과 낡은 습관의 단절, 새로운 행동 패턴에 대한 적응을 필요로 한다. 참여자들은 그 프로세스를 불가피하게 위협적이라고 인식하기 때문에, 이를 위해서는 많은 준비와 부드러운 설득과 함께 더 섬세하고, 신중하며, 계산된 접근법이 필요하다. 그러한 상황에서, 조직의 각 구성원은 더 이상 작동하지 않는 접근법들을 기꺼이 폐기하는 약간의 모험가가 될 것으로 기대되고 있다. 다음과 같은 어려운 질문을 던질 수 있을 것이다. 스마트 테크놀로지가 개발되고 사용되면서 어떤 종류의 업무가 영향을 받고 있는가? 지식 전문가들이 테크놀로지보다 더 훌륭하게 수행하는 것은 무엇인가? 최적의 영향을 미치기 위해 지식 근로자들은 어떻게 조직될 수 있는가? 어떤 니즈가 충족되지 못하고 있거나 다른 접근법을 통해 더 훌륭하게 충족될 수 있는가?

지식 기반 조직은 개인주의나 과업 지향성(task orientation)으로부터 팀워크와 프로세스 개발의 방향으로 급속하게 옮겨가고 있다. 직원들의 의사 결정 프로세스 참여와 노조 결성과 단체 협약 노력, 정보 서비스의 중앙 집중화, 조직 계층 구조의 수평화, 그리고 육아 휴직과 유연 근무제(flextime and flexplace), 직무 공유제(job-sharing)과 같은 프로그램을 포함한 협력적인 노사 업무 현장의 협의는 모두 니즈와 관심의 변화에 부응하기 위해 설계된 것으로, 조직의 문화와 특성에 영향을 미치고 지식 기반 서비스의 비전을 달성하기 위한 책임을 공유한다는 느낌을 만들어 주는 데 도움이 되는 변화 요인의 예들이다.

임파워먼트(empowerment)는 핵심 요인으로 책무성(accountability)을 모토로 한다. 변화는 여전히 계량화하기 어렵고 관리하기도 쉽지 않기 때문에, 따를만한 성공적인 모델이 하나도 존재하지 않는다. 이해해야 할 중요한 사실은 변화는 지식 베이스를 개선하고, 혁신하고, 활용하기 위해 이루어질 때 달성될 수 있고, 새로운 조직 프로필이 생겨날 수 있다는 것이다. 모든 변화는 리스크를 안고 있지만, 다른 대안은 존재하지 않는다. 공통의 비전과 사명은 조직을 단결시켜 주고, 팀의 노력은 목적을 달성하기 위한 필수적인 링크를 제공해 주며, 책무성 척도는 성공 여부를 추적해 준다. 지식 근로자들을 교육하고, 그들에게 정보를 전달하고, 그들을 참여시키는 것은 변화를 기획하는 데 있어 중요한 단계이다. 왜냐하면 변화가 위협이라기보다는 오히려 기회로 간주될 수 있도록, 참여는 개개인을 도와주고 그들에게 동기를 부여하는 데 도움을 주기 때문이다. 이러한 과정에서, 조직의 경영자는 개개인과 조직 전체가 거둔 이전의 업적에 대한 인정을 포기할 수 없는데, 그 이유는 그렇게 하면 그러한 과거의 성공에 기여한 사람들의 사기를 떨어뜨릴 수 있기 때문이다. 파일 속에 그리고 기본적으로 직원들의 기억 속에 존재하는 데이터와 정보, 지식의 본체인 단체적 기억(corporate memory)은 어떤 조직의 전략적 목적과 목표를 달성하는 데 있어 지식의 원천으로서 소중한 것이다. 개개 직원들은 모두 동일한 것이 아니며 동일한 속도로 변화에 적응하는 것은 아니다. 어떤 사람은 신속하지 못한 변화 속도에 불만스러워할 것이고, 변화를 받아들이는 속도가 더 느린 어떤 사람은 프로세스를 오래 끌려고 할 것이다. 변화는 또한 팀워크와 프로세스 개선이 개인주의와 과업 지향성을 대체하고 있는 각각의 확인된 조직 역할에 대한 끊임없는 인식을 필요로 한다. 이것은 시장의 니즈와 욕구에 부응하기 위해 프로그램을 설계하고, 실행하고, 평가하는 것 그리고 마찬가지로 유동적인 시장에 대해 정보를 제공하고, 동기를 부여하고, 서비스를 제공하기 위해 자원과 서비스에 대한 커뮤니케이션, 시스템의 유통의 효과적인 균형을 활용하는 것을 포함한다.

도서관 조직은 미래에 초점을 맞추고 지식이 임파워먼트를 갖도록 해야 한다. 도서관 조직은 정기적으로 고객의 니즈를 예측하고 재정의하며 이러한 변화무쌍한 환경에서 서비스를 확장하고 전환하고 있다. 이 과정에서 도서관 조직은 더 유연해지고 인간 중심적이 되고 있다. 많은 정보 서비스 조직들이 다음과 같은 것에 전념하게 되고 있는 것에서도 볼 수 있는 것처럼 이것은 명백하다.

- 이용자 피드백을 바탕으로 한 우선순위의 재설정
- 직원들의 재교육 훈련 및 교차 훈련(cross training)
- 장서가 아닌 이용자에 초점을 맞춘 공간의 재조직화
- 장비의 리뉴얼(renewal)
- 계층 구조와 의사 결정의 리스트럭처링(restructuring)
- 재정 자원의 방향 전환
- 다양성과 다중 관점(multiple point of view)의 촉진

 스킬 연습하기

여러분은 여러분이 이용하는 도서관의 이용자 공개 토론회에 초대받았다. 그곳의 직원들은 이 도서관이 여러분의 리서치와 레크리에이션 니즈를 더 훌륭하게 뒷받침하기 위해 어떻게 변화할 수 있는지에 대해 듣고 싶어 할 것이다.

그 도서관에서의 여러분의 경험을 더 성공적으로 또는 더 즐겁게 해 주게 될 아이디어의 리스트를 준비해 보라. 긍정적 변화에 여러분의 초점을 맞추어 주기 바란다. 무엇보다도 여러분은 여러분의 진지성을 직원에게 납득시키고자 한다.

여러분이 리스트를 개발했을 때, 그 항목들을 다른 사람들과 비교해 보고 공통적인 것뿐만 아니라 특이한 것도 찾아보라. 둘 모두에 대해 논의해 보라. 도서관에 있어 이러한 변화는 얼마나 어려울 것인가?

3.4. 변화를 위한 조직화

지난 사반세기는 사회에서 그리고 도서관과 정보 서비스에서 엄청난 변화를 보여 주고 있다. 도서관과 그 밖의 정보 센터의 경영자들은 이전에는 외부 문제에는 거의 시간을 할애하지 않았다. 오늘날에는 모든 경영자가 시간의 상당 부분을 다음과 같은 외부 문제를 다루는 데 투입하고 있다.

- 이사회에서 또는 개인적으로 시민 단체나 이사, 교원, 법인 회원과 함께
- 자선 의사를 가진 개인이나 재단은 물론 그 밖의 잠재적 가능성이 있는 자금 지원 당국과의 관계를 구축함으로써 기금을 조성(fund-raising)하는 데
- 정부 공무원과 여러 계층의 그 밖의 의사 결정자들에게 로비를 함으로써

- 단체 협약 회의에서
- 도서관의 친구들(friends-of-libraries) 그룹과의 미팅에서
- 예산에 대한 답변이나 전략적 기획 노력에서 고위 행정 관료와 자금 지원 기관이나 당국과 함께
- 공중(公衆)과 의사 결정자, 고객, 동료에 대해 정보를 수집하고 배포하는 것과 같은 그 밖의 공공 관계(PR: public relations) 문제에 대해

고객에 대한 일차적인 초점은 그들의 정보/지식 추구 패턴을 알아내고 그들의 정보/지식 니즈를 충족시켜 주는 계획과 정책, 실무, 절차를 개발하기 위해 그러한 니즈를 파악하는 것으로, 이는 새로운 도전을 제시해 주는데, 이를 위해서는 서비스의 패턴과 태도의 변화가 필요하게 된다. 이러한 접근법은 권위주의적 계층 구조라고 불릴 수도 있는 것으로부터 프로세스에서 행위에 대한 반응 시간을 단축시키면서 스스로를 관리하는 더 소규모의 업무 그룹으로의 움직임을 촉발시키고 있다. 변화 환경의 채택에서 수행하는 근로자들의 역할은 그들이 전통적인 계층 구조적 직무를 넘어서서 팀 문제 해결 활동에 참여할 정도로 성장할 수 있도록 허용되고 있기 때문에 증진되고 있다.[13] 업무 설계는 더 유연해지고 자체 조직화되고 있다. 정보 중개자들(information intermediaries)은 교육자, 조정자, 촉진자가 되고 있다.

조직의 수평화로 나아가는 트렌드는 커뮤니케이션과 의사 결정은 적절한 수준의 근로자 집단 내에서 더 즉각적이고 명확하다는 것을 의미한다. 그러한 변화는 조직도 상에는 쉽게 나타날 수 없다. 새로운 접근법들이 경영 기획과 인력 개발, 시스템 분석, 통제 활동에서 개발되고 있기 때문에 이러한 조직의 수평화를 위해서는 더 많은 협력이 필요하다. 주도권과 위양, 통제 사이의 균형을 찾는 것이 최종 책임을 갖는 사람에게는 도전이 된다. 직원들은 임파워먼트를 부여받게 되었고 경영 이론가들이 낮은 수준의 욕구라고 부르는 것에 대해 더 세련되고, 분명해졌으며, 그에 안주하려 하지 않게 되었다.

"참여를 관리하는 것은 경영 통제와 팀 기회 사이에서, 업무가 신속하게 수행되도록 하는 것과 사람들에게 학습할 기회를 주는 것 사이에서, 자원봉사자를 찾는 것과 사람들을 그 일에 몰아넣는 것 사이에서, 단체정신이 거의 없는 것과 너무 많은 것 사이에서, 균형을 유지하는 행위이다."[14] 이를 위해 경영자는 "변화를 강요

---

13) Victor Turner, *The Ritual Process* (Chicago: Aldine, 1996), 47.

하려고 애쓰는 채찍을 휘두르는 독재자"[15])가 되기보다는 오히려 더 훌륭한 교사와 코치, 멘토, 인간 잠재력의 개발자가 되어야 한다. 변화가 관리되는 방식은 변화 프로세스 자체의 성과만큼 중요해지고 있다. 경영자들은 이행(移行: transition)을 인정하고, 지속적으로 쏟아져 나오는 새로운 아이디어와 첨단 테크놀로지, 정교화된 정보 접근, 개인 간 및 조직 내 관계의 필요성에 대처하도록 배우고 있다.

새로운 아이디어와 서비스를 실행하기 위해서는 그와 같은 변화의 영향을 받는 모든 사람의 참여가 필요하다. 리스트럭처링이라는 사고는 합의(consensus)와 조직의 미래에 대한 공통의 비전과 핵심 가치를 필요로 한다. 따라서 변화 프로세스가 의미하는 것이 무엇인지를 이해하고 그러고 나서 그에 헌신하는 것은 〈그림 3.2〉에서 볼 수 있는 것처럼, 어떤 조직이 변화의 필요성을 처음 공식적으로 인식하고 따라서 그 필요성에 직면하게 된 시기로부터 변화가 시작되고, 내면화되고, 제도

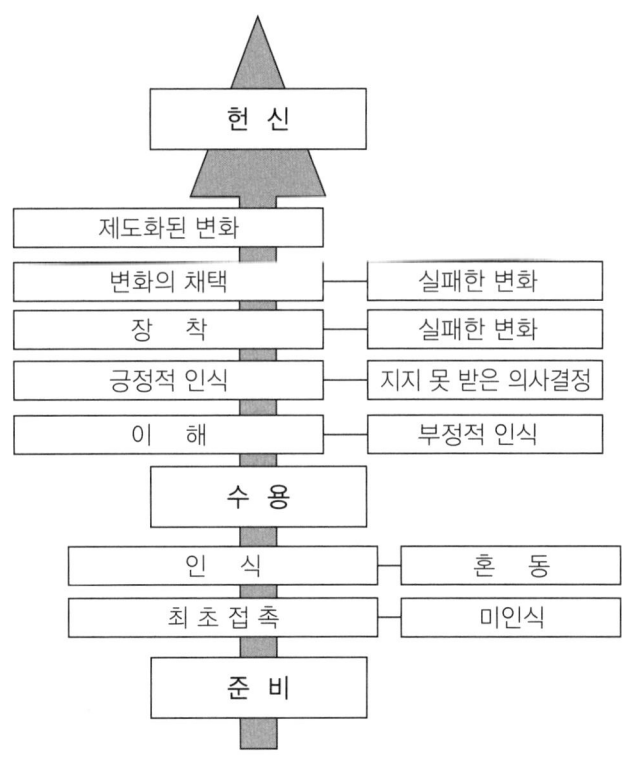

〈그림 3.2〉 변화의 연속체

---

14) Rosabeth Moss Kanter, *The Change Masters: Innovations for Productivity in the American Corporation* (New York: Simon & Schuster, 1983), 275-276.
15) John Naisbitt and Patricia Aburdene, *Re-inventing the Corporation* (New York: Warner Books, 1985), 54.

화되고, 가치화되는 시점에 이르기까지로 이어지는 지속적인 프로세스인 것이다.

이러한 변화의 연속체의 모든 포인트에서, 프로세스는 다양한 이유로 실패할 수도 있고, 때로는 실패하고 있다. 예를 들면 그 연속체의 "이해" 포인트의 경우, 개인이나 집단이 프로세스가 계속되는 긍정적 인식을 갖거나, 아니면 부정적 인식을 가질 수 있는 것이다. 부정적일 경우에는, 그 사람이나 집단을 "이해" 포인트로 데려가서 긍정적 반응을 갖도록 하는 조치가 취해질 것이다. 이것은 강요를 의미하는 것이 아니라, 교육과 의견 교환(give-and-take), 부드러운 설득을 의미하는 것이다.

3.5. 변화의 진단

조직 구조에서는 변화에 대한 다음과 같은 두 가지 접근법을 확인할 수 있다.

- 계획되지 않은 변화는 형편없는 것이 될 가능성이 있다. 왜냐하면 그것은 대개 조직으로 하여금 아무런 준비 없이 신속하게 대응하지 않으면 안 되는 상황을 만들어 주기 때문이다. 그와 같은 변화는 대개 변화의 압박이 극심하고 통제를 거의 벗어나 있을 때나 아니면 프로세스가 잘못 관리되고 있을 경우에 일어난다. 대규모의 예기치 못한 예산 삭감이나 자연 재해, 중요한 소프트웨어 벤더의 파산은 계획되지 않은 변화의 예이다.
- 계획된 변화는 반면에 조직의 모든 사람으로 하여금 그 프로세스에 참여하도록 권장하고, 그렇게 함으로써 조직과 조직에서 일하는 사람들의 편에서 리뉴얼과 재헌신을 이끌어내는 것이다. 이것이 잘 작동하게 되면, 직원은 자신의 역할을 잘 알고 팀의 노력을 통해 훌륭한 도서관을 위해 공헌하게 된다.

변화가 때로는 외부로부터 조직에 강요되어 반응하도록 하는 원인이 되기도 하지만, 성공적인 변화 노력들은 대부분의 경우 그 필요성을 인식하고 조직에서 일하는 사람들의 편에서 계산된 노력으로서 내부에서 나타난다. 변화를 관리하기 위한, 정보에 근거한 접근법은 도서관과 정보 센터의 인력으로 하여금 전략적 사고 그리고 조직을 위한 전략적 비전을 구상하고 동시에 테크놀로지와 시설에 대한 투자와 충원, 서비스 니즈에 관해 필요한 선택에 대한 의사 결정을 하는 데 함께 참여할 수 있도록 해 준다. 이 프로세스는 조건들을 만들어 내고, 참여를 진작시키며, 자원들로 하여금 그러한 이행(移行)을 완수하도록 요청함으로써 이루어지는 조직의 리뉴얼(renewal)을 향한 의도적인 진행을 포함한다. 변화는 때로는 실행하는 데 비용이 들고 시간이 소요되지만 도서관과 그 밖의 지식 집약적 조직의 현재의 라이프사이클에서는 불가피한 것이다. 계획된 변화와 계획되지 않은 변화의 차이는 적절한 때에 사후 대응적이 되기보다는 사전 예방적이 되는 것의 차이라는 사실은 분명하다. 사전 예방적 변화(proactive change)는 변화의 필요성을 인식하게 되는데, 이는 조직의 강점(Strengths)과 약점(Weaknesses)은 물론 외부 환경에 존재하는 기회(Opportunities)와 위협(Threats)도 고려하는 SWOT 분석에서 쉽게 알 수 있다(SWOT 분석의 상세한 내용에 대해서는 제4장을 참고하라). 이 의도적인 접근법은 변화를 위한 목적의 확인과 설정의 지침이 되고, 적합성을 갖는 변인들(variables)을 진단하는 데 도움을 주며, 사용해야 할 변화 기법들의 선정을 지원할 수 있다. 또한 변화의 시작을 기획하고, 프로세스를 실행하며, 그 영향을 평가하고, 그러고 나서 전체 프로세스를 다시 시작하기 위한 단계를 설정해야 한다.

이론가들은 변화 프로세스를 점진적 변화(incremental change)나 근본적 변화(fundamental change)로 설명하고 있다. 점진적 변화는 이전에 이루어낸 것의 성공적인 측면들을 지켜나가면서 그것을 기반으로 하는 것을 기본으로 한다. 근본적 변화는 반면에 이전에 있었던 것을 버리고, 그러한 과거의 개념에 도전하며, 새롭고 완전히 다른 방식으로 일하는 것을 바탕으로 한다. 두 접근법 모두 각각 특정 접근법의 강점과 논리를 설명하고 있는 지지자들이 있다. 어느 경우이든, 조직은 유연하면서도 기민해야 한다는 사실은 분명하다. 학술도서관의 지속적인 조직 변화의 훌륭한 예로 University of Arizona가 있다.[16]

효과적인 변화 주도자들은 사람들은 앞으로 닥쳐올 것을 두려워하지 않으며 "우리는 그것을 항상 그런 식으로 해왔다"는 것은 현재 상황에 만족하고 있는 사람들 편에서는 강력한 주장이라는 사실을 인정하면서도 조직의 전통에 어떤 관점을 더할 수 있다는 사실을 확실히 하기 위해 노력하고 있다. 의혹을 품고 있는 사람들은 어제의 성공이 내일의 실패가 될 수 있다는 사실로 설득할 수 있을 것이다. 정보 센터의 고객이나 학교도서관의 학생과 교사의 의견을 경청하는 것은 변화를 위한 분명한 기대와 확고한 케이스를 만들어 준다. 변화 주도자들은 이러한 피드백을 이끌어내기 위해 포커스 그룹과 서베이, 소규모 미팅을 이용한다. 예를 들면 학

---

16) Carla J. Stoffle and Cheryl Cuillier, "From Surviving to Thriving," *Journal of Library Administration* 51 (January 2011): 130-155.

술도서관 경영자들은 도서관 이용자에 대해 서베이하고 어느 한 해와 다른 해의 피드백 그리고 유사한 규모의 학교들 간의 피드백을 비교하기 위해 LibQUAL과 같은 서베이 도구를 이용한다.[17]

전 과정 내내 부드러운 그러나 확고한 설득과 포괄성은 사람들이 행동하는 방식뿐만 아니라, 그들이 생각하는 방식을 변화시키는 데 필요하다. 이러한 긍정적인 프로세스는 모든 사람의 신뢰와 참여를 필요로 한다. 변화를 촉진하는 내부 환경으로는 조직 구조 자체와 전략적 기획 프로세스, 의사 결정 프로세스, 커뮤니케이션과 직원들의 사기를 증진하기 위한 전략, 팀 구축과 갈등 관리, 무엇을 하는지와 그것을 수행하는 방식을 통제하는 책무성 요인이 있다. 이 모든 것들은 경영진에 의해 권장되고 조직의 리더들에 의해 부드럽게 지시되어야 한다. 개개인의 태도와 행동의 수정은 까다로운 프로세스로 경영진이 통제할 수 없는 것인데, 내부 환경의 다른 요인들 못지않게 중요하다. 조직의 문화와 구성원들이 공유하고 있는 신념과 기대(윤리적 가치와 사회적 책임)는 확인하고 지켜나가야 한다.

어느 주요 프로세스와 마찬가지로, 로드맵인 변화를 위한 계획은 조직을 그 조직이 존재하고자 하는 곳으로 안내해 주게 된다. 이 프로세스는 모든 훌륭한 기획 연습에 일반적인 몇 가지 간단한 질문들(누가, 무엇을, 언제, 어디서, 어떻게, 그리고 가장 중요한 것으로, 왜)에 의해 촉진된다. 준비 부족과 상상력이 만들어 낸 마무리는 어느 변화 이니셔티브에 있어서나 실패의 구성 요소가 된다. 변화 프로세스는 과업과 테크놀로지, 심지어는 조직 구조도 계속 변화하는 환경적 압력과 관계의 영향을 받기 때문에 점진적인 것이다(내부 및 외부의 압력에 대해서는, 〈그림 3.3〉을 참고하라). 이러한 것들은 변화하는 정치적, 경제적, 사회적, 테크놀로지적 풍토에서, 조직에서 일하는 개인들의 태도와 습관, 가치에 영향을 미친다. 예를 들면, 새로 선출된 공무원들은 정부의 역할과 책임에 대해 다른 태도를 가질 수도 있을 것이다. 이것은 도서관과 정보 서비스에 대한 재정 지원에 직접적인 영향을 미칠 수도 있을 것이다. 그와 같은 초점의 이동은 그런 일이 발생할 경우, 선출된 공무원과 의사 결정자들은 현장의 사회 서비스와 경제에서 지식으로 전환되는 정보의 중요성을 인식하기 시작할 때 잘 활용해야 한다. 예산 삭감의 시기에, 사서

---

[17] Robert E. Fox and Bruce L. Keisling, "Build Your Program by Building Your Team: Inclusively Transforming Services, Staffing and Spaces," *Journal of Library Administration* 56, no. 5 (2016): 531; See also, Brinley Franklin, "Surviving to Thriving: Advancing the Institutional Mission," *Journal of Library Administration* 52, no. 1 (2012): 94-107, for an excellent example of how the process of surveying students and faculty using LibQUAL+ was used at the University of Connecticut.

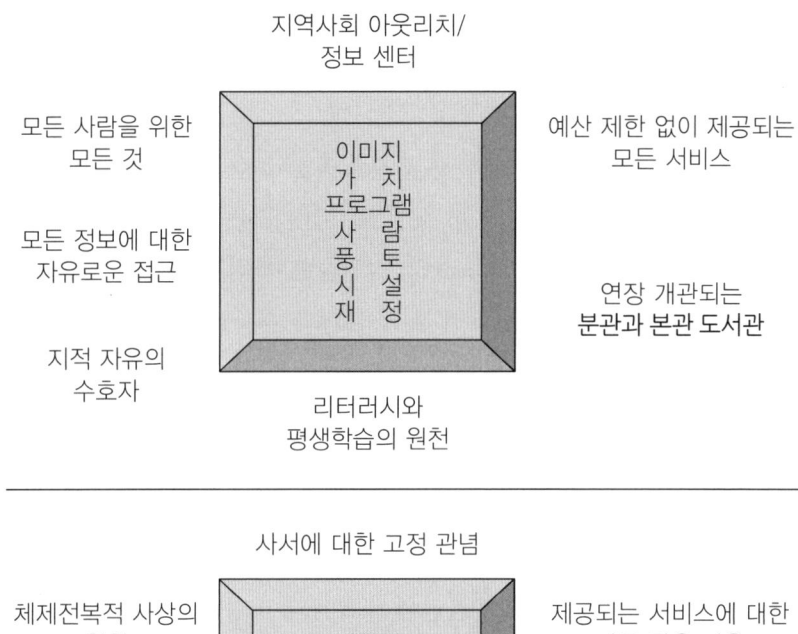

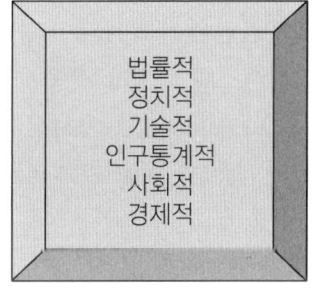

<그림 3.3> 내부 및 외부의 압력

들은 서비스와 우선순위에 대해 질문하고 평가하는 기회를 잡아야 한다. "예산 삭감과 해고, 휴직을 더 멀리 더 빨리 가기 위한 동기 요인으로 삼아라."[18]

3.6. 개방 시스템으로서의 도서관

오늘날의 도서관은 외부로부터 인풋을 받고, 그것을 흡수하고, 그 정보를 변환시키고, 그리고 나서 그것을 다시 환경으로 전달하는 개방 시스템(open system)

---

18) Cheryl Cuillier, "Choosing our Futures . . . Still!" *Journal of Library Administration* 52, no. 5 (2012): 439.

으로 간주할 수 있다. 이 전향적(proactive) 유형의 조직은 차례차례 변화 사이클에 반응하는 다수의 하위 시스템(subsystems)을 포함하고 있다(〈그림 3.4〉를 참고하라).

이를 위해서는 조직의 어느 한 구성 요소의 변화가 모든 구성 요소의 변화를 변함없이 이끌어야 한다.[19] 이것은 또한 목적과 목표는 상당한 정도로, 더 큰 환경에 의해 결정되고, 조직이 성공을 거두려면, 직원들은 목적과 목표의 성공을 측정할 수 있는 사용 가능한 아웃풋을 만들어 낼 수 있도록 그 외부 인풋에 의존해야 한다는 것을 의미한다. 나아가 시스템 내에서는 물론 시스템 외부에 있는 개인 집단과도 상호 작용하는 개인과 집단에 의해 심리 사회 하위 시스템도 형성된다. 추가로 조직 하위 시스템의 구조는 과제를 구분하고 업무를 수행하는 방식을 결정하게 되는데, 그러한 것들은 조직도와 같은 문서와 성과 평가 프로세스, 서비스와 구조에 관련된 정책, 절차 매뉴얼에 반영된다. 마지막으로 기술 하위 시스템은 전문화된 지식과 기술, 필요로 하는 기법 및 관련된 테크놀로지 장비의 유형에 의해 구성된다. 이러한 하위 시스템들은 전체 시스템 내에서 비공식적 공식적 방식으로 계속해서 상호 작용한다. 각 시스템은 다차원적이고 지식이 풍부한, 테크놀로지 적응력이 높은 환경을 개발하는 도전과 그러한 최종 결과를 얻기 위한 기획의 필요성을 시사하고 있다. 상호 작용은 전체 조직의 구성 요소들을 망라하고 최대 변화의 대상이 되는 더 큰 경영 하위 시스템에 반영된다.

평화로운 조직의 변화는 물론 격변하는 조직의 변화도 그것이 계획된 것이든 계획되지 않은 것이든, 거의 항상 긴장과 불안, 저항, 갈등을 수반하게 마련이다. 그러한 부정적인 힘들은 변화 프로세스의 성공을 촉진하기 위해 분석되고 최소화될 수 있으며 또한 그렇게 되어야 한다. "당면한 문제에 대한 정의와 해결이 상층부에 의해 구체화되고 공식적이고 비개인적인 통제 메커니즘에 의해 하향적으로 지시되는"[20] 계층 구조에 의해 일방적으로 영향을 받는 변화는 재앙을 부르는 지름길이다. 왜냐하면 그러한 태도와 접근법은 변화에 대한 긴장과 불안, 갈등, 저항의 주된 원인의 하나이기 때문이다. 때로는 변화 이니셔티브들이 인간적 요인을 적절하게 고려하지 못하고 있기 때문에 실패하기도 한다.

---

19) Bernard Burnes, *Managing Change: A Strategic Approach to Organizational Development and Renewal* (London: Pitman, 1992), 43.
20) L. E. Greiner, "Patterns of Organization Change," *Harvard Business Review* 45 (1967): 120.

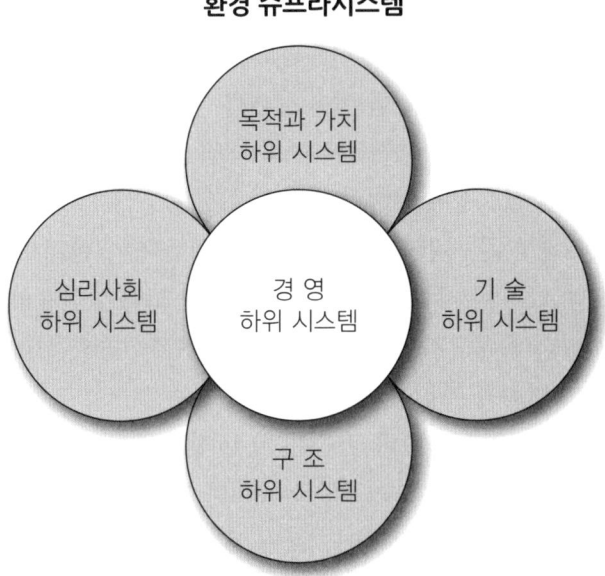

<그림 3.4> 다양한 하위 시스템의 상호 관계

3.7. 변화에 대한 저항

변화에 대한 저항은 조직 내의 개인과 집단 간의 정서적, 철학적, 절차적 갈등 때문에 생겨난다. 사람들은 특히 왜 변화가 시작되는지를 자신들이 이해하지 못하면 변화에 대해 머뭇거릴 수도 있을 것이다. 변화에 저항하는 직원들이 중요한 피드백을 제공할 수도 있다. 비전의 공유와 훌륭한 커뮤니케이션, 임파워먼트는 여전히 성공적인 변화 노력의 핵심 요인이다. 실패하는 대부분의 변화 이니셔티브들은 인간적 요인을 적절하게 고려하지 못하고 있기 때문에 실패한다.

저항은 다음과 같은 다양한 이유로 발생한다.

- 조직 구조가 변화의 장애가 될 수도 있을 것이다.[21] 하향식 의사 결정이 이루어지는 고전적인 관료제적 접근법으로 조직된 도서관은 바로 그 조직 구조 때문에, 직원들이 아이디어를 내고 변화를 가져오게 될 기회를 잡지 못하도록 할 수도 있을 것이다.

---

21) Ronald C. Jantz, *Managing Creativity: the Innovative Research Library, Publications in Librarianship* 70. (Chicago: Association of College and Research Libraries, a division of the American Library Association, 2016), 8.

- 사람들은 변화의 필요성을 이해하지 못하거나 아니면 이해하고 싶어 하지 않는다. 사람들은 현재의 상황에 자신들의 경력을 투자해 왔다. 어떤 사람들은 정말로 이해하지 못하는데, 이러한 반응은 변화 지지자들로부터 반항으로 해석되는 경우가 너무 많다. 어떤 사람들은 변화가 필요하다는 사실을 기본적으로 부정하면서, 변화의 필요성에 동의하지 않을 수도 있을 것이다. 특정 범주의 사람들은 변화에 대해 다른 사람들보다 더 많이 저항한다. 일반적으로 말하면, 어떤 조직에 더 오래 있어 온 사람들은 더 많은 시간과 노력을 현재의 상황에 투자하였기 때문에 변화에 대해 더 저항적이다. 그들은 자신들의 성취에 대해 자부심을 갖고 있으며 변화를 자신들의 기여를 부정하는 것으로 간주할 수도 있을 것이다. 더 적은 시간을 투자한 사람들은 낡은 방식에 대해 강한 집착이 없으며 새로운 상황에 더 잘 적응할 수도 있을 것이다. 그들은 또한 이전의 업무 현장에서 배운 과업에 다른 접근법을 가져오게 될 것이다.
- 사람들은 노력의 성공에 관해 회의적이다. 사람들은 때로는 의사 결정에서 충분한 정보를 갖지 못하거나 그러한 결정에 참여하지 못하게 되는데, 이것은 효과적인 커뮤니케이션이 때로는 부족한 경우가 있지만 핵심 요인이 되고 있음을 보여 주는 것이다. 커뮤니케이션은 양방향의 도로이다. 어떻게 메시지가 전달되는지와 그것이 성공적으로 수신되는지의 여부는 둘 다 필수적인 구성 요소이다. 저항이 변화에 따르지 않는 것으로 간주된다면, 더 강도가 높은 저항에 대해 변화의 분위기를 구축할 수 있다. 커뮤니케이션은 모든 사람이 계속 정보를 갖게 되는지를 보기 위한 중요한 경영상의 책임이다. 때로는 변화에 관한 정보가 제한되고, 그로 인해 의심과 저항을 야기하기도 한다. 몇몇 전문가들은 개인에게 변화 프로세스에 영향을 미치고 그 프로세스에 참여하도록 하는 기회를 제공하는 것은 변화에 대한 저항을 완화시켜 줄뿐만 아니라, 처음의 변화 노력 이후에 지속적인 참여를 제공하는 것은 "동기와 만족, 성과에 유의미한 증가를 가져올 것"[22]이라고 지적하고 있다. 어떻게 변화시키고 무엇을 변화시킬 것인지에 대한 이해의 부족은 혼란을 야기하는 것이다.
- 사람들의 습관과 안전은 위협받고 있다. 그들은 자신들의 기본적인 가정(假定)과 개인적 가치, 안전감이나 우정에 대한 느낌이 위협받고 있다고 느낄 수도 있을 것이다. 변화는 새로운 조건들을 도입하게 되고 다른 기술과 지식을 필요로

---

22) Alan C. Filley, R. J. House, and S. Kerr, *Managerial Process and Organizational Behavior* (Glenview, IL: Scott, Foresman, 1976), 491.

한다. 사람들은 비록 그들이 조직에서 미래를 가지고 있다고 하더라도, 자기 자신의 개인적인 상황과 자신의 미래의 책임에 대해 걱정하게 될 수도 있을 것이다. 자신감이 위협받고 있기 때문에 그들의 마음속에서는 자기 보호가 무엇보다 중요하다. 예를 들면, 책임은 달라지겠지만 어떤 직무도 잃지 않을 것이라는 사실을 커뮤니케이션하는 경영자들은 취약함을 느끼는 직원들에게 어떤 위안을 제공해야 한다.

- 특히 개인들의 집단은 함께 일하면서 편안할 수도 있기 때문에, 사람들은 현재의 상황과 일들이 존재하는 방식, 현재의 우선순위와 업무 관계에 만족할 수도 있을 것이다. 집단들이 함께 편안할 수 있을 때는, 집단 규범의 압력이 변화에 대한 태도에 영향을 미치고, 변화를 추구하는 사람들에게 증거라는 부담을 지우게 된다. 어느 경우에는 집단이 동기가 부족하고 따라서 그 실행을 뒷받침하기 위해 거의 아무것도 할 수 없을 수도 있을 것이다.
- 사람들은 그들이 믿고 있는 것에 흥미를 갖는다. 사람들은 자기 자신의 시각을 필요로 하거나 원하는 것에 대한 분명한 인식이라고 간주한다. 그들이 변화에 대해 다소 개방적일 수 있다고 하더라도, 그것은 단지 그들 자신의 방식에 따른 것일 수 있다. 조직의 복잡성이 증가함에 따라 배경과 태도, 가치의 격차는 더 커지게 되고, 그에 따라 개인이나 집단의 저항이 더 커질 가능성이 있다.
- 변화가 이루어지는 속도는 조직에 더 큰 압박의 원인이 된다. 조직 자체는 대처할 수 없을 수도 있을 것이다. 변화에 압도당하게 되면 사람들은 저항한다. 급속한 변화는 사람들을 초조하게 만들고, 두려움은 억제 요인이 된다.
- 반면에, 일단 프로세스가 시작되면, 어떤 사람들은 완만한 진행에 대해 참을성을 갖지 못할 수도 있을 것이다. 리더들은 기대의 관리에 핵심적인 역할을 한다.
- 조직의 타성을 극복하기 위해서는 상당한 노력이 필요하다. 그와 같은 압박감은 집단에 대해 사이비 합의를 강요하고, 동기 부여자로서 뿐만 아니라 조정자, 협상가, 중재자로서의 경영자를 더 많이 신뢰하게 된다.
- 조직이 변화에 대한 준비를 갖추지 못했을 수도 있을 것이다. 앞서 살펴본 것처럼, 특정의 전제 조건들이 필요하게 되는데 아직 갖추어지지 않았을 수도 있을 것이다. 그와 같은 전제 조건들을 제도화하는 속도는 강요할 수 없다. 모든 계층에서 신뢰가 확립되어야 한다. 제안된 변화를 실행할 때, 리더는 준비되어 있어야 하며 자신감이 넘쳐야 한다.
- 급변하는 테크놀로지와 사회 상황들로 인해 어떤 사람들의 업무는 진부화(obsolescence)되게 된다. 평생 동일한 직무에 머무르는 것은 불가능하며, 어떤

사람이 한 직위에 머무른다고 하더라도, 직무 자체는 변하게 될 것이다. 진부화는 오늘날의 사회에서 개인이 직면하는 가장 심각한 문제 중 하나이다. 진부화는 어떤 개인이 직무에서 효과적인 성과를 유지하기 위해 필요한 최신의 지식이나 기술이 결여되어 있는 정도를 의미한다. 많은 것들이 진부화에 영향을 미치는데, 여기에는 정보 폭발과 급속하게 움직이는 테크놀로지의 발전, 특히 심리적인 것을 포함한 개인적 특성, 업무 환경이 포함된다. 변화의 가속화는 이전의 공식 교육과 훈련의 유용한 수명의 점진적인 감퇴를 초래하고 있으며, 그에 따라 개인의 입장에서는 계속 교육이 필요하고 조직의 입장에서는 직원 개발이 필요하게 된다.

- 변화를 실행하는 것은 도전적인 일이다. 사람들은 그대로 두기는 어렵다는 사실을 알게 되었다. 공유된 비전이 없으면, 많은 사람은 열심히 서로 다른 미래를 상상하게 된다. 성공적인 변화는 경영자의 명령으로 강요될 수 없는 것이다. 또한 변화 프로세스가 진행되는 동안, 경영자는 조직의 라이프에 중요한 합의된 전통과 가치, 특성을 보존하기 위해 노력하게 된다.

어떤 사람들은 항상 변화에 저항하게 될 것이다. 따라서 저항을 인식하고, 그에 대해 가치를 부여하고, 관리해야 한다. 전체적으로 조직은 그러한 저항의 핵심을 탐색하고, 그 존재의 타당성을 밝히고, 이해와 문제 해결을 통해 그 영향을 최소화하고자 노력해야 한다. 경험 많은 변화 주도자들은 이러한 종류의 협상에 뛰어나다. 현재의 상황을 유지하려는 태도는 조직을 비효과적으로 만들고 진부화시켜 지지를 받지 못하는 처지로 몰아가게 된다.

3.8. 결 언

도서관과 정보 센터의 경영자들은 오늘날의 지식 집약적인 풍토에서는 조직을 위한 다른 구조와 태도, 성과가 필요하다는 사실을 인식하고 있다. 이를 위해서는 모든 계층의 근로자들 사이의 협동과 협력이 필요하다. 어떤 도서관과 정보 센터의 경영 시스템과 실무는 현재의 변화 추세를 겪지 않은 채 좀 더 여유로운 과거에 도입되었으며, 그러한 더 안정되고 예측 가능한 세계에서 만들어진 그와 같은 시스템의 어떤 것들은 더 이상 효과적으로 작동하지 못하고 있다. 예를 들면, 과거로부터 유지되어 온 관료제적 통제는 동료 통제와 고객 통제, 자동화된 통제로 대체되고 있다. 많은 성공적인 도서관 사업에서는, 팀워크와 팀 구성, 핵심 지식과 새로운 방향성을 공유하는 팀, 팀 인센티브가 현재 유연성과 더 훌륭한 서비스를 제공하고 있다.

조직도에서는 이제 고객의 요건에 초점을 맞추고 고객에 대한 서비스에 대해 공동 책임을 갖는 집단들의 새로운 조직을 그리고 있다. 변화 프로세스가 진행되는 동안, 도전이 되는 것은 저항을 헌신으로 바꾸고 현재의 상황을 유지하려는 태도를 새로운 아이디어로 바꾸는 것이다. 이 책의 나머지 장에서는 그러한 변화가 지식 기반의 도서관과 정보 서비스 조직에서 제도화될 때 고려해야 할 구성 요소에 대해 살펴보고자 한다.

학습 내용 연습하기

1. 여러분은 여러분의 구립도서관의 참고 서비스를 재정의하는 팀의 일원이다. 이 도서관은 중앙도서관과 다섯 개 분관으로 이루어진 시스템의 중앙도서관이다. 다른 팀원들은 중앙도서관에서 일하고 있다. 분관에서 일하는 10명의 다른 참고 업무 담당 사서를 참여하도록 하는 일을 어떻게 시작할 것인가? 새로운 서비스의 성공을 보장하기 위해 이 사서들을 참여하도록 하기 위한 아이디어의 리스트를 작성해 보라. 여러분은 여러분의 계획에 대해 다른 어떤 사람에게 자문을 구할 것인가?

2. 여러분은 여러분의 경영자가 제시하는 모든 것에 대해 거리낌 없이 비판하고 강력하게 반대하는 다른 직원과 업무 현장을 공유하고 있다. 여러분은 경영자의 아이디어가 대단하다고 생각하며 진심으로 그것들을 실행하는 방향으로 옮기고 싶다. 어떤 사람은 왜 부정적이고 분개하는 것일까? 여러분의 동료의 태도를 변화시키는 데 도움을 주기 위해 여러분은 무엇을 할 수 있을 것인가? 아이디어의 리스트를 작성해 보라.

3. 때때로 변화가 어렵고 신속한 것이 아니라 일시적인 실험으로 간주될 때 변화를 시키기가 더 쉬운 이유는 무엇인가? 도서관이나 정보 센터가 변화를 실험할 수 있는 방식은 어떤 것들이 있는가? 여러분의 급우에게 제안할 아이디어의 리스트를 작성해 보라.

4. 여러분은 다른 부서와 통합되게 될 도서관 부서의 경영자이다. 예를 들면 도서관 상호 대차 부서가 대출 담당 부서와 통합하는 경우나 다른 조합을 선택할 수도 있을 것이다. 그 이유는 도서관 상호 대차가 줄어드는 동안 대출을 더 잘 맡아 주게 될 것이고 교차 교육 훈련이 조직에 보탬이 될 것이라는 것이다. 도서관은 어떤 해고도 예상하지 않고 있으며, 단지 사람들이 일하는 곳을 재조직화하는 것이다. 교육 훈련 기회가 있을 것이다. 여러분의 직원에게 통합이 이루어지는 이유를 설명하는 편지의 초안을 작성하고 사람들이 이를 도서관을 위한 긍정적인 움직임으로 바라보게 될 방식을 제시해 보라.

 **토론용 질문**

1. Mahatma Gandhi는 한때 "우리는 우리가 보고 싶어 하는 변화가 되어야 한다"[23]고 말한 바 있다. 여러분은 이 인용문을 도서관이나 정보 센터의 직원에게 적용하는 것에 대해 어떻게 생각하는가? 여러분은 여러분이 변화시켰는데 그러한 변화가 여러분 주위 사람들에게 영향을 미치고 있는 예들을 제시할 수 있는가?

2. Robert E. Quinn[24]은 임파워먼트를 조직의 변화를 만들어 내는 중요한 구성 요소로 간주하고 있다. 그는 아래에 열거한 것처럼 임파워먼트에 대한 두 가지 접근법, 즉 기계적 관점과 유기적 관점을 제안하고 있다. 설명을 살펴보고 여러분이 가장 편안할 것 같은 경영 환경을 고려해 보라. 여러분이 직원의 직위에 있을 경우와 경영진 직위에 있을 경우 이것이 달라질 것인가? 여러분의 생각을 다른 사람과 비교해 보라.

임파워먼트에 대한 기계적 관점
- 상층부에서 시작한다.
- 분명한 비전과 계획, 과제를 개발한다.
- 의사 결정을 적절한 계층으로 이동시킨다.
- 필요한 정보와 자원을 제공한다.
- 프로세스 개선을 권장한다.

간단히 말하면, 임파워먼트는 명확성과 위양(委讓), 통제, 책무성에 관한 것이다.

임파워먼트에 대한 유기적 관점
- 사람들의 니즈로부터 출발한다.
- 어려운 이슈들을 노출시킨다.
- 리스크 감수를 통해 무결성(integrity)을 모델화한다.
- 작은 승리를 통해 신용을 쌓아간다.
- 이니셔티브를 권장한다.
- 팀워크를 구축한다.

간단히 말하면, 임파워먼트는 리스크와 성장, 신뢰, 팀워크에 관한 것이다.

---

23) "Arun Gandhi Shares the Mahatma's Message" by Michel W. Potts (2002) *India—West* (San Leandro, CA), February 1.에서 인용 (Arun Gandhi는 자신의 할아버지로부터 들은 것을 간접적으로 인용하였음).

24) Robert E. Quinn, *Deep Change: Discovering the Leader Within* (San Francisco: Jossey-Bass, 1996), 223.

3. 여러분의 삶이나 일에서 경험한 변화의 리스트를 작성해 보라. 여러분의 리스트를 다른 사람의 것과 비교하고 유사성과 차이점에 대해 이야기해 보라.

4. 여러분이 이용하는 도서관에서 서비스와 특히 도서관이 제공하고 있는 것들을 개선할 수 있는 어떤 방식들에 관한 여러분의 의견을 논의하기 위해 직원 미팅에 와 달라고 요청하였다. 그 도서관을 위해 여러분이 제시할 포인트들의 리스트를 작성해 보라. 여러분의 리스트를 다른 사람의 것과 비교해 보라. 유사한가 아니면 다른가?

Section 2 기획

 성공적인 기획은 어느 조직에나 중요하다. 기획 노력은 미래의 모습을 갖추어 주고 관련된 모든 사람들을 위한 로드맵을 제공해 준다. 전략적으로 사고하고 재설계와 재활력화를 위한 행동을 택하는 것은 도서관이나 정보 센터의 성공의 열쇠이다. 기획 노력의 일부로서, 경영자는 내부 및 외부 환경에 대한 이해는 물론 이용자 니즈에 대한 핵심 가치와 공유된 비전에 대한 재헌신의 프로세스를 리드하게 된다. 기획의 중요한 측면은 도서관과 정보 센터에서 이루어지는 의사 결정과 정책의 역할이다. 대부분의 경영자들은 자신의 경력 중 어느 곳에서는 리모델링이나 새로운 공간의 건축에 참여하게 되기 때문에, 이 제2부에는 특별히 도서관 시설의 기획에 관한 장을 포함시키고 있다. 그리고 마케팅은 계획을 번창할 수 있게 해 준다. 이 모든 요인은 기획 프로세스를 촉진하거나 좌절시킬 수도 있는 외부의 힘에 대한 날카로운 인식과 함께 개발되어야 한다.

 미래를 예측하고자 노력하기 위해서는 가능한 여러 대안 중에서 그리고 충분한 지식을 가지고 그와 같은 행동을 하기 위해 이용할 수 있는 기법과 도구를 이용하여 선택해야 한다. 전략적으로 사고하고 행동하는 것은 조직으로 하여금 조직이 현재 존재하는 곳으로부터 조직이 존재하고자 원하는 곳으로 계속해서 움직여갈 수 있도록 해 준다. 서비스를 기획하고, 공간을 구성하고, 그러고 나서 아웃풋을 마케팅하는 것은 노력의 성공을 보장해 주게 된다. 이용자와 재정을 지원하는 사람들과 같은 이해 관계자들을 기획 프로세스에 참여하도록 하는 것은 조직이 의미 있고 적절한 방식으로 전진해 나가도록 하는 임파워먼트를 부여하게 된다.

 기획은 정보 서비스 조직의 생존 가능성을 유지해 주기 때문에, 제2부에서는 전략적 기획의 트렌드와 기법, 시설에 대한 기획, 도서관이나 정보 센터의 마케팅을 포함하여, 어떻게 하면 그와 같은 프로세스를 촉진하게 되는지에 대한 논의에 초점을 맞추고자 한다.

Chapter 04 전략적 기획과 의사 결정, 정책

이 장의 요점

이 장을 마친 후 여러분은:

- 기획의 이유에 대해 이해해야 한다.
- 전략적 기획 프로세스의 기본적인 부분에 대해 알아야 한다.
- 의사 결정 프로세스에 익숙해야 한다.
- 도서관이나 정보 센터에서 정책의 역할에 대해 알아야 한다.

제3장에서는 어느 조직에서나 변화가 필요하다는 사실을 살펴보았다. 이 장에서는 변화에 영향을 미치는 몇 가지 도구, 즉 전략적 기획(strategic planning)과 의사 결정, 정책 개발에 초점을 맞추고자 한다. "기획의 목적은 조직의 개인들의 행동의 지침이 되는 정책과 의사 결정을 개발하는 것이다."[1] 경영자나 경영 그룹은 필요한 서비스를 개발하는 동안 책무성(accountability)을 보여 주는 가장 적절한 방식을 결정해야 한다. "전략적 계획은 새로이 부상하는 이슈에 적응하는 유연성 외에도 방향을 설정할 수 있는 능력을 가지고 불확실한 미래로 옮겨가기 위한 지침을 제공해 준다."[2]

---

1) Joan Geisecke and Jon Cawthorne, "Introduction," in *Navigating the Future with Scenario Planning: A Guidebook for Librarians*, eds. Joan Geisecke, Jon Caw thorne, and Deb Pearson, (Chicago: ACRL a division of the American Library Association, 2015), 5.

2) Holt Zaugg, "Using a Library Impact Map to Assist Strategic Planning in Academic Libraries," *Library Leadership & Management* 29, no. 3 (June 2015): 1.

> **현장의 경영 사례: 일인 도서관을 위한 전략적 기획**[3]
>
> 이 장의 "현장의 경영 사례"의 예로 선정된 논문은 도서관의 충원이 단 한 사람에 불과할 때조차도, 전략적 계획의 개발이 가능할 뿐만 아니라, 도서관의 성공에 중요하다는 사실을 보여 주고 있다. 이 논문에서 저자 David E. Coleman과 Kenneth Robbins는 기획의 필요성을 확립하고, 의학도서관을 감축하고 없애는 것이 전국적인 추세가 되고 있는 병원 환경에서, 도서관의 중요한 역할이 필수적이라는 사실을 보여 주고 있다. 이 예에서, 하와이에 소재한 병원의 한 조직에서 일했던 사서는 요망되는 미래(병원 조직의 비전 및 사명 선언문)를 고려함으로써 기획 프로세스를 시작하고 그러고 나서 상위 기관이 그러한 비전에 도달하도록 도서관은 어떻게 도움을 줄 수 있을 것인지를 결정하였다.
>
> 사서는 도서관의 계획은 병원 조직 전반의 비전과 사명에 초점을 맞추어야 한다는 사실을 이해하였는데, 이것은 기획이 계속해서 상위 기관과 적합성을 갖도록 하는 데 도움을 주었다. 상위 기관의 비전과 사명과 아주 유사한 도서관의 비전과 사명이 개발되었으며, 그러고 나서 조직의 가치와 연결되는 전략적 목적들이 설정되었다. 계획의 성공을 평가하기 위한 방법을 설정하는 것은 사서로 하여금 도서관이 어떻게 더 큰 기관을 지원하고 있는지를 병원의 경영진에게 설명하는 방법을 제시해 주었다.

전략적으로 사고하는 것은 조직이 특유의 가치를 창조하고자 할 때 조직의 비전(vision)에 초점을 맞추는 것을 의미한다. 전략적 기획은 그것이 조직의 전략적 경영의 단계와 같은 전략적 사고(strategic thinking)를 뒷받침하기만 하면 유용할 수 있다. 전략적 사고는 조직이 일을 올바르게 하고 있는지 뿐만 아니라, 더 중요한 것으로, "우리는 올바른 일을 하고 있는가?"에 대해 묻는 것을 의미한다. 더 엄밀하게 말하면, 그것은 조직이 운영되는 더 큰 환경, 즉 외부 요인들이 조직의 목적 달성에 영향을 미칠 것 같은 것에 대한 인식을 염두에 둠으로써 전략적 사고를 평가하는 것을 의미한다. 이러한 인식은 정보 서비스 조직이 그러한 영향력에 대한 효과적인 대응책을 개발할 때 더 창의적이 될 수 있도록 해 준다. 전략적 사고는 비전과 사명을 목적과 액션 플랜, 평가로 변환할 수 있도록 해 준다.

따라서 전략적 기획은 개발과 행동으로 이어지는 전략적 사고만큼만 훌륭한 것이다. 기획 노력에서 가장 성공적이 되기 위해서는, 이러한 사고가 기획보다 앞서 이루어지고, 기획이 행동보다 앞서 이루어져야 한다. 전략적 사고는 종종 가정형

---

3) David E. Coleman and Kenneth Robbins, "Strategic Planning for a Single Person Medical Library," *Journal of Hospital Librarianship* 16, no. 4 (October 2016): 299-304.

시나리오(what-if scenario)와 같은 행동을 포함하는 브레인스토밍(brainstorming)과 관련되기도 한다. 성공적인 전략적 사고를 위해서는 뒤돌아보고 성공적인 업적들을 확인해야 할 뿐만 아니라 앞을 내다보고 "우리가 항상 그런 식으로 그것을 해 왔기 때문에" 유지해온 어떤 것들을 포기해야 한다. 바꾸어 말하면, 이것은 새로운 방향과 이니셔티브들이 생겨날 수 있도록 가정들에 도전하는 것을 의미한다. 전략적 사고가 없으면, 전략적 기획 프로세스는 아무 쓸모없는 연습에 지나지 않는 것이 될 가능성이 있다. 계획은 조직의 모든 사람에 의해 생기가 넘치고 현실적인 것으로 간주되어야 한다. "전략적 기획과 전략적 사고는 단기적인 미래 그리고 내부 자원의 정체나 발전이 변화가 확실한 조건들과 어떻게 교차하게 될지에 대해 사려 깊게 평가하기 위해 현재의 환경과 그 안에 있는 단위의 위치를 비판적으로 분석하기 위한 도구(그 자체로는 결코 끝나지 않는)이다."[4]

전략적 사고는 그렇게 보면, 정보 서비스 조직의 이용자들을 위해 더 나은 미래를 창조하는 프로세스이다. 그리고 이를 위해서는 분석은 물론 종합을 통한 통찰력과 선형적 사고(linear thinking)는 물론 비선형적 사고, 언어적 개념화는 물론 시각적 개념화, 명시적 사고는 물론 묵시적 사고가 필요하며, 머리는 물론 가슴을 사로잡아야 할 필요가 있다.[5]

정 의

다음은 독자들이 이 장의 개념을 더 잘 이해하는 데 도움이 될 만한 전략적 기획에 관련된 몇 가지 정의들이다.

- **전략적 비전화**(strategic visioning): 도서관 조직의 미래를 예상하는 계획으로 이어지는 전향적 관점(proactive view)
- **전략적 행동**(strategic acting): 조직의 노력을 전략적으로 분석하는 프로세스
- **전략적 기획**(strategic planning)[6]: 요망되는 미래를 상상하고, 이 비전을 광범위하게 정의되는 목적이나 목표, 그리고 그러한 것들을 이루어내기 위한 일련의

---

4) Mark Greene, "Useful and Painless Strategic Planning: 'Make a New Plan, Stan'," in *Management; Innovative Practices for Archives and Special Collections*, ed. Kate Theimer, (Lanham, MD: Roman and Littlefield, 2014), 195.
5) Richard L. Hughes and Katherine Colarelli Beatty, *Becoming a Strategic Leader* (San Francisco: Jossey-Bass, 2005), 45.
6) 역자주: 전략적 계획 수립, 전략적 계획이라고도 한다. 이 책에서는 "전략적 계획"(strategic plan)과 구별하기 위해 계획을 수립하는 것에 관련된 활동인 "strategic planning"은 "전략적 기획"으로 통일하여 사용하고자 한다.

단계들로 변환하는 체계적인 프로세스[7]
- 핵심 가치(core values): 조직이 가지고 있는 일단의 공통의 믿음

4.1. 전략적 기획

행동에서 진정으로 전략적이 되도록 하기 위해서는, 약간의 애매성은 용인해야 하는데, 이것은 약간의 불확실성은 받아들일 수 있게 된다는 의미이다. 그러한 알려지지 않은 미래에 직면하게 되면, 도서관과 정보 서비스 조직은 고객의 편익(benefits)을 위해 직원들의 이니셔티브를 통해 정보를 지식으로 변환하는 프로세스를 유지하도록 하는 도전을 받게 된다. 그와 같은 전략적 기획은 미래의 결과들에 대한 가능한 최대한의 지식을 가지고, 체계적으로 기업가적인, 심지어는 리스크를 감수하는 의사 결정을 내리고 계획에 초점을 맞추는 지속적인 프로세스를 포함한다.

계획에 초점을 맞춘 경영자의 한 예[8]는 도서관의 직원들이 어떻게 발전하는지를 설명해 주고 있다. 기획 노력을 시작할 때, 직원들은 새로운 아이디어를 가지고 도서관장에게 올 것이다. 도서관장은 그들에게 그것이 계획과 관련된 것인지 물었다. 그렇지 않을 경우, 도서관장은 다음의 연간 기획 사이클 때까지 미루라고 이야기하였다. 더 최근에는 새로운 아이디어를 가진 직원들이 자신들의 아이디어가 도서관의 계획에 대해 갖는 적합성을 설명하도록 준비해서 오고 있다. 이러한 접근법은 직원들이 기획 기간뿐만이 아니라, 일 년 내내 전략적 계획을 염두에 두도록 하는 데 도움을 주며, 계획의 목적을 진전시켜 주게 된다.

4.2. 기획: 개요

그렇게 보면 전략적 기획은 도서관과 정보 센터의 경영자들이 주요한 의사 결정을 수행하고 이러한 의사 결정의 결과를 계획으로 작성된 기대에 비추어 측정하는

---

7) Ken Roberts and Daphne Wood, "Strategic Planning: A Valuable, Productive and Engaging Experience (Honest)," *Feliciter* 58, no. 5 (October 2012): 10.

8) Anne Marie Casey, "Grassroots Strategic Planning: Involving Library Staff from the Beginning," *Journal of Library Administration* 55, no. 4 (2015): 338.

데 필요한 노력을 조직할 수 있도록 해 주는 사고 프로세스의 체계적인 성과이다. 이것은 조직화되고 체계적인 피드백과 조정을 통해 이루어진다. 도서관과 정보 센터의 직원들은 고객에 초점을 맞추고 있는 조직에서의 자신들의 역할을 인지하고, 이용자들의 니즈와 잠재적인 고객인 비이용자에 대한 시장에 부응하는 서비스를 개발하고 있다. 따라서 전략적 기획은 고객에 대한 관심과 함께 시작되어야 한다. 이를 강조하는 것은 오늘날의 모든 유형의 도서관과 정보 센터에서 기본적이다.

전략적 사고와 똑같이, 기획 프로세스에서는 다음과 같은 몇 가지 질문을 다루어야 한다.

- "우리는 누구인가?"라는 질문은 조직의 핵심 가치를 재확인하고 조직의 비전과 사명을 확인하거나 만들어 내는 것을 필요로 한다.
- "현재 우리는 어디에 있는가?"라는 질문은 환경의 분석을 필요로 하는데, 여기에는 내부 조사와 트렌드와 위협에 대한 외부 관점 둘 모두가 포함된다.
- "우리는 어느 곳에 존재하고자 하는가?"라는 질문은 비전화(visioning) 측면과 그러고 나서 이루어지는 예비적인 목적과 목표 설정을 필요로 한다.
- "우리는 그곳에 어떻게 도달할 것인가?"라는 질문은 구체적인 액션 플랜과 재정 계획, 커뮤니케이션 계획의 개발을 필요로 한다.
- "우리는 어떻게 하고 있는가?"라는 질문은 계획에 대한 정기적인 검토와 성공과 단점의 측정, 장기간에 걸친 계획에 대한 적절한 개정과 함께 이루어지는 후속 조치를 필요로 한다.

〈그림 4.1〉은 전략적 계획에 착수한 도서관과 정보 센터에 일반적인 이러한 전략적 기획 프로세스를 보여 주고 있다.

체계적이고 계획된 변화는 그 유용성이 사라졌거나 타당성을 입증할 수 없는 서비스를 제거하면서도 새로운 서비스를 실행하고 중요한 기존의 서비스를 유지하기 위한 가장 효과적인 방식이다. 어떤 서비스는 소수의 고객에 의해 여전히 가치를 인정받고 있을 수도 있겠지만, 비용 편익(cost benefit)을 고려해야 한다. 성공적인 전략적 기획은 체계적이고 질서 정연한 변화를 가능하게 해 주고 현실적인 기간 내에 달성할 수 있도록 해 주는 조직의 조정을 필요로 한다. 개발과 실행, 시간 제약의 유연성은 전략적 기획 노력에 최대의 도전을 제시해 주고 있다.

성공적인 전략적 기획 프로세스를 실행하기 위해서는, 다음과 같은 두 개의 기준이 필요하다.

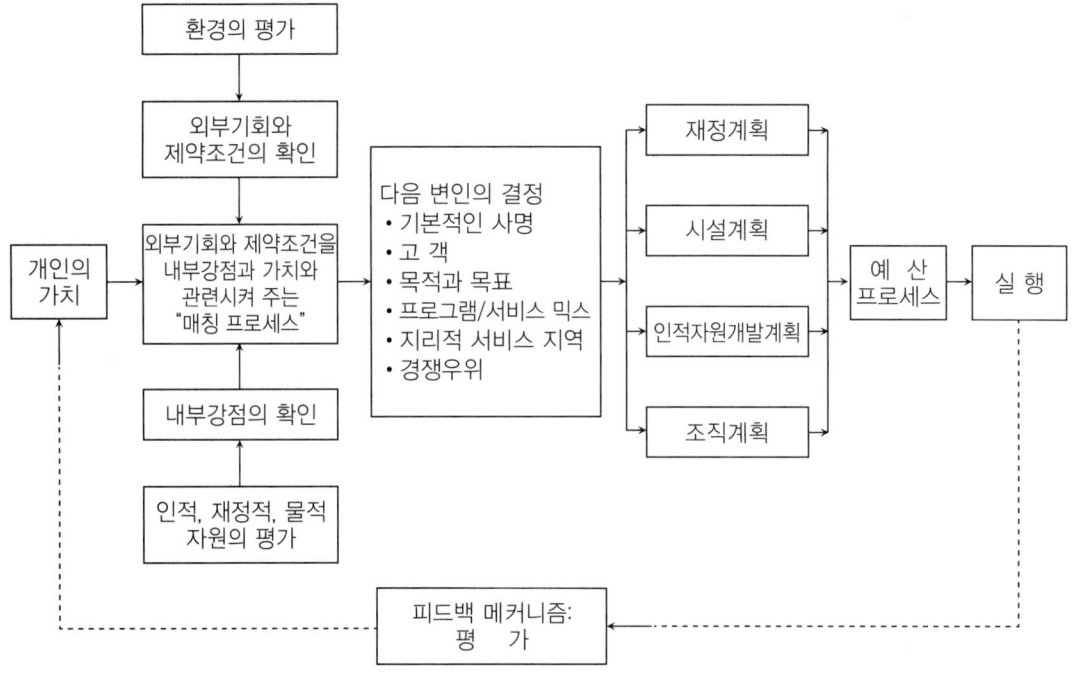

<그림 4.1> 전략적 기획은 지속적인 프로세스이다

- 전체 조직은 프로세스에 대해 알아야 하고 그 성공을 믿어야 하며, 모든 참여자는 기획 단계에서뿐만 아니라 계획의 실행에 대해서도 계속해서 알아야 한다.
- 학술 기관이나 타운, 카운티, 학군, 회사와 같은 상위 조직의 경영진은 기획 활동의 결과로서 의사 결정과 약속, 노력에 대해 알고 있어야 하고 그러한 것들에 대해 힘을 실어주어야 한다.

도서관 직원과 내용을 알고 있는 관리자의 참여와 함께, 경영자들은 최소한의 저항을 받으면서 최대의 성공을 거둘 수 있는 훨씬 더 좋은 기회를 자신들이 가지고 있다는 사실을 알고 체계적인 기획 프로세스를 추진할 수 있는 것이다.

대부분의 전문가들은 전략적 계획은 2년에서 3년 사이로 미래를 추정하도록 시도해야 하지만 매년 다시 논의하고 업데이트해야 한다는 사실에 동의한다. 기간에 대한 질문은 전략적 기획의 가장 어려운 측면의 하나를 제기하는데, 그것은 외부의 영향력과 변화 가능성, 인구 통계, 테크놀로지, 이용자의 니즈와 기대에 관해 추정과 가정을 하는 것이다. 더 멀리 앞서 계획하고 추정하면 할수록, 불확실성은 더 커지고, 따라서 도전도 더 커지게 된다. 그와 같은 불확실성 때문에 도서관의 목적이 달성되고 우선순위나 환경이 달라짐에 따라 특정 측면들이 업데이트되거나, 삭제되거나, 재고(再考)될 수 있도록 전략적 계획들은 필수적으로 지속적인 검토와 평가를 받아야 하는 것이다. 그와 같은 검토는 또한 목적 설정 프로세스가 얼마나 현실적이고 달성 가능했는지를 보여 줄 수도 있다. 이러한 연간 검토는 전략적 계획의 성공을 평가하고 계획의 진행을 모든 직원과 고객, 그 밖의 이해 관계자들에게 커뮤니케이션하기 위한 훌륭한 장치가 될 수도 있다.

4.3. 계획은 왜 세우는가?

직원들은 전략적 계획을 개발하기 위해 필요한 시간에 대해 비웃는 경우가 많다. 왜 기획이 필요한지에 대한 몇 가지 좋은 이유를 살펴보고자 한다.
구체적으로 말하면, 전략적 계획은 다음과 같은 역할을 한다.

- 도서관 프로그램을 다른 사람들에게 설명해 준다.
- 우선순위와 강점, 약점을 확인해 준다.
- 예산 개발을 위한 기초를 제공한다.
- 상위 기관과의 관련성을 명확하게 해 준다.
- 미래 발전의 청사진을 제공한다.
- 명확한 목적의식을 만들어 낸다.
- 진행 중인 평가의 토대를 제공한다.[9]

어느 의미에서는, 기획 프로세스는 조직이 달성하고자 하는 결과들에 대한 비전을 개발함으로써 미래를 통제하는 한 방식으로 설명할 수도 있다. 이를 위해서는 조직과 가장 바람직한 서비스 사명을 다시 논의하고 다시 상상해 보아야 한다. 전략적 기획 프로세스를 시작하기에 앞서, 조직은 다음과 같은 몇 가지 기본적인 질문에 대해 진지하게 고심해 보고 적절하게 답변해야 한다.

---

9) Massachusetts Board of Library Commissioners, "Planning, Frequently Asked Questions," accessed December 20, 2016, 〈http://mblc.state.ma.us/advisory/planning/long-range/planning_faq/faq.php〉.

- 전략적인 계획 수립이 왜 필요하고 조직의 라이프에서 이 특정 시점에서 왜 필요한가?
- 누가 참여해야 하고, 그들은 어떻게 참여해야 하는가?
- 이 조직에서는 전략적 사고가 어떻게 전략적 기획으로 이어지고 있으며, 사전에 무엇을 알아야 하는가?
- 모든 주요 플레이어들 사이에 고려해야 할 요인들과 그 요인들이 어떻게 서로 관련되는지에 대한 이해가 존재하는가?
- 어떤 추가의 자원들이 필요하고 그것들은 어떻게 입수할 수 있을 것인가? 전략적 기획 컨설턴트는 필요한가?
- 프로세스는 얼마나 오래 걸릴 것인가?
- 도서관이나 정보 센터가 부속되어 있는 상위 기관은 전략적 기획 노력을 지원하기로 약속하고 있으며, 어떤 유형의 지원이 성과에 대해 그리고 성공을 촉진하기 위해 약속되어 있는가?
- 프로세스는 어떻게 실행되고, 어떻게 평가될 것인가?

4.4. 전략적 계획의 구성 요소

조직 구성원의 만족에 대한 처음 질문들에 대해 답하고 난 후, 전략적 기획의 가장 중요한 첫 단계는 주요 기획 단계에 대한 책임을 갖는 조정 팀이나 태스크 포스(task force)의 확인이다. 아울러 필요할 경우, 프로세스의 다양한 시기와 다양한 수준에서 다른 작업 팀과 태스크 포스가 관여할 가능성이 있다.

활동을 촉진하기 위해, 어떤 조직 기획 팀은 전략적 기획 컨설턴트와 함께 일하거나, 어떤 직원이 이 역할을 맡기 위해 훈련을 받고 배정되기도 한다. 컨설턴트의 기본적인 역할은 팀과 태스크 포스가 어떤 데이터를 수집해야 하고, 그것들을 어떻게 누구에 의해 수집하며, 그것들을 어떻게 분석하여 사용하게 될는지에 대해 결정하는 것을 도와주는 것이다. 컨설턴트는 조직의 목적과 목표를 확인할 때 촉매로서는 물론 조력자로서 작용하게 된다. 어떤 두 개 조직도 비슷하지 않기 때문에, 컨설턴트는 의견을 집단에게 강요하지 않는다. 전략적 기획 프로세스에 대해서는 현실적인 기간을 설정해야 한다. 〈그림 4.2〉 전략적 계획의 개발도 참고하라.

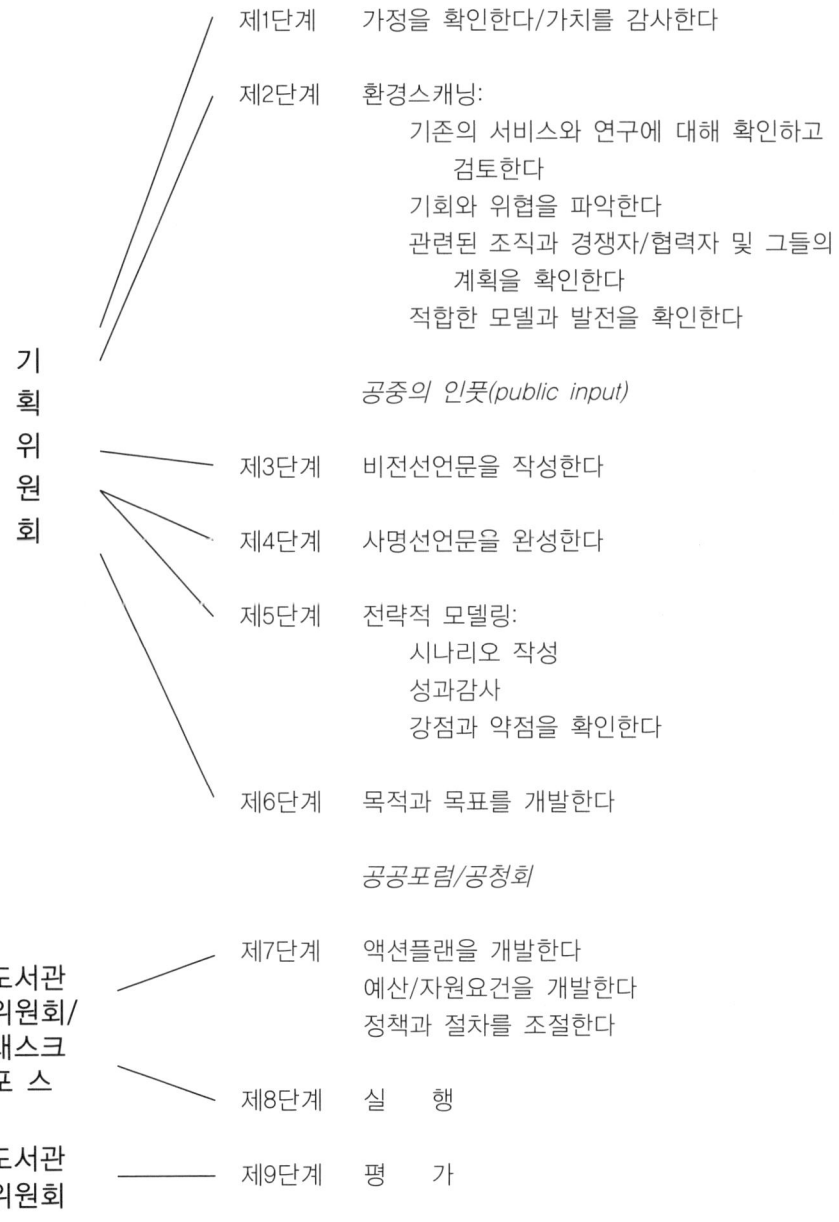

<그림 4.2> 전략적 계획의 개발

다음의 리스트는 전략적 기획의 단계에 대한 개요이다. 각 단계에 대해서는 해당하는 장에서 더 상세하게 설명하게 될 것이다.

1. 조직의 지침 원칙(guiding principles)이 되는 조직 문화와 가치 또는 가정을 확인한다.
2. 도서관의 미래에 도움이 되거나 방해가 될 수도 있는 환경적 요인을 검토한다.
3. 열정과 흥분을 커뮤니케이션함으로써 더 나은 미래에 초점을 맞춰주는 비전 선언문(vision statement)을 작성한다.
4. 특유성을 확인해 주는 사명 선언문(mission statement)을 완성한다.
5. 목적과 목표를 개발한다.
6. 전략과 액션 플랜을 개발한다. 이를 위해서는 자원 기금(resource funds)을 확인하고 목표를 달성하기 위한 정책과 절차를 개발해야 한다.
7. 전략적 계획을 실행한다.
8. 목표가 달성되었을 때 그리고 우선순위가 변경되었을 때는 계획을 모니터링하고, 평가하고, 조정한다.
9. 전략적 기획의 진척에 대해 조직의 직원과 이해 관계자들에게 커뮤니케이션한다.

전략적 사고와 전략적 기획의 프로세스는 사전 예방적인(proactive) 것이며 그 자체로서 조직의 사고와 행동의 지침이 되는 마인드 셋(mind-set)을 개발하고 사용함으로써 이니셔티브의 바탕을 제공해 준다. 그것은 정보 서비스 조직의 구성원들에게 확인된 혁신적 가능성을 상상하고 탐구함으로써 무엇이 진정으로 중요한지를 파악하고 비교적 장기적인 맥락 안에서 그것을 배치하도록 요구한다.

4.5. 가치와 문화

가치는 조직의 필수적이고 지속적인 믿음으로, 인간 행동의 지속적인 지침을 제공해 주는 일반적인 지침 원칙의 작은 세트이다. 가치는 대개 다른 사람에 대한 존경과 정직과 진실성, 사회적 책임과 조직의 노동자의 다양성에 대한 책무, 혁신과 협력, 서비스의 우수성에 대한 책무를 가지고 이루어지는 활동에 대한 몰입, 사회적 책임과 개방성, 신뢰성의 측면에서 설명되고 있다. 조직의 가치와 모든 직원과 그 밖의 이해 관계자들의 공유된 가치에 대한 논의는 중요하다. 이러한 가치와 이를 정의하는 프로세스는 단체정신과 자부심, 충성도, 프로세스에 대한 주인 의식으로 이어지게 된다. 공유된 가치의 리스트를 개발하는 것은 모든 사람이 이러한 근본적인 가치를 이해하는 데 도움을 주고 모든 사람이 같은 방향을 향하도록 해 준다. 다음은 New York Public Library의 도서관 가치 선언문의 예이다.

책무성(accountability). 우리는 우리의 책무를 구현하고 우리의 자료와 공간의 관리에 대한 책임을 갖는다.
탁월성(excellence). 모든 것 중 가장 좋은 것만이 충분히 괜찮은 것이다.
전문 지식(expertise). 우리는 우리의 지역 사회와 장서, 이용자를 더 잘 이해하기 위한 노력을 멈출 수 없다.
자유(freedom). 우리는 모든 사람에게 무료로 개방된다. 우리는 모든 사람을 존경과 연민을 가지고 대한다.
혁신(innovation). 우리는 항상 배우고 있다. 우리는 일을 더 잘하고 더 훌륭한 일을 하는 새로운 방식을 끊임없이 탐구하고 있다.
열정(passion). 우리는 우리 도서관을 사랑하고, New York을 사랑하며, 우리가 하는 것을 사랑한다.
팀워크(teamwork). 우리는 우리의 경험의 다양성을 높이 평가하고 연계를 구축한다. 우리는 서로 신뢰한다.[10]

전략적 기획이 갖는 기본적인 편익(benefits)의 하나는 이러한 기획이 조직에 있는 사람으로 하여금 그 강점과 약점을 확인하고 그러고 나서 그러한 물리적, 재정적 역량 안에서 우선순위를 개발할 수 있도록 해 주는 필수적인 자기 분석이나 자체 연구의 역할을 한다는 것이다. 그와 같은 평가의 필요성은 도서관과 정보 서비스의 변화 속도의 증가와 수행되고 있는 것, 그것이 수행되는 방식에 의해 강조되고 있다. 전략적 기획은 조직은 다이내믹하고, 변화하는 환경에 즉각적으로 대응하고 있다고 가정한다. 그렇게 보면, 전략적이 된다는 것은 조직의 목표와 자원을 명확하게 이해하고 다이내믹한 외부 환경에 대응하면서 목표와 자원 둘 모두를 통합하는 것을 의미한다(〈그림 4.3〉을 참고하라).

---

10) New York Public Library, "New York Public Library's Core Values," accessed November 19, 2016, 〈https://www.nypl.org/help/about-nypl/mission/core-values〉.

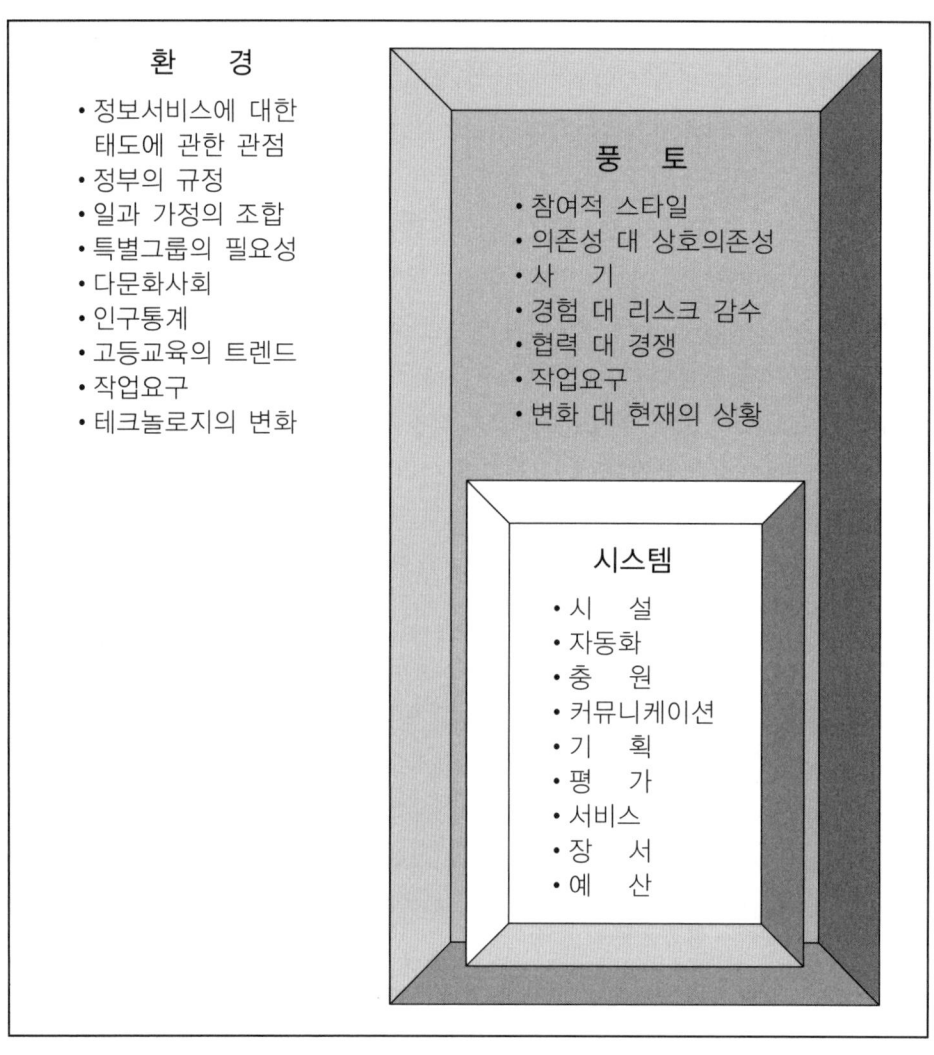

<그림 4.3> 기획 프로세스의 주위 둘러보기 측면

자체 점검(self-examination)은 도서관이나 정보 센터 직원들로 하여금 조직의 물리적, 재정적 역량의 규제를 받으면서도 조직이 그렇게 될 만한 여력이 있는 것과 함께, 사명 선언문에서 그리고 있는, 조직이 그렇게 되었으면 하고 바라는 것에 대한 비전을 증진시키는 기회를 이용하면서 위협과 약점을 다루는 행동을 취할 수 있도록 해 준다. 만일 상당한 차이가 있으면, 기대를 줄이고 자원을 증가시킴으로써 해결책을 찾아야 한다. 대부분의 조직들은 자신들의 기획 전략의 초점을 새로운 방향과 서비스와 시스템, 마케팅과 공공 관계(PR: public relations), 성장과 재정, 성과와 인적 개발에 관련된 관심사에 맞추고 있다. 조직의 생존과 자기 분석,

환경 스캐닝 프로세스에 중요한 정보를 캐내는 프로세스는 몇 가지 분명한 편익을 만들어 준다. 아마도 가장 중요한 것은 도서관이나 정보 센터를 더 큰 환경과 관련하여 바라보는 것이 될 것이다.

4.6. 환경 스캐닝

조직이 가치를 정의하고 나면, 다음 단계에는 조직의 환경을 재점검하는 것이 포함된다. 즉 조직의 강점과 약점을 결정하고, 정보 서비스의 미래에 지장을 주거나 이를 진작시켜 주는 위협이나 기회를 확인하는 것이다. 전략적 계획을 수립하는 사람은 작동 중인 요인이나, 글로벌 환경을 포함하여, 정보 서비스가 중요한 역할을 하는 더 큰 맥락에서 개발될 가능성이 있는 요인들을 고려하게 된다. 왜냐하면 이러한 요인들은 계획의 최종 결과에 영향을 미칠 가능성이 있기 때문이다.

시간은 조직이 운영되는 환경을 비판적으로 살펴보기 위해 기획 프로세스에서는 대개 고려하지 않는다. 종종 그룹에서는 체계적인 프로세스의 미래의 옵션과 방향을 탐구하기 위해 브레인스토밍을 한다. 다음과 같은 세 개의 질문이 이러한 미래에 대한 전략적 사고 연습의 지침이 된다.

- 어떤 일들이 일어날 것 같은가? 이 질문에 대답하기 위해서는 적합성을 갖는 지식 베이스를 어떻게 구축하는지를 검토(인식한다는 의미)해야 한다.
- 어떤 가능성들이 제기되고 있는가? 이를 위해서는 지식 베이스의 중요성이나 이용을 어떻게 결정하는지를 검토(이해한다는 의미)해야 한다.
- 그에 대해 조직은 무엇을 하려고 하는가? 이를 위해서는 지식 베이스의 중요성이나 이용을 어떻게 결정하는지에 대한 추론이 필요하게 된다.[11]

이러한 질문에 답하는 것은 조직의 외부에 존재하는 정치적(Political), 경제적(Economic), 사회적(Social), 기술적(Technological) 영향력(forces)(PEST)(〈그림 4.4〉를 참고하라)을 확인하는 것을 포함한다. 이러한 PEST 분석의 결과는 최종적으로 성취될 수 있는 것에 영향을 미친다. 그러한 영향력에 대한 확인과 설명을 통해 개발되는 지식 베이스는 고객으로부터의 인풋과 더해져서, 어떤 정보 서비스가

---

11) Stuart Wells, "To Plan, Perchance, to Think; Aye, There's the Rub," *Information Outlook* 5 (2001): 10-11.

합리적이고 바람직한 것 같은지에 대한 시나리오를 정보 서비스 조직에서 개발할 수 있도록 해 준다. 그리고 나서 그러한 것들을 조직 자체의 강점(Strengths)과 약점(Weaknesses)은 물론 기회(Opportunities)와 위협(Threats)(SWOT)(〈그림 4.5〉를 참고하라)의 확인과 비교하게 되면, 미래에 대한 가능성들이 나타나기 시작하게 된다.[12] 전략적 기획은 도서관과 정보 센터의 직원들이 조직의 현재 상황뿐만 아니라, 미래에 관해 생각하는 데 도움을 준다.

SWOT 분석과 PEST 분석은 둘 다 기획이 조직의 사명과 비전에 초점을 맞추도록 하는 데 도움을 주고 외부와 내부의 영향력을 모니터링하기 위한 전략을 개발

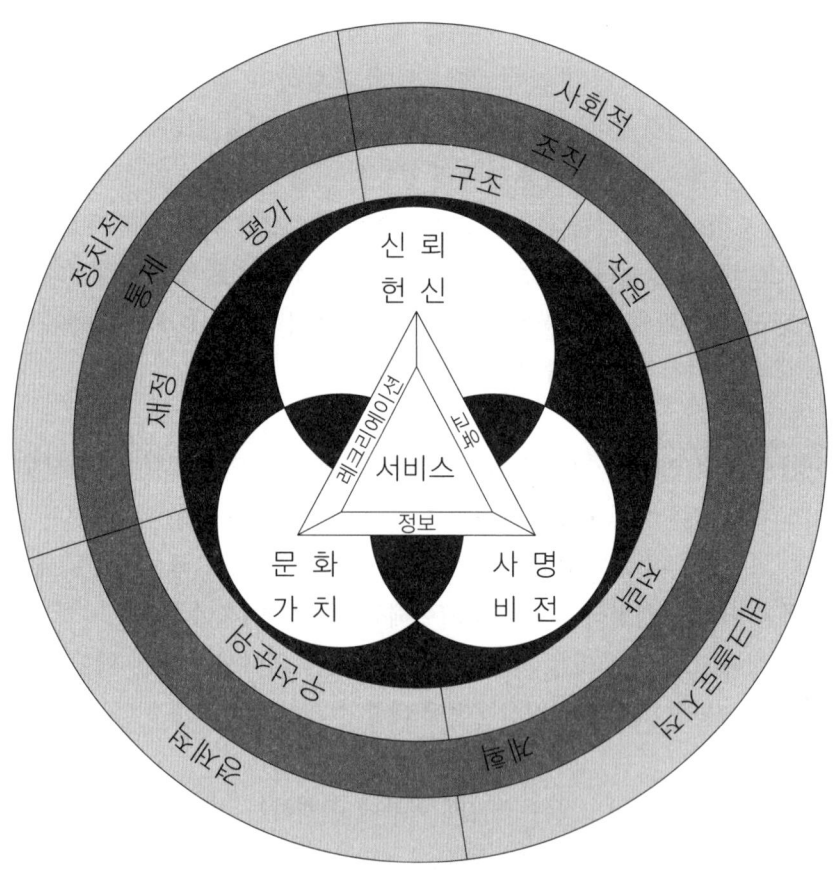

〈그림 4.4〉 정치적, 경제적, 사회적, 기술적 요인은 기획에 영향을 미친다

---

12) SWOT 분석을 실행하고 프로젝트의 진행을 추적하기 위해 도움이 될 만한 워크시트는 다음 자료에서 얻을 수 있다: *Harvard Business Essentials: Strategy: Create and Implement the Best Strategy for Your Business* (Boston: Harvard Business School Press, 2005).

	내부		
긍정적	강점 구축	약점 극복	부정적
	기회 탐색	위기 최소화	
	외부		

<그림 4.5> SWOT 분석

하는 데 도움을 준다. 외부 환경 스캐닝과 내부 자기 분석은 프로세스에 통합되어 전략을 개발하고 그러한 것들을 계획과 정책, 프로세스, 절차로 변환하기 위한 초점을 제공해 준다.

환경 분석으로부터 조직은 무엇이고 누구에게 서비스를 제공하는지와 그들의 만족이 최종적인 서비스의 지침이 되는 주요 이해 관계자들, 그리고 조직은 서비스의 우선순위를 확인하고 의사 결정을 지휘함으로써 계획을 어떻게 달성하고자 하는지에 대한 간결한 이해가 생겨나게 된다. 다음 단계는 비전 선언문과 사명 선언문을 만들어 내는 것이다. 이러한 것들이 이미 개발되어 있을 수도 있을 것이다. 그러나 이 시점에서는 이 선언문들을 현재의 환경에 비추어 다시 논의하고 평가해야 한다.

4.7. 비전

도서관이나 정보 센터의 비전(vision)을 검토하거나 개발하기 위한 첫 번째 단계는 대학이나 시, 학교, 기업의 비전을 찾아내는 것이다. 거의 모든 도서관과 정보 센터는 더 큰 상위 조직의 일부이기 때문에, 기획 참여자들이 상위 조직의 비전을 검토하고 상위 조직의 비전을 뒷받침하도록 도서관의 비전을 조정하는 것이 매우 중요하다.[13] 비전 선언문은 열망을 담은 것으로, 달성될 것 같지는 않은 것이다. 그것은 있을 수 있는 최선의 세계에서 조직이 어떤 것이 될 수 있는지를 제시해 준다. 이 비전은 기획 프로세스를 시작하고 추진한다. 선견지명의 행동으로서의 비전 선언문은 조직이 어떤 것이 되고자 열망하는지의 윤곽을 제시해 준다. 그것은 영감을 주는 것으로, 미래라는 맥락 안에서 설정되기 때문에, 특정 시간에 한정되지 않으며, 명확한 의사 결정 기준을 제공해 준다. 그것은 시스템과 서비스에 영향을 미치게 될 변화들을 그려준다. 그것은 조직의 역량과 그 자체의 이미지를 펼치기 위해 필요한 만큼 단순하거나 복잡하다. 그것은 조직의 미래에 대한 형태와 방향을 제공해 준다. 비전은 결코 도달할 수 없는 것이지만, 그것은 지향하여 노력해야 할 어떤 것이다.

비전을 개발하기 위해서는 훌륭한 정보 서비스에 대한 상상을 이용해야 한다. 때로는 조직이 미래를 위한 시나리오를 상상해내기 위해 가용한 모든 가능성을 검토하고 이를 이해함으로써 전략적 기획의 일부로서 비전 선언문을 개발하는 데 도움을 주기 위해 비전화의 정교한 기법이 조직에 의해 사용되기도 한다. 비전은 노력의 마지막 최종 결과에 초점을 맞추는 것으로, 어떻게 그곳에 도달하는지에 초점을 맞추는 것이 아니다. 지침이 되는 선언문으로서, 그것은 "이 조직을 위해 선호되는 미래는 무엇인가?"라는 질문에 답해야 한다. 비전화의 절차에서는 과거로부터 비약적인 변화를 나타내는 바람직한 미래의 매력적인 그림을 만들어 내려고 노력한다. 비전화가 사람들로 하여금 가능성의 탐색에 몰두하도록 하는 프로세스와 함께, 사려 깊은 비전 선언문을 만들어 내는 데 초점을 맞추고 있을 때, 그것은 조직을 위해 활기를 북돋워주고 가르침을 줄 수 있다. 그것은 도서관으로 하여금 미래에 대한 제한된 견해와 거리를 두도록 도울 수 있으며 가치와 행동을 연결해 주는 특히 강력한 방식이다. 그것은 간단하게 설명하면서도, 미래에 대한 고무적인 선언문이 되어야 하는데, 이는 사명의 달성으로 나아가는 행동과 행위의 지침이 될 수 있다. 간단하지만 포괄적인 선언문의 예로는 "우리의 비전은 교육받고, 계몽되고, 풍요로운 다양성을 가진 지역 사회를 육성하는 것이다"[14]라는 Aurora (Colorado) Public Library의 것이 있다.

---

13) 좋은 예에 대해서는 다음 자료를 참고하라: Brinley Franklin, "Aligning Library Strategy and Structure with the Campus Academic Plan: A Case Study," *Journal of Library Administration* 49, no. 5 (2009): 495-505.
14) Aurora Public Library, "Mission/Vision Statements" (Aurora, IL, 2016), accessed November 19, 2016, 〈http://www.aurorapubliclibrary.org/?s=vision&search=search&searchType=siteSearch〉.

스킬 연습하기

도서관이나 아카이브, 아니면 여러분이 이용하는 어떤 조직을 생각해 보라. 웹 페이지를 보지 않은 채, 조직의 핵심 가치를 망라한다고 여러분이 생각하는 비전 선언문의 초안을 작성해 보라. 이것은 열망을 담은 선언문이라는 사실을 명심하고, 따라서 무엇이 될 수 있는지에 대해 꿈꿔보라. 여러분의 비전을 작성한 후, 실제 비전 선언문을 찾아 여러분의 것과 비교해 보라. 그것들은 어떻게 유사한가? 무엇이 다른가?

4.8. 사 명

사명 선언문(mission statement)은 조직의 의도와 그 존재 이유, 조직이 무엇을 이루고자 하는지에 초점을 맞추고 있는 짧고, 간결한 선언문이다. 이 무엇보다 중요한 포괄적인 개념 또는 원칙은 조직이 목적을 설정하고 그러한 목적을 달성하기 위한 전략을 개발하는 지침이 되도록 하고자 하는 의도를 가지고 있다. 사명을 정의하는 것은 조직이 취할 수 있는 가장 중요한 전략적 단계이다. 사명 선언문은 조직의 비전에서 앞서 확인된 가치와 신념을 바탕으로 한다. 사명 선언문은 다음과 같은 세 개의 기본적인 질문에 답해야 한다. 즉 "누가(고객)?", "무엇을(서비스)?", "어떻게(활동)?"로, 모두 앞서 답변이 이루어진 "왜(비전)?"라는 질문에 의해 초점이 맞추어지고 있다(〈그림 4.6〉을 참고하라). 그것은 조직이 서비스를 제공하는

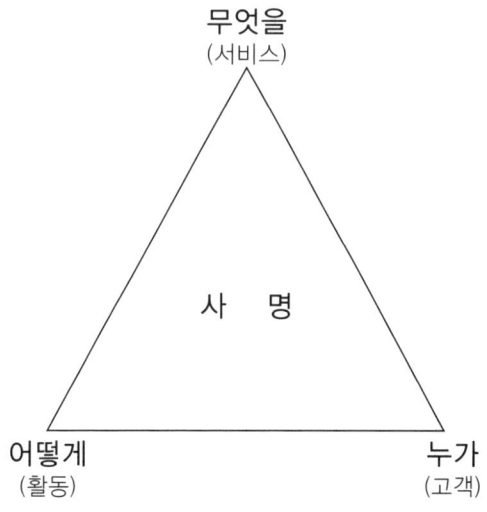
〈그림 4.6〉 사명 선언문의 구성 요소

사람들의 개인적인 삶은 물론 직업적인 삶에서 조직이 만들어 낼 수 있는 가치를 설명해 준다.

명확하게 작성되고, 광범위하게 논의되고, 서로 간에 수용되는 사명 선언문은 조직의 모든 부분이 공통의 목적을 향해 일할 수 있도록 해 준다. 간결한 사명 선언문은 모든 사람이 이해하고 그 기본적인 원칙에 전념하도록 조직의 모든 구성원과 자금 지원 당국, 후원자들과 공유해야 한다. 이러한 공유 행위는 분열과 알력을 줄여 준다. 그것은 또한 이 명세서가 중요한 마케팅 도구로 사용될 수 있도록 해 준다. 어떤 사서들은 자신들의 비전 선언문과 사명 선언문을 모든 이해 관계자들에게 배포한다. 어떤 사서들은 비전과 사명을 작은 카드에 인쇄하거나 자신들의 웹 사이트에 포스팅하기도 한다.

물론 모든 유형의 도서관과 정보 센터는 일반적으로 서비스의 사명과 함께 만들어지고 있다. 공공도서관의 경우, 이 사명은 전통적으로 교육과 정보, 레크리에이션 또는 오락을 포함하고 있는데, 도서관의 서비스는 더 광범위한 사명을 달성하기 위한 수단으로 등장하고 있다.

예를 들면 Boston Public Library의 간결한 사명 선언문은 다음과 같이 밝히고 있다. "Boston Public Library의 사명은 우리 사회의 역사적 기록을 보존하고 그에 대한 접근을 제공하며, 우리 시와 주의 주민의 문화적, 교육적, 정보적 니즈에 대해 서비스를 제공하는 것이다."[15]

조직의 사명 선언문은 그 웹 사이트에서 입수할 수 있는 경우가 많다. 사명은 변하지 않을 것으로 생각할 수도 있겠지만, 때로는 미묘하게, 때로는 극적으로 변경되기도 한다. 따라서 사명 선언문은 외부 또는 내부 환경의 변화를 바탕으로 변경될 수도 있을 것이다. 좋은 예로 Maryland주 Baltimore County의 시스템이 있다. 30년 전에 그 사명은 "가능한 최대의 카운티 주민들에게 가장 필요로 하는 모든 종류의 도서관 자료를 용이하게 입수할 수 있도록 해 주고, 필요로 하는 어떤 정보에 대해서나 접근의 포인트로서 서비스하는 것"이었다. 이후 시스템의 사명 선언문은 "Baltimore County 주민들에게 도서관 자료와 정보 서비스를 수요와 이용의 수준에 비례하여, 비용 효과적인 방식으로 용이하게 이용할 수 있도록 해 주고, 도서관 시스템 외부의 자원에 대한 접근을 제공하는 것"이었다. 현재의 선언문은 다음과 같다.

---

15) Boston Public Library Board of Trustees, "Mission Statement," accessed November 21, 2016, 〈http://www.bpl.org/general/trustees/mission.htm〉.

Baltimore County Public Library는 우리의 다양한 지역 사회를 다음과 같은 방법으로 혁신적이고 품질 좋은 서비스와 연결해 줄 것이다.

마음을 끄는 물리적 공간과 가상 공간(假想空間)을 조성한다.
초기 및 생애의 독서 사랑을 뒷받침한다.
필수적인 정보 자원으로서 뛰어나다.[16]

이 예를 바탕으로 해보면, 사명 선언문은 분명히 점검해야 하고 필요하면 정기적으로 개정해야 한다.

 이야기해 보기

정보 관련 조직에서 사명 선언문의 예를 5개 찾아보라. 그것들은 어떻게 대비되는가? 그것들은 그 조직에 적합한 것 같은가? 여러분의 예들을 학급의 다른 사람과 공유해 보라. 어느 것이 가장 훌륭해 보이는가? 이유는?

4.9. 목적과 테마, 방향

목적(goals)은 업무적인 용어로 정의되는 조직의 광범위한 열망으로, 측정이 가능한 목표와 그로부터 나오는 전략과 활동으로 이어진다. 목적은 방향을 제시하며 유효성을 만들어 내고자 하는 의도를 갖는다. 목적은 또한 미래의 기획을 위한 골격을 제공해 주고 업무 환경에 있는 개인과 집단에 동기를 부여하는 데 도움을 준다. 목적은 유연해야 하며 기대와 초점의 변화를 반영하기 위해 정기적으로 수정될 수도 있다. 목적은 업무적이라고 할 수 있을 정도로 충분히 상세하지 못하기 때문에, 더 낮은 수준의 더 구체적인 목표와 활동이 필요하게 된다. 목적은 발전을 위한 토대이며 계획의 성패를 결정할 수 있는 척도이다. 목적은 행동 지향적인데, 목적을 달성하는 수단을 구체화해 주는 목표라는 형식으로 행동이 수반된다. 목적

---

16) Baltimore County Public Library, "Strategic Plan IX: Making a Difference 2013-2015," accessed November 21, 2016, 〈http://www.bcpl.info/about-us/administration#strategic-plan〉.

선언문을 개발하는 하나의 유익한 방식은 그것을 더 큰 환경의 맥락 안에 두는 것이다. 예를 들면, Purdue University Libraries는 하나의 목적을 다음과 같이 확인하고 있다.

> 우리는 혁신적인 교육 실무를 통해 학생의 성공과 평생 학습에 기여한다. 우리의 리서치 기반 정보 리터러시 프로그램은 Purdue의 다양한 학습자 커뮤니티에 대해 새로운 지식을 학습하고 창조하기 위해 정보를 비판적으로 이용하는 임파워먼트를 부여해 준다. 우리의 학습 공간은 가상 공간은 물론 물리적 공간 둘 다 진화하는 커리큘럼과 학생의 학습 니즈에 맞추어 조정하고 있다.[17]

이것은 도서관 이용자의 니즈에 가장 훌륭하게 서비스하는 방법의 확인으로 이어진다. 목적은 범위가 넓고, 장기간이며, 사명 선언문과 직접 관련되어 있다. 직원들이 목적을 달성하기 위한 단계를 이해할 수 있도록 하기 위해 목표가 필요하게 되는데, 목표는 측정이 가능하며 대개는 1년과 같은 구체적인 기간을 위해 개발된다.

4.10. 목 표

목적 자체가 충분히 구체적이지 못하기 때문에, 다음 수준의 구체적인 활동을 설명하기 위해 몇 가지 행동에 대한 용어들이 사용되고 있다. 목표(objective)는 활동의 구조에 대한 패턴을 설정하기 위해 사용되는 가장 포괄적인 용어이다. Purdue의 전략적 계획에서 앞서 살펴본 목적에 대한 목표의 예로 다음과 같은 것이 있다. "Purdue의 다양한 학습자 커뮤니티의 니즈를 다루는 정보 리터러시 프로그램과 혁신 경험의 개발을 리드하고 파트너가 된다."[18]

그러한 활동 지향적 목표는 업적에 대한 인센티브는 물론 방향을 제공해 준다. 목표는 보수적일 수도 있고 확장적일 수도 있지만, 사업을 확대하는 조건에서 항상 설명해야 한다. 그러한 것들은 비전을 달성하기 위해 완수해야 하는 활동들을 명시해 주는 목적들을 달성해 주는 구체적인 목표이다. 정말로 바라는 것이지만

---

17) Purdue University Libraries, "Strategic Plan 2011-2016" (2011), accessed December 3, 2016, ⟨https://www.lib.purdue.edu/about/strategic_plans⟩.

18) *Loc. cit.*

달성할 수 없는 것을 목표로 설정하거나, 반대로 도전적이지 못한 너무 쉽게 달성할 수 있는 것을 목표로 설정하는 것은 정말 위험하다. 목표를 설정할 때는, 도서관의 강점과 조직의 제한점과 가용한 재원과 자료 자원을 가지고 얼마나 많이 달성할 수 있는지 하는 것, 도서관이나 정보 센터가 일부를 이루는 상위 기관의 사명과 같은 많은 것들을 고려해야 한다.

목표 설정 활동에서 다루어야 하는 질문으로는 다음과 같은 것들이 있다.

- 목표가 이 시점에서 이 도서관/정보 센터에 적합한가?
- 목표가 조직이 나아가고자 하는 방향으로 조직을 이끌어갈 수 있는가?
- 목표가 도서관/정보 센터의 전반적인 사명을 뒷받침해 주는가?
- 목표는 다른 목표들과 조화를 이루고 상호 보완적인가?
- 목표는 실행 책임을 맡고 있는 대다수의 사람들이 수용할 수 있고 이해할 수 있는 것인가?
- 목표는 조직에서 감당할 수 있는 것인가?
- 목표는 측정할 수 있고 달성할 수 있는 것인가?
- 목표는 도전해볼 만큼 야심 찬 것인가?

도서관과 정보 센터의 경영자는 자신들은 물론 자금 지원 당국에 목표가 적합하고, 지속 가능하며, 측정할 수 있는 것이라는 사실을 입증할 수 있어야 한다.

목표 설정에 관련되는 기본적인 요소들은 다음과 같다.

클라이언트(clients): 그들은 어떤 사람이며 어떤 사람이 아닌가(어떤 사람이 아닌 사람의 전환 가능성과 함께)?

서비스(services): 어떤 새로운 서비스가 필요하고, 어떤 기존 서비스는 유지하거나 수정해야 하며, 어떤 서비스는 중단시켜야 하는가?

인적 자원(personnel resources): 확인된 서비스를 제공하기 위해 어떤 전문적 기술과 보조적 기술이 필요한가?

테크놀로지 자원(technological resources): 어떤 자원들을 평가할 수 있으며 어떤 테크놀로지가 필요한가?

재정 자원(financial resources): 각 목표에는 비용이 얼마나 소요되는가?

지역 사회에 대한 책임(community responsibilities): 사회 시설로서의 도서관의 의무는 무엇인가?

조직이 그 사명을 성공적으로 완수하려면 확인된 목적과 그것을 수행하기 위한 구체적인 목표 사이에 최대한의 조화를 이루어야 한다. 또한 많은 요인이 기획과 목적 달성 프로세스에 영향을 미치게 되고, 따라서 여러 시각에서 이 프로세스를 검토해야 한다는 사실을 명심하는 것이 중요하다. 세 개의 기본적인 시각은 환경적 시각과 조직적 시각, 개인적 시각이다.

현실적인 것과 얻을 수 있는 것 사이에서, 도전적인 것과 이상적이지만 반드시 완전하게 달성할 수 있는 것은 아닌 것 사이에서 균형이 이루어져야 한다. 첫 번째 목표가 최대의 이익 기반을 창출해내는 것인 경우가 많은 영리 조직과는 달리, 대부분의 도서관과 그 밖의 정보 센터는 그 기본적인 목표 중에 유용하면서도 필요한 서비스를 제공하고 적임의 직원들을 데려오는 것을 포함해야 한다. 하지만 도서관과 정보 센터는 다른 어떤 더 사회적인 목표를 제한할 수도 있는 상위 당국에 대해 책임을 갖는다. 또한 도서관과 정보 센터에 대해서는 사회적 의무를 통해 지역 사회에 의해, 또는 단체 협약이나 다른 수단을 통해 직원에 의해, 다른 목표들이 강요될 수도 있을 것이다. 따라서 비즈니스 조직들의 영리적인 목표와 때로는 상충하는 사회적 목표가 타협을 강요하는 반대 방향을 지시할 수도 있는 것과 똑같이, 정보 서비스 조직에서는, 개개인의 개인적인 목표와 전체적인 조직의 목표가 갈등을 야기하고 때로는 타협을 강요할 수도 있다.

아울러 조직의 구체적인 하위 목표들은 부서나 단위, 팀 기반의 목표이거나 또는 전체 조직의 단기 목표가 될 수도 있다. 목표는 확실하고, 측정이 가능하며, 계량화가 가능한 활동의 면에서 설명되어야 한다.

4.11. 활동과 과업, 이니셔티브

이러한 요소의 과업들은 목표에 직접 관련되는 것으로 목표를 달성하는 방식이다. 이러한 것들은 대개 단기적이고, 반복적이며, 측정이 가능하고, 업무적 수준에서 다수를 차지한다. 이러한 것들은 달성을 가능하게 하기 위한 효과적인 정책과 절차를 필요로 한다. 활동은 조직의 일상적인 기능 수행의 지침이 되는데 그런 의미에서 실용적이면서 폭이 좁다.

4.12. 평가: 행위의 책무성

전략적 계획을 단지 종이 위에서만 개발하는 것으로는 충분치 않으며, 따라서 어느 전략적 노력에 대해서나 평가가 중요하다. 정해진 기간의 말미에는, 기획 노력의 진행과 성공에 대해 관계있는 개개인과 그룹을 위해 보고서가 만들어진다. 전반적인 전략적 계획의 목적과 기준을 뒷받침해 주는 업무 계획(operational plans)은 매년 정기적으로 설정되어야 한다. 성과 측정은 기획 노력의 진행과 예상되는 성공을 나타내 주기 위해 필요하다. 그러한 기준은 그 과정에서 필요할 수도 있는 조정을 나타내 주게 되며 프로세스의 일부가 되어야 한다.

일단 전략적 계획의 본체가 개발되면, 정책 결정과 성공의 측정을 위한 대단히 중요한 의사 결정을 위한 지침은 물론 업무 조정의 측면에서 진행을 모니터링하기 위한 지침을 마련해야 한다. 측정 및 평가 계획은 기대되는 결과가 합리적이고 측정 가능하다는 사실을 보장하는 데 도움이 된다. 아울러 그와 같은 평가는 프로세스에 대한 조직의 사고를 더 예리하게 해 주는 경향이 있다. 그러한 것들은 다음과 같은 네 가지 기본적인 행위와 관련이 있다.

1. 모든 직원이 성과 척도의 지침이 되는 목적과 목표를 이해하도록 보장한다는 시각을 가지고 구체적인 성과 척도를 확인하고 실행 전략을 개발함으로써 업무적인 형식으로 전략을 적용하는 것
2. 조직 내의 모든 다양한 업무 단위들이 목적과 목표를 달성하는 것과 그에 따라 업무가 완수되도록 하는 시너지(synergy)를 불어넣어 주는 것과 전술적으로나 철학적으로 연결되도록 보장하는 것
3. 커뮤니케이션은 전략과 그것이 조직의 사명에 어떤 영향을 주는지에 대한 총체적인 이해를 확실히 하기 위해 중요하다
4. 계획을 예산 편성 프로세스와 연결하고, 그렇게 함으로써 지속적인 사업이 가능하도록 하는 것

사이클의 종료와 새로운 단계의 시작은 최종적인 공식 평가 프로세스로, 이것은 계획이 시작된 이래로 수집된 데이터를 바탕으로 한다. 이 평가 구성 요소는 필요할 경우, 프로그램의 성공을 측정하고 프로그램의 개선을 권고하는 것을 가능하게 해 주는 집중적인 설계를 필요로 한다. 성공과 효율성, 유효성, 편익, 비용과 같은 요소들은 모두 이러한 노력에서 어떤 역할을 수행하게 된다.

정보의 종류와 그것을 어떻게 수집할 것인지는 초기의 기획 프로세스에서 최종 구성 요소로서 결정된다. 이러한 요인들의 측정은 도서관이나 정보 센터 계획의 성공의 열쇠가 된다. 그러한 것들은 계획의 체계적인 부분으로서 고정해 두어야 한다. 결과는 조직의 미래의 지침이 되는 내부적인 목적과 더 큰 지역 사회와의 커뮤니케이션으로서의 외부적 목적에 유용할 것이다. 이 프로세스에 직원들과 이용자, 그 밖의 이해 관계자들이 참여하는 것은 프로그램과 활동을 개선하는 데 중요하다. 이해 관계자가 평가에 참여하는 것은 때로는 조직이 그 유효성이나 유효성의 부족을 검증하도록 도와주는 데 엄청나게 유용한 것으로 나타나고 있다. 정보 서비스의 프로그램에 대한 데이터와 그 밖의 정보의 체계적인 수집은 또한 이해 관계자들이 조직을 더 잘 이해하고, 그 유효성에 대한 개선을 추천하고, 그렇게 함으로써 미래의 프로그램을 신뢰할 수 있도록 해 준다.

 **스킬 연습하기**

정보 리터러시나 디지털화, 인적 자원과 같은, 정보 센터나 도서관의 전략적 계획에서 발견할 수 있는 토픽을 선택하고, 그러고 나서 목적과 목표, 그리고 그 목적을 뒷받침하는 활동의 초안을 작성해 보라. 그 활동이 완수되었는지의 여부를 측정하고 평가하기 위한 방식들을 포함시켜라.

설정된 각각의 목표에 대한 진행을 모니터링하는 책임을 갖는 누군가를 지정해야 한다. 각 목적의 성공과 관련하여 개인이나 팀이 확인될 수 있는데, 그 사람이나 팀은 목표를 달성하기 위한 타임라인을 개발하고, 진행을 평가하기 위한 척도를 확인하고, 기능적 수준에서 프로세스와 절차를 설정하는 책임을 갖게 된다. 개개의 전략들은 실행을 위해 조직 내의 하나 이상의 단위나 팀에 배정될 수 있으며, 이러한 단위들은 다시 그 단위에 속한 개인이나 특정 섹션에 활동을 배정하게 된다. 이 프로세스를 따르게 되면, 전략적 계획은 의사 결정을 위한 기능적 수준에서 자동적으로 이용될 수 있다. 물론 이에는 기획 프로세스의 다양한 단계를 실행하는 책임의 지정이 뒤따르게 된다. 어떤 계획의 실행을 위해 필요한 다양한 활동과 과업을 조정하고, 평가하고, 모니터링하기 위한 메커니즘이 필요한 것이다. 그와 같은 시행 계획은 자원 배분 전략과 책임의 지정, 조정 메커니즘, 우선순위 설정 기준의 권고안들을 구체화할 기회를 제공해 준다.

성과 지표들(performance indicators)이 계획에 포함될 것이며, 이상적으로는 각 단위가 몇 가지 목적을 동시에 실행하여, 설정된 우선순위를 염두에 두면서 다양한 목표를 향한 진행의 일관성을 유지할 수 있을 것이다. 실제에서는, 이것이 항상 효과적으로 작동하지는 않을 수도 있을 것이다. 왜냐하면 어떤 사람들은 원래 자신의 특정 관심에 관련된 목표를 달성하는 데 더 많은 시간을 들이고, 그에 따라 그 단위를 위해 설정된 우선순위를 무시하는 경향이 있기 때문이다. 아울러 핵심 인물의 손실과 같은 예상치 못한 상황이 목표의 달성을 위태롭게 하거나, 아니면 적어도 상당한 개정이나 지연이 불가피하도록 할 수도 있다.

명확한 목적과 목표를 가진 조직이 직원들의 사기가 더 높은 경향이 있는 것은 분명하다. 그와 같은 목적과 목표 그리고 그 환경을 이해하고 그러한 것들을 개발하는 데 적극적으로 참여하고 그러한 것들을 수행하는 것은 서비스의 계획에 대한 충성도를 나타내는 최선의 보증이다. 불행히도 어떤 사람들은 과업은 이루지만, 목표는 달성하지 못한다. 아마도 목적과 목표를 설정하는 단순하면서도 기본적인 편익은 그러한 직무들을 바라보는 새로운 방식을 제공하는 것일 것이다. 그것은 사고를 집중시켜 주고 목적의식과 참여 의식을 제공해 준다. 계획을 개발하고 직원들과 함께 명문화된 목적과 목표를 설정하고 도서관이나 정보 센터 전체에 걸쳐 그리고 조직의 고객들에게 그러한 것들을 커뮤니케이션함으로써, 경영자는 개인들로 하여금 논리적인 행동 방침을 생각해 내도록 권장하고 의사 결정과 지속적인 활동을 위한 기준을 제공해 주게 된다.

따라서 전략을 재검토하고, 우선순위를 개정하고, 계획을 재평가하고, 기본적인 고객층을 재보증하는 것은 시작과 개발, 실행, 재검토의 사이클을 갖는 지속적인 프로세스인 전략적 기획의 다음 라운드에 대한 중요한 요소이자 서막인 것이다. 그 프로세스에서, 어떤 것이 완전한 성공을 거두지 못하여 조정해야 하거나, 단계적으로 폐지하거나, 즉시 폐기해야 하는지에 대한 검토는 물론, 제대로 작동해 오고 있는 것은 무엇이고(성공적인 전략) 작동하지 않고 있는 것은 무엇인지(실패한 시도 및 그 이유에 대한 검토), 어떤 노력이 성공적이었고 그대로 유지되어야 하는지에 대해 관심을 기울여야 한다. 도서관이나 정보 센터의 경영자와 직원들은 동일한 목적과 프로그램을 지속적으로 제시할 만한 여유가 없다. 고객 니즈와 재정 지출, 상위 조직의 우선순위, 운영 방법, 시장의 니즈는 계속 유동적이다. 이 때문에 목표와 전략들은 분명히 5년 이내에 그리고 종종 매년 또는 3년 후에, 정기적으로 다시 논의해야 한다. 변화는 환경이 지시하는 대로 이루어져야 한다. 대부분의 경영자들은 어떤 것들이 이루어지고 있는지를 보여 주고 또한 계획을 개정할 필요성을 설명하기 위해 일 년에 한두 번은 전략적 계획에 대한 진행 보고서를 제공하게 될 것이다. 진행 보고서의 예로는 University of North Carolina의 것이 있다.[19]

　기획 프로세스에서는 역량을 분석하고, 환경의 압력과 기회를 평가하며, 조직을 위한 비전과 사명을 정의하고, 목표를 설정하며, 행동의 대안들을 검토하고, 우선적으로 선택된 행동 방침을 실행한다. 하지만 전략적 기획과 다른 형식의 기획을 구별 짓는 기준은 미래의 성과와 역량에 상당한 차이를 가져올 수 있는 분야에 자원을 집중시키고자 의도적으로 시도한다는 점이다. 따라서 전략적 기획은 그것이 기획의 도구에서 발견되는 일단의 절차인 것 못지않게 준거(準據)의 틀(frame of reference)이자 사고의 방식인 것이다. 이 프로세스는 과거의 경험을 미래의 실무에 투영시키는 데 집중하지 않는다. 그보다는 오히려 도서관이나 정보 센터가 중요한 역할을 하는 계속 변화하는 환경을 이해하는 데 집중한다. 이것은 독창성을 진작시켜 주고, 조직 내의 커뮤니케이션을 개선할 수 있는 잠재력을 가지며, 이니셔티브를 그 이용자들에게 마케팅하고, 도서관과 그 밖의 정보 조직과 그 직원들로 하여금 개개의 상황과 조직 라이프의 특정 시기에 특유의 것이 될 수도 있는 방법을 찾아내고 채택할 수 있도록 해 준다. 계획 자체는 경영자들로 하여금 다음과 같은 시스템적 접근법을 촉진함으로써, 자원을 배정하기에 앞서 다양한 대안에 대해 실험하도록 권장한다.

- 전체를 희생시키는 대가로 조직의 일부분을 지나치게 강조하는 것을 피하도록 하는 메커니즘을 제공한다.
- 경영자로 하여금 전체 조직의 목적 및 전략과 조화를 이루는 의사 결정을 내리도록 안내한다.
- 조직 전반이나 업무 단위, 개인의 성과를 측정하기 위한 토대를 제공한다.
- 고위 경영층에서 관여해야 할 전략적으로 중요한 현안들을 고위 경영층에 전달한다.
- 참가자로 하여금 경영자가 해결해야 하는 바로 그 질문을 하고 그에 대해 답변하도록 함으로써 교육 훈련의 도구로 사용한다.
- 이미 알고 있는 기대의 개발에 독창적으로 참여했다는 의식을 통해 경영자의

---

19) University of North Carolina Libraries, *The Library and the Mission of the University: Progress Report 2013-2016* (Chapel Hill: University of North Carolina, 2016) 〈http://library.unc.edu/wp-content/uploads/2013/07/LibraryReport-2013-16_lowres_single.pdf〉.

동기와 사기를 증진시킨다.[20]

요약하면 전략적 기획은 조직이 미래로 이어지는 로드맵을 개발하는 방식이다. 그것은 모든 사람이 조직이 어디로 가고 있는지를 이해하는 데 도움을 주고, 조직의 사람들에게 방향과 서비스에 관해 전략적으로 생각할 기회를 제공해 줌으로써, 모든 사람이 그들이 설계한 대로 조직의 비전과 사명, 가치에 초점을 맞추도록 한다. 목적은 도서관 이용자를 염두에 두고 개발되며 그러한 목적에 부응하기 위한 목표와 활동은 책임을 맡을 사람과 성공을 측정하거나 그러한 것들이 충족되지 못한 이유를 이해하기 위한 방식과 함께 꼼꼼하게 계획이 세워진다. 전략적 기획은 예산 편성과 충원의 우선순위에 초점을 맞추는 데 도움을 주고 제대로 이루어졌을 때는 조직의 모든 사람에게 의사 결정과 특정 방향으로 옮겨가는 이유에 대한 이해를 제공해 준다. 이 장의 다음 섹션에서는 의사 결정 프로세스에 대해 집중적으로 살펴보고자 한다.

4.13. 의사 결정

조직의 의사 결정은 경영의 가장 중요한 부분으로, 아주 기본적인 기획 원칙의 하나이다. 여러 대안 중의 선택, 즉 의사 결정 프로세스는 기획의 핵심이다. 간단하게 말하면, 결정은 판단이며 따라서 여러 대안 사이에서 이루어지는 선택이다. "그것은 아무리 잘해도 '거의 옳은 것'과 '아마도 잘못된 것' 사이에서 이루어지는 선택이다. 그러나 그 어느 것도 아마도 다른 것보다 더 옳을 가능성이 거의 없는 두 개 행동 방침 사이에서 이루어지는 선택인 경우가 훨씬 더 많을 것이다."[21] 의사 결정은 미래를 위한 최선의 대안 선택을 포함하기 때문에 기획을 보완해 주며, 조직 전반을 아우르는 함의(含意)를 갖는 그러한 결정은 특히 기획 프로세스와 관련이 있다. 결정은 행동 방침을 염두에 두고 이루어진다. 물론 그와 같은 선택은 대안과 고려해야 할 중요한 요인들에 대한 인식을 함축하게 된다. 훌륭한 결정은 우연이 아닌 선택에 의한 것이며, 지적인 지시의 결과로, 대안 중에서 이루어지는 최선의 선택이다.

---

20) Benjamin B. Tregue and John W. Zimmerman, "Strategic Thinking," *Management Review* 68 (1979): 10-11.
21) Peter F. Drucker, *The Effective Executive* (New York: Harper & Row, 1967), 143.

조직의 의사 결정은 상상보다 훨씬 더 더디게 이루어지는 프로세스이다. 의사 결정은 미래의 중요한 결과에 영향을 주며 체계적인 리서치와 분석이 필요하다. 의사 결정 프로세스는 사고와 결정, 행동의 조합으로, 이 프로세스에서는 정보가 중요하다. 협의와 평가, 사고가 모두 작동하게 된다. 많은 의사 결정은 일상적인 것이지만, 중요한 조직적인 결정은 측정할 수 없는 결과를 가져 오고 정보 센터의 행동 방침을 변경시킬 수도 있을 것이다. 후자의 예로는 분관을 폐쇄하거나 오픈 소스 시스템으로 이행(移行)하는 결정이 있다. 그와 같은 결정은 장기간에 걸친 사려 깊은 검토와 분석, 논의, 심사숙고가 이루어진 후에만 이루어질 수 있다. 최종적인 책임을 가지고 있는 경영자는 도서관의 업무와 직원과 고객, 그 밖의 이해 관계자들에게 큰 영향을 미치게 될 의사 결정을 내려야 한다. 마지막 행위, 즉 의사 결정 자체에 관심을 갖게 되면 수많은 단계와 작은 의사 결정들이 내내 이루어지고 있다는 사실이 모호해지는 경우가 종종 있는데, 의사 결정의 공표는 단지 이 프로세스의 마지막 단계에 불과한 것이다. 공식적인 수준의 의사 결정은 다음과 같은 일련의 과학적인 단계를 포함한다. 즉 문제의 정의, 문제의 분석, 문제를 평가할 수 있는 기준의 설정, 대안이 될 해결책의 확인, "최선의" 대안의 선택, 최선의 대안의 실행, 결과의 평가가 그것이다. 조직의 목적이 분명하면, 의사 결정의 중요한 단계는 확인된 문제나 이슈에 대한 해결책의 대안을 개발하는 것이다. 이 단계는 거의 모든 상황에서 가능하다. 효과적인 기획은 이러한 대안의 탐색을 포함한다. 단 하나의 해결책만 존재한다면, 경영은 대안을 고안하는 데 무력할 것이며, 약간의 조정은 필요할 수도 있겠지만, 어떤 의사 결정도 필요치 않게 된다. 하지만 대부분의 경우, 몇 가지 대안이 존재한다. 행동 방침의 최종 선정은 사업의 목적에 비추어 기대되는 결과를 저울질하는 문제이다.

4.13.1. 의사 결정의 단계

의사 결정 프로세스의 첫 번째 단계는 문제가 존재한다는 사실의 인식이다. 그런 후에, 해결책을 찾으려는 의도를 가지고 가능한 원인의 탐색을 시작할 수 있는 것이다. 조직 안팎의 환경은 의사 결정이 이루어질 수 있는 정보를 제공해 준다. 이를 위해서는 다음과 같은 모든 정보를 고려해야 한다. 이슈나 문제가 생겨나는 곳은 어디이며, 그것이 몇 가지 관점을 나타내는가? 얼마나 정확하게 정보를 수집하고 있으며, 그것이 사실을 기반으로 하고 있는가 아니면 의견을 기반으로 하고 있는가? 수집된 정보를 기반으로, 대안을 고려해야 한다. 각 대안의 장점과 단점을

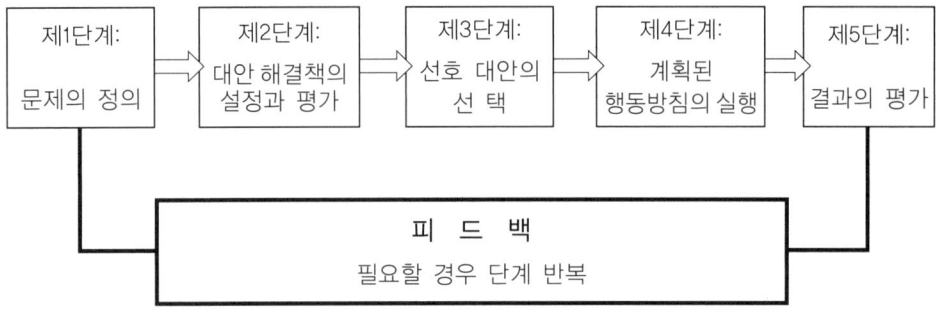

<그림 4.7> 의사 결정 프로세스의 단계

심사숙고해 보라. 비용과 편익, 결과는 무엇인가? 장애 요인이 있는가, 있다면 그것을 어떻게 극복할 수 있는가? 가용한 선택은 무엇인가? 이 프로세스는 요망되는 결과의 명료화에 초점을 맞추게 된다. 그것은 노력의 성공을 측정하기 위한 검토나 평가 단계에 내재된다. 이 프로세스는 조직의 목적에 가장 훌륭하게 이바지하게 될 해결책의 선택과 이를 실행할 행동의 개시로 마무리된다. 물론 이를 위해서는 언제나 계획의 실행 결과를 모니터링함으로써 이루어지는 의사 결정에 대한 마무리가 필요하다. 이러한 단계들은 물론 명확한 경계나 엄격한 순서를 가지고 있는 것은 아니다(〈그림 4.7〉을 참고하라).

채택이 이루어지고 나면, 의사 결정은 조직의 기능 수행을 위한 정책으로 표현된다. 선택 프로세스의 결과에는 불확실성은 물론 엄청난 리스크의 감수가 포함된다. 왜냐하면 의사 결정이 실행되고 난 이후에야 그것이 적합했는지의 여부를 결정할 수 있기 때문이다. 실행의 마지막 단계는 의사 결정을 평가하는 것을 포함한다. 경영자가 서비스 데스크의 충원을 변경하기로 했으면, 그러한 결정의 최종 단계는 그 변경이 성공적이었는지의 여부를 평가하는 것이 될 것이다. 이 평가는 도서관 이용자를 서베이하고, 변경 이전과 이후에 얻은 통계를 참고하여 이루어질 수 있을 것이다.

이 논의는 기본적으로 주요 의사 결정 프로세스의 단계에 관한 것이지만, 모든 사람은 매일 의사 결정을 하며 이러한 대부분의 의사 결정은 어느 정도는 여기에서 살펴본 것과 동일한 프로세스에 의해 이루어진다는 사실을 명심하는 것이 중요하다. 한때는 경영진에게 맡겨졌던 몇몇 조직의 의사 결정은 현재 조직의 다른 사람들에게 위양되어 그 사람들이 이를 맡고 있다. 의사 결정이 처리되는 방식은 내려지는 의사 결정만큼 중요할 수 있다. 의사 결정은 더 이상 상층부의 극소수 그룹에 국한되지 않는다. 어떻게 해서든, 조직의 거의 모든 지식 근로자는 의사 결정자가 되거나, 아니면 적어도 의사 결정 프로세스에서 적극적이고, 지적이며, 자주적인 역할을 수행할 수 있어야 할 것이다. 효과적인 의사 결정을 할 수 있는 능력이 지식 근로자들의 유효성을 결정하는 경우가 점점 더 늘어가고 있다. 또한 의사 결정은 판단과 질적 평가와 함께 사실적이고 검증 가능한 요소를 포함한다는 것과 의사 결정의 평가는 영향을 받는 사람들의 입장에서 결과에 관한 긍정적인 느낌으로 이어져야 한다는 사실을 명심하는 것이 중요하다.

4.13.2. 집단 의사 결정

집단에 의한 의사 결정에 대한 접근법은 기본적으로 집단의 역동성 때문에, 개인의 의사 결정과는 다소 다르다. 하지만 집단 의사 결정이 건설적으로 이루어지려면, 동일한 프로세스를 따라야 한다. 어느 경우에는, 집단 의사 결정은 다음과 같은 몇 가지 장점을 갖는다.

- 집단적 판단(group judgment): "백지장도 맞들면 낫다"라는 옛 격언이 여기에 해당한다. 집단에 의한 심사숙고는 어떤 문제에 대한 다양한 관점과 대안의 해결책을 제공해 준다.
- 집단적 권한(group authority): 한 사람이 너무 많은 권한을 갖도록 허용하는 데 대한 두려움이 있다. 집단 의사 결정은 이 문제를 어느 정도 예방해 준다. 하지만 이루어진 의사 결정에 대해서는 한 사람이 최종적으로 답변을 해야 한다는 사실을 명심해야 한다. 따라서 조직의 리더십의 역할은 사라지는 것이 아니라 달라지는 것이다.
- 커뮤니케이션(communication): 집단을 통해 조직의 모든 부분으로부터 인풋을 알리고 이를 받는 게 훨씬 더 용이하다. 아울러 다양한 이익 집단들이 주요한 의사 결정 프로세스에 대표로 참여하고 있는 경우에는, 의사 결정에 대한 저항이 줄어들게 될 것이다. 커뮤니케이션은 의사 결정에 더 광범위하게 참여할 수 있도록 해 주며, 따라서 직원의 동기 부여에도 어떤 영향을 미칠 수도 있을 것이다. 모든 직원이 어떤 의사 결정에 동의하지는 않을 수도 있을 것이지만, 적어도 그들은 의사 결정 이면(裏面)의 논리를 이해하게 된다.

집단 접근법은 물론 분명한 단점도 가지고 있다. 냉소적인 사람이 한때 지적하고 있는 것처럼, 위원회는 "불필요한 일을 하기 위해 무능한 사람들에 의해 임명된 부적합한 사람들"의 집단이다. 더 현실적으로 보면, 다음과 같은 단점을 가질 가능성이 있다.

- 비용(cost): 집단 의사 결정을 위해서는 더 많은 시간과 에너지, 그리고 그에 따르는 경비가 필요하다.
- 절충(compromise): 집단 의사 결정은 최대 공약수를 얻어내는 정도로 약해질 수 있다. 통일성이라는 압력이 순응하기를 강요한다. 이것은 두 가지 방식으로 바라볼 수 있을 것이다. 주요한 단점은 다수결의 원칙(majority rules)일 것이다. 그와 같은 상황에서 합의의 바람직함이 비판적 평가보다 우위를 차지해서는 안 될 것이다. 반면에 집단은 개인이 집단의 나머지 사람들의 생각을 따르도록 함으로써 자기의 의견만을 고집하지 않도록 예방할 수 있다.
- 우유부단성(indecision): 장기간에 걸친 심사숙고가 필요하므로 최종 의사 결정이 지연된다. 집단들은 종종 관련 없는 이야기에 너무 몰두하고 구체적인 행동은 충분히 취하지 못한다는 비판을 받고 있다.
- 권력(power): 대개 어느 한 사람이 리더로 나타난다. 이 사람은 조직의 영향력 있는 직책에 있을 것이다. 집단의 응집력과 어느 한 사람이 다른 사람에 대해 갖는 태도는 집단 프로세스의 중요한 요소이다.
- 권한(authority): 때로는 집단이 자신들의 권한을 벗어나는 의사 결정을 내리기 위해 이용되기도 한다. 이것은 상당한 지연의 원인이 될 수도 있으며 구성원의 입장으로는, 특히 집단 의사 결정이 경영진에 의해 거부될 경우 좌절감만 높일 뿐이다. 집단의 책임과 권한은 처음부터 분명하게 설정되어야 한다.

결점이 있기는 하지만, 집단 의사 결정의 민주적 접근법은 사기를 높여 주고, 팀에 의한 접근법을 강조하며, 각 개인이 계속 인식할 수 있도록 해 주고, 아이디어와 사상을 자유롭게 논의하기 위한 토론의 장을 제공해 준다.

 이야기해 보기

Peter F. Drucker는 다음과 같이 말하고 있다. "경영에서 의사 결정의 중요성은 일반적으로 인식되고 있다. 그러나 상당히 많은 논의는 해답에 집중되는 경향이 있다. 그것은 초점을 잘못 맞추고 있는 것이다. 사실상 경영상의 의사 결정에서 가장 일반적인 실수의 원천은 올바른 질문보다는 오히려 올바른 해답을 찾는 것에 대한 강조이다."[22]
여러분은 이 인용문에 동의하는가? 여러분은 여러분의 개인적인 삶이나 직장에서 잘못된 질문을 받고 대답했던 경험을 기억해 낼 수 있는가?

4.13.3. 의사 결정의 요인

몇 가지 요인들이 도서관과 그 밖의 정보 센터의 의사 결정에 영향을 미친다. 이 장의 앞부분에서 살펴본 PEST 분석은 도서관이 제공해야 할 서비스에 관한 어떤 주요한 의사 결정을 내리기에 앞서 지역 사회 분석이 이루어져야 한다는 사실을 제시하고 있다. 대안의 선택은 다음과 같은 것을 바탕으로 이루어진다.

- 경험(experience): 경험에 의존할 때는, 성과뿐만 아니라 실수도 지침으로 활용해야 한다. 경험은 주의 깊게 분석하고 맹목적으로 추종하지만 않으면, 유익하고 적절할 수 있다.
- 실험(experimentation): 대안에 대한 주요 의사 결정을 내리기 위한 이 접근법은 많은 상황에 타당하기는 하지만, 자본의 지출이나 인원이 관련될 경우 비용이 많이 든다.
- 리서치와 분석(research and analysis): 이것은 사용되고 있는 것 중 가장 일반적이고 효과적인 기법이지만, 비용이 다소 많이 들 수도 있을 것이다. 하지만 이 접근법은 특히 대규모 학술도서관과 공공도서관, 학교 시스템, 전문도서관의 경우 장기적으로는 아마도 더 이익이 되고 비용도 적게 소요될 것이다.

의사 결정 프로세스에서 앞서 살펴본 또 하나의 중요한 요인은 특정 의사 결정의 중요성에 대한 인식 수준이다. 의사 결정에는 두 가지 기본적인 유형이 있다. 즉 전체 조직에 영향을 미치는 주요한 결정과 조직 전반에 대한 영향은 더 적지만 그럼에도 불구하고 중요성을 갖는 더 적거나 일상적인 결정이 그것이다. 그러한 일상적인 의사 결정은 조직에서 이루어지는 전체 의사 결정의 무려 90퍼센트를 차지한다. 중요성이 더 적은 대부분의 의사 결정은 앞서 살펴본 것과 같은 철저한 분석을 필요로 하지 않는다.

---

22) Peter F. Drucker, *The Effective Executive* (New York: Harper & Row, 1967), 143.

의사 결정의 잠재적인 유효성은 두 개 차원을 갖는 경우가 많다. 첫 번째는 의사 결정의 객관적 또는 비개인적 특징이고, 다른 하나는 의사 결정의 실제 수용, 즉 사람들이 그에 대해 반응하는 방식이다. 인간적 요인과 마찬가지로, 정치적 견해는 의사 결정에서 무엇보다도 중요하다. 변화의 수용은 의사 결정의 성공에 필수적이다. 따라서 영향을 받게 될 사람을 의사 결정에 처음부터 참여시키는 것이 바람직할 것이다. 전통적으로 의사 결정의 품질, 즉 팩트(facts)를 입수하고, 그에 대해 심사숙고하고, 그에 대해 고려하고, 그러고 나서 결정하는 것을 강조해왔다. 이러한 입장은 기술적으로는 견실하지만, 다른 사람들을 참여시키지 못할 수도 있을 것이다. 최적의 의사 결정은 높은 품질은 물론 높은 수용률도 포함해야 한다.

다음의 제안들은 의사 결정 프로세스에 대한 참여를 촉진해 줄 수도 있을 것이다.

- 속사포같이 쏟아지는 비효과적인 상황에 말려드는 것을 피하기 위해 큰 문제와 작은 문제를 구분하라.
- 일상적인 문제는 정책에 따라 해결하고, 큰 문제는 철저히 분석하라.
- 문제 처리에 가장 좋은 자격을 갖추고 있거나 가장 관심이 높은 권한의 수준으로 가능한 한 많은 의사 결정을 위앙(委讓)하라.
- 미리 계획을 세움으로써 위기 상황에서 이루어지는 의사 결정(crisis decision)은 회피하라.
- 항상 올바를 것이라고 기대하지 마라. 어느 누구도 그런 적이 없다.

현실 세계에서, 의사 결정은 항상 그리 간단한 것은 아니며, 때로는 경영자가 직관에 의존하기도 한다. 직관은 "상황을 평가하고 사실 정보나 분석의 개입 없이 결론을 형성하는 정신 활동"[23]으로 정의할 수 있다.

의사 결정은 어느 조직에서나 그 중심에 있다. 사서와 정보 전문가가 의사 결정과 다른 사람들의 참여에 대해 취하는 접근법은 도서관이나 정보 센터가 미래에 취하게 될 방향을 결정하게 될 것이다. 앞서 살펴본 것처럼, 정책은 직원들이 성급하게 대충 의사 결정을 할 필요가 없도록 해 주는 중요한 역할을 한다. 다음에는 도서관과 정보 센터의 정책 결정과 정책의 역할에 대해 살펴보고자 한다.

---

23) *Harvard Business Essentials: Decision Making: 5 Steps to Better Results,* (Boston: Harvard Business School Press, 2006), 92.

4.14. 정책 결정

목표(objectives)와 정책(policy)을 구별하는 것은 중요하다. 목표는 의도를 강조하며 기대로서 설명되는 반면, 정책은 규칙을 강조하며 의사 결정을 용이하게 하기 위한 의도를 가진 지시로서 설명된다.

정책 결정과 의사 결정의 차이를 분명히 하기 위해, 정책 결정을 의사 결정의 단 하나의 부분으로 생각하라. 정책은 원래의 의사 결정으로부터 생겨나는 것으로, 미래의 의사 결정에 대한 생각을 연결시켜 주고 안내하는 일반적인 설명이나 이해이며, 조직의 업무 수행의 통일성에 대한 어떤 감각을 창출해 내기 위해, 행위, 특히 반복적인 성격의 행위에 대한 지침의 역할을 하게 된다. 바꾸어 말하면, 정책은 계획에 대한 행동 방향을 설정해 주는 의사 결정을 바탕으로 하기 때문에 컨틴전시 플랜(contingency plan)이다. 정책은 때로는 긍정적인 말로 표현되기도 하지만, 구체적인 행동 방침을 지시하고 정해진 규정에서 벗어나지 않도록 하고자 하는 의도를 가지고 있기 때문에 본질적으로 제한을 가하는 것이다. 정책은 때로는 퍼스낼리티와 해석이 달라서 생기는 차이를 예방하고 제거하고자 시도한다. 정책은 조직의 다양한 계층에 걸쳐 의사 결정을 이양하기 위한 효과적인 도구가 된다. 광범위한 정책의 개요 내에서, 모든 계층의 개개인들이 업무상의 의사 결정을 내리는 책임을 맡을 수도 있기 때문에 이것은 사실이다. 정책 결정에 대한 실용적인 정의는 "경영상의 조치를 취하게 될 일반적인 한계와 방향을 제시해 주는 경계를 설정하는 구두(口頭)에 의하거나, 명문화되거나, 암시된 전반적인 지침"[24])이 될 수도 있을 것이다.

정책과 목표는 둘 다 사고와 행동의 지침이지만, 둘 사이에는 차이가 있다. 이미 살펴본 것처럼, 목표는 기획 프로세스의 어느 한 포인트에서 개발되는 반면, 정책은 더 높은 수준에서 채택되어, 이미 설정된 그러한 목표에 부응하는 길을 따라 이루어지는 의사 결정의 경로가 되는 것이다. 또 하나의 차이는 정책은 대개 공식화된 당일에 효력이 발생하거나 업무에 적용되며 개정이나 삭제가 이루어질 때까지 계속해서 효력을 갖는다는 점이다. 앞서 살펴본 것처럼, 정책은 조직의 모든 계층에 대해 지침을 제공할 수 있다. 예를 들면, 어떤 기관은 고용 기회 균등(equal employment opportunity)의 정책을 채택함으로써, 자격을 갖춘 모든 개인이 공석

---

24) M. Valliant Higginson, "Putting Policies in Context," *Business Policy*, eds. Alfred Gross and Walter Gross (New York: Ronald Press, 1967), 207.

(쏘席)의 어느 자리에 대해서나 조직 내의 모든 고용 부서에서 진지하고 동등하게 고려되도록 보장하게 되는 것이다. 이 정책은 어떤 특정 개인을 선택하도록 지시하는 것이 아니라 최종 결정의 한 요소로서 차별이라는 요소를 제거해 주는 것이다.

모든 도서관은 명문화된 것이든 명문화되어 있지 않은 것이든, 견실한 것이든 견실하지 못한 것이든, 지켜지든 지켜지지 못하든, 이해되든 이해되지 못하든, 완전하든 완전하지 못하든, 정책을 가지고 있다. 어떤 종류의 지침이 없이는 의사 결정을 내리는 데 어려움을 겪게 되기 때문에, 정책이 없이는 권한을 위양하고 관계를 명확히 하는 것이 거의 불가능하다. 정책은 자유를 제한하는 것은 물론 이를 제공해줄 수도 있으며, 거의 임의로 설정된 규칙과 규정, 절차, 정책으로 인한 것 못지않게, 그와 같은 것들이 없기 때문에 조직 내에서 불만을 갖게 되는 경우가 많다는 사실을 명심하는 것이 중요하다. 정책이 없으면, 각각의 경우가 아전인수(我田引水)적으로 해결되고, 따라서 일관성이 결여되게 된다.

정책이 없다는 것은 조직의 몇 개 단위에서, 서로 다른 많은 사람이 동일한 문제를 매번 고려할 수도 있다는 것을 의미하는데, 그 결과 에너지가 낭비되고, 불필요한 중복이 이루어지며, 상충되는 의사 결정이 내려지고, 혼란이 초래되는 것이다. 정책은 어느 정도 업무의 일관성을 보장해 준다. 정책은 광범위하고, 포괄적이며, 기본적인 지침 원칙의 형식으로 설명할 수도 있고, 아니면 구체적이거나 업무적인 것으로 일상적인 활동을 다룰 수도 있을 것이다.

정책 결정은 최고 경영자에게만 주어지는 것이 아니다. 왜냐하면 정책은 조직의 모든 부분에 관련되는 주요 정책(major policies)뿐만 아니라 조직의 작은 부분에만 적용될 수 있는 경미한 정책(minor policies)을 포함하고 있기 때문이다. 도서관과 정보 센터의 많은 정책은 명시된 목적을 달성하기 위한 기본적인 방향을 제공해 주는데, 여기에는 자료 구입과 직원 고용, 장비 이용, 자금 배정에 관련된 정책들이 포함된다. 대부분의 도서관에서는, 이러한 정책들이 정책 매뉴얼(policy manuals)에 모아져 안내와 참고를 위해 모든 직원이 입수할 수 있도록 하고 있다.

도서관과 정보 센터의 정책의 예로는 다음과 같은 것들이 있을 수 있을 것이다.

- 모든 신입 직원은 고용된 첫해 동안 모든 부서를 순환해야 할 것이다(직원 개발 정책).
- 도서관 자료를 선정할 때는, 논쟁 가능성이 있는 이슈의 모든 측면을 장서에서 보여 주어야 한다.
- 전자 자원에 대한 접근은 학생과 교원, 직원에 한한다.

정책 매뉴얼은 조직의 목적과 목표와 관련하여 조직의 정책들을 열거해야 한다. 그러므로 정책 매뉴얼은 중요한 기록이며 의사 결정의 지침으로서 그리고 조직 내의 커뮤니케이션 방식으로서 대단히 유용하다. 이것은 또한 신입 직원을 지도하고 이슈에 대한 접근 방법이나 대응에 어느 정도의 통일성을 보장하기 위한 기본적인 도구이다. 물론 정책 매뉴얼은 내려진 의사 결정에 대한 역사적인 기록으로서의 역할도 한다.

4.14.1. 정책의 원천

정책은 그 원천에 따라 다음과 같이 범주화할 수 있다.

- 고유의 정책(originated policy): 이 유형의 정책은 도서관이나 정보 센터의 일반적인 업무를 설명하기 위해 개발된다. 고유의 정책은 주로 목표로부터 유래하는 것으로 조직 내 정책 결정의 주요 원천이 된다. 고유의 정책의 예로는 앞서 살펴본 고용 기회 균등의 개념을 준수하기 위한 정책이 있다.
- 어필에 의한 정책(appealed policy)[25]: 어떤 의사 결정은 경영자가 자신에게 부여된 책임 영역에서 필요로 할 수도 있는데, 직원은 불문율(不文律)이 설정되어 있는 명령 계통을 통하여 이를 수행해야 한다. 이 유형의 정책은 결과적으로 볼 때 종종 필요로 하는 철저한 고려를 거치지 않은 결정이나 정책을 강요하기 때문에 긴장을 야기할 수도 있다. 극단적인 예를 들면, 온라인 시스템에 입력되는 각 단행본에 대한 두 개가 넘지 않는 주제명 표목을 부여하도록 하는 것은 정리 부서의 어필에 의한 정책이 될 수도 있을 것이다. 카드 중심의 편목 프로세스의 수년 전의 관행에서 파생된 그러한 정책은 장서에서 필요한 자료를 찾을 수 있는 이용자의 능력에 상당한 영향을 미친다. 어필에 의한 정책은 종종 즉흥적인 결정(snap decision)으로 이루어지는 경우도 있다.
- 암시된 정책(implied policy): 이 유형의 정책은 사람들이 행동을 관찰하고 정책을 구성한다고 믿게 된 행동으로부터 개발된다. 대개 이 유형의 정책은 명문화되지 않는다. 예를 들어 조직 내부의 승진과 같은 반복적인 행동을 정책으로 해석할 수도 있을 것이다. 이것은 사실일 수도 있고 그렇지 않을 수도 있

---

[25] 역자주: 호소적 정책이라고도 한다.

을 것이다. 특히 인사에 관련된 영역에서는, 오해가 발생하지 않도록 직원들에게 이를 알려야 한다. 암시된 정책을 파악했을 때는, 정책을 개발하거나 아니면 다른 설명을 사용하여 그 이슈에 대해 명확히 밝혀야 한다.

- 외부에서 부과되는 정책(externally imposed policy): 몇 가지 채널을 통해 나타나는 이러한 정책들은 어떤 기관의 통제를 넘어설 수도 있기는 하지만 그 기관의 업무를 지시하게 된다. 예를 들면, 미국의 경우 로컬이나 주, 연방의 법률들은 도서관에서 마련할 수도 있는 정책과 직접적인 관련이 있다. 이러한 법률들은 공공 재산의 파손에 관련된 것(Malicious Damage Law 1861)과 같은 일반적인 것이 될 수도 있고, 저작권에 관련된 것(Copyright Act 1976과 이후의 개정)과 같은 구체적인 것이 될 수도 있을 것이다. 정책을 마련할 경우, 최종적으로 마무리하기에 앞서 법률과 일치할 수 있도록 반드시 점검해야 한다.

도서관과 정보 센터에 대해 어떤 정책들이 설정되든, 그 정책은 전국적이거나 때로는 국제적인 정부 법률의 지배를 받게 된다. 공공도서관의 경우, 목표는 로컬과 주, 지역, 국가 수준에서 이루어지는 정부 정책을 준수해야 한다. 예를 들어, 어느 로컬 당국이 로컬의 경제적인 이유 때문에, 도서관이 주에서 마련한 그 도서관에 대한 기금 배정 기준을 더 이상 충족시키지 못하는 포인트까지 도서관 서비스 시간을 급격하게 줄이기로 결정한다면, 그와 같은 조치는 그 의무와 상충할 수 있으며 따라서 불법적인 것이 될 수 있을 것이다. 또는 도서관 경영진이 서비스 지점을 줄이고 분관을 폐관하기로 결정하면, 근처에 사는 사람들은 대표자나 로컬의 다른 공무원들에게 청원을 할 수도 있을 것이다. 그러면 이 대표자나 공무원들은 그와 같은 정책이 개선점을 확보하지 못하도록 결정할 수도 있고 도서관으로 하여금 정책에 대한 결정을 이행하지 못하도록 할 수도 있을 것이다.

정보 서비스에 관련된 법률들은 재정에 관련되어 있는 경우가 많다. 도서관 당국자에 의해 개발되는 자본 투자를 위한 기준, 물리적 자료와 전자 자료에 지출되는 예산의 비율, 직원들의 자격 등이 그것이다. 이것은 모든 공공도서관 지출에 대해 외부에서 이루어지는 통제이기 때문에, 필연적으로 공공도서관의 기획과 행정에 영향을 미친다. 제시된 예들은 미국의 규정에 관련된 것이지만, 동일한 유형의 원칙에 관한 법률들이 다른 나라에도 마찬가지로 영향을 미치게 된다.

4.14.2. 효과적인 정책 개발

정책은 다음과 같은 두 개의 기본적인 그룹으로 구분된다. 즉 (1) 기획과 조직화, 충원, 지휘, 통제의 관리 기능(managerial functions)을 다루는 것과, (2) 테크놀로지의 선정과 개발, 자원, 재정, 인사, 홍보와 같은 사업상의 기능(functions of the enterprise)을 다루는 것이 그것이다. 두 유형의 정책 모두 목표를 달성하기 위한 정보 서비스 조직의 특징적인 행태와 관련된다.

정책을 수립할 때는 아래에서 살펴보게 될 몇 가지 기본적인 규칙을 고려해야 한다. 이 중 어느 것은 단순하고, 일상적이며, 심지어 중복되는 것으로 보일 수도 있을 것이다. 그러나 놀랍게도 많은 조직에서는 정책을 수립할 때 이러한 기본적인 단계들을 너무나도 많이 무시하고 있다. 가장 효과적이 되도록 하기 위해서는, 정책은 조직의 목표와 계획을 반영해야 한다. 정책은 서로 보완적이어야 하며 공통의 장점을 바탕으로 해야 한다. 이 때문에 수립되는 정책에 대해서는 어느 것이든 제안되기에 앞서 그리고 분명히 실행되기에 앞서 면밀하게 심사숙고해야 한다. 몇몇 대규모 도서관들은 제안되는 새로운 정책들은 실행에 앞서 의견을 듣고 논의하기 위해 모든 경영자에게 회람되도록 하는 규칙을 가지고 있다. 그러한 접근법은 도서관의 부서들은 모두 서로 연결되어 있으며 한곳에서 이루어지는 변경은 다른 곳에 영향을 줄 수도 있다는 사실을 인정하는 것이다.

훌륭한 정책은 다음과 같은 특성을 포함하고 있다.

- 일관성: 이것은 효율성을 유지해 주는데, 상충하는 정책의 존재는 요망되는 효과를 손상시키게 된다.
- 유연성: 정책은 새로운 니즈가 발생하면 재검토되고 변경되어야 한다. 불행히도 많은 조직은 이 사실을 무시하고 그에 따라 시대에 뒤떨어진 정책을 고수하고 있다. 동시에 정책의 수립과 개정에 대한 자유방임적 접근법은 정책을 수행하는 책임을 가지고 있는 사람들의 입장에서는 환멸을 초래할 수도 있다. 어느 정도의 균형과 안정성이 유지되어야 한다. 정책은 세심한 재검토 프로세스를 통해 정기적으로 개정되고 통제되어야 하며, 누군가가 그 프로세스를 맡도록 해야 한다.
- 규칙 및 절차와의 구별: 규칙과 절차는 고정적인 반면, 정책은 앞서 지적한 것처럼, 약간의 재량과 여유가 허용되는 지침이다.
- 명문화: 명쾌하고, 잘 명문화된 정책은 정보의 확산을 용이하게 하는 데 도움

을 준다. 많은 정책은 정책 수립 과정에 참여하지 않은 개개인에게 영향을 주기 때문에, 레터나 메모, 공고, 정책 매뉴얼을 통하여 토의되고 광범위하게 배포되어야 한다.

명문화된 정책은 다음과 같은 몇 가지 장점이 있다.

- 모든 사람이 동일한 형식으로 입수할 수 있다.
- 원하는 사람은 누구나 정책을 확인할 수 있도록 참조가 가능하다.
- 일단의 특정 단어의 사용을 통해 오해를 예방해 준다.
- 조직이 의도하고 있는 기본적인 정직성과 진실성을 보여 준다.
- 그러한 정책의 영향을 받는 모든 사람에게 쉽게 전달될 수 있다.
- 신입 직원들이 쉽게 익힐 수 있다.
- 명문화될 때 경영자로 하여금 정책에 관해 더 예리하게 생각하도록 하고, 그렇게 함으로써 명확성을 더 높이는 데 도움을 준다.
- 모든 사람에게 경영진에 대해 그리고 주어진 상황에서 모든 사람은 실제적으로 동일한 대우를 받게 된다는 사실에 대해 확신을 갖도록 해 준다.[26]

 이야기해 보기

"사실은 많은 사람은 의사 결정을 하지 못하도록 하기 위해 규칙을 만든다."[27] 이 주장의 이면(裏面)에 있는 현실에 대해 논의해 보라. 여러분은 규칙에 너무 심하게 의존하는 사람에 대한 어떤 경험을 가지고 있는가? 정책과 절차는 언제 적합한가?

4.14.3. 정책의 실행

정책은 절차(procedures)와 규칙(rules), 규정(regulations)에 의해 실행되거나 시행된다. 절차는 행동의 지침이며 따라서 정책에 종속된다. 절차는 반복적인 과

---

26) Dalton E. McFarland, "Policy Administration," *Business Policy*, eds. Alfred Gross and Walter Gross (New York: Ronald Press, 1967), 230.
27) Mike Krzyzewski, *Leading with the Heart: Coach K's Successful Strategies for Basketball, Business, and Life* (New York, Warner Books, 2000), 10.

업이나 문제를 처리하는 방법을 설정해 주는 것으로, 업무를 수행하는 수단으로 생각할 수도 있을 것이다. 기본적으로 절차는 통일성과 일관성, 정책 준수를 보장하기 위해 과업을 수행하는 표준화된 방법을 규정한다. 직무가 완수되도록 하는 최선의 방법을 확인하는 절차를 통해 일상적인 직무의 더 큰 효율성을 달성할 수 있다. 절차는 수행해야 하는 것들을 순차적으로 나열하는 경향이 있다. 절차의 예로는 다음과 같은 것들이 있다.

- 예산 편성을 위한 일정표
- 도서관 자료의 탐색과 주문을 위해 따라야 하는 일련의 단계
- 대출 체크아웃 절차

절차는 어떤 프로세스를 여러 단계로 세분해 주기 때문에 일상적인 의사 결정에 도움이 된다.

절차와 정책의 관계는 예를 들어 설명하면 잘 알 수 있을 것이다. 도서관 정책은 직원에게 연간 4주의 휴가를 주도록 할 수 있을 것이다. 절차는 서비스에 지장을 주지 않도록 휴가 일정을 어떻게 조정해야 하는지를 명시하고, 각 직원에게 정당한 휴가 일수가 배정되도록 보장하는 기록을 유지하며, 휴가를 신청하는 절차를 설명하게 된다.

계획의 가장 단순한 유형인 규칙과 규정은 따라야 하는 필수적인 행동 방침이나 행동을 구체적으로 명시하게 된다. 규칙은 특정 상황에 대한 구체적인 행동을 규정하며 행동의 통일성을 가져오게 된다. 규칙은 해당 기관에서 근무하는 사람의 행태나 해당 기관을 서비스로써 이용하는 개인에 대해, 긍정적인 제한(positive limit)(해야 한다)이나 부정적인 제한(negative limit)(해서는 안 된다), 가치의 제한(좋다 또는 나쁘다)을 설정할 수도 있을 것이다. 규칙은 사람들이 과업을 완수하고, 인사상의 이슈에 다루고, 내부 및 외부 환경에 관련될 때, 사람들의 행동을 안정시켜 주고, 일관성을 갖도록 해 주며, 통일시켜 주게 된다. 절차와 마찬가지로, 규칙과 규정은 행동의 지침이 되기는 하지만, 시간의 순서를 명시하는 것은 아니다. 의사 결정과 유사하게, 규칙은 지침이지만, 그 적용에는 재량권이나 발의권이 허용되지 않는다. 규칙의 예로는 참고 장서의 자료들은 대출되지 않는다거나 특수 장서의 열람실에는 연필과 종이만 가지고 들어갈 수 있다는 사실 등이 있다. 규정도 권위 있는 행동 방침을 설정하게 되는데, 규정을 준수하지 않으면 징계를 받게 된다.

4.15. 결언

전략적 기획은 오늘날의 지식 기반 조직의 경영에서 기획에 가장 널리 사용되는 접근법이다. 이것은 조직의 존재 이유와 사명을 정의하는 데 도움이 된다. 기획 프로세스는 비용이 소요되는 과제가 될 수 있기 때문에, 목표의 부적합한 선정이나 잘못된 설명은 기획 시간과 비용을 낭비하게 되고, 불만과 환멸을 초래하게 되며, 전체 기획 활동을 수포로 돌아가게 한다. 성공적인 전략적 기획 프로세스는 조직으로 하여금 구체적인 목적과 목표에 전념하게 해 주고, 의사 결정의 결과로서, 도서관이나 정보 센터의 정책이나 절차, 조직 구조를 결정해 준다. 다른 두 가지 중요한 기획 활동인 (1) 신축 또는 리노베이션된 시설의 기획과 (2) 마케팅 계획의 개발에 대해서는 다음 장에서 살펴보고자 한다.

> **학습 내용 연습하기**
>
> 1. Mahatma Gandhi는 한때 "정책은 변화하기 쉬운 일시적인 신념이지만, 그것이 유효할 동안에는 사도(使徒)의 열성을 가지고 이를 따라야 한다"[28]고 말한 바 있다. 도서관이나 정보 센터의 정책의 리스트를 작성해 보라. 그러고 나서 어떤 정책이 오랜 역사를 가지고 있고 어떤 정책이 해당 영역의 최근의 발전 결과로 실행되고 있는지 주목해 보라.
>
> 2. 도서관이나 정보 센터를 선정하고 SWOT 분석을 실시해 보라. 즉 강점과 약점, 기회, 위협의 리스트를 작성해 보라.
>
> 3. 도서관이나 정보 센터를 선정하고 PEST 분석을 실시해 보라. 즉 정치적, 경제적, 사회적, 테크놀로지적 이슈의 리스트를 작성해 보라.
>
> 4. 전문직 사서나 아키비스트가 되는 것의 즐거움 중 하나는 여러분이 여러분의 시간을 어떻게 보내고 여러분이 어떤 일을 언제 다룰지에 관해 어느 정도 자유를 갖는다는 점일 것이다. 하루하루의 업무가 쏟아져 들어오는데 여러분은 계획을 세울 시간을 어떻게 찾아낼 것인가?

---

28) Mohandas K. Gandhi, letter to the General Secretary of the Congress Party, India, March 8, 1922.

 **토론용 질문**

1. 프랑스의 시인 겸 소설가인 Anatole France는 "위대한 일을 이루어 내기 위해, 우리는 행동할 뿐만 아니라 꿈을 꾸어야 하며, 계획할 뿐만 아니라 믿어야 한다"[29]고 말하고 있다. 여러분은 경영자는 도서관이나 정보 센터 상황에서 변화를 이루어내기 위해 꿈을 꾸어야 한다고 생각하는가? 그렇다면 그들은 직무의 현실을 제쳐 두고 고정 관념을 깨기 위해 어떤 기술들을 사용할 수 있을 것인가?

2. 여러분이 근무하고 있는 아카이브의 책임자가 지금 막 우리 조직이 전략적 계획을 실시하게 될 것이라고 발표하였다. 여러분은 실제로 기획에 참여하게 되어 들떠 있지만, 여러분의 동료 중 몇 사람은 그것은 시간을 크게 낭비할 뿐이라고 생각한다. 여러분은 여러분의 동료들이 아카이브의 미래를 구체화하는 데 참여하고 도움을 주도록 설득하기 위해 그들에게 어떻게 얘기할 수 있을 것인가? 여러분의 논점을 그룹 멤버들과 공유해 보라.

3. "만일 여러분이 실수를 범하지 않는다면 여러분은 의사 결정을 하고 있는 것이 아니다." Catherine Cook(MyYearBook.com). 실수를 범하는 데 대해 여러분이 부담을 느끼지 않는 수준은 어느 정도인가? 여러분은 완벽주의자인가, 그 반대인가, 아니면 그 사이의 어느 곳에 있는가? 여러분이 범했던 실수를 설명해 줄 수 있는가? 여러분은 어떻게 다르게 할 수 있었을 것인가? 그 실수로부터 무엇을 배웠는가? 여러분의 생각을 공유해 보라.

4. 개인 의사 결정과 집단 의사 결정의 차이에 대해 생각해 보라. 집단에 의해 가장 훌륭하게 내려질 수 있는 의사 결정의 종류와 개인에 의해 가장 훌륭하게 내려질 수 있는 의사 결정의 종류의 리스트를 작성해 보라.

---

[29] Anatole France, introductory speech at a session of the Académie Française, Paris, France, December 24, 1896.

도서관 시설의 기획과 유지 보수

Chapter 05

이 장의 요점

이 장을 마친 후 여러분은:

- 도서관 건축이나 리노베이션 프로젝트(renovation project)에 관련된 역할에 대해 분명하게 이해해야 한다.
- 도서관 리노베이션의 필요성을 정당화할 수 있어야 한다.
- 건축 프로젝트를 위한 캐피탈 펀딩(capital funding)의 기초에 대해 이해해야 한다.
- 부지 선정으로부터 거주 후 평가(post-occupancy evaluation)에 이르는 도서관 건축 프로젝트의 단계에 대해 알아야 한다.
- 비상 계획(emergency plan)의 필요성과 구성 요소에 대해 이해해야 한다.

"도서관이라는 단어의 의미는 디지털 환경에서 변화하고 있다. 더 많은 도서관이 모체 조직이 그 사명을 완수하도록 도와주기 위해 도서관이 무엇을 해야 하는지에 초점을 맞춤에 따라, 서비스는 매우 달라 보이기 시작할 것이다."[1] 기획의 아주 중요한 또 하나의 형식은 진화하는 니즈에 부응하기 위해 공간을 변경하거나 새로운 도서관 공간을 만드는 것을 포함한다. 조직이 발달하고 이용자의 니즈가 변화함에 따라, 도서관과 정보 센터의 경영자들은 공간에 대한 요건은 사명의 변

---

1) Deanna Marcum, "Library Leadership for the Digital Age," *Information Services & Use* 36, no. 1-2 (2016): 105-111.

경과 전략적 목적과 함께 진전된다는 사실을 알게 되었다. 디지털 자원의 증가와 장서에 대한 연중무휴의 온라인 접근에도 불구하고, 리노베이션과 새로운 도서관과 정보 센터의 건축은 계속되고 있다. 사실 물리적인 변화는 디지털 자원과 도서관 이용자들이 도서관을 이용하는 새로운 방식 때문에 필요한 것이다. 이러한 니즈가 진화함에 따라, 조직들은 그러한 변화들을 반영하기 위해 그 도서관과 정보 센터를 리모델링하고 있다. 어떤 사람들은 도서관은 과거의 인공물로 새로운 건축 프로젝트는 필요하지 않다고 생각할 수도 있겠지만, 많은 도서관은 모든 종류의 도서관 이용에서 성장을 보여 주고 있다. 최근의 ARL(Association of Research Libraries) 서베이에서는,[2] 응답한 71개 도서관 중에서, 새로운 학습 공간을 신축한 결과 75퍼센트가 도서관의 게이트 집계에서 증가한 것으로 보고하고 있고 35퍼센트는 디지털 자료의 이용이 증가한 것으로 나타났다. 최근에는 종이 장서의 소장에 초점을 맞추는 경우는 줄어들고 이용자를 위한 업무 공간에 더 많은 초점을 맞추고 있다. 예를 들면, 네덜란드에서는 전국적인 도서관 예산의 30퍼센트 삭감 때문에 Gouda의 시의 공공도서관 경영자는 공공도서관의 역할에 대해 완전히 다시 생각하게 되었고 낡은 초콜릿 공장에 새로운 공간을 개발하였다.[3] 도서관의 서비스는 변화하는 중이기 때문에, 대부분의 정보 전문직은 자신의 커리어 동안에 리노베이션이나 새로운 시설을 경험하게 될 것이다. 이 장에서는 비상 계획의 준비는 물론 도서관 설계와 리노베이션 프로세스를 포함한 도서관 공간의 기획에 관한 기본적인 정보와 도서관 유지 보수에 관한 약간의 정보를 제공하고자 한다.

현장의 경영 사례: 공공도서관의 새로운 10대 공간

공공도서관에서 틴에이저에게 적합한 시설을 기획하는 것은 도전이 될 수 있다. San Antonio (Texas) Public Library System의 10대 도서관 서비스 코디네이터인 Jennifer Velasquez는 이 장에서 특집으로 다루고 있는 논문에서 공공도서관의 새로운 10대 공간을 어떻게 개발하는지에 대한 조언을 제공하고 있다.[4] 우선 그녀는 그들에게 컬러나 가구에 대해서는 이야기하

---

2) Sherri Brown, Charlie Bennett, Bruce Henson, and Alison Valk, *Next-Gen Learning Spaces*. Spec Kit 342 (Washington, DC: Association of Research Libraries, 2014), 12.
3) Joyce Sternheim, "I Have to Change to Stay the Same," *New Library World* 117, no. 1 (2016): 22-34.
4) Jennifer Velásquez, "Lessons Learned from a New Teen Space," *Young Adult Library Services* 15, no. 1 (2016): 31-33.

지 않았지만, 그들이 공간을 어떻게 사용할는지를 알기 위해 포커스 그룹을 이끌었다. 그녀는 "우리가 여기에 무슨 일을 해 주길 원하나요?"라는 질문을 던지고 그러고 나서 자신을 설계 프로세스의 파트너라고 간주하였다. 10대들은 조용한 공간과 활동적인 공간, 사회적 공간을 원하였다. 그녀는 만일 에어리어가 유연하게 설계되고 가구가 비치된다면, 하나의 작은 에어리어에 어떻게 그러한 세 개 공간이 들어갈 수 있는지에 대해 설명하였다. 그녀는 10대들은 공간에 대한 새로운 니즈를 가질 수도 있을 것이고 이러한 니즈의 변화는 유연하게 수용할 수 있기 때문에 미래를 위해서는 유연성이 중요하다는 사실을 알게 되었다. 특히 이 유연성은 10대로 하여금 자신들이 그 에어리어를 어떻게 구성하고자 하는지 결정할 수 있도록 해 주는 중립적인 공간을 포함하고 있다. 따라서 조용한 공부, 그룹 프로젝트, 컴퓨터를 가지고 하는 소규모 그룹 작업을 위해 구성될 수 있는 이동이 가능한 가벼운 테이블과 의자, 그리고 댄스나 요가 클래스를 위해 테이블과 장비를 정리하는 방법까지. 그녀는 10대를 위한 장서는 책과 비디오, 그 밖의 자료들이 10대 공간에서 입수할 수 있고 프로그램 및 활동들과 연결될 수도 있도록 10대 공간의 아주 가까이에 있어야 한다고 주장하고 있다.

정책을 수립하는 것은 도서관 이용에 영향을 미칠 수 있다. 많은 도서관은 1컴퓨터/1인의 규칙을 가지고 한 사람과 한 대의 컴퓨터나 다른 장비를 수용하는 융통성 없는 개인 열람실을 갖추고 10대 공간을 제공하고 있다. 그 목적은 그 공간을 조용하게 유지하는 데 도움을 주기 위한 것이다. 10대들은 공간이 자신들의 니즈에 맞지 않으면 도서관 이용을 중지하게 될 것이다. 오늘날 10대 도서관 공간에서 10대들은 YouTube나 그 밖의 네트워크 콘텐츠를 함께 보고 싶어 한다. 따라서 Velasquez는 10대 공간을 설계할 때는 이러한 종류의 도서관 이용을 염두에 두도록 주장하고 있다. 그리고 이용을 막는 정책을 변경하라고.

그녀는 또한 자신이 환영 데스크(welcoming desk)라고 부르는 직원 데스크의 디자인에 관해서도 약간의 조언을 하고 있다. 참고 데스크나 안내 데스크(information desk)보다는 오히려 그 이름이 10대 이용자들에게 질문을 해도 좋으며 도서관이 자신들을 환영한다는 것을 보여 준다. 그녀는 컴퓨터가 이용자를 마주하고 있는 측면으로부터 데스크에 접근함으로써 10대들이 도움을 요청할 수 있도록 그 데스크를 조정할 것을 제안하고 있다. 그녀의 경험은 옆길에 있는 데스크가 위협적인 정면 책상과 너무 바쁘거나 너무 중요해서 방해해서는 안 되는 것처럼 보이는 도서관 직원보다는 훨씬 더 잘 작동한다는 사실을 보여 주고 있다. 때로는 10대(13세-18세)를 위해 리노베이션된 공간이 너무나도 매력적이라서 13세 미만의 사람들이나 성인이 그곳을 이용하고 싶은 유혹을 받게 되리라는 사실을 제시하면서 논문을 마무리하고 있다. 그녀는 그 공간은 10대만을 위해 남겨 두고 다른 사람들은 장서의 책을 체크하고 그러고 나서 도서관의 다른 부분으로 가도록 권장하라고 제안하고 있다.

5.1. 건축이나 리노베이션 기획에서 도서관장과 직원, 이용자, 그 밖의 사람들의 역할

앞서 살펴본 사례 연구에서 설명하고 있는 것처럼, 사서는 새로운 시설의 설계와 건축에서 중요한 역할을 갖는다. 조직이 대규모이고 프로젝트가 복잡하면, 위원회가 전체 직원들을 대표하는 역할을 하게 되는 경우가 자주 있는데 공중(公衆)이나 학생 단체, 교원, 그 밖의 구성원을 멤버로 둘 수도 있을 것이다. 건축가와 시설 담당 부서의 프로젝트 매니저를 포함한 시나 기관의 직원들은 일반적으로 이 위원회와 함께 일하는데, 자신들의 전문 지식을 활용하고 모체 기관을 대표한다. 일단 건축이 시작되면, 프로젝트 팀이 구성되어 매주 만나게 된다. 이 팀은 지속적인 커뮤니케이션을 제공해 주며 현장에서 설계에 대해 변경할 것이 있으면 변경을 하게 된다. 대개 도서관의 대표자와 기관의 시설 담당 직원, 건축 회사의 대표자, 건축 프로젝트 매니저는 매주 만나서 프로젝트의 진행에 대해 논의하게 된다.

5.2. 주장의 정당화

새로운 또는 리노베이션되는 도서관 공간에 대한 자금 지원이 필요한 이해 관계자들을 설득하는 것은 하나의 도전이 될 수 있다. 새로운 공간을 확보하기 위한 캠페인을 시작하기 위한 몇 가지 제안을 제시해 보고자 한다. 도서관이 학교나 대학을 지원하고 있고 배정된 공간이 부족해졌으면, 최근의 인증 심사가 대의명분에 도움이 될 수도 있을 것이다. 도서관 조직이나 인증 단체에서 발행하는 공간 요건에 대한 지침이 더 이상 존재하지 않을 수도 있지만, 학교나 대학의 심사를 수행하는 방문 위원이 도서관 공간이 한정된 좌석 수를 가지고 있는지, 서가가 꽉 차 있는지, 테크놀로지는 학생 수에 적합해 보이는지에 대해 주목할 수도 있을 것이다. 이러한 인증 심사는 미국의 경우 매 10년에 한 번, 또는 해당 학교가 어느 영역에서 약점을 가지고 있으면 5년에 한 번만 이루어지지만, 관리자들은 다음 방문 이전에 부실한 심사를 개선하고자 할 가능성이 있다. 학교와 대학에서는, 교수회와 학생회, 개별 교원, 학생들이 도서관의 사람들에게 자신들의 목소리를 내고, 업데이트된 시설을 요구할 수도 있을 것이다. 미국의 경우 모든 사립학교와 모든 대학은 대조 기관들을 가지고 있다. 이러한 대조 학교들은 로컬의 학교에 입학한 모든 학생을 살펴보고 로컬의 학교에 다니지 않기로 하고 다른 기관에 다니는 학생들을 선정함으로써 결정된다. 그러한 데이터를 심사할 때는, 대부분의 학생이 다니기로 한 학교들이 대조 기관으로 고려되며, 모든 또는 대부분의 대조 학교들이 더 새로운 도서관 시설을 가지고 있으면 의견을 낼 수 있을 것이다. 마찬가지로, 기업들도 경쟁자가 있으며, 기업도서관의 경영자는 더 많은 공간에 대해 논의하기 위해 경쟁 기관의 더 좋은 시설을 활용할 수도 있을 것이다.

대부분의 모체 기관들은 해당 기관의 미래의 공간 기획의 비전을 제시하는 마스터플랜을 개발한다. 이러한 마스터플랜은 15년에서 20년을 내다보고 계획을 수립할 수도 있을 것이다. 이를 통해 기관이나 시는 물리적 플랜트 공간과 자금 조달에 대한 일관성 있는 경영 방식을 갖게 된다. 현명한 도서관 경영자는 마스터플랜 기획 프로세스에 자원하여 참여하게 될 것이다. 시와 도시에서는, 공공도서관 사서와 학교도서관 사서가 도시의 리더와 학교 관리자에게 인근 도시의 새 도서관을 보여 줌으로써 주장을 펼칠 수도 있을 것이다. 때로는 지역 사회 구성원들은 스스로 볼 때까지는 얼마나 훌륭한 시설을 제공할 수 있는지 상상하지 못하게 된다. 도서관을 기획할 때는 언제나 더 새로운 도서관을 방문하는 것이 항상 좋은 아이디어이다. 모든 경우에, 어떤 종류의 도서관이나 정보 센터이든 상관없이, 도서관의 책임자는 새로운 도서관에 대한 비전을 가지고 그 비전을 광범위하게 공유하는 방법을 찾아야 한다. 어떤 도서관 경영자들은 심지어 학생들에게 도서관 설계를 개발하도록 하기까지 하고 있다.[5]

5.3. 예비 계획

대학의 관리자들을 설득하기 위한 가장 중요한 논거의 하나는 도서관은 학교의 사명을 더 훌륭하게 뒷받침해야 할 필요가 있다고 주장하는 것이다. 어느 대학에서든 그 심장에는 무엇이 있는가? 그 대답은 학생의 학습이다. Scott Bennett[6]은 새로운 건물을 기획하고 있는 학술도서관 경영자들은 이용자 공간을 설계하기 위해 학습 이론을 활용해야 한다고 주장하고 있다. 사서들은 기능을 제대로 수행하지 못하고 있는 것(예를 들면 난방/에어컨디션 문제, 매력적이지 못한 입구, 한정된

---

5) Michelle Twait, "If They Build It, They Will Come: A Student-Designed Library," *C&RL News* 70 (2009): 21-24.

6) Scott Bennett, "Putting Learning into Library Planning," *portal: Libraries and the Academy* 15, no. 2 (2015): 215-231.

배선, 충분치 못한 테크놀로지 공간)에 대해 더 많이 알고 있는 경우가 너무 많다. 많은 프로젝트는 그러한 모든 문제가 해결되도록 도서관을 설계하고자 노력하는 것을 중심으로 설계되고 있다. Bennett은 도서관 경영자는 어떤 자금을 입수할 수 있게 되기 이전에 방법을 기획하기 시작해야 하며 경영자는 어떤 설계가 완성되기 이전에 건물의 성공이 어떻게 측정될 것인지 하는 평가에 대해 고려해야 한다고 주장하고 있다. 도서관 경영자들은 교원과 관리자들과 함께 일하면서, 도서관에서 학습이 어떻게 이루어지고 그러한 학습을 어떻게 측정할 수 있는지에 대해 결정해야 한다. 이 개념의 초창기 단계는 학교의 학습 공유 공간(learning commons)의 개발이었다. 현재는 공공도서관과 학교도서관까지도 협력 학습(collaborative learning)을 위해 테크놀로지에 대한 용이한 접근이 이루어지는 어떤 유형의 공간을 제공하고 있다.

5.4. 도서관 건물을 위한 자금 조달

기관들은 대개 사소한 수리나 업그레이드를 위해 운영 예산(operating budget)에 기금을 가지고 있다. 하지만 중대한 리노베이션이나 새로운 시설을 고려할 때는, 자금 조달이 자본 예산(capital budget)에서 나와야 한다. 미국의 경우, 공립대학은 대개 도서관과 같은 프로젝트를 위한 자본 예산에 대해서는 주 입법부에 청원을 한다. 이 돈은 졸업생들이 모아주는 기증으로 보충될 수도 있을 것이다. 사립대학과 사립학교들은 공채(公債)나 기증을 활용하거나 이 둘을 결합하여 활용한다. 공공도서관의 자금 조달은 대개 지방 자치단체에서 이루어지며, 기금 조성(fund-raising)의 수익으로 보충될 수도 있을 것이다. Massachusetts와 같은 많은 주에는, 기획은 물론 건축에 대해 로컬의 지역 사회를 지원해 주는 프로그램이 있다.[7] 다른 교실들과 함께 학교도서관을 포함하게 될 새로운 공립학교를 건축하기 위한 자금 조달은 미국의 경우, 학군(學群)의 자금 조달의 일부이다. 특수도서관은 도서관 리노베이션의 자금 조달을 위해 소속된 조직에 의존하게 된다.

---

7) Massachusetts Board of Library Commissioners, Grants & Related Programs, Public Library Construction, accessed January 10, 2017, 〈http://mblc.state.ma.us/grants/construction/index.php〉.

5.5. 부지 선정

도서관 프로젝트를 위한 장소 선정은 특히 기존 건물의 확장인 경우는, 명확할 수도 있을 것이다. 하지만 완전히 새로운 시설이 계획되는 경우에는, 새로운 장소가 필요할 수도 있을 것이다. 부지 선정의 중요성은 정치적 행동의 잠재적 가능성을 불러일으킨다. 어떤 사람은 팔아야 할 땅을 가지고 있을 수도 있고 아니면 이웃 사람이 자신의 이웃에 어떤 시설을 원치 않을 수도 있을 것이다. 학교도서관의 경우에는, 도서관이 완전히 새로운 건물의 일부를 차지하게 될 것이기 때문에, 부지 선정이 도서관 건축 위원회에서 이루어지지 않는다. 학술도서관과 전문도서관에서는, 복수의 그룹이 한 장소를 두고 경쟁할 수도 있을 것이다. 공공도서관이 잠재적인 논란에서 벗어나기 위해서는, 어떤 가능성을 살펴보기에 앞서 건축 위원회가 부지 선정 기준을 개발해야 한다.

다음과 같은 많은 요인을 고려해야 한다.

- 토지의 크기
- 부지의 확보 가능성
- 토지의 비용
- 부시의 접근 가능성
- 인접한 이용자와 서비스
- 부지의 방위(方位)
- 부지의 용도 지역 지구제(zoning)
- 부지의 지형
- 부지의 상태
- 주차장 및 대중교통의 이용 가능성
- 부지의 숨은 장애물과 지표 밑 상태[8]

위원회는 또한 학교에 가까운 위치나 다운타운 쇼핑, 그 밖의 요건과 같은 로컬의 기준을 추가하고자 할 수도 있을 것이다. 위원회는 이러한 기준의 순위를 정하고, 우선순위를 갖는 기준에 추가 점수를 주어야 한다. 다음 단계는 실제로 부지를 살펴보고 가능하면 도면이나 세금 지도(tax maps)를 정리하는 것이다. 각 부지는

---

8) R. M. Holt and A. C. Dahlgren, *Wisconsin Library Building Project Handbook* (Madison: Department of Public Instruction, 1999), 96-101.

객관적인 기준을 바탕으로 스프레드시트를 이용하여 평가된다. 최고 득점을 받은 부지는 선정이 결정될 때까지 추가 조사와 철저한 검토를 거치게 될 것이다.

5.6. 도서관 설계를 위한 단계

부지가 선정되고 프로젝트를 위한 예산이 개발된 후에는, 도서관의 설계가 뒤따르게 된다. 첫 번째 과업은 건축 프로그램을 개발하는 것인데, 이것은 말로 설명하고 모든 방과 공간에 대해 제곱피트로 공간의 크기를 배정하는 문서이다. 건축가는 이 프로그램을 가지고 공간을 설계하는 데 사용하게 될 것이다. 이것은 건축가가 사용하게 될 지침이기 때문에, 어떤 도면이 만들어지기 이전에 각 공간에 대해 충분히 생각하고 세부 사항들을 제대로 해두는 것이 매우 중요하다. 누군가가 나중에 가서 프로세스 중에 변경하고자 하면, 비용이 엄청나게 높아질 수도 있을 것이다.

사서들은 종종 건축 프로그램을 개발하기 위해 전문가를 선정하기도 한다. 프로그램을 작성하는 사람은 각각의 방이나 도서관 에어리어에 대한 템플릿이나 양식을 개발하게 될 것이다. 여기에는 다음과 같은 것들이 포함된다.

- 에어리어의 이름
- 에어리어의 목적
- 사용자(직원과 이용자)의 수
- 제곱피트로 측정된 크기
- 장비, 가구, 도서, 장서 등에 대한 기술
- 위치, 인접물(직접, 밀접, 부정적), 음향 민감도(acoustical sensitivity), 보안 이슈, 특수 조명 필요성, 특수한 전기 문제, 데이터 및 커뮤니케이션, 배관, 특수 난방, 환기 및 에어컨(HVAC), 그 밖의 의견과 같은 건축 요건에 대한 리스트

인접물은 건축가들이 서비스와 장서를 어디에 배치해야 하는지를 이해하는 데 도움을 준다. 대출 데스크는 정문(직접 인접물) 근처에 위치해야 하며, 정보 공유 공간(information commons)은 그룹 스터디 룸(밀접 인접물) 옆에 위치해야 하며, 어린이들의 방은 조용한 스터디 에어리어(부정적 인접물)에서 멀리 떨어져 위치해야 한다.

도서관 상호 대차

	양	제곱피트
직 원	2	240
학생 스테이션	3	180
우편 발송/포장 해체 카운터		50
북 트럭 공간		25
복사기		60
스캐너		50
서가 배열	2	20
용품 캐비닛	3	60
소 계		685

설 명

이곳에 있는 직원들은 우리 대학의 학생과 교원을 위해 다른 도서관에서 자료를 빌리고 우리 장서의 자료들을 다른 도서관에 빌려 준다. 도서와 논문은 고객들에게 대출하기 위해 도서관 상호 대차 사무실에서 대출 데스크로 가져간다. 참고 담당 사서는 종종 도서관 상호 대차 직원들의 서지 검색을 도와주며 우리 도서관이 필요한 자료를 제공할 수 없을 때 도서관 상호 대차로 안내하는 레퍼럴(referral)을 제공한다. 현재의 공간은 부실하게 설계되었으며 협소하다. 다른 도서관으로부터 오는 많은 자료가 도서관 상호 대차에서 처리되기 때문에, 도서관 상호 대차 사무실은 잠금 장치를 갖춘 방으로 해야 한다.

설계 고려 사항

- 위치: 이상적으로는 메인 플로어
- 인접물: 이상적으로는 참고/대출 데스크. 짐 싣는 곳이나 우편물실 공간에 편리
- 보안 이슈: 도서관 상호 대차 사무실의 자료를 안전하게 지키기 위해 문에 잠금장치가 필요하다.
- 전기: 이 사무실은 PC와 프린터, 스캐너, 팩스, 복사기 등을 포함한 다양한 장비를 사용한다.
- 데이터와 커뮤니케이션: 전화기 2대, 5대 PC용의 데이터 포트, 스캐너 1개, 도서관 상호 대차용 워크스테이션 1대
- 기타 사항: 도서관 상호 대차의 공간 필요성은 보기와는 다른 것이다. 그들은 직원들과 학생들이 컴퓨터에서 일할 공간이 필요할 뿐만 아니라, 미니 우편실로서 짐을 풀고, 운송할 책을 박스에 넣고, 자료들을 처리할 공간도 필요하다. 북 트럭과 스캐닝을 위한 방과 다양한 크기의 소포용 쿠션 봉투와 그 밖의 사무용/우편용 용품 등을 위한 저장 공간. 이 에어리어를 효율적으로 해 주고 업무 흐름에 매치하여 이 공간이 설계되도록 특별히 관심을 기울여야 한다.

〈그림 5.1〉 도서관 건축 프로그램의 샘플 페이지

완성된 건축 프로그램은 설계될 공간의 크기와 기능성을 확정해 준다. 이 프로그램은 확정된 예산의 범위 내에서 작동하도록 개정해야 할 수도 있을 것이다.

프로그램에서 그리고 비교할 만한 도서관의 설명으로 이루어진 현재 존재하는 각 프로그램 에어리어를 보여 주는 작성된 비교 시트는 의사 결정자들에게 도움을 줄 것이다. 〈표 5.1〉은 그 예이다.

건축가와 그 밖의 설계 전문가의 선정은 몇 가지 방식으로 이루어질 수 있을 것이다. 기관은 선호하는 건축가를 가지고 있을 수도 있을 것이며, 아니면 시설 담당 부서가 관심을 가질 수도 있는 다수의 건축가를 초빙하기 위해 정보 요구서(RFI: request for information)를 만들 수도 있을 것이다. 그들은 RFI를 심사하고 아마도 소수의 건축가를 면접하게 될 것이다. 선발 위원회의 위원은 건축가 후보자가 설

〈표 5.1〉 도서관의 기존 공간과 제안된 프로그램 및 비교 대상 도서관과의 비교

	제곱피트		
	기존 공간	제안 공간	비교 공간
로비	20	80	140
대출 데스크	120	200	288
작업실	25	360	0[i]
도서관장실	0	200	224
공용 복사기 공간	0	60	0
신간 자료 에어리어	10	80	0
시청각 컬렉션	12	228	0
성인 독서물 및 참고서비스	0	422	784
성인용 장서	146	1990	1152[ii]
청소년 에어리어	151.5	488	285[iii]
어린이실	383.5	1192	1008[iv]
네트워크실	0	100	24
회의실/지방사	101.25	469	0
소회의실	0	496	0
다목적실	331.5	970	624
순제곱피트 합계	1300.75	7333	4389
총제곱피트 합계(30%)		9533	5600

i) 비교 대상 도서관의 대출 데스크 수는 작업실을 포함한다. 도서관장과 직원들은 공간이 너무 작다고 생각했다.
ii) 서가와 좌석 공간을 포함한다.
iii) 439 선형 피트(약 45.4m) = 146개 서가(범위 당 10개서가), 양면, 42인치(약 107cm) 통로
iv) 보관용 수납장과 서가를 포함한다.

계한 도서관을 방문해야 하며 과거에 도서관을 설계한 적이 없는 건축 회사에 대해서는 의문을 가져야 한다. 어떤 건축 회사의 첫 번째 도서관이 우수한 경우도 있지만, 도서관에 대한 경험이 전혀 없는 건축가에 의해 도서관 특유의 문제점들이 고려되지 못하는 경우도 있다. 조명과 보관의 이슈들이 부실하게 설계될 수도 있다. 건축가의 역할은 프로그램을 지침으로 사용하면서, 건축 위원회와 함께 일하는 것이다. 건축가는 다음과 같은 세 단계에서 일하게 되는데, 각 단계는 설계가 더 완성되어 감에 따라 더 상세해진다.

첫 번째는 **계획 설계**(schematic design)로, 여기서는 방과 공간의 기본적인 레이아웃이 개발된다. 프로그램이 아무리 완벽하다고 하더라도, 여기서는 많이 왔다 갔다 하게 될 것이다. 일단 모든 도어와 공간이 어디에 위치하게 될지에 대한 기본적인 아이디어가 결정되면, 건축가는 계획 설계를 수용하고 **기본 설계**(design development) 단계로 이동하게 되는데, 여기서는 더 상세한 것들이 추가된다. 실제 가구와 서고, 장비가 도면에 나타난다. 설계의 최종 단계는 **실시 설계**(construction documents)의 개발이다. 이것은 건축업자가 그 일에 입찰하기 위해 처음으로 사용하고 그러고 나서 실제로 도서관을 건축하게 될 다층으로 된 도면이다. 조명과 배관, 전기 통신 등에 대한 시트가 있다. 모든 빌트인(built-in) 캐비닛과 서가 배치가 명시되어 상세하게 나타난다.

건축 견적서(construction estimate)는 모든 사람이 건물이 예산의 범위 내에서 지어질 것이라는 사실에 대해 안심할 수 있도록 각 단계의 말미에 건축가에 의해 준비되어야 한다. 이러한 견적이 너무 높고, 이러한 일이 자주 발생하게 되면, 건축가는 건물을 더 작게 하거나, 값비싼 마감재를 조정하거나 돈을 절약하기 위한 다른 변경을 하기 위한 방법을 찾기 위해 위원회와 함께 일해야 한다. 이 프로세스는 "가치 공학"(value engineering)이라고 한다. 때로는 설계 계획을 살펴보고, 건축가와 함께 작업하고, 돈을 절약하는 방법을 찾기 위해 가치 공학 회사를 고용하기도 한다.

이 프로세스의 또 하나의 영역은 인테리어 설계로, 여기서는 누군가가 컬러와 가구, 직물, 창문 처리, 조명 기구를 선택하여 프로젝트를 완성하게 된다. 설계 전문가와 함께 일하게 되면 더 좋고, 더 내구성(耐久性)을 갖는 제품을 얻게 될 것이다. 도서관의 조명은 특히 어려운데 융통성 있게 마음먹고 준비해야 한다. 건물의 일생 동안, 가구와 서고는 옮겨지겠지만, 천장의 등들은 여전히 적절한 조명을 제공해야 할 것이다.

5.7. 건축

일단 조직이 프로젝트가 준비되고 실시 설계가 완성된 것에 만족하게 되면, 프로젝트는 입찰에 들어가게 된다. 이것은 잠재적인 건축 회사가 그 프로젝트를 세우기 위해 소요될 것으로 자신들이 생각하는 것을 추산하고 정해진 금액으로 그 일을 하겠다고 제안하는 것을 의미한다. 대개 조직은 최저 입찰자를 선정하여 건축을 하게 된다. 시설이 새로운 공간에 위치해 있으면, 건축이 마무리되는 시기에 이사를 계획하기만 하면 된다. 건물이 리노베이션되는 경우에는, 경영자는 이용자들이 어떻게 자료에 접근할 수 있도록 해 주고, 소음과 매연, 먼지, 정전을 최소화하기 위해 계약자와 어떻게 함께 일할는지를 고려해야 한다. 이상적으로는, 계약자나 시설의 스태프가 특이한 것이 있으면 어느 것이든 도서관 직원들에게 계속해서 알리는 훌륭한 전달자가 될 것이다. 하지만 실수는 발생하게 마련으로, 긍정적으로 생각하면서 관련된 모든 사람에게 이러한 불편의 원인, 즉 눈부시고, 새롭고, 개선된 도서관이나 정보 센터에 관해 상기시켜 주는 것이 바로 도서관 경영자의 역할인 것이다.

도서관의 이사는 하나의 도전이며 비용이 많이 들 수도 있다. 도서관의 이사를 계획하는 사람들은 미국도서관협회(ALA: American Library Association)의 분과인 Library Leadership & Management Association(LLAMA)의 Building and Equipment(BES) 섹션에 참여해야 한다. BES는 Moving Libraries Discussion Group도 두고 있다.[9]

5.8. 지속 가능한 도서관

많은 도서관 리노베이션이나 신축 프로젝트는 에너지 절약을 염두에 두고 설계되고 있다. 낡은 조명 기구를 바꾸고, 화장실과 같은 공간의 전등에 타이머를 사용하며, 화장실에 에어 드라이어를 설치하고, 여름에 태양 빛을 최소화하기 위해 건물의 방향을 정하고, 건축 자재를 재활용하는 것과 그 밖의 많은 아이디어들과 같은 작은 변화는 장기간에 걸쳐 조직에 이득이 될 것이며 도서관을 더 지속 가능하

---

9) ALA/LLAMA/BES, Moving Libraries Discussion Group, accessed January 11, 2017, 〈http://www.ala.org/llama/llamabes—moving—libraries—discussion—group〉.

도록 해 주게 될 것이다. U.S. Green Building Council은 신축 건물의 지속 가능성을 측정하는 방법을 설정하고 있다. 이 프로세스는 LEED(Leadership in Energy and Environmental Design)라고 한다. 건축 프로젝트를 평가하기 위한 기준은 다음과 같은 것들을 포함하고 있다.

- 부지 위치
- 수자원 보존
- 에너지 효율성
- 자 재
- 실내 공기의 질
- 혁신과 설계를 위한 보너스 범주[10]

1917년 초에 LEED 인증을 신청했거나 프로젝트를 완료한 것으로 열거된 도서관의 수는 686개였다.[11] 기관들은 시나 도시이든, 학교든, 대학이든, 회사이든, 자원을 측정하고 더 잘 활용하는 방법을 찾고 있다.

5.9. 거주 후 평가

건축이 마무리되고 나서, 개막식과 모든 파티가 끝난 후에는 무슨 일이 발생하는가? 이 최종 단계는 건물이 어떻게 작동하는지에 대한 사려 깊은 재점검이다. 많은 리노베이션에는 이 단계가 빠져있지만, Lackney와 Zajfen[12]은 좋은 사례를 만들어 내고 이러한 종류의 평가를 실시하기 위해 필요한 단계를 설명하고 있다. 그들은 도서관이 어떻게 작동하는지에 대한 피드백을 제공하기 위해 직원은 물론 이용자를 서베이할 것을 제안하고 있다. 주차의 용이성으로부터 기능성과 레이아웃에 이르는 도서관 경험의 모든 측면을 다루면서, 저자들은 그 건물을 이용하거나 그곳에서 일하는 사람들에게 접근성과 심미성, 환경적 품질, 안전과 보안을 평가

---

10) Amit V. Malode, "Green Library: An overview," *Research Journey* 1, no. 4 (2014): 14.

11) Leadership in Energy and Environmental Design, accessed January 11, 2017, 〈http://www.usgbc.org/projects?keys=library〉.

12) Jeffery A. Lackney and Paul Zajfen, "Post-Occupancy Evaluation of Public Libraries: Lessons Learned from Three Case Studies," *Library Administration & Management* 19, no. 1 (2005): 16-25.

하도록 요청할 것을 제안하고 있다. 그들은 또한 실제 건물이 계획된 시설에 얼마나 근접했는지에 관한 직원들을 위한 추가의 질문과 시설을 개선하기 위한 제안에 대한 추가의 질문도 공유하고 있다. 리노베이션의 성공을 평가하기 위한 도서관 이용자에 대한 거주 후 서베이(post-occupancy survey)의 한 예가 오스트레일리아에서 실시된 바 있다.[13] 건축과 거주 후에 이루어지는 시설에 대한 이러한 종류의 관심은 이용자와 직원들에게 건물에 대한 통찰력을 제공해 주게 될 것이다. 문제를 바로잡을 수 있게 해 주었고 그것을 더 성공적으로 만들어 주고 있는 작은, 감당할 만한 변경들이 있을 수도 있을 것이다. 많은 분관을 가진 더 큰 기관에서는, 이러한 종류의 평가가 미래의 분관을 위해 더 나은 도서관 건축 프로그램을 개발하는 데 도움이 될 것이다.

5.10. 비상 계획과 안전

모든 도서관이나 정보 센터는 비상 계획(emergency plan)을 가지고 있어야 한다. 이러한 계획과 도서관 직원들에 대한 관련된 비상 교육 훈련은 관련된 모든 사람이 비상사태가 발생했을 때 무엇을 해야 하는지, 예를 들면 화재 때(또는 훈련 때) 어디로 가야 하는지에 대해 알고 부서의 모든 사람이 설명할 수 있도록 하는 데 도움을 준다. 모든 도서관은 구체적인 상황들과 각각의 경우에 직원이 무엇을 해야 하는지를 열거하는 기본적인 체크리스트를 가지고 있어야 하고 이를 업데이트해야 한다. 많은 도서관은 비상 계획을 계속 업데이트하고 교육 훈련과 연습을 감독하는 비상 기획 위원회를 두고 있다. 이 위원회는 또한 건물을 청소하는 책임을 갖는 직원을 지정하는 일도 한다. 위원들은 도서관의 모든 측면과 소방과 경찰 부서에서 일하는 사람들과 같은 그 밖의 비상 업무 담당 근로자들을 대표한다. 이러한 공무원들은 유효 기간이 지난 비상용 장비에 대한 시설 점검을 제공하고 화재 연습 등을 포함한 직원 교육 훈련을 도와주는 것을 행복하게 생각한다. 대부분의 도서관은 대개는 더 적은 수의 가용한 경영자를 두고, 월요일에서 금요일까지, 9시에서 5시를 넘어서는 서비스 시간을 제공하기 때문에, 저녁과 주말에 직원을

---

13) Neda Abbasi, Richard Tucker, Kenn Fisher, and Robert Gerrity, "Library Spaces Designed with Students in Mind: an Evaluation Study of University of Queensland Libraries at St Lucia Campus," *Proceedings of the IATUL Conferences*. Paper 3, accessed January 11, 2017, 〈http://docs.lib.purdue.edu/iatul/2014/libraryspace/3/〉.

교육 훈련하는 것이 특히 중요하다.

　비상 계획의 일부는 재료가 누출되는 것을 방지하기 위한 플라스틱 시트처럼 간단한 것들과 환풍기, 조직의 사람들에게 연락하는 전화 연락망, 비상사태 중에 오게 될 계약자들의 전화번호를 포함한 비품을 갖추어두는 것이다. 어떤 도서관에서는 도서관의 전 부서에 걸쳐 응급 키트를 일괄하여 마련하기도 한다. 손전등과 배터리, 장갑, 메모장, 펜과 같은 실질적인 품목들이 이 키트에 포함될 수도 있을 것이다.[14] 화재와 홍수, 누수, 자연재해, 의료와 보안상의 비상사태들이 발생하게 되기 때문에, 도서관과 정보 센터 직원들은 대비해야 한다.

　아무리 상세하고 최신성을 갖추었다고 하더라도, 정책은 도서관이나 정보 센터의 직원들이 최신의 비상 교육 훈련을 받았을 때만 유효한 것이다. 비상 계획을 위한 최대 자원은 Northwest Document Conservation Center의 웹 사이트이다. 이 비영리 조직은 어떤 문화 시설에서든 비상 계획을 개발하기 위해 사용하도록 온라인 템플릿을 제공하고 있다. 이 웹 사이트[15]에 있는 템플릿을 사용하면 어떤 조직에서 누군가가 계획을 수립하고 적합한 모든 정보를 취합하고 있음을 더 용이하게 확인할 수 있다.

　직원들을 위해 안전하고 위험이 없는 업무 현장을 정착시키는 것은 공동 책임이다. 경영자는 훌륭한 환경을 보장하기 위해 열심히 일할 수 있지만, 직원들도 협력하고 참여해야 한다. 예를 들면, 반복적인 동작으로 인한 부상은 도서관 직원들, 특히 오랜 기간 자신의 데스크에서 움직이지 않는 사람에게 문제가 될 수 있다. 경영자는 업무 현장 분석을 실시하고 교육 훈련을 제공할 수 있지만, 직원은 부상을 피하기 위한 자세와 그 밖의 제안들에 대해 관심을 가져야 한다. 또한 직원들은 비상사태 중의 자신들의 역할을 이해하고 계획에 담긴 이러한 역할들을 수행해야 한다.

　대체로 언제 비상사태가 닥치게 될는지 또는 과연 그런 상황이 발생할는지에 대해서는 전혀 알 수 없다. 세심한 기획은 어떤 비상사태든 잘 관리될 것이라는 사실을 확실히 하는 데 도움이 된다. 즉 사람들은 무엇을 하고 어디로 가야 하는지에 대해 알게 될 것이며, 모든 사람은 비상사태 중에 안전할 것이다.

---

14) Karen Nourse Reed, "Taking a Second Look at Emergency Procedures Plans: Collaborations for Safety," *College and Research Libraries News* 76, no.7 (2015): 372.

15) dPlan™: The Online Disaster-Planning Tool for Cultural and Civic Institutions, accessed January 9, 2017, 〈http://www.dplan.org/default.asp〉.

5.11. 도서관의 유지 보수

대부분의 도서관에서, 청소나 작은 보수를 담당하는 사람들은 도서관에 의해 고용되는 것이 아니라, 모체 기관의 다른 단위를 위해 일하거나 아니면 외부 회사에 의해 고용된다. 대부분의 사람들은 일을 제대로 하지만, 때로는 시설 담당 인력들이 자신들이 무엇을 하고 있는지 그리고 언제 그 일을 할 것인지에 관해 항상 커뮤니케이션해 주는 것은 아니기 때문에 그들과 일하는 것이 불만스러울 수도 있다. 시설 관리와 유지 보수 인력과 일할 때 성공의 열쇠는 그들을 도서관이나 정보 센터의 직원처럼 대우하고, 그들과 커뮤니케이션하고, 그들을 도서관이나 정보 센터의 행사에 초대하는 것이다.

대규모 조직에서는 누군가에게 시설 및 유지 보수 담당 인력에 대한 일차 연락 담당자로 서비스하도록 위양하는 것이 좋은 아이디어이다. 소규모 도서관에서는 이 일이 대개 도서관장에게 주어진다. 연락 담당자는 훌륭한 대인 관계 기술을 갖추어야 하며 청소와 보수, 시설의 유지 보수에 관해 배워야 할 것이다. 시설 담당 인력은 종종 자신들이 하는 작업의 운영에 대해 연락 담당자를 기꺼이 교육하려고 할 것이다. 이 사람은 화장실을 어떻게 수리하고 에어컨에 대해 어떻게 서비스해야 하는지에 대해 알 필요는 없지만, 이러한 품목들이 어떤 정기적인 서비스가 필요한지에 관한 약간의 지식을 가지고 있어야 하며 어떤 것이 적절하게 작동하지 않는지의 조짐을 어떻게 살피는지에 대해 알아야 한다. 그들은 또한 많은 상세한 것들의 후속 조치를 하고 추적하는 데 능해야 한다.

어떤 도서관들은 시설 및 유지 보수 부서와 서비스 계획 협약을 개발하기도 한다. 이 협약은 청소 담당 인력에 의해 수행되는 일의 성격, 예를 들면 화장실의 쓰레기통은 얼마나 자주 비운다거나 진공 청소는 얼마나 자주 하게 될 것인지를 정의한다. 일단 두 조직의 대표자가 협약에 서명하면, 서비스 수준을 쉽게 모니터링할 수 있고 협약과의 불일치가 발생하면 이를 지적할 수 있다. 때로는 시설 관리 직원들에 대해 특히 이러한 직원들이 도서관을 위해 직접 일하는 경우 그들에 대한 직무 기술서가 개발되기도 한다. 샘플 시설 관리 계약서와 직무 기술서는 입수하여 사용할 수 있다.[16]

시설 담당 연락 담당자가 매일 온 도서관을 누비면서 어떤 말썽거리라도 있는

---

16) Carmine J. Trotta and Marcia Trotta, *The Librarian's Facility Management Handbook* (New York: Neal-Schuman, 2001), 9-17.

지 알아보는 것은 항상 좋은 아이디어이다. 예를 들면, 낙서는 한번 방치하기 시작하면 늘어나는 경향이 있다. 이 직원은 유지 보수에 관한 중요한 사항을 기록하는 적절한 방식과 적절한 시기에 일이 마무리되지 않았을 때 후속 조치를 어떻게 가장 훌륭하게 할 것인지에 대해 배우게 될 것이다.

도서관이나 정보 센터의 유형에 따라, 유지 보수와 소규모의 보수는 내부 직원들에 의해 이루어지거나 또는 외부 계약자들에게 입찰을 부칠 수도 있을 것이다. 모체 기관에서는 대개 지붕 교체나 새로운 카펫 작업, 그 밖의 대형 프로젝트와 같은 중요한 보수에 대해서는 자금을 지원해 준다. 방 하나의 페인트칠이나 작은 범위의 서가 교체와 같은 더 작은 일의 비용은 도서관이 해결해야 할 수도 있을 것이며 매년 계획하고 예산을 편성해야 할 것이다. 훌륭한 건축 관리자의 일은 눈에 띄지 않고 넘어갈 수도 있을 것이다. 그러나 부실하게 유지 보수되는 시설은 결국 도서관 운영에 지장을 주게 될 것이다.

5.12. 결 언

도서관과 정보 센터의 물리적 플랜트는 복합적이고, 더 많은 시간을 개방하며, 사용 빈도가 높고, 그곳에서 일하는 경영자는 이용자와 직원의 불리적 니즈를 전달할 필요가 있다. 성공적인 경영자들은 시설의 언어를 배우고 조직의 다른 인력과 훌륭한 커뮤니케이션을 갖는다. 장기간의 기획과 설계, 건축 프로세스 이후에, 그 노고는 성공적인, 잘 설계된 시설에서 일할 기회로 보답을 받게 된다.

> **학습 내용 연습하기**
>
> 1. West Junior High School의 교장 Jake Hazard는 마침내 이 학교는 리노베이션과 확장을 해야 한다고 교육청장과 학교 위원회를 설득하였다. 학교의 모든 사람과 많은 학부모들은 도서관 건축 프로그램을 개발하기 위해 열심히 일했다. 하지만 지역 사회의 구성원들이 계획을 검토할 기회를 갖게 된 것은 이번이 처음이다. 학교도서관 사서인 Sam Greenfield를 포함한 모든 교사는 시의 많은 주민을 끌어들인 공립학교 위원회 미팅에 참석하고 있다. 교육청장의 프레젠테이션이 끝난 후에, 청중 한 명이 마이크로 다가가 다음과 같이 질문하였다. "나는 여러분이 학교를 위해 확장된 도서관을 포함하고 있는 것을 보았습니다. 여러분은 현재 거의 모든 것이 인터넷에 있다고 생각하지 않으시나요? 왜 우리는 새로운 학교를 위해

그와 같은 낡은 방식의 공간을 가져야만 하나요?" Jake는 Sam에게 응답하도록 허락해 주었다. 여러분이 Sam이라면 그 질문에 대해 여러분은 어떻게 대답할 것인가? 디지털 시대의 도서관을 정당화하기 위한 포인트들의 리스트를 작성해 보라.

2. 도서관을 어떻게 살펴볼 것인가: 관찰 리서치. 하루 중 바쁜 시간에 도서관이나 정보 센터를 방문해 보라. 여러분이 관찰한 일자와 시간을 노트하라. 도서관 직원들과 커뮤니케이션을 하지 마라. 그러나 관찰에 의해 여러분이 무엇을 배울 수 있는지를 보라. 다음과 같은 것들을 찾아보라.

- 건물에 들어가기에 앞서, 주차장이나 주변 거리로부터 도서관 입구를 쉽게 찾을 수 있는가?
- 입구에 들어서서는 도서관의 배치를 설명해 주는 사인을 찾을 수 있는가?
- 그 도서관은 전시 공간을 가지고 있는가?
- 서비스 포인트가 하나인가 아니면 여럿인가?
- 입구 근처에 어떤 장서들이 배치되어 있는가?
- 그 도서관은 회의실이나 그룹 스터디 룸, 학습 공유 공간(learning commons)을 가지고 있는가?
- 테크놀로지의 접근 가능성은 어떠한가?
- 저장 공간은 충분한가 아니면 업무 에어리어는 지저분한가?
- 도서와 저널을 위한 충분한 서가가 준비되어 있는가?
- 공간의 분위기는 어떠한가?
- 테이블과 캐럴, 부드러운 좌석과 같은 가구 유형들의 믹스가 이루어져 있는가?
- 조명은 어떠한가? 만일 여러분이 저녁 시간에 다시 방문한다면, 조명이 아래쪽 서가의 청구 기호를 보는 데 충분한가?
- 어린이 프로그램 진행이나 영화 상영, 특수 컬렉션을 위한 방과 같은 특수한 기능을 위한 방이 있는가?

열람 서비스에서 최소한 30분 동안 머물면서 활동들을 관찰해 보라. 이 데스크 에어리어는 잘 조직되어 있는 것처럼 보이는가? 이 시간 동안 얼마나 많은 사람이 이 데스크에 접근하였는가? 여러분이 성공적이라고 생각하는 도서관 설계의 측면들의 리스트와 설계의 문제점에 대한 또 하나의 리스트를 작성해 보라.

3. 참고 담당 사서인 Sally는 교원 라운지에서 점심 식사 중이다. 그녀는 공학 교수인 Walter Peterson과 합석하였다. Walter는 샌드위치를 다 먹고는 새로운 공학도서관에 대한 계획에 관해 Sally에게 질문하기 시작하였다. "아이고 정말, 내가 볼 때 대학은 도서관 공간을 늘릴 게 아니라 교원의 봉급을 올려 주는 데 돈을 써야 할 것 같은데요. 나는 지금 있는 도서관으로도 아주 충분하거든요." Sally는 어떻게 대답해야 할까요? 도서관의 자금 조달을 위한 모든 방법,

즉 주(州)의 자금 지원이나 기증, 공채에 대해 생각해 보라. 교원의 봉급을 올리기 위해 대학이 빌딩을 위한 자금을 사용하는 것은 왜 안 되는가?

4. 여러분은 City Art Museum에 있는 도서관의 기술 서비스 담당 직원이다. 여러분은 여러분의 도서관의 비상 계획을 개발하는 위원회에서 서비스하도록 하는 요청을 받고 있다. 지금까지 도서관을 위한 비상 계획은 없었다. 하지만 박물관 자체는 방문객들을 대피시키고 예술 작품을 보호하기 위한 계획을 가지고 있다. 비상 계획에 무엇이 포함되어야 하는지에 관해 여러분이 가지고 있는 질문과 이슈의 리스트를 작성해 보라.

토론용 질문

1. 여러분은 도서관의 어떤 한적한 구역에 많은 낙서가 있음을 알게 되었다. 여러분은 이 문제를 어떻게 처리할 것인가? 여러분의 그룹과 함께 가능한 해결책에 대해 논의해 보라.

2. 여러분의 시립도서관의 증축 부분을 설계하는 것에 관해 면접하게 될 건축가 후보자에 대해 여러분이 가지고 있는 질문의 리스트를 작성해 보라. 여러분은 지방사 컬렉션을 다루는 일을 하는 특수 컬렉션 담당 사서이지만, 여러분의 질문을 개발할 때는 도서관의 모든 측면을 고려해야 한다.

3. 도서관은 새로운 분관을 위한 기금으로 7백만 달러를 가지고 있다. 여러분은 분관의 사서로 여러분의 학생과 교원을 위한 최선의 학습 환경을 만들어 내기 위해 열심히 일해 오고 있다. 여러분은 프로그램화에 참여하였고 건축가들이 기본 설계를 시작할 때 그들과 함께 일했다. 그 아름다운 도서관이 편성된 예산보다 더 많은 비용을 필요로 하게 될 것이라는 사실을 여러분이 알게 되었을 때까지는 모든 것이 훌륭하였다. 예산의 범위를 벗어나지 않기 위해서는 여러분은 프로그램의 15퍼센트를 제거해야 한다. 여러분은 어디부터 시작하겠는가?

4. 여러분의 분관이 완성되고 모든 사람이 이사를 왔다. 여러분은 여러분이 예상치 못했던 건물의 몇 가지 측면을 알게 되었다. 새로운 건물에서 생길 수 있는 가능한 이슈들의 리스트를 작성해 보고 여러분의 리스트를 공유해 보라.

Chapter 06 정보 서비스의 마케팅

이 장의 요점

이 장을 마친 후 여러분은:

- 도서관이나 정보 서비스를 구성원들에게 마케팅해야 할 필요성을 이해해야 한다.
- 마케팅이 전략적 계획의 성공에서 수행하는 역할에 대해 알아야 한다.
- 기관의 구체적인 니즈에 대한 마케팅 전략을 구조화해야 한다.
- 훌륭한 마케팅 계획의 구성 요소에 대해 알아야 한다.
- 정보 서비스의 가치를 지역 사회에 커뮤니케이션하는 방법들을 연습해야 한다.
- 공공 관계(public relations)와 퍼블리시티(publicity), 광고(advertising)의 차이를 이해해야 한다.
- 마케팅 계획의 평가에 대한 기본적인 접근법을 알아야 한다.

도서관과 정보 서비스의 효과적인 마케팅은 모든 유형의 도서관과 정보 서비스 조직의 중요한 활동이다. American Marketing Association에 따르면, 마케팅은 "고객과 클라이언트, 파트너, 사회 전반에 대해 가치를 갖는 제공물(offerings)을 만들어 내고, 커뮤니케이션하고, 전달하고, 상호 교환하기 위한 활동과 일단의 제도, 프로세스"[1]로 정의된다. 고객 중심의 마케팅은 성공적인 서비스의 핵심이며, 마케팅 믹스를 이해하고 가치를 창조하는 것은 모든 도서관의 건강에 중요하다. 마케팅은 전략적 계획에 뒤따르는 단계로 계획의 목적을 바탕으로 하는 활동에서 정보 센터

---

1) American Marketing Association, "About AMA: Definition of Marketing," accessed September 11, 2016, 〈https://www.ama.org/AboutAMA/Pages/Definition-of-Marketing.aspx〉.

의 이용자와 잠재적 이용자와 커뮤니케이션하고 그들을 끌어들이기 위한 노력이다. 마케팅 계획과 조직의 성공을 위해서는, 각 직원이 조직의 스토리를 커뮤니케이션할 수 있도록, 모든 직원이 조직의 목적에 대한 헌신을 이해하고 공유해야 한다. 마케팅 계획은 이러한 목적을 구성원들에게 효과적으로 커뮤니케이션하기 위한 관련된 모든 것들을 위한 방법을 정의해 준다. 마케팅 계획이 수행될 때, 직원들은 계획의 구성 요소들의 유효성을 평가하고 필요할 경우 조정을 해야 한다.[2] 도서관이나 정보 센터가 아무리 대규모이거나 소규모라고 하더라도, 마케팅은 우선순위가 높은 활동이 되어야 한다.

이 장에서는 마케팅이라는 토픽에 대한 소개와 마케팅이 중요한 이유, 마케팅 계획의 역할, 마케팅 캠페인의 효과적인 평가에 대해 살펴보고자 한다.

현장의 경영 사례: Ball State University의 건축 도서관

분관 직원들이 대규모 학술도서관 내에서 어떻게 브랜드를 개발하고 마케팅 계획을 실행했는지에 대한 좋은 예로 Ball State University의 건축 도서관의 경험이 있다. 두 사람의 직원들은 소규모 도서관 직원이라도 브랜드를 개발하고 도서관을 마케팅하기 위해 그것을 모든 커뮤니케이션에서 사용할 수 있음을 보여 주었다. 그들은 분관을 알아보게 하기 위해 그들의 모든 커뮤니케이션에서 단순하고, 깨끗하며, 현대적인 폰트를 선택하였다. 도서관 직원은 일관성 있는, 학생에 초점을 맞춘 메시지를 사용함으로써 도서관이 무엇을 제공해야 하는지를 전달하였다. 그들은 장서를 홍보하기 위해 매력적인 북 재킷과 DVD 커버를 스캔하여 사용하였다. 연간 두 번의 캠페인에 초점을 맞추면서, 그들은 포스터와 기관의 평면 스크린용 슬라이드, 이메일 배포 리스트, 인쇄본 뉴스레터, Facebook과 Twitter 피드를 포함한 모든 마케팅 채널을 활용하였다. 그들은 또한 도서관의 노출을 증가시키기 위해 로컬의 아카이브와 파트너가 되었다. 자신들의 물리적 공간을 매력적으로 만들고자 노력하고 학기 중에 재미있는 활동들을 제공함으로써, 이러한 활동들이 학생들을 그 공간으로 데려 오고 그들의 마케팅 메시지를 강화하는 데 도움을 주었다. 나아가 그들은 학생의 모든 상호 작용은 도서관을 마케팅하는 중요한 측면이라는 사실을 이해하였다. 그러므로 그들은 각 학생에게 가능한 최선의 서비스를 제공하는 데 초점을 맞추었다. "마케팅과 브랜딩은 우리가 도서관의 스토리를 더 쉽게 이야기할 수 있도록 해 주는 도구가 되고 있으며, 그러한 것들은 학술도서관 분관을 포함한 어느 도서관이나 이해할 수 있는 충분한 범위 안에 있는 것이다."[3]

---

2) Nicole Eva and Erin Shea, "Taking Stock of Your Institution's Marketing Efforts," *Reference & User Services Quarterly* 54, no. 3 (2015): 27-29.

6.1. 마케팅: 전략적 구성 요소

전략적 계획의 가장 중요한, 그러나 외견상으로는 알기 어려운 개념의 하나는 기획 프로세스의 결과인 마케팅 전략의 개발이다. 기본적으로 두 활동은 불가분하게 서로 연결되어 있다. 마케팅은 도서관과 정보 센터 고객인 주민의 욕망(wants)과 니즈(needs)를 확인하고, 그러한 니즈를 다루기 위한 조직의 역량을 확인하고, 그러고 나서 그 시장의 다양한 표적화된 세그먼트(targeted segment)를 만족시키기 위해 서비스와 제품을 개발하거나 조정하는 프로세스로 설명할 수 있다. 이를 위해서는 조직 자체의 역량을 알고, 몰입(commitment)을 확고히 하며, 고객의 니즈를 확인해야 한다. 마케팅 분석 프로세스는 그러한 니즈를 만족시키기 위한 제품 설계와 촉진(promotion), 유통에 관한 전략적 의사 결정을 용이하게 해 준다.

이 마케팅 전략은 정보 서비스 조직의 사명과 비전에 대한 기본적인 이해를 필요로 한다. 그 비전과 사명은 전략적 계획 자체의 기본적인 지침 원칙으로 개발되는 것으로, 도서관의 지역 사회 내의 커뮤니케이션과 마케팅 프로세스를 시작하고 개발하기 위한 기초로서의 역할을 한다. 따라서 가장 중요한 지침 원칙은 도서관 조직에 대해서는 이미 확인되고 있다. 더 집중적인 마케팅 전략의 결과는 이제 전반적인 계획의 하나의 중요한 측면인 훌륭한 정보 서비스를 달성할 수 있게 된다. 그와 같은 계획을 실행하기 위해 필요한 엄격함은 정보와 지식의 가치는 물론 고객 만족의 기본적인 요인으로서의 정보 서비스의 홍보에 초점을 맞추게 된다.

마케팅 계획의 시작은 전반적인 전략적 계획에 통합되었을 것인데, 이것은 전체 지역 사회(경영진과 직원들, 이용자)를 기획 프로세스에 포함시키고 그렇게 함으로써 정보 조직의 모든 세그먼트가 임무를 맡고 전략적 계획의 결과를 믿도록 격려함으로써 시작된다. 그 기본적인 기획 프로세스는 목적과 목표를 확인할 뿐만 아니라 도서관이나 정보 센터가 어떻게 그것을 이루어 낼지에 대한 논의를 시작하게 할 것이다. 전략적 계획의 경우와 똑같이, 이러한 마케팅 노력은 성공을 보장하기 위해서는 그 자체의 별도의, 분석적인 접근법을 필요로 하며, 이 프로세스는 마케팅을 위한 구체적인 사명 선언문과 함께 시작된다.

최종적인 행동으로 이어지는 그와 같은 선언문의 가장 가능성이 높은 초점은 그 프로세스에서 확인된 그들의 니즈가 전략적 계획에서 확인된 도서관 사명과 가

---

3) Amy Trendler, "Branding the Branch: A Case Study in Marketing the Architecture Library at Ball State University," *Art Documentation* 35 (Spring 2016): 130-143.

치, 철학에 대한 조직화된 몰입을 통해 충족될 것이라는 사실을 확인된 고객층에게 확약하거나 재보장하는 것 중 하나이다. 그러한 사실은 궁극적으로 이 마케팅 주도의 프로세스에 참여하는 모든 사람이 이해할 수 있는 실행 가능한 용어로 변환될 것이다. 구체적인 초점은 정보 서비스의 기본적인 우선순위를 촉진하는 커뮤니케이션 계획의 실행에 맞추게 된다.

포괄적인 마케팅 프로그램은 "우리는 무엇을 위해 여기에 있는가?"에 대한 전략적 계획의 기본적인 관심만을 망라하는 것이 아니다. 이를 위해서는 또한 그 계획의 많은 목적과 목표를 마케팅하기 위한 후속 조치가 필요하다. 마케팅 계획은 제품과 서비스 개발의 측면에서의 인식을 검증하거나 변화시키고, 그러한 제품과 서비스를 효율적이고 효과적인 방식으로 전달하며, 성공을 확인하기 위해 또는 성공을 보장하기 위한 시스템이나 프로세스를 조정하기 위한 신호로서 그러한 확인된 제품과 서비스의 이용과 그에 대한 만족도를 분석하는 것을 포함한 몇 가지 하위 목적을 가지고 있다. 그와 같은 계획은 고객의 니즈를 충족시키고 그러한 노력에 가치를 부여하는 데 관련된 광범위한 활동의 훌륭한 견본이 된다. 그러한 의미에서, 마케팅 구성 요소는 전략적 계획의 모든 측면에서 분명하게 존재한다. 그렇지 않다면, 일단 전략적 서비스 목적이 확인되고 실행이 시작되었을 때, 고객들이 그것이 존재하는지를 어떻게 알고 그 성공이나 실패를 어떻게 검증할 수 있겠는가? 전략적 기획과 마케팅을 동일한 맥락에서 바라보는 것은 주요한 두 계획을 둘 다 강화시켜 주고 마케팅을 계획의 성공을 위한 필수적인 프로세스로 인식하는 것이다.

분명한 전략은 어떤 자원들이 가용하거나 가용하게 될 것인지를 결정해 주고, 도서관 조직의 모든 자원과 에너지가 마케팅 이니셔티브에 의해 설정된 목적을 달성하기 위해 어떻게 적용될 것인지를 결정해 준다. 프로그램을 실행할 자원이나 전문 지식을 입수할 수 없으면 전략을 갖추는 것이 거의 가치가 없기 때문에 이것은 필수적인 것이다. 분명히 이 전략은 도서관에서 가용한 모든 자원과 도서관 직원들의 에너지를 목적을 달성하기 위해 어떻게 응용할 것인지를 결정하게 된다. 마케팅 전략의 개발에 필요한 것으로서 몇 가지 구성 요소들을 확인할 수 있다. 이 프로세스에서는 "마케팅 믹스"라고 일반적으로 알려지고 있는 오래된 믿을 만한 방법을 고려할 수 있을 것이다. 이것은 믹스의 C, 즉 고객(customer), 편의성(convenience), 커뮤니케이션(communication)과 P, 즉 제품(product), 가격(price), 장소(place), 프로세스(process), 참여자(participants), 촉진(promotion)을 중심으로 하는 프로세스이다(〈그림 6.1〉과 〈그림 6.2〉를 참고하라). 기본적으로 그러한 유행어에 내재되어 있는 전반적인 마케팅 계획은 요망되는 기본적인 마케

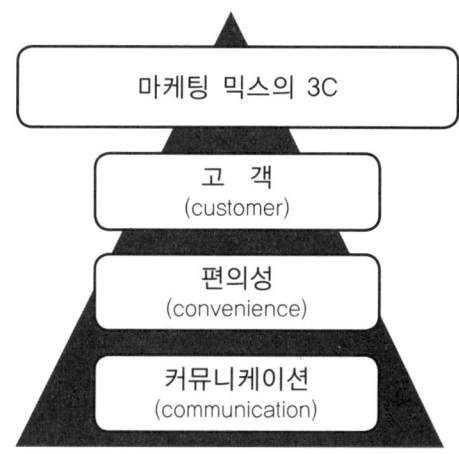

<그림 6.1> 마케팅 믹스: 3C

<그림 6.2> 마케팅 믹스: 6P

팅 성과를 달성하기 위한 전략의 구조화에 초점을 맞추고 있다.

서비스에 대한 그러한 기본적인 철학적 질문은 어떻게 다루기 시작하게 되는가? 전략적 계획과 이 필수적인 마케팅 구성 요소에서는, 서비스나 제품에 대한 수요(demands)를 확인하기 위해 마케팅 리서치가 필요하게 된다. 효과적인 마케팅은 이용자와 이용자의 기대, 탐색자의 접근 패턴과 그 선호도, 잠재적인 고객들을 끌어들이는 데 존재하는 장애 요인을 이해하는 것으로부터 시작된다. 또한 이를 위해서는 정보 서비스와 그 기본적인 이용자 집단 그리고 중요한 것으로, 기부자와 잠재적 기부자, 정부, 미디어, 납세자, 도서관의 성공에 관한 재정적 관심이나 여론/조직의 의견을 가질 수도 있는 그 밖의 사람들을 포함한 더 범위가 큰 공중(公衆)을 연결시켜 주는 지속적인 관계를 설정해야 한다. 이러한 확인 프로세스의 시작은 제4장에서 살펴본 전략적 계획의 일부로서 실행되는 환경 스캔의 중요한 일부인데, 여기서는 정치적(political), 경제적(economic), 사회적(social), 테크놀로지적(technological)(PEST) 풍토에서 설정된 강점(strengths)과 약점(weaknesses), 기회(opportunities), 위기(threats)(SWOT)를 확인하게 된다. 가장 자주 마케팅 감사(marketing audit)로 나타나는 그러한 초기 단계의 부분들은 전략적 계획의 지역 사회 분석과 이용자 니즈 구성 요소에서 도입되고 있다. 따라서 그러한 계획에서 확인된 시장 상황에 대한 초기 분석을 다시 살펴보는 것은 구체적인 마케팅 목표를 개발하고 마케팅 계획을 위한 견고한 기반을 제공하는 데 도움이 될 수 있다. 하지만 그러한 프로세스가 이미 이루어지지 않았으면, 마케팅 전략의 초기에 이를 실시해야 한다.

내부 마케팅(internal marketing)을 시작할 때, 두 가지 중요한 구성 요소가 전체 마케팅 전략에 존재한다. 내부 마케팅은 훌륭한 내부 커뮤니케이션과 모든 직원들 간의 고객 의식(customer consciousness)에 대한 통일된 개념을 포함하고 있다. 바꾸어 말하면, 직원들은 고객 만족의 가치를 인식하고 이를 받아들여야 한다. 그러한 경우에만 지역 사회의 니즈를 충족시키기 위해 서비스를 커스터마이징(customizing)하는 두 번째 구성 요소를 다루기 위한 효과적인 전략을 개발할 수 있는 것이다. 인터넷 검색과 소셜 미디어, 전자책, 스트리밍 비디오(streaming video), 그 밖의 경쟁적인 정보 자원을 갖춘 오늘날의 정보 집약적이고 경쟁이 치열한 환경에서는, 그와 같은 커스터마이제이션(customization)이 중요해지고 있다. 〈그림 6.3〉은 도서관 직원들이 마케팅의 필요성을 이해하는 데 도움을 줄 수 있는 도서관을 마케팅해야 하는 훌륭하고 타당한 이유를 제시해 주고 있다.

6.2. 마케팅: 감사

그 전략적 기획 프로세스에서 나오는 마케팅 감사에 초점을 맞춘 후속 조치는 그러한 시스템과 서비스를 촉진하기 위해 필요한 니즈와 활동을 확인해 준다. 마케팅 관점에서 보면, "누가? 무엇을? 언제? 어디에서? 왜?"에 대해 대답하는 것은 필요한 마케팅 전략을 개발하기 위한 지침을 제공해 준다. 그러한 기본적인 각각

```
1. 고객을 얻기 위한 경쟁
2. 자원을 얻기 위한 경쟁
3. 여러분의 적합성 유지
4. 더 이상 당연한 것으로 간주되지 못함
5. 업데이트된 이미지의 홍보
6. 가시성
7. 가치 있는 지역 사회의 자원
8. 기대감 상승
9. 생 존
10. 도서관 이미지를 위한 유익성
```

<그림 6.3> 도서관과 정보 센터를 마케팅해야 하는 이유

의 질문에 대한 답변은 시장과 다양한 그 세그먼트를 확인하는 분석적인 프로세스를 통해 이루어져야 하는데, 이것은 조직이 필요한 서비스를 제공할 수 있도록 보장해 주고, 언제 서비스가 제공될 수 있는지에 대해 반응하는 일정을 개발하고, 성공을 위한 인프라스트럭쳐(infrastructure)를 개발해 주게 된다. 이 모든 활동은 이용자와 정보 서비스의 제공자 사이의 지속적인 관계를 증진하기 위한 전략을 개발한다는 기본적인 목적에 관련되어 있다.

계획의 구체적인 세그먼트로 이어지게 되는 전략적 기획 프로세스는 도서관의 존재의 진수인 "왜?"라는 질문에 대한 더 철학적인 질문을 확인하게 될 것이다. 이를 바탕으로, 도서관과 정보 센터의 직원들은 그 특정 조직을 위한 정보 서비스의 사명을 확인하게 될 것이며 그러한 프로세스에서 왜 마케팅의 필요성이 존재하는지에 대한 철학적 질문을 다루게 될 것이다.

마케팅을 목적으로 할 때, 가장 중요한 이유로는 다음과 같은 것을 들 수 있다.

- 고객과 자원을 얻기 위한 경쟁, 도서관은 가용한 유일한 정보원이 아니라는 것과 이러한 사실이 북적대는 경쟁의 장에서 도서관의 가치를 촉진해야 할 필요성에 새로운 의미를 가져 오고 있다는 것
- 자비로운 수준에서 보면, 도서관은 "모성"과 "신"처럼 좋은 것이다. 따라서 도서관은 주민의 특정 세그먼트에 의해서는 당연한 것으로 간주되어 왔다. 하지만 도서관 직원도 그 서비스의 이용자도 그러한 현실안주적인 태도를 취해서는 안 된다. 공격적인 전략이 필요한 것이다.

- 다른 수준에서 보면, 많은 도서관은 돈줄을 쥐고 있는 사람들이 가치를 인식하지 못하고 있기 때문에 자금 지원 당국과 사실상 관련이 없는 채로 남아 있다. "많은 돈을 쥐구멍에 쏟아붓는데, 무엇을 위해?"라는 잘못된 인식이 있는 것 같다. 이러한 태도에 대해서는 왜 도서관이 중요한지에 대한 공중(公衆)의 이해가 더 개선되어야 한다.
- 사회적 트렌드 변화와 테크놀로지의 발전과 함께, 정보 탐색자의 니즈와 기대는 계속해서 변하고 있다. 이러한 변화하는 시나리오는 도서관이 고객 만족에 반응하고 이바지하게 되는 물리적 인프라스트럭처는 물론 개인적 인프라스트럭처를 만들어 내도록 요구하고 있다. 또한 이를 위해서는 정확하고 믿을만한 정보의 중요성과 그것을 어떻게 평가할 것인지에 대해 공중을 교육해야 한다.

마케팅은 단지 퍼블리시티(publicity)나 촉진, 제품 창조, 공공 관계(public relations), 나아가 가격 산정과 유통만이 아니라는 사실을 이해해야 한다. 그보다는 오히려 그러한 것들 각각은 이 상세한 내부 마케팅 감사와 평가를 통해 개발되어야 하는 전반적인 마케팅 프로세스의 구성 요소 중 하나인 것이다. 이 포괄적인 프로세스의 궁극적인 성공은 모든 정보 서비스 조직의 기본적인 목적인 고객 만족이다. 기본적인 목표로서 정보 전달을 다루는 사명 선언문을 가지고, 이 기관은 이미 효과적이고 효율적인 마케팅 계획을 개발할 준비를 하고 있어야 할 것이다. 마케팅 담당 인력은 조직의 사명을 완수하고, 공중의 인식을 고취시키고, 교육을 실시하기 위해 인구 통계적, 지리적, 행동적, 심리적 정보를 수집하고 활용한다.[4]

일차적인 단계는 조직의 역량과 제4장에서 더 상세하게 살펴본 것처럼 전반적인 전략적 기획 프로세스의 구성 요소로서 원래 확인된 단점과 약점은 물론 강점과 위협에 대한 평가를 다시 논의하는 것이다. 앞서 살펴본 것처럼, 마케팅을 목적으로 하는 이러한 구체적인 연습을 일반적으로 마케팅 감사(marketing audit)라고 한다. 조직의 프로파일을 상세하게 검토함으로써, 마케팅 프로그램을 개발하기 위한 조직의 역량을 평가할 수 있다. 어떤 시스템과 서비스가 이미 자리 잡고 있고, 바람직할 경우 그것들은 어떻게 조정될 수도 있으며, 어떤 새로운 것들을 개발해야 할 수도 있는가? 현재의 자원으로 그 조직은 새로운 또는 더 큰 프로그램의 개

---

4) Paul Argenti, *The Portable MBA Desk Reference: An Essential Business Companion* (New York: Wiley, 1993), 87.

발을 수용할 수 있는가? 그렇지 못하다면, 추가의 자원을 배정받거나 기증이나 기존 자원의 전용(轉用)을 통해 확보할 가능성은 어떠한가? 확장된 노력의 성공을 보장하기 위해 어떤 테크놀로지적 역량이 갖추어져 있는가? 어떤 다른 조직이 그러한 서비스와 경쟁하거나 더 바람직하게는, 그러한 서비스를 보완해 주는가? 그와 같은 프로그램을 효과적으로, 효율적으로, 공격적으로 개발하기 위해 직원들 사이에 어떤 전문 지식이 갖추어져 있는가? 이러한 복합적이면서도 매우 유익한 프로세스의 중요성을 인식하여, 많은 대규모 도서관과 정보 센터에서는 마케팅 출판 담당 디렉터나 개발 담당관, 공공 관계 코디네이터를 포함한 다양한 직함을 가진 전담 경영 스태프를 두고 마케팅과 자금 조달에 관련된 활동을 조정하고 있다.

스킬 연습하기

1917년에 미국도서관협회(ALA: American Library Association)는 도서관 퍼블리시티에 관한 서베이를 실시하였다. 다음은 연간 소득이 450달러인 동쪽의 한 마을도서관에서 받은 그 서베이에 대한 응답 중 하나이다. "저는 우리 작은 도서관과 관련된 체계적인 퍼블리시티의 책무와 특권에 대해 이제 막 깨닫기 시작했습니다. 업무나 스터디의 모든 면에서 도움이 되는 그 많은 소중한 책들이 서가상에 방치되어 있는 것은 개탄스러운 일입니다."[5] 그와 같이 자원이 부족한 소규모의 도서관을 위해 여러분은 어디에서부터 마케팅 계획을 개발하기 시작할 것인가? 장서를 마케팅하기 위해 여러분이 취하고자 하는 활동의 리스트를 작성해 보라.

6.3. 마케팅: 가치 요인

어떤 점에서 보면, 마케팅은 비교적 새로운 도전은 물론 전통적으로 정보 서비스의 공익성을 인식하면서 자동적으로 기꺼이 동의하고, 자발적이며, 열성적인 공중(公衆)이라고 생각해온 많은 사서들을 위해 기회를 제시해 준다. 이제 더 큰 정치적, 경제적, 사회적, 테크놀로지적 압력은 제4장에서 살펴본 것처럼, 모든 사서의 삶의 PEST 구성 요소가 되고 있는데, 이러한 것들은 조직의 가치를 실증하기 위한 합심된 노력을 요구하고 있다. 이것은 여러 가지 방식으로 이루어질 수 있다.

---

5) Willis H. Kerr, "Library Publicity Survey," *Bulletin of the American Library Association, Proceedings of the Thirty-ninth Annual Meeting of the American Library Association* 11, no. 4 (July 1917): 131.

이를 위해서는 다음과 같은 것들이 필요하다.

- 고객과 잠재적 이용자가 무엇을 원하고 그들은 그러한 니즈를 충족시키기 위한 가장 적합한 수단으로서 도서관을 어떻게 인식하고 있는지를 결정하는 것. 이 프로세스는 대개는 예를 들면 서베이와 면담, 포커스 그룹 등 다양한 방법을 통해 이루어진다.
- 구체적인 서비스들이 확인되고 그러한 구체적인 그룹의 니즈에 맞게 조정될 수 있도록 사람들을 세분화하는 것. 시장 세분화(market segmentation) 프로세스는 장소나 기술적 능력, 직업, 나이 등과 같은 특유의 특성과 공통적인 니즈를 확인함으로써 고객들을 범주화한다.
- 직원들과 전문 지식, 물리적 배치, 접근, 장서, 테크놀로지 등의 측면에서 이러한 서비스를 제공하기 위해 어떤 것들이 소요될지를 파악하고 열거하는 것.
- 그러한 감사와 리서치의 결과를 바탕으로 정보 전달의 목적과 목표를 만족시키기 위한 감당할 수 있는 전략을, 가격과 가치 간의 균형을 유지하면서, 개발하는 것. 이 추론에서는 Oscar Wild의 다음과 같은 견해를 패러프레이즈할 수 있을 것이다. "요즘에는 사람들은 모든 것의 가격은 아는데 그 가치는 모른다."[6]
- 고객의 시각에서 가장 편리한 서비스 장소인 위치를 상세하게 열거하는 것. 이것은 또한 물리적인 시설뿐만 아니라 웹 사이트와 소셜 미디어 링크도 포함한다.
- 이용자와 잠재적인 이용자들이 어떤 제품과 서비스들이 이용 가능한지 알 수 있도록 그러한 노력의 결과를 확인된 채널들을 통해 촉진하는 것. 그러한 것들에는 다른 것 중에서도, 종이에 인쇄하고 전자적으로 인쇄하는 개인적인 기술이 포함된다. 즉 "우리는 무엇을 하고 있고 그것을 어떻게 하고 있다"는 것에 대한 설명인 것이다. 이용자에 대한 촉진적 접근법에는 광고와 공개 프레젠테이션, 언론 매체 및 그 밖의 공공 관계 노력, 직접 마케팅, 출판(전단지와 블로그 뉴스레터와 같은 것들이 포함된다), 도서 판매, 도서관의 친구들 그룹(friends' groups) 및 그 밖의 로비 그룹, 웹 페이지, 소셜 미디어 등이 포함된다.
- 정기적으로 그리고 일상적으로 그 프로세스를 평가하는 것.

---

6) Oscar Wilde, "Picture of Dorian Gray," *Lippincott's Monthly Magazine* (July 1890), accessed June 18, 2017, 〈http://www.gutenberg.org/files/174/174-h/174-h.htm#chap04〉.

>  **이야기해 보기**
>
> Bedford Public Library의 도서관장인 Ted Abbot은 자신의 경영 팀과의 미팅을 준비하는 중이다. 이 도서관은 이해 관계자들로부터 좋은 평가를 받은 바 있는 전략적 계획을 최근에 완성하였는데, 이제 그는 비용 효과적인 마케팅 계획을 개발하여 그것을 자신의 직원들에게 팔아야 한다. 그는 도서관을 마케팅하는 것은 생산적이고 필요한 것이라는 사실을 자신의 경영 팀에게 어떻게 설득해야 할지 알고 싶어 하고 있다. 그는 한 경영자가 "M"이라는 단어를 언급하는 것을 들었지만, 다른 사람들은 확신하지 못하고 있음을 알고 있다. 그는 자신의 팀에 어떻게 접근해야 할 것인가? 아이디어를 얻기 위해 브레인스토밍 세션(brainstorming session)을 실시해야 할 것인가, 소규모 그룹에 계획을 개발하도록 위양해야 할 것인가, 아니면 그냥 자기 스스로 그 일을 해결해야 할 것인가? 여러분은 어떻게 할 것인가? 소규모 그룹에서, 도서관 직원들에게 시간이 알차게 사용되고 있음을 확신시키는 것으로부터 시작하여, 이 도서관의 마케팅을 시작하기 위해 여러분이 취하게 될 구체적인 단계의 리스트를 작성해 보라.

6.4. 커뮤니케이션: 기본 요소로서의 촉진

계속 진행 중인 공공 관계(PR: public relations)는 모든 도서관과 정보 센터가 뒷받침하고 있는 가치를 공중(公衆)에게 설명하기 위한 가장 좋은 도구이다.[7] 이전에는 마케팅 커뮤니케이션은 일방적이고 반응이 없는 접근법이었다. 하지만 웹 사이트와 블로그, 소셜 미디어와 같은 오늘날의 인터랙티브 미디어(interactive media)는 사서들이 자신들의 공중과 더 인터랙티브하고, 반응성을 갖는 대화를 개발하고 유지해 나갈 수 있도록 해 주고 있다. 성공적인 마케팅을 위해서는 특정 유형의 도서관의 정보 서비스를, 특정한 장소에서, 특정한 시간에, 특정한 포맷으로, 특정한 이유로, 고객들이 이용하고 잠재적인 고객들이 이용할 수도 있는 이유를 확인해야 한다. 그러한 어떤 무형의 가치를 확인하는 프로세스는 서비스의 수용자 기반이 되도록 하려는 의도를 가진 앞서 살펴본 다양한 이용자 그룹의 프로파일을 개발하는 것을 필요로 하기 때문에 어렵다. 이를 위해서는 서로 다른 방식으로 정보 서비스를 이용할 수도 있는 서로 다른 그룹의 서로 다른 니즈를 인식해야 한다.

---

7) Lisa Wolfe, *Library Public Relations, Promotions, and Communications*, 2nd ed. (New York: Neal-Schuman, 2004), 5.

그러고 나서 그러한 다양한 니즈에 부응하기 위해 서로 다른 제품과 서비스를 개발해야 한다.

이러한 분석이 준비되면, 서비스가 지역 사회의 니즈에 부응하게 되도록 가능성 있는 이용자들에게 메시지를 이해시키는 프로세스에서 다양한 방법들이 사용될 수 있다. 직원들의 내적 동기는 핵심에 영향을 미치는 기본적인 요인이다. 그러한 촉진의 몰입은 직원들의 사기를 구축해 주고, 생산성을 높이며, 단체정신을 창출해 준다. 전략적 계획에서 확인된 마케팅 목적과 목표는 이른바 설득의 푸시 멘탈리티(push mentality)로부터 무엇이 필요한지를 확인하는 풀 멘탈리티(pull mentality)로 옮겨 갈 기회를 제시해 주는데, 이것은 전략적 기획 프로세스에서 수행되어 온 프로세스이다. 이것은 조직에서 일하는 사람들이 경쟁력과 효율성을 유지하기 위해 변화를 관리하는 데 도움을 준다. 따라서 이러한 노력의 성공은 정보 서비스에 몰입하는 정보를 바탕으로 하고, 긍정적이며, 헌신적인 직원들과 함께 시작되는 것이다.

다음과 같은 각각의 개념은 포괄적인 마케팅 패키지의 하나의 중요한 세그먼트를 구성한다. 즉 공공 관계와 퍼블리시티, 광고, 분위기, 자금 조달, 접근이 그것이다.

- 공공 관계(PR: public relations)는 조직과 그 공중(公衆)이 상호 간에 서로 적응하는 데 도움을 준다. 사서들은 잠재적인 이용자들의 다양한 태도와 가치 그리고 그러한 것들은 외부 환경을 반영하기 때문에, 서비스 개발의 지침이 될 것이라는 사실을 인정해야 한다. 사서들은 무엇을 필요로 하고 무엇을 원하는지를 알지 못한 채 진공 상태에서 제품이나 서비스를 개발할 수 없다. 이를 위해서는 태도를 이해하는 것은 물론 니즈를 분석하고 해석해야 한다. 그렇게 하기 위해서는 정보 서비스의 제공자와 잠재적 추구자(potential seekers) 간의 상호 작용이 필요하다. 공공 관계 프로젝트는 일회성 활동이 아니라, 계속 진행 중인 프로세스이다. 그것은 정보 서비스의 이용자와 잠재적 이용자 사이에서 사람들의 개인적인 삶은 물론 자신들이 일부를 이루는 직업상의 삶과 조직의 개발에서, 그것이 즐거움을 얻기 위한 독서 자료를 찾는 것이든 사실에 대한 지식을 찾는 것이든, 정보가 사람들에게 갖는 가치에 대한 이해를 증진하기 위한 시도이다. 그러한 잠재적인 이용자들을 설득함으로써 도서관의 이미지를 개발하기 위해서는 성공적인 "정보 성취"(information fulfillment)의 증거나 도서관의 제품이나 서비스의 과거의 성공이나 잠재적인 성공에 대한 어떤 암

시가 필요하다.
- 퍼블리시티(publicity)는 사람들의 다양한 세그먼트의 정보와 지식 니즈를 다루기 위해 가동 중인 시스템과 서비스에 대한 인식을 창출해 내는 방식이다. 그것은 설득을 의도로 하는 공공 관계의 도구이다. 그러한 확인된 기본적인 오디언스(audiences)와 커뮤니케이션하는 몇 가지 방식으로는 전통적인 종이 인쇄 및 방송 방식은 물론, 웹 사이트와 블로그, 그 밖의 소셜 미디어를 통하는 것과 지역 사회의 미팅에서 발표하는 방식이 있다. 긍정적인 메시지는 추구자(seekers)와 지식을 연결해 주는 정보 제공자로서의 사서의 가장 중요한 역할이다. 대개 이러한 유형의 마케팅은 공적인 정보원을 통하게 되며, 도서관의 지시를 받지 않는다. 예로는 직원들과의 인터뷰나 외부에서 제작되는 신문이나 온라인 기사가 있다. 퍼블리시티 자료의 내부 제작으로는 전시물, 포스터, 북마크 등이 있다. 블로그와 그 밖의 소셜 미디어는 효과적인 퍼블리시티 도구로, 도서관 행사와 직원들의 추천(staff picks), 뉴스에 대한 짧고, 자주 업데이트되는 포스팅을 제공해 준다.
- 광고(advertising)를 많은 사람은 마케팅의 전부라고 추정하지만, 광고는 마케팅의 일부일 뿐이다. 광고에 초점을 맞춤으로써, 프로그램의 다른 측면들이 간과되는 경우가 많다. 광고라는 부분 집합은 마케팅 프로그램의 모든 다른 구성 요소와 조화를 이루어야 한다. 그것은 프로그램의 중요한 일부이기 때문에, 표적 집단에 도달하는 열쇠이다. 그와 같은 광고의 핵심적인 목적은 서비스에 관한 정보를 커뮤니케이션하거나, 새로운 서비스를 도입하거나, 도서관을 공중(公衆)의 시야에 묶어 두거나, 새로운 시설의 오픈을 공지하는 것이다. 어떤 형식으로든 광고를 이용할 때는, 프로그램의 이 부분 집합이 전반적인 마케팅 전략의 다른 부분들로부터 논리적으로 흘러가고, 그러한 다른 부분들과 일관성을 갖도록 보장하기 위해 주의를 기울여야 한다.
- 환경의 분위기(ambience)는 메시지를 뒷받침해야 한다. 물리적 배치와 설계는 사서들에게 그들의 가장 큰 마케팅 기회 중 하나를 제공해 준다. 매력적이면서도 마음을 끄는 설계와 배치는 서비스의 가치와 품질을 구현하는 영감을 주는 공간을 통한 비전을 제공하고, 공중(公衆)을 끌어들이고 보유하며, 그들의 변화하는 니즈에 반응성을 가질 수 있다.
- 기금 조성(fundraising): 이것은 그 자체로 기본적인 활동으로 많은 사서들은 그것은 너무 중요하기 때문에 마케팅의 부분 집합으로서 다룰 수 없다고 생각하겠지만, 그것은 마케팅 노력을 뒷받침해 주는 프로세스라는 명제를 지지하

기 위해 여기에서 살펴보고자 한다. 많은 사람들이 선호하는 대체 용어는 도서관 개발(library development)이다. 이것은 도서관의 명시된 목적과 목표를 달성하기 위해 바람직한 것으로 확인된 추가의 또는 특별한 서비스나 프로그램, 그 밖의 자원들을 제공하고자 하는 목적으로, 전통적인 금전을 증가시키기 위해 조직화된 노력을 통해 자금을 확보하는 것을 포함한다. 재단과 기업의 자금 지원과 유증(遺贈)이나 현물의 기부, 영구 기금(endowments), 집중 거액 모금 캠페인(capital campaigns)을 포함한 다수의 방안을 이용할 수 있다. 많은 자금 조달은 도서관과 정보 서비스의 마케팅에 관련되는데, 전시회, 뉴스레터, 프로그램 운영 등과 같은 일반적인 방안들이 둘을 더 단단하게 결합시켜 준다. 이 주제에 대해서는 제20장에서 더 상세하게 다루고자 한다.

- 도서관에 대한 접근(access)도 마케팅이 성공을 거두기 위해서는 중요하다. 업무 시간이나 특정 장서들의 위치를 포함한 업무 현장의 일상이 이용자의 편의성보다 더 중요할 수는 없다. 대중교통의 이용 가능성과 장애인 접근 가능 공간과 같은 그 밖의 요인들도 중요하다.

마케팅과 공공 관계에 대해서는 많은 자원을 입수할 수 있다. 미국도서관협회(ALA: American Library Association)는 LLAMA PRMS(Library Leadership and Management Association, Public Relations and Marketing Section)[8]으로부터 도서관을 마케팅하기 위한 풍부한 자원들을 제공하고 있다. "Geek the Library"[9]라는 지역 사회 인식 제고 캠페인(community awareness campaign)도 마케팅에 대해 탐구하고자 하는 공공도서관 사서들을 위한 무료 정보와 교육 훈련을 제공하고 있다. Carol Smallwood와 Vera Gubnitskaia, Kerol Harrod의 훌륭한 책[10]은 도서관 마케팅을 위한 실제적인 아이디어를 담고 있다.

---

8) LLAMA (Library Leadership & Management Association) Marketing and Communication Community of Practice, accessed June 18, 2017, 〈http://www.ala.org/llama/sections/prms/prms_committees〉.

9) Cathy de Rosa et al., eds. *Geek the Library: A Community Awareness Campaign*, (Dublin, OH: OCLC, 2011), accessed June 18, 2017, 〈https://www.oclc.org/content/dam/oclc/reports/pdfs/geekthelibrary_all.pdf〉.

10) Carol Smallwood, Vera Gubnitskaia, and Kerol Harrod, eds., *Marketing Your Library: Tips and Tools That Work* (Jefferson, NC: McFarland & Company, 2012).

6.5. 평가: 견제와 균형

이 복잡하고 변화하는 세상에서, 주의 깊게 추론된 근거 없이 행동할 시간은 거의 없으며, 마케팅은 그러한 행동의 하나이다. "아울러 책무성(accountability)은 도서관 서비스의 상황과 품질을 문서로 입증하기 위해 평가 데이터를 요구한다."[11] 마케팅 노력의 성공을 어떻게 측정하는가? 모든 기획 프로세스의 경우와 마찬가지로, 마케팅 프로그램의 성공적인 시작과 실행, 평가에는 후속 활동이 중요하다. 이 프로세스에 대해 특정의 성과를 예상하거나 나아가 기대할 수도 있을 것이다. 가장 분명한 성과는 수적으로 증가한 더 많은 사람이 도서관을 이용하고, 더 많은 돈이 도서관으로 들어오고, 더 많은 사람이 프로그램에 참여하는 것이다. 훌륭한 도서관 마케팅의 결과는 제공되는 특정 서비스를 기꺼이 재정적으로 지원해 주거나 상위 조직(로컬이나 지역, 국가의 행정부와 대학, 학군, 민간 기업이나 공기업이나 재단)의 입장에서 상위 지역 사회의 가치를 창조하는 것은 물론 이를 입증하는 전향적인 조치를 통한 실증된 목적 달성을 바탕으로 기꺼이 자금 지원을 늘려주는 결과를 가져올 수도 있을 것이다.

마케팅 활동을 평가하기 위한 실제적인 질문으로는 다음과 같은 것들이 있다.

- 우리는 이 프로젝트를 반복해야 하는가?
- 우리는 무엇을 변경할(또는 변경해야 할) 것인가?
- 만일 우리가 어떤 일을 다르게 한다면, 그것은 무엇이 될 것인가?[12]

Soraya Ziaei와 Fatemeh Nooshinfard의 흥미로운 논문[13]에서는 도서관의 웹 사이트를 평가하고 비교하기 위해 마케팅을 사용하는 것을 다루고 있는데 마케팅 활동을 평가하기 위한 훌륭한 골자를 제공하고 있다.

---

11) Darlene E. Weingand, *Future-Driven Library Marketing* (Chicago: American Library Association, 1998), 142.
12) *Ibid.*, 15.
13) Soraya Ziaei and Fatemeh Nooshinfard, "Evaluation of Central Libraries' Websites of Universities in Iran from a Marketing Viewpoint," *Libri: International Journal of Libraries & Information Services* 62, no. 3 (2012): 276-290.

6.6. 결언

정보 서비스를 마케팅하는 것은 모든 도서관 조직의 서비스 프로그램에서 하나의 과업이었던 것으로부터 하나의 필수적인 구성 요소를 이루는 상황으로 바뀌고 있다. 잘 기획되고 잘 구성된 마케팅 전략은 조직의 정보 서비스의 목적을 뒷받침해 준다. 마케팅은 사서들이 조직의 유효성을 자금원에게 설명하기 위한 소중한 도구로, 마케팅 전략의 평가는 "우리는 어떻게 하고 있는가?"라는 질문을 다룬다. 어느 면에서 보면 그것은 책무성의 점검이다. 그것은 도서관이 그 공중이 원하고 필요로 하는 것에 대해 효과적으로 반응하고 있음을 확실하게 해 주는 하나의 방식인 것이다. 그것은 또한 이용자뿐만 아니라 정부와 언론 매체, 기부자, 기업, 출판사를 포함한 후원을 제공할 잠재적 가능성을 가진 그 밖의 세그먼트와 바람직한 관계를 설정하는 하나의 방식이기도 하다. 그것이 바로 왜 마케팅이 도서관 조직의 라이프에 그렇게 중요하며 또한 왜 그것이 도서관 직원들은 물론 정보와 지식의 추구자와 이용자에 의해 가치를 부여받아야 하는지 하는 이유인 것이다.

학습 내용 연습하기

1. Whitfield Public Library의 참고 담당 사서인 Sidney White는 이제 막 그 자리를 맡았다. 그와 그의 동료 Samantha Curt는 도서관장과 함께 미팅에 나가려는 중인데, 그곳에서 관장은 그들에게 도서관을 위한 마케팅 계획을 개발하는 과제를 주었다. "우리의 전략적 계획을 개발하려면 몇 달은 걸릴 것 같은데 관장은 지금 더 많은 계획을 세우기를 원하고 있다. 언제 우리는 우리 일을 할 시간을 갖게 된단 말인가?" 여러분이 Samantha라면, 여러분은 Sidney에게 뭐라고 답변할 것인가? 마케팅이 전략적 계획의 성공에 중요한 이유의 리스트를 개발해 보라.

2. 다른 학생과 함께 작업하면서, 훌륭한 마케팅 전략을 가지고 있다고 여러분이 생각하는 도서관을 확인해 보라. 여러분에게 깊은 인상을 주는 서비스의 예를 두 개만 열거해 보라. 여러분은 도서관의 웹 사이트나 물리적 건물, 소셜 미디어 매체에 초점을 맞출 수 있을 것이다. 이 도서관을 살펴보고 나서, 기대와 잠재력에 부응하지 못하고 있다고 여러분이 생각하는 다른 도서관과 이 도서관은 어떻게 비교되는가? 이 두 번째 도서관에 대해, 부족한 마케팅 활동을 확인해 보라. 그 도서관의 메시지 전달을 개선하기 위해 여러분은 어떤 권고안을 가지고 있는가?

3. 직원 수련회에서, State University의 사서들은 어떻게 더 훌륭하게 도서관을 마케팅할 것인

지에 대해 브레인스토밍을 하였다. 그들은 금년도의 마케팅 계획의 목적 중 하나는 도서관을 이용하지 않는 학생들과 교원에게 초점을 맞추는 것이 될 것이라는 점에 동의하였다. 비이용자를 위한 마케팅 계획을 개발할 때 이 그룹이 고려해야 할 것들의 리스트를 작성해 보라. 예를 들면, 여러분은 비이용자를 어떻게 확인할 것인가? 여러분은 그들이 어떤 비도서관 정보원을 사용하고 있는지를 어떻게 찾아낼 것인가? 여러분은 어떻게 그들과 커뮤니케이션할 것인가?

4. 마케팅의 평가가 필요하다. 소셜 미디어에 나타나는 도서관이나 정보 센터를 선정해 보라. 소셜 미디어 마케팅 캠페인이 목적을 달성했는지의 여부를 결정하는 것이 여러분의 직무였다면 어떠했겠는가? 여러분이 이 마케팅 노력의 성공을 평가할 수 있는 방법의 리스트를 작성해 보라.

토론용 질문

1. 어떤 병원도서관 사서들은 의료진과 함께 회진(回診)에 참여한다. 추가의 정보를 얻고자 하면 Pamela Hargwood와 Christopher Duffy의 "Out of the Library and on to the Floors: Librarian Participation in Nursing Rounds"[14]를 읽어 보라. 그것은 마케팅과 무슨 관계가 있는가?

2. 공공도서관 사서는 어떻게 시내의 학교에 관심을 가지고 나가갈 수 있는가? 그들은 왜 그렇게 하기를 원하는가?

3. 학교도서관을 고등학교 학생들에게 마케팅하기 위한 몇 가지 전략으로 어떤 것들이 있는가?

4. 고객 만족은 도서관이나 정보 센터에서 일하는 모든 사람을 위한 목적이 되어야 한다. 학생 근로자나 자원봉사자를 포함한 모든 사람이 그러한 목적을 받아들이도록 확실히 하기 위한 몇 가지 방법으로는 어떤 것들이 있는가? "내부 마케팅" 아이디어의 리스트를 개발해 보라.

5. Philip Kotler에 따르면, "마케팅은 그 회사가 무엇을 만들어야 하는지를 이해하기 위해 회사가 하는 숙제이다."[15] 도서관은 어떤 숙제를 해야 한다고 여러분은 생각하는가? 도서관은 무엇을 "만들고" 있는가? 여러분은 이 "숙제"가 중요하다는 사실에 동의하는가? 그렇다면, 그것을 어떻게 해내야 하는가?

---

14) Pamela Hargwood and Christopher Duffy, "Out of the Library and on to the Floors: Librarian Participation in Nursing Rounds," *Journal of Hospital Librarianship* 16, no. 3 (2016): 209-214.

15) Philip Kotler, *According to Kotler, the World's Foremost Authority on Marketing Answers Your Questions*, 5th ed. (NY: AMACOM Books, 2005), 7.

Section 3 조직화

제2부에서 살펴본 경영자의 기획 기능은 조직과 기능과 밀접하게 연관되어 있다. 기획 프로세스는 어떤 조직이 그 목적과 목표를 정의하는 데 도움을 준다. 일단 이러한 것들이 설정되면, 경영자들은 다음으로 그러한 목적과 목표의 달성을 촉진해 주는 조직 구조를 설계해야 한다. 조직화는 어떤 과업을 수행해야 하고, 누가 그것을 해야 하며, 과업들을 어떻게 그룹화하고, 모든 과업을 어떻게 조정해야 하는지를 결정하는 것에 관련되어 있다. 이 기능은 어떤 조직을 더 작고, 더 경영이 가능한 단위로 나누고 각 단위의 작업이 다른 작업들과 조화를 이룰 수 있도록 해 주는 것을 포함한다. 작업 흐름을 조직화함으로써, 경영자들은 조직의 구조를 설정한다.

제3부에서는 조직화 프로세스의 구성 요소를 살펴보게 될 것이다. 또한 어떤 조직에서 이루어지는 작업을 나누는 방식들(전문화: specialization)뿐만 아니라 그 작업을 다시 결합시키는 방식들(조정: coordination)에 대해서도 논의하게 될 것이다. 제3부의 각 장에서는 조직화가 왜 중요한지, 가장 적합한 구조를 어떻게 선택할지, 그리고 재조직화는 언제 고려해야 하는지를 포함한 조직화의 많은 측면을 살펴보게 될 것이다. 고전적인 것으로부터 현대에 이르는 조직화의 이론에 대한 논의에 대해 다루어 보고, 오늘날의 여러 도서관과 정보 관련 기관에서 가장 공통적으로 나타나는 조직 구조에 대한 상세한 검토로 결론짓고자 한다.

Chapter 07 조직과 조직 문화

이 장의 요점

이 장을 마친 후 여러분은:

- 조직화는 무엇이고 왜 그것이 중요한지에 대해 이해해야 한다.
- 공식 조직과 비공식 조직의 차이점에 대해 알아야 한다.
- 조직이 리스트럭처링(restructuring)하는 이유와 재조직화의 장점에 대해 논의할 수 있어야 한다.
- 조직도가 아주 정확한 경우가 거의 없는 이유에 대해 익숙해야 한다.
- 조직 문화와 모든 조직에서 그것이 갖는 중요성에 대해 설명할 수 있어야 한다.

최근 들어 많은 사서들은 새로운 정보 환경의 여러 도전에 더 잘 부응하기 위해 자신들의 도서관의 조직 구조를 수정하는 실험을 해 오고 있다. 오늘날의 도서관 이용자들이 가지고 있는 서비스와 장서에 대한 기대는 변화하고 있고, 도서관들은 이러한 새로운 수요들에 부응하여 재조직화(reorganization)하고 있다. 훨씬 최근의 재조직화의 이면(裏面)에 있는 또 하나의 요인은 직원과 고객 양측의 니즈(needs)를 만족시키고자 노력하면서도 예산을 삭감해야 할 필요성이 있다는 점이다. 여러 도서관의 많은 재조직화는 팀제 이용의 중요성이 증가하는 것을 반영하는 "더 수평적인"(계층성이 더 적은) 구조를 만들어 내고 있다. 이러한 재조직화된 구조들은 대개 더 협력적이며 더 적은 수의 경영 사일로(management silos)를 갖게 되는데, 경영 사일로는 정보를 조직의 다른 파트와 공유하거나 협력적으로 작업하지 않는 부서나 섹터를 설명하기 위해 사용되는 용어이다.

다른 모든 조직과 마찬가지로, 도서관은 많은 방식에서 서로 다르다. 도서관은 규모와 유형이 상당히 다양하다. 또한 조직 구조도 다르다. 이러한 차이는 서로 다른 도서관의 조직도(organization chart)를 비교함으로써 명확하게 볼 수 있다. 모든 직원들의 직위를 서로 관련하여 그림으로 나타내 주는 조직도는 도서관의 조직 구조가 얼마나 다양할 수 있는지를 그래프로 보여 준다. 도서관은 또한 그 조직 문화(organizational culture)도 다양한데, 이것은 어떤 특정 조직에서 일하는 사람들에 의해 공유되고 있는 일단의 가정(假定)과 신념, 행태로 정의할 수도 있을 것이다.

경영의 기획 기능과 조직화 기능 사이에는 밀접한 연관이 있다. 첫째, 경영자들은 조직의 목적과 목표들을 설정하기 위해 계획을 수립한다. 다음으로, 경영자들은 조직이 그 전략적 목표를 이루어낼 수 있도록 해 줄 구조를 제공하기 위해 조직화한다. 조직의 구조는 성공을 위해 중요한 것이다. 따라서 경영자들은 물론 비경영자들도 조직이 왜 현재와 같은 모습을 갖추고 있는지 이해해야 한다. 조직화에 관한 대부분의 의사 결정은 더 높은 계층의 경영자들(종종 중간 계층 경영자들의 인풋과 함께)에 의해 내려지겠지만, 모든 직원은 어떤 조직 구조 내에서 일하게 되고, 그 형식은 모든 사람에게 영향을 미치게 된다. 아울러 오늘날의 조직이 급속하게 변화하는 환경에 직면하면서, 이에 대응하여 그 구조를 수정해야만 하는 경우가 많다. 조직화라는 관리 기능을 이해하는 것은 직원으로 하여금 현재 자신이 일하고 있는 사업뿐만 아니라 미래에 자신을 고용할 수도 있는 사업을 이해하는 데 도움을 주게 될 것이다.

제7장에서는 여러분에게 조직의 개념을 소개해 주게 될 것이다. 조직은 어떤 목적을 추구하기 위해 구조화된 사람들의 집단을 설명하기 위해 사용되는 용어이다. 이 장에는 조직도에 대한 논의와 조직도가 일반적으로(항상 그런 건 아니지만) 경영 구조의 현실을 반영하는 방법도 포함되어 있다. 마지막으로, 이 장에서는 조직 문화와 그 영향에 대해 논의하게 될 것이다.

현장의 경영 사례: Jane Brancroft Cook Library의 재조직화

모든 유형의 도서관은 자신의 서비스에 대한 새로운 수요 그리고 계속적인 수요에 부응하기 위해 재조직화라는 도전에 직면하고 있다. 미국 Florida주의 Saratota에 소재하고 있는 Jane Bancroft Cook Library는 New College of Florida와 University of South Florida - Sarasota-Manatee의 학술 프로그램들을 지원하는 소규모의 공동 도서관이다. 재조직화 이전에는, 상호

> 작용을 저해하는 여러 부서로 직원들이 분리되어 있었고, 조직 구조는 열람 서비스와 기술 서비스 간의 구분을 가중시키고 있었다. 다음 해에, 참고 데스크와 대출 데스크를 결합하여 두 기능을 모두 필요로 하는 이용자들에게 원스톱 어프로치를 제공해 주도록 하였다. 2011년에는 대출과 도서관 상호 대차를 통합하였다. 리스트럭처링이 이루어진 이후, 도서관은 리서치·교육·아웃리치 서비스(Research, Instruction, and Outreach Service)와 서지·액세스·메타데이터 서비스(Bibliographic, Access, and Metadata Service)의 두 개 섹션으로 조직화되었다. 재조직화를 함으로써 많은 혜택을 얻고 있다. 이를 통해 도서관 내의 고질적인 사일로(silos)를 허물어뜨리고 직원들을 더 효과적으로 활용할 수 있도록 하고 있다. 사서들 사이의 커뮤니케이션과 협업의 개선이 이루어지고 있고, 그에 따라 도서관 고객에 대한 서비스도 개선되고 있다. 새로운 조직 구조는 직원들의 책임에 대한 더 총체적인 관점을 제공해 주며 21세기 도서관 이용자의 니즈(needs)에도 더 잘 부응하고 있다.[1]
>
> 정기적인 재조직화는 현대 조직에 필수적이지만 이용자는 물론 직원에게도 스트레스를 주는 경우가 많다. 어떻게 해서 Cook Library의 재조직화는 고객은 물론 도서관 직원들에게 더 훌륭하게 작동하게 된 것으로 보이는가? 여러분은 점진적인 변화의 실행이 좋은 접근법이었다고 생각하는가? 여러분은 재조직화 프로세스에서 직원들이 겪을 수 있는 어떤 어려움들에 대해 생각해 볼 수 있는가? 고객은 물론 직원에게 미치는 스트레스를 최소화하기 위해 할 수 있는 것은 무엇인가?

7.1. 조직화

용어가 암시하고 있는 것처럼, 조직화(organizing)는 업무 현장의 형태와 구조를 제공해 준다. 조직화를 하기 위해, 경영자들은 수행해야 할 모든 과업(tasks)을 찾아내고 그러고 나서 그것을 어떻게 그리고 누구에 의해 수행하게 될는지를 결정해야 한다. 이러한 일단의 의사 결정인 조직화 기능은 오랫동안 경영학 연구의 중심을 이루어 왔다. Henri Fayol과 같은 초창기의 저술가들은 다른 어떤 관리 기능보다도 조직화에 더 많은 관심을 기울인 바 있다. 이러한 이론가들에게 조직 구조는 영속적인 존재였다. 그들은 그러한 구조들을 권력이 계층 구조의 상층부의 근로자로부터 아래에 있는 근로자에게로 흐르는, 안정적이고 거의 언제나 계층적인 것으로 인식하였다.

---

1) Brian Doherty and Alison Piper, "Creating a New Organizational Structure for a Small Academic Library: The Merging of Technical Services and Access Services," *Technical Service Quarterly* 32, no. 2 (April 2015): 160-172.

그러나 지난 몇십 년간의 급속도로 변화하는 환경으로 인해 조직 구조에 대해 다시 생각하지 않을 수 없게 되었다. 이러한 재고(再考)의 상당 부분은 모든 유형의 조직에서 점점 더 증가하는 경쟁과 컴퓨터화된 정보의 중요성 증가의 결과로서 나타나게 되었다. 도서관에서 이러한 변화를 몰고 오는 구체적인 요인들로는 네트워크화된 테크놀로지들의 중요성 증대, 축적을 위한 클라우드(cloud)의 활용, 거의 모든 도서관 자료의 디지털화, 강력한 검색 엔진의 개발이 있다.[2]

많은 재조직화된 조직들은 더 효율적이고 더 효과적이 되기 위한 작업을 하면서 구조적 안정성에 관한 오래된 관습에 대해 이의를 제기하거나 심지어는 그러한 것들을 폐기하고 있다. 계층 구조는 중간 경영자의 층을 제거함으로써 수평적이 되고 있다. 현재 경영 전문가들이 추천하고 있는 조직의 모델은 공식적인 계층 구조의 계층이 상대적으로 적고 여러 기능과 이를 수행하는 단위들을 둘러싼 느슨한 경계를 가진, 변화에 대해 유연하면서도 적응력을 가질 수 있는 것이다. 공통적으로, 이러한 새로운 조직 구조들은 특정의 과업을 처리하기 위해 영구적인 또는 반영구적인 방식으로 근로자의 팀을 지정한다.

사실 도서관의 직원들은 재조직화해야 할 추가의 어쩔 수 없는 이유들을 가지고 있다. 최근 몇십 년 동안, 도서관은 정보 테크놀로지 혁명(information technology revolution)에 의해 변혁을 거듭해 오고 있다. 전통적인 인쇄 자원은 더 이상 우위를 차지하지 못하고 있으며, 이제는 매년 점점 더 중요성이 높아지고 있는 디지털 전자 자원과 함께 공존하고 있다. 한때 자원에 대한 액세스를 위해서는 도서관에 와야 한다고 기대했던 이용자들은 이제 도서관 안에서는 물론 도서관 외부에서도 전자 게이트웨이(electronic gateways)를 통해 액세스할 것으로 기대하고 있다. 사서들은 이제 자료들 자체만큼이나 많은 자료들에 대한 액세스를 고려해야 한다. 따라서 도서관들이 조직 패턴들을 리스트럭처링해야 하는 것은 놀라울 게 없는 것이다.

어떤 조직 구조가 이러한 새로운 유형의 도서관에 가장 적합할 것인가? 이 섹션에서 살펴보게 될 것처럼, 그 질문에 대해 하나의 정답이 존재하는 것은 아니다. 또한 던져봐야 할 관련된 질문으로는 다음과 같은 것들이 있다. 이러한 변혁을 위해서는 무엇이 필요한가? 어떤 조직이 도서관의 새로운 현실에 가장 적합한가? 그러나 우선은 조직이 무엇인지를 이해하는 것이 중요하다.

---

2) Sarah Michalak, "This Changes Everything: Transforming the Academic Library," *Journal of Library Administration* 52, no. 5 (July 2012): 411-423.

7.2. 조직이란 무엇인가?

조직을 정의하는 한 가지 방식은 인간 활동의 경계를 유지해 주고, 목표 지향적이며, 사회적으로 만들어진 시스템[3]이라는 것이다. 그 정의를 좀 더 상세히 검토해 보기로 하자. 조직은 사회적으로 만들어지며, 인간에 의해 의도적으로 생성된다. 조직은 목표 지향적인데, 이것은 조직은 그 구성원들이 일단의 특정의 목표들을 추구하는 의도적인 시스템임을 의미한다. 조직은 경계를 유지하게 되는데, 조직의 구성원과 비구성원 사이의 구분은 조직과 그 환경을 분리하는 데 도움이 된다. 하지만 그러한 경계들은 거의 언제나 투과성을 갖게 되는데, 이는 조직은 반드시 그 환경의 영향을 받게 됨을 의미하는 것이다.

조직은 현대 사회의 기본적인 빌딩 블록(building block)이다. 개인이 가지고 있는 한계 때문에 조직의 형성은 불가피한 것이다. 수행해야 하는 모든 작업을 한 사람이 할 수 없을 때는, 다른 사람들을 참여시킬 수밖에 없으며, 따라서 조직이 만들어지게 된다. 물론 조직은 규모와 의도에서 상당히 다양하다. 로컬의 로터리 클럽(Rotary Club)과 미국도서관협회(ALA: American Library Association), 제너럴 모터스(GM: General Motors), 마이크로소프트(Microsoft)는 모두 조직들이다.

조직은 공통의 과업을 위해 함께 일하는 전문가로 구성되는 경우가 많다. 전통적인 사회적 집합체인 사회나 지역 사회, 가족과는 달리, 그와 같은 조직은 의도적으로 설계된 것으로, 인간의 심리를 바탕으로 한 것도 생물학적 필요성을 바탕으로 하는 것도 아니다. 조직은 인간의 창조물이기는 하지만, 유지되어야 한다고 여겨지고 있다. 영원히는 아니지만, 아마도 대부분은 상당 기간 동안 지속되도록 만들어진 것이다.[4]

일에 관련된 조직은 사람들의 삶에서 과거 어느 때보다도 더 중요한 역할을 하고 있다. 예를 들면, 200년 전의 미국은 거의 모든 근로자들이 농민이나 독립적인 장인(匠人)으로서 자영업(自營業)에 종사하던 나라였다. 반면에 현재는 대부분의 사람들이 어떤 조직의 많은 직원의 한 사람으로서 직장 생활을 영위하고 있다.

어떤 목표를 달성하기 위해 함께 일하는 개인들로 구성되기는 하지만, 조직은 단순한 사람들의 집합체 이상의 것이다. 조직은 그 구성원의 특성을 넘어서는 그 이상의 자체의 특성을 갖는다. 예를 들면, 조직은 뚜렷이 다른 구조를 가지고 있고,

---

3) Howard E. Aldrich, *Organizations Evolving* (London: Sage, 1999), 2-3.
4) Peter Drucker, *Post-Capitalist Society* (New York: HarperBusiness, 1993), 48.

오랜 시간에 걸쳐 개발된 규칙과 규범을 가지고 있으며, 대개는 개개인의 수명을 넘어서서 이어지는 라이프 사이클(life cycle)[5]을 가지고 있고, 대개 일단의 목적과 정책, 절차, 관례들을 가지고 있다. 조직은 이러한 많은 특성에 영향을 미치는 어떤 외부 환경 속에서 기능을 수행하게 된다. 조직은 어떤 종류의 인풋(input)을 처리하여 그것을 어떤 아웃풋(output)으로 바꿔주는 데 관여한다. 조직은 다른 조직들과 상호 작용하며, 외부의 압력을 따라잡기 위해 내부적으로 변화해야 한다.

오늘날 현존하는 대부분의 조직은 비교적 소규모이다. 2012년 현재 미국에는 대략 573만여 개의 기업체가 있었는데, 그러한 회사의 89.6퍼센트는 20명 미만의 근로자를 고용하고 있었다.[6] 여러분이 예상할 수 있는 것처럼, 도서관들은 동일한 패턴을 보여 주고 있다. 일부는 단지 소수의 직원만을 두고 있는 많은 소규모 도서관이 존재하고 있으며, 소수의 아주 대규모의 도서관들은 수백 명의 근로자를 둘 수도 있을 것이다. 미국도서관협회에서 제공하는 최근의 통계에 따르면, 미국에는 대략 120,000개의 도서관이 있는데, 그중 98,000개 이상이 학교도서관이다. 이러한 도서관들은 대략 366,000명의 사람을 고용하고 있는데, 이러한 직원 중 166,000명 조금 넘는 사람들이 공식적으로 사서로 분류되고 있다.[7]

조직을 설립하는 인간과 마찬가지로, 조직은 라이프 사이클을 갖는다. 즉 조직은 태어나고, 성장하고, 성숙하게 된다. 조직은 한동안 번성할 수도 있지만, 그러고 나서 대개는 쇠퇴하기 시작하며, 새로운 활력을 불어넣지 못하게 되면, 종종 사라지게 된다(〈그림 7.1〉을 참고하라). Roman Catholic Church와 Icelandic Parliament, 소수의 대학들과 같은 몇몇 조직들은 수 세기 동안 존재해 오고 있지

〈그림 7.1〉 조직의 라이프 사이클

---

5) 역자주: 수명 주기 또는 생명 주기라고도 한다.
6) "Small Business and the Economy," *Small Business and Entrepreneurship Council*, 2017, 〈sbecouncil.org/about-us/facts-and-data/〉.
7) 미국도서관협회의 다음의 두 개 팩트시트(fact sheets) 참조: "ALA Library Fact Sheet 1. Number of Libraries in the United States," 〈http://www.ala.org/tools/libfactsheets/alalibraryfactsheet01〉; "ALA Library Fact Sheet 2. Number Employed in Libraries," 〈http://www.ala.org/tools/libfactsheets/alalibraryfactsheet02〉.

만, 대부분의 조직은 단명(短命)하여, 그것을 만들어 낸 인간보다도 훨씬 더 짧은 기간에 나타났다 사라진다. 조직이 지속되기 위해서는, 변화하는 상황에 부응하도록 적응해야 한다.

많은 단체들은 오늘날의 경쟁적이고 복합적인 환경에 대처하기 위해 그 조직 구조를 변경하는 실험을 시작하고 있다. 이러한 리스트럭처링(restructuring)의 상당 부분은 일반적으로 조직의 변혁 방식을 선도하는 기업 세계 내에서 일어나고 있다. 하지만 조직 구조를 검토하고 새로운 형태로 바꾸어야 할 필요성은 영리 부문 못지않게 도서관에도 시급한 것이다. 제3장에서 이미 살펴본 것처럼, 급속한 변화는 분명히 모든 유형의 도서관의 환경의 일부이다. 이러한 변화로 인해 여러 도서관의 도서관 경영자들은 가능한 리스트럭처링을 고려하게 되었다. 다른 유형의 조직에 영향을 미치고 있는 것과 동일한 많은 영향 요인들도 도서관에 영향을 주고 있다. 즉 자동화의 증가와 예산 감축, 이용자들의 변화하는 정보 니즈(information needs)와 기대, 직원 자치 필요성의 증대 등이 그것이다. 이러한 시스템적인 변화의 결과로, 사서들은 도서관 자체의 조직 구조를 재검토해야 하게 되었다. 어떤 도서관은 과거의 구조를 완전히 폐기하고 있고, 어떤 도서관에서는 재조직화가 서서히 증가하고 있다. 하지만 리스트럭처링은 용이한 해답이 거의 없는 어려운 과업이다. 종종 조직들은 어느 한 문제점을 해결하기 위해 리스트럭처링을 하지만, 새로운 구조에서 의도치 않게 더 많은 문제점을 만들어 내기도 한다. 그럼에도 불구하고 모든 조직의 경영자는 정기적으로 그 구조를 검토하고 기존의 조직 구조가 여전히 적합한지를 고려해야 한다. 어제 잘 작동했던 조직 구조에 집착하는 것은 조직이 오늘은 물론 내일의 도전에 부응하지 못하도록 할 수도 있을 것이다. 모든 조직은 다이내믹한 소우주(小宇宙)가 되어야 하며 그 환경에 반응해야 한다.[8]

 이야기해 보기

Jo Owen은 *The Death of Modern Management*에서 다음과 같이 말하고 있다.

성공이 얼마나 단명(短命)한지를 이해하려면, 25년을 되돌아보라. … 25년 전의 Fortune

---

8) Kay Vyhnanek and Kay Zlatos, *Reconfiguring Service Delivery* (Washington, DC: Association of Research Libraries, 2011).

> 100 중 불과 40개만이 아직 Fortune 100에 남아 있다. 최고 기업의 절반도 훨씬 넘는 숫자가 한 세대 이내에 추월당하거나 인수되고 있다. 조금 더 거슬러 올라가 보면, 1957년의 원래 S&P 500 기업 중 겨우 87개만이 아직 존재하고 있다. 즉 20퍼센트 미만이 50년 동안 정상 근처에 또는 정상에 살아남아 있는 것이다. 그것은 성공의 단명한 성격을 확인해 주는 생존율이다. 오늘 이름 높은 성공의 많은 패러다임이 내일에는 조용히 잊히게 될 것이라는 사실을 확신할 수 있을 것이다.[9]
>
> 성공은 단명한 것으로, 기업의 세계에서 성공적인 기업은 나타났다 사라졌다 하는 것이다. 여러분은 어떤 요인들이 영리 조직의 흥망에 기여한다고 생각하는가? 동일한 요인들이 도서관과 같은 비영리 조직의 성공에 기여하는가?

7.3. 조직의 구조화와 리스트럭처링

조직(organization)이라는 용어와 조직 구조(organizational structure)라는 용어는 서로 바꾸어 쓰는 경우가 많지만, 더 엄밀하게 정의들은 차이점을 보여주고 있다. 조직은 어떤 목표를 달성하기 위해 함께 모인 개인들의 집단이다. 조직 구조(때로는 조직 설계(organizational design)라고도 한다)는 공식적으로 지시를 받을 뿐만 아니라 비공식적으로도 개발되는 관계의 시스템(system of relations)으로, 공통의 목표를 달성하기 위해 노력하는 공동 작업자들의 활동을 지배한다. 이 구조는 조직화 프로세스의 결과물이다.

조직 구조는 어떤 조직을 정의해 주는 상호 연결된 구성 요소 중 하나이다. 이러한 맥락에서 보면, 구조는 공식적인 조직도상에 그려져 있는 것과 같이 개개의 직무들과 그것들이 갖는 서로 간의 관계에 대한 정의를 지칭하는 것이다. 구조는 책임이 어떻게 분포되어 있고, 개개의 직위가 어떻게 조정되며, 정보가 공식적으로 어떻게 유포되는지를 반영한다. 조직의 구조를 변경하는 것은 **리스트럭처링**(restructuring)[10] 또는 **재조직화**(reorganization)[11]라고 알려져 있다.

---

9) Jo Owen, *The Death of Modern Management: How to Lead in the New World Disorder* (Hoboken: John Wiley & Sons, 2009), 15.
10) 역자주: "restructuring"을 우리말로 표기한 것으로, "구조 조정"이라고도 하며, 이 책에서는 일관되게 "리스트럭처링"이라는 용어로 통일하여 사용하고자 한다.
11) 역자주: "reorganization"의 번역으로, "구조 개편"이나 "구조 재편"이라고도 하며, 이 책에서는 일관되게 "재조직화"라는 용어로 통일하여 사용하고자 한다.

앞서 살펴본 것처럼, 정기적인 리스트럭처링은 어떤 조직이 지속되어야 한다면 실제로 불가피하다. 원래의 구조는 특정 시기에 특정의 환경에서 인간에 의해 만들어졌기 때문에, 영원한 것도 신성한 것도 아니다. 실제로 오늘날 존재하는 대부분의 조직은 그러한 조직을 위해 더 이상 존재하지 않는 목적과 목표에 부응하기 위해 만들어졌다고 한다. 그러나 경영자들은 전통적으로 기존의 조직 구조를 바꾸는 것을 주저하고 있다. 이것은 변화에 대한 두려움이나 새로운 활동들이 개편된 조직 구조를 얼마나 필요로 하는지를 알지 못하기 때문일 수도 있을 것이다. 새로운 목적과 목표를 달성하기 위해 일하면서 옛 조직 구조를 고수하는 것은 혼란과 비효율성, 노력의 중복을 초래하게 된다. 경쟁이 심하지 않거나 외부 환경이 비교적 안정적일 때는, 시대에 뒤떨어진 조직 구조가 거의 해를 끼치지 않겠지만, 경쟁이 치열해지고 환경이 더 불안정해질 때는 문제점이 발생하게 될 것이다.

20세기 말 가까이에 전 세계의 많은 조직은 비즈니스 프로세스 리엔지니어링(BPR: business process reengineering)이라는 원칙을 사용하여 리스트럭처링을 시작하였다. BPR은 조직을 더 효과적이고 효율적으로 만들기 위한 의도를 가진 경영 개혁(managerial reform)의 긴 라인 중 최신의 것이었다. 그 이름이 암시하고 있는 것처럼, BPR은 품질과 성과, 생산성을 개선하기 위해 조직 내의 업무 흐름과 프로세스를 분석하고 그러고 나서 프로세스를 리스트럭처링하는 것으로 이루어진다. 비즈니스 프로세스는 정의된 경영 성과를 달성하기 위해 수행되는 논리적으로 관련된 과업들의 집합이다. BPR의 주된 동인(動因) 중 하나는 모든 조직에서 나타나는 정보 테크놀로지와 네트워크에 대한 의존 증가와 그러한 것들이 모든 비즈니스 프로세스에 미치는 영향이었다. BPR의 핵심적인 특성으로는 급진적인 변화와 프로세스 관점의 채택, 새로운 구조의 개요 작성, 고객 초점, 모범 사례 따라잡기 또는 유지, 최고 경영진의 지원을 필요로 하는 하향식 접근법, 문화 변화, 핵심 역량에 대한 초점이 있다.[12]

많은 조직들이 BPR을 시험했지만, 좀 더 최근에는 BPR이 원래 상상했던 것과 같은 BPR에 대한 열정은 시들해지고 있다. 하지만 조직 내의 프로세스를 조직의 초점 부분으로 간주하는 것은 현재 표준적인 접근법이 되고 있다. 많은 도서관과 그 밖의 공공 부문 조직들은 재조직화 노력에서 이미 BPR의 여러 측면을 이용

---

12) Vishanth Weerakkody, Marijn Janssen, and Yogesh K. Dwivedi, "Transformational Change and Business Process Reengineering (BPR): Lessons from the British and Dutch Public Sector," *Government Information Quarterly* 28, no. 3 (July 2011): 320-28.

하고 있으며, 더 많은 조직이 이 접근법을 채택하고 있다.[13] 예를 들면 USCO(U.S. Copyright Office)는 그 시스템 전체를 리엔지니어링하고 있는데, 그 자체를 종이 기반 시스템에서 전자적인 것으로 변환하고 있다.[14] 비즈니스 프로세스와 어떻게 그것을 개선할 수 있는지를 검토해 보는 것은 조직의 구조를 다시 구상해 보는 좋은 방법이다.

 이야기해 보기

USPS(United States Postal Service)는 Benjamin Franklin이 초대 우정장관으로 임명되었던 1775년으로 그 기원을 거슬러 올라간다. 이 유서 깊은 기관은 그 환경의 변화로 위협을 받고 있는데 2011년 11월에는 51억 달러의 손실을 보고한 바 있다. USPS의 재정 위기의 큰 요인은 연간 우편 물량이 보고서 이전의 5년으로부터 20퍼센트(약 4천만 건) 이상 떨어지고 있다는 것이다. 그러한 감소는 이메일의 사용이 증가하고 온라인 결재가 출현한 결과이다. 아울러 국제 배송과 익일 배송과 같은 가장 마진이 높은 서비스의 일부는 상당 부분이 FedEx와 UPS와 같은 민간 기업에 추월당하고 있다. 미국 우정공사 총재인 Patrick Donahue는 다음과 같이 말하고 있다. "우리는 과거에 묶여 있는 비즈니스 모델을 가지고 있기 때문에 오늘날 깊은 재정 위기에 빠져 있다. 우리에 대해 사람들은 비즈니스처럼 운영되길 기대하고 있지만, 우리는 그렇게 할 만한 유연성을 갖고 있지 못하다. 우리의 비즈니스 모델은 기본적으로 유연성이 없다. 그것이 USPS가 그 문제들을 해결하지 못하도록 가로막고 있다."[15]

USPS는 그 존재 자체가 환경의 변화로 인해 위협받고 있는 조직의 좋은 예이다. 이 기관은 디지털 시대를 위해 재탄생되어야 한다. 여러분이 Donahue에 의해 컨설턴트로 고용되었다고 상상해 보라. 여러분은 USPS가 다시 살아 나갈 수 있도록 하기 위해 어떤 변화를 시작할 수 있다고 생각하는가? USPS가 부딪히고 있는 모든 문제점을 앞에 두고 볼 때, USPS의 문을 닫고 그 기능 전체를 민간 부문이 맡도록 하는 것이 더 나을 것인가? 현재 제공되고 있는 서비스 중에 이 경우에 사라질 수도 있는 것들이 있는가? 미국은 국가 우편 서비스 없이 지낼 수 있을 것인가?

---

13) 몇 가지 예에 대해서는 다음 자료를 참고하라: Vishanth Weerakkody, Marijn Janssen, and Yogesh K. Dwivedi, "Transformational Change and Business Process Reengineering (BPR): Lessons from the British and Dutch Public Sector," *Government Information Quarterly* 28, no. 3 (July 2011).

14) Theresa Cramer, "Unexpected Consequences: The Copyright Office (Finally) Goes Digital," *Econtent* 31, no. 7 (September 2008): 16.

15) Steven Greenhouse, "Postal Chief Seeks Ability to Cut Costs to Stem Loss," *The New York Times* (November 22, 2011).

급변하는 세계에서 올바른 변화를 이루어내는 것은 특히 어렵다. 극적인 환경 변화는 조직의 섹터가 이에 대응하여 변화하지 못하면, 전체 조직 유형의 소멸로 이어지는 경우가 빈번하다. 그 한 예로 버기 윕(buggy whip)[16] 산업이 있다. 일단 자동차가 지배적인 교통수단이 되면서, 버기 윕의 메이커들은 고객들이 거의 없었다. 다행히도 조직의 변화는 대개 점진적인 것으로, 이러한 유형의 변화는 특정 유형의 조직이 생존할 수 있도록 해 주게 될 수많은 사소한 적응이 이루어질 가능성을 제공해 준다. 하지만 환경의 점진적인 변화는 조직을 방심하게 하여 발생하고 있는 차이의 크기를 무시하게 만든다. 영국의 경영 전문가인 Charles Handy는 조직의 변화에 관심이 있는 모든 사람에게 교훈적인 이야기가 될 수 있는 스토리를 들려주고 있다. 자신의 저서 *The Age of Unreason*에서, Handy는 개구리를 찬물이 담긴 냄비에 넣고 그러고 나서 서서히 물을 덥힌다면, 개구리는 물이 따뜻해지면서 그냥 다소 편안해지게 되며, 천천히 편안한 혼수상태에 빠지게 된다. 개구리는 물이 끓는 시점에 도달할 때조차도, 움직이지 않을 것이며, 이렇게 해서 천천히 이루어지는 온도 변화는 개구리의 죽음으로 이어지게 된다.[17] 이 스토리가 과학적 사실에 근거하고 있는 것 같지는 않지만, 이것은 서서히 이루어지는 변화가 그것이 개구리이든 조직이든 어떻게 해서 어떤 실체를 방심하게 하여 자신을 둘러싼 세상에서 어떤 일이 일어나고 있는지에 대한 더 큰 결과를 무시하도록 만드는지를 설명해 주는 강력한 비유이다.

1970년대 이래로 도서관들은 환경의 많은 변화에 맞춰 조정해 오고 있지만, 비교적 점진적인 방식으로 이러한 변화들을 이루어낼 수 있었다. 조금씩 도서관들은 정보 테크놀로지를 업무의 거의 모든 측면에 통합하고 있으며, 가상(假想)으로 이용자에게 서비스하는 데 익숙해져 가고 있고, 많은 자료는 라이선스를 얻고 소장하지 않는 하이브리드형 장서에 편안해져 가고 있다. 조직으로서의 도서관들은 분명히 적응해 나가고 있지만, 최근에 이루어지고 있는 환경의 변화 속도는 점진적인 변화는 더 이상 충분하지 않음을 의미하고 있다. 도서관이 제4차 산업 혁명에서 성공적으로 살아남고자 한다면 근본적인 변화가 필요할 것이며, 이러한 변화의 일부는 이용자들의 변화하는 니즈에 부응하기 위해 도서관을 리스트럭처링하는 것을 포함하게 될 것이다.

---

16) 역자주: 옛날에 사용되었던 가늘고 긴 자동차용 안테나로, 요즘은 거의 사용되지 않는다.
17) Charles Handy, *The Age of Unreason* (Boston: Harvard Business School Press, 1991), 9.

도서관이나 어떤 조직을 구조화하는 보편적인 "최선의 방식"은 존재하지 않기 때문에, 현명한 경영자들은 옵션들을 찾아내고 있다. 가장 훌륭한 경영자들은 자신들의 조직의 구조를 정기적으로 평가하고, 그 프로세스의 필요성은 물론 설계를 검토한다. 오늘날과 같은 가속화되는 변화의 시대에서는, 정보 테크놀로지의 진전이 사람들로 하여금 자신들의 직무를 다른 더 좋은 방식으로 수행할 수 있도록 허용해 주고 있으며, 조직들은 대개 이러한 변화를 반영하기 위해 리스트럭처링해야 한다. 조직이 계획된 목적과 목표를 효율적으로 달성할 수 있는 조직 구조를 개발하기는 쉽지 않다. 더욱이 조직 구조가 더 커지고 추가의 사람들이 관여하게 되면서, 더 복잡한 문제점들이 제기된다. 구조는 유사하거나 관련된 활동의 확인과 그룹화를 포함해야 하고, 이러한 활동들을 적절한 하위 그룹에 배정하도록 허용해야 한다. 구조는 한 경영자 아래에서 이루어지는 활동들의 조정이 가능하도록 해 주고, 아울러 경영자가 부여된 활동들을 수행하기 위해 필요할 때는 권한과 책임을 위양(委讓)할 수 있도록 해 주어야 한다. 기업 세계에서조차도 재조직화의 방법과 결과에 관해서는 많은 우유부단성이 나타나고 있다. Johansen과 Swigart가 밝히고 있는 것처럼, "우리는 산업 시대 모델의 유용성보다 오래 살아남았지만 정보 시대를 위한 강력한 모델을 아직 갖지 못하고 있다."[18] 하지만 Greenwood와 Miller가 설명하고 있는 것처럼, "조직이 전례 없는 연속적인 도전에 직면하고 있다고 말하는 것은 진부한 표현이다. 이러한 도전 가운데 가장 시급하면서도 보편적인 것들은 지속적으로 이루어지는 조직 설계의 끊임없는 의도적인 조정에 의해 처리될 수 있을 뿐이라는 사실에 주목하는 것은 아마도 덜 분명한 것 같다."[19] 그 프로세스가 어렵기는 하지만, 조직의 경영자들은 오늘날의 니즈에 부응하는 구조를 설계하고자 계속해서 노력해야 한다.

도서관들은 현재 아주 수평적인 조직으로부터 전통적인 계층 구조 조직에 이르기까지, 다양한 방식으로 조직화되어 있다. 조직화에는 최적의 방식이 존재하지 않으며, 따라서 최선의 조직 유형에 대한 일관성 있는 규정도 존재하지 않는다. 전통적인 계층 구조가 어떤 상황에서는 가장 잘 작동하는 반면, 어떤 상황에서는 현

---

18) Robert Johansen and Rob Swigart, *Upsizing the Individual in the Downsized Organization: Managing in the Wake of Reengineering, Globalization, and Overwhelming Technological Change* (Reading, MA: Addison-Wesley, 1994), 13.

19) Royston Greenwood and Danny Miller, "Tackling Design Anew: Getting Back to the Heart of Organizational Theory," *Academy of Management Perspectives* 24, no. 4 (November 2010): 78-88.

재 유행하고 있는 더 수평적인 구조가 더 적합하다. 너무나도 많은 다른 경영 분야에서와 마찬가지로, 최선의 조직 구조는 특정한 상황에 좌우된다. 이제 조직 이론가들은 조직이 어떤 조직 구조를 채택하기에 앞서 무엇을 완수하고자 하는지에 대해 생각하도록 권고하고 있다. 문제의 요인에는 시장과 위치, 그리고 어떤 설계가 조직의 핵심 역량을 가장 잘 증진해줄 것인지 등이 포함된다. "경영진의 운영상의 초점은 조직이 가장 효율적이 되도록 일치, 즉 선정된 조직 설계와 모든 조직 구성 요소 사이에서 일관성을 갖도록 하는 조화를 어떻게 이루어낼 것인지가 된다."[20]

7.4. 조직화의 시작

조직의 가장 중요한 측면 중 하나는 특히 어떤 기업이 성장하고 추가의 근로자들이 고용될 때, 조직의 구조를 선택하는 것이다. 경영자들은 설계를 결정할 때 세 개의 관련된 목적에 관심을 갖는다. 그들은 (1) 경영자들이 직원들로 하여금 그들의 특정 직무를 수행하도록 일관성 있게 영향을 미칠 수 있는 환경을 만들어 내고, (2) 성공적인 업무를 위해 필요한 개개인 간의 상호 협력을 촉진하고, (3) 비용 효과적인 시스템을 만들어 내기를 원한다.[21]

대부분의 조직은 초창기에는 구조를 거의 필요로 하지 않는다. 왜냐하면 그것은 아직 소규모 조직의 모든 장점을 가진 아주 작은 것이기 때문이다. 즉 그러한 조직은 유연하고, 유지하는 데 비용이 아주 적게 들어가며, 분명한 책무성을 가지고 있다. 의사 결정은 단지 소수의 사람에 의해 이루어지며, 커뮤니케이션은 아주 비공식적일 수도 있다. 하지만 성공적인 조직이 성장함에 따라, 명문화된 정책과 지침을 가진 어떤 종류의 공식적인 구조를 갖는 것이 중요해지게 되는데, 이 구조는 의사 결정을 위한 책임과 권한을 나누는 역할을 한다. OCLC(당시에는 Ohio College Library Center)가 1967년에 시작되었을 때, 이 조직은 두 명의 직원, 즉 설립자 Frederick G. Kilgour와 한 명의 비서로 이루어져 있었다. OCLC는 초창기에는 아마도 공식적인 조직 구조에 대해 거의 생각하지 않았을 것이다. 현재 OCLC

---

20) Miles H. Overholt, "Flexible Organizations: Using Organizational Design as a Competitive Advantage," *Human Resources Planning* 20, no. 1 (1997): 23.
21) Jay Lorsch, "Organizational Design," in *Managing People and Organizations*, ed. John J. Gabarro (Boston: Harvard Business School Publications, 1992), 313-14.

는 100개 이상의 국가와 지역의 16,000개 회원 도서관과 11개국의 19개 사무실에 1,000명 이상의 직원을 가진 전 세계에 걸쳐있는 복잡한 단체이다.[22] OCLC의 경영자들은 OCLC가 그 목표를 달성할 수 있도록 보장하기 위해 주의 깊게 조직을 구조화해야 한다. 조직이 더 커지면 커질수록, 그 구조는 점점 더 복잡해진다.

 이야기해 보기

만일 여러분의 도서관이 사람들을 상자에 가두어 두는 유연하지 못한 직무 기술서와 구조를 가지고 있다면, 여러분은 이미 실패를 맛보고 있거나 아니면 착시 현상을 일으키게 된다. 직무 기술서와 조직도는 상자같이 생겨서 제한적인 경우가 너무 많지만, 그날그날 실제로 어떤 일이 일어나는지를 설명해 주지 못하며, 도서관은 공식적인 경계와 제한을 준수하지 않은 채 임기응변적인 방식으로 기능을 수행한다. 여러분이 도서관에서 일하다가 우연히 여러분의 직무 기술서를 발견하게 된다면, 아마도 그것은 타임캡슐에서 나온 기묘하고 재미있는 가공품처럼 보이게 될 것이다. 와, 내가 정말 작년에 그걸 했었단 말이야? 대부분의 경우, 그것들은 새로운 어떤 사람이 고용되지 않는 한 살펴보지 않게 되며, 약간의 즐거움을 준 뒤 어느 시점에서 다시 작성된다. 근무 중에, 사람들은 무엇을 해야 하는지 그리고 자신들이 그것을 한다는 사실을 이해한다.[23]

이 인용문은 *Inside Higher Education Today*를 위해 도서관을 위한 블로그를 운영하는 Barbara Fister가 쓴 것이다. 그녀는 왜 "사람들을 상자에 가두어두는" 유연하지 못한 직무 기술서와 구조는 여러분이 실패하거나 아니면 착시(錯視) 현상을 일으킨다는 것을 의미한다고 생각하고 있는가? 직무 기술서는 왜 그리 빨리 시대에 뒤떨어지게 되는가? 조직이 최신의 직무 기술서를 유지하도록 하는 것이 가능하고 조언할 만한 것인가?

어떤 조직들은 소규모인 채로 남아 있고 따라서 조직 구조에 대해 심각하게 생각할 필요가 전혀 없다. 예를 들면 소수의 직원을 가진 소규모 공공도서관은 비교적 비공식적인 조직 구조를 유지할 수 있을 것이다. 하지만 모든 성장하는 조직은 공식적인 조직 구조가 성공에 필수적인 시점에 도달하게 될 것이다.

---

22) "About OCLC," OCLC, 2017, 〈http://www.oclc.org/about.en.htm〉.
23) Barbara Fister, "You are Not a Tinker Toy: Libraries and Reorganization," *Library Babel Fish* (blog) *Inside Higher Education*, September 27, 2011, 〈https://www.insidehighered.com/blogs/librarybabelfish/youarenotatinkertoylibraries_andreorganization〉.

그러한 이유로, 성공적인 신규 업체들이 대부분은 기대하지 않은 결과를 초래하는 방식으로 성장과 성공에 대응하고 있기 때문에, 위대한 회사가 되는 경우가 거의 없는 것이다. 기업가적 성공은 창의력과 상상력, 전인미답(前人未踏)의 물속으로의 과감한 움직임, 선견지명을 가진 열의에 의해 강렬해진다. 그러나 기업이 성장함에 따라, 그 운영은 더 복잡해지게 된다. 따라서 그 자체의 성공의 걸림돌이 되는 것을 피하기 위해서는 모두가 새로운 사람과 새로운 고객, 새로운 질서, 새로운 제품으로 이루어지는 규칙과 표준화된 절차가 필요하게 된다. 한때는 아주 재미있었던 업무 환경은 곧 다루기 불편하고 체계적이지 못한 것이 된다.[24]

급속하게 성장하는 도서관들은 마찬가지로 구조에서 복잡성의 증대가 필요하게 된다. 예를 들면 급성장하는 기업의 소규모 전문도서관의 경우를 생각해 보라. 그 도서관이 처음 설립되었을 때는, 한 명의 사서가 수서와 편목, 참고 업무, 도서관 상호 대차, 온라인 검색을 포함한 모든 운영상의 과업을 수행하기에 충분할 수도 있었을 것이다. 하지만 모기업이 더 크게 성장함에 따라, 도서관에서 제공하는 정보에 대한 수요도 증가하게 되고, 그에 따라 더 많은 직원을 고용해야 한다. 이제 경영자는 그 도서관의 조직에 관한 결정을 내려야 한다. 확장되는 도서관과 그 도서관의 새로운 직원은 여러 가지 방식으로 구조화할 수 있는데, 경영자의 과업은 가장 효과적이고 효율적이 될 구조를 설정하는 것이다. 모든 직원이 각각 조금씩 시간을 내어 수서와 참고, 편목 등을 수행하면서, 모든 과업에서 일하는 것도 가능하다. 하지만 각 직원이 이러한 과업 중 어느 한 과업에서 어느 정도 전문화되도록 하는 방식으로 업무를 분담하게 될 가능성이 더 높을 것이다.

분업(分業)은 근로자들이 더 효율적이 될 수 있도록 해 준다. 하지만 이러한 엄청난 효율성에도 불구하고, 너무 지나친 전문화는 종종 범위가 너무 좁고 그에 따라서 직원에게 따분하고 만족스럽지 못한 과업들을 만들어 내는 결과를 가져오기도 한다. 이러한 이슈에 대해서는 이 책의 제4부와 제5부에서 추가로 다루고자 한다. 대규모 조직은 전문화에 참여할 가능성이 더 높지만, 소규모 조직에서는 직원들이 종종 많은 유형의 기능을 수행해야 하며, 역할들이 훨씬 덜 분화되어 있다. 학교도서관의 유일한 사서로서 일하는 사서와 300명의 전문직을 고용하고 있는 대규모 학술 리서치 도서관에서 일하는 참고 담당 사서의 경우를 대비해 보라. 분명히 학교도서관 사서는 필연적으로 전문화된 직위에 있는 학술도서관 사서보다

---

24) James Collins, *Good to Great: Why Some Companies Make the Leap and Others Don't* (New York: HarperBusiness, 2001), 121.

더 광범위한 과업을 수행할 것이다. 일인 도서관이라는 용어로 불리고 있는 곳에서 일하는 사람들은 많은 기능을 잘 수행할 수 있는 제너럴리스트(generalists)가 되어야 한다.

 이야기해 보기

여러분이 문헌정보학 석사 프로그램을 졸업할 예정으로 도서관의 전문직 자리를 얻기 위해 면담을 시작하는 중이라고 상상해 보라. 여러분은 여러분이 학술도서관에서 근무하고 싶어 하며 이용자 교육에 특히 관심이 있다고 생각한다. 여러분은 모든 사람이 자신의 직무를 수행하는 과정에서 조금씩 이용자 교육을 수행하는 아마도 다섯 명의 전문직 직원을 가진 소규모 학술도서관에서 일하는 것을 더 선호할 것인가, 아니면 여러분이 10명으로 구성된 이용자 교육 담당 부서의 일부가 될 대규모 ARL 도서관에서 일하는 것을 더 선호할 것인가? 각 직무의 장점과 단점은 무엇인가? 여러분은 어떤 직무가 여러분이 미래에 지원하고자 할 수도 있는 직위에 대해 더 나은 준비를 제공할 수 있을 것이라고 생각하는가?

앞서 설명한 기업도서관의 사례에서, 도서관 경영자는 아마도 각 직원이 어느 정도 전문화해야 한다고 결정하게 될 것이다. 그러한 경우 경영자는 직원 한 사람은 수서를 맡고, 한 사람은 라이선스 업무를 맡고, 두 사람은 편목에 초점을 맞추고, 세 사람은 참고 서비스에서 일하도록 하는 등의 방식으로, 과업을 배정하게 될 것이다. 한 명의 경영자는 전체 도서관의 업무에 대한 책무성을 갖게 될 가능성이 있다. 이 사람의 책임 중에는 모든 프로세스가 부드럽게 함께 작동하고 모든 목표가 완수되도록 보장하기 위해 많은 도서관 과업을 조정하는 것이 포함될 것이다. 그러한 사람은 도서관장으로서, 조직의 구조에 관한 궁극적인 의사 결정을 내리는 사람이 될 것이다.

이 도서관의 구조화는 조직의 두 가지 핵심적인 개념인 전문화(specialization)와 조정(coordination)에 대해 설명해 주고 있다. 어떤 목표를 향해 두 명 이상의 사람이 일하고 있을 때, 각 근로자는 혼동과 노력의 중복을 피하기 위해 어떤 특정 과업을 수행해야 할지 알아야 한다. 조직의 모든 경영자는 그 과업들을 어떻게 분배하는지를 결정해야 하는데, 이 전문화는 조직을 여러 부분으로 나누는 것을 포함한다. 그리고 나서 조직의 경영자들은 모든 전문화된 부서들을 어떻게 조정할 것인지, 즉 전체 제품이나 서비스를 조합하기 위해 여러 부분을 어떻게 재통합할 것인지를 결정해야 한다. 모든 대규모 조직은 전문화도 하고 조정도 해야 한다. 전문화와 조정을 위해 도서관이 사용하는 방법들에 대해서는 제8장에서 더 상세하게 다루고자 한다.

7.5. 공식 조직과 비공식 조직

조직은 공식 조직(formal organization) 또는 비공식 조직(informal organization)으로 구분할 수도 있을 것이다. 공식 조직은 어떤 기업 내의 권한과 부하 직원들의 공식적인 관계를 말한다. 이것은 과업과 기능, 권한의 의도적인 분배에 의해 정의되는 그대로의 조직이다. 공식 조직은 공무상의 표준화된 모든 업무 관계를 망라한다. 반면에 비공식 조직은 다소 느슨하게 조직되며 유연성을 갖는다. 이것은 자연적으로 만들어지는 경우가 많다. 비공식 조직은 공식 조직과 독립적으로 존재할 수도 있을 것이다. 예를 들면 브리지 게임(bridge)을 하기 위해 정기적으로 모이는 네 사람은 비공식 조직이 된다.

우연히도 많은 비공식 조직은 공식 조직의 테두리 내에서 존재한다. 공식 조직이 결성된 후, 비공식 조직은 그 골격 내에서 자연적으로 생겨난다. 업무 집단 내의 공무상이 아닌 관계는 비공식 조직이 되는 것으로 간주된다. 이러한 비공식 집단은 종종 조직도상에는 그 직위가 전혀 나타나지 않는 리더를 갖는다. 다른 사람에게 영향을 주는 잘 정의된 직위를 갖는 공식적으로 임명된 리더와는 달리, 비공식적인 리더는 정식으로 승인된 권한을 갖지 못한다. 그 대신 비공식 집단의 리더는 대개 집단 자체에 의해 선정되며, 다른 회원들이 특정 시기에 자신들의 특정의 니즈를 만족시키기 위해 중요하다고 느끼는 바로 그 사람이다. 비공식 집단의 리더십은 종종 급속하게 변하는데, 많은 사람이 리더십 역할을 돌아가며 들락날락하기도 한다.

비공식 조직은 조직도(organization chart)상에는 전혀 나타나지 않지만, 종종 공식 조직에 상당한 영향을 미치기도 한다. 비공식 조직의 영향은 조직의 유효성을 향상시키거나 아니면 파괴시킨다. 고전적 경영 원칙에서는 대개 비공식 조직의 존재를 무시하고 있으며, 많은 경영자들은 여전히 이러한 비공식적인 실체의 중요성을 과소평가하고 있다. 하지만 개개 직원의 조직상의 역할은 공식적 관계뿐만 아니라 물론 비공식적 관계로부터도 유래되는 것이다.

7.6. 조직으로서의 도서관

이 장은 공식 조직에 초점을 맞추고 있다. 도서관은 공식 조직의 한 유형이며, 대부분의 도서관은 특별한 조직적 특성을 갖는 비영리의 서비스 기관이다. 도서관은 더 유형적인 자료가 아닌 정보를 제공하는 서비스 조직이기 때문에 영리 조직과 다르다. 도서관은 오랜 역사를 가지고 있기 때문에, 종종 융통성이 없는 구조와 변화에 대한 저항의 방향으로 향해가는 기능과 방법에 대한 구체적인 개념을 축적해 오고 있다. 대개 도서관은 독립적인 실체로서가 아니라, 대학과 학교, 지방 자치 단체와 같은 상위 사업체의 보조 기관으로서 기능을 수행하며, 그 결과 정치 단체와 교원, 이용자로부터 외부적인 압력을 받는다. 도서관은 또한 고위층이 대학원 교육을 받은 인력들로 충원되어 있고, 고학력의 핵심적인 직원을 두게 되며, 일반적으로는 직업적인 경영자(career managers)가 아닌, 서비스 담당 직위에서 승진한 전문직에 의해 관리되기 때문에 뚜렷이 구별된다.[25] 도서관은 하나의 독특한 유형의 조직이지만, 다른 종류의 조직과 많은 특성을 공유하고 있다. 제3부 전체에 걸쳐, 도서관에 대해 관심의 초점을 맞추겠지만, 그 이론과 원칙은 모든 조직에 적용된다.

7.7. 조직도

역할의 수평적 수직적 분화를 이해하기 위한 유용한 보조물이 조직도 (organization chart)[26]인데, 이것은 조직의 전반적인 구조를 그래픽으로 표현한다. 이러한 조직도는 너무나도 일반적이기 때문에, "대부분의 사람은 구조라는 단어를 듣게 되면, 조직도상의 박스를 생각한다."[27] 조직도는 개개 직원을 포함하고 있지만, 그 기본적인 기능은 권한의 계통이 어떻게 여러 부서와 연결되는지를 보여 주는 것이다. 그와 같은 정보는 소중하다. 그러나 여러분은 "차곡차곡 쌓아놓은 질서 정연한 작은 박스들은 … 여러분에게 경영자들의 이름과 직책은 보여 주지만 회사에 관한 다른 것들은 거의 보여 주지 못한다. 즉 그 제품이나 프로세스, 고객은 보

---

25) Lowell A. Martin, *Organizational Structure of Libraries* (Lanham, MD: Scarecrow Press, 1996), 12-3.
26) 역자주: 조직표, 조직 도표라고도 한다.
27) Edgar Schein, *Organizational Culture and Leadership* (San Francisco: Jossey-Bass, 2010), 22.

여 주지 못하며, 아마도 그 비즈니스 라인마저도 보여 주지 못할 것이다."[28]

이 조직도 상에서, 권한의 계통은 대개 직선으로 나타나는 반면, 스태프 조직 단위를 보여 주는 계통은 점선으로 표시되는 경우가 많다. 공식적인 커뮤니케이션은 조직 단위와 권한의 계통을 따른다. 비공식적인 커뮤니케이션 계통은 물론 전통적인 조직도에는 나타나지 않는다.

어떤 조직도 상에서든, 권한은 아래쪽으로 그리고 바깥쪽으로 흘러가며, 원래의 포인트로는 되돌아오지 않는다. 예를 들면, 〈그림 7.2〉에서, 주된 권한의 계통은 도서관장으로부터 시작하여 부관장에게로 이동되고, 그 직위로부터 추가로 세 개의 기능 부서로 아래쪽으로 그리고 바깥쪽으로 흘러간다. 사무실은 도서관장에 의해서만 감독을 받는다. 이 경우에 권한은 도서관장으로부터 곧바로 아래쪽으로 그리고 바깥쪽으로 사무실로 흘러가서 그곳에 머물게 된다. 바꾸어 말하면, 이 도서관에서, 부관장은 사무실의 실장과 마찬가지로, 도서관장에게 보고한다. 대출과와 참고서비스과, 기술서비스과의 과장들은 부관장에게 보고한다. 권한이 바깥쪽으로 흐르고 그러고 나서 멈춘다는 사실을 이해한다는 것은 조직도를 해석하는 데 중요하다. 여기에서, 사무실은 부관장이나 그림에 나타나 있는 다른 어떤 조직 단위에 대해 어떤 권한도 없다.

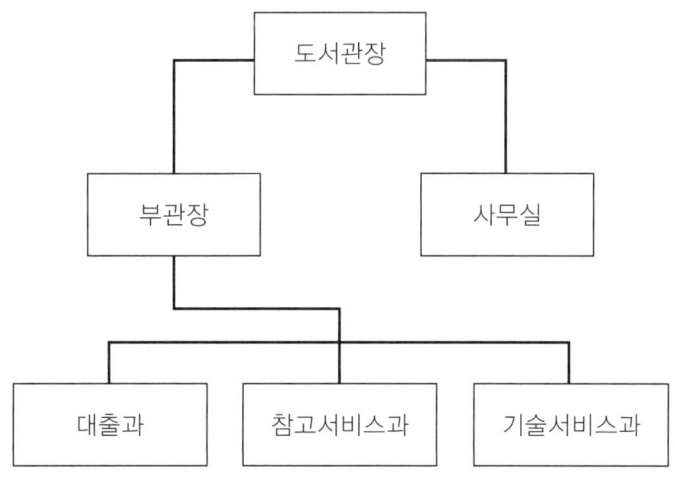

〈그림 7.2〉 권한의 계통을 보여 주는 조직도

---

28) Harold Steiglitz, "What's Not on the Organization Chart," *The Conference Board RECORD* 1 (November 1964): 7-10.

〈그림 7.3〉에 제시된 도서관에서는, 도서관장이 인적자원실에 대한 권한을 갖는다. 인적자원실은 스태프 기능을 수행하기 때문에, 이 권한은 점선으로 표시되어 있다. 인적자원실은 다른 어떤 단위에 대한 권한도 없이, 도서관장과 조직의 다른 모든 단위에 대해 자문 역할을 맡아 서비스한다. 하지만 인적자원실은 그 내부 업무에서는, 급여 담당 기능에 대해 직선으로 표시되는 권한을 갖는다.

〈그림 7.2〉와 〈그림 7.3〉의 몇몇 블록은 개인(예를 들면 도서관장과 부관장)에 해당하는 반면, 다른 블록은 기능(예를 들면 대출 서비스, 참고 서비스, 기술 서비스)에 해당한다. 기능에 해당하는 블록들은 할당된 모든 활동을 망라하게 되는데, 여기에는 경영자가 수행하는 활동도 포함된다. 따라서 개인에 해당하는 것 같은 블록들은 실제로는 그 직위에 할당되는 모든 활동의 집합에 해당하는 것이다. 〈그림 7.2〉의 도서관장의 경우, 사무실의 직접 감독이 활동에 포함되며, 〈그림 7.3〉에서는 도서관장의 활동에 인적자원실에 대한 감독이 포함된다. 두 조직도 모두에서, 부관장은 세 개 업무 단위에 대한 일상적인 감독의 책임을 갖지만, 다른 활동들도 이 직위에 할당된다. 조직 구조의 단위는 개인의 직책에 의해 표시되어 있는 것처럼 보일 수도 있겠지만, 조직의 블록은 그 직위의 모든 활동을 포함한다는 사실을 알아야 한다.

조직이 〈그림 7.2〉와 〈그림 7.3〉에 나타난 것처럼 단순한 경우는 거의 없다. 어떤 조직은 매우 복잡하여, 크고, 알기 어렵고, 때로는 혼동을 주는 조직도로 이어지기도 한다. 가끔은 어떤 단위의 조직의 상태가 조직도의 위치 때문에 잘못 이해

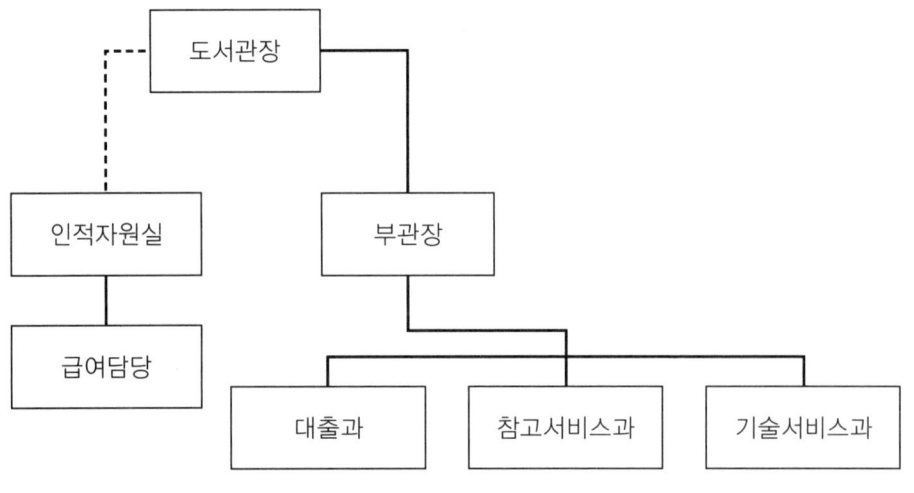

〈그림 7.3〉 라인과 스태프의 조직 단위

되기도 한다. 그 단위가 조직도상에 더 높이 나타나면 나타날수록, 그 지위나 권한이 점점 더 크다고 일반적으로 믿고 있다. 어떤 특정 단위의 중요성은 권한의 계통과 그 권한이 그 단위에 도달하기 이전에 거치는 경영자의 수에 의해 설명되는 것이다.

조직도는 권한과 커뮤니케이션, 정보 흐름의 경로를 정의하고 설명할 수 있다. 조직도는 조직 구성원의 지위나 서열을 각 감독자의 통제 범위(span of control)와 함께 보여 줄 수 있다. 조직도의 개발은 경영자가 관련이 없거나 유사성이 없는 활동들을 어떤 단위에 할당하는 것과 같은 분업에서 발생하는 문제점이나 비일관성을 확인하는 데 도움을 준다.

모든 도서관은 규모와 관계없이, 최신의 조직도를 가지고 있어야 한다. 조직도는 모든 직원이 이를 입수할 수 있도록 하여 도서관 내의 관계를 이해하는 데 도움을 주어야 한다. 하지만 조직도는 다이내믹한 프로세스를 나타내는 정적인 모델로, 그 파워에 한계가 있다. 조직도는 업무가 어떻게 구분되는지, 누가 누구를 감독하고 있는지, 각 구성 요소에 할당되는 업무의 성격, 상관과 부하 직원의 연속되는 계층을 보여 주게 될 것이다. 조직도는 조직 단위의 상대적 중요성이나 지위나, 동일한 관리 계층의 직위에 주어지는 책임과 권한의 양, 라인 근로자와 스태프 직원 간의 명확한 구분, 조직 네트워크의 모든 핵심적인 관계는 보여 주지 못할 것이다. 조직도는 또한 공식적인 구조를 논리적으로 불가피하게 확장해 주는 비공식 조직(그리고 커뮤니케이션 경로)은 보여 주지 못할 것이다.[29]

몇몇 도서관의 조직도에 대해서는 이 책의 자매편 웹 사이트를 참고하기 바란다. 대부분의 조직도는 전통적인 형식이지만, 어떤 것들은 원과 같은 다른 형식으로 배열되어 있다. 조직도에 대한 분석은 어떤 업무 구조는 조직화의 원칙을 범하고 있음을 밝혀 주고 있다. 예를 들면, 어떤 조직도에서는 어떤 직위가 두세 명의 감독자를 갖기도 한다. 어떤 경우에는, 어떤 감독자의 통제 범위가 일반적으로 권고되는 것보다 더 넓다. 조직도는 종종 조직 설계의 일반 원칙과 관계없이, 과거의 잔존물이 될 수도 있고 최고 관리자의 의도를 나타낼 수도 있는 로컬의 상황을 반영하기도 한다.

---

29) Harold Steiglitz, "What's Not on the Organization Chart," *The Conference Board RECORD* 1 (November 1964): 7-10.

7.8. 조직 문화

조직 문화(organization culture)는 집단들이 외부 적응과 내부 통합의 문제점에 대응하기 위해 개발하는 집단적 가정(假定)과 가치 체계, 규범을 설명하기 위해 사용하는 용어이다.[30] 각 조직은 집단의 규범이 발생하고 직원의 행동에서 명백하게 드러나면서 자체의 조직 문화나 기업 문화를 개발하는 경향이 있다. 기업의 세계에서, 많은 조직은 매우 강한 문화를 가지고 있다. 예를 들면 구글(Google)은 설립자인 Larry Page와 Sergey Brin의 철학을 바탕으로 문화를 개발하고 있다. 구글 웹 사이트에 따르면, 그 문화는 다음과 같이 소규모 기업 환경을 유지하는 것을 강조하고 있다.

우리는 모든 사람이 직접 실천하는 기여자가 되고 아이디어와 사상을 공유하는 것을 편안하게 느끼는 신규 업체와 관련되는 경우가 많은 개방적인 문화를 유지하고자 노력한다. 우리의 주간 전체("TGIF") 미팅(이메일을 통하거나 카페에서 이루어지는 것을 말하는 것이 아니다)에서는 구글러(Googler)들이 Larry와 Sergey, 그 밖의 다른 임원들에게 회사의 이슈에 관해 얼마든지 직접 질문을 한다. 우리의 사무실과 카페는 팀 내에서 그리고 여러 팀에 걸쳐 구글러들 간의 상호 작용을 권장하고 일은 물론 놀이에 관한 대화를 촉발시키기 위해 설계되고 있다.[31]

IBM도 강력한 기업 문화를 가지고 있지만, 그 문화는 구글의 문화와 확연히 다르다. IBM의 문화는 1년에 걸쳐 조정되었는데 더 이상 과거에 존재했던 매우 공식적인 "흰색 셔츠와 넥타이" 문화가 아니다. 하지만 IBM의 규모와 제품, 내부 보고 패턴은 결과적으로 구글에서 발견되는 것과는 다른 문화를 낳고 있다. 유사한 방식으로, Amazon과 Cisco, Microsoft의 기업 문화는 특유의 모기업을 반영하고 있기 때문에 역시 모두 다르다.

도서관도 그 자체의 조직 문화를 가지고 있는데, 이러한 문화는 상당히 다양할 수도 있을 것이다. 예를 들면, 어떤 도서관에서는 직원이 전문적인 방식으로 옷을 입는 반면, 어떤 도서관에서는 훨씬 더 캐주얼하게 옷을 입는다. 어떤 도서관에서는, 근로자들이 업무를 쉬는 동안 상당히 사회화하는 경향이 있는 반면, 어떤 도서

---

30) Edgar Schein, *Organizational Culture and Leadership* (San Francisco: Jossey-Bass, 2010), 10.
31) 다음 자료를 참고하라: "The Google Culture," 〈https://www.google.com/about/company/facts/culture/〉.

관의 사람들은 근무 시간 이외에는 상호 작용이 거의 없음을 보여 주고 있다. 어떤 도서관에서는, 도서관장이 Dr. Brown이나 Ms. Smith와 같은 직함을 사용하여 공식적으로 호칭을 부른다. 어떤 도서관에서는, 모든 사람이 이름을 부르는 사이이다. 근로자들이 옷을 입고, 사회화하고, 상호 작용하는 방식은 조직 문화의 몇 가지 측면에 불과하다.

기업의 조직 문화는 다음과 같은 세 개의 주요 원천으로부터 생겨나는데, (1) 조직 설립자의 신념과 가정(假定), 가치, (2) 조직이 진화함에 따라 집단 구성원들이 얻게 되는 학습 경험, (3) 새로운 구성원과 리더에 의해 도입되는 신선한 신념과 가치, 가정이 그것이다.[32] 이러한 것들 중에서, 조직의 문화에 기본적으로 영향을 미치는 것은 대개 최고 경영진이다. 왜냐하면 이러한 경영자들은 구조와 테크놀로지와 같은 조직의 유형의 측면에 깊은 영향을 미칠 뿐만 아니라, 그들은 대개 상징과 이데올로기, 언어, 신념, 관습, 신화의 창조자이기 때문이다.

이야기해 보기

Kilmann에 따르면, 조직 자체는 "어느 한 사람이나 어떤 공식적인 시스템보다도 더 강력한 보이지 않는 자질, 즉 일을 하는 특정 스타일이나 특성, 방식"을 갖는다. "조직의 정신을 이해하기 위해서는 우리는 조직도와 규정집, 기계, 건물 아래를 거쳐 기업 문화의 지하 세계로 여행해야 한다."[33]

도서관이든 다른 유형의 조직이든, 여러분이 잘 알고 있는 조직에 대해 생각해 보고, 그 조직 문화의 다양한 요소들을 알아내고자 노력해 보라. 여러분은 그 상징이나 특별한 언어, 영웅, 슬로건, 신화, 의식을 확인할 수 있는가? 여러분은 이 조직이 약한 조직 문화 아니면 강한 조직 문화를 가졌다고 말할 것인가?

조직 문화는 많은 요소로 이루어진다. 가장 일반적인 것으로는 다음과 같은 것들이 있다.

- **상징**(symbols)은 다른 사람들에게 의미를 전달하는 대상이나 행위이다. 도서관에서 발견 할 수 있는 몇 가지 상징으로는 업무 공간(전통적인 사무실이나 개

---

32) Edgar Schein, *op. cit.*, 219.
33) R. H. Kilmann, "Corporate Culture," *Psychology Today* 28 (April 1995): 63.

인 열람석)과 벽면 장식의 유형, 감독자 사무실의 열린 문 또는 닫힌 문이 있다. 전문 용어(terminology)는 조직의 정체성(identity)을 견고하게 하는 데 도움을 주는 공유된 언어이다. 도서관 근로자들은 대부분의 사서는 이해하지만 외부인은 거의 이해하지 못하는 LC나 RDA와 같은 다양한 두문자어(acronyms)를 사용한다.

- 집단 규범(group norm)은 어떤 조직 내에서 발달하는 묵시적 표준이나 행동 방식이다. 예를 들면, 어떤 도서관에서는, 모든 직원 미팅이 정시에 시작되는데, 어떤 도서관에서는 5분에서 10분 늦게 시작하는 경향이 있다.
- 슬로건(slogans)은 어떤 조직의 가치를 구체적으로 표현하는 어구나 문장이다. 때로는 이러한 슬로건은 조직의 사명 선언문에서 가져오기도 한다.
- 영웅(heroes)은 그 문화의 속성의 가장 좋은 예가 되는 남성과 여성이다. 항상 올바른 답변을 찾아내는 경험 많은 참고 담당 사서와 제안된 예산 삭감에 반대하여 도서관을 정당화할 수 있는 도서관장은 자신들의 조직 내에서 영웅으로 떠받들어질 수도 있을 것이다.
- 신화(myths)나 스토리는 조직에 관련된 인물들의 삶에서 실제 사건이나 상상의 사건(일반적으로는 먼 옛날의)에 대한 개작된 이야기이다. 이러한 이야기들은 조직의 가치를 강화시켜 주기 때문에 새로운 직원들에게 들려주고 또 다시 들려주는 것이다. 조직의 설립자나 초창기 리더에 관한 스토리가 공통적이다.
- 의식(ceremonies)은 특별한 행사를 기념하는 의례이다. 많은 도서관은 직원 감사 만찬이나 전국 도서관 주간 동안에 이루어지는 금서(禁書) 읽기와 같은 연례행사를 가지고 있다.

이 모든 요소와 종종 더 많은 요소가 조직의 문화에 영향을 끼친다. 나아가 조직 문화는 다양한 수준을 갖는데, 어떤 것은 명백하게 가시적이지만 어떤 것은 다소 그렇지 못하다. 〈그림 7.4〉에서 볼 수 있는 것처럼, Edgar Schein은 다음과 같은 문화의 3가지 수준, 즉 인공물과 표방하는 가치, 기본적 가정을 설명하고 있다.

- 인공물(artifacts)은 기초가 되는 문화적 가정을 가시적으로 명시하는 것이다. 이것은 행동 패턴과 의례, 물리적 환경, 스토리, 신화를 포함할 수도 있을 것이다. 인공물은 쉽게 알아볼 수 있고 이해하기가 비교적 용이하다. 예를 들면, 어떤 조직의 드레스 코드는 인공물이다. Schein은 인공물 단독으로부터 조직의 문화의 더 깊은 수준을 방해하려고 노력하는 것에 대해 경고하였는데, 왜냐하

면 개개인은 불가피하게 자신의 느낌과 반응을 특정 상황에 투영해야 하기 때문이다. 예를 들어, 어떤 개인이 아주 비공식적인 조직을 보게 되면, 그 사람 자신의 가정(假定)에 비공식성은 업무에 대한 진지성이 적은 태도라는 아이디어가 포함되어 있으면, 이 사람은 그러한 우연성을 비효율성으로 해석할 수도 있을 것이다.

- **표방하는 가치**(espoused values)는 조직의 공유된 가치이다. 예를 들면, 많은 도서관은 직원과 고객에게 도서관이 무엇을 이루고자 하는지를 말해 주는 사명 선언문(mission statements)을 가지고 있다. ALA의 윤리 강령(code of ethics)과 같은 강령은 도서관의 표방하는 가치의 일부로 간주할 수 있을 것이다. 이러한 가치는 조직의 신념을 반영하며 그 구성원의 행위의 지침이 되는 골격을 제공해 준다.

- **기본적 가정**(basic assumptions)은 집단 구성원들이 특정 이슈에 관해 그들이 하는 방식으로 인식하고, 생각하고, 느끼는 가시적이지는 않지만 확인 가능한 이유이다. 이러한 기본적 가정은 집단 내에 너무 깊숙이 박혀있기 때문에 그 구성원들은 다른 어떤 전제든 그것을 바탕으로 하는 행동은 상상도 할 수 없다고 생각하게 될 것이다. 이러한 가정은 너무나도 근본적인 것이기 때문에 정면으로 부딪힐 가능성도 논쟁이 될 가능성도 없으며, 따라서 변하기가 극히 어렵다. 이러한 가정은 "삶의 근본적인 측면, 즉 시간과 공간의 성격과 인간 본성과 인간의 활동, 진리의 본질과 그것을 발견하는 방법, 개인과 집단이 서로 관계를 맺는 올바른 방식, 일과 가족, 자기 개발의 상대적 중요성, 남성과 여성의 적합한 역할, 가족의 본질"[34]을 다루는 경우가 많다.

Schein은 기초를 이루는 기본적 가정의 망(網)이 개인과 집단을 위한 인지적 방어 기제(cognitive defense mechanism)로 작용할 수 있으며, 그 결과로 문화 변화는 어렵고, 시간이 소요되고, 불안을 유발한다고 주장하고 있다. "리더를 위한 핵심은 리더가 자신이 끼어있는 문화를 인식하지 못하면 그러한 문화가 리더를 경영하게 될 것이라는 사실이다. 문화적 이해는 우리 모두에게 바람직하지만, 리더가 리드해 나가려면 그것은 필수적인 것이다."[35] Schein은 고위 경영진은 기본적 가정에 초점을 맞추어야 한다고 강조하고 있다. 인공물은 변경되고 새로운 가치가 표

---

34) Edgar Schein, *Organizational Culture and Leadership* (San Francisco: Jossey-Bass, 2010), 23-33.
35) *Ibid.*, 22.

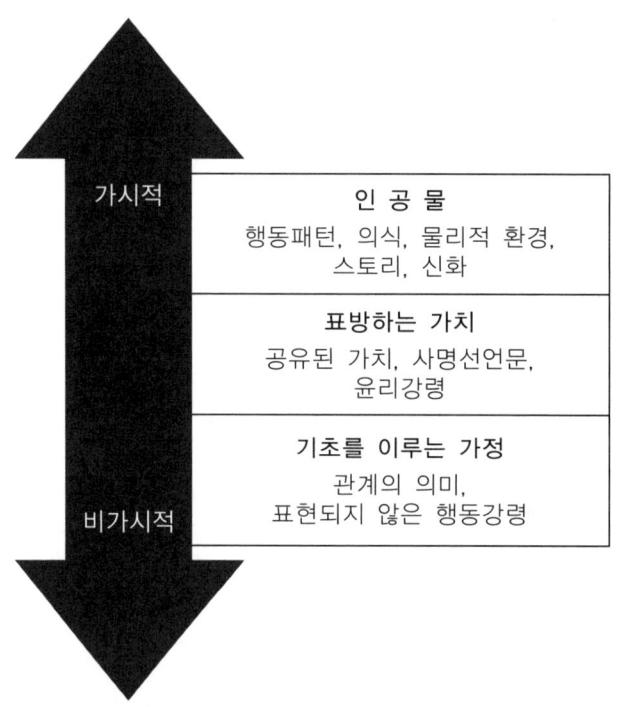

<그림 7.4> 기업 문화의 3가지 수준

명될 수 있지만, 기본적 가정이 수정되지 않는 한, 조직 문화는 동일하게 남을 가능성이 있다.

기업이 곤경에 처했을 때, 경영자들은 문화를 "수리"할 필요가 있다고 생각하는 경우가 많다. 예를 들면, U.S. Department of Veterans Affairs가 재향 군인들이 중요한 헬스케어를 위해 몇 달을 기다리도록 하고 있다는 사실을 발견했을 때, 많은 전문가들은 그들이 부식성 관료주의(corrosive bureaucracy)라고 불렀던 문화의 개혁을 요구하였다. 하지만 최근의 연구에서는 문화는 여러분이 "수리"할 수 있는 어떤 것이 아니라는 사실을 제시하고 있다. 그 대신에 문화의 변화는 조직이 먼저 문제의 원인이 되었던 프로세스와 구조의 변화를 이루어낸 후에 발생하게 된다. 문화는 결과물이지, 원인이나 해결책이 아니다.[36]

---

36) Jay W. Lorsch and Emily McTague, "Culture Is Not the Culprit," *Harvard Business Review* 94, no. 4 (April 2016): 96-105.

7.9. 조직 문화의 전 세계적 차이점

네덜란드의 학자 Geert Hofstede는 조직 행동의 국가별 차이점을 연구하였다. 그는 국가적 지역적 차이를 구체화하는 여섯 가지 문화적 측면을 확인하였는데, 이러한 특색들은 다음과 같다.

- 권력 격차(power distance): 사회가 사람들의 권력 수준의 불평등을 수용하는 정도
- 불확실성 회피(uncertainty avoidance): 사회가 불확실성과 리스크를 최소화하고자 노력하는 정도
- 개인주의(individualism) 대 집단주의(collectivism): 사람들이 기본적으로 개인으로서 또는 집단의 구성원으로서 행동할 것으로 예상되는지의 여부
- 남성성(masculinity) 대 여성성(feminity): 사회가 정형화된 남성적 가치나 여성적 가치에 대해 부여하는 가치로, 예를 들면 여성은 얌전하고 배려심이 있는 반면, 남성은 자기주장이 강하고 경쟁적이라는 아이디어
- 장기적 지향성(long-term orientation) 대 단기적 지향성(short-term orientation): 사회가 과거와 현재보다 미래에 더 많은 중요성을 두는지의 여부
- 방종(indulgence) 대 절제(restraint): 사회가 삶을 즐기고 재미를 느끼는 것에 관련된 인간의 욕망에 대해 비교적 자유로운 만족감을 얻도록 허용하는지의 여부, 또는 사회가 엄격한 사회 규범을 사용하여 그와 같은 만족감을 유예시키는 것을 믿는지의 여부[37]

Hofstede의 문화적 차이점에 관한 더 많은 것을 알아보고 국가별 점수를 확인하기 위해서는, 해당 홈페이지(〈http://geert-hofstede.com〉)를 참고하라. 조직과 개인이 흔히 다른 나라의 상대방과 함께 일하는 점점 더 세계화하는 세상에서는, 어느 한 나라의 규범과 다른 나라의 규범 간에는 큰 차이가 있는 경우가 많고 사람들의 생각과 행동은 이러한 규범의 깊은 영향을 받는다는 사실을 명심하는 것이 중요하다.

---

[37] 다음 자료를 참고하라: Geert Hofstede Web site: 〈http://geert-hofstede.com〉.

 스킬 연습하기

우리가 사는 세상은 점점 더 글로벌화되어 가고 있고 사서들은 종종 다른 문화의 사람들과 함께 일해야 한다. ⟨https://www.geerthofstede.com/geerthofstede.html⟩을 방문하여 앞서 살펴본 여섯 개 문화적 차원에 관해 더 읽어 보라. 우선, 여러분은 여러분의 출생국은 이 여섯 개 차원에서 어디에 해당한다고 생각하는가? 그러고 나서 ⟨https://geerthofstede.com/countries⟩를 방문하여 여러분이 맞는지 확인해 보라. 다음으로 여러분의 출생국과 여러분이 방문한 적이 있거나 방문하고 싶은 나라와 비교해 보라. 국가들 간에 문화적 가치의 차이는 무엇인가? 여러분이 두 번째 나라에서 경영자로서 직업을 가질 예정이라고 상상해 보라. 여러분은 여러분이 성공을 거두려면 여러분의 경영 스타일을 수정해야 할 것이라고 생각하는가?

7.10. 문화 알아가기

어떤 직업에서든 새로 고용된 직원이 배우는 첫 번째의 것 중에는 "이곳에서 일들이 이루어지는 방식"이 있는데, 여기에는 조직의 역사와 조직의 성격, 직원의 행동에 대한 조직의 기대가 포함된다. 만일 조직의 문화와 직원의 기대가 잘 맞지 않으면, 그 결과로 직원은 불행해진다. 많은 경우에, 이러한 부조화가 발생했을 때는, 직원이 그 문화를 따를 수 없기 때문에 사직을 하거나 휴가를 요청한다. 채용 후보자들은 일자리를 받아들이기 전에 조직 문화에 관해 가능한 한 많이 알아보는 것이 중요하다.

동시에 고용주도 직위를 충원할 때 훌륭한 조화를 얻으려고 한다. 조직 문화를 유지하기 위해서는, 그 조직에 어울리는 직원을 모집하고 고용해야 한다. 경영자는 조직 문화를 다음과 같은 방식에 의해 더 강화한다. 즉 (1) 그들이 주목하는 것, (2) 그들이 중요한 사건에 대해 대응하는 방식, (3) 그들이 보상을 할당하는 방법, (4) 그들이 역할 모델링(role modeling)과 코칭을 수행하는 방식, (5) 그들의 선발과 승진, 해고의 방식, (6) 그들의 다양한 조직의 의례와 의식, 스토리가 그것이다.[38] 어떤 조직이 고유의 문화를 변화시키고자 한다면, 이러한 모든 측면을 재구조화해야 할 것이다.

동일한 유형의 두 개 조직의 문화가 유사할 수도 있겠지만, 각각 그 자체의 독

---

38) Edgar Schein, *Organizational Culture and Leadership* (San Francisco: Jossey-Bass, 2010): 250-258.

특한 특징을 갖게 될 것이다. 기업 합병의 세계에서, 가장 중요한 장애 요인의 하나는 두 개 실체의 조직 문화를 합치는 것이 되고 있다. 합병이 비영리 부문에서는 그다지 일반적이지는 않지만, 도서관도 때로는 합병의 요구에 직면하기도 한다. 학술도서관이 대학 컴퓨터 센터와 합병하는 경우에는, 이러한 두 개 유형 간의 문화적 충돌이 하나의 도전이 될 때가 많다. California주 San Jose의 경우처럼, 학술도서관과 합병되는 공공도서관들은 두 개 기관을 하나로 만드는 유사한 과업에 직면한 바 있다.[39] 자치적으로 운영되던 도서관들이 통합 시스템으로 합쳐지고 이미 존재하던 기존의 개개의 문화를 통일된 전체로 합병해야 할 때 동일한 어려움이 발생한다.[40] 기관을 통합하는 것은 기대했던 것보다 더 긴 시간이 소요되는 경우가 많으며, 합병에서 예상했던 비용 절감이 실현되지 못하는 경우도 빈번하다.[41]

분명히 조직의 문화는 대개 그곳에서 일하는 모든 개인에게 깊이 배어있기 때문에 이러한 문화를 바꾸기는 어렵다. 조직 문화는 조직의 비유연성의 원인이다. 직원들은 "그것을 항상 이런 식으로 해왔기" 때문에 변화에 저항한다. 하지만 토요타(Toyota)와 같은 어떤 조직들은 변화를 환영하는 기업 문화를 의도적으로 만들어 오고 있다.[42] 리서치에서는 가장 성공적인 조직들은 강력한 문화를 가지고 있을 뿐만 아니라, 적응적 문화(adaptive cultures)도 가지고 있음을 보여 주고 있다. 제2장에서 살펴본 학습 조직은 대개 적응적 문화를 보여 주고 있다. 학습 조직의 직원들은 현재 상태와 현재의 일하는 방식에 대한 의문 제기에 대해 보상을 받는다. 그와 같은 조직은 변화와 리스크 감수에 대해 가치를 부여하는데, 이것은 대부분의 전문가들이 내일의 조직의 성공을 위해 중요할 것으로 기대하는 접근법이다. 그러한 조직은 과거에 작동해 온 문화적 가치들이 시대에 뒤떨어지게 되었을 때 적응성을 가질 수 있다. 아이러니하게도, 대부분의 성공적인 조직은 때로는 변화에 대해 가장 저항적인데, 그들은 자신들의 과거의 성공 때문에 자신들의 방식이 옳은 방식이라고 확신하고 있는 것이다. 결과적으로, 그들은 자신들의 고객층에 대한 반응성이 떨어지게 되고 기꺼이 리스크를 감수하려고도 하지 않는다. 이러한

---

39) Ann Agee, "Ten Years Later: A Joint Library Evolves," *Journal of Academic Librarianship* 40, no. 5 (September 2014): 521-28.

40) Barbara B. Moran, "Continuity and Change: The Integration of Oxford University's Libraries," *Library Quarterly* 75, no. 3 (2005): 262-94.

41) Claire B. Gunnels, Susan E. Green, and Patricia M. Butler, *Joint Libraries: Models That Work* (Chicago: American Library Association, 2012).

42) Jeffrey Liker and James, K Franz, *The Toyota Way to Continuous Improvement: Linking Strategy and Operational Excellence to Achieve Superior Performance* (New York: McGraw-Hill, 2003).

변화에 대한 저항은 새로운 라이벌들로 하여금 자신들에게 점점 더 가까이 다가와 시장 점유율을 빼앗아갈 수 있도록 허용해 주게 된다.

전통적인 도서관 조직 구조는 과거에는 잘 작동해왔지만, 사서들은 현재 종이 기반 장서로부터 디지털 기반 장서로 계속 이행(移行)하면서 점점 더 증가하는 경쟁에 직면하고 있다. 특히 어떤 새로운 모델도 신뢰할 수 있는 대체물이 되는 것으로 나타나지 않을 때는, 변화하는 것보다는 유효성이 증명된 것들을 고수하는 것이 더 용이하다. 그러나 도서관이 미래에까지 지속되려면, 도서관의 경영자들은 자신들의 조직과 그 문화의 변화를 실험해야 한다. Philip Evans와 Thomas Wurster는 다음과 같이 설명하고 있다. "유력한 재직자의 무능은 새로운 경쟁자가 누리는 최대의 경쟁 우위이다. 만일 재직자가 새로운 규칙에 의해 총력전을 벌이기만 하면 재직자가 이기는 경우가 많을 것이기 때문에, 그것은 그럴만한 자격이 없는 경우가 많은 우위이다."[43] 하지만 조직이 지난 몇 년 동안 해온 일들, 즉 "개인적 집단적 자존심과 정체성의 대상인 수십 년에 걸쳐 구축된 그러한 핵심 역량"[44]을 바탕으로 한 관행들을 포기하는 것은 매우 어렵다.

도서관이 변화하지 않는다면 무슨 일이 일어날까? 변화하는 고객의 기대를 따라잡지 못하거나 더 이상 팔리지 않는 제품을 만들어 내는 상업적인 기업들은 결국 폐업하게 될 것이다. 도서관은 적어도 가까운 미래에는 소멸되지는 않을 것이다. 그럼에도 불구하고, 도서관은 경쟁하는 정보 제공자들에 의해 서서히 대체될 수도 있을 것이다. 개인들은 그들이 필요로 하는 것을 얻기 위해 다른 곳으로 가서 신속하고 용이하게 정보를 얻을 수 있으면, 예를 들어 물리적으로 도서관 건물 내에 위치한 데스크에서만 지원을 제공하는 구식의 모델에 계속 의존하는 도서관을 거의 이용하지 않을 수도 있을 것이다. 사서들은 영리 세계의 사람들을 포함한 어느 누구도 제공하기를 원치 않는 마진이 낮은 서비스에 대한 책임을 떠맡고자 하지 않는다면, 생존의 필요성으로부터 더 나은 어떤 것으로 옮겨가면서, 새로운 경쟁 우위를 찾아야 한다.[45] 현재의 불안정한 지위에 대해 앞서 살펴보았던 USPS는 어떤 조직이 이런 일이 일어나도록 방치했을 때 어떤 일이 일어날 수 있는지에 대한 좋은 예가 되고 있다.

---

43) Philip Evans and Thomas S. Wurster, *Blown to Bits: How the New Economics of Information Transforms Strategy* (Boston: Harvard Business School Press, 2000), 65.
44) *Ibid.*, 66.
45) Council on Library and Information Resources, *No Brief Candle: Reconceiving Research Libraries for the 21st Century* (Washington, DC: CLIR, 2008), 4.

도서관은 장구(長久)하면서도 훌륭한 역사가 있으며 도서관이 필사본으로부터 인쇄 장서로의 이행(移行)을 이루어낸 Gutenberg 혁명의 영향을 무사히 헤쳐 나간 것을 포함하여, 과거에도 성공적인 적응을 통해 성공을 거둔 적이 있었다. 이러한 과거의 변화들은 도서관이라고 알려진 조직 유형이 수 세기 동안 살아남을 수 있도록 해 주었는데, 사실상 도서관은 실존하는 가장 오래된 조직 유형 중 하나이다. 하지만 도서관이 새로운 정보 생태계에서 지위를 유지하려고 한다면 계속해서 진화해야 하는 것은 분명하다. 도서관이 계속 번창하기 위해서는, 사서들은 이미 성취한 것 이상의 것을 해내야 한다. 사서들은 변화를 이루어 내야 한다. 도서관 경영자들은 현재 미래의 수요에 부응하기 위해 도서관을 조직하면서 엄청난 도전에 직면하고 있다. 도서관 경영자들은 변화를 환영하는 사고방식을 가져야 하는데, 변화를 환영하는 것은 실제로 행해지고 있는 곳에서보다는 이론상으로 받아들이기가 훨씬 더 쉽다. 다른 조직 구조와 조직 문화의 수정에 대한 사서들의 실험은 계속되어야 한다. 만일 사서들이 기꺼이 자신들의 조직을 해체하고 이러한 변화를 이루어 내고자 하지 않는다면, 다른 어떤 사람들이 그들에게 변화를 강요하게 될 것이다.

7.11. 결 언

이 장에서는 조직과 그 문화에 대해 개괄적으로 살펴보았다. 제8장에서는 조직이 전문화와 조정을 위해 사용하는 방법들을 다루게 될 것이다. 제9장에서는 오늘날의 도서관에서 사용되고 있는 가장 일반적인 조직 구조에 대해 살펴보고 몇몇 도서관들이 어떻게 리스트럭처링을 시작하고 있는지에 대해 탐구해 보고자 한다.

학습 내용 연습하기

1. Steve Jobs는 아직 고등학교에 다닐 때, 몇 년 전에 같은 고등학교를 졸업한 동료 컴퓨터광 Steve Wozniak을 만났다. 최초의 애플(Apple) 컴퓨터는 1976년에 미국 캘리포니아 주 Cupentino의 Steve Jobs 부모님 소유의 차고에서 만들어졌다. 이 두 명의 Steve는 50개의 컴퓨터 보드를 만들어 로컬의 딜러를 통해 판매하였다. 애플 II 컴퓨터는 2년 후에 소개되었다. 판매는 급등하기 시작하였다. 애플이 1980년에 주식을 공개했을 때, 판매는 10억 달러를

돌파하였다. 두 젊은 기업가는 순식간에 벼락 수 백만장자가 되었다. 애플은 과거의 기업 규칙들이 폐기되는 새로운 타입의 회사가 되고자 하는 의도를 가지고 있었다. 복장 규정도 없고, 공식적인 미팅도 없었다. 정말로 중요한 것, 즉 애플이 약속한 세상을 바꿀 컴퓨터를 만드는 것을 방해하는 것은 아무것도 없었다. 하지만 제품에 대한 수요가 증가하고 더 많은 직원이 고용됨에 따라, 조직의 급속한 성장을 다루기 위해 경험 많은 경영자가 필요하였다. 곧 두 공동 설립자와 새로운 경영진 간의 마찰이 생겨났고, 1985년까지 Jobs[46]도 Wozniak도 애플과 연관되지 않았다.[47]

새로운 스타트업 조직들은 성공의 바탕이 되는 테크놀로지에 대한 이해는 물론 그에 대한 열정을 둘 다 가진 독창적이고 카리스마적인 리더 아래에서 번창하는 경우가 많다. 하지만 조직이 성장함에 따라, 고도로 구조화된 상황에서 위양을 하고 운영을 할 수 있는 능력을 포함한 일단의 다른 기술을 갖춘 최고 경영자가 필요해지게 된다. 만일 여러분이 급속하게 성장하고 있는 새 조직에 컨설턴트로 고용되어 경영상의 조언을 제공하도록 요청받는다면, 여러분은 무엇을 제시할 것인가? 대규모 조직에서 소규모 조직에 존재하는 것과 동일한 유형의 조직 구조와 문화를 유지할 수 있는가? 독창성과 비공식성이 특징인 조직 문화는 반드시 더 공식적이 되고 구조화되어야 하는가?

2. 40만 권의 장서를 가진 Madison College의 학술도서관은 150명의 교원과 3천 명의 학생을 대상으로 서비스한다. 도서관은 한 명의 도서관장과 두 명의 부관장을 두고 있고 각각 자체의 부서장을 가진 6개 부서로 나뉘어 있다. 업무 환경은 아주 공식적이며, 도서관장은 항상 Dr. Gossman이라는 호칭으로 부르고, 다른 모든 관리자는 그 직함을 사용하여 부르고 있다. 대부분의 사서는 비즈니스 정장을 입는다. 한편 Monroe College 근처에 있는 학술도서관은 거의 같은 규모의 장서를 가지고 있고 대략 동일한 수의 학생과 교원을 대상으로 서비스하지만 아주 다르다. 도서관장은 확정된 부서들을 유지하기보다는 오히려, 팀 기반의 접근법에서 다른 직원들과 밀접하게 상호 작용한다. 결과적으로 이 도서관은 훨씬 더 격식을 차리지 않는 것으로 느껴진다. 모든 직원은 이름을 부르고, 모든 사람은 평상복 차림을 하는데, 종종 청바지를 입기도 한다.

표면적으로는 이 두 도서관은 규모와 목적에서 서로 닮아 있다. 이 두 도서관은 조직 구조와 문화에서 어떻게 다른가? 여러분은 이 도서관 중 다른 곳보다 어느 한 곳에서 더 일하고 싶은가? 만약 그렇다면, 그 이유는?

3. "하향식(top-down)의 방식으로 이루어지는 도서관 재조직화는 최선의 의도를 가지고 있는 경우라고 하더라도, 관리상의 우선순위만을 반영할 뿐이다. 왜냐하면 그들의 도구는 그들의

---

46) Jobs는 1996년에 Apple에 복귀했지만, 1997년부터 사망한 2011년까지 CEO로서 매우 성공적으로 근무하였다.
47) Walter Issacson, *Steve Jobs* (New York: Simon and Shuster, 2011).

직위를 강화하기 위해 사용될 뿐이기 때문이다. 단지 경영상의 특권을 위해서만 이루어지는 재조직화는 필수적으로 반대되는 진실을 배제하고, 억누르고, 애매하게 하며, 따라서 행정적인 조치의 잠정적인 동기를 영구적인 현실로 취급한다. 진정한 혁신이 이루어지기 위해서는, 재조직화에서 사서와 직원들, 학생, 고객과 같은 이해 관계자들의 마음과 시간, 동기를 움직임으로써 새로운 도구를 발견해야 한다."[48]

여러분은 하향식 재조직화는 거의 성공하지 못한다는 Steve Staninger의 의견에 동의하는가? 특정 유형의 도서관을 선택하고 여러분이 시대에 뒤떨어진 구조를 재조직화하는 책임을 맡고 있다고 상상해 보라. 그 프로세스를 어떻게 시작하고자 하는가?

토론용 질문

1. Johansen과 Swigart는 리스트럭처링이 한창 진행 중인 조직 안에서 일하면서 그 결과로 얻은 혼란스러운 느낌을 다음과 같이 설명하고 있다.

   > 비즈니스 조직은 원하든지 원치 않든지 관계없이, 변화하고 있다. 변화는 혼란스럽다. 여러분의 뱃속의 느낌뿐만 아니라, 대규모 기업의 내부나 가까이에서 얻은 경험도 마찬가지이다. 기업의 강점이라는 피라미드는 조직의 모호성이라는 거미줄로 단조로워진다. 개개 직원들은 더 이상 올라야 할 견고한 구조를 갖고 있지 못하다. 그 대신 경력을 기획하는 것은 재빨리 나타났다 사라지는 안정성을 단단히 붙잡고, 밧줄의 띠 위로 기어 나오는 것에 더 가깝다.[49]

   경험이 덜 혼란스럽게 하기 위해 경영자는 무엇을 할 수 있는가? 조직의 변화는 항상 위협적이어야 하는가?

2. Dess 등은 다음과 같이 말하고 있다. "조직 구조는 전통적으로 직선과 점선으로 연결된, 하나하나 가지런히 쌓아 올린 박스들의 층으로 간주해왔다. 이러한 관점은 우리의 관심을 계층구조와 보고 관계, 분업, 책무성에 초점을 맞추도록 해 주었다. 새로운 기업의 건축은 다른 사고방식, 즉 내부 관계를 유지하기보다는 결과에 중점을 두는 것이 필요하다."[50]
   조직 구조를 바라보는 전통적인 방식은 왜 오늘날의 새로운 환경에서는 작동하지 않는가?

---

48) Steven W. Staninger, "Deconstructing Reorganizations in Libraries," *Library Leadership & Management* 28, no. 2 (2014): 1-4.

49) Johansen and Swigart, *Upsizing the Individual in the Downsized Organization: Managing in the Wake of Reengineering, Globalization, and Overwhelming Technological Change*, x.

3. Rosabeth Moss Kanter는 최근에 다음과 같은 견해를 밝힌 바 있다. "부서들이 자체의 영역을 소유할 수 있도록 해 주고 오랜 기간 재직하고 있는 사람이 뿌리를 내릴 수 있도록 해 주는 조직 구조는 오랜 동질적인 의결권 블록을 만들어 내기 위한 의회의 선거구 조정과 똑같은 강화된 집단 구분을 창출하게 된다. 이 모든 것들은 협력은 고사하고, 타협에 더 용이하게 저항할 수 있도록 해 준다."[51]

조직이 그 구조를 변경하기는 어렵지만, Kanter가 지적하고 있는 것처럼 그렇게 하지 않는 것은 문제를 야기할 수 있다. 여러분은 지역적인 텃세를 부리거나 부서 간의 불화를 일으키는 조직에서 일해 본 적이 있는가? 경직된 조직 구조는 어떻게 비유연성과 갈등을 초래할 수 있는가?

4. 조직 문화는 "영웅"과 "스토리 및 신화"를 포함한 많은 요소를 가지고 있다. 여러분이 친숙한 조직에 관해 생각해 보라. 그 조직은 영웅과 신화를 가지고 있는가, 그리고 만일 그렇다면, 그러한 것들은 왜 그 조직에 중요했는가?

---

50) Gregory G. Dess, Abdul M. A. Rasheed, Kevin J. McLaughlin, Richard L. Priem, and Gail Robinson, "The New Corporate Architecture," *Academy of Management Executive* 9, no. 3 (August 1995): 16.

51) Rosabeth Moss Kanter, "Is Tribalism Inevitable?" *The Blog (blog) The Huffington Post*, July 26, 2013, 〈http:// www.huffingtonpost.com/rosabeth-moss-kanter/is-tribalism-inevitableb3661436.html〉.

Chapter 08 조직 관리의 기초: 전문화와 조정

이 장의 요점

이 장을 마친 후 여러분은:

- 조직 내에서 이루어지는 전문화와 조정의 중요성을 이해해야 한다.
- 수평적 전문화와 수직적 전문화의 차이점에 대해 알아야 한다.
- 도서관에서 부서를 만들기 위해 사용하게 되는 일곱 가지 방법에 대해 논의할 수 있어야 한다.
- 집권화된 조직과 분권화된 조직에서 이루어지는 의사 결정의 차이점에 대해 익숙해야 한다.
- 어떤 조직 내에서 이루어지는 위양의 중요성에 대해 설명할 수 있어야 한다.
- 여러 도서관을 위한 하나의 "최적의" 조직 구조가 존재하지 않는 이유에 대해 논의할 수 있어야 한다.

모든 조직은 어떤 종류의 구조를 필요로 하게 된다. 조직 구조(organizational structure)는 조직의 직원 간에 필요한 모든 과업을 구분해 주고 직원들이 올바른 순서로 올바른 시간에 그러한 과업을 수행하도록 보장해 주기 위해 사용되는 메커니즘이다. 조직이 성장함에 따라, 조직은 필연적으로 더 복잡해지게 마련이며, 따라서 구조의 필요성이 더 중요해지게 되는 것이다.

일례로, 전 세계에서 가장 큰 도서관인 미국의회도서관(United States Library of Congress)을 생각해 보자. 이 도서관은 1800년에 5,000달러의 금액으로 설립되었다. 이 도서관의 최초의 장서는 740권의 도서와 3개의 지도로 이루어졌으며, 최초의 사서는 하원(House of Representative)의 서기를 겸하는 겸직이었다.[1] 파트타임 사서를 둔 그러한 규모의 도서관은 그 한 사람의 직원이 모든 과업을 수행했기 때문에 조직 구조를 갖출 필요성이 거의 없었다. 오늘날 미국의회도서관은 470개 언어로 된 3천8백60만 권 이상의 도서를 포함한 1억5천2백만 권 이상의 장서, 7천만 건 이상의 필사본 그리고 법률 자료와 필름, 지도, 녹음 자료, 낱장으로 된 악보(sheet music)로 이루어진 세계 최대의 장서를 소장하고 있다.[2] 이 도서관은 3,000명 이상의 정규직 풀타임 직원(permanent full-time employees)을 두게 되면서, 그 근로자들로 하여금 자신들의 과업에서 전문화할 수 있도록 해줌과 동시에 그 경영자들로 하여금 이러한 모든 다양한 부서의 아웃풋을 조정할 수 있도록 해 주는 정교한 조직의 틀을 갖추어야 할 필요가 생기게 되었다.[3]

조직이 더 커지면 커질수록, 그 업무 구조는 더 정교해지게 될 것이다. 제7장에서 살펴본 것처럼, 소수의 근로자만을 두고 있는 소규모 기업은 아주 단순한 조직 구조를 가질 수 있다. 그렇지만 더 규모가 큰 조직은 모두 조직의 자원을 그 전략적 목표에 맞게 조정하기 위해 전문화(모든 일을 다양한 개인이나 부서를 위한 분명한 과업으로 구분하는)와 조정(모든 과업이 적절한 순서로 이루어지도록 하는)을 수반하게 되는 더욱 견실한 구조를 필요로 하게 된다.

이 장에서는 조직화라는 관리 기능의 몇 가지 핵심 개념을 다루고, 아울러 어떤 기관에서 수행되는 과업들이 세분되는 방식(전문화)은 물론 그러한 것들이 다시 결합되는 방식(조정)에 대해 상세히 살펴보고자 한다. 이러한 논의에서는 통제 범위(span of control), 위양(delegation), 권력(power)과 권한(authority), 명령 통일(unity of command), 라인(line)과 스태프(staff)의 지정과 같은 조직의 여러 요소들을 다루고자 한다.

---

1) "History of the Library," *Library of Congress*, accessed July 12, 2017, ⟨https://www.loc.gov/about/history-of-the-library/⟩.
2) "About the Library," *Library of Congress*, accessed July 12, 2017, ⟨https://www.loc.gov/about/general-information/⟩.
3) 미국의회도서관의 가장 최근의 조직도(2015)는 다음의 홈페이지에서 볼 수 있을 것이다: ⟨https://www.loc.gov/portals/static/about/reports-and-budgets/documents/annual-reports/fy2015.pdf⟩, 46.

현장의 경영 사례: University of Kansas Library의 재조직화

모든 유형의 도서관은 이용자의 니즈(needs)에 더 잘 부응하기 위해 오랫동안 유지해온 조직 구조를 수정하는 실험을 하고 있다. 각 도서관은 특정 기관과 환경, 이용자 집단의 니즈에 대한 반응으로 그 조직을 리스트럭처링[4]하고자 시도하고 있기 때문에 이러한 재조직화[5]에 대해서는 어느 하나의 표준적인 접근법도 존재하지 않는다. 이러한 리스트럭처링의 좋은 예를 University of Kansas(KU)에서 제공하고 있는데, KU는 최근에 그 도서관의 전체 조직 구조에 대해 다시 생각하는 프로세스를 시작한 바 있다.[6] 최근의 보고서가 작성되었을 당시에 비록 새로운 조직 구조를 완전히 실행하지는 못하였지만, KU에서 취했던 프로세스는 재조직화를 생각하고 있는 어느 도서관에 대해서도 유용한 모델을 제공해 준다. 어떤 리스트럭처링에서나 그 일부로서 제기되는 많은 도전들을 이러한 사서들은 주요 재조직화 작업의 일부로서 직면한 바 있었다.

비록 KU의 사서들이 그 구조를 업데이트하기 위한 다수의 소규모 계획에 관여하기는 했지만, 2012년에 그들은 "상향식과 하향식으로, 전체 도서관 조직에 대해 다시 생각하기 위한" 시도를 시작한 바 있다. KU의 사서들은 고등 교육과 학술 커뮤니케이션에서 일어나고 있는 여러 변화들이 "급속한 변화나 구조 변경, 새로운 역할의 용이한 채택을 위해 설계된 것이 아니라, 일반적으로 잘 정의되고 표준화된 기능을 중심으로 구성되어 있는 도서관의 조직 구조에 대한 강조"[7]를 야기하고 있다는 사실을 인지하고 있었다.

재조직화의 첫 번째 단계로 이 도서관에서는 컨설턴트들을 활용하여 기존 구조의 몇 가지 단점을 파악하였다. 컨설턴트들은 이 도서관은 그 구조와 리더십, 협력 프로세스들을 평가하는 프로세스를 시작할 것을 권고하고, 아울러 커뮤니케이션과 공동 작업에 지장을 초래했던 조직의 "사일로"(silos)[8]의 제거와 "고객을 위해 가치 있는 아웃풋을 제공해 주는 엔드투엔드 프로세스(end-to-end process)[9]에 초점을 맞추는 횡단적(cross-cutting) 업무 시스템"[10]의 구축을 권고하였다. 재조직화 검토의 나머지 단계들은 주로 이 도서관의 조직검토팀(ORT: Organizational

---

4) 역자주: "restructuring"을 우리말로 표기한 것으로, "구조 조정"이라고도 하며, 이 책에서는 일관되게 "리스트럭처링"이라는 용어로 통일하여 사용하고자 한다.
5) 역자주: "reorganization"의 번역으로, "구조 개편"이나 "구조 재편"이라고도 하며, 이 책에서는 일관되게 "재조직화"라는 용어로 통일하여 사용하고자 한다.
6) Erin L. Ellis, et al., "Positioning Academic Libraries for the Future: A Process and Strategy for Organizational Transformation," *Proceedings of the IATUL Conferences* 13 (July 2014).
7) *Ibid.*, 3.
8) 역자주: 일반적으로 "조직의 사일로 효과"(organizational silos effects)라고 하면 조직의 여러 부서 간에 서로 협력하기보다는 자기 부서만의 이익을 추구하기 위해 담을 쌓고 지내는 현상을 말한다. 사일로는 여기에서 가져온 용어이다.
9) 역자주: 어떤 시스템이나 서비스를 처음부터 끝까지 연결시켜 완전한 솔루션을 제공해 주는 프로세스를 말한다.
10) Erin L. Ellis, et al., *op. cit.*, 4.

Review Team)에 의해 내부적으로 처리되었는데, 이 팀은 팀이 가지고 있는 지식과 전문 기술을 최대화하기 위해 의도적으로 모든 계층의 스태프를 포함시켜 만들어진 대표자 그룹이었다.

이 도서관에서는 전문화와 조정을 위해 과거에 사용해왔던 많은 방법들을 포기하였다. 새로운 부서(departments)와 과(divisions)가 만들어졌다. 행정 구조의 변경에 대한 권고가 이루어졌으며, 도서관은 좀 더 팀을 기반으로 하는 구조(team-based structure) 쪽으로 옮겨가게 되었다. 상호 협력과 공동 작업을 증진시키기 위한 새로운 방법들이 실행되었다.[11] 보고서는 재조직화에 관한 최종 결정이 실행되기 이전에 작성되었지만, KU 도서관의 구조는 이미 상당한 수정이 이루어지고 있다. 그 결과 이를 통해 현재 이용자의 니즈에 더 훌륭하게 부응하게 될 것이다. 또한 새로운 구조는 더 많은 융통성을 가지고 더 기민하게 대응할 수 있도록 설계되었기 때문에, 이를 통해 미래의 니즈에도 더 훌륭하게 적응할 수 있게 될 것이다.

이러한 새로운 조직 구조는 도서관 이용자의 니즈(needs)에 대해 어떤 방식으로 더 잘 응답하게 될 것인가? 여러분은 재조직화에 대한 KU 도서관의 접근법이 어떤 장점과 단점을 갖는다고 생각하는가?

8.1. 전문화

전문화(專門化: specialization)는 적어도 1776년에 Adam Smith의 *The Wealth of Nations*가 발행된 이래로 조직에서 실행되어 오고 있는 개념이다. Smith는 어떤 국가의 부는 조직들이 그 근로자를 전문화하는 방향으로 이끌어 간다면 증가할 수 있다고 믿었다. 어느 한 개인이 전체 직무를 실행하도록 하는 대신에, 각 작업을 그 구성 요소의 여러 부분으로 나누고, 그 직무의 각 부분을 서로 다른 개인이 처리하도록 하는 것이다. Smith는 핀을 생산하는 한 공장에 대해 설명한 바 있다. 이 공장에서는 10명의 근로자들이 하루에 무려 48,000개의 핀을 생산할 수 있었는데, 그것은 핀을 만드는 과업이 철사를 펴고 그것을 자르는 것과 같은 일련의 더 작은 과업으로 세분되었기 때문이었다. 각 근로자가 핀 전체를 혼자 만들었다면, 그 사람은 하루에 대략 20개 정도만 만들 수 있었을 것이다.[12] 각 근로자로 하여금 전체 업무 가운데 과업의 특정 부분에 전문화되도록 함으로써, 근로자들은 자신들의 특정 영역에서 전문가가 되고 전반적인 효율성은 크게 향상되는 것이다.

---

11) Erin L. Ellis, et al., "Positioning Academic Libraries for the Future: A Process and Strategy for Organizational Transformation," *Proceedings of the IATUL Conferences* 13 (July 2014), 6-10.

12) Jay R. Galbraith, *Organization Design* (Reading, MA: Addison-Wesley, 1977), 13.

어떤 조직을 구조화하는 첫 번째 단계로서, 전문화에 관심을 기울이게 된다. 전문화를 실행하기 위해 조직은 필요한 과업을 두 개의 차원, 즉 수평적 차원과 수직적 차원에 따라 나누게 된다. 수평적 전문화(horizontal specialization)의 결과로 다양한 부서들이 만들어지게 되는데, 각 부서의 직원은 특정의 과업을 수행하게 된다. 수직적 분화(vertical differentiation)는 그 용어가 암시하고 있는 것처럼, 조직 내에서 권한(authority)과 권력(power), 책무성(accountability), 책임(responsibility)을 부여하기 위한 수단으로서 계층 구조(hierarchy)를 활용한다.

어떤 조직을 수평적으로 구조화하기 위해, 경영자들은 우선 필요로 하는 모든 과업을 확인하고 그러고 나서 유사하거나 관련된 것들을 논리적인 방식으로 하부단위(subunits)로 그룹화하게 된다. 과업의 몇몇 블록은 조직에 기본적으로 중요하고, 어떤 것들은 부차적으로 중요하게 될 것이다. 경영자는 블록 간의 적절한 관계를 결정하고, 어느 것을 함께 모으거나 분리해야 하는지를 결정해야 한다.

수행해야 할 모든 과업을 확인하는 것이 어렵기는 하지만, Peter Drucker에 의하면, 어떤 조직의 **모든** 과업을 확인하고자 하는 것보다는 조직의 핵심 과업을 확인하는 것이 더 중요하다. Drucker는 조직 구조를 설계하는 사람은 다음과 같은 두 개 질문으로부터 시작할 것을 제안하고 있다:

1. 조직의 목표를 달성하기 위해서는 어느 영역에서 우수성이 요구되는가?
2. 어느 분야에서 빈약한 성과를 거두게 되면 사업의 생존까지는 아니라고 하더라도, 그 결과를 위태롭게 할 것인가?

간단히 말해서, 조직자들은 조직의 성공에 중요한 과업들을 확인하고 그러한 바탕 위에서 세워 나가야 한다고 그는 권고하고 있는 것이다.[13]

 **스킬 연습하기**

여러분이 잘 알고 있는 어떤 도서관이나 다른 조직을 생각해 보라. 그 조직에서, 그 조직에 필수적인 핵심 과업은 무엇인가? Drucker의 틀을 사용했을 때, 그 조직의 목표를 달성하기 위해서는 어느 분야의 우수성이 요구되고 어느 곳의 부실한 성과가 그 결과에 가장 큰 영향을 미치게 되는가?

마찬가지로, 다른 경영 전문가들은 재조직화를 고려하고 있는 조직의 경영자들에게 "우리는 어떤 비즈니스에 종사하고 있는가?"에 대해 자문(自問)해 보라고 충고하고 있다. 이 전문가들은 미국의 철도 회사들이 처했던 곤경에 대해 지적하고 있는데, 그들은 자신들이 운송 사업이 아닌 철도 사업에 속한다고 생각했었기 때문에 거의 망할 뻔했었다.[14] 이 철도 회사로부터 얻어야 할 과제는 성공을 거두고자 하는 조직은 그들이 무엇을 만들어 내는지에 따라 스스로를 규정할 것이 아니라 언제나 현재 고객의 니즈에 맞추어 적응해야 한다는 사실이다.

Pitney Bowes는 그 목적을 재고찰함으로써 더 많은 성공을 거두게 된 기업의 좋은 예를 보여 주고 있다. 90여 년 전에 설립된 Pitney Bowes는 우편 요금 별납증 인쇄기에 대한 독점적 지위를 잃고 그 경영진이 그 사명을 더 광범위하게 개념화할 때까지 재정적인 어려움을 겪었다. 이 회사는 현재 그 사명을 다음과 같이 기술하고 있다. "우리의 클라이언트들이 복잡한 통상(通商)의 세계를 내비게이션할 수 있도록 도와준다. 우리는 기업이 자신의 최고의 고객에게 마케팅할 수 있도록 데이터를 제공해 준다. 우리는 전 세계에 걸쳐 소포와 택배의 발송을 가능하게 해 준다. 그리고 우리는 클라이언트들이 계속적으로 진행할 수 있도록 내역서와 청구서를 통한 지불을 보장해 준다."[15] 사명을 다시 생각하고 새로운 영역으로 확장함으로써, 이 기업은 곧 수익성을 회복하게 되었다.

Pitney Bowes는 변화에 성공적으로 적응하였지만, 운영되는 상황이 바뀌었는데도 그에 적응하지 못했기 때문에 더 이상 존재하지 못하게 된 다른 조직이나 조직의 전체 섹터를 쉽게 생각해낼 수 있다. 일간 신문은 환경의 변화에 의해 위협을 받고 있는 현대 세계 산업의 한 예이다. 미국만 하더라도, 21세기 시작 이래로 수백 개의 신문이 폐간되고 있다. 신문 산업은 그 제품을 새로운 디지털 시대에 적합하도록 하기 위한 수많은 시도를 하고 있지만, 그 미래는 불확실하다. 인쇄 저널리즘은 디지털 시대로 급속하게 옮겨가는 세상에서는 레거시 미디어[16] 산업(legacy media industry)이다. 신문이 끌어 모을 수 있는 광고의 양은 가파르게 지속적으로 감소해 왔는데, 그 결과 남아있는 신문들은 새로운 수입원을 만들어 내고자 시도하는 동시에 비용을 줄이고자 노력해야 하게 되었다. 모든 레거시 신문들이 직

---

13) Peter Drucker, *Management: Tasks, Responsibilities, Practices* (New York: Harper & Row, 1974), 530.
14) Theodore Leavitt, "What Business Are You In?" *Harvard Business Review* 84, no. 10 (October 2006): 128.
15) "Our Company," *Pitney Bowes*, 2017, accessed July 12, 2017, 〈http://www.pitneybowes.com/us/our-company.html〉.
16) 역자주: 지금 현재도 이용되기는 하지만, 과거에 개발된 미디어를 말한다.

면하고 있는 도전은 신문을 통해 뉴스를 접근하는 대신에 디지털을 통해 접근하는 것을 더 선호하는 오늘날의 오디언스(audiences)의 기대에 부응하기 위해 자신들의 제품을 어떻게 재구성할 것인가 하는 것이다.[17]

유사한 방식으로, 도서관 역시 디지털 세계에서 도서관이 갖는 위치를 재고해야만 한다. 이제 사서들은 스스로를 단지 책이나 인쇄 자료 비즈니스에 해당하기보다는 오히려 정보 비즈니스(information business)에 해당한다고 간주하고, 자신들을 오늘날과 미래의 이용자에게 적합하도록 만들어 주게 될 조직의 변화를 도모하기 위해 적응하고 있는 중이다. 그렇지만 기존의 사고방식을 바꾸는 것은 대단히 어려운 일이다. 또한 어떤 상황에 밀착되어 있을 때는 객관적이 되기가 어려운 경우가 많다. 오늘날 도서관에서 근무하는 사람들은 모두 어느 정도는 과거의 경험에 얽매여 있으며, 따라서 21세기의 상당히 다른 어떤 "도서관"을 상상해 내는 것은 그들에게는 도전적인 일이다. 이러한 근로자들은 가능한 한 많이 자신들이 친숙한 도서관 조직의 모델을 확보하고 미래의 이용자의 니즈에 대해 생각하고자 노력해야 한다. 내일의 도서관은 어떤 모습이어야 할까? 어떤 서비스를 제공해야 하고 어떤 가치를 지켜야 할 것인가? 이러한 프로세스는 도서관으로 하여금 새롭고 확장된 임무를 성공적으로 수행할 수 있도록 하기 위해 필요한 구조적 변화를 촉진하는 데 도움이 될 것이다.

8.2. 조직의 부분

어떤 조직을 설계하는 것은 집을 짓는 것과 유사하다. 집은 전통적인 식민지 스타일로부터 근현대 스타일에 이르는 많은 유형의 건축물을 가질 수도 있고, 규모도 작은 오두막집으로부터 대규모 맨션에 이르기까지 다양할 수 있지만, 거의 모든 집은 공통적인 특징을 가지고 있다. 집은 모두 기초와 지붕, 어떤 필수적인 방, 그리고 전기와 물과 같은 서비스를 공급하기 위한 방식을 갖추고 있다. 그러한 것들은 조합하여 어떤 구조를 이루어야 하는 아주 표준적인 빌딩 블록 세트를 가지고 있다. 물론 블록의 유형과 수는 시설의 규모와 종류에 따라 달라질 것이며, 부품은 많은 서로 다른 방식으로 조합될 수 있을 것이다. 조직화(또는 재조직화)를

---

[17] Sydney Ember, "New York Times Calls for Rapid Change in Newsroom," *New York Times*, January 17, 2017, 〈https://www.nytimes.com/2017/01/17/business/new-york-times-newsroom-report-2020.html〉.

시도하는 경영자들은 은유적으로 말하자면, 구조의 건축가이다. 즉 그들은 기업의 니즈와 열망에 부응하기 위한 조직의 공간의 모양을 만들고 있는 것이다.

"형태는 기능을 따른다"(form follows function)는 원칙은 오랫동안 근대 건축과 연상되어온 원칙이다.[18] 건축에서 이 원칙은 어떤 구조의 형태는 그것이 의도하고 있는 용도를 바탕으로 해야 한다는 것을 의미한다. 경영자들은 조직화나 재조직화를 실행할 때 동일한 원칙을 적용해야 한다. 그들은 조직이 달성하고자 하는 목표에 초점을 맞추고 그에 따라 조직을 구성해야 한다.

조직화의 기본적인 요소를 범주화할 수 있는 방법에는 여러 가지가 있다. 가장 일반적으로 사용되는 방식의 하나는 캐나다의 경영 전문가인 Henry Minzberg에 의해 제시되었는데, 그는 다음과 같이 조직의 여섯 개 기본 요소를 범주화한 바 있다.

- 전략적 정점(strategic apex): 조직의 전반적인 기능 수행에 대해 책임을 갖는 조직의 최고 경영진을 이룬다.
- 핵심 운영 부문(operating core): 조직의 사명을 수행하는 근로자로 구성된다.
- 중간 라인(middle line): 다양한 단위의 여러 활동을 조정하는 중간층 경영자로 구성된다. 중간층 경영자의 일차적인 기능의 하나는 업무 주체로 그리고 업무 주체로부터 전략적 정점에 있는 최고위층 경영자에게 정보를 전달하는 것이다.
- 테크노스트럭처(technostructure): 조직에 기술적인 전문 지식을 제공해 주는 단위로 구성된다.
- 보조 스태프(support staff): 마케팅이나 인사 관계와 같은 분야의 전문 지식을 제공해 주는 근로자
- 이데올로기(ideology): 신념, 전통의 후광(後光), 조직의 문화를 이루는 규범과 가치.[19]

이 여섯 개 구성 요소는 〈그림 8.1〉에 제시되어 있다.

대규모 도서관에서는 도서관장과 보좌관 그리고 부관장이 전략적 정점을 이룬다. 다양한 부서의 장들은 중간 라인을 구성한다. 도서관 시스템과 같은 단위의 직

---

18) 이 원칙은 많은 근대 건축가들과 연관되어 있으나, 미국의 건축가 Louis Sullivan이 최초로 명료화했던 것으로 보인다.
19) Henry Mintzberg, *Mintzberg on Management: Inside Our Strange World of Organizations* (New York: Free Press, 1989), 99.

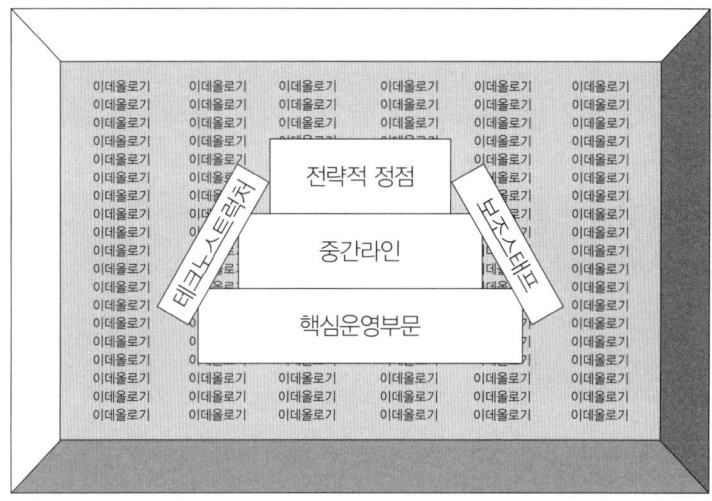

〈그림 8.1〉 Mintzberg의 조직 모델

출처: Henry Mintzberg, *Mintzberg on Management: Inside Our Strange World of Organizations* (New York: Free Press, 1989), p. 99의 일부 수정.

원은 테크노스트럭처를 이루고, 인사 및 홍보와 같은 단위의 직원들은 보조 스태프를 구성한다. 가장 큰 집단인 핵심 운영 부문은 대출과 참고 업무와 같은 분야에서 일하는 직원들로 구성된다. 그들은 사람과 정보를 연결시켜 주는 조직의 사명을 수행하는 사람들이다. 조직의 이데올로기는 그 밖의 요소들을 둘러싸고 있다. 일부 소규모 조직은 Mintzberg가 제시하고 있는 범주들을 모두 갖고 있지는 않지만, 대부분의 대규모 조직은 이를 가지고 있다. 조직의 연륜(年輪)과 규모, 업무의 유형과 복잡성과 같은 요인에 따라 각 구성 요소의 상대적인 규모와 중요성은 다양해지게 된다.

8.3. 부문화의 방법

조직의 기본적인 구성 요소의 하나는 수행해야 하는 과업의 구분(분업)이다. 수평적으로 이루어지는 과업 구분의 결과로 일반적으로 다양한 여러 부서들이 만들어지게 되는데, 각 부서의 직원은 수행해야 하는 일단의 전체 과업의 서로 다른 일부를 부여받게 된다. 조직은 전통적으로 기능과 지역, 제품, 고객, 프로세스와 같은 다섯 가지 방법을 사용하여 부서를 설정해 왔다. 사서들은 주제와 자원의 형식이라는 부서를 설정하는 두 가지 추가의 방법을 개발해 냈다. 도서관에서는 이러한 모든 방식을 사용할 뿐만 아니라 많은 경우에는 이러한 방법을 결합하여, 하이브리드형 부문화 방식을 만들어 내고 있다. 조직 구조에 대한 많은 새로운 접근법이 있음에도 불구하고, 이러한 일곱 가지 방식은 여전히 어떤 조직의 세부 부서를 만들어 내기 위한 기본적인 접근법으로 이용되고 있다. 이하에서는 각각에 대해 간략하게 살펴보고자 한다.

8.3.1. 기능(function)

비즈니스 영역에서, 가장 일반적인 조직 설계는 바로 기능별 조직 구조(functional structure)이다. 예를 들면, 가구 제조업자는 제작, 마케팅, 판매, 회계와 같은 기능을 다루는 부서를 두어야 할 것이다. 도서관에서도 마찬가지로 이 부문화 방법을 광범위하게 사용하여, 대출, 참고 서비스, 수서, 편목, 경영 등의 기능으로 다양한 부서를 전문화하고 있다.

기능별 설계에는 많은 장점들이 있다. 이것은 비슷한 배경과 관심을 가진 전문가를 함께 모음으로써, 각 기능 내에서 추가의 전문화가 가능할 수 있도록 해 준다. 예를 들면, 상당히 많은 수의 지역 연구 컬렉션을 가지고 있는 도서관에서는 슬라브어 담당 편목 사서는 물론 동아시아어 담당 편목 사서를 가지고 있는 편목 부서를 둘 수도 있을 것이다.

전반적으로 볼 때, 기능별 설계는 부서 사이에 밀접한 협력이 필요치 않은 조직에서 가장 훌륭하게 작동하는 것으로 나타나고 있다. 왜냐하면 이러한 유형의 설계는 기능별 "사일로"(silos), 즉 어떤 조직 내에 독립적으로 되어 있으면서 서로 커뮤니케이션이 이루어지지 않는 단위들의 발생을 야기할 수도 있기 때문이다. 커뮤니케이션이 거의 없을 뿐만 아니라, 상당히 많은 경쟁이 존재할 수도 있을 것이다. 이와 관련하여 Steven Romero는 다음과 같이 지적하고 있다. "이러한 기능별 사일로들을 관리하는 리더는 그 기업에서 그러한 것들이 존재하는 곳과 그러한 것들의 존재를 정의하는 그룹을 파악하기 위해 열심히 공을 들이고 있다. 그들은 자신들의 팀의 성공을 위해 전력을 다하고 있으며 고물상을 지키는 개들처럼 자신들의 구역을 보호하고 있는 것이다."[20]

---

20) Steven Romero, *Eliminating "Us and Them": Using IT Governance, Process, and Behavioral Management to Make IT and the Business "One"* (New York: Apress, 2011), 119.

부서 간의 이러한 경쟁은 자원을 얻기 위한 경쟁이나 절차에 대한 충돌을 불러일으키는 경우가 많다. 어떤 도서관에서는 참고 서비스 부서와 편목 부서가 특정 도서에 대한 적절한 분류나 주제명 표목에 대해 의견의 차이를 보일 수도 있을 것이다. 빈번히 일어나는 일로, 특히나 근로자가 그 제품의 최종 이용자와 거의 접촉을 갖지 못할 때는, 어느 하나의 기능별 부서에서 배정된 근로자들은 상위 조직의 최종 제품을 보지 못할 수도 있다. 기능별 부문화 방법이 일반적으로 사용되기는 하지만, 경영자들은 그로 인해 부서 간 커뮤니케이션과 공동 작업에 어떤 장애가 발생하지 않도록 해야 할 것이다.

8.3.2. 지역(territory)

어떤 조직이 광범위한 지역에 걸쳐 운영될 때, 그 최고 경영진은 지역을 바탕으로 여러 활동들을 그룹화하고 각 지역의 활동들을 서로 다른 경영자의 지휘 아래에 두는 경우가 많다. 예를 들면, 다국적 조직들은 여러 사업부를 두고 북미나 남미, 유럽과 같은 세계의 특정 파트를 다루게 될 것이다. 이러한 구조는 조직으로 하여금 노동 시장에 관련된 로컬의 상황, 그 지역의 니즈 및 문제점, 현지의 생산에 관련된 이슈에 맞게 적응할 수 있도록 해 준다.

도서관이 대기업이 갖는 다국적인 도전에 직면하는 것은 아니지만, 사서들은 종종 자신들의 조직을 구조화하면서 이러한 지역의 원칙에 의존하기도 한다. 공공도서관 사서들은 항상 중앙 시설의 위치와 분관(分館: branch libraries) 및 자동차 문고, 스토어프론트 도서관(storefront libraries)에 의한 서비스 대상 지역에 대해 관심을 가져왔다. 대학도서관에서는 과학도서관, 건축도서관, 교육도서관과 같은 분관을 특정 고객이 있는 위치와 아주 가깝게 배치하고 있다. 학교 시스템은 대개 그 지역 전체에 걸쳐 개별 학교에 학교도서관을 두며, 학생은 일반적으로 자신의 집에서 가장 가까운 학교로 등교한다.

도서관의 경우, 이러한 유형의 조직이 갖는 일차적인 장점은 개개 단위를 표적으로 하는 이용자의 아주 가까이에 배치하는 것이 이용자에게 편리할 뿐만 아니라, 사서들로 하여금 이용자의 니즈에 친숙해지고 더 훌륭한 서비스를 제공할 수 있도록 해 준다는 사실이다. 지역별 조직은 또한 경영상의 교육 훈련을 위한 플랫폼을 제공해 준다. 지리적으로 떨어져 있는 단위 부서를 비교적 자치적으로 감독하는 분관 경영자들은 가치 있는 경영상의 경험을 얻게 되며, 종종 어떤 조직 내의 상위직으로 승진하기도 한다.

지역별 조직의 가장 큰 단점은 기능별 조직과 마찬가지로, 그로 인해 조직 내에서 이루어지는 조정과 커뮤니케이션에 지장을 주는 경우가 많다는 것이다. 아울러 서로 다른 부서 간에 경쟁 관계가 발생하게 되는 경우도 많다. 마지막으로, 지역별 조직은 노력이나 자원의 중복을 초래할 수 있다.

사서들은 오랜 기간 동안 얼마나 많은 지리적 집중이 적절한지에 관한 합의를 이루지 못하고 있다. 관리자들은 엄격한 통제와 확실한 예산상의 이점을 갖도록 해줄 수 있다는 점 때문에 더욱 집중화된 구조를 선호하는 경향이 있다. 이용자들은 일반적으로 더 분산화된 시스템을 선호하는데, 그러한 시스템은 더 큰 편리성과 더 개인화된 서비스를 제공해 준다(비록 이러한 분산화는 종종 다학문적(多學問的) 영역에 종사하는 이용자에게 여러 문제를 제공하기는 하지만 말이다).

원거리의 장소에 떨어져 있는 이용자의 니즈에 더 잘 부응하기 위해, 많은 도서관들은 적어도 지난 10년 동안은 그러한 이용자에게 여러 도서관 서비스를 제공하기 위해 특정 장소에 사서를 "파견"해 오고 있다. 수 세기 동안 사서들은 도서관에서 일하는 사람이라고 정의되었지만, 오늘날의 디지털 시대에는 이용자들이 도서관 자료를 이용하기 위해 더 이상 물리적 장소로 오지 않아도 되기 때문에 그 정의는 변화하고 있는 중이다. 특정 부서나 특정 과, 특정 그룹 내의 파견 사서들은 일단 여러 분관과 관련되게 되면 다수의 분관을 유지하는 데 소요되는 많은 경비를 들이지 않고서도, 그러한 사서로 하여금 그런 유형의 관계를 구축하고 여러 서비스를 제공할 수 있게 해 준다. 파견 사서직(embedded librarianship)의 관행은 주로 학술도서관과 보건학도서관에서 채택해 오고 있는데, 공공도서관과 법률도서관을 포함한 다른 유형의 도서관에서도 이러한 구조에 대해 실험하고 있다.[21] 파견 사서직은 오늘날의 도서관 이용자의 니즈에 부응하기 위해 재설계되어 온 전문화 유형의 사용의 흥미로운 예를 제공해 주고 있다.

지리적 분산화에 반대하는 일부의 주장은 도서관 자료의 디지털화가 점차 더 확산됨에 따라 약화되고 있다. 온라인 목록과 참고 자료 및 전문(全文: full-text) 저널 및 도서에 대한 전자적 접근과 같은 문헌의 축적과 검색을 위한 새로운 방법을 사용하게 되면서 분관을 위해 중복되는 복본을 구입해야 할 필요성이 없어지고 있

---

21) A. Abrizah, S. Inuwa, and N. Afiqah-Izzati, "Systematic Literature Review Informing LIS Professionals on Embedding Librarianship Roles," *Journal of Academic Librarianship* 42, no. 6 (November 2016): 636-43; Barbara A. Alvarez, *Embedded Business Librarianship for the Public Librarian* (Chicago: ALA Editions, 2016); Peter Wilson and Cosmo Anderson, "Embedded Legal Information Professionals: Challenges and Opportunities," *Legal Information Management* 16, no. 4 (December 2016): 212-18.

다. 그렇지만 어느 도서관이든 여기저기 흩어진 여러 곳에서 자료와 서비스를 제공하는 것보다는 단 하나의 중심지를 두는 것이 의심할 필요도 없이 더 경제적이다. 최근의 연구에서는 분관이나 학과도서관, 특히 과학도서관은 저널 문헌의 디지털화가 인쇄 자원 컬렉션을 이용자 가까이에서 관리해야 할 필요성을 감소시켜 주고 있기 때문에 점점 더 많은 수의 대규모 학술도서관이 이러한 것을 폐관시키고 있는 중이라는 사실을 보여 주고 있다.[22] 분관의 유용성은 수십 년간 논쟁거리가 되어 오고 있는데, 도서관은 여전히 지역별 조직에 대한 최선의 접근법에 대해 고심하고 있다.

 이야기해 보기

  몇몇 학술도서관들은 앞서 살펴본 예들과 마찬가지로, 사서들을 멀리 떨어진 장소에 배치하는 대신 여러 과정 내에 파견하는 실험을 하고 있다. 이러한 사서들은 일반적으로 온라인 과정에 파견되어 스스로도 멀리 떨어진 곳에 위치해 있을 가능성이 있는 학생에게 도움을 주고 있다. 하지만 사서들은 대면(對面)으로 교육이 이루어지는 과정에도 파견될 수 있다. 일반적으로, 파견 사서들은 예를 들면 Blackboard나 Moodle, Sakai와 같은 학습 관리 시스템(LMS: Learning Management System)의 일부이다. 이러한 사서들은 클래스의 학생에게 자신들의 서비스를 홍보하고 그러고 나서 질문에 대답하거나, 리서치 프로젝트를 도와주거나, 나아가 클래스의 학생에게 도서관 교육을 제공함으로써 도움을 주게 된다.
  더 많은 고등 교육 기관이 점점 더 많은 수의 과정과 전체 학위 프로그램을 온라인으로 제공함에 따라, 사서를 어떤 과정에 파견하는 것은 온라인 학생이 교내 학생과 동일한 도서관 지원을 받도록 보장해 주는 방식이 되고 있다. 그것은 또한 조직 구조의 측면에서 부문화의 새로운 방식을 제시해 주고 있다. 이 장에서는 업무의 전문화가 가능하도록 하기 위해 도서관이 사용하고 있는 일곱 가지 방법에 대해 설명하고 있다. 사서들이 여러 과정 내에 파견될 때, 어떤 부문화 방법이 사용되고 있는가? 여러분은 디지털 정보와 테크놀로지가 유비쿼터스(ubiquitous)화됨에 따라 이 부문화 모델이 점점 더 널리 퍼지게 될 수도 있을 것이라고 생각하는가? 한때는 어떤 곳으로 오는 고객에 의존했지만 현재는 그러한 고객을 도와주기 위해 "파견" 전문가들을 이용하는 온라인상의 대규모 존재를 두고 있는 다른 조직은 어떠한가? 사서들이 온라인 소매상과 같은 조직으로부터 배울 수 있는 것이 있는가?

---

22) Roger C. Schonfeld, "Organizing the Work of the Research Library," *Ithaka S+R* 18 (August 2016), 〈https://doi.org/10.18665/sr.283717〉.

8.3.3. 제품(product)

다양한 비즈니스 라인을 포함하고 있는 대규모 영리 기업은 제품별 전문화가 특히 유용하다는 사실을 인정하고 있다. 개개 제품 라인을 바탕으로 하위 부문을 만들게 되면 수익성을 포함하여, 그 제품 라인에 관련된 모든 것에 대한 완전한 통제를 경영자에게 제공해 주게 된다. 예를 들면, Proctor and Gamble(P&G)은 2016년에 거의 700억 달러의 매출을 올린, 미국 Ohio주 Cincinnati에 근거지를 두고 있는 미국의 소비재 회사이다. 이 회사의 브랜드로는 Tide, Crest, Bounty, Gillette, Olay 등이 있으며, 이 회사는 베이비 케어(baby care), 페미닌 케어(feminine care), 패밀리 케어(family care), 그루밍(grooming), 오럴 케어(oral care), 개인 헬스 케어, 헤어 케어, 스킨 및 퍼스널 케어, 패브릭 케어(fabric care), 홈 케어와 같은 10개의 제품 범주로 조직화되어 있다.[23]

도서관은 다양한 제품을 생산해내고 있지 않기 때문에, 사서들은 제품에 기반을 둔 조직 구조를 거의 채택하지 않고 있다. 도서관의 프린트 샵의 출력물(서지나 브로슈어 같은)이나 오피스 시스템(도서관의 웹 사이트와 같은)을 제품으로 간주할 수도 있을는지도 모르겠지만, 그와 같은 제품이 도서관의 전반적인 업무의 주요한 초점이 되는 것은 절대 아니다.

8.3.4. 고객(customer)

기업체, 특히 소매업자들은 일반적으로 이 구조를 채택하고 있다. 백화점은 아동, 남성, 프티(petite) 부서를 두고 구체적이고, 분명하게 정의된 고객 그룹에 대응하고 있다. 사서들도 물론 동일한 구조를 종종 사용하고 있다. 1800년대 말 이래로, 전문화된 아동 부서는 여러 공공도서관의 가장 널리 사용되는 섹션에 해당하고 있다. 공공도서관의 사서들은 청소년이나 기업체 이용자와 같은 그 밖의 고객 그룹에 대해서도 타깃을 맞추고 있다. 학술도서관의 사서들은 학부생이 이용할 수 있도록 전문화된 도서관을 만들 때 이 구조를 이용한다.

이 방법의 장점은 이를 통해 개별 도서관이 이용자의 특별하면서도 매우 다양한 니즈에 부응할 수 있다는 점이다. 그 단점은 기능별 또는 지역별 부문화의 단점과 유사하다. 부서 사이의 조정이 어려운 경우가 많고, 부서들이 결국에는 특히 자

---

23) "Who We Are," *Proctor and Gamble*, 2016, accessed July 12, 2017, ⟨https://us.pg.com/who-we-are⟩.

원을 놓고 경쟁을 벌일 수도 있을 것이다. 아울러 예산이 넉넉지 않을 때는, 어떤 그룹에 대한 서비스를 없앨 수도 있을 것이다. 예를 들면, 어떤 공공도서관 사서들은 자신들의 청소년 부서를 없앤 바 있다. 학부생은 메인 도서관으로부터 더 나은 서비스를 받을 수 있다고 관리자들이 믿고 있었기 때문에 많은 대학은 자체의 학부도서관을 폐쇄해 오고 있다.

8.3.5. 프로세스(process)

프로세스에 기반을 두고 있는 구조는 조직이 활동이나 프로세스에 따라 그 근로자들을 세분할 때 만들어지게 된다. 프로세스는 "두 종류 이상의 인풋을 가지고 전체적으로 볼 때, 그 결과로서 고객에게 어떤 가치를 만들어 내는 여러 활동의 세트 또는 집합"[24]으로 정의되고 있다. 앞서 살펴본 기능별 구조와는 달리, 프로세스 기반 구조는 어떤 조직에서 수행되고 있는 활동뿐만 아니라, 이러한 활동이 어떻게 서로 간에 그리고 고객과 상호 작용하는지를 고려하고 있다. 프로세스는 일반적으로 (1) 고객(내부 및 외부 둘 모두), 그리고 (2) 대개는 부서들을 넘나드는 경계선들(왜냐하면 프로세스는 둘 이상의 조직 하위 부서에 의해 실행되기 때문에)을 가지고 있다. 따라서 반복해서 말하자면, 프로세스는 기능이나 부서가 아니라, 고객에게 가치가 있는 아웃풋을 가져오는 일련의 활동인 것이다. 분명히 그러한 구조는 경영자들이 다양한 프로세스가 어떻게 서로 관련되어 있는지를 명확하게 이해하기만 하면 작동하게 된다.

도서관의 많은 프로세스는 여러 기능 부문에 흩어져 있어, 어느 한 부서도 전체 프로세스를 관장하고 있지 않기 때문에, 프로세스 대신 기능별로 조직화하는 것은 단편화(斷片化: fragmentation)를 초래하고 고객 만족도를 저하시키는 경우가 많다. 고객들은 프로세스 자체가 아니라 아웃풋에 관심을 가지고 있으며, 결과적으로 어떤 조직이 프로세스를 중심으로 설계될 수 있는 경우는 언제나 더 큰 고객 만족을 가져오게 될 것이다.[25]

책을 이용자에게 전해 주게 되는 일반적인 도서관 프로세스를 생각해 보자. 이 프로세스는 대개 장서 개발과 수서, 편목(編目) 등을 포함한 몇몇 부서로 분산되어

---

24) Michael J. Hammer and James Champy, *Reengineering the Corporation: A Manifesto for Business Revolution* (New York: HarperBusiness, 1993), 3.

25) Maxine Brodie and Neil McLean, "Process Reengineering in Academic Libraries: Shifting to Client-Centered Resource Provision," *CAUSE/EFFECT* 18 (Summer 1995): 42.

있다. 이 프로세스는 어느 한 단위 부서의 책임이 아니라, 많은 부서로 나뉘어 있기 때문에 항상 늦어질 수 있다.

프로세스의 개선은 일반적으로 조직에 경쟁 우위(競爭優位)를 가져다주게 된다. Michael Porter와 Victor Millar는 이른바 가치 사슬(value chain)에 초점을 맞춤으로써 프로세스를 분석할 것을 제시하고 있다.[26] 가치 사슬은 어떤 조직이 어떤 제품이나 서비스를 고객에게 제공하기 위해 수행해야 하는 모든 범위의 활동으로 이루어진다. 어떤 제품을 제작하는 공장에서, 이 체인은 사용되는 원자재로 시작하여 고객이 구입하기 이전에 그 제품에 대해 이루어지는 그 밖의 모든 것으로 이루어지게 될 것이다. 도서관의 공통적인 가치 사슬의 하나는 이용자를 위해 도서관의 책을 서가상에 준비해 두는 것이다. 이 가치 사슬은 구입해야 할 책을 선정하고, 그 책을 구입하고, 그 책의 목록을 작성하고, 서지 레코드를 시스템에 추가하고, 그 책에 대한 서지 정보를 입력하고, 실제로 그 책을 서가 상의 적절한 위치에 가져다 두는 것으로 이루어진다. 바로 그 책을 찾고 있는 이용자는 그 책을 서가 상에 가져다 두기 위해 이루어진 모든 기능들에 관심이 있는 것이 아니라, 최종 결과에만 관심이 있는 것이다. 비용을 낮추거나 그 최종 결과에 도달하는 스피드나 정확성을 개선시킬 수 있는 조직은 그렇지 못한 조직보다 경쟁 우위를 갖게 될 것이다.

전통적으로 기능별로 부문화해 온 도서관과 같은 조직들의 경우는, 프로세스에 초점을 맞추기가 어렵다. 프로세스에 기반을 둔 조직이 도서관에 많지는 않지만, 점점 더 많은 수의 도서관들이 기존 부서들의 재조직화의 범위 안에서 프로세스를 통합하고 있다.[27] 프로세스에 기반을 둔 재조직화는 특히 기술 서비스 부서(technical services departments)에 일반적이다.[28] 예를 들면, California State University-Northridge는 그 기술 서비스 부서를 재조직화하고 프로세스를 변경함으로써 상당한 성과를 도출해 내기 시작하였다. 이 도서관의 사서들은 목록 레코드와 입수된 자료 사이의 불필요한 검증을 중단시킴으로써 얻어지는 상당 부분의 시간 절약을 통해, 카피 편목(copy cataloging) 절차를 간소화하고 생산성을 50퍼

---

26) Michael E. Porter and Victor E. Millar, "How Information Gives You Competitive Advantage," *Harvard Business Review* 63, no. 4 (July- August 1985): 149-174.

27) 다음 예를 보라: Sandra Yee, Rita Bullard, and Morell Boone, "We Built It and They Came: Client Centered Services in a New Building," *Proceedings of the ACRL 10th National Conference* (Chicago: American Library Association, 2001), 261-264.

28) 몇 가지 사례 연구에 대해서는 다음 자료를 보라: Bradford Lee Eden, *More Innovative Redesign and Reorganization of Library Technical Services* (Westport, CT: Libraries Unlimited, 2009).

센트까지 증진시킨 바 있다.[29] 소수의 도서관이 프로세스를 바탕으로 부문화하고 있기는 하지만, 제9장에서 살펴보게 될 팀과 매트릭스를 기반으로 하는 조직은 프로세스에 대해 전통적인 구조의 경우보다 일반적으로 더 많은 관심을 두고 있다.

부서를 설정하는 이러한 다섯 가지의 전통적인 방식 이외에도, 도서관은 두 가지의 추가적인 측면, 즉 주제와 자원의 형식에 따라 도서관을 조직화하고 있다.

 이야기해 보기

Barbara Fister는 도서관 경영자들이 "조직은 팅커토이(Tinker Toys)[30]처럼 조립되는 여러 직위(positions)로 이루어지는 구조이며, 조직의 사람들은 제자리를 찾아 불쑥 나타나게 되고, 직위가 모습을 바꾸게 되면 다른 모습을 가진 피스(piece)를 끼워 넣을 수 있도록 불쑥 사라져 버리는 부품이라는 개념을 영속화(永續化)"할 때 생겨날 수 있는 어려운 점들에 대한 의견을 제시한 바 있다. 재조직화(reorganization)는 기존의 구조를 해체시키고 다른 구성 부분을 가지고 새로운 구조로 재구성하도록 요구하는 경우가 많다. Fister는 다음과 같은 충고의 말을 전하고 있다. "도서관의 직위는 박스에 담긴 과업의 세트가 아니다. 그것은 도서관의 여러 목적에 부응하기 위해 함께 엮인 서로 연결되어 있는 유연성을 갖는 일단의 책임이다. 그러한 책임에 부응하기 위해 연관되어 있는 과업은 끊임없이 변화하게 될 것이다. 그리고 그러한 책임을 가진 사람도, 기회가 주어진다면, 마찬가지로 그렇게 될 것이다.[31]

조직을 팅커토이 세트로 취급함으로써 생겨나게 되는 단점은 무엇인가? 재조직화를 고려하고 있는 경영자는 조직의 직원이 자신들을 불쑥 나타났다가 불쑥 사라져 버릴 수 있는 교체 가능한 부품인 것처럼 느끼지 않도록 하기 위해서는 어떻게 해야 하는가? 구조적인 재조직화가 필요할 때, 경영자는 직원이 닥쳐오게 될 변화에 적응하도록 어떻게 하면 가장 훌륭하게 도움을 줄 수 있을 것인가?

8.3.6. 주제(subject)

학술도서관과 대규모 공공도서관은 광범위하게 주제별 부문화 방법에 의존하고 있다. 학술도서관에서 주제별 부서들은 예를 들면 무대 예술(theatre arts) 컬렉

---

29) Helen Heinrich, Doris Helfer, and Mary Woodley, "Doing More with Less in Technical Services," *Searcher* 17, no. 7 (July 2009): 7-6.
30) 역자주: 미국에서 개발된 어린이용 조립식 장난감의 제품명
31) Barbara Fister, "You are Not a Tinker Toy: Libraries and Reorganization," Library Babel Fish (blog) Inside Higher Education, September 27, 2011, 〈https://www.insidehighered.com/blogs/library_babel_fish/you_are_not_a_tinker_toy_libraries_and_reorganization〉.

션과 같이, 좁은 분야에 초점을 맞추거나, 아니면 관련된 주제들을 인문과학이나 사회과학, 과학을 바탕으로 하는 컬렉션으로 통합하여 광범위한 영역을 둘 수도 있다.

주제별 구조는 분명한 장점들을 가지고 있다. 어떤 토픽에 관련된 모든 자료들이 함께 모이게 되는데, 이것은 이용자에게 편리함을 제공하게 된다. 이러한 자료를 다루는 사서들은 대개 그 주제 분야의 전문적인 교육 훈련을 받게 되며 더 심층적인 참고 서비스와 독자에 대한 안내를 제공할 수 있게 된다. 그러나 단점으로는 자료의 불가피한 중복과 전문직 직원의 고용에 따라 비용이 더 높아진다는 점이 있다. 아울러 각 부서는 도서관의 이용률이 낮은 경우에조차도 직원을 배치해야 한다. 수요가 적을 때는 중앙 데스크에 있는 한 명의 참고 사서로 모든 질의를 처리할 수도 있지만, 네 개의 주제 영역별 참고 데스크에는 질의가 거의 없는 경우라고 하더라도, 네 명의 참고 사서가 필요하게 되는 것이다. 한편으로는 주제별 부서는 엄밀하게 한 영역 내에서 업무를 수행하는 이용자에게는 편리하겠지만, 학제적(學際的: interdisciplinary) 프로젝트를 수행하고 있는 이용자는 자신이 필요로 하는 자료를 얻기 위해 많은 부서를 방문해야 한다.

8.3.7. 자원의 형식(forms of resources)

많은 사서들은 조직을 위한 근거로 포맷(정보 자원이 발행되는 형식)을 사용해 오고 있다. 지도나 시청각 자료, 정기간행물, 전자 자원, 아카이브(archives)에 대한 별도의 부서를 발견하게 되는 것은 특이한 일이 아니다. 이러한 전문화된 형식들의 상당수는 수서나 축적, 처리, 조직화에서 그 자체의 문제점을 제기하게 되며, 따라서 포맷을 기반으로 하는 부서에서 일하는 사서들이 보통 센터에서 수행되는 기능을 포함한, 해당 부서의 자원에 대한 모든 기능을 처리하는 경향이 있다. 예를 들어, 정부 문서 부서가 모든 정부 문서의 주문과 처리, 참고 서비스 제공, 유통에 대한 책임을 가질 수도 있을 것이다. 포맷을 기반으로 하는 부서는 고객이 필사본이나 아카이브와 같은 어느 한 특정 유형의 자원과 함께 작업하고자 할 때 가장 도움이 된다.

그렇지만 더 일반적인 경우에, 이용자들은 특정 포맷보다는 오히려 특정 토픽에 관한 정보를 찾게 되며, 따라서 포맷을 기반으로 하는 부서에 소장되어 있는 적합한 자료들을 놓치기 쉬울 수도 있을 것이다. 디지털 자료가 도서관의 인쇄 자료를 대체해 감에 따라, 그와 같은 부서들은 일반화될 가능성이 적어질 것이다.

 **스킬 연습하기**

여러분이 알고 있는 경영자와 이야기를 나눌 수 있도록 주선해 보라. 그 조직이 그곳에서 수행되는 활동을 부문화하기 위해 어떤 유형의 조직 구조를 사용하는지에 대해 경영자와 논의해 보라. 그 조직은 왜 그 구조를 선택했을까? 여러분은 다른 구조가 더 적합할 수도 있다고 생각하는가? 그렇다면, 어떤 구조인가?

8.3.8. 수평적 전문화에 대한 새로운 접근법

이상에서 살펴본 일곱 가지 부문화 방법은 도서관이 수평적 전문화에 사용해 온 전통적인 방식이다. 그런데 부서를 만들어 내기 위한 새로운 접근법이 나타나기 시작하고 있다. 오늘날의 도서관은 도서관을 어떻게 조직화해야 하는지에 관한 실험기의 한복판에 있다는 표현이 합당할 것이다. 도서관이 특정 장소 내에서 이용해야 하는 물리적 장서였던 시대는 지나갔다. 오늘날의 도서관은 도서관 건물과 대부분의 인쇄 장서를 중심으로 하는 한물간 조직 구조에서 벗어나고 있는 중이다. 현재는 그러나 어떤 통일된 모델도 존재하지 않으며, 오늘날의 도서관은 최적의 조직 구조를 이루어 내기 위해 계속해서 실험하고 혁신하고 있는 것이다.

〈그림 8.2〉에서 볼 수 있는 것처럼, 도서관의 부서들은 다양한 방식으로 만들어져 있으며, 대부분은 이상에서 살펴본 이러한 접근법의 상당수를 결합하고 있다. 예를 들면, 대규모 공공도서관은 대개 유통 부서(기능별)와 주제 부서(몇 가지 기능을 결합한), 분관(지역별), 아동 서비스(고객별), 비즈니스 서비스(고객별), 정부 문서 컬렉션(형식별), 그리고 몇몇 다른 부서를 두고 있다. 아주 작고 가장 전문화된 것만 단 하나의 조직화 방법에 의존하고 있다.

결과적으로, 어떤 조직 내에 부서를 만들어 내는 하나의 "올바른" 방식은 존재하지 않는 것이다. 각 방법에는 장점과 단점이 있으며, 경영자는 둘 모두에 대해 알고 있어야 한다. 어떤 조직 구조가 아무리 좋다고 하더라도, 그것이 영원히 지속되는 것도 아니고 지속되어야 하는 것은 아니다. 기관이 변하는 것과 마찬가지로, 그 조직 구조도 새로운 상황을 반영하여 새로운 모습을 갖추어야 한다. 부서를 조직화하거나 재조직화할 때 경영자들은 필요한 과업과 이를 수행하게 될 사람, 서비스를 받고 있는 이용자나 고객, 그리고 관련된 외부 요인과 환경적인 요인을 살펴야 한다. 구조에 대한 정기적인 재검토가 경영자의 중요한 과업이기는 하지만,

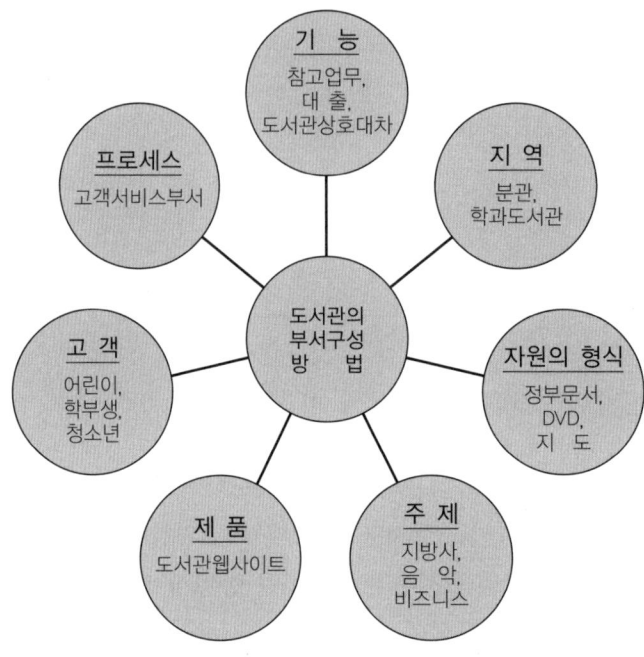

<그림 8.2> 도서관의 부서 유형

경영자는 또한 조직의 재구조화 때문에 직원이 위협을 느끼는 경우가 많다는 사실도 명심해야 한다. 경영자들은 어떤 계획된 변화든 그것을 직원에게 전달하고 또한 변화가 왜 필요한지와 새로운 조직 구조에서 자신의 역할이 어떻게 변할 수도 있는지에 대해 설명함으로써 직원을 안심시키고자 노력하는 데 세심한 주의를 기울여야 한다.

8.4. 계층 구조

어떤 조직의 구조 내에서, 전문화는 두 개 차원으로 존재한다. 지금까지는 수평적 전문화(horizontal specialization), 즉 조직의 모든 과업을 여러 부서와 하부 단위에 할당하는 것에 대해 살펴보았다. 전문화의 수직적 형식은 계층 구조 내에서 이루어지는 권한의 구조화에서 구현된다.

어떤 조직에서, 권한(權限: authority)은 어떤 직원이 의사 결정을 하고 지시를 하기 위한 임파워먼트를 부여해 주는, 직원에게 주어지는 재량권의 정도로 정의될 수 있을 것이다. 어떤 경영자가 어느 부서나 하부 단위에 배정되었을 때, 그 경영

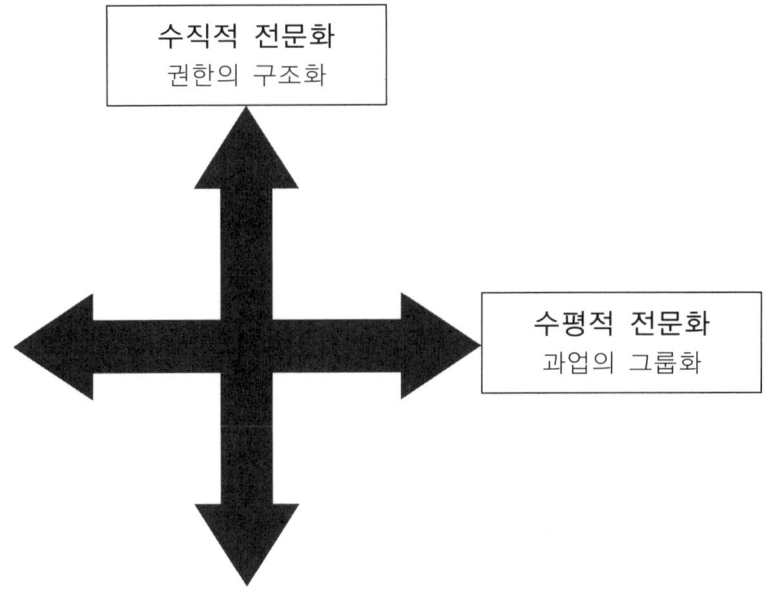

<그림 8.3> 도서관의 수직적 전문화와 수평적 전문화

자는 그 상관으로부터 어느 정도의 책임과 권한을 위양(委讓)받게 된다. 경영자가 과업을 완수하고 직원을 감독하는 책임을 가져야 한다면, 경영자는 효율적인 성과를 거두기 위해 여러 일을 조정하는 권한을 가져야 하기 때문에 이 위양은 필요한 것이다.

수직적 계층 구조(vertical hierarchy)는 권한이 최고 경영진으로부터 부속 단위에 이르기까지 경로를 따라 내려가도록 해 주는 메커니즘으로, 이것은 많은 개인들이 다양한 과업을 수행할 때 그들의 노력을 경영자가 조정할 수 있도록 해 주게 된다. 수직적 계층 구조라는 개념은 고전적 조직 이론의 중심을 이루고 있다. 그러나 계층 구조의 상층부에서 하층부로 흘러가는 권한의 라인은 점점 더 많은 조직이 팀제를 사용하고, 수평적 커뮤니케이션을 활용하며, 복수의 보고 패턴을 도입하고 있는 시대인 오늘날에는 명확하지 못하다.

그럼에도 불구하고 권한이 상층부에서 나와 아래로 내려가는 수직적 구조의 개념은 여전히 중요한 개념이다. 모든 조직은 그 목표를 달성하기 위해서는 잘 정의된 통제 체인(chain of control)이 필요하게 된다. 모든 부하 직원 자신이 누구에게 그리고 무엇에 대해 책임을 가지고 있는지 알아야 하며, 각 경영자의 권한의 경계가 명확해야 한다. 이 수직적 구조는 권한이 구조의 상층부에서 하층부로 한 번에 한 단계씩 흘러 내려갈 수 있도록 해 준다. 이 통제 체인을 스칼라 체인(scalar chain) 또는 스칼라 원칙(scalar principle)이라고 한다. 스칼라 원칙에 따르면, 조직의 상층부에 위치한 하나의 최종적인 권한이 존재해야 하고, 이 정점(頂點)으로부터 권한의 라인이 모든 하위 직위로 내려가야 한다. 권한의 라인이 명확하면 명확할수록, 커뮤니케이션은 더 효과적이고, 따라서 조직은 더 훌륭한 성과를 거두게 될 것이다. 프랑스의 경영 이론가인 Henri Fayol은 스칼라 원칙을 "최종적인 권한으로부터 가장 낮은 등급에 이르기까지의 감독자의 체인. 권한의 라인은 최종적인 권한으로부터 시작되거나 최종적인 권한으로 이르는 모든 커뮤니케이션 — 체인의 모든 링크를 통해 — 이 수반되는 통로"[32]라고 설명한 바 있다.

조직은 그 부서의 질서를 유지하고 등급을 부여하기 때문에, 수직적 (스칼라) 계층 구조가 생겨나게 되는 것이다. 계층 구조는 피라미드로 설명할 수도 있는데, 최종적인 권한은 피크에 있으며, 경영자의 권한(managerial authority)은 그것이 아래쪽으로 흐를 때 퍼져 나가게 된다. 피라미드의 상층부에 있는 직위는 더 광범위한 과업과 책임을 다루게 되고, 하층부에 있는 직위는 더 구체적인 과업과 책임을 다루게 된다. 수직적 계층 구조를 충분히 이해하기 위해서는, 권한과 권력, 위양, 집권화, 분권화, 명령 통일, 통제 범위, 라인직과 스태프직을 포함하여, 그에 관련되어 있는 많은 전문 용어에 친숙해져야 한다.

8.4.1. 권력과 권한

권력(power)과 권한(authority)이라는 단어는 때로는 서로 바꾸어서 사용되기도 한다. 그러나 경영학에서 이 두 용어는 동의어가 아니다. 권한은 부하 근로자를 지휘하고 그 부하 직원이 조직의 목표를 달성하기 위해 그러한 지시를 따를 것으로 기대하는 감독자의 합법적인 권리이다. 권한은 조직의 수직적인 명령 체인(chain of command)에 따라 흘러 내려가며, 직위에 부여되는 것이지 그 직위를 차지하고 있는 사람에게 주어지는 것이 아니다. 도서관장은 그 부하 직원에게 명령을 내릴 권한을 갖는다. 그러나 그 관장이 더 이상 그 직위를 갖지 않을 경우에는, 그 조직에서 더 이상 권한을 갖지 못하게 된다.

권력은 반면에 다른 사람의 행동에 영향을 주거나 통제할 수 있는 잠재적인 능력으로 정의되고 있다. 어떤 개인은 꼭 어떤 권한을 갖지 아니하고서도 권력을 가질 수 있을 것이다. 약 50여 년 전, 두 명의 사회심리학자, John French와 Bertram

---

[32] Henri Fayol, *General and Industrial Administration* (New York: Pitman, 1949), 14.

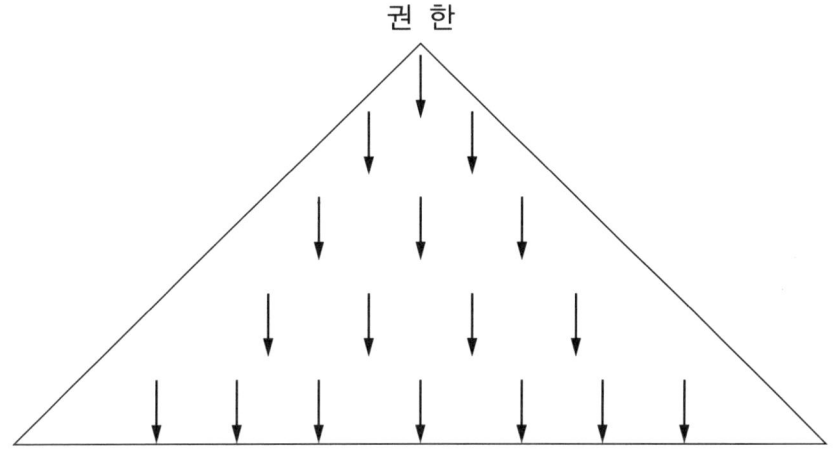

〈그림 8.4〉 전통적인 조직 내에서 이루어지는 권한의 흐름

Raven은 권력의 원천(sources)에 대해 연구하였다. 오랜 세월에도 불구하고, 그들의 연구는 여전히 어떤 사람이 어떻게 해서 동일한 조직 내의 다른 사람에 대해 권력을 가질 수 있는지를 이해하는 데 많은 도움을 주고 있다. French와 Raven은 다음과 같은 다섯 가지 유형의 권력을 확인한 바 있다.

1. **합법적 권력**(legitimate power)은 공식적인 경영상의 직위(management position)로부터 나온다. 권한을 바탕으로, 그것은 조직 구조 내의 어떤 사람의 직위와 일치한다. 이 유형의 권력은 앞서 살펴본 권한과 같은 의미를 갖는다. 이것은 어떤 개인이 차지하고 있는 직위로부터 도출되는 권력이다.
2. **보상적 권력**(reward power)은 보너스나 급여 인상, 승진, 나아가서는 칭찬을 포함한 긍정적인 결과를 제공해 주는 권력으로부터 생겨난다.
3. **강압적 권력**(coercive power)은 처벌을 가할 수 있는 능력으로부터 유래된다.
4. **전문적 권력**(expert power)은 전문성이나 지식을 바탕으로 한다. 명령 체인에서 직위가 높지 않은 사람이 그럼에도 불구하고 자신의 지식 덕분에 상당한 권력을 가질 수도 있을 것이다.
5. **준거적 권력**(referent power)은 훌륭하다거나 다른 사람의 존경을 받을 만한 가치가 있다고 인식되고 있는 개인에게 주어지는 존경과 존중으로부터 유래하는 것이다.[33]

요약하면, 권한은 어떤 개인의 조직상의 직위에 관련하여 영향을 미칠 수 있는 능력인 반면, 권력은 어떤 직책(job title) 이외의 원천으로부터 도출될 수도 있는 것이다. 많은 조직에는 조직도상의 공식적인 직위에 관련된 것 이외의 여러 원천으로부터 생겨나는 권력을 가지고 있는 개인이 포함되어 있다.

 **스킬 연습하기**

Alexis Group은 약 50명의 직원을 가진 중간 규모의 정보 컨설팅 회사이다. Bob Smith는 이제 막 CEO로 임명되었으며, 회사의 모든 업무를 맡게 될 것이다. Mark Simonds도 Alexis에서 근무하고 있는데, 그는 회사 전체의 정보 테크놀로지(IT)를 감독하고 있으며, 회사의 복잡한 IT 시스템이 계속해서 잘 운영되기 위해서는 무엇이 필요한지에 대해 예리한 감각을 가지고 있다. IT 문제가 있을 때마다, 직원들은 Mark에게 해결해 달라고 의뢰한다. Alexis에서 20년 이상 일하고 있는 Mary Malone은 Bob Smith의 행정 보좌관(administrative assistant)이다. 그녀는 휴가를 어떻게 배정하고 여비를 어떻게 청구하는지를 결정한다. 그리고 Tomy Smith가 있는데, 그는 매력적인 퍼스낼리티와 훌륭한 유머 감각 덕분에 모든 사람의 친구인 것 같다.

이러한 각 개인이 가지고 있는 권력 유형의 이름을 들고 그 사람들이 조직에 이익이 되도록 그 권력을 어떻게 사용할 수 있는지에 대해 하나의 예를 들어 보라. 여러분은 이러한 다양한 권력 유형이 어떤 조직에 문제를 제기할 수도 있을 때는 언제인지에 대해 생각해 볼 수 있는가?

8.4.2. 위양

효과적인 조직에서는, 자신의 직위가 자신에게 최종적인 권한을 부여해 주는 사람은 그 권한의 일부를 명령 체인(chain of command)의 하층부로 위양(委讓: delegation)하게 될 것이다. 경영자는 자신이 책임을 가지고 있는 것은 어느 것이든, 대개는 어떤 규정에 의한 제한이 있기는 하지만, 거의 다 부하 직원에게 위양할 수 있다 — 경영자들이 경영자의 역할을 포기하지 않는 한 모든 권한을 위양할 수는 없는 것이다. 사실 권한을 위양한 이후에조차도, 경영자는 부하 직원의 행동에 대한 최종적인 책임을 갖게 되는 것이다. 그러나 현실에서는, 대부분의 경영자는 거의 위양을 하지 못하고 있다. 일부는 권한에 집요하게 집착하면서 가능한 한

---

33) John R. P. French Jr. and Bertram Raven, "The Bases of Social Power," in *Group Dynamics: Research and Theory*, eds. Dorwin Cartwright and Alvin Zander (Evanston, IL: Row, Peterson, 1960), 607-623.

조금만 위양하고 있다. 많은 경영자는 부하 직원이 실수를 저지르거나 부실한 성과를 거둘 것을 두려워하기 때문에 권한 위양에 대해 우려하고 있다. 한편 어떤 경영자는 비록 부하 직원이 쉽게 처리할 수 있는 작은 의사 결정이라고 하더라도 자신이 모든 의사 결정을 내리지 않으면 자신의 직무를 수행하지 않고 있다고 느끼고 있다. 그러한 경영자는 그와 같이 함으로써 자신만이 내릴 수 있는 더 중요한 의사 결정은 방치한 채 자신의 시간과 관심을 다른 곳에 쏟고 있다는 사실은 전혀 모른 채, 사소한 의사 결정을 내리는 데 과도한 시간을 낭비하고 있는 것이다.

효과적인 경영자는 어떻게 위양을 해야 하는지 알고 있으며 자신의 권한의 일부를 기꺼이 포기한다. 그러한 경영자는 부하 직원이 때로는 실수를 저지르게 될 것이라는 사실을 알고 있음에도 불구하고 부하 직원을 신뢰한다. 이러한 경영자들은 어떤 조직이 효과적이 되도록 하기 위해서는 위양이 필요하다는 사실을 알고 있기 때문에 리스크(risk)를 택하고 있는 것이다. 그들은 또한 권한이 없이는 책임을 위양할 수 없다는 사실도 명심하고 있다. 권한은 없이 책임을 부여받은 부하 직원은 아마도 효과적으로 기능을 수행할 수 없을 것이다.

 이야기해 보기

경영자들이 실제로 책임은 물론 권한을 포기하고 위양하기가 쉽지 않은 경우가 많다. 위양을 한 후, 훌륭한 경영자는 어떤 과업에 대해 무엇을 어떻게 해야 하는지를 직속 부하 직원에게 이야기하는 대신, 그들을 관찰하고 지원해야 한다. 세세하게 관리하는 것은 위양의 목적을 헛되게 하며 절대로 직원이 의사 결정을 내릴 때 자신들의 스킬을 개발할 수 있도록 해 주지 못하는 것이다. 여러분의 직속 부하 직원이 자신의 스킬을 개발하길 원한다면, 여러분은 "그들이 실수를 범하도록 용납해 주고 어떻게 그러한 실수를 바로잡을 것인지를 이해하도록 해야 한다."[34]

여러분은 왜 그렇게 많은 감독자들이 위양하기가 어렵다는 사실을 알게 된다고 생각하는가? 경영자가 적절하게 위양하지 못하고 있다는 경고 사인으로는 어떤 것들이 있는가? 경영자가 업무를 자신의 부하 직원에게 더 확신을 가지고 위양하도록 용기를 북돋워 주기 위해서는 어떤 것을 할 수 있는가?

---

34) Amy Gallo, "Why Aren't You Delegating?" *Managing Yourself* (blog) Harvard Business Review, (26 July 2012), ⟨https://hbr.org/2012/07/why-arent-you-delegating⟩.

8.4.3. 집권화와 분권화

이 장의 앞부분에서는 수평적 부문화의 맥락에서, 집중화와 분산화[35]라는 이슈를 다룬 바 있다. 수직적 계층 구조 내에서, **집권화**(centralization)와 **분권화**(decentralization)는 지리적 분산이 아니라 의사 결정 권한의 분포를 말하는 것이다. 고도로 집권화된 조직은 권한을 계층 구조의 최상위층에 집중시키게 되는데, 이것은 거의 모든 의사 결정이 상위층의 사람에 의해 이루어진다는 것을 의미한다. 집권화된 조직은 지휘 및 통제 조직(command and control organization)이라고 불리는 경우가 많은데, 이는 지휘(명령)는 물론 통제에 관련된 의사 결정이 최고 경영진의 손안에 있기 때문이다. 집권화의 주된 장점은 의사 결정에 대한 타이트한 조정이다. 의사 결정에 대한 권력을 가진 소수의 경영자가 그와 같은 의사 결정에 대해 거의 완전한 통제를 갖는다.

반면에 분권화된 조직은 의사 결정 권한을 조직 구조 내의 하층부로 위양한다. 기관은 규모가 더 커지고 더 복잡해짐에 따라, 분권화되는 경향이 있다. 분권화된 조직은 직원이 의사 결정에 더 많이 참여하기 때문에 **참여적**(participative)이라고 불리는 경우가 많다. 집권화와 분권화는 한 연속선의 양쪽 끝이라고 생각하는 것이 제일 적합할 수도 있을 것이다. 고도의 권력과 책무, 권한을 최고 경영진이 가지고 있는 조직은 집권화되어 있는 것이고, 반면에 고도의 책무와 권력, 권한을 조직의 하위층에 위양하고 있는 조직은 분권화되어 있는 것이다. 최고 경영자들은 대개 가장 중요한 의사 결정을 내리고 전체 조직에 영향을 미치는 정책을 만드는 권한을 갖게 되기는 하겠지만, 나머지 권한은 중간 및 하위 경영자 또는 여러 팀에 위양하게 될 것이다. 분권화가 커지면 커질수록, 의사 결정이 이루어지는 수준은 더 낮아지게 될 것이다.

집권화된 조직은 몇 가지 장점이 있다. 한 사람 또는 소수 그룹의 사람만이 의사 결정을 내리게 되면, 의사 결정 프로세스가 효율적이고 통일적이 될 것이다. 아주 작은 조직에서는, 한 사람이 의사 결정을 내리도록 하는 것이 가능할 수도 있을 것이다. 그러나 집권적인 구조를 가진 더 큰 규모의 조직에서는, 이루어져야 하는 의사 결정의 숫자가 이를 결정하는 한 사람의 능력을 넘어서게 된다. 결과적으로

---

[35] 역자주: 영어로는 동일하게 "centralization"과 "decentralization"으로 표기하는 경우가 많지만, 우리말로는 일반적으로 지리적 측면에서 다룰 때는 "집중(화)"과 "분산(화)", 권력과 권한의 측면에서 다룰 때는 "집권(화)"과 "분권(화)"으로 사용되고 있다.

오늘날의 대부분의 조직은 지휘 및 통제 형태로부터 벗어나 더 참여적인 구조로 옮겨 가고 있는 것이다. 직원은 스스로 의사 결정을 내리도록 하는 권한을 부여받고 있는 것이다.

이러한 유형의 분권화는 몇 가지 단점이 있다. 첫째, 대부분의 조직에는 내려야 할 의사 결정이 너무나도 많기 때문에 엄격하게 통제되는 의사 결정은 나태 그리고 조직의 마비를 초래할 가능성이 있다. 오늘날의 많은 도서관에서는, 조직의 어느 수준이든 가장 많은 양의 적합한 정보를 가지고 있는 곳에서 의사 결정이 이루어지는 경향이 있다. 필요한 정보를 가지고 있는 근로자에게 적어도 자신에게 영향을 미치게 될 어떤 의사 결정을 내리도록 허용하는 것은 종종 부서의 경계선을 넘어 협력할 수 있는 그룹과 팀들을 만들어 내는 데 도움이 된다. 분권화는 또한 조직으로 하여금 로컬의 상황에 더 신속하게 대응할 수 있도록 해 준다. 의사 결정을 내리기 위해 명령 체인의 꼭대기까지 전체에 정보를 전송하는 데 시간을 허비하기보다는, 분권화된 조직은 더 시의적절한 방식으로 의사 결정을 내리고 행동할 수 있다. 마지막으로, 분권화된 구조는 동기를 자극해 주게 된다. 창의적이고 지적인 사람들을 불러 모아 보유하고자 하는 조직은 그들에게 의사 결정을 내릴 상당한 권력을 부여해 줌으로써 더 훌륭하게 그렇게 할 수 있을 것이다.

정보 테크놀로지도 의사 결정의 분권화에 어떤 역할을 수행해 오고 있다. 왜냐하면 조직에서 정보 테크놀로지의 중요성이 점차 증가하는 것은 많은 조직으로 하여금 중간 경영자를 줄일 수 있도록 해 줌으로써 결과적으로 더 수평적이고 더 분권화된 구조를 가져다주고 있기 때문이다. 테크놀로지가 하향식(top-down)의 통제를 증가시켜 주고 근로자가 더 적은 기술을 필요로 하기 때문에 직무들이 격하될 때는 근로자의 의욕을 상실시킬 수도 있기는 하지만, 테크놀로지는 또한 직원들이 의사 결정을 하기 위해 필요로 하는 정보를 제공해 줌으로써 그들에게 임파워먼트를 부여해 줄 수도 있다. 정보 테크놀로지 덕분에, 현재는 조직의 모든 사람이 신뢰할 만한 정보에 즉시 접근할 수 있게 되었다. 정보 테크놀로지는 또한 조직 사다리의 위아래로 정보를 용이하게 공유할 수 있도록 해 주고 있다. 많은 근로자의 교육 수준과 기술 수준이 높은 도서관과 정보 센터에서는, 정보 테크놀로지가 의사 결정의 추가 분권화에 핵심적인 역할을 할 가능성이 있다.

영리 또는 비영리 양 영역의 지휘 및 통제(command-and-control) 기업 모델이 갖는 단점은 점점 더 명확해지고 있으며, 타이트한 집권화는 대부분의 21세기 조직에서는 채택되지 않고 있다. Peter Senge가 말하고 있는 것처럼, "상호 의존성이 증가하고 급속하게 변화하는 세상에서, 처음부터 성공한다는 것은 더 이상 가능하지 않다. 아울러 오늘날의 CEO들이 계속해서 발견하고 있는 것처럼, 사람에게 필요로 하는 광범위한 체계적인 변화를 만들어 내도록 명령하는 것 또한 불가능하다."[36]

8.4.4. 명령 통일

수직적 계층 구조와 관련된 고전적인 경영 원칙으로 **명령 통일**(unity of command)[37]이 있다. 이 원칙에 따르면, 각 직원은 과제를 부여하고 그러한 과제를 근로자가 성공적으로 완수하는지를 평가하는 단 한 사람의 감독자만을 가져야 한다. 그러나 현대 조직이 더 복잡해지면서, 직원은 종종 복수의 보스(boss)를 갖게 된다. 예를 들면, 일부 대규모 도서관은 장서 개발 과장과 기술 서비스 과장 두 사람 모두에게 보고하는 주제별 서지 담당자를 두고 있다. 둘 이상의 감독자를 가지고 있는 직원은 누구의 일을 먼저 해야 하는지, 각각의 과업에 어느 정도의 시간을 투입해야 하는지, 그리고 누구의 지시에 따라야 하는지를 결정해야 하는 불편한 입장에 처하게 된다. 명령 통일의 원칙은 그러한 바람직스럽지 못한 상황으로부터 직원을 보호해 준다. 명령 통일의 원칙이 항상 지켜지는 것은 아니지만, 그럼에도 불구하고 직원은 경쟁을 벌이고 있는 감독자로부터 보호를 받도록 해야 한다. 상충되는 명령에 직면했을 때, 직원은 갈등을 해소해 줄 수 있는 한 사람의 상위 수준의 감독자에게 상의할 수 있도록 해야 한다. 또한 어떤 직원이 둘 이상의 감독자를 가지고 있을 때는, 직무 기술서(job description)는 근로자의 여러 책무와 여러 책무 사이의 우선순위, 그리고 각각의 책무에 대해 쏟게 되는 시간의 양을 분명하게 명시해 두는 것이 아주 중요하다.

8.4.5. 통제 범위

직원이 너무 많은 감독자에 대해 의무를 이행하도록 해서는 안 되는 것과 마찬가지로, 경영자도 너무 많은 직원에 대해 책임을 갖도록 해서는 안 된다. **통제 범위**(span of control)[38](때로는 관리 폭(span of management)이라고도 한다)는 어떤

---

36) Peter M. Senge, "Communities of Leaders and Learners," *Harvard Business Review* 75, no.5 (September—October, 1997): 30-31.
37) 역자주: "unity of command"는 "명령 일원화"라고도 한다.
38) 역자주: "span of control"은 "통제의 범위"나 "통솔(의) 범위", "관리(의) 범위", "관리(의) 폭", "관리(의) 범위"라고도 한다.

사람이 효과적으로 관리할 수 있는 사람이나 활동의 수를 말한다. 많은 직원을 감독하는 경영자는 넓은 통제 범위를 갖는 반면, 소수만을 감독하는 사람은 좁은 통제 범위를 갖는다. 분명히 어떤 경영자의 통제 범위는 조직 내에 얼마나 많은 계층 구조의 수준이 존재하는지와 밀접하게 관련되어 있다. 광범위한 통제 범위가 존재할 때는, 경영자의 수가 더 적어지게 되는데, 이것은 조직이 더 수평적이라는 의미이다.

한 명의 경영자에게 보고하는 다수의 조직 단위를 갖는 광범위한 통제 범위는 수직적 업무 수준이 거의 존재하지 않는 수평적 조직 구조(flat or horizontal organizational structure)를 만들어 내게 된다. 〈그림 8.5〉는 도서관장과 각각의 구체적인 활동에 대한 단위별 경영자라는 단 두 개의 업무 수준만을 갖는 조직을 보

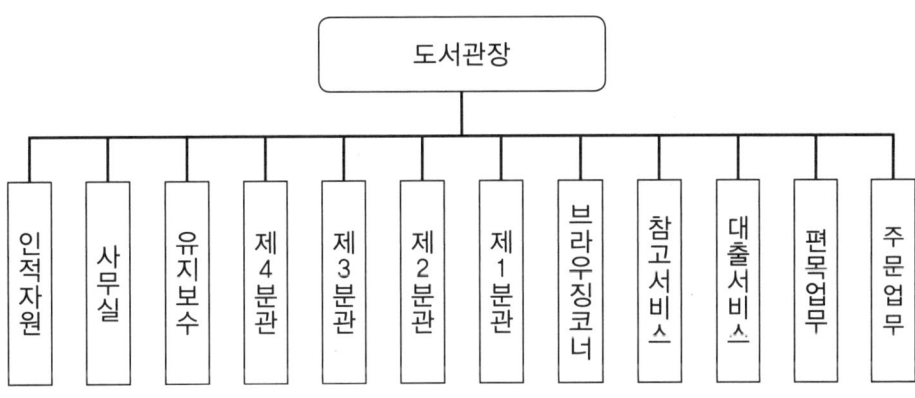

〈그림 8.5〉 수평적 조직도

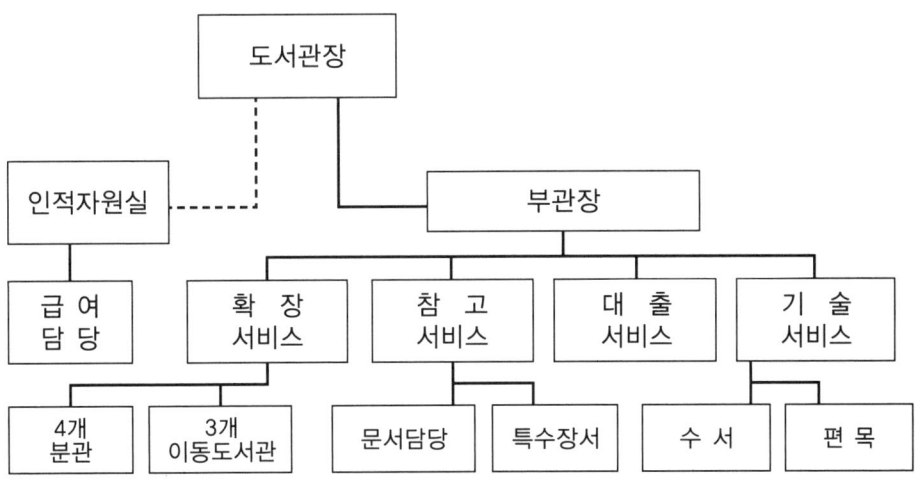

〈그림 8.6〉 수직적 조직도

여 주고 있다. 그와 같은 상황에서는, 도서관장에게 요구되는 지식의 범위가 정말로 광범위하고, 단위들이 너무나 많기 때문에 각 단위에 대한 감독은 아마도 아주 작아지게 될 것이다.

반면에 좁은 통제 범위는 길고 수직적인 조직 구조를 만들어 내게 된다. 〈그림 8.6〉은 네 개의 업무 수준을 갖는 수직적 조직을 보여 주고 있다. 도서관장은 부관장과 인적 자원 실장을 직접 감독한다. 부관장은 확장 서비스 과장과 참고 서비스 과장, 열람 과장, 기술 서비스 과장의 네 명의 직속 부하 직원을 두고 있다. 세 명의 부서장은 또한 자신의 부서에 관련되어 있는 하부 단위를 감독한다. 조직도(organization chart)가 보여 주고 있는 것처럼, 각 감독자의 통제 범위는 좁다. 이 조직에서, 도서관장은 〈그림 8.5〉에 나타나 있는 12개 직위가 아니라, 단 두 명의 사람만을 직접 감독하게 된다.

부하 직원의 수가 한 사람의 경영자의 통제 범위를 넘어섰을 때, 조직은 계층 구조에 추가의 중간 경영자의 수준을 추가함으로써 통제 범위를 좁혀주는 재조직화를 고려하는 것이 현명할 것이다. 그러면 상위 수준의 경영자는 하위 수준의 모든 경영자와 상호 작용하는 대신 소수의 중간 경영자만을 감독하게 될 것이다.

이상적인 통제 범위나 적정한 부하 직원의 수는 없다. 최근의 연구에서는 효과적인 통제 범위는 규모에 따라 다양한데, 조직의 유형과 감독이 이루어지고 있는 활동의 종류에 좌우되는 것으로 나타나고 있다. 결과적으로, 오늘날의 경영자는 어떤 통제 범위든 자신의 구체적인 상황에 가장 적합한 것으로 보이는 범위를 유지하고자 노력하고 있는 것이다.

이를 결정하기 위해 사용되는 두 가지 기준은 관리되고 있는 과업의 수와 다양성이다. 한 사람의 경영자에게 부여되어 있는 모든 단위의 활동이 유사할 경우에는, 그 경영자의 통제 범위는 넓어질 수 있을 것이다. 만일 그 단위의 활동이 상당히 다양하고 상세한 지식을 필요로 할 경우에는, 더 좁은 통제 범위가 더 적합할 것이다. 필요로 하는 지식이 더 광범위하면 광범위할수록 그리고 더 상세하면 상세할수록, 경영자에게 부여되는 단위의 수는 더 줄어들게 될 것이다.

 **스킬 연습하기**

Centreville Public Library는 지난 십 년 동안 Centreville의 인구가 거의 두 배가 되면서 급속하게 확장되고 있다. 몇 년 전에는 도서관이 단 20명의 직원을 두고 있었다. 현재 도서관에서는 150명의 직원이 근무하고 있다. 20개 이상의 다양한 부서의 경영자들이 도서관장인 Margaret Minty에게 직접 보고하고 있다. 최근에 Ms. Minty는 자신의 모든 시간이 여러 문제점을 감독하고 그에 대응하는 데 빼앗기고 있다고 느끼게 되었다. 그녀는 자신의 다른 경영상의 책임에 집중할 시간이 전혀 없으며, 또한 기획과 예산 편성에서 훨씬 뒤떨어지는 것 같다. 지난주에 타운 매니저는 그녀가 뭔가 산만하고 집중을 못하고 있는 것 같다고 하면서 자신의 직무상의 책임에 대해 다시 생각해 보라고 제안하였다.

여러분은 경영학의 용어를 사용하여, 그녀가 안고 있는 문제점을 확인할 수 있는가? 여러분은 그녀가 자신의 경영상의 효과성을 개선하기 위해 무엇을 하도록 추천하겠는가?

8.4.6. 라인직과 스태프직

수직적 구조를 만들 때, 조직은 라인직(line position)과 스태프직(staff position)을 구분한다. 거의 모든 조직은 이 두 개 범주에 해당하는 직위를 가지고 있지만, 둘 사이의 구분이 때로는 혼동을 주고 있다. 라인직에 있는 사람은 조직의 일차적인 목표를 달성하는 데 대한 책임(responsibility)과 책무성(accountability)이 있다. 그러한 사람은 자신의 직속 부하 직원에게 명령을 내리는 공식적인 권한을 갖는다. 라인직에 있는 사람은 조직의 일차적인 목표를 달성하는 책무를 가지고 있기 때문에, 최종적인 의사 결정 권한을 갖는 것이다. 스태프직에 있는 사람은 이러한 유형의 권한이 없다. 그 대신에 스태프직을 가지고 있는 개인은 라인 경영자에게 조언과 지원, 서비스를 제공하지만, 최종적인 의사 결정을 내리는 권한은 갖고 있지 않다. "라인은 말하고, 스태프는 판다"(Line tells; staff sells)라는 옛말이 있다. 바꾸어 말하면, 라인직에 있는 사람은 명령을 내릴 권한을 갖는 반면, 스태프직에 있는 사람은 라인 경영자로 하여금 자신의 제안을 채택하도록 설득해야 한다. 조직의 최종적인 의사 결정 권한은 조직 전체에 걸쳐 분명한 명령 체인을 유지하기 위해 라인직에 부여되고 있는 것이다.

도서관의 규모와 복잡성이 커져감에 따라, 지원과 조언, 정보를 제공하기 위해 더 많은 스태프직이 만들어지고 있다. 공공 관계(public relations)와 시스템, 인적자원, 기획, 기금 조성(fund-raising), 예산 편성과 같은 기능에서, 라인 경영자에게 인풋을 제공하기 위해 많은 도서관은 현재 그러한 특정 영역의 스킬을 가지고 있는 스태프 멤버를 고용하고 있다. 예를 들면, 도서관의 인적 자원 담당 부서는 입사 지원서를 접수하고, 지원자를 면접하며, 인사 파일을 관리하고, 승진이나 전직을 추천하는 책임을 가질 수도 있을 것이다. 그러나 일반적으로, 인적 자원 담당 디렉터는 고용과 해고의 의사 결정을 내리는 권한을 갖지 않는다. 예를 들면, 인적 자원 담당 디렉터는 새로운 부서장을 초빙하는 일을 도와주게 되겠지만, 후보자의 실제 선정은 다른 사람에 의해, 종종 심사 위원회(search committee)의 조언을 받아, 아마도 도서관장에 의해 이루어질 가능성이 매우 높다. 라인직의 사람만이 이러한 종류의 의사 결정을 내릴 임파워먼트를 부여받게 되는 것이다.

라인 직원과 스태프 직원 사이에서는 종종 갈등이 생기기도 하는데, 대개는 사람이 자신의 책무에 대한 불분명한 생각을 가지고 권한 관계에 대해 혼동하거나 마찰을 일으키게 될 때 생겨난다. 스태프 직원이 조직에서 자신이 가지고 있는 지원 역할을 잘못 이해할 경우에는, 좌절감을 느끼고 혼란을 겪게 될 것이다. 그와 동시에, 라인 경영자가 아마도 스태프직을 가진 사람이 자신의 직위와 권한을 침해할 수도 있다는 두려움을 가지고, 그러한 사람의 조언을 계속적으로 무시할 경우에는, 스태프직에 있는 직원들이 제대로 활용되지 못하고 그들의 전문 지식이 낭비되게 될 것이다. 최고 경영자들은 이러한 두 유형의 직위가 갖는 별개의 역할에 대해 모든 사람이 확실히 이해하도록 해야 한다. 최고 경영자들은 라인 직원으로 하여금 스태프의 의견에 귀를 기울이고 그들에게 충분한 정보를 제공하도록 권장함으로써, 스태프가 지원과 조언을 제공하는 자신의 의도된 역할을 수행할 수 있도록 해야 한다.

8.5. 조정

이 장의 첫 번째 파트에서는 작업을 더 작은 단위로 나누고 수행해야 하는 전반적인 과업의 구체적인 섹션을 맡는 하부 단위를 만들어 냄으로써 조직이 그 자체를 구조화하는 방식에 대해 살펴보았다. 분업, 또는 전문화는 조직화의 중요한 하나의 측면이다. 그러나 그러한 다양한 과업의 조정(coordination)도 마찬가지로 중요하다. 모든 조직은 아주 작은 조직을 제외하고는, 그 과업을 몇몇 부서 사이에서 나누어야 한다. 동시에 경영자들은 주어진 목표를 달성하기 위해 모든 개개의 직무상의 노력을 함께 모음으로써, 이러한 부서의 활동을 조정하거나 통합해야 한다. 조정은 조직의 목적과 목표 달성의 통일성을 제공하기 위해 조직의 모든 활동을 통합하고 동시화(同時化)하는 것이다.

경영자들은 때로는 부서 간에 이루어지는 너무 과도한 그리고 너무 적은 조정 사이에서 올바른 균형을 맞추기 위해 노력하기도 한다. 조정이 너무 적게 이루어지면, 각 부서의 직원들은 내부에 대해, 자체의 책임에 대해 초점을 맞추게 될 것이다. 모든 부서는 조직의 전반적인 목표에 대해서는 거의 관심을 기울이지 않을 것이며, 큰 그림을 가지고 보는 시각(big picture perspective)이 결여되어 작업의 중복이나 누락을 초래할 가능성이 생기게 될 것이다. 반면에 지나치게 많은 조정이 이루어지게 되면, 부서들이 서로의 방식에 끼어들게 되어, 이루어지는 게 거의 없을 수도 있을 것이다.

때때로 사서들은 자신들의 모든 시간을 위원회 미팅에 허비하기 때문에, 자신들의 "실제" 작업을 할 시간이 없다고 불평하곤 한다. 물론 이것이 과장이기는 하지만, 그러나 모든 유형의 조직에서 위원회와 미팅에 상당한 시간이 허비되는 것은 사실이다. 미팅은 단위 간에 작업을 조정하는 좋은 방식이다. 그러나 그것이 급증하거나 너무 지연되도록 방치한다면, 조직의 실제 작업과는 훨씬 거리가 있는 너무나도 많은 시간을 잡아먹을 수도 있다. 그러므로 경영자들은 전문화와 조정 사이의 균형을 유지하기 위해 노력해야 한다.

8.5.1. 조정 메커니즘

조직의 경영자들은 다음과 같은 다양한 방식으로 조정된 작업 흐름을 이루어 낼 수 있다.

- **수직적 계층 구조**(vertical hierarchy): 계층 구조의 각 수준에 관련된 권력과 책무성이 모든 부서가 적합하게 함께 작업을 수행하도록 보장하는 데 도움을 주는, 업무를 조정하고 통합하기 위한 일차적인 도구이다.
- **기획 기법**(planning techniques): 제4장과 제5장에서 살펴본 것처럼, 이 기법도 또 하나의 조정 수단을 제공해 줄 수 있다. 예를 들면, 합의된 계획과 표준 운영 절차는 조직의 구성원에게 안내를 제공해 주게 되는데, 그렇게 되면 구성원들은 조직의 전반적인 목적과 일관성을 갖는 방식으로 업무를 수행할 가능성이 더 높아지게 된다.
- **조직 매뉴얼 및 정책**(organizational manuals and policies): 이러한 것들은 각

단위에서 활동을 어떻게 실행해야 할는지를 명시함으로써 조정 메커니즘으로 작용하게 된다. 이러한 기능별 명세서는 모든 과업이 다루어지고 아울러 전반적인 책무와 기능의 분리를 통해 조직의 목표를 달성하는 데 필요한 믹스(mix)를 제공하도록 설계된다. 더 넓은 의미에서, 조직 전체에 걸쳐 직원과 공유되는 정보는 어느 것이든 전체 조직의 노력을 조정해 주는 수단이 된다.

- 위원회(committees): 조직의 다양한 파트로부터 위원을 뽑아 오고, 의사 결정에 대한 커뮤니케이션과 참여를 권장하는 경우가 많으며, 더 큰 조정을 가져다준다.
- 스태프직(staff positions): 조직 전체에 걸쳐 경영자에게 지원과 조언을 제공해 줌으로써, 조정을 증진시켜 준다.

조정은 언제나 복잡성이 적은 조직에서 더 용이하다. 많은 경영 전문가들은 조직이 기본적인 형식의 단순성을 유지하도록 권고하고 있다. Thomas Peters와 Robert Waterman은 성공적인 조직에 대한 고전적인 연구에서, 가장 성공적인 조직은 직원이 쉽게 이해할 수 있는 단순한 구조를 가지고 있다는 사실을 발견하였다.[39] 훌륭한 조직 구조는 책무성(accountability)의 경계와 존(zone)을 명확하게 구분해 준다. 그러한 명확성은 조정에 도움이 되고 아울러 형식의 단순성에 부합하는 경우가 많다.

Henry Mintzberg의 저작은 조직의 구조적 요소를 범주화할 때 이 장의 앞부분에서 이미 살펴본 바 있다. Mintzberg도 조직이 작업을 조정하는 방식을 이해하기 위한 아주 유용한 모델을 제공하고 있다. 그는 조정에 사용되는 다섯 가지 메커니즘을 제시하고 있다.

- 상호 조절(mutual adjustment): 비공식 커뮤니케이션을 의미한다. 상호 조절은 아주 간단하기 때문에, 아주 소수의 직원을 가지고 있는 소규모 도서관과 같은 가장 단순한 조직에서 사용되는 조정 메커니즘이다. 어떤 정교한 계층 구조도 필요치 않으며, 모든 근로자는 서로 용이하게 커뮤니케이션할 수 있다. 따라서 비공식적인 논의 자체만으로도 여러 활동의 조정이 이루어지게 된다.

---

[39] Thomas J. Peters and Robert H. Waterman Jr., *In Search of Excellence: Lessons from America's Best Run Companies* (New York: Harper & Row, 1982), 306.

- **직접 감독**(direct supervision): 어느 한 개인이 다른 사람에게 명령을 내리고 다른 사람의 행동을 모니터링함으로써, 다른 사람의 작업에 대한 책임을 지게 될 때 이루어진다. 개개의 부서를 가지고 있는 도서관에서, 상호 조절만으로는 작업을 조정하기에 충분치 못하다. 따라서 Mintzberg가 말하고 있는 것처럼, "하나의 두뇌가 여러 손을 조정하는"[40] 계층 구조가 필요하게 된다. 이러한 계층 구조는 보조 스태프 구성원이 전문직 사서의 감독을 받을 때 만들어지게 된다.

Mintzberg의 나머지 세 개 조정 방법은 모두 표준화에 관련되어 있다. 표준화와 함께, 최소한 일부의 조정은 작업에 착수하기 이전에 이루어지게 된다. 어느 의미에서, 표준화는 조정을 작업 설계에 통합시키고, 그렇게 함으로써 추가적인 조정 메커니즘의 필요성은 줄여주게 된다.

- **작업 프로세스의 표준화**(standardization of work processes): 각각의 직무의 내용이 명시되고, 프로그램화되고, 통일화될 때 이루어진다. 그와 같은 근로자를 감독하는 감독자는 직무의 구체성과 통일성이 확실한 결과를 보증해 주기 때문에 조정할 필요가 거의 없다. 이러한 유형의 표준화의 고전적인 사례는 근로자가 아주 구체적인 과업들을 수행하는 조합 라인(assembly line)이다. 도서관에서는, 우편물을 발송하기 위한 자료의 처리가 고도로 표준화된 작업 프로세스일 것이다.
- **아웃풋의 표준화**(standardization of outputs): 작업의 결과, 예를 들면 제품의 크기나 성과의 성격이 구체적으로 명시될 경우에 이루어진다. 사서들은 상당수의 아웃풋을 표준화하고 있다. 예를 들어, 서지 데이터(bibliographic data)는 대개 RDA[41]와 같은 도구에 의해 표준화된다.

작업도 그 아웃풋도 표준화할 수 없을 때, 경영자들은 근로자를 표준화함으로써 어느 정도 수준의 조정을 이룰 수 있다.

- **기술의 표준화**(standardization of skills): 고용주가 그 작업을 수행하기 위해서는 특정의 교육 훈련이 필요하다는 사실을 구체적으로 명시할 때 이루어진다.

---

40) Henry Mintzberg, *The Structuring of Organizations* (Englewood Cliffs, NJ: Prentice-Hall, 1979), 4.
41) 역자주: Resource Description and Access의 줄인 말.

대부분의 미국의 도서관은 신입 수준의 전문직에 대해 미국도서관협회(ALA: American Library Association) 인가 대학의 석사 학위를 요구하고 있다. 프로그램 간에 교과 과정은 다르지만, ALA 인가 대학의 학위를 취득한 사람은 전문 사서가 되기 위해 필요한 초보적인 기술과 지식을 갖추고 있는 것으로 추정되고 있다.

Mintzberg는 다섯 가지 조정 메커니즘은 하나의 연속체로 간주하고 있는데, 조직의 작업이 더 복잡해져 감에 따라, 조정의 수단은 상호 조절에서 직접 감독을 거쳐 작업 프로세스의 표준화, 아웃풋의 표준화, 그리고 마지막으로 기술의 표준화로 이동하게 된다.[42]

조정은 조직이 그 목표를 달성하고자 움직일 때 조직의 다양한 단위를 함께 묶어주는 접착제 역할을 해 준다. 어떤 조직이 더 커지면 커질수록 그리고 더 복잡해지면 복잡해질수록, 그와 같은 조정 메커니즘을 더 많이 필요로 하게 된다. 어떤 조직이 어느 하나의 특정 조정 메커니즘을 선호할 수는 있겠지만, 어느 조직도 단 하나의 메커니즘에 의존하지는 않으며, 대부분은 다섯 가지 모두를 혼합하여 사용한다. 조직이 표준에 의존하는 정도에 관계없이, 일부의 상호 조절과 직접 감독은 언제나 필요하며, 앞서 살펴본 것처럼, 사서들은 자신들의 작업을 조정하기 위해 다섯 가지 메커니즘을 모두 사용한다.

이 장에서는 조직이 전문화를 위해 조직 자체를 하부 단위로 구분하는 방법은 물론 조직이 조정이 가능하도록 하기 위해 그러한 하부 단위를 통합하는 방식에 대해 살펴보았다. 그러한 두 가지 활동은 조직 설계의 필수적인 요소이다. 이러한 것들은 어떤 조직을 구조화하거나 리스트럭처링할 때 똑같이 중요하며 어느 하나도 무시할 수 없다. 왜냐하면 어느 하나를 무시하게 되면, 조직은 그 목표를 달성할 수 없게 될 것이기 때문이다. 다음 장에서는 여러 도서관에서 나타나는 다양한 조직 구조를 만들어 내기 위해 도서관에서 이러한 전문화와 조정이라는 두 가지 필수 요소를 어떻게 이용하고 있는지에 대해 살펴보고자 한다.

---

42) Henry Mintzberg, *The Structuring of Organizations* (Englewood Cliffs, NJ: Prentice-Hall, 1979), 4.

학습 내용 연습하기

1. Samuel Shea는 지난 45년간 Sullivan State University(SSU) Library에서 근무하고 있다. 그는 도서관학교를 갓 졸업하고 SSU(아직 Sullivan State College였던 시절에)에 들어왔다. 그는 승진을 거듭하여 36년간 도서관장으로 일하고 있다. 그가 처음 고용되었을 때는 단 세 명의 전문직이 직원으로 있었다. 그 이후로 도서관이 성장하여 현재는 12명의 전문 직원과 25명의 사무직 근로자, 다수의 학생 보조원을 고용하고 있다. 그럼에도 불구하고, Mr. Shea는 여전히 도서관을 원맨쇼처럼 운영하고 있다. 그는 진행되는 모든 것을 엄격하게 통제하고 있다. 그는 모든 절차와 서비스를 고안해내고 있다. 그는 심지어 학생 보조원의 스케줄까지 짜고 있다. 왜냐하면 그는 언제 어디에서 그들을 필요로 하는지에 대해 자신이 다른 어느 누구보다도 더 잘 알고 있다고 확신하기 때문이다. 그렇지만 이제 45년이 지나, Mr. Shea는 다음 달에 은퇴하게 되고, 여러분이 새 도서관장으로 초빙되었다. 여러분은 들떠 있기는 하지만 여러분이 면접할 당시에 알게 되었던 것에 대해 약간의 우려를 가지고 있다.

- 조직도는 없다. 그러나 도서관은 마치 45년 전인 것처럼 조직화되어 있는 것 같다. 통상의 부서들이 존재하기는 하지만, 부서장들은 무시되고 있다. Mr. Shea가 모든 의사 결정을 내리기 때문에 해답을 얻으려고 모든 사람이 그에게 간다.
- 정기적으로 스케줄이 잡혀 있는 어떤 직원 미팅도 열리지 않고 있다.
- 비품에 대한 주문은 Mr. Shea가 처리하기 때문에, 일 년에 한 번만 이루어진다.
- 대학생은 도서관을 이용하는 방법을 알아야 한다고 Mr. Shea가 생각하고 있기 때문에 어떤 이용자 교육(user instruction)도 제공되지 않고 있다.
- Mr. Shea는 서비스를 받기 위해 사람은 도서관으로 와야 한다고 생각하고 있기 때문에, 그는 채팅 서비스나 온라인 서비스의 제공을 거부하고 있다.

여러분은 이 도서관과 같은 도서관에서 변화를 이루고자 할 때 어떤 어려움을 발견하게 되는가? 여러분은 어디에서부터 시작하게 될 것인가? 여러분은 어떤 변화를 우선 실행하고자 할 것인가?

2. 어떤 조직의 구조를 변경하는 것은 결코 쉬운 일이 아니다. 따라서 그것이 있는 그대로 내버려두는 경향이 많다. "우리는 늘 이런 식으로 해 왔다"라는 사고방식은 어느 조직에서나 그 조직의 발전을 저해하는 제약이 된다. 아이러니컬하게도, 어떤 조직이 성공적인 것 같을 때는 변화를 구상하기가 특히 어렵다. 성공은 조직을 과거에 묶어두는 경향이 있으며, 오늘날의 성공이 때로는 내일의 문제점을 만들어 내기도 한다. 여러분이 잘 알고 있는 어떤 조직을 생각해 보라. 그리고 나서 전문화와 조정의 원칙을 사용하여 그 조직이 어떻게 재구조화될 수 있는지 생각해 보라. 새로운 구조와 함께 얻어지게 될 장점들은 어떤 것들이 있는가? 있을 수도 있는 몇 가지 단점들은 무엇인가?

3. "못쓸 정도가 아니면, 그냥 그대로 써라"(if it ain't broke, don't fix it)라는 속담이 있다. 앞서 사용한 것과 같은 조직을 사용하여, 그 조직 구조를 지금 있는 그대로 내버려두기 위한 근거를 제시해 보라. 어떤 조직의 구조가 잘 작동하고 있다면, 여러분은 언제 조직의 변화가 필요한지 어떻게 알게 되는가?

4. *Legal Reference Services Quarterly*의 한 논문에서, Timothy J. Gallina는 미국의 대통령 도서관에서 사용할 수도 있는 몇 가지 대안 모델을 설명하고 있다. 대통령 도서관은 현재 지리적으로 매우 분산되어 있는데, 각각의 전임 대통령이 아카이브(archive)와 박물관을 겸하는 별도의 도서관을 설립하고 있다. 몇몇 전문가들은 대통령 기록물을 위한 중앙 보존소(central depository)가 학자의 정보 니즈(information needs)에 부응하는 데는 더 좋은 접근법이라는 주장을 제시하고 있다.[43)]

여러 대통령 행정부에 걸쳐 있는 프로젝트를 수행하는 연구자를 위해서는, 더 중앙 집중형 대통령 도서관이 더 좋은 접근법이 될 것으로 보이는가? 현재 사용되고 있는 분산형 모델의 장점은 무엇인가? 여러분은 중앙 집중형 모델의 단점에 대해 생각해 볼 수 있는가? 만일 여러분이 대통령을 연구하는 학자라면, 여러분은 어느 모델을 더 선호하게 될 것인가?

 토론용 질문

1. 여러분 모두 "제대로 하고 싶으면, 직접 하라"(If you want it done right, do it yourself)라는 속담을 들어 본 적이 있을 것이다. 효과적인 경영자는 왜 이 속담을 무시해야 하는가? 이를 무시하지 않으면 무슨 일이 벌어지게 되는가?

2. 학술도서관의 조직 구조를 검토한 최근의 연구 보고서에서, Roger Schonfeld는 많은 도서관장은 이제 조직 구조를 어떤 도서관의 역사에서 특정 시기에 적합할 뿐인, 지속적인 것이 아니라 일시적인 것으로 간주하고 있다고 밝힌 바 있다. 따라서 그것은 완벽해지고자 노력해야 하는 어떤 것이 아니라 도서관과 그 이용자의 니즈가 변화함에 따라 정기적으로 다시 생각해야 하는 어떤 것이다.[44)]

---

43) Timothy J. Gallina, "The Future of Presidential Libraries: Assessing Alternative Models from a Legal Research Perspective," *Legal Reference Services Quarterly* 29, no. 4 (December 2010): 229-254.

44) Roger C. Schonfeld, "Organizing the Work of the Research Library," *Ithaka S+R* 18 (August 2016), 〈https://doi.org/10.18665/sr.283717〉, 24-25.

도서관의 조직 구조를 빈번하게 변경하는 것의 장점과 단점은 무엇인가? 만약 여러분이 도서관장이라면, 어떤 계획된 조직의 변화를 가능한 한 효과적으로 이루어 내기 위해 어떻게 할 것인가?

3. Henry Mintzberg는 "냄비를 만드는 것에서부터 인간을 달에 착륙시키는 것에 이르는 인간의 모든 활동은 두 가지의 기초적이면서도 상반되는 요건, 즉 수행해야 할 다양한 과업으로의 분업과 그 활동을 완수하기 위한 이러한 과업의 조정을 만들어 내게 된다. 어떤 조직의 구조는 조직이 그 업무를 분명히 구분되는 과업으로 나누고 그러고 나서 조정을 이루어내는 방식의 총계로 단순하게 정의할 수도 있을 것이다"[45]라고 설명하고 있다.

여러분은 이 설명에 동의하는가? 여러분은 여러분이 친숙한 어떤 조직에서 이 두 가지 요건이 어떻게 충족되는지 본 적이 있는가? 여러분은 조직이 이 요건의 어느 한쪽이 수행하기가 더 용이하다는 사실을 발견하게 된다고 생각하는가? 두 요건 모두 무시된다면 어떤 일이 생기게 될 것인가?

4. Columbia University의 전임 정보 서비스 담당 부총장 겸 대학도서관장 James Neal은 "우리는 도서관 조직에서 일하는 사람들에게 우리가 그들에게 부여한 책임이라는 측면뿐만 아니라 그들의 성장과 개발이라는 측면에서 엄청난 투자를 하고 있다. 그러나 우리는 항상 그들에게 의사 결정을 내리고 자신들의 과제를 효과적으로 수행할 권한을 제공하지 못하고 있다"[46]고 말하고 있다.

여러분은 여러분에게 부여되었던 어떤 과업을 수행하기 위한 권한이 부족하다고 느꼈던 적이 있었는가? 경영자가 어떤 과업을 수행하기 위한 권한을 위양하지 못했을 때, 그 결과는 어떠한가?

---

45) Henry Mintzberg, *Structure in Fives: Designing Effective Organizations* (Englewood Cliffs, NJ: Prentice-Hall, 1983).
46) Gregg Sapp, "James Neal on the Challenges of Leadership: An LA&M Exclusive Interview," *Library Administration and Management* 19, no. 2 (Spring 2005): 64.

적응적 조직 구조의 설계

이 장의 요점

이 장을 마친 후 여러분은:

- 기계적 조직 구조와 유기적 조직 구조의 차이에 대해 이해해야 한다.
- 관료제 구조의 요소들이 아주 많은 현대 조직에서 왜 계속해서 사용되고 있는지에 대해 알아야 한다.
- 이미 존재하는 기존의 어떤 조직 구조를 변경하기가 왜 어려운지에 대해 논의할 수 있어야 한다.
- 도서관들이 더 유기적이 되도록 하기 위해 관료제 구조를 수정하고 있는 몇 가지 방식에 대해 익숙해야 한다.
- 재조직화를 시작하기에 앞서 취해야 하는 몇몇 단계에 대해 논의할 수 있어야 한다.

바로 앞의 두 장에서는 조직을 구성하는 기본적인 구성 요소들에 대해 살펴보았다. 이러한 개개 요소들이 결합하여 구조를 만들어 내게 되는데, 이 구조는 조직으로 하여금 그 활동을 수직적으로, 수평적으로, 좌우로, 실행하고, 조정하고, 통제할 수 있도록 해 주는 골격의 역할을 한다. 조직의 기본적인 구성 요소는 많은 방식으로 합쳐지는데, 어느 한 방식의 구조가 모든 조직에 적합할 수는 없다. 왜냐하면 각각은 성장률과 경쟁, 테크놀로지, 고객, 환경의 불확실성과 같은 요인들에 의해 서로 다르게 영향을 받기 때문이다.

급속도로 변화하는 환경의 도전 때문에, 모든 유형의 조직들은 "지속적으로 조직 설계에 대한 계속적이고 의도적인 조정"[1]에 임해야 한다. 오늘날에는 과거의 낡은 구조를 수정하는 데 대한 광범위한 관심이 존재하고 있으며, 많은 조직들은 현대의 니즈에 더 잘 부응하기 위해 새로운 설계에 대해 실험하고 있다. 다행히 리스트럭처링하고자 하는 조직을 위한 많은 옵션들이 존재하고 있다. 역사적으로 유효성이 증명된 조직 설계는 소수에 불과했지만, 오늘날의 세계는 조직의 대안 모델이 풍부하고 변형들도 계속해서 급증하고 있다.

경영자는 조직을 구조화하거나 재구조화할 때는 언제나 조직 설계에 참여하게 된다. 이러한 경영자는 다양한 과업 전문화 간의 관계와 권력과 권한의 라인, 업무가 조직 전체에 걸쳐 어떻게 흐르는지를 구체화하는 프로세스와 같은 기본적인 구성 요소를 중심으로 움직일 때 새로운 구조를 세우는 조직의 건축가로서의 역할을 수행하게 된다. 이 설계 프로세스에서, 경영자는 조직의 구조를 그 사명과 목표에 더 잘 맞추어 조정하기 위한 시도를 하면서 구조를 재검토하고 다시 구체화하게 된다. 이러한 프로세스의 최종 결과는 이전에 존재했던 것과 아주 다르지만, 더 효율적이고 이용자에게 더 훌륭한 서비스를 제공해 주는 조직 구조가 될 수도 있을 것이다.

조직 구조는 대략 두 개의 유형, 즉 기계적 조직 또는 유기적 조직으로 범주화할 수 있다. 수년 동안 도서관을 포함한 많은 대규모 조직들은 기계적이거나 계층 구조적인 방식으로, 대개는 관료제로서 구조화되었다. 오늘날의 추세는 엄격하게 기계적인 구조로부터 벗어나는 것이다. 대부분의 도서관은 여전히 기계적 구조의 요소들을 가지고 있지만, 점점 더 많은 수가 더 유기적이 되는 쪽으로 옮겨 가고 있다.

이 장에서는 먼저 기계적 조직과 유기적 조직의 특성에 대해 검토해 보고 그리고 나서 일반적으로 사용되는 조직 구조의 형식인 관료제의 장점과 단점에 대해 다루어 보고자 한다. 그다음으로는 도서관들이 더 유기적인 조직 구조 쪽으로 옮겨 가면서 사용 중인 서로 다른 접근법과 경영자들이 조직 구조를 고려할 때 명심해야 하는 요인들에 초점을 맞추게 될 것이다. 이 장은 미래의 도서관에서 사용될 가능성이 있는 조직 구조의 유형들에 대해 개략적으로 살펴보면서 마무리하고자 한다.

---

1) Royston Greenwood and Danny Miller, "Tackling Design Anew: Getting Back to the Heart of Organizational Theory," *Academy of Management Perspectives* 24, no. 4 (November 2010): 78.

현장의 경영 사례: PH&S Oregon Libraries의 리스트럭처링

모든 종류의 도서관은 그 이용자의 니즈에 부응하기 위해 리스트럭처링 중이다. 어느 경우에는, 이러한 리스트럭처링이 예산 삭감에 대한 반응으로 착수되고 있다. Oregon주의 Province Health & Services(PH&S) 도서관의 재조직화는 비용을 감축하고 서비스를 개선한 리스트럭처링의 좋은 예이다. 이것은 또한 소규모 도서관 시스템의 리스트럭처링의 좋은 예이기도 하다. PH&S는 Portland의 세 개 병원도서관과 Medford의 한 개 병원도서관으로 구성되어 있다.[2] 재조직화는 두 명의 도서관 경영자가 떠나면서 촉발되었다. PH&S 경영진에 의해 강요된 고용 동결 때문에, 도서관 경영자 직위 두 자리는 채우지 않고, 그 대신 지역 도서관 서비스의 관장이라는 새로운 직위를 신설하여 Oregon의 모든 PH&S 도서관을 감독하도록 하기로 결정되었다. 일단 새 도서관장이 임명되자, 전략적 기획이 시작되었다. 핵심적인 이해 관계자들은 도서관과 그 서비스에 대한 피드백을 제공하였다. 몇몇 되풀이하여 발생되는 주제들이 이 정보 수집 기간에 등장하였다. 많은 이용자들은 도서관을 통해 무엇을 입수할 수 있는지에 대해 알지 못하고 어떻게 자원에 액세스해야 하는지에 대해 확신을 하지 못하였다. 이용자들은 또한 액세스의 어려움에 관해서도 불평하였고 더 많은 온라인 자원과 교육 훈련을 요구하였다. 도서관이 이용자 니즈에 대해 더 응답성을 갖도록 하기 위해, "통합된 서비스와 간결한 조직"을 제공해 주는 하나의 단위로 이루어진 새로운 조직 구조가 실행되었다. 즉 "네 개의 별도로 분리된 도서관으로부터 하나의 팀이 탄생하였다."[3] 이 새로운 구조는 더 높은 효율성과 생산성을 가져왔고, 더 작은 장소에서 혼자 근무하는 직원의 고립감을 덜어주었으며, 더 큰 협력과 학습을 고무시켜 주었다.

리스트럭처링의 결과로, 도서관은 많은 변화를 실행하였다. 제공되는 서비스와 자원은 더 표준화되었으며, 통일된 정책과 절차, 통계가 개발되었다. 장서 관리의 영역에서는, 인쇄 저널 종수는 첫해에 80퍼센트까지 줄였으며 멀티사이트 라이선스(multi-site license)에 대한 협상이 이루어졌다. 도서관은 단일의 웹 사이트를 도입하였으며 이용자에게 서비스의 품질은 악화되지 않을 것이라는 사실에 대해 안심시키기 위해 마케팅 캠페인을 시작하였다. 전반적으로 이러한 리스트럭처링의 결과는 긍정적이었다. PH&S Oregon 도서관은 그 전문직 직원의 3분의 2(1.85 FTE[4])를 잃었고 27퍼센트의 예산 감소가 발생했지만, 이 도서관은 "구조 혁신을 통해 비즈니스와 이용, 인식, 장서를 확장하였으며 지역화에 따라 효율성을 개선하였다."[5]

---

2) Heather J. Martin and Basia Delawska-Elliott, "Combining Resources, Combining Forces: Regionalizing Hospital Library Services in a Large Statewide Health System," *Journal of the Medical Library Association: JMLA* 103, no. 1 (2015): 44-48.

3) Ibid., 45.

4) 역자주: Full time equivalent의 약어로, 업무에 투입된 인력을 풀타임 노동자 수로 환산한 수치를 말한다.

5) Heather J. Martin and Basia Delawska-Elliott, *op. cit.,* 48.

> PH&S Oregon 도서관은 재조직화에 앞서 어떤 단계들을 따랐는가? 여러분은 그러한 단계들이 재조직화에 영향을 미쳤다고 생각하는가? 새로운 구조가 매우 성공적인 것처럼 보이지만, 여러분은 이러한 중앙 집중식 구조로부터 야기되는 어떤 단점에 대해 생각할 수 있는가? 새로운 구조는 모든 종류의 도서관에서 발생하고 있는 변화를 어떻게 반영하는가?

9.1. 기계적 조직 구조와 유기적 조직 구조

조직 구조는 두 개의 광범위한 범주, 즉 기계적 구조와 유기적 구조로 분류할 수 있다. 기계적 조직(mechanistic organization)은 전통적인 피라미드형의 계층 구조의 패턴으로 형태를 갖춘 것이다. 그와 같은 조직은 기계와 같은 방식으로 설계된 것으로, 그 부분들이 함께 작동하여 표준적이고 통일된 아웃풋을 만들어 낸다. 엄격한 계층 구조가 존재하는데, 권한은 최고층에 고도로 집중되고, 명확한 명령 계통이 조직의 최상층으로부터 최하층에 이르기까지 운영된다. 기계적 조직은 공식화된 규칙과 절차라는 특징을 가지고 있으며 직원들은 대개 직원 간의 상호 작용이 거의 없이 별도로 과업을 수행한다. 기계적 조직의 직원들은 때로는 기계의 톱니에 비유되기도 한다. 그들의 행동은 규칙에 의해 통제되며, 그들은 독립적인 의사 결정에 임하지 못하고, 그 결과 그들이 이직할 때는 다른 사람에 의해 쉽게 대체될 수 있다. 반복적인 과업을 수행하는 대규모의 근로자와 명령을 내리는 소수의 경영자로 이루어지는 조립 라인(assembly line)을 가진 제조 기업은 극단적으로 기계적인 조직의 한 예이다. 기계적 구조와 유기적 구조를 처음 설명한 바 있는 영국의 이론가 Burns와 Stalker는 기계적 설계는 많은 일상적인 과업을 수행하고 안정된 환경에서 운영되는 조직을 위해 가장 잘 작동한다고 밝히고 있다. 반면에 많은 환경적 변화에 적응해야 하는 조직에서는, 유기적 구조가 더 훌륭하게 기능을 수행할 것이다.[6]

유기적 조직 구조(organic organizational structure)는 생물학적 비유에 바탕을 둔 것으로, 그와 같은 시스템은 환경에 개방된 상태로 유지되도록 적합하게 설계되었다. 조건들이 바뀌면, 유기적 구조는 조직으로 하여금 즉각 행동할 수 있도록 해 준다. 유기적 구조는 더 분산화가 이루어져 의사 결정이 조직 전체에 걸쳐 흩어

---

6) Tom Burns and G. M. Stalker, *The Management of Innovation* (London: Tavistock, 1961), 119-120.

지게 된다. 필요할 경우, 유기적 조직의 직원은 자신이 일하는 방식을 변경하기 위해 자신의 주도권을 발휘하기도 한다. 직원들은 팀으로 일하는 경우가 많다. 유기적 구조는 다음과 같은 특징을 가지고 있다:

- 측면적 및 수평적 커뮤니케이션 흐름의 강조
- 직책이나 계층적 직위보다는 오히려 대부분 지식의 권위에 바탕으로 하는 개인의 영향력
- 좁게 초점을 맞춘 부서의 견해 대신 전체 조직 지향성을 유지하는 조직의 구성원
- 엄밀성은 적고 유연성이 많은 직무 정의와 환경에 따라 변경되는 임무
- 공식 조직 외부의 집단에 의해 개발된 전문적 표준에 대한 많은 구성원의 준수. 예를 들면, 많은 사서는 자신을 고용하는 기관 못지않게 자신의 전문직을 동일시한다.[7]

거의 모든 측면에서, 유기적 기관은 기계적 조직과는 상반된다. 표준화와 공식적 관계 대신에, 유기적 구조는 느슨한 비공식적 업무 관계와 니즈가 생겼을 때 문제를 해결하는 특징을 갖는다.

 이야기해 보기

Charles Handy는 우리에게 다음과 같이 상기시켜 주고 있다. "조직은 대부분을 대체할 수 있는 인적 부분을 가진 거대한 엔지니어링 조각으로 인식되곤 하였다. 우리는 그 구조와 시스템, 인풋과 아웃풋, 통제 장치와 그러한 장치의 관리에 대해, 마치 그 전체가 하나의 대규모 공장이라도 되는 듯이 이야기하였다. 오늘날 언어는 공학의 언어가 아니라 문화와 네트워크, 팀과 연합, 통제보다는 영향력이나 권력, 경영이 아닌 리더십에 대한 이야기를 가진 정치의 언어이다."[8]

조직을 설명하기 위해 사용되는 언어는 왜 수년간에 걸쳐 변화하고 있는가? 현재 경영자와 경영진이 아닌 직원 간의 관계는 어떻게 다른가?

---

7) *Ibid.*, 122.
8) Charles Handy, *The Age of Unreason* (Boston: Harvard Business School Press, 1989), 89.

	기계적 구조	유기적 구조
복잡성	기능과 부서 간의 확연한 수평적 분리를 이루어 복잡성이 높다	기능 간의 구분이 적기 때문에 복잡성이 적다
공식성	잘 정의된 통제경로를 갖추어 공식성이 높다	실제 계층구조가 없기 때문에 공식성이 낮다
참여	경로의 아래에 있는 직원은 의사결정에 거의 인풋을 갖지 못해 저조하다	더 낮은 계층의 직원이 의사결정에 더 많은 영향력을 갖기 때문에 더 높다
커뮤니케이션	조직의 상층부로부터 하층부로 하향적으로 흐른다	정보가 거의 어떤 장애물도 없이 상하로는 물론 수평적으로 흐른다

〈그림 9.1〉 기계적 조직 구조와 유기적 조직 구조

    순수한 기계적 시스템과 순수한 유기적 시스템은 연속체의 반대편 양끝에 위치한다. 실험실에서 일하는 소규모 과학자 집단은 유기적 구조에 해당하고, 안정된 시장을 위해 표준적인 제품을 생산하는 고도로 구조화된 공장은 기계적 구조에 해당한다. 하지만 대부분의 기관은 이 두 극단 사이의 어느 곳에 속하며, 많은 조직은 유기적 단위와 기계적 단위를 둘 다 가지고 있다. 〈그림 9.1〉에서 볼 수 있는 것처럼, 기계적 구조와 유기적 구조는 네 가지 주요 측면, 즉 복잡성(complexity)과 공식성(formality), 참여(participation), 커뮤니케이션(communication)에서 다르다. 어느 한 유형의 구조가 다른 유형보다 본질적으로 더 훌륭한 것은 아니지만, 어떤 조직에 의해 선택되는 구조는 그 직원과 고객, 목표와 훌륭한 조화를 어울러야 한다는 사실을 명심하는 것이 중요하다.
    과거에는 대부분의 도서관은 그 규모와 사용되는 테크놀로지, 수행되는 서비스 때문에, 기계적 또는 관료제적 방식으로 조직화되었다. 오늘날의 대부분의 도서관은 기계적인 것으로부터 더 유기적인 유형의 구조로 옮겨 가고자 노력하고 있다. 하지만 순수한 유기적 시스템은 거의 없는데, 그 이유는 이 유형의 조직 구조가 대규모 조직에서는 실행하기가 어렵기 때문이다. 몇몇 소규모의 공공도서관과 전문도서관, 학교도서관은 유기적 구조를 그런대로 유지하고 있으며, 공동 거버넌스(governance) 방식을 채택하고 있는 몇몇 소규모 학술도서관도 마찬가지이다. 이러한 도서관들은 대학의 학과처럼 조직되는데, 대개 사서는 교원으로 간주되고 돌아가면서 맡는 부서장은 정기적으로 선정된다. 대부분의 대규모 또는 중간 규모 도서관은 직원이 너무 많기 때문에 순수한 형식의 유기적 구조를 허용할 수 없다. 그 결과 오늘날의 대부분의 도서관은 대규모 조직을 더 큰 유연성과 적응성, 직원 참여를 가능하게 하는 소규모 조직처럼 기능하도록 하기 위한 방법을 찾으면서 점차적으로 연속체의 유기적 구조의 끝 쪽을 향해 움직이는 하이브리드형 구조이다.

 이야기해 보기

여러분이 친숙한 도서관(또는 다른 유형의 조직)을 생각해 보라. 그 도서관은 어떤 종류의 조직 구조를 가지고 있는가? 조직도는 어떻게 보이는가? 이 조직은 더 기계적인 것 같은가 아니면 더 유기적인 것 같은가? 여러분은 이 도서관이 적합한 유형의 구조를 가지고 있다고 생각하는가? 그렇다면, 왜 적합한가? 그렇지 않다면, 어떤 변화를 여러분은 제시할 것인가?

9.2. 관료제

한 세기가 훨씬 넘는 동안, 관료제(bureaucracy)라는 기계적 구조의 한 형식이 널리 사용되어 오고 있는데, 역사적으로 대부분의 도서관은 이 방식으로 조직되고 있다. "관료제"라는 용어는 종종 번잡스런 구조와 불필요한 요식 행위(red tape), 너무 많은 규칙과 규정을 함축하는 경멸적인 방식으로 적용되는 경우가 많다. 현재는 종종 시대에 뒤떨어진 것으로 간주되기도 하지만, 관료제는 경영자들이 이러한 조직 구조를 다른 어떤 것보다도 훨씬 더 효과적이라고 간주했기 때문에, 최근까지도 매우 우호적으로 간주되었다.

제2장에서 살펴본 것처럼, 독일의 사회학자 Max Weber는 20세기 초의 많은 조직들이 맞닥뜨렸던 문제점에 대한 해결책으로 관료제를 제안하였는데, 당시의 조직들은 여전히 산업 혁명 이전에 존재했던 소규모의 가족 소유 기업처럼 운영되고

<표 9.1> 관료제의 특성

특 성	이 유
비개인적 공식적 실행	퍼스낼리티와 감정에 기반을 둔 관계는 합리성을 저해한다. 성과와 관련이 없는 족벌주의와 정실은 배제해야 한다.
기술적 역량과 성과를 바탕으로 한 고용과 승진	이러한 기준의 사용은 가장 훌륭한 자격을 갖춘 사람이 조직에 참여하고 충성심을 갖도록 보장해 준다.
노동의 체계적 전문화와 책임의 분화	조직의 모든 업무를 구체적인 역량을 갖춘 분야로 구분하는 것은 각 직원과 감독자에게 자신의 기능에 대한 권한을 주고 다른 근로자의 직무에 대한 간섭을 예방해 준다.
업무의 실행을 조절해 주는 질서정연한 규칙과 절차의 시스템	규칙은 (a) 업무와 의사결정을 표준화하기 위해, (b) 과거의 학습에 대한 표현으로서, (c) 재직자를 보호하고 직원이 동등한 대우를 받도록 보장하기 위해 사용된다. 규칙은 어떤 결정을 내려야 하고 언제 내려야 하는지를 지시해 주기 때문에 규칙을 배우는 것은 재직자의 기술적 역량을 촉진해 준다.
각 직위가 상위 직위에 의해 통제되도록 하는 직위의 계층 구조	권한의 계층 구조는 규칙을 바탕으로 하는 비개인적인 것이며, 더 많은 전문기술을 갖춘 사람이 상위 직위를 차지한다. 이것은 규칙에 대한 준수와 조정을 체계적으로 보장해 준다.
조직의 재산 및 업무와 재직자의 개인적 재산 및 업무의 완전한 분리	이러한 분리는 개인적 업무에 대한 수요 및 관심이 조직의 합리적이고 비개인적인 비즈니스 업무를 저해하지 못하도록 해 준다.

출전: Max Weber, *The Theory of Social and Economic Organizations*, eds. and trans. A. M. Henderson and T. Parsons (Oxford: Oxford University Press, 1947).

있었다. 관료제는 가족이나 우정의 유대 관계보다는 오히려 비개인적이고, 합리적이며, 규칙을 바탕으로 하고 있기 때문에, Weber에 따르면, 관료제는 근대 세계에서 가장 효율적인 조직 형식이다. 관료제의 특성은 <표 9.1>에서 볼 수 있다. 관료제에 관한 Weber의 저작은 이 제3부에서 이미 살펴본 분업과 수평적 전문화, 권한의 계층 구조, 업무 프로세스의 표준화를 포함한 많은 개념들을 종합적으로 다루고 있으며 사람들이 조직에 관해 생각하는 방식에 엄청난 영향을 미쳤다.

더 최근에는 관료제의 역기능적 측면에 관심이 모아지고 있다. 이러한 비판의 상당 부분은 관료제의 내부적인 작용, 특히 규칙을 바탕으로 한 통제의 의도하지 않은 결과에 초점을 맞추고 있다.[9] 다른 비판은 전통적인 관료제와 환경과의 관계와 외부 세계를 무시하는 경향을 중심으로 하고 있다. 관료제 조직 모델은 환경이 갖는 불확실성의 영향을 받지 않는 폐쇄 시스템(closed system)인 것처럼 조직을 다루기 때문에 결점을 갖는 것으로 간주되고 있다.[10] 많은 비판가들은 관료제 모델이 지나치게 기계적이고 결과적으로 조직 내에서 개인과 집단이 행동하는 방식을 무시하고 있다고 비판한다.[11] 마지막으로, 관료제 조직의 복잡성은 불안정한 조직에서 변화를 다루는 데 효과적이지 못한 것으로 간주되고 있다.[12]

안정된 환경에서는, 관료제가 조직 구조의 가장 효과적인 유형이 될 가능성이 있다. 이러한 유형의 환경에서는, 조건들이 천천히 변화하고, 따라서 조직은 확립된 기존의 방법을 수정하기 위한 압박을 거의 받지 않는다. 조직은 상당 부분을 예측할 수 있는 정보를 처리한다. 계획은 오랜 시간에 걸쳐 세심하게 개발될 수 있으며, 예외는 거의 발생하지 않기 때문에 상위 계층의 의사 결정자들은 많은 반응 시간을 갖게 된다. 관료제의 특징인 규칙과 절차는 안정된 환경에 매우 적합하다.

하지만 오늘날에는 환경이 격변하고 테크놀로지와 같은 요인의 변화가 예전보다 더 급속하게 발생하고 있다. 조직이 빈번한 변화에 맞닥뜨리게 될 때는, 유연해야 하는데, 기다란 리스트의 정책과 규칙은 신속한 결정을 내려야 할 때는 점점 더 적합성이 적어지고 있다. 관료제는 "예측할 수 있는 만일의 사태를 위한 프로그램을 완벽하게 하기 위해 설계된 구조로, 접해 보지 못한 니즈를 위한 새로운 프로그램을 만들어 내기 위해 설계된 문제 해결 구조는 아니다."[13] 따라서 관료제는 불확실한 시기에는 효율적으로 작동하지 못한다.

---

9) Robert K. Merton, "Bureaucratic Structure and Personality," *Social Forces* 18, no. 1 (May 1940): 560-68; Philip Selznick, *TVA and the Grass Roots: a Study in the Sociology of Formal Organization* (Berkeley: University of California Press, 1966); Alvin W. Gouldner, *Patterns of Industrial Bureaucracy* (New York: Free Press, 1954).

10) 예를 들면, 다음 자료를 참고하라: James D. Thompson, *Organizations in Action: Social Science Bases of Administrative Theory* (New York: McGraw-Hill, 1967).

11) Joy Huebert and Mark Nixon, "Rules, Bureaucracy and Customer Service: A Dialogue between Two Public Librarians," *PNLA Quarterly* 68, no. 3 (April 17, 2004): 10.

12) Paul S. Adler, et al., "Building Better Bureaucracies [and Executive Commentaries]," *The Academy of Management Executive* (1993-005) 13, no. 4 (November 1999): 36-49.

13) Henry Mintzberg, *The Structuring of Organizations: A Synthesis of the Research* (Englewood Cliffs, NJ: Prentice Hall, 1979), 375.

 **스킬 연습하기**

*The Wall Street Journal*의 2014년 기사에서 Joseph White는 다음과 같이 해설하고 있다. "Texas의 억만장자 H. Ross Perot은 한때 그가 출생한 곳에서는 여러분이 뱀을 보면 여러분이 그 뱀을 죽인다고 말했다. 그러나 General Motors(GM)에서는 여러분이 뱀을 보게 되면, 여러분은 뱀에 관한 컨설턴트를 고용하고, 그러고 나서 뱀에 관한 위원회를 구성하고, 그러고 나서 뱀에 대해 몇 년 동안 논의한다."[14] Perot의 발언은 무려 25년 전에 한 것이지만, White에 따르면, GM은 많은 불필요한 요식 행위와 매우 늦은 의사 결정 프로세스를 가진 관료제적 구조를 유지하고 있기 때문에 그것은 오늘날에도 여전히 사실이다. 이 기사는 GM이 자동차가 갑자기 멈추는 원인이 된 점화 스위치 결함을 제거하는 데 거의 10년이 걸렸던 이유에 초점을 맞추고 있다. White에 따르면, GM은 "관료제의 복잡성으로 부담을 갖고 있으며, 생명을 위험에 빠뜨리는 결함을 결정적으로 해결할 수 없다."[15]

관료제는 많은 장점을 가지고 있지만, 결과적으로 늦은 의사 결정을 초래하는 지나치게 복잡한 구조로 오랫동안 비판을 받아 오고 있다. 관료제가 GM과 같은 조직이 의사 결정을 하는 데 그렇게 오랜 시간이 걸리도록 하는 몇몇 이유는 무엇인가? 여러분은 GM은 왜 여전히 관료제로 조직화되고 있다고 생각하는가? 여러분은 대규모 관료제에서 의사 결정의 속도를 높일 수도 있는 방법을 생각할 수 있는가?

21세기 조직에 대한 관료제 구조의 적합성에 대한 의심 때문에, 많은 경영 전문가들은 이 조직 형식은 오늘날의 니즈에 더 알맞은 구조로 대체되어야 한다고 제안하고 있다. 예를 들면, Laloux는 수년간에 걸쳐 진화했다고 그가 말하고 있는 다섯 가지 유형의 조직 구조를 설명하기 위해 오색 모델을 사용하고 있다. 최초의 가장 원시적인 단계의 조직 유형은 공포를 통해 아랫사람을 정리하는 강력한 지배자에 의해 부과되는 구조였다(Laloux는 이를 "레드" 구조로 분류하고 있다). 레드 구조는 두 개의 관료제적 모델, 즉 호박색과 오렌지색으로 이어진다. Laloux에 따르면 진화의 최신의 두 단계는 두 개의 "포스트모던" 패러다임, 즉 그린 조직과 청록색 조직이다. 그린 조직은 직원 임파워먼트(employee empowerment)와 평등주의 경영(egalitarian management)의 특징을 가지고 있으며, 청록색 조직에서는 직원이 완전히 자율적으로 관리된다. Laloux는 모든 조직은 청록색 조직 쪽으로 옮겨

---

14) Joseph B. White, "At 'New' General Motors, the Old Red Tape Still Rules," *Wall Street Journal*, March 8, 2014.
15) *Loc. cit.*

가야 한다고 주장했는데, 그 이유는 "이제 낡은 모델을 고치려고 애쓰는 것을 중단하고 그 대신 다음 단계의 모델로 도약할 때이다. 그것이 우리 시대의 복잡성과 도전에 더 잘 맞을 것"[16]이기 때문이다.

Bernstein 등도 때로는 홀라크라시(holacracy)라고도 하는 자율 관리 조직(self-managed organization)의 장점을 지적하고 있다. 홀라크라시에서는, 팀이 조직의 기본적인 구성 요소이며 이러한 팀들이 스스로를 설계하고 지배한다. Bernstein과 그 동료들은 자신들의 "리서치와 경험은 자율 조직의 요소들은 모든 종류의 기업을 위한 가치 있는 도구가 될 것이라는 사실을 우리에게 말해 주고 있다"고 설명하고 있지만, 이 접근법을 너무 빨리 받아들이는 기업들이 직면하는 도전에 대해 경고하고 있다.[17] 이 저자들은 "자율 관리의 원칙의 광범위한 적용을 찬성하거나 반대하는 전반적인 주장은 중요한 포인트를 놓치고 있다. 즉 대부분의 조직, 특히 대기업은 이러한 기법들을 전체가 아니라, 부분적으로 채택해야 한다."[18]

Hamel은 "적합성(conformity)과 예측 가능성(predictability)을 보장하기 위해 세워진 한 무더기의 정책 규칙과 다층의 계층 구조, 다수의 경영 프로세스"를 포함한 관료제에 관련된 많은 문제점을 다시 밝히고, 자율 관리 조직에 의해 관료제를 대체하기 위해 혁명이 필요하다고 제안하고 있다.[19] "관료제와 자율 관리는 전체주의와 민주주의처럼, 정반대의 이데올로기이다. 자율 관리 조직을 구축하기 위해서는, 여러분은 관료제라는 단지 가시나무의 가지치기만 할 수는 없으며, 그 뿌리를 뽑아 버려야 한다."[20] 하지만 Hamel은 여러분이 그냥 "이전의 구조를 폭파시킬" 수만은 없다는 사실을 상기시키고 있으며 이후의 저작에서는 관료제를 대체할 때 더 천천히 움직여야 할 필요성을 제안하고 있는데, 그는 그것을 제초제에 내성을 가진, 급속히 퍼지는, 근절시키기가 거의 불가능한 식물인 칡과 조직상으로 동등한 것이라고 설명하고 있다.[21]

---

16) Frederic Laloux, "The Future of Management is Teal," *strategy+business* (July 6, 2015), accessed July 12, 2017, 〈https://www.strategy-business.com/article/00344?gko=10921〉.
17) Ethan Bernstein, et al., "Beyond the Holacracy Hype," *Harvard Business Review* 94 (July—August 2016): 38-49.
18) *Ibid.*, 48.
19) Gary Hamel, "First, Let's Fire All the Managers," *Harvard Business Review* 89, no. 12 (December 2011): 52.
20) *Ibid.*, 53.
21) Gary Hamel and Michele Zanini, "Top-Down Solutions Like Holacracy Won't Fix Bureaucracy," *Harvard Business Review* (March 22, 2016), accessed July 12, 2017, 〈https://hbr.org/2016/03/top-down-solutions-like-holacracy-wont-fix-bureaucracy〉.

사실 관료제는 놀라울 정도로 탄력성을 가지고 있으며, 여전히 전 세계에서 발견되는 조직 구조의 가장 일반적인 방법 중 하나이다. 예를 들면, 미국 정부는 관료제적 관리를 사용하고 있으며, 주 정부와 대부분의 로컬 정부도 마찬가지이다. 사실은 관료제적 구조의 사용은 증가하고 있는데, 1983년 이래로 미국에서는 경영자와 감독자의 수는 거의 두 배가 된 반면, 다른 직업의 고용은 40퍼센트 이하로 증가하고 있다.[22] 그 단점에도 불구하고, 이전보다도 더 많은 사람들이 대규모의 관료제 조직에서 일하고 있다.

관료제를 넘어서서 이동하기가 왜 그리 어려울까? 주요한 이유 중 하나는 관료제가 경영자는 물론 근로자에게 가장 친숙한 구조의 형식이라는 사실이다. 아울러 많은 경영자들은 이미 출세가도를 달리고 있기 때문에 계층 구조에서 기득권을 누리고 있는데, 경영자의 직위를 차지하고 있기 때문에, 그들은 공식적인 직책과 높은 지위를 격하시키는 재조직화에 우호적일 것 같지 않다. 그러나 가장 큰 난관은 Hamel과 Laloux가 주창하는 포스트 관료제 조직 중의 하나로 옮겨갈 제대로 정립된 방법이 없다는 사실이다. 일선의 직원들은 일반적으로 무엇을 하라는 말을 들어왔고 관례가 없으면 스스로를 관리하기 위해 필요한 기술을 가지고 있지 않기 때문에 기존의 관료제를 폐지한 어떤 하향식 프로그램도 거의 실패할 것이 뻔하다. 입증되지 않은 일화적인 이야기는 떠돌지만, 어느 한 구조로부터 다른 구조로 옮겨가는 방식을 보여 주는 검증된 로드맵은 존재하지 않는다. 이러한 이유 때문에, 관료제를 대체하는 점진적인 접근법이 최선의 접근법이다.[23]

 **스킬 연습하기**

Joy Huebert와 Mark Nixon은 너무 많은 규칙들이 훌륭한 서비스의 제공을 방해하는 일들에 대해 설명하고 있다. 연세 드신 여성이 뭔가 읽을거리를 원해서 도서관의 책을 얻으려고 눈보라를 뚫고 찾아왔다. 하지만 도서관에 도착했을 때 그분은 도서관 카드를 챙겨오는 것을 잊었다는 사실을 알게 되었다. 책을 대출하려고 했을 때, 도서관 직원은 그 여성분을 잘 알고 있었

---

22) Gary Hamel and Michele Zanini, "More of Us Are Working in Big Bureaucratic Organizations than Ever Before," *Harvard Business Review* (July 5, 2016), accessed July 12, 2017, 〈https://hbr.org/2016/07/more-of-us-are-working-in-big-bureaucratic-organizations-than-ever-before〉.

23) Gary Hamel and Michele Zanini, "Top-Down Solutions Like Holacracy Won't Fix Bureaucracy," *Harvard Business Review* (March 22, 2016).

> 음에도 불구하고, 그 책을 가져가지 못하도록 거절하였다. 직원은 그녀에게 말했다. "카드가 없으면 이 책을 서명해서 대출해 드릴 수가 없어요." "어쨌든, 그게 규칙이에요"라고 직원은 설명하였다. "우리는 규칙을 존중해요. 규칙을 어길 수는 없거든요. 규칙은 모든 사람을 위한 규칙이잖아요."[24] 이 짤막한 이야기는 유연성이 없는 규칙이 종종 부실한 서비스를 초래하는 장소로서 관료제의 부정적인 이미지를 전형적으로 보여 주고 있다. Huebert와 Nixon이 언급하고 있는 것처럼, "질서와 규칙, 조직에 대한 우리의 직업적인 사랑은 많은 도서관을 훌륭한 고객 서비스와 나아가 상식의 요구를 대체하는 비잔틴 시대의 정책과 절차에 얽매인 채 남아 있게 하고 있다."[25]
>
> 여러분이 연세 드신 여성이 서비스를 거절당한 도서관의 관장으로, 이상에서 이야기한 대화를 우연히 들었다고 생각해 보라. 여러분은 그 직원에게 조언을 해 줄 것인가 아니면 그녀의 결정을 고수하도록 내버려 둘 것인가? 여러분은 서비스를 개선하기 위해 어떤 변경이 이루어져야 할 것으로 생각하는가?

9.3. 도서관 관료제의 수정

대부분의 도서관은 그 규모와 사용하는 테크놀로지, 수행하는 서비스 때문에, 여전히 기본적인 관료제 구조를 유지하고 있다. 하지만 시대가 변하고 있다. 도서관은 때로는 구조적인 변경을 충분히 신속하게 실행하지 못하고 있다는 비판을 받고 있지만, 점점 더 많은 사서들은 전통적인 계층 구조적 시스템은 수정되어야 한다는 아이디어를 받아들이고 관료제에 대한 대안을 찾기 시작하고 있다.

도서관들은 Hamer와 Bernstein과 같은 경영 전문가가 주창한 경로를 택하는 것으로 보이며 관료제를 대체하는 점진적인 접근법을 취하고 있다. 전반적으로 볼 때, 급진적인 변화가 일어나는 경우는 거의 없지만, 많은 도서관은 실제로 리스트럭처링 중이다. 우리는 이러한 것을 복잡한 조직 구조를 요구하기에 충분한 직원을 가지고 있는 대규모 도서관에서 보게 되는 경우가 많다. 일반적으로, 이러한 조직은 여전히 계층적 구조의 몇몇 측면을 유지하고 있지만, 점점 더 많은 대규모 도서관들이 그러한 계층 구조에 대한 아주 다양한 구조적 수정에 대해 실험하고 있다.

---

24) Joy Huebert and Mark Nixon, "Rules, Bureaucracy and Customer Service: A Dialogue between Two Public Librarians," *PNLA Quarterly* 68, no. 3 (April 17, 2004): 10-11.
25) *Ibid.*, 10.

최근의 도서관 관련 문헌을 개괄해 보면 재조직화와 합병을 통해 조직 구조를 변경하는 과정에 있거나 아니면 이미 변경한 도서관의 수많은 예들을 볼 수 있다. 모든 조직의 배후에 있는 바탕이 되는 논거는 도서관으로 하여금 오늘날의 이용자에게 더 훌륭하게 서비스할 수 있도록 해 주게 될 새로운 구조를 설계하고자 하는 욕망이다. 과거에는 도서관이 건물과 장서를 중심으로 하고 있었지만, 오늘날의 세계에서는 점점 더 늘어나는 디지털 자료의 이용이 도서관의 조직화 방법에 대해 재검토하지 않을 수 없게 하고 있다. 도서관은 분관을 합병하고, 서비스 포인트를 통합하고, 참고 업무와 편목과 같은 전통적인 기능적 부서의 모습을 바꿔 가고 있다.[26] 이러한 몇몇 재조직화는 예산상의 압박에 의해 촉발되고 있다. 어떤 경우는 도서관의 변화를 가져올 권한을 가지고 임명된 신임 도서관장에 의해 시작되었다.[27] 도서관 재조직화는 또한 기관 간 상호 협력이 증가한 결과이기도 하다. 도서관들이 현재는 주 전체에 걸친 라이선스 컨소시엄과 같은 새로운 공동 사업에서 서로 협력하면서 조직의 경계는 뚫고 들어가기가 더 용이해지고 있다. 리스트럭처링으로 이끌어 주는 또 하나의 영향력은 점증하는 아웃소싱(outsourcing)의 이용이다. 즉 많은 도서관 경영자들은 한때 내부에서 만들어졌던 제품과 서비스를 외부로부터 얻어내고 있다. 아웃소싱의 주된 동기는 일반적으로 비용을 낮추고 효율성을 증진시키는 것이다.[28] 예를 들면, 많은 사서들은 현재 벤더들로부터 "서가 배치 준비가 된" 책들을 구입하고 있으며, 따라서 서가 상으로 가기 위해 책에 대해 준비하는 모든 단계가 아웃소싱되고 있다. 한때 내부적으로 수행되었던 프로세스를 외부의 공급자에게로 옮기는 것은 불가피하게 구조의 변경으로 이어지게 된다.

몇몇 도서관은 포괄적으로 리스트럭처링을 하고 완전히 새로운 구조를 실행하지만, 많은 도서관은 아마도 그 조직도에는 반영되지 않을 수도 있는 방식으로 변경을 하고 있다. 상당수의 도서관은 몇몇 부서를 다른 부서보다 더 유기적으로 조직화하는 하이브리드형 구조를 채택하거나 기본적인 관료제적 피라미드에 수정을 가하는 이른바 오버레이(overlays)를 사용하고 있다. 계층 구조는 상당 부분이 그대로 유지되고 있지만, 많은 도서관 경영자들은 피라미드를 수평화하고 의사 결정

---

26) 학술도서관의 많은 예에 대해서는 다음 자료를 참고하라: Amber Butler Lannon and Sara Holder, *Difficult Decisions: Closing and Merging Academic Libraries* (Chicago: ACRL, 2015).

27) Roger C. Schonfeld, "Organizing the Work of the Research Library," *Ithaka S+R* (August 18, 2016), accessed July 12, 2017, ⟨https://doi.org/10.18665/sr.283717⟩.

28) James M. Matarazzo and Toby Pearlstein, "Ignore the Idea of Outsourcing at Your Peril," *Public Libraries* 50, no. 2 (March/April 2011): 19-20.

에 더 많은 직원의 인풋이 허용되도록 하고 있다. 관료제에 대한 이러한 점진적인 변경을 "관료제적 하이브리드화"(bureaucratic hybridization) 또는 소프트 관료제라고 한다.[29]

도서관은 전체적으로 관료제 구조의 본질적인 의미를 규정하는 많은 요소들을 유지하고 있지만 현재의 수요와 더 조화를 이루도록 하기 위한 변형도 도입하고 있다. 현재로는 도서관은 두 사람의 경영 전문가 Bryan과 Joyce의 조언을 따르고 있는 것으로 보이는데, 그들은 만일 조직이 자신의 전문직 직원의 생산성을 높이고자 한다면, "사람들의 높아진 가치를 인정하는 한편 최선의 전통적인 계층 구조를 유지하면서, 그 조직 구조를 드라마틱하게 변경해야 한다"[30]고 설명하고 있다.

9.4. 일반적으로 사용되는 관료제 조직의 변형

사서들은 다양한 유형의 조정 직위와 임시 그룹을 만들어 점증하는 복잡성을 다루고 있지만, 앞서 살펴본 것처럼, 대부분의 경우에는, 그와 같은 변형은 전통적인 관료제 구조에 덧붙여지고 있다. 변형은 위원회와 같은 전통적인 것이나 팀제와 같은 더 혁신적인 것이 될 수도 있을 것이고, 매트릭스 조직 구조와 같은 영구적인 것이나 특정 프로젝트에서 일하는 그룹과 같은 일시적인 것이 될 수도 있을 것이다. 다음 섹션에서는 표준적인 계층 구조의 몇 가지 변형에 대해 살펴보고자 한다.

9.4.1. 위원회

위원회(committees)는 계층 구조를 수정하는 가장 오래되고 가장 일반적인 방법 중 하나이다. 위원회는 어떤 프로세스가 전통적인 부서의 영역과 단일의 명령 계통에 포함되지 않을 때 특히 유용하다. 이에 대응하여, 관련된 영역의 경영자들은 포함된 단위로부터 온 대표자들의 위원회를 구성한다. 상임 위원회(standing committees)는 직원 개발과 같은 지속적으로 발생하는 이슈를 다루는 경우가 많다.

---

29) Sergey E. Osadchiy, "Bureaucratic Persistence Paths: The Role of Embedded Agency," *Academy of Management Annual Meeting Proceedings* (August 2010): 1-6.
30) Lowell Bryan and Claudia Joyce, "The 21st-Century Organization," *McKinsey Quarterly* 3 (2005).

특별 위원회(ad hoc committees) 또는 임시 위원회는 상황에 따라 필요할 때 구성된다. 예를 들면, 많은 도서관은 고용 프로세스에서 심사 위원회(search committees)를 활용한다. 위원회가 갖는 권력은 다양하다. 어떤 도서관에서는 위원회가 정책을 설정하는 권한을 갖지만, 어떤 도서관에서는 자문 역할만을 수행한다.

위원회는 어떤 토픽에 관한 아주 다양한 지식과 경험을 쏟아 넣어 주는 수단을 제공한다. 직원의 참여는 정책과 의사 결정에 대한 직원의 몰입을 조성하는 데 도움이 될 수 있다. 하지만 위원회는 행동이 늦어지는 경우가 많고, 참가자들이 다른 방식으로 사용할 수도 있는 시간을 소요하게 되기 때문에 비용이 들어간다.

9.4.2. 프로젝트 관리

프로젝트 관리 팀(project management teams)(어떤 조직에서는 태스크 포스(task force)라고도 한다)은 그들의 임무가 종종 파트타임(part time)이라기보다는 오히려 풀타임(full time)이고, 직원들이 일반적으로 특정 기간 동안 특정 프로젝트에서 일하는 데 모든 시간을 할애하기 위해 자신의 기본적인 직무를 떠나게 된다는 사실을 제외하고는, 특별 위원회와 유사하다. 일반적으로 프로젝트 관리 팀은 특정의 제품이나 서비스, 결과를 만들어 내기 위한 일시적인 과업을 위해 일하게 되며, 과업이 완수되면 그 집단의 구성원은 자신의 기본적인 직무로 복귀하게 된다. 프로젝트 관리 접근법은 다음과 같은 사업의 경우에 특히 매우 유익하다.

- 사업의 범위가 넓고 구체적이며 한정할 수 있는 결과를 갖는 일회성(one-time) 과업일 때
- 사업이 익숙지 않거나 전례가 없을 때
- 사업에서 과업 간에 고도의 상호 의존성이 요구될 때
- 사업이 매우 중요할 때

프로젝트 관리는 수년간 도서관에서 활용되고 있지만, 도서관이 통합 도서관 시스템의 설치나 새로운 시설의 건축과 같은 새롭거나, 익숙지 않거나, 복잡한 프로젝트를 다루기 위해 프로젝트 관리 그룹을 활용함에 따라 더 일반화되고 있다. University of Arizona에서는, 인쇄 색인의 디지털화와 도서관의 기관 리포지토리(repository) 서비스의 실행, 분관 폐관의 기획을 포함한 30개 이상의 프로젝트를 위해 프로젝트 관리가 이용되고 있다.[31] University College Dublin Library는 기관

리포지토리 서비스의 기획과 개발, 관리에 프로젝트 관리를 이용하였다.[32] 전형적인 프로젝트 내의 광범위한 이슈들을 관리하는 데 따르는 복잡성을 다루는 데 도움을 주기 위해 공식적인 프로젝트 관리 방법론이 개발되고 있다. 아울러 비용 관리와 사람과 자원의 할당, 커뮤니케이션, 공동 작업, 일정 관리를 도와주기 위해 구체적인 소프트웨어가 활용되는 경우도 많다.[33]

9.4.3. 매트릭스 조직 구조

매트릭스 구조(matrix structure)는 1960년대에 항공 우주 산업체에서 처음 도입되었는데, 전통적인 계층 구조의 조직보다 덜 간단하다. 매트릭스 구조는 프로젝트 관리와 기능에 의해 조직화된 부서들을 결합하는 영구적인 구조이다. 프로젝트 관리가 그와 같은 부서 위에 수평적 오버레이(horizontal overlay)로서 얹히게 되는데, 그 때문에 매트릭스라는 이름이 붙여졌다. 프로젝트 관리에서는, 그룹의 구성원을 여러 부서에서 빼내서 일시적으로 프로젝트 관리자에게 배속시키게 되는데, 프로젝트가 계속되는 동안, 그룹의 구성원은 프로젝트 관리자와 자신의 부서 감독자 둘 모두에게 보고해야 한다. 매트릭스 관리에서는, 겸임(dual assignments)이 영구적인 조직 패턴의 일부가 된다. 매트릭스 조직의 직원은 제품이나 기능, 지역과 같은 서로 다른 섹션의 상사에 대한 둘 이상의 상향 보고 라인을 갖게 된다.[34] 매트릭스 관리 구조는 기능별 부문화의 장점을 유지하면서, 프로젝트 관리의 특색인 개선된 조정을 추가하고자 하는 시도에 해당한다. 〈그림 9.2〉에 제시되어 있는 독자 서비스 부서(readers' service department)는 매트릭스 조직 모델을 사용하고 있다. 이 예에서 사서들은 자신들의 시간을 각각 코디네이터를 두고 있는 몇 가지 기능 간에 다양한 비율로 나누고 있다. 각 사서들은 부관장뿐만 아니라 특정 기능의 코디네이터에게도 보고한다.

---

31) Mary Feeney and Leslie Sult, "Project Management in Practice: Implementing a Process to Ensure Accountability and Success," *Journal of Library Administration* 51, no. 7-8 (October 2011): 744-763.

32) Joseph Greene, "Project Management and Institutional Repositories: A Case Study at University College Dublin Library," *New Review of Academic Librarianship* 16, no. 1 (October 2010): 98-115.

33) H. Frank Cervone, "Standard Methodology in Digital Library Project Management," *OCLC Systems & Services* 23, no. 1 (February 2007): 30-34.

34) Herman Vantrappen and Frederic Wirtz, "Making Matrix Organizations Actually Work," *Harvard Business Review* (March 1, 2016), accessed July 12, 2017, 〈https://hbr.org/2016/03/making-matrix-organizations-actually-work〉.

매트릭스 조직구조

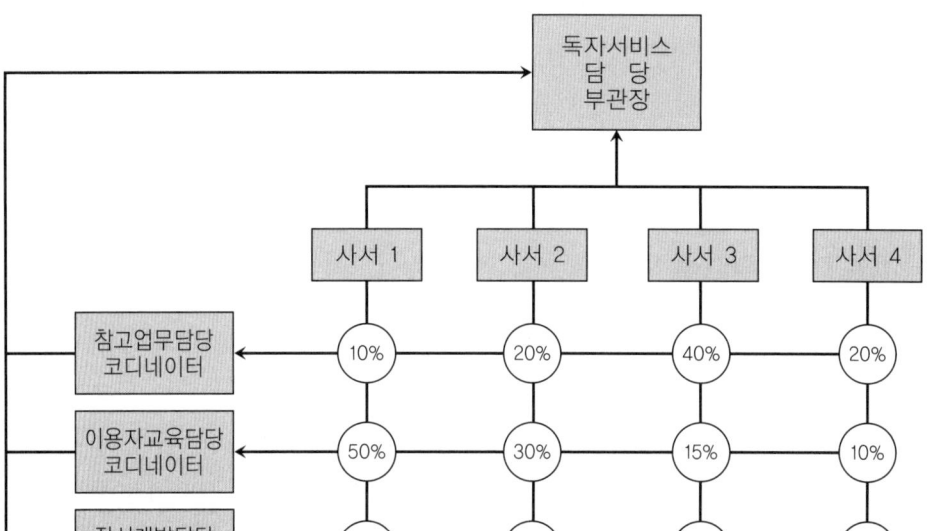

<그림 9.2> 매트릭스 구조로 조직화된 독자 서비스 부서

은행과 보험 회사, 화학제품 제조업체를 포함한 많은 기업들은 매트릭스 조직 패턴을 실행하고 있지만, 이 구조는 여전히 일반적이지 못하다. 이 구조가 더 광범위하게 채택되지 못하고 있는 이유 중 하나는 혼돈스런 경우가 많다는 사실이다. 매트릭스 조직은 많은 경영의 원칙, 특히 제8장에서 살펴본 명령 통일의 원칙을 위반하고 있다. 간단한 명령 계통은 다수의 권한 관계로 대체되고 있는데, 여기서는 경영자는 전통적인 경영자로서보다는 오히려 팀 리더로서의 기능을 수행한다.[35] 그와 같은 환경에서 일하는 사람들은 많은 애매성을 견뎌낼 수 있어야 한다. 두 명의 도서관 경영자들이 말하고 있는 것처럼, 매트릭스 관리는 "실행하기가 어렵다. 이것은 우리의 문화적 성향에 반하여 운영되며, 충분히 복잡하고 애매하기 때문에 이를 잘 운영될 수 있도록 하기 위해서는 사실상 지속적인 모니터링이 필요하게

---

35) Alex Bloss and Don Lanier, "The Library Department Head in the Context of Matrix Management and Reengineering," *College and Research Libraries* 58 (November 1997): 499-508.

된다. 우리들 대부분은 우리의 전 생애를 계층 조직에서 살고 있으며 우리가 다른 형식의 조직에 적응하는 것은 고사하고, 그런 조직을 상상하기조차 어렵다."[36]

그 결과 순수한 매트릭스 조직을 채택하고 있는 도서관은 거의 없다. 이를 시도했던 극소수 중 몇몇은 이 구조를 포기하고 있다.[37] 유사하게 영리 섹터에서도, 다수의 기업들이 매트릭스 관리 조직 패턴을 실험하였는데 그리고 나서 그 복잡성과 분명한 권한 계통의 부재 때문에 이를 퇴출시켰다. 순수한 형식의 매트릭스 조직을 사용하는 도서관은 거의 없지만, 프로젝트 관리 팀과 같은 유사 매트릭스 구조(matrix-like structures)는 전반적인 조직 구조의 일부로서든 아니면 도서관의 특정 단위에서든, 오늘날의 많은 도서관에 존재하고 있다.[38] 몇몇 도서관은 사서들이 일부 시간은 주제 영역에 투입하는 한편 일부 시간은 전문 지식의 기능별 영역에 투입하는 준(準)매트릭스 구조(quasi-matrix structure)를 실행하고 있다.[39] 제8장에서 살펴본 파견 사서(embedded librarians)는 매트릭스와 유사한 보고 패턴을 갖는 경우가 많다.[40] 매트릭스 조직에 관련된 어려움에도 불구하고, 매트릭스에 관련된 유연성은 오늘날의 환경에 매우 적합한 것으로 보이며, 그 결과 더 많은 도서관들이 미래에 유사 매트릭스 구조를 전면적으로나 부분적으로 실행하게 될 것 같다.

9.4.4. 팀 제

점점 더 많은 수의 도서관들이 팀제를 사용하고 있는데, 이것은 전통적인 계층 구조를 수정하는 또 하나의 방식을 제공해 준다. 팀 접근법은 어떻게 업무가

---

36) Joanne R. Euster and Peter D. Haikalis, "A Matrix Model of Organization for a University Public Services Division," in *Academic Libraries: Myths and Realities: Proceedings of the Third National Conference of the Association of College and Research Libraries* (Chicago: American Library Association, 1984), 359-360.

37) San Francisco State University 도서관의 매트릭스 모델로의 리스트럭처링에 대한 설명은 앞서 인용한 Euster and Haikalis의 자료를 참고하라. 그 논문이 작성된 후, 이 도서관은 다시 리스트럭처링을 실시하고 매트릭스 접근법을 퇴출시켰다.

38) 예에 대해서는 다음 자료를 참고하라: Alex Bloss and Don Lanier, "The Library Department Head in the Context of Matrix Management and Reengineering," *College and Research Libraries* 58 (November 1997): 499-508.

39) Janice M. Jaguszewski and Karen Williams, *New Roles for New Times: Transforming Liaison Roles in Research Libraries*, Association of Research Libraries (August, 2013).

40) David Shumaker, "WebSearch Meets Embedded Librarianship," *The Embedded Librarian* (October 9, 2011), accessed July 12, 2017, ⟨https://embeddedlibrarian.com/2011/10/09/websearch-meets-embedded-librarianship/⟩.

수행되는지에 대한 기본적인 재설계를 제공해 주는데, 경영자가 집단을 감독하는 대신, 집단이 스스로를 관리한다. 직원이 관련된 과업을 수행하기 위해 집단으로서 일할 때는, 전반적인 프로세스는 더 이상 개개 직무의 집합이 아니라 공유된 집단 과업이 된다. 자율 관리 팀(self-managing teams) 또는 자율 팀(autonomous teams)은 업무 일정의 결정과 직무의 할당을 포함하여 전통적으로 경영자들이 보유하고 있던 많은 기능을 인계받고 있다. 자율 관리 팀은 조직에 따라, 때로는 다른 이름으로 통하기도 한다. 몇 가지만 이름을 들어 보면, 자율 지시 팀(self-directed teams), 자기 보존 팀(self-maintaining teams), 자기 주도 팀(self-leading teams), 자율 조정 업무 팀(self-regulating work teams) 등이 있다. 그러나 그 책무는 유사하다. 그와 같은 팀은 최종 제품 또는 지속적인 프로세스에 관련된 완전한, 자급자족의 과업 패키지를 부여받은 직원의 집단이다. 팀원들은 다양한 전문적 기술(technical skills)을 보유하고 있으며 업무 팀에 대한 자신들의 다재다능함과 유연성, 가치를 높이기 위해 새로운 기술을 개발하도록 하는 권고를 받는다. 성과 일정 관리(performance scheduling)와 아웃풋 검사를 통해 팀은 전반적인 프로세스와 제품을 모니터링하고 재점검하며, 종종 그룹 구성원에게 문제 해결 과업을 배정하기도 한다. 팀 접근법은 팀원들이 서로 경청하고 비판받지 않으면서 아이디어를 자유로이 제시한다고 느끼는 분위기를 조성함으로써 독창성과 리스크 감수를 촉진해 준다.

도서관들은 1980년대 말에 자율 관리 팀을 사용하기 시작하였는데, 1990년대에 그 인기가 높아졌다. 21세기에 이른 현재는 자율 관리 업무 팀은 대규모 도서관의 관료제 구조에 대한 가장 일반적인 오버레이 중 하나이다. 어떤 도서관들은 사업 전체에 걸쳐 팀 접근법을 사용하고 있는 반면, 다른 도서관들은 소수의 부서에서만 팀을 이용하고 있다. 팀을 이용하고 있는 도서관의 숫자에 관한 포괄적인 통계는 없지만, 2011년의 학술도서관에 대한 서베이는 응답한 도서관의 28퍼센트가 완전히 팀 기반이었으며, 33퍼센트는 부분적으로 팀 기반이었고, 39퍼센트는 팀을 이용하지 않고 있었다.[41] 적어도 학술도서관 사이에서는, 팀의 이용이 매우 일반적이며, 팀이 다른 유형의 도서관에서 점점 더 많이 사용되고 있다. 점차 증가하는 인기에도 불구하고, 팀 접근법으로 전환하고 있는 조직들은 그렇게 하는 것이 용이하지도 신속하지도 않다고 보고하고 있다. 계층 구조 포맷은 그 모든 결점에도

---

41) Lihong Zhu, "Use of Teams in Technical Services in Academic Libraries," *Library Collections, Acquisitions, and Technical Services* 35, no. 2 (January 2, 2011): 69-82.

불구하고, 경영자는 물론 직원에게도 여전히 가장 익숙한 것이며, 때로는 과거의 확실성이 매우 매력적으로 보이기도 한다. 팀제를 고려하는 도서관은 어느 도서관이든 팀 기반의 조직이 된다는 것은 조직 문화의 급진적인 변화를 겪는다는 의미라는 사실을 이해하는 것이 중요하다. 팀의 관리와 팀 구성에 대해서는 제17장에서 더 상세하게 살펴보고자 한다.

 스킬 연습하기

> 여러분은 미국의 주요 도시의 대규모 공공도서관인 Brickton Public Library의 관장으로, 이 도서관은 이제 막 그 조직을 리스트럭처링하고 전 시스템에 걸쳐 팀 기반 관리를 실행하고 있다. 이전에 편목 부서의 장이었던 Ms. Casey가 새로운 시스템 아래에서 일을 제대로 하지 못하고 있는 점이 여러분의 관심을 끌었다. 그녀는 현재 편목 팀의 팀원이지만 그다지 행복해 보이지 않는다. 그녀는 팀 미팅에 지장을 주고, 새로운 유형의 조직에 대한 반대 의견을 공공연히 떠들어 대고 있으며, 편목 팀의 업무를 고의로 방해하려고 한다는 의혹을 받고 있다. 여러분은 Ms. Casey와 이야기하기 위해 미팅 일정을 잡아놓았다.
> 이곳에서는 무슨 일이 일어나고 있으며, 이 문제점을 해결하고자 노력하기 위해 여러분은 어떤 접근법을 채택할 것인가? 여러분은 여러분의 미팅에서 무슨 얘기를 할 것인가?

9.5. 도서관 조직 구조의 재구성

아직 도서관의 급진적인 재조직화의 징후는 거의 없지만, 모든 유형의 도서관의 경영자들은 그 이용자에게 더 훌륭하게 서비스할 수 있도록 하기 위해 새로운 유형의 조직 구조의 실행을 고려하고 있다. 일반적으로 대부분은 그 구조를 수평화하고 그 조직이 더 많은 유연성과 응답성을 갖도록 하기 위한 방식들을 고려하고 있다. 하지만 대개는 도서관이 계속해서 현재의 서비스를 제공하는 동안에 변화가 이루어져야 하기 때문에 어떤 재조직화든 복잡하게 마련이다.

도서관이 재조직화를 추진하기로 결정하게 되면, 첫 번째 단계는 어떤 유형의 구조가 필요한지를 결정하는 것이다. 조직 구조에 관해 많은 저술을 한 Peter Drucker는 이를 결정하기 위한 세 가지 방식, 즉 (1) 활동 분석(activities analysis)과 (2) 의사 결정 분석(decision analysis), (3) 관계 분석(relation analysis)을 제시하고 있다.[42] 활동 분석은 경영자가 어떤 업무를 수행해야 하고, 어떤 활동들이 함께 속하며, 이러한 활동들이 조직 구조의 어느 곳에 위치해야 하는지를 결정하기 위해 모든 활동에 대한 상세하고도 철저한 분석을 수행하는 것을 필요로 한다. 의사 결정 분석은 요구되는 의사 결정의 종류와 의사 결정이 이루어져야 하는 조직 구조상의 위치, 의사 결정 프로세스에 대한 각 경영자의 참여 정도를 확인한다. 관계 분석은 조직 구조의 단위 간의 관계와 각 경영자가 다양한 단위에 대해 갖는 책임, 다양한 단위가 각 경영자에 대해 갖는 책임을 강조한다.

구조 변화의 실행에 관심을 가지고 있는 경영자들은 이 토픽에 대한 독서와 그와 같은 변화를 경험한 사람들과의 대화를 통해 가능한 한 많은 것을 배워야 한다. Drucker가 제안하고 있는 것과 같은 분석은 특정 도서관을 위한 최선의 유형의 구조를 개념화하는 데 도움이 될 수 있다. 조직의 중요 프로세스를 재검토하는 데 초점을 맞추는 비즈니스 프로세스 리엔지니어링(BPR: business process reengineering)[43]에서 사용하는 것과 같은 기법들도 유용할 수 있다. 아울러 특히 도서관 이용과 만족에 관한 데이터를 포함하여 도서관 이해 관계자들로부터 가능한 한 많은 정보를 수집하는 것이 도움이 된다. 많은 고객들로부터의 인풋을 제공하는 데 도움을 주기 위해 태스크 포스가 구성되는 경우도 많다.[44] 어떤 사서들은 이러한 기획 프로세스 동안 컨설턴트를 이용하기도 하고, 다른 사서들은 도서관 직원들로부터 뽑아 온 기획 위원회와 함께 이를 수행하고, 또 다른 사서들은 두 접근법을 모두 사용하기도 한다. 그렇지만 결국에는, 특정 조직을 위한 구조는 그것이 다른 곳에서 실행되고 있기 때문이 아니라, 그것이 그 조직의 특정 니즈에 기여하기 때문에 선택되어야 하는 것이다.

어느 구조적 변경에 있어서든 두 번째 단계는 직원들이 제안된 새로운 구조에서 효과적으로 일할 수 있을 것인지의 여부를 고려하는 것이다. 심사숙고해야 할 측면 중 하나는 그 조직 경영자의 개인적인 스타일이다. 모든 경영자들이 수평적이고, 덜 관료제적인 스타일의 조직에 잘 적응하는 것은 아니다. 도서관 구조의 급격한 변경이 현 경영자의 스타일과 조화를 이룰 것인가? 그렇지 않다면, 경영자를

---

42) Peter F. Drucker, *The Practice of Management* (New York: Harper & Row, 1954): 195-201.

43) 역자주: 업무 재설계, 업무 과정 재설계 등의 용어로도 사용된다.

44) MIT(Massachusetts Institute of Technology)는 MIT의 도서관 재구상의 일부로서 광범위한 인풋을 제공하기 위해 30명의 교원과 학부생과 대학원생, 스태프로 이루어진 태스크 포스를 활용하였다. 상세한 내용에 대해서는, 다음 자료를 참고하라: Peter Dizikes, "MIT Task Force Releases Preliminary 'Future of Libraries' Report," *MIT News* (October 24, 2016), accessed July 12, 2017, ⟨http://news.mit.edu/2016/mit-task-force-releases-preliminary-future-libraries-report-1024⟩.

교체하거나 경영자에게 새로운 환경에서 어떻게 경영할 것인지에 관한 심층적인 교육 훈련을 제공하는 것과 같은 다른 변화가 구조적 변경에 수반되지 않는 한, 그것은 실패하게 될 가능성이 있다.

 이야기해 보기

"도서관 재조직화는 어렵고, 시간이 소요되며, 직원들에게 변화는 추상적인 개념이 아니라 그들의 삶과 직무에 직접적으로 영향을 미치게 될 어떤 것이라는 지식 때문에 악화된 변화에 대한 공포를 불러일으킨다. 도서관이 재조직화에 착수할 때는 기존의 직무 분류와 직무 기술서, 그리고 아마도 심지어는 급여까지 문제가 되며, 불가피하게 승자와 패자가 있게 마련이다."[45]

여러분이 어느 도서관의 관장으로, 현재의 구조는 구식이며 대체해야 한다고 결정했다고 상상해 보라. 여러분은 Rhoda Channing이 이상에서 설명하고 있는 몇 가지 어려움을 완화시키는 데 어떤 도움을 줄 수 있을 것인가?

지휘 및 통제 방식(command-and-control mode)으로 경영하도록 배운 사람들은 그러한 스타일의 경영을 사용하는 것이 더 편안하게 느껴지는 경우가 많다. 하지만 새로운 구조에 적응하는 데 도움이 필요한 인력은 고위층 경영자들만이 아닐 가능성이 높을 것이다. 많은 하위 직원들과 중간 경영자들도 이행(移行)하기가 어려움을 알게 될 수도 있을 것이다. 모든 직원은 그들이 새로운 구조에 대비하도록 해 주게 될 직원 개발 프로그램에 접근해야 한다. 또한 조직의 인간적 측면이 새로운 유형의 조직 구조의 성공이나 실패에 중요할 것이다. 서로 다른 구조는 서로 다른 유형의 경영 전문 지식과 서로 다른 유형의 직원 스킬을 요구하게 될 것이며, 근로자 교육 훈련이 중요할 것이라는 사실은 아무리 강조해도 지나치지 않을 것이다. 재조직화를 수행한 한 도서관의 관장이 밝히고 있는 것처럼, "재조직화가 작동하도록 만들어주는 핵심은 직원들의 교육과 훈련이다. 이 점은 아무리 강조해도 지나칠 게 없다. 더욱이 교육적인 노력은 경영진을 포함한 모든 직원들을 타깃으로 해야 한다."[46]

---

45) Rhoda Channing, "Reorganization: The Next Generation," Paper presented at the 9th ACRL Conference, Detroit, Michigan (April 8-1, 1999), accessed July 12, 2017, 〈http://www.ala.org/acrl/sites/ala.org.acrl/files/content/conferences/pdf/channing99.pdf〉.

46) Janice M. Jaguszewski and Karen Williams, *New Roles for New Times: Transforming Liaison Roles in Research Libraries*, Association of Research Libraries (August, 2013).

세 번째 단계는 현재의 구성으로부터 새로운 구성으로 옮겨가기 위한 전략을 개발하는 것이다. 이것은 프로세스의 실행 단계이다. 리스트럭처링에 대한 도서관의 접근법에 관한 최근의 설명은 어떤 통찰력과 지침을 제공해 준다. 실제로 이러한 설명들에 따르면, 성공적인 리스트럭처링은 언제나 많은 직원 인풋을 포함하고 있다. 직원이 구조적 변화의 이유를 이해하고 그러한 변화를 받아들이지 않으면, 그 변신이 효과적일 것 같지 않다. 직원들이 완전하게 참여하기 위해서는 새로운 구조의 기초를 이루는 개념을 이해해야 한다. 나아가 성공적인 변신을 위해서는 기획은 물론 실행 단계에서 직원들의 개발과 교육 훈련이 필요하기 때문에, 그 일은 시간과 돈의 대규모 투자를 필요로 한다.

전체 프로세스 내내, 효과적인 커뮤니케이션이 필수적이다. 커뮤니케이션은 내부적인 것일 뿐만 아니라 외부적인 것이어야 한다. 왜냐하면 도서관은 대개 제안된 변화에 대해 알아야 하는 더 큰 상위 조직의 일부이기 때문이다. (조직 커뮤니케이션에 대해서는 제16장에서 상세하게 살펴보고자 한다.) 경영자가 직원들이 제안된 변화에 대한 정보를 계속 접하도록 하는 것을 등한시하게 되면, 소문이 만연될 것이다. 조직 구조의 변경은 매우 위협적일 수 있지만, 훌륭한 커뮤니케이션은 직원의 불안을 완화시키는 데 도움을 준다. 도서관과 그 밖의 상황에서 이루어지는 조직 변신에 대한 거의 모든 설명들은 그 프로세스에 관련되는 시간과 노력, 비용을 강조하고 있는데, 대부분은 실행이 예상했던 것보다 더 오래 걸렸다고 밝히고 있다.

마지막 단계는 재조직화가 이루어진 이후에조차도, 그 프로세스는 끝나지 않을 것 같다는 사실을 인식하는 것이다. 근로자들이 다음과 같은 사항들을 결정할 수 있도록 몇 가지 평가 방법을 그 프로세스에 짜 넣어야 한다.

- 새로운 구조가 조직의 목적과 목표를 성공적으로 수행하고 있는가?
- 어떤 측면이 잘 작동하고 있는가?
- 어떤 것들을 여전히 변경해야 할 필요가 있는가?

대부분의 상황에서는, 참가자들은 재조직화는 반복적인 프로세스라고 생각한다. 일반적으로, 첫 번째 재조직화 시도 이후에 모든 것이 잘 작동하지는 않으며, 기획한 사람들은 어떤 것들은 미세 조정을 하고 어떤 실수는 바로잡아야 한다. 그럼에도 불구하고, 시스템에 짜 넣어진 더 큰 유연성 덕택에, 미래의 변화에 대처하기가 더 용이해질 것이며, 리스트럭처링 프로세스는 점진적인 프로세스로 간주될 것이다.

요약하면, 어떤 구조적 재조직화든 노력을 필요로 하며 신속하게 실행될 수 없다. 사람들은 그 프로세스 동안 실수를 범하게 될 것이다. 추진력을 유지하기 위해서는, 그 과정에서 작은 성공에 대해 보상하고 직원들로 하여금 재조직화의 예상되는 결과에 계속해서 초점을 맞추도록 하는 것이 중요하다. 도서관의 직원들이 구조적 변화의 프로세스에서 곤경에 처했다고 느낀다면, 재조직화의 시작 단계를 마무리한 도서관들에 관한 출판된 보고서를 통해 격려를 받을 수 있을 것이다. 거의 모두가 생산성 향상과 유연성 증가, 커뮤니케이션 개선, 의사 결정 개선을 보고하고 있다.

9.6. 미래의 도서관 조직

이미 살펴본 것처럼, 도서관은 다른 많은 조직들과 마찬가지로, 경직된 계층 구조로부터 벗어나 더 유기적인 조직 형식으로 서서히 옮겨가고 있다. 그와 같은 움직임은 도서관에 종종 존재하는 많은 직원의 전문적인 지위와 전통적인 관료제 형식 간의 갈등에 대처하는 데 도움이 된다.

도서관은 도서관이 드라마틱한 변신을 경험하고 있는 시기인 이 수십 년 동안 가장 적합한 조직 구조를 확인하기 위해 노력해 오고 있다. 이미 일어나고 있는 변화는 많은 사람들로 하여금 미래의 도서관에 대해 깊이 생각하도록 하고 있다. 이러한 숙고의 상당 부분은 물리적 실체로서의 도서관의 미래를 중심으로 하고 있다. 디지털 혁명이 단지 "장소"로서의 도서관의 과거의 개념을 변화시키고 있는 것은 사실이다.

가상 도서관(virtual library)과 벽이 없는 도서관(library without walls)에 관한 많은 글들이 발표되었다. 엄밀한 의미에서, 그와 같은 도서관은 전혀 물리적 실체가 아닐 것이다. 도서관에 의해 전통적으로 수행되던 축적 기능은 모든 정보가 컴퓨터 테크놀로지를 통해 입수가 가능해질 것이기 때문에 퇴출될 것이다. 이러한 유형의 구조의 채택에서 가장 멀리 나아가고 있는 도서관은 기업체의 도서관이다. 몇몇 대규모 다국적 기업은 그러한 정보를 전자 자원을 통해 제공하는 광범위하게 흩어져 있는 여러 곳의 정보 전문직에 많이 의존하고 있다. 일반적으로, 이러한 유형의 도서관은 아주 소규모의 장서를 가지고 있다. 이러한 도서관에 고용된 전문직들은 가상적인 팀의 일부로서 기능을 수행하기 때문에, 대면하여 서로 거의 보지 못함에도 불구하고 함께 일할 수 있다.[47] 이 장의 앞에서 살펴본 PH&S Library는 이러한 방향으로 움직이고 있는 도서관이다.

우리가 몇몇 영리 기업에서 실행되고 있는 새로운 조직 모델에 가장 가까운 근사치를 보게 되는 것은 바로 이러한 유형의 도서관에서이다. 이러한 새로운 조직들은 종종 가상 조직(virtual organizations)이나 무경계 조직(boundaryless organization), 네트워크 조직(networked organization)으로 불리고 있는데, 서로 다른 사람들이 이 용어들을 약간 다르게 사용하고 있기는 하지만, 일반적으로 그것들은 모두 지리적으로 분산되어 있고 정보 및 커뮤니케이션 테크놀로지에 의해 뒷받침되는 구조를 설명해 준다. 이러한 유형의 조직은 한 지붕 아래에 수용되기보다는 오히려, 수평적이거나 수직적인 경계 또는 외부의 경계에 의해 정의되거나 제한되지 않으며, 그 대신 넓게 분산되고, 필요에 따라 성장하고 축소할 수 있다. 대개 그러한 조직들은 조직의 기능을 조정하는 작은 허브를 가지고 있지만, 대부분의 나머지 조직은 하청을 주게 된다. 네트워크 조직은 기업 세계에서는 일반적이다. 예를 들면, 2015년 12월에 애플(Apple)은 66,000명의 직원을 미국에서 직접 고용했는데, iOS 생태계를 지원하기 위해 다른 627,000명의 직원이 전 세계적으로 고용되었다.[48] 다른 직원의 상당수는 중국과 같은 다른 나라에 있으며 아이패드와 아이폰, 그 밖의 애플 제품을 설계하고, 제작하고, 조립하는 다른 회사에서 일하고 있다. 그들 중 소수만이 직접 애플을 위해 일하며, 대부분은 하청 업체에 의해 고용된다. 네트워크 조직은 높은 수준의 유연성을 제공해 준다. 환경이 요구하는 바에 따라, 이러한 조직은 확장하고, 축소하고, 방향을 신속하게 변경할 수 있다. 간접 관리 비용은 거의 들어가지 않는다.

물론 이러한 네트워크 조직은 또한 단점도 가지고 있다. 분산화와 거리는 그들로 하여금 조정하기가 더 어렵게 한다. 직원과 조직 간의 링크가 아주 약하기 때문에 직원의 충성도(employee loyalty)는 낮다.[49] 네트워크 조직은 작업 조건에 특정의 표준을 요구할 수도 있지만, 대부분의 직원이 떨어져 있기 때문에, 이러한 표준이 무시되는 경우가 많다. Bradsher와 Duhigg는 아이폰과 아이패드를 제작하는

---

47) Mike Knecht, "Virtual Teams in Libraries," *Library Administration and Management* 18, no. 1 (Winter 2004): 24-29.

48) "Creating Jobs through Innovation," *Apple*, 2017, accessed July 12, 2017, ⟨http://www.apple.com/about/job-creation/⟩.

49) Janet Fulk and Gerardine DeSanctis, "Electronic Communication and Changing Organizational Form," *Organization Science: A Journal of the Institute of Management Sciences* 95 (July 1995): 337-339.

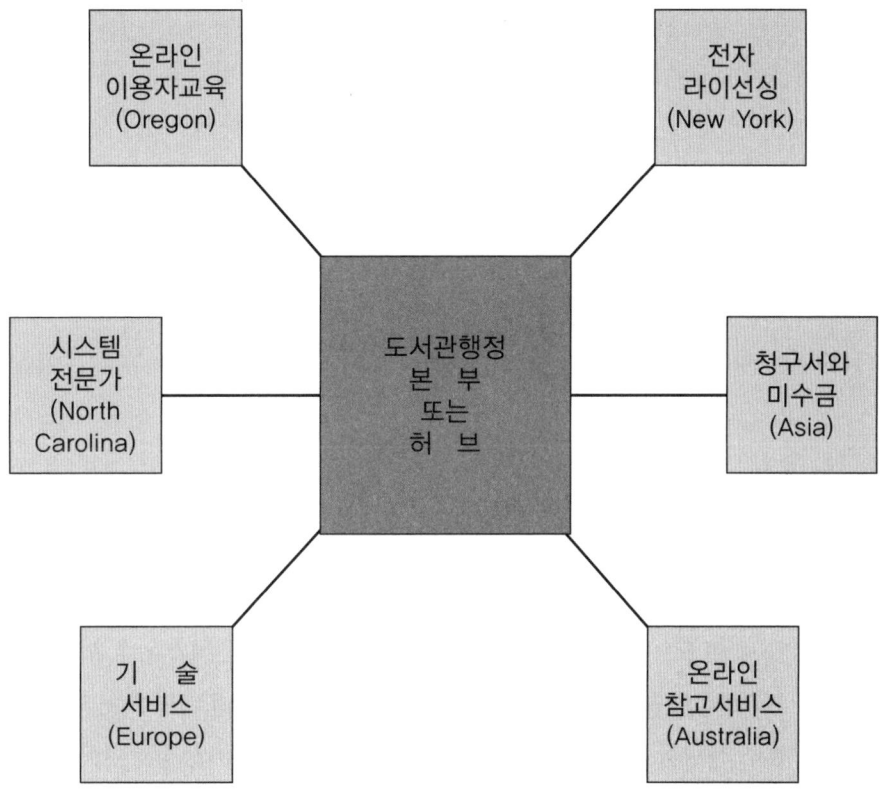

〈그림 9.3〉 네트워크 조직

중국의 FoxConn City 시설의 많은 근로자들이 견뎌냈던 장기간 근무와 초과 근무 강요, 가혹한 작업 조건에 대해 기술하고 있다.[50] 〈그림 9.3〉은 네트워크 조직에 대해 묘사하고 있다.

도서관이 장소에 덜 의존하게 됨에 따라, 더 많은 도서관이 네트워크 구조나 가상 구조를 채택할 수도 있을 것이다. 이미 많은 도서관은 가상 조직의 구성 요소들을 보여 주고 있다. 예를 들면, 연중무휴의 가상 참고 서비스인 Question Point의 회원 도서관들은 도서관의 국제적인 디지털 네트워크 덕택에 어느 때나 어느 곳에서나 그 이용자에게 참고 서비스를 제공할 수 있다.[51] 현재 거의 모든 사서들은 도서관 자체가 아닌 어떤 종류의 도서관 애그리게이터(library aggregator)가 소장하

---

50) Keith Bradsher and Charles Duhigg, "How U.S. Lost Out on iPhone Work," *The New York Times,* January 22, 2012.

51) 상세한 내용에 대해서는, 다음 자료를 참고하라: Question Point Web site (〈https://www.oclc.org/en/questionpoint.htm〉).

거나 관리하는 전자 자원의 장서에 대한 접근을 하고 있다.

최초의 토털 가상 도서관은 원격 학생만을 대상으로 서비스하는 대학들 중 한 대학의 도서관이었을 것이라는 것은 쉽게 상상이 된다. 이러한 대학들은 거대한 네트워크로 연결되어 있고 전국과 전 세계에 걸쳐 있는 학생에게 강좌를 제공한다. 결과적으로 그와 같은 대학은 도서관을 네트워크 유형의 조직 구조와 통합한다고 상상할 수 있을 것이다. 네트워크 조직에서는, 중앙의 코어나 허브가 사업을 조정하고, 다른 모든 기능은 그 코어에 전자적으로 연결된 다른 집단에게 하청을 주거나 아웃소싱하게 된다. 도서관의 기능은 지리적으로 분산된다. 도서관의 코어에 있는 개인들은 여전히 대학의 중앙 사무실 근처에 자리를 잡고 있을 수도 있지만, 다른 단위는 전자적인 연결 덕택에 전 세계의 거의 어느 곳에나 자리 잡을 수 있을 것이다. 코어에서 일하는 개인들은 전자 자료의 수서와 라이선싱, 이용자 지원, 그리고 아마도 학생들이 어디에 있든 그들을 도와주기 위한 이용자 교육을 아웃소싱할 수 있을 것이다. 시스템 전문가도 떨어져 있을 수 있다. 이용자에게 자료 이용에 대한 비용이 청구되면, 필요한 회계 부서도 현장 외부(off-site)에 소재할 수도 있을 것이다. 한편 그 기능의 모든 것이 다른 곳으로부터 공급되지만, 중앙의 코어에서 있는 사람들은 이 네트워크 도서관을 조정하게 될 행정상의 접점이 될 것이다. 사서와 이용자 간의 유일한 상호 작용은 전자적이 될 것이다. 이러한 유형의 도서관은 진정으로 가상적일 것이다.

가까운 장래에, 이러한 루트를 택하게 될 도서관은 거의 없겠지만, 어떤 도서관은 그와 같은 미래를 심사숙고하고 있는 중이다. MIT의 도서관들은 MIT 도서관들을 전 세계의 사람들에게 그들이 MIT에 소속되어 있는지의 여부에 관계없이 깨끗한 물에 대한 접근과 같은 글로벌한 도전 과제를 해결하는 데 도움을 주기 위해 그들이 필요로 하는 정보에 대한 접근을 제공해 주는 "오픈 글로벌 플랫폼"으로서 구상하는 예비 보고서를 배포하였다.[52] 이 보고서는 아직도 예비 단계이며 이 글로벌 플랫폼의 조직 구조에 관한 세부 사항을 제공하고 있지 않지만(도서관 재설계를 연구하기 위해 다른 그룹을 구성하도록 권고하고 있다), 이러한 비전은 무경계 조직이 되는 방향으로 움직이는 도서관의 하나이다.

더 네트워크화된 도서관을 향한 움직임은 도서관은 얼마나 오랫동안 실제로 물리적 공간으로서 계속해서 존재하게 될 것인가에 대한 의문을 제기한다. Georgia

---

[52] Peter Dizikes, "MIT Task Force Releases Preliminary 'Future of Libraries' Report," *MIT News* (October 24, 2016)

Tech가 가장 최근의 것 중 하나라고 할 수 있는 몇몇 도서관들은 도서관을 책으로 채워진 장소로부터 온라인 서비스 조직으로 재정의하고 있다. Georgia Tech 장서의 전체 도서 중 95퍼센트는 보존 시설로 옮겨졌다.[53] 더 많은 학술도서관들이 적은 수의 책과 저널만 보유하면서, 캠퍼스 전역에 걸쳐 분산되는, 소규모 위성 도서관의 모델로 가게 될 것 같다. 이러한 도서관들은 대부분 정보를 온라인으로 전송할 것이다. 학생과 교원은 전자 자원을 자신들의 기숙사나 사무실, 가정에서 접근하게 될 것이다. 대부분의 전문도서관은 점점 더 많은 정보가 전자적으로 제공되는 소규모 장서를 계속해서 갖게 될 것이다. 공공도서관은 훨씬 더 분산화되어, 소규모 분관이나 키오스크(kiosks)를 관공서나 사업체, 쇼핑몰, 그 밖의 장소에 둘 수 있을 것이다. 분관은 많은 수의 장서를 소장할 필요가 없을 것이며, 그 대신에 사서는 전자적으로 자료를 이용할 수 있도록 해 주고 요구에 따라 이용자의 니즈에 대응할 수 있을 것이다. 공공도서관 고객들은 자신의 집에 있는 컴퓨터에서 자료를 접근할 수 있을 것이다. 하지만 그와 같은 미래를 고려하고 있는 공공도서관은 모든 고객들이 계속해서 장서에 대해 동등하게 접근하도록 보장해야 한다. 이러한 도서관들은 가상으로 묘사하기 어려운, 유아의 이야기 시간과 같은 서비스를 어떻게 제공할 것인지를 고려해야 한다. 가상 도서관을 향한 이러한 움직임에도 불구하고, 적어도 가까운 미래에는, 대부분의 도서관은 아마도 이전보다 공간은 더 작아지겠지만, 계속해서 물리적인 공간으로서 존재하게 될 것이다.

새로운 테크놀로지는 의심할 여지없이 모든 유형의 도서관의 구조에 계속해서 주요한 영향을 미치게 되겠지만, 이 시점에서는, 최종적인 효과에 대해서는 생각할 수 있을 것이다. 많은 사람들은 테크놀로지의 진보는 미래의 도서관이 훨씬 더 분권화가 가능하도록 허용해줄 것이며, 따라서 그 이용자들에게 항상 그들이 선호하는 지리적으로 분산되고 개인화된 서비스를 제공해 줄 것으로 추측하고 있다. 복합 기능 팀(cross-functional teams)의 이용을 포함하여, 도서관과 정보 센터에 더 많은 유연성을 도입하고자 하는 노력들은 도서관과 정보 센터에 부서 간의 더 유동적인 경계를 가져다줄 것 같다. 도서관 구조는 훨씬 더 많은 변경이 이루어질 가능성이 있는데, 이것은 새로운 니즈에 적합하도록 하기 위해 정기적으로 새로운 형태를 취하는 조직에 근로자들이 익숙해지도록 해줄 것이다.[54] 미래의 도서관에

---

53) Carl Straumsheim, "Out of the Stacks," *Inside Higher Education* (January 13, 2016), accessed July 12, 2017, ⟨https://www.insidehighered.com/news/2016/01/13/georgia-tech-emory-university-begin-work-tie-libraries-together⟩.

서, 경영자가 계속해서 도서관의 목표를 달성하도록 보장하기 위해서는 조직 구조에 훨씬 더 깊은 관심을 기울여야 할 것이다.

간단히 말하면, 2050년의 도서관은 오늘날의 도서관과 다를 것이다. 지난 수십 년은 도서관의 조직 구조에서 계층 구조의 수평화와 팀제의 이용, 의사 결정에서 직원의 참여 확대와 같은 엄청난 변화를 가져왔다. 하지만 기본적으로 단 하나의 성공적인 모델 이상의 것들이 존재하기 때문에, 오늘날의 도서관을 위한 완전한 조직 설계는 발견되지 못하고 있다. 조직의 설계는 그 환경과 그 목표, 그러한 목표를 달성하기 위해 직원이 수행해야 하는 과업, 이러한 직원들의 특성에 달려 있다. 각 도서관은 특정 상황을 위해 어떤 것이 가장 잘 작동하는지를 발견해야 할 것이며 어떤 조직 내에 둘 이상의 유형의 조직을 갖는 것이 일반적이 될 것 같다.[55]

조직은 상황과 니즈의 변화에 대응하여 그 형식을 변화시킬 준비가 되어 있겠지만, 너무 많은 또는 너무 잦은 재조직화는 피해가 막심할 수 있다. 또 하나의 완전한 리스트럭처링을 예상하는 동안에는 조직도 그 직원도 효과적으로 기능을 수행할 수 없기 때문에, 구조의 핵심은 안정을 유지해야 한다. Robert Kaplan과 David Norton은 리스트럭처링에 관한 최신의 트렌드를 따르는 것은 때로는 "회사가 비용이 많이 들고 마음을 산란케 하는 리스트럭처링에 몰두하기 시작하기 때문에 악몽"[56]으로 이어질 수 있다고 경고하고 있다. 그들은 상당히 잘 작동되는 설계를 선택하고 그러고 나서 조직의 전략과 조화를 이루도록 구조를 유지하는 시스템을 개발하는 것이 훨씬 더 효과적이라고 주장하고 있다. 그들이 지적하고 있는 것처럼, 극히 비용이 많이 들고, 극복하기 위해 설계되었던 문제점을 대체하는 새로운 조직상의 문제점을 새로운 구조들이 만들어 내는 경우도 많다. 조직의 리스트럭처링은 가볍게 착수해서는 안 되며, 대부분의 사서에게는, 전통적인 구조를 폐기하지 않고 그 대신 외곽 부분을 중심으로 재설계하고자 하는 결정이 현명한 결정이었던 것 같다. 기존 구조를 잘 조화시키는 것은 완전히 새로운 것을 실행하는 것보다 훨씬 더 용이하다.

다른 모든 것과 마찬가지로, 경영 트렌드는 시간이 흐름에 따라 변화한다. 현재

---

54) Charles B. Lowry, "Continuous Organizational Development—Teamwork, Learning Leadership, and Measurement," *Portal* 5, no. 1 (January 2005): 1-6.

55) Clifford Haka, "Organizational Design: Is There an Answer?" *Library Administration and Management* 10, no. 2 (Spring 1996): 75.

56) Robert S. Kaplan and David P. Norton, "How to Implement a New Strategy without Disrupting Your Organization," *Harvard Business Review* 84, no. 3 (March 2006): 100.

는 수평적 조직 구조가 유행이다. 경영 트렌드라는 추의 운동으로부터 우리가 배워야 할 것은 어느 문제든 둘 이상의 해결책이 있고, 어느 것이든 유행하는 모델(조직 구조든 다른 어떤 것이든)을 그 모델이 특정 조직의 환경에 적합한지의 여부를 알아보지도 않은 채 채택하는 것은 실수라는 사실이다. 예를 들면, 성급하게 구조를 수평화하는 것은 우리에게 많은 것을 가르쳐주고 있다. 특정 유형의 조직에서는, 더 수평적인 구조가 더 많은 효율성과 유효성을 제공하겠지만, 수평화가 모든 조직을 위해 사용해야 할 유일한, 또는 반드시 최선의 접근법은 아니다. 도서관 경영자들은 구조와 문화를 포함한 전 범위의 조직상의 이슈에 대해 체계적으로 대처함으로써 추의 운동을 피할 수도 있고, 또한 피해야 한다. 각 조직의 직원들은 그 이용자의 니즈를 고려하고 그런 후에만 조직이 그 목표를 달성하도록 도움을 주는 구조를 설계해야 한다. 가능한 한 많이, 경영자들은 도서관 직원을 새로운 조직의 설계에 참여시켜야 한다. 직원들은 자신들의 부서의 업무 수행에 대한 상세한 지식을 가지고 있고, 그러한 지식은 새로운 구조를 뒷받침하는 근거가 명확하도록 보장해줄 것이기 때문에, 광범위한 직원 참여를 통해 더 훌륭한 조직 구조를 만들어 내게 될 것이다. 참여는 최종 제품에 대한 사람들의 몰입을 강화시켜 주기 때문에, 그와 같은 참여는 또한 새로운 구조의 실행을 더 용이하게 해줄 것이다.

9.7. 결 언

각 조직은 그 조직이 그 목표를 달성할 수 있도록 해 주는 방식으로 구조화되어야 한다. 구조는 근로자들로 하여금 전문화할 수 있도록 해 주는 동시에 그러한 근로자들의 활동을 조정하고 통합할 수 있어야 한다. 조직화는 가장 중요한 관리 기능 중 하나이기는 하지만, 그 자체로는 끝이 아니며, 그것은 단지 조직으로 하여금 그 목적에 도달할 수 있도록 해 주는 수단일 뿐이라는 사실을 명심해야 한다. 이 제3부에서 살펴본 설계 원칙은 도구로서, 그 자체로는 좋은 것도 나쁜 것도 아니다. 이러한 원칙은 적절하게 또는 부적절하게 사용될 수 있으며, 그것이 성과를 결정하게 될 것이다.

가능한 최대한의 단순성과 최대한의 적합성을 얻기 위해, 조직 설계자는 핵심적인 결과를 만들어 내는 중요한 활동에 명확한 초점을 맞추는 것으로부터 시작해야 한다. 그러한 활동은 가능한 가장 단순한 구성으로 구조화되고 배치되어야 한다. 무엇보다도, 조직의 건축가는 조직이 하고자 하는 의도를 명심해야 한다.

조직 구조는 근로자로 하여금 그 최고 수준으로 업무를 수행하도록 용기를 북돋워주지 못하면 실패한다. 많은 전문가들이 주목하고 있는 것처럼, 너무 많은 재조직화는 특히 직원이 조직의 변화를 이해하지 못하거나 그러한 변화에 거의 어떤 인풋도 갖지 못했을 때는, 인력의 사기 저하를 초래할 수 있다. 그와 같은 경우에, 직원들은 그곳에서 일하는 사람들보다 조직 구조가 훨씬 더 중요하다고 느낄 수도 있을 것이다. 많은 경우에, 재조직화는 다운사이징(downsizing)으로 이어지고 있는데, 이것은 많은 근로자들이 그 일자리를 잃게 되고, 남아있는 사람들은 혹사당한다는 느낌을 갖고 조직의 불안정성을 걱정하는 결과를 초래하고 있다. 동시에 아이러니컬하게도, 이러한 재조직화된 조직의 경영자들은 많은 직원들을 아주 무신경한 방식으로 대하면서도 직원의 중요성을 강조하는 경우가 많다.

조직의 구조는 중요하지만, 그 직원은 더 중요하다. 그러므로 도서관과 그 밖의 유형의 조직은 더 효율적이고 더 적합한 구조를 찾지만, 경영자는 어느 구조든 그 구조의 유효성은 기본적으로 그곳에서 일하는 사람들의 성과에 좌우된다는 사실을 명심해야 한다. 오늘날의 가장 성공적인 조직은 최고 경영진이 이상적인 구조의 탐색에 대한 초점을 더 적게 맞추고 개개 경영자들의 능력과 행동, 성과의 개발에 더 많은 초점을 맞춤으로써 환경적 수요와 경쟁적 수요에 부응하는 조직이다. 이 책의 제4부와 제5부에서는 조직의 직원에 초점을 맞추고 인적 자원과 지휘를 다루는 관리 기능에 대해 논의하고자 한다. 이 부분들은 어떤 조직 내에서 일하는 사람들에 관련된 중요하면서도 도전적인 이슈들을 다루게 될 것이다.

학습 내용 연습하기

1. 미국 Chicago 외곽의 중간 규모 도서관인 Warren Newport Public Library가 재조직화하기로 결정했을 때, 도서관은 이를 다음과 같은 식으로 시작하였다. "표준적인 기업의 재조직화는 부서의 합병을 포함하는 경우가 많은 반면에, 이 과제는 과업 수준에서 우리가 무엇을 하고 있었는지 그리고 누가 가장 논리적으로 그것을 해낼 것인지에 대한 제로베이스 접근법(zero-based approach)으로 시작하였다. 이 과제는 서비스의 모든 수준에서, 우리 고객들과의 접촉을 통해서는 물론 이면(裏面)에서 은밀하게 현재의 도서관 활동에 대한 포괄적인 리스트 작성과 함께 시작되었다. 모든 활동은 도서관의 현재의 장기적인 기획 목적과 관련된 적합성으로 평가되었으며, 우리는 최종 리스트에서 불필요한 활동들을 골라냈다. 남아 있는 활동들은 그리고 나서 기능적으로 함께 그룹화되었으며, 감독의 논리적 패턴이 나타났다."[57]

여러분이 친숙한 도서관을 생각해 보라. 그 도서관이 재조직화하기로 하고 이 인용문에서 설명한 접근법을 채택하기로 했다고 가정해 보라. 현재 이루어지고 있는 활동들의 리스트를 확인하고, 현재의 적합성에 비추어 각각을 평가하고, 그러고 나서 리스트럭처링의 기초를 이룰 수 있는 논리적인 방식으로 그 활동들을 함께 그룹화해 보라.

2. Sydney Smith는 이제 막 Piedmont University(PU) Library의 도서관장으로 임명되었는데, 흔히 있는 경우처럼, 이 신임 도서관장은 도서관이 어떻게 더 훌륭하게 기능을 수행하도록 할 것인지에 관한 아이디어를 가지고 부임하였다. 직원들은 그 결과 조직의 많은 측면에서 변화가 이루어질 것으로 기대하고 있다. PU 도서관은 1999년 이후로 동일한 조직 구조를 유지해 오고 있으며, 도서관장은 물론 직원들도 그것이 시대에 뒤떨어져 있다고 느끼고 있다. 디지털 자원과 서비스의 제공이 도서관의 기본적인 초점이 되고 있지만, 그 조직 구조는 이를 반영하지 못하고 있다. 아울러 Smith는 도서관에서 팀제를 성공적으로 이용한 도서관으로부터 왔으며 팀 기반 구조가 이 도서관에서도 작동할 수도 있을 것으로 생각한다. 직원들은 변경이 이루어져야 한다고 생각하지만, 동시에 일을 수행하는 과거의 편안한 방식을 잃을 것에 대해 약간 우려하고 있다. 도서관장은 도서관의 조직 구조에 어떤 수정이 이루어져야 하는지를 추천하고 리스트럭처링을 위한 일정표를 제안하기 위해 위원회를 구성하였다.

이상에서 설명한 시나리오는 모든 유형의 도서관에서 일반적인 일이 되고 있다. 여러분이 조직 구조에 대한 수정안을 추천하기 위해 구성된 위원회의 위원이라고 상상해 보라. 여러분은 어떻게 리스트럭처링을 할 것인지를 결정하기 위해 어떤 방법을 사용할 것인가? 여러분은 이전의 방식과 새로운 방식 간의 이행(移行)을 어떻게 처리할 것인가? 여러분은 변화에 따른 위협을 받고 있는 직원을 어떻게 다룰 것인가?

3. 계층적 구조로부터 동료 각자가 평등하게 권한을 가지는 구조로 변경하기로 결정한 어느 한 소규모 도서관의 사서들은 자신들의 추론을 다음과 같이 설명하고 있다.

> "우리는 이전에는 표준적인 도서관 조직을 모방한 피라미드 모양으로 조직도에 표시되는, 흔적으로 남은 계층 구조를 가지고 있었다. 즉 우리는 도서관장과 기술 서비스 및 열람 서비스의 책임자, 세 번째 단계의 나머지 사서들을 두고 있었다. 하지만 여섯 명의 사서 간에 계층 구조의 세 개 층을 두는 것은 거의 노로 젓는 보트에 선장과 일등 항해사를 두는 것과 비슷한 의미가 있었다.… 급속하게 변화하는 시대에, 아무리 흔적으로 남아 있다고 하더라도, 우리는 우리 중 누군가는 명령을 기다리며 우두커니 서 있는 또는 정보를 바탕으로 한 의사 결정을 내리기에 가장 좋은 위치에 있는 사람들은 승인을 받기 위해 명령의 계층을 거치지 않을 수 없다고 느끼는 시스템 내에서 일할

---

57) Barbara Brattin, "Reorganizing Reference," *Public Libraries* 44, no. 6 (November/December 2005): 340.

수 없었다. 그리고 실무에서 우리는 그러한 전통적인 계층 구조의 잔재를 무시하고 있었다. 우리에게는 최선의 의사 결정은 전체 업무에 대한 공유된 지식 베이스와 공유된 책임감을 가지고 함께 일하는 사람들의 집단에 의해 내려지는 것이 타당하였다."[58]

이 도서관에서는 계층 구조를 제거함으로써 무엇을 얻게 될 것인가? 또한 무엇을 잃을 수도 있을 것인가?

4. 주 정부를 더 효율적으로 만들겠다고 공약하는 캠페인을 벌인 새 주지사가 이제 막 당선되었다. 그는 "기름기"를 잘라 내고 관료제의 팽창된 부분을 제거하고자 한다. 그는 운전 면허증과 차량 번호판, 등록 서류를 발행하는 주립 기관인 Motor Vehicle Department(MVD)에 초점을 맞춤으로써 자신의 개선을 시작하기로 했다. 그는 인근의 MVD를 방문하여 약간의 시간을 들여 관찰해 보았다. 사무실이 문을 열기 이전에조차도, 기다리는 사람들이 이미 긴 줄로 늘어섰다. 정오까지 그 줄은 건물을 둘러쌀 정도로 길어졌다. 내부의 고객은 운전 면허증을 수령하거나 갱신하거나 등록증이나 태그를 수령하기 위해 제대로 표시되지도 않은 창문 앞에서 느리게 움직이는 줄을 서서 기다렸다. 고객이 마침내 직원을 만나게 되었을 때, 자신이 잘못된 줄에 서 있었다는 사실을 발견하고는 다른 곳으로 가라는 요청을 받는 경우도 많았다. 고객이 황당해하는 일이 빈번하게 발생했으며 직원들은 혹사당하기도 하면서 무례한 것으로 보였다. 그러고 나서 주지사는 점심을 먹으러 McDonald에 갔다. 그곳에서 그는 신속하게 움직이는 몇 개 라인이 있음을 발견하였다. 고객이 입장했을 때 그곳에는 메뉴를 볼 수 있도록 해 주는 잘 만들어진 표지판이 있었다. 일하는 사람들은 정중했으며, 주문을 즉시 해결할 수 없으면 고객에게 한쪽으로 비켜 달라고 요청하고 그러고 나서 완성된 주문을 받기 위해 그 줄의 맨 앞으로 오도록 하고 있었다. 레스토랑은 매우 깨끗하였으며 친숙한 느낌을 주었다. 주지사는 왜 MVD는 더 McDonald처럼 할 수 없는지 의문을 갖기 시작하였다.

주지사가 이제 막 여러분을 주 전역에 걸쳐 MVD의 품질을 개선하기 위한 컨설턴트로 임명하였다. 여러분은 MVD의 서비스를 개선하기 위해 McDonald의 어떤 아이디어를 빌려올 수 있을 것인가? MVD를 더 McDonald처럼 재설계하는 데 따른 몇몇 이슈와 문제점은 무엇인가? 여러분이 하게 될 몇 가지 변경은 어떤 것일 것인가? 여러분은 조직 설계의 어떤 원칙을 따르고 있는가?

---

58) Barbara Brattin, "Reorganizing Reference," *Public Libraries* 44, no. 6 (November/December 2005): 234.

토론용 질문

1. 대규모의 성공적인 재무 서비스 조직인 SEI의 최고 경영자인 Carl Guarino는 다음과 같이 설명하고 있다. "사람들이 조직의 상층부에 있기 때문에, 권력이 그들과 함께 있고 통제는 라인을 따라 내려온다는 아이디어를 거부한다. 권력이 이 조직에서는 훨씬 더 광범위하게 분산되어 있다. 권력은 직위로부터 나오는 것이 아니라, 영향력과 합의를 능숙하게 처리할 수 있는 능력으로부터 나오는 것이다. 즉 일본식 의미의 만장일치가 아니라 일이 이루어지도록 하기 위해 필요한 참여와 지원의 측면에서 나오는 것이다."[59]

    SEI의 접근법은 관료제의 취지의 상당 부분을 위반하고 있다. 여러분은 이러한 유형의 조직의 주요 장점과 단점은 무엇이라고 보는가?

2. University of Amsterdam의 School of Business의 두 교수, J. Strikwerda와 J. W. Stoelhorst는 많은 기업체 간부들을 면담하였다. 그들은 이러한 간부들은 "매트릭스 조직의 조직 원칙에 관해 긍정적으로 말해 줄 게 아무것도 없었다"고 보고하였다. 이러한 유형의 구조는 매우 부정적으로 간주되고 있었는데 간부들은 그것이 "불명확한 책임, 책무성의 결여, 위험 회피형 행동과 시장 점유율의 손실을 초래하는 자원에 대한 정치적 싸움"[60]을 야기한다고 설명하였다.

    이론상으로 매트릭스 구조는 많은 장점을 제공한다. 하지만 실행하기는 어려운 구조이다. 여러분은 이 구조의 주된 문제점은 무엇이라고 보는가? 여러분은 여러분이 매트릭스 형식의 조직을 활용하는 조직에서 일하고 싶다고 생각하는가?

3. 조직 구조의 관료제적 형식은 최근 몇 년 동안 비판을 받아 오고 있지만, 여전히 많은 지지자를 가지고 있다. Elliot Jaques는 "In Praise of Hierarchy"라는 논문에서, 다음과 같이 밝히고 있다. "우리가 관료제라고 부르는 계층 구조적 종류의 구조는 우연히 등장한 것이 아니다. 그것은 기업이 많은 수의 사람들을 고용하고 그러면서도 그들이 수행하는 일에 대한 명백한 책무성을 유지할 수 있도록 해줄 수 있는 유일한 조직 형식이다. 그리고 그것이 바로 많은 문제점에도 불구하고, 그것이 그리도 끈질기게 버텨온 이유이다."[61]

    관료제 구조의 어떤 측면이 이 구조가 많은 수의 직원에 대한 책무성을 유지할 수 있도록 해 주고 있는가? 도서관을 포함한 대규모 조직들은 역사적으로 왜 이 형식의 구조를 선호해 오고 있는가? 왜 조직들은 관료제 구조를 벗어나 옮겨가려고 노력하고 있는가?

---

59) William C. Taylor and Polly LaBarre, *Mavericks at Work: Why the Most Original Minds in Business Win* (New York: HarperCollins, 2006): 238.
60) J. Strikwerda, and J. W. Stoelhorst, "The Emergence and Evolution of the Multidimensional Organization," *California Management Review* 51, no. 4 (July 2009): 11-31.
61) Elliot Jaques, "In Praise of Hierarchy," *Harvard Business Review* 68, no. 1 (January 1990): 127.

4. 팀 기반 구조를 채택한 최초의 조직 중 하나인 University of Arizona의 도서관장을 역임한 바 있는 Carla Stoffle은 다음과 같이 말하고 있다. "최대의 변화를 이루어내야 하고 도서관의 변신에서 가장 어려운 일들에 부딪히게 될 도서관의 인력은 아마도 도서관 관리자들일 것이다. 도서관장과 부관장, 부서장의 역할은 경영자와 통제자, 활동의 지휘자, 의사 결정자, 평가자로부터 리더와 코치, 조력자로 변화해야 한다. 이러한 관리자들은 모두 상당 부분의 의사 결정 권한을 기꺼이 포기하고 도전을 받고, 최종 결정권을 갖는 것이 아니라 해명해야 하며, 애매성과 불확실성을 가지고 살아가는 것에 훨씬 더 편안해져야 한다."[62]

관리자들은 왜 전통적인 계층 구조를 폐기하는 데 문제점을 가지고 있는가? 그들이 더 용이하게 적응하도록 도움을 주기 위해 어떤 조치를 취할 수 있는가?

---

62) Carla J. Stoffle, Robert Renaud, and Jerilyn R. Veldof, "Choosing Our Futures," *College & Research Libraries* 57, no. 3 (1996): 213-225.

Section 4 인적 자원

도서관과 정보 센터를 위한 조직 구조가 개발된 후에, 다음 영역은 그 구조 안에서 일하는 사람들에 관해 배우는 것이다. 이 영역은 인적 자원(HR: human resources)이라고 한다.

인적 자원 기능은 조직의 직원들을 유치하고 보유하는 모든 과업을 망라한다. 이러한 과업들은 직원의 채용과 선발, 교육 훈련, 평가, 보상, 개발을 포함한다. 이러한 책임 모두를 인적 자원 관리(human resources management)라고 한다. "인적 자원"을 이용하는 이유는 조직이 예산과 물리적 플랜트 이외에도, 도서관에서 일하는 사람들이 커다란 가치를 가지고 있고 또한 자원이기도 하다는 사실을 이해하고 있기 때문이다. 모든 자원이 중요하지만, 훌륭한 인적 자원은 조직이 가질 수 있는 최대의 자산이다.

이 책의 제4부 "인적 자원"에서는 도서관과 정보 센터 경영의 이러한 측면에 대해 개괄적으로 살펴보고자 한다. 제10장에서는 전형적인 도서관에서 일하는 직원의 서로 다른 유형에 대해 살펴보고, 어떤 사업에서 직원들을 채용하기 시작할 수 있도록 하기 전에 설정되어야 하는 조직의 골격에 대해 논하고, 모집과 채용의 프로세스에 대해 개괄적으로 살펴보고자 한다. 제11장에서는 어떤 조직 내에서 직무를 가지고 있는 개개인에게 직접적으로 관련되는 기능들에 대해 초점을 맞추고자 한다. 이러한 직원 중심의 기능에는 교육 훈련과 개발, 평가, 보상, 징계가 포함된다. 마지막으로 제12장에서는 도서관의 인적 자원 관리에 영향을 미쳐 온 몇 가지 일반적인 이슈들에 대해 살펴보고자 한다. 여기에서는 인사 절차와 정책, 경력 개발, 모니터링, 건강과 안전, 외부 규정, 노동조합과 같은 토픽들을 다루게 될 것이다.

Chapter 10 도서관의 충원

>
> **이 장의 요점**
> 이 장을 마친 후 여러분은:
>
> - 도서관과 정보 센터에서 이용할 수 있는 직무의 유형에 대해 알아야 한다.
> - 직무 기술서(job descriptions)의 요소에 대해 이해해야 한다.
> - 도서관은 다양한 인력을 유치하고자 한다는 사실을 인식해야 한다.
> - 어떤 직위를 채우고 어떤 직위에 지원하기 위한 단계에 대해 알아야 한다.

　도서관 경영자의 가장 중요한 기능 중 하나는 조직의 인적 자원을 구조화하는 것이다. 이 인적 자원 기능은 많은 요소로 이루어지지만, 가장 기본적인 두 가지는 어떤 조직 내의 모든 직위를 구조화하고 정의하는 것과 그러고 나서 그러한 직무를 수행할 유능한 개인을 찾아내는 것이다. 물론 어떤 조직이든 모든 직무를 동시에 오픈할 것 같지는 않기 때문에 이 일은 일반적으로는 점진적으로 이루어진다.

　이 장에서는 경영의 인적 자원 기능에 대해 소개하고자 한다. 이 장에서는 도서관이 고용하는 근로자의 유형과 그들의 직위가 어떻게 구조화되는지에 대해 개괄적으로 살펴보게 될 것이다. 그런 후에, 직원의 모집과 채용 프로세스에 대해 검토해 보고자 한다.

　과거에는, 직원은 그 조직의 쉽게 대체되는 구성 요소로, 상호 교환이 가능한 것으로 간주되는 경우가 많았지만, 오늘날에는 다른 견해가 지배적이다. 경영자들은 이제 조직을 운영하기 위한 자금 지원과 도서관이 입주하고 있는 건물이 자원인 것과 똑같이, 그 직원을 자원으로 간주하고 있다. 경영의 인적 자원 기능은 직원에 대한 이러한 태도에 의해 변신해 오고 있다. 인적 자원 전문가들은 단지 하찮은 잡일이나 하는 사무직 근로자가 아닌, 경영 팀의 전략적 부분으로 간주되고 있다. 그들은 조직상의 문제점과 인적 자원 해결책을 매치시키고, 그렇게 함으로써, 인적 자원이 예산의 핵심에 미치는 영향을 보여 주는 데 많은 시간을 보낸다.[1]

대규모 도서관은 대개 인적 자원을 감독하는 특별히 훈련된 경영자를 두고 있다. 종종 이러한 인적 자원/인력 담당 디렉터는 문헌정보학의 석사 학위와 인적 자원 관리의 코스워크와 경험을 가지고 있다. 하지만 많은 도서관과 정보 관련 기관은 너무 소규모이기 때문에 풀타임의 인적 자원 전문가나 인력 전문가로서의 역할을 할 누군가를 둘 수 없다. 그러한 경우에는, 도서관장이 전체 조직에 관련된 최고 수준의 인적 자원 기능을 수행하거나, 아니면 인적 자원 기능이 도서관의 모체 기관(예를 들면, 미국의 경우, 공공도서관에 대해서는 해당 카운티나 시의 정부 기관 그리고 학군에 대해서는 중앙 기관)에 의해 처리된다.

그렇기는 하지만, 규모가 크든 작든 모든 도서관에서는 도서관장으로부터 일선의 감독자에 이르는 모든 경영자가 인적 자원 기능에 관련된다. 도서관의 거의 모든 업무는 직원들이 얼마나 훌륭하게 업무를 수행하는가에 의해 영향을 받기 때문에, 도서관 경영자는 자신의 조직이 효과적이고 효율적이 되기를 원하면 사람들을 다룰 수 있어야 한다. 인적 자원에 대한 경영자의 책임의 정도는 경영자가 계층 구조에서 위로 올라갈수록 증가하게 되지만, 조직의 모든 사람은 인적 자원 관리의 기본 원칙을 이해해야 한다.

결국에는 모든 경영자는 불가피하게 사람에 관련된 도전적인(그리고 때로는 좌절감을 주는) 문제를 다루어야 한다. 어느 한 인사 문제를 해결하기도 전에 또 하나의 문제가 생겨날 때도 있다. 어떤 경영자는 모든 사람은 동일하게 다루어질 수 있다는 잘못된 개념을 갖고 있지만, 각각의 사람은 다르기 때문에, 어느 한 직원에게는 잘 작동하는 기법이 다른 사람을 다룰 때는 효과적이지 않을 경우도 자주 있다. 어떤 조직도 정적(靜的)이지 않기 때문에, 그 안에 있는 사람들과 그들에 관련된 문제점은 마찬가지로 필연적으로 변할 수밖에 없을 것이다. 따라서 인적 자원 관리의 기본 원칙을 배우는 것은 비교적 쉽지만, 직원을 다루는 것은 끝없는 도전이다.

---

1) Sharon Lobel, "In Praise of the 'Soft' Stuff: A Vision for Human Resource Leadership," *Human Resources Management* 36 (Spring 1997): 135-139.

> **현장의 경영 사례: 성공적인 구직을 위한 팁**
>
> 이 장은 도서관의 충원에 관한 것으로 대부분 고용주의 시각에서 작성되고 있다. Laura Saunders의 논문 "The Public Services Job Hunt: Observations and Advice"[2]는 구직자의 시각에서 성공적인 구직에 관한 조언을 제공하고 있는데, 도서관과 정보 센터 직업 시장에 새로이 들어오는 사람들을 위한 조언을 제공해 주고 있다. 이 논문은 공공 서비스의 직무에 초점을 맞추고 있기는 하지만, 저자의 대부분의 조언은 어느 구직자에게나 적용될 것이다. Saunders는 문헌정보학 분야의 직무에 지원하는 사람은 구직과 지원 프로세스에서 전략적이어야 한다고 말하는 것으로부터 시작하고 있다. 그들은 자신들이 어떤 기관을 위해 무엇을 제공할 수 있는지, 어떤 기술이나 능력을 제공할 수 있는지에 관해 생각해야 한다.
>
> Saunders는 도서관의 고용주들은 미래의 직원에게서 무엇을 찾고 있는지를 논의하면서 시작하고 있다. 핵심적인 자질에는 모든 종류의 전문적인 기술(technical skills)과 새로운 기술을 평가하고 어떤 것을 채택할지를 결정하고 추천할 수 있는 아주 중요한 능력, 개방성과 테크놀로지를 실험할 수 있는 능력이 포함된다. 그녀는 또한 참고 담당 사서는 소셜 미디어와 웹 디자인, 온라인 검색 기술에 대해 잘 이해해야 할 것이라는 사실에 주목하고 있다. 그러나 더 중요한 것은 그들은 원격 교육에 대한 지원을 포함한 온라인 정보 전달에 대한 변화를 편안하게 대할 수 있어야 할 것이라는 점이다.
>
> 전문적인 기술이 중요하기는 하지만, 어떤 고용주들은 대인 기술(interpersonal skills)에 초점을 맞추기도 하는데, 그들은 고객 지향성과 교육에 대한 편안함, 적응성은 테크놀로지처럼 용이하게 배울 수 있는 것이 아니라고 믿고 있다. 어떤 고용주들은 음식 서비스나 소매업과 같은 도서관 이외의 분야에서 얻은 업무 경험이 도서관 환경으로 옮겨질 수 있다고 말하고 있다.
>
> 이력서와 커버 레터에 관한 구체적인 조언에는 모든 문서는 오류 없이 세심하게 작성해야 한다는 주의를 담고 있다. 최근 졸업자나 마지막 학기에 있는 학생의 이력서는 교육으로부터 시작해야 하며 여러분이 졸업 일자를 제시하게 되면, 여러분이 졸업하기 직전에 직위에 지원하는 것이 가능하게 된다. 업무 경험은 연대순의 역순으로 열거해야 한다.
>
> 이력서와 커버 레터의 목적은 지원자가 어떻게 그리고 왜 공석(空席)인 직위에 완전하게 일치되는지를 보여 주기 위한 것이다. 그러므로 각 채용 공고는 그 직위에 맞추어진 커버 레터와 이력서를 가지고 있어야 하며, 여기에서는 구인 광고의 단어들을 사용하는 것이 좋다. 고용주들은 표준적인, 일반적인 커버 레터나 이력서를 절대 사용하지 말라고 말하고 있다.
>
> 면접을 하게 되는 것은 고용주가 여러분이 빈자리를 채울 만한 자격을 갖추고 있다고 생각하고 있음을 보여 주는 것이다. 심사 위원회(search committees)에서 물을 수도 있는 질문에 대해 생각해 두고 답변을 고안해 둠으로써 면담을 준비하라. 또한 해당 직무와 환경, 모체 기관에 관한 구체적인 리서치를 함으로써 위원회를 위한 좋은 질문을 개발하라. 면접 대상자는 빈자리와

---

[2] Laura Saunders, "The Public Services Job Hunt: Observations and Advice," *Public Services Quarterly* 10, no. 3 (Jul, 2014): 193-203.

해당 기관에 대한 깊은 관심을 보여 주어야 한다. 성공적인 면접 대상자는 언제나 제대로 된 비즈니스 복장을 착용하고 준비를 하게 될 것이다.

어떤 조직에서는 그 후보자가 청중 앞에서 편안할 수 있는지를 보기 위해 프레젠테이션을 요청하기도 한다. 반드시 청중이 어떤 사람들일지 물어서, 프레젠테이션이 적절하게 이루어질 수 있도록 하라. 면접 후에는 심사 위원들에게 감사를 표하고 빈자리에 대한 여러분의 열정을 보여 주도록 하라. 여러분이 수락하는 서류나 계약서와 같은 새로운 정보를 갖고 있지 않으면 그들에게 연락하지 말아야 한다. 기관에 따라서는, 면접 순서와 심사 위원의 질병과 같은 다른 요인들 때문에 기다리는 시간이 연장될 수도 있다.

저자는 네트워킹을 주장하고 있는데, 네트워킹은 후보자를 위해 조언을 하고 지지하는 데 도움을 줄 수도 있는 다수의 연락처를 개발하고 있다. 교수는 분명한 선택이 되겠지만, 지원자들은 또한 학술 대회와 수업, 공식적으로 동창회 사무실을 통해 네트워크를 구성할 사람들을 찾을 수도 있을 것이다. 빈자리를 갖지 못할 수도 있는 호감이 가는 조직의 전문가에게 정보 수집 면담(informational interview)을 요청을 하는 것은 해당 기관에 대한 정보를 얻고 지원자의 관심과 능력을 보여 주는 방법이 될 수도 있을 것이다.

Sounders는 구직은 그 자체가 풀타임의 직무(full-time job)가 될 수 있으며 3개월에서 6개월의 시간이 걸릴 수도 있을 것이라고 결론짓고 있다. 그녀는 좌절하지 말고 직무 탐색의 시야를 더 광범위한 지역이나 다른 직위나 다른 유형의 기관으로 확장하는 것을 고려해 보도록 권고하고 있다. 그녀는 또한 일단 후보자가 그 첫 번째 직위를 확보하면, 반드시 지식과 경험을 공유하고 다른 사람들의 네트워크를 도와주라고 조언하고 있다.

10.1. 인적 자원 관리의 복잡성 증가

인적 자원을 관리하는 것은 지난 수십 년간 더 복잡해지고 있다. 한 가지 이유는 노동 인구의 다양성 증가이다. 노동 인구의 동질성이 줄어듦에 따라, 경영자는 매우 다른 배경을 가진 사람들을 다루도록 배워야 한다. 다양성(diversity)은 인종과 민족, 젠더(gender)뿐만 아니라, 나이와 신체적 능력과 같은 특성도 망라하는 광범위한 용어이다. 이러한 다양성은 조직을 풍요롭게 하지만, 경영자가 자신의 모든 근로자의 니즈를 이해하고 이질적인 인력을 관리하는 도전을 수용하지 않으면 문제를 일으킬 수도 있다.

인적 자원 관리에 복잡성을 더해 주는 또 하나의 요인은 대부분의 현대의 근로자, 특히 자신의 직무가 의미 있고 승진과 커리어 향상의 기회를 제공할 것으로 기대하는 훌륭한 교육을 받은 직원들이 가지고 있는 기대의 수준이다. 대부분의 직원들은 자신들에게 영향을 미치는 의사 결정에 어떤 인풋도 갖지 못하는 발전성이 없는 직무에 남아있는 것에 만족하지 않는다. 따라서 도서관 경영자들은 의사 결정을 위양하고 분산화함으로써 그리고 직원들의 업무 환경에 대한 자신들의 통제를 증가시켜 줌으로써 직원에게 임파워먼트를 부여하는 방법을 찾아야 한다.

또한 도서관과 정보 센터의 인적 자원의 성격을 변화시키고 있는 또 하나의 주요 요인은 테크놀로지이다. 지난 20년 동안, 테크놀로지는 많은 도서관 직무의 리스트럭처링과 다른 직무의 창출, 그리고 다른 직무의 퇴출을 가져오는 원인이 되고 있다. 테크놀로지는 도서관의 근로자와 이용자에게 많은 분명한 편익을 가져다주고 있으며, 동시에 경영자와 직원의 직무를 복잡하게 만들고 있다. 예를 들면, 어떤 직원들은 계속해서 변화하는 테크놀로지에 적응하기가 어렵다고 느끼고 있다. 또한 어떤 조직에서는, 테크놀로지가 직원의 업무를 모니터링하기 위해 사용되기도 하는데, 이것은 많은 사람들에게 스트레스를 만들어 내고 있다. 테크놀로지는 또한 종종 오랜 시간 동안 키보드를 사용하는 것에 관련된 반복적인 동작으로 인해 야기되는 신체적인 문제점을 만들어낼 수도 있다. 경영자는 테크놀로지가 직원에게 미치는 영향은 물론 테크놀로지의 잠재력과 함정에 관해 더 많은 지식을 가져야 한다.

테크놀로지와 예산의 한계는 또한 몇몇 조직이 다운사이징하는 원인이 되고 있는데, 이것은 많은 경우, 남아 있는 직원들이 이전에 했던 것보다 더 많은 일을 하게 되고 종종 더 상위 수준에서 일하게 된다는 것을 의미한다. 다른 조직에서는 파트타임 또는 임시 근로자에게 더 많이 의존하고 있거나, 아니면 내부적으로 수행하던 프로세스를 아웃소싱하고 있다. 이러한 상황은 둘 모두 인적 자원 관리자가 처리하는 데 추가의 복잡성을 제기하고 있다.

이 책의 제3부에서 살펴본 것처럼, 많은 계층 구조적 조직 패턴도 테크놀로지 때문에 수정되고 있는 중이다. 모든 근로자가 한 명의 감독자에게 보고하는 구조 대신에, 많은 조직에서는 인력이 현재 어느 정도 자율적으로 관리하는 팀으로 나뉜다. 팀제 구조는 근로자에게는 편익이 되겠지만, 또한 경영자에게는 새로운 도전을 제시해 준다.

마지막으로, 점점 더 늘어나는 외부 규정들, 미국의 경우 특히 주와 연방 정부의 규정들이 경영자의 직무를 더 복잡하게 만들고 있다. 이러한 고용 관련 규정의 의도는 조직을 더 안전하고 더 균등하게 만들기 위한 것이다. 외부 규정들은 새로운 것이 아니며, 급여와 안정, 노사 관계에 관련된 법률들은 수십 년간 존재해 오고 있다. 하지만 조직이 따라야 하는 규정의 수는 증가하고 있다. 경영자들은 이제 이러한 다양하고, 종종 복잡한 규정을 이해하고 따라잡아야 한다.

10.2. 직원의 유형

일반적으로, 다양한 교육 수준과 책임을 가진 다양한 직원 집단이 도서관에 고용된다. 사실 더 많은 테크놀로지가 도서관 프로세스에 통합됨에 따라, 직원들은 더 다양해질 필요성을 갖게 되었다.

전문직 사서(professional librarians)는 거의 항상 도서관 직원 중 가장 작은 집단을 이루고 있다. 일반적으로, 전문직 사서로 간주되기 위해서는, 어떤 사람은 문헌정보학 석사 학위를 취득해야 한다. 때로는 이러한 전문직이 특정 주제 영역에서 또 하나의 상위 학위(석사나 박사 학위)를 소지하기도 한다. 이것은 사서가 종종 교원의 지위를 갖는 학술도서관에서 특히 그러하다. 전문직 사서는 주로 지적이고 일상적이 아닌 과업을 수행하는데, 그러한 과업은 "도서관의 니즈를 확인하고, 문제를 분석하며, 목적을 설정하고, 그에 대한 독창적이고 창의적인 해결책을 마련하고, 이론과 실제를 통합하며, 도서관의 자료와 서비스의 이용자에 대한 성공적인 서비스 프로그램을 기획하고, 조직하고, 커뮤니케이션하며, 관리하는 데 바탕이 되는 특별한 배경과 교육"[3]을 필요로 한다. 전문직 사서는 리더십의 역할을 발휘하는데, 다양한 부서와 하부 단위와 함께 전체 조직을 지휘하게 된다. 전문직 사서는 또한 고객의 정보 니즈를 충족시키기 위해 필요한 전문 지식을 갖추고 기술적인 영역에서 복잡한 업무를 수행한다.

또 하나의 세트의 직원인 보조 직원(support staff)은 준전문직(paraprofessional)으로부터 사무원에 이르는, 일단의 다양한 숙련된 과업을 수행하는 근로자들로 구성된다. 보조 직원들은 대개 도서관의 풀타임 직원 중 최대 집단으로, 이들의 활동은 서지 데이터의 입력과 코딩, 검증, 도서 기금의 관리, 신간 자료의 주문, 자료의 대출, 연속간행물에 대한 클레임(claim), 카피 편목(copy cataloging)과 같은 광범위한 필수적인 임무를 포함한다. 이 보조 직원들은 대부분의 부서의 일상적인 업무를 처리한다. 이러한 근로자들의 교육적 배경은 매우 다양하다. 미국의 경우 어떤 사람은 고등학교를 졸업했을 수도 있지만, 많은 사람은 학사 학위를 가지고 있으며, 어떤 사람은 다양한 종류의 석사 학위를 가지고 있다. 도서관의 경영자는 강한 테크놀로지 배경을 가진 사서는 물론 보조 직원들을 고용해야 한다. 많은 도서관과 정보 센터에서는 현재 특별히 테크놀로지와 함께 일하도록 하기 위해, 예를

---

[3] American Library Association, *Library and Information Studies and Human Resource Utilization* (Chicago: American Library Association, 2002), 4.

들면 도서관의 데이터베이스를 관리하고, 사용성 연구(usability studies)를 수행하고, 웹 사이트를 유지 보수하기 위해 전문가를 고용하고 있다. 이러한 테크놀로지 전문가는 또한 다양한 유형의 학위와 교육 훈련을 가지고 있다.

 스킬 연습하기

"[성공적인 일자리 찾기 준비를 위해] 내가 개인적으로 받은 가장 훌륭한 팁 중 하나는 질문을 예상하고 답변을 준비함으로써 면접에 앞서 미리 생각하는 것이다. 이것은 여러분이 '엘리베이터 스피치'(elevator speeches)를 연습할 수 있도록 해 준다."[4] 왜 여러분이 특정의 경력을 원하는지를 설명하는 30초 "엘리베이터 스피치"를 개발해 보라. 이 스피치를 다른 사람과 연습하고, 피드백을 주고받고, 스피치가 간략하고, 적절하고, 설득력을 가질 때까지 스피치를 연마해 보라. 이러한 연습은 여러분이 실제 면접을 경험할 때 도움을 주게 될 것이다.

아울러 도서관은 대개 다수의 파트타임 직원(part-time employees)을 고용하고 있다. 공공도서관의 사환과 학술도서관의 학생 보조원과 같은 파트타임 직원은 서고에서 자료를 검색하거나 분관 도서관의 데스크에서 일하거나 반납 도서를 서가에 배열하는 것과 같은 쉽게 배울 수 있는 반복적인 과업에서 일하게 된다. 때로는 도서관에서 저녁 시간과 주말 시간의 근무나 특정 프로젝트의 수행을 위해 파트타임 전문직의 빈자리를 마련하기도 한다.

앞에서 언급한 것처럼, 도서관은 노동 집약적인 조직이며, 예산의 가장 큰 부분을 전통적으로 직원들에 투입하고 있다. 과거에는, 도서관 예산을 배정하기 위한 경험에 바탕을 둔 방법(rule of thumb)은 인력 60퍼센트, 자료 30퍼센트, 그 밖의 비용 10퍼센트였다. 도서관 테크놀로지와 도서관 자료를 위한 비용이 급속하게 상승하고 있기 때문에, 경영자들은 인적 자원 비용을 삭감하기 위해 직원 규모를 줄이고자 노력하고 있으며, "더 군살이 빠지고 더 인색해지고" 있다. 도서관과 정보 센터의 경영자들은 다른 조직의 경영자들과 마찬가지로, 생산성을 증진시키고자 노력하고 있다. 많은 경영자들은 더 많은 유연성을 달성하고 경비를 절약하기 위해 파트타임과 계약직 근로자를 이용하고 있다. 한 서베이에 따르면 미국의

---

4) Joseph Thompson, "Getting the Library Job You Want," *Reference & User Services Quarterly* 54, no. 2 (Winter 2014): 5.

경우, 2010년 문헌정보학과 전체 졸업생의 거의 4분의 1은 파트타임 전문직 자리에서 일하고 있고, 10퍼센트 이상은 임시직 자리에서 일하고 있는 것으로 나타났다.[5] 다른 경영자들은 시설 및 지상 관리의 관리직 기능과 같은 서비스를 제공하기 위해 파트타임과 계약직 근로자를 이용하고 있다. 인력의 공백을 메우는 데 도움을 주기 위해 자원봉사자가 이용되는데, 학교에서는 사서들이 학부모 자원봉사자와 학교 "클럽"을 관리하고, 공공도서관에서는 고등학교 학생들이 자신들의 서비스에서 자원봉사를 한다.

도서관 경영자들은 서가 배열과 자료 선택, 편목과 같은 다양한 기능을 외부 기관이나 회사에 아웃소싱(outsourcing)하고 있다. 아웃소싱이라는 용어는 어떤 조직이 이전에는 자체적으로 제공하거나 제작했던 특정의 서비스나 제품을 외부 공급자로부터 구매하는 것을 말한다. 예산 삭감 때문에, 도서관 경영자들은 비용을 절약하기 위한 방식으로써 아웃소싱을 찾고 아울러 그 직원들을 새로운 사업에 재배정하고 있다. 연구에서는 특정 상황에서 아웃소싱이 비용을 줄여주기는 하지만, 모든 상황에서 비용이 적게 들어가는 것은 아니라는 사실을 보여 주고 있다. 하지만 아웃소싱은 특히 계약직 근로자들이 어떤 조직 내에서 업무에 투입되었을 때, 조직의 인적 자원과 함께 일하는 데 있어 변화를 가져오게 된다.[6]

서로 다른 유형의 근로자들과 함께 업무를 수행하는 이러한 방식들은 경영자에게 문제를 제시할 수도 있을 것이다. 예를 들면, 가치와 서비스에 관한 태도의 충돌이 상임 직원들과 이러한 더 임시적인 근로자들 사이에서 발생할 수도 있을 것이다.[7] 일반적으로 비용 절감 수단으로서 고용되어 아무런 편익도 받지 못한 채 기본적으로는 정규직 직원과 동일한 직무를 수행하는 장기 계약직 근로자들은 이중(二重)의 보상 기준에 분노할 수도 있을 것이다. 또한 도서관 경영자들은 조직 자체의 직원에 대해서보다 아웃소싱된 업무를 수행하는 사람들에 대해 더 적은 통제력을 갖는다. 하지만 긍정적인 측면에서 보면, 직원 이직이 거의 없는 기관에 계약직 근로자를 투입함으로써 결과적으로 신선한 시각과 새로운 아이디어를 가져올 수 있다.[8] 요약하면, 다른 조직들과 마찬가지로, 도서관 직원들은 더 생산적이 되어야 하지만, 이러한 절약형의 조치들은 경영자의 업무는 물론 직원의 삶을 더 도전적으로 만들 수 있다.

---

5) Stephanie Maatta, "The Long Wait," *Library Journal* 136 (October 15, 2011), 20-21.
6) Nuria Lloret Romero, "Outsourcing as a Change Management Tool in Libraries and Documentation Centers," *Bottom Line: Managing Library Finances* 24, no. 1 (February 2011): 73-79.

이야기해 보기

광범위하게 정의된 아웃소싱이 도서관 업무의 많은 측면에서 활용되고 있다. 이러한 변화들이 어떻게 진화하고 있는지 이해하기 위해서는, 이용자들이 그 도서관에 소장된 자료에 대부분을 의존했던 도서관에 대해 생각해 보라. 시간이 지나면서, 이용자들은 이제 정보의 세계에 대해 알게 되었고 자신의 로컬 도서관에 소장되어 있는 것보다 훨씬 더 많은 것을 원하게 되었다.

어떤 도서관의 특정 영역을 생각해 보고 그 서비스나 업무 공간이 아웃소싱이나 유사 아웃소싱 활동을 활용함으로써 어떻게 바뀌고 있는지를 설명해 보라. 예를 들면 어떤 도서관은 로컬에서 소장하고 있지 않은 저널 논문에 대해 페이 퍼 뷰(pay-per-view) 서비스를 제공하거나 도서관 상호 대차 요청을 근거로 하여 어떤 소장 정책에 대한 의사 결정을 내릴 수도 있을 것이다. 후자의 경우에 충분한 도서관 이용자들이 어떤 자료나 저널을 요청하면, 계속해서 그 자료를 빌려 오기보다는 소장하는 것이 비용 효과적이라고 생각할 수도 있을 것이다. 이 경우에 도서관 이용자들은 자료 선정 프로세스를 돕고 있는 것이며 다른 식으로 말하면, 장서 개발의 일부 측면이 도서관 이용자들에게 아웃소싱되는 것이다.

이에 대해 연습하기 위해, 도서관의 어느 한 측면을 선택하고 전체나 일부가 최근 몇 년 사이에 아웃소싱되고 있는지에 대해 논의해 보라. 여기에서 제시한 예의 범위를 넘어서서 생각해 보고자 노력해 보라. 대출이나 기술 서비스, 참고 업무, 특수 장서, 독자 어드바이저 서비스(reader's advisor services)에서 아웃소싱이 이루어지고 있는가?

직원의 수를 감축하고자 하는 시도에도 불구하고, 직원들에게 충당되는 도서관 예산의 비율은 의미 있는 정도로 줄어들지 않고 있다. 2016년에 발행된 한 보고서에 따르면, 미국의 경우 2014년 현재 공공도서관은 그 예산의 3분의 2 이상을 여전히 직원들에게 충당하고 있었다.[9] 2012년 현재 학술도서관의 경우, 그에 상당하는 수치는 평균 49퍼센트였다.[10] 직원들에 충당되는 예산의 비율이 줄어들지는 않을 수도 있겠지만, 보조 직원은 물론 사서의 업무는 특히 테크놀로지의 변화와 점점 더 늘어나는 아웃소싱에 대한 의존과 함께 진화하고 있다.

---

7) Ann Lawes, "Managing People for Whom One Is Not Directly Responsible," *The Law Librarian* 26 (September 1995): 421-423.
8) Nuria Lloret Romero, *op. cit.*, 73-79.
9) Deanne W. Swan, et al., *Data File Documentation: Public Libraries Survey: Fiscal Year 2014* (IMLS-2016-PLS-01). (Washington, DC: Institute of Museum and Library Services, 2016), 58.
10) T. Phan, L. Hardesty, and J. Hug, *Academic Libraries: 2012 (NCES 2014-038)*. (Washington DC: U.S. Department of Education, National Center for Education Statistics, 2014), 15. Retrieved January 23, 2017 from ⟨http://nces.ed.gov/pubsearch⟩.

도서관 관리자들이 직면하고 있는 가장 어려운 이슈 중의 하나는 업무 수준과 직원의 유형을 어떻게 적절하게 매치시킬 것인가 하는 것이다. 수년 동안 전문직 사서들은 자신들의 근무일의 일부를 전문적 배경을 필요로 하지 않는 과업을 수행하면서 보냈다. 이것은 특히 소규모 도서관에서 그러했는데, 그 이유는 많은 경우에 전문직 사서가 유일한 직원이었기 때문이다. 1930년대와 1940년대에는, 근로자의 절반 이상이 전문직 사서로 분류되는 도서관을 드물지 않게 볼 수 있었다. 반면에, 지난 수십 년간에는 테크놀로지의 혁신이 도서관의 대부분의 사람들의 업무를 변화시켜 왔다. 자료를 배열하고, 손으로 대출하고, 처리하곤 하던 보조 직원들은 이제 그러한 직무를 수행할 필요가 없게 되었으며 현재는 컴퓨터와 그 밖의 장비와 소프트웨어를 편안하게 대할 것으로 기대되고 있다. 실제로 그들은 이전에는 사서들이 수행했던 카피 편목(copy cataloging)과 가벼운 참고 업무, 사환이나 학생 근로자들의 감독과 같은 업무를 수행하고 있다.

어떤 소규모 도서관들은 여전히 단 한 명의 전문직 사서 그리고 아마도 한 명의 사무직 근로자를 두고 있겠지만, 대규모 도서관에서는 오늘날에는 직원의 비율이 대개 전문직 한 명당 보조 직원 3명이다. 어떤 도서관에서는, 각 전문직 당 보조 직원의 비율이 훨씬 더 크다. 많은 도서관에서는 문헌정보학 석사 학위를 갖고 있지 않지만 상당한 경험을 갖고 있거나 도서관의 업무를 관리하기 위한 기술 교육을 받은 직원들에 대해 기술직/전문직 범주를 사용하고 있다. 이러한 종류의 직위들은 대개 테크놀로지에 관련되어 있지만, 또한 편목이나 분관 등의 직원들을 관리할 수도 있을 것이다. 이러한 직위들은 직원들에게 목적을 제공해 주는데, 직원들은 직원의 신분에 머물러 있지만 승진 기회를 기대할 수 있는 것이다.

10.3. 문헌정보학 교육과 인적 자원 활용 정책

도서관을 위한 바람직한 충원 패턴에 대한 가장 포괄적인 논의는 미국도서관협회(ALA: American Library Association)의 개정된 Library and Information Studies Education and Human Resource Utilization 정책이다.[11] 이 자료에서는 다음과

---

11) American Library Association, *Library and Information Studies and Human Resource Utilization: A Statement of Policy* (Chicago: American Library Association, 2002). 선언문 전체에 대해서는 다음 자료를 참고하라: 〈http://www.ala.org/ala/aboutala/offices/hrdr/educprofdev/lepu.pdf〉 (accessed January 23, 2017).

같이 설명하고 있다. (1) 도서관에서는 도서관학 이외의 기술들을 필요로 한다. (2) 비사서들은 전문직 지위는 물론 보조직 지위에서도 동등하게 인정받아야 한다.

도서관학의 기술 이외의 기술을 가진 사람들은 도서관 서비스의 품질에 상당한 기여를 하고 있으며, 자신의 전문 지식을 통해 도서관의 효과적인 성과에 기여하고 있는 모든 사람은 동등하게 인정받아야 한다. 이 목적을 달성하기 위해, 이 자료에서는 도서관들이 사서들은 물론 비도서관 전문가들이 자신들의 경력을 쌓아 갈 수 있도록 해 주는 이중(二重) 경력 격자(dual career lattice)를 설정하도록 권고하고 있다.

전문가들의 중요성을 인정하는 것 이외에도, 문헌정보학 교육과 인적 자원 활용 정책에서는 사서들은 관리자가 되지 않고서도 조직 내에서 승진할 수 있도록 권고하고 있다. 많은 도서관에서는 승진과 진급을 위해 고려되기 위해서는 더 큰 감독 책임을 맡아야 한다. 그러나 미국도서관협회에서는 관리자들은 비관리직 사서들이 수행하는 중요한 역할을 인정하고 재정적으로 보상하도록 권고하고 있다. 문헌정보학 교육과 인적 자원 활용 정책에서는 다음과 같이 설명하고 있다.

> 도서관직 내에는 [관리직만큼] 동등하게 중요하고 위신과 급여를 동등하게 인정해 주어야 하는 많은 전문 지식의 영역들이 있다. 도서관직의 어떤 측면들, 예를 들면 아카이브나 서지, 참고 업무에서 전문가의 책임을 가지고 있는 높은 자질을 갖춘 사람들이 관리상의 책임을 얻기 위해 자신의 주요 역량을 발휘하는 영역을 억지로 포기하지 않고서도 상급의 지위와 재정적인 보상을 얻을 수 있도록 해야 한다.[12]

보조 직원들과 전문직 사서들 간의 이전의 엄밀한 구분은 사실상 모든 도서관 직원이 지식 근로자가 되고 있기 때문에 약화되고 있다.[13] 보조 직원들은 이전에는 전문직 사서들이 처리하던 과업들을 점점 더 많이 수행하고 있다. 예를 들면, 사서들은 더 이상 사서라고만 불리지 않는다. 그들의 명칭은 그들이 도서관 내에서 수행하는 테크놀로지적 역할을 망라하고 있다. 오늘날 전문 저널과 전자 메일링 리스트에는 이머징 테크놀로지 사서(emerging technology librarian), 데이터 자

---

12) *Ibid.*, 2.
13) Allen B. Veaner, "Paradigm Lost, Paradigm Regained? A Persistent Personnel Issue in Academic Librarianship, II," *College and Research Libraries* 55 (September 1994): 390.

산 관리자(data assets manager), 디지털 큐레이터(digital curator), 디지털 서비스 사서/코디네이터, 의료정보학(medical informatics) 관리자/분석가, 테크놀로지 개발 사서, 사용자 경험 디자이너(user experience designer)와 같은 용어를 사용하는 구인 광고로 가득하다.[14] 학술도서관과 의학도서관, 법률도서관에서도 파견 사서(embedded librarians)를 구하고 있다.[15] 유사하게 도서관과 정보 관련 기관에 고용되는 보조 근로자의 유형도 숫자상으로 늘어나고 있는데, 이것은 직원들의 변화하는 다양한 책임을 반영하는 것이다. 몇몇 보조 인력의 직무 분류에 대해서는 〈표 10.1〉을 참고하라.

    도서관의 충원 패턴은 계속 변화하게 되고 예산 편성의 현실은 사서들로 하여금 업무를 수행하기 위한 경제적인 방법을 찾지 않을 수 없도록 하는 것은 불가피한 것 같다. 이러한 역동성은 대부분의 도서관에서, 특히 편목과 처리, 자료 선택(일괄 계약: approval plan)과 같이 한때 핵심 근로자들에 의해 수행되었던 아웃소싱 과업에서 분명하다.

〈표 10.1〉 도서관 보조 직원의 직무 명칭

부관리자(associate conservator)	도서관 정보 전문가(library information specialist) III
조아키비스트(assistant archivist)	네트워크 전문가(network specialist)
조대출관리자(assistant circulation manager)	보존 보조원(conservation assistant)
자동화 전문가(automation specialist)	시스템 전문가(system specialist)
목록 관리 감독자(catalog maintenance supervisor)	야간 접근 서비스 코디네이터(night access service coordinator)
컴퓨터 전문가(computer specialist)	응용 시스템 분석가(applications system analyst)
사진사(photographer)	도서관 상호 대차 전문가(interlibrary loan specialist)
갤러리 매니저(gallery manager)	정보 보조원(information assistant)

---

14) Stephanie L Maatta, "A Job by Any Other Name," *Library Journal* 137, no. 17 (2012): 18-25.
15) Lindsay Blake, et al., "Patron Perception and Utilization of an Embedded Librarian Program," *Journal of the Medical Library Association* 104, no. 3 (2017): 226-230.

10.4. 충원을 위한 조직 체계

앞에서 살펴본 것처럼, 전반적인 과업이 너무 커서 어느 한 사람의 개인이 혼자서는 수행할 수 없을 때 조직이 만들어진다. 모든 조직들과 마찬가지로, 도서관은 상호 작용하는 구성 요소들의 네트워크로, 직무는 조직을 건축하는 개개의 블록이다.

직위(position)와 직무(job), 직업(occupation)이라는 용어들은 종종 서로 바꾸어 쓰기도 하지만, 인사 자원 용어로는 사실은 다음과 같은 명확한 정의를 가지고 있다.

- 직위(職位)는 한 개인의 전체 업무 할당을 구성하는 과업과 책임을 모아 놓은 것이다. 따라서 어떤 조직은 그곳에 고용하고 있는 사람만큼 많은 서로 다른 직위를 갖게 된다. 대규모 학술도서관의 슬라브어 편목 담당자는 하나의 직위를 가지며, 공공도서관의 이동도서관(bookmobile)의 기사도 마찬가지이다.
- 직무(職務)는 일반적으로 동일한 책임과 지식, 책무, 기술과 관련되는 직위의 그룹이다. 모두 조금씩 다른 일을 수행하는 많은 직원들은 동일한 직무 명칭 아래에 분류될 수도 있을 것이다. 어떤 도서관에서는 많은 대출 보조원들을 고용할 수도 있는데, 그들은 모두 서로 다른 책임을 갖지만 그 책무는 그들을 동일한 직무군으로 분류하기에 충분할 정도로 유사할 수도 있을 것이다.
- 직업(職業)은 다수의 서로 다른 조직에서 발견되는 직무의 일반적인 클래스로 정의되는데, 예를 들면 사서직은 하나의 직업으로 간주되고 있다.

직무는 항상 유사하거나 관련된 기술이나 지식, 능력을 필요로 하는 할당된 과업으로 이루어지는 계획되고, 정의된 실체가 되어야 한다. 경영자는 조직을 위해 최대한의 유효성을 보장하기 위해 직무의 모든 과업들을 확인하고, 직무를 주의 깊게 설계해야 한다. 어떤 직무의 과업들은 유사하거나 관련되어야 하며, 모든 과업은 대략 동일한 교육 수준을 필요로 해야 한다. 광범위한 교육이 필요할 정도로 너무 복잡한 과업은 너무 단순해서 겨우 고등학교 졸업장만 가진 어떤 사람에 의해 수행될 수 있는 과업과 짝을 이루어서는 안 된다. 나아가 어떤 특정의 직무에 할당되는 과업들은 모두 대략적으로 동일한 수준의 경험을 필요로 해야 한다. 어떤 과업들은 수년간의 경험을 가진 사람들에 의해서만 수행될 수 있는 반면, 어떤 과업들은 초보자들에 의해 수행될 수 있다.

마지막으로, 어떤 직무에 할당되는 과업들은 비슷한 정도의 책임을 필요로 해야 한다. 어떤 과업은 **최종 책임**(end responsibility)을 갖는데, 이것은 완료된 과업은 어느 누구에게도 재검토되지 않게 될 것이라는 사실을 의미한다. 어떤 사람이 최종 책임을 갖고 있을 때는, 그 사람의 행위가 마지막이 된다. 다른 직무들은 거의 또는 전혀 최종 책임을 필요로 하지 않는다. 편목 부서의 교정자들은 최종 책임을 가질 수도 있는 반면, 자신의 업무에 대해 교정을 받게 되는 편목 담당자는 최종 책임을 갖지 않는다. 요약하면 잘 정의된 직무는 다음과 같은 점에서 비슷한 과업들을 직무에 할당하게 된다.

- 필요한 교육의 양
- 필요한 경험의 양
- 책임의 정도

조직들은 현재 그 유연성을 증가시키기 위해, 직원들의 복합적인 기술을 이용하는 직무를 설계하고 있다. 더 많은 조직들이 교차 훈련(cross-training)을 권장하고 있는데,[16] 이것은 직원들에게 자기 자신의 직무가 아닌 직무에 관련된 기법들을 배우도록 하는 것이다. 이를 통해 특정의 니즈가 생기게 되면, 추가의 직원들이 그 직무를 어떻게 수행해야 하는지 알 수 있도록 보장해 주게 된다. 크로스 트레이닝을 통해, 직원들은 다수의 기능 및 단위에서 또는 그 전체에 걸쳐 일하도록 권장되고 있다. 직원들은 조직에 대한 더 광범위한 이해와 더 다양한 기술 세트를 갖게 됨으로써 편익을 얻게 된다.

앞서 살펴본 것처럼, 직무 책임의 유연성과 확장은 새로운 개념이다. 전통적인 직무 분장(job allotment) 방법은 대규모 과업의 좁은, 전문화된 부분을 특정 근로자에게 주는 것으로, 분업(分業: division of labor)으로 알려져 있다. Adam Smith는 *The Wealth of Nations*(1776)에서 분업의 편익에 대해 처음으로 언급한 바 있다.[17] 각 직무가 기본적으로 소수의 단순하고 반복적인 과업들로 이루어져 있을 때는, 경영자는 근로자들을 훈련시키거나 고도로 숙련된 직원들을 찾아내는 데 시간을 투자할 필요가 없다. 도서관을 포함한 모든 조직들은 그 직무의 설계에 대해 다시

---

16) Cori Wilhelm, "That's Not My Job," *College & Research Libraries News* 77, no. 7 (2016): 342-346.

17) Adam Smith, *An Inquiry into the Nature and Causes of the Wealth of Nations* (New York: Modern Library, 1937).

생각하고, 조직의 목표를 수행하기 위한 더 나은 방법을 찾고 있다.

직무 충실화(職務充實化: job enrichment)는 도서관과 정보 센터와 같은 조직에 특히 중요하다. 그 이유는 대부분의 도서관 직원의 교육 수준이 일반적으로 아주 높고, 훌륭한 교육을 받은 근로자들은 대개 지적으로 도전적인 직무를 선호하기 때문이다. 직무는 신속하게 숙달되고 곧 단조로워지고 따분해지게 될 일군의 할당된 과업들보다는 오히려, 직원이 도전 의식을 갖도록 해 주고 자신들의 기술과 지식, 능력을 증진하도록 그들을 격려해 주기에 충분히 넓은 범위를 가져야 한다. 어떤 도서관 직무들은 통일성을 유지하기 위해서나 표준화된 방법론 때문에 따라야만 하는 규정된 절차들을 포함하고 있다. 그와 같은 직무들은 계층 구조상에서 일반적으로 낮은 위치에 있다. 그럼에도 불구하고 이러한 수준에서조차도, 직원들은 여전히 이미 확립된 표준을 유지하면서, 창의력을 발휘하고, 솔선수범하고, 직무의 루틴을 다양화할 수 있는 모든 기회를 부여받아야 한다. 훌륭한 경영자는 프로세스와 서비스를 개선하기 위한 방법들에 대한 직원들의 제안을 환영한다.

"임파워먼트"(empowerment)는 현재 모든 유형의 조직에서 유행어가 되고 있지만, 우리는 어떤 근로자들은 임파워먼트를 부여받는 것을 원치 않는다는 사실을 명심해야 한다. 인적 자원 관리의 기본적인 원칙은 개인과 직무를 매치시키는 것이다. 따라서 자율성도 임파워먼트도 원치 않는 근로자들은 그들이 감독이나 지시 없이 일해야 하는 직위에 배치해서는 안 된다. 동시에 아주 많은 근로자들의 재능은 제대로 활용되지 못하고 있으며, 이러한 사람들이 자신들의 완전한 잠재력을 발휘하여 일할 수 있도록 직무가 설계된다면 직원은 물론 조직도 편익을 얻게 된다. 만일 도서관 관리자들이 직원들이 혁신적이고 책임감을 갖기를 원한다면, 직무는 직원들에게 이러한 속성들을 개발할 기회를 제공해야 한다.

J. R. Hackman과 G. R. Oldham은 다음과 같은 다섯 개의 기본적인 차원을 확인해 주는 직무 충실화의 모델을 제안하고 있다.

- 기술 다양성(skill variety): 어떤 직무가 다양한 기술과 재능을 이용하는 서로 다른 활동을 포함하는 정도
- 과업 정체성(task identity): 어떤 직무가 어떤 업무를 처음부터 끝까지 전 부분을 완성하도록 요구하는 정도
- 과업 중요성(task significance): 직무의 중요성에 대한 근로자의 인식
- 자율성(autonomy): 직원들이 자신들의 직무를 바라는 대로 기획하고, 일정을 조정하고, 수행할 자유를 갖는 정도

- **피드백(feedback):** 어떤 직무가 종업원으로 하여금 그 성과의 유효성에 관한 정보를 얻을 수 있도록 해 주는 정도

〈그림 10.1〉에서 보여 주고 있는 것처럼, 이러한 핵심적인 직무 특성들은 근로자가 업무의 의미성을 경험하고, 업무의 성과에 대한 책임을 가지며, 업무의 실제 결과에 대한 지식을 얻을 수 있도록 어떤 심리적인 상태를 배양해 주게 된다. 이러한 심리적 상태는 직원의 동기 부여감과 수행되는 업무의 품질, 업무에 대한 만족을 증진시켜 주고, 아울러 잦은 결근과 이직률을 낮춰 주게 된다.[18]

조직들이 변화하고 있는 것과 똑같이, 조직 내의 직무들도 변화하고 있다. 경영자들은 자신의 조직의 직무를 살펴보고 직원의 동기를 보장하고 중요한 업무가 확실히 성취되도록 하기 위해 그 직무들이 효율성의 필요성과 더 충실화된 직무의 필요성의 균형을 유지하는 방식으로 설계되어 있는지를 확인해야 한다.

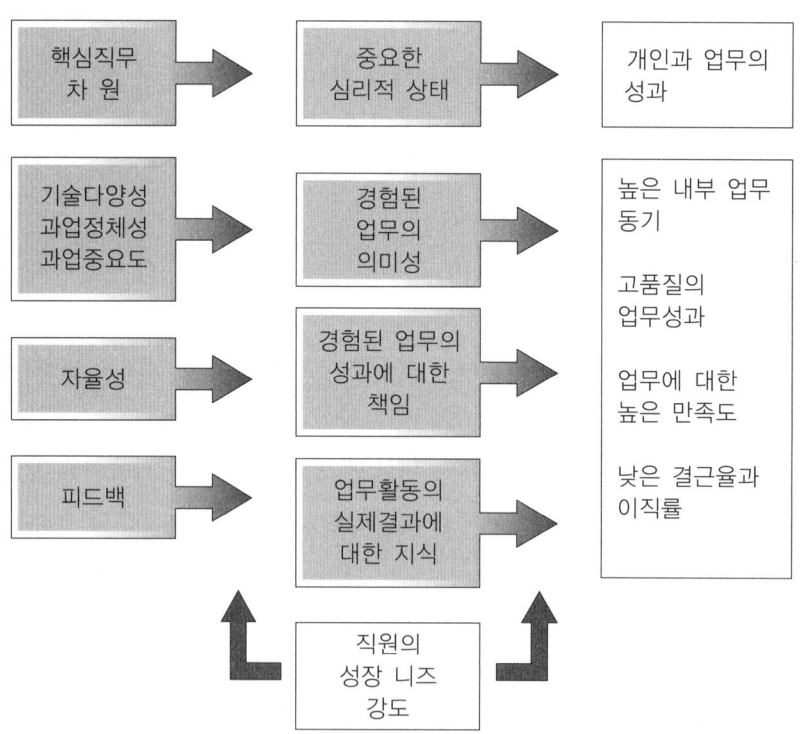

〈그림 10.1〉 Hackman과 Oldham의 핵심 직무 특성

---

18) J. R. Hackman and G. R. Oldham, *Work Redesign* (Reading, MA: AddisonWesley, 1980).

>  **이야기해 보기**
>
> 〈그림 10.1〉의 차트를 검토하고 여러분은 그 스펙트럼의 어디에 어울리는지 살펴보라. 여러분은 업무를 통해 높은 동기를 부여받고 항상 더 많이 배우고자 하는 사람인가, 아니면 대부분 수입을 얻기 위해 일하고 여러분이 성취감을 얻는 외부의 우선순위를 가지고 있는 사람인가? 아니면 여러분은 중간의 어느 곳에 해당하는가? 논의해 보라.

10.4.1. 직무 기술서

직무가 설정되고 나면, 경영자의 다음 단계는 해당 직무에 관련된 책무, 해당 직무와 그 기관의 다른 단위들과의 관계, 근로자가 그 직무를 수행하기 위해 필요하게 될 교육과 기술, 경험과 같은 개인적 특성들을 명시해 주는 직무 기술서(job descriptions)를 작성하는 것이다. 대부분의 정부 기관과 민간 기업들은 현재 모든 직원에 대한 직무 기술서를 필요로 하고 있다. 직무 기술서는 조직에 따라 다양하지만, 일반적으로는 다음과 같은 요소들을 포함하고 있다.

- 직무 확인 사항(job identification): 일반적으로 직무 명칭(job title)과 구체적인 라인 번호, 부서를 포함한다.
- 직무 개요(job summary): 해당 직무의 주요한 책임들을 상세히 밝히고 그 존재의 정당성을 부여해 준다.
- 직무 활동과 절차: 해당 직무에 종사하는 사람이 수행하는 과업들을 설명하며, 때로는 각 과업에 투입되는 시간의 양을 비율로 명시하기도 한다. 해당 직무의 책무와 책임을 명확하게 설명해야 한다. 다만 "그리고 경우에 따라 부여되는 그 밖의 책무들"과 같은 어구를 삽입함으로써 어느 정도의 유연성이 부여되는 경우도 많다. 이러한 활동과 절차의 열거는 직무 기술서의 가장 중요한 부분이다. 이것은 직원에게 자신이 책임을 지게 될 정확한 과업을 말해 주는 한편, 감독자에게 어떤 과업들이 교육 훈련이나 감독, 평가를 필요로 하는지를 지시해 준다. 직무 기술서의 이 부분이 없으면, 직원도 감독자도 직원이 무엇을 할 것으로 기대되는지에 대해 알지 못하게 될 것이다.

- **해당 직무와 전체 기관과의 관계**: 직원이 보고하는 사람의 직책, 이 직무를 통해 감독을 받는 직원의 수나 조직 단위의 이름, 해당 직무에 포함되는 대내적 및 대외적 관계를 설명해 준다.
- **직무 요건(job requirements)**: 각 조직에 의해 설정되는 것으로서, 해당 직무를 수행하기 위해 직원에게 필요한 최소한의 수용 가능한 자격을 확인해 준다. 요건에는 교육 수준과 경험의 양, 특별한 기술이나 지식, 능력이 포함되는 경우가 많은데, 이러한 모든 요소들은 해당 직무의 성공적인 수행에 필요할 것이다. 때로는 직무 요건들이 비현실적으로 높게 설정되기도 하는데, 그럴 경우 이는 가능한 지원자의 풀을 인위적으로 제한하게 된다. 고용주는 직무 명세서(職務明細書: job specifications)가 직원이 가졌으면 하고 조직이 바라는 특성들을 반영하는 것이 아니라 그 대신에 해당 직무를 효과적으로 수행하기 위해 실제로 필요한 속성들에 초점을 맞추도록 특히 유의해야 한다. 그렇게 하지 못할 경우에는 성공적인 직무 수행에 필수적이 아닌 직무 명세서(예를 들면 학사 학위와 같은 교육상의 요건)는 효력이 없는 것으로 간주되며 미국의 경우는 1964년 인권법(1964 Civil Rights Act)의 제7장에 위배될 수도 있기 때문에 법률상의 문제를 야기할 수도 있다.

직무 기술서는 몇 가지 중요한 관리상의 니즈와 인사상의 니즈를 충족시켜 준다. 우선 직무 기술서는 신입 직원들을 모집하는 데 사용될 수도 있을 것이다. 모집을 담당하는 사람이 찾아내야 할 능력들을 정확하게 알뿐만 아니라, 후보자도 자신이 해당 직무를 수락하면 무엇을 할 것으로 기대되는지에 대해 정확하게 알게 된다. 이 때문에 직무 기술서는 지원자들이 항상 입수할 수 있도록 해야 하는데 대개는 직무 광고에 포함되어 있다.

채용 단계 이후에는, 직무 기술서는 교육 훈련의 필요성을 결정하고 그 직원이 과업을 제대로 수행할 수 있도록 하기에 앞서 추가의 교육 훈련이 필요한 과업을 확인하기 위한 기초가 된다. 나중에는 직무 기술서는 직원의 공식적인 업적 평가(performance review)를 위한 골자의 역할을 하게 된다. 직무 기술서는 또한 경영자가 어떤 직무의 가치를 평가하는 데 도움을 주기 위해 사용되는데, 따라서 그들이 보상 구조를 개발하는 데 도움이 된다. 〈그림 10.2〉는 공공도서관의 직무 기술서를 보여 주고 있다. 그 밖의 직무 기술서에 대해서는 이 책의 웹 사이트를 참고하기 바란다.

청소년 서비스 코디네이터

청소년 서비스 코디네이터는 유아기로부터 고등학교까지의 어린이들에게 서비스하기 위해 설계된 서비스들을 기획하고, 개발하고, 조정하고, 실행하는 책임을 갖는다. 이 서비스에는 리터러시를 촉진하고, 가치 향상과 즐거움을 위한 독서를 권장하고, 학교 자원을 보완해 주고, 평생의 자원으로서 공공도서관의 이용을 촉진하는 것이 포함된다.

필수 직무 기능:
- 청소년서비스부(YSD: Youth Services Division)의 직원 서비스를 감독하고, 일정을 관리하고, 조정하고, 평가한다.
- 채용과 징계에 대한 추천을 실시한다.
- 도서관 서비스와 업무 단위들의 전반적인 기획과 조정을 위한 경영 팀의 팀원으로서 그리고 청소년 서비스 영역의 경영에 대한 컨설턴트 겸 조언자로서 서비스한다.
- 청소년서비스부를 위한 프로그램의 기획과 일정 관리, 촉진을 감독한다.
- 청소년서비스부를 위해 인쇄 및 비인쇄 자료의 선정을 감독하고, 자료 예산을 관리하고, 장서의 유지 관리를 감독한다.
- 청소년서비스부를 위한 장기적인 기획과 프로그램 개발을 조정한다.
- 부서의 예산을 추천하고 자금이 지원되었을 때 예산을 모니터링한다.
- 보조금 지원을 시작하고 관리한다.
- 공중(公衆)에게 참고 및 독자 자문 서비스를 직접 제공한다.
- 필요할 경우 담당 사서의 역할을 수행한다.
- 부여될 경우, 해당 업무 단위의 기능과 책임 수준과 일관성을 갖는 그 밖의 책무를 수행한다.

최소한의 직무 자격:
- 뛰어난 대인 커뮤니케이션과 문서 커뮤니케이션, 구두 커뮤니케이션 기술
- 강력한 리더십 능력과 뛰어난 문제 해결 기술, 시간 관리 기술, 입증된 대중 연설 기술
- 청소년을 위한 문학과 프로그램에 대한 경험과 친숙함
- 개인적으로 그리고 집단적으로 청소년과 함께 편안하게 업무 수행하기
- 직원들과 함께 단기 및 장기 업무 목표를 기획하고 업무의 품질을 보장하기 위해 과업을 할당하고 후속 조치를 취할 수 있는 능력
- 현재 및 새로이 출현하는 테크놀로지와 그 응용에 능숙함을 보여 줄 것
- 복수 프로젝트의 우선순위 설정의 유연성, 문제 해결 능력
- 직원들을 멘토링하고, 교육 훈련하고, 그들에게 영감을 주고, 동기를 부여할 수 있는 능력과 의지

최소한의 요건:
교육: 미국도서관협회 인가 학교의 도서관학 석사 학위
경험: 감독직과 열람 서비스 책임을 포함한 도서관학 석사 학위 취득 이후 5년의 전문직 도서관 경험. 청소년 집단을 위한 서비스에 대한 광범위한 업무 지식. 도서관 환경에서의 최소한 3년의 감독직 및 경영 경험.
스케줄: 야근과 주말 근무를 포함한다.

〈그림 10.2〉 직무 기술서: 청소년 서비스 코디네이터

10.4.2. 직무 분석

어떤 직위가 공석일 때는 언제나 그리고 그 직위에 대해 광고하기에 앞서, 경영자는 당연히 직무 기술서를 검토하고 변경이 필요한지를 결정해야 한다. 어떤 기관에서는 이 단계가 신규 채용을 정당화하기 위해 필수적이다. 그와 같은 변경 때문에 그리고 직원들은 또한 특정 과업을 강조하거나 중시하지 않음으로써 자신들의 직무를 극적으로 수정할 힘을 가지고 있기 때문에, 조직의 경영자들은 이따금씩 모든 유사한 직무들의 직무 분석(職務分析: job analysis)을 수행해야 한다. 그와 같은 분석은 경영자들이 특정 직책에서 어떤 업무가 실제로 이루어지고 있는지 그리고 그에 대한 적절한 보상이 이루어지고 있는지를 알 수 있게 해 준다.

직문 분석을 위해서는 다양한 방법들이 사용될 수 있을 것이다. 가장 일반적인 것 몇 가지를 들어보면 직무에 대한 직접 관찰법과 면접법, 설문지법, 직원들이 매일매일 무엇을 하고 있는지를 기록하는 일지나 일기가 있다. 직무 분석의 결과는 직무 기술서를 개정하고, 특정 직무를 수행하기 위해 근로자는 어떤 기술과 능력이 필요하게 될 것인지를 명시해 주고, 해당 직무에 대한 적절한 보상을 결정하는 데 도움이 될 수 있다. 직무 분석은 또한 어떤 직무를 언제 재설계하고 재정의해야 하는지를 나타내줄 수 있다. 직원들은 직무 분석 때문에 때로는 위협을 느낄 수도 있지만, 대부분의 경우, 분석 결과를 통해 얻은 데이터는 조직이 그 인적 자원을 더 효과적으로 관리하는 데 도움을 준다. 이것은 더 나은 교육 훈련과 성과 평가, 승진 기회는 물론 아마도 더 공평한 급여로 옮겨지게 될 것이다.

모든 직위에 대한 완전한 직무 분석은 많은 시간이 소요되고, 광범위한 전문 지식을 필요로 하며, 조직에 중대한 혼란을 야기하는 원인이 되고, 충족시킬 수 없는 직원의 기대를 만들어낼 수도 있을 것이다. 그 결과 도서관 관리자들은 완전한 분석은 드물게 실시하게 된다. 완전한 분석을 할 때, 도서관 관리자들은 분석을 도와주기 위해 종종 특별한 인적 자원 컨설턴트나 경영 컨설턴트 또는 모체 조직의 인적 자원 담당 스태프를 초빙하기도 한다.

완전한 분석 사이에 직무의 최신성을 유지하기 위해, 감독자들은 자신들이 속한 단위의 과업에서 나타나는 중대한 변화들을 어느 것이든 계속 추적하고 보고해야 한다. 또한 어떤 기관들은 각 부서의 직무들에 대해 정기적인 감사를 실시한다. 이 감사는 실제로 수행되고 있는 과업들과 직무 기술서에 명시된 과업들을 비교하는 것을 포함한다. 불일치가 드러날 때는 두 가지 일이 발생할 수 있다. 만일 어떤 특정의 필수적인 과업들이 수행되지 않고 있으면, 직원은 자신의 업무 습관을 바꾸게 된다. 만일 정당한 이유(예를 들면, 새로운 장비나 테크놀로지의 도입) 때문에 직무상의 변화가 생겼으면, 현실을 반영하도록 직무 기술서를 갱신하게 된다. 이러한 감사는 직원의 연례 평가의 일부로서 이루어지는 경우가 많다.

10.4.3. 직무 평가

직무를 설계하고 정확한 직무 기술서를 작성한 후, 다음 단계는 조직 내의 모든 직무를 계층적 순서로 배열하는 것이다. 통상적인 절차는 각 직무의 요건과 각 직무가 조직에 미치는 공헌을 확인하고 그러고 나서 이를 중요성에 따라 분류하는 것이다. 기술과 교육, 경험, 최종 책임의 양은 일반적으로 이러한 평가에 반영된다.

직무에 등급화된 범주를 부여하기 위한 몇 가지 방법이 있다. 어떤 조직에서는 점수법(point method)을 사용하고 있다. 그러한 조직에서는 계량적인 점수 척도(quantitative point scale)를 개발하고 어떤 직무에 관련된 요인들을 확인한 후, 이러한 요인들에 대해 점수를 부여한다. 점수가 높으면 높을수록, 해당 직무는 계층 구조 내에서 등급이 더 높다. 다른 조직에서는 요소 비교법(factor system)을 사용하는데, 여기서는 각 직무를 다른 직무와 비교하고 아울러 각 직무를 그에 따른 임금 가치를 갖는 요인들로 세분함으로써 각 직무의 순위가 산정된다. 요소 비교법은 점수법과 비슷하지만 점수 척도 대신 금전적 척도(monetary scale)를 사용한다.

두 가지 비계량적 시스템이 직무를 평가하기 위해 광범위하게 사용되고 있다. 단순 서열법(simple ranking systems)은 실제의 직위를 서로 비교하여 등급화된 계층 구조를 만들어 내게 된다. 마찬가지로, 직무 분류법(job-classification system)은 책무와 기술, 능력, 책임, 그 밖의 특성을 바탕으로 직무를 분류한다. 직무들은 계층 구조로 배열되는 클래스들로 그룹화된다. 사용되는 시스템에 관계없이, 분류되는 것은 언제나 직무이며, 해당 직무를 맡고 있는 직원이 아니다. 어떤 직원들은 해당 직무가 필요로 하는 것보다 더 많은 기술이나 재능을 가져올 수도 있기 때문에, 이것은 중요한 포인트이다.

그 시점에서, 계층적으로 배열된 직무들은 구체적인 그룹으로 구분되는데, 그 그룹의 구성은 도서관마다 다양하다. 대개 모든 전문직 사서의 직위들이 하나의 그룹을 이루고, 도서관 기술직(library technicians)과 준전문직(para-professionals)이 또 하나의 그룹을 이루며, 도서관의 보조원과 사무원, 관리인이 다른 그룹을 이룬다. 각 그룹은 각 직무에 관련되는 경험과 교육, 책임을 바탕으로 하여 그 자체의 계층적 수준을 갖게 될 것이다. 각 수준은 직무 명칭을 갖는다. 동일한 수준의 교육과 경험, 책임을 필요로 하는 직무들은 그 과업들이 서로 다를 수는 있겠지만, 동일한 직무 명칭을 갖게 될 것이다. 경험이 많은 참고 담당 사서와 경험이 많은 편목 담당자는 둘 다 사서 III으로서 분류될 수 있을 것이다. 〈그림 10.3〉은 전문직 도서관 직위의 계층 구조를 보여 주고 있다.

직무 명칭	교육	경험	최종 책임
사서 IV	인가된 도서관학교의 문헌정보학 석사와 상급자격증	3년간의 감독직을 포함한 10년	해당 기관의 운영에 관한 최종 책임
사서 III	인가된 도서관학교의 문헌정보학 석사와 주제전문화	5년간의 전문직 경험	일반적인 감독 아래에서 정책에 따라, 한 부서에 대한 최종 책임
사서 II	인가된 도서관학교의 문헌정보학 석사	2년간의 전문직 경험	일반적인 감독 아래에서 정책에 따라, 한 부서의 한 단위에 대한 책임
사서 I	인가된 도서관학교의 문헌정보학 석사	0년간의 전문직 경험	일반적인 감독 아래에서 정책에 따라, 부여된 과업 수행

〈그림 10.3〉 전문직 도서관 직위의 계층 구조

직무 명칭	교육/경험	감독 책임	최종 책임
도서관 보조원 III	2년의 대학과 5년의 도서관 경험 필요	하위 계층의 도서관 보조원 및 다수의 학생 직원을 감독할 수도 있을 것이다.	최소한의 감독 아래에서 전 도서관의 관행과 절차에 대한 이해는 물론 특정의 도서관 기능 영역의 전문 지식을 필요로 하는 준전문직 수준의 숙련된 도서관 책무를 수행한다.
도서관 보조원 II	고등학교 졸업장과 3년의 도서관 경험	하위 계층의 도서관 보조원 및 다수의 학생 직원을 교육 훈련하고 감독하는 데 지원할 수도 있을 것이다.	일반적인 감독 아래에서 전문화된 사무나 기술, 열람 서비스 책무를 수행한다. 도서관의 관행과 절차에 대한 심층 지식을 필요로 하는 특정 기능 영역 내의 일련의 복잡한 과업들에 대한 책임을 갖는다.
도서관 보조원 I	고등학교 졸업장과 2년의 관련 경험	학생의 감독을 지원할 수도 있을 것이다.	직접적인 감독 아래에서 자동화된 도서관시스템을 활용하거나 특정 기능 영역 내의 표준 도서관 관행과 절차에 대한 기본적인 이해를 필요로 하는 다양한 루틴화된 사무나 기술, 열람 서비스 책무를 수행한다.

〈그림 10.4〉 보조직 수준 직위의 계층 구조

동일한 절차가 다른 모든 직무 그룹에 대해서도 사용된다. 보조직 수준의 직위의 계층 구조는 〈그림 10.4〉와 같다.

각 그룹 내의 수준에 대한 표준적인 숫자는 없다. 대규모 기관에는 많을 수도 있고, 소규모 기관에는 몇 개만 있을 수도 있을 것이다. 도서관의 직위들은 기업이든, 자치 단체든, 대학교의 상황이든, 상위 조직의 직위들과 분리되어 있지 않은 경우가 아주 많다. 도서관의 직무들과 비교할만한 직무들을 조직의 다른 곳에서 발견할 수 있다. 예를 들면, 분관 감독자는 시청의 사무실 관리자에 상당하는 신분을 가질 수도 있을 것이고, 또는 공공도서관의 참고 담당 사서는 고등학교 교사와 동등할 수도 있을 것이다.

10.5. 모집과 채용

일단 도서관의 직위들이 설정되면, 그 직위들을 채워야 한다. 이러한 직무들을 채우는 것은 〈그림 10.5〉에서 볼 수 있는 것처럼, 여러 단계의 프로세스이다. 첫 번째 단계는 해당 직무에 지원할 지원자들을 모집하는 것이다. 모집(recruitment)은 공석의 직위에 대한 자격을 갖춘 후보자를 선정할 수 있는 지원자의 풀을 찾아내어 끌어모으는 것을 포함한다. 도서관 관리자들은 어떤 공석의 직위에 대해서든 가장 훌륭한 자격을 갖춘 지원자를 끌어모으고자 하기 때문에 모집은 중요하다. 이것은 공석의 직위는 광고해야 할 필요가 있다는 것을 의미한다. 대부분의 조직에서는 채용 공고를 광고하도록 요구하고 있다.

공석의 직위를 채우기 위한 탐색을 설계할 때, 경영자는 우선 후보자들을 뽑을 노동 시장(labor market)을 고려해야 한다. 대부분의 도서관에서는, 로컬 노동 시장의 사람들로 보조 직원의 직위들을 채우게 될 것이다. 빈자리에 대해서는 로컬의 출판물에만 광고하고, 그 결과 대개는 이미 그 지역에 살고 있는 개인들로 채워지고 있다. 전문직 사서들을 위한 많은 결원들은 전국적인 노동 시장에서 채워지고 있다. 거의 모든 도서관과 정보 센터에서는 최고 관리자를 전국적으로 모집

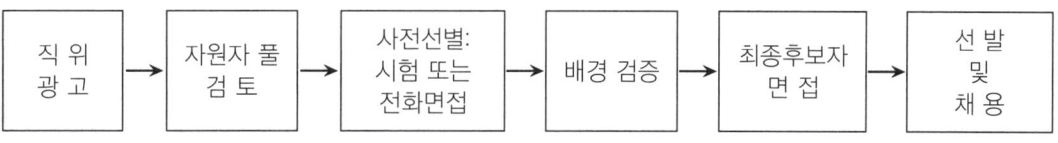

〈그림 10.5〉 모집과 채용의 단계

한다. 직무들은 미국의 예를 들면 *American Libraries*나 *Library Journal*, *College and Research Libraries*와 같은 전국적인 정기간행물에 광고할 수도 있을 것이다. 그러나 이러한 정기간행물들은 값이 비싸고 광고를 발주하는 시기와 광고가 발행되는 시기 사이의 소요 시간이 길다. 인터넷은 공석의 직위를 광고하는 방식을 변화시키고 있다. 많은 신문과 전문 출판물들은 자신들의 웹 사이트에서 안내 광고(classified ads)를 운영하고 있다.[19] 많은 개별 도서관들은 공석의 직위를 자신들의 웹 사이트와 Twitter와 같은 소셜 미디어에서 광고하고 있다. 그리고 그러한 도서관들은 미국의 예를 들면 법률도서관에서 참고할 수 있도록 하기 위해 American Association of Law Libraries의 연구 및 교육 그룹이나 민간 로펌 그룹과 같은 특정 온라인 커뮤니티에 채용 공고를 게시한다. 이러한 것들은 적절한 배경과 관심을 가진 광범위한 사람들에게 도달할 가능성이 있다.[20] 인터넷상의 광고는 조직은 물론 구직자에게도 안성맞춤인데, 집중적이며, 멀리 도달하고, 신속하다.

10.5.1. 다양한 인력의 유치

모든 유형의 기관은 그 직원들 사이의 다양성에 점점 더 많은 가치를 부여하고 있는데 그 이유는 도서관 직원들은 자신들이 서비스하는 지역 사회와 비슷해야 하기 때문이다. "다양성이라는 이슈는 그 직업의 구성에서는 물론 문화적 역량이 담긴 실무의 필요성에서도, 정보에 대한 광범위하고 공평한 접근과 정보 리터러시의 촉진에 전념하는 영역의 중심적인 관심사이다."[21] 당연히 도서관들은 다문화적 고객들에게 서비스하기 때문에, 대부분의 사서들은 문화적으로 다양한 직원들을 채용하는 것을 목표로 하고 있다.

---

[19] 예를 들면, 다음과 같은 웹 사이트를 참고하라
  지역 및 주 웹 사이트들
  ALA Joblist ⟨http://joblist.ala.org/⟩
  Black Caucus of ALA ⟨http://bcalajobs.org/⟩
  LibJobs (IFLA) ⟨http://infoserv.inist.fr/wwsympa.fcgi/subrequest/libjobs⟩
  Library Spot ⟨http://www.libraryspot.com/libshelf/jobs.htm⟩
  The Networked ⟨http://pw2.netcom.com/~feridun/nlintro.htm⟩
  Juju ⟨http://www.job-search-engine.com/keyword/public-library-manager/⟩
  Educause ⟨http://jobs.educause.edu/jobs⟩
  The Chronicle of Higher Education ⟨http://chronicle.com/section/Jobs/61/⟩
  Indeed.com ⟨https://www.indeed.com/q-Librarian-jobs.html⟩
[20] 예를 들면, American Society of Archivists의 웹 사이트는 다음과 같은 커리어 페이지를 가지고 있다: ⟨http://careers.archivists.org/⟩.

소수자 채용을 늘리기 위한 시도에서, 도서관과 문헌정보학 스쿨들은 다양한 접근법을 채택해 오고 있다. 어떤 도서관들은 소수자를 우리 직업에 유치하기 위해 설계된 학부 인턴십 프로그램을 도입하고 있다. 다른 도서관들은 문헌정보학 석사 신규 졸업생들을 위한 소수자 레지던트 프로그램을 마련하고 있다. 아울러 많은 도서관은 소수자 지원 활동(minority outreach)을 조정하기 위한 다양성 계획을 도입하고 있다. 문헌정보학 스쿨들도 어떤 스쿨은 특별 장학금을 제공함으로써, 적극적인 소수자 모집 노력을 강화하고 있다. 마찬가지로 미국도서관협회(ALA)의 Spectrum Initiative는 아프리카계 미국인, 라틴계 및 히스패닉, 아시아 및 태평양의 섬 출신자, 아메리카 원주민 및 알래스카 원주민 학생들에게 문헌정보학 대학원 연구 장학금을 제공하고 있다.[22] Association of Research Libraries(ARL)에서는 도서관의 다양성을 향상하는 데 도움을 주기 위해 Society of American Archivists와 Modern Language Association과의 협력을 포함한 다수의 프로그램을 제공하고 있다.[23]

경영자들은 모든 인종과 민족성, 그 밖의 능력을 갖춘 유자격 지원자들을 유치하기 위해 노력해야 한다. 미국도서관협회에 따르면, 기관들이 다양한 인력의 채용에서 부딪히는 가장 공통적인 모집상의 도전은 다양한 전문직의 네트워크에 대한 부실한 접근성, 다양성에 대한 약속을 입증할 수 없는 면접 방법, 다양한 후보자 풀을 개발할 충분한 시간을 허용해 주지 못하는 채용 프로세스이다. 미국도서관협회는 모집과 채용을 개선하기 위한 유익한 조언의 리스트를 〈http://www.ala.org/advocacy/diversity/workforcedevelopment/recruitmentfordiversity〉에서 제공하고 있다.

---

21) Paul T. Jaeger, John Carlo Bertot, and Mega Subramaniam, "Introduction to the Special Issue on Diversity and Library and Information Science Education," *The Library Quarterly: Information, Community, Policy* 83, no. 3 (July 2013), 201-203.
22) ALA Spectrum Scholarship Program에 대해서는 다음 자료를 참고하라: 〈http://www.ala.org/offices/diversity/spectrum〉.
23) Association of Research Libraries의 다양성과 포용성 프로그램에 대해서는 다음 자료의 ARL의 "Diversity and Inclusion" 페이지를 참고하라: 〈http://www.arl.org/leadership-recruitment/diversity-recruitment#.WIkcatR-oy0〉.

10.5.2. 내부 지원자와 외부 지원자

특정 직무의 지원자들은 직무 이동이나 승진을 바라는 조직의 직원인 내부의 후보자들과 조직 외부의 사람들을 포함하는 경우가 많다. 외부 인력과 내부 인력의 모집은 장점과 단점을 제공해 준다. 외부의 후보자들을 모집하는 것은 채용하는 경영자들로 하여금 더 큰 재능의 풀에 접촉할 수 있도록 해 준다. 아울러 신입 직원이 그 조직에 신선한 통찰력과 시각을 제공해 주게 된다. 외부적인 모집의 주요한 단점은 일반적으로 이러한 모집이 내부적인 모집에 비해 더 많은 시간이 걸리고 더 많은 비용이 들어가게 되며, 후보자들이 내부 후보자들만큼 잘 알려져 있지 않다는 점이다. 또한 외부에서 채용되는 직원이 조직에 대한 방향을 잡도록 하는 데 더 많은 시간이 소요된다.

내부 지원자들로 직위를 채우는 것은 높은 사기를 조성하게 된다는 장점이 있다. 직원들은 결원이 발생했을 때 자신들이 승진될 가능성이 있기 때문에 훌륭한 성과를 거두고자 하는 추가의 유인(誘因)을 갖게 된다. 내부적인 모집은 또한 경영층이 지원자의 적합성을 더 정확하게 평가할 수 있도록 해 준다. 그와 같은 경우에, 내부의 후보자는 알려져 있는 요인인 반면, 외부의 후보자는 상대적으로 알려져 있지 않으며, 따라서 내부 후보자를 선발하는 것이 리스크가 적다. 하지만 만일 그 직위가 매력적인 직위이고 많은 내부의 후보자가 지원하면 한 가지 가능성이 있는 단점, 즉 선택되지 못한 사람들이 부정적으로 반응할 수도 있다는 단점이 발생하게 된다. 그러한 이유 때문에, 경영자들은 성공을 거두지 못한 후보자들조차도 선발이 공정하고 객관적이었다고 느낄 수 있도록 모든 심사에 절차적 공정성을 확립해야 한다.

내부 승진은 또한 그 본질적인 문제점과 한계도 가지고 있다. 가장 위험한 것은 아마도 조직상의 근친 교배(近親交配: inbreeding)일 것이다. 승진한 내부 후보자들은 과거에 자신들이 본 것들을 영속화시키는 경향이 있으며, 그 결과 조직은 새로운 아이디어와 혁신의 기회를 놓칠 수도 있을 것이다.

일반적으로 최선의 정책은 아마도 이러한 직위를 맡을 만한 충분한 자격을 갖춘 사람이 있다고 생각되면, 내부에서 대부분의 빈자리를 채우는 것일 것이다. 동시에 적어도 몇몇 상위층의 직위는 외부인들을 채용하는 것이 현명한데, 이를 통해 조직에 새로운 아이디어들을 가져오게 된다.[24]

---

24) Eric Krell, "Look Outside or Seek Within?" *HR Magazine* 60, no. 1 (2015): 60.

이야기해 보기

　Dorothy가 자신의 부서에서 승진한 것은 놀라운 일이었다. 적재적소에 적시에 사람을 배치한다는 것이 이와 다소 관계가 있었다. 내일 Dorothy는 동일한 직무에 있었던 사람들과 심지어는 자신의 보스였던 한 사람을 감독하는 부서장이 될 것이다. Dorothy는 자신이 야심적이라고 생각하지 않았지만, 자신이 어떤 아이디어를 가지고 있고 부서의 업무를 개선하고자 할 때는 거리낌 없이 발언을 했다. 이제 Dorothy는 자기가 그 직무를 맡았어야 한다고 생각했던 Don을 어떻게 대해야 할 것인가(Don은 그 직무에 지원조차 하지 않았지만 말이다)? Dorothy는 Don의 얼굴에서 그가 억울해하고 있으며 설득하기가 어려울 것이라는 것을 알 수 있었다. 여러분은 Dorothy를 위한 어떤 제안들을 가지고 있는가? 여러분은 이러한 상황에 처해 본 적이 있는가? Don과 성공적으로 함께 일하려면 Dorothy는 어떤 조치들을 취해야 할 것인가? 이 상황에 도움을 주기 위해 Dorothy의 감독자는 무엇을 할 수 있을 것인가?

10.5.3. 지원자와 직위의 연결

　선발(selection)은 직무를 성공적으로 수행할 가능성이 가장 높은 후보자를 실제로 선택하는 것을 말한다. 그 목적은 지원자의 자격과 그 직위의 요건들을 매치시킬 때 잘 어울리도록 해 주는 것이다. 잘못된 매치는 행복하지 못하거나 성공적이지 못할 가능성이 있는 채용된 사람뿐만 아니라, 조직에 있어서도, 시간과 비용이 소요되기 때문에, 그러한 것들을 성공적으로 매치시키는 것은 매우 중요하다. 잘못된 매치의 경우에는 교육 훈련이나 전직, 좌천, 퇴직과 같은 시정 조치가 필요하게 되는 경우가 많다.

　어떤 직위의 적임자를 선발하는 데 소요되는 시간은 알차게 보내는 시간이다. 조직에서는 각각의 신입 직원에게 얼마나 많은 조직의 부족한 자원들이 투입되고 있는지에 대해 인식하지 못하는 경우가 많다. 선발 프로세스가 심사 위원회(search committee)를 포함하고 있으면, 채용 비용은 훨씬 더 증가한다. 채용되고 나서 6개월 이내에 해고되는 신입 직원은 충분히 비싼 대가를 치루는 것이다. 대부분의 연구에서는 그러한 유형의 형편없는 채용은 일반적으로 퇴직금과 교육 훈련, 낭비된 인적 자원의 시간, 생산성의 손실, 직원 사기에 미치는 영향에서 조직에 대해 대략 4만 달러의 비용을 발생시키는 것으로 나타나고 있다.[25] 훨씬 더 큰 비

---

25) Dean Drysdale, Carole Bonanni, and Phil Shuttlewood, "Return on Investment for Background Screening," *International Business & Economics Research Journal* 9, no. 11 (November 2010): 65-70.

용은 채용되어 그 직무에 25년에서 30년을 머물면서도 자신의 잠재력을 발휘하는 상태로까지 발전하지 못하는 직원이다. 그러한 직원은 전체 경력을 통해 조직에 1백만 달러도 훨씬 넘는 비용을 쉽게 발생시킬 수도 있다. 오늘날의 경제적인 풍토에서는, 대부분의 조직은 자신의 완전한 잠재력을 발휘하는 상태로까지 발전하지 못하는 직원을 그대로 놔두는 호사를 누리지 못하고 있다. 하지만 어떤 경우에는, 정년 보장이나 그 밖의 직업 보호 때문에 그와 같은 형편없는 채용을 종료하기가 대단히 어려워지고 있다. 요약하면, 훌륭한 직원은 투자할 충분한 값어치가 있지만, 잘못된 지원자를 채용하는 조직은 값비싼 대가를 치루는 실수를 저지르는 것이다. 올바른 후보자를 선발하는 것은 많은 도서관에서 직원들의 이직이 거의 없는 오늘날에는 특히 중요하다. 처음에 적임의 후보자를 발견하지 못하면, 단지 그 직위를 채우기 위해 누군가를 채용하는 것보다는 오히려 그 직위에 대해 다시 광고하는 것이 더 낫다.

10.5.4. 선발 프로세스

어느 조직이든 잘 설계된 후보자 선발 시스템으로부터 이익을 얻게 마련이다. 일반적으로 선발 프로세스는 여러 단계를 포함한다. 보조 직원의 경우에 이러한 단계는 지원서와 지원자에 대한 시험, 개인별 면접, 과거의 성과와 배경에 대한 확인, 채용을 포함한다. 전문직 직원의 경우에 그 단계는 심사 위원회의 구성과 직무 광고의 개발, 광고, 전화 면접, 심사 위원회와의 미팅을 포함한 직접 면접, 다른 직원 및 도서관장과의 면접, 어느 경우에는, 프레젠테이션을 포함한다. 심사 위원회에서 피드백을 모으고 모든 후보자에 대해 숙고한 후, 위원회는 그 추천안을 학장이나 도서관장에게 보낸다. 대규모 도서관에서는, 선발 프로세스가 대개 인적 자원 부서에 의해 조정된다.[26] 최종적인 고용 결정은 대개 도서관장에 의해 이루어진다.

---

26) 심사 위원회(search committees)를 활용하는 학술도서관의 구직자를 위한 유용한 힌트에 대해서는, 다음 자료를 참고하라: Candice Benjes-Small, Eric Ackermann, and Gene Hyde, "Job Hunting: What Search Committees Want You to Know," paper presented at the 2011 ACRL Conference, March 30—April 2, 2011, Philadelphia, Pennsylvania (available at ⟨http://www.ala.org/acrl/sites/ala.org.acrl/files/content/conferences/confsandpreconfs/national/2011/papers/job_hunting.pdf⟩; accessed January 31, 2017); Deborah B. Gaspar and Ann K. G. Brown, "Hiring in an Academic Library: Fit Is Essential," College & Undergraduate Libraries 22, no. 3/4 (July 2015): 374-386.

10.5.5. 지원 프로세스

도서관에서는 공석의 보조 직원의 직위에 대해 표준화된 지원서를 사용하는 경우가 많다. 전문직 직위의 경우에는, 지원자들이 커버 레터(cover letter)[27]와 이력서로 지원서를 제출한다. 지원서를 받으면, 고용주는 지원자가 그 직무에 필요한 경험과 학력을 갖추었는지를 확인해야 한다. 고용주는 경력의 지속적인 진전과 취업 이력에 나타나 있지 않은 공백 기간과 같이 지원자가 어떤 문제를 제기할 수도 있는 징후가 있으면 어느 것이든 살펴보게 된다. 지원서상의 정보는 고용주로 하여금 지원자의 적합성에 대한 잠정적인 판단을 내릴 수 있게 해 주고, 아울러 분명히 자격을 갖추지 못한 지원자를 걸러 내준다.

10.5.6. 후보자 면접

지원자 풀의 범위가 좁혀지면, 고용주는 가장 가능성이 높은 지원자들을 면접(interview)에 초대해야 한다. 때로는 도서관 경영자들이 지원자 풀을 더 좁히기 위해 첫 번째 라운드의 면접을 전화로 실시하고, 그러고 나서 실제 직접 면접을 위해 초대한 사람들을 선정하게 될 것이다.

직무 면접은 후보자 선발 프로세스에서 단일의 가장 중요한 도구이다. 많은 기관들은 다양한 면접을 실시하는데, 이렇게 함으로써 더 많은 경영자와 직원들이 선발 프로세스에 참여할 수 있도록 해 준다. 대학에서는 학술도서관 사서들은 교수진의 면접을 받을 수도 있을 것이다. 학군에서는 대개 인적 자원 인력뿐만 아니라 교장들이 학교도서관 사서 후보자들을 면접한다.

면접의 목적은 다른 정보원을 통해 이미 입수한 정보를 보완하는 것이다. 면접관(interviewer)은 지원자의 기술적 지식과 전문적 지식, 경험, 개인적 특성들에 관해 더 많은 것을 알게 된다. 지원자는 직무 자체에 대해 더 많은 것을 알게 되고, 그 직위나 조직에 관한 어떤 불확실성이 있으면 어느 것이든 말끔히 해소하게 되며, 채용되면 자신과 함께 일하게 될 직원들을 만나게 된다.

면접은 전적으로 직무 요건에 초점을 맞추어야 하며, 면접관은 이 직무에 대한 후보자의 적합성에 관한 정보를 추구해야 한다. 모든 질문은 직무에 관련되어야 한다. 미국의 경우 평등고용기회위원회(EEOC: Equal Employment Opportunity

---

27) 역자주: 인사 담당자 등에게 통상 이력서와 함께 보내는 자기소개서 형식의 편지. 우리나라에서는 자기소개서를 가리키는 경우도 많다.

Commission)에서 직무 요건과 관련되어 있지 않은 면접 질문의 사용을 금지하고 있다. 면접관은 인종이나 종교, 젠더, 국적, 나이, 장애에 관한 질문들을 하지 못할 수도 있을 것이다. 금지된 질문의 몇 가지 예들에 대해서는, 〈표 10.2〉를 참고하라.

면접은 연습을 통해 향상될 수 있는 기술이다. 시작하기 위해, 면접관은 면접 시간을 위한 준비를 해야 한다. 면접관은 지원서나 이력서와 커버 레터에 제공되는 정보에 익숙해야 한다. 면접관은 또한 물어야 하는 질문을 열거하고 추구해야 하는 정보를 명시해 주는 개요를 구상해야 한다. 면접관은 특정 직위의 모든 후보자들에 대해 동일한 기본적인 질문을 물어야 한다. 아울러 면접관은 사적이면서 방해받지 않는 면접 장소를 선택해야 한다.

면접 자체가 진행되는 동안, 면접관은 지원자를 편안하게 해 주기 위해 노력해야 한다. 느긋해진 지원자는 더 일상적인 모습처럼 행동하게 될 것이다. 후보자로

〈표 10.2〉 고용 면접에서 허용되는 질문과 금지되는 질문

토픽	허용되는 질문	금지되는 질문
결혼 상태	없음	결혼하셨나요? 결혼할 계획이신가요? 자녀가 있나요? 자녀를 가질 계획이신가요? 배우자의 직업이 무엇인가요?
성적 성향	없음	혼자 사시나요?
국적	이름이 어떻게 되시나요?	어디에서 태어나셨나요?
시민권	미국시민이신가요? 채용되면, 미국에서 일할 수 있는 자격을 입증할 수 있나요?	어느 나라 시민이신가요? 귀화한 미국시민이신가요?
종교	없음. 만일 지원자가 토요일이나 일요일에 일할 수 있는지를 묻고자 한다면, 그러한 날들에 근무하는 것에 관해 묻고 그 질문을 각 지원자에게 물어야 한다.	교회에 다니시나요? 유태 교회당에 다니시나요?
인종	없음	인종이 어떻게 되시나요?
범죄 경력	범죄로 유죄 판결을 받은 적이 있으신가요?	구속된 적이 있으신가요?
나이	채용되면, 본인이 최소한 18세라는 사실을 입증할 수 있나요?	나이가 어떻게 되시나요?
장애	적절한 편의 시설이 있든 없든 이 직위의 필수적인 기능들을 수행할 수 있으신가요?	장애가 있으신가요? 어떤 건강상의 문제라도 있으신가요?

하여금 이야기를 할 수 있도록 격려해야 하지만, 면접관은 대화에 대한 통제력을 유지해야 하며, 면접의 목표는 선발 프로세스에 도움이 될 정보를 수집하는 것이라는 사실을 명심해야 한다. 면접관이 그 조직과 직위에 대해 논의하느라 너무 많은 시간을 허비하고 그렇게 함으로써 지원자로부터 필요한 정보를 전혀 얻어내지 못하는 경우도 많다. 심사 위원회의 시각에서 볼 때 최선의 면접은 지원자가 대부분의 이야기를 하는 면접이다.

면접관은 주의 깊게 듣고 관련 있는 사실들을 적어 두어야 한다. 그러나 너무 과도하게 적는 것은 지원자에게 방해가 될 수도 있기 때문에 자제해야 한다. 면접관은 질문은 특정 방식으로 표현해야 한다. 개방형 질문(open-ended questions)은 후보자가 어떤 상황에 대해 심사숙고하지 않을 수 없도록 하기 때문에, 최선의 답변을 이끌어 내게 된다. 면접관은 유도 신문, 즉 원하는 답변을 암시하는 질문은 피해야 한다. "주말 근무를 반대하지는 않으시겠죠?"라고 질문하는 대신, "주말 근무에 대해 어떻게 생각하는지 말씀해 주시겠어요?"라고 말해야 한다. 면접관은 절대로 비판적이어서는 안 된다. 면접관은 후보자의 반응에 대해 불신감도 놀라움도 표현하지 않음으로써, 후보자가 성공뿐만 아니라 실패도 드러내도록 격려해야 한다. 면접이 끝나면 곧바로, 면접관은 지원자에 대한 자신의 인상을 기록해야 한다. 면접관이 이 단계를 지연하게 되면, 지원자에 관한 중요한 정보와 인상을 잊어버릴 수도 있을 것이다.

10.5.7. 배경 확인

면접 이전이든 아니면 면접 이후이든, 고용주는 추천인과 이전의 고용주를 접촉하여 후보자의 배경 정보를 확인하고자 할 것이다. 대부분의 직무에서는 지원자로 하여금 가급적이면 교수나 전문직의 추천인을 리스트하도록 요구하고 있다. 지원자가 취업 경력이 있으면, 이전의 고용주가 가장 가치 있는 정보원(情報源)이 된다.

전력 조사(前歷調査: reference checking)는 전화로 이루어지는 경우가 많다. 사람들은 서면을 통해서보다는 전화상에서 더 솔직하고 더 구체적인 정보를 제공한다는 것이 일반적인 통념이다. 하지만 어떤 조직은 퇴직 직원에 대한 정보를 서면으로만 알려 주는 정책을 가지고 있으며, 제공되는 정보의 양과 유형도 조직에 따라 다양하다.

소송에 대한 두려움 때문에 전력 조사가 더 어려워지고 있다. 이전의 고용주들은 자신들의 이전 직원에 의한 소송에 대한 두려움 때문에 전력에 대해 언급하기를 주저하게 되었다. 어떤 조직들은 현재 그 사람이 한때 그곳에 고용되었었다는 사실만을 확인해 주려고 한다. 하지만 대개 새로이 채용하고자 하는 고용주는 맡았던 직위와 최종 급여, 감독 책임, 이직 사유와 같은 직무 정보의 정확성을 확인할 수 있다. 또한 새 고용주는 이전의 고용주에게 그 직원을 다시 채용할 것인지의 여부와 그 이유를 물어볼 수도 있을 것이다. 이전의 감독자나 현재의 감독자들은 대개 정확한 평가를 제공하지만 때로는 지원자가 옮겨 가는 것을 보고 싶거나 아니면 부정적인 정보를 제공하는 것을 불편하게 느끼기 때문에 응분의 것보다 더 나은 추천을 제공할 수 있을 것이다. 전력 조사 담당자는 전력 정보를 제공하는 사람이 주저하거나 애매모호하다고 느껴질 경우에는 엄밀히 조사하고 후속 조치를 취해야 한다. 고용주는 모든 추천인들에게 모든 후보자들에 관한 동일한 세트의 기본적인 질문을 해야 하며, 그러한 질문은 단지 지원자의 직무 성과에만 관련되어야 한다. 지원자가 최근 직무의 감독자들을 추천인으로 리스트하지 않았으면, 채용하고자 하는 고용주가 직접 그들과 접촉하고자 할 수도 있을 것이다. 자격증을 위조하는 지원자들은 거의 없지만, 제시된 정보를 확인하는 것이 언제나 현명하다. 특별한 교육적 배경이 필요하면, 고용주는 지원자의 학교 기록을 확인해야 한다. 어떤 직위에 대해서는, 고용주가 범죄 조사와 신용 조회를 실시할 수도 있을 것이다.

직무 지원자들은 많은 모집자와 고용주는 현재 채용 결정에 영향을 미칠 수도 있는 공개적으로 입수할 수 있는 정보를 온라인에서 찾아내기 위해 지원자에 관한 Facebook이나 LinkedIn과 같은 소셜 네트워크 사이트와 구글(Google)과 같은 검색 엔진을 사용한다는 사실을 명심하는 것이 중요하다.[28]

10.5.8. 채용의 결정

선발 프로세스의 마지막 단계는 공석의 직위를 채워줄 사람을 선택하는 것이다. 어떤 사서들은 특히 전문직 직위에 대해 많은 직원의 인풋을 요청한다. 학술 도서관에서 일반적으로 사용되는 심사 위원회(search committees)는 선발 프로세스에 동료들이 참여하는 한 가지 방법이다. 대개 심사 위원회는 그 직위의 최종 후

---

[28] 지원자를 가려내기 위해 소셜 미디어를 사용하는 것의 법률적 리스크에 관한 논문은 다음 자료를 참고하라: Eric D. Bentley, "The Pitfalls of Using Social Media Screening for Job Applicants," *ABA Journal of Labor & Employment Law* 29, no. 1 (2013): 1-13.

보자의 순위별 리스트를 추천하고, 그러고 나서 관리자가 최종 선택을 한다.[29] 어떤 도서관과 정보 센터에서는, 도서관장이 항상 최종 결정을 내리지만, 다른 도서관에서는 직속상관이 선택을 하고 상위 경영진의 승인을 받도록 할 수도 있을 것이다. 만일 고용주가 선발 프로세스의 모든 단계를 효과적으로 수행하고 면접관이 모든 적절한 정보를 수집하게 되면, 결정이 훌륭하게 내려질 가능성이 아주 높은데, 지원자의 자격은 직무 요건과 매치될 것이고, 배치도 성공적이 될 것이다.

하지만 그 직위에 대한 제안이 이루어지게 되면, 그 후보자가 최종 결정권을 갖는다. 직무는 구체적인 급여와 함께 제안된다. 급여는 노동조합이 정한 등급표(union scale)에 의해 결정되거나 아니면 예산과 해당 직무의 다른 직원들의 급여 범위, 후보자의 경험과 교육에 대한 도서관장의 추정치를 바탕으로 할 수도 있을 것이다. 어떤 협상의 여지가 있는 경우가 많으며 특히 전문직 직위의 경우에는 후보자가 더 많은 금액이나 다른 부가 급부를 요구할 수도 있을 것이다. 예를 들면, 휴가 정책에서는 직원들이 매달 일정한 양의 휴가 시간을 얻도록 명시할 수 있을 것이다. 그런데 후보자가 충분한 시간을 쌓기도 전에 다가올 비싼 비용이 들어가는 휴가 계획을 이미 세웠다고 해보자. 그러면 그 후보자는 실제로 휴가 시간을 얻기 이전에 더 많은 휴가 시간을 얻을 수 있도록 요청할 수도 있을 것이다. 그 밖의 협상이 가능한 항목들로는 이사 비용의 지불이나 근무 시작 일자가 있으며, 도서관의 정년 보장 교원 직위의 경우는, 후보자가 자신이 정년 보장을 받고 승진하게 될 연도에 대해 협상할 수도 있을 것이다. 물론 조직의 계층 구조에서 직위가 높으면 높을수록 이러한 종류의 협상이 성공적으로 이루어질 가능성은 더 높다. 이러한 유형의 협상은 까다롭다. 후보자는 제안을 받을 때까지는 급여를 제시해서는 안 된다. 그러고 나서 더 많은 금액이나 그 밖의 부가 급부를 요청하였는데 거절당하게 되면, 더 낮은 금액의 제안을 수용하거나 아니면 그 기회를 잡지 않을 수도 있다. 초빙 프로세스는 어떤 조직에서 시간이 걸리고 많은 비용이 소요된다는 사실을 기억할 필요가 있으며, 따라서 언제나 조금 더 요구할만한 가치가 있다.

세심한 채용 관행이 없으면, 조직은 높은 직원 이직률로 고통을 받을 수도 있을 것이다. 적절한 정도의 이직률은 건강한 것으로, 조직으로 하여금 신선한 아이

---

[29] 특히 학술도서관에서 심사 위원회(search committees)에 의해 이루어지는 채용은 매우 느린 속도로 진행되는 경우가 많다. 구직자를 위해 이 프로세스를 어떻게 개선할 것인지에 관한 조언에 대해서는, 다음 자료를 참고하라: Todd Gilman, "Endlesse Searche," *Chronicle of Higher Education* (July 27, 2006), accessed January 31, 2017, 〈http://www.chronicle.com/article/Endlesse-Searche/46856/〉.

디어와 서로 다른 경험을 가진 직원들을 유치할 수 있도록 해 준다. 그러나 과도한 이직률은 많은 비용을 발생시킬 수 있으며, 이탈할 때마다 조직은 대체할 사람을 찾아 교육 훈련을 해야 한다. 높은 이직률은 또한 조직이 업무 부담이 늘어나고 스트레스와 불확실성을 야기하는 계속적인 변화 상태에 있다고 남아 있는 직원들이 느끼기 때문에 사기를 위협할 수 있다. 과도한 이직률이 생기게 되면 도서관은 그 채용 및 모집 관행을 주의 깊게 검토해야 한다.

10.6. 결 언

이 장에서 살펴본 단계들을 마무리함으로써, 도서관 관리자들은 직위를 설정하고 그 빈자리를 채울 사람들을 채용하게 될 것이다. 그러나 직원을 채용하는 것은 도서관의 인적 자원의 첫 번째 단계일 뿐이다. 제11장에서는 그러한 직원들을 교육 훈련하고, 평가하고, 보상하기 위한 프로세스들을 살펴보고자 한다. 제12장에서는 특수 상황들을 다룸으로써 인적 자원 토픽에 대해 계속해서 살펴보고자 한다.

학습 내용 연습하기

1. ALA Jobline이나 도서관 직무를 위한 다른 정보원을 방문하여 여러분이 종사하고 싶을 수도 있는 빈자리에 대한 원하는 광고를 선택해 보라. 포스팅을 상세하게 읽고 그 직위를 위한 여러분의 자질은 물론 열의를 보여 주기 위해 사용할 커버 레터(cover letter)를 개발해 보라.

2. 여러분의 관심을 끄는 직책에 대한 또 하나의 광고를 선택하고 여러분이 심사 위원회에 있다고 가정해 보라. 이 빈자리를 위한 후보자들에게 위원회에서 묻도록 여러분이 추천할 수도 있는 8개의 질문을 작성해 보라.

3. 이번에는 채용 공고를 선택하고 그 기관을 조사해 보라. 여러분이 면접에 참석하라는 전화를 받았다고 가정해 보라. 면접 장소에 가기에 앞서 여러분은 어떤 정보를 알아야 할 것인가? 여러분이 그곳에서 일하고자 하는지의 여부를 결정하는 데 도움이 될 기관 정보를 찾을 수도 있는 방법의 리스트를 작성해 보라.

4. 앞의 3번의 기관을 조사한 후, 여러분이 이제 후보자로서 그 기관의 심사 위원회에 대해 물을 수도 있는 몇 가지 질문들을 작성해 보라.

 **토론용 질문**

1. 여러분은 명시된 요건들 중 일부가 결여된 직위에 지원해 본 적이 있는가? 여러분이 요건의 일부를 갖추지 못했을 때 어떤 직무에 지원해도 괜찮을 수도 있을 때의 예들에 대해 논의해 보라.

2. 3-4명의 그룹을 만들어서 구직 프로세스에 대한 여러분의 경험을 논의해 보라. 다음과 같은 것들을 토론 질문의 예로 사용해 보라. "여러분은 한 사람에게 면접을 받으셨나요, 아니면 위원회에 의해 면접을 받으셨나요?" "빈자리를 어떻게 찾아내셨나요?" "여러분은 다른 누군가를 채용해 본 적이 있나요?" "그 일은 어떻게 됐나요?"

3. "부모들이 일찍부터 젊은 사람들에게 다양성에는 아름다움과 힘이 있다는 사실을 가르쳐야 할 때이다"(Maya Angelou). 그룹을 만들어서 이 인용문에 대해 논의해 보라. 다양성은 어떻게 해서 도서관을 더 강하게 만들 것인가? 도서관과 정보 센터에서는 어떤 종류의 다양성이 나타나고 있는가? 다양한 직원들이 어떻게 조직에 기여할 수 있는지에 대한 리스트를 작성해 보라.

4. 직원이 문헌정보학 석사 학위를 취득한 후에조차도, 그 직원을 전문직 직위로 간주하지 않는 도서관들이 있다. 그 이유는 무엇인가? 여러분은 그와 같은 정책에 대해 어떻게 생각하는가?

도서관의 인적 자원 기능

Chapter 11

이 장의 요점
이 장을 마친 후 여러분은:

- 신입 직원과 사서들을 위한 오리엔테이션의 중요성에 대해 알아야 한다.
- 직원 개발은 계속 진행 중인 프로세스이며 고용주와 직원 둘 다 직원의 개발에서 어떤 역할을 가지고 있다는 사실을 이해해야 한다.
- 인사 고과 시스템이 존재하는 이유와 직원과 감독자의 직무 성과를 평가하는 다양한 방식들에 대해 이해해야 한다.
- 점진적인 징계가 언제 필요한지와 제대로 성과를 내지 못하는 직원을 다루는 단계에 대해 이해해야 한다.
- 조직이 어떻게 직원의 보상을 공정하게 관리하는지에 대해 인식해야 한다.
- 직원 표창 제도와 포상 제도에 대해 알아야 한다.
- 전형적인 직원 부가 급부 시스템에 익숙해야 한다.

    이 장에서는 인적 자원(HR: human resources)의 업무를 계속해서 다루면서, 신입 직원이 일단 직무 제안을 수락하고 나면 어떻게 온보딩(onboard)하게 되는지에 대해 살펴보고자 한다. 대개 신임 직원은 출근 첫날 오리엔테이션과 교육 훈련을 시작하게 될 것이다. 그 직원이 직무에서 보내는 시간 전체에 걸쳐, 그 밖의 다양한 인적 자원 이슈들이 제기될 것이다. 도서관과 정보 센터의 급속한 변화 속도를 고려하면, 교육 훈련과 직원 개발은 계속해서 필수적인 부분이 될 것이다. 감독자들은 대부분의 상황에서 직원의 성과를 평가하는 책임을 갖는다. 때로는 직원이 고충을 토로하고자 할 수도 있고, 가끔은 직원을 징계하거나 해고해야 한다. 이러한 활동들은 경영자의 인적 자원 책임에 속한다. 이 장에서는 직원의 출근 첫날과 조직을 떠날 때까지 사이에 생겨나는 주요 인적 자원 기능에 대해 개괄적으로 살펴보고자 한다.

현장의 경영 사례: 신입 사서들의 온보딩(onboarding) 경험

신입 직원을 오리엔테이션하기 위해 설계된 인적 자원 프로그램에 관한 논문은 대부분 모든 신입 직원에게 요구되는 프로그램과 활동에 초점을 맞추고 있으며, 고용주의 시각에서 작성되고 있다. Bruce Keisling과 Melissa Laning의 논문 "We Are Happy to Be Here: The Onboarding Experience in Academic Libraries"[1]에서는, 24개월 이하 동안 근무하고 있는 신입 사서들이 자신들의 새로운 고용 장소에 대해 얼마나 훌륭하게 오리엔테이션을 받고 사회화되었는지에 관해 어떻게 느끼고 있는지에 초점을 맞추고 있다. 몇 주 또는 일 년 이상 길게 걸릴 수도 있는 이러한 오리엔테이션 프로세스를 "온보딩"이라 한다. 온보딩의 목적은 신입 직원들이 자신들의 직무에 몰입하고 전념한다고 느끼도록 도와주기 위한 것이다.

온보딩 프로그램이 학술도서관에서 얼마나 성공적인지를 알아보기 위해, 저자들은 20명의 사서에게 온보딩 경험에 관해 질문하는 인터뷰 연구를 실시하였다. 질문은 다음과 같은 토픽들을 포함하고 있었다.

- 자신들이 받은 오리엔테이션
- 직무 제안 때부터 업무 시작 때까지의 사이에 자신들이 받은 어떤 조직적인 학습
- 처음 6개월의 업무에 관한 질문
- 자신들의 새로운 조직에 대한 몰입감
- 전문적 열망
- 온보딩 경험 동안 신입 직원에 관해 조직이 배운 것
- 경험의 개선을 위한 제안

결과는 표로 만들어지고 공통의 주제들로 조직화되었다. 대부분의 응답자들은 대학 후원의 오리엔테이션에 참여하였으며 핵심 인물들과의 미팅을 가졌다. 절반 이상의 응답자들은 신임 교원 오리엔테이션과 체크리스트, 온보딩 경험의 일부로서 이루어지는 투어를 언급하였다. 감독자와 도서관 관리자, 도서관 내의 다른 부서의 동료들을 포함한 핵심 인물들과의 미팅이 가장 도움이 되었던 것으로 나타났다. 어떤 사람들은 프로그램이 구조가 부족하고 프로세스가 너무 자기 주도적이라고 느꼈다. 참여자들이 도서관에 가져다준 강점에 관한 질문을 받았을 때,

---

[1] Bruce Keisling, and Melissa Laning, "We Are Happy to Be Here: The Onboarding Experience in Academic Libraries," *Journal of Library Administration* 56, no. 4 (2016): 381-394.

대부분은 직무 관련 기술과 사전 경험을 언급하였다. 많은 사람은 또한 자신의 관계 기술과 다른 사람들과 함께 잘 일할 수 있는 능력을 언급하였다. 3분의 1은 자신들이 새로운 아이디어를 가져왔거나 현재 상황에 의문을 제기할 의지가 있다고 밝혔다. 조직이 어떻게 자신들의 강점에 대해 알게 되었는지 물었을 때, 그들은 멘토/감독자 관찰 또는 "확실치 않음"이라고 답변하였다. 자신들이 왜 다른 후보자들을 누르고 선발되었는지에 관한 질문을 받았을 때, 그들은 답변하지 못하였다. 이것은 기회를 놓친 것이다. 직원들은 채용할 때 결정적이었던 기술이나 경험에 관해 커뮤니케이션함으로써 자신들이 왜 선발되었는지를 이해하고 그러한 특성에 초점을 맞출 수 있도록 해야 한다.

제안을 수락하고 업무를 시작했을 때 사이의 시간에 관해 질문했을 때, 대부분의 응답자들은 새 커뮤니티로의 이동이라는 과업에 초점을 맞추었다. 소수의 응답자가 환영과 전환기 동안의 지원을 제공해 준 점에 대해 감사를 표하였다. 처음 6개월 동안 배운 과제에 관한 질문을 받았을 때, 그들은 어떻게 일을 완수해야 하는지와 누가 자신들이 성공하도록 도움을 줄 수 있는지에 대해 배우는 것을 언급하였다. 그들은 조직의 구조와 관계, 특히 자신들의 직접적인 업무 영역 외부의 사람들에 대해 아는 것과 성과 기대에 대한 이해에 관해 더 많이 배우길 원하였다.

요약하면, 연구자들은 온보딩 기간은 배움을 위한 치열한 시간이라는 사실을 알게 되었다. 신입 직원들은 누가 영향력과 기관의 권한을 가지고 있으며 어떻게 일을 완수해야 하는지에 대해 이해해야 한다. 그들은 새로운 조직은 아마도 이전의 업무 현장과 다를 것이며 사전 지식이 항상 변형되는 것이 아니라는 사실을 알았다. 직원들은 훌륭한 직무를 확실하게 수행할 수 있도록 하기 위해 기대를 이해하고자 하였다. 이 리서치는 온보딩의 시간은 능력과 선호하는 업무 스타일에 관한 자기반성과 직업적 정체성을 확립하는 시간임을 시사하고 있다.

온보딩 프로세스에 관한 키포인트 중 하나는 온보딩은 또한 조직이 직원의 강점에 관해 배우고 행복하고 생산적인 직원을 배출하게 될 업무 환경을 설정하는 데 도움을 주는 시간이라는 사실이다. 고용주들은 오로지 후보자가 그 직위에 무엇을 가져다줄 것인지에 초점을 맞추고 있지만, 많은 경우에는 일단 그 후보자가 고용되고 나면 개인적으로 후속 조치를 취하지 않는다. 예를 들면, 그들은 신입 직원이 가시적이고 우선순위가 높은 프로젝트에서 그와 같은 기술들을 활용할 기회를 창출해낼 수 있을 것이다. 이 저자들과 전면적으로 개발된 온보딩 프로그램을 주창하고 있는 다른 사람들[2]은 각각의 신입 직원이 직무에 무엇을 가져다주는지에 더 많은 초점을 맞추고 다양한 업무 스타일을 뒷받침하는 업무 환경을 창출해 내는 것은 결과적으로 행복하고 생산적인 직원뿐만 아니라 효율성과 문제 해결의 개선을 가져오게 될 것이라고 느끼고 있다.

---

[2] Sylvia D. Hall-Ellis, "Onboarding to Improve Library Retention and Productivity," *The Bottom Line: Managing Library Finances* 27, no. 4 (2014): 138-141.

11.1. 온보딩과 교육 훈련, 직원 개발

새로운 직위를 시작하는 것은 여러 가지 도전을 갖는다. 즉 직원은 새로운 도시나 타운으로 이주했을 수도 있고, 업무 환경과 조직 문화가 다를 수도 있으며, 사람들은 새롭다. 직원이 단지 어떤 조직 내에서 승진하거나 직무를 변경한 경우라고 하더라도, 여러 도전이 존재한다. 이전의 동료들을 어떻게 감독할 것인가? 질투심 많은 부하 직원들은 새로운 아이디어에 대해 저항하게 될 것인가? 온보딩의 개념은 신입 직원들이 조직의 문화와 규범을 이해하는 데 도움을 주게 될 것이다. 계속해서 변화하는 이 세계에서, 교육 훈련은 직원의 직장 생활 동안 계속 진행되어야 한다. 직원 개발은 고용주는 물론 직원도 받아들여야 하는 개념이다. 기업과 조직은 직원 개발 기회를 제공하고 있으며, 직원들은 학습은 결코 끝나지 않는다는 사실을 이해하고 그러한 기회를 충분히 활용해야 한다.

11.1.1. 온보딩

수년 동안 대부분의 조직에서, 신입 직원은 근무 첫날을 몇 사람을 만나고, 할당된 업무/사무실 공간을 얻고, 직원 부가 급부와 패스워드를 얻기 위한 서류를 작성하면서 보내야 했을 것이다. 다음은 온보딩에 대한 풍자로, 이 상황에서 해서는 안 되는 것이다.

회사에 오신 것을 환영합니다. 오늘이 첫 출근이라는 걸 알고 있습니다만, 주요한 프로젝트 마감일 때문에 바빠서 선생님을 맞을 준비를 아직 제대로 하지 못했습니다. 선생님의 사무실은 복도를 따라가다 보면 오른쪽에 있는데, 현재는 화장실 옆으로 치워둔 수납장이 있을 겁니다. 그리고 선생님 컴퓨터는 제 생각으로는, 주문 중인 것 같은데, *Francine*에게 확인해 보세요 — 창문이 있는 큰 사무실에 있는 분이 바로 그분입니다. 다음 주에 *John*이 휴가에서 돌아오면 만나서 업무용 명함을 주문하세요. *John*이 돌아오면 키 카드를 드릴게요 — *John*이 키 카드와 네트워크 액세스도 담당하고 있거든요! 선생님이 프로젝트를 시작할 수 있도록 선생님 책상 위에 여러 가지 계획과 서류들을 올려 두었습니다. 거기에 보면 직원 핸드북도 있는데 뒷면에 있는 양식을 "읽어보신" 뒤에 서명하셔야 합니다(윙크 윙크). 혹시 질문이 있으신가요? 선생님의 새로운 보스로서, 도와드리러 온 거예요.[3]

현재는 더 많은 조직에서 신입 직원들이 첫날뿐만 아니라, 수개월 또는 심지어는 1년 동안 "온보딩" 프로그램에 참여하는 것이 더 나은 결과들을 만들어 낼 가능성이 높다는 사실을 인식하고 있다. 여기에는 더 많은 충성심을 갖고, 자신의 업무에 몰입하며, 자신의 동료들과 연락하고 머물 가능성이 더 높은 직원들이 포함된다.[4]

다음은 ACRL(Association of College and Research Libraries)에서 권고하는 성공적인 온보딩 프로그램의 구성 요소이다.

- 사회화
- 정 책
- 안 전
- 커뮤니케이션
- 멘토링(mentoring)/버디(buddy)
- 유의미한 프로그램 길이
- 모든 수준의 체크리스트
- 개별 기관에서 확인되는 특유의 활동[5]

대부분의 도서관은 어떤 종류의 오리엔테이션이나 온보딩 프로그램을 활용한다. 오리엔테이션의 목적은 신입 직원이 조직 문화에 익숙해지도록 도와주는 것이다. 모든 신입 직원은 그 직위와 관계없이, 기관의 문화에 사회화되어야 하고 그 역사와 전통, 규범을 배워야 한다.[6]

신입 직원이 조직으로 사회화될 때는, 자신의 역할이 전체 조직과 어떻게 조화를 이루는지 배우기 위해 인적 자원 사무실과 공공 정보 사무실, 다양한 주제 부서나 기능 부서와 같은 중요한 부서들에 대해 개괄적으로 안내받거나 투어를 하게

---

3) Amy Smith, "How to Jump-Start a New Hire," *Consulting Specifying Engineer* 50, no. 4 (May 2013): 17.
4) Daniel M. Cable, Francesca Gino, and Bradley R. Staats, "Reinventing Employee Onboarding," *MIT Sloan Management Review* 54, no. 3 (2013): 23-28.
5) Jolie O. Graybill, et al., "Employee Onboarding: Identification of Best Practices in ACRL Libraries," *Library Management* 34, no. 3 (2013): 200-218.
6) Jongwook Lee, Sanghee Oh, and Gary Burnett, "Organizational Socialization of Academic Librarians in the United States," *The Journal of Academic Librarianship* 42, no. 4 (7, 2016): 382-389. 온보딩 프로그램의 학술도서관 체크리스트와 그 밖의 측면의 예들에 대한 또 하나의 자원으로는 다음 자료를 참고하라: Sharon Ladenson, Diane Mayers, and Colleen Hyslop, *Socializing New Hires*, SPEC Kit Number 323 (Washington, DC: ARL, August 2011).

된다. 조직 정책의 구체적인 측면에는 조직의 목적과 목표, 철학에 관한 상세한 사항들은 물론 직원이 즉시 알아야 하는 상세한 사항들이 포함된다. 즉 주차 장소나 대중교통 시간표, 패스워드와 네트워킹 정보, 퇴직 연금과 같은 부가 급부, 휴가와 병가 정책, 급여 지급 주기, 직접 계좌 입금 양식(direct deposit forms)과 첫 번째 급여 예상 시기, 질병 보고 방법, 그리고 시간제 근로자의 경우는 시간 보고 시스템이 그것이다. 비상 계획의 존재와 홍수나 화재, 폭력적인 사람과 같은 비상의 경우에 무엇을 해야 하는지와 같은 안전 이슈도 온보딩 경험의 일부를 차지해야 한다. 신입 직원은 조직의 커뮤니케이션 방법과 이메일 계정, 테크놀로지의 적절한 이용에 관한 정보를 제공받아야 한다. 감독자는 어떻게 가장 훌륭하게 커뮤니케이션할 것인지에 대한 제안을 할 수도 있을 것이다. 예를 들면, 감독자는 정기적인 미팅이나 메모, 비공식적인 담소를 더 선호할 것인가? 신입 사원이 훌륭한 출발을 시작하는 데 필요한 모든 정보를 얻도록 보장하는 것은 일반적으로 감독자의 책임이다. 하지만 많은 기관에서는 신입 사원이 적응하고 편안하고 우호적인 환경에서 질문할 수 있도록 도와주기 위해 경험이 많고 열의를 가진 멘토(mentor)나 "버디"(buddy)를 배정하기도 한다. 감독자가 직원의 오리엔테이션과 업무에 대한 책임을 갖지만, 권한의 직접적인 라인에 있지 않은 멘토는 직원이 문화를 이해하도록 돕기 위한 훌륭한 옵션이며 직원이 상의할 수 있는 중요한 사람이다.[7]

〈표 11.1〉 온보딩 책임[8]에서는 신입 직원의 온보딩에 포함되는 역할과 단계에 대한 시각을 제시하고 있다. 이러한 온보딩 전체를 하루나 일주일에 해낼 수는 없지만, 직원이 그 직무에 익숙해짐에 따라 발전시키고 간격을 채워야 한다. 어떤 조직에서는 온보딩 프로세스에 더 많은 도움을 주기 위해 특유의 활동을 제공하기도 하는데, 예를 들면 웰컴 커피와 상대 알아 가기 행사(getting-to-know-you exercises), 게임이 그것이다. 이러한 제안을 따르는 도서관과 정보 센터는 신입 직원에 대해 가장 큰 성공을 거두게 될 것이며 신입 직원은 그 직무에 대해 더 신속하게 소개받게 될 것이다. 〈표 11.2〉는 전형적인 신입 직원 오리엔테이션이 온보딩 프로그램과 어떻게 다른지를 보여 주고 있다.

---

7) 도서관의 멘토링 프로그램에 대한 훌륭한 개관에 대해서는 다음 자료를 참고하라: Julie Todaro, *Mentoring A to Z*, (Chicago, American Library Association: 2015).
8) 이 정보는 Indiana State Personnel Department에 의해 제공되고 있다. accessed February 7, 2017 〈http://www.in.gov/spd/2366.htm〉. 온보딩 프로그램에 대한 아주 상세한 체크리스트를 가진 또 하나의 웹 사이트는 Massachusetts Institute of Technology의 "New Employee Orientation & Onboarding: A Guide for New Employees and Their Managers"이다. accessed February 7, 2017 〈https://welcome.mit.edu/managers/new-hire-experience〉.

<표 11.1> 온보딩 책임

단계	감독자	신입 직원	인적 자원 부서
준비	감독자/멘토 체크리스트를 사용한다	웹 사이트를 방문한다 첫날 체크리스트 정보를 읽는다 온라인 모듈을 완성한다 90일 평가를 사용한다	감독자에게 정보/코칭을 제공한다 신입 직원에게 체크리스트/웹 사이트 링크를 제공한다
오리엔테이션	신입 직원에게 인적 자원 클래스에 출석하도록 상기시킨다	2일짜리 오리엔테이션에 출석한다	오리엔테이션과 캠퍼스 투어, IT 교육 훈련을 제공한다
통합	학습 계획을 개발하기 위해 EDP를 사용한다	EDP의 활동을 실행한다	EDP 프로세스와 사용에서 코치로서의 역할을 한다
몰입	참여를 권장한다	캠퍼스 이벤트에 참여하고 관여한다	학습과 몰입의 기회를 제공한다
후속 조치	수습 기간 정보와 함께 감독자/멘토 체크리스트를 포함시킨다	인적 자원 부서에 60일 및 6개월 피드백을 제공한다	90일 및 6개월 피드백과 감독자/멘토 체크리스트를 접수한다

<표 11.2> 신입 직원 오리엔테이션과 온보딩의 차이점

오리엔테이션	온보딩
일반적으로 당일 이벤트 조직의 구조와 사명, 조직, 정책에 초점을 맞춘다 직원 핸드북에 초점을 맞춘다 급여 및 부가급부 서류 작성 완료 그 밖의 관리상의 이슈	처음 며칠의 범위를 상당히 넘어 연장된다 체계적인 프로세스이다 직위에 따라 3개월에서 18개월까지 지속할 수 있다 장기적인 관계 구축 및 정보에 대한 접근을 배양한다 문화와 사명, 목표에 대한 이해의 개선을 촉진한다 소속감과 올바른 선택에 대한 확신을 길러준다 직원이 "의욕적으로 시작하는" 데 걸리는 시간을 줄여 준다

11.1.2. 초기의 직무 교육 훈련

교육 훈련은 첫날에 시작되며 그 신입 직원 감독자의 감독을 받아야 한다. 대부분의 기관은 한 직위를 이중으로 지원하는 자금을 가지고 있지 않기 때문에 교육을 위해 그 자리를 떠나는 전임 직원을 이용하는 경우는 거의 없다. 때로는 부하 직원들이 직무상 훈련(OJT: on the job training)에 참여할 수도 있지만, 감독자가 주요 책임을 맡아야 한다.

직무 교육 훈련은 많은 형식을 취하게 된다. 유용성이 가장 떨어지는 방법은 필요한 과업을 간략하게 설명하고 그리고 나서 직원이 나머지를 이해하도록 하는 것이다. 새로운 환경에서 새로운 책임으로 이미 마음이 편치 못한 신입 사원은 감독자의 말을 거의 받아들이지 못하게 될 것이다. 그러한 경우에, 어떤 직원은 동료 근로자들을 관찰하거나, 직무 기술서를 통해 그 직무를 이해하거나, 감독자와 관계없이 자기 스스로 그 직무를 배우게 될 것이다. 다른 직원들은 실패하게 될 것이며, 그들의 그와 같은 실패는 부실하게 준비한 감독자 잘못이다. 그보다는 오히려, 감독자는 온보딩 경험을 주의 깊게 계획하고 그것을 개개 직원에게 맞도록 맞추어야 한다. 가장 효과적인 감독자는 교육 훈련에 대한 이해나 필요성에서 나타나는 격차를 이해하기 위해 체크리스트를 가지고 시간을 들여 직원의 이야기에 귀를 기울인다. 그러면 주의 깊게 계획된 교육 훈련 세션은 효과를 거두게 될 것이다.

근로자들을 훈련하고 교육하기 위해서는 물론 직무 기술을 보여 주는 것보다 훨씬 더 많은 것을 필요로 한다. 아울러 신입 직원은 수용 가능한 행동과 수용할 수 없는 행동에 대한 조직의 규범과 함께, 조직의 문화에 적응하도록 배워야 한다. 경험이 많은 직원은 신입 직원이 효과적으로 이러한 이행(移行)을 하도록 도와주는 데 중요한 역할을 한다.[9] 신입 직원들은 더 상급 직원을 역할 모델로 생각하거나 더 깊은 지식이 필요할 때는 교사나 코치로서 그들에게 의지할 수도 있을 것이다.

11.1.3. 기존 직원을 위한 교육 훈련과 직원 개발

신입 직원은 교육 훈련이 필요한 유일한 근로자들이 아니다. 어떤 도서관 직원이든 모든 유형의 도서관에서 일어나고 있는 급속한 변화로 인해, 최신성을 유지하기 위해서는 지속적인 교육이 필요하다. **교육 훈련**(training)이라는 용어와 **직원 개발**(staff development)이라는 용어가 동의어로 사용되는 경우가 많기는 하지만, 구분해야 할 부분이 있다. 교육 훈련은 현재의 직무를 위해 필요로 하는 기술이나 지식을 학습하는 것을 의미하는 경우가 많지만, 반면에 직원 개발은 현재의 직무를 넘어서서, 미래를 바라보고, 더 큰 규모로 학습하는 것을 포함한다. 그렇지만 이러한 두 유형의 학습 사이의 구분을 유지하기가 어려울 수 있기 때문에, 이 책에서는 이 두 용어를 함께 다루고자 한다. (경력 개발의 관련 기능에 대해서는 제12장을 참고하라.)

교육 훈련은 다양한 방식으로 이루어질 수 있다. 구체적인 교육 훈련 필요성을 확인한 경영자는 특정의 토픽에 관해 반복적으로 이루어지는 세션들에 대한 일정

---

9) David A. Garvey, *Learning in Action: A Guide to Putting the Learning Organization to Work* (Boston: Harvard Business School Press, 2000).

을 준비할 수도 있을 것이다. 즉 효과적인 성과 평가 면담의 실행이나 성과 평가 보고서의 준비, 부서별 예산 추천안의 준비, 직무 기술서를 개정하기 위한 과업 분석의 실행과 같은 것이 그 예이다. 조직의 모든 단위에 영향을 미치는 교육 훈련 세션은 사내 전문가 아니면 이러한 목적을 위해 위촉된 전문 컨설턴트나 트레이너에 의해 실행될 수도 있다.

또 하나의 교육 훈련 접근법에서는, 어떤 도서관들은 경영자와 감독자를 자신들이 감독하는 직원의 코치로 삼는 비전을 채택하고 있다. 훌륭한 코치와 마찬가지로, 감독자는 역할 모델로서 행동하고, 직원이 현실적인 목적을 설정하도록 도와주며, 성과에 대한 피드백을 제공하고, 그 성과를 개선하는 방식들을 제안하고, 강화와 격려를 제공해야 한다. 감독자와 직원은 자신들을 적으로 생각해서는 안 되는데, 둘 다 조직의 전반적인 성과를 개선하기 위해 노력하는 같은 팀에 있는 것이다. 코칭에 대한 헌신은 "지속적 학습(continuous learning)은 인정된 관행이라는 메시지를 보낸다. 코칭은 만일 최상의 개인적 성과와 조직적 성과를 이루어 내고자 한다면 우리가 서로 어떻게 해야 하는지를 모델화해 준다."[10] (코칭에 대한 상세한 내용은 제17장을 참고하라.) 교육 훈련이 온라인 과정이나 웨비나(webinars), 원격 회의(teleconferences)로 제공되는 경우가 점점 더 늘어나고 있다. 또한 도서관 테크놀로지와 데이터베이스의 벤더들은 대개 도서관 직원에 대해 아무런 비용도 요구하지 않고 그 제품에 대한 교육 훈련을 제공해 준다.

직원들은 조직 외부에 존재하는 많은 전문적 개발 및 교육 프로그램을 이용해야 한다. 로컬과 지역, 전국의 학술 대회나 워크샵은 직원의 개발과 성장의 기회를 제공해 준다. 도서관 업무가 더욱 복잡해짐에 따라, 도서관에서 일하는 사람들은 최초의 전문직 학위를 넘어서는 과정을 택해야 할 필요성이 훨씬 더 커지고 있다. 이를 인식하고, 많은 기관에서는 자신의 직무에 관련된 공식 과정을 택하는 직원을 위해 학비의 기금을 마련하게 될 것이다. 물론 대부분의 학술도서관에서는 개인적으로나 가족들에 대한 무료 등록금의 부가 급부를 마련하고 있다. 이것은 더 넓은 관점들을 학습하고 개발하는 데 관심이 있는 직원을 가진 조직에 유익하다.

로컬에서나, 전국적으로, 또는 국제적으로 이루어지는 직무 교환(job exchanges)은 직원이 여러 시각과 쇄신을 얻기 위한 효과적인 방법이 될 수 있다.[11] 직무를 교환하는 사서들은 주택과 자동차, 심지어는 애완동물까지도 교환할 수 있을 것이

---

10) Ruth F. Metz, *Coaching in the Library: A Management Strategy for Achieving Excellence* (Chicago: American Library Association, 2011): 32.

다. 새로운 아이디어와 접근법이 설명되고 시험 삼아 시도해 보기 때문에 교환은 대개 양 도서관 모두에 유익하다. 오스트레일리아의 사서들은 그 나라의 지리적인 고립 때문에 직원 개발을 위해 이 접근법을 사용하고 있다. 미국도서관협회(ALA: American Library Association)의 International Relations Round Table(IRRT)은 국제적인 사서로 일할 기회에 대한 광범위한 리스트를 관리하고 있다.[12]

도서관의 일부 관리자들은 자신의 도서관을 "학습 조직"(learning organization)으로 변신시키려고 시도하고 있다. 학습 조직에서는 "자신들이 진정으로 원하는 결과를 창조하기 위해 사람들이 끊임없이 자신의 역량을 확장하는데, 그곳에서는 새롭고 광범위한 사고의 패턴들이 배양되고, 집단적 열망이 자유로워지며, 사람들이 함께 배우는 방법을 끊임없이 학습한다."[13] (학습 조직에 대한 상세한 내용은 제2장을 참고하라.) 학습 조직은 일반적으로 팀 기반의 문화와 개방적인 정보 흐름, 임파워먼트를 갖는 직원, 분권화된 의사 결정의 특징을 갖는다.[14] 이 유형의 조직은 환경의 변화에 반응하여 성장하고 적응할 수 있다. 이러한 유연성을 권장하기 위해, 학습 조직의 직원들은 정보 교환을 공식화하고자 노력한다. 학습 조직의 속성 중 하나는 직원들이 어떤 토픽에 관한 자신들의 지식을 테이블로 가져와 그 정보에 대해 잘 알지 못하는 다른 사람과 공유하고, 모든 사람을 위해 정보를 구축한다는 사실이다.

그와 같은 조직의 경영자들은 제안에 대해 개방적이고 기꺼이 변화를 추구할 것이며, 아울러 보복의 두려움 없이 자신의 상급자들에게 실수를 인정할 수 있을 것이다. 중점은 지속적인 성장과 교육 훈련에 두게 된다. 가장 좋은 상태일 때, 학습 조직은 새로운 지식을 새로운 행동 방식으로 변환해 준다.[15]

요약하면, 사서들은 최신성을 유지하고자 한다면, 계속해서 학습해야 한다. 규모나 유형을 불문하고, 모든 도서관의 경영자들은 구조화된 연속체를 따라 일정이 마련되고 조직화된 활동들을 가진 교육 훈련 및 직원 개발 프로그램을 기획해야 한

---

11) Ines Pampel, "Job Swapping: A Professional Internship and Exchange Abroad in Research Music Libraries," *Fontes Artis Musicae* 60, no. 3 (July-September 2013): 227-232.

12) American Library Association, "International Opportunities and Funding Sources for Librarians," accessed July 17, 2017, 〈http://www.ala.org/irrt/irrtcommittees/irrtintlexc/internationalopportunities〉.

13) Peter M. Senge, *The Fifth Discipline: The Art and Practice of the Learning Organization* (New York: Doubleday, 1990): 3.

14) *Ibid.*, 6-16.

15) David A. Garvey, *Learning in Action: A Guide to Putting the Learning Organization to Work* (Boston: Harvard Business School Press, 2000).

다. 그와 같은 프로그램은 직원들이 직무에서 성장하고, 기회가 생겼을 때 승진을 준비할 수 있도록 해 준다. 바꾸어 말하면, 훌륭한 직원 개발 프로그램은 또한 직원의 경력 개발에 기여하며, 동시에 그와 같은 프로그램을 통하여, 고용주는 잠재적인 감독자들을 확인하고 가능한 승진을 위해 그들을 교육 훈련할 수 있게 된다. 직원들은 어느 기관에서든 너무나도 소중하기 때문에 직원들이 잠재력을 최대한으로 발휘할 수 있도록 도와주는 교육 훈련 프로그램을 무시할 수 없는 것이다.[16]

〈표 11.3〉 직원 개발 계획

범 주	과 업	완료 일자	감독자 이니셜	직원 이니셜
전문적 개발	예: 학회 참석			
테크니컬 스킬 교육 훈련	프로젝트 관리 소프트웨어 학습			
비즈니스 교육 훈련	건강 및 안전 교육 훈련			
관리 기술 교육 훈련	고급 파워포인트			
자기 주도적 교육 훈련	저널 논문 작성			

11.2. 인사 고과

인사 고과(人事考課: performance appraisal)는 직원의 직무에 관련된 강점과 약점에 대한 체계적인 평가이다. 모든 유형의 조직의 경영자들은 그 직원을 평가하는 책임을 갖는다. 어떤 근로자는 특정 직무에서 다른 사람보다 더 훌륭하다. 어떤 근로자는 거의 어떤 감독도 받지 않은 채 솔선하여 과제를 처리하는 반면, 다른 사람들은 신뢰성이 없거나 그들이 어떤 프로젝트를 성공적으로 완수하도록 보장하기 위해서는 엄격한 감독이 필요할 수도 있을 것이다. 어떤 직원은 제시간에 출근하지 않거나 승인 없이 자주 결근하기도 한다. 급여 인상이나 승진이 필요할 때, 감독자는 우수한 성과를 거둔 사람을 중간 정도의 성과를 거둔 사람, 전혀 적합하지 않은 사람과 구별하는 데 도움이 되는 도구가 필요하게 된다. 체계적이고 명문화된 고과 시스템은 직원의 성과를 평가하는 견실한 방법을 제공해 준다.

---

16) 직원 개발에 대한 더 심층적인 고찰은 다음 자료를 참고하라: Luisa Paster, "Current Issues in Staff Development," in *Human Resource Management in Today's Academic Library*, eds. Janice Simmons-Welburn and Beth McNeil (Westport, CT: Libraries Unlimited, 2004), 37-44.

> **이야기해 보기**
>
> "어느 한 사람이 어떤 사람인지 알고자 한다면, 그 사람이 자기와 대등한 사람이 아니라, 자기보다 못한 사람들을 어떻게 대우하는지를 잘 살펴보라." (J. K. Rowling, *Harry Potter and the Goblet of Fire*). 여러분의 경험에서 자신의 지위에 따라 다른 사람들을 다르게 대우하는 사람을 본 적이 있는가? 여러분의 경험을 공유해 보라. 관리자나 감독자로서 공정하고 모든 사람을 공평하게 대우하는 것이 왜 중요한지에 대해 토론해 보라.

어떤 조직의 경영자들은 사업의 다른 변화에 부응하여 자신들의 평가의 초점을 옮기고 있다. 이미 살펴본 것처럼, 조직 특히 팀 기반의 조직에서는 감독자가 보스로서보다는 코치로서 더 많은 역할을 할 것으로 기대하는 경우가 많다. 그와 같은 경우에, 직원은 공식적인 평가는 일 년에 한 번만 이루어지지만, 계속 피드백을 받게 된다.

학습 이론에 따르면, 즉각적인 피드백은 학습자가 성과를 개선하는 데 도움을 준다. 모든 직원은 일 년에 한 번보다는 더 자주 피드백을 받아야 하는데, 훌륭한 감독자는 그러한 피드백을 제공한다. 대개 지속적인 피드백은 더 비공식적이고 자발적인 방식인 반면, 연간 평가는 더 공식적이고 구조적이다. 감독자가 직원에게 성과에 관한 부정적인 피드백을 제공할 때는 주의를 기울여야 한다. 이러한 대화는 사적으로 그리고 문제가 발생하고 난 후에 빨리 이루어져야 한다. 감독자는 혹평으로 직원을 절대로 놀라게 해서는 안 되지만, 직원의 성과가 개선되지 않으면 그러한 혹평에 이르기까지 일 년 내내 피드백을 제공해야 할 것이다.

다른 사람의 성과를 판단하는 것은 어려운 것으로, 감독자와 직원은 연차 심사(annual reviews)에 대해 마찬가지로 양면적으로 느끼고 있다. 어떤 저술가들은 인사고과를 세금 납부에 비유하고 있는데, 그 이유는 둘 다 경영자가 해야 할 의무를 가지고 있지만 피하고 싶어 하는 것이기 때문이다. 또한 대부분의 직원은 성과 피드백을 원하지만, 자신의 약점을 지적하는 부정적 피드백이 아니라 훌륭한 성과를 내는 사람으로서의 자신의 이미지와 일치하는 긍정적인 피드백을 듣기를 더 좋아한다.

11.2.1. 감독자는 왜 고과를 하는가?

공식적인 인사 고과는 두 가지 주요 목표를 가지고 있다. 첫 번째는 어떤 직원이 그 직무를 얼마나 훌륭하게 수행하고 있는지를 결정하는 것이다. 두 번째는 직원에게 그 정보를 커뮤니케이션하는 것이다. 이러한 방식으로, 직원은 개선이 필요할 경우, 어디에 결함이 있는지 또는 다음에 어떻게 더 나은 접근법을 택해야 하는지에 대해 알게 된다. 분명히 이러한 두 번째 목표를 달성하기 위하여, 감독자는 이 정보를 전달하고 그러고 나서 직원과 함께 개선 계획을 개발해야 하며, 그렇지 않으면 직원의 성과는 개선될 가능성이 없는 것이다.

인사 고과는 인적 자원 관리자가 직원의 승진과 좌천, 해고에 관한 중요한 결정을 내리기 위해 필요한 정보를 만들어 준다. 훌륭한 인사 고과 시스템은 관리자가 뛰어난 근로자를 승진시키고 성과 불량자를 제거하거나 그 성과를 개선시키는 데 도움을 준다. 그러한 시스템에는 근로자에 대한 서면 평가와 그 결과를 논의하기 위한 사적인 미팅이 포함되어야 한다. 대부분의 조직에서는 또한 급여 인상 결정과 직원의 성과 평정(成果評定: performance rating)을 연결시키고 있다.

인사 고과는 구체적인 피드백을 제공해 줌으로써, 직원이 자신의 성과를 개선하도록 도와준다. 감독자는 어떤 직원들은 고과 프로세스에 대해 강한 두려움을 가지고 있다는 사실을 알아야 하며 심사를 수행하는 동안 직원들을 편안하고 안전하게 해 주려고 노력해야 한다.[17] 고과 프로세스를 통해 결과적으로는 기관의 목적을 발전시켜 주게 될 개인의 개발 목표를 직원이 설정하도록 권장해야 한다. 마지막으로 인사 고과는 조직과 개인의 교육 훈련 니즈를 결정하기 위한 정보를 필요로 하는 경영자들을 지원할 수 있다.

11.2.2. 고과는 언제 실시하는가?

각 조직은 언제 그리고 얼마나 자주 인사 고과를 실시해야 하는지를 결정해야 한다. 다만 일정과 빈도는 미국의 경우, 주 정부나 대학과 같은 모체 기관의 지시를 받는 경우가 많다. 누가 의사 결정을 하는지와 관계없이, 언제나 확정된 일정이 있어야 하며, 각 직원은 인사 고과의 시기와 빈도를 알아야 한다.

가장 일반적으로는, 인사 고과는 일 년에 한 번 이루어지지만, 직원들이 자신들의 성과가 만족스러운지의 여부를 충분히 알 수 있을 정도로 자주 이루어져야 한다. 그렇지 않으면, 개선을 위해 어떤 조치를 취해야 하는지에 대해 알아야 하는

---

17) Laurel Crawford, et al., "Fear of Negative Evaluation: Differences amongst Librarians," *Library Leadership and Management* 29, no. 3 (2015).

데, 실제로 어떤 직원들은 일 년에 한 번 이상의 고과가 필요하게 된다. 공식적인 연차 심사를 보완하기 위해 비공식적인 인사 고과가 일 년에 몇 차례 이루어져야 한다. 이것은 어떤 직원이 성과를 개선하거나 행동을 바로잡아야 할 때 특히 중요하다. 어떤 직원이 실수를 저지르게 되면, 감독자는 적절한 시기에 그에 관해 커뮤니케이션해야 하며 연차 심사 때까지 기다려서는 안 된다.

신입 직원은 베테랑 근로자보다 더 자주 고과를 받을 필요가 있다. 그런 이유로, 대부분의 조직에서는 신입 직원들에게 종신 고용이 이루어지기에 앞서 수습 기간을 거치도록 요구하고 있다. 훌륭한 감독자는 최종 성과 평정을 실시하기에 앞서 직무 기술서와 신입 직원의 성과에 대해 그 직원과 함께 수습 기간 동안 여러 차례 논의하게 될 것이다.

어떤 기관들은 모든 성과 평가의 일정을 동시에 진행하기도 하는데, 이를 통해 감독자는 모든 부하 직원을 비교할 수 있게 된다. 모든 고과를 그룹화하는 데는 두 가지 단점이 있다. 하나는 동시에 많은 심사를 해야 하는 감독자는 업무에 압도당하게 되고, 그 결과 성과 평가가 제대로 준비되지 못하게 된다는 것이고, 다른 하나는 조직의 모든 사람이 평가 작업을 하고 있을 때는 조직의 생산성이 감소한다는 것이다. 너무 많은 부담을 주는 것을 피하기 위해, 어떤 기관의 경영자들은 성과 평가의 일정을 어떤 직원의 종신 고용이 이루어진 날로 맞추어 조정하기도 한다. 이러한 접근법은 경영자가 세심한 판단을 내릴 수 있도록 업무 부담을 일 년 전체에 걸쳐 분산시켜 주는 것으로 생각되고 있다.

11.2.3. 누가 고과를 실시하는가?

직원들의 성과는 대개 정기적으로 그들의 업무를 관찰하게 되는 직속상관에 의해 평가된다. 하지만 어떤 기관에서는, 직속상관 심사의 일반적인 관행이 동료에 의한 고과나 감독자에 대한 고과, 360도 평가, 자기 고과를 포함한 그 밖의 방법들로 대체되거나 그러한 방법들에 의한 보완이 이루어지고 있다.

(1) 동료에 의한 고과(peer appraisals)[18]: 일부 전문직 사서들, 주로 학술도서관의 전문직 사서들은 자신의 동료들에 의해 평가를 받는다. 미국의 경우, 많은 학술도서관 사서는 교원의 지위를 가지고 있기 때문에, 고등 교육의 대부분의 교원들에게 사용되는 것과 동일한 유형의 동료에 의한 성과 심사를 받게 된다. 전문직 사

---

18) 역자주: 동료 고과, 동료 평가라고도 한다.

서들은 서로 상호 작용을 하고 대개는 서로의 업무에 익숙하다. 아울러 특히 부서 수준에서 이루어지는 사서의 직무 중 많은 요소는 상호 협력 작업을 필요로 한다. 따라서 이들은 서로의 성과를 훌륭하게 판단할 수 있을 것이다. 그들의 전반적인 직무 성과에 대한 동료 고과 이외에, 교육 단위를 가르치는 일부 학술도서관의 사서들은 자신들의 수업에 대해 동료에 의한 평가를 받게 된다.[19]

(2) 감독자에 대한 고과(supervisor appraisals)[20]: 어떤 조직에서는 부하 직원이 자신의 직속상관의 성과를 평가하도록 허용하고 있다. 이러한 유형의 고과가 성공을 거두기 위해서는, 상당한 신뢰와 개방성이 필요하게 되는데, 대부분의 경우 부하 직원들은 자신들의 익명성이 보장되지 않으면 자신들의 보스를 평가하지 못한다. 부하 직원에 의한 감독자의 평가는 그 감독자의 관리자만 보게 된다. 이러한 유형의 평가는 두 가지 주요 목적을 갖는다. 즉 감독자의 자기 개발의 지침이 되도록 하는 것과 직원들이 자신들의 견해를 표현할 수 있도록 허용해 주는 것이 그것이다. 감독자에 대한 부정확하고 부적합한 정보는 감독자의 성과에 대한 왜곡된 견해를 만들어 내고, 그로 인해 법적 이의 제기를 초래할 수 있기 때문에, 이 프로세스는 타당성과 신뢰성을 가진 도구를 이용하여 올바르게 수행되어야 한다.[21] Arizona Health Sciences Library는 아주 성공적인 상향식 평가 시스템을 도입한 바 있다.[22] 상향식 평가는 직원들이 자신들의 감독자가 어떻게 평가받아야 하는지에 대해 목소리를 내게 해 주는 좋은 방법이지만, 일 년에 한 번만 시행되면, 적절한 방식으로 부정적인 피드백을 제공하지 못하는 똑같은 한계를 갖게 된다.

(3) 360도 평가(360-degree appraisals)[23]: 성과 심사에 대한 또 하나의 접근법은 360도 피드백 또는 복수 평가자 피드백(multirater feedback)이라는 용어로 불리는데, 이것은 개개 직원은 물론 직속 부하 직원, 경영자, 동료, 내부와 외부의 고객을

---

19) Loanne Snavely and Nancy Dewald, "Developing and Implementing Peer Review of Academic Librarians' Teaching: An Overview and Case Report," *The Journal of Academic Librarianship* 37, no. 4 (July 2011): 343-351.
20) 역자주: 부하 고과, 부하 평가, 하급자 고과, 하급자 평가라고도 한다.
21) Richard Rubin, "The Development of a Performance Evaluation Instrument for Upward Evaluation of Supervisors by Subordinates," *Library and Information Science Research* 16 (Fall 1994): 315-328. 이 논문은 한 공공도서관에서 사용된 타당도와 신뢰도를 갖춘 도구의 개발에 관한 상당히 상세한 내용을 제시하고 있다.
22) Carol L. Howe, Patricia A. Auflick, and Gary Freiburger, "Upward Evaluation at the Arizona Health Sciences Library," *Journal of the Medical Library Association* 99, no. 1 (January 2, 2011): 91-94.
23) 역자주: 360도 다면 평가, 다면 평가라고도 한다.

포함한 다양한 소스로부터의 기밀이 유지되는 성과 평가를 통합하게 된다. 모든 심사는 익명이며 대개 인적 자원 부서에 의해 직원을 위한 보고서로 편집된다. 이 360도 접근법은 전통적인 하향식 평가에서 간과될 수도 있는 성과의 여러 측면에 대한 직원의 피드백을 제공해 준다. 그 이용이 점점 더 늘어나는 이유 중 하나는 많은 조직의 관리자들이 중간 경영자의 층을 제거하고 있어, 남아 있는 경영자들이 더 넓은 통제 범위를 갖게 되기 때문이다. 그와 같은 경영자들은 현재 훨씬 더 많은 직원을 정확하게 평가하는 어려움에 직면하게 되면서, 다른 동료들의 인풋을 얻음으로써 도움을 받을 수 있다. 360도 피드백을 채택하는 또 하나의 동기는 자기 주도적 팀을 이용하는 조직이 훨씬 더 많아지고 있는 것으로, 팀원은 지식을 가지고 팀 동료의 성과를 평가할 수 있는 최선의 위치에 있다.

이러한 유형의 평가는 가치 있는 데이터를 산출해 내지만, 개개 경영자에게는 매우 위협적일 수 있다. 그것은 또한 매우 많은 시간이 소요될 수도 있다. 30명의 직원을 가진 도서관이 완성하는 데 45분이 걸리는 고과 도구를 사용하여 6명의 다른 직원에 의해 각 직원을 평가하는 이러한 유형의 인사 고과를 실행하기로 결정했다고 상상해 보라. 소요되는 시간과 노력의 측면에서 이 고과 방법이 얼마나 많은 비용이 들어가는지 쉽게 알 수 있다. 또 하나의 중요한 요인은 이 시스템은 직원들이 단지 직무 기술서의 측면들이 아니라, 조직이 전략적 기획 목적을 달성하도록 어떻게 도움을 주고 있는지를 보여 주어야 한다는 사실이다.[24] 사실 이것은 모든 직원 평가의 일부가 되어야 한다.

어떤 관리자가 360도 인사 고과를 실행하기로 결정하면, 프로세스를 주의 깊게 기획해야 한다. 훌륭하게 설계된 시스템을 실행하는 데는 시간이 걸리게 된다. 다른 모든 고과 시스템과 마찬가지로, 감독자들은 최고 경영진의 지지를 받아야 한다. 아울러 직원들은 자신들의 직무를 가장 잘 알고 있기 때문에, 고과 기준을 개발하는 것을 도와줘야 한다. 그 프로세스에 참여하는 모든 사람은 또한 360도 피드백을 주고받는 교육 훈련을 받아야 한다. 직원들이 피드백을 받았으나 어떻게 그것을 받아들여야 하는지 알지 못하면, 어떤 조치를 취해야 할는지 알지 못한다. 한 전문가가 설명하고 있는 것처럼, "피드백을 얻고 데이터를 마이닝하는 데는 너무 많은 초점을 맞추고 직무에 관련된 변화나 행동 변화를 위해 피드백을 사용하는 데는 거의 초점을 맞추지 못하는 경우가 많다."[25] 다른 어떤 새로운 시스템의 경우나 마찬

---

24) George Vukotich, "Problems and Pitfalls with 360° Feedback," *Business Studies Journal* 6, no. 1 (2014): 103-120.

가지로, 아마도 이 절차는 도서관 전체에 걸쳐 채택하기에 앞서 어느 한 영역에서 예비적으로 시험을 거쳐야 할 것이다. 경영자는 그것이 설계한 대로 확실하게 수행되는지를 모니터링하고 그렇지 못할 경우에는 그것을 수정할 준비를 해야 한다.

(4) 자기 고과(self-appraisals): 어떤 조직에서는 직원들이 스스로를 평가하도록 요청받기도 한다. 자기 고과에서 일반적으로 사용되는 몇 가지 질문으로는 다음과 같은 것들이 있다.

- 올해 귀하가 거둔 가장 중요한 업적은 무엇입니까?
- 책임을 완수하거나 귀하의 목적을 달성하고자 노력하면서 귀하는 어떤 장애 요인들을 발견하셨나요?
- 귀하가 강점을 가지고 있는 영역은 무엇입니까?
- 귀하는 어떤 영역에서 개선이 필요하다고 생각하시나요?
- 귀하의 성과를 개선하기 위해 귀하는 어떤 새로운 기술을 필요로 하나요?

근로자는 경영자가 자신의 단점을 지적하는 대신, 자기 스스로가 자신의 단점을 지적하게 되면 훨씬 덜 방어적이 된다. 하지만 불행하게도, 모든 직원이 스스로를 정확하게 평가할 수 있는 것은 아니며, 종종 직원의 평가가 감독자의 평가와 상충되기도 한다. 자기 평가를 사용하는 곳에서는, 거의 항상 다른 유형의 고과와 결합하여 사용되며 궁극적으로는 감독자의 평가가 우선순위를 갖는다.

어떤 유형의 인사 고과 프로그램을 사용하든, 고위급 경영자들은 이를 지원할 뿐만 아니라 감독자들을 적응하게 하고 교육 훈련해야 한다. 고위 경영진의 뒷받침이 없으면, 그 프로그램은 아마도 제대로 효과를 거두지 못하게 될 것이다. 경영진의 지원에는 감독자들에게 고과를 수행할 충분한 시간을 주는 것이 포함된다. 많은 감독자는 자신의 직원들을 평가하는 프로세스를 싫어하며, 결점에 대해 직원들과 논의하는 것이 훨씬 더 어렵다는 사실을 알고 있다. 교육 훈련을 통해 감독자들은 전체 고과 프로세스에 대해 더 편안해지도록 도움을 받을 수 있을 것이다.

어떤 인사 고과 시스템을 실행하든 그에 앞서 경영자들은 직원의 업무를 판단하게 될 성과 표준(performance standards)을 명시하는 것에 관해 명확히 해야 한다. 이러한 표준은 대개 다음과 같은 세 개 범주로 구분된다.

---

25) Susan J. Wells, "A New Road: Traveling beyond 360-Degree Evaluation," *HR Magazine* 44 (September 1999): 84.

- 질적-양적 표준(quality-quantity standards): 직원이 직무 기술서의 다양한 과업을 얼마나 훌륭하게 수행하고, 직원이 각 과업을 얼마나 많이 달성하고 있는가?
- 요망 효과 표준(desired effect standards): 업무가 완전하고, 정확하며, 시의적절한가? 업무가 기관과 이용자의 목적과 목표를 뒷받침해 주고 있는가? 직원은 판단과 의사 결정을 내리기 위한 근거로서 견실한 데이터를 수집하고 있는가?
- 성과 태도 표준(manner of performance standards): 직원은 아무런 마찰 없이, 다른 사람들과 잘 협력하고 있는가? 직원은 새로운 프로그램이나 프로세스에 적응할 수 있는가?

부서의 감독자들이 표준을 서로 다르게 해석하거나 다른 표준들에 비해 어느 한 표준에 더 큰 가중치를 주게 되면, 평가의 불공평성이 발생하게 될 것이다. 이를 피하기 위해, 많은 조직의 감독자들은 최고 경영진이 표준들을 정의하고 있는 성과 평가 매뉴얼을 제공받게 된다. 말할 필요도 없이, 평가되는 모든 요인들은 직무에 관련되어야 하며 또한 직원이 조직의 목적을 어떻게 진전시키고 있는지를 보여 주어야 한다.

11.2.4. 평정의 문제점

고과는 인간에 의해 이루어지기 때문에, 다양한 약점과 오류를 갖게 되기 쉽다. 〈표 11.4〉는 인사 고과의 가장 일반적인 오류들을 열거하고 있다. 다행히 특정의 기법들은 이러한 오류들을 줄여줄 수 있다. 정확한 인사 고과를 보장하기 위해서는 교육 훈련이 필수적이다. 직원 성과에 대한 훌륭한 기록을 관리하는 것도 오류를 줄여줄 수 있다. 감독자들은 사용되는 고과 시스템의 유형에 인풋을 가져야 하며, 그러면 그것을 더 효과적으로 사용하게 될 것이다. 그리고 오류를 최소화하기 위해서는, 모든 감독자는 인사 고과를 매우 진지하게 받아들여야 한다는 사실을 최고 경영진에서 분명히 해야 한다. 사실 훌륭한 고과를 기대해야 할 뿐만 아니라, 그에 대해서는 보상이 이루어져야 한다. 조직의 관리자가 훌륭하게 개발된 고과를 기대하고 그러한 고과를 성실하게 수행한 감독자들을 체계적으로 보상할 때, 그것은 효과적인 성과 평가 구조의 기반을 구축하게 된다.

<표 11.4> 인사 고과의 일반적인 오류

현혹 효과(眩惑效果: halo effect)[26]: 어느 한 특성에 부여한 평정이 모든 요인에 대한 평정에 부당하게 영향을 미칠 때. 예를 들면, 어떤 직원이 어느 한 영역에서 우수하다고 생각하는 감독자가 평가되는 모든 측면에서 그 사람에게 높은 평정을 하는 것이다.
편견(偏見)**과 편파성**(prejudice and partiality): 부하 직원에 대한 감독자의 개인적인 느낌이 그 부하 직원에게 주어지는 평정에 영향을 미칠 때. 이것은 심각한 오류이다. 업무 성과를 평가할 때 인종이나 신념, 피부색, 종교, 정치적 견해, 국적, 성별을 고려하는 것은 불법적이라는 사실에 유의하라.
관대화(寬大化) **및 가혹화**(苛酷化)(leniency or strictness): 서로 다른 감독자가 서로 다른 평가 표준을 사용하기 때문에, 유사한 직원들이 상당히 다른 평정을 받을 때. 어떤 감독자들은 낮은 평정을 받은 부하 직원의 억울함이나 실망에 부딪히고 싶지 않기 때문에 자신의 모든 부하 직원들에게 높은 평정을 한다. 똑같이 해로운 것은 일괄적으로 낮은 평정을 하는 것인데, 이것은 감독자들이 어떤 근로자도 거의 충족시킬 수 없는 부자연스럽게 높은 표준을 가지고 있음을 보여 주는 것이다.
중심화 경향(中心化傾向: central tendency): 감독자가 평정 척도의 상단이나 하단의 사용하는 것을 꺼려하여, 그 결과 모든 점수들이 중앙 부분에 군집을 이룰 때. 정규 분포 곡선에서는, 대부분의 사람들이 다른 어느 포인트보다도 평균에 더 근접하여 평정될 것이다. 하지만 모든 평정이 중앙에 군집될 때는, 인사 고과의 대부분의 가치는 상실되어 버린다.
대비(對比: contrast): 감독자가 직원이 실제로 해낸 업무가 아니라 직원이 해낼 수 있다고 감독자가 생각하는 업무를 평가할 때.
연상(聯想: association): 많은 평가 작업을 하는 감독자가 단지 질문들이 같은 페이지에 함께 놓여 있기 때문에 요인들을 동일한 수준에서 평정할 때. 이것은 감독자가 피곤하여 모든 사실을 살펴보지 않은 채 성급하게 판단을 내릴 때 발생하는 경우가 많다.
최신성(最新性: recency): 감독자가 전체 고과 기간 동안 이루어진 업무를 평가하기보다는 오히려 직원의 최근 업무만을 고과할 때.

11.2.5. 인사 고과의 방법

인사 고과의 표준적인 방법이 존재하지 않기 때문에, 어떤 특정 방법이 모든 상황에서 가장 잘 작동하는 것은 아니다. 그 대신 많은 효과적인 방법들이 존재한다. 일반적으로, 어떤 조직 내의 모든 부서의 직원들은 단일의 방법이나 여러 방법의 조합에 대해 동의하게 될 것이다. 선택된 방법은 상위의 기업이나 지방 자치 단체, 학술 시스템의 일부를 이루는 도서관의 경우와 마찬가지로, 모체 기관에서 사용하는 것이 될 수도 있을 것이다. 만일 도서관 경영자가 사용되는 방법을 자유로이 선

---

[26] 역자주: 후광 효과, 할로 효과, 연쇄 효과라고도 한다.

택하게 되면, 직원 위원회에서 이러한 결정에 인풋을 가질 수도 있을 것이다. 대규모 도서관에서는, 인적자원실에서 그 방법을 선정하고 개발하는 핵심적인 역할을 하는 경우가 많다. 가장 일반적으로 사용되는 인사 고과 방법에는 서술법, 서열법, 강제 할당법, 도시 척도법(圖示尺度法), 행동 기준법, 여러 방법의 조합이 있다.

(1) 서술법(essay method): 이 방법에서는 평가자가 개인의 성과를 글로 표현된 서술로 기술하게 된다. 때로는 서술이 구조를 갖추지 않을 수도 있지만, 평가자는 대개 직원의 직무 지식과 강점과 약점, 승진 가능성에 관한 일반적인 질문에 답하도록 요구받게 된다. 서술법의 중대한 결점은 서술의 길이와 내용이 다양해질 수 있고, 따라서 평가의 일관성을 이루기가 어렵다는 것이다. 직원에 대한 평정이 부실하게 표현되었을 때는 상대적으로 빈약하게 보이기 때문에 평가자의 글쓰기 능력이 고과에 영향을 미칠 수도 있을 것이다. 서술법은 다른 고과 기법과 결합될 때 가장 효과적이다.

(2) 서열법(ranking system): 직원의 고과를 위한 서열법은 몇 가지가 있다. 단순 서열법(simple ranking method)의 경우는, 감독자가 직원의 성과를 최선에서 최악에 이르기까지 서열화한다. 교대 서열법(alternative ranking)에서는, 감독자가 최선의 성과를 거둔 사람과 최악의 성과를 거둔 사람을 선택하는 것으로 시작하고, 그러고 나서 그다음의 최선과 최악의 성과를 거둔 사람을 선택한다. 이 프로세스는 모든 직원이 서열화될 때까지, 척도의 맨 위에서 맨 아래까지 교대로 계속된다. 쌍대 비교법(雙對比較法: paired comparison)에서는, 감독자가 각 직원을 다른 모든 직원과 한 번에 한 사람씩 체계적으로 비교하게 된다. 서열법의 장점은 그 단순성이다. 중대한 단점은 서열법이 인접한 등급의 사람들 간의 차이의 정도를 밝혀 주지 못하고, 동일한 성과 평가 등급을 가진 근로자들이 별개의 지위를 부여받게 된다는 점이다. 더욱이 어느 한 단위에서 최상급에 오른 근로자가 다른 단위의 최상급에 오른 사람만큼 훌륭하지 않을 수도 있기 때문에, 직원의 그룹들을 비교하는 것은 신뢰하기가 어렵다.

(3) 강제 배분법(强制配分法)[27]: 척도법이 갖는 공통적인 문제점은 너무나도 많은 사람들이 척도의 상단에 위치하게 되는 경우가 많다는 것이다. 강제 배분법(forced distribution rating system)은 너무 많은 사람들이 상위 쪽으로 평가될 때 평가 척도가 갖는 공통적인 문제점을 해결하기 위해 설계된 것으로, 군집화를 예방해 준다. 이것은 평가자가 특정 비율의 직원을 다양한 간격을 두고 성과 척도상

---

27) 역자주: 강제 할당법, 강제 선택법이라고도 한다.

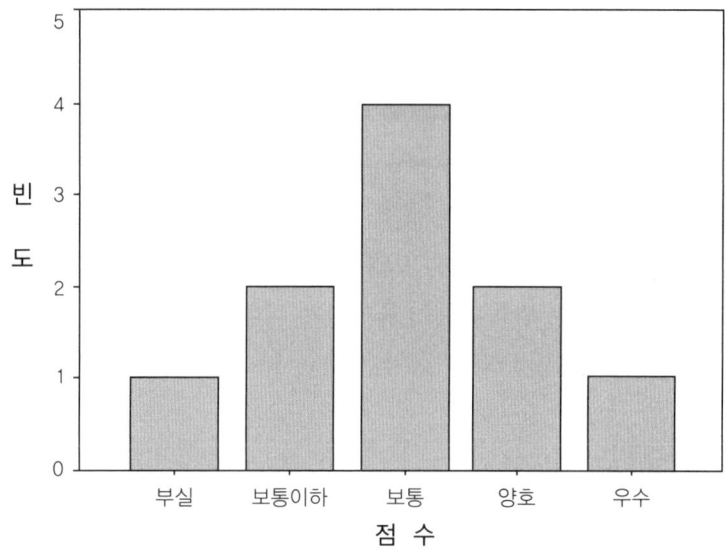

〈그림 11.1〉 강제 배분법의 성과 평정

에 배정하도록 함으로써 군집화를 방지하는 것이다. 대개 감독자는 최고 등급에 10 퍼센트, 최저 등급에 10 퍼센트를 할당하고, 그 밖의 직원들은 그에 비례해서 배정한다. 그 결과로 나타나는 분포는 종 모양의 정규 분포 곡선이 되도록 하고자 하는 의도를 가지고 있다(〈그림 11.1〉을 참고하라). 하지만 낮은 범위에서는 성과 평정이 정규 분포 곡선을 이루게 될 것이라는 이 방법의 기초를 이루는 가정이 성립하지 않을 수도 있을 것이다. 또한 이 방법은 소수의 직원을 평가할 때는 사용하기가 매우 어렵다는 사실에 유의해야 한다.

(4) 도표식 평정 척도법(graphic rating scale)[28]: 도서관과 정보 센터에서는 이것이 가장 일반적으로 사용되는 고과 방법이다. 평가자는 업무량과 신뢰성, 주도성(initiative), 직무 지식, 정확성과 같은 요인들을 바탕으로 직원을 평가한다. 어떤 조직에서는 아주 간단한 양식을 사용하기도 하는데, 이 경우 각 평가 요인이 열거되고, 정의되고, 그다음에 평정의 스펙트럼이 나타난다. 감독자는 수평선 위의 적절한 곳에 마크함으로써 각 요인에 대한 직원의 평정 결과를 나타낸다.

부 실	보통이하	보 통	양 호	우 수

작업이 올바르게 수행되는 정확성

---

28) 역자주: 도시 척도법(圖示尺度法), 도표식 평정법이라고도 한다.

불행하게도 감독자는 보통이나 양호와 같은 용어들의 정의에 대해 동의하는 데 상당한 어려움을 겪고 있다. 감독자가 아무리 많은 교육 훈련을 받았다고 하더라도, 각 감독자는 이러한 용어들을 서로 다르게 해석하게 될 것이다. 근년에 들어 대부분의 기관의 인적 자원 담당 직원들은 각각의 성과 수준을 기술하기 위해 짧은 어구를 도입함으로써 도표식 평정 척도법을 개선해 오고 있다. 이러한 새로운 척도 개발의 가장 어려운 부분은 오해의 소지가 없는 짧은 어구를 제공하고, 그렇게 함으로써 서로 다른 감독자들이 유사하게 해석하도록 보장하는 것이다. 그와 같은 형식에서는 정확성이 다음과 같이 평가될 수도 있을 것이다.

빈번한 실수	부주의, 종종 실수	평균 정도의 실수	대 개 정 확	감독이 거의 불필요; 대부분의 경우 정확하고 정교	최소한의 감독 필요; 거의 항상 정확

작업이 올바르게 수행되는 정확성

도표식 평정 척도법이 인기가 있는 이유 중 하나는 작성하고 관리하는 데 상대적으로 거의 시간이 소요되지 않는다는 사실이다. 아울러 이 방법은 평가자가 몇 가지 성과 차원을 고려하지 않을 수 없도록 해 주고, 표준화된 척도들을 부서와 개인들 사이에 비교할 수 있다. 이 방법의 가장 큰 결점은 현혹 효과나 중심화 경향, 관대화와 같은 오류들을 범하기 쉽다는 것이다. 또한 그 특성상 모든 평정 척도는 되돌아보는 것으로, 직원에게 개선을 위한 객관적인 목표를 보여 주는 대신, 과거 평가 기간 동안의 직원 성과를 판단한다. 〈그림 11.2〉는 도표식 평정 척도법의 한 예이다.

(5) 행동 기준 고과법(BARS: behaviorally anchored rating scales)[29]: BARS는 도표식 평정 척도법의 몇 가지 결점을 바로잡고자 시도하고 있다. 경영 팀에서 BARS를 개발할 때는, 직무 수행자와 감독자가 적극적으로 참여하여, 핵심적인 직무 차원과 책임의 확인을 도와주게 된다. 각 직무는 몇 가지 차원을 가질 가능성이 있는데, 각각에 대해서는 별도의 척도를 갖게 될 것이다. 기준(anchors)은 감독자가 결정한대로, 성과의 구체적인 수준을 나타내는 실제 직무 행위에 대한 구체적인 기술(記述)이다. BARS를 사용하여 인사 고과를 수행할 때, 평가자는 각 척도(즉 각 직무 행동) 상의 기준의 리스트를 꼼꼼히 읽고 직원의 직무 행동을 가장 잘 기술하는 기준을 선

---

29) 역자주: 행동 기준법, 행동 기준 평정 척도(법), 행위 기준 고과법, 행위 기준 평가법, 행태 기준 평정 척도법이라고도 한다.

Parkville Public Library

Employee Performance Evaluation

Employee's Name _____   Classification _____

Evaluation Period: From _____ To _____   Department _____

PLACE CHECK MARK IN BOX THAT MOST APPROPRIATELY INDICATES YOUR JUDGMENT ON EACH FACTOR BEING APPRAISED. COMPLETE ALL ITEMS FOR ALL EMPLOYEES.				
Job Knowledge				
[1] Serious gaps in knowledge of essentials of job	[2] Satisfactory knowledge of essentials of job	[3] Adequately informed on most phases of job	[4] Good knowledge of all phases of job	[5] Excellent understanding of job
Attitude				
[1] Uncooperative, resents suggestions, no enthusiasm	[2] Often cooperates and accepts suggestions	[3] Satisfactory cooperation; accepts new ideas	[4] Responsive, cooperates well; helpful to others	[5] Excellent in cooperation and enthusiasm; welcomes new ideas; very helpful
Judgment				
[1] Decisions often wrong or ineffective	[2] Judgment usually sound but makes some errors	[3] Good decision resulting from sound analysis of factors	[4] Sound, logical thinker	[5] Consistently makes sound judgments
Quantity of Work				
[1] Falls below minimum requirements	[2] Usually meets minimum requirements	[3] Satisfactory quantity	[4] Usually well exceeds minimum	[5] Consistently produces high quantity
Quality of Work				
[1] Poor quality, many errors	[2] Quality usually all right, some errors	[3] Satisfactory quality	[4] Quality exceeds standards	[5] Consistently high quality

〈그림 11.2〉 도표식 평정 척도법

택하게 된다. 각 기준은 값을 가지고 있는데, 각 직무 차원에 대한 결합된 값이 어떤 직원의 전반적인 평가가 된다.

훌륭한 행동 설명문이 기준으로 제시되면, BARS를 사용하는 것이 오류를 줄이는 데 도움이 될 수 있다. 또한 경영자와 직무 수행자가 양측 다 BARS의 개발에 참

직무 차원: 프로그램 촉진 및 공공 관계	
이 섹션은 프로그램을 촉진하고 매스미디어를 이용할 때의 행동을 평가하기 위한 표준을 포함하고 있다.	
척도 값	기 준(anchors)
7 우 수	우리 주(州)에서 가장 훌륭한 PR 프로그램 중 하나를 실행한다. 항상 도서관 프로그램에 대해 광범위한 미디어의 보도가 이루어지고 있다.
6 매우 양호	훌륭한 공공 관계를 개발하는 작업을 계속하고 있다. 프로그램의 촉진을 위해 모든 그룹과 조직과 기꺼이 함께 일하고 있다. 매스미디어와 효과적으로 커뮤니케이션하고 있다.
5 양 호	관심 있는 개인들의 메일링리스트를 시 전체에 걸쳐 개발해 오고 있다. 매스미디어를 어느 정도 독창적으로 활용하고 있다. 미국도서관협회에서 제공하는 몇몇 촉진용 자료를 지역의 용도에 맞게 적용하고 있다. 요청에 따라 또는 기회가 생길 때 자문 그룹과 공무원들에게 보고서를 작성한다.
4 보 통	몇몇 지역의 리더와 조직, 그룹과 커뮤니케이션을 유지하고 있다.
3 보통 이하	노력에 일관성이 부족하기는 하지만 공공 관계 프로그램의 기획과 실행을 돕고 있다. 하나 이상의 매스미디어를 충분히 활용하지 못하고 있다.
2 부 실	커뮤니티 클럽이나 조직과 대화하고자 하는 어떤 노력도 하지 않고 있다. 잠재적인 오디언스를 증가시키기 위해 접촉해야 하는 미디어에 대해 계속 언급하지만, 그에 관해 아무것도 하지 않고 있다. 도서관 프로그램의 특정 부분에 대해서는 관심이 없으며 홍보도 하지 않고 있다.
1 수용 불능	지역의 가치와 고객에 대해 무례한 태도를 보여 주고 있다. 이벤트와 활동에 대해 관심 있는 사람들과 커뮤니케이션을 하지 못하고 있다.

〈그림 11.3〉 행동 기준 고과법

여하기 때문에, 직원이 이 고과 방법의 결과를 받아들일 가능성이 더 높다. 〈그림 11.3〉은 프로그램 촉진과 공공 관계라는 직무 차원을 평가하기 위해 사용할 수도 있는 척도를 보여 주고 있다. 그와 같은 BARS는 공공도서관의 프로그램 촉진을 다루는 사서들을 평가하기 위해 사용할 수 있다.

BARS는 부분적으로는 각각의 직무에 대해 별도의 양식을 개발해야 하기 때문에, 도표식 평정 척도법보다 개발 시간이 더 많이 걸린다. 그 결과 BARS는 각각의 특정 직무의 직원이 너무 적기 때문에 그러한 척도가 필요하지 않은 소규모 조직에서는 실용적이지 못할 수도 있을 것이다.[30] 이 시스템은 실행하기가 어렵기 때문에, 도서관에서는 널리 사용되지 않고 있다.

---

30) James S. Bowman, "Performance Appraisal: Verisimilitude Trumps Veracity," *Public Personnel Management* 28 (Winter 1999): 561.

(6) 여러 방법의 조합: 많은 유형의 인사 고과가 존재하지만, 어느 한 유형이 일률적으로 최상의 것이 되는 것은 아니다. 많은 조직은 서로 다른 유형의 직원에 대해 서로 다른 방법을 사용하거나 서로 다른 두 가지 접근법을 조합하여 하이브리드 시스템을 만들어 낸다. 직원의 성과에 관한 추가의 정보를 제공하기 위해 도표식 평정 척도법을 서술법과 결합시키는 것은 아주 일반적이다. 또는 앞서 살펴본 것처럼, 감독자의 심사와 결합된 자기 평가는 평가를 위한 골격은 물론 논의를 위한 기회를 함께 제시해줄 수 있다.

11.2.6. 인사 고과 심사 프로세스

인사 고과 프로세스는 다양한 형식을 취하지만, 일부 요소들은 거의 모든 형식에 공통적이다. 고과의 책임을 맡고 있는 부서(대개는 인적 자원 담당 부서나 도서관장실)에서 적절한 양식을 배포하고 직원은 물론 감독자에게 교육 훈련을 제공한다. 해당 부서에서는 또한 평가 대상 직원과 양식의 완성 책임을 갖는 사람, 양식의 최종 제출 일자를 명시한 정보를 제공해 준다. 경영자들은 프로세스를 표준화하고 더 효율적이 되도록 하기 위해 온라인 고과 양식을 사용하고 있다.

양식을 받은 후에, 고과자는 직원의 성과를 사려 깊고 신중하게 평가해야 한다. 고과자는 최근의 이벤트만을 바탕으로 평가하는 것이 아니라, 전체 고과 기간에 걸친 직원의 업무를 고려해야 한다. 최근의 이벤트가 어느 방향으로든 심사를 왜곡시킬 수 있기 때문에 이것은 중요하다. 그리고 고과자는 필요할 때는 기꺼이 부정적인 평가를 해야 한다. 앞서 살펴본 것처럼, 이러한 부정적인 평가에 놀랄 직원은 없을 것이다. 오늘날의 책무성에 대한 강조와 함께, 직원의 성과 평가에 정확하고 진실하게 임해야 하는 것은 고과자의 책임이다. 성과가 나빴으면 평가는 그것을 반영해야 한다. 이상적으로 보면 평가자는 평가를 정당화하는 데 도움이 될 증거인 직원과의 이전의 미팅이나 일지 엔트리에서 얻은 같은 시기의 노트를 바탕으로 판단하게 될 것이다. 그와 같은 조치들은 평가가 부정적일 때 특히 중요하다. 평가가 편향적으로 이루어지지 않도록 보장하기 위해, 평가자와 그 감독자는 완성된 양식을 함께 검토하고 그 정확성에 대해 합의해야 한다. 도서관장이나 인적 자원 담당 부서장이 모든 평가를 읽게 될 것이다.

11.2.7. 인사 고과 면담

프로세스의 다음 단계는 인사 고과 면담(performance appraisal interview)으로, 이 면담에서는 고과자가 평가의 결과를 직원과 공유하게 된다. 이 면담을 실시하는 것은 아마도 이 프로세스에서 가장 어려운 부분이 될 수도 있을 것이다. 이것은 분명히 직원과 그 감독자가 가장 두려워하는 부분이다. 직원은 고과의 사본을 받고 면담 이전에 그 사본을 읽고 노트할 것이 있으면 무엇이든 노트할 충분한 시간을 가져야 한다.

 이야기해 보기

"여러분의 성과에 관해 질문을 하기 위해서는 겸손해야 한다. 그리고 답변을 고려하기 위해서는 더 많이 겸손해야 한다." Senora Roy[31]

인사 고과는 대화를 위한 시간이 되어야 하며, 공헌에 대해 직원에게 감사를 표하고 개선이 필요한 영역을 논의하며 직원이 수행한 업무에 대한 자신의 시각을 공유하는 공식적인 시간이 되어야 한다. 여러분이 맡았던 어떤 직무를 생각해 보고 여러분의 성과에 대해 여러분이 피드백을 받았던 방식들에 대해 논의해 보라. 이것은 비공식적 또는 공식적 프로세스의 일부가 될 수 있다. 만일 여러분이 성과 관리 시스템을 필요로 하는 어떤 직무도 맡아 본 적이 없으면, 자원봉사와 같은 다른 종류의 고용을 활용하라. 예를 들면 여러분이 걸 스카우트 쿠키를 팔거나 잔디를 깎아 본 적이 있다면, 누군가가 여러분에게 피드백을 해 주었는가? 그 상황과 그 결과에 관해 여러분이 어떻게 느꼈는지에 대해 논의해 보라.

감독자는 또한 미팅을 준비해야 하는데, 아마도 직원의 발전을 알아보기 위해 이전의 인사 고과를 검토할 수도 있을 것이다. 분명히 감독자는 미팅의 구조를 기획하게 될 것이다. 감독자는 확정된 면담 일정을 지키기 위해 모든 노력을 기울여야 하며, 대부분의 직원은 이러한 인사 고과 면담에 관해 불안해하고 있기 때문에, 연기나 그 밖의 일정 변경은 직원의 걱정이나 우려를 더해 주게 될 뿐이다. 이 미팅의 민감성 때문에, 감독자는 분위기를 가능한 한 비공식적으로 유지해야 한다. 감독자의 데스크는 권위의 상징으로서 심리적인 장애가 될 수도 있기 때문에, 감독

---

31) SearchQuotes.com에서 확인한 Senora Roy의 자료를 인용한 것임. accessed February 10, 2017, 〈http://www.searchquotes.com/search/Performance_Appraisal/2/#ixzz4YJPzaVJB〉.

자는 자신의 데스크에서 벗어나 더 비공식적인 가구들이 있는 장소에서 면담을 실시하고자 할 수도 있을 것이다. 마지막으로, 감독자는 면담이 방해를 받지 않도록 보장해야 한다. 미팅 동안 감독자는 질문을 하거나 직원이 이야기를 하도록 용기를 북돋워 주는 코멘트를 해야 한다. 초점은 인사 고과에 맞추어져야 하는데, 그러면 직원은 고과의 다양한 요소에 대해 응답할 기회를 갖게 될 것이고 감독자는 왜 특정의 요소들이 직원이 받은 것과 같이 평정이 이루어졌는지 설명할 수 있게 된다.

감독자는 이 미팅에서 다음과 같은 네 가지 주요한 목표를 갖는다. (1) 부여된 과업을 수행하면서 직원이 가지고 있는 문제점을 확인하기 위해, (2) 이러한 문제점을 해소할 수도 있는 방법이나 절차를 결정하기 위해, (3) 직무와 기관, 업무 환경에 대한 직원의 만족 수준을 이해하기 위해, (4) 직원이 직무 유효성을 개선하거나 승진을 준비하기 위한 개인적인 프로그램과 활동을 계획하도록 도와주기 위해.

마지막 목표가 특히 중요하다. 함께 일하면서, 직원과 감독자는 직원을 위한 현재의 목적과 장기적인 목적을 설정하고 그러한 것들을 성과 평가 양식에 기록한다 (다음 평가 면담에서, 두 사람은 목적에 대한 직원의 진척에 대해 논의하게 될 것이다). 양식에 서명함으로써, 직원은 평가와 제안된 목적의 수용을 표시하게 된다.

물론 모든 면담이 원만하게 진행되는 것은 아니다. 때로는 감독자가 직원에게 그 직원의 업무가 도서관의 표준에 이르지 못했다고 말해야 한다. 경우에 따라서는, 감독자가 어떤 직원을 강등시키거나 해고시켜야 할 것이다. 감독자는 이미 알려져 있는 직원의 태도와 행동은 물론 이전과 현재의 성과 심사를 통해 추론을 이끌어 냄으로써, 언제 그와 같은 조치가 필요할지를 예측할 수 있어야 한다. 현명한 감독자는 면담이 어떤 방향으로 진행되든 대비하지 못하는 경우는 거의 없게 된다.

인사 고과는 어렵기는 하지만, 인적 자원 관리의 필수적인 부분이다. 훌륭한 성과 심사 시스템은 직원들에게 자신들이 얼마나 훌륭하게 업무를 수행하고 있는지 이해하도록 도와주고 성장과 발전의 기회를 제공해 준다.

11.3. 징계와 고충 처리

최종적으로 거의 모든 경영자는 직무나 조직의 요건을 따르지 못하는 직원을 다루어야 한다. 감독자는 그 이슈를 해소하기 위해 어떤 종류의 징계 절차 (disciplinary procedure)를 발동해야 할 수도 있을 것이다. 반대로 어떤 직원이 조직이나 경영진에 관한 불평을 가지고 있으면, 그 문제점을 해소하기 위해 고충 처리

(grievance) 프로토콜을 이용해야 할 수도 있을 것이다.

징계는 어떤 직원의 성과가 나쁘게 악화되었거나 직원이 기관의 규칙을 위반했을 때, 조직의 경영자가 그 직원에게 취하는 조치로 정의할 수 있을 것이다. 징계는 직원에게 확립된 표준에 부응하기 위해서는 자신의 행동을 변화시켜야 한다는 사실을 커뮤니케이션해 준다. 징계 조치의 이유에는 지나친 장기 결근, 절도, 일정에 따른 학위 이수의 실패가 포함된다. 원인이 무엇이든, 감독자는 조직의 이익 보존과 개인의 권리 보호라는 징계의 목표를 명심해야 한다.

대부분의 조직은 징계를 처리하기 위한 공식적인 정책과 절차를 가지고 있다. 불과 약 5퍼센트의 직원이 징계가 필요하며, 압도적 다수는 올바른 일을 하고자 하는 훌륭한 근로자인 것으로 추정되고 있다.[32] 그럼에도 불구하고, 징계 정책과 절차는 감독자가 징계가 필요한 극소수의 사람들을 다루기 위해 준비되어 있어야 한다. 그와 같은 절차를 확립하기에 앞서, 각 기관의 경영자들은 직원의 성과를 관리하는 규칙을 개발하고 각 직원이 이러한 규칙을 명확하게 이해하도록 보장하기 위한 조치를 취해야 한다. 만일 직원이 규칙이나 업무 표준을 위반하게 되면, 감독자는 징계 조치를 취해야 하지만, 그렇게 하기에 앞서, 부실한 교육 훈련이나 불충분한 감독, 부적합한 장비와 같은 외부 요인들로 인해 부실한 성과가 발생하지 않도록 확실히 해야 한다.

징계 조치는 문제가 되는 행위의 성격과 빈도에 따라 다양한 형식을 취한다. 대부분의 조직은 점진적 징계(progressive discipline)라고 알려져 있는 것을 채택하고 있는데, 이 경우에는 퇴출(dismissal)에 앞서 직원이 자신의 행동을 시정할 기회를 가질 수 있도록 일련의 단계를 취해야 한다. 이러한 조치 중 가장 부드러운 것은 단순 구두 경고(simple oral warning)이다. 이후에는 처벌이 단계적으로 엄격해진다. 일반적인 진행은 직원의 인사 기록에 남겨지는 구두 경고, 서면 경고, 다양한 기간의 무보수 정직(停職), 그리고 마지막으로 가장 엄격한 처벌인 직무로부터의 해직(discharge)으로 이어진다. 감독자의 폭행과 같은 중대한 위법 행위의 경우에는, 이러한 단계 없이, 직원을 퇴출할 수 있다. 있을 수도 있는 소송에 대비하기 위해, 감독자는 프로세스의 각 단계를 문서화하는 것이 매우 중요하다.

징계가 효과적이 되도록 하기 위해서는, 처벌을 적절하게 부과해야 한다. 많은 인적 자원 전문가들은 징계를 관리하는 이른바 "벌겋게 달아오른 뜨거운 난로" 방법

---

[32] "Breaking with Tradition: Changing Employee Relations through a Positive Employee Philosophy," *Library Personnel News* 8 (January-February 1994): 4.

(red hot stove method)을 언급하고 있다. 여러분은 시뻘겋게 달아오른 난로에 터치하기에 앞서, 여러분은 처벌이 다음과 같이 이루어지리라는 사실을 인식하게 된다.

- 직접적이다. 난로는 얼마 후가 아니라 즉시 여러분에게 화상을 입힌다.
- 사전 경고와 함께 온다. 여러분이 난로에 접근할 때 여러분은 열기를 느낄 수 있다.
- 일관성이 있다. 달아오른 난로는 언제나 여러분에게 화상을 입히게 된다.
- 공평하다. 난로를 터치하는 사람은 누구든 화상을 입게 될 것이다.

가장 훌륭한 징계 시스템에 대해서도 마찬가지이다. 경영진은 감독자 측의 어떠한 악감정도 없이, 즉시 그리고 개인에 관계없이 직원에 대한 징계를 해야 한다. 감독자는 필요할 때는 주저 없이 징계를 해야 하지만, 징계는 문제되는 직원을 모욕하기 위한 것이 아니라, 문제점을 바로잡거나 직무 행동을 수정하기 위한 의도를 가지고 있는 것이라는 사실을 명심해야 한다. 감독자는 쌍방 커뮤니케이션을 권장하면서, 징계를 조용하고 사적으로 관리하고, 그러고 나서 감독자와 직원은 잘못된 행동을 개선하기 위한 후속 조치에 대한 계획에 합의해야 한다. 가능하면, 면담은 긍정적인 어조로 마무리해야 하는데, 감독자뿐만 아니라 조직의 다른 사람들은 특정의 조치와 최종 기한이 충족되면 직원이 성공하기를 바라고 있다고 직원이 믿도록 해야 한다.

징계를 관리하기를 좋아하는 사람은 없지만, 징계 시스템은 제대로 실행되면 직무와 관련된 직원의 문제점을 다루는 데 효과적이 될 수 있다. 문제되는 개인을 바로잡는 것 이외에도, 징계는 다른 직원이 유사한 방식으로 행동하는 것을 예방해 주고, 함께 일하는 근로자들에게 부적절한 행동은 용납되지 않는다는 사실을 확실히 해 주며, 높은 행동 기준에 대한 경영자의 약속을 보여 줄 수도 있을 것이다.[33]

---

33) Richard E. Rubin, *Human Resource Management in Libraries: Theory and Practice* (New York: Neal-Schuman, 1991): 157-158.

 **스킬 연습하기**

여러분은 다섯 명의 근로자로 이루어진 학생 인력을 관리하는 중이다. 여러분은 그들을 교육 훈련시키고 자신들이 수행해야 하는 업무를 확실하게 이해하도록 하기 위해 상당히 많은 시간을 투입하고 있다. 다섯 명의 학생 중 한 명인 Sam은 대출 데스크를 맡기 위해 월요일과 수요일, 금요일의 오후 5:00부터 9:00까지 일하기로 예정되어 있다. Sam은 금요일 근무에 지속적으로 나타나지 않으면서, 어설픈 변명을 하고 있으며, 여러분이나 여러분 팀원 중 한 사람이 Sam을 대신하기 위해 늦게까지 남아 있게 되었다. 이런 일이 이제 3주 연속으로 발생하고 있으며 여러분은 그에게 이야기를 해야 한다. Sam의 월요일과 수요일의 업무 성과는 매우 양호한데, 주의 깊고 정확한 직무를 수행하고 있고 도서관 이용자에게도 훌륭한 매너를 갖추고 있다. 여러분은 이전에는 이에 대해 Sam에게 말한 적이 없다. 이러한 대화를 위한 계획을 준비해 보라. 여러분은 무엇을 이루고자 하는가? 여러분이 이루고자 하는 키포인트는 무엇인가? Sam은 어떤 반응을 보이게 될 것이라고 생각하는가? 여러분이 준비되었을 때, 친구와 함께 여러분의 미팅의 역할을 체험해 보고 그리고 나서 그 결과에 대해 논의해 보라. 또한 이러한 미팅을 피하기 위해 잘못된 세 번째 금요일 이전에 여러분이 취할 수 있었던 일은 어떤 것이 있었는지 생각해 보라.

11.3.1. 해임이나 해고

이러한 어떤 징계 절차도 효과적이지 못할 경우에, 경영자는 어떤 직원을 퇴출시켜야만 할 수도 있을 것이다. 해임(firing)은 대개 직원이 구체적인 이유로 해직될 때 사용되는 용어이다. 절도나 심각한 불복종 등과 같은 중대한 위반을 저지른 직원은 해임될 것이다. 해고(termination)는 약간 다른데, 어떤 직원이 상당 기간 이후에도 직무상의 기대를 충족시키지 못했을 때 이루어진다.

어떤 직원을 해직시키는 것은 결코 쉬운 일이 아니지만, 감독자는 그 프로세스를 올바르게 실행해야 한다. 해고를 잘못 처리하는 것은 직원의 소송 제기의 주요한 원인이 된다. 문서의 관리(documentation)는 모든 인적 자원 관련 의사 결정에 중요한데, 해고의 경우에는 특히 중요하다. 소송의 경우에는 해고의 필요성을 뒷받침해 주는 모든 관련 증거를 보유해야 한다. 프로세스 전체에 걸쳐, 경영자는 어떤 이유로든 직장을 잃는 것이 얼마나 정신적인 외상을 초래하는지를 명심하고, 정중하게 직원을 대해야 한다. 하지만 동시에, 경영자는 성과를 제대로 내지 못하는 직원들이 다른 직원의 사기에 영향을 미치고 부서의 업무에 지장을 초래하기 이전에 그러한 직원들을 내보내는 책무를 가지고 있다. 어떤 직원이 어떤 직위에 적합하지 않으며 다른 환경에서 일할 수도 있을 때도 있다. 때로는 직원을 재배치

함으로써 상황을 회복할 수 있지만, 이 직원은 새로운 직위에서 수습을 거쳐야 하기 때문에, 일이 제대로 진행되지 않으면, 그 직원은 해고될 수도 있을 것이다.

11.3.2. 고충 처리 시스템

징계는 조직이 직원에 대해 가지고 있는 불만을 다룬다. 반면에 고충 처리 시스템(grievance system)은 직원들이 감독자나 조직에 대해 가질 수도 있는 문제점을 다룰 수 있도록 해 준다. 고충은 누군가가 어떤 조직의 경영진의 관심을 끌게 되는 고용에 관련된 어떤 불만이다. 고충 처리 절차는 노동조합이 결성되어 있는 조직은 물론 노동조합이 결성되어 있지 않은 조직에도 존재하지만, 조직에 노동조합이 결성되어 있을 때, 그 절차가 더 공식적이고 잘 정의되기 쉽다.

노동조합이 결성되어 있지 않은 기관에서는, 단체 교섭 협약(collective bargaining agreement)이 고충 처리를 해결하기 위한 절차를 설정해 주는데, 단계는 노동조합 협약에 그 개요가 제시된다. 일반적으로, 첫 번째 단계는 고충을 가지고 있는 직원이 그 직원이 속해 있는 단위의 노동조합 대표자인 간부를 만나는 것이다. 직원과 노동조합의 간부는 고충에 대해 논의하고, 노동조합의 간부가 불평을 기각하거나, 아니면 함께 고충 조정 신청자의 감독자에게 그 고충을 가져가게 될 것이다. 만일 이 단계에서 쌍방이 만족할 수 있는 해결책을 만들어 내지 못하면, 직원과 노동조합 간부는 고충을 서면으로 작성하여, 다음 단계의 경영진과 이 프로세스를 계속하게 된다. 이를 통해 문제를 해소하지 못하게 되면, 대개 고위 경영진과 인적 자원 부서가 관여하게 된다. 만일 고충을 조직 내에서 해결할 수 없으면, 고충 조정 신청자는 중재(仲裁: arbitration)를 요청할 수 있는데, 여기서는 고용주와 직원의 노동조합이 분쟁을 조정하기 위해 외부의 중립적인 제3자를 데려오게 된다. 중재자의 결정은 모든 당사자에게 구속력을 갖는다.

노동조합이 결성되어 있지 않은 많은 조직들은 비공식적인 방식으로 직원의 고충을 해결하기 위해 문호 개방 정책(open door policy)을 사용한다. 이 정책 아래에서는, 감독자가 직원들에게 문제점이나 불평을 논의하기 위해 언제든 자발적으로 자신의 사무실로 오도록 권장하고 있는데, 직원들이 자유롭게 그와 같이 하게 될 것이라는 가정이 이루어지고 있는 것이다. 결과적으로 문호 개방 정책은 감독자가 직원들에게 신뢰감을 심어 줄 수 있을 때만 작동하게 된다. 직원들은 감독자가 어떤 문제점이든 객관적으로 경청하고 공정하게 해결하게 되리라고 느끼고, 문제를 제기한 데 대해 감독자가 자신들을 말썽꾼으로 간주하지는 않게 되리라고 확신해야 한다. 감독자가 인간관계의 기술을 갖추고 있고 직원의 니즈와 느낌에 민감할 때 이 정책은 아주 성공적이 될 수 있다. 이러한 정책은 특정의 조치를 설명하고 불평이나 고충을 얼굴을 마주 보고 해소할 기회를 감독자에게 제공해 준다. 사실적인 문제점들은 근로 조건이나 근무 시간, 직무 절차의 변경과 같은 쉽게 검증되는 상황을 포함하고 있기 때문에, 일반적으로 바로잡기가 가장 쉽다. 직원들의 감정을 포함하는 문제점들은 처리하기 훨씬 더 어려운 경우가 많다.

노동조합이 결성되어 있든 결성되어 있지 않든, 모든 조직은 공식적인 고충 처리 절차를 가지고 있어야 한다. 노동조합이 결성되어 있지 않은 조직에서는, 경영진이 고충 처리 절차를 설정해야 한다. 고충 처리 절차는 다음과 같은 것들을 정의한다.

- 문서로든 구두로든 고충을 제기하는 방식
- 고충 접수의 대상이 되는 사람
- 조직의 계층 구조를 거쳐 고충을 진행시키는 방법
- 고충에 관한 결정이 내려지는 곳
- 결정이 내려지는 최종 포인트

대개 그 절차는 또한 고충을 가지고 있는 직원이 최종 결정에 만족하지 못하면 취할 수 있는 조치도 확인해 준다.

고충 처리 절차는 직원을 자신의 직속상관의 직접적이고 완전한 통제로부터 떼어놓게 된다. 이러한 절차는 직원들이 조직에 대해 타당한 불만을 가지고 있을 때는 정의가 실현될 수 있다는 사실을 확실하게 하기 위해 존재한다.

11.4. 직원에 대한 보상

급여 관리자들은 직원들을 보상하는 공평한 시스템을 확립하는 것을 목표로 하고 있다. 대부분의 도서관에서는, 연간 보너스나 스톡옵션(stock options), 그 밖의 특별 인센티브와 포상을 제공하는 경우가 많은 영리 기업체와는 달리, 직원들이 급여(salaries)와 부가 급부(附加給付: fringe benefits)만을 제공받는다. 인적 자원 전문가들은 임금(賃金: wage)과 급여를 구분한다는 사실에 주목해야 한다. 임금은 매주 근무한 시간 수에 따라 산출되는 직원의 보수를 말하며, 급여는 어느 한 지급

기간에서 다음 지급 기간에 이르기까지 균일한 보상을 말한다. 임금은 대개 시간에 의해 보고되고, 급여는 연도에 의해 보고된다.

　미국에서는, 두 개의 다른 용어가 이러한 직원의 유형을 구분해 주고 있다. 임금 소득을 얻는 직원은 **비면제 직원**(nonexempt personnel)이라고 언급되는 경우가 많다. 일반적으로 비면제 직원은 공정근로기준법(FLSA: Fair Labor Standard Act)의 적용을 받기 때문에 그렇게 부르는데, 감독직 이외의 직위에서 일한다. 이 법에서는 비면제 직원은 어떤 초과 근무에 대해서나 50퍼센트 초과 수당(시간당 임금의 1.5배)을 지급받도록 요구하고 있다. 급여를 받는 근로자는 공정근로기준법의 적용을 받지 않으며, **면제 직원**(exempt personnel)이라고 언급되는 경우가 많은데, 이들은 대개 관리직이나 전문직 직원들이다. 고용주는 그와 같은 직원의 초과 근무에 대해서는 근무 시간에 관계없이, 보수를 지급할 필요가 없다.

　대부분의 도서관의 급여 자금은 기본적으로 그 모체 기관으로부터 나온다. 소수의 도서관은 영구 기금(endowment)이나 미국의 경우 연방이나 재단의 지원금, 또는 때로는 자체 수입으로부터 소액의 인사 자금을 받기도 한다. 연방이나 재단의 지원금으로부터 온 자금은 일시적으로 특정 프로젝트나 프로그램에 투입되는데, 그와 같은 자금은 종종 소프트 머니(soft money)라고 불리기도 한다.

　민간 기업과 민간 기관은 직원 개개인이나 직원 집단의 임금이나 급여를 밝힐 필요가 없다. 실제로 많은 산업체에서 급여 정보는 엄격하게 비밀을 유지하여 관리되고 있다. 급여에 대해 비밀을 지키는 이유는 그것이 자기 자신의 보수와 다른 모든 사람의 보수를 비교하게 될 직원들 간의 불만을 예방해 준다는 것이다. 반면에 대부분의 공공 기관은 급여 정보를 입수할 수 있도록 해야 한다. 미국의 많은 주에서는, 주 공무원의 급여는 공공 기록의 일부로 간주되며, 그 결과 인사담당관실에서 입수할 수 있으며 출판되거나 온라인으로 입수할 수도 있을 것이다.

　어떤 직원들은 급여 공개가 자신들의 프라이버시를 침해한다고 느끼고 있기 때문에 이를 싫어한다. 급여 정보의 공개는 때로는 부러움과 사기 저하를 가져올 수도 있을 것이다. 반면에 많은 사람들은 급여의 숨김없는 공개가 정실을 억제하고 보수의 차별을 경감시켜 주는 역할을 한다고 믿고 있다. 많은 인적 자원 전문가들은 가능하면 두 입장 사이의 절충안이 최선이라고 느끼고 있다. 조직은 조직 내의 다양한 직무의 보수의 범위를 공개해야 하지만 어떤 특정 개인이 얼마를 받고 있는지는 밝혀서는 안 된다. 도서관에서는 다른 조직들에서와 마찬가지로, 급여 관리 프로그램이 세 부분, 즉 어떤 급여를 지불할는지의 결정과 급여 등급표(salary scale)의 개발, 급여 인상(salary increases)의 조정 프로세스로 이루어진다.

11.4.1. 급여의 결정

제공되는 서비스에 대한 보수가 지급되는 모든 기관의 직원은 직무에 필요한 교육과 경험, 책임을 바탕으로 공정하고 공평한 보상을 받아야 한다. 직무 요건이 더 높으면 높을수록, 급여는 더 높아야 한다.

기관들은 자질을 갖춘 직원을 유치하고 보유하기 위해 경쟁력이 있는 급여를 제공해야 한다. 전문화된 교육을 받고, 자신의 역량을 입증해 주는 업무 배경과 책임을 기꺼이 받아들이고자 하는 자세를 가진 사람들은 언제나 수요가 많다. 따라서 급여는 그러한 사람들을 충분히 유치할 정도로 높아야 한다. 어떤 사람에게는 돈이 가장 중요한 동기 요인이 아닐 수도 있겠지만, 대부분의 사람에게는 여전히 아주 중요하다. 그러므로 가장 훌륭한 사람들을 채용하여 보유하고자 노력하는 기관의 경영자들은 대개 저조한 성과와 전직(轉職)을 감수하게 될 기관보다 더 많이 지불하게 될 것이다.

공정한 보수란 무엇인가? 이 질문에 대한 대답은 일반적으로 다음과 같은 두 가지 일반적인 이슈를 포함하고 있다. 즉 (1) 대내적 공평성(internal equity), 또는 같은 조직의 다른 직원들이 받고 있는 것과 비교하여 그 직원이 받고 있는 것과 (2) 대외적 공평성(external equity), 또는 다른 조직의 직원들이 유사한 직무를 수행하고 받고 있는 것과 비교하여 그 직원이 받고 있는 것이 그것이다. 급여 불만족은 직원의 업무의 품질을 떨어뜨릴 수 있다. 조직에서 이러한 불만족을 피하고자 한다면, 직원들이 대내적 공평성은 물론 대외적 공평성이 존재한다고 믿어야 한다.

일반적으로, 미국의 경우 전문직 사서의 급여는 전국적으로 경쟁력을 가지고 있다. 다만 지역과 로컬의 상황도 그러한 급여에 영향을 미치고 있다. 예를 들면 New York City나 San Francisco와 같은 해안에 위치한 대도시의 생계비는 소규모 지역 사회보다 더 높기 때문에, 급여 수준은 그에 비례하여 더 높을 것이다. 그렇지 않으면, 어떤 기관들은 직무의 소재지가 요인이 되지 않는 급여 등급표를 가지고 있다. 예를 들면 California State University(CSU) 시스템의 교원들은 근무 지역에 관계없이 하나의 등급표의 적용을 받는다. 즉 만약 여러분이 주택이 상당히 비싼 San Jose에 사는 것보다 주택이 훨씬 덜 비싼 북부 캘리포니아의 CSU에 있다고 하더라도 여러분은 동일한 급여를 받게 된다. 대부분의 학군에도 급여 등급표가 있기 때문에 경험과 교육의 연한을 통해 여러분은 구체적인 급여 스케줄을 택할 수 있게 된다.

사서들의 급여에 관한 정보는 몇 가지 방식으로 얻을 수 있다. 미국의 경우는,

대개 *Library Journal*의 10월호에 발행되는 인가된 문헌정보학 스쿨의 현재 졸업생들에 관한 연간 보고서가 전국의 평균 급여와 중간치의 급여는 물론 초봉의 지역적인 차이를 보여 주고 있다.[34] Special Libraries Association은 그 회원 도서관에 대한 심층 서베이를 정기적으로 실시하고 있다.[35] Allied Professional Association과 미국도서관협회(ALA)의 Office for Research and Statistics는 현재 2년마다 공공도서관과 학술도서관의 급여 정보를 수집하고 있다.[36] Association of Research Libraries(ARL)에서는 연간 급여 서베이를 발행하고 있다.[37] 몇몇 주립도서관들은 그 주의 모든 도서관의 급여 데이터를 발표하고 있다. 적절한 보수 수준을 설정하고자 하는 경영자는 급여 서베이를 실시하거나 단순히 전문적인 정기간행물의 광고에서 제공하는 급여를 평가함으로써 데이터를 수집하고자 할 수도 있을 것이다. *Occupational Outlook Handbook*도 미국 전역의 급여에 관한 데이터를 포함하고 있다.[38] 방법에 관계없이, 모든 데이터가 동일한 직무 요건을 가진 직위에 적용되도록 보장하기 위해 상당한 주의를 기울여야 한다.

비전문직 도서관 직위의 급여는 대개 도서관 소재지 내의 현행 보수 비율에 의해 결정된다. Allied Professional Association과 미국도서관협회(ALA)의 Office for Research and Statistics는 도서관 보조 직원의 급여에 대한 미국의 전국적인 개관을 제공한 바 있는데, 그 정보는 2007년에 마지막으로 수집되었다.[39] 로컬의 급여에 대한 정보를 보유하고 있는 그 밖의 기관으로는 학교 시스템의 학군 사무실과 지방 정부, 고용 기관, 상공회의소가 있다. 인터넷 사이트도 급여 정보를 제공하고 있다.

---

34) Suzie Allard, "Bouncing Back," *Library Journal* 141, no. 17 (2016): 30-36. 입수할 수 있는 가장 최근의 서베이는 2015년이다. 이것은 도서관학 프로그램의 석사 과정 졸업생들에 관한 전망 정보를 제공하고 있다.

35) Special Libraries Association을 위한 최신의 서베이에 관한 정보는 다음 자료를 참고하라: James Matarazzo and Toby Pearlstein, "Salaries of Special Librarians in the United States," *IFLA Journal* 40, no. 2 (2014): 116-119.

36) 가장 최근의 것에 대해서는 다음 자료를 참고하라: American Library Association, *ALA-APA Library Salary Database*, accessed February 9, 2017, 〈http://www.ala.org/cfapps/salarysurvey/login/login.cfm〉.

37) 최신의 ARL 급여 서베이에 대해서는 다음 자료를 참고하라: Association of Research Libraries, ARL Annual Salary Survey 2014-2015, accessed February 9, 2017, 〈http://www.arl.org/focus-areas/statistics-assessment/arl-statistics-salary-survey/3639-arl-annual-salary-survey-2014-2015#.WJxkjjl-oy0〉.

38) Bureau of Labor Statistics, U.S. Department of Labor, *Occupational Outlook Handbook*, 2016-2017 Edition, "Librarians," accessed February 9, 2017, 〈https://www.bls.gov/ooh/education-training-and-library/librarians.htm〉.

39) *ALA-APA Salary Survey: Non-MLS-Public and Academic* (Chicago: American Library Association, 2007).

어떤 직원이 받는 보수의 금액이 직무 만족의 유일한 요인은 아니지만, 그것이 어떤 사서가 어느 한 직위에서 다른 직위로 떠나가는 핵심적인 이유가 되는 경우가 많다. 직원의 과도한 이직률을 피하고자 하는 경영자는 자신들의 현재의 보수 비율을 최소한 유사한 직위의 시장 평균에서 유지하려고 노력해야 한다.[40] 만일 도서관과 정보 센터의 경영자들이 가장 많은 재능을 갖춘 직원을 유치하고자 한다면, 직원에게 제안하는 급여는 유사한 기능을 수행하는 다른 곳에서 일하는 직원들에게 제공되는 급여만큼 매력적이어야 한다.

11.4.2. 급여 등급표의 개발

급여 등급표(salary scale)는 각 직원이 자신의 직무 기술서에서 부여한 책무를 완수한 데 대해 얼마나 많은 보수를 받게 될 것인지를 설정해 준다. 각 직무에는 최저 금액과 최고 금액이 있다. 최저 금액은 시작하는 수준 또는 신입 수준의 급여를 나타내고, 최고 금액은 해당 직무를 가장 효율적으로 철저하게 수행했을 때 그 기관이 해당 직무의 가치를 얼마나 높게 평가하는지를 반영하게 될 것이다. 등급표의 최저 급여와 최고 급여 사이에는 어떤 직원의 더 큰 숙련도나 경험을 나타내는 급여 인상을 표시해 주는 여러 단계들이 있다. 직원이 어떤 특정 등급표의 최고 단계에 도달한 이후에는, 그 직원이 추가의 돈을 얻을 수 있는 유일한 방법은 고과 인상(merit increase)에 의하거나 직무를 변경하여 더 높은 급여 범위로 이동하는 것뿐이다.

도서관은 기관 내에서 일하며 급여 등급표는 전체 기관을 위해 만들어진다. 많은 외부 요인들이 이 프로세스에 영향을 미친다. 예를 들면, 미국의 경우 연방과 주의 최저 임금법은 최하위 등급 직원의 보수 비율을 뒷받침하고 있다. 미국의 연방 최저 임금은 마지막으로 인상된 시기인 2009년 현재 시간당 7.25달러이며, 몇몇 주와 도시들은 더 높은 최저 임금을 설정하고 있다.[41]

교섭에 의한 보상 비율에 대한 노동조합의 협약이 하나의 요인이 될 수도 있을 것이다. 경쟁 기관에서 지불하는 급여도 급여 등급표에 영향을 미친다. 언제나 그

---

40) Terry Cottrell, "Moving On: Salaries and Managing Turnover," *The Bottom Line: Managing Library Finances* 24 (August 2011): 187-191.
41) 미국 여러 주의 최저임금법에 대한 인터랙티브 맵(interactive map)은 다음 자료에서 입수할 수 있다: U.S. Department of Labor, "Minimum Wage Laws in the States-aaJanuary 1, 2017," accessed February 9, 2017 〈https://www.dol.gov/whd/minwage/america.htm〉.

렇듯이 수요와 공급의 법칙도 어떤 역할을 하게 되는데, 수요가 많은 과업에 전문화된 직원은 더 일반적으로 확보할 수 있는 전문 지식을 가진 다른 직원보다 더 높은 급여를 받게 될 수도 있을 것이다.

급여 등급표를 설정하는 것은 직무 평가를 공식화하는 것과 밀접하게 연결되어 있다. 어떤 평가 방법을 사용하든 관계없이(예를 들면 요소 비교법이든 직무 분류법이든), 최종적인 목표는 모든 직무에 대한 올바른 보수 비율과 급여 등급표상에 단계 간의 차이를 확정하는 것이다. 대부분의 기관은 인접한 보수 등급에서 중복이 발생하는(일부의 경우는 중복되지 않는다) 급여 등급표를 가지고 있다. 중복되는 보수 등급표는 하위 등급의 뛰어난 성과를 낸 사람이 상위 등급의 평균 이하의 근로자보다 더 많은 돈을 받을 수 있도록 해 준다. 같은 방식으로, 하위 등급의 경험이 많은 근로자가 상위 등급의 신입 근로자보다 더 많이 받게 될 것이다.

급여 등급표를 관리할 때는, 다음과 같은 몇 가지 상식적인 원칙을 명심해야 한다.

- 동등한 업무는 동등한 보수를 받아야 한다. 두 직무가 교육과 경험, 책임에 대한 동등한 요건을 가지고 있으면, 둘 모두 동일한 급여를 지불해야 한다. 물론 이것 때문에 개인들이 급여 범위 내의 서로 다른 단계에 위치하도록 하는, 각 직무에 대한 급여 범위를 설정하지 못하는 것은 아니다.
- 직원들이 급여 등급표의 첫 단계부터 시작해야 하는 것은 아니다. 대개 기관들은 관련된 업무 경험을 가진 신입 직원이 등급표의 더 상위 단계에 들어갈 수 있도록 허용하고 있다.
- 어떤 직원이 어느 한 직위에서 다른 직위로, 예를 들어 사서 I에서 사서 II로 승진했다면, 사서 II의 첫 번째 급여가 그 직원이 사서 I일 때의 소득보다 적다고 하더라도, 그러한 승진이 보수 삭감으로 이어져서는 안 된다. 그 대신 더 많은 책임을 맡게 된 데 대한 보상으로 다소 더 높은 급여를 그 직원에게 제공해야 한다. 미국의 경우 그 인상액은 15퍼센트로 제한되는 경우가 많다.

11.4.3. 급여 인상

도서관과 정보 센터에서 급여 인상(salary increase)은 대개 근속 연수(勤續年數: length of service)이나 실적(merit), 근속과 실적의 어떤 조합을 바탕으로 결정된다. 근속 연수는 연공서열(年功序列: seniority)로도 알려져 있는데, 숙련된 근로자가 경험이 없는 근로자보다 더 가치가 있다는 원칙을 바탕으로 보수 인상을 필요로 한다. 미국의 경우 공립학교의 사서들은 대개 단계가 미리 정해져 있는 급여 스케줄을 가지고 있는데, 사서들은 경력에 따라 매년 급여 등급표에서 한 단계씩 올라가게 된다. 미국의 경우 때로는 공립대학 직원들에 대해 일률적인 급여 인상(예를 들면 4퍼센트)이 이루어지기도 하는데, 모든 직원은 자신의 연공서열 증가에 대한 보상으로 동일한 비율로 급여가 인상된다. 자동적인 인상 시스템은 관리하기는 용이하지만, 조직으로 하여금 예외적인 성과를 거둔 사람들에 대해 보상하거나 보수의 공정성을 바로잡을 수 있도록 해 주지 못한다.

실적제(實績制: merit system)는 품질 성과에 대해서만 급여 인상을 제공한다. 어느 조직에서나 어떤 근로자는 다른 근로자보다 더 많은 기여를 한다. 실적급(merit pay)은 조직으로 하여금 가장 많은 가치가 있는 직원에게 보상할 수 있게 해 준다. 실적 기반 시스템은 보수를 더 많이 인상 받고자 하는 바람에서 모든 직원이 더 훌륭하게 일하도록 고무시키고자 하는 것을 목표로 하고 있다. 불행하게도 실적에 의한 어떤 급여 인상 계획도 모든 직원을 만족시키지 못할 것이다. 사실은 감독자가 자신의 마음에 드는 직원들을 보상하기 위해 실적제를 이용한다는 비난을 받는 경우가 많다. 실적제는 또한 직원들의 보수가 전혀 인상되지 않을 때에도 문제가 된다. 인플레이션 때문에, 급여가 전혀 인상되지 않은 직원들은 소비 능력의 상실로 고통을 받게 되고 그로 인해 매년 자신들의 생활수준을 유지할 수 없게 될 수도 있을 것이다. 어떤 조직이 실적제를 사용하게 되면, 그 시스템을 주의 깊게 설계하고, 잘 홍보하고, 직원의 인사 고과와 밀접하게 관련되도록 보장해야 한다.

팀제의 이용으로 인해 급여 인상의 판정이 더욱 복잡해지고 있다. 전통적으로 직원들은 개인의 성과를 바탕으로 보상을 받아왔는데, 팀 기반 조직에서는 현재 많은 직원들이 팀 전체의 성과에 따라 평가받고 보수를 지급받고 있다. 개인의 업적 대신 팀의 성과에 대해 보상하는 것은 팀의 가치와 중요성을 강화시켜 주지만, 집단적 평가와 보상은 모든 팀원이 공평하게 기여할 때만 제대로 작동하게 된다. 그렇지 않으면, 무임승차자들이 훨씬 더 열심히 일한 사람들만큼 큰 보수 인상을 받게 된다. 팀원에 대해 공평한 보수를 결정하는 것은 어렵지만, 다른 모든 조직과 마찬가지로, 사서들은 팀원들을 보상하는 공평한 방법을 계속해서 찾아야 한다. 물론 보상 시스템이 어떤 것이든, 그것은 경영자가 용이하게 커뮤니케이션할 수 있고 직원이 공정하다고 믿는 시스템이 되어야 한다.

11.5. 표창과 포상

도서관에 근무하는 사람들은 민간 부문의 직원들에게 종종 주어지는 스톡옵션(stock options)이나 보너스와 같은 금전적 보상을 거의 받지 못한다. 더구나 경제적으로 힘든 시기에는, 많은 사서들에 대해 몇 년 동안 보수 인상이 아주 조금만 이루어지거나 전혀 이루어지지 못하고 있다. 비금전적인 보상이 박봉을 보상해 주지는 못하지만, 모든 유형의 점점 더 많은 조직들이 직원에게 감사를 표하기 위한 비용이 전혀 안 들거나 적은 비용이 드는 방법들을 찾고 있다. 직원 표창 프로그램은 직원들은 표창을 받으면 동기를 부여받게 되기 때문에 대개 성공을 거두게 된다. 사람들은 인정을 받는다고 느낄 때는, 자신들을 조직과 동일시하며 따라서 더 생산적이 된다. 경영자들은 포상은 조직의 니즈와 관련되어야 하고, 포상 제도는 유연하고 공정해야 하며, 포상에 대해 홍보하고 적절할 경우에는, 공개 포럼에서 포상을 수여해야 한다. 자주 포상 수여가 이루어지도록 일정을 계획하는 것은 직원들이 자신들의 업적을 인정받은 직후에 그 포상을 받도록 해줄 것이다. 축하와 시상은 사기를 진작시켜 주고 생산성과 품질을 증진시킬 수 있을 것이다. 이러한 것들은 또한 강력한 조직 문화에도 기여하게 된다.

 이야기해 보기

사람들의 그룹과 함께 작업하면서, 제한된 자원을 가진 어떤 도서관이 직원들에게 감사를 표할 수 있는 방법들에 대해 브레인스토밍(brainstorming)해 보라. 사람들이 조직에서 자신들의 업적에 대해 감사하고 있음을 느끼도록 하기 위해 어떤 조직이 활용할 수 있는 방법은 무엇인가? 여러분은 개인을 뽑을 것인가, 팀을 보상할 것인가, 아니면 전체 직원들을 예우하는 방법을 찾을 것인가? 아니면 세 가지 모두를 택할 것인가?

11.5.1. 직원 부가 급부

직원의 보상 패키지는 급여뿐만 아니라 부가 급부(fringe benefits)로 구성된다. 도서관과 정보 센터는 다양한 많은 부가 급부를 제공하고 있기 때문에 이러한 추가의 것들이 현재는 전체 보상의 주요한 구성 요소가 되고 있다. 직원의 부가 급부 패키지는 상당 부분이 어떤 도서관의 모체 기관에 의해 결정되지만, 미국의 경우 일부 부가 급부는 연방법이나 주법에 의해 요구되기도 하며, 노동조합이 결성되어 있는 업무 현장에서는 어떤 것들은 단체 교섭 협약의 일부로서 요구되기도 한다.

미국에서는 연방과 주의 규정들이 거의 모든 근로자에게 적용된다. 이러한 법률에 의해 요구되는 부가 급부로는 사회 보장 제도(Social Security)와 실업 보험, 근로자 산재 보험(workers' compensation)이 있다. 실업 보험, 근로자 산재 보험은 고용주의 분담금만으로 재정이 조달된다. 사회 보장 제도는 고용주와 직원의 동등한 분담금으로 재정을 조달한다. 1937년에 사회 보장 제도가 도입되었을 때, 고용주와 직원이 부담하는 합산 세율은 소득액의 2퍼센트로 납부액 상한은 3,000달러였다. 2016년에는 합산 세율이 12.4퍼센트에 납부액 상한은 127,200달러였다. 아울러 고용주와 직원은 메디케어(Medicare)를 위해 추가로 각각 총소득의 1.45퍼센트를 지불한다.[42] 많은 저임금 직원들은 연방 소득세에서 부담하는 것보다 더 많은 금액을 사회 보장 제도와 메디케어에 납부하고 있다. 법에 규정된 부가 급부 이외에도, 조직은 다른 유형의 급부들을 제공하고 있는데, 어떤 것은 고용주가 모든 비용을 지불하고, 어떤 것은 직원이 그 비용을 분담해야 한다.

몇몇 유형의 단체 보험 플랜들이 제공되고 있다. 의료 보험은 대개 제공되고 있다. 최근에는 의료 보험비가 상승하고 있기 때문에, 많은 조직들이 공제액을 올리면서 더 많은 보험료의 비용을 직원에게 떠넘기고 있다. 건강 보험 이외에도, 많은 조직들은 단체 생명 보험은 물론 장애 보험(disability insurance)을 제공하고 있는데, 장애 보험은 질병이나 사고로 인한 장애 기간 동안 직원에게 지불한다. 어떤 도서관들은 치과 보험과 안과 치료 보험과 같은 그 밖의 부가 급부를 제공하기도 한다. 앞서 살펴본 것처럼, 어떤 기관에서는 이러한 부가 급부의 전액을 지불하지만, 특히 부양가족을 포함시킬 경우에는, 직원이 일부를 분담하는 것이 더 일반적이다.

유급 휴가(paid time off)에는 휴일과 정기 휴가, 다양한 유형의 휴가가 포함되어 있다. 어떤 조직에서는, 커피 브레이크와 점심시간이 40시간의 유급 근무 시간의 일부에 해당한다. 바꾸어 말하면, 점심시간과 다른 휴식시간을 충당하기 위해 근무일이 늘어나는 것이다. 직원 퇴직 연금 제도(employee retirement plan)는 사회 보장 제도에 의해 제공되는 퇴직금의 적용 범위에 추가되는 연금이나 저축 제도이다. 일반적으로 이러한 제도에 대해서는 고용주와 직원이 공동으로 분담한다. 기관에서는 직원이 저축하는 금액에 매치되는 금액을 제공할 수도 있고, 직원이 참여하지 않으면 그 돈을 잃게 되고, 아울러 퇴직금을 위한 저축과 복리(複利)의

---

42) U.S. Social Security Administration, "OASDI and SSI Program Rates & Limits," (October 2016) accessed June 23, 2017, 〈https://www.ssa.gov/policy/docs/quickfacts/prog_highlights/index.html〉.

혜택을 유예하게 되기 때문에 신입 사원이 이러한 퇴직 연금 제도에 참여하는 것은 매우 중요하다.

많은 고용주들은 **직원 지원 프로그램**(EAPs: Employees Assistance Programs)[43]에 대한 접근을 제공해 주고 있는데, 이것은 직장 내 긴장과 우울증, 가정의 불화, 물질 남용(substance abuse), 재정적 또는 법률적 상황에 관련된 문제점을 안고 있는 직원들에게 평가나 의뢰를 제공해 준다. EAP는 이러한 문제점들을 헤쳐 나가고 그 직무에 머무를 수 있도록 도움을 주게 된다.

사서들은 자신들이 어디에 근무하는지에 따라, 아주 다양한 그 밖의 부가 급부를 제공받을 수도 있을 것이다. 이러한 것들로는 전문직 학회나 그 밖의 계속적인 전문적 개발 기회에 대한 여비 지원과 새로운 장소로의 이사 비용, 어린이가 그 기관에 출석할 경우의 수업료 환불(tuition refunds), 보조금을 지급받는 탁아소의 이용 등이 있다.

민간 산업체의 최신 트렌드는 선택적(flexible) 또는 카페테리아식 제도(cafeteria plan)[44]를 이용하는 것인데, 직원으로 하여금 다양한 옵션으로부터 자신의 부가 급부의 특정 요소들을 선택할 수 있도록 해 주기 때문에 그와 같이 불리고 있다. 이러한 플랜은 직원이 자신의 니즈에 맞게 어떤 프로그램을 조정할 수 있도록 해 준다. 예를 들면, 배우자의 건강 보험 플랜에 의한 혜택을 받고 있는 직원은 건강 보험 옵션을 포기하고 그 대신에 더 많은 금액의 생명 보험을 선택할 수도 있을 것이다.

어떤 부가 급부들은 맞벌이 가정의 증가와 관련되어 있다. 그와 같은 많은 근로자들은 가족에 대한 책임에 부응하기 위한 유연성을 자신들에게 제공해 주는 부가 급부에 대해 특히 높이 평가하고 있다. 예를 들면, 도서관과 정보 센터에서 점점 더 일반적이 되고 있는 비금전적 부가 급부 중 하나는 선택적 근로 시간제(alternative work schedule)로, 이를 통해 근무 시간 자유 선택제(flextime)[45]나 주간(週間) 근무 일수 단축제(compressed workweek)[46]가 가능하게 된다. 직원들은 그러면 자신들이 일하는 시간이나 날짜를 어느 정도 자유롭게 선택할 수 있게 된다. 물론 이러한 유연성은 일정 관리 담당자가 이용자 서비스에 대한 직원들의 업무 범위와 감독 및 교육 훈련 책임의 완수를 보장할 경우에만 허용될 수 있다. 선택적 근로 시간제를

---

43) 역자주: 직원 보조 프로그램, 종업원 지원 프로그램, 종업원 후원 프로그램, 근로자 지원 프로그램, 근로자 원조 프로그램이라고도 한다.
44) 역자주: 선택적 복리 후생 제도라고도 한다.
45) 역자주: 유연 근무제, 자율 근무제라고도 한다.
46) 역자주: 압축 주간 노동 일수, 압축 근로 시간 제도라고도 한다.

실행하기에 앞서, 관리자들은 명확한 실행 계획을 개발하고, 새로운 스케줄이 미치게 될 효과를 파악하기 위해 목표가 되는 직무를 사전에 테스트해야 한다.

 이야기해 보기

일과 삶의 균형은 많은 직원들에게는 하나의 도전이다. 그들은 언제나 업무량을 늘려 오고 있으며, 점점 더 많은 시간을 일하는 것 같다. 그들은 또한 일 이외에 삶을 살아가고 있으며, 그 삶 또한 요구를 가지고 있다. 예외적으로 오랜 시간 동안 일하는 사람들은 그렇게 생산적이지 않을 수도 있을 것이다. 여러분은 사람들이 직무의 요구와 가정의 요구 사이에서 어떻게 훌륭한 균형을 찾을 수 있다고 생각하는가? 사용해 본 적이 있거나 읽어 본 적이 있는 아이디어의 목록을 작성하고 그러고 나서 그 아이디어를 그룹에 제공해 보라. 그들이 제안하는 것을 들어 보라.

또 하나의 비금전적 부가 급부는 재택근무(telecommuting)로, 이것은 풀타임이든 파트타임이든, 사무실 외부에서 일하는 것을 말한다. 재택근무자는 종종 가정에서 일하게 되는데, 대개는 이메일이나 화상 회의, 전화를 통해 연락을 취하게 된다. 재택근무는 고용주와 직원 양측 모두에게 장점을 가지고 있다. 고용주는 직원에게 업무 공간을 제공할 필요가 없다. 직원에 대한 급부로는 더 유연한 스케줄과 더 적은 업무 중단, 출퇴근의 불필요, 자신의 업무 환경을 구조화하는 데 있어 최대한의 여유 등이 있다. 재택근무는 특히 온라인 교육 프로그램을 제공하는 사람들에게, 점점 더 인기가 높아지고 있다. 어떤 사서들에게는 웹 사이트 설계와 온라인 참고 서비스, 프로젝트 작성과 같은 과업에 대해 적어도 파트타임으로 자신의 집에서 일할 수 있도록 허용해 주고 있다. 훌륭한 재택근무자가 되기 위해서는, "스스로 동기를 부여하고, 초점을 맞추며, 조직화하고, 빈번한 업무 중단을 야기하지 않는 가정생활을 갖는 것"[47]이 중요하다. 분명히 재택근무는 사외에서 수행될 수 있는 직무를 가진 직원에게 최고의 유연성을 제공해 준다.

소수의 도서관의 경영자들은 직무 공유제(job sharing)[48]라는 관례를 실행하고 있는데, 여기서는 두 사람이 어느 한 직무의 책무들을 나누게 된다. 대개 그들은 급여도 공유하며, 의료 보험과 같은 부가 급부는 때로는 비례해서 배분되지만, 최

---

47) Karen Schneider, "The Untethered Librarian," *American Libraries* 31 (August 2000): 72.
48) 역자주: 직무 분할 제도라고도 한다.

상의 경우에는 두 직원 모두 급부를 받기도 한다.

근무 시간 자유 선택제와 재택근무, 직무 공유제는 가족들이 더 많은 시간을 함께 보낼 수 있도록 해 주기 때문에 이러한 업무 스타일은 작은 어린이를 가진 직원들에게 특히 매력적이다. 다른 직원들도 물론 이러한 옵션들이 도움이 된다는 사실을 발견하게 되며, 이러한 대안들이 때로는 그러한 제도가 없었으면 조직에서 놓쳤을 가치 있는 직원들을 계속해서 보유할 수 있도록 해 주기도 한다.

많은 직원들은 자신들의 부가 급부를 당연한 것으로 여기면서, 이러한 부가 급부에 대한 고용주의 분담금이 조직의 총 노동 비용을 상당히 증가시키고 있다는 사실은 깨닫지 못하고 있다. 백분율을 기준으로 볼 때, 부가 급부의 비용은 최근 몇 년 사이에 상당히 증가하고 있다. Bureau of Labor Statistics는 2016년에 미국의 평균 근로자는 급여나 임금 이외에, 부가 급부에서 추가로 30.2퍼센트에서 36.7퍼센트를 더 받고 있다고 보고하고 있다.[49]

그 비용에도 불구하고, 잘 설계되고 잘 관리되는 부가 급부 프로그램은 고용주는 물론 직원에게 도움이 된다. 부가 급부 프로그램을 고려하는 경영자는 그것이 장차 기관에 미치게 될 재정적 영향을 평가하기 위해 각 요소를 연구해야 한다. 경영자는 직원들이 그 프로그램을 필요로 하고 원한다는 사실을 확신하고, 그러고 나서 프로그램을 주의 깊게 정의하고, 필수적인 정책과 절차를 설정해야 한다. 마지막으로 경영자는 어떤 부가 급부를 이용할 수 있고, 어떻게 그러한 것들을 획득하고, 각 근로자는 언제 자격을 얻게 될 것인지 등과 같은 부가 급부 패키지에 관해 모든 직원들에게 알려야 한다. 많은 직원들과 장래의 직원들은 이러한 유형의 정보를 얻기 위해 감독자에게 의지하게 될 것이기 때문에 감독자는 전체 부가 급부 패키지에 관해 알아야 한다.

11.6. 결 언

이 장에서는 도서관 내의 기본적인 인적 자원 기능에 대해 살펴보았다. 다음 장에서는 인사 절차와 정책, 경력 개발, 멘토링, 외부 규정, 노동조합과 같이 인적 자원 관리에 영향을 미치는 몇 가지 일반적인 이슈들에 대해 살펴보고자 한다.

---

49) U.S. Department of Labor, Bureau of Labor Statistics, "Employer Costs for Employee Compensation Summary" news release text (June 9, 2017) accessed June 23, 2017, ⟨http://www.bls.gov/news.release/ecec.nr0.htm⟩.

학습 내용 연습하기

1. 여러분의 감독자가 여러분에게 신입 직원들의 온보딩 프로그램을 위한 제안을 하도록 요청하였다. 여러분이 배운 것을 바탕으로 할 때, 여러분은 어떤 구성 요소들을 포함시킬 것인가? 그 프로그램은 얼마나 오래 진행될 것인가? 누가 참여하게 될 것인가? 아이디어의 개요를 작성하고 그러고 나서 프로그램의 스케줄을 작성해 보라.

2. 여러분은 여러분의 문헌정보학 프로그램 이후의 전문적 개발은 기본적으로 여러분의 책임이라는 사실을 알고 있다. 그 영역에서 최신 상태를 유지하기 위해 여러분이 취하고자 계획할 활동들의 리스트를 작성해 보라. 이러한 것들은 단기와 중기, 장기가 될 수 있다.

3. Sally Devins는 아홉 명의 전문직 사서를 가진 소규모 도서관의 도서관장으로, 직원 개발의 가치를 이해하고 있다. 사실 Sally는 사람들이 도서관을 떠나 학술 대회에 간다면, 그들은 자신들의 직무에 접근하는 새로운 방식들에 대한 매우 유용한 시각과 아이디어를 얻게 될 것이라는 사실을 알고 있다. 그래서 Sally는 항상 예산의 일부 자금을 여비로 사용하기 위해 따로 확보해 두려고 노력해 왔다. Sally는 이번 주에 약간 번아웃(burnout)된 것처럼 보이는 한 부서장으로부터 많은 액수의 돈을 요청받았다. 그녀는 프랑스에서 열리는 학술 대회에 참석하고자 한다. 그녀는 논문은 발표하지 않고, 단지 참석만 할 것이다. 여러분은 그녀에게 자금을 배정하는 것이 그녀의 사기를 북돋워주게 될 것이라는 사실을 알고 있지만, 그러면 다른 사람들이 더 적게 받게 될 것이다. 만일 Sally가 올해가 시작되기 이전에 모든 사람이 보게 될 여비의 자금을 조달하기 위한 기준을 개발했더라면, 이러한 곤경을 피했을는지도 모른다. 여러분은 Sally를 위해 일하고 있고 Sally가 여러분에게 전문적 개발을 위한 그러한 기준을 개발하도록 요청하였다. 이 과업에 대해 여러분은 어떻게 처리하고자 하는가? 각 직원에게 일정 금액을 할당하겠는가? 선착순으로 해야 하는가? 어떤 사람이 학술 대회에 참석하면, 도서관은 평균 여행비용의 일정 비율을 지불하는 것과 같은 기준으로 해야 하는가? 아니면 어떤 사람이 논문을 발표하도록 초청받으면, 도서관은 더 많은 비율을 지불할 것인가? 여러분이 무엇을 하게 될 것인지의 리스트를 작성하고 타당한 이유를 포함시켜 보라.

4. "돈과 급여는 장기적으로 볼 때 특별히 좋은 동기 요인은 아니다"[50](웹 개발자 겸 Wordpress의 설립자 Matt Mullenweg). 여러분은 동의하는가 아니면 동의하지 않는가? 여러분에게 동기를 부여하는 것은 무엇인가?

---

50) 소셜 미디어 기업가 겸 웹 개발자인 Matt Mullenweg의 자료에서 인용한 것임. accessed on February 14, 2017, 〈https://www.brainyquote.com/quotes/authors/m/matt_mullenweg.html〉.

 **토론용 질문**

1. 인사 고과는 때로는 하고 싶지 않은 사람에 의해 받고 싶지 않은 사람에게 주어지는 평가로 정의되기도 한다. 이 정의는 불행하게도 많은 조직에 적용된다. 무엇이 감독자는 물론 직원에게 이러한 일을 그렇게 어렵게 하는가? 그 프로세스를 개선하기 위해 무엇을 할 수 있는가?

2. 여러분은 노동조합이 결성된 환경에서 일해 본 적이 있는가? 노동조합의 장점과 단점은 무엇인가? 이 질문에 대해 직원의 시각은 물론 고용주의 시각에서도 논의해 보라.

3. "독성" 직원(toxic employee), 즉 새로운 아이디어에 대해 부정적이고 파괴적인 어떤 사람이나 양아치가 있는 환경에서 일해 본 적이 있는가? 여러분은 그 사람이 왜 그 직무에 계속해서 남아 있도록 허용되었다고 생각하는가? 만일 여러분이 권력을 가지고 있었다면 그 상황을 개선하기 위해 여러분은 어떻게 했을 것인가?

4. 어떤 기관들은 직무 교환(job swapping)을 허용하고 있는데, 이것은 어떤 직원이 일정 기간 동안 서로 다른 기관의 다른 사람과 직무를 바꿀 수 있도록 허용해 준다. 이러한 것들의 일부는 국제적인 상호 교환을 위해 이용할 수 있다. 여러분이 도서관의 상호 교환 기회를 지지하는 위원회에 있다고 가정해 보라. 여러분은 고위 경영진이 여러분의 도서관에서 이 프로그램을 허용하도록 권장하기 위해 어떤 점을 주장할 것인가?

Chapter 12 인적 자원 관리의 기타 이슈

이 장의 요점

이 장을 마친 후 여러분은:

- 멘토링의 역할을 이해해야 한다.
- 직장 내 스트레스의 유형과 그 처리 방안을 확인해야 한다.
- 직원 안전 프로그램의 필요성에 대해 인식해야 한다.
- 직원의 법적 보호에 대해 알아야 한다.
- 노동조합을 둘러싼 이슈들에 대해 이해해야 한다.

앞서 두 장에서는 도서관의 직원들을 충원하고 관리하는 인적 자원(HR: human resources) 토픽들을 다룬 바 있는데, 이러한 것들은 조직 전체에 걸쳐 다양한 경영자들에 의해 수행되는 하루하루의 활동들과 관련된 인적 자원 기능이다. 한편 대개 인적 자원 영역의 주변에 있는 그 밖의 기능들도 도서관에서 일하는 사람들을 관리하는 데 중요할 수 있다. 이 장에서는 정책과 절차의 설정으로부터 건강과 안전 이슈의 처리에 이르는 그러한 토픽들 중 일부에 대해 살펴보고자 한다. 아울러 인적 자원 책임에 영향을 미치는 가장 중요한 두 가지 외부 요인인 근로자의 법적 보호와 노동조합에 대해서도 살펴보고자 한다.

현장의 경영 사례: 멘토(mentor)와 프로테제(protégé) 간의 대화

이 장에서 다루고 있는 토픽 중 하나는 멘토링이다. 실생활에서 멘토링 프로세스가 어떻게 작동하는지에 대한 좋은 예는 Oregon Library Association의 출판물인 *OLA Quarterly*에서 볼 수 있다.[1] 면담 형식으로, 멘토 Laura Zeigen과 그녀의 "멘티"(mentee)(프로테제로도 알려져 있다) Nyssa Walsh는 자신들의 역할과 프로세스 그리고 멘토링 관계의 결과에 대해 논의하고 있다. 논의를 시작할 때 Nyssa는 석사 학위를 마치고 학술도서관에서 풀타임의 일자리를 찾고 있는 중이었다. Laura는 Oregon Library Association에서 후원하는 멘토링 프로그램에서 자원봉사를 하고 있었는데, 약속한 기간은 일 년이었다. Laura는 Nyssa와 연결되었다.

Laura는 Nyssa에게 커버 레터(cover letter)와 이력서, 면접 기법에 대해 도움을 주었다. 다음은 Nyssa가 Laura에게 제시했던 조언의 예이다. "Laura는 이 결정에 관해 곰곰이 생각해 보라고 했어요. Laura는 당신이 어떤 직무에 지원할 때 그들이 당신을 면접하는 것만큼 당신도 그들을 면접한다는 사실을 나에게 상기시켜 주었죠. 이곳이 내가 몇 년 동안 일하고 싶었던 종류의 장소인가? 상사는 내 자신이 함께 잘 지낼 수 있는 어떤 사람이었는가? Laura는 그 직무가 대문자 L[학술도서관의 풀타임의, 영구적인, 전문적인 직위]이라는 이유만으로 그 직무를 택하지는 말라고 저에게 용기를 북돋워 주었어요. 그러나 저는 다른 기회를 얻지 못할 것을 두려워했고 그들이 저에게 그 직무를 제안했을 때 저는 그것을 받아들였어요. 여러분, 여러분의 멘토의 말에 귀를 기울이세요. 그들은 여러분보다 더 오래 이 일을 해오고 있고, 모든 것을 목격해왔거든요."[2] 그 직무를 맡은 후에, 그녀의 멘토는 계속해서 그녀에게 조언과 지원을 제공하고 다른 사람들이 도움이 될 수 있을 때는 그들에게 의뢰를 해 주었다.

6개월 후, Nyssa는 이 직무를 그만두고 다른 직무를 택하기로 결정하였다. Nyssa는 사람들에게 제안 받은 첫 번째 직무가 마음이 끌리기는 하겠지만, 잘 맞지 않을 수도 있기 때문에, 이를 택하지 말라고 조언하고 있다. Nyssa는 학술도서관이 아닌 웹 개발 분야에서 일하고 있지만, 자신의 새로운 직위에서 행복해하고 있다. Nyssa는 자신의 멘토와 친구로 남아 있고 자신이 학술도서관으로 돌아가고자 한다면 자신의 멘토가 큰 도움이 될 것이라는 사실을 알고 있다. 그들의 관계는 일 년 프로그램의 범위를 넘어서서 확장되었으며 그들은 계속해서 서로를 지지하고 있다. Laura는 멘토십(mentorship) 프로세스에서, 자신은 어떻게 멘토가 되어야 하는지는 물론 자신의 프로테제로부터도 배웠다고 결론짓고 있다.

---

1) Nyssa Walsh, Laura Zeigen, "Adventures in Mentoring and Menteeing," *OLA Quarterly* 21, no. 3 (2016): 13-15.
2) *Ibid.*, 14.

12.1. 인적 자원 정책과 절차

　업무 현장의 정책과 절차의 개발과 커뮤니케이션은 모든 도서관의 인적 자원 기능의 필수적이고 본질적인 부분이다. 정책은 경영진으로 하여금 확실한 계획이나 행동 과정에 전념하도록 해 주는 명세서이다. 예를 들면 채용과 승진에 관련된 정책은 의사 결정의 지침으로서 사용된다. 따라서 명확한 인적 자원 정책은 임기응변식의 의사 결정을 대체함으로써, 조직 내에 더 큰 일관성과 지속성을 가져오게 된다. 제11장에서 살펴본 것처럼, 모든 직원은 급여는 왜 현재와 같이 관리되고, 인사 고과는 언제 어떻게 이루어지게 될 것이며, 어떤 부가 급부를 자신들이 이용할 수 있는지에 대해 이해하기 위해 명문화된 정책 설명서에 의존한다.

　전문화된 인적 자원 부서를 가지고 있는 대규모 도서관에서조차도, 정책 입안은 최종적으로는 도서관장의 책임이다. 하지만 대부분의 도서관에서는, 도서관장이 다른 사람들의 인풋을 얻은 후에 다양한 정책을 마련한다. 정책 설명서에 대한 논의와 평가, 작성, 배포는 그 영향을 받게 될 모든 그룹의 참여를 고취시킬 수 있다.

　일단의 효과적인 인적 자원 정책은 많은 기능을 수행한다. 첫째로 입안 프로세스는 경영자들에게 조직의 니즈뿐만 아니라 직원의 니즈에 대해 심사숙고하도록 요구하게 된다. 둘째로 모든 감독자들이 따르게 되는 잘 만들어진 정책은 모든 직원에 대한 일관성 있는 대우를 보장해 준다. 명확하게 설명되어 있는 정책은 정실은 물론 차별을 최소화한다. 셋째로 그와 같은 정책은 경영자나 감독자가 교체된다고 하더라도, 연속성을 유지하는 데 도움을 준다. 신임 경영자들은 따라야 할 명문화된 표준을 가지고 있기 때문에, 정책은 안정을 유지하게 되고, 따라서 직원들은 감독자의 교체에 따른 동요를 겪을 필요가 없다.

　인적 자원 정책은 예를 들면, "X 도서관은 연령이나 젠더, 인종, 종교, 국적을 근거로 하여 직원을 차별하지 않는다"라는 것과 같이, 광범위할 수도 있을 것이다. 정책은 또한 "모든 직원은 매년 4주의 유급 휴가를 받을 자격이 있다"라는 것과 같이, 좁을 수도 있을 것이다. 정책은 의도에 대한 일반적인 설명이며, 정책을 실행하게 될 정확한 방법을 상세히 설명하는 것은 아니라는 사실을 명심해야 한다. 절차(節次: procedure)는 그러한 방법들을 확인해 주는 것으로, 특정의 결과를 달성하기 위해 필요한 단계들을 제시해 준다. 어떤 도서관은 휴가 시간은 어떻게 할당할 것인지 또는 기회 균등은 어떻게 보장할 것인지에 관한 절차들을 갖게 될 것이다. 예를 들어, 휴가 시간의 할당이 그 기관에 대한 직원의 재직 기간을 반영하는 경우에는, 이러한 프로세스가 절차 매뉴얼(procedure manual)에 기술될 것이다.

정책과 절차 이외에, 조직은 규칙(rules)도 가지고 있다. 규칙은 행동에 관한 규정이나 구체적인 지침으로 정의된다. 규칙은 조직을 위한 최소한의 행동 기준으로 조직의 모든 사람에게 통일적으로 적용되어야 한다. 전형적인 규칙으로는 하루에 근무해야 하는 시간이나 결근이 허용되는 횟수에 관한 규칙이 있다. 절차와 마찬가지로, 규칙은 조직의 예측 가능성을 보장해 주는데, 이것은 조직으로 하여금 부당한 방해를 받지 않고 그 목적을 달성하고 기능을 수행할 수 있도록 해 준다.

분명히 어떤 조직의 정책과 절차, 규칙은 명문화된 형식으로 되어 있어야 하며, 나아가 이러한 것들은 모든 직원에게 커뮤니케이션되어야 한다. 도서관장의 마음속에만 존재하는 규칙들은 그 목적을 달성할 수 없으며, 도서관장의 책상에 자물쇠로 채워져 있는 정책 매뉴얼은 전혀 명문화되지 않은 것과 똑같이 아무런 효과도 거두지 못하게 될 것이다.

정책과 절차, 규칙을 조직 전체에 걸쳐 보급하는 것은 지속적인 과업이다. 우선 감독자들이 이러한 문서들을 관리할 수 있도록 이러한 것들을 감독자들에게 배포하기 위해 특별히 관심을 기울여야 한다. 특별 훈련 과정은 최고 경영진이 정책을 도입하거나 감독자들과 함께 이를 정기적으로 검토하는 데 도움을 준다. 감독직 이외의 직원들을 위해서는, 대개 오리엔테이션 기간에 신입 직원들에게 제공되거나 조직의 인트라넷을 통해 입수할 수 있는 직장의 핸드북이나 매뉴얼에 정책과 절차, 규칙이 열거되어 있다. 부서나 기관이 정책이나 절차, 규칙을 변경할 때는, 그 직속상관이 그 변경 사항을 직원들에게 커뮤니케이션하고 설명해야 한다. 이러한 과업에는 인쇄된 매뉴얼의 업데이트는 물론 온라인으로 유지되는 어떤 자료든 포함된다.

12.2. 경력 개발

경력 개발(career development)은 이미 제11장에서 살펴본 바 있는 교육 훈련과 직원 개발과는 다르다. 경력은 어떤 개인이 자신의 직장 생활 동안 일련의 어떤 직위들을 맡게 것인지를 말하는 것이다. "경력 개발은 여러분의 경력 목표(career goals)를 향한 행동 단계의 사전 대처적 기획과 실행이다."[3] 그것은 장기적인 관점

---

3) "What Is Career Development?" Careers Advice Online, accessed July 18, 2017, ⟨http://www.careers-advice-online.com/what-is-career-development.html⟩.

<그림 12.1> 경력의 단계

에서 보는 것으로, 직원들이 만족스런 경력을 만들어 내도록 오랜 시간에 걸쳐 도와주고자 시도하는 것이다. 최종적으로는 물론 각각의 직원이 자신의 경력 개발에 대해 책임을 갖게 되지만, 최고의 조직은 이 토픽에 대해 경영상의 관심을 기울인다. 직원들이 만족스런 경력을 이루어낼 수 있도록 돕는 것은 이직률을 줄여 주며, 가장 유능한 성과를 내는 사람들을 대상으로 할 때는, 그와 같은 지원을 통해 조직은 귀중한 인적 자원을 보유할 수 있게 된다. 적어도 경영자들은 직원이 직면할 가능성이 있는 복잡한 경력상의 이슈들을 인식해야 한다.

전형적인 경력은 <그림 12.1>에서 설명하고 있는 것처럼, 특정의 단계를 거치는 것으로 생각되고 있다.

각 단계는 서로 다른 니즈와 인식으로 특징지어지고 있다.

1. **경력 전 단계**(precareer)는 어떤 사람이 경력으로서 어떤 유형의 전문직이나 직무를 추구할 것인지에 대해 생각하기 시작하는 시기이다.
2. **초기 경력 단계**(early career stage)는 어떤 사람이 직업 시장에 들어가서 경력을 시작하는 때이다. 예로는 처음으로 전문직 직무를 택하는 새로이 최근에 나타난 문헌정보학 대학원 석사 과정의 졸업생을 들 수 있을 것이다. 이 단계의 도전은 그 첫 번째 직위에 자리 잡고 그러고 나서 조직에 정착하는 것이다.
3. **중간 경력 단계**(midcareer)는 몇 년 후 개인이 그 영역에 익숙해졌을 때 시작되는데, 그 사람은 어떤 종류의 관리직으로 승진했을 수도 있을 것이다. 이 장의 뒷부분에서 살펴보게 될 고원 현상(plateauing)은 이 단계의 공통적인 문제이다.
4. **후기 경력 단계**(later career stage)는 개인들이 어떤 조직에 확고하게 정착된 단계로, 일반적으로 그들은 자신들의 전문 지식과 조직상의 지식에 대해 높은 가치를 부여받게 된다. 많은 수의 그와 같은 사람들은 젊은 전문직들의 멘토 역할을 할 가능성이 있다. 이 단계가 끝날 즈음, 어떤 사람은 은퇴를 앞두고 있을 수도 있을 것이다.

5. 은퇴(retirement)는 경력의 마지막 단계이다. 때로는 은퇴한 근로자들이 항상 자신의 이전 조직은 아니더라도, 파트타임이나 임시직으로 업무 현장에 복귀하기도 한다.

이러한 경력 단계는 〈그림 12.1〉이 암시하고 있는 것처럼 항상 명확한 것은 아니다. 사람들은 다양한 속도로 이러한 단계를 통해 이동한다. 더구나 많은 사람들이 경력을 전환하는 시대에는, 어떤 사람은 개략적으로 살펴본 모든 단계를 거쳐 나아가지 않을 수도 있는 반면, 다른 사람은 몇 번씩 거쳐야 할 수도 있을 것이다. 앞뒤 쪽 양방향 화살표를 보여 주는 것은 사람들이 경력을 바꾸거나 은퇴하고 그러고 나서 업무에 복귀할 수도 있음을 나타낸다.

과거에는 대부분의 직원들이 자신들은 한 조직에서 자신들의 경력을 시작하고 은퇴할 때까지 그 조직에 머물 것으로 기대하였다. 하지만 점점 더 많은 기업들이 규모를 줄이거나, 합병하거나, 임시직이나 계약직 근로자로 전환함에 따라, 그러한 기대는 파괴되고 있다. 오늘날 특히 영리 부문에서는, 직원들이 자신들의 전체 경력을 어느 한 회사에서 일하면서 보내리라고 기대하지는 않을 것이다. 그 대신 새로운 패턴에서는 개인들이 자신들의 경력 개발에 적극적으로 참여해야 한다. 비영리 부문은 더 적은 조직상의 대변혁을 보이고 있지만, 대부분의 경우 승진 기회가 더 적다. 제9장에서 살펴본 수평화된 조직들은 현재 더 적은 수의 계층 구조 레벨을 가지고 있고, 상당수는 새로운 팀 기반 경영을 채택하고 있기 때문에, 중간층 경영자의 필요성이 줄어들고 있다. 결과적으로 많은 도서관에 존재했던 부서장, 그러고 나서 부관장, 최종적으로 도서관장으로 이어지는 경력 진행 패턴은 이전보다 달성 가능성이 줄어들 수도 있을 것이다.

현재 사서들은 승진하기를 원하면 전문직으로서 자기 자신에게 "투자하는" 것을 생각해야 한다. 경력 컨설턴트인 Catherine Hakala-Ausperk는 각 사서에게 자신의 직무를 훌륭하게 수행하고 있는 중이라고 하더라도 자신의 기술을 쌓고, 자신의 성과를 개선하고, 자신의 기회를 증가시키기 위해 시간을 내도록 권장하면서, 다음과 같이 밝히고 있다. "여러분은 여러분의 사명에 대해 생각할 때, 여러분의 일생 동안의 직장 생활에서 여러분이 하고 싶은 것에 대한 큰 그림을 보아야 할 것이다.… 분명히 여러분의 사명은 약간 방향이 틀어질 수 있겠지만, 그것은 여러분이 되고 싶은 사람과 당신이 만들어 내고자 하는 전문적인 공헌을 이루어내는 쪽으로 더 가깝게 매년 확고하게 움직여야 할 것이다."[4]

의심할 여지없이, 오늘날 도서관의 업무 환경은 심지어는 10년 전의 환경과도 다르다. 도서관 경영자들이 그 직원들을 위해 경력 향상 경험을 제공하기 위해 모든 노력을 기울여야 하지만, 직원들이 자신들의 경력을 발전시키기 위해 필요하게 될 기술을 습득하기 위해 모든 노력을 기울이는 것은 또한 직원의 책임이다.

 이야기해 보기

"경력은 사다리가 아니라, 정글짐이다."[5] 여러분은 Sheryl Sandberg의 이 코멘트가 무엇을 의미한다고 생각하는가? 여러분은 경력이나 경력 계획을 변경해 본 적이 있는가? 여러분은 여러분의 경력 경로를 어떻게 상상하고 있는가? 정글짐 모델이 가장 적합할 때는 언제인가? 예를 들면 어떤 사람은 왜 지위나 급여에서 한 단계 낮아지는 직무를 택하는 것일까? 그것이 장기적으로 볼 때 그 사람의 경력을 어떻게 움직일 수 있을 것인가?

하지만 모든 직원이 경력 발전에 관심을 가지고 있는 것은 아니며, 많은 사람들은 도서관장이 되거나 어떤 유형의 관리자조차도 되고자 하는 욕구를 갖고 있지 않다. 서로 다른 사람들은 서로 다른 열망을 가지고 있는 것이다. 또한 어떤 증거는 연령 집단 간에 차이가 있음을 제시하고 있다. 즉 X세대와 Y세대의 욕망(wants)은 베이비붐 세대의 욕망과는 다를 수도 있을 것이다.[6] 밀레니얼 세대(Millennial Generation)의 젊은 직원들은 유연성과 리더십 직위를 이루어 내기 위한 다중(多重)의 경로와 기간을 원한다.[7]

관리상의 사다리를 타고 올라가는 발전을 원하는 사람들에게는, 여전히 장애물들이 존재한다. 최근 몇 년간 그 직원들을 확장한 도서관들은 거의 없으며, 따라서 훌륭한 자격을 갖춘 직원들은 단지 자신들의 바로 위에 있는 직위의 공석이 없기 때문에 승진이 막혔을 수도 있을 것이다. 설상가상으로 이러한 직무의 상당수는 승진하고자 하는 직원보다 나이가 그다지 더 많지 않은 사람들이 차지하고 있는데, 이러한 상황은 그들이 은퇴를 시작할 때까지 만연할 가능성이 높다. 많은 나

---

4) Catherine Hakala-Ausperk, "Invest in Yourself," *American Libraries* 41, no. 4 (April 2010): 51-53.
5) Sheryl Sandberg, *Lean In: Women, Work, and the Will to Lead*, (New York: Alfred A. Knopf, 2013).
6) Marisa Urgo, *Developing Information Leaders: Harnessing the Talents of Generation X* (New Providence, NJ: Bowker-Saur, 2000).
7) "Millennials in the Workplace," *Rock Products* 119, no. 12 (December 2016): 18.

이든 사서들은 경기 침체 때문에 은퇴를 연기하고 있지만, 그들은 결국 노동 인구에서 떠나게 될 것이며, 그들의 은퇴는 도서관에 많은 수의 관리직 자리를 만들어 내게 될 것이다.

12.2.1. 고원 현상

직원이 발전하고자 하지만 그렇게 할 수 없을 때, **고원 현상**(plateauing)이 발생한다고 한다. 고원 현상은 대개 중간 경력 단계에서 발생하며 다음과 같은 두 가지 형식을 취한다.

- **구조적 고원 현상**(structural plateauing)은 어떤 개인이 조직 내에서 더 이상 승진할 수 없을 때 발생한다.
- **내용적 고원 현상**(content plateauing)은 어떤 직무가 일상화되고, 그에 대해 어떤 도전적인 과업도 추가로 부과되지 않는 것을 의미한다.

유형이 무엇이든, 고원 현상은 직원들을 답답하게 느끼도록 하거나 승진이나 새로운 직무 내용에 대한 약속에 의해 더 이상 자극을 받지 않도록 만들 수 있다. 고원 현상을 겪는 근로자들은 좌절하고, 우울해하며, 비생산적인 경우가 많다. 미국 노동 인구의 절반 이상은 35세부터 54세 사이의 중간 경력 단계의 직원으로 이루어져 있다. 이러한 그룹의 직원에 대한 서베이에서는 그들은 자신들보다 나이가 더 많거나 더 어린 직원들보다 더 오랜 시간을 일하지만, "불과 43퍼센트만 자신들의 직무에 열정적이고, 겨우 33퍼센트만 자신들의 일에 활력을 느끼며, 36퍼센트는 자신들이 장래성이 없는 직무를 맡고 있다고 느끼고 있고, 40퍼센트 이상은 번아웃(burnout)을 느끼고 있다고 보고하는 것으로 나타났다."[8]

어떤 직원들은 고원 현상을 경력의 불가피한 일부로 받아들이는 반면, 다른 사람들은 이를 받아들이지 못하고 있다. 동료 직원들에 대한 짜증과 관료주의의 편협성과 같은 인사 문제는 다른 직원들보다 고원 현상을 겪는 직원에게서 더 빈번

---

8) Robert Morrison, Tamara Erickson, and Ken Dychtwald, "Managing Middlescence," *Harvard Business Review* 84, no. 3 (March 2006): 80.

하게 발생한다. 아울러 매우 생산적인 근로자들이 자신이 어떤 승진도 이루어지지 않는 상황에 갇혀 있다고 느끼게 될 때는 자신들에게 더 많은 기회를 제공해 주게 될 다른 조직에서 직무를 찾기 시작하는 경우가 많다.

경영자는 직원이 고원 현상의 스트레스를 극복하도록 도와주기 위해 많은 전략을 사용할 수 있다. 이러한 전략에는 직무 충실화(job enrichment)와 수평적 배치 전환(lateral transfer), 교차 훈련(cross training), 직원들이 정기적인 경력 정체(career stagnation)에 대비할 수 있도록 고원 현상에 관해 직원들을 교육하는 것을 포함한다. 가능하면, 의사 결정 파워가 하위층에서 늘어나도록 조직의 계층 구조를 더 수평적으로 리스트럭처링하는 것도 도움이 될 수 있다. 멘토링과 네트워킹 기회는 직원들의 경력 지원을 제공하고 변화의 가능성을 열어 줄 수 있다. 더 기본적인 수준에서, 근로자들의 열정을 활기 있게 유지하고 고원 현상을 겪고 있는 직원의 유효성을 유지하기 위해서는, 경영자들은 직무를 더 흥미롭게 만들기 위해 노력해야 한다.

반대로 어떤 직원들은 적어도 자신의 경력의 특정 시기에는, 고원 현상을 환영하기도 한다. 직원들은 특히 테크놀로지가 일과 개인의 삶의 장벽을 허물면서, 자신들의 직무에 압도당한다고 느끼는 경우가 많다. 어떤 직원들은 자신의 직무로부터 자신의 기본적인 자아상(self-image)을 얻지만, 다른 사람들은 업무 현장 밖에서 성취를 찾는다. 이러한 직원들은 자신의 가족이나 자원봉사 업무, 취미, 그 밖의 활동에 초점을 맞추는 것을 더 좋아한다. 그 점에 대해서는, 직원들은 자신들의 삶의 서로 다른 시기에 직장에서의 성공에 대해 어느 정도 중점을 두게 된다. 직원이 작은 어린이나 나이 많은 부모를 돌보는 것과 같은 가족의 책임과 직무의 책임의 균형을 유지해야 할 때는, 직장에서의 압박 감소를 환영하게 된다. 하지만 자신의 경력의 후반기에는, 그 개인은 직무에 더 많은 초점을 맞추고 직업에서 진전을 이루고자 할 수도 있을 것이다. 다시 한번 경영자들은 어떤 단 하나의 올바른 접근법은 존재하지 않으며, 서로 다른 직원의 니즈에 부응하기 위해 경영자는 유연해야 한다는 사실을 명심해야 한다. 한 전문가는 기업의 사다리(corporate ladder)는 어떤 개인이 단지 위아래로가 아니라, 많은 서로 다른 방향으로 이동할 수 있도록 해 주는 더 많은 적응성을 갖는 프레임워크인 기업 격자(corporate lattice)로 대체되어야 한다고 제시하고 있다.[9]

---

9) "Plateauing: Redefining Success at Work," *Knowledge@Wharton* (October 4, 2006), accessed February 15, 2017, 〈http://knowledge.wharton.upenn.edu/article.cfm?articleid=1564&CFID=2595079&CFTOKEN=2604561〉.

12.2.2. 멘토링

멘토링(mentoring)은 경력 개발의 전문화된 형식이다.[10] 멘토라는 용어는 다른 사람, 대개는 더 젊은 사람이 자신의 주요한 목적을 달성할 수 있도록 상당한 도움을 주는 영향력 있는 사람을 설명하기 위해 사용된다. 멘토는 모든 종류의 조직에 항상 존재해왔지만, 그 중요성이 충분히 인정되고 있는 것은 불과 최근 몇 십 년 사이의 일이다. 멘토링에 대한 관심은 점차 늘어가고 있으며, 이에 대한 많은 논문과 책들이 전문 출판사와 대중적인 출판사에서 발행되고 있다. 경력상의 성공과 멘토를 가지고 있는 것 사이에 분명한 연관성이 있기 때문에 관심이 증가하고 있는 것이다. 여러 연구에서는 한 명 이상의 멘토의 도움이 없이 어떤 조직의 최고 관리층으로 승진하는 사람은 거의 없다는 사실을 일관성 있게 보여 주고 있다.[11] 아울러 멘토링을 받는 개인들은 대개 더 큰 직무 만족을 느끼고, 조직 내에서 남의 눈에 띌 가능성이 더 많으며, 멘토를 갖지 않은 사람보다 더 높은 급여를 받는다.[12]

멘토링은 대개 네 가지 기능, 즉 교육, 심리 상담과 정서적 지원, 조직 개입(organizational intervention), 후원(sponsoring)으로 이루어진다. 자연스럽게 멘토링의 맥락과 의미, 경험은 각각의 멘토와 프로테제(protégé)에 따라 약간 다르다. 왜냐하면 어떤 두 사람이나 어떤 일단의 환경도 정확하게 비슷할 수는 없기 때문이다. 프로테제의 멘토 필요성은 서로 다른 경력 단계에 따라 달라지며, 멘토가 제공하는 도움들도 달라질 것이다. 신입 사원은 조직과 직무의 상세한 사항들에 관해 자신들이 더 많이 배울 수 있도록 도와주는 멘토가 필요하다. 어떤 프로테제가 더 많은 기술적 역량을 갖추고 조직상의 사다리에서 상승하기 시작하면서, 정서적 지원의 필요성이 주목을 받게 될 수도 있을 것이다. 승진과 발전이 곧 이루어질 것 같은 조짐이 보일 때, 멘토는 조직상의 알선을 해 주고 프로테제가 조직의 더 높은 자리에 있는 개인들을 만나거나 적합한 도서관 외부의 빈자리를 확인하도록 후원할 수 있다.

프로테제에 대한 장점은 명백하다. 그러나 멘토링은 상당한 시간과 노력의 투자를 필요로 하기 때문에, 멘토의 동기는 이해하기가 더 어려울 수도 있을 것이다. 단지 이타주의(利他主義)만이 멘토가 그와 같은 관계에 적극적으로 참여하는 이유

---

10) 도서관의 멘토링의 토픽에 대한 훌륭한 개관에 대해서는 다음 자료를 참고하라: Suzanne Sears, "Mentoring to Grow Library Leaders," *Journal of Library Administration* 54, no. 2 (2014):127-134.

11) Suzanne C. de Janasz, Sherry E. Sullivan, and Vicki Whiting, "Mentor Networks and Career Success: Lessons for Turbulent Times," *Academy of Management Executive* 17, no. 4 (2003): 78-91.

12) Laura L. Leavitt, "Mentoring Milestones: the 'R.O.I.' of Mentoring," *Business and Finance Division Bulletin* no. 143 (December 15, 2010): 9-10.

는 거의 되지 못한다는 사실에 유의해야 한다. 편익은 거의 언제나 쌍방적이며, 멘토링 역할은 거의 언제나 전문적인 보상을 받게 된다. 멘토는 일반적으로 자신의 지식과 경험을 다른 사람들에게 전달하는 즐거움을 누리게 되며, 자신의 프로테제와의 상호 작용을 통해 활력을 되찾는 느낌을 갖게 되는 경우가 많으며 그들의 시각으로부터 도움을 얻는 경우가 많다. 멘토는 또한 미래의 리더십 역할을 위한 전도유망한 개인을 개발하는 자신들의 노력에 대해 자신들의 동료들과 조직 전체로부터 인정을 받을 수도 있을 것이다. 때때로 프로테제가 멘토에게 직무 지원을 제공하기도 하는데, 그렇게 함으로써 멘토는 조직 내에서 중요한 협력자를 확보하게 된다. 재능 있는 사람을 개발하는 것은 경영진의 책임이기 때문에, 프로테제의 성공은 조직에 대한 멘토의 가치를 입증하는 역할을 하게 된다. 멘토의 직무를 수행하는 데 도움을 줄 수 있는 프로테제를 확보하고 있는 것은 멘토가 훌륭하게 위양할 수 있는 경영자임을 보여 주는 것으로, 프로테제가 발전함에 따라, 멘토는 영광을 공유할 뿐만 아니라 과거와 현재의 프로테제의 강력한 네트워크를 구축하게 된다.

마지막으로 많은 멘토들은 그 관계로부터 커다란 개인적인 즐거움을 얻는다. 멘토들은 가르치는 것을 즐기며 프로테제의 경력이 발전함에 따라 어떤 개인적인 만족감을 느낀다. 멘토들은 자신들의 업무가 프로테제에 의해 계속되거나 진전되는 것을 보고 즐거워한다. 최근에 어떤 사람이 말하고 있는 것처럼, "새로 채용된 사서를 멘토링하는 것은 어렵고 시간이 소요되는 일이지만, 멘토링이 끝난 후에는 계속해서 그 보상을 거둬들이게 된다."[13]

멘토에 대한 수요는 언제나 공급을 능가하기 때문에, 조직의 어떤 경영자들은 신입 사원이 어떤 멘토와 공식적으로 매치되는 프로그램을 실행하고 있다. 그와 같은 프로그램이 때로는 성공을 거두기도 하지만, 자발적으로 생겨나는 멘토링 관계가 멘토는 물론 프로테제가 서로의 가치를 보고 관계를 환영하기 때문에, 지속될 가능성이 더 높다. 어떤 직원들은 원격으로 그들에게 조언해 주는 오프사이트(off-site) 멘토를 가지고 있다.

멘토링 관계는 공식적인 경우는 물론 비공식적인 경우에도, 경력 개발과 성장의 수단으로서 조직에 의해 권장되어야 하지만, 경영자는 공식적인 멘토링 프로그램을 실행할 때, 참여하고자 하는 모든 직원에게 공정하도록 하고 멘토링 기회를 제공하기 위해 주의해야 한다. 멘토는 멘토링을 하기 위해 자기자신과 유사한 사람들을 뽑는 경우가 많은데, 이러한 무의식적 편견 때문에 표현력이 부족한 그

---

13) Marta K. Lee, *Mentoring in the Library* (Chicago: ALA, 2011): 53.

룹의 사람을 활용할 수 있는 멘토링 기회가 더 적어지는 경우가 많다. 또한 멘토링은 프로테제와의 개인적인 관계를 개발하는 것을 필요로 하기 때문에, 성희롱이나 차별에 대한 클레임을 야기할 수도 있다.[14] 멘토링 프로그램을 수행하기 위해서는 공식적인 지침이 필요할 수도 있을 것이다.

12.3. 도서관의 건강과 안전 이슈

고용주는 그 직원의 건강과 안전을 보장하는 책임을 갖는다. 오늘날의 직원들은 더 건강한 업무 환경을 요구하며, 대부분의 경영자들은 그러한 환경을 제공하기 위해 노력하고 있다. 예를 들면 도서관들은 직원들이 간접흡연에 노출되지 않도록 금연으로 되어 있으며 많은 도서관에서는 직원들이 반복적인 운동의 문제점을 피하도록 도와주기 위해 트레이닝과 가변식 가구(adjustable furniture)를 제공하고 있다. 예기치 못한 비상사태의 경우에, 사서들은 안전과 재난 계획을 가지고 있으며 교육 훈련을 받고 있다.

12.3.1. 육체적 스트레스

전반적으로 볼 때 도서관은 일하기에 상당히 안전한 곳이다. 하지만 도서관에서는 한 가지 유형의 육체적 문제점이 공통적으로 발생하는데, 컴퓨터와 스캐너와 같은 장비의 지나친 사용으로 야기되는 부상이 그것이다. 직원들은 주의를 기울이지 않으면, 반복 사용 긴장성 손상 증후군(RSI: Repetitive Strain Injury)[15]으로 알려져 있는 질환에 걸릴 수도 있는데, 이것은 손목 터널 증후군(carpal tunnel syndrome)[16]의 형식으로 가장 빈번하게 나타난다. RSI는 온종일 동일한 동작을 지속적으로 수행하는 공장 근로자들에게 오랫동안 영향을 미치고 있다. RSI로 고통 받는 사서들에 대한 일화적 증거는 많지만,[17] 그 문제점의 정도를 문서화하는 연구는 거의 이루어지지 못하고 있다.

---

14) Jonathan A. Segal, "Mirror-Image Mentoring," *HR Magazine* 45 (March 2000): 157-166.
15) 역자주: 반복성 긴장 질환, 반복성 스트레스 부상이라고도 한다.
16) 역자주: 수근관 증후군, 손목 수근관 증후군이라고도 한다.
17) Robert E. Kaehr, "What Do Meatpackers and Librarians Have in Common? Library Related Injuries and Possible Solutions," *Teacher Librarian* 36, no. 2 (December 2008): 39-42.

도서관과 정보 센터의 경영자들은 RSI를 예방하고 증상을 보이는 사람들에 대한 완화책을 제공하기 위한 조치들을 취하기 시작하고 있다. 많은 경영자들은 인체공학적인 의자와 워크스테이션, 키보드에 투자를 하고 있다. 어떤 경영자들은 더 빈번하게 휴식을 취하도록 실행하거나, 근로자의 직무 내에서 활동의 다양성을 증가시키거나, 운동 시간의 일정을 편성하거나, RSI의 예방이나 완화를 위한 교육 훈련을 제공하고 있다. 많은 도서관 경영자들은 컴퓨터의 사용을 통제하는 인체공학적인 표준과 정책을 제정하고 있다.[18] 컴퓨터 이용은 계속해서 대부분의 도서관 직원의 직무의 필수적인 부분이 될 것이기 때문에, 모든 경영자들과 직원들은 이러한 육체적 스트레스에 유념해야 한다.

다른 컴퓨터 관련 질병들의 경우와 마찬가지로, 가장 공통적인 증상은 눈의 피로와 등과 목의 통증, 신체의 피로인데, 이러한 것들은 아마도 한 자세로 너무 오래 앉아 있는 것으로부터 생겨나는 것일 것이다. 모니터의 적절한 배치와 보조적인 의자의 사용, 좋은 조명, 적절한 환기, 컴퓨터로부터 더 자주 휴식 취하기, 어떤 기본적인 운동 등의 좋은 인체공학적 관행[19]은 이러한 불평의 상당 부분을 완화하는 데 도움이 될 수 있다.

12.3.2. 직무 관련 정신적 스트레스

모든 유형의 조직의 직원들은 스트레스에 민감한데, 스트레스는 신체에 주어지는 어떤 요구에 대한 신체의 반응으로 정의되고 있다. 도서관에서 근무하지 않는 어떤 사람들은 도서관은 스트레스 없는 환경이라고 생각할 수도 있겠지만, 그렇지가 않다. 도서관 근로자들은 다른 사무실 환경의 근로자들과 똑같이, 많은 스트레스 요인에 직면하고 있다.

오늘날에는 모든 유형의 조직의 더 많은 직원들이 자신들의 직무 때문에 스트레스나 긴장의 느낌을 갖는다고 보고하고 있다. 조직의 변화는 너무 급속하거나 너무 빈번하면, 스트레스를 야기할 수 있다. 의심의 여지없이, 사서들 사이에서,

---

18) 예를 들어, 다음 자료를 참고하라: "Ergonomic Guidelines for Arranging a Computer Workstation - 10 Steps for Users," Cornell University Ergonomics Web, accessed March 23, 2017 ⟨http://ergo.human.cornell.edu/ergoguide.html⟩.

19) 건강한 삶을 위한 제안된 연습과 그 밖의 조언의 훌륭한 리스트는 다음 자료를 참조하라: "Back Pain at Work: Preventing Pain and Injury," Mayo Clinic Web site, accessed March 23, 2017, ⟨http://www.mayoclinic.org/healthy-lifestyle/adult-health/in-depth/back-pain/art-20044526⟩.

한 가지 스트레스의 원인은 전문직의 지속적으로 증가하는 변화율이다. 현재 사서들은 이전의 어느 때보다도 더, 자신들의 직무를 수행하기 위해 새로운 방법과 테크놀로지를 숙달하도록 요구받고 있다. 테크놀로지는 많은 절차들의 속도를 향상시키고 커뮤니케이션을 위해 필요한 시간을 단축시켜 주고 있지만, 아울러 도서관 이용자들은 언제나 더 많은 것을 원하는 것처럼 보이기 때문에 일들을 수행해내기 위한 압박도 가중시켜 주고 있다. 또한 많은 도서관의 예산 삭감과 제한된 자원 때문에, 사서들은 부가된 책임을 떠맡아야만 하는 경우가 많다.

스트레스는 많은 원인을 가지고 있다. 직책이 제대로 정의되어 있지 않고 직원이 자신에게 무엇을 기대하고 있는지 알지 못할 때는 역할 모호성(role ambiguity)이 발생한다. 어떤 개인들은 다른 그룹의 사람들이 자신이 어떻게 행동해야 하는지에 대해 양립할 수 없는 견해를 가질 때 역할 갈등(role conflict)의 스트레스를 느낀다. 어떤 직원이 불쾌하거나 거친 동료 근로자들을 계속해서 상대해야 하는 경우에는, 그러한 대인 관계 요구는 대개 스트레스의 원인이 된다. 아울러 앞서 살펴본 것처럼, 많은 도서관의 다운사이징은 하루하루의 업무를 더 적은 수의 직원에 의해 처리해야 하는 결과를 초래하고 있다. 취업 시장의 위축은 직업을 갖지 못하고 있는 사람들은 물론 여전히 일하고 있는 사람들에게도 스트레스를 만들어주고 있는데, 일하는 사람들은 자신들의 직위를 잃을 것에 관해 우려함과 동시에 더 많은 책임을 떠맡고 있는 경우가 많다. 공공도서관 사서들의 스트레스 요인에 대한 최근 연구[20]에서는 다음과 같은 것들을 상위 10개 요인으로 들고 있다.

1. 여러분의 업무에 대한 많은 개입
2. 동료 근로자와의 어려움
3. 맞춰야 할 수많은 마감일
4. 예산 문제
5. 과도한 업무 부담
6. 업무 현장의 문화
7. 업무 마무리 시간의 부족
8. 경영진과의 어려움
9. 여러분의 업무에 대한 인식 부족
10. 건축 설비

---

20) Mary Wilkins Jordan, "All Stressed Out, But Does Anyone Notice? Stressors Affecting Public Libraries," *Journal of Library Administration*, 54 (2014): 291-307.

연구들은 이러한 스트레스 요인들에 대응하는 좋은 방법은 마음 챙김(mindfulness)이라는 사실을 보여 주고 있다. 마음 챙김은 "지금 이 순간의 인식을 유지하고 인내와 친절로 우리 스스로와 다른 사람들을 대우하는 데 초점을 맞추는 것"[21]으로 정의된다.

다음은 마음 챙김을 실행하고 스트레스를 줄이기 위한 방법들에 대한 몇 가지 제안들이다.[22]

- **호흡하라.** 이것은 현재로 돌아가기 위한 가장 단순하고 쉬운 것이다. 이것은 분명해 보이지만, 시간을 가지고 그냥 숨을 쉬어 보라.
- **"마음을 챙기고" 잡다한 일을 해 보라.** 어리석어 보일는지도 모르겠지만, "해야 할" 일을 단순히 해치우는 대신, 더 세심하게 주의를 기울이고 여러분이 그 일을 수행하고 있음을 그대로 받아들이는 것이 가치가 있다.
- **여러분의 감각에 주의를 기울이라.** 여러분이 다른 생각들에 싸여 있기 때문에 흥미롭거나 즐거운 환경이 무시되는 경우가 너무 많다.
- **여러분의 시간을 너무 쏟아 붓지 말라.** 실행하는 것보다 말하는 게 쉽다. 그렇지 않은가? 여전히 여러분이 이미 너무 많은 일에 치이고 있을 때 많은 경우에 여러분은 어떤 프로젝트나 과제에 대해 "네"라고 말할 수도 있을 것이다.
- **자연에서 시간을 보내라.** 이것은 여러분의 환경에 대해 주의를 기울이는 것과 함께 진행된다.
- **감사하라.** 감사하는 것은 존재에 대해 더 많은 마음 챙김 상태를 발전시키기 위한 훌륭한 관행이다.
- **여러분의 생각을 인식하라.** 마음 챙김과 함께 부정적인 생각들을 인식하고 과거에 관해 스스로 자책하거나 미래에 관해 지나칠 정도로 우려하지 않는 것이 특히 중요하다.
- **여러분의 하루의 시작을 선택하라.** 잠깐 짬을 내서 정신을 차리려고 노력하고 여러분의 일과를 서두르지 마라. 이것은 실행하기보다는 말하기가 더 쉽지만 도움이 될 수 있다고 믿으라.
- **주변 사람의 말을 경청하라.** Steven Covey는 사람들은 우선 이해하고자 노력

---

21) Richard Moniz, et al., "Stressors and Librarians," *College & Research Libraries News* 77, no. 11 (December 2016): 534.
22) *Ibid.*, 536.

하고 그러고 나서야 이해하게 된다고 설명함으로써 이를 전문적으로 표현한 바 있다.[23]

물론 업무 현장 스트레스가 스트레스에 관련된 장애의 유일한 원인은 아니며, 많은 직원들은 가정 문제나 재정적인 문제와 같은 직장 외 스트레스 요인에 직면하고 있다. 때로는 이러한 것들의 결합이 직무와 가정의 책임이 상충할 때처럼, 스트레스를 만들어 내기도 한다. 이러한 도전들은 "일과 삶의 균형"(work-life balance)[24]으로 간주되고 있다.

스트레스가 항상 나쁜 것만은 아니며, 서로 다른 직원들은 서로 다른 수준의 스트레스를 견뎌낼 수 있다. 조직에 어떤 스트레스가 없으면, 직원들은 훨씬 더 적은 에너지와 생산성을 보여 줄 가능성이 있다. 많은 사람들은 가벼운 스트레스 아래에서 더 효과적으로 일한다. 최종 기한이 어렴풋이 보이면, 많은 사람들은 더 빨리 그리고 더 훌륭하게 일한다. 하지만 그 동일한 마감 기한이 다른 직원들에게는 극도의 스트레스를 야기할 수도 있을 것이다. 스트레스가 극심하고 끝이 안 보일 때는, 파괴적이 된다.

스트레스는 결근이나 과민성, 지각, 훌륭한 업무 수행의 불가능으로 나타날 수도 있을 것이다. 경영자의 직무 중 하나는 스트레스의 원인을 확인하도록 도와주고 가능하면 그것을 제거하고자 노력하는 것이다. 만일 스트레스의 영향이 경영자가 처리할 수 있는 것보다 더 많으면, 경영자는 진단과 치료를 위해 직원을 직원 지원 프로그램이나 의료 전문가에게 맡겨야 한다.

12.3.3. 번아웃

번아웃(burn out)[25]은 특히 그 직무가 문제를 가지고 있는 사람을 도와주는 일을 수반하는 경우에, 대인 접촉에 대한 정서적인 압박감과 스트레스가 원인이 된

---

23) Stephen Covey as cited in Richard Moniz, et al., *The Mindful Librarian: Connecting the Practice of Mindfulness to Librarianship* (Waltham, MA: Chandos, 2016), 22-23.
24) 사람들이 더 훌륭한 일과 삶의 균형을 이루도록 도와주기 위한 다음과 같은 많은 자원들이 존재한다: Stewart D. Friedman, *Leading the Life You Want: Skills for Integrating Work and Life,* (Boston, Massachusetts: Harvard Business Review Press, 2014); "Ten Tips for a Better Work-Life Balance, *The Guardian, accessed July* 18, 2017, ⟨https://www.theguardian.com/lifeandstyle/2014/nov/07/ten-tips-for-a-better-work-life-balance⟩; and "Work-Life Balance: Tips to Reclaim Control," Mayo Clinic Web site, accessed July 18, 2017, ⟨http://www.mayoclinic.org/healthy-lifestyle/adult-health/in-depth/work-life-balance/art-20048134⟩.

다. 번아웃으로 고통을 받는 사람들은 일반적으로 육체적 및 정서적 탈진과 자신의 처신과 태도의 부정적 변화, 자부심의 상실을 경험한다. 번아웃 근로자에 대한 경영자의 책임은 번아웃이라는 증상에 대해 알고 근로자들로 하여금 그 증상에 익숙해지도록 만드는 것을 포함한다. 한편 번아웃의 치료는 두 가지 수준에서 찾을 수 있다. 개인적인 수준에서는, 직원들은 일 밖에서 적극적인 삶을 추구하고, 그들에게 안락하고 통제된다는 느낌을 갖도록 해 주는 방식으로 그러한 삶을 구조화해야 한다. 또한 충원 패턴이 허용할 때는, 경영자는 사서들이 직원 스트레스를 야기하는 영역에서 더 적은 시간을 보내도록 직무를 개편하거나 일정을 조정할 수도 있을 것이다. 직원들은 스트레스 관리나 시간 관리의 워크샵이 유용하다는 사실을 발견할 수도 있을 것이다.

경영자들은 번아웃에 관한 조직 맥락(organizational context)의 중요성을 보여 주는 최근의 발견 결과에 특별히 세심한 주의를 기울여야 한다. 직원들이 조직이 자신들의 가치를 인정하지도 않고 자신들을 존중하지도 않는다고 느낄 때는, 번아웃을 경험하는 경우가 많다. 직원을 과소평가하거나 깔보는 것 같은 태도로 대하고 그들의 업무에 대해 어떠한 존중도 보이지 않는 개개 경영자들은 번아웃과 급속한 직원 이직률의 원인이 될 수 있다.[26]

번아웃은 전염성이 있는 경우가 많기 때문에 이를 예방하는 것이 중요하다. 자신의 직무나 고객, 동료에 대해 부정적인 태도를 가지고 있는 번아웃된 직원은 확실히 다른 사람들에게 부정적인 영향을 미치게 된다. 번아웃이 확산되는 것을 막기 위해, 경영자들은 증상을 인식하고 가능할 때마다 이를 예방하기 위해 중재해야 한다.

 **스킬 연습하기**

여러분은 분주한 공공도서관의 대출 데스크의 감독자이다. 여러분의 직원 중 한 사람은 나쁜 태도를 가지고 있으며 접촉하는 모든 사람에 관해 부정적인 것 같다. 그녀는 다른 사람들을 도와주는 일이 전혀 없으며 도서관 고객들에게 무례하게 굴기 시작하고 있다. 여러분은 그녀가 혼

---

25) 역자주: 소진, 탈진, 탈진 현상이라고도 한다.
26) Lakshmi Ramarajan and Sigal Barsade, "What Makes a Job Tough? The Influence of Organizational Respect on Burnout in the Human Services," *Knowledge@Wharton* (November 2006), accessed February 17, 2017, 〈http://knowledge.wharton.upenn.edu/article/more-than-job-demands-or-personality-lack-of-organizational-respect-fuels-employee-burnout〉.

> 자 살고 있고, 어떤 취미나 일 이외의 어떤 것도 갖고 있지 않다는 사실을 알고 있다. 여러분은 이러한 상황을 해결할 방법을 찾아야 한다. 그렇지 않으면 그녀의 부정성이 다른 직원들에게 영향을 미치기 시작할 것이라고 여러분은 느끼고 있다. 여러분은 번아웃에 관해 배운 것을 알고 있으므로, 여러분은 이것이 그녀의 문제가 될 수 있다고 생각하는가? 여러분은 무엇을 할 수 있는가? 여러분은 그녀와 정면으로 부딪혀야 하는가? 그녀를 한쪽으로 데리고 가서 무엇이 그녀를 괴롭히고 있는지 알아보아야 하는가? 그녀를 알고 있는 다른 사람들에게 그들의 조언을 여러분에게 해 달라고 요청해야 하는가? 해결책으로 이어지게 될 이 직원과의 대화를 위한 전략을 개발해 보라. 여러분이 그 대화에서 다루게 될 항목들의 중요 포인트의 리스트를 작성해 보라.

12.3.4. 업무 현장의 폭력과 범죄

도서관 폭력은 드물기는 하지만, 알려지지 않은 것도 아니다. 최근에 사서들이 근무 중에 살해당하는 몇몇 사건들과 직원과 고객의 폭행과 강도, 대학 캠퍼스에서 벌어진 총격 사건들이 있었다.[27] 사서들은 도서관을 접근할 수 있는 장소로 만들기 위해 열심히 노력해 오고 있지만, 이러한 접근 가능성이 때로는 도서관의 사람들을 피해를 당하기 쉽도록 만들어 주기도 한다. 대부분의 사람들은 도서관을 안전한 장소로 인식하고 있으며, 따라서 이용자들이 때로는 자신들이 해야 하는 것보다 경계심을 덜 갖기도 한다. 빈 서고 공간과 따로 떨어진 업무 공간을 가지고 있는 도서관 건물은 사람이나 그들의 재산을 노리는 개인들에게 한적한 장소를 제공해 준다. 어떤 사람들은 또한 위반자들이 다른 곳보다 도서관에서 기소될 가능성이 더 낮을 것으로 추정하기도 한다.

도서관 경영자들은 업무 현장 폭력의 가능성에 대해 더 많이 인식하게 되면서, 이제는 이를 경감시키기 위해 노력하고 있다. 다수의 사서들은 고객과 종업원의 안전을 증진시키고 공공 기물 파손을 방지하기 위해 감시 카메라를 설치하고 있다. 많은 사람들은 위기의 경우에 도서관을 폐쇄하는 정책을 수립하고 있다.[28]

대부분의 도서관들은 홍수나 허리케인과 같은 자연 재해에 대한 대비 프로그

---

27) Virginia Steel, "Thinking about the Unthinkable: A Personal Reflection on the June 1 Incident at UCLA and Library Responses and Roles in Active Shooter Situations," *Research Library Issues,* no. 289 (2016): 28-37. 〈http://publications.arl.org/rli289/〉.

28) Jamey L. Harris and Scott R. DiMarco, "Locking Down a University Library: How to Keep People Safe in a Crisis: A Mansfield University of Pennsylvania Perspective," *Library & Archival Security* 23, no. 1 (January/June 2010): 27-36.

램을 가지고 있으며, 점점 더 많은 사람들이 폭력 사건에 대해 그러한 프로그램을 시행하고 있다. 모든 도서관은 비상 매뉴얼을 가지고 있어야 하며, 학생 직원을 포함한 모든 직원은 비상조치에 대한 교육 훈련을 받아야 한다. 경영자는 또한 사서와 고객들을 보호하기 위해 명확한 안전 정책을 가지고 있어야 한다. 모든 경영자는 자신들이 그와 같은 정책을 전혀 사용할 필요가 없기를 바라지만, 만약을 위해서 항상 대비해야 한다. 비상 계획의 작성에 관한 더 많은 정보에 대해서는 제5장을 참고하라.

전반적으로 볼 때 도서관장들은 그 직원들의 건강과 안전에 더 많은 초점을 맞추고 있다. 많은 도서관장들은 직원들이 운동이나 체중 감량, 그 밖의 웰니스 프로그램(wellness programs)에 참여하도록 권장하고 있다. 많은 조직에서는, 직원 지원 프로그램이 알코올 중독이나 약물 사용과 같은 개인적인 문제점에 직면한 근로자들에게 지침을 제공해 준다. 도서관 경영자들은 육체적 스트레스는 물론 정신적 스트레스를 피하도록 돕는 데 더 능숙해지고 있다. 경영자들은 직원의 건강에 투자하는 것이 비용 효과적이라고 간주하고 있다. 왜냐하면 더 건강한 직원들이 처리되지 못하고 있는 육체 상태나 정신 상태로 고통 받고 있는 사람들보다 더 생산적이기 때문이다. 도서관을 안전하고 건강한 업무 현장으로 만드는 것은 직원과 고용주를 위해 윈윈(win-win)이 된다.

12.4. 인적 자원에 대한 외부의 영향: 법적 보호

지금까지 살펴본 모든 주제들은 모든 유형의 도서관에서 나타나는 특정의 내부 인적 자원 기능과 관련되어 있다. 하지만 어떤 사서들은 자신들의 인적 자원 업무에 영향을 미치는 두 개의 더 광범위한 외부 요인과도 씨름해야 한다. 이러한 이슈들은 (1) 직원의 법적 보호와 (2) 노동조합이다.

인적 자원에 관련된 미국의 경우 연방과 주의 규정들은 지난 수십 년간 크게 증가하였으며, 따라서 오늘날에는 채용에서 해고에 이르는 사실상 모든 인적 자원 기능들이 그러한 규정들에 의해 영향을 받고 있다. 이러한 규정들은 특히 평등 고용 기회에서, 점점 더 증가하는 법적 보호를 근로자들에게 제공하고 있으며, 법은 나이나 젠더, 국적, 장애와 같은 이유 때문에 해고당하는 것으로부터 근로자들을 보호해 준다. 그럼에도 불구하고 어떤 영역에서는 직원들이 여전히 거의 권리를 갖지 못하고 있다. 미국의 경우, 어떤 직원이 단체 교섭 협약이나 공무원 규칙의 적용을 받지 못하면, 그 직원은 많은 주들의 임의 고용의 원칙(employment-at-will principle)[29] 때문에 퇴출당할 위험에 처하게 되는데, 이 원칙은 어떤 고용 계약의 쌍방이 자유로이 그것을 취소할 수 있도록 허용해 주고 있다. 그와 같은 근로자들은 해고나 해직을 당하는 것을 방지하기 위한 법적 해결책을 거의 갖고 있지 못하다. 사실상 미국의 직원 관련법은 모든 영역에서 고용주에게 커다란 파워를 부여해 주고 있으며, 직원들이 노동조합이나 다른 계약을 가지고 있지 않으면, 그 고용주들의 의지에 따라 일하게 된다.

근로자들이 제한된 보호를 받는 또 하나의 영역은 언론(speech)이다. 언론의 자유는 미국 헌법 수정 제1조에 의해 보장되지만, 민간 부문의 경영자들은 기업이나 그 관행에 손해가 되는 어떤 것을 말하는 근로자들을 법적으로 징계할 수 있다. 소셜 미디어의 사용이 증가하면서, 경영자들은 직원들이 업무 현장의 외부에서 공개적으로 스스로를 표현할 기회가 계속적으로 확대되는 것에 관해 우려하고 있다. 고용주들은 직원들의 자유로운 표현이 기업 이미지에 나쁜 영향을 미칠 수도 있다는 사실에 대해 염려하고 있다.[30]

프라이버시에 관한 권리는 직원, 특히 민간 부문의 직원들이 명확한 보호를 받지 못하는 또 하나의 영역이다. 소셜 미디어의 향상과 함께, 프라이버시 이슈에 대한 근로자들의 관심은 증가하고 있다. 고용주들은 그 직원들의 이메일을 읽고, 전화 통화를 엿듣고, 어느 곳에나 소형 비디오카메라를 설치하고, 직원의 라커와 데스크를 탐색하는 일을 조직이 그와 같은 것을 금지하는 정책을 가지고 있지 않으면, 합법적으로 할 수도 있을 것이다. 전자 감시의 이용은 더 많은 조직들이 키스트로크(keystrokes)와 실수를 기록함으로써 컴퓨터 이용자를 모니터링함에 따라 증가하고 있다. 물론 이러한 모니터링은 그것이 위법 행위를 예방하거나 밝혀내는 경우나 감독자가 근로자들에게 건설적인 피드백을 제공하기 위해 교육 훈련 세션에서 이를 사용하는 경우에는 도움이 될 수도 있을 것이다. 그러나 연구들은 자신들이 모니터링되고 있다는 사실을 알고 있는 직원들은 불만족과 피로감, 적대감을 느낄 가능성이 더 높다는 사실을 보여 주고 있다.

---

[29] 해당 주들의 리스트는 다음 자료를 참고하라: National Conference on State Legislatures Web site, accessed March 23, 2017, ⟨http://www.ncsl.org/research/labor-and-employment/at-will-employment-exceptions-by-state.aspx⟩.

[30] Paula McDonald and Paul Thompson, "Social Media(tion) and the Reshaping of Public/Private Boundaries in Employment Relations," *International Journal of Management Reviews,* 18 (2016): 69-84.

업무 현장의 또 하나의 도전적인 법적 이슈는 무작위 약물 검사 문제이다. 많은 직원들은 약물 검사가 자신들의 프라이버시를 침해한다고 느끼고 있지만, 미국의 많은 주에서는, 모든 유형의 고용주들이 직원들의 약물 및 알코올 이용을 확인할 권리를 가지고 있다. 대부분의 도서관들은 약물 검사를 실시하지 않고 있다.

직원들의 권리는 과거에 비하면 오늘날 더 훌륭하게 보호되고 있지만, 여전히 보호가 거의 이루어지지 않고 있는 영역들이 존재한다. 임의 고용의 규칙이 고용주로 하여금 어떤 이유로든(아니면 아무런 이유 없이) 근로자들을 해직시킬 수 있도록 하고는 있지만, 대부분의 도서관은 어떤 경영자가 어떤 직원을 해고하고자 하면 점진적인 징계를 필요로 하는 상위 조직의 일부이다. 수습 기간에 있는 직원이나 절도나 그 밖의 심각한 행동을 저지른 직원은 여기에서 예외이다. 감독자들은 직원들의 프라이버시와 존엄성을 존중하도록 법적으로 의무화되어 있지 않을 때조차도, 가능한 한 많이 이를 존중하고자 노력해야 한다.

12.4.1. 평등 고용 기회와 미국의 1964년 시민권법[31]

근로자들이 누리고 있는 많은 법적 보호는 평등 고용 기회(EEO: Equal Employment Opportunity)[32]를 보장하기 위한 의도를 가지고 있다. EEO는 모든 사람이 실적이나 능력을 바탕으로 어떤 직무에 채용되고 승진할 권리를 말한다. 미국에서는 어떤 계층의 사람이든 그들에 대한 고용 차별은 현재 법에 의해 금지되고 있다.[33]

평등 고용 기회에 관한 법률들이 통과되기 이전에는, 고용주들은 자신들이 원하는 사람은 누구든지 채용하거나, 승진시키거나, 해고할 수 있었다. 하지만 다양한 시민권 판결들이 인적 자원 관리의 전 영역을 너무나도 많이 변화시켰기 때문에 사람들은 상황이 어떠했었는지를 잊어버리는 경우가 많다. 예를 들면, 〈표 12.1〉에 열거되어 있는 구인 광고를 보라. 이러한 광고들은 구직자들을 위한 시민권 보호의 출현 이전인 1959년의 *Library Journal*에 인쇄되었다. 고용주들은 그 광고와 채용에서 특정의 성별이나 연령에 대한 선호를 자유로이 제시하고 있다.

---

31) 역자주: 이 소절은 원본의 두 소절을 통합하고, 관련 역사 등 한국의 독자에게 불필요하다고 판단되는 일부분은 제외하고 번역하였음을 밝혀 두고자 한다. 따라서 모든 원문을 원하는 사람은 원본을 참고하기 바란다.
32) 역자주: 균등 고용 기회, 고용 기회 균등이라고도 한다.
33) 역자주: 한국의 관련 법률에 대해서는, 남녀고용평등과 일·가정 양립 지원에 관한 법률(법률 제17602호)(〈https://www.law.go.kr/LSW/lsInfoP.do?efYd=20201208&lsiSeq=223545#0000〉)과 고용상 연령차별금지 및 고령자고용촉진에 관한 법률(법률 제17326호)(〈https://www.law.go.kr/LSW/lsInfoP.do?efYd=20200526&lsiSeq=218269#0000〉)을 참고하라.

<표 12.1> *Library Journal* 1959년 1월 15일과 6월호 항목별 광고 섹션의 직무 기술

여러분의 현재 직장에서 어려움을 겪고 있나요? 여러분의 경험을 넓히고 싶으신가요? 이상적인 조건 아래에서 새로 지은 건물에서 일하고 싶으신가요? 넉넉한 부가 급부를 주장하고 싶으신가요? 교원의 지위를 원하시나요? 그렇다면, 그리고 여러분이 남성이라면, 편목 담당 조사서의 직위에 관심을 가질 수도 있을 것입니다. …
도서관장, 남성, 급속하게 성장하는 인구 4만 명의 Long Island 교외의 도전적인 기회. 에어컨이 설치된 새 건물
부관장. 남성. 역사적인 … 의 새로 확장된 공공도서관
편목과 일반 참고 서비스에 관심이 있는 젊은 여성을 위한 소규모 대학의 직위
중서부 지역의 소규모 문리과대학의 편목 담당자(조사서) 구함. 도서관학 석사 학위 소지자 요망. 젊은 여성 또는 남성(우대) …
편목 담당(절반 이하의 시간) 참고 서비스 담당자 구함, 조사서급, 교원 지위 부여, 소규모 중서부 대학. 40세 이하 여성 …
조사서, 시티-카운티 통합 지역의 본관 도서관 서비스에 대한 책임. 40세 이하의 남성이나 여성
대출-참고 서비스 담당 사서 급구. 주민 2만 명의 진보적 지역 사회 소재의 활동적인 근대적 도서관. 창의력을 가진 젊은 여성을 위한 진정한 기회 …

오늘날에는 여성과 소수 인종, 고령 근로자, 장애인들이 이 법률 아래에서 실질적인 고용권을 확보하고 있다. 평등 고용 기회 법률들은 미국 노동계에서 광범위한 영향력을 발휘하고 있다. 이러한 평등 고용 기회 법률들은 직원의 채용과 면접, 시험, 교육 훈련, 승진, 고과, 징계, 보상을 포함한 많은 인적 자원 기능에 영향을 미치고 있다.

미국에서 특정 직원 그룹에 대한 차별을 금지하는 연방 법률은 1866년과 1871년의 시민권법(Civil Rights Acts)으로 1세기 이상 거슬러 올라가지만, EEO에 대한 가장 강력한 힘이 된 것은 1964년의 시민권법의 통과이다. 이 법률의 제7장은 고용과 해고, 승진, 보상, 그 밖의 고용 조건이나 특권을 포함한 모든 고용 관행에서 인종이나 피부색, 종교, 성별(임신, 젠더 정체성, 성적 지향성 포함), 국적, 연령(40세 이상), 장애, 유전 정보를 바탕으로 한 차별을 금지하고 있다. 또한 어떤 개인이 차별에 대해 소송을 제기하거나, 차별을 고발하거나, 고용 차별 조사나 소송에 참여했기 때문에 그 사람을 차별하는 것도 불법이다.

1972년의 평등고용기회법에 의해 수정된 제7장은 15명 이상의 직원을 가진 모든 민간 고용주와 모든 사립 및 공립 교육 기관, 주정부와 지방 정부, 고용 기관, 노동조합, 수습 및 교육 훈련 프로그램을 망라하고 있다. 따라서 제7장은 미국의 대부분의 도서관에 적용된다. 그 시행에 대한 책임은 평등고용기회위원회(EEOC: Equal Employment Opportunity Commission)에서 가지고 있는데, 이 위원회는 미국 의회의 조언과 동의를 거쳐 미국 대통령에 의해 임명되는 5년 임기의 다섯 명으로 구성되는 독립적인 기관이다. EEOC는 차별에 대한 고발을 조사하고 제7장에 관련된 법률 지침을 개발한다.[34]

12.4.2. 적극적 평등 실현 조치와 비교 가치

평등 고용 기회 법률들은 업무 현장을 1964년 시민권법 통과 이전보다 훨씬 더 다양하게 만들어주고 있다. 그럼에도 불구하고 여전히 평등 고용 기회에 정착되지 못한 영역들이 많이 있다. 이들 중 두 영역이 적극적 평등 실현 조치(affirmative action)[35]과 비교 가치(comparable worth)이다.

적극적 평등 실현 조치는 기관들이 균등한 몫의 여성과 소수자들을 고용하도록 보장하기 위해 설계된 일단의 구체적인 절차를 말한다. 적극적 평등 실현 조치는 미국의 Lyndon Johnson 대통령의 행정 명령 11246호에 의해 1965년에 만들어졌는데, 이것은 정부 계약자들로 하여금 과거의 차별의 영향을 해결하기 위한 명문화된 계획을 채택하도록 요구하였다. 일정 규모의 정부 계약을 맺고 있는 조직은 어느 조직이든 그와 같은 계획을 가지고 있어야 하며, 그 밖의 많은 기관들은 자발적으로 그와 같은 계획을 만들어 내고 있다.

어떤 사람들이 믿고 있는 것에도 불구하고, 적극적 평등 실현 조치는 고정된 할당량이나 우대에 의한 채용, 자격이 없는 사람의 고용을 요구하지 않는다. 하지만 적극적 평등 실현 조치는 특정 직무에 일하는 소수자들과 여성이 불균형적으로 적은지의 여부를 어떤 조직이 결정하도록 요구하고 있다. 또한 이 조치는 활용도가 낮다면 조직으로 하여금 이를 시정할 목적과 일정표를 설정하도록 요구하고 있다.

적극적 평등 실현 조치는 과거에는 상당한 영향을 미쳤다. 연구에서는 적극적 평등 실현 조치가 "여성과 소수자들의 고용 상태를 개선하는 데 효과적이며, 그와 같은 프로그램이 없었다면, 진전이 있었다고 하더라도, 훨씬 더 더디게 이루어졌을 것"[36]이라는 사실을 보여 주고 있다. 그럼에도 불구하고, 미국의 경우, 적극적 평등 실현 조치는 연방 수준과 주 수준에서 약해지고 있는 것으로 보이며, 이 정책

---

[34] 더 상세한 내용과 업데이트에 대해서는 U.S. Equal Opportunity Employment Commission의 다음 웹 사이트를 참고하라: accessed July 18, 2017, 〈https://www.eeoc.gov/laws/index.cfm〉.

[35] 역자주: 소수자 우대 정책, 소수 집단 우대 정책, 적극적 조치, 적극적 우대 조치, 적극적 평등 조치, 차별 수정 조치라고도 한다.

[36] G. L. A. Harris, "Revisiting Affirmative Action in Leveling the Playing Field," *Review of Public Personnel Administration* 29, no. 4 (December 2009): 354-372.

의 미래는 불확실하다. 적극적 평등 실현 조치에 대한 반대론자들은 그에 대해 두 가지 기본적인 반대를 가지고 있다. 그들은 이 조치는 너무나도 잘 작동하고 있기 때문에 더 이상 필요하지 않다고 주장하거나, 아니면 이 조치는 우선권이 있는 계층에 속하지 않는 사람들에 대한 역차별의 수단으로, 더 많은 자격을 갖춘 백인 남성을 희생시키고 표면적으로는 여성과 소수자들을 우대하고 있다고 주장하고 있다.[37] 최근의 법원 판결은 여전히 적극적 평등 실현 조치의 가치를 확인하는 한편 그 범위를 좁히고 있다. 노동 인구가 더 다양해지고 변화하는 인구 통계는 미국의 특정 부분에서는 이전의 소수자들이 다수 집단이 되고 있음을 보여 주고 있기 때문에, 적극적 평등 실현 조치 프로그램은 면밀한 추가 조사를 받을 가능성이 높다.

12.4.3. 비교 가치

1963년에 통과된 동일임금법(Equal Pay Act)[38]은 동등한 기술과 노력, 책임을 필요로 하는 유사한 작업 조건 아래에서 이루어지는 직무에서 실질적으로 동일한 업무를 수행하는 것에 대해 어느 한 성별에 대해 다른 성별보다 더 낮은 급여를 지불하는 것을 불법으로 만들었다. 많은 이유 때문에 이 법은 여성이나 소수자들에 대한 동등한 급여를 지불하는 결과를 이루어내지 못하고 있다.[39]

비교 가치(comparable worth)는 동일 임금과 밀접하게 관련된 이슈로, 1980년대에 논의되기 시작하였다. 이 이슈의 핵심은 우리 사회의 많은 직업들이 젠더에 의해 차별되고 있으며, 남성들은 특정 직업에 상당히 집중되어 있고 여성들은 다른 직업에 집중되어 있다는 사실이다. 동시에 일하는 여성들은 평균적으로 볼 때 일하는 남성에 비해 더 적은 보수를 받고 있다. 미국에서는 2016년에, 풀타임으로 일하는 여성의 중위 소득은 풀타임으로 일하는 남성의 소득의 83퍼센트였지만, "교육, 훈련, 도서관" 범주의 여성들은 그러한 분야의 남성들의 78.6퍼센트에 불과한 보수를 받고 있었다.[40]

---

37) *Congressional Quarterly Almanac,* 104th Congress, 2nd Session, 1996, vol. 52 (Washington, DC: Congressional Quarterly, 1996), 5-37.
38) 역자주: 남녀동일임금법, 평등임금법, 균등임금법이라고도 한다.
39) Beth Pearsall, "50 Years after the Equal Pay Act, Parity Eludes Us," *AAUP Outlook, (2013),* accessed February 17, 2017, 〈http://www.aauw.org/article/50-years-after-the-equal-pay-act-parity-eludes-us〉
40) Bureau of Labor Statistics, U.S. Department of Labor, "Women's Earnings 83 Percent of Men's, but Vary by Occupation" *The Economics Daily,* accessed February 17, 2017, 〈https://www.bls.gov/opub/ted/2016/womens-earnings-83-percent-of-mens-but-vary-by-occupation.htm〉.

주창자들은 동일 노동 동일 임금의 개념은 비교 가능 노동에 대한 동일 임금을 포함하도록 확대되어야 한다고 말하고 있다. 예를 들면 사서직과 같이 여성이 대부분을 차지하고 있고, 특정 수준의 교육과 경험을 필요로 하는 전문직의 직무는 만일 그 직무가 동일하지는 않더라도 비교 가능한 교육과 업무 경험을 필요로 하면, 엔지니어링과 같이 남성이 대부분을 차지하는 전문직의 직무와 동일한 급여를 지불해야 한다. 비교 가치는 동일한 직무를 바탕으로 하는 것이 아니라, 그 직무의 비교 가능한 점을 바탕으로 하며, 그 조직이나 지역 사회 내에서의 그 직무의 본질적인 가치나 어려움에 대한 평가를 바탕으로 한다.

비교 가치에 대한 국가 정책을 도입하는 것은 두 가지 주요한 장애 요인이 있는데, 직무의 가치를 측정하는 수단을 설정하는 어려움과 고용주 측의 상당한 규모의 인건비 증가가 그것이다. 그 결과 비교 가치는 달성하기 어려운 상태로 남아 있으며, 이 토픽에 대한 시각은 사서들 사이에서조차도 현저하게 다르다. 최근의 법원 판결은 법원은 고용주로 하여금 비교 가치 정책을 실행하도록 요구하지도 시장 가치와 비슷한 급여를 설정하는 데 대해 그들에게 차별의 책임을 묻지도 않게 될 것임을 보여 주고 있다. 동시에 아무 것도 어떤 고용주가 비교 가치 표준을 채택하는 것을 막지는 않고 있다. 많은 분야의 직원들, 미국의 경우 특히 주정부나 지방 정부에 고용되어 있는 직원들은 비교 가치 보상을 얻기 위해 계속해서 밀고 나갈 것이다. 전문직 단체들도 그와 같이 하고 있는 중이다. 미국도서관협회(ALA)의 Allied Professional Association(ALA-APA)은 비교 가치를 기본적인 관심 영역의 하나로 간주하고 있다.[41]

12.4.4. 성희롱

성희롱(sexual harassment)은 미국의 경우 연방 법규의 비교적 새로운 영역으로, EEOC에 따르면, 현재 성희롱에 대한 직원의 소송 제기가 가장 빠르게 늘어나고 있다. 2016년에 EEOC는 12,860건의 성희롱에 대한 고발을 받았는데, 16.6퍼센트는 남성에 의해 제기되었다. 같은 해에 EEOC는 7,433건의 고발을 해결하고 원고와 그 밖의 피해를 입은 개인들을 위해 4천만 달러를 받아낸 바 있다.[42]

---

41) ALA-APA는 비교 가치 토픽과 그 밖의 보상 이슈에 관한 훌륭한 정보원이다. 다음 자료를 참고하라: Jennifer Dorning, et al., *Advocating for Better Salaries Toolkit,* (Chicago: ALA-APA, 2014) accessed February 17, 2017, 〈http://ala-apa.org/files/2014/05/2014-ALA-APA-BETTER-SALARIES-TOOLKIT-2.pdf〉.

42) U.S. Equal Employment Opportunity Commission, "Sexual Harassment" (2017), accessed February 17, 2017, 〈https://www.eeoc.gov/eeoc/statistics/enforcement/sexual_harassment_new.cfm〉.

성희롱은 미국의 경우 1964년 시민권법 제7장의 위반으로 간주되고 있다.[43] 성희롱은 다음과 같은 상황을 포함한 다양한 상황에서 발생하지만 그러한 상황에 한정되는 것은 아니다.

- 성희롱 행위자는 물론 피해자는 여성이나 남성이 될 수도 있을 것이며, 피해자가 반드시 이성이어야 하는 것은 아니다.
- 성희롱 행위자는 피해자의 감독자나 고용주의 대리인, 다른 분야의 감독자, 동료 직원, 직원이 아닌 사람이 될 수도 있다.
- 피해자는 성희롱을 당한 사람이어야만 하는 것이 아니며 불쾌한 행동의 영향을 받는 사람은 누구나 될 수 있다.
- 성희롱은 피해자에 대한 경제적 손실이나 해직 없이도 발생할 수 있을 것이다.
- 성희롱 행위자의 행동은 분명히 달갑지 않은 것이 될 것이다.[44]

성희롱에는 현상 유지형과 적대적 작업 환경형의 두 가지 유형이 있다. 현상 유지형(quid pro quo type)은 권한을 가진 개인이 임금 인상이나 승진과 같은 어떤 유형의 직무 관련 편익을 받는 대가로 성적인 호의를 요구할 때 발생한다. 다른 유형의 성희롱은 적대적 작업 환경형(hostile work environment type)으로, 이 경우에는 직원들이 불쾌하다고 느끼는 성적인 농담이나 놀림과 같은 행동 속에서 일하지 않을 수 없게 된다.

성희롱은 미국의 경우 연방법 위반이며, 대부분의 경우 고용주는 감독자들의 행위에 대한 책임을 갖는 것으로 간주되고 있다. 아울러 직원이 고객이나 의뢰인과 같은 제3자로부터 성희롱을 당하면, 고용주가 책임을 질 수도 있다. 예를 들어, 열람 서비스 담당 사서가 특정 고객으로부터 지속적으로 성희롱을 당하였는데, 고용주가 성희롱에 대해 알면서도 어떤 시정 조치도 취하지 않았으면, 고용주가 법적 책임을 질 수도 있다.[45] 경영자들은 성희롱의 발생을 예방하기 위해 필요한 조치들을 취해야 한다. 경영자들은 성희롱은 용인되지 않을 것이라는 사실을 직원들에게 명확하게 커뮤니케이션해야 한다. 아울러 경영자들은 직원들에게 성희롱 교

---

43) 역자주: 한국의 경우는 남녀고용평등과 일·가정 양립 지원에 관한 법률, 성발전기본법, 국가인권위원회법 등에 근거하고 있다.
44) U.S. Equal Employment Opportunity Commission, "Sexual Harassment," accessed February 17, 2017, 〈https://www.eeoc.gov/eeoc/publications/index.cfm〉.
45) Teresa Brady, "Added Liability: Third-Party Sexual Harassment," *Management Review* 86, no. 4 (April 1997): 45-47.

육을 제공해야 하며, 명확한 신고나 고충 처리 프로세스를 마련하고, 어떤 직원이 신고했을 때는 즉각적인 조치를 취해야 한다.

평등 고용 기회의 이슈들은 평등 고용 기회에 관련된 법률들에 대한 해석의 변화와 새로운 규제 기관의 결정, 법원 판결 덕택에, 유동적이다. 인적 자원 기능을 다루는 도서관 경영자들은 이러한 법규들의 변화에 뒤처지지 않도록 하고 자신의 조직이 이러한 법규들을 준수하도록 보장해야 한다. 미국의 경우 연방과 주의 평등 고용 기회 법률들이 고용주에게 부과하고 있는 인적 자원에 대한 제약에도 불구하고, 법률들은 미국의 업무 현장을 더 다양하고 평등하게 만들어주고 있다. 모든 평등 고용 기회 법규의 목적은 모든 사람이 자신이 자격을 갖추고 있는 어떤 직무에서든 동등한 기회를 갖도록 보장하는 것이다.

12.4.5. 노동조합

미국의 경우, 1970년대를 시작으로, 다양한 화이트칼라 그룹과 전문직 그룹은 노동조합 결성을 위한 움직임을 가속화하였다. 미국의 경우, 공립학교 교사의 상당수는 노동조합에 가입하고 있고, 간호사와 대학 교수의 상당수도 마찬가지이다. 사서에 대해서는 정확한 숫자를 확인할 수 없지만, 가장 최근의 추정치로는 대략 34퍼센트가 노동조합이 결성된 기관에서 일하는 것으로 알려지고 있다.[46] Progressive Librarians Guild[47]는 2002년에 도서관의 노동조합 근로자 전용의 블로그를 시작한 바 있다.[48]

미국의 근로자들은 어느 정도는, 식민지 시대 이래로 공정하고 균등한 처우와 업무 현장의 주요한 의사 결정에서 발언권을 얻기 위해 노력해 오고 있다. 그럼에도 불구하고 미국 노동 운동의 실제적인 토대는 1935년에 일반적으로 Wagner Act로 알려져 있는 국가노동관계법(National Labor Relations Act)의 통과와 함께 세워졌다. 이 법은 노동조합을 조직하고 고용주와 단체 교섭을 할 권리를 직원들에게 부여한 것으로, 노동조합을 권장하고 경영층이 노동조합의 성장을 방해하지 못하도록 하였다. Wagner Act에 따라 위법과 부당 노동 행위를 조사하고 이 법에 관

---

46) U.S. Department of Labor, Bureau of Labor Statistics, "Union Members Summary" (2016), accessed February 18, 2017, ⟨http://www.bls.gov/news.release/union2.nr0.htm⟩.

47) 다음 자료를 참고하라: Progressive Librarians Web site, accessed July 18, 2017, ⟨http://www.progressivelibrariansguild.org/⟩.

48) 다음 자료를 참고하라: Union Library Workers blog, accessed July 18, 2017, ⟨http://unionlibraryworkers.blogspot.com/⟩.

련된 규칙과 규정, 절차를 성문화하기 위해 전국노동관계위원회(NLRB: National Labor Relations Board)도 설립되었다.

　결과적으로 노동조합은 급속하게 성장하였는데, 이는 1950년대 중반까지 계속되었다. 하지만 미국에서 노동조합에 가입한 전체 노동 인력의 비율은 그 이후로 감소하고 있는데, 그 이유는 기본적으로는 제조업의 직무가 감소하고 있고, 아울러 미국의 많은 주들이 주 직원들을 위한 노동조합을 줄이고자 노력하고 있기 때문이다.

　블루칼라 조합원 수의 감소를 보충하기 위해, 많은 노동조합들은 화이트칼라 부문에서 광범위한 조직 캠페인을 시작하였는데, 특히 정부 근로자와 학교 교사와 같은 공공 부문 직원들을 목표로 삼고 있었다. 1950년대 중반 이래로, 화이트칼라 근로자가 블루칼라 근로자를 수적으로 능가하고 있으며, 자동화와 대외 경쟁력이 공장 근로자에 대한 수요를 줄어들게 하면서 그 격차는 계속적으로 넓어지고 있다.

　Bureau of Labor Statistics에 따르면, 미국의 노동조합 조합원 가입률, 즉 노동조합의 조합원인 임금 및 급여 근로자의 비율은 2016년 현재 10.7퍼센트로, 2015년보다 0.4퍼센트 줄어들었다. 노동조합에 소속된 임금 및 급여 근로자의 수는 2016년 현재 1천4백60만 명으로, 2015년보다 24만 명이 감소하였다. 비교할 수 있는 노동조합 데이터를 입수할 수 있었던 첫해인 1983년에는, 노동조합 조합원 가입률은 20.1퍼센트였고, 노동조합 가입 근로자는 1천7백70만 명이었다.[49] 보고서는 또한 다음과 같은 흥미로운 데이터도 제공하고 있다.

- 공공 부문의 근로자들은 민간 부문의 근로자들의 노동조합 조합원 가입률(6.4퍼센트)보다 다섯 배 더 높은 가입률(34.4퍼센트)을 보여 주고 있다.
- 교육, 훈련, 도서관 범주의 근로자들은 가장 높은 노동조합 가입률(34.6퍼센트)을 보이고 있다.[50]

　미국의 경우, 노동조합에 가입한 근로자의 비율은 주에 따라서도 다양하다. 2010년 현재, New York이 23.6퍼센트로 가장 높은 노동조합 가입률을 보이고 있는 반면, North Carolina는 1.6퍼센트로 가장 낮은 가입률을 보이고 있다.[51]

　어떤 화이트칼라 근로자들, 특히 전문직들은 노동조합 가입에 관해 양면적인 느낌을 가지고 있다. 많은 사람들은 그 영역과 자기 자신의 이익을 증진시키기 위

---

49) U.S. Department of Labor, Bureau of Labor Statistics, "Union Members Summary" (2017), accessed February 19, 2017, 〈http://www.bls.gov/news.release/union2.nr0.htm〉.
50) Loc. cit.

한 방법으로 전문직 단체에 가입하는 것을 선호하고 있다. 어떤 전문직들은 자신들이 노동자들보다는 경영진과 더 밀접하게 연결되어 있다고 믿거나, 또는 전문직들은 더 높은 지위를 가지고 있기 때문에 노동조합이 필요하지 않다고 믿고 있다. 그럼에도 불구하고 노동조합은 공공 부문에 매우 일반적이 되고 있으며, 사서들은 자신들이 고용되는 도서관이 지방 자치 단체나 대학의 직원과 같은 상위 교섭 단위의 일부일 때는 노동조합 가입에 관한 선택권이 거의 없다.

직원들은 자신의 근무 조건에 대해 만족하지 못하면서 개인적으로는 이러한 조건을 변화시킬 수 없다는 사실을 인식했을 때 특히 노동조합 가입에 관심을 느끼게 된다. 그들은 자신의 노동조합에 의한 단체 교섭(collective bargaining)이 자신들의 급여와 부가 급부 또는 근무 조건을 개선해 주길 바란다. 많은 사서들이 노동조합에 가입하거나 가입을 고려하고 있기 때문에, 인적 자원과 그 밖의 경영자들은 비록 자신의 도서관이 현재는 노동조합이 결성되어 있지 않다고 하더라도 노동조합 결성 프로세스를 이해할 필요가 있다.

지금까지 도서관의 노동조합 결성은 엇갈리는 결과들을 가져 오고 있다. 도움이 되는 측면에서 보면, 노동조합은 인적 자원 정책과 절차의 공식화에 기여하고, 커뮤니케이션을 개선하며, 급여와 부가 급부를 인상시키고, 근무 조건을 개선해 주고 있다. 노동조합은 또한 사회 정의 이슈를 촉진시키는 역할도 하고 있다.[52] 부정직 측면에서 보면, 노동조합은 대체로 더 많은 서류 작업을 필요로 하게 되며, 더 엄격한 업무 규칙 제정의 원인이 되고, 사서와 도서관 경영자 사이에 적대적인 관계를 만들어 내는 경우가 많다. 학술도서관의 노동조합 결성에 관한 연구에 따르면, 고등 교육 공공 기관의 노동조합에 가입된 사서들은 일반적으로 더 나은 급여를 받지만, 근무 조건은 더 열악하여, 학생 대 사서 비율이 더 높고 장서의 자원들이 더 적은 것으로 나타나고 있다.[53]

노동조합 결성은 복합적인 이슈이다. 하지만 그 중요성과 도서관 전문직에 미칠 수 있는 영향 때문에, 현재 상태를 문서화하고 미래의 계획을 수립하기 위해서는 더 많은 리서치가 필요하다. 도서관에서는, 다른 곳에서와 마찬가지로, 경영진과 직원이 조화롭게 함께 일해야 한다. 그들은 도서관과 그 이용자들을 위해, 자신

---

51) *Loc. cit.*
52) Sarah Barriage, "The Role of the Union in Promoting Social Justice," *Advances in Librarianship* 41 (2016): 231-243.
53) Rachel Applegate, "Who Benefits? Unionization and Academic Libraries and Librarians," *The Library Quarterly* 79, no. 4 (October 2009): 443-463.

들의 조직이 더 효과적으로 기능을 수행할 수 있도록 노동조합으로부터 야기되는 경우가 많은 적대적인 관계를 극복해야 한다.

12.5. 결 언

인적 자원 기능은 도서관과 정보 관련 조직에 중요하다. 고용 이슈들에 관한 법률들은 발전하고 있으며, 인적 자원 관리는 훨씬 더 중요해지고 있다. 이 제4부에서 살펴본 것처럼, 인적 자원 과업은 자신의 조직이 효율적으로 기능을 수행하고 그 사명을 완수하기를 바라는 경영자에게 우선순위를 갖게 될 것이다.

학습 내용 연습하기

1. Sidney Nevel은 소규모 공공도서관의 신임 관장이다. 그 도서관은 도서관장을 채용하고, 예산을 설정하며, 정책을 정하는 등, 도서관에 대한 완전한 통제를 갖는 일곱 명의 이사에 의해 운영되는 민간 회사이다. 이사 중 한 명인 Sam Bark는 종종 Sidney의 데스크로 오거나 그녀의 사무실로 들어와 농담을 나누고 있다. 이러한 농담들은 약간 저속한 것으로 Sidney는 그러한 것들이 불쾌하다고 생각하고 있다. Sam은 Sidney를 궁지로 몰고 있다. Sidney는 단지 그 남자를 자신의 사무실에서 내보내기 위해 따라 웃으려고 애쓰고 있다. Sam은 또한 정치적으로는 물론 재정적으로 큰 후원자이다. Sam은 정규 예산으로는 지원할 수 없었던 어린이 프로그램을 뒷받침하기 위해 자금을 기부해 오고 있다. Sidney는 곤경에 처했다고 느끼면서도, 어떻게 해야 할지 모르고 있다. 그녀는 무엇인가를 해야 할 것인가? 이 상황과 여러분이 이 장에서 배운 것들에 대해 생각해 보고 Sidney를 위한 충고를 작성해 보라.

2. 여러분은 교외에 있는 지역 사회의 중간 규모 도서관의 참고 담당 사서이다. 여러분의 도서관장은 여러분에게 전 도서관을 위한 업무 현장 안전 매뉴얼을 개발하게 될 위원회에 참여하도록 이제 막 요청하였다. 첫 번째 미팅에 앞서, 이 매뉴얼에 담겨야 한다고 여러분이 생각하는 몇 가지 중요한 포인트를 작성해 보라.

3. 여러분의 친구의 상사는 여러분의 친구를 괴롭히기 시작하고 있다. 여러분의 친구는 점점 더 많은 일로 스트레스를 받고 있는데, 집에서도 큰 책임을 맡고 있고, 석사 학위도 마치려고 노력하고 있는 중이다. 여러분이 여러분의 친구의 스트레스 수준을 완화하는 데 도움을 주기 위해 제안할 수도 있는 것들의 리스트를 작성해 보라.

4. 여러분의 도서관은 현재 새로운 어린이 서비스 담당 사서를 찾고 있는 중이다. 여러분은 후보자 면접일의 후보자들과의 오찬에 참석하도록 초대받았다. 첫 번째 오찬 동안에, 여러분은 한 동료가 후보자에게 결혼했는지를 묻는 것을 들었다. 여러분은 이것이 고용 면접에서 장래의 고용주가 질문해야 하는 어떤 것이 아니라는 사실을 알고 있었지만, 당시에는 아무 말도 하지 않았다. 그 대신 여러분은 여러분의 동료에게 이것은 합법적인 질문이 아니라는 사실을 상기시키기 위해 그에게 편지를 쓰기로 결심하였다. 그 편지의 초안을 작성해 보라. 여러분은 또 다른 무엇인가를 해야 할 것인가?

 **토론용 질문**

1. 멘토를 발견하는 것이 경력 개발을 위해 중요하다면, 여러분은 이미 멘토를 발견하였는가? 도서관학 교수는 사서들을 위한 멘토링은 문헌정보학과에서 시작해야 한다고 제안하고 있다. 그는 "사서로서의 여러분의 처음 몇 년 동안 강력한 멘토를 갖는 것은 신출내기 전문직에게 조언과 용기, 경고라는 안전망을 제공해줄 수 있다. 그와 같은 관계는 문헌정보학 교육 중에 시작된다면 훨씬 더 좋을 것이다."[54] 여러분은 어떻게 생각하는가? 만일 여러분이 문헌정보학 프로그램의 학생이라면, 여러분은 여러분의 멘토 역할을 해줄 수도 있는 누군가를 생각할 수 있는가? 여러분은 이미 멘토를 가지고 있는가? 만일 여러분이 실무에 종사하는 사서라면, 여러분은 문헌정보학과 학생을 멘토링할 수 있을 것인가?

2. 사서직은 스트레스가 많은 전문직인가? 여러분은 여러분의 경력에서 번아웃을 경험해 본 적이 있는가? 여러분은 누군가가 번아웃 단계에 도달하기 이전에 그들을 도와주기 위해 어떤 기법들을 제안할 수 있는가?

3. 여러분은 사서들이 노동조합을 결성해야 한다고 생각하는가? 여러분은 노동조합이 있는 환경에서 일한 경험이 있는가? 여러분의 경험과 의견을 다른 사람들과 공유해 보라.

4. Mary는 좋은 4년제 대학 학술도서관의 편목 부서의 장으로 일하고 있다. Mary는 문헌정보학 석사 학위를 가지고 있으며 10명의 직원을 감독하고 있다. Murray는 대학의 시설 부서의 한 섹션의 단위의 장이다. Murray도 석사 학위를 가지고 있고 10명의 직원을 감독한다. Mary의 급여는 6만 달러이고 Murray의 급여는 8만 달러이다. 사람들은 비교 가치라는 개념에 대해 폭넓은 관점을 가지고 있다. 여러분은 비교 가치가 사서들이 우선순위화해야 할 목적이라고 생각하는가? 동의하거나 동의하지 않는다면, 그 이유는 무엇인가?

---

54) Michael Stephens, "The Role of Mentoring," *Library Journal* 136, no. 15 (September 2011): 38.

Section 5 지휘

경영의 일반적인 정의 중 하나는 "사람을 통해 일이 이루어지도록 하는 것"이다. 하지만 이것은 쉽게 달성되지 않으며, 조직의 목적과 목표에 부응하기 위해 사람들로 하여금 함께 훌륭하게 업무를 수행하도록 하기 위해서는 기술이 필요하게 된다. 이러한 목표를 성취하기 위해, 경영자는 지휘(leading, 때로는 directing이라고도 함) 기능에 의존하게 된다. 지휘와 인적 자원 기능은 둘 다 어떤 조직의 직원들과의 상호 작용을 포함하지만, 사람들과 함께 일하는 두 개의 뚜렷이 구별되는 측면에 초점을 맞추고 있기 때문에 아주 다르다. 제4부에서 살펴본 바 있는 인적 자원 기능은 근로자의 채용과 평가, 보상과 같은 과업들을 포함한다. 그리고 지휘는 이러한 근로자들을 개인적으로 그리고 집단적으로, 조직하고, 안내하고, 지시하고, 그들에게 동기를 부여함으로써 인적 자원 기능을 바탕으로 확장하는 것이다.

지휘는 복합적이며, 지휘를 잘하기 위해서는 경영자들이 조직의 인간적 요소를 잘 이해해야 한다. 그러므로 이 기능은 상당 부분을 심리학과 사회학과 같은 행동 과학을 토대로 하고 있는데, 그러한 것들은 개인과 개인의 업무 현장 행동에 대한 통찰력을 제공해 준다. 효과적이 되도록 하기 위해서는, 경영자들은 어떤 보상이 사람들에게 가장 효과적으로 동기를 부여하고 어떤 리더십 접근법이 특정 상황에서 가장 훌륭하게 작동하는지 알아야 한다. 경영자들은 또한 커뮤니케이션 스타일의 중요성을 이해해야 한다. 각 근로자는 서로 다르기 때문에, 지휘는 복잡해지고 많은 시간이 들어가게 될 수도 있다. 왜냐하면 가장 효과적이 되도록 하기 위해서는 개개 근로자들의 니즈에 부응하도록 그것을 커스터마이즈(customize)해야 하는 경우가 많기 때문이다. 실제로 경영자가 주의하지 않으면, 지휘의 대인적 측면이 지나치게 많은 양의 에너지와 시간을 허비할 수도 있다.

제5부에서는 지휘라는 관리 기능에 대해 개괄적으로 살펴보고자 한다. 첫째로 업무 환경에서의 인간 행동과 관련된 몇몇 주요 리서치 결과들을 검토하고, 그러

고 나서 지휘의 세 가지 가장 중요한 측면, 즉 동기 부여와 리더십, 커뮤니케이션에 대해 논의해 보고자 한다. 제5부에는 또한 리더십의 윤리와 리더십이 팀 기반 환경에서 기능을 수행하는 방법, 상황 적응 경영에 관한 정보도 포함되어 있다. 상황 적응 경영 접근법은 지휘의 많은 이론들을 통합하고 있는데, 경영자들이 자신들의 스타일을 특정 업무 환경의 특정 직원 그룹의 니즈와 매치시키는 데 도움을 준다.

이 제5부의 첫 번째 장은 동기 부여 토픽을 다루고 있다. 이 장은 동기 부여 토픽으로 옮겨가기에 앞서 업무 현장에서의 인간 행동에 대해 간략하게 개관하면서 시작하고 있는데, 이것은 지휘의 기본적인 책임 중의 하나이다. 이 장에서는 경영자들이 과거에는 물론 더 최근에 들어서도 사용하고 있는 동기 부여의 많은 이론에 관한 정보를 제공하고 경영자들이 어떻게 직원에게 동기를 부여하기 위한 가장 적합한 방법을 선택하는지를 검토하게 될 것이다.

13 업무 현장의 동기 부여

이 장의 요점

이 장을 마친 후 여러분은:

- 조직에서 인간적 요소의 중요성에 대해 이해해야 한다.
- 직원에게 동기 부여하는 것이 왜 어려우면서도 중요한지에 대해 알아야 한다.
- 동기 부여 내용 이론과 프로세스 이론의 차이에 대해 알고 각 유형의 몇 가지 예들에 대해 논의할 수 있어야 한다.
- 동기 부여 접근법을 직원의 니즈와 매치시키는 방법에 익숙해야 한다.
- 과거의 동기 부여 방법이 오늘날의 근로자들에게 왜 더 이상 적합하지 않은지에 대해 논의할 수 있어야 한다.

    지휘라는 관리 기능은 조직의 인간적 요소에 초점을 맞춘다. 조직에서 인간적 요소는 직원이 조직의 프로세스나 활동에 대해 기여하는 총계로서 정의되고 있다. 테크놀로지가 거의 모든 조직에서 점점 더 중요해지고 있기는 하지만, 여전히 경영자들은 조직의 직원들에 의해 수행되는 필수적인 역할을 간과해서는 안 될 것이다. 사실 조직의 모든 부분은 조직에서 일하는 사람들에게 의존하고 있으며, 어떤 성공적인 경영자든 이러한 인간적 요소를 이해해야 한다. 이러한 인간적 요소의 많은 측면들은 언뜻 보기에는 명백하게 드러나지 않을 수도 있지만, 조직을 성공적으로 만드는 데 중요한 역할을 한다. 어떤 경영자든 이들을 가볍게 생각하거나 무시하는 것은 실수가 될 것이다.

    모든 직원은 인간이며, 그들이 업무 현장에 들어갈 때 자신들의 인간적 특성을 뒤에 남겨 두고 가는 것이 아니다. 직원의 태도와 퍼스낼리티, 인식은 의심할 여지없이 그들의 직무상의 성과에 영향을 미친다. Zaleznik가 언급하고 있는 것처럼, 직원들은 "인간의 조건에 관련된 모든 취약점과 결함을" 업무 현장에 가지고 오며, "인간 본성의 복잡성은 경영자로 하여금 갈등을 완화하고, 인간적인 상호 작용을 원활하게 하며, 무의식적으로 공격을 피하는 데 자신들의 시간을 쏟도록 하는 결과를 초래하게 된다."[1] Zaleznik는 자신이 대인적 업무와 마케팅과 생산과 같은 실제 업무라고 이름을 붙인 두 개의 때로는 상충하는 조직상의 기능 사이에서 균형을 유지하도록 경영자들에게 충고하고 있다. 경영자들이 만일 경영의 대인적인 측면에 비균형적으로 많은 시간을 쏟는다면 자신들의 조직에 피해를 주는 것이다. 그러나 동시에 인간적 요소는 어떤 조직의 실제 업무에 필수적이기 때문에 이러한 측면을 무시해서는 안 된다.

13.1. 조직의 인간적 측면

지휘라는 관리 기능은 조직 행동론(organizational behavior)[2]으로 알려져 있는 연구 영역에 상당 부분을 바탕을 두고 있다. 그 이름이 암시하고 있는 것처럼, 조직 행동론은 개인적으로든 아니면 집단 내에서든, 사람들이 조직의 상황에서 어떻게 행동하는가에 대한 연구이다. 심리학과 사회학, 인류학, 정치학과 같은 행동과학 및 사회과학은 업무 현장에서 경영자들에게 유용한 통찰력을 제공해 주는 인간 행동에 대한 많은 이론들을 제공하고 있다. 하지만 종종 모순되는 것처럼 보이는 엄청난 양의 리서치와 결론들을 고려하면, 지휘를 하기 위한 최선의 방법에 관한 정보를 찾고 있는 경영자는 충분히 혼동과 좌절을 느낄 수도 있을 것이다. 물론 리서치는 모든 경영자들에게 단 하나의 최선의 방법을 제공하고자 의도하지는 않고 있다. 사실 현재의 합의는 지휘를 하기 위한 하나의 최선의 방법은 존재하지 않으며 모든 경우에 적합한 보편적 이론은 존재하지 않는다는 것이다.

이러한 과학적 리서치는 경영자들이 조직 내에서 자신들이 사람들을 다루는 것을 평가하기 위해 사용할 수 있는 골격은 물론 가능한 개선책들을 제시해 주는 메커니즘을 제공해 준다. 경영자들이 동기 부여와 리더십, 커뮤니케이션에 관련된 리서치에 관해 더 많이 알면 알수록, 경영자들은 자신들에게 유용하게 될 요소들을 더 많이 통합할 수 있게 된다.

---

1) Abraham Zaleznik, "Real Work," *Harvard Business Review* 75 (November 1997): 56.

> **현장의 경영 사례: College of Western Idaho의 플레이 타임**
>
> 여러분은 여러분의 직무의 일부로서 게임을 할 수 있는 도서관에서 일하고 싶은가? 최근에 설립된 커뮤니티 칼리지인 College of Western Idaho에서는, 거의 매일 3시에, 도서관 직원들이 공동 에어리어에 모여 게임을 한다.[3] 이러한 게임 브레이크가 의무적인 것은 아니지만, 대부분의 직원들은 거의 매일 게임을 한다. 그들이 하는 게임은 보드 게임과 카드 게임, 때로는 비디오 게임으로 다양하지만, 어떤 유형의 게임이든 그것이 협동적이고 유대를 갖게 하는 것인 한 허용된다. 게임을 하는 이러한 모든 것들은 너무 재미있고 직무상 너무 많은 시간을 허비하는 것처럼 들리는가? Western Idaho의 도서관장인 Kim Leeder는 동의하지 않을 것이다. Leeder는 사람들은 자신들의 일이 재미있을 때 더 훌륭하게 일하고 더 많은 동기를 부여받는다고 생각하며, "재미는 사람들을 행복하게 해 주고, 행복한 사람들은 더 생산적"이라고 말하고 있다. Leeder에 따르면, 경영자들이 직면하는 가장 큰 도전의 하나는 어떤 기관을 위해 직원들이 "공통의 비전을 만들어 내고 완수하기 위해 효과적으로 함께 일할" 수 있도록 직원들을 결속시키는 것이다.[4] Leeder는 그녀의 도서관에서 게임을 하는 것은 직원들의 응집력 촉진과 고객에 대한 서비스 개선에 큰 이익을 만들어 준다고 믿고 있다. Leeder는 "우리는 이 도서관과 이 직원들을 유동적인 합의 기반의 공동 리더십 모델을 통해 함께 구축해 오고 있다. 함께 의사 결정을 할 수 있는 우리의 능력은 건설적으로 동의하거나 동의하지 않을 수 있는 우리의 능력, 그리고 내 견해로는, 함께 재미있게 게임을 하는 것으로부터 오는 능력을 바탕으로 하고 있다"고 설명하고 있다.[5]
>
> 여러분은 여러분의 직무의 일부로서 게임을 하는 조직에서 일하고 싶은가? 여러분은 직원들이 서로 즐겁게 지낼 때 더 행복하고 더 생산적이라는 Leeder의 주장에 동의하는가? 여러분은 재미있는 업무 환경을 가지고 있는 조직에 대해 잘 알고 있는 다른 어떤 예가 있는가? 만일 여러분이 경영자로 여러분의 조직에 "놀이 문화"를 만들려고 한다면, 여러분은 그와 같은 변화를 이루어 내기 위해 어떤 조치들을 취해야 할 것인가?

때로는 사람들은 "지휘"는 고위층 경영자들에 의해서만 이루어진다고 생각하지만, 이 기능은 실제로는 많은 서로 다른 계층에서 중요하다. 제1장에서 살펴본 것처럼, 도서관과 같은 전형적인 조직들은 세 개 경영층을 가지고 있다.

---

2) 역자주: 조직 행위론이라고도 한다.
3) Kim Leeder, "The Play Time Manifesto: Why Having Fun Makes Us Better Workers," *Journal of Library Administration* 54, no. 7 (October 2014): 620-628.
4) *Ibid.*, 623.
5) *Ibid.*, 621.

1. 최고 경영진은 전체 조직의 전반적인 기능 수행에 대해 책임을 갖는다. 도서관에서는, 최고 경영진은 대개 도서관장은 물론 부관장으로 이루어진다.
2. 중간 경영진은 조직 내의 특정 하부 단위나 기능들을 감독한다. 도서관과 정보 센터에서는, 부서장이 중간 경영자의 역할을 수행한다.
3. 일선 경영자는 경영진의 계층 구조에서 가장 낮은 수준에 있는 경영자들이다. 이러한 경영자들은 업무 단위와 개개 직원을 지휘하며 따라서 직원들과 매일매일 직접적인 접촉을 가질 가능성이 가장 높다. 그 결과 그들은 어떤 조직 내의 지휘 기능의 상당 부분에 대한 책임을 갖는다.

제3부에서 살펴본 것처럼, 이 전통적인 3자 경영진 구조는 많은 조직에 의해 수정되고 있고, 경영 계층이 팀 기반 구조에서는 덜 분명하기는 하지만, 가장 수평적인 조직조차도 지휘의 구성 요소들을 매일 실행해야 하는 경영자들을 가지고 있다. 나아가 모든 계층의 경영자들은 조직의 목적을 달성하기 위해 사람들이 원만하게 함께 일하는 풍토를 만들어낼 수 있도록, 훌륭한 지휘의 기법들을 알아야 한다.

지휘는 어려운데, 그 이유는 지휘의 초점이 사람들의 뿌리 깊은 니즈로부터 생겨나는 인간 행동에 맞추어져 있고, 인간 행동은 언제나 예측이 불가능하기 때문이다. 인간은 너무나도 많은 서로 다른 차원에서 다양하기 때문에, 인간을 효과적으로 다루기 위한 하나의 검증된 공식은 존재하지 않는다. 인간은 기계보다 훨씬 더 복잡하다. 서로 다른 사람들은 서로 다른 니즈와 서로 다른 열망, 서로 다른 퍼스낼리티를 가지고 있다. 동일한 상황에 처했을 때, 서로 다른 사람들은 서로 다른 방식으로 반응하게 될 것이다. 경영자들은 직원들과 개별적으로 상호 작용하도록 배워야 한다. 모든 직원과 상호 작용하는 하나의 일률적이고 표준적인 접근법을 채택하는 것은 결코 성공을 거둘 수 없다.

마지막으로 이 기능은 또한 대부분의 조직과 경영자들은 철학과 윤리에 기원을 둔 신념인 인간의 존엄성에 동의하기 때문에 복잡해지게 되는데, 이를 위해 직원들은 조직의 다른 요소들과는 다르게 대우해야 한다. 직원들은 그들이 차지하고 있는 직위의 수준이나 유형에 관계없이, 경제적인 도구로서만 사용할 것이 아니라 정중하게 대우하도록 해야 한다.[6] 업무 상황에서, 인간의 존엄성은 직원들의 직위가 무엇이든 그들에 대해 귀를 기울이고 그들을 진지하게 받아들여야 한다.[7]

---

6) Randy Hodson, *Dignity at Work* (New York: Cambridge University Press, 2001).
7) Monique Valcour, "The Power of Dignity in the Workplace," *Harvard Business Review* (28 April 2014), ⟨https://hbr.org/2014/04/the-power-of-dignity-in-the-workplace⟩.

이야기해 보기

"우리는 충족시키기가 거의 불가능한 경영자를 요구한다. 우선 우리는 그들에게 재정과 원가 관리, 자원 할당, 제품 개발, 마케팅, 제조, 테크놀로지, 그리고 십여 개의 다른 영역의 다소간의 전통적인 경영 기술의 기다란 리스트를 습득하도록 요청한다. 우리는 또한 그들은 전략과 설득, 협상, 글쓰기, 말하기, 듣기의 경영 기술을 마스터하도록 요구한다. 아울러 우리는 그들에게 조직의 성공에 대한 책임을 맡고, 많은 돈을 벌어들이고, 그 돈을 아낌없이 공유하도록 요청한다. 우리는 또한 그들에게 리더십과 진실성, 성격을 정의해 주는 자질, 즉 비전과 불굴의 의지, 열정, 감수성, 헌신, 통찰력, 지능, 윤리적 기준, 카리스마, 행운, 용기, 끈기, 심지어 가끔은 겸손과 같은 것들을 보여 주도록 요구한다. 마지막으로 우리는 그들은 우리의 최선의 이익에 대해 끊임없이 경각심을 불러일으켜 주는 우리의 친구나 멘토, 후견인이 되어야 한다고 주장한다. 이 공통적인 전문직을 적절하게 실행하기 위해서는 다른 말로 하면, 사람들이 성 베드로와 표트르 대제,[8] 그레이트 후디니(the Great Houdini)[9]의 결합된 기술을 매일 보여 주어야 한다. 대부분의 경영자들이 실적이 저조한 것처럼 보이는 것은 이상할 게 없다."[10]

Thomas Teal이 지적하고 있는 것처럼, 우리는 경영자들에게 많은 것을 기대한다. 여러분은 우리가 너무 많은 것을 요구한다고 생각하는가? 경영자들은 자신들의 직원들의 기대에 부응하기 위해 무엇을 할 수 있는가?

대부분 어떤 조직이든 그 조직의 인간적 차원은 경영자의 행위에 의해 구체화된다. 경영자들은 개개 직원의 성장과 발전에 엄청난 영향을 갖는다. Pygmalion[11]에서, Henry Higgins가 꽃 파는 소녀를 마치 그녀가 숙녀인 것처럼 대우함으로써 그녀를 사교계의 부인으로 변모시켰던 것과 똑같이, 경영자들은 직원을 변모시킬 잠재력을 가지고 있다.[12] 만일 경영자가 높은 기대를 가지고 개개 직원들은 책임

---

8) 역자주: Peter the Great. 러시아 노마노프 왕조 제4대 황제로 서유럽화 정책과 상트페테르부르크 건설, 제정 러시아를 근대화하고 새롭게 탈바꿈한 황제로 평가받고 있다.
9) 역자주: 헝가리계 미국 마술사로 탈출 마술로 유명했던 Harry Houdini를 픽션화하여 만든 영화 The Great Houdini의 주인공을 의미한다.
10) Thomas Teal. "The Human Side of Management." *Harvard Business Review* 74, no. 6 (November 1996): 36.
11) 역자주: George Bernard Shaw가 그리스 신화를 기반으로 완성한 희곡. 원래 피그말리온은 그리스 신화에 나오는 키프로스의 왕이자 조각가로 자신이 만든 조각상의 여인과 사랑에 빠졌는데 사랑의 여신 아프로디테가 그 조각상에 생명을 불어넣어 Galatea라는 여인으로 변신시켜줌으로써 그 여인과 결혼하여 행복한 삶을 살았다고 한다.

감이 있고, 역량을 갖추고 있으며, 조직의 목적에 몰입하고 있는 것처럼 그들을 대우한다면, 일반적으로 직원은 그 기대에 부응한다. 반면에 경영자가 낮은 기대를 갖게 되면, 경영자는 그 근로자를 더 엄밀하게 감독하고, 그 근로자로 하여금 많은 독립적인 업무를 하지 못하도록 하고, 실수가 발생하게 되면 그 근로자를 비난하게 될 가능성이 더 높을 것이다. 낮은 기대를 가진 경영자는 그 근로자가 실패할 수밖에 없도록 하고 있는 것이다.[13]

때로는 전문적 기술(technical skills) 때문에 경영자의 직위로 승진한 경영자들은 경영자가 되는 데 수반되는 사회적 요소에 적응하기가 어려움을 알게 된다. 모든 경영자들은 조직의 인간적 측면이 어떤 조직에서든 그 성공의 핵심 요소이기 때문에 "사람들과 잘 어울리는" 사람이 되어야 한다. 어떤 조직의 인간적 요소를 능숙하게 처리하는 경영자들은 충성도가 높고, 지원을 아끼지 않으며, 더 생산적인 직원을 갖게 될 것이다. 리서치에서는 직원들이 개인적 연관성을 가질 수 있고 자신들의 감독자가 자신들에 대해 사람으로서 관심을 갖는 업무 현장을 찾으려고 한다는 사실을 보여 주고 있다. 자신은 "숫자에 불과하거나, 또 하나의 "풀타임 환산 노동자"(full time equivalent)에 불과하다고 믿는 직원은 회사를 위해 기꺼이 희생하는 길을 가지 않을 것이다."[14]

자동차의 선구자인 Henry Ford는 한때 격분해서 "내가 단지 일꾼들만을 채용하고자 할 때, 왜 내가 어느 한 개인 전체를 데려와야 하는가?"라고 물은 적이 있다는 보고가 있다. 비록 그들이 그 개인 전체를 원하지 않는다고 하더라도, 모든 계층의 경영자들은 그 직원 전체를 다루어야 할 것이다. 이를 성공적으로 해낼 수 있는 경영자들은 기업의 성공에 기여하는 강력한 힘을 불러일으킬 수 있을 것이다.

13.1.1. 정서 지능

오늘날 우리는 진정으로 효과적인 경영자들은 전문적 기술(technical skills) 이상의 것을 가져야 하며, 자신들이 조직의 인간적 측면을 효과적으로 이끌어 갈 수 있도록 해 주는 사회적 기술(social skills)을 가져야 한다는 사실을 깨닫고 있다. 정

---

12) John Middleton, *Organizational Behavior* (Oxford: Capstone, 2002): 104.

13) Jean-François Manzoni and Jean-Louis Barsoux, "The Set-Up-to-Fail Syndrome," *Harvard Business Review* 76 (March-April 1998): 101-113.

14) Rodd Wagner, 12: *The Elements of Great Managing* (New York: Gallup Press, 2006).

서 지능(EQ: emotional intelligence)[15]이라는 용어를 처음으로 대중화한 사람은 Daniel Goleman이었는데 그는 같은 이름의 자신의 책을 1995년에 출판하였다.[16] 그 사이의 세월 동안, EQ라는 개념은 감정을 확인하고 이해하는 개인의 선천적인 잠재력을 생각하는 점차 더 인기 있는 방법이 되어 가고 있다. EQ에 대한 관심은 IQ나 전통적인 지능은 마찬가지로 성공에 기여하는 중요한 행동 특성들을 무시하기 때문에 너무나도 좁은 척도라는 사실에 대한 이해를 반영하고 있다. 어떤 개인들은 비록 학술적으로 아주 뛰어나다고 하더라도, 필수적인 사회적 및 대인적 기술들이 부족하기 때문에, 결코 훌륭한 경영자가 되지 못할 것이다. 경영자들의 성공의 너무나도 많은 부분은 다른 사람들과 함께 일할 수 있는 능력에 좌우되기 때문에, 경영자들은 자신들의 정서 지능을 개발해야 한다. Goleman에 따르면, EQ에는 다음과 같은 5개 영역이 있다.

- 자기 인식(self-awareness) 또는 여러분의 감정을 알아차리는 것
- 자기 조절(self-regulation) 또는 여러분 자신의 감정을 관리하는 것
- 동기 부여(motivation) 또는 돈이나 지위를 넘어서는 이유 때문에 일하고자 하는 열정
- 공감성(empathy) 또는 다른 사람의 감정을 인식하고 이해하는 것
- 사회적 기술(social skill) 또는 관계 관리의 탁월성[17]

과거에는 조직의 최고 경영자들이 때때로 직무를 수행하기 위해 필요한 모든 전문적 기술(technical skills)을 갖춘 것처럼 보이는 고도로 지적이고 숙련된 개인들을 경영진의 직위로 승진시켜 그들에게 실패만을 맛보도록 하는 경우가 있었다. 현재는 모든 유형의 조직의 관리자들은 업무 현장에서의 정서 지능이나 사회 지능의 중요성을 깨닫고 경영진을 위해 고려되고 있는 사람들의 그러한 자질들을 심사하고 있다. Goleman이 설명하고 있는 것처럼, "IQ와 전문적 기술이 관계가 없다는 것은 아니다. 그러한 것들은 중요하지만, 주로 '임계 역량'(threshold capabilities)

---

15) 역자주: 정서적 지능, 감성 지능, 감정 지능이라고도 한다. 원문에는 약어로 EQ를 사용하고 있는데, 원래 EQ는 emotional intelligence quotient의 약어로, IQ(intelligence quotient)와 대비하여 정서 지능을 대신하는 용어로 자주 사용되고 있다.
16) Daniel Goleman, *Emotional Intelligence* (New York: Bantam Books, 1995).
17) Daniel Goleman, "What Makes a Leader?" *Harvard Business Review* 82, no. 1 (January 2004): 82-91.

으로서 중요한 것이다. 즉 그러한 것들은 경영진 직위의 신입 수준의 요건인 것이다. 그러나 … 정서 지능은 리더십의 필수불가결한 요소이다. 정서 지능이 없으면, 어떤 사람은 … 훌륭한 리더가 될 수 없을 것이다."[18]

경영자를 선택할 때, 조직의 관리자들은 여전히 기술적인 전문 지식을 가진 사람들을 찾고 있지만, 점점 더 공감과 스트레스 관리, 정치적 및 사회적 통찰력과 같은 기술들이 경영자들로 하여금 조직의 인간적 측면을 효과적으로 다룰 수 있도록 해 주는 필수적인 능력으로 간주되고 있다.

 **스킬 연습하기**

Goleman과 그의 동료들은 개인의 정서 지능을 측정하기 위해 평가 도구인 정서 및 사회 역량 목록(Emotional and Social Competency Inventory)을 개발하였다. 이 목록은 어떤 개인의 상사와 동료, 직접 보고자, 의뢰인, 때로는 심지어 가족 구성원에 의해 완성되도록 설계된 평가 도구이다. 측정되는 일곱 개의 자질과 그러한 것들을 평가하기 위해 사용되는 몇 가지 질문들은 다음과 같다.

1. **공감(empathy)**
   a. 여러분은 무엇이 다른 사람들, 심지어는 서로 다른 배경을 가진 사람들에게 동기를 부여하는지 이해하고 있는가?
   b. 여러분은 다른 사람들의 니즈에 민감한가?
2. **조율(attunement)**
   a. 여러분은 다른 사람들이 어떻게 느끼는지에 관해 경청하고 신경을 쓰는가?
   b. 여러분은 다른 사람들의 기분을 맞추고 있는가?
3. **조직에 대한 인식(organizational awareness)**
   a. 여러분은 그룹이나 조직의 문화와 가치를 제대로 인식하고 있는가?
   b. 여러분은 소셜 네트워크를 이해하고 그들의 무언(無言)의 규범을 알고 있는가?
4. **영향력(influence)**
   a. 여러분은 다른 사람들이 토론에 참여하도록 하고 그들의 이기심에 호소함으로써 그들을 설득하고 있는가?
   b. 여러분은 핵심적인 사람들로부터 지지를 받고 있는가?

---

18) Daniel Goleman, "What Makes a Leader?" *Harvard Business Review* 82, no. 1 (January 2004): 82.

5. 다른 사람들의 개발(developing others)
   a. 여러분은 호감을 가지고 다른 사람들을 코치하고 멘토링하며 멘토링에 개인적으로 시간과 에너지를 투자하고 있는가?
   b. 여러분은 사람들이 자신의 전문적 발전에 도움이 된다는 것을 알게 되는 피드백을 제공하고 있는가?
6. 영감(inspiration)
   a. 여러분은 설득력 있는 비전을 명확하게 하고, 그룹의 자부심을 구축하며, 정서적인 분위기를 조성하는가?
   b. 여러분은 사람들의 최상의 것을 끌어냄으로써 리드하고 있는가?
7. 팀워크(teamwork)
   a. 여러분은 팀의 모든 사람으로부터 인풋을 얻으려고 하고 있는가?
   b. 여러분은 모든 팀원을 뒷받침하고 협력을 권장하는가?[19]

여러분 자신의 EQ에 대해 생각하기 위해 이러한 척도들을 사용해 보라. 이러한 등급은 업무 현장에서 사용되도록 설계되었지만, 측정하고자 하는 자질은 모든 사람들에게 적용할 수 있다. 만일 여러분이 여러분의 EQ가 낮을 수도 있다고 생각한다면, 그것은 어떻게 개선될 수 있을 것인가?

13.2. 동기 부여

동기 부여(motivation)는 직원의 성과는 물론 조직 유효성에 영향을 미친다. 경영자들은 그 근로자들을 조직의 목적을 촉진하고자 노력하도록 유도해 주는 환경을 마련함으로써 그들의 동기를 부여한다. 어떤 직원의 행동에 관한 많은 질문들은 그 직원의 동기를 검토함으로써 가장 훌륭하게 해답을 제공할 수 있다. 모든 조직에는 대단히 열심히 일하는 어떤 직원들과 가능한 한 적게 일하는 다른 사람들이 있으며, 어떤 직원들은 매일 일터에 정시에 출근하고 필요할 때는 늦게까지 일하는 반면, 다른 사람들은 늦는 경우가 빈번하고 때로는 전혀 일하러 오지도 않는다. 첫 번째 그룹의 직원은 동기가 부여되어 있고 두 번째 그룹은 그렇지 않다고 말하는 경우가 많다. 하지만 무엇이 어떤 근로자들은 동기가 부여된다고 느끼도록

---

19) Daniel Goleman and Richard Boyatzis. "Social Intelligence and the Biology of Leadership." *Harvard Business Review* 86, no. 9 (September 2008): 78-79.

하는 반면 다른 근로자들은 그렇지 못하게 느끼도록 하는가? 이 질문은 오랫동안 경영자들을 혼란스럽게 하고 있다.

동기 부여는 어떤 목적을 달성하거나 어떤 보상을 얻기 위해 기꺼이 에너지를 소비하는 것으로 생각할 수 있다. 따라서 동기 부여는 자발적 활동들 가운데 개인들이 내리는 선택에 영향을 준다. 업무 현장에서 동기 부여는 "업무 환경에 적합한 행동의 유발과 지시, 유지에 영향을 미치는 프로세스의 합계"[20]로 정의되고 있다.

 스킬 연습하기

여러분은 이제 막 Hillside Elementary School의 학교도서관의 책임자 직위를 맡기로 하였다. Hillside는 아주 규모가 큰 학교로, 유치원부터 6학년까지 800명의 학생이 등록하고 있다. 이 도서관의 직원은 여러분과 이 도서관에서 거의 10년 동안 일하고 있는 사무 보조원인 Mrs. Smith 뿐이다. 여러분은 이 도서관은 학생들에게 서비스를 제공하기 위해 학부모 자원봉사자들에게 상당히 많이 의존하고 있다는 이야기를 들었고, 이러한 자원봉사자들을 관리하는 것이 여러분의 직무의 중요한 부분이 될 것이라는 사실을 깨닫게 되었다. 이 도서관의 이전 책임자와의 논의를 통해, 여러분은 상당수의 자원봉사자들은 상당히 위축되고 번아웃되어 있는 것처럼 보이며, 자신들에게 부여된 업무를 위해 실제로 나타나는 사람들도 거의 없다는 사실을 알게 되었다. 아울러 작년보다 20퍼센트나 더 적은 자원봉사자들이 도와주겠다고 서명하였다. 여러분은 이 학교도서관은 이 자원봉사자들에게 의존하고 있다는 사실을 알고 있기 때문에 우려를 갖게 되었다. 여러분은 여러분이 훌륭한 자원봉사자들을 불러들이고 그들을 지속적으로 만족시켜야 할 것이라는 사실을 깨닫고 있지만, 어떻게 그것을 해야 할지 당혹스럽다.

여러분은 자신들이 하는 일에 대해 어떤 금전적인 대가도 받지 않는 자원봉사자들에게 어떻게 동기를 부여할 수 있는가? 여러분은 어떻게 바쁜 사람들로 하여금 자기 자녀들을 위해 필요한 서비스를 제공하는 데 관심을 갖도록 하고자 하는가?

리서치에서는 대부분의 사람들은 자신들의 역량을 최대한으로 발휘하여 일하지 않으며 대부분의 직무는 그들에게 그렇게 하도록 요구하지도 않는다는 사실을 보여 주고 있다. 동기 부여에 관한 초창기의 일부 리서치에서, Harvard University의 William James는 자신의 능력의 20퍼센트에서 30퍼센트를 발휘하여 일하는 시

---

20) Meshack M. Sagini, *Organizational Behavior: The Challenges of the New Millennium* (Lanham, MD: University Press of America, 2001), 449.

간 근로자들이 자신의 직무를 유지하기에 충분할 정도로 업무를 잘 수행한다는 사실을 밝혀낸 바 있다. 그는 또한 자신의 능력의 80퍼센트에서 90퍼센트를 발휘하여 업무를 수행하는 고도로 동기가 부여된 근로자들도 발견하였다.[21] 2015년 동안 8만 명 이상의 풀타임 및 파트타임 근로자들을 서베이한 더 최근의 연구에서는 불과 32퍼센트의 직원만이 훌륭한 직무를 수행하는 데 전념한다는 사실을 보여 주고 있다. 오늘날의 직원들의 대략 절반 정도는 단지 자신들의 시간을 보낼 뿐이며, 나머지 17퍼센트는 과도한 병가(病暇)를 내고, 자신들의 동료 근로자들에게 부정적인 영향을 미치며, 부실한 서비스를 제공하는 것과 같은 역효과를 낳는 방식으로 불만을 표출하고 있다.[22]

대부분은 아니지만, 많은 사람들은 자신들의 최대한의 잠재력을 발휘하여 일하지 않는다. 자신의 직무에서 열심히 일하는 바쁜 근로자들과 그렇지 않은 근로자들 간의 격차는 동기 부여의 영향을 받을 수 있는 영역이다. 어느 조직에서든 그 조직의 성공은 그 직원의 성과에 좌우되기 때문에, 경영자들은 자신들의 근로자들의 동기를 부여하는 데 관여해야 한다. 앞서 살펴본 두 번째 서베이를 수행한 바 있는 갤럽 조직은 완전히 한가한 노동 인력의 17퍼센트가 매년 미국 경제에 대략 5천억 달러의 비용을 지출하는 것으로 추정한 바 있다.[23]

무엇이 사람들에게 동기를 부여하는지는 개인에 따라 그리고 심지어 동일한 사람의 경우조차도 서로 다른 시기에 따라 다양하다. 하지만 대부분의 경우, 동기 부여는 많은 내부 요인과 외부 요인의 결합에 좌우된다. 각각의 인간의 심리적 구조는 복합적이며, 따라서 개개인에게 동기를 부여하는 것은 복잡하고도 다면적이다. 일반적으로 동기 부여의 느낌은 다양한 충동과 니즈, 바람과 관련되어 있다. 개인들은 자신들의 어떤 니즈를 인지할 수도 있을 것이며, 동시에 명확하지 않은 다른 니즈는 잠재의식 속에서 작동할 수도 있을 것이다. 동기 부여는 많은 환경에서 발생하며 언제나 순차적인 프로세스이다. 예를 들면 업무 환경에서, 동기 부여는 조직이 그 목적을 달성하는 결과를 가져 오고 고용주가 어떤 방식으로 직원에게 보상을 제공하는 것으로 최고조에 달하는 어떤 노력을 직원이 기울일 때 발생한다.

---

21) Cited in Paul Hersey and Kenneth H. Blanchard, *Management of Organizational Behavior: Utilizing Human Resources* (Englewood Cliffs, NJ: Prentice Hall, 1982), 4.
22) Amy Adkins, "Employee Engagement in the U.S. Stagnant in 2015," *Gallup* (January 13, 2016)
23) W. Chan Kim and Renee Mauborgne, "Blue Ocean Leadership," *Harvard Business Review* 92, no. 5 (May 2014): 62.

> **이야기해 보기**
>
> 미국 Illinois주 Homewood Public Library의 도서관장인 Amy Crump는 훌륭한 경영자는 각각의 개별 직원에게 동기를 부여하는 것이 무엇인지를 발견하는 것이 어려울 수 있다는 생각을 하게 되었다고 최근에 밝히고 있다. Crump는 "나는 이 개념이 두 사람 이상의 직원들을 다룰 때 실현하는 것이 도전적인 것이라는 사실을 늘 발견하고 있다. 첫 번째 문제점은 세부 계획에 있다. 즉 여러분은 무엇이 각각의 개별 직원에게 동기를 부여하는지를 이해하기 위해 필요한 시간을 어떻게 마련하는가? 두 번째 문제점은 앞에서 언급한 직원이 자신의 동기가 무엇인지를 진정으로 드러낼 정도로 충분히 자신의 경영자에 대해 편안하게 느끼는지의 여부이다."[24]
>
> 경영자들이 무엇이 직원들에게 동기를 부여하는지를 알게 되는 것은 특히 그들이 대규모 직원들과 함께 일하는 경우에는 어렵다. 여러분은 직원에게 동기를 부여하기 위한 최선의 방법을 찾고 있는 경영자들을 위한 어떤 제안을 가지고 있는가? 만일 여러분이 현재 직업을 가지고 있다면, 여러분은 여러분의 감독자가 무엇이 여러분에게 동기를 부여하는지 알고 있다고 생각하는가?

인간의 동기 부여를 설명하기 위한 목적을 가진 수많은 이론과 모델은 두 개의 주요 그룹, 즉 내용 모델(content models)과 프로세스 이론(process theories)에 해당한다. 내용 모델은 근로자들의 욕망(wants)과 니즈(needs)를 정확히 찾아내고, 기술하고, 다루고자 시도하고 있다. 이러한 이론들에 따르면, 근로자들의 니즈는 그들에게 동기를 부여하기 위해 경영자들이 사용할 수 있는 도구들이다. 한편 프로세스 이론은 경영자들이 행동의 동기를 부여하기 위해 근로자들의 니즈와 욕구(desires)에 대한 자신들의 지식을 사용할 수 있는 방식에 초점을 맞추고 있다.

13.3. 내용 모델

각각의 근로자는 일단의 특유의 니즈와 욕구에 의해 동기를 부여받기 때문에, 수많은 동기 부여 이론과 모델이 이러한 니즈와 욕구가 무엇일 가능성이 있는지를 확인하기 위해 시도하고 있다. 그와 같은 모든 이론들은 개인들은 기존의 니즈를 가지고 있으며 비록 이러한 니즈가 복잡하기는 하지만, 경영자들은 그러한 니즈를 다룸으로써 직원들에게 동기를 부여할 수 있다고 추정하고 있다. 근로자와 경영자

---

24) Amy Crump, "Moving Motivation Beyond Lip Service," *Public Libraries Online* 54, no. 4 (August 3, 2015).

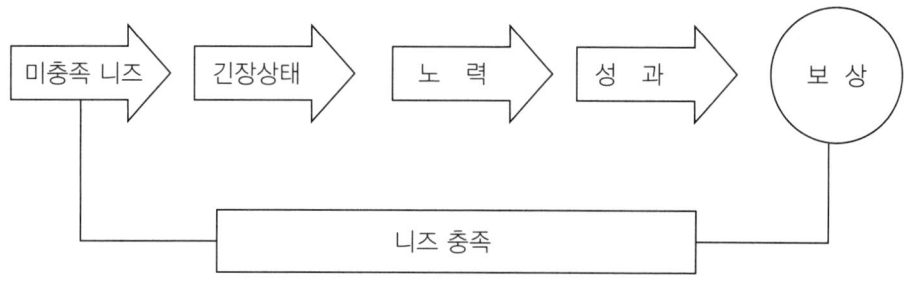

〈그림 13.1〉 간단한 동기 부여 모델

는 시너지적 방식으로 관련되어 있는데, 근로자는 자신의 니즈를 충족시키고, 경영자는 근로자로부터 필요한 생산성을 얻는다.

〈그림 13.1〉은 동기 부여의 기본적인 모델을 설명하고 있다. 어떤 개인은 니즈를 갖고 있는데, 그것은 특정의 결과를 매력적으로 보이도록 만들어 주는 내적 상태이다. 이 니즈는 그 사람 내부의 노력을 자극해 주는 긴장 상태를 만들어 낸다. 긴장 상태는 성과를 내고자 하는 노력으로 이어지는데, 그 결과로 니즈를 충족시키는 보상을 얻게 된다. 그리고 나서 충족시켜야 할 새로운 니즈가 생겨나게 될 것이다. 예를 들면 Marianne는 자신의 문헌정보학 프로그램을 이제 막 졸업하고 일자리를 얻어야 한다. 그녀는 활발하게 빈자리를 찾아 지원한다. 어떤 일자리 제의가 연장되면, 그녀의 노력은 보상을 얻게 되고, 니즈는 충족되는 것이다.

13.3.1. Maslow의 욕구 단계설

심리학자인 Abraham Maslow는 1940년대에 가장 빠르고도 가장 잘 알려진 동기 부여의 내용 이론의 하나를 제안하였다. 그는 모든 개인들은 욕구[25]를 가지며 이러한 욕구들은 하나의 보편적인 단계로 등급화할 수 있다고 가정하였다. 어떤 개인은 더 상위 단계의 욕구를 충족시키고자 하기에 앞서 계층 구조의 하위권 가까이의 욕구를 먼저 충족시켜야 한다. 개인의 욕구들이 충족되면, 그러한 욕구가 다시 생겨날 때까지 그 욕구는 동기 요인으로서의 역할을 정지하게 된다. 따라서

---

25) 역자주: 이 책에서는 영어 'needs'를 마케팅에서 사용하는 용어의 일반적인 구분에 따라 이를 'wants'(욕망으로 번역)와 구별하기 위해 일관되게 '니즈'로 번역하고 'desires'를 '욕구'로 번역하여 사용하고 있으나, Maslow의 'hierarchy of needs'에 대해서는 대부분의 경우 관용적으로 '욕구 단계설'이라는 용어로 통일하여 사용되고 있기 때문에, 이 책에서도 그러한 관례에 따르고 있음을 참고하기 바란다.

충족되지 않은 욕구들만이 동기 요인으로 작용한다. Maslow는 〈그림 13.2〉에 제시된 것처럼, 다음과 같은 다섯 개 수준의 욕구를 확인하였다.

1. **생리적 욕구**(physiological needs). 인간의 근본적인 욕구는 음식과 물, 거처, 수면, 인간 생존에 필수적인 그 밖의 신체적 요건들이다. 이러한 욕구가 충족될 때까지는, 더 상위 수준의 욕구들은 거의 동기를 부여하지 못하게 될 것이다.
2. **안전 욕구**(safety and security needs). 이 수준에서, 개인은 육체적인 위험과 기본적인 생리적 욕구의 박탈에 대한 두려움을 다룬다.
3. **사회적 욕구**(social or affiliation needs). 처음 두 수준의 욕구가 충족된 후, 개인은 소속되고, 사랑하고 사랑 받으며, 유대감을 만들어주는 활동들에 참여하고자 하는 욕구를 느끼게 된다.
4. **존경 욕구**(esteem needs). 일단 사회적 욕구가 충족되면, 사람들은 어떤 그룹의 단순한 회원 이상이 되고자 한다. 사람들은 스스로는 물론 다른 사람들로부터도 존경을 받고자 한다. 욕구의 이 부분 집합을 충족하는 것은 권력과 자신, 명성에 대한 느낌으로 이어진다.
5. **자아실현 욕구**(self-actualization needs). 최상위 수준에서 개인은 자아실현을 이루게 되는데, 이것은 자신이 될 수 있는 모든 것이 되기 위한 자신의 잠재력을 최대화하는 것을 의미한다.[26]

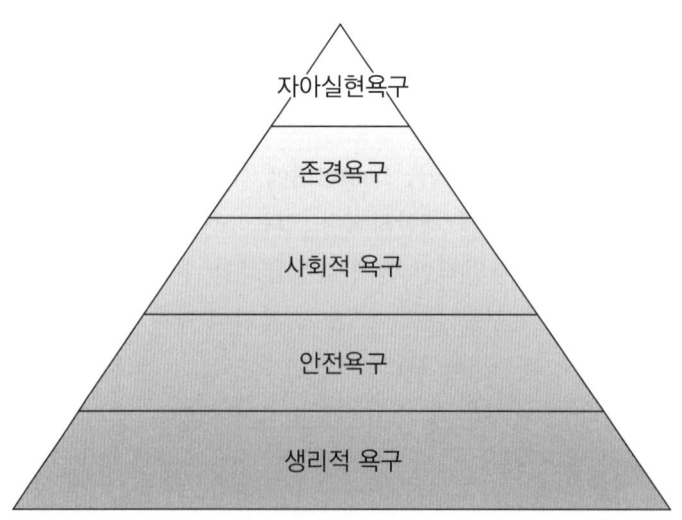

〈그림 13.2〉 Maslow의 인간 욕구의 단계

---

26) Abraham H. Maslow, *Motivation and Personality*, 2nd ed. (New York: Harper & Row, 1970), 35ff.

이 욕구 단계설의 개념은 무엇이 근로자들에게 동기를 부여하는지를 경영자들이 이해하는 데 도움을 줄 수 있다. 기본적인 생리적 욕구가 충족되지 않으면, 즉 어떤 사람이 충분한 음식과 물, 옷, 거처를 갖지 못하면, 더 상위 수준의 어떤 욕구도 동기 요인으로 작용할 정도로 충분히 절박하지 않을 것이다. 대부분의 경우에, 이러한 생리적 욕구는 어떤 개인이 충분한 돈을 가지고 있을 때 충족될 수 있다. 따라서 돈은 그 자체로가 아니라 그것이 구매하게 될 것 때문에, 강력한 동기 요인이 된다. 오늘날과 같은 풍요로운 사회에서는, 대부분의 사람들의 생리적 욕구는 충족되고 있으며, 따라서 경영자는 이러한 욕구를 동기 요인으로 사용하는 것으로는 거의 어떤 성공도 거두지 못하게 될 것이다.

생리적 욕구가 충족되면, 안전 욕구를 충족시키는 것이 가장 중요해진다. 신체적인 손상이나 사고, 공격을 피하고자 하는 욕구와 같은 몇몇 안전 욕구는 분명하다. 오늘날 대부분의 조직들은 신체적으로 안전한 업무 현장을 제공하고 있다. 하지만 동시에, 안전에 대한 욕구는 현재를 넘어서서 미래로 확장되고 있다. 경영자들은 생명 보험과 은퇴 자금과 같은 부가 급부를 제공함으로써 미래에 관한 일부의 우려를 경감시킬 수 있다. 고용 안정에 대한 욕망은 특히 실업률이 높고 일자리가 적을 때는, 대부분의 근로자에게 강력한 동기 요인이 된다.

생리적 욕구와 안전 욕구가 충족된 후에는, 개인의 사회적 욕구가 표면화된다. 인간은 사회적 동물로, 다른 사람들과 상호 작용하고자 하고 어떤 집단에 소속되고자 한다. 예를 들면, 인간들은 사회화하고 어떤 그룹에 속하고자 하는 자신들의 욕구를 충족시키기 위해 제2장에서 살펴본 바 있는 Elton Mayo가 Hawthorne 연구에서 설명하고 있는 비공식 조직(informal organization)을 만들어 내고 있는 것이다.

다음 수준에 있는 존경 욕구는 자존심(self-esteem)은 물론 다른 사람들의 존경도 포함한다. 근로자들은 자신들의 상사와 동료들로부터 자신의 업무가 가치를 부여받기를 원할 뿐만 아니라, 자신의 업무로부터 스스로 자존심과 만족감을 얻어야 한다. 어떤 직원들은 이러한 자기만족을 얻기 위해 급여가 낮은 직무에 종사하기도 한다. 추가의 존경 욕구에는 인정과 명성, 권력에 대한 욕망과 다른 사람들을 능가하려는 경쟁적 충동이 포함된다. 존경 욕구는 완전하게 충족되는 경우가 거의 없으며, 강력하고 신뢰할 수 있는 동기 부여의 원천이 될 수 있다.

Maslow에 따르면, 욕구의 최상층은 자아실현의 욕구, 즉 사람들의 잠재력을 극대화하는 욕구이다. 이 수준은 가장 복잡하며, 대개는 일상생활의 경계를 넘어선다. 이를 위해서는 개개인들은 자신들의 인간적 잠재력을 달성하기 위해 거의 종교적인 열정을 가져야 한다.[27] 결과적으로 어떤 사람이 이 욕구를 완전하게 충족하는 경우는 거의 없다.

Maslow의 욕구 단계는 개인의 삶의 모든 차원에 존재하며 업무 현장에 용이하게 적응시킬 수 있다. 직원들의 욕구는 Maslow가 처음 설명했던 일반적인 욕구보다 더 구체적이지만, 밀접하게 관련되어 있다. 경영자들은 직원들이 업무 현장에서 중요한 욕구를 충족시키도록 도와줌으로써, 고도로 동기가 부여되고 더 생산적인 노동 인구를 만들어 낼 수 있다. 업무 현장에 대한 Maslow의 욕구 단계의 적용에 대해서는 〈그림 13.3〉을 참고하라.

어떤 사상가들은 Maslow의 욕구 단계설이 단순하고 인위적이라고 비판하고 있다. 모든 사람은 서로 다르기 때문에, 많은 개인들은 특히 더 상위 단계에서는

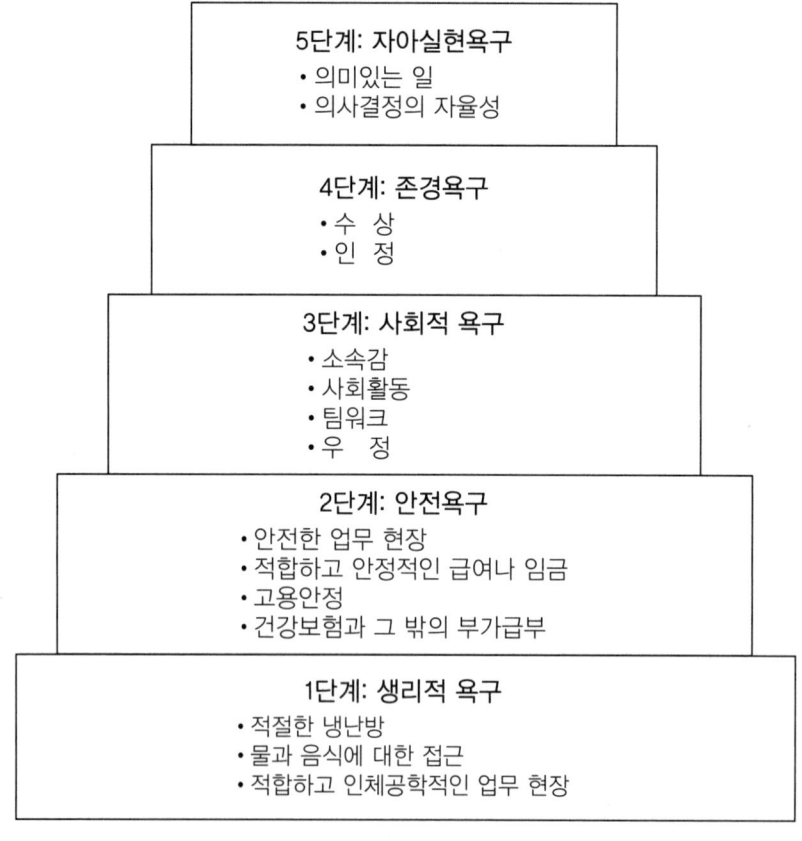

〈그림 13.3〉 업무 현장에 대한 Maslow의 욕구 단계의 적용

---

27) Dennis M. Daley, *Strategic Human Resource Management: People and Performance Management in the Public Sector* (Upper Saddle River, NJ: Prentice Hall, 2002): 56.

Maslow가 가정하고 있는 순서대로 욕구를 추구하지 않는다. 아울러 이러한 욕구들은 중첩되고 결합되는 것처럼 보이는 경우가 많다. 더욱이 Maslow의 이론은 미국 문화에 바탕을 두고 있기 때문에, 다른 문화에 대한 적용 가능성이 제한된다. 대부분의 서양 국가들은 유사한 문화를 가지고 있지만, 서양 이외의 가치 시스템을 가진 나라들은 다른 단계를 가질 수도 있을 것이다. Maslow의 모델과 같이, 이 장에서 살펴보고 있는 대부분의 동기 부여 모델들은 미국 문화에서 유래된 것으로, 다른 서양 문화에는 적용할 수 있을 수도 있지만, 이러한 모델들은 보편화하고자 하는 의도를 가진 것은 아니다.

Maslow의 이론은 그 결함과 한계를 가지고 있기는 하지만, 직원들에게 동기를 부여를 부여하기 위한 개념적 지침을 제공해 주기 때문에 경영자들에 인기를 끌고 있다. 욕구 단계 내에서 어떤 직원의 현재 위치를 확인함으로써, 경영자는 직원의 성과를 향상시키기 위해서는 어떤 동기 요인이 가장 효과적으로 직원을 고무시키게 될 것인지를 결정할 수 있다. 욕구 단계설은 충족된 욕구보다는 충족되지 않은 욕구가 더 많은 동기를 부여한다는 사실과 하나의 욕구를 충족시킨 사람은 그러고 나서 또 하나의 욕구를 충족시키고자 하기 때문에, 모든 욕구들은 결코 한 번에 충족될 수 없다는 사실을 경영자에게 상기시켜 주고 있다.

13.3.2. Herzberg의 동기 부여 이요인 이론

1950년대 말에 Frederick Herzberg와 그의 연구원들은 Maslow의 아이디어를 기반으로 하여 수정하였다. Herzberg는 업무 환경에 있는 직원에 특별히 초점을 맞춘 동기 부여 이론을 만들어 냈다.[28] 〈그림 13.4〉는 두 이론을 비교하고 있다.

Herzberg와 그의 연구원들은 직원들을 행복하게 느끼고 만족스럽게 해 주는 직무 요소들과 직원들을 불만족스럽게 만드는 요소들에 관한 정보를 수집하였다. 이 데이터를 분석함으로써, 연구자들은 특정의 요인들이 직원들이 자신들의 직무에 관해 좋은 감정을 갖도록 도와준다는 사실을 발견하였는데, Herzberg는 이러한 요인들을 **동기 요인**(motivators)이라고 불렀다. 동기 요인들은 직무 자체의 내용과 밀접하게 관련되는 경향이 있는데, 예로는 다음과 같은 것들이 있다.

---

28) Frederick Herzberg, Bernard Mausner, and Barbara Bloch Snyderman, *The Motivation to Work* (New York: Wiley, 1959).

Maslow의 욕구단계설	Herberg의 동기부여 이요인이론	
자아실현욕구	일자체 성취감 책임감	동기요인
존경욕구	승 진 인 정 지 위	동기요인
사회적 욕구	대인관계 감 독	위생요인
안전욕구	회사의 정책과 행정 고용안정 작업조건	위생요인
생리적 욕구	급 여	위생요인

〈그림 13.4〉 Maslow와 Herzberg의 동기 부여 이론의 비교

- 성취감
- 감독자나 동료, 고객, 부하 직원들에 의한 업무에 대한 인정
- 일 자체, 특히 근로자에게 개인적 만족을 주는 측면들
- 감독 없이 업무를 수행하고 자신의 노력에 대해 책임을 지는 것과 같은 책임감
- 승 진

이러한 요인들은 직무 만족으로 이어지기 때문에, 경영자들은 그러한 요인들을 우수한 성과를 이끌어 내기 위해 사용할 수 있다. 또 한 그룹의 요인들은 Herzberg가 위생 요인(hygiene or maintenance factors)이라고 부르는 것으로, 기본적으로 직무가 수행되는 맥락과 관련된다. 이러한 환경 요인으로는 다음과 같은 것들이 있다.

- 급 여
- 고용 안정
- 지 위
- 작업 조건
- 감독의 질

- 회사의 정책과 행정
- 대인 관계

이러한 요인들은 직무 만족을 만들어 내지도 동기 요인의 역할을 하지도 않는다. 하지만 이러한 요인들이 적절치 않으면, 불만이 생겨나게 될 것이다.

동기 요인과 위생 요인은 서로에 대해 비교적 독립적이며, 각각의 세트는 서로 다른 방식으로 직원 행동에 영향을 미친다. 사람들이 자신들의 직무에 만족했을 때는, 만족이 일 자체와 연결되는 경향이 있다. 사람들이 자신들의 직무에 대해 만족하지 않을 때는, 대개 근무 환경에 대해 불만을 갖는다. 다른 식으로 설명하면, 근로자들에게 동기를 부여하는 요인들은 직무에 내재해있는 반면, 불만의 원인이 되는 요인들은 직무 외적인 것이다.

Herzberg의 모델에 관련된 후속의 리서치는 결론에 이르지 못하고 있다. 그럼에도 불구하고, 경영자들은 여전히 이요인 동기 부여 이론은 적합성을 갖는 것으로 간주하고 있다. 이 이론에서는 환경 요인은 기반이 되는 토대를 제공해 주기 때문에 충족되어야 한다는 입장을 가지고 있다. 급여나 지위, 작업 조건에 관해 불만을 가지고 있는 직원들은 자신들의 직무에 대해 만족하지 못할 것이나. 하시만 환경 요인들만으로는 충분치 못하다. 직원들이 활기차고 헌신적이기를 원하는 경영자들은 동기 요인을 제공해야 한다. 즉 경영자는 성취감과 인정, 성장, 일 자체의 내용을 강조하면서, 직무가 직원들에게 흥미롭고 도전적인 것이 되도록 보장해야 한다.

Herzberg는 직무 충실화(job enrichment)가 직원에게 동기를 부여하는 가장 효과적인 방법의 하나라고 주장한 바 있다.[29] 하지만 그는 "수평적 직무 확대," 또는 단지 추가의 무의미한 과업들을 근로자에게 제공하는 것에 대해서는 경고하고 있다. 도서관에서 서가 배열 담당자에게 도서는 물론 정기간행물을 둘 다 서가에 배열하도록 허용하는 것은 동기 부여를 개선할 가능성이 없다. 진정한 직무 충실화는 "수직적 직무 확대"를 필요로 하는데, 이것은 어떤 직무를 도전적인 것으로 만들어 줄 뿐만 아니라 근로자가 더 많은 책임감을 가질 수 있도록 해 준다. 충실화된 직무는 직원으로 하여금 자신의 재능을 더 많이 활용하도록 하고 의사 결정에서 더 많은 자유를 갖도록 해 준다. Herzberg의 리서치에서는 직무 충실화가 더 훌륭하게 동기 부여되고 더 생산적인 직원으로 이어진다는 사실을 보여 주고 있으며

---

29) Frederick Herzberg, "One More Time: How Do You Motivate Employees?" *Harvard Business Review* 46 (January-February 1968): 53-62.

직무를 어떻게 설계하고 경영자들이 근로자의 직무와 근로자의 직무 만족 간의 관계를 어떻게 인식해야 하는지에 대해 계속해서 영향을 미치고 있다.

13.3.3. McClelland의 욕구 이론

David McClelland의 저작은 우리에게 무엇이 근로자들에게 동기를 부여하는지에 대한 다른 시각을 제공하고 있다. McClelland는 근로자들의 욕구에는 다음과 같은 세 개 주요 범주가 있다고 제안하고 있다.

- **성취 욕구**(need for achievement: nAch)는 일단의 표준과 관련하여 탁월하고자 하는 욕망으로, 성공하고자 하는 동인(動因)이다.
- **권력 욕구**(need for power: nPow)는 어떤 조직에 대해 영향력을 갖고 영향을 미치고자 하는 욕망이다.
- **친교 욕구**(need for affiliation: nAff)는 밀접한 개인적 관계에 대한 욕망이다.

높은 성취 욕구를 가진 근로자들은 성공하고 승진하기를 바란다. 그들은 책임을 맡을 수 있는 상황을 찾게 되는데, 그들에게 성취는 그 자체로 중요하다. 높은 권력 욕구를 가진 근로자들은 사람들과 조직 전체에 영향을 미치기를 바란다. 그들은 책임을 맡기를 바란다. 높은 친교 욕구를 가진 근로자들은 사람들과 사회적으로 관계를 맺고 밀접한 개인적 관계를 갖고자 하는 동인을 갖는다. 그들은 경쟁적인 상황보다는 협력적인 상황을 더 선호한다.

McClelland는 자신의 연구에서 주제 통각 검사(TAT: Thematic Apperception Test)라는 투사 검사(projective test)[30]를 사용하였다. 각 피실험자에게 어떤 그림을 보여 주고 그에 관한 이야기를 작성하도록 요청한다. 예를 들면 그림이 책을 가지고 책상에 있는 소년을 보여 줄 수도 있을 것이다. 성취 욕구가 낮은 피실험자는 몽상 중인 소년에 관한 이야기를 작성할 수도 있는 반면, 성취 욕구가 높은 어떤 사람은 소년이 잘 하기 위해 열심히 공부하고 있고 다가올 시험에 관해 걱정하고 있다고 쓰게 될 것이다. TAT 이외에도, McClelland와 그의 연구원들은 또한 경력 선호도와 결과에 있어서 행운의 역할 등과 같은 주제들에 관해 묻는 설문지를 사용하였다.[31]

---

30) 역자주: 투사적 검사라고도 한다.

McClelland의 이론은 그가 이러한 세 가지 욕구는 학습된다고 생각했다는 점에서 초기의 이론들과 달랐다. "동기 부여는 사회에서 존경받는 것으로서 어린이에게 제공된 이야기와 역할 모델을 통해 어린이에게 심어진다. 성인으로서 그들은 자신들의 어린 시절의 교훈의 영웅들과 가치들을 본받으려고 한다."[32] 하지만 McClelland는 또한 성인들은 변화할 수 있다고 믿었으며, 자신의 후기 저작의 일부에서는 특히 미국 이외의 근로자들의 더 큰 성취 욕구의 개발을 다루고 있다.[33]

McClelland의 동기 부여 이론에 동의하는 경영자는 직무의 다양한 측면을 재직자들의 욕구와 매치시키려고 노력한다. 다른 많은 이론가들과 마찬가지로, McClelland의 접근법은 근로자는 자신의 욕구를 충족시켜 주는 직무와 매치되었을 때 가장 성공적일 것이라는 믿음에서 생겨난 것이다. 예를 들면 높은 성취 욕구를 가진 직원은 또한 개인적인 책임을 고무시켜 주는 도전적인 업무를 수행하게 될 것이다.

이야기해 보기

David C. McClelland는 한때 다음과 같이 말한 적이 있다. "이 세상의 대부분의 사람들은 심리학적으로 두 개의 광범위한 그룹으로 구분할 수 있다. 기회에 도전하고 어떤 일을 성취하기 위해 기꺼이 일하는 소수와 정말로 그렇게 많이 신경 쓰지 않는 다수가 있다.… 심리학자들은 이 특이한 이분법의 미스터리를 파헤쳐 보고자 노력해 오고 있다. 성취 욕구(또는 성취 욕구의 부재)는 우연인가, 유전적인가, 아니면 환경의 결과인가? 그것은 하나의 따로 떨어진 인간의 동기인가 아니면 부와 권력, 명성을 쌓기 위한 욕망인 동기들의 조합인가? 무엇보다 중요한 것은 지금 현재 그것을 가지고 있지 않은 사람들, 나아가 전체 사회에 대해 이러한 성취 의지를 제공할 수 있는 어떤 기술이 존재하는가?"[34]

McClelland는 여기서 어려운 질문을 던지고 있다. 여러분은 무엇이 어떤 사람들로 하여금 다른 사람들보다 훨씬 더 많은 동기를 부여받도록 해 주는지에 관한 어떤 아이디어를 가지고 있는가? 여러분은 가능한 한 조금만 일하는 데 만족하고 있는 많은 개인들에게 어떻게 동기를 부여할지에 관한 어떤 제안들을 가지고 있는가? 여러분은 자신들의 정당한 몫을 수행하지 않고 있는 그룹의 근로자들에게 동기를 부여하기 위한 어떤 방법을 생각할 수 있는가?

---

31) Hal G. Rainey, "Work Motivation," in *Handbook of Organizational Behavior* (New York: Marcel Dekker, 2001), 27.
32) Dennis M. Daley, *Strategic Human Resource Management: People and Performance Management in the Public Sector* (Upper Saddle River, NJ: Prentice Hall, 2002): 58.
33) David McClelland and D. G. *Winter, Motivating Economic Achievement* (New York: Free Press, 1969).
34) David C. McClelland, "That Urge to Achieve," *THINK Magazine* 32 (November-December 1966): 19.

13.4. 프로세스 모델

일하고자 하는 욕구(desires)의 원동력이 되는 특정의 니즈나 가치를 확인하고자 하는 동기 부여에 관한 내용 이론과는 대조적으로, 프로세스 모델은 동기 부여의 심리적 행동적 기반에 초점을 맞추고 있다. 이러한 모델의 기저를 이루는 기본적인 가정은 "내적 인지 상태와 상황 변인들은 동기 부여 프로세스에서 상호 작용한다"는 것이다. 아울러 "개인은 능동적인 요인으로, 자신의 니즈와 어떤 종류의 행동이 원하는 보상으로 이어질 것인지에 관한 기대를 바탕으로 행동을 선택한다."[35] 동기 부여에 대한 가장 잘 알려진 프로세스 모델 중 네 가지는 공정성 이론(equity theory)과 기대 이론(expectancy theory), 행동 수정 이론(behavioral modification theory), 목표 설정 이론(goal-setting theory)이다.

13.4.1. Adams의 공정성 이론

행동심리학자인 John Stacey Adams는 직무 동기 부여에 관한 공정성 이론을 개발하였다. 이 이론은 특정 직원이 가지고 있는 직위의 인풋(투입)과 아웃풋(산출) 간의 균형에 초점을 맞추고, 다른 직원의 직위의 인풋/아웃풋 균형과 비교한다. (직원들이 비교를 위해 사용하는 다른 직위들은 동일한 조직 내의 것이거나 서로 다른 조직의 것이 될 수도 있을 것이다.) 공정성 이론을 그림으로 살펴보면 〈그림 13.5〉와 같다.

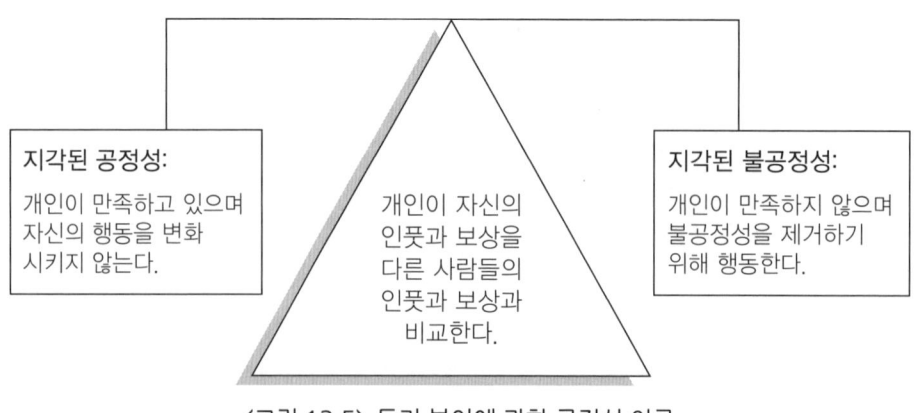

〈그림 13.5〉 동기 부여에 관한 공정성 이론

---

35) Meshack M. Sagini, *Organizational Behavior: The Challenges of the New Millennium* (Lanham, MD: University Press of America, 2001): 462.

모델에서 볼 수 있는 것처럼, 동기 부여에 관한 공정성 이론은 어떤 직원이 자신의 직위와 다른 사람들의 직위 사이에서 수행하는 비교에 바탕을 두고 있는데, 어떤 직원은 발휘했다고 지각한 노력(인풋)과 그 결과로 얻은 보상(아웃풋)을 비교하고 그러고 나서 그러한 것들 사이의 공정성을 이루고자 노력한다. 인풋에는 근무 시간과 그 직무에 쏟은 노력의 양, 관련된 과업들, 필요로 하는 능력이나 교육 수준과 같은 고려 사항들이 포함된다. 아웃풋은 보상으로 생각할 수 있는데, 여기에는 벌어들인 보수 금액과 휴가 시간, 고용 안정, 인정, 칭찬이 포함된다. 이 모델 내에서, 각 직원은 자신의 특정 직위의 인풋과 아웃풋을 유사한 직위의 것들과 비교하는데, 스스로를 다른 사람들보다 더 적은 보수를 받으면서 더 열심히 일했다고 간주하는 직원들은 지각된 불공정성을 줄이기 위한 동기를 부여받게 될 것이다. 예를 들면 직원 A가 자신을 직원 B와 비교하고 인풋/아웃풋 비율이 불공정하다는 결론을 내리게 되면, 직원 A는 자신의 업무에서 더 적은 노력을 기울이기 시작할 수도 있을 것이다.

그렇지 않으면, 직원 A는 인상(증가된 보상)을 요청하거나 직원 B로 하여금 더 열심히 일하도록 하고자 노력할 수도 있을 것이다. 불공정이 남아 있으면, 직원 A는 그 조직을 완전히 떠나 버릴 수도 있을 것이다. 낮은 보수를 받고 있다고 느끼는 직원들은 불공정성을 바로잡을 목적으로 대개 더 적게 일하는 반면, 너무 많은 보수를 받는다고 느끼는 직원들은 일반적으로 더 열심히 일함으로써 인풋과 아웃풋의 균형을 맞추고자 노력하게 될 것이다. 간단히 말하면, 이 이론은 직원들이 공정하다고 인식하는 보상 시스템의 중요성을 강조하고, 경영자들이 보수와 승진과 같은 보상을 배분하는 근거를 이해하도록 보장함으로써, 공평한 보상 시스템을 유지하고자 노력하도록 요구하고 있다.[36]

13.4.2. Vroom의 기대 이론

다른 연구자들은 동기 부여에 관한 "기대 이론"(expectancy theories)을 개발해 오고 있다.[37] 이러한 모델들은 내용 이론들보다 더 복잡한 것으로, 개인들은 바람직한 결과를 극대화하고 바람직하지 못한 결과를 최소화하기 위해 행동한다고 추

---

36) J. Stacy Adams, "Towards an Understanding of Inequity," *Journal of Abnormal and Social Psychology* 67 (1963): 422-436.
37) Edward E. Lawler, *Motivation in Work Organizations* (Pacific Grove, CA: Brooks/Cole, 1973); Victor H. Vroom, Work and Motivation (New York: Wiley, 1964).

정한다. 이러한 이론 중 가장 잘 알려진 것이 Victor Vroom의 이론인데, 그는 개인의 욕구와 목표와 관련하여 동기 부여가 어떻게 이루어지는지에 대해 연구하였다.[38] Vroom의 이론은 어떤 개인이 특정 목표를 시도하기 위해 노력할 것인지 여부를 결정하면서 겪는 프로세스에 초점을 맞추고 있다.

Vroom은 사람들이 목적이 가치가 있다고 믿고, 자신들의 노력이 그 목적의 달성에 공헌하게 될 것이라는 사실을 지각하게 되면, 사람들은 목적에 도달하기 위해 업무를 수행하고자 하는 동기를 부여받게 될 것이라고 생각하였다. Vroom의 기대 모델(expectancy model)은 다음과 같은 세 개 변인으로 이루어져 있다.

- 유의성(誘意性: valence)은 어떤 개인이 특정의 성과나 목적을 바라는 정도이다.
- 기대(expectancy)는 어떤 성과가 일차 수준 성과(first level outcome)로 알려져 있는 바라는 결과로 이어지리라는 지각된 확률이다.
- 수단성(手段性: instrumentality)은 어떤 개인이 일차 수준 성과가 동료 의식이나 존경, 성취와 같은 어떤 인간적 욕구의 달성으로 정의되는 이차 수준 성과와 관련되리라고 믿는 정도이다.

어떤 직원의 동기 부여의 강도(force)는 다음과 같은 공식을 사용하여 산출할 수 있다.

$$동기부여 = 유의성 \times 기대 \times 수단성$$

Vroom의 공식은 곱셈에 의한 것으로, 어떤 요소의 값이든 그 값이 영이 되면, 동기 부여의 강도도 영이 된다.

이 이론의 실례로서 승진되길 바라고 있는 근로자 Mary Smith를 생각해 보자. Mary는 이 승진을 이루는 최선의 방법은 자신의 직무 성과를 향상시키는 것이라고 생각한다. 직무 성과를 향상시키기 위한 동기 부여는 승진에 대한 욕망의 강렬함(강도)을 더 열심히 일하는 것이 직무 성과를 얼마나 향상시킬 가능성(기대)이 있는지에 대한 Mary의 지각과 곱하고 향상된 직무 성과가 얼마나 승진으로 이어질 가능성(수단성)이 있는지에 대한 Mary의 지각을 곱한 값이 될 것이다. 이 예에

---

38) Victor H. Vroom, *Work and Motivation* (New York: Wiley, 1964).

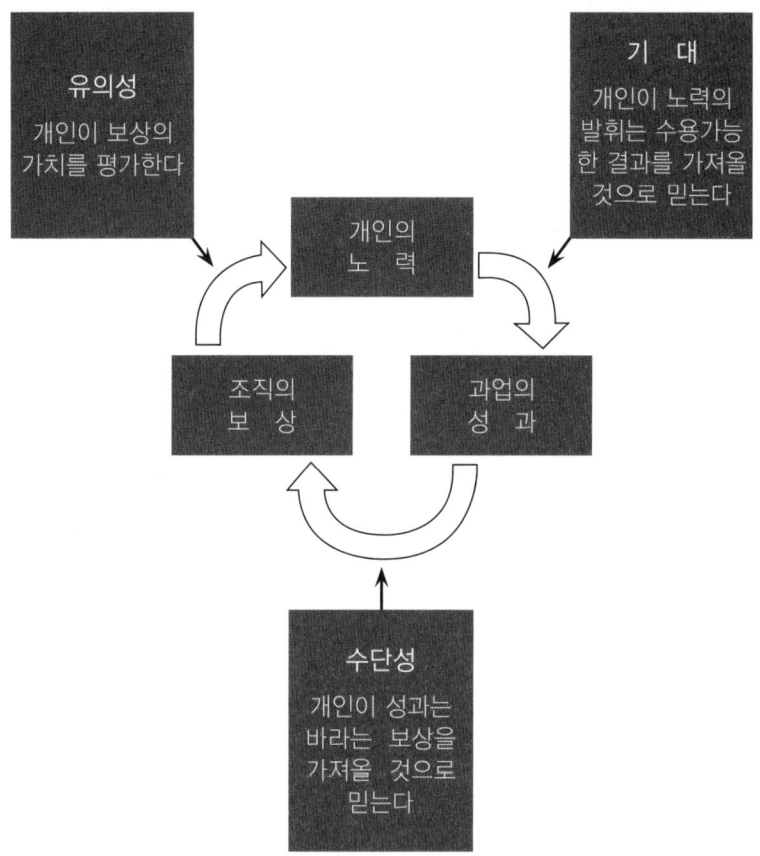

<그림 13.6> Vroom의 기대 이론

서 일차 수준 성과는 더 나은 직무 성과이고, 이차 수준 성과는 승진이다. 이 공식의 곱셈에 의한 성격 때문에, 만일 직무 성과를 향상시키더라도, 승진은 무리라고 Mary가 느끼게 되면, 자신의 성과를 향상시키고자 하는 Mary의 동기 부여는 영으로 떨어질 것이다. 마찬가지로 만일 Mary가 자신의 노력에도 불구하고 자신은 직무 성과를 향상시킬 수 없다고 느끼게 되면, 다시 그녀의 동기 부여는 사라지게 될 것이다. Vroom의 이론을 그림으로 살펴보면 <그림 13.6>과 같다.

Vroom의 이론은 인간의 목적이 노력에 어떻게 영향을 미치는지를 강조하고 있다. 개인의 행동은 (1) 이 행동이 자신이 특정의 목적에 달성하는 데 도움이 될 것이라는 믿음과 (2) 그 목적을 달성하고자 하는 욕망의 기능이다. Vroom의 이론은 다양한 개인의 욕구와 동기 부여의 중요성을 인정하면서, 동기 부여는 상당히 개별화되어 있으며, 따라서 직원들에게 동기를 부여하고자 하는 경영자는 각 직원의 특별한 관심과 선호하는 것들에 대해 알고자 노력해야 한다는 사실을 보여 주고 있다. 경영자는 또한 성과와 보상 사이의 관계를 직원들에게 명확하게 밝혀야 한다.

이론은 또한 특정의 문제의 소지가 있는 경영 상황에 대해 강조하고 있다. 예를 들어, 만일 어떤 조직이 실적제(merit system)를 바탕으로 보수 인상을 제공하는데, 높은 등급을 받은 모든 근로자에 대해 보상할 수 없거나 기꺼이 보상하려 하지 않는다면, 모든 근로자들은 미래에는 더 나은 성과를 거두기 위한 동기 부여는 더 낮아지게 될 것이다. 고용주가 약속된 실적 보상을 지불하지 못하는 것은 조직에 대한 근로자의 신뢰를 약화시킨다.

Vroom의 이론은 개인을 강조하기 때문에, Maslow와 Herzberg가 상정하고 있는 동기 부여에 관한 일반 이론들보다 적용하기가 더 어렵다. 하지만 Vroom의 이론은 내용 이론의 일부의 더 단순한 측면들을 피하는 한편, 직원들의 다양한 동기 부여 욕구에 대해 더 적절하게 설명하고 있다. 이 모델에 관한 광범위한 학술적 리서치는 사람들은 열심히 일하는 것이 바람직한 결과로 이어지거나 바람직하지 않은 결과를 피하도록 해 준다고 믿을 때 열심히 일한다는 전제를 뒷받침하고 있다.

 **스킬 연습하기**

Hank는 대규모 학술도서관의 시스템 부서에서 일하고 있다. Hank는 지난 수년간 자신의 경영자로부터 여러 차례 훌륭한 성과를 거두면 그 결과를 승진을 하게 될 것이라는 말을 들어왔다. Hank의 평가는 일관되게 훌륭했지만, 승진하지 못하고 있다. 이제 시스템 부서의 장은 Hank에게 특별 프로젝트에 대한 책임을 맡도록 요청하면서 만일 이 프로젝트가 성공을 거두면 그를 승진시켜 주겠다고 약속하고 있다. 경영자는 Hank에게 다가오는 프로젝트와 그 안에서 Hank가 맡아야 할 책임에 관해 더 의논하기 위해 들어오라고 요청하고 있다.

파트너를 찾아서 Hank와 그의 감독자 간의 면담에 대한 역할극을 해 보라. Hank는 뭐라고 말해야 할 것인가? Hank가 그토록 간절하게 원하는 승진을 하기 위해 말하거나 해야 할 어떤 것이 있는가? 만약 여러분이 Hank라면, 이 새로운 책임을 맡을 가능성은 얼마나 될 것인가?

13.4.3. 행동 수정

행동주의 심리학파의 대표적인 주창자 중 한 사람인 B. F. Skinner의 저작은 경영자들에게 동기 부여에 관한 또 하나의 프로세스 모델을 제공해 준다. 하지만 행동 수정 이론(behavior modification)은 앞서 살펴본 다른 동기 부여 이론들과는 달리, 개인의 태도나 욕망, 감정이 아니라, 관찰된 행위에 바탕을 두고 있다.

Skinner는 **자발적 행동**(operant behavior)을 강조하고 있는데, 이것은 그 행동의 이전의 결과에 의해 형성되고 수정되는, 즉 통제되는 행동이다. 그는 개인들은 그러한 행동이 과거에 강화되었기 때문에 특정의 방식으로 행동한다고 가정한다. 강화(reinforcement)는 어떤 반응을 따르고 따라서 미래에도 어떤 사람이 동일한 방식으로 반응할 가능성이 더 높게 해 주는 어떤 결과로 정의된다. 강화는 예를 들면 돈이나 음식과 같은 유형의 것이 될 수도 있고, 예를 들면 칭찬이나 관심과 같은 무형의 것이 될 수도 있다. Skinner에 따르면, 행동은 다음과 같이 적극적 강화와 부정적 강화, 비강화, 처벌을 통해 수정된다.[39]

- **적극적 강화**(positive reinforcement)는 Skinner에 따르면, 개인들에게 동기를 부여하기 위한 가장 효과적인 장기 전략으로, 동기를 부여하는 사람이 격려하고자 하는 행동에 대해 보상하는 것으로 이루어진다. 적극적 강화는 이 행동을 강조하고 그 행동이 미래에 일어날 가능성을 더 높이고자 노력한다. 경영자들은 보수 인상과 승진, 칭찬을 포함한 광범위한 적극적 강화를 제공할 수 있다.
- **부정적 강화**(negative reinforcement)는 반대로, 불쾌한 어떤 것을 종결하거나 철회함으로써 어떤 행동이나 행위를 권장할 때 발생하는 것이다. 예를 들면 어떤 감독자가 어떤 근로자의 지각에 대해 비판을 하면, 이 비판을 듣지 않기 위한 근로자의 욕망이 정시에 도착하도록 근로자를 자극할 수도 있을 것이다.
- **비강화**(非强化: no reinforcement)는 행동의 소거(消去: extinction)로 이어지게 된다. Skinner의 모델에서는 어떤 행동이 어떤 방식으로도 강화되지 않을 때는, 빈도가 줄어들고 그러고 나서 멈추게 될 것이라고 가정한다. 예를 들면 경영자의 관심을 끌기 위해 방 전체에 들리도록 떠들어 대는 근로자에 대해 경영자가 칭찬도 비판도 하지 않으면, 이 바람직하지 못한 행동은 강화가 이루어지지 않게 되고 결국 멈추게 될 것이다.
- **처벌**(punishment)은 바람직하지 못한 행동에 따르는 유쾌하지 못한 사건으로 그러한 행동을 막기 위해 사용된다. 경영자들이 가할 수 있는 처벌에는 강등(降等)과 해고가 있다.

---

39) B. F. Skinner, *Science and Human Behavior* (New York: Macmillan, 1953).

Skinner의 저작에 대해 비판하는 사람들은 이 저작에서는 인간을 수동적인 대상으로 다루면서 개인들의 자유 의지의 존재를 부정하고 있다고 말하고 있다. 또한 행동 수정 원칙들은 통제된 실험실 환경이 아닌 업무 현장에 적용하기가 어려운 점도 문제가 있다. 실험실에서, 쥐를 이용하여 작업을 하는 과학자들은 쥐가 배가 고프도록 하기 위해 쥐에게서 음식물을 빼앗았다가, 그러고 나서 바라는 행동이 이루어진 이후에 곧바로 음식을 제공할 수 있다. 이 방식으로 과학자들은 어떤 통제되지 않은 변인도 쥐의 행동에 영향을 미치지 못하도록 보장할 수 있다. 업무 현장은 경영자들이 직원들에 대해 행동 수정을 시도할 수 있는 많은 기회를 제공하기는 하지만, 통제되지 않은 변인들이 분명히 그러한 환경을 방해할 것이다. 그럼에도 불구하고 어떤 경영자들은 직원들에게 동기를 부여하기 위해 행동 수정 이론을 이용하여 성공을 거두고 있다.[40] 행동 수정 기법들은 제조 기업 내에서 안전 관행을 개선하기 위해 그리고 직원 건강관리 프로그램에서 금연이나 체중 감소와 같은 특정의 행동 결과를 달성하는 일부로서 빈번하게 사용되고 있다. 최근에는 많은 조직들은 직원들이 더 건강하고 더 생산적인 라이프스타일을 채택하도록 동기를 부여하기 위해 Fitbits[41]와 같은 활동 추적기를 제공하기 시작하고 있다. 조직들은 직원들로 하여금 건강 검진 및 웰니스(wellness) 프로그램에 참여하도록 하기 위해 추가 휴가 일수와 같은 적극적 강화는 물론 참여하지 않는 사람에 대한 더 높은 보험료 할증과 같은 처벌도 사용하고 있다.[42]

행동 수정 이론은 시스템적으로 철저하게 실행하기는 어렵지만, 몇몇 적용 가능한 원칙을 경영자들에게 제공해 준다. 감독자들은 적극적 강화가 부정적 강화나 처벌보다 더 효과적으로 행동을 수정한다는 사실을 명심하고, 훌륭한 성과를 거두고 있는 직원들은 적극적 강화를 받도록 보장해야 한다. 예를 들면, 근무 중에 수다를 떤 것 때문에 처벌을 받은 직원은 감독자가 주위에 있을 때는 조용히 하도록 배우겠지만 감독자가 없을 때는 여전히 수다를 떨게 될 것이다. 아울러 처벌을 받은 직원들은 분노를 느낄 가능성이 있으며 비생산적인 방식으로 그와 같은 감정을 실행에 옮기면서, 아마도 감독자의 목적을 방해하게 될 가능성이 있을 것이다.

---

40) Alexander D. Stajkovic and Fred Luthans, "Behavioral Management and Task Performance in Organizations: Conceptual Background, Meta-Analysis, and Test of Alternative Models," *Personnel Psychology* 56, no. 1 (March 2003): 155-194.
41) 역자주: "PC나 다른 스마트기기의 앱과 연동하여 착용자의 운동량, 소모 열량, 일부 건강 상태 등을 체크할 수 있는 기기로, 피트니스 트래커(Fitness Tracker)나 스마트밴드(Smart Band)라고도 한다."(〈https://namu.wiki/w/Fitbit〉에서 일부 수정 인용하였음).
42) Christina Farr, "Fitbit at Work," *Fast Company* no. 205 (May 2016): 27-30.

행동 수정은 어떤 직무가 확인할 수 있고 강화할 수 있는 구체적인 변인들을 가지고 있을 때 가장 훌륭하게 작동한다. 도서관의 일부 사무적 직무들이 이 범주에 해당한다. 예를 들면, 직원들의 오류 비율은 행동 수정 기법의 영향을 받을 수 있는데, 경영자는 오류 없이 과업을 완수한 직원들에 대해 보상할 수 있다. 하지만 더 복잡한 직무들은 행동 수정에 도움이 되는 경우가 더 적어진다. 사서들에 의해 이루어지는 많은 업무는 대부분이 지적인 것으로, 그 때문에 문제가 되는 많은 행동들을 확인하고, 측정하고, 강화하기가 어렵다.

 **스킬 연습하기**

목적을 설정했을 때는 목적이 우리가 우리의 노력을 집중시키고 우리가 언제 우리의 목표들을 완수하는지를 알 수 있도록 해 주기 때문에 우리는 더 많은 것을 성취하게 된다. 하지만 모호하고 애매한 목적은 도움이 되지 않는다. "최선을 다하라"는 훈계는 어떤 목표가 달성되었는지의 여부를 알기 위해 필요한 특정성을 제공하지 못한다. 그 대신 전문가들은 우리는 SMART라는 목표를 설정할 것을 권고한다. SMART는 조기성을 가진 두문자어로, 효과적인 목표를 설정하기 위한 지침을 제공해 준다. SMART 목표[43]는 여러분으로 하여금 애매한 열망을 구체적인 계획으로 변형시킬 수 있도록 해 준다. SMART 목표는 다음과 같은 목표이다.

- 구체적이다(Specific). 목표는 여러분이 무엇을 하고자 하는지를 명확하게 정의해야 한다.
- 측정이 가능하다(Measurable). 목표는 여러분으로 하여금 목표가 달성되었는지의 여부를 결정할 수 있도록 해 주는 어떤 방법을 제공해야 한다.
- 달성이 가능하다(Achievable). 최선의 목표는 여러분에게 어느 정도 도전적이어야 하지만 또한 현실성이 있어야 한다.
- 적합하다(Relevant). 목표는 여러분이 달성하기 위해 노력하고 있는 것에 적합해야 한다.
- 시간을 기반으로 한다(Time-based). 목표는 여러분이 목표를 달성할 것으로 기대하는 기간을 설정해야 한다.

SMART 기준을 충족하는 목표는 "다음 주 금요일까지, 지금으로부터 3주 후에 마감될 예정인 학기말 과제를 위한 모든 리서치를 완료하라"가 될 것이다. 가까운 장래에 이루고자 하는 어떤 것을 생각해 보라. 그러고 나서 여러분이 이를 달성하는 데 도움이 되는 SMART 목표를 스스로

---

43) 역자주: 이 책에서는 일관되게 'goal'은 목적으로 번역하고, 'objective'는 목표로 번역하고 있으나, 경영학 분야의 대부분의 책들이 일반적으로는 'SMART goals'를 'SMART 목표'라는 용어로 사용하고 있으므로, 여기서는 그러한 관행에 따라 용어를 사용하였음을 참고하기 바란다.

> 설정해 보라. 여러분은 왜 사람들이 SMART 목표를 사용하면 그들의 목표를 달성할 가능성이 더 높다고 생각하는가?

13.4.4. 목표 설정 이론

목표 설정 이론(goal-setting theory)[44]은 Edwin Locke가 처음 제기한 것으로, 특정의 목표들이 성과를 개선하고, 어려운 목표들이 직원들에 의해 받아들여졌을 때는 더 쉬운 목표들보다 더 높은 성과 수준으로 이어진다고 설명하고 있다.[45] 만일 직원들이 어떤 목표를 달성할 수 없다고 믿으면, 불만족을 느끼게 되겠지만, 그 목표를 달성할 수 있다고 생각하면 더 열심히 일하게 될 것이다. 조직의 목표 설정을 상세히 검토한 최소한 8개국에서 이루어진 550건 이상의 연구에서는, 약 90퍼센트가 이 이론을 지지하는 결과를 보여 주고 있다.[46] Locke와 Latham은 성공적인 목표 설정과 관련되는 다음과 같은 다섯 가지 특징들의 개요를 설명하고 있다.[47]

1. **명확성**(clarity). 목표가 명확하고 구체적일 때는, 무엇을 해야 하고, 언제 그것을 해야 하며, 어떤 행동이 보상을 받게 되는지를 정확하게 확인해 준다. 목표가 더 구체적이면 구체적일수록, 더 많은 동기를 부여하게 될 것이다.
2. **도전**(challenge). 목표가 도전적일 때는, 직원들이 목표를 달성하기 위해 더 열심히 일한다. 근로자들은 어느 정도의 노력이 필요하지만 동시에 달성 가능한 목표에 의해 더 많은 동기를 부여받는다. 사람들이 어떤 목표에 전념하고 있다고 느끼기 위해서는, 목표가 중요하고, 목표가 전적으로 또는 부분적으로 달성될 수 있다고 그들이 확신해야 한다.
3. **헌신**(commitment). 목표가 효과적이 되도록 하기 위해서는 이해되고 합의되어야 한다. 근로자들은 어떤 목표든 그 목표의 의도와 이유에 관한 정보를 제

---

[44] 역자주: 'goal-setting theory'에 대해서는, 주 43과 같은 이유로, 경영학 분야에서 일반적으로 통용되고 있는 '목표 설정 이론'이라는 용어를 사용하고자 한다.

[45] Edwin A. Locke, "The Ubiquity of the Technique of Goal Setting in Theories and Approaches to Employee Motivation," *Academy of Management Review* 3, no. 3 (July 1978): 594-601.

[46] Edwin A. Locke, "Motivation by Goal Setting," in *Handbook of Organizational Behavior* (New York: Marcel Dekker, 2001), 48.

[47] Edwin A. Locke and Gary P. Latham, *A Theory of Goal Setting and Task Performance* (Englewood Cliffs, NJ: Prentice-Hall, 1990).

공받아야 한다.
4. **피드백(feedback).** 사람들로 하여금 자신들이 목표에 부응하고 있는지를 결정할 수 있도록 하기 위해서는 피드백이 있어야 한다. 피드백이 없으면, 근로자들은 자신들이 어떤 목표의 달성을 향해 충분한 진전을 이루고 있는지 판단할 수 없을 것이다. 피드백은 어떤 목표에 대한 지속적인 헌신을 촉진해 준다.
5. **과업 복잡성(task complexity).** 대규모의 복잡한 목표들은 근로자들이 계속해서 동기 부여되도록 하기 위해 더 작은 하위 목표들로 세분해야 한다. 목표나 업무 할당이 복잡할 때는, 근로자들에게 과업을 완수하기 위해 충분한 시간을 제공해야 한다.[48]

목표 설정은 직원의 행동을 조직의 가치로 향하도록 돌리는 데 도움이 된다. 어렵지만 성취 가능한 목표(때로는 도전적인 목표(stretch goals)라고 부르기도 한다)를 설정하는 것은 직원들에게 그들이 무엇을 달성할 목표로 삼아야 하는지를 보여 준다. 여러분이 대규모 도서관의 자체 편목 담당자(original cataloger)라고 상상해 보라. 만일 여러분이 할 수 있는 최선을 다하라는 지시를 받거나 아니면 여러분에게 하루에 12권의 영어책의 목록을 작성할 것으로 기대한다는 말을 듣게 될 때 여러분은 어느 경우에 더 큰 동기 부여를 받게 될 것인가? 확고하고 구체적인 목표를 갖는 것은 직원에게 고용주의 기대에 대해 알려 주고 그 직원에게 초점을 맞추어야 할 어떤 목표를 제공해 준다. 설정된 목표를 달성하는 것은 존경의 욕구는 물론 성취 욕구를 충족시켜 주기 때문에 매우 만족스럽게 느끼게 된다. 이러한 느낌은 직원으로 하여금 다음에는 훨씬 더 많은 것을 하고자 노력하도록 자극해 주는 경우가 많다. 목표 설정을 성공적으로 실행하기 위해서는, 〈그림 13.7〉에서 설명하고 있는 모든 요소들이 포함되어야 한다.

13.5. 경영자는 어떻게 직원에게 동기를 부여해야 하는가?

동기 부여는 복합적인 요인으로, 경영자는 조직 내의 직무에 대한 헌신을 증진시키기 위한 다양한 접근법에 직면하게 된다. Locke는 다음과 같이 설명하고 있다.

---

[48] 이러한 특성에 대한 저자들의 더 상세한 설명에 대해서는 다음 자료를 참고하라: Edwin A. Locke and Gary P. Latham, "Building a Practically Useful Theory of Goal Setting and Task Motivation: A 35-Year Odyssey", *American Psychologist*, 57 (Sept. 2002): 705-717.

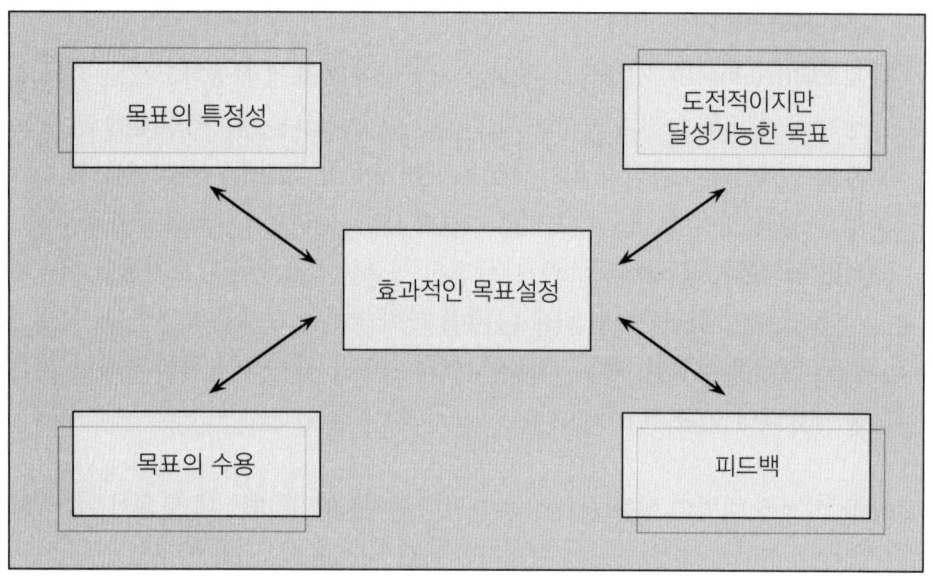

<그림 13.7> 효과적인 목표 설정의 요소

인간의 동기 부여에 대해 어떻게 이해하고 영향을 미치는지에 대한 이슈는 인간 심리의 가장 다루기 힘든 문제 중 하나인 것으로 입증되고 있다. 이에 대한 근본적인 이유는 동기는 본질적으로 개인 내부에서 생겨나며 개인에 의해 가장 직접적으로 통제된다는 사실이다. 동기는 사람의 "내부"에 있기 때문에, 직접적으로 관찰할 수 없고, 개인들은 선택의 자유를 가지고 있기 때문에 … 사람들은 외부로부터 직접적으로 통제될 수 없다.[49]

모든 도서관 경영자들은 매우 다양한 경우가 많은 자신들의 직원들에게 어떻게 동기를 부여해야 하는지에 대한 도전에 직면하고 있다. 그들은 맡고 있는 직무의 유형과 자신들이 부여받은 책임의 양, 나이, 지위에서 다양하다. 동기 부여에 대한 하나의 접근법이 충분하지 못하게 될 것은 분명하다. 도서관의 학생 근로자에게 동기를 부여할 수도 있는 것은 아마도 상급 전문직에게 동기를 부여하는 것과 다를 것이다. 일을 더 복잡하게 만드는 것은 일부 도서관들은 서비스 제공을 돕기 위해 자원봉사자들에게 의존하고 있다는 사실이다. 그 사람들은 분명히 돈을 벌기 위해 그러한 직무를 수행하는 것이 아니기 때문에, 여러분은 보수를 받지 않는 누

---

49) Edwin A. Locke, "Motivation by Goal Setting," in *Handbook of Organizational Behavior* (New York: Marcel Dekker, 2001), 43.

군가에 대해 어떻게 동기를 부여할 것인가? 보수를 받는 직원들에 대해서조차도, 돈이 유일하거나 최선의 동기 요인이 아닌 경우가 많다. 최근의 서베이에서는 인정이 직원들이 더 열심히 일하도록 동기를 부여해 주는 최고의 요인이라는 사실을 밝혀낸 바 있다.[50] 직원들은 감사장과 "이달의 직원" 특별 주차 공간, 다양한 작은 선물을 포함한 많은 돈이 들지 않는 많은 방식으로 표창할 수 있다.

조직들은 지난 몇 년간 지휘 및 통제의 계층 구조(command and control hierarchies)로부터 벗어나 더 수평적이고 더 참여적인 구조로 이동하면서 변신을 거듭해 오고 있다. 유사한 방식으로, 지식 조직의 대부분의 직원들은 반복적인 과업을 수행하는 것으로부터 벗어나 판단력과 독창성을 발휘하기 위해 그들을 필요로 하는 직무에서 일하는 것으로 옮겨 가고 있다. 최근에 경영자들이 근로자들, 특히 틀에 박힌 것 같은 일이 아닌 과업을 수행하는 사람들에게 동기를 부여하는 방식을 재검토하도록 하는 요구가 많아지고 있는 것은 놀라울 게 없다. 예를 들면, Daniel H. Pink는 자신의 책 *Drive*에서, 오늘날의 근로자에게 동기를 부여하기 위해 사용되는 대부분의 방법들은 시대에 뒤떨어진 것이라고 주장하고 있다. "당근과 채찍은 지난 세기의 일"이라고 Pink는 말하고 있다.[51] Pink는 21세기의 근로자들에게 최대의 동기 부여는 일 자체에 내재해 있는 만족이라고 믿고 있다. (하지만 이것은 들리는 것만큼 새로운 것은 아니다. 즉 이것은 이 장의 앞부분에서 이미 살펴본 위생 요인과 만족 요인에 관한 Hertzberg의 발견 결과와 매우 유사하다.) 경영자들은 자율성과 숙련, 목적에 초점을 맞추는 새로운 시스템을 실행할 필요가 있다고 Pink는 주장하고 있다. 그는 독창적인 직무에 종사하는 근로자들에게는, 보상과 처벌은 제한된 효과를 갖는다고 설명하고 있다. 그 대신 Pink는 업무 현장의 성과를 증진시키는 비밀은 근로자들로 하여금 자기 자신의 삶의 방향을 제시할 수 있는 능력을 갖도록 허용해 주고, 그들에게 문제가 되는 일들에 대해 더 나아지도록 해 주고, 그들 자신과 세상을 위해 의미 있는 어떤 것을 할 수 있도록 해 주는 것이라는 사실을 제시하고 있다.[52]

---

50) Jeff Kauflin. "An Easy Way to Make Your Workplace Happier in 2017: Recognize Your Colleagues for More than Their Work." Forbes.com, January 4, 2017, accessed July 13, 2017, 〈http://www.forbes.com/sites/jeffkauflin/2017/01/04/an-easy-way-to-make-your-workplace-happier-in-2017-recognize-your-colleagues-more-for-their-work/#1ded1c4820dd〉.

51) Daniel H. Pink. *Drive: the Surprising Truth about What Motivates Us* (New York: Riverhead Books, 2009): 32.

52) *Loc. cit.*

13.6. 결 언

의심할 여지없이, 동기 부여의 새로운 이론들은 오늘날의 조직에서 발생하는 변화들과 함께 가기 위해 계속해서 개발될 것이다. 19세기의 조합 라인에서 일하던 누군가에게 동기를 부여해 주었던 것들이 21세기의 지식 노동자에게 동기를 부여하는 데에도 동등하게 효과적일 것이라고 생각하는 것은 어리석은 일이다. 때때로 경영자들은 직원들을 다루기 위해 이용할 수 있는 옵션들의 수에 압도당하는 느낌을 갖기도 한다. 동기 부여에 관한 방대한 양의 리서치를 이용할 수 있는데, 그러한 리서치의 상당 부분의 기저에는 공통적인 요소들이 있다. Raymond Katzell과 Donna Thompson은 다음과 같은 일곱 가지의 긴급한 과제의 형식으로 동기 부여에 관한 리서치를 요약하고자 시도한 바 있다.

1. 근로자들의 동기와 가치가 그들이 자리하고 있는 직무에 적합하도록 보장하라.
2. 직무를 근로자들의 동기와 가치에 대해 매력을 주고 그와 일관성을 갖도록 하라.
3. 명확하고, 도전적이며, 매력적이고, 달성 가능한 업무 목표를 설정하라.
4. 근로자들이 성공하기 위해 필요로 하는 인적 자원과 물적 자원을 그들에게 제공하라.
5. 뒷받침이 되는 사회 환경을 조성하라.
6. 훌륭한 성과를 강화하라.
7. 이러한 모든 요소들을 하나의 일관성 있는 사회 기술 시스템으로 조화시켜라.[53]

일곱 가지의 긴급한 과제를 모두 실행하는 것은 쉽지 않은 과업이지만, 경영자들이 반드시 시도해야 하는 과업이다. 불행하게도 어느 한 동기 부여 스타일이 성공을 보장해 주는 것은 아니다. 그 대신 경영자들은 자신의 퍼스낼리티와 경영 철학, 자신의 근로자들에 대한 지식을 바탕으로 하는 개별적인 접근법을 개발해야 한다. 효과적인 경영자는 과업들을 근로자가 일하는 이유에 맞춰 조정하고 그러한 이유에 관련된 유인책들을 제공한다. 이것은 모든 근로자들을 위한 단일의 유인책보다는 오히려 유인 시스템으로 이어지게 된다. 그와 같은 시스템은 어떤 유인책이든 근로자들에게 가장 훌륭하게 동기를 부여하는 유인책을 그들에게 제공할 것

---

53) Raymond A. Katzell and Donna E. Thompson, "Work Motivation: Theory and Practice," *American Psychologist* 45, no. 2 (February 1990): 151.

이며, 어떤 유인책은 부정적일 수밖에 없을 수도 있겠지만, 대다수는 긍정적인 것이 될 것이다.

요약해서 말하면, 견실한 동기 부여 시스템은 동기 부여에 관한 리서치와 조직 자체의 정책, 인간의 욕구에 대한 경영자의 철학을 바탕으로 하는 원칙들로부터 도출되어야 한다. Maslow의 인간 욕구 단계설은 기본적인 생명에 관련된 요건으로부터 사회적 욕구, 에고(ego)적 욕구, 창의적 욕구에 이르는 욕구의 범위를 설명해 주고 있다. Herzberg의 연구는 인정과 성취, 승진, 책임의 욕구에 관한 정보를 제공해 주고 있다. McClelland의 작업은 각 개인은 개인이 일에 접근하는 방식에 영향을 미치는 특유의 학습된 욕구를 갖는다는 사실을 보여 주고 있다. Vroom의 리서치는 각 개인의 열망을 고려하고 성과를 보상과 연결시키는 것이 얼마나 중요한지를 보여주고 있다. Skinner의 작업은 바람직한 행동을 이끌어 내기 위한 적극적 강화의 가치를 분명히 해 주고 있다. Locke의 목표 설정 이론은 목표의 설정이 직원들이 더 훌륭한 성과를 낼 수 있도록 하는 데 얼마나 도움이 되는지를 보여 주고 있다.

대체로 조직의 정책은 훌륭한 업무가 가능하도록 해 주고 이를 고무하도록 구조화되어야 한다. 높은 생산성은 직원 동기 부여의 질을 반영한다. 이상적으로는 어떤 조직의 목적과 목표는 직원에게 기여하고자 하는 동기를 부여해 주게 될 것이다. 분명히 이것은 도서관의 경우에도 해당하는 것이다. 목표 달성에서 큰 성공을 거두는 것은 조직의 긍정적인 이미지를 만들어 주며, 그것은 또한 근로자가 그 조직에 소속되어 있는 것에 대한 자부심을 주고 근로자로 하여금 열심히 일하고 그러한 성공을 촉진하고자 하는 동기를 갖게 해 준다.

직원에게 동기를 부여하기 위한 계획은 어느 계획이든 경영자에 좌우된다. 직원의 니즈와 욕구에 대한 경영자의 지식과 업무 역량을 발전시키는 전문적 환경, 유능한 직원들이 받게 되는 교육 훈련의 질, 이러한 직원들이 자신들의 조직에 대해 가지고 있는 자부심은 동기 부여 시스템의 토대를 구축해 준다. 경영자들은 그러고 나서 이 시스템이 작동하도록 하기 위해 훌륭한 판단력을 발휘하는 것이다.

학습 내용 연습하기

1. 여러분이 아주 큰 공공도서관의 12명으로 이루어진 카피 편목(copy-cataloging) 부서의 감독자라고 상상해 보라. 여러분의 직원 중 한 사람인 Sidney Brown은 이제 막 자신의 직위가 재분류되어, 더 많은 보수를 받게 되었다. Sidney는 자신의 현재 직무 분류보다 더 높은 수준에서 오랫동안 일해 왔기 때문에, 여러분은 여러분이 수개월 동안 이루고자 노력해 온 이러한 재분류가 마침내 승인되었다는 사실에 기뻐하고 있다. 하지만 재분류에 대한 이야기가 공표되었을 때, 여러분은 Sidney의 동료 근무자들 중 몇 사람이 대단히 불쾌해 한다는 사실을 알고 놀랐다. 몇 사람은 자신들은 자신들의 업무에서 Sidney와 동일한 수준의 책임을 가지고 있지만 승진하지 못했다고 여러분에게 불평하고 있다. 그들은 여러분이 Sidney의 직무가 재분류되도록 밀어붙임으로써 자신들을 부당하게 대우해 왔다고 생각하고 있다.

    이와 같은 상황에서 여러분은 어떻게 할 것인가? 경영자가 직원에 대해 보상하면서 "완벽한" 형평성을 이루어 낼 어떤 방식이 존재하는가?

2. Lettimore State University 도서관의 심사 위원회는 열심히 일하고 있는 중이다. 위원회는 도서관장의 직위를 위한 다수의 후보자를 심사하고 네 명의 최종 후보자를 개인 면접을 위해 캠퍼스로 오도록 하였다. 상당한 심사숙고를 거친 후에, 위원회는 선정을 두 명의 후보자로 좁혔다. 둘 모두 뛰어난 자격들을 갖추고 있고 둘 모두 Lettimore의 도서관과 비교할 만한 규모의 학술도서관에서 부관장으로 서비스를 제공하고 있다. 하지만 두 후보자들은 아주 다른 퍼스낼리티를 가지고 있다. 후보자 A는 매우 과업 지향적이고, 열정적이며, 업무에 충실하다. 그는 직원들을 계속해서 더 높은 기준으로 밀어붙이는 완벽주의자라고 일컬어지고 있다. 그의 톤은 약간 금방이라도 싸울 듯하고 그의 처신은 진지하다. 후보자 B도 자신의 직원에 대해 높은 기대를 갖는 것으로 알려져 있지만 더 접근하기가 쉽고 격식을 차리지 않는다. 그는 자주 웃고, 반기는 태도를 가지고 있으며, 사람들은 그의 주위에 있을 때 편안해하는 경향이 있다.

    만일 여러분이 후보자 A를 채용할지 후보자 B를 채용하지에 관한 최종 결정을 하는 책임을 가지고 있는 학장이라면, 여러분은 누구를 선택할 것이며 그 이유는 무엇인가? 경영자의 퍼스낼리티는 직무상의 성공에 얼마나 많이 관련되는가?

3. Kathy O'Connell은 참고 부서의 장으로 승진했을 때 전율을 느꼈다. 그녀는 Smithfield Public Library에서 10년간 근무했었다. 그녀는 그 도서관을 마음의 고향으로 간주하고 자신의 동료 근로자들을 자신의 가족의 연장으로 간주하였다. Kathy는 도서관에서 항상 각자 음식을 조금씩 가져 와서 나눠 먹는 저녁 식사와 휴일 파티, 생일 축하를 준비하는 사람이었다. 그녀는 자신의 동료 근로자들을 행복하게 해 주는 것을 즐겼고 어떤 문제든 기꺼이 도와주려고 항상 노력하였다. 그녀는 또한 참고 데스크에서는 아주 노련하였으며 고객과 자료와의 작업에서 우수하였다. 그녀는 참고 부서의 장이 되는 것은 쉬울 것이라고 생각했었다. 그녀는 사람들

을 알고 있었고 절차를 알고 있었다. 그녀가 그 직위를 맡은 지 몇 달 되지 않아, 도서관장은 그녀에게 거의 정기적으로 지각하고 있는 참고 부서의 사무직원 중 한 사람인 Molly Nolan에 대해 왜 징계 프로세스를 시작하지 않는지 물었다. 다른 참고 부서 직원의 일부가 도서관장에게 Kathy가 Molly의 빈번한 지각 문제를 묵인하고 있다고 불평을 하였고, 그래서 도서관장이 Kathy에게 자신은 Kathy가 그 문제를 곧바로 처리해줄 것으로 기대한다고 말했던 것이다. Kathy는 주저하면서도 다음날 Molly와 이야기하기 위한 약속 일정을 잡았다. 그녀는 Molly를 징계해야만 한다는 생각에 두려웠다. Kathy는 Molly와 수년간 함께 일해 왔으며 Molly의 감정을 상하게 하고 싶지 않았다. 하지만 Kathy는 자신이 Molly를 징계하지 않으면 도서관장이 불쾌하게 생각할 것이라는 사실을 알고 있었다. 그날 밤 Kathy는 거의 잠을 이루지 못하였으며, 내일 무슨 일이 생길지에 대해 많이 걱정하였다. 아침에 눈을 떴을 때, Kathy는 발진투성이가 되었고 속이 메슥거렸다. Kathy는 전화를 걸어 Molly와 잡았던 약속을 취소해야만 했다.

McClelland의 이론을 사용하여, 여러분은 Kathy가 참고 부서의 장이라는 직위를 받아들일 때 훌륭한 선택을 했다고 생각하는지에 대해 논의해 보라. 여러분은 이제 어떻게 하라고 Kathy에게 조언할 것인가?

4. 특히 예산이 빠듯한 시기에는, 많은 도서관 경영자들이 직원들을 보상하는 비금전적인 방식을 찾는다. 가장 좋은 것 중 하나는 완전히 무료이다. 즉 직원들이 직무에서 추가의 노력을 쏟았을 때는 항상 "감사합니다"라고 말하라. 많은 도서관들은 뛰어난 직원들에 대해 보상하기 위해 직원 포상 프로그램을 실행하고 있다. John Lubans는 이를 다음과 같은 세 개 범주로 구분하고 있다.

- 개인에 대한 유형의 포상. 이러한 것들 보너스와 주차 공간, 유급 휴가, 다양한 유형의 작은 선물과 같은 보상을 포함한다.
- 개인에 대한 무형의 포상. 이러한 보상은 도서관 뉴스레터에서의 언급이나 감사장과 같은 것들을 포함한다.
- 조직 전반의 포상. 이 보상은 전 직원을 위한 것으로 직원 야유회나 근속을 인정하는 만찬과 같은 보상을 포함한다.[54]

직원들에게 감사를 표하는 다른 어떤 비금전적 방법들을 생각해 보라. 여러분은 어떤 유형의 비금전적 보상직원들에게 동기를 부여하는 데 가장 훌륭하게 작동한다고 생각하는가?

---

54) John Lubans, *"Leading from the Middle," and Other Contrarian Essays on Library Leadership* (Santa Barbara: Libraries Unlimited, 2010), 240.

토론용 질문

1. University of Nebraska-Lincoln의 도서관장을 역임한 바 있는 Joan Giesecke는 다음과 같은 질문을 제시하고 있다. "전문직을 관리하는 것은 오늘날의 경영자들에게 진정한 딜레마를 제시할 수 있다. 여러분은 자신들의 직무를 수행하는 권한과 자유를 가질 것으로 기대하는 전문직이나 그 밖의 경영자들을 전통적인 의미에서, 어떻게 관리하는가? 그들은 자신들의 영역에서 전문가로서 훈련받았다. 그들은 왜 자신들을 관리하고 싶어 하는 것일까?"[55]
    오늘날의 도서관 경영자들이 직면하는 몇 가지 도전들은 무엇인가? 경영자들은 Giesecke가 제기하고 있는 도전에 어떻게 대처할 수 있는가?

2. "어떤 경영자들은 우수한 성과로 이어지는 방식으로 자신의 부하 직원들을 항상 대우하고 있다. 그러나 대부분의 경영자들은 … 아무런 생각도 없이 부하 직원들이 성취할 수 있도록 하기보다는 오히려 더 낮은 성과로 이어지는 방식으로 자신의 부하 직원들을 다루고 있다. 경영자들이 부하 직원들을 다루는 방식은 그들이 부하 직원들에게 무엇을 기대하는지에 의해 미묘하게 영향을 받는다. 경영자들의 기대가 높으면, 생산성이 탁월할 가능성이 있다. 경영자들의 기대가 낮으면, 생산성이 부실할 가능성이 있다. 부하 직원의 성과를 마치 자신의 경영자의 기대에 부응하기 위해 높이거나 떨어뜨리는 원인이 되는 법칙이 존재하기라도 하는 것 같다."[56]
    Livingston은 직원의 성과에 대한 경영자의 자기 충족 예언(self-fulfilling prophecy)의 영향에 관해 말하고 있다. 여러분은 부하 직원의 성과는 왜 부하 직원의 감독자가 부하 직원을 대우하는 방식에 의해 영향을 받는다고 생각하는가? 여러분은 여러분의 상사가 여러분은 훌륭한 직무를 수행할 수 없다고 생각하는 것 같더라도 열심히 일할 것인가?

3. Frederick Herzberg에 따르면, "만일 내가 앞에서든 뒤에서든 내 개를 발로 걷어찬다면, 개는 움직일 것이다. 그러면 내가 개가 다시 움직이길 원하면, 나는 무엇을 해야만 할 것인가? 나는 개를 다시 발로 걷어차야 한다. 유사하게 나는 어떤 사람의 배터리를 충전하고, 그리고 나서 그 배터리를 재충전하고, 그 배터리를 다시 재충전할 수 있다. 그러나 우리가 동기 부여에 관해 이야기할 수 있는 것은 어떤 사람이 자기 자신의 발전기를 가지고 있을 때뿐이다. 그러면 어떤 외부 자극도 필요하지 않게 된다. 어떤 사람은 그것을 하고 싶어 한다."[57]
    경영자들은 동기 요인으로서의 당근과 채찍이라는 낡은 시스템에서 어떻게 벗어나서 움직일 수 있는가? 경영자들은 직원들이 스스로 동기를 부여받도록 어떻게 도움을 줄 수 있는가?

---

55) Joan Giesecke, *Practical Strategies for Library Managers* (Chicago: American Library Association, 2001), 41.
56) J. Sterling Livingston, "Pygmalion in Management," *Harvard Business Review* 23, no. 3 (January 2003): 81.
57) Frederick Herzberg, "One More Time: How Do You Motivate Employees?" *Harvard Business Review* 46 (January-February 1968): 55.

4. 학생 직원들에 의해 이루어지는 업무는 특히 학술도서관과 몇몇 공공도서관에서는, 매우 중요하다. 도서관 경영자들은 숙련된 학생 근로자는 새로 채용되는 학생 근로자보다 더 훌륭하게 업무를 수행하기 때문에 이러한 직원들을 두 학기 이상 보유하고자 하는 경우가 많다. Lorelei Sterling은 학술도서관의 직무들은 학생들이 캠퍼스에 있고 종종 유연한 일정을 제공하기 때문에 학생들에게 매력적인 경우가 많다는 사실을 지적하고 있다. 아울러 학생들은 음식과 콘테스트, 기념행사를 포함한 다양한 요인들에 의해 동기를 부여받는데, 놀라운 일은 아니지만, 학생 근로자들은 모든 근로자들과 마찬가지로, 특히 자신들의 직무를 수행하기 위한 절차를 개발하는 측면에서, 가능한 한 많이 자율적으로 일할 수 있도록 자신들에게 허용해 주는 것에 의해 동기를 부여받는 것 같다.[58]

자율성은 왜 근로자들에게 동기를 부여하는가? 여러분은 학생 도서관 직무들을 학생들이 더 자율적으로 일할 수 있도록 허용해 주기 위해 재설계할 수 있는 방식들을 생각할 수 있는가? 만일 여러분이 학생으로서 도서관 직무에서 일하고 있다면, 무엇이 여러분에게 더 많은 동기를 부여해 주게 될 것인가? 즉 자율성인가 아니면 음식과 콘테스트와 같은 앞서 언급한 그 밖의 요인들 중 어떤 것인가?

---

[58] Lorelei Rose Sterling, "Books Not Burgers: Six Highly Effective Ways to Motivate and Retain Library Student Employees," *Journal of Access Services* 12, no. 3-4 (July 2015): 118-127.

Chapter 14 조직 리더십

이 장의 요점

이 장을 마친 후 여러분은:

- 조직의 모든 유형과 모든 수준의 리더십의 중요성에 대해 이해해야 한다.
- 리더와 경영자 사이의 주요한 차이점에 대해 알아야 한다.
- 리더십의 가장 중요한 이론들의 기본적인 요소들에 익숙해야 한다.
- 독싱 리더십은 무엇이며 조직은 이러한 유형의 리더를 어떻게 피할 수 있는지에 대해 이해해야 한다.
- 오늘날의 조직에서 "영웅적" 리더의 개념이 왜 지지를 상실하고 있는지를 논의할 수 있어야 한다.

    사람들은 역사를 통해 무엇이 훌륭한 리더를 만드는지 확인하기 위해 노력해 왔다. 사람들은 많은 질문에 대한 해답을 찾았다. 동일한 리더십 기술이 모든 조직에 적합한가? 경영자와 리더의 차이점은 무엇인가? 훌륭한 리더들은 어떻게 행동하는가? 훌륭한 리더들은 자신들의 시간을 어떻게 투자하는가? 개별 리더와 그 리더가 이끄는 조직 사이의 훌륭한 매치를 어떻게 확신할 수 있는가? 리더십은 배울 수 있는가?

    사람들은 플라톤 시대 이래로 리더십에 관해 이야기해 오고 있지만, 이 토픽의 많은 측면들에 관한 합의는 여전히 거의 이루지 못하고 있다.[1] 하지만 많은 현

---

1) Robert Goffee and Gareth Jones, "Why Should Anyone Be Led by You?" *Harvard Business Review* 78, no. 5 (September-October, 2000): 64.

대 조직에는 효과적인 리더십이 결여되어 있다는 사실에 대해서는 광범위한 합의가 이루어져 있다. 전 세계의 경영진에 대한 최근의 서베이에서는 "모든 수준의 리더의 필요성"을 우선순위가 가장 높은 이슈로서 확인한 바 있는데, 89퍼센트는 이를 "매우 중요" 또는 "중요"로 평가하였다.[2] 지휘는 의심할 여지없이 경영자에 의해 수행되는 가장 중요한 기능의 하나이다. 이 장에서는 리더십이라는 토픽에 대해 조직 내의 리더에 구체적인 초점을 맞추고 경영자의 시각에서 검토해 보고자 한다. 이 장은 리더십이란 무엇이며, 리더들은 무엇을 하는지, 그리고 과거와 현재의 학자들에 의해 개발되어 오고 있는 리더십의 다양한 이론들에 대한 검토를 포함하게 될 것이다. 이 장은 직원들이 현재의 직무는 물론 미래에 자신들이 맡게 될 직무에서 리더십 역할을 맡도록 준비하기 위해 최선의 방법들에 대한 제안으로 마무리하게 될 것이다.

현장의 경영 사례: North Carolina State University의 Susan Nutter

미국 Raleigh에 있는 North Carolina State University(NCSU) 도서관의 부총장 겸 도서관장인 Susan Nutter는 학술도서관 분야의 혁신적이고 선견지명이 있는 리더로 인정받고 있다. Nutter가 1987년에 NCSU의 도서관장으로 임명되었을 때, 한 원로 교수는 이 도서관을 대학의 "골칫거리"로 설명하고 있었다. Nutter의 리더십 아래, NCSU 도서관은 변신을 하였고 NCSU 캠퍼스뿐만 아니라 전체 전문직의 모델이 되고 있다. Nutter의 리더십 능력은 광범위하게 인정받고 있는데, Nutter는 *Library Journal*의 2005년 Librarian of the Year와 2016년 ACRL Academic/Research Librarian of the Year에 이름을 올렸다. NCSU 도서관은 또한 2000년에 대학도서관 범주의 첫 번째 ACRL Excellence in Academic Libraries Award를 수상한 바 있다.

NCSU에서 30년 이상 근무하는 동안, Nutter는 "고등 교육에서 도서관의 가치를 보여 주고 드높이는 데 헌신한 선견지명을 갖고 대외적으로 초점을 맞춘 리더"로서 봉사하였다. 그녀는 "혁신적인 도서관 서비스를 대학의 학술 및 리서치 의제들"과 통합함으로써 캠퍼스에서 도서관의 프로필을 제고하였다.[3] 캠퍼스에 대한 그녀의 영향을 암시해 주는 가장 대표적인 예의 하나는 NCSU가 주(州)의 예산 삭감에 직면하고 있던 때인 몇 년 전에 발생하였다. 그해 동안 NCSU의

---

[2] Nicky Wakefield, et al., "Leadership Awakened: Generations, Teams, Science," *Global Human Capital Trends 2016: The New Organization: Different by Design,* (New York: Deloitte University Press, February 29, 2016), accessed July 13, 2017, ⟨https://www2.deloitte.com/us/en/pages/human-capital/articles/introduction-human-capital-trends.html⟩.

[3] North Carolina State University, "Nutter Wins National Recognition," (press release) NC State News, January 15, 2016, accessed July 13, 2017, ⟨https://news.ncsu.edu/2016/01/nutter-wins-national-recognition/⟩.

교원들은 자신들의 개인적인 급여 인상을 포기하기로 투표하고 그 대신 그 돈을 도서관을 지원하기 위해 제공하도록 하였다.[4]

Nutter의 견해로는, 도서관을 건설하는 가장 중요한 요인은 그 직원들로, 그녀는 이를 도서관의 "일차적인 자산"으로 범주화하고 있다. NCSU에서 도서관은 그 직원들에게 투자한다. 그 것은 엄격한 심사와 이사 및 이전 수당의 제공, 더 높은 급여를 지불하기 위한 자금의 재배정을 의미한다. Nutter는 스스로 동기를 부여받고, 열정을 가지고 있으며, 훌륭한 대인 기술을 갖추고 있고, 또한 기꺼이 진실을 이야기하고, 주장하고, 끝까지 싸우고, 그러고 나서 "의사 결정이 이루어졌을 때는 결정에 대해 함께 옹호하는" 직원들을 찾고 있다. 그 후에 그녀는 그 직원들을 신뢰한다. 그녀는 도서관의 대부분의 의사 결정이 직원들로부터 이루어지는 것에 대해 자부심을 가지고 있다. "나는 그것을 위양할 필요가 없다"고 그녀는 말하고 있다. "나는 그것에 관해 걱정할 필요조차도 없다. 그들은 훌륭하다."[5] Nutter는 재능을 알아보는 그녀의 예리한 눈과 도서관 전문직을 위한 새로운 리더의 개발에 대한 그녀의 헌신으로 알려져 있다. 1999년에 그녀는 NCSU 펠로우 프로그램을 시작하였는데, 이것은 최근의 문헌정보학 대학원 졸업생 중 핵심 그룹을 2년 동안 NCSU 도서관으로 데려오는 것이다. 이전 펠로우 중 상당수는 현재 도서관 전문직의 리더십 직위에 올라가 있다.

Nutter가 한 최근의 노력은 새로운 Hunt Library인데, 이것은 2013년에 개관한 이래로 혁신적인 서비스와 테크놀로지, 전혀 도서관처럼 보이지 않는 건물의 공간 활용을 제공하고 있지만, "모두 유리와 금속의 표면으로, 넓게 주위로 퍼지면서 거대한 비대칭 다각형을 만들어 내고 있다."[6] 이 도서관은 지속 가능성과 혁신, 건축에 대한 수많은 상들을 수상한 바 있으며, "도서관의 공간과 제공하는 것들을 구체화해야 하는 것이 바로 대학의 우선순위이며 관행"[7]이라는 Nutter의 오랜 신념을 반영한 것으로서의 역할을 하고 있다.[8]

Susan Nutter는 성공적이고 혁신적인 리더십 기술을 보여 주고 있으며, 그 결과 그녀는 "현대 도서관에 대한 공공의 인식을 바꾸어주는 주요한 요인"[9]이 되고 있다. 여러분은 Nutter가 해온 것들 중 가장 인상적인 것은 무엇인가? 이 장의 나머지 부분을 읽고, 그러고 나서 이 섹션을 다시 읽고 리더십 이론 중 어느 것이 Susan Nutter를 가장 잘 설명하는 것 같은지에 대해 논의해 보라.

---

4) John N. Berry, "Librarian of the Year 2005: Susan Nutter," *Library Journal* 130, no. 1 (January 15, 2005): 50-52.

5) *Ibid.*, 51.

6) Hampton Williams Hofe, "Style and Substance: Librarian of the Year Susan Nutter," Walter (October 31, 2016), accessed July 13, 2017, 〈http://www.waltermagazine.com/profiles/raleigh-gigs/style-and-substance-librarian-of-the-year-susan-nutter/〉.

7) North Carolina State University, "Nutter Wins National Recognition," (press release) NC State News, January 15, 2016, accessed July 13, 2017, 〈https://news.ncsu.edu/2016/01/nutter-wins-national-recognition/〉.

8) 역자주: Hunt Library에 대해서는 다음 Youtube 자료를 참고하라. 〈https://www.youtube.com/watch?v=BzL8MHbBtiY&ab_channel=NCState〉.

14.1. 리더십이란 무엇인가?

리더십은 모든 조직에서 중요하지만, 리더십은 복잡한 경우가 많은 토픽으로, 리더십은 무엇이고 리더들은 실제로 무엇을 하는지에 관한 수많은 격론을 불러일으키고 있다. 풍부한 문헌들이 이 토픽에 대해 다루고 있다. 다양한 영역의 저작자들은 헤아릴 수 없는 책과 논문을 대량으로 생산해내고 있다. 2017년 4월에 리더십에 대한 책에 대해 Amazon을 빠르게 검색해 보았을 때 191,560종이 나타났다. 성공적인 리더십에 관해 입수할 수 있는 조언의 양은 차고 넘친다.

"리더십"이라는 용어의 정의는 그다지 명확하지 않다. 많은 존경을 받고 있는 리더십 전문가인 James McGregor Burns는 한때 "리더십은 지구상에서 가장 많이 관찰되지만 가장 적게 이해되고 있는 현상의 하나"[10]라고 밝힌 바 있다. "리더십"이라는 용어는 많은 서로 다른 맥락에서 사용되고 있기 때문에 용이한 분석이 불가능하다. 리더십에 관한 책과 논문에 나타나는 정의들은 상충하는 경우가 많지만, 대부분은 리더십은 추종자들에게 자신감과 지지를 고취시켜 주고, 그렇게 함으로써 어떤 그룹이 그 목적에 도달할 수 있도록 해 주는 능력이라는 사실에 동의하고 있다. 정확한 정의에 관계없이, "영향력"과 "비전", "사명", "목적"이라는 개념들은 거의 항상 어떤 역할을 하고 있다. 효과적인 리더는 바라는 방향으로 다른 사람들이 움직이도록 영향을 미치고, 그렇게 함으로써 조직과 조직에서 일하는 사람들이 그 목적에 도달하는 정도를 결정하게 된다. 리더십은 조직의 잠재력을 현실로 변신시켜 준다.

리더십의 정의는 상당히 다양하지만, 조직 리더십의 대부분의 정의는 다른 사람들이 조직의 목적을 달성하도록 영향을 미칠 수 있는 리더의 능력에 초점을 맞추고 있다. 조직에서 리더십은 직책이나 연공서열, 계층 구조상의 위치와는 아무런 관계도 없으며 일이 이루어지도록 하는 영향력과 능력에 관련되어 있다. Krue는 리더십에 관한 자신의 정의에서 이 개념을 "어떤 목적의 달성을 위해 다른 사람들의 노력을 극대화해 주는 사회적 영향력의 프로세스"[11]로 잘 설명해 주고 있다.

---

9) North Carolina State University, "Nutter Wins National Recognition," (press release) NC State News, January 15, 2016, accessed July 13, 2017, 〈https://news.ncsu.edu/2016/01/nutter-wins-national-recognition/〉.

10) James MacGregor Burns, *Leadership* (New York: Harper & Row, 1978): 2.

11) Kevin Kruse, "What Is Leadership?" *Forbes Magazine* (April 9, 2013), accessed July 13, 2017, 〈https://www.forbes.com/sites/kevinkruse/2013/04/09/what-is-leadership/#3c4bdf655b90〉.

14.2. 경영자와 리더

모든 조직은 리더십을 필요로 하기 때문에, 경영자와 리더라는 용어는 밀접하게 관련되어 있지만, 동일한 것은 아니다. 지휘(leading)는 핵심적인 관리 기능의 하나이기 때문에, 이상적으로는 모든 경영자가 리더이겠지만 몇몇 경영자들은 그렇지 않다. 두 용어 사이의 유용한 구분은 리드하는 권력이 어디에서 오는지를 확인하는 것으로, 경영자들은 이를 자신들의 직위로부터 얻는 반면, 리더들은 자신들의 개인적인 속성을 바탕으로 이를 행사한다. 리더들은 특정의 직위와 관련될 필요가 없는, 다른 사람들에게 영향을 미치는 어떤 능력에 의존하는 것이다. 예를 들면, 20세기 동안 미국에서 가장 강력하고 효과적인 시민권 리더인 Martin Luther King Jr. 박사는 많은 다른 사람들의 꿈이 된 어떤 꿈을 가진 선경지명이 있는 리더였다. 시민권과 비폭력에 대한 그의 강력한 믿음은 수백만의 사람들에게 더 공평한 사회를 위해 일하도록 고무하였다. King 박사는 다른 사람들에게 영향을 미치고 그들을 고무시키는 자신의 권력을 자신이 가지고 있는 직위로부터가 아니라 자신이 누구인지로부터 얻은 리더였다. 그들이 영향을 미치는 자신들의 권력을 어디에서 얻는지에 덧붙여서, 경영자와 리더 사이에서 일반적으로 이루어지는 다른 구분들이 있다. 〈그림 14.1〉은 이러한 차이의 일부를 보여 주고 있다.

조직에서 경영자와 리더의 역할은 종종 중복되기도 한다. 모든 조직에서는 경영자가 또한 리더일 때가 최선이다. 왜냐하면 성공적인 조직과 덜 성공적인 조직을 다르게 만드는 것은 다이내믹하고 효과적인 리더십이라는 사실을 경험은 보여

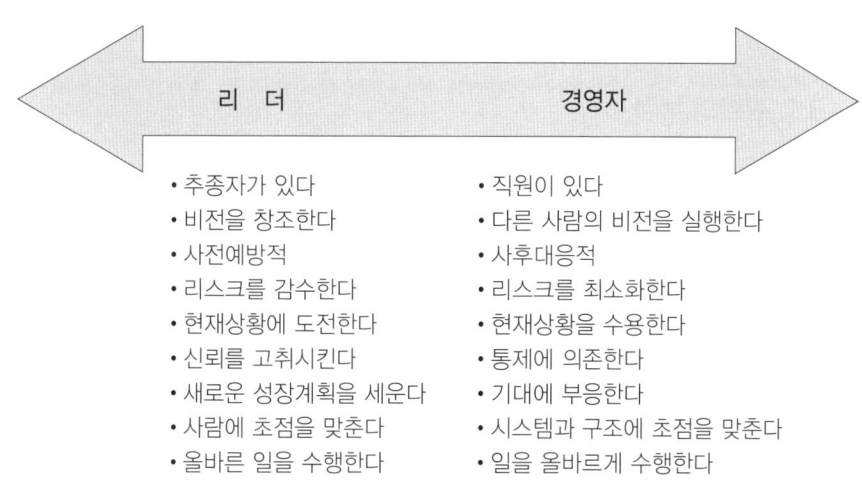

〈그림 14.1〉 경영자와 리더의 몇 가지 차이점

주고 있기 때문이다. 이러한 이유로 경영자는 물론 조직 이론가들도 리더십을 고무시키고 개발하기 위한 방법들을 오랫동안 탐구해 오고 있는 것이다.

 이야기해 보기

Stephen Covey는 "경영은 성공의 사다리를 오르는 데 효율적이며, 리더십은 그 사다리가 올바른 벽에 기대어 있는지를 결정해 준다."[12] 경영자와 리더는 다르다. 여러분은 효과적인 경영자가 부실한 리더가 될 수도 있다고 생각하는가? 효과적인 리더가 어떻게 부실한 경영자가 될 수 있는가? 만일 여러분이 선택권을 갖는다면, 여러분은 효과적인 경영자이지만 부실한 리더인 상사를 위해 일할 것인가 아니면 효과적인 리더이지만 부실한 경영자인 상사를 위해 일할 것인가? 각 유형의 장점은 무엇일까?

14.3. 리더십 자질

부분적으로는 리더들이 다양한 문화와 역사적 기간에서 서로 다르기 때문에, 어느 한 모델도 성공적인 리더의 모든 자질을 제공하지는 못한다. 하지만 이러한 가변성(可變性)에도 불구하고, 대부분의 전문가들은 리더는 두 가지 주요한 역할을 완수해야 한다는 사실에 동의한다. 첫째로 리더는 권력을 행사해야 한다. 둘째로 리더는 행동과 모습, 분명하게 표현된 가치를 통해 다른 사람들이 결실을 맺고자 하는 비전을 제시해야 한다.[13]

14.3.1. 권력의 행사

권력을 행사한다는 첫 번째 리더십 역할은 많은 방식에서 훌륭한 경영자의 역할과 닮아 있다. 훌륭한 리더는 온화하고 공정한 방식으로, 현명하게 그리고 효율적으로 권력을 행사한다. 그들은 목표를 설정하고 그러한 목표들이 수행되는지를 보고, 훌륭한 의사 결정을 내려야 한다.

---

12) Stephen R. Covey, *The Seven Habits of Highly Effective People* (New York: Free Press, 2004): 101.
13) Michael Maccoby, *The Leader* (New York: Simon & Schuster, 1981), 14.

14.3.2. 비전의 제시

"비전"이라고 불리는 리더십의 측면은 다른 사람들이 채택하고자 하게 될 어떤 이미지나 전략을 제시하는 것을 포함한다. 이것은 그 자체가 어려운 일이기 때문에, 많은 리더들은 비전이 결여되어 있는 것으로 나타나는 경우가 많다. 리더는 어떤 조직이 목표 없이 표류하지 않도록 어떤 비전을 제시해야 하지만, 그것만으로는 충분치가 않다. 추종자들이 리더의 비전을 받아들이고 그것을 자신들의 것으로 채택해야 하는데, 그들은 비전을 실현할 수 있도록 에너지를 불어 넣어야 한다.[14] 효과적인 리더가 책임을 맡고 있을 때는, 리더와 추종자의 목적이 뒤섞여서 조화를 이루게 된다.

리더십을 논의할 때, 사람들은 때때로 추종자들의 중요성을 잊어버리는 경우가 있다. 리더는 추종자가 없으면 리더가 될 수 없다. Garry Wills는 효과적인 리더십에는 리더와 추종자, 공유된 목적의 세 가지 요소가 필요하다고 설명하고 있다. 그는 리더를 "리더와 추종자에 의해 공유되는 목적을 향해 다른 사람들을 움직이도록 하는 사람"[15]으로 정의하고 있다.

리더들이 실패하는 하나의 공통적인 이유는 다른 사람들이 공유하게 될 비전을 그들이 창조할 수 없었다는 것이다. 때로는 최근에 채용된 고위 경영자들이 자신들이 달성되기를 바라는 미리 결정된 비전을 가지고 와서, 자신들의 비전이 다른 직원들에 의해 받아들여지기도 전에 주요한 변화를 실행하기 시작하는 경우도 있다. 이러한 개인들은 그 비전을 실행해야 하는 사람들에게 이를 팔지 못했기 때문에 대개는 실패한다.

다른 사람들이 비전을 사들이도록 하는 것은 리더의 가장 어려운 과업이 될 수도 있을 것이다. 중국의 위대한 철학자인 노자(老子)가 2,500년 이전에 말한 것처럼, "리더는 사람들이 그가 존재하는 것을 거의 알지 못하는 것이 가장 좋다. … 그의 일이 완성되고, 그의 목적이 달성되었을 때, 그들은 우리가 스스로 이 일을 해냈다고 말하게 될 것이다."[16,17] 리더의 비전이 추종자들에 의해 너무나도 철저하게 흡수되어 그들은 그것이 내내 자기들의 것이었다고 믿게 된다.

---

14) Fred A. Manske Jr., Secrets of Effective Leadership: A Practical Guide to Success (Columbia, TN: Leadership Education and Development, 1990), 5.
15) Garry Wills, "What Makes a Good Leader?" *The Atlantic Monthly* 273 (April 1994): 70.
16) Quoted in Richard Bolden, et al., *Exploring Leadership: Individual, Organizational, and Societal Perspectives* (Oxford: Oxford University Press, 2011): 21

 **스킬 연습하기**

5년에 세 번째로 Longleaf College의 도서관은 새 도서관장을 찾고 있다. Edward Ravenal은 5년 전에 은퇴할 때까지 27년간 이 도서관의 관장으로서 근무하였다. 그 이후로 Longleaf College에는 리더십에 일관성이 전혀 없었다. 각 심사 프로세스를 통해 유망한 후임자를 모셔 왔지만, 일단 신임 관장이 일을 시작하면, 도서관 직원들은 이루어지고 있는 변화와 신임 관장의 경영 스타일에 관해 불평하기 시작하였다. 첫 번째 신임 관장은 2년을 견디다가 다른 직위를 받아들였다. 그의 후임자는 변화를 위한 많은 혁신적인 아이디어를 가지고 왔지만 스트레스로 인해 생긴 좋지 못한 건강 때문에 18개월 만에 퇴임하지 않을 수 없었으며, 현재는 임시 관장이 도서관을 맡고 있다. 심사 위원회가 또 한 분의 도서관장에 대한 심사를 시작하면서, 이전의 심사에 대해 무엇이 잘못되었는지 이해하려고 노력하고 있다.

여러분이 이 최근의 심사를 돕기 위해 Longleaf에 의해 컨설턴트로 채용되었다고 상상해 보라. 여러분은 이전의 심사가 왜 성공적이지 못했는지에 관해 어떤 조언을 제공할 것인가? 여러분은 무엇이 새로 채용된 관장들이 실패하도록 한 원인이 되었다고 생각하는가? 잘못은 조직에 있는가 아니면 선발되었던 개인들에게 있는가? 여러분은 성공적인 리더를 찾는 것이 왜 그렇게 어렵다고 생각하는가?

14.4. 독성 리더십

리더십에 대한 대부분의 리서치는 훌륭한 리더에 초점을 맞추고 있지만, 어떤 개인이 리더가 되는 데 도움을 주는 많은 특성(traits)은 건설적으로 또는 파괴적으로 사용될 수 있다. 일부 나쁜 리더들은 단지 효과적이지 못하거나 역량이 부족할 뿐이지만, 다른 리더들은 역량 부족의 범위를 넘어서서 파괴적인 리더십을 실행한다. 이러한 개인들은 종종 어떤 조직을 개선하기 위해서가 아니라 개인적인 권력과 같은 자기 자신의 목적을 위해 리더십 역할을 추구한다. Kellerman은 이러한 개인들을 "독성"(毒性) 리더(toxic leaders)로 특징짓고 있는데, 이들은 자신들의 직원과 자신들의 조직, 심지어는 자신들의 나라에까지 파괴적인 사람들이다.[18] 예를

---

17) 역자주: 이것은 노자(老子) 도덕경(道德經) 제17장의 인용으로, 그 내용은 다음과 같다: "제일 좋은 것은, 있는 줄도 모르는 것이요, 그 다음은, 사람들이 친하게 여기고 칭찬하는 것이요, 그 다음은 사람들이 두려워하는 것이요, 그 다음은 사람들의 업신여기는 것이라. 그러므로 믿음이 부족하면 불신이 생기게 되니, 그 귀한 말을 삼가고 아낀다. 공이 이루어지고 일이 잘 완수되면 백성들 모두 우리가 스스로 그리하였다고 말할 것이다."

18) Barbara Kellerman, *Bad Leadership: What It Is, How It Happens, Why It Matters* (Boston: Harvard Business School Press, 2004).

들면, Adolf Hitler와 Enron의 Jeffrey Skilling은 아주 다른 방식이기는 하지만, 독성 리더들이다. Kellerman은 경영자에 관한 문헌은 훌륭한 리더십만을 논의하고 나쁜 리더십을 무시함으로써 긍정적인 것들을 강조하고자 한다는 사실을 지적하고 있다. 이러한 접근법은 질병은 무시하면서 건강을 가르치도록 주장했던 의과대학과 유사하다고 그녀는 주장하고 있다.[19]

Lipman-Blumen도 독성 리더가 만들어 내는 피해에 대해 설명하고 있다. 그녀는 독성 리더를 그들의 파괴적인 행동과 기능을 제대로 수행하지 못하는 개인적 특성 때문에, 자신의 추종자들과 자신의 조직에 심각하고 지속적인 피해를 가하는 개인들로 정의하고 있다.[20] Padilla 등은 독성 리더가 만연되기 위해서는 세 개 요인, 즉 파괴적인 리더와 민감한 추종자, 조장하는 환경의 상호 작용으로 이루어지는 "독성 트라이앵글"(toxic triangle)(〈그림 14.2〉를 참고하라)이 존재해야만 한다고 설명하고 있다.[21]

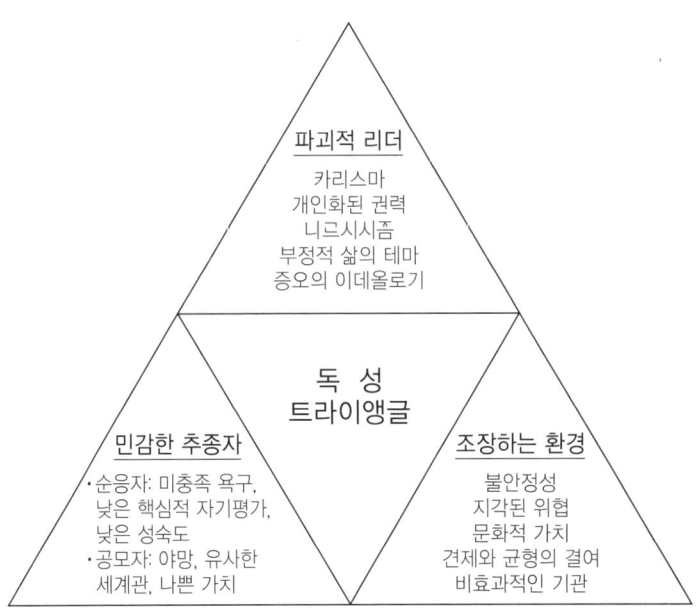

〈그림 14.2〉 독성 트라이앵글

---

19) Barbara Kellerman, *Bad Leadership: What It Is, How It Happens, Why It Matters* (Boston: Harvard Business School Press, 2004): 11.
20) Jean Lipman-Bluman, *The Allure of Toxic Leaders; Why We Follow Destructive Bosses and Corrupt Politicians-and How We Can Survive Them* (New York: Oxford University Press, 2005): 18,21.
21) Art Padilla, Robert Hogan, and Robert B. Kaiser, "The Toxic Triangle: Destructive Leaders, Susceptible Followers, and Conducive Environments," *Leadership Quarterly* 18, no. 3 (June 2007): 176-194.

여러 연구에서는 독성 리더들은 다음과 같은 특성의 일부 또는 전부를 가지고 있다는 사실을 보여 주고 있다.

- **진실성의 결여**(lack of integrity): 이것은 의도적인 거짓말로 추종자들을 오도하는 사람들과 같은 경우이다.
- **만족할 줄 모르는 야망**(insatiable ambition): 이것은 그들로 하여금 자신의 권력과 영예를 자신의 추종자들의 행복보다 우선시하게 한다.
- **엄청나게 큰 에고**(enormous egos): 이것은 그들로 하여금 자기 자신의 성격의 단점을 보지 못하게 한다.
- **오만**(arrogance): 이것은 자신들의 실수를 인정하지 못하도록 하고 다른 사람들에 대한 비난으로 이어진다.
- **위협이나 처벌**(threats or punishments): 이것은 명령을 따르는 데 실패하거나 행동에 의문을 제기하는 사람들에 대해 이루어진다.
- **무도덕성**(amorality): 이것은 옳고 그름을 가릴 수 없는 무능력을 초래하게 된다.
- **비용에 대한 무시**(disregard for the cost): 자신의 행동이 다른 사람들과 자신에게 부과하게 되는 비용을 등한시한다.
- **비겁함**(cowardice): 이것은 어려운 선택의 회피로 이어진다.
- 독성 리더들은 추종자들의 가장 근본적인 두려움과 욕구에 따라 플레이한다.[22]

파괴적인 리더 또는 독성 리더들은 충성도를 유지하면서 그들로 하여금 그들의 리더십 직위를 유지할 수 있도록 해 주는 추종자들을 가지고 있기 때문에 존재할 수 있다. 독성 리더들은 자기 자신의 출세를 촉진하도록 다른 사람들을 조종할 수 있는 능력이 일반적으로 능숙하다. 독성 리더들의 출현에 대해 설명하고자 노력하면서, Lipman-Blumen은 많은 사람들 사이에는 자기 자신의 개인적인 심리사회적 욕구 때문에 리더들의 권위적이고, 심지어는 지배적인 특성을 추구하는 경향이 여전히 존재한다고 가정하고 있다.

하지만 업무 현장의 직원들은 마지못해 추종자가 되는 경우가 많다. 만일 그들이 "독성" 감독자를 위해 일해야 한다면, 추종하지 않기로 선택하더라도 많은 의지할 곳을 갖지 못한다. 그들은 만일 저항하게 되면 일자리를 잃거나 징계 절차의 대

---

22) Jean Lipman-Bluman, *The Allure of Toxic Leaders; Why We Follow Destructive Bosses and Corrupt Politicians-and How We Can Survive Them* (New York: Oxford University Press, 2005): 21-22.

상이 될 것을 두려워하게 된다. 독성 경영자를 위해 일해본 적이 있는 사람은 누구나 직원들에 대한 괴롭힘과 무례함, 버릇없는 행동과 같은 경영자의 행동들이 업무 현장에 얼마나 독이 될 수 있는지 알고 있다. 하지만 이러한 경영자들은 자신의 감독자들에게는 자신의 퍼스낼리티의 또 하나의 측면을 보여 주기 때문에 자신의 직무를 유지하는 경우가 많다. 고위층 경영자들은 어떤 조직 내에 독성 경영자가 있으면 어떤 경영자든 확인하고 방지하기 위한 조치를 취하는 것이 중요하다. 독성 리더십은 모든 수준에서 근절되어야 한다.

 이야기해 보기

Ann Prentice는 자신의 최신의 책인 *Leadership for the 21st Century*에서 "사람들은 리더의 시각보다는 오히려 추종자의 시각으로부터 리더십을 더 잘 이해할 수 있다고 이야기되고 있다"고 말하고 있다. Prentice는 추종자는 어떤 조직 내의 다른 사람들은 물론 외부 세계의 사람들의 입장에서 리더의 행동의 영향을 관찰할 수 있는 장점을 갖는다고 말한다.[23]

왜 추종자의 시각은 리더십을 이해하기 위한 더 나은 골격을 제공해 주는가? 만일 여러분이 리더십의 직위에 있다면, 여러분은 여러분의 추종자들의 시각을 여러분이 활용할 수도 있는 방식들을 생각할 수 있는가?

14.5. 리더십 연구에 대한 초창기의 접근법

효과적인 리더는 바라는 방향으로 다른 사람들이 움직이도록 영향을 미침으로써, 조직은 물론 그 개개 직원들이 그들의 목적에 도달하도록 도움을 준다. 불행하게도 효과적인 리더십은 제대로 제공되지 못하고 있는 것처럼 보이는 경우가 많다. 이러한 요인들 때문에 경영자와 조직 이론가들은 어떻게 리더십을 고무시키고 개발해야 하는지의 문제에 접근해 오고 있다. 리더십을 고찰하기 위해, 많은 연구들은 경영자와 리더는 많은 책임과 속성을 공유한다는 믿음에서, 고위 경영자들의 습관을 검토해 왔다. 이하에서는 가장 중요한 연구들 중 일부에 대해 살펴보고자 한다.

---

23) Ann E. Prentice, *Leadership for the 21st Century* (Santa Barbara: Libraries Unlimited, 2013): xii.

14.5.1. 리더십 연구에 대한 특성적 접근법

제2차 세계 대전 이전에는, 리더십이라는 주제에 관한 대부분의 리서치는 리더와 관련된 개인적인 특성(personal traits)을 확인하고자 추구하였다. 그와 같은 연구들은 리더는 만들어지는 것이 아니라 타고나는 것이며, 이러한 특별한 특성을 가지고 태어난 사람들만이 리더가 될 수 있다는 전제를 바탕으로 하고 있었다. 탐구자들은 일단 이러한 특성들이 확인되면, 리더십의 선정은 이러한 특별한 신체적, 지적, 퍼스낼리티적 특징을 가진 사람을 찾아내고, 단지 그러한 특성들을 개발함으로써 그들에게 리더십을 위한 교육 훈련을 시키는 문제가 될 것이라고 생각하였다.

수많은 연구들은 리더십과 관련되어 있다고 일컬어지는 에너지와 적극성, 인내심, 진취성, 외모, 신장과 같은 특성들을 확인한 바 있다.[24] 하지만 이 리서치에 대한 개요에서는 한 가지 주된 단점을 보여 주고 있는데, 거의 모든 연구는 서로 다른 일단의 특성들을 확인하고 있다.[25] 100 건 이상의 연구에 대한 한 개요에서는, 중복이 너무나도 적어 불과 5퍼센트의 특성만이 넷 이상의 연구에 나타났다고 한다. Eugene Jennings는 "50년간의 연구는 리더와 비리더 간에 차별을 두기 위해 사용될 수 있는 하나의 퍼스낼리티 특성이나 일단의 자질들을 만들어 내는 데 실패하였다"[26]고 결론짓고 있다. 지능과 사회적 참여와 같은 특정의 특성이 미약하나마 리더십과 관련되어 있는 것으로 밝혀지고 있기는 하지만, 이러한 연구에서는 어떤 리더 유형(leader type)과 같은 것은 존재하지 않는다는 것을 보여 주고 있다. 성공적인 리더들의 기술과 능력, 퍼스낼리티는 상당히 다양하다.

 이야기해 보기

사람들은 어떤 특징들이 리더십과 상관관계를 갖고 있는지에 관해 서로 다른 아이디어를 가지고 있다. 대부분의 리더들이 가지고 있다고 여러분이 생각하는 다섯 가지 특징들의 리스트를 작성하고, 그리고 나서 동료나 학우에게 동일한 리스트를 작성하도록 해 보라. 얼마나 많은 특성들이 두 리스트에 모두 나타나 있는가?

---

24) Ralph M. Stodgill, *Handbook of Leadership* (New York: Free Press, 1974).
25) Howard M. Carlisle, *Situational Management: A Contingency Approach to Leadership* (New York: AMACOM, 1973), 124.
26) Eugene E. Jennings, "The Anatomy of Leadership," *Management of Personnel Quarterly* 1 (Autumn 1961): 2.

14.5.2. 리더십 연구에 대한 행태론적 접근법

특성 연구가 1950년대에 인기가 떨어진 후에는, 연구자들이 리더들은 어떻게 행동하는지에 대해 관심을 갖게 되었다. 연구자들은 더 이상 리더십 특색의 단 하나의 형태를 추구하지 않고, 리더는 무엇을 하고, 무엇을 강조하며, 부하 직원들과 어떻게 관계하는지 하는 리더십 스타일과 행태에 초점을 맞추었다. 이하에서는 행태론적 연구의 가장 중요한 세 개 그룹에 대해 살펴보고자 한다.

(1) University of Iowa의 연구

1930년대 말을 시작으로, University of Iowa의 Kurt Lewin과 그의 연구원들은 최초의 행태론적 리서치의 일부를 수행한 바 있다. 그들은 다음과 같은 세 개 유형의 리더십 스타일을 검토하기 위해 통제된 실험을 사용하였다.

- 독재적 리더십(autocratic leadership): 의사 결정을 중앙 집중화하고 독자적으로 결정을 내리는 리더
- 민주적 리더십(democratic leadership): 부하 직원들에게 의사 결정에 참여할 수 있도록 해 주고 권한을 위양하는 리더
- 자유방임적 리더십(laisscz-fairc lcadership): 그룹에게 의사 결정의 완전한 사유를 주는 리더.[27]

이러한 실험은 민주적 그룹은 더 많은 독창성과 친근감, 집단 응집력의 특징을 보여 주는 반면, 자유방임적 그룹과 독재적 그룹은 더 많은 적대감과 공격성, 불만을 갖는다는 사실을 보여 주었다.[28]

(2) Ohio State University의 연구

1940년대 말과 1950년대 초에 Ohio State University에서 실행된 다른 연구에서는 리더들이 차이를 보여 주는 다음과 같은 두 개의 상대적으로 독립적인 차원들을 확인하였다.

---

[27] Kurt Lewin and Donald Lippitt, "An Experimental Approach to the Study of Autocracy and Democracy: A Preliminary Note," *Sociometry* 1 (1938): 292-300.

[28] Kenneth E. Reid, *From Character Building to Social Treatment: The History of the Use of Groups in Social Work* (Westport, CT: Greenwood Press, 1981), 115.

- 배려(consideration)는 리더가 자신과 부하 직원들 사이의 관계에서 상호 신뢰와 우정, 존경, 온정 등을 설정하는 정도를 말한다.
- 구조 주도(initiating structure)는 조직하고, 목적을 정의하며, 최종 기한을 강조하고, 방향을 설정하는 리더의 행동을 말한다.

배려 점수와 구조 주도 점수는 서로 독립적이다. 그것들은 연속체의 반대편에 있는 양끝을 나타내는 것이 아니며, 따라서 어느 하나에서 높은 점수를 얻는다고 해서 다른 것에서 반드시 낮은 점수를 얻는 것은 아니다. 어떤 리더는 배려뿐만 아니라 구조 주도에서 둘 다 높을 수도 있을 것이다.[29]

(3) University of Michigan의 연구

Ohio State University의 연구와 거의 같은 시기에, University of Michigan의 Institute of Social Research의 연구자들은 경영자들의 감독 스타일과 그러한 스타일이 직원의 생산성에 어떻게 영향을 미치는지를 평가하기 위한 유사한 연구를 실행하기 시작하였다.[30] 이 연구자들은 다음과 같은 세 개 유형의 경영자들을 확인하였다.

- 주로 생산 중심적 경영자(predominantly production-centered managers)는 업무가 수행되도록 하는 것에 대해 완전한 책임을 느꼈으며, 부서의 직원들은 그 경영자가 자신들에게 하라고 명하는 것만을 해야 했다.
- 주로 직원 중심적 경영자(predominantly employee-centered managers)는 부하 직원들이 일을 하게 되며, 따라서 그것을 어떻게 수행되어야 하는지를 결정할 때 주된 주장을 해야 한다는 사실을 인식하고 있었다. 직원 중심적 경영자들은 조화로운 환경을 조정하고 유지하는 것이 감독자의 주된 책임이라고 생각하였다.
- 혼합된 패턴의 경영자는 생산과 직원을 둘 다 강조하였다.

결과는 연구자들에게 놀라운 것이었다. 전통적인 경영학적 사고는 자유방임적인 경영은 직원들의 방종과 부주의로 이어진다고 가정하고 있지만, 직원 중심적

---

29) Saul Gellerman, *The Management of Human Relations* (New York: Holt, Rinehart & Winston, 1966): 32.
30) Rensis Likert, *New Patterns of Management* (New York: McGraw-Hill, 1961).

경영자를 두고 있는 부서들이 생산 중심적 경영자를 두고 있는 부서들보다 더 많이 생산하고 있었다. Michigan의 연구자들은 당시로서는 급진적이었던 결론을 도출해 냈는데, 그것은 많은 근로자들은 자신들의 직무를 좋아하고, 생산적이기를 바라며, 자신들의 직무에 대해 어느 정도의 통제가 주어지면 생산적이 될 것이라는 사실이었다.

14.6. 리더십의 스타일

1960년대를 시작으로, 리더십 연구의 다음 트렌드는 리더의 스타일을 평가하기 위한 유형 분류 체계(typology)를 만들어 내는 것이었다. 이러한 유형 분류 체계의 제안자들은 리더십에 대한 행태론적 연구의 결과들로부터 그 범주들을 도출해 냈다. 스타일 이론가들은 가능한 많은 리더십 행태들 중에서, 어떤 것들이 다른 것들보다 더 낫다고 믿고 있었다. 가장 영향력 있는 스타일 이론들 중에는 Rensis Likert의 관리 시스템과 Robert Blake와 Jane Mouton에 의해 개발된 리더십 그리드, James McGregor Burns에 의해 도입된 거래적/변혁적 리더십 모델이 있다.

14.6.1. Likert의 관리 시스템

Rensis Likert는 자신의 1961년의 책 *New Patterns of Management*에서, University of Michigan의 Institute for Social Research에서 수행한 행태론적 연구를 기반으로 하고 있다.[31] Likert의 모델은 경영자들이 조직 내에서 지휘하는 네 가지의 대표적인 방식을 설명하고 있다(〈그림 14.3〉을 참고하라). 이러한 스타일들은 시스템 1(착취적 권위형)로부터 시스템 4(참여적 시스템)에 이르는 하나의 연속선상에 표현할 수 있다.

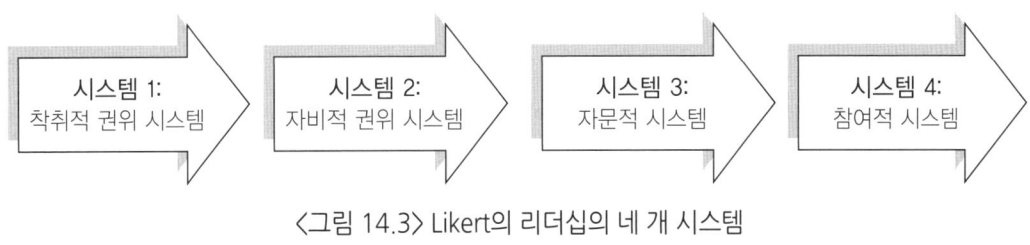

〈그림 14.3〉 Likert의 리더십의 네 개 시스템

---

31) Rensis Likert, *New Patterns of Management* (New York: McGraw-Hill, 1961).

- 시스템 1 관리는 착취적 권위 시스템(exploitative-authoritative system)이다. 이 시스템 내에서, 경영진은 부하 직원들에 대해 어떤 신뢰나 확신을 갖고 있지 않다. 따라서 경영자는 독재적이며, 조직의 고위층에 있는 사람들이 거의 모든 의사 결정을 내리고 거의 모든 커뮤니케이션을 공표한다. 부하 직원들은 공포와 처벌에 의해 동기를 부여받게 되며 경영진에 복종한다.
- 시스템 2 관리는 자비적 권위 시스템(benevolent-authoritative system)이다. 경영진은 직원들이 충성을 다하고, 시키는 대로 하며, 복종적이 되리라고 기대하고, 직원들에 대해 온정적인 태도를 취한다. 이 시스템은 시스템 1보다는 더 많은 상향적 커뮤니케이션을 허용하지만, 최고 경영진이 여전히 타이트한 통제를 유지한다.
- 시스템 3은 자문적 시스템(consultative system)이다. 경영진이 부하 직원을 상당히 신뢰하지만 완전히 신뢰하는 것은 아니다. 최고 경영진은 여전히 대부분의 주요한 의사 결정을 하지만 부하 직원들의 아이디어를 요청하는 경우도 많다. 최고 경영진이 여전히 기본적으로 통제권을 갖고 있지만, 통제 프로세스의 몇몇 측면들은 하향적으로 위양된다. 커뮤니케이션은 계층 구조에서 상향적으로 그리고 하향적으로 끊임없이 흘러간다.
- 시스템 4는 참여적 시스템(participative system)이다. 경영진은 부하 직원들을 완전히 신뢰한다. 많은 의사 결정은 조직의 모든 수준에서, 그룹에 의해 이루어진다. 커뮤니케이션은 계층 구조의 상하로는 물론 동료들 사이에서 수평적으로 흘러간다. 의사 결정 프로세스에 대한 직원들의 참여는 조직의 목적과 목표를 달성하기 위한 강력한 동기를 직원들에게 부여해 준다.[32]

간단히 말하면, 시스템 1은 고도로 구조화된 독재적인 관리 시스템이다. 시스템 4는 신뢰와 팀워크를 바탕으로 하는 참여적 시스템이다. 시스템 2와 시스템 3은 이 두 개의 극단 사이에 위치한다. 자신의 관찰을 바탕으로, Likert는 시스템 4의 관리 스타일이 가장 효과적이라고 결론짓고 있다. 단기적으로는 시스템 1이 조직의 생산성을 향상시킬 수도 있겠지만, 최종적으로는 생산이 점점 줄어들게 될 것이다. 한편 시스템 1이 직원들에게 미치는 부정적인 효과는 단기적인 생산성의 이득을 상쇄시키고도 남는다. 자기 주도 업무 팀(self-directed work teams)과 같은

---

32) Rensis Likert, *The Human Organization* (New York: McGraw-Hill, 1967), 4-10.

혁신을 채택하고 있는 오늘날의 조직의 경영자들은 시스템 4의 방향으로 옮겨 가고 있다. 하지만 더 많은 조직들이 시스템 4의 요소들을 사용하고 있다고 하더라도, 진정한 시스템 4 조직은 여전히 드물다.

14.6.2. 리더십 그리드

리더십 그리드(leadership grid)[33](처음에는 관리 그리드라[34]는 용어를 사용하였다)는 Robert R. Blake와 Jane S. Mouton에 의해 개발되었다.[35] 이 그리드는 조직의 두 가지 기본적인 관심사인 생산(production)에 대한 관심과 인간(people)에 대한 관심을 결합하고 있다. (여기서 사용할 때, 생산이라는 용어는 "조직이 사람들로 하여금 수행하도록 하는 것은 무엇이든 포함한다."[36])

생산성에 가장 많은 관심을 가지고 있는 경영자들은 달성해야만 하는 과업에 거의 전적으로 초점을 맞추지만, 인간에 대해 관심을 가지고 있는 경영자들은 인간관계 측면에 더 많은 관심을 가지고 있다. 〈그림 14.4〉는 이러한 두 가지 관심과 이들 사이의 상호 작용의 범위를 보여 주고 있다. 생산에 대한 관심은 횡축에 표시되고, 인간에 대한 관심은 종축에 표시되어 있다. 각 등급은 9점 척도를 바탕으로 하고 있는데, 1은 최소한의 관심을 나타내고 9는 최대한의 관심을 나타낸다. 횡축에서 9로 평가받은 경영자는 생산에 대해 최대한의 관심을 가지고 있으며, 종축에서 9로 평가받은 경영자는 인간에 대해 최대한의 관심을 가지고 있는 것이다.

이 그리드를 바탕으로, Blake와 Mouton은 다섯 가지 리더십 스타일을 다음과 같이 설명하고 있다.

- 1,1 등급은 **무기력형 리더십**(impoverished leadership)[37]으로 간주된다. 리더는 필요로 하는 업무를 수행하기 위해 최소한의 노력을 발휘하고 직원들에 대해 관심을 기울이지 않는다. 이 등급의 경영자는 본질적으로 인간에 대해서든 생산을 위해서든 전혀 아무 것도 하지 않음으로써, 리더십 책임을 포기하고 있는 것이다.

---

33) 역자주: 리더십 유형도, 리더십 격자라고도 한다.
34) 역자주: managerial grid의 번역으로, 관리 유형도, 관리 격자라고도 한다.
35) Robert R. Blake and Jane S. Mouton, *The Managerial Grid* (Houston: Gulf, 1964).
36) *Ibid.*, 9.
37) 역자주: 방관형 리더십, 무관심형 리더십이라고도 한다.

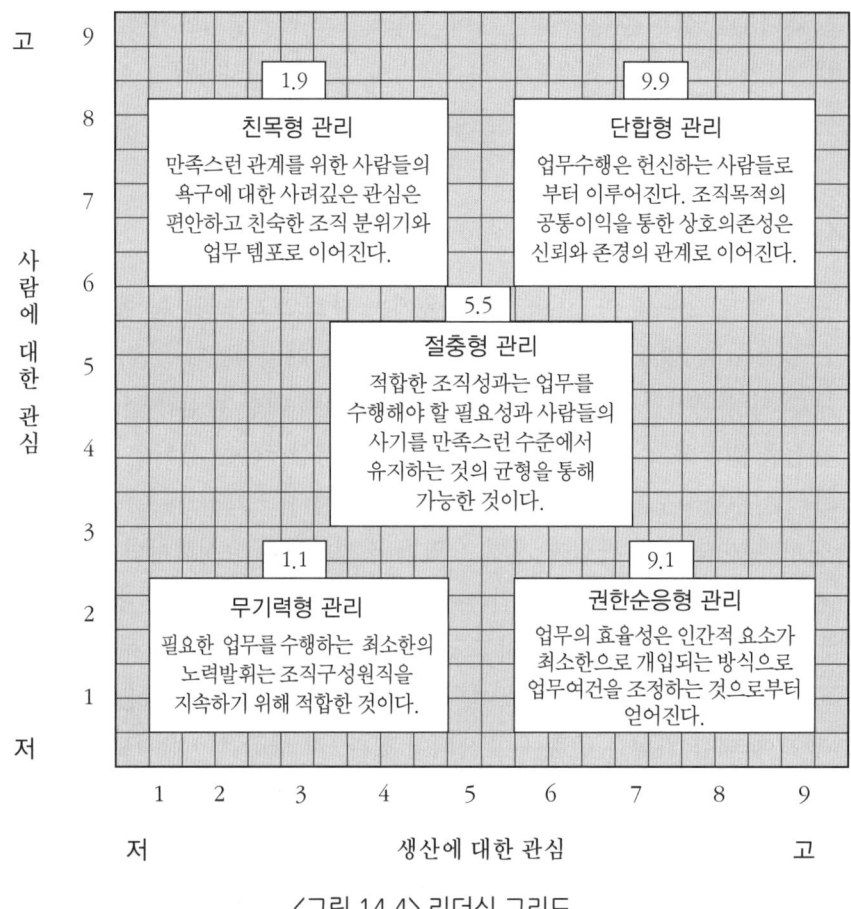

<그림 14.4> 리더십 그리드

- 1,9 등급은 **친목형 리더십**(country club leadership)[38]이라고 불린다. 만족스러운 관계에 대한 리더의 사려 깊은 관심은 편안하고 우호적인 환경과 업무 템포로 이어진다. 생산은 관심거리가 아니다.
- 9,1 등급은 **권위주의형 리더십**(authoritarian leadership)[39]으로 간주된다. 이 등급의 리더는 독재적인 과업 감독자이다. 그들은 인간적 관심이 업무의 효율성을 가능한 한 최소한으로 개입하도록 업무 여건을 조정한다.
- 5,5 등급은 **절충형 리더십**(middle-of-the-road leadership)[40]이다. 경영자들은 생산 필요성과 만족스런 근로자의 사기의 균형을 유지함으로써 적절한 조

---

38) 역자주: 컨트리클럽형 리더십, 인기형 리더십이라고도 한다.
39) 역자주: 권한순응형 리더십, 과업형 리더십이라고도 한다.
40) 역자주: 중도형 리더십, 중용형 리더십, 중간형 리더십, 관리형 리더십, 타협형 리더십이라고도 한다.

직의 성과를 성취한다. 그와 같은 리더들은 인간은 물론 생산도 적절하게 잘 다루기는 하지만, 두 역량 어느 것에서도 뛰어나지는 못하다.

- 마지막으로, 9,9 등급은 **단합형 리더십**(team leadership)[41]이다. 헌신적인 근로자들이 자신들의 과업을 수행하며, 조직 목적의 공통 이익으로부터 생겨나는 그들의 상호 의존성은 신뢰와 존경의 관계를 조성한다. 이 이론에 따르면, 9,9 등급의 리더는 인간에 대한 관심은 물론 생산에 대한 관심에서도 두각을 나타낸다.[42]

리더십 그리드는 리더십 스타일을 확인하고 분류하는 데 가장 도움이 되기 때문에, 관찰자들은 조직 내의 행태를 이해하기 위한 이론적 골격으로서 이를 이용하는 경우가 많다. 이 그리드는 또한 어떤 수준에 있든 경영자들이 자신의 인간에 대한 관심과 생산성에 대한 관심의 정도를 평가하는 데 도움을 준다.

 **스킬 연습하기**

여러분이 알고 있는 리더나 경영자에 대해 생각해 보라. 여러분은 그 사람을 관리 그리드(〈그림 14.4〉)에서 어디에 둘 것인가? 여러분은 그 경영자의 스타일이 그 사람이 일하고 있는 조직에 잘 맞는다고 생각하는가?

14.6.3. 변혁적/거래적 리더십

James McGregor Burns는 리더십 스타일에 대한 설명으로서 거래적 리더십(transactional leadership)과 변혁적 리더십(transformational leadership)이라는 용어를 대중화한 첫 번째 사람이다.[43] 거래적 리더들은 자신들의 직무 성과를 부하 직원들과의 일련의 거래로 인식하는데, 여기서는 제공되는 서비스에 대한 보상이나 부적합한 성과에 대한 처벌이 교환된다. 반면에 **변혁적 리더**들은 부하 직원들 자신의 사리사욕을 더 큰 그룹의 이익으로 변혁하도록 부하 직원들을 설득하고, 그렇게 함으로써 자신의 부하 직원들의 최선의 것들을 발휘하도록 한다.

---

41) 역자주: 팀형 리더십, 이상형 리더십이라고도 한다.
42) Robert R. Blake and Jane S. Mouton, *The Managerial Grid* (Houston: Gulf, 1964): 2, 9-11.
43) James MacGregor Burns, *Leadership* (New York: Harper & Row, 1978).

이러한 두 가지 유형의 리더의 구분은 이 장의 앞부분에서 살펴본 바 있는 경영자와 리더 간의 이미 알려진 차이를 연상시킨다. 거래적 리더들은 직무가 수행되도록 보장하는 전통적인 리더들과 더 비슷한 반면, 변혁적 리더는 단순히 직무를 성취하기 위해 부하 직원들에게 큰일을 이루어내도록 격려하는 것을 넘어서게 된다. 또한 사람의 연구자는 변혁적 리더들은 "부하 직원들과의 자신의 상호 작용을 관련된 모든 사람에게 긍정적이 되도록" 일하는데, "더 구체적으로 말하면, 그들은 참여를 진작시키고, 권력과 정보를 공유하며, 다른 사람들의 자부심을 높여 주고, 다른 사람들로 하여금 자신들의 일에 대해 신명이 나게 한다"[44]는 사실에 주목하고 있다.

현재는 이러한 두 가지 모드의 리더십은 서로 반대되는 것이 아닌 것으로 인식되고 있다.[45] 그 대신에 변혁적 리더십은 거래적 리더십을 기반으로 하는 경우가 많다. 둘 중에서 변혁적 리더십은 대개 어떤 조직을 거래적 리더십보다 더 개선시켜 주지만, 다른 모든 리더십 모델과 마찬가지로, 그것이 모든 문제에 대한 해결책이 될 수는 없다.[46] 분석에서는 변혁적 리더십 단독으로는 항상 더 좋은 결과를 만들어내지는 못한다는 사실을 보여 주고 있다. 조직 문화와 구조, 직원의 수용성과 같은 그 밖의 요인들이 변혁적 리더가 얼마나 효율적일 수 있는지에 영향을 미친다.[47]

14.7. 리더십에 대한 상황 모델

Likert의 관리 시스템과 리더십 그리드, 변혁적/거래적 모델은 모두 하나의 리더십 스타일이 선호된다는 사실을 암시하고 있다. 하지만 대부분의 이론가들은 초창기의 사상가들은 리더십 행동의 패턴과 그룹 성과 간의 일관성 있는 관계를 거의 확인하지 못하고 있음을 관찰하고, 하나의 최선의 지휘 방식이 존재한다는 아이디어를 거부하고 있다. 이러한 **상황 이론가**(contingency or situational theorists)

---

44) J. B. Rosener, "Ways Women Lead," *Harvard Business Review* 68 (1990): 120.
45) Joseph Seltzer and Bernard M. Bass, "Transformational Leadership: Beyond Initiation and Consideration," *Journal of Management* 16 (December 1990): 693-703.
46) 예를 들면, 다음 자료를 참고하라: A. L. Geyer and J. M. Steyrer, "Transformational Leadership and Objective Performance in Banks," *Applied Psychology: An International Review* 47 (July 1998): 397-420.
47) Badrinarayan S. Pawar and Kenneth K. Eastman, "The Nature and Implication of Contextual Influences on Transformational Leadership: A Conceptual Examination," *The Academy of Management Review* 22 (January 1997): 80-109.

는 따라서 어느 하나의 단일 유형의 리더가 모든 환경에서 이상적인 것은 아니며, 그 대신 다양한 리더십 스타일이 다양한 상황에서 적합할 수도 있을 것이라고 주장하고 있다. 직원 중심의 리더십이 어떤 환경에서는 최선일 수도 있을 것이고, 생산 중심 리더십이 다른 환경에서는 최선일 수도 있을 것이다. 상황 적응 이론가들은 리더의 과업은 어떤 스타일이든 어떤 특정 상황에 가장 적합한 스타일을 사용해야 한다고 믿는다.

14.7.1. Fiedler의 리더십 상황 모델

가장 잘 알려진 상황 이론의 하나인 Fred Fiedler의 모델은 리더는 어떤 특정 상황에 대한 평가를 다음과 같은 세 가지 상황 변인을 바탕으로 할 수 있다고 가정하고 있다.

- 리더와 구성원의 관계(leader-member relations): 그룹 구성원들이 리더를 좋아하고 신뢰하며 따라서 리더를 기꺼이 따르고자 하는 정도
- 과업 구조(task structure): 수행해야 할 과업의 요소들의 명확성과 구조
- 직위 권한(position power): 리더의 직위와 관련된 권력과 권한의 양

Fiedler는 이러한 세 가지 변인의 여덟 개 조합을 만들어 연구하였다(〈그림 14.5〉를 참고하라). 그러고 나서 그는 자신의 여덟 개 상황에 대해 가장 효과적인 리더십 스타일을 파악하고자 시도하였다. Fiedler는 리더에게 가장 우호적인 상황은 추종자와의 양호한 관계와 고도로 구조화된 과업, 강력한 직위 권한이며, 가장 비우호적인 상황은 추종자와의 불량한 관계와 비구조화된 과업, 약한 직위 권한이 될 것이라는 사실을 발견하였다. 그의 이론은 과업 지향적 리더가 더 극단적인 상황에서는 가장 효과적이라고 주장하고 있다. 리더가 어떤 상황이 가장 우호적이거나 가장 우호적이지 못하다는 사실을 알게 되었을 때는, 생산 지향적 스타일이 가장 효과적이다. 상황이 적절하게 우호적이거나 적절하게 비우호적일 때는, 인간관계 지향적 또는 직원 지향적 스타일이 가장 잘 작동한다.

Fiedler의 리서치는 리더십의 상황 변인들이 서로 어떻게 관련되는지에 대한 경영자의 이해를 증진시켜 주기 때문에 경영자에게 도움이 된다. 리더의 유효성은 리더 자신의 속성 못지않게 조직 변인에도 많이 좌우된다.

가장 효과적인 경영 스타일	과업지향적		관계지향적		과업지향적			
리더와 구성원의 관계	양 호				부 실			
과업구조	구조화		비구조화		구조화		비구조화	
권력을 가진 리더의 직위	강	약	강	약	강	약	강	약
	1	2	3	4	5	6	7	8

리더의 영향력의 감소 →

〈그림 5.4〉 리더십 스타일과 상황 변인을 연결시키고 있는 Fiedler의 상황 모델

14.7.2. 리더십의 경로-목표 이론

또 하나의 리더십 상황 이론인 **경로-목표 이론**(path-goal theory)[48]은 원래 Robert House에 의해 개발되었다. 이것은 리더의 퍼스낼리티 특성 대신 상황과 리더의 행동에 초점을 맞추고 있다.[49] Fiedler의 개념은 리더들이 자신들의 행동을 변경할 수 없다고 추정하는 반면, 경로-목표 이론에서는 리더들이 상황에 따라 서로 다른 리더십 목표를 채택할 수 있다.

경로-목표 이론에 따르면, 효과적인 리더는 추종자들이 업무 목표를 달성하는 데 도움을 주는 경로를 명확하게 해 주고, 어떤 장애가 있든 그러한 장애를 처리해 줌으로써 경로를 따라가는 여정을 편안하게 해 준다. House은 리더의 역할은 "업무 목표 달성에 대해 부하 직원들에게 주어지는 개인적인 보상을" 증가시키고 "그것을 명확하게 하고, 걸림돌과 함정을 줄여 주고, 도중에 개인적인 만족을 위한 기회들을 증가시켜 줌으로써 이러한 보상을 얻기 위한 경로를 더 쉽게 이동할 수 있

---

48) 역자주: 진로-목표 이론, 통로-목표 이론이라고도 한다. 아울러 이 책에서는 일관되게 'goal'은 목적으로 번역하고, 'objective'는 목표로 번역하고 있으나, 경영학 분야의 대부분의 책들이 일반적으로는 'path-goal theory'에서 전체 용어의 번역에 관계없이 'goal'를 '목표'로 번역하여 사용하고 있으므로, 여기서는 그러한 관행에 따라 '경로-목표 이론'으로 통일하여 사용하였음을 참고하기 바란다.

49) Robert J. House, "A Path-Goal Theory of Leader Effectiveness," *Administrative Science Quarterly* 16 (September 1971): 321-338.

도록 해 준다"⁵⁰⁾고 말하고 있다. 이 이론에서는 경영자는 근로자들에게 동기를 부여하기 위한 다음과 같은 세 가지 방식을 가지고 있다고 제시하고 있다. (1) 성과 목표 달성에 대한 보상을 제공한다. (2) 이러한 목표로 나아가는 경로를 명확하게 해 준다. (3) 성과에 대한 장애물들을 제거해 준다.

House는 다음과 같은 네 가지 유형의 리더십 행동을 확인하였다.

- **지시적 리더십**(directive leadership): 리더는 그룹에 대해 구체적인 조언을 제공하고 명확한 규칙과 구조를 설정한다.
- **지원적 리더십**(supportive leadership): 리더는 부하 직원들의 욕구와 복지를 고려한다.
- **참여적 리더십**(participative leadership): 리더는 정보와 권력, 영향력을 공유한다. 부하 직원들은 의사 결정에 참여한다.
- **성취 지향적 리더십**(achievement-oriented leadership): 리더는 도전적인 목표를 설정하고 높은 성과를 권장한다. 성취 지향적 리더들은 부하 직원들에 대한 높은 신뢰를 보여 주며 그룹 구성원들이 높은 목표를 성취하도록 배우는 데 도움을 준다.

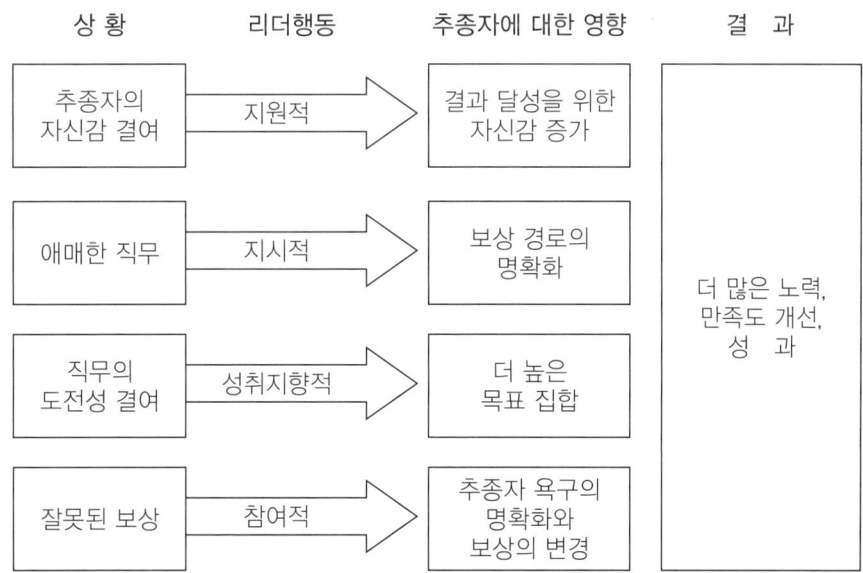

〈그림 14.6〉 경로-목표 이론에 따른 상황과 선호 리더 행동

리더는 어떤 특정 상황에서든 이러한 네 가지 행동 중 어느 것을 이용할 수 있을 것이다. 이 이론에서 두 가지 가장 중요한 상황적 우연성은 다음과 같은 두 가지 이다. (1) 근로자의 개인적 특성으로, 근로자의 경험과 능력, 동기 부여, 니즈, 통제의 소재와 같은 것이다. (2) 환경적 요인으로, 수행해야 할 업무의 성격과 공식적인 권한 시스템, 업무 그룹 자체를 포함한다.

리더는 환경뿐만 아니라 추종자의 특성을 고려해야 한다. 예를 들면, 불확실한 환경의 신입 직원은 지시적 리더십을 필요로 할 수도 있는 반면, 익숙한 과업을 수행하는 확실히 자리를 잡은 직원은 지원적 리더십이 더 나을 것이다. 〈그림 14.6〉에서 볼 수 있는 것처럼, 서로 다른 상황은 서로 다른 유형의 리더십 행동을 필요로 한다.

경로-목표 이론은 다소 복잡하지만, 오늘날 리더십의 가장 높이 평가되는 이론 중 하나이다. 이 이론의 결론들을 입증하기 위해 이루어진 추가의 리서치에서는 일반적으로 그 기저가 되는 논리를 뒷받침하고 있다.[51] 어떤 직원의 성과와 만족은 리더가 직원이나 업무 환경의 차이에 대해 보상하기 위해 서로 다른 접근법을 채택할 수 있을 때 긍정적으로 영향을 받을 가능성이 있다는 사실은 직관적으로 이해할 수 있다.

14.8. 21세기의 리더십

어떤 리더십 스타일이 21세기에 가장 적합한가? 어떤 전문가들은 우리는 리더십의 포스트 영웅의 시대에 접어들고 있다고 믿고, 리더는 영웅으로 간주되어야 한다는 과거의 생각을 버리고 있다. James McGregor Burns는 영웅적 리더십(heroic leadership)에 관해 상당히 많은 글을 썼는데, 그는 그것을 추종자들이 위기와 문제점을 극복할 수 있는 리더의 능력에 큰 믿음을 가지고 있는 관계로 설명하였다.[52] 추종자들은 리더는 모든 해답을 가지고 있다고 믿고 있으며, 따라서 리더의 지시에 복종한다. Peter Senge는 영웅적 리더를 다음과 같이 설명하고 있다.

---

50) Robert J. House, "A Path-Goal Theory of Leader Effectiveness," *Administrative Science Quarterly* 16 (September 1971): 324.

51) 다음의 두 개 예들을 참고하라: J. C. Wofford and L. Z. Liska, "Path-Goal Theories of Leadership: A Meta-analysis," *Journal of Management* (Winter 1993): 857-76; A. Sagie and M. Koslowsky, "Organizational Attitudes and Behaviors as a Function of Participation in Strategic and Tactical Change Decisions: An Application of Path-Goal Theory," *Journal of Organizational Behavior* (January 1994): 37-47.

52) James MacGregor Burns, *Leadership* (New York: Harper & Row, 1978).

"특히 서양에서는, 리더는 영웅, 즉 위기의 시기에 전면에 나서게 되는 위대한 남성(그리고 때로는 여성)이다. … 본질적으로 리더십에 대한 전통적인 견해는 인간들의 무력감과 개인적 비전의 결여, 변화라는 힘을 마스터할 수 있는 능력의 부재라는 가정을 바탕으로 하고 있는데, 이것은 소수의 리더에 의해서만 해결될 수 있는 결함인 것이다."[53] 이러한 리더십 스타일은 강력한 리더와 다소간 파워가 없는 추종자로 이루어진다.

더 최근에 들어서는 리더에게 "영웅"의 역할을 수행하도록 강요하는 것은 리더에게 뿐만 아니라 지휘를 받는 사람에게도 해롭다는 믿음이 늘어나고 있다. 이러한 영웅적 리더에게는 엄청난 압박이 가해지기 때문에, 많은 리더들은 자신들이 완벽해야만 하며 따라서 자신들의 행동의 실수나 부정적 효과를 인정할 수 없다고 느낀다. 동시에 이러한 스타일의 리더십은 추종자들을 지나치게 의존적이 되게 하고 임파워먼트를 박탈당하게 만든다. 그러므로 영웅적 리더십 스타일은 오늘날의 더 수평적이고, 더 참여적인 조직의 니즈를 다루지 못한다.

1990년대 중반 이래로, "포스트 영웅적" 리더십이라는 새로운 개념이 출현하고 있다. 이 리더십 모드는 공유된 권력의 중요성을 강조한다.[54] 이 이론의 가장 중요한 주창자의 한 사람은 Jim Collins로, 그는 "레벨 5" 리더십(Level Five leadership)[55] (〈그림 14.7〉을 참고하라)의 개념을 도입한 바 있다. Collins와 그의 연구원의 팀은 "양호함"에서 "위대함"으로 도약한 11개 회사들을 연구한 후 이 개념을 만들어 냈다.[56] 연구자들은 이러한 고도로 성공적인 모든 기업들에서 한 가지 공통성, 즉 양호함에서 위대함으로 이행(移行)하는 시기에 각 기업은 레벨 5 리더에 의해 운영 중이었다는 사실을 발견하였다.

Collins는 레벨 5 리더를 개인적인 겸손함과 전문적인 의지가 역설적으로 혼합된 경영진으로 정의하고 있다. 레벨 5 리더들은 대단히 야심적이기는 하지만, 자신들의 에고 니즈(ego needs)의 초점을 자기 자신이 아니라 자신의 조직에 맞추고 있다. 그들은 약하지도 갈팡질팡하지도 않지만 자신들의 사람에 대한 존중을 결과를 이루어 내기 위한 강력한 헌신과 결합시킨다. 그들에게 부족한 자기중심주의는

---

53) Peter Senge, *The Fifth Discipline: The Art and Practice of the Learning Organization* (New York: Doubleday/Currency, 2004): 340.
54) John Huey and Ricardo Sookdeo, "The New Post-Heroic Leadership," *Fortune* 21 (February 1999): 42-50.
55) 역자주: 제5수준 리더십, 5단계 리더십이라고도 한다.
56) James Collins, *From Good to Great: Why Some Companies Make the Leap and Others Don't* (New York: HarperCollins, 2001).

```
                    Jim Collins의
                    리더십의 5레벨

        ┌─────────────────────────────────────┐
        │         레벨 5: 경영진              │
        │ 개인적인 겸손함과 전문적인 의지의 결합에 의해 │
        │         위대함을 구축한다           │
        └─────────────────────────────────────┘
                         ↑
        ┌─────────────────────────────────────┐
        │        레벨 4: 효과적인 리더        │
        │ 명확하고 설득력 있는 비전에 대한 헌신과 추구를 │
        │  촉진하고, 더 높은 표준을 향하도록 그룹을 격려한다 │
        └─────────────────────────────────────┘
                         ↑
        ┌─────────────────────────────────────┐
        │       레벨 3: 역량있는 관리자       │
        │  미리 결정된 목표를 효과적으로 추구하기 위해 │
        │         사람과 자원을 조직화한다    │
        └─────────────────────────────────────┘
                         ↑
        ┌─────────────────────────────────────┐
        │        레벨 2: 공헌하는 팀원        │
        │         그룹의 목표 실현에 기여하고, │
        │      다른 사람들과 함께 효과적으로 일한다 │
        └─────────────────────────────────────┘
                         ↑
        ┌─────────────────────────────────────┐
        │     레벨 1: 고도의 역량을 갖춘 개인 │
        │   개개인의 재능과 지식, 기술, 업무습관을 통해 │
        │            생산적인 공헌을 한다     │
        └─────────────────────────────────────┘
```

<그림 14.7> 리더십의 5레벨

어떤 희생을 치르더라도 조직을 위해 올바른 일을 하고자 하는 강한 의지와 결합된다. Collins에 따르면, 이러한 유형의 리더는 부하 직원들에게서 최선의 것을 끌어내게 된다.

Collins의 리더십의 계층 구조 내에서, 더 낮은 레벨의 근로자들이 공헌을 하고 성공을 거둘 수 있지만, 가장 기량이 뛰어난 리더들이 최고 레벨에 도달하게 된다. 리더십에 대한 이러한 포스트 영웅적 비전은 과거의 아이디어들과는 다르지만 오늘날 많은 조직에서 채택하고 있는 분산형 리더십의 패턴과 잘 어울린다. 이 리더십 스타일은 "항상 최선의 리더를 식별해 주는 지능과 헌신, 에너지, 소신을 밀고 나갈 용기, 진실성과 같은 많은 속성들"을 필요로 한다. "그러나 그것은 그와 같은 자질을 조직의 거의 모든 사람들에게 기대한다는 데 큰 차이가 있다."[57]

Deborah와 MIT(Massachusetts Institute of Technology)의 Sloan School of Management의 연구자 그룹도 "모든 것을 이해하는 최고의 위치에 있는 무결점의 사람"으로서의 리더에 대한 신화로부터 벗어날 것을 주장하고, "사실 리더들이 모든 사람을 위한 모든 것이 되고자 하는 것을 더 빨리 멈추면 더 빨리 멈출수록, 그 리더의 조직은 형편이 점점 더 나아질 것이다. 오늘날의 세계에서는, 경영진의 직무는 조직의 모든 레벨의 다른 사람들의 행위에 대해 더 이상 명령하고 통제하는 것이 아니라 이를 함양하고 조정하는 것"[58]이라고 주장하고 있다. 이러한 연구자들은 자신들은 강점뿐만 아니라 약점도 가지고 있고 리더십이 조직 전체에 걸쳐 존재한다는 사실을 인식하고 있기 때문에 다른 사람들을 신뢰하면서, 스스로를 "불완전"하다고 간주하는 리더들을 칭찬하고 있다. 그들은 또한 결점이 없이 정상에 있는 사람이라는 신화에 빠진 리더들이 짊어지고 있는 무거운 부담에 대해서도 지적하고 있다. 그들의 말을 빌자면, "가장 재능이 뛰어난 리더들은 건설적으로 요청되고 독창적으로 적용되는 다른 사람들의 인풋과 리더십을 필요로 한다. 이제 불완전한, 즉 인간적인 리더를 축하할 시간이다."[59]

조직들이 덜 계층적이고 더 협력적이 되면서, 리더십은 조직 전체에 걸쳐 분산되어야 한다는 사실이 널리 받아들여지고 있다. 어느 한 명의 "영웅적" 리더도 모든 의사 결정을 내리는 데 필요한 모든 기술과 정보를 가질 수 없다. 특성과 행태론적 이론으로부터 더 현대적인 이론으로의 이행(移行)은 사회는 물론 조직의 변화를 반영하며, 리더십에 관한 관점은 그들이 기능을 수행하는 조직과 환경의 변화에 따라 변하고 있다. 오늘날의 대부분의 조직과 그 리더들은 더 혼돈스럽고 유동적인 환경에 대처하고자 노력하고 있으며 서로 다른 리더십 스타일이 과거에 필요했던 것보다도 더 많이 요구되고 있다.

현재는 분산적 리더십과 참여적 리더십에 대한 관심이 상당히 많다.[60] Avolio와 Walumba, Weber의 2009년 연구에서는 오늘날의 업무 현장에서 효과적인 것으로 보이는 몇몇 비교적 새로운 리더십 모델들을 요약하고 있다.[61] 진성 리더

---

57) John Huey and Ricardo Sookdeo, "The New Post-Heroic Leadership," *Fortune* 21 (February 1999): 50.
58) Deborah Ancona, et al., "In Praise of the Incomplete Leader," *Harvard Business Review* 85, no. 2 (2007): 92-93.
59) Ibid., 100.
60) Stephen A. Miles and Michael D. Watkins, "The Leadership Team," *Harvard Business Review* 85, no. 4 (April 2007): 90-98.
61) Bruce J. Avolio, Fred O. Walumbwa, and Todd J. Weber, "Leadership: Current Theories, Research, and Future Directions," *Annual Review of Psychology* 60, no. 1 (February 2009): 421-449.

(authentic leader)는 다음과 같은 네 가지의 뚜렷한 특징을 가지고 있다. 즉 자기 인식(self-awareness, 여러분 자신의 강점과 약점, 가치를 아는 것), 관계의 투명성(relational transparency, 다른 사람들을 대우할 때 진정성을 갖고 진실하도록 하는 것), 균형 잡힌 정보 처리(balanced processing, 다른 사람들의 관점을 구하고 증거를 공정하게 심사숙고하는 것), 내면화된 도덕적 시각(internalized moral perspective, 내부의 도덕적 원칙과 윤리와 공정성에 대한 관심을 지침으로 삼는 것)이 그것이다.[62] 진성 리더십(authentic leadership)[63]은 개인의 스타일이 아니라 개인의 성격을 기반으로 한다. 관심을 끌고 있는 또 하나의 새로운 리더십 모델은 카리스마 리더십(charismatic leadership)[64]이다. 카리스마적 리더는 앞에서 살펴본 바 있는 변혁적 리더(transformational leader)와 밀접하게 관련되어 있다. 카리스마적 리더는 추종자들의 열망을 불러일으키고 어떤 조직이나 사회의 공공의 이익(greater good)을 위해 일하도록 추종자들에게 동기를 부여한다.[65] 공유 리더십(shared leadership)은 "관계 지향적 리더십(relational leadership)과 복잡계 리더십(complexity leadership)과 중복되는" 다이내믹하고 상호 작용적인 프로세스를 설명해 주며, "더 전통적이거나, 계층적이거나, 수직적인 리더십 모델과는 다르다."[66] 공유 리더십은 모든 직원의 재능을 극대화하고 그들에게 자신들의 전문 지식의 영역에서 리더십 직위를 맡을 기회를 제공하는 것을 포함하고 있는 복잡한 개념이다. Avolio와 Walumba, Weber는 복잡계 리더십과 리더-구성원 교환(leader-member exchange), 가상 팀(virtual team)의 사람들을 지휘하는 것을 포함하는 E-리더십과 같은 다른 몇몇 모델들을 설명하고 있다. 리더십을 설명하기 위해 사용할 수 있는 어떤 통일된 이론이 존재하지 않는 것은 분명하다. 리더십에 관한 다른 새로운 이론들은 계속적인 환경의 변화 때문에 그리고 이 토픽이 도서관과 다른 곳의 경영자들에게 계속적으로 대단히 중요하기 때문에 계속해서 생겨날 것이다.

 Avolio와 Walumba, Weber는 리뷰의 시작 부분에서 다음과 같이 설명하고 있다. "지난 100년을 되돌아보면, 우리는 리더십 연구 영역을 위해 더 시의적절한 시기를 상상할 수 없다. 이전에는 리더십에 대해 그토록 많은 관심이 기울여졌던 적

---

[62] Bruce J. Avolio, Fred O. Walumbwa, and Todd J. Weber, "Leadership: Current Theories, Research, and Future Directions," *Annual Review of Psychology* 60, no. 1 (February 2009): 424.
[63] 역자주: 진정성 리더십, 진실 리더십, 진실한 리더십, 오센틱 리더십이라고도 한다.
[64] 역자주: 카리스마적 리더십이라고도 한다.
[65] Bruce J. Avolio, Fred O. Walumbwa, and Todd J. Weber, *op. cit.*, 428.
[66] *Ibid.*, 431.

이 결코 없었으며, 우리가 던져야만 하는 근본적인 질문은 리더와 리더십에 관해 우리는 과연 무엇을 알고 있으며 무엇을 알아야 하는가 하는 것이다."[67] 리더십에 대한 연구가 이 토픽에 관련된 어떤 미스터리를 제거하는 데는 진전을 이루어 오고 있지만, 이 분야에서 더 많은 리서치가 이루어져야 한다는 사실에는 의문의 여지가 없다. 미래의 조직들은 계속해서 변화에 직면하게 될 것이며 리더들은 계층적 구조가 아닌 네트워크화된 구조에서 점점 더 일할 수 있어야 할 것이다. 가장 최근의 리서치에서는 오늘날의 리더들이 직면하고 있는 도전은 어떤 개인의 역량의 범위를 넘어서고 있으며 따라서 협력과 유연성, 혁신, 관계 유지, 경계를 넘어선 업무 수행과 같은 기술들은 미래의 리더들에게 극히 유용하게 될 것이다.[68]

 이야기해 보기

1970년대 말과 2004년경 사이에 태어난 개인들인 밀레니얼 세대(millennial generation)의 구성원들이 리더십 직위를 맡기 시작하고 있다.[69] 이 세대에 관한 리서치에서는 밀레니얼 세대들은 협력적이라고 일관되게 설명되고 있음을 밝혀내고 있다. 이 세대의 구성원들은 리더십 직위에 관련된 돈이나 인정에 대해서는 매력을 느끼지 않는 것 같지만, 다른 사람에게 영감을 불러일으키고 차이를 만들어 낼 수 있도록 하기 위해 리더가 되고 싶어 한다. 그들은 이전 세대들에 비해 조직을 훨씬 덜 계층적인 것으로 간주한다. 밀레니얼 세대에 대한 최근의 서베이에서는 거의 절반은 다른 사람들에게 임파워먼트를 부여하고자 하는 욕망 때문에 리더가 되고 싶어 하고, 불과 10퍼센트만이 유산에 관해 관심을 가지며, 불과 5퍼센트만이 돈을 위해 리더십 직위를 택하게 될 것이라는 사실을 발견하였다. 일과 삶의 균형의 부족에 관한 우려는 밀레니얼 세대가 리더십 직위의 수용에 관해 가지고 있는 주된 의구심이다.[70]

여러분은 밀레니얼 세대의 구성원들은 어떤 종류의 리더가 될 것이라고 생각하는가? 그들의 특성들은 조직에 유익할 것인가 아니면 유해할 것인가? 여러분은 밀레니얼 세대들이 다세대(多世代)로 이루어진 업무 현장의 리더십 직위를 맡기 시작함에 따라 세대 간의 충돌이 불가피하다고 생각하는가?

---

67) *Ibid.*, 421.
68) Andre Martin, *The Changing Nature of Leadership* (Greensboro, NC: Center for Creative Leadership, 2007): 19-20, accessed July 13, 2017, ⟨https://www.ccl.org/articles/white-papers/the-changing-nature-of-leadership-a-ccl-research-white-paper/⟩.
69) Adam Murray, "Mind the Gap: Technology, Millennial Leadership and the Cross-Generational Workforce," *Australian Library Journal* 60, no. 1 (February 2011): 54-65.
70) WorkPlace Trends, "The Millennial Leadership Survey," (July 21, 2015), accessed July 13, 2017, ⟨https://workplacetrends.com/the-millennial-leadership-survey/⟩.

14.9. 리더십의 도전

우리가 살펴본 것처럼, 무엇이 리더를 성공적으로 만드는지에 관한 이론들은 풍부하다. 그러한 이론들 중 어느 것도 리더십을 완전하게 설명하지 못하지만, 모두 종합해 보면 그것들은 관련된 많은 변인들을 밝히는 데 도움을 준다.

경영자들은 사람들이 리더의 권위에 대해 의문을 가질 가능성이 훨씬 적었던 때인 과거보다 오늘날에 리더십 역할에서 성공을 거두기가 더 어렵다는 사실을 발견하고 있다. 오늘날의 리더는 일반적으로 권위에 대해 약간의 불신을 느낄 수도 있는 추종자들에게 확신과 신뢰를 불어넣어 주기 위해 노력해야 한다.

리더십 스타일에 대한 분석은 복잡한 토픽이며, 지금까지의 많은 리서치는 단기적이고 산발적으로 이루어져 오고 있다. Fiedler의 상황 모델과 House의 경로-목표 이론과 같은 상황 이론들이 실제 상황을 다루는 데는 가장 효과가 있는 것 같다. 단 하나의 "올바른" 지휘 방식이 존재하지 않는다고 설명하는 데서, 상황 이론은 경영자들로 하여금 상황과 추종자들의 니즈에 가장 적합한 리더십 스타일에 대해 결정하지 않을 수 없게 한다. 하지만 이러한 요인들은 유동적인 경우가 많기 때문에 이것은 하나의 도전이 될 수 있다. 한편 포스트 영웅적 이론가들이 21세기 조직의 니즈에 관해 옳다면, 경영자들이 자신들의 조직 전체에 걸쳐 리더십을 고무시키고 개발하는 것은 당연하다.

 이야기해 보기

리더십에 대한 최근의 개관에는 다음과 같은 설명이 포함되어 있다.

이제 더 이상 영웅적 리더, 즉 걸어 들어와 방안의 공간을 차지하는 리더의 시대가 아니다. 오늘날의 리더의 직무는 다른 사람들을 위한 공간, 즉 사람들이 새롭고 서로 다른 아이디어를 창출하는 공간, 겉보기에는 서로 동떨어져 보이는 조직의 부서들과 사람들이 함께 모여서 의미 있는 대화를 갖는 공간, 사람들이 복잡한 도전에 대해 더 효과적으로, 더 민첩하게, 더 준비된 상태로 대응할 수 있도록 해 주는 공간을 창출하는 것이다.[71]

다른 사람들을 위한 공간을 창출할 수 있도록 하기 위해서는 어떤 기술들이 필요한가? 이러한 기술들은 영웅적 리더가 필요로 하던 기술들과 어떻게 다른가? 여러분은 오늘날의 조직은 이러한 새로운 유형의 리더를 필요로 한다는 사실에 동의하는가?

14.10. 리더십의 개발

성공적인 리더들은 어느 누구도 혼자서는 리드를 할 수 없다는 사실을 빠르게 터득한다. 당연히 리더들은 추종자들을 갖는데, 단지 연속적으로 일방적인 지시를 내림으로써 그러한 추종자들을 관리하는 것은 거의 불가능하다. 실제로 리더십은 거의 항상 상호 협력과 공동 작업을 필요로 한다.[72] Peter Senge가 말하고 있는 것처럼, "지식 시대에, 우리는 높은 곳에서 자신의 조직을 통솔하는 유일한 영웅으로서의 리더에 대한 신화는 최종적으로 포기해야 할 것이다. 미래의 리더십은 조직의 미래를 창조하기 위한 책임을 공유하는 다양한 개인과 팀 사이에 분산될 것이다."[73]

간단히 말하면, 현대의 조직들이 효과적으로 기능을 수행하기 위해서는, "서로 다른 수준의 상호 의존적인 팀들이 리더를 필요로 하기 때문에,"[74] 리더십은 조직 전체에 걸쳐 존재해야 한다. 따라서 경영자들은 많은 직원들의 리더십 기술을 육성하고 개발해야 한다. 도서관장과 같은 개인들은 계속 진행 중인 리더십 역할을 수행할 수도 있는 반면 다른 사람들은 특정의 활동이나 특정 프로젝트를 위해 리더십 책임을 맡을 수도 있을 것이다.

오늘날 대부분의 이론기들은 리더십은 후천적인 역량이라고 믿고 있다. 리더십은 어떤 사람에게는 다른 사람들보다 더 자연스럽게 올 수도 있지만, 리더십 기술은 대부분의 사람들에게서 개발될 수 있다. 더욱이 리더십 역량은 우연을 포함한 많은 요인들로부터 생겨난다. 옛말 그대로, 적절한 시기에 적절한 곳에 있는 것이 어떤 개인의 리더십 능력을 보여 주는 경우가 많다.

사회와 기관들이 더 복잡해짐에 따라, 더 많은 개인들이 리더십 기술을 배울 기회를 가져야 한다. 대부분의 현대적인 조직들은 계층 구조의 모든 수준에서 리더들을 고용하는데, 고위층에 있는 사람만을 리더로 간주하는 것은 리더십에 대해 인위적으로 강요된 관점을 채택하는 것이다. 분명히 모든 사람이 항상 리드할 수

---

71) Andre Martin, *The Changing Nature of Leadership* (Greensboro, NC: Center for Creative Leadership, 2007): 19, accessed July 13, 2017, 〈https://www.ccl.org/articles/white-papers/the-changing-nature-of-leadership-a-ccl-research-white-paper/〉.

72) William G. Pagonis, "The Work of the Leader," *Harvard Business Review* 70 (November-December 1992): 123.

73) Peter M. Senge, "Communities of Leaders and Learners," *Harvard Business Review* 75 (September-October 1997): 32.

74) Michael Maccoby, *The Leader* (New York: Simon & Schuster, 1981): 21.

는 없으며, 조직은 추종자들도 또한 필요하다. 그럼에도 불구하고 어떤 조직 내의 다양한 사람들은 서로 다른 방식으로 그리고 서로 다른 시기에 리더십을 발휘할 수 있다. 모든 수준의 점점 더 많은 직원들이 경영에 참여하기 때문에, 그들도 조직 내에서 리더십을 제공하게 된다.

리더는 어떻게 개발될 수 있는가? 이 분야에 진입하는 아주 새로운 사서들이 리더십 파이프라인에 들어갈 준비를 하도록 보장하기 위해서는 무엇을 할 수 있는가? 경영자들은 더 많은 책임을 열망하는 도서관 근로자들을 어떻게 리더십 직위로 이동할 수 있도록 해 줄 수 있는가?

리더십 개발은 세 개의 밀접하게 관련된 구성 요소, 즉 배워야 할 기술과 기본적인 적성, 리드하고자 하는 의지로 구성된다. 많은 리더십 기술은 배울 수 있기는 하지만, 서로 다른 사람들은 다양한 성공률을 가지고 그러한 기술을 배우고 적용하게 될 것이다. 가능한 리더십 행동의 집합을 아는 것도 중요하다. 대부분의 사람들은 리더십을 위한 자신들의 적성을 개발할 수 있지만, 언제나 리드하지 않거나 리드할 수 없는 어떤 사람들이 존재하게 될 것이다. 더욱이 적성을 가지고 있고 리드하게 될 사람들은 리더십의 기술을 배워야 할뿐만 아니라 이를 연습해야 한다.

이와 같이, 리더십을 개발하기 위해서는 다른 많은 것들과 마찬가지로, 이론과 실제를 믹스해야 한다. 진정한 리더십은 코스에서 배우거나 많은 도서관 단체들에서 후원하는 리더십 기관과 같은 그러한 기관에서 터득할 수 없기 때문에, 리더십 기술을 전하는 것은 쉽지가 않다.[75] 리더십의 요건을 이해하는 것은 출발점을 제공해 주지만, 그것만으로는 어떤 사람을 리더로 변모시키지는 못할 것이다.

 **스킬 연습하기**

여러분은 리더가 되고자 하는가? 많은 사람들은 리드하고자 하는 야망이 거의 없지만 자신의 조직의 리더십 직위에서 서비스하도록 요청받고 있다는 사실을 발견할 수도 있을 것이다. 이 장에서는 훌륭한 리더가 필요로 하는 기술들에 대해 살펴보았다. 여러분은 여러분 스스로가 리더십 역할을 맡도록 대비하기 위한 최신의 준비를 설계할 수 있다고 상상해 보라. 여러분 자신의 속성들에 대해 생각해 보라. 여러분은 무엇이 여러분의 강점이라고 생각하는가? 여러분의 약점은? 여러분은 여러분이 여러분의 조직에서 새롭고 더 많은 책임을 갖는 리더십 역할을 맡기 위해 대비하는 데 있어 어떤 유형의 준비가 가장 도움이 될 거라고 생각하는가?

많은 문헌정보학 프로그램은 리더십 코스를 가르치고 있다. 그와 같은 코스들은 리더십과 리더의 기술에 관한 리서치 결과들을 전달하지만, 참가자들이 실제의 조직 내에서 리더십을 실습할 수 있도록 거의 해 주지 못하고 있다. 하지만 다행히도, 미국의 문헌정보학 스쿨의 학생 단체와 커뮤니티 서비스 프로젝트, 인턴십 프로그램들은 리더십을 실습하고 실증할 기회를 제공해 주고 있다.

대부분의 사람들의 경우, 자신의 리더십 재능을 개발할 기회는 업무 환경에서 시작된다. 수많은 도서관에는 새로운 실무자들을 도와주기 위한 프로그램들이 준비되어 있다. 그와 같은 많은 프로그램은 추가의 경영 교육 훈련을 제공하기 위해 마련되지만, 도서관에서는 경영과 리더십이 밀접하게 관련되어 있기 때문에, 결국에는 부산물로서 리더십 교육 훈련을 제공하게 된다. 신참 리더들은 모두 행하면서 배우게 되는데, 경영하거나 리드하도록 배우는 사람들은 실수를 범하게 되겠지만, 그것은 배우는 한 가지 방식이다. 아마도 실패가 가르쳐 주는 가장 중요한 교훈은 어느 누구도 항상 옳을 수는 없으며 누구나 실수를 저지른다는 사실이다. 결코 어떤 실수도 범하지 않은 어떤 사람은 결코 리스크를 택하지 않았거나 중요한 조직의 변화를 취하지 않았을 것이다.

리더십에 관해 배우는 최선의 방식의 하나는 다른 리더들로부터 배우는 것이다. 리더십 직위를 열망하는 사람들은 더 경험이 많은 리더들을 관찰하는 것만으로도 상당히 많은 것을 배울 수 있다. 기량이 뛰어난 많은 리더들에게서 볼 수 있는 한 가지 자질은 자신들의 리더십 경험을 멘토링하고 널리 알리고자 하는 욕구인데, 도서관을 포함한 많은 조직들은 멘토링 프로그램을 가동 중이다. 멘토링은 초심자로부터 은퇴를 목전(目前)에 둔 사람에 이르기까지 다양한 경력 단계의 리더들을 도와주고 있는데, 사실 리더가 동시에 멘토는 물론 프로테제(protégé)가 되는 것은 아주 일반적이다.

제17장에서 살펴보겠지만, 다양한 사명을 완수하기 위해 많은 도서관에서는 팀들을 이용하고 있다. 팀의 일원이 되는 것은 신입 수준 사서가 리더로서 행동하는 첫 번째 기회의 하나가 되는 경우가 많다. 리더십 경험을 얻는 그 밖의 방식에는 위원회의 위원장을 맡거나 전문직 단체 내에서 일하는 것이 포함된다.

---

75) 이러한 몇몇 리더십 교육 훈련 기회에 대한 리스트는 다음 자료를 참고하라: American Library Association, "Library Leadership Training Resources," accessed July 13, 2017, 〈http://www.ala.org/offices/hrdr/abouthrdr/hrdrliaisoncomm/otld/leadershiptraining〉.

이러한 맥락에서 리더십의 성공은 신입자가 더 많은 것을 성취하기 위해 일하도록 고무시켜 주는 경우가 많다. 사실 스스로를 결코 리더라고 생각해본 적이 없는 사람들은 자신들이 리더의 재주가 있다는 사실을 발견하고 심지어 더 높은 수준에서 리더십을 실행하고자 하는 목표를 갖는 경우도 많다. 장래의 리더들에게 전체 조직에 대한 느낌을 제공하기 위해, 어떤 도서관들은 리더십 개발의 한 형식으로 크로스 트레이닝(cross-training)과 직무 순환(job rotation)을 활용하고 있다. 다른 도서관들은 하위층 경영자들이 리더십 직위의 경험을 얻도록 하기 위해 그들에게 임시 부서장이나 임시 부관장의 직위를 부여하고 있다. 리더십을 지향하는 사람들은 그와 같은 직위를 영구적인 리더십 역할로 나아가는 발판으로 이용하는 경우가 많다.

업무 현장 외부에는, 장래의 리더들이 리더십을 위해 필요한 기술들을 습득할 수 있도록 도와주기 위한 많은 리더십 기관들이 존재한다. 다양한 도서관 단체들의 후원을 받는 이러한 기관들은 성격에서는 다양하지만 어떤 공통적인 특성들을 가지고 있다. 대개 참여하는 사람들은 그 전문직에서 수년간 일해 오고 있으며 리더십의 잠재력을 갖춘 것으로 확인되고 있다. 종종 교육은 거주 시설을 제공하는 환경에서 개최되는 일주일간의 이벤트로 이루어지기도 하는데, 대개는 리더십 토픽에 대한 학술적인 소개와 참여자들이 스스로와 자신들의 리더십 잠재력에 관해 배우도록 도와주기 위해 설계된 연습을 믹스하고 있다. 이러한 유형의 리더십 기관은 도서관학과 많은 다른 영역에서 상당히 인기를 끌고 있다. 독립된 리더십 기관들과 관련된 것으로 많은 사서들이 계속 교육으로 택하고 있는 경영대학이나 행정대학에서 교육하고 있는 리더십 코스가 있다.

다양성에 대해서는 이 책의 제4부 인적 자원 부분에서 더 상세하고 다루고 있지만, 리더십의 맥락에서도 이를 고려해야만 한다. 전문직으로서의 도서관학은 다양한 배경을 가진 직원들을 가짐으로써 강화되고 있으며, 전문직의 리더들이 다양해야 하는 것도 똑같이 중요하다. 대표자가 충분치 못한 그룹들의 사서들은 리더십 직위에 대비하도록 하기 위해 멘토링과 리더십 교육 훈련을 위한 기회를 가져야 한다. 미국도서관협회(ALA)와 다른 몇몇 협회들은 대표자가 충분치 못한 그룹들을 위한 특별 프로그램을 실행하고 있지만, 이러한 프로그램의 상당수는 기본적으로 리더십에 초점을 맞추지 않고 있다.[76]

---

76) 학술도서관 사서를 위해 설계된 몇몇 프로그램에 대해서는 다음 자료에서 논의되고 있다: Irene M. H. Herold, ed. *Creating Leaders: An Examination of Academic and Research Library Leadership Institutes*, (Chicago: ACRL, 2015).

여성들은 도서관 내에서 리더십 직위를 맡는 데 상당한 진전을 이루어 오고 있지만, 도서관직과 같은 전문직에서조차도, 여성들이 고위직에 선정되는 것에 대해 작동하는 미묘한 편견이 존재하는 경우가 많다. 리더십 교육 훈련은 대표자가 충분치 못한 그룹들에게 도움이 되는 것과 똑같은 방식으로, 여성들이 더 많은 상위의 리더십 직위로 나아가는 데 도움을 줄 수 있다.[77)]

이러한 모든 옵션들은 사람들이 리더십 기술을 배우는 데 도움이 되는데, 아마도 더 중요한 것은 사람들로 하여금 자신들이 진정으로 리드하고자 하는지의 여부를 발견하도록 도와주는 것일 것이다. 자신의 신념을 알고 이를 따르는 사람들이 최상의 리더가 된다. 리더십을 고려하는 개인들은 자신의 기술과 개인적인 특성이 자신을 자신의 기관에서 성공적인 리더가 될 수 있도록 해줄 수 있을 것인지의 여부를 항상 고려해야 한다. 예를 들면, 그들은 자기 자신의 불굴의 정신을 평가해야 한다. 그들은 저항과 의문 제기에도 불구하고 자신들의 원칙에 따라 기꺼이 행동하고자 하는가?

리더십 기술을 배우고자 하는 사람은 누구나 그것을 배워야 하며, 모든 수준의 사서들은 리더십이 자신들이 수행하고자 하는 역할인지의 여부를 반영하고 결정하도록 격려를 받아야 한다. 모든 사람들이 신입 수준의 도서관 직원으로부터 관리자 직위와 리더로의 이행(移行)을 원하지는 않겠지만, 도서관의 계층 구조가 더 수평화되고 더 분산화됨에 따라, 점점 더 많은 리더들이 필요하게 될 것이다. 아주 다양한 리더십 스타일은 자신의 특정의 강점을 가진 개인들은 리더십의 서로 다른 루트를 택할 수 있다는 것을 의미한다. 오늘날의 경영자들은 자신들의 직원들이 미래의 도서관을 위해 리더십을 제공하는 방향으로 움직이고 있기 때문에 그들을 지원하고 도와줄 준비를 갖추고 있어야 한다.

---

77) Robin J. Ely, Herminia Ibarra, and Deborah M. Kolb, "Taking Gender into Account: Theory and Design for Women's Leadership Development Programs," *Academy of Management Learning & Education* 10, no. 3 (September 2011): 474-493.

학습 내용 연습하기

1. Kellerman은 단순히 역량이 부족한 것으로부터 정말 사악한 것에 이르는 유형 분류 체계를 가진 나쁜 리더를 범주화하기 위한 분류표를 개발하고 있다. 그녀의 분류표를 요약하면 다음과 같다.

- 역량 부족(incompetent): 리더십을 지속하기 위한 기술이나 의지가 부족하다.
- 경직(rigid): 새로운 아이디어나 새로운 정보, 변화하는 시대에 적응하는 데 어색하고, 유연성이 없고, 마지못해 하는 태도를 가지고 있다.
- 무절제(intemperate): 자제력이 부족하다.
- 무감각(callous): 무관심하거나 불친절하게 행동하고, 조직의 나머지 사람들의 니즈를 무시하거나 고려하지 않는다.
- 부패(corrupt): 공익보다 사익을 우선시하면서, 거짓말이나 사기, 도둑질을 일삼는다.
- 편협(insular): 자신의 이너서클(inner circle) 외부 사람들의 건강과 복지를 무시하거나 최소화한다.
- 사악(evil): 다른 사람들에게 심각한 육체적 또는 심리적 고통을 주는 잔학 행위를 범한다.[78]

여러분은 이러한 범주의 어느 것에 해당하는 리더십 역할을 하는 사람들을 생각할 수 있는가? 나쁜 리더십이 지속되도록 방치되면 조직에서 어떤 일이 발생하는가?

2. 지난 2년 동안, 여러분은 Ronald를 위해 일해 오고 있다. 만일 Ronald가 언짢은 기분을 느끼도록 보장하는 무엇인가가 있다면, 그것은 바로 Ronald가 자신의 직원 중 한 사람이 옳든 그르든, 어떤 종류의 제안이나 요청을 하고자 한다는 사실을 감지했을 때이다. 아무리 부드러운 말로 표현하고 아무리 재치 있게 제시하더라도, 제안은 비판으로 해석되고 요청은 불평으로 해석된다. Ronald는 너무나도 민감하고 걸핏하면 화를 내기 때문에 그의 모든 직접 보고는 그에 대한 동의를 받기 위해서는 엄청나게 애를 먹고 있다. 그와 논의할 때(그들이 논의를 시작하는 경우는 거의 없다) 그의 모든 부하 직원들은 자신들이 Ronald나 그의 어떤 절차나 결정에 대한 잘못을 발견하고 있다는 인상을 주는 것을 피하기 위해 항상 조심스럽게 진행하였다. 그가 언제 폭발할 것 같은지는 쉽게 알 수 있다. 딱딱하고 고집스런 표정이 그의 눈빛에 나타나고, 입 꼬리가 굳어지고 단호해지며, 관자놀이의 핏줄이 드러나고, 그의 얼굴은 화가 나서 벌겋게 달아오른다. 그리고 나서 그는 소리를 질러대고 욕하기 시작한다. 그의 직원

---

78) Barbara Kellerman, *Bad Leadership: What It Is, How It Happens, Why It Matters* (Boston: Harvard Business School Press, 2004).

들은 모두 만일 여러분이 Ronald에게 도전한다면, 여러분은 자신의 위험을 무릅쓰고 그렇게 해야 한다는 사실을 알고 있다.

여러분은 효율성을 증진하기 위한 시도로 지난주에 Ronald에 의해 시행된 새로운 사무 절차에서 심각한 오류를 지금 막 발견하였다. 하지만 만일 이 절차의 실수를 바로잡지 않으면, 그것은 전체적으로 영향을 미치게 될 것이고 여러분의 전체 부서가 그 결과에 대한 책무를 갖게 될 것이다. 여러분은 어떻게 해야 할 것인가? 만일 여러분이 Ronald에게 대면하고자 한다면, 여러분은 그것을 어떻게 할 것인가? 직원들이 Ronald와 같은 상사를 가졌을 때 어떤 의지할 사람이 있는가?

3. 여러분은 여전히 Ronald의 직원이다(미안하지만, 나는 여러분에게 당장은 더 나은 상사를 배정해줄 수 없다). 여러분은 그가 실행한 새로운 절차의 결점에 관해 Ronald에게 이야기하기로 했다고 상상해 보라. 급우나 동료를 찾아서 이 상황에 대해 역할극을 해 보라. 처음에 어느 한 역할을 맡아 보고 그러고 나서 역할을 바꾸어 보라. Ronald와 대면한 느낌은 어떠했는가? Ronald의 역할을 수행한 느낌은 어떠했는가?

4. 1923년에 런던의 최대 백화점 중 하나의 설립자인 H. Gordon Selfridge는 경영자(보스)와 리더의 차이를 다음과 같이 말한 바 있다.

- 보스는 사람들을 몰아가지만, 리더는 사람들을 코치한다.
- 보스는 권한에 의존하지만, 리더는 선의에 의지한다.
- 보스는 공포를 불어 넣지만, 리더는 열정을 불어 넣는다.
- 보스는 '나'라고 말하지만, 리더는 '우리'라고 말한다.
- 보스는 고장에 대한 비난을 고치지만, 리더는 고장을 고친다.
- 보스는 '가라'고 말하지만, 리더는 '갑시다!'라고 말한다.[79]

여러분은 Selfridge의 거의 100년이 다 된 경영자와 리더 간의 구분에 동의하는가? 여러분이 변경하거나 추가할 어떤 것이 있는가?

---

79) Quoted in Kerry Larkan, *The Talent War: How to Find and Retain the Best People for Your Company* (London: Martin Cavendish, 2007): 171.

 **토론용 질문**

1. 리더십의 잘 알려진 두 사람의 학자 Warren Bennis와 Burt Nanus는 한때 "경영자는 일을 올바르게 하는 사람이고 리더는 올바른 일을 하는 사람"[80]이라고 말한 적이 있다. 일을 올바르게 하는 것과 올바른 일을 하는 것 간의 차이는 무엇인가? 여러분은 경영자는 일을 올바르게 하고 리더는 올바른 일을 한다는 사실에 동의하는가? 여러분은 일을 올바르게 하고 또한 올바른 일을 하는 어떤 리더든 그런 리더를 알고 있는가?

2. 어떤 조직의 완전한 통제에 있는 단 하나의 영웅으로서의 리더에 대한 신화의 종말로 이어지고 있는 사회와 조직의 몇몇 변화들에 대해 논의해 보라. 리더는 물론 조직에 대한 공유된 리더십의 장점은 무엇인가? 여러분은 겸손함은 리더의 중요한 특성이라는 Jim Collins에 동의하는가 아니면 동의하지 않는가?

3. Nigel Nicholson에 따르면, 리더들은 내부는 물론 외부의 선택을 통해 권력을 장악한다. 그는 다음과 같이 말하고 있다.

> 내부적인 것은 자기 선택으로, 이것은 어떤 사람은 리더십을 찾도록 유도하고 다른 사람들은 리더십을 피하도록 유도하는 힘이다. 어떤 사람이 리더십 직위를 힘들이지 않고 넘겨받을 때라고 하더라도, 어떤 사람의 내적 자아는 특히 세 가지 속성 정도는 묵인해야 한다. 여러분은 리스크와 책임을 맡을 준비가 되어 있는가(추진력)? 여러분은 여러분이 도전을 택하고 성공할 기술을 가지고 있다고 믿는가(능력)? 여러분은 여러분의 에너지에 대한 요구를 감당할 수 있는가(체질)? 많은 사람들은 자신들의 내면의 의구심에 주의를 기울이는 것을 더 잘 할 수 있었을 때, 보상이나 다른 사람들의 격려의 유혹에 굴복되어 나쁜 리더들이 되고 있다.[81]

어떤 속성들이 어떤 사람을 훌륭한 리더가 될 수 있도록 해 주는가? 여러분은 사람들은 내면의 의구심을 가지고 있으면 리더십 역할을 포기해야 한다는 Nicholson의 의견에 동의하는가?

4. 리더십 상황 모델은 서로 다른 상황은 서로 다른 유형의 리더를 요구한다고 가정하고 있다. Winston Churchill의 경험은 이러한 아이디어에 대해 흥미로운 예를 제공해 주고 있다. Churchill은 대개 현대의 가장 위대한 리더 중에 랭크되고 있지만, 그의 리더십 스킬이 항상 가치를 인정받는 것은 아니라는 사실을 때로는 잊고 있다. 제2차 세계 대전 이전에, Churchill

---

80) Warren G. Bennis and Burt Nanus, *Leaders: The Strategies for Taking Charge* (New York: Harper & Row, 1985), 21.
81) Nigel Nicholson, *Managing the Human Animal* (London: Texere, 2000), 115-16.

과 그의 의견은 자신의 동료들에 의해 무시당하거나 거부당하였다. 전쟁의 시작과 함께, 그의 웅변 기술과 과단성이 크게 활용되었고 그는 영웅적인 리더로 간주되었다. 그리고 나서 전쟁이 끝난 지 얼마 지나지 않은 1945년에, Churchill과 그의 정당은 그는 평화 시대 동안 영국을 리드할 최선의 선택이 될 것으로 간주되지 못했기 때문에 패배하였다.[82]

Churchill의 리더십에 대한 서로 다른 반응은 리더십은 일단의 특정 상황과 매치되어야 하며, 그 사회적 맥락과 독립적으로 존재하는 현상이 아니라는 사실을 보여 주고 있다. 여러분은 왜 리더십에 대한 선호하는 스타일이 시간과 상황에 따라 다양해진다고 생각하는가?

---

82) John Storey, *Leadership in Organizations* (New York: Routledge, 2011): 18.

Chapter 15 전문직 윤리

이 장의 요점

이 장을 마친 후 여러분은:

- 오늘날의 조직에서 윤리적 행동이 무엇을 의미하는지와 그러한 행동의 중요성을 이해해야 한다.
- 도서관에서 나타나는 가장 일반적인 윤리 위반(ethical violation)에 대해 익숙해야 한다.
- 윤리적 딜레미를 분석하는 데 도움이 되는 세 가지 중요한 도구에 대해 논의할 수 있어야 한다.
- 윤리적인 의사 결정을 하기 위해 사용할 수 있는 세 가지 규범적인 틀(normative frameworks)에 대해 알아야 한다.
- 문헌정보학 업무 현장에서 발생할 수도 있는 몇몇 이해 충돌(conflicts of interest)을 확인할 수 있어야 한다.
- 어떤 조직의 윤리적 문화에 영향을 미치는 데 있어 경영자의 중요성에 대해 인식해야 한다.

    윤리는 모든 유형의 조직의 경영에서 중요한 요소이다. 경영자들은 자신의 업무 과정에서 어떤 문제가 될 만한 상황을 처리하기 위한 올바르거나 윤리적인 방식을 결정해야 하는 많은 상황을 조우하게 될 것이다. 과거에는, 조직의 많은 관리자들이 모든 경영자와 직원은 윤리적으로 행동할 것이라고 단순히 추정했지만, 그러한 추정은 지난 몇십 년에 걸쳐 혹독한 검증을 거치고 있다. 이제는 새로운 중대한 윤리적 스캔들이 몇 달에 한 번씩 터져 나오는 것 같다. 2000년대 초의 Enron[1]

으로부터 2016년의 Wells Fargo[2])에 이르기까지, 반복적으로 발생하는 이러한 스캔들은 사람들로 하여금 기업 세계에 대한 믿음을 잃게 하고 있다. 아울러 공공 부문의 행동에 대한 불신도 증가하고 있다.

많은 시민들은 이제 정치인들과 공무원들은 자신들의 권력을 비윤리적인 방식으로 사용하고 있다고 믿고 있다. 예를 들면, 최근의 Pew Research Center의 여론 조사에서는, 불과 19퍼센트의 응답자들만이 워싱턴의 미국 연방 정부가 거의 항상 또는 대부분의 시기에 올바른 것을 하는 것으로 믿을 수 있다고 밝힌 바 있다. 반면에 1958년에 실시된 여론 조사의 이전 버전에서는, 미국인의 73퍼센트가 자신들의 정부에 대해 신뢰를 표한 바 있다.[3)] 영리 부문은 물론 도서관과 같은 비영리 부문의 경영자들은 자신들의 조직에 대한 신뢰를 유지하는 방법에 대해 점점 더 많은 관심을 가지고 있다. 이 장에서는 기본적으로 업무 현장의 윤리에 초점을 맞추면서, 윤리라는 토픽에 대해 소개하고자 한다. 이 장에서는 도서관 경영자들이 부딪히고 있는 일반적인 윤리적 이슈들을 검토하고 도서관에서 윤리적 업무 환경을 어떻게 중진시킬 것인지에 관한 정보를 제공하고자 한다.

현장의 경영 사례: Delray Beach Public Library

미국도서관협회(ALA: American Library Association)의 윤리 강령(Code of Ethics)에서는 다음과 같이 설명하고 있다. "우리는 검색하거나 수령한 정보와 참고하거나, 대출하거나, 입수하거나, 전송한 자원에 대해 각 도서관 이용자의 프라이버시와 비밀에 대한 권리를 보호한다."[4)] World Trade Center와 Pentagon에 대한 9/11 공격 이후, 미국 Florida의 Delray Beach Public Library의 참고 담당 사서는 납치 용의자의 몇몇 사진들이 *Maiami Herald*에 게재되었다는 사실을 알게 되었다. 그녀는 세 명의 용의자가 Delray Beach 도서관의 컴퓨터를 사용했다는

---

1) 역자주: 한때 미국의 7대 기업으로 불릴 정도로 성장했던 에너지 기업으로 2001년 분식 회계를 통한 회계 부정이 드러나면서 파산함으로써 미국 경제에 큰 충격을 주었다.
2) 역자주: 미국의 대표적 은행의 하나로 실적을 부풀리기 위해 고객 정보를 도용하여 대량의 유령 계좌를 만들어왔던 사실이 2016년에 발각되어 큰 파문을 일으켰다.
3) "Beyond Distrust: How Americans View Their Government," Pew Research Center, November 23, 2015, accessed July 13, 2017, ⟨http://www.people-press.org/2015 /11/23/beyond-distrust-how-americans-view-their-government⟩.
4) David E. Rosenbaum, "A Nation Challenged: Questions of Confidentiality; Competing Principles Leave Some Professionals Debating Responsibility to Government," *New York Times,* November 23, 2001.

사실을 알아채고 곧바로 경찰에 전화하였다. 그녀의 전화를 받은 후, Delray Beach의 경찰은 FBI 요원들에게 알렸고 그들은 법원 명령을 발부받아 납치범들이 주고받은 이메일을 검색하기 위한 시도로 용의자들이 사용했던 것으로 생각되는 두 개의 컴퓨터를 압수하였다.

그 사서는 ALA 윤리 강령을 인식하고 있었지만 경찰에 전화를 걸어 자신이 본 것을 보고했던 것을 후회하지 않는다고 말했다. "사람들이 살해되었고 사람들은 테러리스트들이 우리 공공도서관에서 우리의 공공시설을 사용하고 있다는 사실을 알 권리가 있다"[5]고 그녀는 말하고 있다. 하지만 그녀의 결정은 도서관 전문직의 상당한 논쟁거리가 되는 토픽이 되었는데, 많은 사서들은 고객 정보를 비밀로 유지하는 사서의 약속과 국가적 안전에 위험한 것으로 간주되는 사람을 신고하고자 하는 시민의 욕구 간의 분명한 충돌을 보여 주었다.

대부분의 사서들은 이와 같은 경우에 고객의 비밀을 보호하거나 아니면 법 집행관에게 통보함으로써 그러한 비밀을 위반하는 것 사이에서 선택을 해야 하는 것이 매우 어렵다는 사실을 알게 될 것이다. 다행히도 사서들은 윤리적인 판단을 내려야 하는 경우는 빈번하지 않지만, 이 사서가 부딪혔던 것과 같은 어려운 선택을 해야 하는 경우는 거의 없다. 만일 여러분이 유사한 상황에 직면한다면 여러분은 어떻게 할 것인가?

15.1. 현대 조직의 윤리

개인들은 매일 의사 결정을 내리고 그리고 나서 자신들이 옳다고 생각하거나 그르다고 생각하는 것에 관한 자신들의 신념에 따라 행동한다. 윤리는 "어떻게 해야 하는가?"라는 질문에 대답하는 데 도움을 준다. 윤리는 철학의 하위 영역으로 무엇이 옳고 무엇이 그른지의 측면에서 개인이나 집단의 행동을 지배하는 원칙과 가치와 관련되어 있다. 의사 결정을 내려야 할 때는 언제나, 그 과정의 일부로서 선택의 윤리적 측면을 성찰해 보는 것이 중요하다. 개인들은 업무 현장의 안팎에서 윤리적 이슈에 직면하게 된다. 이 책에서는, 윤리에 대한 논의를 기본적으로 경영 윤리와 전문직 윤리에 초점을 맞추고자 하는데, 이러한 것들은 업무 환경에서 제기되는 윤리적 원칙과 문제점의 유형들이다. 이러한 유형의 윤리는 어떤 조직의 범위 내에 존재하고 그 조직의 경영자와 직원, 고객, 정부, 공급자, 그 밖의 이해 관계자들과 관련되는 윤리적 권리와 책임에 관한 이슈들을 다룬다.

---

5) *Loc. cit.*

윤리적 문제는 어떤 유형의 조직에서든 피할 수 없으며, 도서관 경영자들은 윤리와 자신들이 경영하고 있는 조직에서 윤리적 원칙을 그러한 것들에 대처하는 의사 결정에 적용하는 방법을 알아야 한다. 윤리에 관한 장은 논리적으로 리더십에 관한 장 다음에 오게 되는데, 그 이유는 리서치에서 어떤 유형의 조직에서든 리더들이 그 조직의 윤리적 톤을 설정한다는 사실을 보여 주고 있기 때문이다. 직원들이 윤리적으로 행동하도록 하는 열쇠는 최고위층에서 시작된다.[6] 리서치에서는 또한 윤리적 행동을 보여 주는 리더를 가진 조직들은 전반적인 성과에서 그들의 경쟁자들을 능가한다는 사실도 보여 주고 있다.[7]

영국의 한 연구에서는 경영자가 가졌으면 하고 바라는 20개의 자질을 직원들에게 평가하도록 요청했을 때, 정직이 최고의 평가를 받은 속성이었다.[8] Carroll과 Buchholtz는 "상사의 행동은 비윤리적 행동에 대해 첫 번째로 많은 영향을 미치는 것으로 평가되었다"[9]고 보고하고 있다. 많은 다른 연구자들은 직원들이 윤리적 딜레마를 어떻게 처리하는지에 대한 최선의 단일 예측 변수는 최고 경영진의 지각된 가치라는 사실을 발견하고 있다. 만일 어떤 조직의 최고 경영자들이 비용 계정을 부풀리거나, 용품을 개인적으로 이용하기 위해 집으로 가져가거나, 비밀로 해 두어야 하는 자료를 누설하는 것과 같이, 문제의 소지가 있는 윤리적 원칙에 일상적으로 관여하면, 조직의 다른 사람들은 그러한 것들을 수용 가능한 행동 방식으로 간주할 것이다. 어느 조직에서든 최고 경영자들은 자신들의 직원들에 대한 자신들의 윤리적 기대에 관해 명확하게 하는 것이 중요하다. 그들은 조직의 나머지 직원들에게 윤리적으로 무엇을 기대하고 있는지에 대한 지침을 제공해 준다. 경영자들은 또한 가장 일반적으로 역할 모델이 되어야 하는 사람은 바로 조직의 리더라는 사실을 인식해야 한다. 낮은 계층의 직원들은 자신의 상사들이 비윤리적으로 행동하는 것을 관찰하게 되었을 때는, 동일하게 행동하는 경우가 많다.

---

6) Linda Fisher Thornton, *7 Lenses: Learning the Principles and Practices of Ethical Leadership* (Richmond, VA: Leading in Context, 2013).

7) Doug Lennick and Fred Kiel, "Moral Leadership by Example," *Baseline* no. 115 (February 2012): 13.

8) Adrian Furnham, "Rating a Boss, a Colleague, and a Subordinate," *Journal of Managerial Psychology* 17, no. 8 (December 2002): 668.

9) Archie B. Carroll and Ann K. Buchholtz, *Business and Society: Ethics, Sustainability and Stakeholder Management* (Stanford, CT: Cengage Learning, 2014).

15.2. 윤리의 정의

윤리(ethics)라는 아이디어 전체는 약간 혼란스러울 수 있는데, 많은 사람들은 **윤리**라는 용어를 사용할 때 그것이 무엇을 의미하는지를 엄밀하게 정의하기가 어렵다는 사실을 발견하고 있다. 윤리는 도덕성과 혼동되는 경우가 많다. 그러나 윤리라는 용어와 **도덕성**(morality)이라는 용어는 종종 상호 교환적으로 사용되기도 하는데, 밀접하게 관련되어 있기는 하지만 동일한 것은 아니다. 도덕은 무엇이 옳거나 그른지에 대한 개인이나 집단의 믿음인 반면, 윤리는 무엇이 옳거나 그른지에 관한 의사 결정을 내릴 때 개인이나 집단의 지침이 되는 지배적인 이론적 근거나 원칙을 말한다. 도덕은 동일한 문화의 서로 다른 사람들과 서로 다른 집단 사이에서 달라지며, 일반적으로 어느 한 문화와 다른 문화에서 그리고 어느 한 시대와 다른 시대에서 서로 달라진다. 예를 들면, 현대의 커플들이 결혼 전에 교류하는 방식은 Jane Austen의 소설에 나타나는 교제의 유형과는 상당히 다르다. 현대 세계에서는, 옷과 관련하여 여성에게 적합하다고 간주되는 단정함의 정도는 어느 한 문화와 다른 문화에서 상당히 달라진다.

윤리는 특정 시기에 특정 문화에서 추종하는 구체적인 도덕적 규칙들과 관련되어 있는 것이 아니라, 근본적인 일반 원칙들과 관련되어 있는데, 그러한 원칙들은 무엇이 옳고 그른지에 대한 이론들로부터 도출되는 것으로, 어떤 행위가 윤리적인지 아닌지를 설정하는 데 도움을 준다. 특정의 개인이나 집단에 대해 비도덕적으로 간주되지만 비윤리적인 것은 아닌 행위들을 설명하기 위해 사용될 수 있는 많은 예들이 있다. 예를 들면, 어떤 사람들은 알코올음료를 마시는 것은 잘못이라고 느끼고 있다. 하지만 알코올에 대한 금욕은 어떤 개인의 도덕적 신념이나 가치로, 그것이 알코올을 마시는 것 자체가 비윤리적임을 의미하는 것은 아니다.

윤리는 특정 상황에서 개인들이 어떻게 행동해야 하는지를 설정하고자 노력하기 때문에 도덕성을 뒷받침해 준다. 어떤 행동을 취해야 할지 확신하지 못할 때 어떤 이슈에 관해 어떻게 생각해야 하는가? 어떤 질문을 해야 하는가? 어떤 요인들을 고려해야 하는가? 도덕은 다양할 수 있고 다양하지만, 윤리는 충분히 잘 고려된 철학적 기준을 바탕으로 인간이 무엇을 해야 하는지를 규정해 주는 보편적인 표준이다. 도덕성은 사적인 행동을 지배하지만 윤리는 모든 사람에게 적용된다.

윤리를 논할 때는 구별해야 할 다른 차이들이 있는데, 이러한 차이는 자유롭게 선택되는 것들로부터 법률에 의해 규정되는 것들로 이어지는 연속체에 속하는 모든 인간 행동을 상상함으로써 명확하게 할 수 있다(〈그림 15.1〉을 참고하라). 여

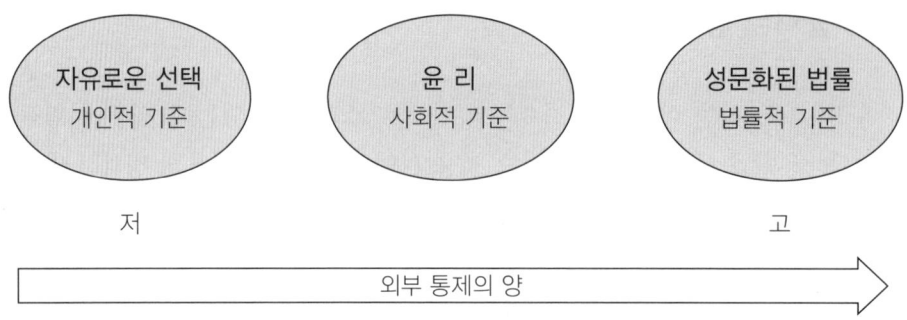

<그림 15.1> 인간 행동의 범주

러분이 연속체의 왼쪽에서 오른쪽으로 이동함에 따라, 개인이나 조직의 행동에 대한 외부의 통제의 양은 증가한다. 첫 번째 범주는 자유로운 선택이다. 이 범주에 속하는 행동은 사람들이나 집단이 자유롭게 선택하는 행동이다. 예를 들면 여러분은 아침으로 무엇을 먹고자 할 것인지를 선택한다. 이 범주의 선택은 개인이나 조직에 의해 자유롭게 선택된다. 과거에는 불법이었을 어떤 행동들이 현재는 이 범주로 옮겨 오고 있다. 예를 들면 타인종 간의 결혼은 미국에서 한때 불법이었지만, 현재는 어떤 사람의 결혼 상대자의 인종은 자유롭게 선택할 수 있다. 유사한 방식으로, 동성 결혼을 금하는 법률은 전 세계의 많은 곳에서 최근 들어 개정이 이루어지고 있는데, 법률이 변경된 곳에서는 어떤 사람의 결혼 상대자의 젠더는 이제 자유로운 선택으로 결정되고 있다.

윤리의 지배를 받는 행동은 이 연속체의 중간에 해당한다. 이러한 유형의 행동은 공유된 가치와 원칙을 바탕으로 하는 행동 기준의 지배를 받는다. 어떤 개인이 어떤 윤리적인 방식으로 행동하도록 요구하는 법률은 존재하지 않지만, 사람들은 자신들의 선택의 자유를 포기하고 그렇게 행동한다. 동료들에게 거짓말을 하거나 약속을 깨는 것은 일반적으로 불법적인 행위는 아니지만, 윤리적 원칙을 따르는 사람들은 그와 같은 행동을 하지 않는다.

법률에 의해 지배되는 행동은 더 엄중하게 통제된다. 윤리와 법률은 둘 모두 어떻게 행동하는지에 관한 지침이지만, 법률은 사람과 조직에 대해 그들이 무엇을 할 수 있고 무엇을 할 수 없는지를 말해 주는데, 이러한 기준들은 법정에서 집행할 수 있다. 만일 여러분이 범법 행위를 저지르면, 처벌을 받게 될 것이다. 윤리적 원칙을 위반하는 것은 법률적 처벌로 이어지지는 않는다. 윤리적 행동은 행동에 관한 공유된 원칙과 가치의 지배를 받는다. 이러한 것들은 행동을 규제하는 성문화된 법률은 아니지만, 그 대신 법정에서 집행할 수 없는 규범과 기준인 것이다.

<표 15.1> 윤리에 관련된 몇 가지 정의

윤리:	어떤 개인이나 어떤 전문직의 구성원의 행동을 지배하는 규칙이나 기준
도덕:	옳고 그름의 기준에 관련되는 행동, 특히 성적 행동에 대한 규칙이나 습관
법률:	지역 사회의 활동을 지배하고 정치권력에 의해 강제되는 일련의 규칙과 원칙; 법률 시스템

출전: *The American Heritage Dictionary of the English Language,* Fifth Edition (Boston: Houghton Mifflin, 2011).

    법률은 사회의 이상(理想)을 촉진하기보다는 사회를 안정시켜 주는 규칙을 만들어 내는 데 더 많이 관련되는 경우가 많다. 무엇인가가 합법이라면, 그것은 또한 윤리적이라고 추정하는 것은 옳지 않다. 법률이 때로는 비윤리적인 정권에 의해 부패되거나 특정 법률이 어떤 파워엘리트(power elite)의 좁은 이익에 도움이 되도록 하기 위해 만들어질 수도 있다. 윤리는 법률보다 더 높은 기준을 필요로 하는 경우가 많은데, 윤리적인 것은 대개 합법적이지만, 어느 경우에는 윤리가 법률과 상충하기도 한다. 사형이 미국의 31개 주에서는 합법이지만, 많은 시민들은 사형이 합법적인 곳에서조차도 그것이 비윤리적이라고 생각한다. 어떤 내과 의사들은 고통을 완화시키기 위해 죽어 가는 환자에게 마리화나를 처방함으로써 범법 행위를 저지르고 있다. 그들에게는, 괴로움을 줄여 주는 윤리적인 요건들이 불법적인 약물의 사용에 관한 법률보다 더 중요한 관심사인 것이다.

    윤리는 대개 보편적으로 간주되는 일반적인 원칙들을 바탕으로 하지만, 무엇이 윤리적인 행동으로 간주되는지는 시간이 흐르면서 변할 수 있다. 한때는 노예를 소유하는 것이 합법적이었을 뿐만 아니라 대부분의 사회의 대부분의 사람들에 의해 윤리적인 것으로 간주되었다. 현재 노예 제도는 거의 모든 곳에서 혐오스런 관행으로서 폐지되고 있다. 아울러 윤리는 사회적 규범과 문화적 규범의 영향을 받는다. 어느 나라에서는 윤리적으로 간주되는 관행들이 다른 나라에서는 윤리적으로 간주되지 않을 것이다. 예를 들면 일부다처제는 몇 안 되는 곳에서는 윤리적으로 인식되고 있지만 대부분의 곳에서는 그렇지 않다. 미성년 노동은 여전히 많은 개발도상국에서 일반적이지만, 세계의 대부분에서는 어린이들을 공장에 고용하는 것은 불법일 뿐만 아니라 비윤리적으로 간주될 것이다.

> **이야기해 보기**
>
> 〈그림 15.1〉의 각 범주에 해당하는 행동의 세 개 예들에 대해 생각해 보라. 가능하면, 그룹과 함께 작업하면서 여러분의 예들을 논의해 보라. 여러분이 리스트를 작성한 어떤 행동이 어느 한 범주에서 다른 범주로 옮겨졌는가? 여러분은 어떤 행동에 대해 어떤 범주를 부여할 것인지를 결정하는 데 어려움을 겪고 있는가? 이러한 행동의 어떤 행동이든 이를 수행할 때 여러분의 행위가 그것이 속하는 범주에 의해 영향을 받은 적이 있는가?

윤리적 기준은 법률처럼 성문화되지 않으며 시간과 장소에 걸쳐 완전한 보편성을 갖는 것도 아니기 때문에, 어떤 윤리적 결정을 내려야 할 때 어떤 행위를 취해야 할는지를 결정하기가 어려운 경우가 많다. 개인들은 반론의 여지가 없는 사실보다는 오히려 자신들의 판단을 바탕으로 의사 결정을 내려야 하는 경우가 많다. 많은 경우에, 하나의 올바른 윤리적 해결책이 존재하지 않는 것 같다. 그보다는 오히려 그 어느 것도 완벽하지는 않은, 많은 대안적인 선택이 존재한다. 이러한 상황을 윤리적 딜레마(ethical dilemmas)라고 한다. 윤리적 딜레마를 설명하기 위해 종종 사용되는 하나의 일반적인 예는 절도와 관련된 것이다. 절도는 대개 비윤리적인 것으로 간주되지만, 음식물을 훔치는 것이 가족을 먹여 살리는 유일한 방식이라면 절도가 정당화될 것인가? 개인의 소유물 또는 가족을 먹여 살리는 것 중 어느 것이 더 높은 가치를 갖는가?

조직에서 직원들은 유사한 윤리적 딜레마에 직면하게 된다. 예를 들면, 여러분이 결근이 잦은 네 아이를 둔 싱글 맘을 감독한다고 상상해 보라. 여러분은 그녀에게 경고를 해왔지만, 그녀는 대개는 아이들 중 하나(또는 그 이상)가 아파서, 거의 일주일에 한 번 꼴로 계속해서 결근을 하고 있다. 여러분은 그녀가 그녀의 가족을 지원하기 위한 유일한 원천이라는 사실을 알고 있다. 과도한 잦은 결근을 이유로 여러분이 그녀를 해고하는 것은 과연 정당한 것인가? 경영자들은 자신의 직업적 책임과 자신의 개인적인 가치가 상충하는 상황을 경험하는 경우가 많다. 많은 경우에, 어떤 명확한 옳은 결정이나 그른 결정은 존재하지 않는다. 윤리에 관해 아는 것은 이러한 상황을 해결하는 데 도움이 된다.

 **스킬 연습하기**

다음은 도서관 환경에서 접할 수도 있는 몇몇 윤리적 문제들이다. 이러한 각각의 케이스에서 여러분이 결정을 내렸어야 했다고 상상해 보라. 여러분은 어떤 결정을 왜 했을 것인가?

문헌정보학 석사 과정을 최근에 졸업한 한 졸업생이 대출과 그 밖의 서비스에서 저소득층 주민들에 대해 차별한 것으로 비난을 받고 있는 은행의 정보 센터의 직무를 제안 받았다. 이러한 관행은 그녀의 개인적인 가치와 상충하는데, 그녀는 그 조직에서 행복하게 일할 수 있을는지 의문을 가지고 있다.

소규모 학술도서관의 관장이 모든 경비를 제공하는 벤더의 기업 본부 방문에 초대받았다. 그는 그 벤더의 제품들에 관한 가치 있는 정보를 얻게 될 것이라는 사실을 알고 있지만 그 여행이 자신의 장래의 구매 결정에 영향을 미칠 수도 있다는 사실을 우려하고 있다.

한 고등학교 교장 선생님이 학교도서관 사서에게 어떤 특정 학생이 대출한 모든 책의 리스트를 자신에게 제공해 달라고 요청하고 있다. 사서는 그 소년이 마약과 폭발물, 무기에 관한 책들을 읽었다는 사실을 알고 있으며, 교장 선생님이 그 정보를 경찰에게 제공할 것을 우려하고 있다.

전문도서관의 한 직원은 자신의 컴퓨터에 있는 소프트웨어가 불법이라는 사실에 대해 걱정하고 있다. 그는 자신의 감독자가 비용을 통제하기 위한 시도로, 그 부서를 위해 충분한 사이트 라이선스(site licenses)를 구입하지 않았다는 사실을 알고 있다.

한 여성 동료가 여러분의 조언을 구하고 있다. 그녀는 이제 막 새로운 도서관의 한 직무에 지원했는데 그 직무는 승진은 물론 상당한 급여 인상을 의미하게 될 것이다. 그녀는 현장 면접을 받도록 초대받았다. 하지만 그녀는 임신 3개월로 새로운 직무를 시작하기 직전에 출산할 예정이다. 그녀는 직무 면접에서 자신의 임신을 밝혀야 한다고 여러분이 생각하고 있는지 알고 싶어 한다.

15.3. 윤리의 중요성

어떤 개인들은 업무 현장의 윤리를 장식이나 부가물로 간주하기도 하지만, 윤리는 훌륭한 기업의 필수적인 부분이다. 노동력을 착취하거나, 고객들을 이용해 먹거나, 제품 결함을 부정하는 조직들은 거의 언제나 종국에는 그 조직에 해를 끼치는 엄청난 비용을 발생시킨다. 예를 들면, 폭스바겐은 "그린" 기업으로서의 명성을 구축했고 많은 소비자들은 폭스바겐 자동차를 구입하는 것이 환경적으로 책임 있는 선택이라고 느꼈기 때문에 그 차를 구입하였다. 2015년에 폭스바겐이 전 세계적으로 1천1백만 대의 자동차에 디젤 배기가스를 은폐하기 위해 설계된 소프트웨어를 장착했었다는 사실이 드러난 후, 이 기업의 명성은 심각하게 손상되었으며 배기가스 검사 부정행위에 따른 벌금은 미국에서만 150억 달러에 달할 수도 있을 것이다.[10] 폭스바겐은 또한 그 기업으로부터 배신당했다고 느낀 많은 이전의 충성 고객들을 잃었다. 비윤리적인 방식으로 행동하는 조직들의 많은 예들이 있기는 하지만, 윤리와 기업의 사회적 책임에 대한 자신들의 강조를 증가시키고 있는 조직들의 예들이 더 많다. 기업의 사회적 책임(CSR: corporate social responsibility)은 사회적 및 환경적 편익에 공헌하는 기업의 관행을 말한다. 예를 들면, 디즈니는 보존 지원금에 수백만 달러를 제공하고, 마이크로소프트는 비영리 조직과 손잡고 케냐에서 IT 견습 과정을 만들고, 마텔(Mattel)은 그 제품과 포장에 지속 가능한 원료들을 사용하는 데 전념하고 있다.[11] 많은 도서관들도 기업의 사회적 책임에 전념해 오고 있는데, 에너지 사용 감축과 재활용의 증가, 지속 가능한 재료들의 이용과 같은 환경적으로 책임 있는 관행, 다양성과 서비스가 충분하지 못한 주민들에 대한 서비스와 같은 사회적 정의 이슈, 책임 있는/지속 가능한 조달 관행에 집중하고 있다. 점점 더 많은 현대의 조직들이 윤리의 중요성을 깨닫고 윤리를 실행하기 위한 새로운 방식들을 찾고 있다. 이러한 조직들은 경제적인 "성과"(bottom line) 뿐만 아니라 "3대 기본 축"(triple bottom line)[12]을 생각하고 있는데, 이것은 조직 행동의 경제적, 환경적, 사회적 영향을 망라한다.[13]

 이야기해 보기

많은 소비자들은 윤리적이고 환경적으로 책임 있는 방식으로 생산된 제품에 대해 더 많은 지불을 할 의사가 있다고 말하고 있다. 하지만 그러한 제품들은 대개 생산하는 데 더 많은 비용이 소요되며 일반적으로 소비자들이 구매하기에 더 비싸다. 여러분 자신에 대해 생각해 보라. 여러분이 매일 한두 잔의 커피를 산다고 상상해 보라. 만일 여러분이 유기농으로 재배되고 공정

---

10) Jack Ewing and Hiroko Tabuchi, "Behind a VW Settlement: Speed, Compromise and a Determined Judge," *New York Times*, July 16, 2016.

11) "How Emerging Multinationals Are Embracing Social Responsibility," Knowledge@Wharton, November 12, 2015, accessed July 13, 2017, 〈http://knowledge.wharton.upenn.edu/article/why-emerging-multinationals-are-embracing-social-responsibility/〉.

12) 역자주: "bottom line이란 회계상 손익계산서의 마지막 줄(bottom line)인 세후순이익을 지칭하는 것으로, 사람들은 이를 통해 기업의 경제적 성과를 알 수 있게 된다. Triple bottom line(TBL)은 여기에서 확장된 용어로, 1994년 John Elkington이 제시하였는데, 기업의 경제적 성과(single bottom line)뿐만 아니라 사회적, 환경적 성과를 통칭한다."(〈https://www.lgeri.com/uploadFiles/ko/pdf/etc/class878_20060331114632.pdf〉).

13) Andrew N. Liveris, "Ethics as a Business Strategy," Vital Speeches of the Day 77, no. 1 (January 2011): 35-39.

> 무역 인증을 받은(이것은 수확을 돕는 일꾼들이 인간적인 조건 아래에서 일하고 공정하게 급여를 받는다는 것을 의미한다) 커피콩으로 만든 4달러짜리 커피 또는 재래식으로 재배된 브랜드 이름이 없는 1.5달러짜리 커피 사이에서 선택권을 갖는다면, 여러분은 어느 것을 선택할 것인가? 어떤 요인들이 여러분의 선택에 영향을 미칠 것인가? 장래의 구매자의 경제적 상황은 그와 같은 선택에 어떻게 영향을 미칠 수 있을 것인가?

윤리적 업무 현장 문화를 구축하고 유지하고자 노력하는 조직들은 재정적으로 더 성공적이며 더 생산적이고 동기가 부여된 직원들을 갖게 된다.[14] 반면에 비윤리적 행동이 용인되거나 심지어 조장되는 문화를 가진 조직들은 대개 더 높은 이직률과 더 낮은 생산성과 수익성, 명성의 약화를 겪게 된다. 윤리적인 문화를 가진 업무 현장은 재정적으로 더 성공적이고 더 생산적이며 동기가 부여된 직원들을 갖게 되기 때문에 조직들은 윤리적인 업무 현장 문화를 구축하고 유지하기 위해 노력하는 것이 유리하다.[15]

하지만 어떤 조직이 윤리적 관행에 전념하는데도 여전히 조직의 규범과 반대로 행동하는 개별 직원들이 있을 수도 있을 것이다. 모든 직원은 자신의 윤리적 가치를 조직으로 가져 오게 마련이다. 이러한 가치는 어떤 개인이 어렸을 때 부모와 친척, 교사, 문화에 의해 형성되는 것으로, 무엇이 옳고 무엇이 그른지에 관한 어떤 개인의 기본적인 신념에 해당한다. 이러한 가치는 대개 사람에 따라 달라지기 때문에, 어느 한 조직에서든 개인들이 매우 다양한 윤리적 가치를 가지고 그 안에서 일하게 된다. 각 직원은 그러고 나서 조직의 규범에 노출된다. 이상적으로는 이러한 규범들은 개인의 가치와 일치하게 되겠지만, 때로는 그렇지 않은 경우도 있다. 마지막으로 업무 현장에서의 개인의 행동은 사회의 규범이나 법률과 규정과 같은 외부 요인들에 의해 영향을 받는다. 윤리적 행동에 영향을 주는 이러한 세 개 세트의 요인들은 〈그림 15.2〉에 제시되어 있다.

개인의 윤리적 행동은 많은 외부 요인들의 영향을 받지만, 리서치에서는 어떤 조직의 윤리적 규범이 직원들이 그 조직 내에서 어떻게 행동하는지에 강력한 영향을 미친다는 사실을 보여 주고 있다. Linda Trevino와 Michael Brown은 많은 비윤리적 행동은 "무엇이 중요하고 무엇이 기대되는지에 관한 혼합된 메시지를 보내는

---

14) Dori Meinert, "Creating an Ethical Culture," HR Magazine 59, no. 4 (April 2014): 22-27.
15) *Loc. cit.*

<그림 15.2> 윤리적 행동에 영향을 미치는 요인

부주의한 리더십과 조직 문화"[16]의 결과라고 설명하고 있다. 어떤 조직 내의 비윤리적 행동은 "다른 사람의 명시적은 아니라고 하더라도, 묵시적인 상호 협력을 포함하게 되며 어떤 조직의 운영 문화(operating culture)를 정의하는 가치와 태도, 신념, 언어, 행동 패턴을 반영한다. 윤리적 환경은 올바른 일을 하는 것을 용이하게 해 주고 잘못된 일을 하는 것을 어렵게 해 주는 환경이다."[17] 그렇게 보면 윤리는 개인적인 이슈 못지않게 조직적인 이슈인 것이다. 따라서 윤리의 리더십을 제공하는 것은 경영자의 책임인데, 그 이유는 실패한 사람들은 비윤리적인 관행과 절차가 생겨날 여지가 있는 환경을 만들어 내게 될 것이기 때문이다.

Johnson & Johnson과 같은 몇몇 기업들은 수십 년간 진실성과 윤리적 행동에 대해 스스로 자부심을 갖고 있는 조직으로 알려져 오고 있다. Johnson & Johnson의 초창기 회장의 한 사람인 Robert Wood Johnson은 1940년대에 그 조직을 위한 신조를 개발하였는데, 이 한 페이지짜리 간단한 문서가 그때 이후로 Johnson & Johnson의 직원들의 행동의 지침이 되고 있다. 이 신조는 그 기업의 네 개의 별도의 이해 관계자 집단, 즉 고객과 직원, 지역 사회, 주주에 대한 조직의 책임을 명확하게 설명하고 그 조직은 이윤보다 고객에 대한 책임을 우선시할 것을 강조하고 있다.[18]

윤리적 조직들이 더 성공적이라는 아이디어를 뒷받침해 주는 많은 증거들이 있다. Enron과 Wells Fargo와 같은 조직에서 발생한 기업 스캔들은 조직에 대한 나

---

16) Linda Klebe Trevino and Michael E. Brown, "Managing to Be Ethical: Debunking Five Business Ethics Myths," *Academy of Management Executive* 18, no. 2 (May 2004): 80.

17) Dori Meinert, "Creating an Ethical Culture," *HR Magazine* 59, no. 4 (April 2014): 22-27.

18) "Our Credo," Johnson and Johnson, 2005, accessed July 13, 2017, ⟨https:// www.jnj.com/about-jnj⟩.

뿐 평판을 가져왔을 뿐만 아니라 이러한 조직에서 일하거나 서비스를 위해 그러한 조직에 의존하고 있던 사람들에게 엄청난 피해를 입힌 바 있다. 이러한 사례들은 결과적으로 기업 개혁 노력의 새로운 물결로 이어지고 있는데, 회계 관행을 더 투명하게 하고 투자자들을 보호하기 위해 설계된 2002년에 미국 의회에서 통과된 Sarbanes-Oxley Act[19]와 2010년에 통과된 Dodd-Frank 금융개혁법(Dodd-Frank Wall Street Reform and Consumer Protection Act)[20]이 대표적이다. 어떤 도서관도 Wells Fargo나 Enron, 폭스바겐의 스캔들과 같은 엄청난 윤리적 스캔들을 겪은 적은 없지만, 고도로 존경받는 조직들에서 일어나는 비윤리적이고 불법적인 행동의 빈번한 발생을 고려하면, 도서관을 포함한 모든 유형의 조직에서 윤리적 행동을 이해하고 이를 증진하는 것은 중요하다.

15.4. 윤리적 정보 전문직

이제 일반적인 윤리를 논하는 것으로부터 문헌정보학의 윤리에 초점을 맞추는 쪽으로 전환해 보고자 한다. 문헌정보학의 전문직은 의사와 변호사와 같은 다른 전문직 종사자들과 공통적으로, 대처해야 할 필요가 있는 구체적인 윤리적 이슈들을 가지고 있다. 그 결과 생명 의료 윤리와 법조 윤리와 같이 특정 전문직의 필요성에 특별히 관련되어 있는 윤리의 하위 영역들이 개발되고 있다. 사서와 정보 전문가들에게 직접적으로 관련되는 윤리의 하위 영역의 하나는 정보 윤리(information ethics) 영역이다. 정보 윤리는 "정보의 생성과 조직, 유포, 이용과 사회에서의 인간 행동을 지배하는 윤리적 및 도덕적 규범 사이의 관계에 초점을 맞추는 윤리학의 분과"[21]이다. 정보 윤리는 정보와 사회의 공익 사이의 관계와 정보 제공자와 정보 소비자 사이의 관계와 같은 이슈들과 관련되어 있다. 정보 윤리는 또한 정보에 대한 접근과 지적 자유(intellectual freedom), 표절, 저작권, 디지털 격

---

19) 역자주: "미국의 상장 기업 회계 개혁 및 투자자를 보호하기 위한 법으로, 미국 에너지 기업 Enron의 대규모 회계 조작 사건 이후 기업의 내부 통제 강화를 목적으로 제정되었다"(네이버 지식백과: ⟨https://terms.naver.com/entry.naver?docId=2066829&cid=50305&categoryId=50305⟩).
20) 역자주: Dodd-Frank 월가개혁 및 소비자보호법. "오바마 정부가 2008년의 글로벌 금융 위기와 같은 사태가 일어나지 않도록 제정한 광범위한 금융 규제법"이다(네이버 지식백과: ⟨https://terms.naver.com/entry.naver?docId=2066792&cid=42107&categoryId=42107⟩).
21) Joan M. Reitz, *Dictionary for Information and Library Science* (Westport, CT: Libraries Unlimited, 2004).

차(digital divide) 이슈와 같은 그 밖의 영역들도 포함하고 있다. 정보 윤리는 문헌정보학에서 정보 테크놀로지의 이용 증가로 인해 윤리적 이슈들이 심화됨에 따라 더 중요해지고 있다. 디지털 자료와 전자 레코드, 인터넷의 확산은 프라이버시와 검열, 지적 재산과 같은 이슈들에 대한 윤리적 이해와 관련된 새로운 문제점들을 제기하고 있다.

도서관에서는 매일 윤리적인 이슈들과 직면하고 있는데, Jean Preer가 설명하고 있는 것처럼, "윤리 의식에 대한 우리의 필요성은 도서관직의 관행이 더 전문화되고, 우리의 역할과 서비스가 더 복잡해지고, 정보 테크놀로지들이 더 신속하고 더 광범위하게 보급됨에 따라 증가하고 있다."[22] 도서관에서 부딪히고 있는 윤리와 관련된 많은 문제점들은 다른 조직 환경의 것들과 유사하지만, 각 유형의 조직은 그 유형의 환경 특유의 어떤 문제점에 봉착하게 되기 때문에, 그 맥락을 고려해야 한다. Martha Smith는 정보 전문직이 종종 겪게 되는 상충하는 충성도에 대한 유용한 모델을 개발하였다.[23] 이 모델은 〈그림 15.3〉에 제시되어 있다. 정보 전문직의 다중 충성도(multiple loyalties)는 다음과 같은 것들에 대한 충성도를 포함한다.

- 자신(self): 개인의 성실성과 직무의 안정성, 개인적인 책임을 포함한다.
- 클라이언트나 고객(clients or patrons): 정보에 대한 프라이버시와 접근의 자유, 고객 니즈에 대한 서비스를 포함한다.
- 전문직(profession): 서비스에 대한 전문적 기준과 전문직에 의해 확인되는 이슈들에 대한 공적 지식(public knowledge)을 제고하는 책임을 포함한다.
- 고용 기관(employing institution): 고용주에 대한 충성도와 해당 기관의 목적과 우선순위에 대한 뒷받침, 해당 기관의 선(善)을 위한 업무 수행을 포함한다.[24]

이상적으로는 이러한 네 개의 충성도는 함께 기능을 수행하게 되겠지만, 때로는 충성도들 간에 상충이 생기기도 하는데, 그러면 전문직이 상충하는 주장들 사이에서 협상을 해야 한다. Smith는 다음과 같은 예를 들고 있다. 도서관장이 시 공무원으로부터 마약의 불법 제조에 대한 수사에 도움을 주기 위해 대출 기록을 모니터링하도록 요청받고 있는 상황을 상상해 보라. 어떤 충성도가 우선순위를 갖게

---

22) Jean Preer, *Library Ethics* (Westport, CT: Libraries Unlimited, 2008), xiii.
23) Martha Montague Smith, "Infoethics for Leaders: Models of Moral Agency in the Information Environment," *Library Trends* 40, no. 3 (Winter 1992): 553-570.
24) *Ibid.*, 558-560.

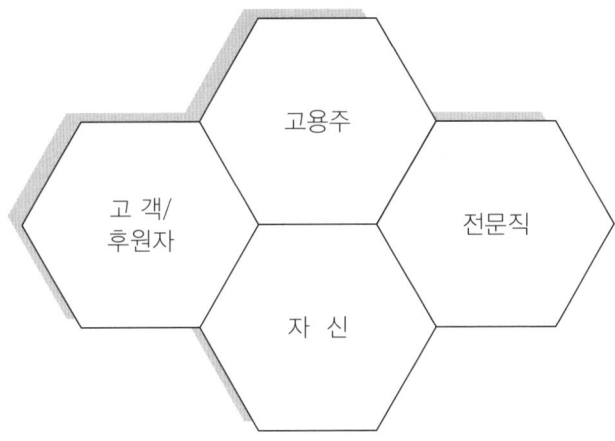

<그림 15.3> 정보 전문직의 다중 충성도

될 것인가? 고객과 전문직에 대한 충성도에 따르면 그녀는 거절할 가능성이 있을 것이다. 하지만 고용 기관이나 자신에 대한 충성도에 따라 그녀는 순응할 수도 있을 것이다.[25]

Smith의 모델은 전문직의 윤리적 의사 결정을 내리는 데 관련되는 복잡성을 설명해 주고 있으며 도서관의 경영자가 개인적 충성도와 전문적 충성도, 기관의 충성도 사이에서 충돌을 일으키는 다면적인 상황에서 추론을 해야 할 때 유용한 도구가 될 수 있다. 경영자가 어려운 의사 결정에 직면하게 될 때는, 우선 취할 수도 있는 대안적인 해결책이나 행동을 생각해 보고 그러고 나서 자신의 결정이 어떤 식으로든 부당하게 영향을 받고 있는지를 살펴보기 위해 앞서 살펴본 네 개 충성도에 비추어 이러한 것들을 검토해야 할 것이다.

15.5. 문제가 있는 윤리적 상황

모든 경영자들은 직무상에서 많은 서로 다른 유형의 윤리적 문제에 부딪히게 된다. 문제가 있는 윤리적 상황 또는 윤리적 딜레마(ethical dilemmas)는 어느 일부의 니즈와 전체의 니즈 사이의 충돌로 이루어지는 경우가 많다. 이러한 것들은 어떤 개별 직원과 전체 조직의 니즈 사이의 충돌이나 어떤 조직과 사회 전체의 니

---

25) Martha Montague Smith, "Infoethics for Leaders: Models of Moral Agency in the Information Environment," *Library Trends* 40, no. 3 (Winter 1992): 562.

즈 사이의 충돌이 될 수도 있을 것이다. 영리 세계에서는, 발생하고 있는 비윤리적 행동의 상당 부분은 비윤리적이거나 불법적인 활동에 관여하는 것을 포함하여, 어떤 대가를 치루더라도 이윤을 극대화하고자 시도한 결과인 경우가 많다. 대부분의 도서관은 비영리 조직이기 때문에, 도서관 직원들은 대개는 윤리적 행동과 주주나 오너를 위한 이윤을 증가시키는 것의 균형을 유지하고자 하는 문제에 직면하지는 않는다.

하지만 앞서 살펴본 것처럼, 사서의 전문직의 성격 때문에 사서들이 부딪히게 되는 많은 윤리적인 이슈들이 존재한다. 정보에 대한 접근과 프라이버시, 지적 재산권, 검열, 지적 자유와 같은 이슈들은 문헌정보학 전문직에게 상당한 관심거리가 되고 있다. 앞서 살펴본 윤리적 이슈들은 모든 사서들이 행하는 것의 핵심이지만, 이 장에서는 기본적으로 문헌정보학 경영자들이 직면하는 몇 가지 구체적인 윤리적 이슈들에 초점을 맞추고자 한다. 이러한 이슈들에 대한 결정은 인적 자원과 조직의 자원의 이용, 경쟁과 관련되는 경우가 많다. Rubin과 Froehlich는 다음과 같은 것들을 포함하여, 문헌정보학 경영자들이 부딪히게 되는 윤리적 긴장의 몇몇 영역들을 제시하고 있다.

- 개인들의 프라이버시의 침해, 예를 들면 직원 이메일이나 인터넷 이용에 대한 모니터링
- 의사 결정을 내릴 때 개인적인 호불호(好不好), 분노, 응징 욕구에 의한 동기 부여
- 개인적인 이득에 의한 동기 부여
- 차별적인 방식의 행동
- 기만적인 설명, 왜곡되거나 잘못된 정보의 제공, 기만적인 행동
- 고의적인 정보 숨기기[26]

Tooey와 Arnold는 최근에 다수의 보건학 학술도서관 관장들을 대상으로 서베이를 실시한 바 있다. 100퍼센트의 관장들은 관장으로서의 자신의 직위에서 윤리가 중요하다고 설명하였다. 이 관장들은 벤더 관계(30퍼센트)와 개인적인 이슈(30퍼센트), 라이선스를 받은 자원(15퍼센트), 기타(15퍼센트)의 영역에서 가장 자주

---

26) Richard Rubin and Thomas J. Froehlich, "Ethical Aspects of Library and Information Science," in *Encyclopedia of Library and Information Sciences* (Boca Raton: CRC, 2010): 1746.

문제에 부딪혔다고 보고하였다.[27]

　놀라운 사실은 아니지만, 도서관 경영자들이 직면하는 윤리적 이슈들의 상당수는 경영의 인적 자원 영역에 집중되어 있다. 그 분야의 윤리적 딜레마는 인사 기록의 비밀 유지 필요성과 개인의 권리와 기관의 권리 사이의 충돌에서 제기되는 경우가 많다. 적극적 평등 실현 조치(affirmative action)/평등 고용 기회와 직원의 프라이버시, 전자 감시(electronic monitoring)의 측면에서의 인적 자원과 충원과 관련된 몇몇 윤리적 이슈들은 이 책의 이전 장들에서 살펴본 바 있다.

　전문직 상황에서 종종 나타나는 윤리적 딜레마의 또 하나의 공통적인 유형은 개인의 이해 충돌(conflict of interest)에 대한 것이다. 이해 충돌은 직무 관련 의사 결정을 해야 하는 경영자가 의사 결정의 객관성에 영향을 미칠 수도 있는 결과에 외부의 이익을 가지고 있을 때 존재한다. 예를 들면 해당 도서관의 어떤 값비싼 시스템에 관한 의사 결정을 내리는 과정에 있는 경영자는 벤더들로부터 자신들의 본부를 방문하기 위한 무료 여행의 초대를 받을 수도 있을 것이다. 주요한 자료의 구매를 맡고 있는 사서들은 학술 대회에서 벤더들로부터 종종 와인과 식사를 제공받을 기회를 갖기도 한다. 결과적으로, 몇몇 도서관들은 어떤 특정 벤더의 접대를 받아들임으로써 벤더 선정 결정이 영향을 받을 수도 있는 어떤 제안을 피하기 위해 벤더들의 어떤 초대도 받아들이지 못하도록 하는 정책을 가지고 있다. 개인적인 이익을 위해 경영상의 직위를 이용하는 또 하나의 예로는 해당 사서의 배우자가 그 일부를 소유하고 있거나 일상적으로 여행비 환급 보고서 작성을 도와주는 민간의 컨설팅 회사와 계약하기로 결정하는 도서관 경영자를 들 수 있을 것이다. 또한 이해 충돌의 또 하나의 예는 어떤 경영자가 본업(本業)이 무시될 정도로 외부의 컨설팅 직무에 너무나 많은 시간을 보낼 경우에 발생하게 될 것이다. 대개 이러한 이해 충돌 사례들은 비윤리적인 경영자에게 어떤 종류의 재정적인 이익을 제공하지만, 때로는 예를 들면 어떤 경영자가 하계 인턴사원 자리를 채용하기 위해 객관적인 직무 심사를 실시하는 대신 그 자리에 친구의 딸을 채용한다거나, 어떤 경영자가 개인적인 친구인 직원이 좋은 업적 평가(performance review)를 받을 만한 자격이 없을 때 그 직원에게 좋은 평가를 했을 때는 개인적인 것이 될 수도 있을 것이다. 아울러 또 하나의 예로는 현재 및 이전 직원에 대한 추천서에서 얼마나 진실해야 하는지에 대해 고심하는 경영자를 들 수 있다. 여러분도 알 수 있는 것처럼,

---

27) Mary Joan Tooey and Gretchen Arnold, "The Impact of Institutional Ethics on Academic Health Sciences Library Leadership," *Journal of the Medical Library Association* 102, no. 4 (October, 2014): 241-246.

문헌정보학 경영자들은 종종 윤리적인 결정에 직면하게 되는데 무엇이 윤리적인 것인지를 결정하는 것이 항상 분명하거나 용이한 것은 아니다.

 **스킬 연습하기**

여러분이 친숙한 도서관이나 또 하나의 조직을 생각해 보라. 여러분은 그 조직의 경영자들이 직면할 것으로 기대할 만한 어떤 윤리적인 이슈들을 생각할 수 있는가? 그렇다면 가능하면 경영자를 면담하고, 그 경영자에게 자신이 해당 직무에서 다루어야만 하는 윤리적인 이슈들과 윤리적인 의사 결정을 내리는 데 도움을 주기 위해 어떤 유형의 자원들을 조직이 제공하고 있는지에 대해 질문해 보라.

15.6. 윤리적 의사 결정을 위한 도구

경영자나 직원이 윤리적 딜레마에 부딪히게 될 때는, 어떻게 해야 할 것인가? 그들은 그 이슈를 어떻게 심사숙고하고, 어떤 요인들을 고려해야 하는가? 분명히 어떤 윤리적 이슈든 그 이슈를 분석하는 중요한 첫 단계는 입수할 수 있는 모든 정보를 수집하는 것이다. 때로는 개인들이 해당 사례에 관한 모든 사실들을 인식하지 못하고 있기 때문에 잘못된 결정을 내리기도 한다. 그러나 사실을 이해하는 것으로는 충분치 않다. 사실은 우리에게 어떤 결정에 관한 정보를 제공하지만, 무엇을 해야 할는지를 우리에게 말해 주는 것은 아니다. 윤리적 의사 결정을 지원하기 위해 사용할 수 있는 다수의 도구들이 존재하는데 이 섹션에서는 윤리적 의사 결정의 프로세스를 명확하게 하기 위해 사용할 수 있는 몇 가지 접근법들에 대해 살펴보고자 한다. 이러한 도구들은 규범적인 윤리적 틀(normative ethical frameworks)과 질의 기반의 틀(question-based frameworks), 윤리 강령과 정책을 포함하고 있다.

15.6.1. 규범적인 윤리적 틀

철학자들은 윤리적 이슈들을 다루는 많은 서로 다른 접근법들을 개발해 오고 있는데, 여기에는 행동을 평가하기 위해 사용할 수 있는 다양한 규범적인 윤리적 틀의 이용이 포함된다. 이 틀은 〈그림 15.4〉에서 살펴볼 수 있다. 이 틀의 각각은 복잡하지만 간략하게 말하면, 가장 공통적인 틀의 원칙은 다음과 같다.

- **공리주의(utilitarianism)**: 이 접근법은 19세기 영국의 두 철학자, Jeremy Bentham과 John Stuart Mills의 저작에 그 뿌리를 두고 있는데, 그들은 윤리적 행위는 최대 다수의 사람들의 최대 행복을 만들어 내는 행위라고 주창하였다. 이 틀을 사용하기 위해서는, 우선 가능한 모든 행동 방침(course of action)을 확인하고, 그러고 나서 최대의 편익과 최소의 피해를 만들어 내게 될 행동을 선택하게 된다. 예를 들면, 더 많은 직원들이 업무 현장에서 흡연으로 인해 피해를 입게 되는 것보다 모든 흡연을 금지하는 정책으로부터 편익을 얻게 될 것이기 때문에 경영자가 금연을 결정할 수도 있을 것이다.
- **개인의 권리(individual rights)**: 이 틀은 18세기의 철학자, Immanuel Kant의 저작에 상당 부분의 기원을 두고 있는데, 그는 인간을 다른 생명체와 다르게 만드는 것은 인간의 존엄성으로, 이 존엄성은 인간은 합리적이라는 사실로부터 유래한다고 믿었다. 결과적으로, 인간은 프라이버시에 관한 권리와 언론의 자유(freedom of speech), 적법 절차(due process)와 같은 이양(移讓)할 수 없는 권리를 갖는다. 이러한 것들은 제한되어서는 안 되는 권리이다. 이 틀을 사용하기 위해서는 어떤 행위가 모든 당사자들의 권리를 존중하는지의 여부에 대해 의문을 제기해야 한다. 경영자는 직원의 라커를 들여다보거나 직원의 이메일을 모니터링하는 것은 직원의 프라이버시권의 침해로 간주하기 때문에 그러한 행위를 하지 않기로 하는 결정을 내릴 수도 있을 것이다.
- **사회적 정의(social justice)**: 사회적 정의 또는 공정성 접근법은 그리스의 철학자인 아리스토텔레스의 가르침으로부터 유래되고 있다. 이 접근법은 결정은 모든 사람들에 대한 공정한 대우를 포함하는 기준을 바탕으로 해야 한다고 주장한다. 이 틀을 적용할 때 물어야 하는 적절한 질문으로는 다음과 같은 것들이 있다: 어떤 행위는 얼마나 공정한가? 그것은 모든 사람들을 동일한 방식으로 대우하는가? 어떤 정실이나 차별이 존재하는가? 이 틀은 인종이나 종교, 젠더와 같은 요인들을 바탕으로 하여 직원들 사이에 어떤 차별도 존재하지 않을 것이라는 사실을 보장해 주게 될 것이다. 만일 동일한 직무를 수행하는 한 명은 남성이고 한 명은 여성인 두 사람의 직원이 있다면, 경영자는 두 근로자 모두에 대해 동등하게 보상하게 될 것이다.

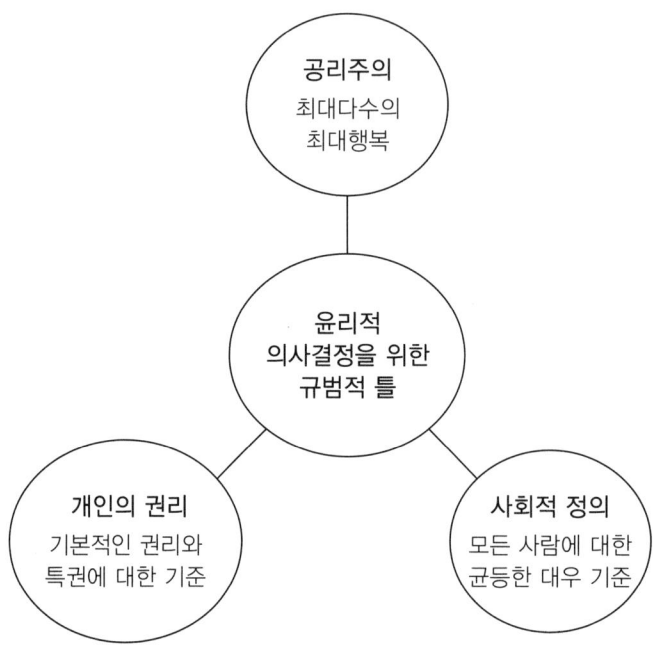

<그림 15.4> 윤리적 의사 결정을 위한 규범적 틀

이러한 윤리적 틀은 윤리적인 문제점을 고려할 때 이용하기 위한 맥락과 가장 중요한 윤리적인 고려 사항을 확인하는 수단을 경영자들에게 제공하지만, 명확한 해결책을 제공해 주지 못하는 경우가 많다. 그 대신 때로는 이러한 틀이 문제에 대한 서로 다른, 많은 경우에는 상충하는 해답을 제공해 주기도 한다.

예를 들면, 2000년에 North Carolina Museum of Art는 그 박물관의 영구 소장품의 일부로 구입했던 예술 작품에 관한 어려운 선택을 해야만 했다. 그 작품을 구입한 후, 이 그림이 제2차 세계 대전 중에 나치가 훔친 것으로 밝혀졌다. 그 작품의 원소유자의 후손들은 그 그림을 반환해 달라고 박물관에 요청하였다.[28] 많은 방문객들이 그것을 전시된 상태로 볼 수 있는 박물관에 그것을 남겨 둠으로써 최대 행복이 만들어질 것이라는 공리주의의 틀을 이용하는 것은 논쟁거리가 될 수 있었을 것이다. 하지만 다른 두 개의 틀을 이용하여 다른 주장을 펼 수도 있었을 것이다. 이 특별한 사례에서는 절충이 이루어졌다. 박물관은 그 예술품 소유자의 후손들에게 보상금을 지급하고, 그 작품은 박물관에 그대로 남겨두었던 것이다. 불행히도

---

28) Emily Yellin, "North Carolina Art Museum Says It Will Return Painting Tied to Nazi Theft," *The New York Times* (February 6, 2000): 22.

어떤 윤리적 상황들은 진정한 정답이나 오답을 갖고 있지 않은 경우가 많으며, 절충이 이루어져야만 한다. 이러한 틀들은 경영자에게 윤리적 딜레마를 바라보고 더 넓은 시각에서 이를 다루는 방식을 제공해 준다.

15.6.2. 윤리적 의사 결정을 위한 질의 기반의 틀

전문가들은 개인들이 윤리적인 방식에서 어떤 문제가 있는 상황에 직면하고 있는지의 여부를 평가하기 위해 사용할 수 있는 질문의 리스트를 포함한 다른 틀을 제공하고 있다. 예를 들면, 〈표 15.2〉에서 볼 수 있는 것과 같은 질문들은 어떤 윤리적인 결정을 내리고자 하는 개인에게 지침을 제공해 준다. 어떤 기업들은 그 직원들이 문제가 있는 상황에 대해 심사숙고하는 데 도움을 주기 위해 그와 같은 틀을 제공하고 있다. 예를 들면 Pricewaterhouse Cooper의 틀은 〈http://www.pwc.com/gx/en/about/ethics-business-conduct/ethical-decision-making-framework.

〈표 15.2〉 비즈니스 의사 결정의 윤리를 검토하기 위한 질문

1. 문제점은 정확하게 정의되고 있는가?
2. 만일 여러분이 해당 이슈의 반대편에 서 있다면 그 문제점을 다르게 정의할 것인가?
3. 그 상황은 맨 처음에 어떻게 발생하였는가?
4. 개인으로서 그리고 조직의 구성원으로서 여러분은 누구에게 그리고 무엇에 대해 여러분의 충성을 다하고 있는가?
5. 이 의사 결정을 내릴 때 여러분의 의도는 무엇인가?
6. 이 의도는 가능성이 있는 결과와 어떻게 비교되는가?
7. 여러분의 결정이나 행위가 누구에게 손해를 줄 수도 있는가?
8. 여러분은 의사 결정을 하기에 앞서 영향을 받을 가능성이 있는 사람과 그 문제점에 대해 논의할 수 있는가?
9. 여러분은 여러분의 결정이 지금 타당해 보이는 것처럼 시간이 흘러도 똑같이 타당할 것으로 확신하고 있는가?
10. 여러분은 이 결정을 여러분의 상사나 여러분의 이사회, 여러분의 가족, 사회 전체에 아무 거리낌 없이 드러낼 수 있는가?
11. 만일 이해된다면 여러분의 행위가 갖는 상징적인 잠재력은 무엇인가? 만일 오해가 생긴다면?
12. 여러분은 어떤 상황 아래에서 이 결정에 대한 예외를 허용할 것인가?

출전: L. L. Nash, "Ethics without the Sermon," *Harvard Business Review* 58, no. 6 (November-December, 1981): 81.

html〉에서 볼 수 있다. 다른 경영자들은 다음과 같은 질문을 함으로써 제공되는 아주 간단한 지침을 사용하고 있다. "여러분은 여러분이 내린 결정에 관해 여러분의 부모님이나 조부모님에게 자랑스럽게 이야기할 것인가?," "여러분은 밤에 숙면을 취할 수 있을 것인가?," "만일 여러분의 로컬 텔레비전 방송국의 인터뷰 담당자가 여러분의 행위에 관해 질문하기 위해 카메라를 들고 나타난다면 여러분은 기분이 어떨 것인가?" 이와 같은 질문들은 복잡한 문제에 대한 어떤 개인의 반응에 초점을 맞추는 데 도움이 될 수도 있을 것이다. 그러나 앞서 살펴본 것처럼, 윤리적 딜레마는 만만치가 않으며, 때로는 쉽사리 알 수 있는 올바른 해답이 전혀 존재하지 않기도 하고, 아니면 둘 이상의 접근법을 취해야 할 수도 있다.

15.6.3. 윤리 강령

윤리 강령(code of ethics)은 윤리적인 의사 결정에 도움이 될 수 있는 또 하나의 도구이다. 많은 기업체 조직들은 조직 내의 개인들이 윤리적으로 행동할 때 지침이 되도록 하기 위해 설계된 윤리 강령을 가지고 있다. 특정 조직의 개별적인 윤리 규정 이외에도, 많은 전문직 단체들은 전문직 내의 개인의 행동의 지침이 되도록 하기 위해 설계된 윤리 규정을 개발해 오고 있다. 미국의 그리고 국제적인 많은 대기업들은 그 자체의 윤리 규정을 개발해 오고 있다. 예를 들면 Google은 그 윤리 강령에 유명한 "사악해지지 말라"(Don't be evil)에 대해 상세하게 설명하고 있다.[29] Amazon[30]과 General Motors,[31] 그리고 많은 다른 조직들은 자신들의 윤리 규정을 자신들의 웹사이트에 포스트하고 있다.

더 적은 수의 도서관들이 그 자체의 개별적인 윤리 규정을 개발해 오고 있다. 도서관은 그 직원들에게 윤리 규정을 제공해야 한다는 권고를 받고 있는데, 전체적으로 볼 때, 몇몇 도서관들은 벤더 관계와 같은 토픽들을 다루는 구체적인 정책을 가지고 있기는 하지만, 대부분의 도서관은 그 자체의 윤리 규정을 개발하지 못하고 있다. 그 대신에 대부분의 사서들은 전문직의 윤리 강령을 지지하고 있다.[32] 예를 들면, 미국도서관협회(ALA: American Library Association)는 〈그림 15.5〉

---

29) "Code of Business Conduct and Ethics," Amazon, accessed July 13, 2017, 〈http://phx.corporate-ir.net/phoenix.zhtml?c=97664&p=irol-govConduct〉.
30) *Loc. cit.*
31) "Code of Business Conduct and Ethics," General Motors, July 2011, accessed September 27, 2016, 〈https://www.gmfinancial.com/Docs/About-Us/code-of-business-conduct-and-ethics.pdf〉.

에서 볼 수 있는 윤리 강령을 가지고 있다. Medical Library Association도 보건학 사서들을 위한 그 자체의 윤리 강령을 개발해 오고 있다.[33] Special Libraries Association[34]과 Society of American Archivists[35]는 자신들의 웹 사이트에 윤리에 대한 선언문을 포스트하고 있는 많은 다른 문헌정보학 단체들에 해당한다. 유사한 방식으로, 전 세계의 국립도서관들과 사서들의 협회는 전문직의 윤리 강령을 개발해 오고 있다. 그와 같은 전문직 윤리 강령의 상당수는 국제도서관연맹(IFLA: International Federation of Library Associations and Institutions)의 웹사이트에서 볼 수 있다.[36] 이러한 각각의 전문직 윤리 강령들에 나타나는 요소들을 비교하여 대조하고 각 그룹의 강령이 다른 그룹의 것들과 어떤 측면에서 어떻게 다른지를 알아보는 것은 흥미로운 일이다.

하지만 이러한 윤리 강령들의 거의 대부분은 도서관직의 핵심적인 가치와 정보 전문가 및 서비스 제공자로서의 사서의 역할에 초점을 맞추고 있다.[37] Gorman은 문헌정보학 전문직의 기본적인 가치는 인간의 기록에 대한 서비스와 관리에 있으며, 지적 자유와 리터러시, 독서, 평생 학습, 접근의 공평성, 프라이버시, 민주주의, 더 큰 선(善)에 대한 헌신이 사서들의 업무의 중심이라고 말하고 있다.[38] 대부분의 도서관의 강령들은 이러한 가치들을 반영하고 있으며, 비밀과 개인적인 중립성, 프라이버시, 품질, 접근의 공평성과 같은 이슈들을 강조하고 있다. 결과적으로 이러한 강령들은 고객을 위한 윤리적 행동에 대한 대부분의 지침을 제공하는 경우가 많으며 경영자들이 직면하는 내부의 의사 결정을 다루는 복잡한 윤리적인 결정에 부딪혔을 때 지원을 제공하는 경우는 더 적다. 이러한 유형의 결정에 대해서는, 어떤 조직의 강령이나 윤리 정책이 더 도움이 될 것이다. 어떤 도서관들은 생겨날

---

32) Jean Preer, *Library Ethics* (Westport, CT: Libraries Unlimited, 2008), 5-24.
33) "Code of Ethics for Health Sciences Librarianship," Medical Library Association, June 2010 accessed July 13, 2017, 〈http://www.mlanet.org/p/cm/ld/fid=160〉.
34) "Professional Ethics Guidelines," Special Libraries Association (SLA), December 2010, accessed July 13, 2017, 〈https://www.sla.org/about-sla/competencies /sla-professional-ethics-guidelines/〉.
35) "SAA Core Values Statement and Code of Ethics," Society of American Archivists, May 2011, accessed July 13, 2017, 〈http://www2.archivists.org/statements/saa -core-values-statement-and-code-of-ethics〉.
36) "Professional Codes of Ethics for Librarians," IFLA, March 21, 2017, accessed July 13, 2017, 〈http://www.ifla.org/en/faife/professional-codes-of-ethics-for-librarians〉.
37) Adele Barsh and Amy Lisewski, "Library Managers and Ethical Leadership: A Survey of Current Practices from the Perspective of Business Ethics," *Journal of Library Administration* 47, no. 3-4 (July 2008): 27-67.
38) Michael Gorman, *Our Enduring Values Revisited: Librarianship in an Ever-Changing World* (Chicago: ALA, 2015).

미국도서관협회 윤리 강령

미국도서관협회의 회원으로서, 우리는 사서와 정보 서비스를 제공하는 그 밖의 전문직, 도서관 위원회, 도서관 직원의 업무의 지침이 되는 윤리적 원칙을 성문화하고 전문직과 일반 대중에게 알리는 것이 중요하다는 사실을 인식하고 있다.

윤리적 딜레마는 가치가 상충할 때 발생한다. 미국도서관협회 윤리 강령에서는 우리가 헌신하고 있는 가치를 명시하고 오늘날의 변화하는 정보 환경에서 전문직의 윤리적 책임을 구체화하고자 한다.

우리는 정보의 선정과 조직, 보존, 배포에 상당한 영향을 미치거나 통제하고 있다. 정보에 밝은 일반 시민들을 기반으로 하는 정치 시스템에서, 우리는 지적 자유와 정보에 대한 접근의 자유에 명백하게 헌신하고 있는 전문직의 구성원이다. 우리는 현재와 미래 세대에 대한 정보와 사상의 자유로운 흐름을 보장할 특별한 의무를 가지고 있다.

이 윤리 강령의 원칙은 윤리적 의사 결정의 지침이 되는 광범위한 선언문으로 표현되어 있다. 이러한 선언문은 하나의 틀을 제공하는 것으로, 특정 상황을 다루는 행동을 지시할 수 없으며 지시하지도 않는다.

1. 우리는 적절하고 유용하게 조직된 자원과 공평한 서비스 정책, 공평한 접근, 모든 요청에 대한 정확하고 편견 없는 정중한 응대를 통해 최고 수준의 서비스를 모든 도서관 이용자에게 제공한다.
2. 우리는 지적 자유의 원칙을 지키고 도서관 자원을 검열하고자 하는 모든 노력을 저지한다.
3. 우리는 검색하거나 제공받은 정보와 참고하거나 대출하거나, 입수하거나, 전송한 자원과 관련하여 도서관의 각 이용자의 프라이버시와 비밀에 대한 권리를 보호한다.
4. 우리는 지적 재산권을 인정하고 존중한다.
5. 우리는 함께 일하는 사람들과 다른 동료들을 존경과 공정성, 선의를 가지고 대하며 우리 기관의 모든 직원의 권리와 복지를 보호하는 고용 조건을 지지한다.
6. 우리는 도서관 이용자나 동료, 우리의 고용 기관을 희생하면서 사적 이익을 도모하지 않는다.
7. 우리는 우리의 개인적 신념과 전문직의 책무를 구별하며 우리의 개인적 신념이 우리 기관의 목표의 표현이나 그 정보 자원에 대한 접근의 제공을 방해하도록 용납하지 않는다.
8. 우리는 우리 자신의 지식과 기술을 유지하고 향상시키며, 함께 일하는 사람들의 전문적 발전을 권장하고, 우리 전문직의 잠재적 구성원의 열망을 조성함으로써 우리 전문직의 탁월성을 얻고자 노력한다.

1939년 동계 회의에서 미국도서관협회 심의회에서 채택되고, 1981년 6월 30일과 1995년 6월 28일, 2008년 1월 22일 수정되었다.

출전: Reprinted by the permission of the American Library Association

〈그림 15.5〉 미국도서관협회(ALA)의 윤리 강령

수도 있는 윤리적인 문제점들을 다루기 위한 더 실제적인 조언을 제공해 주는 그와 같은 강령들을 가지고 있다.[39] 많은 도서관들은 그 모체 조직의 윤리 강령에 의해 커버되고 있지만, 만일 더 많은 도서관들이 그 자체의 구체적인 윤리 강령을 개발한다면 그것은 도서관 경영자들과 그 직원들에게 도움이 될 것이다.

조직의 윤리 강령은 물론 전문직의 윤리 강령은 그것이 어떻게 사용되는지에 좌우된다. 만일 특정 강령의 중요성이 모든 직원들에게 교육되고, 최고 경영자들이 그와 같은 강령을 지지하고, 그 강령을 위반하는 개인들이 처벌을 받게 되면, 윤리 강령은 행동을 형성하는 데 중요할 수 있을 것이다. 그와 같은 강령이 겉치레로만 사용되면, 윤리적 행동에 대한 지침을 제공하는 데 비효과적이 될 것이다. Enron Corporation은 금세기의 가장 악명 높은 윤리 스캔들의 하나에 관련되어 있는데, 모든 직원에게 배포되었던 64페이지짜리 윤리 강령을 가지고 있었지만, 그 강령은 그 기업의 많은 경영자들에 의해 무시되고 있었던 게 분명하다.

 **이야기해 보기**

어떤 조직이 윤리 강령을 가지고 있는 것만으로는 비윤리적 행동을 예방하기에 충분치 않다. 2016년 9월, 미국의 대규모 은행인 Wells Fargo는 수천 명의 은행 직원들이 고객들의 자격 증명서를 이용하여 이러한 사실을 고객들에게 알리지 않은 채 2백만 개 이상의 예금과 신용 카드, 직불 계좌를 만들었었다는 사실을 발견하였기 때문에 합의금으로 1억9천만 달러를 지불하기로 동의하였다. 이러한 행위는 비윤리적일 뿐만 아니라 그들이 Dodd-Frank 금융개혁법(Dodd-Frank Wall Street Reform and Consumer Protection Act)을 위반하였기 때문에 불법이다. Wells Fargo는 윤리 강령을 가지고 있었을 뿐만 아니라, 많은 페이지를 신뢰에 대해 논하고 Wells Fargo가 얼마나 그 고객을 우선적으로 중시하는지를 설명하는 데 할애하고 있는 37페이지짜리 책자를 가지고 있었다. "우리는 우리의 이해 관계자들에 의해 세계의 위대한 기업 가운데 진실성과 원칙에 의한 성과를 얻기 위한 기준을 설정한 것으로 인정받기 위해 노력하고 있다. 이것은 단순히 올바른 일을 하는 것 이상의 것이다. 우리는 또한 그것을 올바른 방식으로 수행해야 한다."[40]

---

39) 예를 들면 다음과 같은 두 개의 윤리 정책을 참고하라: "Board of Trustees and Library Employee Ethics Policy," Bullitt Country Public Library, August 9, 2016, accessed July 13, 2017, 〈http://www.bcplib.org/PDF/Policies/Ethics.pdf; and "Jasper Country Public Library Code of Ethics Policy," Jasper County Public Library, January 2017, accessed July 13, 2017, 〈http://myjcpl.org/sites/default/files/code_of_ethics_reviewed_final_1_17.pdf〉.

40) "The Vision & Values of Wells Fargo," WellsFargo, accessed July 13, 2017, 〈https://www08.wellsfargomedia.com/assets/pdf/about/corporate/vision-and-values.pdf〉.

윤리 규정은 윤리적인 환경을 만들어 내는 데 도움이 될 수 있지만, 조직 문화가 윤리적 행동에 대해 보상하지 않으면, 그런 일은 생기지 않을 것이다. Wells Fargo에서는, 조직이 직원들에게 부적절하게 행동하도록 보상을 하고 사실상, 거의 강요하는 인센티브 구조를 만들어냈다. 2008년을 시작으로, 이 은행은 직원들이 도달하기가 사실상 불가능했던 일련의 도전적인 목표와 판매 할당량을 도입한 바 있다. 직원들은 그들을 "자신들의 판매 할당량을 단지 비윤리적이고, 불공정하며, 불법적이고, 기만적인 수단을 통해서만 달성할 수 있는 불안정한 지위"[41]로 내몬 보상 시스템 아래에서 업무를 수행하고 있었다. Wells Fargo는 신뢰와 일을 올바르게 수행하겠다는 명문화된 약속에도 불구하고 상당수의 직원들이 비윤리적인 행동에 관여하는 결과를 초래한 문화를 만들어냈다.

여러분이 Wells Fargo의 직원으로 기만적인 은행 계좌를 설정하고 여러분의 판매 할당량을 채우거나 아니면 윤리적으로 행동하고 할당량을 채우지 못하여 해고될 수도 있는 선택에 직면했었다고 상상해 보라. 여러분은 어떻게 행동했었을 것인가? 직원들이 자신들이 평가와 보상을 받는 방식의 변경을 힘으로 밀어붙일 수 있는 방법이 존재했을 것인가?

15.7. 윤리 교육 훈련

경영자들은 앞서 살펴본 모든 윤리적 틀과 윤리 강령, 질문하기 접근법은 그러한 것들이 직원들에게 커뮤니케이션되고 직원들이 그러한 것들을 배워서 사용하지 않으면 무용지물이라는 사실을 알아야 한다. 어떤 수준에서는 어떤 조직에 윤리적 행동을 주입시키는 것이 단지 직원들에게 훌륭한 행동의 중요성을 가르치는 문제가 되어야 하는 것처럼 보일 수도 있을지 모르겠지만, 리서치에서는 윤리적 의사 결정을 하는 것은 단지 그렇게 하고자 하는 의지 이상의 것을 필요로 하고 있음을 보여 주고 있다. 많은 개인은 의사 결정을 내릴 수 있는 자신의 능력을 과대평가하고 자기 자신의 편견과 그러한 것들이 어떤 윤리적 딜레마에 봉착했을 때 자신의 선택에 어떻게 영향을 미칠 수도 있는지에 대해 충분하게 인식하지 못하고 있다. 따라서 개인들은 자신들이 비윤리적인 방식으로 행동하고 있다는 사실을 인식하지 못하는 경우가 많을 수도 있을 것이다.[42]

---

41) Tim Askew, "Wells Fargo and the Dangers of Goals Gone Wild," Inc., September 13, 2016, accessed July 13, 2017, 〈http://www.inc.com/tim-askew/wells-fargo-ethical-culture-and-profitability.html〉.

42) Mark Winston, "The Complexity of Ethical Decision Making." *Journal of Information Ethics* 24, no. 1, (April 2015): 48-64.

Bazerman과 Tenbrunsel은 우리들이 "만일 우리가 그 행동을 의식적으로 인식하고 있었다면 비난했을 행동에 결과적으로 관여하거나 이를 용납할" 때 그들이 "윤리의 퇴색"(ethical fading)이라고 칭한 상황에 대해 설명하고 있다. 그들은 "사회생활에서든 직장 생활에서든, 벌어지는 많은 비윤리적 행동은 사람들이 무의식적으로 자신을 속이기 때문에 발생한다. 그들은 위반을 눈감아주는 것, 즉 동료를 도와주기 위해 규칙을 바꾸거나 어떤 고객의 명예를 손상시킬 수도 있는 정보를 못 본 체 하는 것이 자신들에게 이익이 되기 때문에 그렇게 하는 것"[43]이라는 사실에 주목하고 있다.

앞서 살펴본 것처럼, 개인들은 자기 자신의 일단의 윤리적 지침을 가지고 있으며, 이러한 지침은 상당히 동질적인 직원들 사이에서조차도 많이 다를 수 있다. 조직들이 더 다양한 직원들을 고용함에 따라, 서로 다른 문화는 무엇이 수용 가능한 윤리적 행동인지에 관해 서로 다른 믿음을 갖는 경우가 많다는 사실을 명심하는 것이 중요하며, 어떤 직원이 교육 훈련 없이 어떤 조직의 윤리적 기대를 이해한다고 결코 추정할 수 없는 것이다. 민간 부문의 많은 기관의 경영자들은 성희롱으로부터 내부자 주식 거래에 이르는 다양한 토픽들에 대해 조직 내에서 기대되는 윤리적 기준에 관해 직원들에게 정보를 제공하기 위한 윤리 교육 훈련 프로그램을 도입하고 있다. 사람들이 윤리적으로 행동하도록 가르치고자 노력하는 것은 쉽게 할 수 있는 일이 아니기는 하지만, 윤리 교육 훈련은 조직의 기준을 강화하고 직원들에게 윤리적 행동의 중요성을 상기시켜 주기 때문에 유용할 수 있다.

 스킬 연습하기

여러분이 현재 근무 중에 있거나 아니면 과거에 어떤 직무를 가졌던 적이 있다면, 여러분은 윤리의 어떤 교육 훈련을 제공받은 적이 있는가? 여러분은 여러분이 받았던 교육 훈련이 여러분이 내려야 할 필요가 있는 윤리적 의사 결정을 다루도록 준비하기에 적합했다고 생각하는가? 여러분은 여러분의 직무에서 윤리적 이슈에 부딪혔었는가? 여러분은 조직의 어떤 윤리적 문제점을 인지하고 있는가?

---

43) Max H. Bazerman and Ann E. Tenbrunsel, "Stumbling into Bad Behavior," *New York Times,* April 20, 2011.

15.8. 경영자가 윤리적 행동을 촉진하기 위한 지침

윤리는 모든 조직에 중요하지만, Trevino와 Brown이 설명하고 있는 것처럼, "윤리는 쉬운 것이 아니다." 비윤리적 행동은 역사를 통틀어 우리와 함께 존재해 오고 있지만, 오늘날에는 사람들이 비윤리적 행동에 관여하게 되는 더 많은 모호한 영역(grey areas)과 더 많은 기회가 존재하고 있다. 이 저자들은 어떤 유형의 조직에서든 윤리 경영(ethics management)을 증진하기 위한 다음과 같은 일단의 지침을 제공하고 있다.

- 기존의 윤리 문화를 이해하라: 익명의 서베이와 포커스 그룹과 같은 도구들은 경영자들로 하여금 직원들이 정말로 무엇이 조직의 윤리적 풍토라고 생각하는지를 알아내는 데 도움을 줄 수 있다. 직원들은 윤리적으로 행동하는 사람들이 보상을 받고 그렇지 않은 사람들이 처벌을 받는다고 느끼고 있는가? 직원들은 자신들이 성공을 거두기 위해서는 무엇을 해야 한다고 생각하는가? 윤리의 중요성에 대해 커뮤니케이션하라. 경영자들은 명확하고 일관성 있는 메시지를 보내는 것을 확실히 해야 하며 사람들에게 단지 올바른 일을 하라고 말하는 것만으로는 충분치가 않다는 사실을 명심해야 한다. 직원들은 생겨날 수도 있는 윤리적 이슈들의 유형과 의사 결정이 내려질 때 윤리적 가치를 적용하는 방법에 관해 교육을 받아야 한다.
- 보상 시스템에 초점을 맞추어라: 경영자들은 윤리적 행동은 처벌을 받는 것이 아니라 보상을 받는다는 사실을 분명하게 해야 한다. 직원들은 여러분이 어떻게 하든 앞서나가는 것은 용납되지 않는다는 사실을 알고 있다는 것을 확신하라.
- 윤리적 리더십을 촉진하라: 회사의 최고 경영자들은 자신보다 아래에 있는 사람들에게 윤리적 행동을 권장하고자 한다면 스스로 윤리적 행동을 보여주어야 한다. 윤리적 조직 문화는 윤리적 리더와 관련이 있다. 영리 조직에서는, 윤리적 행동이 단기적인 순이익(bottom-line profits)보다 더 중요하다는 사실을 강조하는 것이 중요하다.[44]

---

44) Linda Klebe Trevino and Michael E. Brown, "Managing to Be Ethical: Debunking Five Business Ethics Myths," *Academy of Management Executive* 18, no. 2 (May 2004): 78-80.

15.9. 결 언

윤리는 중요한 토픽이며, 윤리적 이슈는 복잡하고 처리하기 어려운 경우가 많다. 분명히, 다른 사람을 신체적으로 상하게 하는 것에 대한 금지와 같이, 거의 모든 사람의 의견이 일치될 만한 윤리의 몇 가지 요소들이 존재한다. 그러나 많은 다른 영역에는 애매성이 존재하고 있으며, 최선의 의도를 가진 사람들조차도 종종 해야 할 올바른 일에 관해 동의하지 않을 것이다. 하지만 윤리적 환경을 촉진하고자 하는 경영자들을 위한 몇 가지 기본적인 지침들이 존재한다. 모든 경영자들은 (1) 자기 자신의 행동에 의해 윤리의 중요성을 보여 주어야 하며, (2) 적절한 행동 강령이 준비되어 있고 직원들이 그에 대한 정보를 갖도록 확실히 해두어야 하며, (3) 직원들이 따르고 있음을 분명히 하기 위해 직원들의 행동을 모니터링해야 한다.

윤리적으로 경영하는 것은 용이하지 않지만, 자신의 조직 내에서 높은 윤리적 기준을 유지하는 것은 모든 경영자의 책임이다. Cihak와 Howland는 경영자가 자신의 조직 내에 지속적인 윤리 문화를 만들어 내고자 한다면 자기 자신의 행동을 객관적으로 그리고 일관성 있게 검토해야 한다는 사실을 모든 경영자에게 상기시키면서, 다음과 같이 말하고 있다.

> 도서관장은 자신이 자기 자신에게 요구하는 것보다 더 높은 기준을 자신의 직원들에게 지키도록 할 수 없다. 도서관장은 또한 그 기관의 잘 표현된 윤리적 가치를 반영하지 못하는 방식으로 행동할 수도 없다. 어떤 도서관 환경 내의 윤리적 행동은 매일매일 테스트되고, 실행되고, 판단될 것이다. 윤리적 패턴 또는 그러한 패턴의 결여는 연습한대로 나타나게 된다. 그렇다면 문제는 도서관장이 윤리적 원칙의 명확한 표현과 실행에 의해 윤리적 업무 현장을 만들어 내거나 지속시키는 것이 가능한지의 여부가 된다. 일관성이 없는 윤리적 행동을 감내하거나 거짓말이나 중상모략, 절도와 같은 심각한 윤리적 범죄를 무시하는 도서관 조직에 대한 부정적인 결과와 비용은 막대하다.[45]

비윤리적 관행이 횡행하는 조직에서는, 조직은 물론 그 직원들도 거의 불가피하게 부정적인 결과에 시달린다. 오늘날의 도서관 경영자들은 책무성에 대한 요구가 나날이 증가하고, 다양한 이해 관계자들과 미디어에 의한 리더와 조직에 대한

---

45) Herbert E. Cihak and Joan S. Howland, "Temptations of the Sirens: Ethical Issues in Libraries," *Law Library Journal* 104, no. 4 (September 2012): 543.

감시가 늘어나며, 자원에 대한 경쟁 수준이 증가하는 환경에서 일하고 있다. 도서관 경영자들과 문헌정보학 근로자들이 윤리적 원칙을 자신들의 업무 현장의 모든 측면에 통합하고자 노력하기는 어려운 경우가 많지만, 가능한 한 많이 노력해야 한다. 윤리적인 방식으로 행동하는 것은 조직과 그 직원, 그 이해 관계자, 사회 전반을 위해 더 나은 결과로 이어지게 된다.

학습 내용 연습하기

1. 윤리 퀴즈: 여러분은 다음과 같은 상황에서 가장 윤리적인 접근법은 무엇이라고 생각하는가?

   A. 여러분은 대규모 공공도서관에서 근무 중인 참고 담당 사서이다. 십대 두 명이 들어와서 차량 폭탄의 제조 방법에 대한 설명에 대해 묻고 있다.
      여러분은 여러분이 할 수 있는 모든 것으로 그들을 도와줄 것인가?
      여러분은 경찰에게 전화를 할 것인가?
      여러분은 여러분의 감독자에게 조언을 요청할 것인가?
      여러분은 그들에게 왜 그 정보를 원하는지 물을 것인가?

   B. 여러분은 소규모 학술도서관의 관장이다. 자동화 벤더가 여러분에게 전국적인 미팅에서 저녁 식사를 대접하겠다는 제안을 하고 있다.
      여러분은 감사하게 받아들일 것인가?
      여러분은 진행은 하되 여러분 자신의 방식으로 지불할 것인가?
      여러분은 초대를 거절할 것인가?
      여러분은 또 다른 관장 친구도 오는지의 여부를 물어볼 것인가?

   C. 도심에 위치한 여러분의 소규모 공공도서관의 고객들이 노숙자들이 도서관 화장실에서 목욕을 하고 가구 위에서 잠을 자는 것에 대해 불평을 하고 있다.
      여러분은 화장실 이용을 감시하기 위해 화장실을 잠가 두고 사람들로 하여금 직원들로부터 열쇠를 가져가도록 할 것인가?
      여러분은 도서관의 부적절한 이용을 막는 표지판을 세울 것인가?
      여러분은 경찰로 하여금 잠을 자거나 목욕을 하기 위해 도서관을 이용하는 사람을 내보내도록 할 것인가?
      여러분은 고객들이 노숙자들을 위한 쉼터를 시작하도록 제안할 것인가?[46]

2. 새로운 테크놀로지는 종종 새로운 윤리적 도전을 제기한다. 최근 들어 많은 사서들은 도난을 막고, 자료를 추적하며, 도서를 더 신속하게 대출하기 위해 자신들의 장서에 RFID 태그의

---

46) 다음 자료를 수정하였다: Martha M. Smith, "The Ethics Quiz," *North Carolina Libraries* 51 (Spring 1993), 28-30.

이용을 채택하고 있다. 하지만 이 태그들은 개인적으로 식별 가능한 정보를 수집하기 때문에 이 테크놀로지는 개인들의 독서 습관을 모니터링하는 수단을 제공하므로, 언론의 자유는 상대적 익명성을 가지고 읽을 권리에 의존하기 때문에, 그것이 언론의 자유를 손상할 수도 있다는 우려가 제기되고 있다. 고객의 독서 습관을 바탕으로, 고객의 라이프스타일, 성적 지향성, 정치적 견해 등에 관한 추론이 이루어질 잠재적 가능성을 둘러싼 우려도 표명되고 있다. 사서들은 이전에도 독서 패턴을 추적할 수 있었지만, RFID 태그는 눈에 덜 띄는 반면, 더 많이 침해하고, 더 거슬리며, 더 구석구석 배어들 잠재적 가능성을 가지고 있으며, 아울러 데이터의 더 큰 상세함과 세분화를 제공해 준다.[47]

RFID는 도서관에서 비윤리적인 방식으로 사용될 잠재적 가능성을 가진 테크놀로지의 한 예이다. 만일 여러분이 여러분의 도서관에서 RFID 테크놀로지를 실행할 것을 고려하고 있는 도서관 경영자라면, 테크놀로지가 윤리적인 방식으로 이용되도록 보장하기 위해 여러분은 어떤 단계를 취하고 싶어 할 것인가?

3. Allenby Public Library의 도서관장인 Drew Hodges는 연필을 내려놓고, 자신의 의자를 뒤로 밀치고, 팔을 머리 위로 뻗고, 창문을 내다보고 있었다. 따뜻하고 햇볕이 내리쬐는 인디언 서머의 날이었다. "안에 있기에 정말 좋은 날이다!"라고 그가 말했다. 상당히 머뭇거리면서, 그는 의자를 휙 돌려서 막 자신의 논문으로 돌아가려는 찰나에 Preston Hatch가 방안으로 머리를 들이밀었다.

"Drew, 잠시 시간을 좀 내주실래요?" 시장은 활기차게 물었다. "그러시죠," 도서관장은 웃으면서 말했다. "만나서 반가워요. 앉으시겠어요, Preston?" 그는 시장을 잘 알지는 못하시만, 그들은 서로 이름을 부르는 사이였다. Hodges는 의아한 눈으로 그를 살피면서, 남은 커피를 잡으려고 손을 뻗었다. Hatch가 말했다. "내 딸 Lisa가 9월초에 견습생 자리에 지원했는데, 어제 그 아이가 언제 시작하게 될 것인지를 알아보기 위해 대출 부서장을 만나려고 들렀다고 하네요. Ms. Wren이 그 아이에게 자기는 대기자 명단의 18번에 있으니 연락을 받을 때까지 상당한 시간이 걸릴 거라고 말했답니다."

도서관장의 마음속에 어렴풋한 생각이 떠올랐다. "당신은 나에게 부탁을 하려고 하는 중이군요. 알 것 같네요." 그러나 그는 잠자코 있었다. 시장은 계속해서 말했다. "관장님이 개인적으로 이걸 좀 살펴보고 그 아이가 명단에서 상위로 옮길 수 있는지 알아봐 주실래요? 그 아이는 고등학교 마지막 해이고, 내년에 대학에 진학하려고 시간을 아끼고 있거든요. 그 아이는 똑똑하고 정말 믿을만한 아이예요. 만일 당신이 그 아이를 명단의 맨 윗자리로 옮겨준다면 정말 감사하겠습니다."

여기에서 문제점은 무엇이며 여러분은 어떻게 할 것인가?

---

47) Stuart Ferguson, et al., "The Application of RFIDS in Libraries: An Assessment of Technological, Management and Professional Issues." *International Journal of Information Management* 31, no. 3 (June 2011): 244-251.

4. 다음의 윤리적 딜레마는 문헌정보학 학생에 의해 BUBLIB 전자 메일링 리스트에 포스트되었던 것이다.

여러분이 근무하는 도서관은 지금 막 ALA 컨퍼런스를 위한 여러분의 모든 경비를 지불하기로 동의하였다. 여러분은 6년 동안 여러분의 현재 직위에 있으며 옮겨갈 시기가 되었다고 느끼고 있다. ALA 컨퍼런스는 구직과 면접을 위한 대단한 곳이 될 것이다. 여러분의 고용주는 이것이 여러분의 계획의 일부라는 사실을 전혀 모르고 있다. 그 컨퍼런스에서 면접을 하는 것에 무슨 문제라도 있는가?[48]

여러분은 여러분의 참석에 대한 비용을 여러분의 현재 고용주가 지불한 컨퍼런스에서 다른 직무의 면접을 하는 것이 윤리적이라고 간주할 것인가? 왜 그렇게 생각하는가?

토론용 질문

1. 평판은 다른 사람들이 여러분을 어떻게 인식하는가 하는 것이고 개성은 어느 누구도 지켜보지 않을 때 여러분이 어떻게 행동하는가 하는 것이라고 말하는 경우가 있다. 사람들은 자신들이 다른 사람들에 의해 관찰되고 있을 때 다르게 행동하는 것은 불가피한가, 아니면 진정으로 윤리적인 사람은 언제나 동일한 방식으로 행동하는가?

2. Albert Einstein은 한때 "상대성은 윤리학이 아니라, 물리학에 적용된다"고 말한 바 있다. 여러분은 이 의견에 동의하는가? 윤리적 원칙은 언제나 동일한가 아니면 상황에 따라 변하는가?

3. 윤리 규정은 길거나 정교해야만 하는 것은 아니다. Google의 모토인 "사악해지지 말라"(Don't be evil)에 대해 생각해 보라. 이것이 직원 행동의 지침이 되는 윤리 규정으로 충분한가?

4. 현재 또는 이전 직원을 위해 추천서를 제공하는 것이 때로는 감독자를 난감한 상황에 처하도록 하기도 한다. 만일 여러분이 여러분의 팀에 특히나 까다롭고 효과적이지 못한 팀원이 한 사람 있는 경영자로, 그 개인을 위해 다른 조직의 새로운 직위를 위한 추천서를 써 달라는 요청을 받았다면, 여러분은 골칫거리인 직원을 제거하기 위해 좋은 추천서를 작성할 것인가 아니면 사실대로 말할 것인가?

---

[48] 원래의 포스트는 인터넷에서 삭제되었지만 이 케이스는 다음 논문에서 논의된 바 있다: John N. Berry III, "An Excess of Ethics: We Don't Need Rules that Limit Professional Growth and Advancement," *Library Journal* 136, no. 19 (Nov. 15, 2011): 9.

Chapter 16 조직 커뮤니케이션

이 장의 요점

이 장을 마친 후 여러분은:

- 현대 조직에서의 커뮤니케이션의 중요성을 이해해야 한다.
- 커뮤니케이션이 이해되지 못하도록 하는 다양한 유형의 "잡음"(noise)에 익숙해야 한다.
- 조직 커뮤니케이션에서 사용할 수 있는 많은 경로들을 이해해야 한다.
- 어떤 조직 내에서 커뮤니케이션이 흐를 수 있는 세 가지 방식을 알아야 한다.
- 공식 커뮤니케이션과 비공식 커뮤니케이션의 차이를 이해해야 한다.
- 갈등의 원인을 확인하고 갈등이 업무 현장에서 어떻게 건설적으로 사용될 수 있는지를 알 수 있어야 한다.

    효과적인 조직 리더가 되기 위해서는, 여러분은 다른 사람들, 같은 조직 내에서 일하는 개인들은 물론 여러분의 조직의 외부 고객 구성원과 훌륭하게 커뮤니케이션할 수 있어야 한다. 2016년에, *Library Journal*의 편집자들은 유명 도서관장 그룹에 대해 여론 조사를 실시하고 신입 사서들에게 어떤 기술들이 가장 필수적이라고 생각하는지에 대해 그들에게 물었다. 거의 모든 응답자가 커뮤니케이션의 기술을 언급하였다.[1] 커리어 서비스 전문직에 의해 실행된 또 하나의 최근의 서베이에서

---

[1] Meredith Schwartz, "Top Skills for Tomorrow's Librarians," *Library Journal* 141, no. 4 (March 1, 2016): 38-39.

는, 모든 유형의 조직의 경영자들이 조직 안팎의 사람들과 커뮤니케이션할 수 있는 능력이 자신들의 조직의 직위를 위한 지원자들에게서 찾는 가장 중요한 기술이라고 밝힌 바 있다.[2]

커뮤니케이션 역량은 신입 직원으로부터 최고 경영자에 이르기까지 모든 수준에서 중요하다. 적어도 Chester Barnard가 커뮤니케이션이라는 과업을 경영진의 주요 과업으로 파악한 1938년 이래로, 커뮤니케이션은 어떤 경영자에게나 대단히 중요한 기술이라는 사실은 통설로 받아들여지고 있다. Barnard는 커뮤니케이션을 어떤 조직의 사람들이 중심적인 목적을 성취하기 위해 함께 연결되는 수단으로 간주하였다.[3] 대부분의 경영자들은 자신들의 시간의 상당 부분을 다른 사람들과 커뮤니케이션하는 데 보내는데, 어떤 사람들은 경영자가 커뮤니케이션을 하는 데 보내는 시간의 비율이 무려 95퍼센트에 달한다고 추정하기도 한다. Henry Mintzberg는 관리 행동(managerial behavior)에 관한 자신의 고전적인 연구에서, 경영자의 최대의 시간은 전화뿐만 아니라 미팅에서, 언어적 커뮤니케이션(verbal communication)에 관여하는 데 보내고 있다는 사실을 발견한 바 있다.[4]

오늘날 조직 커뮤니케이션은 계속 그 수가 늘어나는 가용한 커뮤니케이션 옵션 때문에 Mintzberg가 글을 썼던 당시보다 훨씬 더 복잡하다. 50년 전의 도서관에는, 훨씬 더 적은 수의 커뮤니케이션 옵션들이 존재했는데, 대면(對面) 대화와 편지와 메모와 같은 문서 자료, 전화 통화가 직원들이 커뮤니케이션하는 기본적인 방식이었다. 25년 전에조차도, 이메일은 상대적으로 새로운 커뮤니케이션 방법으로 간주되었는데, 많은 조직들은 여전히 내부적으로는 물론 외부적으로 이메일을 이용하는 가장 효과적인 방식을 실험하고 있었다. 오늘날 이메일은 모든 조직에서 주요한 커뮤니케이션 형식의 하나이지만, 도서관을 포함한 많은 조직들은 인스턴트 메시지(IM: instant message)와 문자 메시지, Twitter, wikis, 블로그와 같은 더 새로운 커뮤니케이션 경로들을 활용하고 있다. 결과적으로 경영자들은 많은 유형의 커뮤니케이션에 익숙해야 하고 또한 자신들이 전달하고자 하는 메시지를 전송하기 위

---

[2] National Association of Colleges and Employers (NACE), "Employers: Verbal Communication Most Important Candidate Skill," *Spotlight for Career Services Professionals* (February 24, 2016), accessed July 13, 2017, 〈http://www.naceweb.org/s02242016/verbal-communication-important-job-candidate-skill.aspx#sthash.pm IjXH94.dpuf〉.

[3] Chester I. Barnard, *The Functions of the Executive* (Cambridge, MA: Harvard University Press, 1938).

[4] Henry Mintzberg, "The Manager's Job: Folklore and Fact," *Harvard Business Review* 53 (July-August 1975): 52.

해 어떤 경로가 가장 적합한지를 알아야 한다.

　수많은 유형의 커뮤니케이션을 이용할 수 있게 되면서, 경영자들이 커뮤니케이션하는 방법은 이전의 어느 때보다 더 중요해지고 있다. 오늘날의 조직에서는, 모든 사람이 효과적인 커뮤니케이터가 되어야 하며, 커뮤니케이션은 리더십 기능일 뿐만 아니라 모든 직원들의 책임이 되어야 한다. 대부분의 경우 이 기능에서, 경영자들은 분위기를 설정하고 조직 내의 모든 커뮤니케이션 흐름에 대해 세심한 주의를 기울이는 책임을 갖는다. 모든 경영자들은 명확하고 개방적인 커뮤니케이션이라는 특징을 갖는 조직을 만들어 내고자 노력해야 하는데, 그 이유는 그것이 생산성과 신뢰를 증진시키고 모든 직원들 사이의 스트레스를 줄여 주기 때문이다.

　많은 경영자들은 커뮤니케이션은 단순한 프로세스라고 생각한다. 어쨌든 그들은 자신들의 평생 동안 그것을 해 오고 있고, 자신들의 시간의 대부분을 이 일을 하는 데 보내고 있다. 불행히도, 이러한 모든 실천에도 불구하고, 경영자들은 언제나 자신들이 실행하고 있다고 생각하는 것만큼 효과적으로 커뮤니케이션을 하지 못하고 있다. 부실한 커뮤니케이션은 많은 조직에서 좌절감을 주는 주요한 원천이 되고 있으며, 대개 경영자들은 자신들의 커뮤니케이션 기법이 효과적이지 못하다는 사실을 인식하지 못하고 있다. Whyte가 한때 아주 적절하게 언급했던 것처럼, "커뮤니케이션의 최대의 적은 그에 대한 환상이라는 것을 우리는 알게 되었다."[5] 하지만 모든 경영자들은 더 효과적인 커뮤니케이터가 되는 법을 배울 수 있으며, 이 장에서는 조직 내의 효과적인 커뮤니케이션을 어떻게 권장하는지에 관한 지침을 제공하게 될 것이다.

　이 장에서는 조직 커뮤니케이션이라는 복잡한 토픽에 대해 개괄적으로 살펴보고 경영자들이 왜 그것을 우선시해야 하는지에 대해 논의하고자 한다. 이 장에서는 우선 조직 내의 기능으로서 커뮤니케이션의 중요성을 검토하고자 한다. 그리고 나서 커뮤니케이션의 유형과 효과적인 커뮤니케이션을 촉진하기 위한 방법에 대해 논의하고자 한다. 이 장은 종종 부실한 커뮤니케이션의 결과가 되고 있는 갈등에 대한 논의와 갈등을 최소화하고 관리할 수 있는 몇 가지 방식들에 대한 고찰로 마무리하고자 한다.

---

5) William Hollingsworth Whyte, "Is Anybody Listening?" *Fortune* (September 1950): 174.

> **현장의 경영 사례: Boise State University의 Albertsons Library**
>
> 도서관은 항상 그 고객들과 커뮤니케이션을 해 오고 있지만, 지난 10년간 소셜 미디어 이용의 혜성과도 같은 증가는 모든 유형의 도서관에서 점점 더 많이 사용하고 있는 새로운 커뮤니케이션 방법을 제공해 오고 있다. Boise State University는 대략 2만 명의 재학생을 가지고 있는데, 2005년 이후로 그 도서관은 그 고객들과 커뮤니케이션하기 위해 Twitter와 도서관 블로그와 같은 소셜 미디어를 사용해 오고 있다. 최근의 학생 서베이 결과는 Albertsons Library의 직원들로 하여금 도서관의 소셜 미디어 아웃리치를 증가시키도록 고무시켜 주었으며, 오늘날에는 이 도서관에서는 Facebook과 Youtube, Instagram, Pinterest도 이용하고 있다.
>
> 소셜 미디어 도구의 효과적인 이용은 어느 한 사람의 직무가 아니며, 컨텐츠를 지속적으로 만들어 내고 업데이트해야 한다. Albertsons Library는 그 조직의 소셜 미디어의 존재에 기여하는 사람들의 팀을 가지고 있다. 이러한 개인들이 그 노력을 리드하고 있지만, 직원으로 있는 다른 사람들에게도 기여하도록 권장하고 있는데, 이것은 서비스의 지속성뿐만 아니라 도서관 전체에 걸친 승인과 지원을 만들어 내고 있다. 도서관의 학생 근로자들에게도 도서관의 Facebook 페이지에 포스팅하도록 권장하고 있다. 그 소셜 미디어 아웃리치의 효과성을 측정하기 위해, 도서관은 각 플랫폼이 고객들에게 도달하는 데 얼마나 성공적이었는지를 지시해 주는 메트릭스를 제공하기 위해 다양한 도구들을 사용하고 있다.
>
> Albertsons Library는 소셜 미디어를 채택하기 시작하였을 때 Boise State University의 다른 부서들보다 앞서 있었지만, 현재는 캠퍼스의 다른 단위들과 협력하고 있으며, 이러한 협력은 이 도서관의 소셜 미디어의 존재를 풍요롭게 해 주고 있다. 소셜 미디어는 그 이용자들과 커뮤니케이션하고 그들의 니즈에 부응하기 위한 점점 더 중요한 방식을 제공해 주며, Albertsons Library의 사서들은 소셜 미디어를 이용하는 효과적인 방법의 좋은 예를 제공해 주고 있다.[6]
>
> 여러분이 친숙한 도서관들은 소셜 미디어를 어떻게 이용하고 있는가? 여러분은 그들이 소셜 미디어의 이용을 확장하거나 이를 더 효과적으로 이용할 수도 있는 방식들을 생각할 수 있는가?

16.1. 조직 커뮤니케이션의 중요성

조직 커뮤니케이션은 일반적인 커뮤니케이션이라는 상위 영역의 하위 영역으로, 간단하게 말하면, 조직 커뮤니케이션은 어떤 조직의 환경 내에서 발생하는 커뮤니케이션을 말한다. 모든 조직은 외부의 이해 관계자들과는 물론 조직 내에서 일하고 있는 사람들과도 커뮤니케이션을 해야 한다.[7] 조직 커뮤니케이션은 복잡하

---

6) Elizabeth Ramsey and Amy Vecchione, "Engaging Library Users through a Social Media Strategy." *Journal of Library Innovation* 5, no. 2 (2014): 71-82.

고 개방적인 시스템 내에서 발생한다. 그것은 메시지와 메시지의 흐름, 목적, 방향, 미디어를 포함하며, 똑같이 사람들과 그들의 태도, 느낌, 관계, 기술을 포함한다.[8]

커뮤니케이션은 단지 조직에서 발생하는 어떤 것만은 아니며, 커뮤니케이션은 조직의 모든 부분을 함께 묶어 주고 조직으로 하여금 그 목적과 의도를 달성할 수 있도록 해 주는 접착제이다. 커뮤니케이션은 조직의 응집력과 방향을 제공해 준다. 사실 커뮤니케이션은 종종 조직의 생명선, 즉 인체의 순환계와 유사한 필수적인 요소로 간주되고 있다. Bavels와 Barrett은 커뮤니케이션은 조직의 정수(精髓)이며 조직에서 일어나는 다른 모든 것들이 생겨나는 기본적인 기능이라고 주장하고 있다.[9] 따라서 커뮤니케이션의 유효성은 어떤 조직의 전체적인 효율성과 유효성을 결정하는 핵심적인 요소가 된다. 실제로 커뮤니케이션이 없이는, 조직은 소멸될 것이며, Mumby가 설명하고 있는 것처럼, "조직은 사람들이 그 안에서 커뮤니케이션하는 단순한 물리적인 컨테이너가 아니라, 오히려 사람들이 커뮤니케이션을 하기 때문에 조직은 존재하는 것이다."[10]

도서관과 같은 지식 조직에서, 커뮤니케이션이 너무나도 중요한 것은 놀라울 게 없다. 이러한 조직의 직원들은 정보와 사상의 흡수와 배포에 지속적으로 관여한다. 사실 그들은 자신들이 소화할 수 있는 것보다 더 많은 정보를 받기 때문에, 빈번하게 정보 과다(information overload)로 고통을 받는 너무나도 많은 경로들을 통해 입수할 수 있는 너무나도 많은 커뮤니케이션의 대상이다. 결과적으로, 많은 사람들은 중요한 것과 그렇지 않은 것을 걸러 내기가 어렵다는 사실을 알게 되고, 자신들의 실제 업무에서 산만함을 느끼는 경우가 많다. Cowan은 다음과 같이 설명하고 있다.

> 우리가 매일매일 목격하고 있는 더 빠르고 더 광범위한 정보의 흐름과 함께, 우리는 정보의 흐름은 사실상 이메일과 정보, 첨부 자료, 요청 사항, 모든 종류의 분류되지 않은 데이터의 홍수라는 사실을 깨닫고 있다. 우리는 어떻게 대처할 것인가라는 현대 커뮤니케이션의 가장 골치 아픈 질문을 떠맡았다.

---

7) Virginia Peck Richmond and James C. McCroskey, *Organizational Communication for Survival: Making Work, Work* (Boston: Pearson/Allyn and Bacon: 2009).
8) Gerald M. Goldhaber, *Organizational Communication*, 6th ed. (New York: McGraw-Hill, 1993), 14-15.
9) Alex Bavels and Dermot Barrett, "An Experimental Approach to Organization Communication," *Personnel 28 (March* 1951): 368.
10) Dennis K. Mumby, *Organizational Communication: A Critical Approach*, (Los Angeles: Sage, 2013), 14.

이것은 단순히 커뮤니케이션 측면에서 대량의 것들을 더 효율적으로 처리하는 문제일 뿐만 아니라, 두뇌가 이 모든 정보와 우리의 관심에 대한 요구에 어떻게 대처하는지에 대한 질문이기도 한 것이다.[11]

<표 16.1> 도서관의 커뮤니케이션의 예

- 편목 부서의 장은 오늘 늦게 신입 편목 담당자에 대한 인사 고과 일정을 잡아 두고 있다. 신입 편목 담당자는 오류의 비율이 수용이 불가능한 높은 수준으로 부서장은 어떻게 하면 이 신입 직원에게 좌절감을 주지 않으면서 개선 필요성을 전달할 수 있을는지 심사숙고하는 중이다.
- 교육 부서의 사서들은 다음 학기에 시작되는 새로운 이용자 교육 프로그램에 관해 교원과 학생들에게 알리는 최선의 방식에 대해 논의하고 있는 중이다. 그들은 상당수의 원격 교육 학생들에 대해 특히 관심을 가지고 있으며 어떻게 하면 이러한 캠퍼스 밖에 있는 이용자들에게 가장 효과적으로 정보를 제공할 수 있는지에 대해 알고 싶어 한다.
- 참고 부서에서는, 근무 중인 유일한 사서가 데스크에서 줄을 서서 기다리는 고객뿐만 아니라 채팅을 통한 참고 서비스를 이용하는 고객들에게도 응대하고자 노력하고 있다.
- 새로 채용된 사서는 자신의 누이가 몇 주 안에 멀리 떨어진 주에서 결혼할 예정이라는 사실을 이제 막 알고 오늘 늦게 감독자와의 미팅 일정을 잡아 두었다. 그는 결혼식에 참석할 수 있도록 일주일의 휴가를 요청하고 싶지만 아직 어떤 휴가 기간도 쌓아두지 못하고 있다는 사실을 알고 있다. 그는 일 년 중 특히 바쁜 시기에 이루어지게 될 휴가를 감독자에게 요청하는 것에 대해 약간 예민해 하고 있다.
- 아카이브 부서에서는, 아키비스트들이 부서의 Facebook 페이지를 업데이트하기 위한 계획을 세우고 있는 중이다. 그들은 인접 도서관의 아키비스트들과 어느 페이지가 Facebook 이용자들로부터 가장 많은 "좋아요"를 얻을 수 있는지를 보기 위해 경쟁하고 있는 중이다.
- 도서관의 행정실에서는, 도서관장이 입법부의 예산 감축의 결과로 도서관의 예산이 내년에는 5퍼센트 더 삭감될 것이라는 소식을 이제 막 대학 총장으로부터 전달받았다. 도서관장은 도서관의 직원들, 특히 또 다른 예산 삭감이 있으면 자신들이 그만두어야 할 수도 있다고 걱정하고 있는 직원들에게 이 메시지를 전달하는 가장 좋은 방법에 대해 고민하고 있다.

---

11) David Cowan, *Strategic Internal Communication: How to Build Employee Engagement and Performance* (London: Kogan Page, 2014), 18.

오늘날에는 조직 커뮤니케이션이 더 이상 업무 현장에만 국한되지 않기 때문에 정보 과다도 증가하고 있다. 스마트폰의 대중화가 늘어나면서, 많은 직원들은 조직 커뮤니케이션의 범위를 벗어나는 경우가 거의 없으며, 전문 커뮤니케이션과 개인 커뮤니케이션 간의 명확한 경계선도 더 이상 존재하지 않는다. 결과적으로 많은 근로자들이 엄청난 스트레스를 느끼는 것은 이상할 게 없다.

16.2. 커뮤니케이션 모델

얼핏 보면, 커뮤니케이션은 단순해야 할 것 같아 보인다. 무엇보다도 우리는 모두 다 매일 커뮤니케이션을 하며, 우리가 말하는 것을 배운 이래로(실제로는 우리가 말하는 것을 배우기 이전부터) 커뮤니케이션을 해 오고 있지만, 얼핏 보기에 간단해 보이는 것이 실제로는 아주 복잡하다. 그것은 많은 요인들로 이루어지는 프로세스이다. 커뮤니케이션 프로세스를 설명하기 위해 그에 대한 다수의 모델들이 개발되고 있다. 이러한 모델들은 다양하지만, 대개는 다음과 같은 구성 요소들을 포함하고 있다.

- 정보원(情報源: source): 이것은 메시지의 발신자(sender)이다. 정보원은 커뮤니케이션하는 어떤 생각이나 니즈, 정보를 갖고 있다.
- 메시지(message): 정보원에서는 발신자는 물론 수신자가 이해할 수 있는 어떤 형식으로 메시지를 부호화(encode)해야 한다.
- 경로(經路: channel): 경로는 정보원과 수신자 사이의 링크(link)이다. 메시지는 경로를 통해 전송된다. 경로는 많은 형식을 취할 수 있는데, 예를 들면, 전화는 정보원과 수신자를 연결하기 위해 사용할 수 있는 경로의 예이다.
- 수신자(受信者: receiver): 수신자는 메시지의 수취인으로, 메시지를 이해하기 위해 이를 해독(decode)해야 한다.
- 잡음(雜音: noise): 잡음은 커뮤니케이션을 방해하는 모든 것이다. 잡음은 정보원이나 메시지, 경로, 수신자에게서 발생할 수 있다. 예를 들면 수신자가 메시지를 이해할 수 없으면, 잡음이 발생한다. 이것은 메시지가 애매한 어구를 포함하고 있기 때문일 수도 있고, 경로가 정체되고 있기 때문일 수도 있으며, 수신자가 이해할 수 없는 언어로 메시지가 되어 있기 때문일 수도 있다. 가장 단순한 커뮤니케이션에서조차도 잡음이 메시지를 모호하게 할 가능성이 아주 많다.

- **피드백(feedback)**: 수신자가 메시지를 수신하여 해독한 후에는, 수신자가 정보원이 되고 메시지를 코드화하고 어떤 경로를 통하여 원정보원으로 되돌려 보냄으로써 피드백을 제공할 수 있다. 피드백은 원래 메시지에 대한 응답이다. 피드백은 메시지가 적절하게 코드화되고, 전송되고, 해독되고, 이해되었는지를 원정보원에서 알 수 있도록 해 주기 때문에 언제나 유용하다. 일방적 커뮤니케이션(one-way communication)과 쌍방향 커뮤니케이션(two-way communication)이 갖는 차이점은 바로 이 피드백 루프이다. 일방적 커뮤니케이션은 메시지가 수신되고 이해되었는지의 여부를 발신자가 알 수 있는 어떤 방법도 없기 때문에 결코 쌍방적 커뮤니케이션만큼 효과적일 가능성이 거의 없다.

이 모델을 설명하기 위해, 중요한 미팅에 관해 어느 부서의 장에게 알려 주고자 하는 도서관장을 상상해 보라. 도서관장은 커뮤니케이션의 정보원이 될 것이다. 도서관장이 미팅에 관한 정보를 이메일 형식으로 제공했을 때는, 그 이메일이 메시지가 될 것이다. 커뮤니케이션을 위해 사용된 경로는 도서관의 이메일 시스템이 될 것이다. 수신자는 그 메시지를 수신하고 읽는 부서장이다. 이메일 시스템이 작동이 안 되거나 그 이메일 메시지가 부서장의 스팸 필터로 가게 되면, 그것은 잡음이 될 것이다. 피드백은 부서장이 미팅에 관해 도서관장에게 보낸 응답이 될 것이다. 이 간단한 커뮤니케이션 모델의 요소들을 살펴보면 〈그림 16.1〉과 같다.

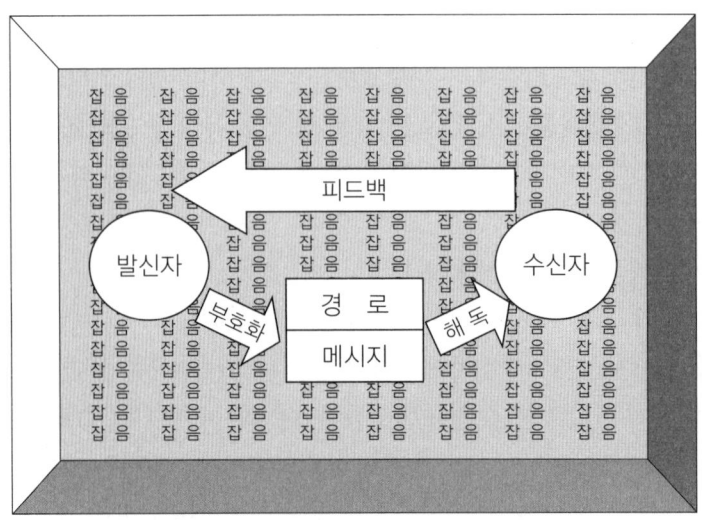

〈그림 16.1〉 커뮤니케이션 프로세스 모델

16.3. 명확한 커뮤니케이션의 장애 요인

훌륭한 커뮤니케이션의 가장 큰 장애 요인의 하나는 종종 사람들이 경청(listening)은 하지 않은 채 커뮤니케이션을 한다는 사실이다. 경청은 듣기(hearing) 이상의 것으로, 단지 소리를 들을 수 있는 능력을 말하는 듣기와는 달리, 초점을 맞추고 주의를 기울여야 한다. 오늘날의 하이테크하고 급속하게 움직이는 조직에서는, 훌륭한 경청이 어느 때보다도 더 중요하다. 불행히도 경영자들은 자신들은 다른 사람들이 말하는 것을 진정으로 경청하는 데 보낼 시간이 없다고 느끼는 경우가 많다.

훌륭한 경청자들은 단어 이상의 것을 듣고, 또한 목소리의 어조와 비언어적 단서에 집중한다. 훌륭한 경청자들은 자신들이 다른 어떤 것을 하는 동안에는 누군가에게 진정으로 경청할 수 없다는 사실을 알고 있다. 즉 경청은 다중 작업 활동이 아니라 완전한 집중과 아이 콘택트(eye contact)를 필요로 한다. 가장 훌륭한 경청자들은 "적극적 경청"(active listening)으로 알려져 있는 것을 연습하며, 말하는 사람이 무엇을 말하고 있는지에 집중하고 그리고 나서 말하는 사람이 이야기했다고 자신들이 생각하는 것을 반복한다. 이러한 반복은 이야기하는 사람으로 하여금 올바르게 이해되지 못하고 있는 어떤 것을 다시 설명하거나 추가로 설명하도록 해 준다. 말하는 사람의 메시지를 바꾸어 말하는 것은 전송되는 메시지가 아주 간단하거나 일상적일 때는 그다지 중요하지 않지만, 갈등이 존재하거나 사람들의 감정이 관련되는 상황에서는 극히 중요하다. 하지만 모든 상황에서, 훌륭한 경청은 관계를 개선시키고, 이해를 구축하며, 갈등을 예방하고 해결하는 데 도움이 된다.

하지만 훌륭한 경청이 모든 커뮤니케이션 문제점을 제거해 주지는 못할 것이며, 경영자들은 모든 근로자들이 자신들이 전송하는 메시지를 이해하게 될 것이라고 추정해서는 절대 안 된다. 장애 요인이나 잡음은 커뮤니케이션 진행의 어떤 단계에서나 발생할 수도 있고 메시지가 왜곡되거나 이해할 수 없게 되는 원인이 될 수도 있다. 이러한 몇몇 장애 요인들은 물리적일 수도 있는데, 예를 들면 업무 영역이 잡음이 많은 "여러 개의 칸막이로 구획된 사무실"(cube farm)일 때로, 대화를 듣기가 어렵다. 어떤 것들은 생리적인 것일 수도 있는데, 예를 들면 어떤 사람이 청각 장애나 시력 장애를 가지고 있을 때이다. 이러한 장애 요인의 상당수는 우리의 노동 인구의 다양성이 증가한 결과이다. 연구들은 서로 다른 세대와 민족 그룹, 젠더는 서로 다른 커뮤니케이션 스타일을 갖는다는 사실을 보여 주고 있다.

16.3.1. 세대 차이

노동 인구는 현재 네 개 세대의 직원들을 포함하고 있는데, 참전 용사 세대(1946년 이전 출생)와 베이비붐 세대(1946년과 1964년 사이에 출생), X세대(1965년과 1980년 사이에 출생), 밀레니얼 세대(1980년 이후 출생)가 그것이다. 이러한 세대들은 서로 다른 가치와 일을 수행하는 서로 다른 방식, 서로 다른 커뮤니케이션 방식을 가지고 있기 때문에, 이것이 혼동과 갈등의 원천이 될 수 있다는 사실은 놀라울 것이 없다. 서로 다른 세대의 사람들과 상호 작용하는 사람은 누구나 증명하고 있는 것처럼, 이러한 세대들 사이에는 커뮤니케이션 차이가 존재하며, 일반적으로 말하면, 각 세대는 각 세대가 정보를 수신하고 전송하고자 하는 방법에 관한 그 세대의 선호도를 가지고 있다. 이러한 차이들을 이해하지 못할 때 때로는 문제점이 발생하기도 한다. 더 젊은 근로자들은 그들의 커뮤니케이션 스타일에서 대개 더 격식을 차리지 않으며 지속적인 실시간 커뮤니케이션에 매우 편안해 한다. 어떤 젊은 근로자들은 자신들의 더 나이가 많은 동료 근로자들이 문자 메시지를 직무상의 적절한 커뮤니케이션 방법으로 간주하지 않는다는 사실을 알고 놀라워하고 있다. 가장 효과적인 경영자들은 서로 다른 연령의 근로자들에게 자신들의 메시지가 전달되도록 하기 위해 서로 다른 커뮤니케이션 스타일을 사용하는 방법을 배우고 있다.[12] 서로 다른 세대들과 커뮤니케이션하는 방법을 배우는 것은 오해와 대립을 줄이면서 업무 현장을 촉진하는 데 도움이 된다.

16.3.2. 젠더 차이

많은 연구들은 커뮤니케이션에서의 젠더 차이[13](gender differences)에 초점을 맞추고 있는데, 이러한 연구들은 일률적으로 남성과 여성의 커뮤니케이션 스타일은 서로 다르다는 사실을 발견하고 있다. 이러한 차이는 남성과 여성에 의해 거의 태어날 때부터 동화된 서로 다른 가치, 부모의 강화는 물론 어린 소녀들과 소년들에 이루어지는 게임에 의해 주입된 가치를 바탕으로 하고 있다. 일반적으로 젊은 남성은 지위와 독립성, 개인적인 권력을 소중하게 여기도록 배우지만, 여성들은 연결과 상호 의존성, 공동체의 힘에 가치를 부여하도록 배우고 있다. 결과적으

---

12) J. J. Deal, *Retiring the Generation Gap: How Employees Young and Old Can Find Common Ground* (San Francisco: Jossey-Bass, 2007).
13) 역자주: 남성과 여성 사이에서 나타나는 차이를 말하는 것으로, 성차(性差)라고도 한다.

로, 일반적으로 여성적 커뮤니케이션은 관계를 형성하고, 평등을 만들어 내며, 지원을 제공하는 데 초점을 맞추고 있다. 여성적 커뮤니케이션은 남성적 커뮤니케이션보다 더 불확실한 경우가 많다. 여성들은 "애매한 표현(예를 들면, '나는 그 계획이 다소 위험하다고 생각합니다.')과 한정어(예를 들면, '내가 이 이슈에 대해 많은 경험을 갖고 있는 건 아니지만 …'), 부가 의문문(예를 들면, '날씨가 정말 좋죠, 그렇지 않습니까?')을 사용할 가능성이 더 많다.[14] 여성의 커뮤니케이션이 때로는 단정적이지 않고 약하다는 특징을 가지고 있기는 하지만, 다른 사람들을 대화에 참여하도록 권유하는 데는 더 포괄적이다. 반면에 대부분의 남성들이 선호하는 남성적 커뮤니케이션 스타일은 대부분의 여성들이 선호하는 커뮤니케이션 스타일보다 더 추상적이고 감정적으로 더 제한되어 있다. 이러한 스타일은 직접적이고, 통제적이며, 지배적이라는 특징을 가지고 있다. 남성은 일반적으로 더 객관적이며 느낌보다는 오히려 사실에 초점을 맞춘다.[15] 결과적으로, 이러한 유형의 커뮤니케이션은 권위적이고 자신감이 있는 것처럼 들린다. 이러한 두 커뮤니케이션 스타일의 어느 것도 본질적으로는 더 훌륭하지 않지만, 이러한 스타일은 서로 다른 것으로, 그 결과로 나타나는 차이가 업무 현장에서 오해를 불러일으키는 원인이 될 수 있는 경우가 많다.

16.3.3. 민족 차이

서로 다른 민족 그룹도 서로 다른 커뮤니케이션 스타일을 가지고 있다. 예를 들면 어떤 문화에서는, 어떤 사람이 이야기하는 동안 계속 아이 콘택트를 하는 것은 무례한 것으로 간주된다. 어떤 문화에서는 말하는 도중에 끼어드는 것을 권장한다. 문화는 커뮤니케이터 간의 선호하는 개인적인 공간의 크기와 얼마나 많은 터치가 허용될 수 있는지와 같은 많은 다른 변인에서도 서로 다르다. 우리의 업무 현장이 더 다양화되어 감에 따라, 경영자들은 커뮤니케이션 흐름에 영향을 미칠 수도 있는 문화적 차이를 이해해야 한다. 이러한 차이는 언어적인 것 이상인 경우가 많으며 도리어 성격상 사회정치적이고 태도에 관한 것인 경우가 빈번하다. 모든 사람은 다른 사람들과의 자신의 커뮤니케이션과 상호 작용을 방해하는 문화적 편견을 인식하고자 노력해야 한다.[16]

---

14) Julia T. Wood, "Communication, Gender Differences" in *Encyclopedia of Human Relationships*, eds. Harry T. Reis & Susan Sprecher (Thousand Oaks, CA: Sage, 2009): 253-256.
15) Julia T. Wood and Natalie Fixmer-Oraiz, *Gendered Lives: Communication, Gender and Culture* (Boston: Cengage, 2016): 101-121.

> **이야기해 보기**
>
> Deborah Tannen은 "여성이든 남성이든 관계없이, 신분이나 지역적 또는 민족적 스타일 차이, 퍼스낼리티의 결과로서, 자신들의 입장을 견지하는 것에 관해 다른 사람들만큼 집요하지 못하거나, 미팅에서 강력하게 이야기하지 못하거나, 높은 수준의 신뢰성을 가지고 시작하지 못하는 개인들"의 관점은 업무 현장에서 무시되는 경우가 많다고 밝히고 있다.[17]
>
> 여러분은 여러분이나 다른 어떤 사람이 견해를 밝히는 데 주저한 적이 있거나 그룹 대화에서 그들의 견해가 무시된 적이 있었던 때를 생각해 낼 수 있는가? 만일 어떤 개인들이 일관되게 무시된다면, 그 개인과 그룹에 어떤 결과가 나타나는가? 그룹 대화에서 모든 목소리가 들리도록 보장하기 위해서는 무엇을 할 수 있는가?

16.3.4. 전문 용어

커뮤니케이션 중에 얻게 되는 또 하나의 장애 요인은 전문 용어(jargon)의 사용이다. 전문 용어는 여러 그룹의 개인들에 의해 개발된 전문화된 언어로, 각 전문직은 그 자체의 전문 용어를 갖는 경향이 있다. 도서관직도 분명히 그렇다. 도서관 전문직과 관련된 모든 두문자어(頭文字語: acronyms)와 기술적인 용어들(technical terms)을 생각해 보라. ACRL, ARL, ALA, AASL, ASIS&T, ASCII, ALCS, 초록(abstracts), 수서(acquisitions), 신착 도서(accessions), 전거 통제(authority control)는 문자 A로 시작하는 것들 중 소수에 불과하다. 전문직 내에서조차도, 모든 개인이 이러한 용어들을 모두 이해하는 것은 아니며, 사서들이 사서가 아닌 사람들과 커뮤니케이션할 때, 사서가 아닌 사람들이 완전히 어리둥절해 하는 경우가 많은 것은 놀라울 게 없다. 앞서 살펴본 커뮤니케이션의 언어를 사용하면, 전문 용어를 이해하는 사람은 누구든 메시지에서 그것을 부호화하기가 용이하지만, 수신자가 전문 용어에 친숙하지 않으면 이를 해독하기가 훨씬 더 어렵다. 전문 용어는 잡음을 만들어 낼 잠재적 가능성을 가지고 있기 때문에, 수신자가 그것을 이해할 것이라는 사실을 절대적으로 확신하지 않는 한 피해야 한다.

---

16) 서로 다른 인종 그룹 간의 커뮤니케이션의 어려움도 고객에 대한 도서관 서비스에 영향을 미친다. 다음 자료를 참고하라: Ann Curry and Deborah Copeman, "Reference Service to International Students: A Field Stimulation Research Study," *Journal of Academic Librarianship* 31, no. 5 (September 2005): 409-420.

17) Deborah Tannen, *Talking from 9 to 5: How Women's and Men's Conversational Styles Affect Who Gets Heard, Who Gets Credit, and What Gets Done at Work* (New York: William Morrow, 1994): 291.

16.4. 커뮤니케이션의 유형

커뮤니케이션은 많은 방식으로 분류될 수 있는데, 한 가지 방식은 문서 커뮤니케이션과 전자 커뮤니케이션, 구두 커뮤니케이션, 비언어적 커뮤니케이션의 일반적인 범주를 사용하는 것이다. 이러한 각 유형의 커뮤니케이션은 조직 커뮤니케이션에서 구체적인 역할을 수행하며, 각각은 관련된 특정의 장점과 단점을 가지고 있다.

정말 노련한 커뮤니케이터는 커뮤니케이션할 올바른 커뮤니케이션 경로나 미디어를 선택하는 방법을 알고 있으며, 선택은 대개 정보의 풍부성(information richness)의 정도를 바탕으로 하는데, 이것은 데이터의 어떤 항목의 정보 적재 용량[18](information-carrying capacity)으로 정의된다. 서로 다른 미디어는 풍부성의 정도에서 차이가 있는데, 풍부한 미디어는 상당히 많은 정보를 전달하는 미디어인 반면, 빈약한 미디어는 최소한의 것을 전달하는 미디어이다.[19] 〈그림 16.2〉는 서로 다른 유형의 커뮤니케이션 미디어를 그 풍부성에 따라 분류한 것이다. 면대면 커뮤니케이션은 메시지를 강화하기 위해 다수의 경로(예를 들면, 단어, 신체 언어, 얼굴 표정)에 의존하기 때문에 전달되는 정보의 측면에서 가장 풍부하다. 아울러 대면 커뮤니케이션(face-to-face communication)은 직접적인 피드백의 기회를 제공해 준다.

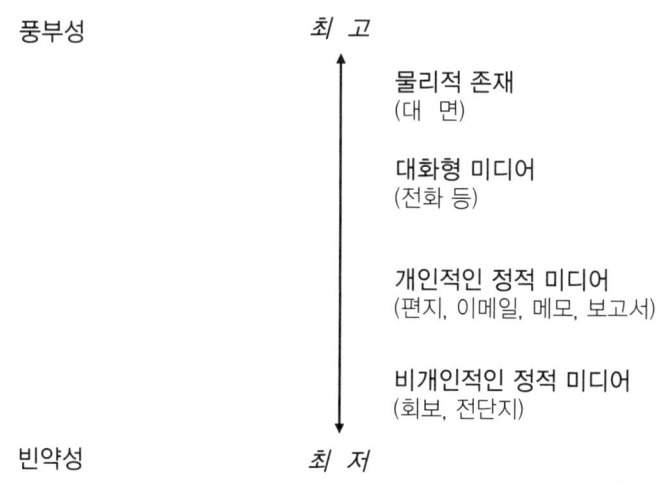

〈그림 16.2〉 커뮤니케이션의 풍부성에 따른 미디어 유형의 분류

---

18) 역자주: 일본에서는 정보 전달 능력이라고도 한다.
19) Robert H. Lengel and Richard L. Daft, "The Selection of Communication Media as an Executive Skill," *Academy of Management Executive* 2, no. 3 (1988): 225-232.

16.4.1. 문서 커뮤니케이션

공식적인 명령 계통은 문서 커뮤니케이션(written communication)을 요구하는 경우가 많다. 대부분의 전자 커뮤니케이션은 전자적으로 "문서화"되지만, 여기에서 문서 커뮤니케이션은 실제로 종이 위에 작성되거나 인쇄할 의도를 가진 첨부자료로서 만들어진 커뮤니케이션으로 정의된다. "종이 없는" 사무실이 50년 이상 동안 이야기되어 오고 있지만, 오늘날의 대부분의 기업들은 여전히 상당수의 문서화된 기록물을 만들어 내고 보존하는 데 의존하고 있다. 이러한 문서 커뮤니케이션은 편지와 보고서, 지시 사항, 정책을 포함할 수 있다. 문서 커뮤니케이션은 몇 가지 명백한 장점을 가지고 있다. 이것은 정책과 같은 문제의 통일성을 보장해 주고 영구적인 기록을 제공해 준다. 징계나 법률적 이슈와 같은 경우에는, 경영자들은 의사 결정이나 조치에 대해 의문이 제기될 경우에 이루어졌던 것에 대한 증거를 제공하기 위한 "서류상의 흔적"(paper trail)을 만들어 낼 수 있도록 하기 위해 거의 언제나 문서 커뮤니케이션에 의존한다. 하지만 문서 커뮤니케이션은 때로는 심각한 결점을 갖기도 하는데, 부실하게 작성될 수도 있고, 요망되는 행위를 충분히 설명하지 못할 수도 있으며, 문제점의 범위를 완전하게 정의하지 못할 수도 있을 것이다. 직원들이 애매한 지시를 받은 채 방치될 수도 있을 것이다. 이러한 유형의 커뮤니케이션에서 사용되는 단어들이 불분명하고 잘못 정의될 때는, 문서 커뮤니케이션은 직접적인 피드백이나 명확화를 위한 어떤 기회도 허용하지 않기 때문에 문제가 발생하게 된다. 따라서 메시지가 수신되고 이해되었는지의 여부를 알기 위해 오랜 시간이 걸릴 수도 있을 것이다.

여전히 종이에 의존하고는 있지만, 점점 더 많은 수의 조직들은 종이 사용에 대한 환경적인 책임을 갖고 이를 줄이고자 노력하고 있다. 하지만 이른바 문서의 하드 카피를 갖기를 좋아하는 사람들이 아직도 많으며, 따라서 종이 없는 사무실에 대한 예측은 아직 이루어지지 못하고 있다. 그럼에도 불구하고, 조직 내의 일상적인 하루하루의 커뮤니케이션은 이제 전자적으로 처리되는 경우가 점점 더 늘어나고 있다.

16.4.2. 전자 커뮤니케이션

전자 커뮤니케이션(electronic communication)의 출현은 조직 커뮤니케이션의 대변혁을 일으키고 있다. 현재 조직 내의 내부 커뮤니케이션의 대부분은 이메일이나 인스턴트 메시지, 문자 메시지에 의해 이루어지고 있다. 그러한 방법들은 또한 외부적으로 다양한 기관의 구성 요소들과 커뮤니케이션하기 위해서도 이용되고 있다. 아울러 점점 더 많은 조직들이 외부적으로 커뮤니케이션하는 중요한 방법으로서 소셜 미디어에 의존하고 있다. 대부분의 도서관은 현재 고객들과 커뮤니케이션하고 지역 사회에서 도서관의 가시성을 제고하기 위해 Twitter와 Youtube, Instagram, Pinterest, wikis, 블로그와 같은 커뮤니케이션 경로를 이용하고 있다. 도서관에 의한 소셜 미디어의 대부분의 이용은 외부 구성 요소들과 커뮤니케이션하기 위한 것이었지만, 도서관 내에서 또는 다른 문헌정보학 전문직과 외부적으로 커뮤니케이션하기 위해 소셜 미디어를 사용하고 있는 숫자들이 늘어나고 있다.[20] 이러한 소셜 미디어의 이용은 사서들이 그 장점에 대해 더 익숙해져 가고 있기 때문에 미래에는 증가할 것으로 기대되고 있다.

밀레니얼 직원들은 다른 전자 커뮤니케이션 방법을 더 선호하는 것으로 알려져 있지만, 이메일은 여전히 조직 내 전자 커뮤니케이션의 중심으로 남아 있다. 2016년에는, 2,150억 건 이상의 이메일이 매일 송수신되었으며 그 숫자는 미래에는 연간 4.6퍼센트 이상의 비율로 증가할 것으로 예상되는데, 2020년에는 매일 총 2,570억 건 이상의 메시지로 증가할 것이다.[21] 모바일 장치에서의 이메일 이용도 이용자들로 하여금 직장에서는 물론 이동 중에도 자신의 계정에 접근할 수 있도록 해줌으로써 급속도로 증가하고 있다.

이메일의 인기는 이해할 수 있다. 이메일은 빠르고, 비용 효과적이며, 상호 작용의 기록을 가능하게 해 준다. 그러나 이메일에도 단점은 있다. 매일 보내는 너무 많은 양의 이메일은 많은 사람들이 그들의 생산성에 부정적인 영향을 미칠 수도 있는 이메일 과다로 고통을 받는 결과를 초래하고 있다. *Washington Post*에 보고된 최근의 연구는 미국의 1,000명 이상의 화이트칼라 근로자들의 이메일 습관을 살펴보고 이러한 근로자들은 매일 이메일을 체크하는 데 평균 4.1시간을 보낸다는

---

20) Bridgit Siddall and Chern Li Liew, "Seeking Out Collective Wisdom: Cataloguers' Use of Social Media," *The Electronic Library* 32, no. 5 (2014): 670-687; Jill Emery and Graham Stone. "The Sound of the Crowd: Using Social Media to Develop Best Practices for Open Access Workflows for Academic Librarians (OAWAL)," *Collaborative Librarianship* 6, no. 3 (July 2014): 104-111; and Alison McIntyre and Janette Nicolle, "Biblioblogging: Blogs for Library Communication," *The Electronic Library* 26, no. 5 (2008): 683-694.

21) The Radicati Group, "Email Statistics Report, 2016-2020: Executive Summary" (Palo Alto, CA: The Radicati Group, March 2016) accessed July 13, 2017, ⟨http://www.radicati.com/wp/wp-content/uploads/2016/01/Email_Statistics_Report_2016-2020_Executive_Summary.pdf⟩.

사실을 알게 되었다. 이 연구가 지적하고 있는 것처럼, 사람들은 어느 때보다도 더 많은 시간을 이메일에 보내고 있으며, 사람들은 자신들의 상대방들이 몇 분 이내는 아니더라도, 몇 시간 이내에 응답할 것을 점점 더 기대하고 있다. 결과적으로 많은 근로자들은 자신들의 이메일 박스를 지속적으로 체크해야 한다고 느끼고 있다.[22]

이메일은 편리하기는 하지만, 그 인기에도 불구하고 그 이용에 관한 "규칙"이 여전히 적기 때문에 그 자체의 일단의 커뮤니케이션의 어려움을 제시하고 있다. 대면 커뮤니케이션이나 전화 커뮤니케이션에 관해서는 예의범절이 잘 확립되어 있다. 이메일 세계에는 그와 같은 세부 사항이 존재하지 않는데, 급속하고, 배려심이 없는 이메일 때문에 갈등과 오해가 생겨나는 경우가 많다. 이메일 메시지는 시각적인 단서도 음성 신호도 제공하지 않을 뿐만 아니라 피드백도 허용하지 않기 때문에 잘못 해석되는 경우가 많고 기분을 상하게 할 수도 있다.

 이야기해 보기

다음과 같은 이메일의 실제 의미는 무엇인가? 일단의 이메일의 발췌 부분을 살펴보고 작성자가 무엇을 커뮤니케이션하고자 했는지 그리고 수신자가 왜 혼동을 일으킬 수도 있었는지 해독하고자 노력해 보라. 메시지에 대한 피드백은 어떻게 커뮤니케이션을 개선시켰을 수 있을 것인가?

- 나쁜 소식을 전해 드리게 되어 미안합니다. 도서관장님께서 저로서는 충분히 정당하다고 생각하는 선생님의 보수 인상 요청을 거절하셨습니다.
- 우리는 함께 앉아서 이 문제점을 해결해야 합니다. 그것은 힘든 일이 될 것입니다. 이번 주는 제가 좀 바쁘니까 전화로 통화할 수 있을까요?
- 안녕, 보스!!! 뭔 일예요? 제가 할 일이 너무 많고 미팅에 갈 시간이 없으니깐 금요일에 우리가 뭘 해야 하는지 저한테 말해 주실 수 있으세요. ㅋㅋㅋ[23]
- 저는 제 모든 일들이 밀려 있어서 정말로 다른 일을 할 수 없습니다. 만일 여러분이 이 프로젝트를 수행할 다른 사람을 찾을 수 있다면 좋겠습니다. 그러나 여러분이 정말로 벽에 부딪힌다면, 제가 할 수 있습니다.
- 저는 당신이 당신의 직무를 얼마나 즐기는지 알게 되었기에 우리가 지난주에 논의했던 목요일의 마감일을 월요일로 앞당기게 되었음을 알려 드리게 되어서 기쁩니다.

---

22) Caitlin Dewey, "How Many Hours of Your Life Have You Wasted on Work Email?" The Washington Post, October 3, 2016, accessed July 13, 2017, 〈https://www.washingtonpost.com/news/the-intersect/wp/2016/10/03/how-many-hours-of-your-life-have-you-wasted-on-work-email-try-our-depressing-calculator/〉.

> - John Doe에 대한 추천을 요청해 주셔서 감사합니다. 저는 아무런 자격도 갖추지 못한 그를 열성적으로 추천합니다.

이메일과 관련된 다른 문제점들은 직원들이 인터넷이나 이메일의 조직에서의 이용과 개인적인 이용을 분리하지 못하기 때문에 발생한다. 직원들이 자신의 업무 이메일을 개인적인 용도로 이용하는 것은 매우 일반적이며, 근로자들의 3분의 1 이상은 근무하는 동안 정기적으로 인터넷을 서핑한다는 사실을 인정하고 있다.[24] 직원들은 때로는 고용주에 대한 법적 책임의 가능성을 제기할 수도 있는 부적절하거나 명예를 훼손하는 이메일을 작성하기도 한다. 이용자들은 이메일은 반드시 사적이거나 자신들이 삭제 키를 눌렀을 때 완전하게 파괴되는 것이 아니라, 그 대신 메시지는 그대로 남아 있고 다양한 소프트웨어를 사용하여 복원될 수 있다는 사실을 알고는 놀라는 경우가 많다.[25] 조직들이 대개 전화와 팩스, 우편의 이용에 관련된 정책을 가지고 있는 것과 똑같이, 인터넷과 이메일의 적절한 이용에 관한 정책들을 준비해야 하며, 이메일 커뮤니케이션의 보유와 보존에 관한 정책도 마련해야 한다.

의심할 여지없이, 전자 커뮤니케이션의 경로는 조직 내의 커뮤니케이션의 흐름에 상당한 영향력을 만들어 내고 있다. 이러한 경로의 이용은 편지를 쓰는 것보다 더 비공식적이고 대면 대화보다 덜 위협적이기 때문에, 어떤 근로자들은 자기 자신들의 수준에 있는 근로자들에 대해서는 물론 조직의 상위에 있는 직속상관에 대해서 그리고 조직 구조의 훨씬 더 높은 곳에 있는 경영자에 대한 커뮤니케이션을 위해서도 이러한 경로를 이용하고 있다. 어떤 직원들은 조직과 조직의 관행들에 대한 불평을 공개적으로 제기하기 위해 이메일 메시지나 소셜 미디어 사이트를 이용하고 있다. 새로운 정보 테크놀로지들은 오래된 커뮤니케이션 제약의 대부분은 아니지만, 상당 부분을 완화해 주고 있으며 조직 내의 직원들이 서로 간에 그리고 외부 세계와 커뮤니케이션하는 방법에 커다란 변화를 가져 오고 있다.

---

23) 역자주: 문자 메시지식 비문법적 표현이 포함된 정중한 표현이 아닌 이메일 형식을 가능한 한 그대로 전달하고자 하였으나 번역상의 한계가 있으므로 문맥을 이해하는 것이 좋을 것임. 원문은 "Hi, Boss!!!Wassup? can u tell me what we have 2 do 4 Friday bcuz I have 2 much 2 do and don't have time 2 get to the meeting. LOL."으로 되어 있음.

24) David W. Arnesen and William L. Weis, "Developing an Effective Company Policy for Employee Internet and Email Use." *Journal of Organizational Culture, Communications & Conflict* 11, no. 2 (June 2007): 53-65.

25) *Loc. cit.*

스킬 연습하기

　정치적 인물들에 대한 최근의 일련의 이메일 공격은 많은 사람들로 하여금 이 매우 일반적인 커뮤니케이션 방법을 그들이 어떻게 사용할지를 다시 생각하도록 해 주고 있다. 2016년에 미국의 전 국무장관 Colin Powell의 이메일 계정이 해킹당한 후, 전국에 걸쳐 수백만 명의 사람들은 이메일이 사람들을 취약하게 만든다는 사실을 감지하고 자신들의 이메일을 유심히 살펴보고 "낯 뜨겁거나, 모욕적이거나, 경력 파괴적인" 것으로 해석될 수 있는 메시지는 어느 것이든 삭제하였다. 지금까지 대부분의 해킹들은 정치인들에 대한 것이었기 때문에, "자기 성찰(soul searching)이 전략과 섬세한 정치적 제안, 가십성 소문, 여자 친구와 남편, 은행 계좌, 쇼핑 목록에 대한 흔해 빠진 세목들로 터져 나갈 듯한 Washington DC에서 특별히 긴급하게 일어나고 있다는 것"[26]은 놀라운 일이 아니다. 이메일은 안전한 전송 수단이 아니며, 인터넷상의 어떤 것도 사적인 것이 아니라는 사실은 오랫동안 인식되어 오고 있지만, 개인들은 광범위하게 배포되는 것이 난처하게 될 것들을 이메일 메시지에 넣는 경우가 여전히 많다. 또한 많은 직원들은 개인적인 이유로 자신들의 조직의 이메일을 사용한다는 것은 잘 알려져 있다.

　여러분은 대규모 도서관의 정보 테크놀로지 디렉터로 도서관장이 여러분에게 도서관의 이메일 정책을 논의하기 위해 만날 것을 요청하고 있다. 모든 직원들은 전자 자원들을 책임감 있게 사용할 것으로 추정했었기 때문에, 과거에는 명문화된 정책이 존재하지 않았다. 많은 직원들은 개인적인 이유로 자신들의 업무 이메일 계정을 사용한다는 사실을 알고 있지만 여러분은 그것을 문제점으로 간주하지 않았기 때문에 이를 간과하고 있었다. 하지만 여러분과 도서관장 둘 모두 도서관과 그 직원들을 보호해 주게 될 정책을 도입할 시기라고 생각한다. 도서관의 이메일이 해킹당할 것 같지는 않지만, 포괄적인 정책에 의해 어떤 다른 문제점들을 피할 수도 있을 것인가? 여러분은 어떤 것들을 이 정책에 포함시키고 직원들이 어떻게 이를 확실하게 따르도록 할 것인가(또는 직원들이 따를 것이라고 확신하는가)?

16.4.3. 구두 커뮤니케이션

　개인이나 그룹을 통해 실행되는 구두(口頭) 커뮤니케이션(oral communication)은 대개 가장 풍부한 커뮤니케이션 미디어로 간주되지만, 문제점도 가지고 있다. 구두 커뮤니케이션은 많은 사람들이 어떤 것에 관해 개인적으로 들어야 할 때는, 시간이 많이 소요될 수 있다. 그리고 문서 커뮤니케이션과는 달리, 구두 설명은 보존되지 않는다. 모든 구두 메시지가 분명하게 설명되는 것은 아니다. 애매하거나

---

26) Michael D. Shear and Nicholas Fandos, "Concern over Colin Powell's Hacked Emails Becomes a Fear of Being Next," *New York Times*, September 15, 2016.

잘못 이해되는 단어의 문제점은 그대로 남지만, 구두 커뮤니케이션에는 명백히 할 수 있는 피드백의 기회가 있다. 대면 구두 커뮤니케이션은 또한 비언어적 커뮤니케이션을 제공하여 메시지를 증폭시키는 데 도움을 준다. 구두 커뮤니케이션은 갈등 상황을 해결하고 고도로 감정적인 이슈들을 다루기 위한 최선의 방법이 되는 경우가 많다.

16.4.4. 비언어적 커뮤니케이션

비언어적 커뮤니케이션(nonverbal communication)은 구두나 문서가 아닌 모든 유형의 커뮤니케이션이다. 비언어적 커뮤니케이션은 얼굴 표정이나 손이나 팔의 제스처, 자세와 같은 다양한 유형의 신체 언어(body languages)[27]로 이루어진다. 비언어적 신호는 또한 옷이나 사무실 가구의 위치 조정과 같은 것들에 의해서도 제공된다. 이러한 유형의 커뮤니케이션은 관찰자에게 많은 실마리를 제공할 수 있으며, 옛말 그대로, 말보다는 행동이 중요하다. 강력한 비언어적 커뮤니케이션의 몇 가지 예로는 아이 콘택트 회피하기와 노려보기, 한숨 쉬기, 엉덩이에 손을 올리거나 팔짱을 끼는 것과 같은 다양한 신체적 자세가 있다.

비언어적 커뮤니케이션은 언어에 의한 커뮤니케이션을 부정하거나, 보충하거나, 대체하거나, 보완할 수 있다. 경영자는 비언어적 시그널들이 언어적 시그널들과 모순되지 않는지에 특히 주의해야 한다. 예를 들면 문호 개방 정책(open-door policy)을 가지고 있다고 주장하고 직원들에게 부딪히는 어떤 문제점이든 자기에게 와서 상의하라고 격려하는 감독자를 생각해 보라. 만일 어떤 직원이 문제점을 논의하기 위해 그 감독자의 사무실에 들어가서는 그 감독자가 계속해서 일하면서, 쳐다보지도 않고, 그 직원과 어떤 유형의 아이 콘택트도 하지 못한다는 사실을 알게 되었을 뿐일 때 보내게 되는 비언어적 메시지를 상상해 보라. 문제점을 상의하기 위해 부담 없이 찾아오라는 감독자의 언어적 메시지는 직원이 초대를 받아들였을 때 부딪히게 되는 강력한 비언어적 메시지와 모순된다.

비언어적 커뮤니케이션은 명확한 커뮤니케이션 프로세스에 필수적이다. 그 중요성은 사람들이 이메일과 같은 비대면 방법을 사용하여 커뮤니케이션할 때마다 깨닫게 된다. 비언어적 커뮤니케이션의 단서가 결여되어 있기 때문에 오해가 발생하는 경우가 많다.

---

[27] 역자주: 신체적 언어, 몸짓 언어, 보디랭귀지라고도 한다.

16.4.5. 최선의 커뮤니케이션 경로의 선택

오늘날의 경영자들은 많은 서로 다른 커뮤니케이션 방법에 대한 선택권을 가지고 있다. 훌륭한 경험 법칙은 비일상적인 메시지를 위해서는 대면과 같은 커뮤니케이션이 풍부한 경로를 이용하고 일상적이고 간단한 메시지를 위해서는 더 빈약한 미디어를 사용하는 것이다.[28] 복잡하고 상당히 중요한 메시지는 이슈가 확실하게 이해되도록 보장하기 위해 정보가 풍부한 미디어에 의해 커뮤니케이션이 이루어져야 하지만, 일상적인 메시지를 전달하기 위해 정보가 풍부한 미디어를 이용하는 것은 시간 낭비이다. 예를 들면 어떤 감독자는 어떤 개인이 징계를 받고 있다는 메시지를 그에게 절대로 이메일을 통해 알리고자 하지 않을 수도 있겠지만, 이메일은 경영자가 도시를 떠나 여행 중일 날짜를 부하 직원에게 알려 주는 완벽하게 적합한 방법일 것이다.

어떤 경로를 선택하든, 경영자는 반드시 명확하고 애매하지 않은 언어를 사용해야 한다. 잡음이 메시지의 의미를 쉽게 왜곡시킬 수 있기 때문에, 경영자들은 가능하면 언제나, 직원들로 하여금 어떤 불확실한 부분에 관해 묻도록 하는 방식을 제공하고자 노력해야 한다.

16.5. 커뮤니케이션의 흐름

앞서 살펴본 것처럼, 어떤 조직 내의 커뮤니케이션은 많은 서로 다른 경로들에 의해 전달된다. 이러한 커뮤니케이션은 경로에 관계없이, 세 방향, 즉 하향적이나 상향적, 수평적인 방향으로 흐를 수도 있을 것이다. 가장 효과적으로 기능을 수행하도록 하기 위해, 조직은 이러한 모든 방향의 커뮤니케이션 흐름을 권장해야 한다.

16.5.1. 하향적 커뮤니케이션

하향적 커뮤니케이션(downward communication) 또는 상사로부터 부하 직원에게로 흐르는 커뮤니케이션은 모든 조직에서 나타난다. 이러한 유형의 커뮤니케

---

28) Robert H. Lengel and Richard L. Daft, "The Selection of Communication Media as an Executive Skill," *Academy of Management Executive* 2, no. 3 (1988): 225-232.

이션은 경영자의 통제 아래에 있으며 조직 내의 명령 계통을 따른다. 경영자들은 직무 수행 방법에 대해 알아야 하며 성과에 대한 기대에 부응해야 하는 낮은 수준에 있는 직원들에게 정보를 전달하기 위해 이러한 유형의 커뮤니케이션 흐름을 이용한다. 몇 가지 하향적 커뮤니케이션의 일반적인 유형으로는 직무에 관한 명령이나 지시와 특정 과업과 조직의 다른 과업과 그 과업의 관계에 대한 이해를 제공하기 위해 설계된 정보, 조직의 절차와 관행에 관한 정보, 성과에 관한 부하 직원에 대한 피드백, 조직의 사명과 비전을 전달하기 위한 정보가 있다. 때로는 이러한 커뮤니케이션은 감독자가 부하 직원에게 달갑지 않은 메시지를 전달해야 할 때는 이른바 "난처한 대화"가 되기도 한다. 이러한 난처한 대화는 누군가에게 적절한 성과를 거두지 못했음을 말해 주는 것으로부터 예산 삭감으로 인해 해고될 것이라는 사실을 직원에게 알리는 것에 이르는 아주 광범위한 토픽들에 관한 것들이 될 수도 있다. 이러한 유형의 커뮤니케이션은 대부분의 감독자들이 두려워하지만, 난처한 대화는 경영자가 되는 불가피한 부분이다.[29]

　직원들은 자신의 경영자로부터 커뮤니케이션을 받을 것으로 기대하지만, 조직의 하향적 커뮤니케이션에는 여러 문제점들이 관련되는 경우가 많다. 첫 번째는 개인적 접촉과 내면 커뮤니케이션이 더 효과적일 수도 있을 때조차도, 많은 조직의 경영자들은 하향적 커뮤니케이션을 확산시키기 위해 이메일 메시지와 같은 일방적 커뮤니케이션에 너무 많이 의존하고 있다는 것이다. 둘째로, 어떤 감독자들은 너무 많은 하향적 커뮤니케이션을 사용하며, 그 많은 양은 메시지 과다(message overload)를 초래하고 있다. 이메일과 복사된 문서를 통한 메시지 발송의 용이성 때문에, 어떤 직원들은 지속적으로 메모와 회보, 편지, 공고, 정책 명세서의 폭격을 받고 있다. 너무 많은 메시지에 매몰된 많은 직원들은 그 어떤 것도 전혀 읽지 않는 반응을 보이게 된다. 커뮤니케이션은 또한 부적절한 타이밍 때문에 지장을 받을 수도 있다. 금요일 오후 늦게 또는 주요한 휴일 직전에 전송되는 커뮤니케이션은 무시되는 경우가 많다. 마지막으로, 정보의 여과(filtering of information)라는 문제점이 항상 존재한다. 하향적 커뮤니케이션은 대개 조직의 명령 계통을 따르기 때문에 여러 계층을 거쳐 가게 되는데, 이로 인해 메시지가 변경되거나, 줄어들거나, 늘어날 수도 있으며, 어떤 직원들은 메시지를 전혀 받지 못할 수도 있을 것이다.

---

[29] "난처한 대화"를 가장 훌륭하게 처리하는 방법에 관한 유용한 정보에 대해서는, 다음 자료를 참고하라: Catherine B. Soehner and Ann Darling, *Effective Difficult Conversations: A Step by Step Guide* (Chicago: American Library Association, 2017).

16.5.2. 상향적 커뮤니케이션

마찬가지로 중요한 흐름인 상향적 커뮤니케이션(upward communication)은 부하 직원으로부터 상사에게로 흐르는 모든 커뮤니케이션으로 이루어진다. 이러한 메시지의 대부분은 질문을 하거나, 피드백을 제공하거나, 제안을 하는 것이다. 상향적 커뮤니케이션을 수용하지 못하는 조직의 경영자들은 상향적 커뮤니케이션이 조직의 유효성에 필수적이라는 사실에도 불구하고, 그와 같은 커뮤니케이션을 억제하는 경우가 많다. 문호 개방 정책(open-door policy)에 대해 스스로 자부심을 가지고 있는 경영자들을 가지고 있는 조직에서조차도, 직원들이 특히 어떤 정보가 문제점이나 난처한 상황에 관련되어 있을 때는 그 정보를 자신의 상사에게 가져가는 것을 두려워하는 경우를 종종 발견하게 된다. 직원들은 나쁜 뉴스를 전달하거나 단점을 지적하고 싶어 하지 않는 경우가 많다. 직원들은 자기 자신의 지위나 신뢰성을 향상시켜 주는 메시지를 상향적으로 전달할 가능성이 더 높으며 자신을 나쁘게 보이게 하는 메시지를 올려 보낼 가능성은 훨씬 더 적다.

 **스킬 연습하기**

직원들은 특히 어떤 요청을 해야 하거나 불평을 가지고 있을 때 상사와 커뮤니케이션하기가 어렵다는 사실을 알게 되는 경우가 많다. 여러분은 일선 감독자로, 여러분의 연간 인사 고과를 할 시기이다. 여러분이 여러분의 상사와 다루고 싶은 한 가지 이슈는 여러분이 시의적절한 정보가 필요하다는 사실이다. 지난달에는 여러분의 상사가 두 번이나 여러분에게 날짜와 시간을 전달해 주지 않았기 때문에 여러분은 중요한 미팅에 출석하지 못하였다. 그리고 나서 바로 2주일 전에는, 여러분의 상사가 주례 미팅에서 여러분의 직원들과 논의하려고 계획하고 있었던 새로운 휴가/병가 정책에 대한 자료를 여러분에게 전해 주는 것을 잊어버렸다. 여러분은 여러분이 실행할 것으로 기대되고 있는 기본적인 정책들에 대해 아무 것도 모른 채 속수무책으로 방치되어 있을 때는 감독자로서의 역할을 수행하는 것이 점점 더 어렵다는 것을 알게 되었다. 여러분은 이제 막 여러분의 서면 평가서를 받았는데, 여러분은 여러분의 상사가 하나를 제외한 모든 범주에서 여러분에게 "우수" 등급을 부여한 것을 보고 깜짝 놀랐다. 여러분은 "다른 사람들과의 유효성"에서만 보통으로 평가받았는데, 여러분은 다른 사람들과 잘 지낼 수 있는 여러분의 능력에 대해 자부심을 가지고 있기 때문에 이러한 평가에 대해 신경이 쓰인다. 여러분이 여러분의 상사에게 추가의 해명을 요청했을 때, 여러분은 최근 들어 여러분이 감독하고 있는 많은 사람들이 여러분이 중요한 정보를 전달하는 데 실패했다고 불평하고 있다는 답변을 받았다. 여러분의 몇몇 부하 직원들은 지난주에 자신들의 휴가 요청이 잘못 작성된 사실을 발견했을 때 엄청나게 속상해 했었다. 그들은 여러분이 새로운 정책을 그들에게 커뮤니케이션함으로

써 여러분의 감독 책무를 수행하는 데 실패했었다고 설명하였다.

파트너를 찾아보라. 여러분 중 한 사람은 불만을 가진 감독자의 역할극을 하고 다른 한 사람은 상사의 역할극을 해야 한다. 그리고 나서 역할을 바꾸어 보라. 여러분의 불평을 상사에게 전달하는 것이 어려웠는가? 그것을 더 용이하게/어렵게 하기 위해 보스는 뭐라고 했는가?

근로자들, 특히 더 낮은 계층의 근로자들이 자신들의 감독자에게 접근하기 위해서는 어느 정도의 용기가 필요하다. 경영자는 지위와 특권을 가지고 있으며, 더 낮은 지위의 근로자들과는 다르게 말하고 옷을 입는 경우가 많으며(다만 지식 기반 조직에서는 그럴 가능성이 더 적기는 하지만), 커뮤니케이션 기술에서 더 많은 경험을 가지고 있다. 그러한 이유 때문에, 경영자가 상향적 커뮤니케이션을 권장하지 않으면 어떤 조직에서 이러한 커뮤니케이션이 거의 일어나지 않는 경우가 많다.

상향적 커뮤니케이션의 흐름으로부터 편익을 얻고자 하는 경영자들은 그와 같은 커뮤니케이션 방식에 놓일 수 있는 장애 요인들에 대해 민감해야 한다. 만일 경영자가 어떤 장애 요인들을 제거하고자 한다면, 동정심을 갖고 들어 주는 사람이 되어야 하며 근로자와의 비공식적인 접촉을 권장하는 습관을 가져야 한다. 상향적 커뮤니케이션을 이루기 위해 일반적으로 사용되는 몇 가지 방법으로는 고충 처리 제도(grievance procedures)와 제안함(suggestion boxes), 포커스그룹(focus group), 핫라인, 그룹 미팅, 여론 조사, 경영자와 근로자 간의 비공식적인 미팅 등이 있다. 아울러 경영자들은 하향적 커뮤니케이션에서 나타나는 것과 똑같은 종류의 여과와 오해가 상향적 커뮤니케이션에서도 만연할 수 있다는 사실을 명심해야 한다.

16.5.3. 수평적 커뮤니케이션

수평적 커뮤니케이션(horizontal communication)은 조직 계층 구조에서 동일한 수준의 사람들 사이에서 공유되는 수평적으로 또는 대각선상으로 이루어지는 정보의 상호 교환으로서, 이러한 유형의 커뮤니케이션은 부서 내에서 또는 여러 부서에 걸쳐 발생할 수도 있으며 조직의 하부 단위 내의 또는 그러한 단위들에 걸친 활동들을 조정하거나 묶어 주기 위해 사용되는 기본적인 수단이다. 오늘날의 더 수평적이고 팀 기반적인 조직에서는, 수평적 커뮤니케이션은 과거 어느 때보다도 더 중요하며 과업 조정과 문제 해결, 정보 공유, 갈등 해소와 같은 영역에서 대단히 중요하다.

몇 가지 요인들은 수평적 커뮤니케이션을 제한하는 경향이 있다. 어떤 조직에서는, 수평적 커뮤니케이션의 증가와 함께 자신들이 엄격한 통제를 유지하는 데 더 큰 문제점을 갖게 될 것이라고 느끼는 고위층 경영자에 의해 이러한 커뮤니케이션이 좌절될 수도 있을 것이다. 정보를 소유한 직원들이 다른 사람들에 대한 경쟁 우위(competitive advantage)를 보유하고 싶어 하기 때문에 경쟁 조직에서는 정보가 항상 공유되는 것은 아니다. 전문화도 수평적 커뮤니케이션에 지장을 준다. 대부분의 조직들은 전문화된 하부 단위로 세분되며, 이러한 하부 단위의 구성원들은 회사의 목적을 증진하기 위해 다른 경영자들과 커뮤니케이션하기보다는 오히려 자기 자신의 하부 단위의 목적을 발전시키고자 할 수도 있을 것이다. 아울러 과도한 전문화는 어느 한 하부 단위의 구성원이 다른 하위 부서의 전문 용어나 용어들을 이해하기 어렵게 만들 수도 있을 것이며, 비록 그들이 정보를 기꺼이 상호 교환하고자 한다고 하더라도, 커뮤니케이션의 격차를 줄이기가 어렵다는 사실을 알게 될 수도 있을 것이다. 마지막으로, 경영자들이 빈번한 수평적 커뮤니케이션을 권장하지 않거나 그와 같은 관행에 관여하는 사람들에 대한 보상을 하지 않고 있기 때문에 수평적 커뮤니케이션이 발생하지 않는 경우가 많다. 하지만 전자적인 커뮤니케이션 방법의 출현은 수평적 커뮤니케이션을 과거보다 훨씬 더 용이하게 해 주고 있다. 이메일은 대개 조직의 동료들 특히 아주 근접하여 일하고 있지 않는 동료들 사이의 기본적인 커뮤니케이션 수단이다.

미팅은 수평적인 정보 흐름의 또 하나의 원천을 제공하는 경우가 많다. 전문적 조직에서는, 많은 직원들이 자신들의 많은 시간을 미팅에 보내고 있는데, 몇몇 리서치에서는 경영자들은 주당 18시간까지를 미팅에 소비하고 있으며 불행히도 그들은 미팅의 25퍼센트에서 50퍼센트를 시간 낭비로 간주하고 있다는 사실을 보여주고 있다.[30] 빈번하게, 근로자들은 자신들의 직무를 실제로 수행하는 데 보내는 것보다도 더 많은 시간을 자신들의 직무에 관해 이야기하는 미팅에서 보내고 있다고 느끼고 있다. 미팅이 부실하게 기획되거나 진행되기 때문에, 좌절감을 주고 비효과적인 경우가 너무나도 많다. 모든 계층의 경영자들은 미팅을 어떻게 성공적이 되도록 만들 것인지에 관한 기술과 이해를 개발하고자 노력해야 한다.[31]

---

30) Sebastian Bailey, "Just Say No: How Your Meeting Habit is Harming You," *Forbes* (August 8, 2013), accessed July 13, 2017, 〈http://www.forbes.com/sites/sebastianbailey/2013/08/08/just-say-no-how-your-meeting-habit-is-harming-you/#7add5a4519b4〉.
31) 미팅 관리에 관한 유용한 팁은 다음 자료에서 볼 수 있다: Joan Giesecke and Beth McNeil, *Fundamentals of Library Supervision* (Chicago: American Library Association, 2010): 125-136.

어떤 경영자들은 수평적 커뮤니케이션은 명령 계통을 따르지 않기 때문에 그 사용을 권장하지 않는다. 비록 수평적 커뮤니케이션이 어떤 어려움들을 야기할 수도 있지만, 그와 같은 커뮤니케이션은 복합적이고 역동적인 환경에 대응해야 하는 대부분의 조직에 필수적이다. 수평적 커뮤니케이션의 중요성은 조직들이 팀에 의한 접근법에 더 많이 의존하게 됨에 따라 증가하고 있다. 이러한 커뮤니케이션이 권장되지 않을 때조차도, 동일한 계층의 직원들은 대개 자신들의 과업과 상사, 작업 조건에 관해 서로 이야기하기 때문에 이러한 커뮤니케이션은 분명히 발생한다. 잠재적인 문제점을 예방하기 위해 어떤 간단한 예방 조치를 취할 수 있을 것이다. 수평적 커뮤니케이션은 적절할 때는 사용해야 하고, 부하 직원들은 자신들의 권한을 넘어서는 일을 하는 것을 자제해야 하며, 부하 직원들은 부서 간의 중요한 활동들에 대해서는 계속해서 상사에게 알려야 하는 것은 분명하다.

이야기해 보기

"정보는 힘이다"는 너무나도 자주 사용되는 어구로 상투적인 문구가 되었다. 그럼에도 불구하고, 어떤 조직 내에서 정보의 흐름을 조정할 수 있는 사람은 누구든 이 능력으로부터 많은 통제와 권력을 얻을 수 있는 것은 의심의 여지없이 사실이다. 오늘날의 지식 조직에서 정보의 흐름을 제약함으로써 어떤 문제점들이 생기게 되는가? 경영자들은 정보가 공식적인 경로를 벗어나 흘러가도록 방치하는 것의 결과를 때로는 왜 두려워하는가? 어떻게 경영자들로 하여금 조직의 모든 계층에 걸쳐 정보의 자유로운 흐름을 허용하도록 권장할 수 있는가?

16.5.4. 가상 커뮤니케이션

경영자들에게 비교적 새로운 커뮤니케이션 유형의 하나는 가상(假想) 커뮤니케이션(virtual communication)으로, 이것은 물리적으로 업무 현장에 참석하지 않는 직원들과 커뮤니케이션하는 것이다. 이러한 유형의 커뮤니케이션은 재택근무 직원들(telecommuting employees)의 수가 증가하고 더 많은 근로자들이 가상 팀의 일부로서 일하게 됨에 따라 지난 몇 년 사이에 더 널리 퍼지게 되었다. 원격 근로자들과 커뮤니케이션하는 것은 어려운 과업이다. 현장에 있지 않은 근로자들은 비공식적인 담소(談笑)와 신체 언어를 통해 전달되는 커뮤니케이션을 이용할 수 없다. 그들은 메시지의 맥락을 잃게 되고 대개는 목소리의 어조와 같은 단서를 알아차릴 수 없다. 가능하면, 원격 직원들이 자신들의 동료 직원들과 친밀한 관계를 구축할 수 있도록 그들을 업무 현장으로 정기적으로 데려오는 것은 훌륭한 관행이다. 평소에는, 경영자들은 전자적인 커뮤니케이션 방법에 의존해야 한다. Skype와 Go-to-Meeting과 같은 도구들이 화상 채팅을 위해 사용되는 경우가 많다. 비디오 도구를 가능한 한 많이 사용하는 것은 근로자들로 하여금 비언어적 커뮤니케이션을 이해하고 잘못된 커뮤니케이션을 줄일 수 있도록 해 준다. 하지만 특히 직원들이 서로 다른 표준 시간대에 위치해 있을 때에는, 공유 문서와 이메일, 텍스트 메시지와 같은 비동시적 방법들이 커뮤니케이션을 위해 가장 일반적으로 사용되는 방법들이 될 것이다.

사용되는 경로에 관계없이, 원격 근로자들과의 커뮤니케이션은 그들이 성공적이 되도록 하려면 필수적이다. 경영자들은 이러한 유형의 직원들과의 커뮤니케이션에 특별한 관심을 기울이고, 그들에게 그들의 업무에 대한 기대와 그들이 어떻게 평가받게 되는지에 관한 명확한 지침을 제공해야 한다. 원격 업무는 대부분의 도서관에서는 아직 일반적인 것이 아니지만, 가상 근로자의 수가 증가함에 따라, 경영자들은 업무 현장에 물리적으로 참석하지 않는 근로자들과 가장 훌륭하게 커뮤니케이션하는 방법에 관해 더 많은 식견을 갖추어야 할 것이다.

16.6. 비공식 조직 커뮤니케이션

지금까지 살펴본 것의 대부분은 어떤 조직 내의 공식적인 커뮤니케이션 경로에 관한 것이다. 이러한 것들은 조직의 계층 구조에 의해 지시되는 공식적인 통로를 따르는 메시지의 경로이다. 그러나 모든 조직은 또한 비공식적인 커뮤니케이션 시스템을 가지고 있다. 이러한 것들 중 가장 일반적인 두 가지는 그레이프바인[32] (grapevine)과 "현장 경영"[33](managing by walking around)으로 언급되는 경우가 많은 활동이다. 비공식적인 경로는 공식적인 커뮤니케이션 구조의 경로만큼 예측이 가능한 것도 아니고 그만큼 통제되는 것도 아니지만, 정보를 전달하는 데는 매우 효율적이다.

---

32) 역자주: 비밀 정보망이라고도 한다.
33) 역자주: 현장 순회 경영이라고도 하고, MBWA라는 약칭으로도 사용되며, "management by wandering around"로 표시하기도 한다.

16.6.1. 그레이프바인

모든 조직은 일반적으로 그레이프바인(grapevine)이라고 불리는 비공식 커뮤니케이션 네트워크를 가지고 있다. 그레이프바인은 대개 근로자와 경영자 간에 조직에서 상향적으로, 하향적으로, 수평적으로 이동하는 구전(口傳: word-of-mouth) 커뮤니케이션으로, 그레이프바인은 조직의 내부는 물론 외부로도 확장된다. 그레이프바인에 대한 연구들은 이 커뮤니케이션 수단은 아주 정확하여, 75퍼센트 이상의 메시지가 올바르게 전송된다는 사실을 보여 주고 있다.[34] 아울러 그레이프바인은 대개 공식적인 경로보다 훨씬 더 빠르게 정보를 전달한다.

하지만 그레이프바인 내의 거의 모든 정보는 문서화되지 않으며, 따라서 네트워크를 통해 이동할 때 변경되거나 해석이 가해질 여지가 있다. 인터넷은 그레이프바인 정보의 확산을 위한 추가의 메커니즘을 제공해 주고 있다. 과거에는 사람에서 사람으로 아주 천천히 이동했을 법한 정보가 현재는 번개같이 빠른 속도로 전송되고 재전송될 수 있다.

그레이프바인이 때로는 말썽을 일으키기도 하지만, 이 비공식적인 커뮤니케이션 경로는 모든 조직에 아주 일반적이다. 이것은 정보에 대한 인간의 본질적인 니즈에 도움을 주기 때문에, 경영자가 이를 파괴할 수 없다. 그레이프바인의 존재를 고려해볼 때, 경영자의 과업은 이것이 조직의 목표 달성에 기여할 수 있도록 만들고자 노력하는 것이다. 경영자들은 개인적으로 또는 신임하는 직원들을 통해 그레이프바인을 이용함으로써 이를 수행할 수 있을 것이다. 올바르게 사용될 때는 그레이프바인은 공식적인 경로를 보충하는 데 매우 유용할 수 있다.

 스킬 연습하기

여러분이 어린이였을 때 하곤 했던 옮겨 말하기 게임(telephone game)을 기억하는가? 어느 한 사람이 어떤 메시지를 시작하고 그 메시지가 전체 방안을 한 바퀴 돌 때까지 다음 사람에게 그 메시지를 귓속말로 전해 준다. 대개의 경우, 마지막 사람이 듣는 메시지는 첫 번째 사람이 말했던 것과 거의 유사하지 않다. 재미를 주는 것 이외에도, 이 활동은 정보가 간접적인 커뮤니케이션과 잡음에 의해 얼마나 쉽게 왜곡될 수 있는지를 보여 준다.

---

34) Keith Davis and John W. Newstrom, *Human Behavior at Work: Organizational Behavior,* 8th ed. (New York: McGraw-Hill, 1989), 37.

그룹과 함께 그 게임을 다시 해 보도록 하고 어떤 조직 내에서 그것이 어떻게 커뮤니케이션에 응용되는지에 관해 생각해 보라. 첫 번째로, 그 게임을 항상 여러분이 했던 것처럼 해 보라. 마지막 사람이 받은 메시지는 얼마나 정확했는가? 다음에는 변형을 해서 그것을 시도해 보라. 메시지를 받는 각각의 사람은 자신이 올바르게 이해했는지를 확인하기 위해 그것을 전달한 사람에게 체크하도록 허용된다. 두 번째 메시지의 전송은 첫 번째보다 얼마나 더 정확했는가? 이것은 피드백과 그것이 커뮤니케이션에서 갖는 유용성에 관해 여러분에게 무엇을 말해 주고 있는가?

    정보를 전달하고자 하는 경영자는 정확한 정보를 그레이프바인에 제공할 수 있다. 경영자들은 사기를 손상시킬 수도 있는 오도된 소문들을 중도에서 차단하여 바로잡을 수 있도록 하기 위해 그레이프바인에서 유통되는 메시지에 대해 알고 있어야 한다. 사실 그레이프바인을 활용하는 것은 경영자들의 관심을 필요로 할 수도 있는 내부 상황이나 사건들을 파악하는 데 관심을 가지고 있는 경영자들에게 "조기 경보 시스템"으로서의 역할을 할 가능성을 가지고 있다.

    그레이프바인은 공식적인 커뮤니케이션 경로를 통한 명확하고, 시의적절하며, 완전한 커뮤니케이션을 대체하도록 절대 허용해서는 안 된다. 그레이프바인은 어떤 토픽, 특히 직원들이 위협을 느끼게 되는 원인이 되거나 임박한 변화를 다루는 토픽에 관한 공식적인 커뮤니케이션이 거의 없을 때 만연된다. 소문은 근로자들이 어떤 상황에 대해 걱정하고 있는데 그에 관한 정보를 거의 또는 전혀 받지 못하기 때문에 생겨난다. 경영자들이 공식적인 커뮤니케이션 경로를 통해 근로자들에게 관심을 가지고 있고 우려하고 있는 이슈들에 관한 충분한 정보를 제공하면 그레이프바인상에 훨씬 더 적은 소문들이 떠돌 것이다.

 이야기해 보기

    그레이프바인은 Malcolm Gladwell이 자신의 저서 *The Tipping Point*에서 설명한 "소수의 법칙"(law of the few)을 따른다. 그는 만일 여러분이 커뮤니케이션을 효과적으로 확산시키고자 한다면 여러분은 대화의 대부분에 대해 책임을 가지고 있는 아주 적은 소수의 개인들에게 도달하기만 하면 된다고 주장하고 있다. 이러한 개인들은 정보의 흐름을 통제하며 그 결과 대단한 영향력을 갖는다.[35]

    여러분은 소수의 사람만이 커뮤니케이션에 대해 지나치게 큰 영향력을 갖는다는 Gladwell의 전제에서 그가 옳다고 생각하는가? 만일 경영자가 그레이프바인상에서 정보를 통제하고자 한다면,

> 어떻게 이러한 개인들을 확인하고 그들이 그레이프바인상에서 전달되는 것에 영향을 미치도록 이용할 수 있는가? 여러분은 경영자들이 이렇게 하는 것이 윤리적이라고 생각하는가?

16.6.2. 현장 경영

경영자들이 공식적인 커뮤니케이션 경로로부터 받는 정보를 보충하는 또 하나의 좋은 방식은 경영자들이 자신의 사무실에서 벗어나, 조직을 순회하고, 직원들과 어느 정도의 시간을 보내는 것이다. 이 비공식적인 커뮤니케이션 방법은 대개 현장 경영 또는 MBWA(managing by walking around)라고 일컬어지고 있다. 경영자들은 그레이프바인상에 무엇이 유통되고 있는지에 대해 알아야 하는 것과 똑같이, 자신들의 사무실을 벗어난 조직의 여러 부분에서 무슨 일이 일어나고 있는지에 대해 알아야 한다.

경영자들은 스스로 모습을 드러내고 조직 전체에 걸쳐 무슨 일이 일어나고 있는지에 대한 전반적인 느낌을 얻는 데 시간을 들여야 한다. 그것이 편목 담당 부서를 들르는 것이든, 휴게실을 방문하는 것이든, 서가 배가 담당자가 자신의 일을 할 때 이야기를 나누는 것이든, 경영자는 정기적으로 사무실을 벗어나지 않으면 결코 알 수 없는 도서관에 관한 일들을 발견하게 된다. 대부분의 근로자들은 최고 관리자들이 자신들의 업무 공간으로 와서 그들과 이야기할 때는 어깨가 으쓱해지게 된다. 이를 통해 그들로 하여금 중요하다는 느낌을 갖도록 해 준다. Robert Goffee와 Gareth Jones가 밝히고 있는 것처럼, "추종자들은 그 추종자들의 공헌이 아무리 작다고 할지라도, '여러분은 정말 소중합니다'라고 말해 주는 권위 있는 인물에게 자신의 심장과 영혼을 주게 될 것이다."[36] 가장 깊은 존경을 받고 있는 경영자들은 자신의 직원들에게 그들과 그들이 무엇을 하는지에 대해 관심을 가지고 있다는 사실을 커뮤니케이션할 수 있는 사람들이다. MBWA는 경영자와 근로자가 비공식적으로 커뮤니케이션할 수 있도록 해 주는 입증된 방식으로, 경영자의 사무실 대신 직원의 영역에서 이루어지기 때문에, 조직 커뮤니케이션에 다른 차원을 제공해 준다.

요약하면, 공식 커뮤니케이션은 물론 비공식 커뮤니케이션 둘 다 조직에 중요하다. 경영자들은 커뮤니케이션이 가능한 한 개방적이고 왜곡이 없도록 하기 위한

---

35) Malcolm Gladwell, *The Tipping Point: How Little Things Can Make a Big Difference* (Boston: Little Brown, 2000).

36) Robert Goffee and Gareth Jones, "Followership," *Harvard Business Review* 79 (December 2001): 148.

시도로 조직 내의 커뮤니케이션에 세심한 주의를 기울여야 한다. 경영자들은 항상 자신들의 커뮤니케이션 기술을 개선시키고자 노력해야 하며 자신들이 피드백을 받고 전달하고 있는 메시지가 수신되고 있는지의 여부를 알도록 보장하기 위해 쌍방향 커뮤니케이션에 의해 제공되는 이점을 명심해야 한다. 훌륭한 경영자들은 또한 경청의 중요성을 끊임없이 기억해야 하는데, 이것은 자신들의 부하 직원들과의 업무 관계를 개선하는 데 중요하며, 만일 경영자들이 단지 "듣기"만하고 경청을 하지 않으면, 직원들이 자신들에게 무엇을 말하는지를 결코 완전하게 이해하지 못하게 될 것이다.

16.7. 갈등

부실한 커뮤니케이션의 일반적인 결과 중 하나는 갈등(葛藤: conflict)이다. 어느 한 사람이 다른 사람을 오해할 수도 있을 것이다. 어떤 사람은 정말로 말하고자 하지 않았던 어떤 것을 말했을 수도 있고, 아니면 어떤 사람은 보내기로 되어 있던 메시지를 놓쳤을 수도 있을 것이다. 어느 한 직원은 다른 사람의 마음을 아프게 하는 어떤 것을 의도적으로든 아니면 의도치 않게 말하기도 한다. 커뮤니케이션, 특히 잘못된 커뮤니케이션은 갈등으로 이어지는 경우가 많다. 일단 갈등이 존재하게 되면, 사람들은 서로 이야기하는 것을 중단하는 경우가 많은데, 이것이 갈등을 악화시킨다. 훌륭한 커뮤니케이션 기술은 갈등을 예방하고 해소하는 중요한 부분이다.

갈등은 대개 대인 관계나 집단 관계에 관련된다는 특징이 있다. 대인 갈등, 즉 두 사람 간의 갈등은 양립할 수 없는 퍼스낼리티나 서로 다른 가치나 관점의 결과인 경우가 많다. 집단 간 갈등은 직원들의 집단들 사이의 갈등으로, 조직 내의 많은 요인들에 의해 야기될 수 있는데 부족한 자원에 대한 경쟁의 결과로 생기는 경우가 많다. 대인 갈등과 집단 간 갈등 둘 다 부실한 커뮤니케이션에 의해 고조된다.

갈등은 잘 관리되지 않을 때는, 사기의 저하와 생산성의 손실, 높은 이직률, 그리고 일반적으로 불행한 업무 현장으로 이어질 수 있다. 이러한 단점들 때문에, 어떤 경영자들은 거의 무엇이든 해서 자신들이 관리하는 단위 내의 갈등을 회피하고자 노력할 것이다. 어떤 사람들은 심지어는 단지 갈등이 존재하는 것만으로도 자신의 관리 능력을 반영하는 것이라고 느끼기도 한다. 그러나 그렇지 않다. 좋든 싫든, 갈등은 모든 조직에 존재한다. 법학도서관의 사서인 Raquel J. Gabriel이 말하고 있는 것처럼, "조용한 오아시스로서의 도서관에 대한 고정 관념이 존재하기는 하지만, 모든 사서들은 우리 기관 내에는 갈등이 존재하지 않는다는 의견에 대해 비웃을 것이라고 나는 확신한다." 37)

갈등 상황을 해소하고자 노력하는 데 자신이 많은 시간을 보내고 있다고 느끼는 경영자들은 아마도 옳을 것이다. 한 연구에서는 경영자들은 갈등과 그 영향을 다루는 데 자신들의 시간의 무려 20퍼센트까지 보내는 것으로 보고하고 있음을 보여 주었다. 38) 또 하나의 연구에서는 경영자의 시간의 42퍼센트는 갈등이 생긴 후에 다른 사람들과의 합의에 이르는 데 보내고 있음을 보여 주고 있다. 39)

사람들은 갈등 상황에 대해 서로 다른 방식으로 반응한다. 리서치에서는 갈등을 처리하는 다섯 가지 주요 스타일을 확인하고 있는데, 회피형(avoiding)과 절충형(compromising),40) 경쟁형(competing), 수용형(accommodating),41) 협력형(collaborating)42)이 그것이다. 회피자들은 갈등을 예방하고자 노력하는데, 대개 자신들의 감정을 억누르고 갈등 상황으로부터 물러선다. 절충자들은 쌍방을 만족시키는 해결책을 찾고자 노력하는데, 차이를 중간에서 기꺼이 양분하려고 한다. 경쟁자들은 자신들의 관점을 지배하고 강요하려고 한다. 수용자들은 거의 항상 반대측에 굴복하고 다른 사람들의 요구에 따른다. 협력자들은 모든 당사자들을 위해 서로 만족스런 결과를 찾아내기 위해 일하려고 노력한다. 43) 이러한 접근법은 개인들이 얼마나 자기주장이 강하고 상호 협력적인지에 의해 영향을 받는다. 서로 다른 스타일은 〈그림 16.3〉에서 볼 수 있는데, 비록 그림은 다섯 개의 별개 위치를 보여 주고 있지만, 갈등에 대한 어떤 개인의 성향은 다이어그램의 어느 곳에든 해당할 수 있다.

다섯 가지 스타일 중에서, 협력형 스타일이 대개 윈윈(win-win)의 성과로 설명되는 결과로 이어지기 때문에 일반적으로 최선의 것으로 간주된다. 이러한 유형의 성과는 모든 당사자들이 이전보다 더 좋은 입장에서 갈등으로부터 벗어났다고 인식할 때 발생한다. 예를 들면, 만일 두 직원이 주말과 저녁 근무의 일정 조정에 관

---

37) Raquel J Gabriel, "Managing Conflict," *Law Library Journal* 103, no. 4 (October 15, 2011): 685-689.
38) "Reducing Conflict in the Office," *USA Today Magazine* 32, no. 2698 (July 2003): 6.
39) Carol Watson and L. Richard Hoffman, "Managers as Negotiators," *Leadership Quarterly* 7, no. 1 (Spring 1996): 63-85.
40) 역자주: 타협형, 타협 절충형이라고도 한다.
41) 역자주: 순응형, 양보 순응형이라고도 한다.
42) 역자주: 협조형, 협동형이라고도 한다.
43) Kenneth W. Thomas, "Conflict and Conflict Management," in *Handbook of Industrial and Organizational Psychology*, ed. Marvin D. Dunnette (Chicago: Rand McNally, 1976): 889-936.

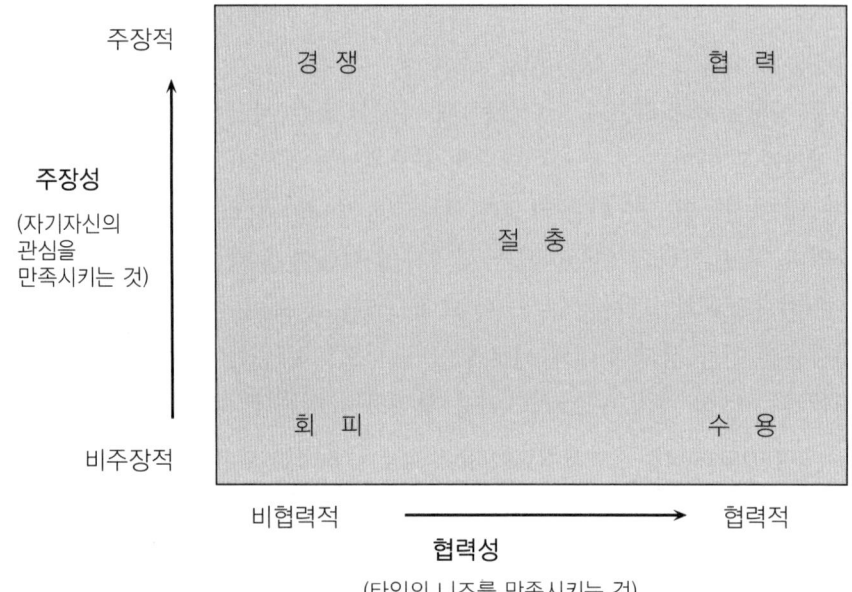

<그림 16.3> 갈등 처리의 다섯 가지 스타일

해 갈등이 있다면, 한 사람은 주말 시간에 일하는 것을 정말로 신경 쓰지 않고, 다른 한 사람은 저녁에 일하는 것을 정말로 신경 쓰지 않는다는 사실을 여러분이 발견하고, 그러고 나서 여러분이 그들의 선호도에 따라 그들의 일정을 조정할 수 있다면, 여러분은 최종적으로 원윈 상황으로 마무리하는 것이 가능할 수도 있을 것이다. 원윈 해결책의 개념은 새로운 것이 아니다. 거의 100년 전에, 제2장에서 살펴본 바 있는 초창기 경영 전문가인 Mary Parker Follett은 그와 같은 해결책의 초창기 예를 다음과 같이 제안한 바 있다.

두 욕구가 통합될 때, 그것은 두 욕구 모두 어떤 측도 아무 것도 희생할 필요가 없는 곳을 찾아내는 해결책을 찾아냈다는 것을 의미한다. 아주 간단한 어떤 실례를 들어 보자. Harvard Library에서는 어느 날 하나의 작은 방에서, 어떤 사람이 창문을 열고 싶어 했다. 나는 창문이 닫혀 있길 원했다. 우리는 아무도 앉아 있지 않은 옆방의 창문을 열었다. 욕구의 축소가 없었기 때문에 이것은 절충이 아니며, 우리는 둘 모두 우리가 정말로 원하는 것을 얻었다. 나는 폐쇄된 방을 원치 않았기 때문에, 북쪽 바람이 나에게 직접 불어오는 것을 원치 않았을 뿐이며, 마찬가지로 다른 사용자는 특정 창문을 열어 두고자 한 것이 아니라, 방안의 더 많은 공기를 원했을 뿐이다.[44]

원윈 해결책은 오랫동안 존재해 오고 있지만, 모든 경우에 가능한 것은 아니다. 하지만 협상가로서의 기술을 갖춘 경영자들은 모든 당사자들이 이득을 보고 있다고 느끼도록 만들어 주는 해결책에 도달함으로써 갈등을 효과적으로 다룰 수 있는 경우가 많다.

 스킬 연습하기

여러분은 몹시 화가 났다. 여러분의 감독자인 Mrs. Wright가 이번 주 토요일 밤에 또다시 대출 데스크를 맡아 달라고 여러분에게 이제 막 요청하였다. 여러분은 지난 토요일 밤과 3주 전에도 근무했었다. 도서관의 정책은 각 근로자는 한 달에 한 번 토요일 밤을 책임지는 것이지만, 여러분에 관한 한, 그 정책은 신화에 불과하다. 여러분은 매달 최소한 두 번 그리고 많은 경우에는 세 번씩 토요일 밤에 일하도록 배정되었다. 다른 근로자들은 항상 토요일에 근무하는 것과 갈등을 일으키는 일들, 즉 출타할 배우자나 무언가 도움을 필요로 하는 연로한 부모님, 아이의 피아노 리사이틀이나 축구 경기를 가지고 있는 것 같다. 여러분은 Mrs. Wright는 부서를 "가정 친화적"으로 만들고자 노력하고 있다는 것을 알고 있지만, 여러분은 여러분이 미혼으로 어린 아이들이 없는 유일한 풀타임 직원이기 때문에 여러분이 여러분의 정당한 몫보다 더 많은 것들을 하도록 요청받고 있는 것처럼 느끼고 있다. 여러분은 계속해서 이번 주의 일정을 받아들여야 하는가 아니면 Mrs. Wright와 이야기할 시간을 잡으려고 해야 할 것인가? 만일 그렇다면, 여러분은 무슨 말을 할 것인가?

16.8. 갈등의 결과

조직의 갈등은 본질적으로 긍정적인 것도 부정적인 것도 아니다.[45] 하지만 대개 부정적인 효과를 먼저 생각하게 된다. 엄청난 갈등을 가진 환경에서 일하는 것은 스트레스를 초래하고 직원의 관심을 수행해야 할 일로부터 다른 데로 돌릴 수 있다. 훌륭한 성과를 내고자 하는 직원들의 동기는 물론 직원들의 사기도 악화되는 경우가 많다. 극단적인 갈등의 경우에는, 근로자들이 다른 사람들의 일을 비난

---

44) Mary Parker Follett, *Constructive Conflict* (presented at the Bureau of Personnel Administration Conference, New York, January 1925).
45) Susan S. Raines, *Conflict Management for Managers: Resolving Workplace, Client, and Policy Disputes* (Somerset, NJ: Jossey-Bass, 2012).

하거나 심지어는 방해하는 것으로 알려져 있다. 부서 간의 갈등은 집단으로 하여금 대열을 폐쇄하고 협력을 저해하는 원인이 될 수 있다. 관리되지 않고 해소되지 않는 갈등은 파괴적인 힘이다. 그것은 관계를 파괴하고, 생산성과 업무의 품질을 감소시키며, 커뮤니케이션을 붕괴시키고, 사람들로 하여금 그룹이나 조직의 다른 사람들과 안 맞는다고 느끼게 만들 수 있다.

반면에, 때로는 갈등이 유용한 역할을 수행하기도 한다. 건설적인 갈등은 긍정적인 변화와 문제 해결의 기회를 제공해 준다. 이러한 유형의 갈등은 이전에는 숨겨졌던 문제점들을 해결책이 모색될 수도 있도록 드러낼 수도 있다. 건설적인 갈등은 혁신을 촉진해 준다. 모든 사람이 똑같이 생각한다면, 변화는 일어나지 않을 것이다. 실제로, 최근의 리서치에 따르면 평화롭고 조화로운 업무 현장은 기업에는 가능한 최악의 것이 될 수 있으며 부실한 기업 성과의 최대의 단일 예측 변인이다.[46]

마이크로소프트는 그 초창기 시절에는 미국에서 토론이 가장 많이 벌어지는 기업 문화의 하나로 알려졌었다. Bill Gates는 직원들로 하여금 Gates를 포함한 모든 사람에게 도전하도록 권장했기 때문에 "무장 휴전"(armed truce)이라고 불리는 경영 스타일을 주창하였다. 갈등은 "외부인들뿐만 아니라 그 자체와도 줄기차게 전쟁 중인"[47] 회사에서 모든 의사 결정의 중심에 있었다.

적절하게 관리되는 갈등은 에너지를 불어 넣을 수 있다. 개인들이 조용하면서도 합리적인 방식으로 반대되는 아이디어와 입장에 대해 토론을 할 때는, 이러한 유형의 갈등은 침체를 예방해 주고, 관심과 호기심을 자극해 주며, 문제점에 대한 검토와 탐색을 권장해 주고, 문제 해결과 의사 결정으로 이어지며, 개인의 성장과 발전을 촉진해 주고, 집단의 정체성과 응집력을 촉진해 주며, 긴장 완화에 도움을 주고, 변화의 토대를 제공해 주며, 대인 커뮤니케이션과 이해 증진, 비판적 자기반성을 권장해 주고, 개인의 관계를 강화해 주며, 다른 사람들의 느낌과 니즈, 견해에 대한 탐구와 인식을 촉진해 준다.[48]

요약하면, 갈등은 조직의 업무 수행의 불가피한 일부이다. 사람들이 어떤 조직에 함께 모일 때는 언제나, 서로 의존하게 되며, 따라서 경쟁과 갈등의 바탕이 생

---

46) Saj-nicole A. Joni and Damon Beyer, "How to Pick a Good Fight," *Harvard Business Review* 87, no. 12 (December 2009): 48-57.

47) Herbert S. White, "Never Mind Being Innovative and Effective-Just Be Nice," *Library Journal* 120 (September 15, 1995): 47.

48) Charles Conrad and Marshall Scott Poole, *Strategic Organizational Communication: Into the Twenty First Century*, 4th ed. (New York: Harcourt Brace, 1998), 340.a

기게 된다. 토픽들을 공개적으로 논의할 수 있는 능력은 어느 조직에서든 강점이 된다. 개인들이 토론을 하고, 반대되는 관점을 제시하고, 어떤 토픽에 대해서든 견해들을 내부에 틀어박아 두기보다는 자유분방한 대화를 요청할 수 있는 것은 훨씬 더 건강한 것이다. 억눌린 갈등은 대개 다시 나타난다.

하지만 어떤 사람들은 우리가 너무 논쟁적이 되어 버렸다고 생각한다. 우리의 현대 사회에서, 사람들은 경쟁하고 성취하도록 길들여져 있으며, 조직 내에서 개발되는 문화는 이러한 특성을 과장하는 경향이 있다. Deborah Tannen은 이를 논쟁 문화(argument culture)라는 용어로 부르고, 이를 우리들로 하여금 세상과 세상 사람들을 적대적인 마음 상태로 접근하도록 강요하는 문화로 설명하고 있다.[49] 이것은 반대가 무슨 일이든 그것을 해내는 최선의 방식이라는 가정에 기초를 두고 있다. 어떤 아이디어를 논의하는 최선의 방식은 토론을 마련하는 것이고, 뉴스를 보도하는 최선의 방식은 가장 극단적이고 양극화된 견해를 표현하는 대변인을 찾아내어 그들을 "양측"으로 제시하는 것이며, 분쟁을 해결하는 최선의 방식은 어느 한 당사자를 다른 당사자와 맞붙게 하는 소송이고, 에세이를 시작하는 최선의 방식은 어떤 사람을 공격하는 것이며, 여러분이 정말로 생각하는 중이라는 사실을 보여 주는 최선의 방식은 비판하는 것이다. 불행하게도, 대개 어떤 이슈는 두 개의 상반되는 견해로 이루어지는 것이 아니라 다면적이기 때문에, 이러한 유형의 반대는 진실로 이어지지 못하고 있다. Tannen은 최근에 논쟁 문화라는 아이디어를 다시 논의하면서, "오늘날 '논쟁 문화'는 극도로 절제된 표현처럼 들리며, '전투 문화'가 더 적절할 것이다"[50]라고 말하고 있는 것을 보면, 불행하게도, 자신의 책에서 이 문제점을 실제로 과소평가했을 수도 있다고 느끼고 있는 것 같다. 우리 사회는 분명히 정중함이 줄어들고 있는 것 같다. 어떤 조직이 그와 같은 외부의 영향을 대응하기는 어렵지만, 경영자들은 모든 종류의 무례가 생기지 않도록 조심해야 한다.

업무 현장에서 건설적인 갈등이 생기도록 한다는 것은 직원들이 무례해지도록 한다는 것을 의미하는 것은 아니라는 사실을 명심하는 것이 중요하다. 욕하거나 왕따, 무례함과 같은 관행은 결코 용인되어서는 안 될 것이다. 갈등 관리의 일부는 관련되는 모든 당사자들을 정중하게 대우하는 것이다. 경영자들은 직원에 대한 무

---

49) Deborah Tannen, *The Argument Culture: Stopping America's War of Words* (New York: Ballantine, 1999), 3-4.
50) *Ibid.*, 177.
51) Gretchen Spreitzer and Christine Porath, "Creating Sustainable Performance," *Harvard Business Review* 90, no. 1 (January-February 2012): 92-99.

례는 많은 비용이 든다는 사실을 명심해야 한다. Spreitzer와 Porath는 근무 중에 무례한 행동을 경험한 직원들의 50퍼센트는 의도적으로 자신들의 노력을 줄였으며, 3분의 1 이상은 자신의 업무의 품질을 감소시켰다는 사실을 밝혀낸 바 있다.[51] 경영자는 업무 현장의 예의에 대한 분위기를 설정하며, 한 사람의 무례한 경영자가 조직 문화에 엄청난 영향을 미칠 수 있다.

경영자들은 예의 바른 업무 현장을 유지하고자 한다면 계속해서 경계를 늦추지 말아야 한다. 아울러 경영자들은 조직 문화는 본질적으로 전염성이 있고 분위기를 설정하는 사람은 바로 경영자이기 때문에 자신의 행동이 중요한 결정 요인의 하나라는 사실을 명심해야 한다. 경영자들은 자신이 다른 사람들에게서 보고 싶어 하는 훌륭한 행동의 모델이 되어야 한다. 한 연구에서는 무례하게 행동했다고 인정한 경영자들의 25퍼센트가 자신들의 경영자가 무례했기 때문에 자신들도 그렇게 했다고 말하고 있음을 밝혀낸 바 있다.[52] 직원들은 자신들의 경영자들이 무례한 행동을 용인하거나 실천하는 것을 보게 되면, 똑같이 행동하는 경향이 있다. 경영자들은 자신들을 위해 일하는 사람들을 위한 역할 모델로서 일해야 한다. 리더로서, 경영자는 분위기를 설정하고 자신의 행위가 자신의 직원들의 행동에 어떻게 영향을 미치고 있는지 인식하고자 노력해야 한다.

16.9. 갈등의 관리

경영자는 너무 많은 갈등과 충분하지 않은 갈등 간의 올바른 균형을 유지하기 위한 방법을 찾아야 한다. 바꾸어 말하면, 경영자는 조직이 그 편익을 거두어들이고 그 부정적인 측면을 회피하도록 갈등을 관리하는 방식을 찾아야 한다.

갈등은 어떻게 관리할 수 있는가? 첫 번째 단계는 일정 정도의 갈등은 어느 조직 내에서나 불가피하다는 사실을 경영자가 인식하는 것이다. 어느 계층에서든 경영자들이 할 수 있는 최악의 것은 갈등을 억제하려고 노력하는 것이다. 갈등을 드러내 놓고, 커뮤니케이션 라인에 공개하고, 상호 간에 이익이 되는 해결책에 도달하기 위해 노력하는 것이 훨씬 더 좋다. 비록 윈윈 해결책을 이루어내지 못한다고

---

52) Christine Porath and Christine Pearson, "The Price of Incivility," *Harvard Business Review* 91 (January 2013): 114-121.

하더라도, 갈등을 인정하고 지지하는 태도로 해결책을 모색하게 되면 직원들은 더 만족하게 될 것이다.

두 번째 단계는 갈등이 악화되기 전에 이를 다루고자 노력하는 것이다. 갈등은 대개 다음과 같은 세 가지 방식으로 악화된다.

- 관심의 확대: 갈등은 소수의 이슈에 초점을 맞추고 있는 비교적 단순한 것으로부터 더 많은 다수 영역의 의견 차이를 보이는 것으로 나아간다. 그와 같은 악화는 매우 파괴적이며 갈등 해소를 훨씬 더 어렵게 만든다.
- 자존심이나 자아상의 관여: 갑자기 갈등이 이슈 지향적인 것으로부터 개인적인 것으로 전환된다. 사람들은 방어적이 되고 체면을 지키려고 한다.
- 새로운 리얼리티의 조성: 마지막 형식의 악화는 갈등 자체가 그 자체의 리얼리티를 만들어 내기 시작할 때 일어난다. 참여자들은 단지 직접적인 갈등 상황만을 바탕으로 자신의 선택을 한다. 갈등에서 이기는 것은 다른 모든 것을 초월하는 상징적인 중요성을 띤다. 개인들은 상호 협력에 대한 자신들의 인센티브보다는 오히려 경쟁에 대한 자신들의 인센티브에 전적으로 초점을 맞추기 시작한다.[53]

세 번째 단계는 참여자들이 성과에 관해 긍정적으로 느낄 수 있도록 해 주는 방식으로 갈등을 해소하고자 노력하는 것이다. 경영자가 갈등의 당사자들이 윈윈 해결책을 가지고 나오도록 도와줄 수 있으면 최선의 결과가 될 것이다.

갈등 관리는 필수적인 관리 기술이다. 불가피하게 경영자는 많은 갈등 상황에서 조정자로서의 역할을 하도록 부름을 받게 될 것이다. 경영자는 경험이 쌓이면서 갈등을 더 훌륭하게 처리하게 된다. 갈등과 갈등이 다른 사람들에게 미치는 영향을 이해하는 것은 경영자가 조정할 수 있는 능력을 증진시켜 준다. 경영자는 더 작은 갈등 상황으로부터 더 대규모의 상황을 어떻게 다루어야 하는지를 배우게 되며, 자신의 성공은 물론 자신의 실패로부터도 배우게 된다. 경영자는 갈등을 두려워할 수도 있을 것이지만 갈등이 자신과 상황을 통제하도록 하기보다는 오히려 항상 갈등을 관리할 준비를 갖추고 있어야 한다.

---

53) Charles Conrad and Marshall Scott Poole, *Strategic Organizational Communication: Into the Twenty First Century*, 4th ed. (New York: Harcourt Brace, 1998), 38-40.

16.10. 결 언

커뮤니케이션은 어떤 조직을 함께 묶어 주는 접착제이다. 경영자들은 대부분의 시간을 다양한 유형의 커뮤니케이션에 참여하는 데 보내고 있다. 경영자들이 성공적으로 커뮤니케이션하도록 배우지 않으면, 기획과 조직, 충원, 지휘, 통제의 다른 관리 기능을 성공적으로 수행하지 못하게 될 것이다. 커뮤니케이션 기술은 필수적이며, 커뮤니케이션이 없이는 어떤 조직도 효과적으로 기능을 수행할 수 없기 때문에, 경영자는 물론 다른 직원들의 이러한 기술의 개선은 우선순위로 삼아야 한다.

 학습 내용 연습하기

1. 여러분은 도서관을 도와주겠다고 제안한 약 75명의 자원봉사자를 감독하기로 되어 있는 자원봉사자 코디네이터를 두고 있는 중간 규모 공공도서관의 관장이다. 도서관의 서비스에 대한 수요는 증가하고 도서관을 위한 자금 지원은 이루어지지 않고 있기 때문에, 여러분은 이러한 자원봉사자들에게 의존하고 있다. 자원봉사자 명단에 이름을 올리기 전에, 각 자원봉사자에 대해 면담을 실시하고 자원봉사자의 기술을 적어두었다. 각 자원봉사자는 또한 돕는 데 관심을 가지고 있는 최소한 두 가지 활동에 대해 서명을 하고 근무가 가능한 시간을 제공하였다. 역시 자원봉사자인 자원봉사자 코디네이터는 스케줄을 작성하고 각 자원봉사자에게 적합한 과업을 배정해야 했다. 불행하게도 일이 잘 진행되는 것 같지 않다. 자원봉사자들이 도서관에 나타났는데 그 자원봉사자들의 예정된 시간 동안 어떤 프로젝트도 그들을 위해 준비되어 있지 않다. 이러한 문제점은 몇 달 동안 계속되어 오고 있으며 당연히 자원봉사자들은 좌절을 겪게 되었다. 그들의 열정은 줄어들었고 많은 사람들은 자신들의 배정된 시간에 나타나지 않고 있다.

   여러분은 자원봉사자 코디네이터와 만날 시간의 일정을 잡아 두었다. 여러분은 이 면담을 어떻게 구조화할 것인가? 여러분은 문제점에 도달하기 위해 어떤 질문들을 할 것인가? 여러분의 도서관의 자원봉사자 구성 요소를 개선하고자 노력하기 위해 여러분은 어떤 가능한 해결책들을 생각하고 있는가? 직원들과 커뮤니케이션하는 것과 자원봉사자와 커뮤니케이션하는 것의 몇 가지 주요한 차이점은 무엇인가?

2. 파트너와 함께 작업해 보라. 여러분 두 사람은 훌륭한 경청자가 가지고 있는 속성들의 리스트를 제시하고 그리고 나서 부실한 경청자에 대한 유사한 리스트를 제시해야 한다. 여러분이 여러분의 리스트를 작성한 후에, 여러분 중 한 사람은 여러분이 좋아하는 어떤 토픽에 대해 1분 동안 이야기하고자 노력해야 한다. 다른 한 사람은 첫 번째로 무관심한 경청자의 특성을 보여 주어야 한다. 그러고 나서, 연습을 반복하는데, 이번에는 여러분의 파트너가 훌륭한 경

청자의 특색을 보여 주어야 한다. 마지막으로, 역할을 교체하여 연습을 반복해 보라. 다음으로, 여러분이 어떻게 느꼈는지 여러분의 파트너와 논의해 보라. 여러분의 파트너가 나쁜 경청자의 특색을 보여 주었을 때 기분이 어떠했는가? 훌륭한 경청자일 때는? 마지막으로, 여러분의 파트너가 훌륭한 경청자의 자질을 보여 주었을 때 여러분이 이야기하기가 더 쉬웠는가?

3. 여러분은 대규모 공공도서관의 커뮤니케이션 디렉터이다. 여러분은 휴식을 마치고 돌아와서 여러분의 책상에서 도서관에서 이용할 수 있는 직원의 부가 급부를 설명하는 금년도 책자의 재작성을 논의하기 위해 가능한 한 빨리 도서관장실로 와야 한다는 도서관장으로부터 온 쪽지를 발견하였다. 여러분은 이 논의를 두려워하고 있다. 지난번 여러분이 이 과업을 맡았을 때, 여러분이 공들여 준비한 인쇄소와의 작업은 여러분의 세심하게 조사되고 독창적으로 표현된 소책자를 마지막 순간에 개정하기로 결정한 여러분의 상사에 의해 취소되었다. 그 결과로 나온 소책자는 늦었고, 부정확했으며, 볼품이 없는 완전한 실패작이었다. 설상가상으로, 여러분의 이름이 편집자로 올라 있었다.

파트너를 찾아보라. 여러분 중 한 사람은 불만을 품은 커뮤니케이션 디렉터로 그리고 다른 사람은 도서관장으로 역할극을 해야 한다. 그리고 나서 역할을 바꾸어 보라.

4. "이제 우리는 어떻게 하지?" Ann과 Lee, Thomas는 궁금해했다. 그들이 신임 도서관장인 Phyllis와 미팅을 가진 지 두 달이 지났는데, 아무 것도 달라진 게 없었다. 커뮤니케이션은 부실했으며, 사기는 낮았고, 방어는 증가하였다. 학생 보조원들조차도 자신들의 감독자와 Phyllis 간의 긴장을 알아채기 시작하였다. Ann과 Thomas, Lee는 Phyllis로부터의 커뮤니케이션 부족을 각각 알고 있었지만, 서로 다른 부서에서 일했기 때문에 분위기를 비교할 기회를 갖지 못하였다. 그리고 그러다가 대출 감독자인 David이 갑자기 밑도 끝도 없이 해고되었다. Ann이 그날 오후에 출근했을 때, David의 책상은 치워지고 그는 가고 없었다. Ann은 확인을 위해 Phyllis를 찾아갔다. Phyllis는 David이 해고되었음을 인정하고, 어떤 추가의 정보도 제공하지 않았지만, Ann에게 일자리 동결 때문에 David의 자리는 동결이 해제될 때까지 채워질 수 없으며, 그렇게 될 때까지는, "그 일을 해결해내는" 것은 Ann의 책임이 될 것이라고 말했다. Ann과 Thomas, Lee는 관찰한 의견을 공유하기 시작하였고 David의 해고는 Phyllis가 도착한 이래로 발생했던 것들 중 극단적인 예에 불과했다는 사실을 알게 되었다. 도서관 확장을 위한 계획들이 진행 중이고, 일자리 동결이 도서관 개관 시간과 직원들에게 영향을 미치고 있으며, 그 직원들은 일반적으로 혼란스러워하고 좌절을 겪게 됨에도 불구하고 어떤 메모도, 어떤 직원 미팅도, 어떤 브리핑도 없었다.

여기에서는 무엇이 문제인가? 만일 여러분이 이 도서관의 직원이라면 여러분은 어떻게 할 것인가?

토론용 질문

1. 거의 2,000년 전에 태어난 그리스의 철학자인 Epictetus는 "자연은 우리가 말하는 것보다 두 배 많이 다른 사람들로부터 들을 수 있도록 한 개의 혀와 두 개의 귀를 주었다"고 이야기했다고 보고되고 있다. 경영자가 이 원칙을 따를 때의 장점과 단점은 무엇인가? 여러분은 말하는 것보다 두 배 많이 경청하는 어떤 경영자를 알고 있는가?

2. 커뮤니케이션 문제는 모든 조직에 아주 일반적이다. 때로는 만일 우리가 조직 내에서 더 훌륭하게 커뮤니케이션만 할 수 있다면 거의 모든 우리의 다른 문제들은 사라질 것이라고도 한다. 여러분은 이 주장에 동의하는가?

3. 많은 직원들은 자신의 감독자와의 커뮤니케이션에서 완전하게 정직해지길 주저하고 있다. 그들은 나쁜 뉴스를 전달하거나 단점을 지적하기를 원치 않는 경우가 많다. 직원들이 좋은 뉴스는 물론 나쁜 뉴스를 공개적으로 커뮤니케이션하는 데 편안함을 느낄 정도로 그 직원들에게 적절히 대응하고 직원들에게 신뢰를 받는 조직은 드물다. 왜 직원들은 나쁜 뉴스를 자신의 상사에게 가져가길 주저하는가? 경영자들은 받아들이기 어려운 진실을 말할 필요가 있으면 직원들이 기꺼이 제공하도록 어떻게 권장할 수 있는가? 조직은 그 업무에 필수적인 여과되지 않은 완벽한 종류의 정보를 그 조직이 얻을 수 있도록 해 주는 유형의 환경을 어떻게 만들어낼 수 있는가?

4. 커뮤니케이션의 최대의 적은 커뮤니케이션이 이루어지고 있다는 착각이라고 말하는 경우가 많다. 여러분은 어떤 사람(아마도 여러분 자신)이 커뮤니케이션이 이루어지지 않았는데 커뮤니케이션이 이루어졌다고 생각했던 때를 생각해 낼 수 있는가? 발생했던 몇 가지 문제점은 무엇이었는가? 어떤 사람이 충분히 커뮤니케이션을 하고 있다고 추정하도록 만드는 요인들은 무엇인가? 어떤 사람이 자신의 메시지가 명확하게 수신되도록 보장하기 위해 무엇을 할 수 있는가?

17 팀제를 이용한 직원 임파워먼트

이 장의 요점

이 장을 마친 후 여러분은:

- 경영자가 직원 임파워먼트를 할 수 있는 방법과 임파워링 리더십의 장점에 대해 알아야 한다.
- 도서관에서 사용되는 팀제의 유형을 확인할 수 있어야 한다.
- 팀제가 그 업무에서 직면할 수 있는 몇 가지 문제점에 대해 이해해야 한다.
- 팀 개발의 단계에 익숙해야 한다.
- 경영자들이 팀 유효성을 개선할 수 있는 방법에 대해 이해해야 한다.
- 오늘날의 조직에서 상황 적응적 경영 이론의 중요성을 논의할 수 있어야 한다.

    도서관 업무 현장은 지난 수십 년간 어마어마한 변화를 겪어 오고 있다. 한때 최고 경영자들은 모든 해답을 가질 것으로 기대를 받았지만, 그것은 더 이상 그렇지 않다. 오늘날 대부분의 경영자들은 더 낮은 계층의 직원들이 종종 팀에서 함께 일하면서, 많은 문제점들을 효과적으로 해결할 수 있다고 추정하며, 대부분의 직원들은 자신들이 수행하는 업무에 대해 적어도 약간의 인풋과 통제를 갖고자 한다. 결과적으로, 오늘날의 많은 경영자들은 자신들의 직원들에게 자율성과 책임을 부여함으로써 직원 임파워먼트(empowerment)를 실행한다. 임파워먼트된 직원들은 지침을 제공받고 그러고 나서 자신들의 직무 수행 방법에 대해 책임지도록 허용된다.

    이 장은 직원 임파워먼트와 그 장점과 단점에 대한 고찰로 시작되지만, 팀제는 경영자들이 직원 임파워먼트를 실시하는 가장 일반적인 방식의 하나이기 때문에 이 장의 대부분은 도서관에서의 팀제의 사용에 초점을 맞추고자 한다. 도서관들이 전통적인 계층 구조를 더 수평적인 팀 기반의 구조로 리스트럭처링하고 대체하고 있기 때문에, 이러한 팀제의 상당수는 자신들의 업무가 수행되는 방식에 관한 의사 결정에 대해 임파워먼트가 이루어지고 있다. 팀제 환경에서의 리더십은 경영자들이 개인 대신에 집단과 함께 일하고 있기 때문에 경영자들에게 다른 기술을 사용하도록 요구한다. 이 장은 상황 적응적 경영(contingency management)에 대한 간략한 개관, 즉 상황 적응적 경영이란 무엇이며 왜 그것이 오늘날의 조직에 중요한지에 대한 것으로 마무리하고자 한다.

현장의 경영 사례: University of Hongkong의 Peter Sidorko

1911년에 설립된 University of Hongkong(HKU)은 홍콩에서 가장 오래된 대학교이다. Peter Sidorko는 2001년에 HKU 도서관의 부관장으로 채용되었으며 2011년에 대학도서관장의 직위에 임명되었다. 최근의 인터뷰에서, 그는 도서관의 직원들에게 임파워먼트를 부여하기 위해 자신이 참여적 경영 스타일을 사용하는 방식을 논의하였다. 그가 HKU 도서관에 부임했을 때, 그 문화는 상당 부분이 하향식의 문화로, "아주 사소한 이슈들조차도 부적합한 고위층으로까지 확대되었다."[1) Sidorko는 그 중앙 집중화된 경영 문화를 조직의 모든 개별 직원이 의사 결정에 대한 책임을 부여받고 자기 자신의 조치에 대해 책임을 갖는 새로운 문화로 대체하기 시작하였다.

Sidorko는 이 새로운 접근법의 가장 분명한 편익은 대수롭지 않은 일들은 고위층에까지 확대되지 않고, 실제 업무를 수행하는 사람들에 의해 의사 결정이 이루어질 수 있다는 것이라고 말하고 있다. 하지만 그는 변화의 필수적인 부분은 "특히 사람들이 어떤 문화, 즉 리스크를 감수하는 데 대해 보상을 하지 않고 실제로 에러나 실수에 대한 징벌적 접근법을 가지고 있는 조직문화 출신일 때는, 사람들로 하여금 리스크를 감수하도록 권장하는 것"[2)이었다고 설명하고 있다. Sidorko는 HKU에서의 경영자로서의 13년 동안 결코 "어느 누구에게든 그들이 저지른 실수에 대해 꾸짖지 않았으며, 단지 자신들의 실수의 방식과 목적, 그리고 자신들이 어떻게 다르게 일을 수행할 수 있는지를 보도록 도와주었다."[3) 그는 직원들은 자기 자신의 실수를 통해 배우며, 만일 직원들이 결코 실수를 저지르지 않는다면, 그들은 결코 어떤 진전을 이루거나 새로운 것을 배울 수 없다는 사실을 알고 있었다.

---

1) Patrick Lo, Dickson Chiu, and Heather Rogers, "Academic Library Leadership Issues and Challenges: An Informational Interview with Peter Sidorko, Librarian of the University of Hong Kong," *Journal of East Asian Libraries* no. 162 (February 2016): 5-22.

2) Ibid., 9.

Sidorko는 자신이 촉진하고 있는 더 수평적이고 더 민주적인 조직 구조가 현재의 조직 문화에 더 적합한지의 여부에 대한 질문을 받고, 다음과 같이 대답하였다.

"음, 왜 안 그렇겠습니까? 장점도 있고 단점도 있습니다. 음, 첫 번째 단점은 그것이 사고방식과 문화의 변경이라는 사실입니다. 그것은 사람들로 하여금 그러한 일들을 수행하고, 스스로 의사 결정을 내리며, 그러한 의사 결정에 대해 책임을 지도록 권장하는 것입니다. 그러나 앞에서도 말했듯이, 동시에, 그것은 제 시간의 상당 부분을 풀어 주고 그러한 사소한 일들을 제거해 줍니다. 그러나 그것은 또한 사람들에게 '임파워먼트'를 실현해 줍니다. 저는 그것이 대충 던지는 말이라는 걸 알지만, 저는 사람들은 자기 자신의 업무 환경과 자기 자신의 의사 결정에 대해 약간의 권력을 갖게 되면 더 나은 직무 만족을 얻을 수 있다고 진심으로 믿고 있습니다."[4]

Sidorko는 자신의 직원들에게 권력을 줄 때 그는 자신들의 기술을 충분히 활용하도록 격려와 자유를 그들에게 주고 있다고 믿고 있는데, 그것이 결과적으로 자기 자신들에 대한 좋은 감정과 조직에 대한 좋은 감정으로 이어지고 있는 것이다.

여러분은 Peter Sidorko와 같이 임파워먼트를 실현해 주는 경영자를 위해 일해본 적이 있는가? 여러분의 직무에 관한 의사 결정을 내리는 책임을 부여받는 것에 대해 어떻게 생각하는가? 만일 여러분이 임파워먼트를 실현하는 경영자를 위해 일해 본 적이 없다면, 여러분은 그렇게 해보고 싶은가? 그와 같은 직무는 하향식 스타일의 경영자와 함께 일하는 직무와 어떻게 다를 것인가?

17.1. 직원 임파워먼트

모든 경영자가 내려야만 하는 의사 결정의 하나는 경영상의 의사 결정을 직원들이 어느 정도로 공유할 수 있도록 허용할 것인지 하는 것이다. 직원들이 경영상의 의사 결정에 인풋을 갖도록 허용하는 것은 참여적 경영(participative management)과 직원 임파워먼트(employee empowerment),[5] 분산적 리더십(dispersed leadership), 공유 리더십(shared leadership), 오픈북 경영(open-book management)을 포함한 많은 이름으로 알려져 있다. 어떤 용어를 사용하든, 그 개

---

3) *Ibid.*, 8.
4) *Ibid.*, 10.
5) 역자주: 경영학 분야에서는 일반적으로 "종업원 임파워먼트"라는 용어로 번역하여 사용하지만, 이 책에서는 "employees"를 일관되게 "직원"으로 번역하고 있기 때문에, 그대로 "직원 임파워먼트"라는 용어로 사용하고자 한다.

념은 동일한데, 의사 결정과 리더십이 계층 구조의 상층에 있는 경영자들에 의해 유지되는 대신 조직 전체에 걸쳐 분산된다. 기본적인 목표는 경영층과 직원들 간의 권력의 재배분으로, 가장 일반적으로는 직원의 권한과 책임을 증가시키는 형식을 띤다.[6] 공유 리더십을 Craig L. Pearce 등은 "지배적인 상급자의 분명한 역할을 수행하는 한 사람의 개인의 손아귀에 권력과 영향력을 집중시키는 대신 일단의 개인들 사이에 권력과 영향력을 광범위하게 공유하는 것을 수반하는 역동적이고, 전개가 이루어지는, 상호 작용적인 프로세스"[7]로 정의하고 있다.

오늘날 직원에게 임파워먼트를 부여하는 것에 관해서는 많은 이야기들이 있는데, 사실 "임파워먼트"라는 용어는 많은 조직에서 유행어가 되고 있다. 간략하게 말하면, 임파워먼트는 직원으로 하여금 자신의 업무에 관해 생각하고, 행동하고, 자율적인 조치를 취할 수 있도록 허용해 주는 프로세스이다. 직원들이 자신의 업무와 관련된 의사 결정을 할 수 있도록 허용해 주는 것은 또한 그들로 하여금 결과에 대해 책임을 지도록 하는 데 도움을 준다.[8]

임파워먼트된 직원들은 내려야 하는 의사 결정에 관한 정보는 물론 자기 자신의 업무에 대한 통제를 자신에게 제공해 주는 의사 결정을 내릴 권력을 부여받는다. 임파워링 경영은 조직의 모든 계층의 사람들은 단지 자신들에게 배정된 책무를 수행하는 것 이상의 것을 할 수 있다는 전제를 바탕으로 하고 있다. 임파워먼트를 부여받은 직원들은 정보를 공유하고, 의사 결정을 내리며, 문제점을 해결하고, 프로젝트를 기획하며, 결과를 평가한다.[9] 이러한 유형의 리더십은 대부분의 적합한 정보가 발견될 수 있고 의사 결정의 효과가 최대의 영향력을 갖게 될 계층으로 의사 결정을 내려 보내지 않을 수 없도록 하는 장점을 갖는다.

직원에게 임파워먼트를 부여하는 것은 과거의 엄격하게 구조화된 관료제 조직으로부터 점점 더 인간 지향적이 되어 가고 있는 더 현대적인 조직으로의 움직임을 보여 주는 또 하나의 징후이다. 과거에는 대부분의 도서관들이 전통적인 계층적 구조로 조직화되어 있었으며 전형적인 경영 스타일은 권위주의적인 것이었

---

6) Chandan Kumar Sahoo, Neeraja Behera, and Santosh Kumar Tripathy, "Employee Empowerment and Individual Commitment: An Analysis from Integrative Review of Research," *Employment Relations Record* 10, no. 1 (June 2010): 41.

7) Craig L. Pearce, Charles C. Manz, and Henry P. Sims Jr., "Where Do We Go from Here?: Is Shared Leadership the Key to Team Success?" *Organizational Dynamics* 38, no. 3 (July 2009): 234-238.

8) Chandan Kumar Sahoo, Neeraja Behera, and Santosh Kumar Tripathy, *op. cit.*

9) Daryl R. Conner, *Managing at the Speed of Change: How Resilient Managers Succeed and Prosper Where Others Fail* (New York: Villard, 1993), 198.

다. 이러한 조직 패턴은 산업 혁명 이후 대중화되었으며 지난 세기 말에 이르기까지 대세였다. 도서관직에서 이것은 리더십의 통제력은 도서관장이 단단하게 움켜쥐고 있었으며, 모든 시스템과 서비스는 지휘 및 통제 모델(command and control models)을 중심으로 조직되었다는 것을 의미한다.[10] 정보도 또한 엄중하게 통제되었는데, 예를 들면 예산 편성은 폐쇄적인 프로세스로, 예산은 경영자들의 소집단에서 개발되었다. 결과적으로, 도서관은 권위주의적 조직으로, 하향적으로 통제되고, 고위층 경영자들이 모든 필수적인 의사 결정을 내리고 직원들에 대해서는 그들이 요구하는 과업들을 수행할 것으로 기대되었다.

도서관의 관리 스타일은 대부분의 도서관장들이 권위주의적 리더십은 효과가 떨어진다는 사실을 알게 되고, 일반 사서 구성원들이 의사 결정에 대해 점점 더 많은 인풋을 요구함에 따라 변화되고 있다. 리더십에 대한 과거의 하향식 접근법은 고도의 기술을 갖춘 지적인 전문직인 오늘날의 근로자들에게는 잘 작동하지 않는다. 허용되는 경우에는, 그들은 의사 결정 프로세스에 유용한 지식과 통찰력을 가져올 수 있으며, 조직은 리더십에 대한 그들의 참여로부터 이익을 얻게 된다. 아울러 개별 직원도 경영상의 의사 결정에 함께 하도록 허용됨으로써 편익을 얻게 된다. 오늘날의 직원의 동기를 부여하는 최선의 방식 중 하나는 그들에게 그들의 조언을 요청하고 그들을 중요한 의사 결정을 내리는 데 참여하도록 함으로써 그들로 하여금 가치 있다고 느끼도록 만드는 것이다.[11] 의사 결정에서 어떤 역할을 수행해 오고 있는 직원들은 또한 이루어진 의사 결정을 수행할 때 훨씬 더 많은 주인의식을 느낀다(〈표 17.1〉을 참고하라).

더 큰 직원 임파워먼트를 선호하는 사람들은 일반 도서관 직원들은 거버넌스(governance)에 참여할 기회를 가짐으로써 편익을 얻으며, 직원들의 참여로 더 나은 의사 결정이 이루어지고, 이러한 경영 스타일은 더 나은 도서관 서비스를 가져다주는 직무 만족 향상으로 이어진다는 자신들의 믿음에 자신들의 견해의 바탕을 두고 있다. 더 적은 참여를 선호하는 사람들은 대개 대부분의 사서들의 경영에 대한 미경험과 참여에 의해 소요되는 시간의 양, 복잡한 서비스 조직을 운영하는 수단으로서의 참여적 모델의 부적합성에 집중함으로써 자신들의 주장을 뒷받침한다.

현재 얼마나 많은 직원 참여가 허용되고 있는지에 대해서는 도서관들이 서로

---

10) Margaret Adeogun, "Library Leadership in a Participative Environment: Investing in What Works," *PNLA Quarterly* 77, no. 4 (Summer 2013): 20-26.
11) Soonhee Kim, "Participative Management and Job Satisfaction: Lessons for Management Leadership," *Public Administration Review* 62, no. 2 (March-April, 2002): 231-241.

<표 17.1> 여러분은 임파워먼트를 부여받았다는 것을 어떻게 알 수 있는가?

오늘날에는 직원 임파워먼트에 관해 모든 유형의 조직에서 많이 이야기되고 있다. 임파워먼트를 부여받았다고 느끼는 것으로 보고하고 있는 직원들은 다음과 같은 설명을 하고 있다. • 나의 감독자는 이의 없이 나의 아이디어를 지지해 주었다. • 재정 데이터가 나와 함께 공유되었다. • 나는 독자적으로 재정적인 의사 결정을 할 수 있었다.
임파워먼트되지 못한 직원들은 다음과 같은 설명을 하고 있다. • 나는 나에게 직접 보고할 어떤 사람에 대한 채용 결정에 어떤 인풋도 갖지 못하였다. • 나는 어떤 프로젝트에서 정말 열심히 일했는데 나의 경영자가 그에 대한 모든 공로를 인정받았다. • 그 프로젝트는 나도 모르는 사이에 나의 어떤 인풋도 없이 재배정되었다. • 나의 제안은 결코 요청된 적이 없으며, 요청된다고 하더라도, 무시되었다. • 나는 버섯 취급을 당하고 있으며 항상 어둠 속에 갇혀 있다.

출전: Adapted from Fred Luthans, *Organizational Behavior,* 10th ed. (New York: McGraw-Hill Irwin, 2004).

차이를 보이고 있다. 단지 소수의 도서관들만이 Likert의 시스템 4(제14장을 참고하라)에서 운영되는 것으로 간주될 수 있지만, 대부분의 도서관장들은 의사 결정에 어느 정도의 직원 인풋을 허용하고 있으며 의사 결정이 이루어지기에 앞서 거의 항상 어떤 협의가 이루어지고 있다.

직원 임파워먼트는 어떤 감독도 없이 직원들이 일하도록 내버려 두는 것을 의미하는 것은 아니다. 임파워먼트된 직원들은 무엇을 이루어 내야 하는지에 관한 지시 사항을 제공받지만, 그 목적을 달성하는 방법에서 어떤 리스크를 감수하기 위한 유연성과 기회를 부여받는다. 직원 임파워먼트는 경영자들이 매번 모든 의사 결정에서 자신들의 모든 직원들에게 관여하거나, 모든 직원들이 의사 결정에 동일한 양으로 참여하는 것을 의미하는 것은 아니다. 참여는 대개 내려야 하는 의사 결정과의 친밀성을 바탕으로 한다.[12] 임파워먼트를 부여받은 직원을 두고 있는 경영자들은 여전히 내려진 최종 의사 결정에 대해 최종적인 책임을 갖는다는 사실을 명심해야 한다. 직원 임파워먼트가 전체 조직에 대해 최고 경영자에게 부여된 개인의 책임을 대체해 주지는 않으며, 대부분의 도서관에서는, 도서관의 전반적인 업무에 대해 책무성을 갖는 도서관장이 계속해서 존재하게 될 것이다.[13]

---

12) Daryl R. Conner, *Managing at the Speed of Change: How Resilient Managers Succeed and Prosper Where Others Fail* (New York: Villard, 1993).

직원들이 경영상의 의사 결정에 참여할 수 있도록 함으로써 직원에게 임파워먼트를 부여하는 것이 종종 성공을 거두기는 하지만, 이러한 접근법은 때로는 그에 대해 이전에 경험해 본 적이 없는 직원들에게 실행하기는 어렵다. 거꾸로, 어떤 경영자들은 통제를 포기하고 다른 사람들로 하여금 의사 결정과 문제 해결에 기여하도록 하기가 어렵다. 더 참여적인 경영 시스템으로 전환하기 위해서는 경영자는 물론 직원의 입장에서도 변화가 필요하다.

17.2. 직원 임파워먼트의 장점

조직들은 왜 의사 결정을 내리는 데 근로자들을 참여시키고자 하는가? 현대의 조직들은 많은 도전에 직면하고 있다. 일반적으로 도서관장은 한 사람의 개인이 오늘날의 급속하게 변화하는 환경에 부응하는 것이 거의 불가능한 요구를 가진 복잡한 직무를 맡고 있다. 몇 번이고, 조직이 경쟁력을 유지하려면 의사 결정은 신속하게 이루어져야 한다. 정보 테크놀로지 혁명 때문에, 도서관장들은 더 높은 생산성에 대한 요구뿐만 아니라 구조와 서비스를 변화하도록 하는 점점 더 늘어나는 압력에 직면하고 있다. 직원의 참여 확대는 이러한 도전에 부응하는 데 도움을 줄 수 있다.

직원 임파워먼트는 많은 다른 장점들을 가지고 있다. 직원에게 임파워먼트를 부여하는 것은 더 나은 고객 서비스로 이어질 수 있다. 임파워먼트를 부여받은 직원들은 스트레스 감소와 직무 만족 향상을 통해 이직률이 줄어드는 결과를 가져오고 있다. 아울러 직원들이 의사 결정에 참여할 수 있도록 함으로써 직원의 유연성과 독창성을 증진시키고 직원들의 자아실현을 위한 점점 더 늘어나는 기대를 충족시키는 데 도움을 준다. Gretchen Spreitzer와 Christine Porath가 언급하고 있는 것처럼, "모든 계층의 직원들은 자신들의 업무에 영향을 주는 의사 결정을 할 수 있는 능력에 의해 활력을 얻게 된다. 이런 식으로 그들에게 임파워먼트를 부여하는 것은 그들에게 더 큰 통제감과 일을 수행하는 방법에 대한 더 많은 발언권, 더 많은 학습 기회를 제공해 준다."[14]

---

13) Nicholas C. Burckel, "Participatory Management in Academic Libraries: A Review," *College and Research Libraries* 45 (January 1984): 32.

14) Gretchen Spreitzer and Christine Porath, "Creating Sustainable Performance," *Harvard Business Review* 90, no. 1 (January-February 2012): 94.

직원에 대한 임파워먼트를 고려하고 있는 도서관들은 다른 유형의 조직에서의 이러한 접근법의 성공을 고려해야 한다. 지난 40년간 지속적으로 이익을 내고 있는 미국의 유일한 항공사인 Southwest Airlines는 그 직원들에게 임파워먼트를 부여한 영리 기업 세계의 좋은 예를 제공해 주고 있다. 그 성공 비결은 그 기업의 공유 리더십의 전통에 있다. 이전의 CEO인 Jim Parker에 의하면, "많은 사람들은 우리의 성공의 원천이 우리의 비용 구조, 즉 우리가 우리의 경쟁자들보다 더 적은 보수를 주고 있는 것이라고 생각하지만 그것은 전혀 사실이 아니다. 우리의 경쟁 우위의 진정한 원천은 분산 리더십과 공유 리더십의 원칙에 확고한 기반을 두고 있는 우리의 문화이다."[15] Southwest Airlines의 직원들은 외부의 감독 없이 팀제로 일한다. 직원들은 의사 결정을 내리고 고객이 만족하도록 보장하기 위해 필요로 하는 것은 무엇이든 할 권한을 갖는다. Southwest Airlines는 그 직원들은 물론 승객들을 존경으로 대우하는 조직 문화를 만들어 내고 있다.[16] Southwest Airlines의 철학은 그 기원을 이 항공사를 설립한 Herb Kelleher까지 거슬러 올라간다. 그는 기업 성공의 핵심은 경쟁자들이 모방하기 어려운 어떤 것에 있다고 설명한 바 있다. "그들은 모든 물리적인 것들을 살 수 있다. 여러분이 살 수 없는 것은 헌신과 전념, 충성심, 즉 여러분이 성전(聖戰)에 참여하고 있다는 느낌이다. 동기가 부여된 직원들은 고객을 훌륭하게 대우한다. 고객은 행복하고, 그래서 그들은 계속해서 돌아올 것이며, 그것은 주주들을 즐겁게 할 것이다. 그것이 바로 그것이 작동하는 방식인 것이다."[17]

Facebook의 직원들도 의사 결정에 많은 재량권을 부여받고 있다. 한 직원은 자신의 두 번째 근무일에, 복잡한 버그에 대한 수정 사항을 찾아내고는 자신의 솔루션에 대한 어떤 종류의 계층 구조에 따른 검토가 있을 것으로 기대하였다. 그런데 그의 상사인 부사장은 웃으면서 "배포하세요"라고 말했다. 그 직원은 신입 직원으로서, 즉시 수백만 명의 사람들에게 도달하게 될 솔루션을 제공하도록 자신이 신뢰를 받았다는 사실에 놀라워했다.[18] 경영자를 위한 도전은 때로는 실수를 범하게

---

15) Quoted in Craig L. Pearce, Charles C. Manz, and Henry P. Sims Jr., "Where Do We Go from Here?: Is Shared Leadership the Key to Team Success?" *Organizational Dynamics* 38, no. 3 (July 2009): 236.

16) Lorraine Grubbs West, *Lessons in Loyalty: How Southwest Airlines Does It* (Dallas: Cornerstone Leadership Institute, 2005).

17) Carmine Gallo, "Southwest Airlines Motivates Its Employees with a Purpose Bigger than a Paycheck," Forbes (January 21, 2014), accessed July 13, 2017, (〈http://www.forbes.com/sites/carminegallo/2014/01/21/southwest-airlines-motivates-its-employees-with-a-purpose-bigger-than-a-paycheck/#71619d0c48e1〉).

>  **스킬 연습하기**
>
> 미국 중서부 주의 최대 공립대학교의 학술도서관인 Brickman Library는 많은 경영층을 갖고, 권력과 정보가 조직 최고위층에 의해 세심하게 통제되는 계층 구조로 항상 구조화되어 왔다. 변화를 시키고 싶어 하는 신임 도서관장이 이제 막 채용되었다. 이 관장은 도서관의 모든 계층의 직원들은 무슨 일이 진행되고 있는지에 대해 알아야 하고 의사 결정에 어느 정도 참여해야 한다고 믿고 있다.
>
> 여러분이 이 신임 도서관장이라고 상상해 보라. 여러분은 어떤 변화를 만들어 낼 것이며, 그 변화를 어떻게 실행할 것인가? 직원의 참여가 가능하도록 하기 위해 여러분은 어떤 유형의 프로그램을 설계할 것인가? 이러한 변화를 만들어 내는 데는 어떤 어려움이 있을 것으로 예상되는가? 여러분은 Southwest Airlines로부터 어떤 것을 배울 수 있을 것인가?

될 것이라는 사실을 알면서도 임파워먼트를 허용하는 것이다. Facebook의 기업 모토는 "빨리 행동하고 파괴하라"(Move fast and break things)이다. 많은 전통적인 경영자들은 직원들이 실수를 범하게 될 것이라는 두려움 때문에 그들에게 의사 결정의 재량권을 부여하는 것을 어렵게 느끼고 있지만, 그렇게 함으로써 직원들이 배우게 되는 최상의 조건을 만들어 준다.[19] 직원 임파워먼트의 기업 문화로 알려져 있는 그 밖의 기업의 예로는 Zappos와 REI, Google, Adobe가 있다.

또한 자신의 직원들에게 많은 재량을 주고 그들이 리스크를 감수하도록 위임하는 것으로 알려져 있는 도서관장들도 많다. 이 장의 앞에서 살펴본 Peter Sidorko는 그와 같은 도서관장의 한 사람이다. 제14장에서 살펴본 North Carolina State University의 도서관장인 Susan Nutter도 그녀와 함께 일하는 직원에 대한 임파워먼트의 강력한 주창자이다. 그녀는 자신의 직원들을 도서관의 기본적인 자산이라고 부르고 스스로 동기를 부여받고 자신들이 하는 것에 대한 열정을 가지고 있는 사람들을 고용하고 있는 데 대해 스스로 자랑스럽게 생각하고 있다. 그녀는 "도서관의 대부분의 의사 결정이 직원들로부터 생겨난다는 사실이 자랑스럽다"고 설명하고, "나는 그에 대해 걱정할 필요조차 없다"[20]고 말하고 있다.

---

18) Gretchen Spreitzer and Christine Porath, "Creating Sustainable Performance," *Harvard Business Review* 90, no. 1 (January-February 2012): 95.

19) *Loc. cit.*

20) John N. Berry, "Librarian of the Year 2005: North Carolina State University Libraries' Susan Nutter," *Library Journal* (1976) 130, no. 1 (January 2005): 51.

17.3. 직원에 대한 임파워먼트 부여 방법

Chandran Kumar Sahoo 등은 직원에 대한 임파워먼트에 관한 선행 연구에 대한 체계적인 리뷰를 제공하고 직원 임파워먼트의 시스템을 이루는 구성 요소들을 보여 주는 모델을 제시하고 있다. 이 모델은 〈그림 17.1〉에 설명되어 있다. 이 모델의 구성 요소의 상당수는 이 책에서 이미 살펴본 바 있다.

임파워먼트를 진작시키기 위한 우호적인 풍토의 개발을 위해 기여하는 몇 가지 핵심적인 측면 또는 동인(動因)들로는 다음과 같은 것들이 있다.

역할 명료성(role clarity): 직원들은 직무 정의와 업무 절차, 성과의 측면에서 그들에게 무엇이 기대되는지를 알고 있다.
도전적 직무(challenging job): 직무 자체는 새로운 기술을 습득하기 위한 교육 훈련과 함께, 어떤 직원이 임파워먼트를 부여받았다고 느끼도록 만들기에 충분한 과업 복잡성과 책임을 갖는다.
포상과 표창(reward and recognition): 직원의 노력에 대해 적절한 표창과 포상이 이루어진다.
지원적 리더십(supportive leadership): 공유 리더십은 직원 임파워먼트로 이어진다.

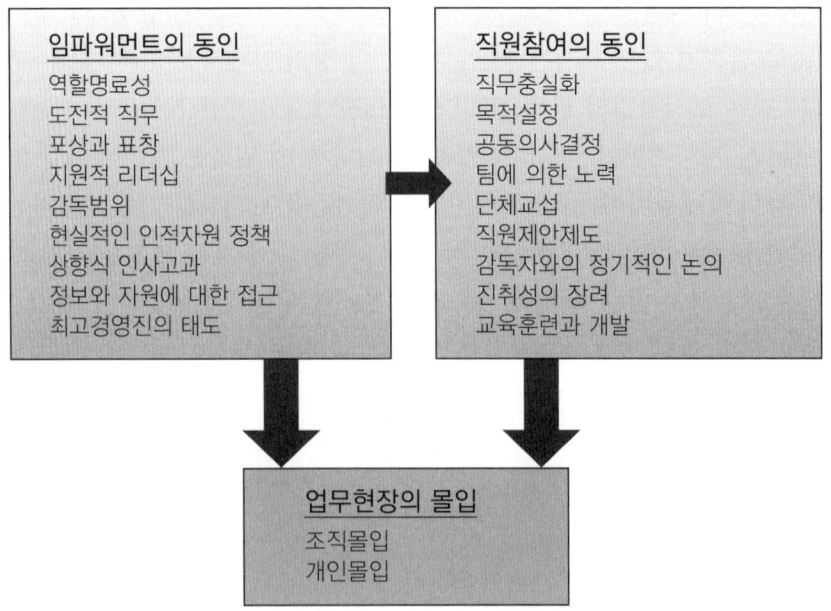

〈그림 17.1〉 임파워먼트와 참여, 업무 현장의 몰입

감독 범위(span of supervision): 더 넓은 통제 범위는 직원들에게 더 많은 자율성을 제공해 준다.

현실적인 인적 자원 정책(realistic HR policies): 다기능 훈련에 대한 강조는 더 높은 직무 유연성과 경험의 폭으로 이어진다.

상향식 인사 고과(upward performance appraisal): 감독자에 대한 직원들의 피드백은 효과적인 임파워먼트 메커니즘이다.

정보와 기타 자원에 대한 접근(access to information and other resources): 더 낮은 수준의 직원들은 적절한 정보와 자원에 대한 접근이 인정되면 임파워먼트를 부여받을 수 있다.

최고 경영진의 태도(attitude of top management): 임파워먼트는 맨 위에서 시작해야 하며, 최고 경영자들은 편견이 없고, 투명하며, 자신의 직원들을 신뢰해야 한다.[21]

직원 참여의 동인(動因)은 어떤 조직이 직원의 관심과 헌신을 길러 줌으로써 성과를 개선하기 위해 사용할 수 있는 기법들이다. 이러한 동인들로는 다음과 같은 것들이 있다.

직무 충실화(job enrichment): 직원은 더 복잡하고 자신이 그에 대해 더 많은 생각을 쏟아야 하는 직무에 더 많은 기여를 하게 될 것이다.

목적 설정(goal setting): 직원들은 목적을 설정하도록 허용되고 할당된 과업의 완수에 대한 소유권을 맡을 때 임파워먼트를 부여받는다.

공동 의사 결정(joint decision making): 의사 결정은 그 결정에 의해 영향을 받을 가능성이 있는 사람들이 참여함으로써 더 훌륭하게 이루어질 수 있다.

팀에 의한 노력(team efforts): 팀은 제품이나 서비스의 품질에 대한 책임을 지도록 만들어지고 품질 개선을 보장하기 위한 시정 조치를 취하도록 허용될 때 자율성을 얻는다.

단체 교섭(collective bargaining): 단체 교섭은 민주적인 의사 결정 프로세스이다.

직원 제안 제도(employee suggestions): 개별 직원들에게 업무 방법이나 재료의 개선에 관한 아이디어를 제안하도록 허용함으로써 임파워먼트를 부여한다.

---

21) Chandan Kumar Sahoo, Neeraja Behera, and Santosh Kumar Tripathy, "Employee Empowerment and Individual Commitment: An Analysis from Integrative Review of Research," *Employment Relations Record* 10, no. 1 (June 2010): 43-44.

감독자와의 정기적인 논의(periodic discussion with supervisors): 정기적인 논의는 직원으로 하여금 견해와 느낌을 밝힐 수 있도록 해 준다.

진취성의 장려(encouraging initiative): 임파워먼트를 부여받은 직원들은 어떤 리스크를 감수해야 하며, 조직은 그러한 리스크가 항상 성공적이지는 못할 수도 있을지라도, 감수한 진취성에 대해 포상하고 가치를 인정해 주어야 한다.

교육 훈련과 개발(training and development): 임파워먼트를 부여받은 직원들은 거의 항상 새로운 기술의 교육 훈련을 필요로 한다.[22]

이러한 두 세트의 동인(動因)은 업무 현장의 몰입(workplace commitment)으로 이어지는데, 이것은 (1) 임파워먼트를 부여하는 조직은 물론 (2) 자신의 직무와 조직에 몰입하는 직원을 포함하고 있다.

Sahoo 등은 직원에 대한 임파워먼트의 장점에 관한 많은 양의 연구를 잘 요약하고 있다. 조직 문화가 성과에 미치는 영향을 조사한 선행 연구들은 영리 조직에서는, 더 높은 정도의 직원 참여는 투자에 대한 더 높은 투자 수익률(returns on investment)과 개선된 재무 성과를 가져 온다는 사실을 밝혀내고 있다.[23] 도서관에서 수행된 유사한 연구들은 의사 결정에 대한 참여는 직무 만족에 긍정적으로 영향을 미치는 요인이라는 사실을 보여 주고 있다. 도서관에서의 참여적 경영과 직무 만족 간의 관계는 미국과 캐나다, 남아프리카, 말레이시아, 인도, 그리스를 포함한 많은 나라의 도서관에서 이루어진 연구에서 나타나고 있다.[24]

---

22) Chandan Kumar Sahoo, Neeraja Behera, and Santosh Kumar Tripathy, "Employee Empowerment and Individual Commitment: An Analysis from Integrative Review of Research," *Employment Relations Record* 10, no. 1 (June 2010): 44-45.

23) Edward E. Lawler III, *Organizing for High Performance: Employee Involvement, TQM, Re engineering, and Knowledge Management in the Fortune 1000* (San Francisco: Jossey-Bass, 2001), 149-150.

24) 예를 들면, 다음 자료들을 참고하라: Bonnie Horenstein, "Job Satisfaction of Academic Librarians: An Examination of the Relationships between Satisfaction, Faculty Status, and Participation," *College and Research Libraries* 54 (1993): 255-269; G. J. Leckie and J. Brett, "Job Satisfaction of Canadian University Librarians: A National Survey," *College and Research Libraries* 58 (1997): 31-47; Aapasia Togia, Athanasios Koustelio, and Nicolas Tsigilis, "Job Satisfaction among Greek Academic Librarians," *Library and Information Science Research* 26, no. 3 (2004): 373-383; Gerrida J. Oosthuizen and Adeline S. A. du Toit, "Participative Management in Academic Library Services," *Library Management* 20, no. 4 (1999): 213-220; Noor Harun Abdul Karim, "Investigating the Correlates and Predictors of Job Satisfaction among Malaysian Academic Librarians," *Malaysian Journal of Library & Information Science* 13, no. 2 (December 2008): 69-88; T. Y. Mallaiah, "Performance Management and Job Satisfaction of University Library Professionals in Karnataka: A Study," *DESIDOC Journal Of Library & Information Technology* 28, no. 6 (November 2008): 39-44.

17.4. 참여의 수준

참여적 리더십(participative leadership)은 최고 경영자들이 직원들로 하여금 경영상의 의사 결정에 얼마나 많이 참여할 수 있도록 허용하는지에 대한 다양성을 보여 주는 연속체로 간주될 수 있다. 이 연속체의 범위는 내려져야 하는 의사 결정에 관해 직원들이 통보받는 조직으로부터 직원들이 실제로 의사 결정을 내리는 조직에 이르기까지 다양하다. 최소한의 참여가 이루어지는 조직에서는, 직원들은 아마도 의사 결정이 실행되기 이전에, 그러한 의사 결정에 대해 통보받으며, 때로는 그 이면에 있는 어떤 추론에 대해 듣기도 한다. 중간 수준에서는, 직원들이 의사 결정에 어느 정도 참여한다. 종종 이러한 참여는 정보를 수집하고 그러고 나서 어떤 의사 결정이 내려져야 하는지 추천하는 위원회나 태스크 포스에 한정된다. 예를 들면, 도서관장은 일반적으로 후보자들을 걸러내고 어떤 개인을 채용해야 하는지에 관한 추천을 하는 심사 위원회를 이용한다. 이러한 경우에, 의사 결정이 전적으로 위원회의 것이 아니지만, 위원들은 의사 결정 프로세스에서 중요한 역할을 한다. 가장 많은 공유 리더십을 가진 조직에서는, 직원들이 실제로 의사 결정을 한다. 어떤 도서관에서는, 팀들이 그와 같은 책임을 부여받는다. 팀제, 특히 자율 관리 팀(self-managed teams)을 이용하는 조직은 가장 참여적인 조직의 대표이다. 이 장의 나머지 부분에서는 팀제와 도서관에서의 팀제의 이용에 초점을 맞추고자 한다.

17.5. 도서관의 팀제의 이용

전통적인 계층적 관리 구조 대신에 조직에서 이루어지는 팀제의 이용은 도서관을 포함한 모든 유형의 조직에서 더 일반적이 되고 있다. 이러한 팀들은 이전에는 개인에 의해 이루어져 왔던 일들을 하고 있다. 팀제를 성공적으로 이용하기 위해, 경영자들은 지금까지 살펴본 모든 지휘 기술들을 요청해야 한다. 효과적인 팀 관리는 동기 부여와 지휘, 커뮤니케이션의 기술을 갖춘 경영자들을 필요로 하지만, 이러한 유형의 지휘는 경영자들이 단 한 사람의 직원 대신 개인들의 집단과 함께 일하고 있기 때문에 복잡해지는 경우가 많다.

많은 다국적 조직들은 가상의 팀들(즉 그 팀원들이 지리적으로 분산되어 있고, 다양한 정보 테크놀로지 도구들을 사용하여 함께 일하는 팀들)을 이용하고 있지만, 이 장에서는 기본적으로 동일한 물리적 장소에서 일하는 팀제에 초점을 맞추고자 한다. 하지만 외부의 동료들과 함께 일하거나, 전문직 협회의 위원회에서 활동하거나, 컨소시엄과 함께 일하는 사서들은 최소한 일부 시간은 가상 팀의 일원으로서 기능을 수행해야 한다. 더 많은 도서관장들이 최소한 일부 근로자들로 하여금 텔레커뮤니케이션을 하도록 허용함에 따라, 그러한 유형의 팀제는 미래에는 더 일반적이 될 가능성이 있을 것이다.[25]

팀제는 많은 이유로 인기가 있다. 팀제는 수행 중인 과업이 다수의 기술과 경험판단력을 필요로 할 때는 일반적으로 개인의 성과를 능가한다. 팀제의 유연성과 반응성은 대부분의 조직들이 직면하는 급속하게 변화하는 환경을 다루는 데 좋은 접근법이다. 더욱이 다른 모든 유형의 직원 임파워먼트와 마찬가지로, 팀제의 이용은 직무 만족과 사기를 증진시켜 준다.

얼마나 많은 도서관이 실제로 팀제를 이용하고 있는지에 관한 정확한 숫자를 얻기는 어렵다. 팀제는 대규모 학술도서관에서 아주 일반적이다. ARL(Association of Research Libraries)은 일찍이 1998년에 대부분의 ARL 도서관들은 적어도 팀제를 실험 중이라고 보고한 바 있다.[26] 어떤 학술도서관, 예를 들면 University of Arizona와 University of Maryland의 도서관은 팀제 기반 조직으로 완전히 리스터럭처링하고 있다.[27]

학술도서관에 대한 최근의 연구는 서베이한 도서관의 60퍼센트 이상이 완전히 팀제 기반이거나 부분적으로 팀제 기반이라는 사실을 밝히고 있다.[28] 의학 학술도서관에 대한 2006년의 연구도 팀제를 이용하는 숫자가 증가하고 있음을 확인한 바 있다.[29]

팀제는 많은 다른 유형의 도서관과 도서관의 일부에서 일반적이다. 팀제는 수서와 편목, 데이터베이스와 웹 사이트의 유지 보수와 같은 기능을 수행하는 기술

---

25) 도서관의 이러한 유형의 팀에 대한 추가의 정보를 얻기 위해서는 다음 자료를 참고하라: Mike Knecht, "Virtual Teams in Libraries," *Library Administration and Management* 18, no. 1 (Winter 2004): 24-29.

26) George Soete, *The Use of Teams in ARL Libraries* (SPEC Kit 232) (Washington, DC: Association of Research Libraries, 1998).

27) 다음 자료들을 참고하라: Charles B. Lowry, "Continuous Organizational Development-Teamwork, Learning Leadership, and Measurement," *Portal* 5, no. 1 (January 2005): 1-6; Shelley Phipps, "The System Design Approach to Organizational Development: The University of Arizona Model," *Library Trends* 53, no. 1 (Summer 2004): 68-112.

28) Lihong Zhu, "Use of Teams in Technical Services in Academic Libraries," *Library Collections, Acquisitions, & Technical Services* 35, no. 2-3 (January 2, 2011): 69-82.

29) Elaine Russo Martin, "Team Effectiveness in Academic Medical Libraries: A Multiple Case Study," *Journal of the Medical Library Association* 94, no. 3 (July 2006): 271-278.

서비스 부서(technical services departments)에서 자주 발견된다.[30] 팀제는 많은 참고 서비스 부서에서 이용된다. 예를 들면 Ohio State University Health Science Library는 도서관의 참고 서비스를 관리하고 접근과 아웃리치, 교육 서비스를 감독하는 RIST(Reference and Information Services Team)을 두고 있다. RIST는 6개월마다 팀원 간에 로테이션으로 맡는 팀 코디네이터 직위를 두고 있다. 팀 코디네이터는 팀의 의제(team agendas)를 준비하고 팀 미팅을 용이하게 해 주는 책임을 맡는다.[31] 어떤 도서관장들은 특정의 프로젝트를 수행하기 위해 이메일과 그 밖의 전자 미디어를 통해 커뮤니케이션함으로써 시간상의 장벽과 지리적 장벽을 뛰어넘기 위해 서로 다른 도서관 부서나 서로 다른 기관의 사서와 도서관 기술자, 정보 시스템 전문가로 이루어지는 가상 팀(virtual teams)을 이용하고 있다.[32]

팀 접근법을 채택하고 있는 대부분의 도서관들이 대규모 학술도서관이기는 하지만, 팀제는 현재 더 소규모의 도서관에서 실행되고 있다. 약 10만권의 장서 규모와 34명의 풀타임 직원을 가진 Wyoming의 공공도서관인 Teton County Library는 그 자체를 팀제 기반 조직으로 재조직화하고 있다.[33] 모든 증거들은 팀제 기반 접근법을 사용하는 도서관의 숫자가 꾸준히 증가하고 있음을 보여 준다. 도서관 조직에 대한 팀제 접근법은 많은 옹호자들을 가지고 있다. 예를 들면, John Lubans는 "팀워크는 우리의 도서관 사명을 달성해 주는 내가 선호하는 모델이다. 물론 직원들이 자신들의 최선을 다하도록 자유롭게 해 줄 수 있는 다른 모델이 존재하지만, 개인적인 경험을 바탕으로 나는 팀제를 응원한다"[34]고 말하고 있다.

또한 팀제 경영을 이용하지는 않지만 그 구조의 핵심적인 부분으로서 실무 그룹이나 위원회를 이용하는 도서관들도 있다. 다음 섹션에서 살펴보는 바와 같이, 진짜 팀제와 다른 유형의 업무 그룹 간에는 차이가 있기는 하지만, 팀의 구축과 개발에 관련된 많은 원칙들은 도서관 경영에서 사용되는 위원회와 다른 유형의 그룹

---

30) Rosann Bazirjian and Rebecca Mugridge, *Teams in Library Technical Services* (Lanham, MD: Scarecrow Press, 2006).

31) Pamela S. Bradigan and Carol A. Powell, "The Reference and Information Services Team: An Alternative Model for Managing Reference Services," *Reference & User Services Quarterly* 44, no. 2 (December 25, 2004): 143-148.

32) Mike Knecht, "Virtual Teams in Libraries," *Library Administration and Management* 18, no. 1 (Winter 2004): 24-29.

33) Betsy A. Bernfeld, "Developing a Team Management Structure in a Public Library," *Library Trends* 53, no. 1 (Summer 2004): 112-128.

34) John Lubans Jr., *Leading from the Middle* (Santa Barbara: Libraries Unlimited, 2010): 15.

<표 17.2> 팀제의 유형

자율 지시 팀 또는 자율 관리 팀(self-directed or self-managed teams): 특정 프로젝트나 계속 진행 중인 프로세스에 관련하여 고위 경영진으로부터 책임을 부여받고 그 목표를 어떻게 달성하는지를 결정하는 데 거의 완전한 재량권을 갖는 팀
프로젝트 팀(project teams): 특정 프로젝트나 과업에서 일하기 위해 일정 기간 동안 구성되는 팀. 이러한 유형의 팀을 때로는 태스크 포스라고 부른다.
기능 팀(functional teams): 특정 기능 단위 내에서 업무 활동을 개선하거나 특정 문제를 해결하기 위한 노력에 관련된 경영자와 직원들로 그 단위에서 구성되는 업무 팀
교차 기능 팀(cross-functional teams)[35]: 많은 부서나 전문화로부터의 참여자들을 포함하는 팀
가상 팀(virtual teams): 서로 다른 지리적 위치에 소재해 있고 대면으로는 거의 만나지 않는 구성원들을 두고 있는 팀. 팀원들은 인터넷과 원격 회의와 같은 전자 테크놀로지를 통해 커뮤니케이션하고 일한다.

에 적용할 수 있다. 가장 일반적으로 사용되는 팀제의 유형의 몇 가지를 열거해 보면 〈표 17.2〉와 같다.

팀제의 이용이 더 일반적이 되어 가고 있기는 하지만, 도서관 경영자들은 이 프로세스의 실행을 시작하기에 앞서 팀 접근법으로의 변경의 함의(含意)에 관해 주의 깊게 생각해야 한다. 경영자는 단지 팀을 만들어 내기만 하고는 팀이 효과적으로 업무를 수행하리라고 기대할 수는 없다. 대신에 성공적인 팀제가 구축되고 개발된다. 개인들은 집단의 일원일 때 혼자일 때보다 다르게 행동하며, 따라서 팀제의 구축을 고려하는 경영자는 누구나 집단행동에 관한 문헌에 친숙해져야 한다. 경영자들이 모든 팀원이 동일하게 보수를 받도록 할는지 아니면 동일한 비율의 급여 인상이 이루어지도록 할 것인지를 결정해야 하기 때문에, 팀제의 사용이 조직의 보수 체계를 복잡하게 하는 경우가 많다.[36] 또한 팀을 관리하기 위해서는 다른 기술이 필요하기 때문에 경영자들이 계층적인 조직으로부터 팀 기반 조직으로 전환하기가 때로는 어렵다.

팀이라는 단어의 사용조차도 혼동을 야기할 수 있다. 분명히 스포츠 팀으로부터 토론팀에 이르는 많은 유형의 팀들이 존재한다. 모든 팀들은 많은 유사성을 공유하지만, 이 장에서는 업무 팀에 초점을 맞추고자 한다. 업무 팀은 특정의 업무

---

35) 역자주: 다기능 팀, 복합 기능 팀이라고도 한다.
36) 한 팀 기반 조직이 이 문제에 어떻게 접근했는지에 관한 예에 대해서는, 다음 자료를 참고하라: Michael Ray, "Making Systems Visible," *ARL Bimonthly Report* no. 208-209 (February-April 2000).

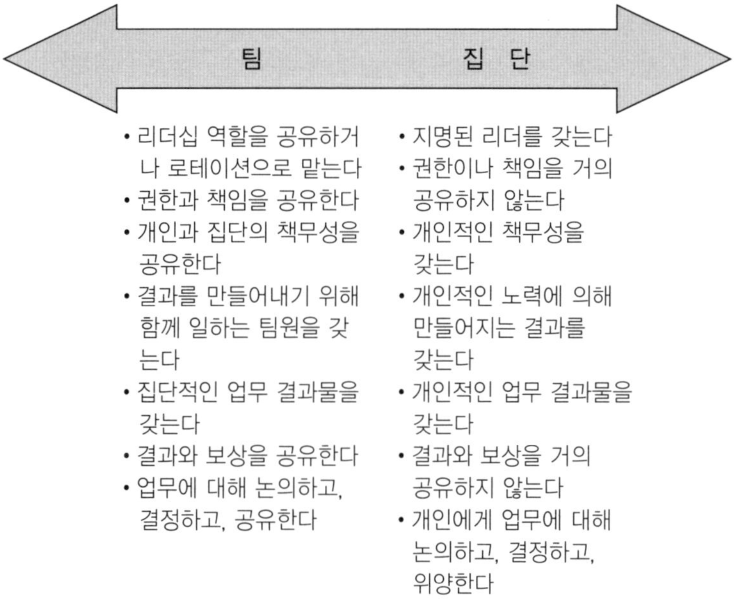

```
←――――――――――――――――――――→
        팀            집 단
```

팀	집단
• 리더십 역할을 공유하거나 로테이션으로 맡는다	• 지명된 리더를 갖는다
• 권한과 책임을 공유한다	• 권한이나 책임을 거의 공유하지 않는다
• 개인과 집단의 책무성을 공유한다	• 개인적인 책무성을 갖는다
• 결과를 만들어내기 위해 함께 일하는 팀원을 갖는다	• 개인적인 노력에 의해 만들어지는 결과를 갖는다
• 집단적인 업무 결과물을 갖는다	• 개인적인 업무 결과물을 갖는다
• 결과와 보상을 공유한다	• 결과와 보상을 거의 공유하지 않는다
• 업무에 대해 논의하고, 결정하고, 공유한다	• 개인에게 업무에 대해 논의하고, 결정하고, 위양한다

〈그림 17.2〉 팀과 집단의 차이점

목적을 달성하기 위해 상호 작용하고 그 업무를 조정하는 사람들의 집단이다. 팀은 집단(groups)과는 많은 측면에서 다르다. 〈그림 17.2〉에서는 이러한 몇 가지 차이점에 대해 열거하고 있다.

어떤 팀에는 더 큰 목표의 통일성과 충성심이 존재하기 때문에 팀은 집단과 다르다. 또한 팀에서는 팀의 목적을 달성하기 위해 감독자가 아닌 상호 간에 서로 책무성을 갖는 경향이 더 크다. 업무 팀은 대개 두 가지 방식 중 하나로 리드된다. 어떤 팀은 자율적으로 관리되거나 자율적으로 지시되는데, 즉 자신들이 그 팀 자체의 리더십을 제공한다. 다른 팀들은 그 팀의 활동을 조정하는 리더를 두고 있다. 그 직위는 때로는 팀원들 간에 로테이션으로 맡기도 한다. 팀원들이 자기 자신의 사리사욕보다 기꺼이 우선시하고자 하는 팀 목적에 헌신하기 때문에, 팀은 거의 항상 집단보다 더 높은 수준에서 업무를 수행할 수 있다. "팀워크는 목적의식이 있는 상호 의존성으로, 그것은 부분들의 합보다 더 많은 것을 완수하는 시너지 효과(synergy effects)를 갖는다."[37]

팀제의 이용이 점점 더 많은 인기를 끌고 있기 때문에, 어떤 경영자들은 자신의 도서관에서 팀 관리를 사용하고 있다고 말하고 있지만, 그들은 단지 그 개념에 대

---

[37] Ruth F. Metz, *Coaching in the Library: A Management Strategy for Achieving Excellence* (Chicago: American Library Association, 2011), 42.

한 입에 발린 소리(lip service)를 하고 있을 뿐이다. 단지 여러분은 어떤 집단을 팀이라고 부르고 있기 때문에, 팀제가 되는 것이 아니다. 업무가 이루어지는 방식은 변경하지 않은 채 기존의 부서를 팀이라고 고쳐 부르는 것은 어떤 부서를 진정한 팀으로 만들어주지 못하게 될 것이다. Ruth Metz는 다음과 같이 말하고 있다.

> 사람들의 집단은 팀을 만들지 못한다.… 어떤 집단에 팀이라는 이름을 붙이는 것으로 그것이 팀이 되는 것은 아니다. 어떤 집단이 팀이라고 말하는 것으로 그 집단이 팀이 되는 것도 아니다. 예를 들면 경영자들의 집단은 스스로를 관리 팀이라고 부르고 정기적으로 함께 만나는 것뿐이기 때문에 팀이 아니다. 어떤 업무 단위는 실제로 더 무장한 캠프 같을 때 스스로 팀이라고 칭할 수도 있을 것이다. 효과적이고 높은 성과를 내는 팀은 어떤 구조를 가지며 그 팀으로 하여금 효과적으로 업무를 수행할 수 있도록 해 주는 상황 아래에서 운영된다.[38]

가장 참된 의미에서 팀제를 실행하는 것은 조직의 대부분의 경영자들과 그 직원들에 대한 충분한 변화이다. 미팅에 더 많은 시간을 들여야 하기 때문에, 팀제의 이용은 생산성의 손실을 초래할 수도 있다는 우려가 존재하는 경우가 많다. 어떤 사람들은 팀제의 이용이 썩 좋지 않은 의사 결정과 생산성의 감소를 가져올 것을 두려워한다. 아울러 종종 통제의 상실에 대한 두려움도 존재한다. 앞서 살펴본 ARL 보고서에서 설명하고 있는 것처럼, "팀 기반 문화가 대체하는 지휘 및 통제 문화(command and control cultures)는 아주 집요한 것으로, 팀제로의 이행(移行)은 그것을 권력과 영향력의 상실로 인식할 수도 있는 중간 경영자들에게 특히 어려울 수 있다."[39]

하지만 리서치에서는 조직에서 이루어지는 팀제의 이용은 특히 수행해야 하는 업무가 복잡할 때는 효과적일 수 있음을 보여 주고 있다. 팀 관리의 주창자들은 팀제는 생산성을 증진시키고, 더 나은 의사 결정으로 이어지며, 업무에 대한 직원의 몰입을 향상시키고, 독창성과 혁신을 촉진하며, 조직의 유연성을 증가시키고, 더 큰 고객 만족으로 이어지기 때문에 팀제는 유익하다고 말하고 있다.

---

38) Ruth F. Metz, *Coaching in the Library: A Management Strategy for Achieving Excellence* (Chicago: American Library Association, 2011), 41-42.

39) George Soete, *The Use of Teams in ARL Libraries* (SPEC Kit 232) (Washington, DC: Association of Research Libraries, 1998).

이야기해 보기

팀제는 모든 유형의 조직에서 더 빈번하게 사용되고 있지만 근로자들에게 보편적으로 사랑을 받지는 못하고 있다. *New York Times*의 기명(記名) 칼럼에서, Susan Cain은 몇 가지 문제점을 다음과 같이 지적하고 있다.

우리 회사와 우리 학교, 우리 문화는 독창성과 성취가 묘하게 사교적인 곳에서 나온다는 입장을 가진 내가 새로운 집단 사고라고 부르는 아이디어에 빠져 있다. 우리들 대부분은 현재 무엇보다도 사람들의 기술을 소중히 여기는 경영자들을 위해, 벽이 없는 사무실에서, 팀으로 일하고 있다. 고독한 천재들은 가고, 협동 작업이 들어왔다. 그러나 이러한 견해에는 문제점이 있다. 리서치에서는 사람들은 프라이버시와 개입으로부터의 자유를 누릴 때 더 창의적이라는 사실을 강력하게 암시하고 있다. 그리고 많은 영역에서 가장 극적으로 독창적인 사람들은 내성적인 경우가 많다. 그들은 천성적으로 단체에 가입하기를 좋아하는 사람들이 아니다.[40]

Cain은 우리가 팀워크를 폐지하도록 제시하고 있는 것이 아니며, 오늘날 우리가 직면하는 많은 문제점들은 이전의 어느 때보다도 더 복잡하며 팀 접근법으로부터 편익을 얻고 있다는 사실을 인식하고 있다. 하지만 Cain은 "대부분의 인간은 두 가지 모순되는 자극을 가지고 있는데, 즉 우리는 서로를 사랑하고 필요로 하지만, 우리는 프라이버시와 자율성을 갈망한다. 이 두 개 구동 장치 모두에 연료를 공급해 주는 에너지를 활용하기 위해서는, 우리는 새로운 집단 사고를 넘어서서 독창성과 학습에 대한 더 많은 뉘앙스를 주는 접근법을 받아들여야 한다"[41]는 입장을 견지하고 있다.

여러분은 팀에서 일하기를 좋아하는가? 여러분의 견해로는 팀들은 어떤 일들을 가장 잘하는가? 개인들은 어떤 일들을 가장 잘하는가? 여러분은 Cain이 설명하고 있는 대부분의 인간은 두 가지 모순되는 자극들을 가지고 있다는 사실에 동의하는가? 조직들은 Cain이 주창하는 팀에 대한 "더 많은 뉘앙스를 주는 접근법"을 어떻게 채택할 수 있는가?

하지만 팀제의 이용은 몇 가지 단점을 가지고 있다. 집단 의사 결정이 개인의 의사 결정보다 거의 항상 더 늦기 때문에, 팀제는 어떤 그룹이 목적을 달성하는 데 대개 어떤 개인에게 소요되는 것보다 더 긴 시간이 소요된다. 팀들이 주의 깊게 선정하지 않으면, 관심이나 동기가 결여되고 자신의 정당한 몫의 책임을 맡지 못하

---

40) Susan Cain, "The Rise of the New Groupthink." *New York Times*, January 15, 2012.
41) *Loc. cit.*

는 팀원을 가질 수도 있을 것이다. 어떤 집단 구성원이 집단에서 자신의 업무 노력을 줄이고 다른 팀원들로 하여금 부족한 것을 보충하도록 떠넘기는 경향은 **사회적 태만**(social loafing)이라고 알려져 있다. 사회적 태만은 당연히 집단 내의 긴장과 분노의 원인이 된다. 아울러 때로는 집단 의사 결정이 **집단 사고**(groupthink) 때문에 개인적인 의사 결정만큼 좋지 않은 경우도 있다. 집단 사고는 비판적 평가보다 조화와 순응의 욕구를 더 중요하게 여긴 결과이다. 만장일치에 대한 압력이 클 때는, 팀원들은 대안이 되는 해결책을 고려할 가능성이 더 적다. 마지막으로, 만일 개인이 단독으로 결정했다면 내렸을 것보다 더 리스크가 큰 의사 결정을 집단의 개인들이 내릴 때는 **모험 이행**(risky shift)으로 알려져 있는 현상이 발생한다. 어떤 의사 결정이 집단에 의해 이루어질 때, 각 개인은 공유된 리스크(모험)가 개인의 리스크를 더 적게 만들어 주기 때문에 그 의사 결정의 결과에 대한 개인적인 책임을 더 적게 느낀다. 결과적으로 어떤 팀 상황에서도 피할 수 없는 **집단 역학**(group dynamics)이 팀제의 작동을 복잡하게 할 수 있으며 팀에서 일하는 사람은 누구나 이러한 역학과 그 결과들에 대해 인식해야 한다.

그럼에도 불구하고, 팀 기반 접근법으로 옮겨 가고 있는 경영자들은 수적으로 증가하고 있으며, 다른 도서관들의 경영자들이 점점 더 많이 미래에 자신들의 조직의 일부 또는 전체에 팀제를 이용하게 될 것이다. 팀제를 사용하는 조직이 팀제의 복합적인 성격과 집단 역학을 이해한다면 팀제는 효과적이 될 수 있다. 이 장의 다음 섹션에서는 효과적인 팀제를 구축하는 방식에 대해 살펴보고자 한다.

17.6. 효과적인 팀제의 특성

어떤 팀도 되는대로 만들어져서는 안 된다. 그 대신에 경영자들은 팀원들을 주의 깊게 선택하고, 그 믹스가 완수해야 할 과업에 적합하도록 보장해야 한다. 팀제에 관한 리서치에서는 어떤 특징들이 성공적인 팀제와 관련이 있다는 사실을 보여주고 있다. 〈그림 17.3〉에서 볼 수 있는 것처럼, 가장 성공적인 팀은 다음과 같은 특성들을 가지고 있다.

적합한 기술(relevant skills): 팀원들은 팀을 효과적으로 만들 수 있기 위해 필요한 전문적인 기술(technical skills)은 물론 대인 기술을 갖추어야 한다.
상호 신뢰(mutual trust): 효과적인 팀의 참여자들은 팀의 다른 팀원들을 신뢰한다.

적절한 규모(appropriate size): 팀은 팀원의 수에서 다양성을 보이겠지만, 가장 효과적인 팀 규모는 대개 5명에서 12명으로 간주되고 있다. 이러한 숫자는 다양한 관점을 갖기에 충분할 만큼 크지만 여전히 작동이 가능하기에 충분할 만큼 작은 팀을 만들어준다.

훌륭한 커뮤니케이션(good communication): 가장 효과적인 팀은 제대로 커뮤니케이션하도록 배우고 있다. 이러한 팀은 이해되는 메시지를 전달하며, 다른 팀원과 경영진으로부터의 피드백을 통합하도록 배우고 있다.

적절한 리더십(appropriate leadership): 효과적인 팀은 팀이 그 목적을 달성하도록 도와주는 리더를 갖고 있다. 이러한 리더들은 반드시 경영자일 필요는 없으며, 자율 관리 팀에서 일반적인 것처럼, 팀 자체의 팀원일 수도 있다. 팀의 관리자의 역할은 방향을 제공하기보다는 오히려 코치와 조력자로서의 역할을 하는 것이다.

명확한 목적(clear goals): 대부분의 효과적인 팀은 그 팀의 목적이 무엇이며 그러한 목적을 향한 진척을 어떻게 측정하는지에 대해 알고 있다. 이러한 목적의 명확성은 목적 달성에 대한 팀원들의 몰입을 확실히 하는 데 도움을 준다.

충성심(loyalty): 효과적인 팀원들은 자신들의 집단에 대해 충성심을 보여 주고,

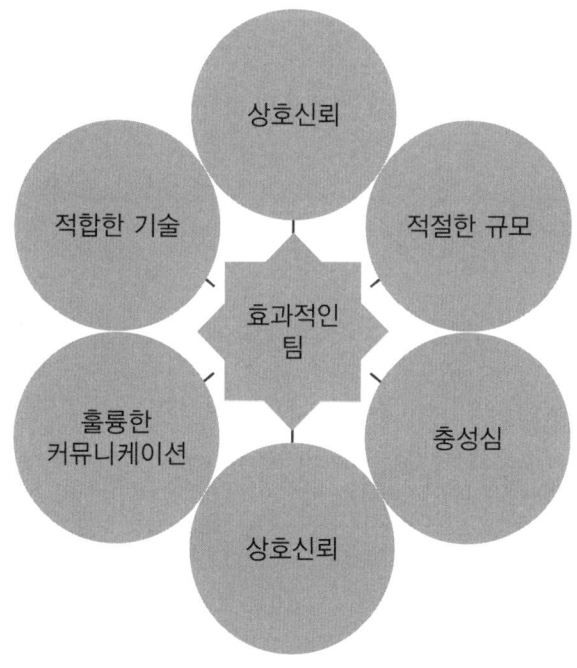

〈그림 17.3〉 효과적인 팀의 특성

그들은 팀과 동일시하며 팀이 그 목적을 달성하도록 돕기 위해 기꺼이 열심히 일한다.[42]

17.7. 팀 개발의 단계

어떤 팀도 그 팀원을 아무리 주의 깊게 선정했다고 하더라도, 그것이 처음 구성되었을 때는 고도의 효율성을 가지고 기능을 수행할 수 없다. 처음으로 함께 일하도록 요청받은 사람들은 서로 알아가야 하며 어떻게 함께 일하는지에 대해 배워야 한다. 대부분의 팀은 일련의 개발을 거치게 된다. 시간이 흐르면서 팀이 어떻게 발달하는지에 대한 가장 잘 알려진 모델은 5단계 모델로 불리고 있다.[43] 〈그림 17.4〉는 이러한 단계, 즉 형성기(forming)과 격동기(storming),[44] 규범기(norming),[45] 실행기(performing),[46] 해산기(adjourning)를 그림으로 나타낸 것이다.

개인들이 처음으로 팀에 배치되었을 때, 팀은 모습을 갖추기 시작한다. 조직에서 사람들은 대개 업무 배정 때문에 어떤 팀에 배치된다. 첫 번째 단계인 **형성기** 단계는 팀이 구축되고 그 목적과 구조, 리더십에 대한 정의가 결정되기 시작할 때 발생한다. 대개 **격동기**라고 불리는 두 번째 단계는 팀 발달의 초기 단계에 생겨난다. 새로운 팀원들은 누가 팀의 통제를 갖는지와 무엇이 팀의 방향인지를 포함한 많은 것들에 대해 의문을 갖게 된다. 격동기 단계가 끝난 후에는, **규범기** 단계가 시작된다. 이것은 상대적으로 평온한 시기이다. 이제 팀의 정체성과 목적에 대한 감

〈그림 17.4〉 팀 발달의 5단계

---

42) J. Richard Hackman, ed., *Groups That Work* (and Those That Don't) (San Francisco: Jossey-Bass, 1990); Eric Sundstrom, Kenneth P. deMeuse, and David Futrell, "Work Teams: Applications and Effectiveness," *American Psychologist* 45 (1990): 122-124; Dean Tjosvold, *Team Organization: An Enduring Competitive Advantage* (New York: Wiley, 1991).

43) Bruce W. Tuckman and Mary Ann C. Jensen, "Stages of Small Group Development Revisited," *Group and Organizational Studies* 2 (1977): 419-427.

44) 역자주: 혼돈기, 준비기라고도 한다.

45) 역자주: 형성기라고도 한다.

46) 역자주: 성취기, 수행기라고도 한다.

각이 존재한다. 팀은 각 팀원에게 무엇이 기대되는지에 관한 일단의 공통적인 기대, 즉 규범을 이해하고 있다. 실행기 단계는 팀이 완전하게 기능을 수행할 때 존재한다. 팀 에너지가 서로 알아가게 되고 규범을 설정하는 것으로부터 과업을 달성하는 것으로 가버렸다. 마지막 단계인 해산기는 태스크 포스와 같이 제한된 시간 범위를 갖는 팀에서 발생한다. 팀은 그 과업을 완수하였으며 해체를 준비하는 중이다. 팀은 과업 수행을 벗어나서 그 관심을 해산으로 돌리게 된다. 팀의 업무가 잘 진행되어 왔으면, 성취감이 존재하게 된다. 팀의 많은 사람들은 팀의 해체와 동지애의 상실 때문에 슬픔과 상실감을 느낄 수도 있을 것이다.

17.8. 팀 구축의 기본적인 단계

현명한 경영자들은 사람들에게 함께 일하도록 요청하는 것이 자동적으로 효과적인 팀으로 이어지는 것은 아니라는 사실을 깨닫고 있다. 그 대신에 팀은 육성되고 개발되어야 한다. Robert D. Stueart와 Maureen Sullivan은 성공적인 팀의 모습을 갖추기 위한 다음과 같은 몇 가지 일반적인 지침을 제공하고 있다.

- 반드시 각 팀원이 참여하고 기여하도록 하라.
- 독창성과 서로 다른 아이디어와 접근법의 표현을 권장하라.
- 집단을 위한 일단의 기본 원칙에 합의하라.
- 큰 그림(big picture), 즉 전체 조직의 최선의 관심 속에 있는 것에 초점을 맞추어라.
- 논의와 아이디어 개발을 위한 미팅 시간과 준비 및 배경 작업을 위한 미팅 사이의 시간을 이용하라.
- 의사 결정을 내리기 위해 합의 형성(consensus building)[47]을 이용하라.
- 일들이 어떻게 진행되고 있는지를 평가하기 위해 각 미팅의 말미에 시간을 할애해 두라.
- 필요할 때는 도움이나 지도를 요청하라.
- 항상 즐기고 성공을 축하하라.[48]

---

47) 역자주: 컨센서스 구축, 컨센서스 빌딩이라고도 한다.
48) Robert D. Stueart and Maureen Sullivan, Developing Library Leaders: A How to Do It Manual for Coaching, *Team Building, and Mentoring Library Staff* (New York: Neal-Schuman Publishers, 2010): 42.

>  **스킬 연습하기**
>
> 모든 집단들은 규범, 즉 그 집단의 구성원들에 의해 공유되는 수용 가능한 표준을 설정한다. 규범은 아웃풋 수준과 결근율, 신속성과 완만함, 직무상에서 허용되는 사회화의 정도 등에 영향을 준다. 이러한 규범의 어떤 것은 묵시적이고 다른 것들은 명시적이다.
>
> 여러분이 현재나 과거에 일원이었던 팀이나 집단을 생각해 보라. 수용되었던 몇 가지 규범은 어떤 것들이었는가? 그러한 규범들은 어떻게 설정되었는가? 팀 리더나 팀원이 더 이상 적합하지 않은 규범을 대체하고자 한다면 어떻게 해야 하는가?

개별적인 팀원이나 팀의 집단이 항상 잘 관리되는 것은 아니다. 갈등은 다양한 원천으로부터 발생하며 갈등이 발생할 때는, 가능한 한 신속하게 처리해야 한다. 갈등의 가장 일반적인 원인의 하나는 부실한 커뮤니케이션이다. 다른 갈등들은 가치와 태도의 차이에 의해 야기되는 퍼스낼리티 충돌로부터 생겨난다. 때로는 정보나 자금 지원, 심지어는 용품을 포함한 부족한 자원들에 대한 분쟁 때문에 생겨나기도 한다. 직무 영역과 책임에 대한 혼란도 갈등을 초래할 수 있다. 갈등을 무시하는 것은 갈등이 심화되고 그리고 나서 다시 분출되도록 방치할 뿐이기 때문에 갈등의 처리는 까다롭지만 반드시 이루어져야 한다. 갈등을 처리하는 최선의 접근법은 모든 당사자들이 수용할 수 있는 타협안을 마련해 내고자 노력하는 것이다.

효과적이 되도록 하기 위해서는, 직원들이 자신들의 직무를 수행하는 방식에 대한 이 새로운 접근법에 익숙해지고 있는 동안 팀을 육성하고 개발해야 한다. 팀에서 전혀 일해 본 적이 없는 직원들이 자신들이 무엇을 해야 할지에 대해 항상 전해 듣던 조직 구조로부터 자신들의 자기 관리에 대해 자신들이 책임을 갖는 구조로 용이하게 이행(移行)할 것이라고 기대할 수는 없다. 팀 접근법의 실행을 고려하고 있는 도서관장들은 이미 이러한 유형의 경영 시스템을 실행한 적이 있는 다른 도서관장들로부터 많은 것을 배울 수 있다.

17.9. 사람들이 팀에서 수행하는 역할

팀은 서로 다른 기질과 기술을 가진 개인들로 이루어진다. 서로 다른 기술이 서로 다른 시기에 필요하기 때문에 팀은 성공을 이루기 위해서는 팀원들이 이러한 다양성을 갖추도록 해야 한다. 팀원들은 함께 일하기 때문에, 서로 다른 개인들은 팀 내에서 자신들의 기술과 퍼스낼리티에 의존하는 서로 다른 역할을 맡게 될 것이다. 팀은 대개 많은 서로 다른 유형의 과업들을 이루어 내야 하기 때문에, 팀이 그 목표들을 달성하는 데 도움을 주는 데 있어 특정의 역할을 수행할 수 있는 팀원들을 가지고 있는 것이 중요하다. 연구자들은 팀 환경 내에서 사람들이 수행하는 역할과 이러한 역할과 팀의 유효성 간의 관계에 관한 많은 작업을 수행해 오고 있다.[49] 일반적으로, 이러한 역할은 두 개의 광범위한 범주로 구분된다. 과업 관리 역할(task management roles)은 수행해야 하는 과업의 완수를 촉진해 주는 역할이다. 팀 유지 역할(team maintenance roles)은 수행해야 하는 과업보다는 오히려 집단의 개인들의 정서적 행복(emotional well-being)과 집단 자체의 기능 수행에 초점을 맞추고 있다. 이러한 범주 각각의 몇 가지 주요한 역할들에 대해서는 〈표 17.3〉에서 살펴볼 수 있다.

팀은 개인들로 하여금 두 가지 유형의 역할을 모두 수행하도록 해야 한다. 사람들은 팀에서 두 개 이상의 역할을 수행하는 경우가 많으며, 특정 시기에 무엇이 필

〈표 17.3〉 팀 내에서 수행되는 역할

과업 관리 역할	팀 유지 역할
정보나 의견의 탐색이나 제공 아이디어의 제안이나 활동들의 제안	갈등과 긴장을 최소한으로 유지하기 위한 조화
과업이 일정대로 진행되고, 미팅이 의제를 다루고, 팀원들의 시간이 적절하게 사용되도록 보장하기 위한 시간의 엄수	모든 팀원들이 자신의 의견을 표현할 기회를 갖도록 보장하기 위한 게이트키핑
명확하게 하고 부분을 함께 모으는 데 도움을 주기 위한 요약 논의 사항의 기록과 계속적인 메모	다른 사람들에 대한 격려
다른 사람들의 의견이나 제안에 대한 상세한 설명 이슈나 해결책을 제시에 의한 명확화와 사실과 데이터의 제공, 팀원들의 최신성 유지	반대되는 견해를 함께 모으는 데 도움을 주기 위한 가교 역할 또는 협상
잠재적인 문제점들을 피하기 위해 악마의 옹호자 또는 회의론자의 역할 수행	타협

---

[49] 몇몇 가장 흥미로운 리서치는 Belbin에 의해 이루어졌다. 다음 자료를 참고하라: R. Meredith Belbin, *Management Teams*, 2nd ed. (Burlington, MA: Butterworth-Heinemann, 2004).

요한지에 따라 다양한 역할을 수행하는 사람들을 두고 있는 것은 아주 일반적이다. 어떤 팀원들은 두 유형의 역할 모두에서 동등하게 기술을 갖추고 있을 수도 있지만, 대부분의 사람들은 과업 관리 역할 기능에서 더 강하거나 아니면 더 인간 중심 역할에서 더 강하다. 일련의 역할에 기여하지 못하는 개인들은 팀의 성공에 거의 기여하지 못하기 때문에, 팀은 그러한 팀원들을 갖는 것을 피하려고 노력해야 한다.

마지막으로, 사람들이 집단에서 채택하는 몇 가지 역할들로 팀의 업무를 방해하고 팀이 할 수 있는 것보다 효과가 떨어지도록 하는 것들이 있다. 이러한 역기능적인 역할은 팀의 업무에 지장을 주는 것으로, 팀의 니즈보다는 개인적인 니즈를 충족시키는 방향의 행동으로 이루어진다. 이러한 해로운 역할들의 몇 가지를 살펴보면 다음과 같다.

- 다른 사람들의 제안과 기여에 대한 차단, 또는 팀의 폐쇄 시도
- 지나치게 공격적이고 경쟁적이며 항상 자기 자신의 방식을 고집함
- 다른 팀원에 대한 무시
- 팀의 활동에 대한 철회나 불참
- 과도한 개입과 지나치게 많은 발언, 부차적인 논의에 의한 미팅에 대한 방해
- 광대처럼 행동하고 어느 것도 진지하게 생각하지 않음

이러한 역할에 대한 논의로부터 분명히 알 수 있는 것은 모든 팀원은 서로 상호의존적이라는 사실이다. 팀의 성공은 어떤 과업을 이루어내기 위해 필요한 광범위한 목적을 다루고 팀이 원만하게 기능을 수행하도록 유지해야 하는 개인들의 집단에 달려 있다. 이러한 이유로, 퍼스낼리티와 기술의 커다란 다양성을 가진 팀들이 더 동질적인 팀보다 더 훌륭한 성과를 내는 경우가 많다.

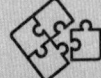 스킬 연습하기

여러분이 최근에 참석했던 어떤 유형의 그룹 미팅을 생각해 보라. 여러분은 이 섹션에서 설명하고 있는 어떤 역할들을 수행하는 사람을 보았는가? 여러분은 집단이나 팀 환경에서 대개 어떤 유형의 역할을 수행하는가?

17.10. 팀 커뮤니케이션

팀의 유효성의 상당 부분은 커뮤니케이션에 의존한다. 분명히 팀원의 이해하고 커뮤니케이션하는 능력은 그들이 협동적으로 함께 일할 수 있도록 해 주는 것이다. 커뮤니케이션의 개선에 관련하여 앞서 살펴본 모든 요인들은 팀 커뮤니케이션에도 적용할 수 있다. 팀 간의 커뮤니케이션 이외에도, 어떤 팀 기반 조직에나 경영자들과 팀원 간에 발생하는 커뮤니케이션이 존재한다. 팀의 관리는 서로 다른 유형의 커뮤니케이션을 포함한 서로 다른 유형의 관리 기술들을 필요로 하며, 경영자들은 이 새로운 모델에 적합한 방식으로 커뮤니케이션하는 방법을 배워야 한다. 팀 리더는 상사가 되는 대신에, 마치 조력자처럼 더 많은 기능을 수행한다. 경영자는 일을 어떻게 하는지 직원들에게 말해 주는 어떤 사람이 되는 것으로부터 직원들이 그것을 단독으로 행하는 것을 용이하게 해 주는 어떤 사람으로 나아간다. **코칭**(coaching)은 경영자와 팀원 사이에서 발생하는 커뮤니케이션의 유형을 설명할 때 종종 사용되는 용어이다. 코칭은 "다른 사람이 특정의 성과 목적을 성취하도록 도와주기 위한 어느 한 개인에 의한 의도적이고 기술적인 노력"[50]으로 정의된다.

어떤 도서관이 자율 지시 업무 팀(self-directed work teams)을 가지고 있으면, 코치는 많은 상황에서 유용할 수 있다. 때로는 목적을 재정의하거나 명확하게 해야 할 때나, 새로운 기술들을 습득해야 할 때, 어떤 팀이 고군분투하고 있고 궤도에서 벗어난 것처럼 보일 때는 코치가 필요하다. 때로는 자원을 할당하는 곳에서와 같이 팀이 직면하는 어려운 과업들이 코치에 의해 용이하게 해결되기도 한다.[51] 숙련된 코치인 경영자들은 자신의 조직으로 하여금 팀으로부터 가장 많은 것을 얻어내는 데 도움을 준다.

17.11. 도서관 업무 팀의 미래

어떤 도서관들은 완전한 자율 관리 팀 기반 접근법으로 전환하고 있는데 상당한 성공을 거두고 있다. 예를 들면, 9명의 풀타임 교수직 사서를 두고 있는 중간 규

---

50) Ruth F. Metz, *Coaching in the Library: A Management Strategy for Achieving Excellence* (Chicago: American Library Association, 2011), 7.
51) *Ibid.*, 46-48.

모의 종합대학인 Dowling College in New York의 풀타임 전문직 사서들은 1993년 이래로 자율 관리 팀으로 조직되어 있는데, 당시에 학장은 도서관장의 직위를 없애고 학과 모델을 사용하여 도서관을 재조직하였다. 주간의 부서 미팅이 커뮤니케이션을 하고 이슈들을 처리하기 위해 이용되었으며, 부서의 의사 결정은 합의나 다수결에 의해 이루어졌다. 최근의 연구에서는 사서들이 자율 관리 팀 접근법에 대해 만족하고 있을 뿐만 아니라 학생과 동문들도 도서관 서비스에 대해 매우 만족하고 있음을 밝히고 있는데, 이것은 "자율 관리 팀 구조에 대한 사서들의 긍정적인 경험이 도서관 이용자를 위한 긍정적인 경험으로 변환되었다"[52]는 것을 암시한다. 미국 North Carolina의 Center for Creative Leadership in Greenboro의 도서관은 2005년 이래로 자율 관리 팀으로 조직화되고 있다. 자율 관리 팀의 일부가 되는 것은 더 계층적인 구조에서는 사서가 맡고 있지 않았던 새로운 책임을 가져다준다. Center for Creative Leadership 도서관의 Jean Vollrath는 다음과 같이 밝히고 있다.

> 갑자기 도서관의 각 개인은 도서관의 거버넌스(governance)에서 동일한 지분을 갖게 되었다. 팀으로서, 모든 사람은 어떤 일을 해야 하는지를 결정하는 데 기여해야 했다. 모든 사람은 업무가 수행되도록 하는 데 참여해야 했다. 모든 사람은 도서관이 더 혁신적이 되도록 돕기 위한 책임을 갖게 되었으며, 모든 사람은 도서관의 가시성(可視性)과 인식을 변화시키는 데 참여해야 했다. 그리고 팀은 전체적으로 조직에서 두 단계 더 높은 새로운 상사와의 새로운 업무 관계를 구축해야 했다.[53]

Vollrath는 새로운 조직은 아주 훌륭하게 작동하고 있으며, 사서들은 새로운 구조에 대해 행복해하고 있다고 보고하고 있다.

전체 조직을 자율 관리 팀으로 조직하는 것은 소규모 조직에서만 가능하겠지만, 더 규모가 큰 많은 도서관의 관장들은 별개의 부서나 기능들을 자율 관리 팀으로 조직화하고 있다. 다른 도서관들은 팀의 활동을 조정하는 리더를 두고 있는 팀제를 가지고 있다. 활용되는 팀제의 유형에 관계없이, 많은 사서들은 팀제 이용의 성공에 대해 보고하고 있다. "비록 프로세스가 어떤 표준들로 인해 비효율적이라고 하더라

---

52) Ruth F. Metz, *Coaching in the Library: A Management Strategy for Achieving Excellence* (Chicago: American Library Association, 2011), 7.
53) *Ibid.*, 46-48.

도, 도전적인 서비스 이슈들을 해결하기 위해 사람들을 팀으로 구성하는 것은 사람들에게 학습 테이블에 앉을 자리를 제공"[54]해 주기 때문에, 사서들은 고품질의 업무를 만들어 내는 팀제가 직원들을 위해 이익이 된다는 사실을 발견하고 있다.

팀 접근법이 점점 더 대중화되고 있기는 하지만, 모든 도서관장에 의해 보편적으로 수용되고 있는 것은 아니다. 몇몇 도서관장들은 팀제를 실험하고 이를 포기하거나 아니면 이 접근법을 조사하는 것조차 하지 않기로 결정하고 있다. 팀 기반 조직은 편익들을 제공하지만, 이를 성공적으로 실행하기 위해, 도서관장은 그 노력에 상당한 시간과 자원을 기꺼이 투자해야 한다. 이러한 관장들은 팀 접근법으로부터 생겨날 수도 있는 편익들은 비용을 투입할 만한 가치가 있는 것이 아니라고 생각한다. 경영에 대한 팀 접근법을 실행할는지의 여부에 관한 결정은 각 도서관에 따라 다를 것이며, 그 결정은 조직 자체가 발전함에 따라 변할 수도 있을 것이다. 현재 많은 도서관의 관장들은 팀 기반 관리를 성공적으로 사용하고 있으며, 다른 관장들은 팀제를 이용하지 않고서도 성공적으로 관리하고 있다. 그럼에도 불구하고, 모든 도서관에서는, 과거보다 현재에는 경영에 대한 더 많은 직원 참여가 이루어지고 있으며, 이러한 참여는 도서관이 그 이용자의 수요와 정보 테크놀로지의 급속한 변화에 부응하여 계속해서 변화함에 따라 증가할 가능성이 있다.

 **스킬 연습하기**

여러분은 새로운 통합 도서관 시스템을 선정하고 구입하기 위해 실행되고 있는 새로이 구성된 교차 기능 팀(cross-functional team)의 일원이다. 이 팀은 도서관의 많은 부서의 사람들을 끌어 모았는데 여러분이 전혀 제대로 알지 못하는 많은 사람들이 포함되어 있다. 첫 번째 팀 미팅은 지난주였고 두 번째는 오늘 아침으로 예정되어 있다. 여러분은 팀원 중 한 명이 논의를 주도하는 경향이 있음을 알게 되었다(모르는 게 어려울 것이다). 이 그룹 구성원은 말이 너무 많을 뿐만 아니라 다른 사람들이 대화에 들어가는 것을 거부하고 있다. 여러분은 이것을 중지시키고자 노력하기로 결정하였다.

이 상황의 역할극을 할 급우나 동료를 찾아보라. 말이 너무 많은 팀원에게 여러분은 뭐라고 말하고자 하는가? 여러분은 그 팀원의 반감을 사지 않을 코멘트를 생각해 낼 수 있는가? 이 팀에서 집단 커뮤니케이션을 개선하기 위해서는 어떤 유형의 기본 규칙을 도입할 수 있을 것인가?

---

54) *Ibid.*, 47.

17.12. 지휘에 대한 상황 적응적 접근법

이전의 장들에서는 지휘에 관한 많은 그리고 종종 모순되는 관점들에 대해 다루었다. 분명한 것은 행동과학자들도 어떤 다른 학문의 전문가들도 경영자들에게 가장 효과적인 지휘 방식에 관한 구체적인 처방이나 보편 이론(universal theory)을 제공할 수 없었다는 사실이다. 이 관리 기능을 구성하는 요인들은 복잡하고 다차원적이며, 따라서 지휘를 훌륭하게 수행하기 위해서는 상당한 기술이 필요하다. 하나의 최선의 방법을 제공하는 일반 원칙에 의존했던 초창기 경영 이론가들과는 달리, 대부분의 현대 경영 이론가들은 모든 예들에 적용되는 전반적인 개념은 거의 존재하지 않는다는 사실을 깨닫고 있다. 경영자들이 다루는 상황들은 원래 인식했던 것보다 훨씬 더 복잡하며, 서로 다른 변인들은 경영자로 하여금 서로 다른 접근법을 채택하도록 요구하고 있다. 보편적인 최선의 이론을 주창하는 대신, 대부분의 현대의 경영학 전문가들은 유연성을 가질 것과 당면한 상황에 적응할 것을 경영자들에게 권고하고 있다. 이러한 전문가들은 경영자는 어떻게 행동해야 하는가에 대한 질문을 받으면, "그것은 상황에 달려 있다"고 말할 것이다.

경영자들은 자신들에게 제공되고 있는 경영에 대한 다양화된 접근법에 관해 회의적이어서는 안 된다. 그 대신 경영자들은 지휘의 경우에는, 대부분의 다른 경우들과 마찬가지로, 한 사이즈가 모두에게 맞는 것은 아니다. 빠른 해결책이나 마법의 해결책이 존재하지 않는 동안은, 이것은 경영자들이 가능한 한 많은 접근법이나 도구에 친숙해져야 한다는 것을 의미하는 것은 아니다. 이러한 방법들은 모두 유용하지만, 그 어느 것도 모든 상황에서 효과적이 되리라는 보장은 없다. 그 대신 경영자들은 조직과 그 목적을 살펴보고 그러고 나서 조직의 전반적인 니즈와 그 직원들, 그 고객들에게 매치될 경영 전략을 채택해야 한다.

 **스킬 연습하기**

여러분이 아주 잘 아는 조직에 관해 생각해 보라. 이것은 도서관일 수도 있고 아니면 다른 유형의 조직일 수도 있을 것이다. 이 조직이 상황 적응 이론 경영을 채택하고자 노력하고 있고 이러한 접근법을 실행하는 데 도움을 주기 위한 컨설턴트로 여러분을 채용했다고 상상해 보라. 여러분의 조직을 조직이 수행하는 과업과 그곳에서 일하는 사람들, 조직의 구조, 사용되는 경영 스타일, 조직이 처한 외부 환경의 측면에서 분석해 보라. 여러분은 경영에 대한 어떤 접근법이 이 조직에서 성공을 거둘 가능성이 가장 높다고 생각하는가?

불행히도 하나의 올바른 경영 방식을 찾고 있는 사람들을 위해서는, 그 하나의 올바른 방식이 존재하지 않는다. 훌륭한 경영은 그것보다는 더 복잡하다. 제2장에서 이미 간략하게 살펴본 바 있는 상황 적응 이론(contingency or situational theory)은 모든 이질적인 접근법들을 현대 조직을 경영하기 위해 필요한 유연성을 제공하는 접근법으로 함께 모으는 방법을 경영자에게 제공해 준다. 상황 적응 이론은 개인의 상황을 분석하고 경영자가 특정의 상황에서 어떤 구체적인 경영상의 조치가 필요한지를 결정하는 데 도움을 주는 변인들 간의 상호 관계를 이해하기 위해 사용된다. 어느 한 상황에서 적합한 것이 다른 상황에서는 부적합할 수도 있을 것이다. 최선의 기법들은 각 경우의 특정 환경을 인식한 후에만 선정될 수 있다. 상황 적응적 경영은 과업과 사람, 조직, 외부 환경 사이에는 반드시 조화가 있어야 한다고 암시하고 있다. 각 조직에서, 경영자들은 각 단위가 구조와 측정 방안, 그리고 그 구성원들로 하여금 적합한 일단의 활동에 초점을 맞추도록 권장하는 보상 관행을 개발하도록 보장해야 한다.

　상황 적응적 접근법을 사용하고자 하는 경영자들은 어떤 조직의 행동의 복잡하고 상호 관련된 원인을 이해하고, 그러고 나서 새로운 해결책을 고안하거나 기존의 어떤 해결책이 가장 훌륭하게 사용될 수도 있는지를 판단하기 위해 자신들의 지능과 독창적 능력을 사용해야 한다. 이러한 접근법을 사용하는 경영자들은 도서관의 서로 다른 부문들은 서로 다른 지휘 스타일로부터 편익을 얻도록 결정할 수도 있을 것이다. 예를 들면, 고도로 표준화된 반복적인 업무를 수행하는 기술 서비스 부서의 일부는 더 과업 지향적인 경영 스타일로부터 편익을 얻을 수도 있을 것이다. 같은 도서관에서, 더 인간 지향적인 경영 스타일이 참고 부서에는 적합할 수도 있을 것이다.

　상황 적응 이론은 지휘 이외의 관리 기능에서 사용될 수 있다. 예를 들면, 제3부에서 살펴본 것처럼, 어떤 기관을 조직화하기 위해서는 어느 하나의 최선의 방식도 존재하지 않으며, 기획이나 통제, 인적 자원의 관리에 대한 어떤 확실한 접근법도 존재하지 않는다. 조직의 규모와 유형, 수행되고 있는 과업의 종류와 같은 많은 변인들이 내려야 하는 선택에서 역할을 한다. 가장 광범위한 의미에서 볼 때, 상황 적응 이론은 모든 관리 기능에 적용되며 모든 관리 기능에서 최대한의 유효성을 달성하기 위해 사용될 수 있는 포괄적인 모델을 경영자들에게 제공해 준다. 상황 적응적 접근법과 함께, 관리 기능의 성과는 토털 시스템, 즉 조직과 그 하위 시스템, 그 환경에 대한 분석과 밀접하게 관련되어 있다. 상황 적응 이론은 다른 접근법들보다 경영의 복잡성에 더 적합한 유연한 접근법을 제공해 준다.

"초기 접근법들의 기본적인 결함은 그러한 접근법들이 이러한 복잡성을 만들어 내는 과업과 사람의 가변성을 인식하지 못했다는 사실이다. 상황 적응적 접근법의 강점은 그것이 이 복잡성을 무시하기보다는 그 복잡성에 관해 생각하는 방식을 제공하기 시작했다는 사실이다."[55]

경영에 관한 상황 적응적 접근법이 모든 해답을 제공해 주는 것은 아닌 것은 분명하지만, 그것은 많은 이질적인 접근법들을 이해하는 방식을 제공해 주고 있다.

17.13. 결언

제5부에서는 지휘라는 기능에 대해 다루었는데, 이것은 경영의 가장 대인적인 측면이다. 제5부의 여러 장들은 기본적으로 동기를 부여하고, 리드하고, 커뮤니케이션하는 방법을 다루었지만, 윤리와 팀 구성과 같은 다른 관련된 토픽들도 포함하고 있다. 지휘의 최종적인 목표는 조직으로 하여금 그 안에 고용된 사람들의 활동을 통해 그 목표를 달성할 수 있도록 해 주는 것이다. 지휘는 직원들로 하여금 효율적으로 일하고 조직에 이익이 되는 결과를 만들어 내도록 하는 것을 의미한다. 본질적으로, 지휘는 조직의 이익을 위해 다른 사람들을 통해 일들이 이루어지도록 하는 것이다. 지휘는 경영자로 하여금 어느 조직에서든 가장 중요한 자산인 조직의 인적 자원의 이용을 극대화할 수 있도록 해 주기 때문에 매우 중요하다.

지휘는 너무나도 복잡하고 다면적이기 때문에, 경영자들은 그것이 가장 도전적이고 중요한 과업의 하나임을 알게 되는 경우가 많다. 조직들이 더 커지고, 환경에서의 변화율이 증가하고, 더 보람 있는 직장 생활에 대한 직원들의 요구가 확산되면서, 경영자들이 지휘에서 탁월성을 발휘할 필요성은 더 절박해지고 있다. 이 책의 제6부에서는 경영자들이 현대의 조직에서 조정하는 방식들에 대해 살펴보고자 한다. 마지막으로, 이 책의 마지막 장에서는 21세기의 경영의 몇 가지 도전과 보상에 대해 살펴보고자 한다.

---

55) John J. Morse and Jay W. Lorsch, "Beyond Theory Y," *Harvard Business Review* 48 (May-June 1970): 68.

학습 내용 연습하기

1. 올해는 1957년이다. Mary Jones는 자신의 첫 직무를 대규모 학술도서관에서 시작하는 도서관학과의 최근 졸업생이다. Mary는 도서관장으로부터 자신의 명령을 받는 부서장에 의해 Mary에게 명령이 제공되는 편목 업무에서 일하고 있다. 매일 Mary는 자신이 부여받은 일을 한다. Mary는 자신의 부서 이외의 직원들과는 거의 접촉하지 않으며 자신의 직무에 관해 이루어지는 결정에 대한 어떤 인풋도 없다. 그때의 도서관들은 동시대의 다른 조직들과 같다. 즉 관장이 거의 모든 의사 결정을 내리는 하향식으로 경영된다.[56]

   현재로 건너뛰어 넘어가 봅시다...

   Mary의 손자인 Ben은 작년에 문헌정보학 석사 학위를 받았고 역시 학술도서관에서 일하기 시작하였다. 그가 신입 사서로서 일하는 환경은 자신의 할머니가 마주했던 환경과는 엄청나게 다르다. Ben은 자신의 부서 외부의 사람들과 위원회와 팀에서 빈번하게 함께 일한다. 그는 의사 결정에 어떤 인풋을 가질 것으로 기대한다. 그는 전반적인 도서관 이슈들에 관해 알고 자신의 부서 이외의 많은 활동에 대해 자신의 지식과 노력을 제공하는 미팅에 시간을 투입한다.

   Mary와 Ben은 각각 자신들의 시대의 경영 철학을 반영하는 도서관에서 근무하였다. 만일 Ben이 자신의 할머니의 도서관에서 근무해야 한다면 어떤 문제점들에 부딪치게 될 것인가? Mary 시대의 직원이 Ben의 도서관에 적응하는 데는 문제가 있을 것인가?

2. 여러분은 도서관의 서지 레코드를 그 현재 플랫폼으로부터 새로운 클라우드 기반 플랫폼으로 이행(移行)하기 위해 구성된 9명으로 이루어진 교차 기능 팀의 리더이다. 이것은 대규모의 복잡한 프로젝트가 될 것이다. 팀제에 대한 여러분의 지식을 사용하면, 여러분의 팀이 훌륭한 시작을 하도록 하기 위해 여러분이 취하게 될 몇 가지 첫 번째 조치들은 무엇이 될 것인가?

3. Spreitzer와 Porath에 따르면, 경영자들은 직원들이 업무에서 성장하도록 돕기 위해 네 가지 조치를 취할 수 있다. 활력과 학습을 촉진하고자 하는 조직은
   - 의사 결정 재량권을 제공한다.
   - 정보를 공유한다.
   - 무례함을 최소화한다.
   - 성과 피드백을 제공한다.[57]

---

56) 학술도서관의 참여적 경영의 성장에 관한 개관에 대해서는, 다음 자료를 참고하라: Louis Kaplan, "On the Road to Participative Management: The American Academic Library, 1934-1970," *Libri* 38, no. 4 (December 1988): 314-320.

57) Gretchen Spreitzer and Christine Porath, "Creating Sustainable Performance," *Harvard Business Review* 90, no. 1 (January-February 2012): 95.

여러분은 여러분이 친숙한 어떤 조직에서 이러한 네 가지 조치들이 실행될 수 있는 또는 실행되고 있는 방식들을 생각할 수 있는가?

4. Avondale Public Library 경영자들은 자신들의 조직의 모든 부분에서 팀제를 사용하기 시작하기로 결정하였으며, 많은 새로운 팀들이 이제 막 구성되었다. 여러분은 이러한 팀 중 한 팀에 투입되었고 현재 2주 동안 그 팀의 일부로서 일하고 있다. 여러분은 팀에서 일하는 것이 아주 효과적이지는 않다고 생각하기 시작하고 있다. 업무 현장은 갈등으로 가득하다. 사람들은 계속해서 서로 테스트하고 통제를 설정하고자 애쓰는 것처럼 보이며, 많지 않은 실제 업무가 이루어지고 있다. 여기에서는 무슨 일이 일어나고 있는 것일까? 여러분은 낙담해야 할 것인가? 일들을 개선하고자 노력하기 위해 여러분은 무엇을 해야 할 것인가?

 **토론용 질문**

1. 농구의 전설 Michael Jordan은 "내가 완전하게 믿고 있는 한 가지는 만약 여러분이 팀으로서 생각하고 성취한다면, 개인적인 명예가 스스로를 챙기게 될 것이다. 재능은 게임에서 승리하지만, 팀워크와 지능은 챔피언십에서 승리한다"[58]고 밝히고 있다.

   이 설명은 농구에 관해서는 분명히 사실이지만, 업무 현장에도 적용되는가? 팀제가 어떻게 개인들을 성공적으로 만들어 줄 수 있는가?

2. 경영은 때로는 다른 사람들을 통해 일이 이루어지도록 하는 것으로 정의되기도 한다. 그 정의는 여러 가지 방식으로 해석될 수 있다. 경영대학원의 학장을 역임한 James Hayes는 한때 다음과 같이 관찰한 바 있다. "경영을 새로이 접하는 사람은 [그 정의를] 이런 방식으로 듣는다: '경영은 다른 사람들을 통해 일이 이루어지도록 하는 것이다.' 이제 마침내 나는 왕국과 나를 위해 일해 줄 누군가를 갖게 되었다. … 그러고 나서 [경영자는] 직원을 모든 형편없는 직무로 내몰 수 있다. … 하지만 [경영자는] 나중에 성숙한 시점에 도달하게 되며 [그리고] 그 정의를 다른 강조점을 가지고 듣게 된다: '경영은 다른 사람들을 통해 일이 이루어지도록 하는 것이다.' 경영자가 한 사람의 경영자가 되는 것은 바로 경영자가 성취에 대한 책임감을 갖게 되는 때인 것이다."[59]

---

58) Quoted in George Manning, *The Art of Leadership,* 2nd ed. (Boston: McGrawHill Irwin, 2007), 177.
59) James L. Hayes cited in Ernest Dale, *Management: Theory and Practice,* 2nd ed. (New York: McGraw-Hill, 1969), 5.

이러한 두 가지 해석 사이의 차이는 무엇이며 Hayes는 왜 하나가 다른 하나보다 더 성숙한 것이라고 말하고 있는가?

3. 가상 팀이 우리의 글로벌 사회에서 점점 더 많이 사용되고 있다. 대면으로 만날 수 없는 팀이 직면하는 몇 가지 문제점들은 무엇인가? 여러분은 가상 팀의 팀원이 되고자 하는가?

4. Marianne Broadbent는 신뢰는 위대한 팀을 구축하는 데 필수적이라고 믿는 오스트레일리아의 경영 전문가이다. 그녀의 견해로는, 위대한 팀은 그냥 생겨나는 것이 아니라 무엇이 팀을 훌륭하게 작동하도록 만드는지를 이해하기 위한 의식적이고 신중한 노력의 결과이다. 그녀가 말하고 있는 것처럼, 효과적인 팀을 만들어 내는 것은 "로켓 과학"이 아니다. 그리고 나서 그녀는 다음과 같이 묻고 있다. "그렇다면 왜 우리들 중 그렇게 많은 사람들이 보통밖에 안 되거나, 좌절감을 주거나, 그냥 평범한 나쁜 팀워크에 대한 경험을 갖고 있는 것일까? 해답은 단순히 팀원들 사이에 진정한 신뢰를 구축하기 위한 일을 하는 데 실패했다는 사실에 있다. 그러한 신뢰를 구축하기 위해서는 개인들은 인간으로서의 서로에 대해 진정으로 알아야 한다. 그들은 갈등을 건설적으로 처리하기 위해 서로에게 무엇이 중요한지를 알고, 책무에 대해 합의하고 그리고 나서 서로에게 합의된 결과를 전달하기 위한 책임을 지도록 해야 한다."[60]

왜 신뢰가 그토록 중요한가? 여러분은 신뢰가 결여된 팀에서 일해 본 적이 있는가? 그 결과는 어떠했는가? 팀 내의 신뢰 수준을 증가시키기 위해 팀원들과 경영자는 무엇을 할 수 있는가?

---

60) Marianne Broadbent, "Trust is the Key to a Great Team," *Incite* 35, no. 67 (June 2014):10-11.

Section 6 조정

　책무성(accountability)은 경영의 핵심 개념이다. 책무성은 핵심적인 이해 관계자들에게 도서관이나 정보 센터가 어떻게 기능하고 있는지를 보여 준다. 그것은 조직이 얼마나 훌륭하게 전략적 계획의 목적들을 충족시키고 연간 예산의 한도 내에서 업무를 수행하는지를 측정하기 위한 방식이며, 예비 기부자 및 현재 기부자와 보조금 제공자들에게 도서관은 잘 운영되고 있고 지원할 만한 가치가 있다는 사실을 설명해 주는 방식이다. 도서관과 정보 센터의 경영자들은 궁극적으로 그 모체 기관과 그 이용자들에 대해 책무성을 갖는다. 조정의 방법들, 즉 평가(assessment)와 예산 개발, 외부의 기금 조성(external fundraising)은 도서관 고객의 니즈가 충족되고 가용한 자금의 한도 내에서 관리되고 있는지의 여부를 설명해 준다. 성과 지표와 성과 측정, 조정의 도구들과 같은 평가 기법들은 도서관의 진척을 기록하기 위한 유용한 데이터를 경영자에게 제공해 준다. 도서관의 예산은 이야기를 들려주는 것으로, 도서관의 우선순위를 보여 준다. 새로운 영역을 위해, 효과적인 경영자들은 새로운 아이디어를 시험해 보거나 강점이 있는 영역의 비용을 부담하기 위해 보조금이나 기부를 통해 자원을 찾는다.

　조정은 확인된 현실적인 목적을 가진 실행 가능한 계획의 존재를 암시한다. 이것은 규정들의 개발을 증진시키고 조직의 활동을 그 계획의 목적과 목표에 초점을 맞추도록 해 준다. 시행 중인 그러한 약속과 함께, 도구와 기법들은 책무성을 강화하고 설정된 목적의 달성을 위한 진척에 도움을 줄 수 있다. 계속적으로 책무성을 갖도록 하기 위해서는, 도서관이나 정보 센터는 인적 자원은 물론 물적 자원이 도서관이나 정보 센터의 목적과 도서관이 일부를 이루는 상위 기관의 목적을 달성하기 위해 효과적이면서도 효율적으로 사용되도록 보장하기 위해 그 성과를 평가해야 한다.

　기획 프로세스와 불가분하게 관련되어 있는 것으로서, 평가(assessment)는 그 계획의 성공을 어떻게 측정할 수 있는지를 알지 못하고서는 효과적으로 계획을 수립하기가 불가능하기 때문에 필수적이다. 전체 경영 프로세스는 하나의 원으로 간주될 수 있는데, 의사 결정 프로세스에서의 평가 단계는 원을 완성하고 조직을 조직의 변화 사이클의 필수적인 단계인 미래의 계획으로, 한 바퀴를 빙 돌아서, 다시 데려다주는 구성 요소이다. 그러한 훌륭한 의사 결정이 이루어질 수 있도록 하기 위해 조정과 통제의 기능은 정확하고 시의적절한 정보를 필요로 한다. 예산 측면은 조직의 계획의 다양한 부분들을 함께 모으고 그것을 금전적 측면에서 서비스 계획과 관련짓는 것이다. 기금 조성(fundraising)과 보조금 신청 제안서 작성(grant writing)을 통해, 경영자들은 가치는 있지만 예산에 의한 자금 지원이 이루어지지 않는 계획의 측면들을 확인한다. 경영자들은 도서관과 정보 센터 이용자들에 대한 향상된 서비스를 위한 자금을 제공하는 데 도움을 주게 될 기부자와 보조금을 찾아낸다.

   이 제6부에서는 오늘날의 정보 서비스 조직들을 위해 필요한 가장 중요한 조정 도구와 기법들에 대해 살펴보고자 한다.

Chapter 18 조직 성과와 평가

>
> **이 장의 요점**
> 이 장을 마친 후 여러분은:
> - 도서관 경영자들은 왜 도서관의 활동을 측정해야 하는지 이해해야 한다.
> - 도서관에서 사용되는 다양한 성과 측정(performance measures)에 대해 논의해야 한다.
> - 평가가 전략적 기획과 어떻게 들어맞는지를 설명할 수 있어야 한다.
> - 평가 계획의 구성 요소에 대해 알아야 한다.
> - 투자 수익률(ROI)과 벤치마킹, 포커스 그룹 기법에 대해 설명할 수 있어야 한다.

21세기의 시작 이래로, 도서관에서 이루어지는 평가는 중요하고 정평 있는 개념이 되어 가고 있다.[1] 도서관들은 언제나 자신들의 서비스를 평가해 오고 있지만, 증가된 정밀 조사와 더 나은 리서치 도구들의 출현과 함께,[2] 도서관의 성공의 측정에 대한 필요성과 중요성은 극적으로 증가하고 있다. 최근에는, 도서관 이용자의 행태를 이해하기 위해 개발된 도구와 기법들의 수가 확대되고 있다. 합법성과 권위를 가진 새로운 측정법들이 나타나고 있는 한편으로 자금 지원 조직들은

---

1) 예를 들면, Association of Research Libraries와 그 밖의 국제적인 그룹들은 2000년 이후로 도서관의 유효성 측정에 관한 학술 대회를 개최하고 있다. 다음 자료를 참고하라: *Library Assessment Conference Past Proceedings*, accessed February 20, 2017, 〈http://libraryassessment.org/archive/index.shtml〉.
2) 예를 들면, LibQUAL+, accessed February 20, 2017, 〈http://www.libqual.org/home〉 또는 IFLA Library Statistics Manifesto, accessed February 20, 2017, 〈http://www.ifla.org/files/statistics-and-evaluation/publications/library-statistics-manifesto-en.pdf〉.

경영자들에게 자신의 조직이 모체 기관에 가져다주는 가치에 관한 어려운 문제들을 던지고 있다.[3]

어떤 기본적인 것들은 사실상 계량적이지만, 다른 것들은 결과를 측정하고 가치, 즉 사람들은 도서관의 서비스와 시스템을 통해 접근한 정보를 어떻게 사용하고 가치를 부여하는가를 관찰하기 위해 개발되거나 도서관에 적용되어온 질적인 기법들을 가지고 있다. 대출이나 입관자 수(gate count), 참고 질문(reference questions)의 수에 대한 측정은 더 이상 가치를 입증하는 데 적합하지 못하다. 현재의 초점은 이용자들과 그들에게 어떻게 성공적인 결과를 제공하는지를 이해하고 그 성공을 도서관에 자금을 지원하는 사람들에게 보여 주는 데 맞추어져 있다. 이 장에서는 경영자들이 정보 서비스의 영향을 이해하고, 개선하고, 측정하는 데 도움을 주기 위해 사용되는 몇 가지의 가장 중요한 측정 도구와 기법에 대해 살펴보고자 한다.

현장의 경영 사례: 평가 담당 사서와 코디네이터

"평가 담당 사서"(assessment librarian)라는 직무 명칭은 도서관에는 비교적 새로운 명칭이다. 과거에는 서비스와 프로그램의 평가와 측정 업무는 대개 도서관장실에서 수행하였다. 그러나 모든 종류의 도서관의 점점 더 증가하는 정밀 조사와 이용자로부터의 기대의 증가와 모체 기관으로부터의 지원의 감축이라는 도전 때문에, 많은 도서관들은 어느 한 사서를 이 직무에 재배정하거나 아니면 외부로부터 채용함으로써 평가 담당 사서를 추가하고 있다. 이러한 도서관들은 도서관 관리자들이 도서관의 가치를 보는 데 도움을 주기 위해 이러한 직위를 추가하고 있다.

이러한 새로운 평가 담당 사서의 채용과 개발을 안내하는 데 도움을 주기 위해, 미국도서관협회(ALA)의 한 부회인 Association of College and Research Libraries(ACRL)의 회원들은 "ACRL 평가 담당 사서와 코디네이터를 위한 능력"[4]이라고 불리는 안내서를 개발하고 있다(ACRL은 학술도서관 업무의 모든 측면에서 학술도서관 사서들을 도와주기 위해 다양한 "지침과 표준, 골자"를 만들어 내고 있다). 이 ACRL 표준을 설명하고 있는 한 논문[5]에서는, ACRL 위원회의 두

---

3) Amanda Bird, Kelly Rhodes McBride, and Elizabeth Cramer, "Modeling ACRL's Standards for Libraries in Higher Education: A path to creating a culture of assessment," *College and Research Libraries News* 75, no. 11 (2014): 614-618. 그리고 Sheila Hayes and Michael Heyd, "Becoming Business Minded for Librarians in this Changing World," *Journal of Hospital Librarianship* 16, no. 1 (2016): 83=89.

4) Association of College and Research Libraries, "ACRL Proficiencies for Assessment Librarians and Coordinators," accessed February 23, 2017, 〈http://www.ala.org/acrl/standards/assessment_proficiencies〉.

명의 위원, Mark Emmons와 Megan Oakleaf가 표준을 마련한 이유와 학술도서관 사서들이 이를 어떻게 사용할 수 있는지에 대해 논하고 있다. 저자들은 이 표준 자료가 평가 담당 사서의 추가를 고려하고 있는 도서관에 어떻게 이익이 되는지에 대해 논하고 있다. 이 표준은 평가 담당 사서에게 적용되는 11개의 광범위한 범주와 52개의 능력을 가지고 있다. 광범위한 범주에는 다음과 같은 것들이 포함된다.

1. 도서관과 고등 교육의 평가에 대한 지식
2. 윤 리
3. 평가 방법과 전략
4. 리서치의 설계
5. 데이터의 수집과 분석
6. 커뮤니케이션과 보고
7. 홍보와 마케팅
8. 협력과 파트너십
9. 리더십
10. 경 영
11. 모니터링과 교육 훈련, 코칭[6]

저자들이 제안하고 있는 한 가지는 평가 담당 직원에 대한 조직의 필요성을 확인하기 위해 갭 분석(gap analysis)을 적용하는 것이다. 이 분석을 이용하여, 그들은 ACRL의 표준에 열거되어 있는 능력들에 대해 자체의 기획 문서와 다른 기관의 문서를 검토하고 비교할 수 있다. 그리고 나서 그들은 현재 다루어지지 않고 있는 갭을 확인하고 그러한 영역들을 이용하여 직무 기술서 및 직무 광고의 초점을 맞출 수 있다. 일단 그 직위가 채워지면 그 문서는 신입 평가 담당 직원의 온보딩(onboarding)은 물론 평가가 자신의 직무의 더 작은 일부가 될 수도 있는 다른 직원들을 위해 사용될 수도 있을 것이다. 저자들은 도서관 내에 평가에 대한 저항의 문화가 존재할 수도 있을 것이며 문서가 조직 전체에 걸쳐 논의를 위한 골격을 제공해 줄 수 있다는 사실을 인정하고 있다. 그들은 또한 이 문서를 도서관의 평가 문화를 개선하기 위한 노력에서 전문직의 개발 계획 수립을 위해 사용할 것을 권고하고 있다.

저자들은 이 문서는 전국적으로 실행 공동체(communities of practice)를 개발하고, 문헌정보학 교육을 증진시키기 위해, 전문 학술 대회의 토픽으로 사용할 수 있을 것으로 권고하고 있다.

---

5) Mark Emmons and Megan Oakleaf, "The ACRL Standards for Proficiencies for Assessment Librarians and Coordinators: A New Document to Support and Strengthen Assessment Efforts in Academic Libraries," *Journal of Academic Librarianship*, 40 (2016): 622-624.
6) *Ibid.*, 622.

18.1. 측정과 평가

얼마 지나지 않은 과거 동안, 글로벌 경제는 물론 정보 접근의 성격의 극적인 변화와 급속하게 변화하는 이용자 기대와 함께, 정보 서비스 조직의 조정과 통제 측면은 더 보편화되고, 모든 계층의 직원들이 서비스 품질의 책무성에 전념하게 되었다. 책무성의 이 포인트에 도달하는 프로세스는 다음과 같은 몇 가지 수준과 유형의 척도의 개발을 포함하고 있다.

1. 인풋 척도(input measures)[7]로, 다음 두 척도를 모두 포함한다.
    a. 자원 인풋, 즉 예산, 직원, 시설, 자료, 장비
    b. 활동 인풋, 즉 확인된 목적을 달성하기 위해 개발된 프로그램
2. 아웃풋 척도(output measures): 업적에 의해 측정되는 프로그램 활동의 다양한 결과물(대개 숫자로 계산된다: 대출 도서 수, 응답된 참고 질문 수 등)
3. 결과 평가(outcome assessments)[8]: 활동에 참여하는 동안 또는 그 이후의 개인 또는 주민들을 위한 편익이나 변화로, 예를 들면 습득된 지식이나 기술, 변화된 태도나 가치, 지위나 상황의 개선 등을 포함하는데, 이러한 것들은 미래의 서비스를 위한 모범 사례(best practices)를 확인하고 설정하기 위한 인풋과 관련된다.

아웃풋 척도의 확인과 개발 그리고 그 이후의 그 성공에 대한 평가를 통해 조직의 성과를 측정하고, 평가하고, 조정하는 프로세스는 이제는 과거 어느 때보다도, 기획 프로세스의 필수적인 구성 요소이다. 이용자 만족을 통한 이용자 중심의 정보 서비스를 측정하는 개념은 많은 전략적 기획 프로세스에 통합되고 있다. 이것은 책무성은 결과를 평가하고 노력의 성공을 결정하는 것을 필요로 한다는 사실의 인식을 통해 생겨나고 있다. 경영 전략들은 이제는 활동들을 조직의 인풋과 과업으로서 단순하게 계량화하기보다는 오히려 고객의 니즈와 만족을 더 엄격하게 다루고 있다. 이러한 변화는 이용자의 니즈와 그들의 정보 탐색 패턴, 최종적인 만족에 대한 이해를 필요로 한다.

이러한 변화의 주요한 이유의 하나는 이용자와 그 밖의 이해 관계자들은 더 수

---

[7] 역자주: 투입 척도라고도 한다.
[8] 역자주: 산출 척도라고도 한다.

준이 높아지고 그들의 요구는 더 커지고 있으며, 따라서 서비스를 제공할 때 적응성과 유연성에 더 많은 관심을 두게 된다는 사실이다. 물적 및 인적 자원에 대한 이러한 극심한 압박은 자연스레 품질 관리에 대한 더 큰 도전을 가져 오고 있다. 동시에 그것은 진행 중에 현실 확인을 실행할 기회를 제공해 주는데, 조직의 명시된 목적의 맥락에서 프로그램과 서비스의 유효성은 물론 효율성을 결정하는 데 도움이 되는 책무성이라는 의미 있는 프로세스를 제공해 준다. 이러한 목적들이 어떻게 충족되고 있는지를 측정하기 위해 다양한 기법과 도구들이 정보 서비스 조직들에 의해 개발되고 채택되고 있다.

이 책무성의 프로세스는 자원의 이용과 자원의 가치에 대한 증거에 대한 더 큰 관심은 물론 업무의 더 큰 효율성과 이용자의 니즈 충족의 유효성에 대한 탐색을 필요로 한다. 그것은 또한 이용자의 자원과 서비스와의 상호 작용 측면에서 기관의 가치를 측정하기 위한 노력을 촉진해 준다.

몇 가지 정의

- **성과 지표**(performance indicators): 어떤 조직이 무엇을 하는지 그리고 왜 그것을 하는지를 가이드하기 위해 의사 결정과 행동을 개발하기 위한 노력
- **인풋 지표**(input indicators): 인적 자원은 물론 물적 지원도 측정하며, 타겟 집단의 특성에 대한 척도들도 포함한다.
- **아웃풋 지표**(output indicators): 생산되는 재화와 서비스의 양과 생산의 효율성을 측정한다.
- **결과**(outcomes): 구체적인 성과에 대한 강조를 강화해 주는 성취 지표

하지만 이러한 변화가 사실에 입각한 데이터(factual data)의 필요성을 배제하는 것은 아닌데, 이러한 데이터는 자금 지원 당국을 위한 하나의 중요한 척도로 여전히 남아 있다. 전통적으로 그와 같은 통계 네이터는 지출과 아날로그나 디지털 형식의 물적 자원, 대출 통계, 목록 작성 권수, 목록과 서지 데이터베이스의 이용, 직원 수와 같은 인풋 영역 그리고 트랜잭션(transaction)의 수와 부지와 건물의 접근 가능 시간, 자료의 입수 가능성과 이용, 사용성과 같은 아웃풋 영역에서 수집되고 있다. 이러한 통계는 또한 유사한 규모와 사명을 가진 조직들과 비교하기 위한 목적으로 사용되기도 한다.

사서들과 그 밖의 정보 서비스 종사자들은 현재 그러한 양적인 데이터와 함께

더 심층적인 품질 관리를 보여 주는 방식들을 찾고 있는 중이다. 평가와 책무성, 비용 측정은 조직 내 업무의 모든 측면에서 밀접하게 관련되어 있으며, 전략적 기획 프로세스에서 의사 결정을 위한 근거를 제공하기 위해서는 확실한 성과 지표들이 필요하다.

질적인 정보는 포커스 그룹과 면담, 사용성 연구(usability studies), 관찰과 같은 기법들로부터 수집되는데, 그러한 것들은 단지 이용자 행동을 이해하기 위한 기법들의 예들일 뿐이며 가치를 설정하기 위해 사용된다. 이용자 만족도와 기대는 이용자 만족도뿐만 아니라 도서관 서비스가 이용자와 잠재적 이용자 커뮤니티에 미치는 영향을 설정하기 위한 척도의 개발에 중요하다.

그러한 유형의 도구와 기법들의 결과는 도서관 온라인 시스템과 전자 정보원, 컨소시엄 이용 방식, 인터넷을 통해 입수 가능한 정보원과 같은 업무적인 정보원으로부터 더 무정형의 데이터를 수집하기 위한 노력을 개선시켜 주는데, 그러한 것들의 상당수는 현재 정보의 생산 및 배포와 정보 서비스의 측정의 전통적인 방법을 개선시켜 주는 것은 물론 그러한 방법에 도전을 주는 테크놀로지의 혁신을 바탕으로 하고 있다.

18.1.1. 성과 지표

성과 표준을 개선하기 위해, 어떤 조직이 사용할 수 있는 기법의 하나는 달성해야 할 결과를 설정하는 것이다. 따라서 성과 측정은 미리 정해진 성과 목적이나 표준과 관련된 데이터를 수집하는 것에만 관계가 있는 것이 아니다. 이 프로세스는 시간이 흐르면서 그 성과의 성공을 결정하기 위해 구체적인 척도들로 표현되는, 계량적인 것이거나 질적인 것이거나 아니면 계량적이면서 질적인 것이어야 한다. 결과는 도서관 이용자들이 도서관의 자원과 프로그램에 대한 접촉의 결과로 변화되고 있는 방식이다.[9] 그러한 결과는 프로그램 활동에 참여하는 동안이나 그 이후에 개인이나 주민에게 나타나는 "편익이나 변화"로서 다양하게 확인되고 있는데, 새로운 지식이나 기술의 증가, 태도나 가치의 변화, 행동의 수정, 상황의 개선, 지위의 변동을 포함한다(예를 들면, 과제 클리닉 이후에 성적이 향상된 학생의 수, 여름 독서 프로그램의 결과로서 여름 동안 독서 기술이 유지된 어린이의 수, 정보

---

9) Association of College and Research Libraries, *Standards for Libraries in Higher Education* (Chicago: American Library Association, ACRL, 2011), accessed February 22, 2017, 〈http://www.ala.org/acrl/standards/standardslibraries〉.

리터러시 수업에 출석한 후에 네트워크 정보에 더 잘 접근하고 이용할 수 있다고 보고하고 있는 사람들의 수 등). 이것은 기본적으로 인풋과 활동, 아웃풋을 통합하는 것으로, 결과 평가의 중요한 요소를 추가해 주고 있다.[10]

모든 유형의 도서관과 정보 서비스 조직들은 다음의 중요한 이니서티브를 취하고자 시도하면서, 성과 평가에 초점을 맞추기 위해 인풋 및 아웃풋 척도들을 도입하고 있다. 이것은 물론 조직이 성취해야 할 그러한 결과들을 먼저 확인하는 것을 필요로 한다. "품질 및 결과 척도"[11]의 도입을 넘어서는 이 단계는 그러한 서비스와 그것들이 공중(公衆)의 삶에 미치는 영향, 즉 만족도와 그들이 부가하는 가치의 품질과 유효성을 보여 주기 위해 결과 평가 프로세스를 개발하는 것이다.

 이야기해 보기

"전략이 아무리 아름답다고 하더라도, 여러분은 가끔은 결과를 살펴보아야 한다."
- Winston Churchill

이 시점에서, 여러분은 측정과 도서관 평가에 관한 여러분의 생각은 무엇인가? 여러분은 여러분의 전략적 계획이 성공적인지의 여부를 어떻게 아는가? 여러분은 여러분의 경험을 바탕으로 어떤 척도를 확인할 수 있는가? 그러한 척도들은 효과가 있었는가? 그러한 척도들은 어떻게 개선될 수 있었는가?

18.2. 조정과 통제

조정 행위와 조정을 이루기 위해 사용되는 통제 메커니즘 간에는 어떤 구분이 이루어져야 한다. 둘은 서로 관련되어 있는데, 어떤 조직 내의 효과적인 조정은 실행되는 통제의 유형에 좌우된다. 조정은 행위이며, 통제는 의사 결정을 위한 정보를 제공해 주는 수단이다. 조정은 목적에 관련되는 반면 통제는 수단이며, 조정은

---

10) Beverly Sheppard, *Perspectives on Outcome Based Evaluation for Libraries and Museums,* (Washington DC: Institute of Museum and Library Services, 2001), accessed February 22, 2017, 〈https://www.imls.gov/grants/outcome-based-evaluation/basics〉.

11) Martha Kyrillidou, "From Input and Output Measures to Quality and Outcome Measures, or, from the User in the Life of the Library to the Library in the Life of the User," *Journal of Academic Librarianship* 28, no. 1 (2003): 42.

사건에 관계가 있는데 비해 통제는 사실에 관계가 있으며, 조정은 분석적이고 업무적인 것으로 과거에는 무엇이었고 현재는 무엇인지에 관계되는 반면 통제는 기대를 다룬다.[12] 자원의 관리는 조직이 마음대로 할 수 있거나 이용할 수 있게 해야 하는 어떤 자원들을 가지고 있는지, 그리고 그와 같은 자원들이 조직의 사명을 달성하기 위해 어떻게 사용될 수 있는지에 대한 결정을 필요로 한다. 이를 위해서는 성공을 보장하기 위한 강력한 재정적인 기획과 피드백 메커니즘이 필요하게 된다.

통제는 수정된 결과로 이어지는 어떤 행위나 프로세스를 고려하는데 표준의 설정과 기준의 확립, 정책과 예산의 개발, 성과 평가의 실행, 목표를 달성하기 위한 조치들의 일정 관리, 결과에 대한 정기적인 모니터링, 그리고 마지막으로 달성의 효율성과 유효성을 보장하기 위한 어떤 유형의 피드백 메커니즘의 제공을 포함한다. 이 피드백 메커니즘은 시정 조치나 조정, 대안을 제시할 수도 있을 것이다. 도서관이나 정보 센터의 상황에서는, 통제는 물리적 자원과 정보 자원, 인적 자원에 관련된다. 어떤 다른 요소도 돈 없이는 효과적으로 개발될 수 없기 때문에, 기본적인 측면은 대개 재정적인 것이지만, 어떤 것들은 금전적인 측면에서 측정될 수 없으며 그렇게 측정되어서도 안 된다. 이러한 것들은 이미 살펴본 효과적인 서비스 성과 척도와 고객 만족 척도를 포함한다.

18.2.1. 통제의 요건

통제는 목적과 계획의 존재 그리고 그러한 목적을 향해 조직의 활동을 지휘하는 것을 함축하고 있다. 통제는 일들의 순조로운 진행과 명시된 목표의 달성을 위한 성공적인 진행, 업무상의 취약점의 확인, 시정 조치의 개발과 관련되어 있다. 계획은 무엇을 해야 하는지를 결정하는 반면, 통제는 그것이 이루어지도록 보장해 주는데, 기획 프로세스를 실행하기 위한 도구와 기법으로서의 역할을 한다. 실패를 피하기 위해서는, 통제는 바람직할 뿐만 아니라, 일관성 있고 공정하게 적용될 경우에는, 필수적인 것이다. 업무적인 수준에서 보면, 통제 기법들은 정책과 절차, 과업 분석, 직무 감사와 같은 프로세스에 관련된다. 가장 효과적인 통제는 즉각적인 조치를 취하지 않으면 그와 같은 편차(偏差: deviation)가 발생할 것이라는 사실을 예측함으로써 편차를 예방해 준다. 하지만 피드백을 위해서는 다른 유형의 통

---

12) Peter F. Drucker, "Controls, Control and Management," in *Managerial Controls: New Directions in Basic Research,* eds. C. P. Bonini, R. K. Jaedicke, and H. M. Wanger (New York: McGraw-Hill, 1964), 286.

제도 필요하게 되며, 그러한 유형들은 자연히 기획 프로세스에서 생겨나게 된다.

효과적이 되도록 하기 위해서는, 통제는 객관적이어야 하며, 수행해야 하는 직무를 반영해야 한다. 아울러 갈등을 최소화하고 성공을 최적화하기 위해서는, 통제가 필요하기 이전에 통제에 대해 확정하고 합의해야 한다. 적어도 통제는 임계점(臨界點: critical point)에 있는 예외들을 지적해야 한다. 아울러 편차가 발생한 이후에 시정 조치를 취하지 않는 통제 시스템은 어느 것이든 흥미로운 연습이나 거의 다름없다. 바꾸어 말하면, 평가 프로세스에 수반되는 액션 플랜(action plan)이 존재해야 한다. 활동이 시작된 이후에는, 목적을 달성하기 위해 진행을 모니터링하고 필요할 때는, 행동을 바로 잡기 위해 어떤 종류의 통제 메커니즘을 설정해야 한다. 그러한 지침들을 제공받고, 모든 계층의 개인들은 조직을 올바른 방향으로 나아가도록 하는 책임을 갖는다. 통제는 그것이 어디에서 발견되고 무엇을 통제하든 관계없이, 다음과 같은 세 개의 기본적인 단계로 이루어진다.

1. 표준의 설정
2. 표준과 대비한 성과의 측정
3. 편차의 수정

도서관과 정보 서비스 환경에서 이루어지는 최종적인 통제 행위는 어느 정도는 외적인데, 그 이유는 대부분의 정보 센터는 정보 서비스 조직의 업무에 대한 일차적인 추진력과 자금 지원을 제공하는 더 상위의 공공 부문이나 민간 부문의 당국에 대해 책무성을 갖고 있기 때문이다. 도서관이나 정보 센터는 대개 헌법 규정과 헌장, 기업의 정관, 더 큰 기관에 전체적으로 적용될 수 있는 일반법이나 특별법에 의해 법률적으로 얽매여 있다. 최종적인 책임은 사장이나 교육감, 시장이나 시티 매니저, 상임 이사, 이사회에 의해 조정된다. 이러한 외부 당국들은 자신들의 전반적인 기관이나 사회의 책임을 통해 그리고 자신들의 자금 지원 및 수탁자의 임무 때문에 책임을 갖는다.

정보 서비스 조직의 통제 기능과 직접적으로 관련된 그러한 단체들 이외에도, 수많은 외부 집단들이 일부는 제재권을 가지고, 표준 설정과 자격 증명, 도서관과 사서, 그 밖의 정보 전문가의 인증을 포함한 업무의 다양한 측면에 관여하고 있다. 예를 들면, 미국의 지역 기관인 North Central Association of Colleges and Secondary Schools는 중등 및 고등 교육 기관의 전반적인 심사의 일부로서 도서관에 대한 권고안들을 관찰하고 작성하는 책임 인증 단체이다. 미국도서관협회

(ALA)는 다양한 유형의 도서관과 도서관 서비스를 위한 표준의 설정을 통해 그리고 문헌정보학 교육을 위한 표준의 설정과 설정된 표준에 부응하는 기관들을 인증하는 책임을 가지고 있는 그 인증위원회(Committee on Accreditation)를 통해 도서관 지원에 영향을 미치고 있다. 미국 교육부(State Department of Education)는 학교도서관 사서의 인증에 대한 지침을 설정하고 자금의 배정을 위한 표준 공식을 설정하고 있으며, Medical Library Association과 같은 특정 전공의 이익 집단들은 그 회원들을 위한 인증 표준과 계속 교육 요건을 설정하고 있다.

어떤 집단과 기관들은 기본적으로 조직과 기관의 활동을 규제하고 어느 정도는, 그 행위와 아웃풋을 측정하기 위해 존재한다. 로컬과 미국의 경우 주(州), 국가, 국제적인 것을 포함한 법률들은 특정의 활동들을 규제한다. 예를 들면, 도서관 건물의 기획과 건축, 유지 보수는 지방 자치 단체의 조례와 규정, 건축 법규, 지대 설정(zoning), 소방 규정을 통해 통제될 수도 있을 것이다. 국제적인 저작권 협정이나 국제표준화기구(ISO: International Standards Organization)에 의해 공표된 국제 표준 또는 세계지적재산권기구(WIPO: World Intellectual Property Organization)의 의제에 올라 있는 것들은 정보 센터의 서비스나 활동을 지시할 수도 있을 것이다. 포괄적인 법령, 예를 들면 미국의 주와 연방의 자금 지원 법령은 그 관할 구역 내의 도서관과 정보 센터의 업무에 대해 어떤 다른 유형의 통제를 하게 된다. 그와 같은 규제 기관들과 그 권한은 세계의 부분마다 다양하지만, 그 영향력은 기본적으로 동일하게 유지된다.

도서관에 대해 어떤 외적 통제를 발휘하는 그 밖의 단체들로는 노동조합과 특수 이익 단체, 정치 단체가 있다. 단체 협약을 통해, 노동조합은 채용과 봉급, 근무 조건, 부가 급부에 영향을 미칠 수 있으며, 정치 단체는 도서관과 정보 센터 내의 개인의 임명과 금전의 배정, 심지어는 자금의 지출에 영향을 미칠 수 있다. 압력이 때로는 신임 직원들의 채용 영역에서 그리고 장서 개발과 검열 및 지적 자유, 도서관 서비스와 시설의 이용에 관련된 이슈에서 외부 단체에 의해 정보 서비스에 가해지기도 한다. 도서관을 통한 인터넷의 이용과 정보에 대한 접근은 특히 미국에서는 학교도서관과 공공도서관에서 여전히 열띤 논쟁이 이루어지고 있는 토픽이다. 도서관의 친구들(friends of libraries)과 같은 그룹들은 때로는 그 자선적 공헌에 대한 대가로, 도서관이 취하게 될 방향에서 말할 어떤 것을 가질 것으로 기대되는 선의의 지지자의 예들이다.

>  **스킬 연습하기**
>
> 여러분의 경험이나 여러분의 관찰을 바탕으로, 특정의 도서관이나 정보 센터의 외부 영향력의 리스트를 작성해 보라. 리스트를 작성한 후, 어떤 것들이 직접적인 통제 영향력을 갖는지(학교 위원회와 같은)와 더 지지적인 영향력은 무엇인지를 주목해 보라.

18.3. 활동 평가 기법

18.3.1. 표준의 개발

표준(standards)은 후속의 성과를 비교할 수 있고 평가를 이루어 낼 수 있는 설정된 기준이다.[13] 표준은 조직의 목적으로부터 개발되거나 적어도 고안되는 경우가 가장 많다. 표준은 다음과 같은 두 개의 기본적인 부류로 구분된다.

1. 재료와 성과에 관련된 것으로, 품질과 수량, 비용, 시간을 포함한다.
2. 도덕적 측면에 관련된 것으로, 윤리 강령을 설정하기 위해 사용될 수도 있는 조직의 가치 시스템과 윤리적 기준을 포함한다.

표준은 제품의 수량과 서비스 단위, 근무 시간, 시간 및 동작 연구를 통해 입증되고 측정될 수 있는 유사한 것들을 나타내는 물리적인 것일 수도 있을 것이다. 표준은 비용이나 수익, 투자와 같은 금전적인 면에서 설명될 수도 있는데, 이러한 것들은 기록 관리나 비용 분석, 예산 프레젠테이션을 통해 증명된다. 또는 표준은 근무 평정과 인사 고과 시스템과 같은 성과를 측정하는 그 밖의 면에서 표현될 수도 있을 것이다. 물론 몇몇 다른 요인들은 평가하고 측정하기가 어려우며 측정에 대한 다른 접근법을 필요로 한다. 예를 들면, 개별 직원의 입장에서의 조직의 목적에 대한 몰입을 어떻게 측정하는가? ARL(Association of Research Libraries)에 의한 ClimateQUAL의 개발은 이 질문에 대한 대답의 가능성을 보여 주고 있다.[14]

---

13) George Schreyogg and Horst Steinman, "Strategic Control: A New Perspective," *Academy of Management Review* 12 (January 1987): 91.
14) Martha Kyrillidou and Sue Baughman, "ClimateQUAL: Organizational Climate and Diversity Assessment," *C&RL News* 70 (3) (2009): 154-157. ClimateQUAL에 관한 더 많은 정보는 온라인으로 다음 자료를 참고하라: 〈http://www.climatequal.org/home〉.

대부분의 표준들은 사실상 기술적(descriptive)이며, 계량적 목표를 규정하고, 임의적으로 만들어지며, 도서관의 자원의 인풋을 평가하는 방향으로 작용한다. 미국도서관협회(ALA)의 다양한 단위들이나 그 밖의 국가적인 또는 국제적인 협회들에 의해 개발된 것들과 같은 일반적인 표준들은 지침으로서 중요하지만, 그러나 많은 이유 때문에 반드시 개별 도서관이나 정보 센터에 대해 의미 있는 평가를 제공할 수 있는 것은 아니다. 좋은 예로는 미국도서관협회의 Reference and Information Services Division에 의해 생산된 것들이 있다.[15] 어떤 표준들은 모호하고 측정하기가 거의 불가능하며, 어떤 것들은 진행을 위한 단순한 지침에 불과하며, 다른 것들은 질적 평가를 계량적인 공식과 결합시키고 있다. 표준의 개발에 과학적인 통제 방법을 사용한다면, 어느 정도는 측정이 가능할 가능성이 가장 높다. 모든 경우에, 효과적이 되도록 하기 위해서는, 표준은 자신들의 성과가 그 표준에 의해 규제를 받는 사람들이 수용할 수 있어야 한다. 수용되고 가장 효과적이 되도록 하기 위해서는, 개인들에게 강요되는 표준에 저항하는 것은 인간의 본성이기 때문에, 성과 표준을 적용하는 프로세스를 설명해야 하고 강요하기보다는, 영향을 받는 사람들이 합의하도록 해야 한다.

18.3.2. 성과의 측정

성과 측정은 전략적 기획 프로세스에 포함되며 도서관과 정보 서비스의 의사결정을 지원하기 위한 필수적인 피드백 메커니즘이다. 그와 같은 척도들은 계량적인 형식은 물론 질적인 형식으로도 표현되는데, 여기에는 경제적 가치 및 재정적인 적합성과 이미지 가치, 역량, 품질의 비용 등과 같은 척도들이 포함된다. 피드백 또는 성과의 측정은 이 통제 프로세스의 중요한 요인이다. 이것은 의도된 고객들이나 자금 지원 당국의 이익을 위해 정보 서비스의 가치를 설정하기 위한 기법으로서 특히 중요하다.[16]

중요한 다음 단계는 표준과 관련된 성과의 측정이다. 표준에 대한 합의가 이루어지면, 활동을 표준에 비추어 측정하기 위해 어떤 종류의 분석을 해야 한다. 비용

---

15) Reference and User Services Association (RUSA), "Guidelines for Behavioral Performance of Reference and Information Service Providers," (American Library Association: May 28, 2013), accessed February 23, 2017, ⟨http://www.ala.org/rusa/resources/guidelines/guidelinesbehavioral⟩.
16) 예를 들면, 다음 자료를 참고하라: Denise Davis and Emily Plagman, "Project Outcome: Helping Libraries Capture Their Community Impact," *Public Libraries* 54, no 4 (2015): 33-37.

편익 분석(cost-benefit analysis)과 시간 및 동작 연구(time-and-motion studies)와 같은 기법들은 업무에 대한 성과의 표준을 측정하기 위해 일반적으로 사용된다. 물론 모든 것들을 계량화할 수는 없으며, 판단과 유연성도 필요하다. 하지만 주관적인 판단은 실제 성과를 배제할 수도 있기 때문에, 크게 주의를 기울여야 한다.

어떤 유형의 성과는 계량화 가능성이 더 적고, 더 복잡하며, 규제가 덜하며, 더 큰 이니셔티브를 필요로 하기 때문에 측정하기가 더 어렵다. 바꾸어 말하면, 모든 계량적인 척도가 어떤 활동의 품질을 정확하게 반영하는 것은 아니다. 예를 들면, 고서 편목 담당자는 여덟 시간 동안 두 개 자료의 자체 편목(original cataloging)을 수행할 수도 있을 것이다. 그 활동의 품질은 신중하게, 객관적으로, 관련된 모든 미묘한 차이를 충분히 이해하면서 측정해야 한다.

도서관과 정보 서비스의 성과 측정에 대한 관심의 증가는 이 토픽에 관한 정규 국제 학술 대회에서 특히 분명하게 나타나고 있다.[17] 많은 질문들은 측정의 "방법들"을 개괄적으로 제시하고 사실상, 인풋과 아웃풋, 성과, 결과 척도를 망라하고 있다. 질문들은 개인적으로 또는 집단적으로 사용될 수 있다. 실제로 몇몇 "방법들"은 다른 "방법들"로부터 도출된 데이터를 사용하여 산출된다. 간단하게 설명하면, 이러한 질문들은 다음과 같은 것들에 초점을 맞추고 있다: "얼마나 많은 양인가?" "얼마나 많은 수인가?" "얼마나 경제적인가?" "얼마나 신속한가?" "얼마나 가치 있는가?" "얼마나 믿을 만한가?" "얼마나 정중한가?" "얼마나 만족하는가?"[18]

그러므로 측정은 포괄성(extensiveness)(즉 제공되는 서비스의 총계)이나 유효성, 효율성, 비용(즉 비용 편익 또는 비용 효과), 서비스 품질, 만족도, 많은 다른 요인들의 측면에서 실행될 수 있다. 성과 측정은 그것이 시스템 측정에 관련되든, 인사 고과에 관련되든, 이용자 관련 결과에 관련되든, 연속적이면서도 계속적인 프로세스라는 사실이 많은 보고서와 연구로부터 분명히 나타나고 있다.

연구자들과 실무자들 사이에서는 사서들이 로컬의 벤치마킹을 위해 선정할 수 있는 고객의 기대를 전달해 주는 일단의 대표적인 결과 척도를 개발할 필요성은 하나의 지속적인 도전이 되고 있다. 하지만 정보 서비스의 결과를 입증하고 구체화하기 위한 시도로 광범위한 방법들이 테스트되어 오고 있다.[19] 조직 내에서

---

[17] ARL은 미국에서 그리고 국제적으로 개최되는 다양한 평가 회의를 리스트하고 있다. 다음 자료를 참고하라: Library Assessment Conference Past Proceedings, accessed February 23, 2017, 〈http://libraryassessment.org/archive/index.shtml〉.

[18] Peter Hernon and Ellen Altman, *Assessing Service Quality: Satisfying the Expectations of Library Customers* (Chicago: American Library Association, 1998), 51-53.

는 물론 조직 외부에서도 성과를 수집하고, 걸러 내고, 분석하고, 배포하기 위한 인프라스트럭처와 함께, 성과 지표(performance metrics)를 마련해야 한다는 사실이 인정되고 있다. 많은 그룹들이 그와 같은 활동에 노력을 기울이고 있는데, 특히 ARL은 몇 년 전에, "학술도서관의 성과 측정과 통계, 관리 도구의 개발과 테스트, 적용에서 리더십 역할을 수행하는"[20] ARL Statistics and Assessment 프로그램을 시작한 바 있다.

모든 측정 활동에서 중요한 것은 예를 들면, 프로세스가 지속적으로 모니터링되고 데이터가 어느 한 해와 다음 해에 대해 비교될 수 있도록 무엇이 이루어지고 있는지에 대한 정확한 기록을 관리하는 것이다. 만일 레코드를 관리하지 못하고, 통제가 결여되고, 아웃풋을 객관적으로 측정할 수 없으면, 실제 성과가 계획된 성과로부터 얼마나 많이 벗어나 있는지를 평가하고 성공의 기준을 결정하기가 어렵다. 많은 리서치 보고서들은 이 활동이 유용하다는 것을 입증하고 있다. 아마도 가장 포괄적인 것은 국제표준화기구(ISO: international Organization for Standardization)에 의해 "도서관 성과 지표"(library performance indicators) 문서로 개발된 것일 것인데, 이것은 네 개 영역으로 그룹화된 다음과 같은 일단의 지표들을 명시하고 있다.

1. **자원과 접근, 인프라스트럭처**(resources, access, and infrastructure): 도서관 자원과 서비스의 적합성과 입수 가능성을 측정하는 성과 지표(예를 들면 출판물 입수 가능성, 장서 1,000종 당 디지털화된 문헌의 수)를 제시한다.
2. **이용**(use): 도서관 자원과 서비스의 이용량을 측정하는 성과 지표(예를 들면 도달된 표적 주민의 비율, 이용자 만족도, 재이용 의사)를 제시한다.
3. **효율성**(efficiency): 자원과 서비스의 효율성을 측정하는 성과 지표(예를 들면 이용자 당 비용, 도서관 방문 당 비용)를 제시한다.
4. **잠재적 가능성과 개발**(potentials and development): 새로 생겨나는 서비스와 자원 영역에 대한 도서관의 인풋과 개발을 위한 충분한 자금 지원을 얻을 수 있는 도서관의 능력을 측정하는 성과 지표(예를 들면 전자 자원에 대한 지출의 비율과 직원 당 공식적인 교육 훈련 수업 참석 비율)를 제공한다.[21]

---

19) Roswitha Poll, "Impact/Outcome Measures for Libraries," *LIBER Quarterly: The Journal of European Research Libraries* 13, no. 3-4 (March 2003): 329-342.
20) Association of Research Libraries, "Statistics and Assessment" (Washington, DC: Association of Research Libraries), accessed February 23, 2017, ⟨http://www.arl.org/stats⟩.

피드백 이외에, 다른 유형의 기본적인 통제는 예방인데, 이것은 한도(parameter)를 설정함으로써 무엇이 일어날는지를 예측하고자 시도한다. 기획 프로세스의 목적 설정은 이러한 통제 유형의 좋은 예이다. 목적 설정은 과거의 성과에 대한 정보를 선택하여 미래의 행위에 필요한 조정에 관한 의사 결정에 이를 투입한다.

18.3.3. 편차의 수정

규범에서 벗어난 어떤 편차를 수정하는 것은 조정 프로세스의 중요한 단계이다. 이러한 수정은 조직의 특권을 발휘함으로써 달성될 수 있는데, 예를 들면 인사의 경우, 책무의 재부여나 명확화, 직원의 추가나 감축, 직원의 선발과 교육 훈련의 개선, 다른 어떤 충원 방법에 의해 달성될 수 있다. 수정은 또한 목적을 조정하거나, 새롭거나 대안이 되는 계획을 개발하거나, 일을 수행하는 방식을 변경함으로써 이루어질 수도 있다.

도서관에서 편차를 찾아내는 단순화된 예는 목적 설정의 요소들과 피드백을 결합하는 것으로, 예를 들면, 회계 연도의 6번째 달까지 직원의 시간외 근무에 대한 예산액의 4분의 3을 이미 지출하고 있고, 시정 조치를 취하지 않으면, 시간외 근무에 대한 비용은 회계 연도의 연말 훨씬 이전에 그 범주에 편성된 예산액을 초과하게 되리라는 사실을 보여 주는 월간 예산 내차내조표이다. 초과 근무의 이유에 대한 검토에 따라서, 당해 연도의 나머지 기간 동안은 초과 근무를 축소하거나, 예산의 초과 근무 항목에 추가의 자금 지원을 배정하거나, 초과 근무는 주기적이라는 사실과 회계 연도의 연말까지 균등하게 배분될 것이라는 사실을 상기시켜 주는 의사 결정이 이루어져야 한다.

18.3.4. 노력에 대한 평가

서비스에 대한 평가는 시정 조치를 취할 목적으로 개선을 필요로 하는 영역을 확인하기 위해 시도하는 복합적인 프로세스이다. 이것은 일회성의 일이거나 심지어는 어쩌다 이루어지는 일이 아니라, 오히려 운영에 대한 지속적인 검토이다. 통

---

21) International Organization for Standardization, ISO 11620: 2014, *Information and Documentation: Library Performance Indicators*, 3rd ed. (Geneva: International Organization for Standardization, 2014). 더 많은 정보에 대해서는 다음 자료를 참고하라: ISO Web site, accessed February 23, 2017, ⟨https://www.iso.org/obp/ui/#iso:std:iso:11620:ed-3:v1:en⟩.

제의 이러한 측면은 무엇을 평가해야 할는지가 알려져 있지 않으면 평가하는 것이 불가능하기 때문에 전략적 기획 프로세스와 불가분하게 연결되어 있고 사실상 그 프로세스의 주요한 구성 요소이다. 기획 프로세스에서 확인된 목적과 목표를 도서관이나 정보 센터가 얼마나 효과적으로 그리고 얼마나 효율적으로 충족시키는지를 그와 같은 평가를 통해 측정해야 한다. 적어도 다음과 같은 세 가지 요인들을 평가에서는 고려해야 한다.

1. 서비스에 대한 인풋, 또는 더 구체적으로는 발생할 정보 서비스를 위해 필요한 자원의 적용으로, 직원과 재료, 공간, 장비를 포함한다. 이것은 포함된 자원의 양이나 수 그리고 그 비용의 측면에서 측정될 수 있다. 그러한 것들은 모두 고려해야 하는 인풋의 척도들이다.
2. 아웃풋은 서비스의 아웃풋의 양과 그것이 어떻게 비용의 요인이 될 수 있는지의 측면에서 고려해야 하며, 가격과 적시성, 입수 가능성, 접근 가능성을 포함하는데, 모두 서비스의 가치에 기여한다. 아웃풋의 품질은 일차적인 관심사이다. 서비스의 이용과 비이용의 척도는 이용과 비이용에 영향을 미치는 요인들과 그러한 서비스의 구체적인 속성들의 중요성과 그에 대한 만족도에 대한 검토를 필요로 한다.
3. 결과는 시간 절약과 생산성의 개선, 삶과 업무의 품질 개선, 적시성의 향상, 그리고 그렇게 함으로써 이루어지는 부가 가치의 창출과 같은 요소들을 포함한다. 개인적 삶은 물론 직업적 삶을 개선하기 위한 노력에서 예산과 자원을 정당화하는 데 어떤 관계가 있는 도서관의 유용성과 중요성을 설명하기 시작하는 것은 바로 그러한 척도들의 관계인 것이다.

평가를 위해서는 그 프로세스에서 다음과 같은 몇 가지 질문들에 대한 대답이 이루어져야 할 것이다.

1. 여러분은 현재 여러분의 평가 덕분에 의사 결정을 내릴 수 있는가?
2. 일차적인 오디언스(primary audience)를 적절하게 확인하고 결과를 얻고자 노력하였는가?
3. 그 프로세스에서 필요로 하는 정보를 실제로 입수하였는가?
4. 그 정보를 어디에서 그리고 어떻게 탐색하고 입수하였는가?
5. 자원들은 정보를 얻고, 분석하고, 보고하는 데 적합하였는가?

그러한 것들은 프로세스를 시작하기 위해 확인하게 될 것과 동일한 일차적인 질문들이다. 평가는 의사 결정을 내리기 위해 그러한 유형의 데이터를 주의 깊게 수집하고 분석해야 한다.

평가는 다양한 원천으로부터 생겨날 수 있다. 비용-편익 분석과 예산 분석, 성과 평가, 장서 평가는 평가 프로세스에서 사용되는 기법들의 예이다. 그와 같은 데이터는 유효성과 효율성, 영향, 프로그램이나 업무, 서비스의 가치에 대한 통찰력을 제공해 준다.[22] 도서관의 책무성은 도서관 업무의 효율성과 도서관 서비스의 유효성을 측정하기 위한 많은 규범적 기법의 개발을 촉진하고 있다.

내부 통제를 생각할 때는, 기계적 통제가 가장 먼저 떠오르게 되는데, 이것은 대출 관리와 자동화된 연속간행물, 온라인 데이터베이스의 이용 등을 포함하고 있다. 이러한 테크놀로지적 통제는 도서관 업무를 측정하기 위해 사용되는 도구의 예들에 불과하다. 특히 도서관장들이 자신들의 업무에 대한 책무성을 다하기 위해 노력함에 따라, 많은 기본적인 도구와 기법이 도서관의 통제 프로세스에서 이용되고 있다. 측정과 평가의 시스템은 테크놀로지와 외부의 압력 또한 발전함에 따라 시간이 흐르면서 발전해 오고 있다.[23]

 이야기해 보기

도서관의 이용자로서, 여러분의 서비스에 대한 우선순위는 무엇인가? 여러분이 도서관에서 제공하는 것들 중 여러분이 선호하는 것의 리스트를 작성하고 그리고 나서 도서관 경영자들이 그러한 기능과 서비스를 어떻게 평가할는지에 대해 생각해 보라. 예를 들면 여러분이 도서관 상호 대차 서비스를 이용한다면, 그 서비스의 유효성은 어떻게 결정될 것인가? 여러분의 생각과 아이디어를 그룹과 공유해 보라.

18.4. 조정의 도구

훌륭한 의사 결정이 내려질 수 있도록 하는 조정과 통제의 기능은 특정 종류의 데이터의 통제와 모니터링을 위한 정확하고 시의적절한 정보를 필요로 한다. 이

---

22) Peter Hernon and Ellen Altman, *Service Quality in Academic Libraries* (Norwood, NJ: Ablex, 1996), 15.
23) Matthew Closter, "Public Library Evaluation: A Retrospective on the Evolution of Measurement Systems," *Public Library Quarterly* 34, no. 2 (2015): 107-123.

프로세스는 효율적인 정보 수집을 향상시키기 위해 테크놀로지에 상당히 많이 의존하고 있다. 테크놀로지의 이용을 통해 더 효율적이 되고 효과적이 되는 조직 내의 정보와 전문 지식의 소재 확인과 조직, 전달, 이용의 프로세스는 의사 결정을 위한 도구에 대한 어떤 논의에서나 적합하다. 자동화된 시스템은 도서관의 의사 결정을 위한 정보의 인풋은 물론 아웃풋에 관련된 엄청난 양의 정보를 고속으로 처리할 수 있는 능력을 가지고 있다. 하지만 아마추어의 손에서는, 계량적인 시스템과 도구들이 오도(誤導)된 데이터를 만들어 내거나 근거가 박약한 해결책을 도출해 내는 경우가 빈번하기 때문에 이러한 몇몇 도구들을 사용할 때는 항상 주의를 기울여야 한다. 아울러 복잡한 현실을 다루기 위한 기계적인 공식이 언제나 적합한 것은 아니다. 여기에서 도서관이나 정보 센터의 경영자는 결과를 평가할 때 경험과 전문적인 판단력을 이용한다.

도서관 상황에서 적절한 측정 도구에 도움이 되는 몇몇 이니셔티브들을 확인할 수 있으며, 이러한 것들은 성과를 조정하고 측정하기 때문에 목적과 목표를 달성하는 데 도움이 되는 것으로 입증될 수 있다. 이하에서는 이러한 도구들에 대해 살펴보고자 한다.

18.4.1. 비용 편익 분석과 투자 수익률

비용 편익 평가(cost-benefit evaluation)는 서비스의 잠재적인 가치가 그것을 제공하는 비용보다 더 크거나 더 작은지의 여부를 결정하기 위해 실행할 수 있다. 바꾸어 말하면, 그 서비스나 프로세스는 정당화되고 있는가? 이것은 가치를 결정할 때 어느 한 척도를 금전적 측면에서 확인하고 표현하기 위한 시도이다. 비용 편익 분석 프로세스를 개발하는 것이 위협을 주는 일이 될 필요는 없다. 대부분의 사람들은 자신들의 일상의 업무 생활에서 사실상, 어떤 수준의 직관에 의한 비용 편익 분석에 관여하고 있다. 그 가장 간단한 형식에서, 비용 편익 분석은 어떤 의사 결정과 관련된 장점과 결점을 확인하고 심사숙고하기 위한 공식화된 접근법이나 거의 다름없다. 그 최선의 상태에서, 그것은 훌륭한 의도와 훌륭한 아이디어를 분리시킬 수 있다. 하지만 그것은 하나의 도구에 불과하며, 어떤 도구와도 마찬가지로, 효과적으로 사용될 수도 있고 잘못 사용될 수도 있다. 비용 편익 분석은 유연성이 있으며 특정의 기능에 초점을 맞추도록 조정되거나 시스템 전반의 비용과 편익에 집중될 수 있다. 몇몇 비용 편익 활동은 통제와 거의 관계가 없는 것 같지만 (재무 보고서, 현황 보고서, 프로젝트 보고서), 그것들은 모두 어떤 유형의 모니터링을 필요로 하는 것으로, 무엇이 이루어지고 있고, 그것이 어떻게 이루어지고 있으며, 그것이 효율적으로 이루어지고 있는지에 대한 개관의 역할을 한다.

비용 편익 분석은 금전적 측면에서 행위의 장점을 측정하기 위한 일단의 절차이다. 이 프로세스는 가용한 옵션 중 최선의 것에 관한 의사 결정을 내리는 데 도움을 줌으로써 불확실성을 줄여준다. 이것은 민간 부문의 수익성 회계(profitability accounting)에 상응하는 것으로 사용된다. 차이는 도서관에서 실행되고 있는 것과 같은 공공의 웰빙(well-being)을 증진하기 위한 대부분의 공적 행위는 그 가치나 편익을 판단하는 가격 정보를 산출해 주는 안정된 민간 시장을 갖고 있지 못하다는 사실이다.

비용 편익 분석은 자원의 배분에서 직접비는 물론 간접비를 고려하는 측정의 한 형식이다. 이것은 문제점에 대한 설명을 필요로 하는데, 이것은 확인된 각각의 대안과 관련된 비용과 편익의 추정치를 서로 비교하고 추구하는 편익과 비교하기 위해 이러한 추정치를 덧붙이게 된다. 이 토픽은 세부 주제이고, 광범위한 설명이 필요하기 때문에, 독자에게 그 접근법에 대한 일부 아이디어를 제공하기 위해 여기에서 언급해 두고자 한다.

비용 편익 분석의 기법은 간단하게 논평하자면, 금전적인 또는 그 밖의 특정의 척도로 된 측정이 충분치 않거나 심지어 불가능할 때 여러 대안들로부터 선택하는 것이 포함된다. 하지만 가능할 때는 언제나, 어떤 특정의 척도를 설정해야 한다. 비용 편익 분석은 비용과 비용 효과(cost-effectiveness), 가치와 관련된다. 비용 편익 분석은 "어떤 업무를 수행하기 위한 최선의(최소의 비용이 소요되거나 또는 가장 효율적인) 방식은 어느 것인가?"를 묻는 반면, 비용 효과는 "이것이 그 서비스에 비용으로 소요되는 것이기 때문에, 그것은 그만한 가치가 있는가(효과가 있는가)?"를 묻는다. 이것은 품질의 척도인 것이다.

비용 편익 분석을 살펴보는 또 하나의 방식은 투자 수익률(ROI: return on investment)이라는 용어로 불리고 있다. 이것은 사서들이 모체 기관으로부터 배정받은 수입을 가지고 어떻게 부가 가치를 창출하는지를 설명한다. 공공도서관의 관장들은 대출되는 소설이나 DVD의 가치와 같은 다양한 도서관 트랜잭션의 가치를 개인들에게 보여 주는 모델을 가지고 자신의 도서관의 가치를 정당화할 필요성에 대응해 오고 있다.[24] 도서관의 가치 평가 연구에 대한 국제적인 메타데이터 분

---

24) 예를 들면, State of Maine 웹사이트는 도서관 이용 가치 계산기를 갖고 있다. accessed February 23, 2017, 〈http://www.maine.gov/msl/services/calculator.htm〉.

석에 따르면, "이러한 연구에서 나타난 결과들은 공공도서관에 투자된 납세자들의 돈 1달러에 대해, 도서관은 평균적으로 네 배에서 다섯 배 더 많은 가치를 시민들에게 돌려주고 있음을 보여 주고 있다."[25]

학술도서관의 경우는 이러한 작업이 계속 진행 중이다. 미국도서관협회(ALA)의 한 부회인 ACRL(Association of College and Research Libraries)은 학술도서관을 위한 툴킷(toolkit)을 제공하고 있다. 이 툴킷은 학술도서관 사서들이 자신들의 모체 기관에 대해 자신들의 가치를 어떻게 설명하는지에 대한 예들을 제공하고 있다.[26] ARL은 MINES for Libraries[27] 프로젝트를 개발하고 있는데, 이것은 전자 자원의 이용을 이해하기 위한 방법을 사서들에게 제공하고 있으며, 개인적으로나, 컨소시엄을 통하거나, 벤더 패키지로 입수할 수도 있다. 도서나 DVD와 같은 유형의 품목에 가치를 부여하는 것은 어렵지 않지만, 때로는 도서관과의 상호 작용이 있은 몇 년 후에, 서비스와 그 서비스가 도서관 이용자들의 삶에 미치는 영향의 가치를 평가하는 것은 더 어렵다.

18.4.2. 벤치마킹

벤치마킹(benchmarking)은 그 개발의 초기 단계에서는, 어느 한 조직의 업무 프로세스를 측정하고 그것을 다른 조직의 업무 프로세스와 비교하기 위해 사용되는 전사적 품질 경영(TQM: Total Quality Management)[28]으로 더 일반적으로 확인되었다. 이것은 사서들이 활동의 측정에 그것을 사용하는 편익(benefits)을 인식하면서 이후로 도서관에서 타당한 평가를 받고 있다. 벤치마크는 진행이나 달성을 평가할 수 있는 기준점이나 표준이다.

벤치마킹은 정보 주도적이며 도서관이 그 업무 프로세스와 기능을 검토하고 그 생산성을 다른 도서관의 생산성에 비추어 측정하는 것을 필요로 한다. 다른 도서관을 모니터링함으로써, 도서관은 다른 도서관들의 모범 사례를 채택하거나 그에

---

25) Svanhild Aabø, "Libraries and Return on Investment (ROI): A MetaAnalysis," *New Library World* 110, no. 7-8 (2009): 322.

26) Association of College and Research Libraries, *Value of Academic Libraries: A Comprehensive Research Review and Report,* researched by Megan Oakleaf (Chicago: ACRL, 2010), accessed February 23, 2017, ⟨http://www.ala.org/acrl/sites/ala.org.acrl/files/content/issues/value/val_summary.pdf⟩.

27) MINES for Libraries Web site, accessed March 23, 2017, ⟨http://www.minesforlibraries.org/home⟩.

28) 역자주: 전사적 품질 관리, 총체적 품질 관리, 전체 품질 관리, 총 품질 관리, 종합 품질 관리, 종합적 품질 경영 등의 용어로 사용되기도 한다.

맞추어 조정함으로써 자체의 성과를 증진하도록 하는 용기를 얻을 수 있다. 벤치마킹은 어떤 기관이 그 동류 집단(peer group) 내의 다른 기관에 비추어 얼마나 효과적이고, 효율적이고, 경제적으로 평가하는지를 결정하는 훌륭한 도구이다.

벤치마킹의 목적은 다음과 같은 것들에 의해 성과를 증진시키기 위한 것이다.

1. 모범 사례를 가진 도서관의 경영자들을 파트너로 확인함으로써
2. 동류 집단의 다른 것들에 비추어 선정된 업무 프로세스를 측정하고 비교함으로써
3. 로컬의 도서관이나 정보 센터 상황을 위해 확인된 모범 사례를 본받거나 그에 맞추어 조정함으로써

모범 사례는 정체되어 있는 것이 아니라 항상 점진적으로 변화하기 때문에, 벤치마킹은 지속적인 조정 프로세스이다. 하나의 도구로서, 그것은 어떤 조직으로 하여금 제품과 서비스 전달의 유효성과 효율성을 개선하는 데 노력의 초점을 맞추도록 요구한다. 벤치마킹의 편익으로는 도서관 시스템과 서비스의 가치를 수치적인 면에서 보여 줄 수 있는 가능성을 포함한다. 아울러 벤치마킹은 동류 집단의 도서관들과의 비교를 가능하게 해 준다. 많은 경우에, 벤치마킹 연구는 재정상의 계획과 시스템 계획을 포함한 서비스의 축소를 예방하기 위해 사용된다. 벤치마킹의 요망되는 결과는 효율성과 유효성, 비용 절감, 고객 서비스의 개선이다. 도서관에서는 몇 가지 유형의 벤치마킹이 사용되고 있는데, 내부 벤치마킹(internal benchmarking)은 서로 다른 단위들에 의해 수행되는 유사한 활동들을 측정하기 위해 사용되며, 기능형 벤치마킹(functional benchmarking)은 어떤 조직의 관행을 동일한 서비스 영역의 리더로서 확인된 관행과 비교하고, 일반 벤치마킹(generic benchmarking)은 서로 다른 유형의 조직들을 교차하여 어떤 조직의 기능이나 관행을 비교하며, 경쟁 벤치마킹(competitive benchmarking)은 어떤 단위의 서비스나 프로세스의 성과를 경쟁자의 성과와 비교한다.[29] 벤치마킹의 예들은 몇몇 웹사이트에서 발견할 수 있는데, 예를 들면, 공공도서관들을 비교하기 위한 IMLS 웹사이트에 관한 도구와 공공도서관의 벤치마킹에 관한 간략한 에세이를 입수할 수 있다.[30]

벤치마킹 프로세스에서는 다음과 같은 다섯 단계가 제안되고 있다.

---

29) T. M. Peischel, "Benchmarking: A Process for Improvement," *Library Administration and Management* 9 (Spring 1995): 99-101.

1. 서비스의 측정과 벤치마킹할 측면의 선정
2. 벤치마킹 파트너의 확인: 왜냐하면 목적과 목표가 서로 호환성을 가져야 하기 때문이다.
3. 모범 사례의 확인: 왜냐하면 모범 사례는 집단에 따라 달라지기 때문이다.
4. 확인된 그러한 모범 사례를 바탕으로 한 서비스의 절차와 특징의 변경
5. 영향을 결정하기 위한 서비스에 대한 새로운 접근법의 측정[31]

18.4.3. PERT

PERT(Program Evaluation and Review Techniques)는 어떤 사건(event)에 앞서 필요로 하는 준비 작업에 대해 사람들에게 상기시키는 데 도움을 주고 과업이 일정대로 완료될 것인지의 여부를 체크하는 데 도움을 주는 상식적인 도구이다. PERT는 도서관 업무에 적용 가능성이 높은 기획 프로세스의 통제 기법이다. PERT는 원래 미국 해군의 Special Projects에 의해 개발되었다. 작업을 기획하고 스케줄링하는 방법인 PERT는 때로는 CPM(Critical Path Method)이라고도 한다. 이것은 특정 프로젝트의 모든 핵심적인 활동을 파악하고, 활동의 순서를 고안하고 흐름도(flow diagram)에 그 활동들을 배열하며, 수행해야 할 업무의 각 단계의 성과에 대한 기간의 배정을 포함한다. 이 기법은 그 완료를 측정할 수 있는 사건들을 열거하는 것으로 이루어진다. 그리고 나서 사건의 진행이 완료되기까지 얼마나 오래 걸릴지를 알 수 있도록 각 사건의 가장 가능성이 높은 완료 시간을 계산한다. 이 모델 구성 네트워크 접근법은 일회성 사건인 주요한 프로젝트에 가장 효과적으로 사용된다. 예로는 새 도서관의 개관이나 복잡한 테크놀로지 시스템의 설치를 들 수 있을 것이다. 활동들은 사서로 하여금 사건을 수행하기 위해 선택할 수 있는 가장 신속한 경로(주경로: critical path)[32]를 결정할 수 있도록 구성될 수 있다. 이미 살펴본 다른 기법들과 마찬가지로, PERT에서는 목표를 명시할 수 있어야 하며, 그러

---

30) Institute of Museum and Library Services, "How Does Your Public Library Compare? Service Performance of Peer Groups," accessed February 23, 2017 ⟨ttps://www.imls.gov/publications/how-does-your-public-library-compare%E2%80%99-service-performance-peer-groups⟩. 다음 자료도 참고하라: Who's Comparing? Benchmarking Library Performance" Schlow Centre Region Library (2014), accessed February 23, 2017, ⟨ttps://ivygroup.com/blog/benchmarking-library-performance⟩.
31) Claire Creaser, "Performance Measurement and Benchmarking for School Library Services," *Journal of Librarianship and Information Science* 33, no. 3 (2001): 126-132.
32) 역자주: 핵심 경로, 임계 경로, 주요 공정, 주공정, 주요 공정 경로, 애로 경로라고도 한다.

고 나서 활동들을 열거해야 하고 이러한 각각의 활동에 필요한 시간의 추정치를 제시해야 한다. 약식의 두 개 경로를 가진 〈그림 18.1〉의 다이어그램은 이 개념을 보여 주고 있다.

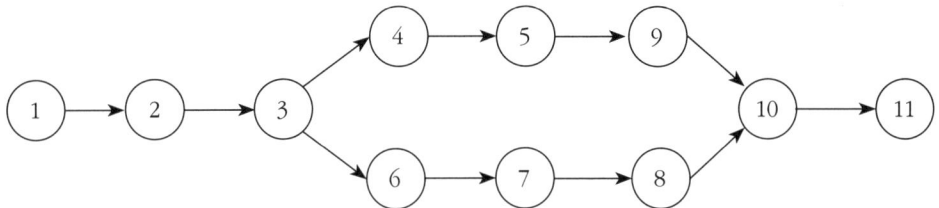

〈그림 18.1〉 PERT 다이어그램이 2개 경로 접근법의 과업의 기획된 일정을 그래픽 포맷으로 보여 주고 있다

〈그림 18.1〉은 아마도 새로운 도서관에 대한 아이디어가 형성된 시기로부터 건물에 입주할 준비가 갖추어질 때까지 선택해야 할 두 개의 경로가 존재한다는 사실을 암시하고 있다(동그라미 안의 숫자는 사건을 나타내고 화살표는 활동을 나타낸다). 각각의 활동에 대해 시간이 할당되는데, 예를 들면 사건 4와 5 사이에는 3주일이 걸리고, 6과 7 사이에는 1주일이 걸릴 것이다. 이미 설명한 것처럼, 경로 1-2-3-4-5-9-10-11 또는 경로 1-2-3-6-7-8-10-11을 선택할 수 있다. 시간이 절대적으로 중요하면, 더 짧은 경로가 더 바람직할 것이다. 시간은 주경로 스케줄의 핵심적인 요소이다. 아마도 CPM의 개념을 설명하면서, 좀 더 상세하게 살펴보는 것이 시간이라는 중요한 이슈를 보여 줄 수 있을 것이다(〈그림 18.2〉를 보라). 이 시리즈를 완료하기 위해 걸리는 시간은 결합된 시간 요건의 최대치이다. 제시되어 있는 네 개의 경로(1-2-5-8, 1-3-5-8, 1-4-6-8, 1-2-7-8) 중에서, 네 개 경로 모두에서 동시에 작업을 시작했을 때, 가장 긴 경로는 1-2-7-8이다. 이 경로는 완료하는 데 15주

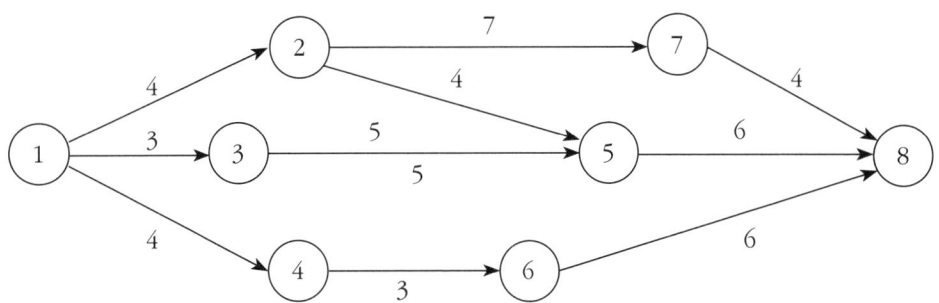

〈그림 18.2〉 4개의 경로를 가진 PERT 다이어그램은 복잡하고 여러 부분으로 된 프로젝트의 주경로를 설명 하기 위해 사용할 수 있다

가 소요되는데 전체 프로젝트를 위한 일정을 어느 정도 통제하는 주경로가 된다.

PERT/CPM 기법은 어떤 프로젝트를 시작하기에 앞서 이를 심층적으로 분석할 수 있도록 해 준다. 이것은 의사 결정자에게 소요 기간에 대한 아이디어를 제공해줄 뿐만 아니라 잠재적인 취약점을 확인하는 데도 도움을 준다. PERT는 주로 산업체에서 사용되고 있지만, 몇몇 도서관 시스템에서는 특히 기획 프로세스가 복잡하고 오랜 시간이 걸릴 때는, 기획 프로세스에서 그 가치가 있는지를 탐색해 오고 있다.

18.4.4. 균형 성과 평가 제도

균형 성과 평가 제도(BSC: balanced scorecard) 프로세스는 내부 및 외부의 성과 척도는 물론 재정적 및 비재정적 척도를 통합하기 위해 몇몇 도서관에 의해 채택되고 있다. 준비되어 있는 비전을 가지고, 사서들은 무엇을 벤치마킹하고 어떤 성과를 측정할 것인지를 결정할 수 있다. 균형 성과 평가 제도 접근법의 핵심은 목적을 자원 배정에 관한 구체적인 의사 결정과 연결시키는 것이다. 이것은 전체 기획 시스템의 한 요소라기보다는 오히려 간단한 도구이다.[33] 초기 아이디어는 어떤 조직의 전통적인 재정 평가를 고객 만족과 내부 프로세스, 혁신 능력에 관한 척도들과 연결시키는 것이었다.[34] 이것은 TQM과 같은 이전에 개발된 경영학 아이디어들의 몇몇 개념들을 기반으로 하고 있는데, 고객이 정의하는 품질과 지속적인 개선, 직원 임파워먼트, 그리고 기본적으로, 측정을 바탕으로 하는 경영과 피드백을 포함하고 있다. 균형 성과 평가 제도는 조직의 성과를 측정하기 위해 전략적 기획 프로세스에서 확인된 선택된 수의 측정에 초점을 맞추는 서베이 도구이다. 고객 성과와 업무 성과, 재정적 성과의 개선으로 이어지는 요인들을 가장 잘 나타내기 위한 척도나 지표들이 선정될 수 있도록 제안하고 있다.

균형 성과 평가 제도는 다음과 같은 프로세스로 이루어진다.

1. 비전의 업무상 목적으로의 변환
2. 비전의 커뮤니케이션과 개인 성과와의 연결
3. 서비스 계획의 개발
4. 피드백의 제공과 그에 따른 조정

---

33) Robert S. Kaplan and David P. Norton, *Balance Scorecard: Translating Strategy into Action* (Boston: Harvard Business School Press, 1996).
34) *Loc. cit.*

바꾸어 말하면, 사명에서 가장 결정적인 요소가 되는 가장 중요한 데이터 요소들을 확인하고, 그러한 요소들을 전반적인 지수나 성과표의 일부로서 기록하는 것이다. 이것은 사서들로 하여금 작은 수의 척도에 집중할 수 있도록 해 준다. 이 프로세스의 대부분의 평가는 이용자, 재정, 내부 프로세스, 학습 및 미래의 네 개 영역에 해당한다. 일반적으로 그러한 각각의 척도는 하나 이상의 전략적 목표를 가지며, 각 범주에 대해 네 개에서 여덟 개의 측정법이나 측정 기준이 고안된다. 각 측정 기준은 또한 구체적인 목표 점수를 갖는다. 이 프로세스는 조직의 명시된 목표와 성과와 관련하여 그 조직의 위치에 대한 신속한 분석을 제공해 준다. 측정 기간의 말에, 어떤 척도들이 그 목표를 달성했는지를 나타내 주는 점수를 보여주게 된다. 균형 성과 평가 제도를 사용하는 도서관의 훌륭한 예로 University of Virginia의 업무가 있는데, 이 대학에서는 몇 년 동안 자신들의 이 방법의 사용에 관한 정보를 제공하고 있다.[35] 또한 ARL도 이 토픽에 관한 훌륭한 소개용 웹캐스트를 제공하고 있다.[36]

18.4.5. LibQUAL+

ARL(Association of Research Libraries)은 사서들이 도서관을 측정하기 위해 사용할 수 있는 다양한 측정 도구를 가지고 있는 도서관 성과를 측정하기 위한 방식 개발의 리더가 되고 있다.[37]

LibQUAL+는 도서관이 도서관 서비스를 평가하고 개선하며, 조직 문화를 변화시키고, 도서관을 마케팅하는 데 도움을 주는 Association of Research Libraries에 의해 제공되는 웹 기반 서베이이다. 이 서베이 척도는 도서관 이용자의 서비스 영향력(affect of service)과 정보 통제(information control), 장소로서의 도서관(library as place)의 세 개 차원에 걸쳐 최소 수준과 지각 수준, 요망 수준의 서비스 품질을 측정한다.[38]

---

35) University of Virginia, Assessment Archives, accessed February 23, 2017, 〈http://assessment.library.virginia.edu/archives/#bsc〉.
36) Association of Research Libraries, "The ARL 2030 Scenarios: A User's Guide for Research Libraries," accessed February 23, 2017, 〈http://www.arl.org/focus-areas/planning-visioning/balanced-scorecard#.WK9yCDnwtsY〉.
37) Association of Research Libraries, "LibQUAL+," accessed February 24, 2017, 〈http://www.arl.org/focus-areas/statistics-assessment/libqual#.WLBeoznwtsY〉.
38) LibQUAL+ Web site, accessed February 24, 2017, 〈http://www.libqual.org /home〉.

이것은 기관들이 이용자의 기대와 지각된 서비스 간의 서비스 품질의 갭(gap)을 다룰 수 있도록 해 주는 프로세스는 물론 도구로서 부상하고 있다. 이것은 현재 280만 명 이상의 응답자들을 가지고, 34개국의 1,361개 기관에서 실행되는 3,004건 이상의 LibQUAL+ 서베이를 포함하고 있는 웹으로 제공되는 국제적으로 인정되고 있는 서베이이다. 대다수의 참여 기관들은 학술도서관이지만, 공공도서관과 병원도서관, 주립도서관도 디지털 도서관 환경에서 대규모의 웹 기반 서베이의 응용에 참여하고 있다.[39]

LibQUAL+는 도서관 이용자들은 어떤 서비스에 가치를 부여하고 이용하고 있는지에 관한 명확한 정보를 사서들에게 제공해 준다. 어느 한 도서관을 위한 통계는 유사한 규모의 다른 도서관들의 데이터와 비교하여 이를 다른 도서관들과 비교하는 방법을 이해하도록 도와주고 개선이 필요한 영역들을 확인해 줄 수도 있을 것이다. 도서관들은 대개 매 2년마다 서베이를 제공하기 때문에, 결과들은 개선을 측정하기 위해 이전 연도들의 서베이와 비교할 수 있다. 도구와 결과들은 중앙 집중식으로 유지되기 때문에, 로컬 도서관의 직원들은 서베이를 개발하거나 개선할 필요가 없으며, 이 모든 것들은 ARL에 의해 이루어진다. 도서관에서는 이용자들에게 서베이에 대한 URL을 제공하기만 하면 된다.[40] 이 서베이와 ARL의 다른 리서치 도구들에 접근함으로써, 로컬 도서관의 사서들은 서베이에 대한 친밀감을 개발하고 데이터를 해석하고 그에 따라 조치를 취하는 것에 관해 배울 수 있다.

LibQUAL+의 질문들은 다음과 같은 세 개 차원에 걸쳐 도서관 서비스에 대한 고객의 지각을 측정한다.

1. **정보 통제**(information control)(8항목)는 이용자들이 독립적이고 자율적인 방식으로, 자신들이 선택한 포맷으로 도서관에서 필요로 하는 정보를 찾을 수 있는지의 여부와 관련된다.
2. **서비스의 영향력**(affect of service)(9항목)은 서비스 품질의 인적 차원이다. 이러한 질문들은 도서관 직원에 대한 이용자의 상호 작용과 도서관 직원의 일반적인 유용성과 역량과 관련된다.

---

39) LibQUAL+, "General Information: What is LibQUAL?" accessed February 24, 2017, ⟨https://www.libqual.org/about/about_lq/general_info⟩.
40) Brian Detlor and Kathryn Ball, "Getting More Value from the LibQUAL+Survey: The Merits of Qualitative Analysis and Importance-Satisfaction Matrices in Assessing Library Patron Comments," College and Research Libraries 76, no. 6 (2015): 796.

3. 장소로서의 도서관(library as place)(5항목)은 개인적 연구와 집단 작업, 영감을 위한 장소로서의 도서관의 물리적 환경을 다룬다.[41]

서베이 도구는 몇 가지 수준에서 도서관 행정에 유용하도록 설계되어 있는데, 개별 도서관의 서비스 성과의 약점의 파악, 다양한 시각에서 코호트 도서관(cohort libraries)과의 비교 가능성 제공, 모범 사례의 확인, 책무성에 대한 압력에 대한 대응 등이 그것이다. 기본적으로 이것은 앞서 살펴본 벤치마킹이 다른 필적할 만한 기관들에 비추어 수행될 수 있도록 해 주는 것은 물론 기관 자체의 이용자들로부터 피드백을 얻을 수 있도록 해 준다.

이 서베이의 또 하나의 특징은 서베이의 말미에 이용자 의견을 위한 공간이 마련되어 있다는 사실이다. 이러한 질적인 정보는 분석가들이 계량적인 서베이 결과를 더 잘 이해하는 데 도움을 준다.[42]

ARL에 의해 개발된 도서관을 위한 그 밖의 도구들("New Measures Initiative"라는 용어로 불린다)은 StatsQUAL 게이트웨이에 설명되어 있다. 이러한 것들에는 디지털 도서관에 의해 제공되는 서비스의 평가를 위한 DigiQUAL, 전자 자원의 이용 목적과 이용자들의 인구 통계에 관한 데이터 수집을 위한 MINES for Libraries, 직원들의 자신의 도서관의 다양성 원칙, 조직의 정책 및 절차, 직원의 태도에 대한 헌신에 관한 인식을 평가하기 위한 ClimateQUAL, 투자 수익률을 보여 주는 LibValue가 포함된다.[43]

18.4.6. 포커스 그룹

포커스 그룹(focus groups)은 LibQUAL+와 같은 서베이의 후속으로 실시할 훌륭한 방식이다. 때로는 추가의 설명이나 더 많은 상세한 것들이 필요한 질문들이 존재한다. 포커스 그룹은 참여자들이 도서관 경영진이 듣고 싶어 하게 될 것이라고 생각하는 의견들을 제공하지 않도록, 그 업무에 친숙한 도서관 외부의 어떤 사

---

41) LibQUAL+, "LibQUAL+Tools: Learn About LibQual+Presentation," accessed February 24, 2017, 〈https://www.libqual.org/about/about_survey/tools〉.

42) Brian Detlor and Kathryn Ball, "Getting More Value from the LibQUAL+Survey: The Merits of Qualitative Analysis and Importance-Satisfaction Matrices in Assessing Library Patron Comments," College and Research Libraries 76, no. 6 (2015): 797.

43) LibQUAL+, "General Information: What is LibQUAL?" accessed February 24, 2017, 〈https://www.libqual.org/about/about_lq/general_info〉.

람에 의해 가장 훌륭하게 운영된다. 포커스 그룹을 성공적으로 운영하기 위해서는 모든 상세한 것들, 예를 들면 질문의 개발과 피험자(subjects)의 모집, 공간의 조직, 참여자에 대한 보상에 대해 주의 깊게 기획해야 한다. 때로는 포커스 그룹 세션에, 도서관 직원들이 드러나지 않게 참관인으로 참석하기도 하고, 다른 경우에는 조정자(moderator)가 결과가 저장될 수 있도록 메모를 하거나 세션을 기록하는 보조원을 두기도 한다. 많은 훌륭한 논문과 책들이 포커스 그룹을 어떻게 실행하고 그 리서치의 결과를 어떻게 보고하는지에 관한 구체적인 정보를 제공하고 있다.[44]

18.4.7. 사용성 연구

웹사이트는 도서관이나 정보 센터의 성공에 매우 중요하다. 대부분의 이용자들은 다양한 장치를 활용하여 원격으로 정보에 접근한다. 이러한 이용자들에 대해 계속해서 적합성을 유지하기 위해, 도서관과 정보 센터의 직원들은 개인들이 웹사이트 상에서 과업을 수행하는 것을 실제로 지켜보기 위해 사용성 연구(usability studies)를 실행한다. 귀중한 정보를 얻기 위해서는 너무 많은 참여자들이 필요한 것은 아니다. Nielsen[45]은 사용성 연구의 각 라운드에 대한 최적의 숫자로 다섯 명을 권고하고 있다. 의견을 요청하는 포커스 그룹과는 달리, 사용성 연구는 참여자들이 문제를 해결하는 데 실제로 관여한다. 참여자들은 연구를 관리하는 사람에게 예를 들면, 자신들이 웹사이트의 내비게이션을 시작하는 방법이나, 어떤 자료를 주제에 의해 탐색하는 방법이나, 도서관 상호 대차를 요청하기 위해 선택하는 단계를 보여 준다. 참여자들의 행위는 기록되고 웹사이트 개발자와 함께 논의되며, 사용성 연구의 결과는 웹사이트를 사람들이 이용하기에 더 용이하도록 만들어 주는 변화이다. 〈그림 18.3〉은 사용성 연구를 실행하기 위해 필요한 단계들을 제시해 주는 미국 정부에 의해 개발된 차트이다.[46]

---

44) Richard A. Krueger and Mary Anne Casey, *Focus Groups: A Practical Guide for Applied Research*, 4th ed. (Los Angeles: Sage, 2009).

45) Jakob Nielsen and Thomas K. Landauer, "A Mathematical Model of the Finding of Usability Problems," *Proceedings of ACM INTERCHI'93 Conference* (Amsterdam: April 24-29, 1993), 206-213.

46) Usability.gov, "User-Centered Design Process Map," accessed February 24, 2017, 〈https://www.usability.gov/how-to-and-tools/resources/ucd-map.html〉.

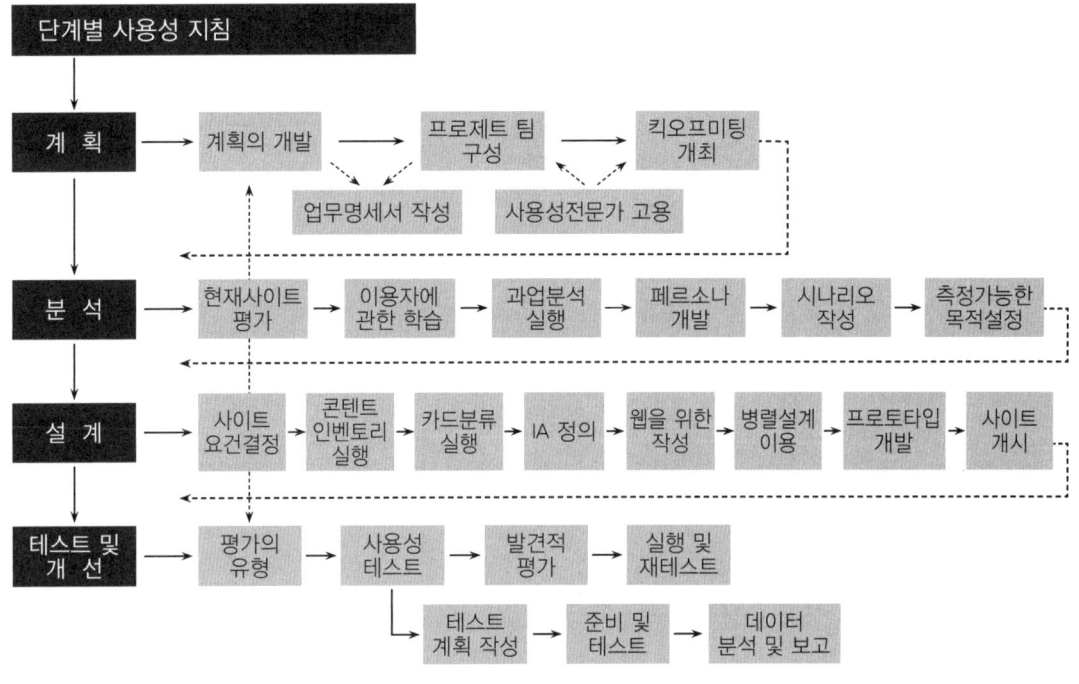

<그림 18.3> 단계별 사용성 지침

18.4.8. 도서관 평가의 그 밖의 예

정보 리터러시(information literacy): 학술도서관이 대학에 가져다주는 가치를 판단하는 방법에 관해서는 풍부한 정보가 존재한다. 학교도서관은 물론 학술도서관[47]을 위한 전문직 단체들은 교육을 평가하기 위한 골격을 제공하고 있다.

1학년생의 유지와 성공: 학술도서관은 학생의 1학년 중에 이루어지는 도서관 노출이 더 높은 평균 평점(GPA: grade point average)과 학업 유지로 이어질 것이라는 사실을 보여 주려고 노력해 오고 있다. 어떻게 이를 달성하는지에 관한 많은 논문들이 있다.[48]

---

47) Association of College and Research Libraries, "Framework for Information Literacy for Higher Education" (January 11, 2016), accessed February 24, 2017, 〈http://www.ala.org/acrl/standards/ilframework#introduction; for school libraries〉, 다음 자료도 참고하라: American Association for School Librarians. *Standards for the 21st Century Learner* (Chicago: American Library Association, 2007), accessed February 24, 2017, 〈http://www.ala.org/aasl/sites/ala.org.aasl/files/content/guidelinesandstandards/learning standards/AASL_LearningStandards.pdf〉.

48) Krista Soria, Jan Fransen, and Shane Nackerud. "Stacks, Serials, Search Engines, and Students' Success: First-Year Undergraduate Students' Library Use, Academic Achievement, and Retention," *Journal of Academic Librarianship* 40, no. 1 (2014): 84-91.

공공도서관의 평가: 공공도서관을 평가하기 위한 많은 서로 다른 방식들이 존재한다. *Library Journal*은 스타 도서관 프로그램을 가지고 있으며,[49] Public Library Association은 Project Outcome이라고 불리는 Bill and Melinda Gates Foundation의 후원을 받아 프로그램을 개발하고 있다.[50]

학교도서관: 학교도서관 사서들은 자신들의 성공을 알리고 평가하기 위해 종종 액션 리서치(action research)를 이용해 오고 있다. 액션 리서치는 문제점을 더 잘 이해하고 해결책을 모색하기 위해 학교도서관의 전문직들에 의해 사용되고 있다. 학교도서관의 액션 리서치에 대한 논의와 예들은 액션 리서치의 예들을 연구하고 학교도서관 사서들을 서베이한 Jennifer Robbins에 의해 제공되고 있다.[51]

전문도서관: Stuart Hales는 "자신의 조직의 목적을 추적하고 그에 따라 그 서비스를 조정하는 사서와 정보 전문직들은 자신들의 가치를 커뮤니케이션하기 위한 더 좋은 위치에 있게 될 것"[52]이라는 사실을 제시하고 있다. 그는 추가로 모든 유형의 도서관의 사서들에게 적합한 아이디어를 다음과 같이 제안하고 있다.

- 정기적으로 여러분의 조직의 웹 사이트를 탐색하라.
- 여러분의 회사의 마케팅 및 재정 커뮤니케이션을 읽어 보라.
- 미팅, 특히 상관들과의 미팅에 참여하라.
- 동료들과의 비공식적인 논의에 참여하라.[53]

18.5. 결과와 책무성을 위한 프로그램의 모니터링

모니터링(monitoring)은 조직 내에서 의도된 결과의 달성의 진행이나 진행의 부족에 대한 정기적인 피드백과 초기의 징후를 경영자에게 제공하는 것을 일차적인 목표로 하는 지속적인 관리 기능이다. 모니터링은 미리 정해진 표준에 따라 실

---

49) Ray Lyons and Keith Curry Lance, "America's Star Libraries, 2016: TopRated Libraries," *Library Journal* 11 (November 2016), accessed February 24, 2017, 〈http://lj.libraryjournal.com/2016/11/managing-libraries/lj-index/class-of-2016/americas-star-libraries-2016-top-rated-libraries/#_〉.
50) Denise Davis, and Emily Plagman "Project Outcome," *Public Libraries* 54, no. 4 (2015): 33-37. 다음 자료도 참고하라: Project Outcome Web site, accessed February 24, 2017, 〈https://www.projectoutcome.org〉.
51) Jennifer Robins, "Action Research Empowers School Librarians." *School Library Research* 18, (2015): 1-38.
52) Stuart Hales, "Understanding the Business Drivers," *Information Outlook* 20, no. 6 (2016): 1.
53) *Ibid.*, 17.

제 성과를 계획되거나 기대되는 것에 비추어 추적한다. 무엇을 모니터링하는지는 측정이 정의되는 앞서 살펴본 바 있는 전략적 계획의 섹션을 참고하기 바란다.

18.5.1. 모니터링

모니터링과 피드백의 프로세스는 질적 측면은 물론 계량적 측면에서 책무성을 표현하는 최선의 방식이다. 그것은 서비스 목적에 견제와 균형을 제공해 준다. 보고 메커니즘의 일부로서의 평가를 바탕으로, 의사 결정자들은 조직의 시스템이나 전략적 목적에서, 변화가 바람직한지의 여부를 결정한다. 그와 같은 보고 메커니즘은 결과를 평가하고 편차를 바로잡기 위해 중요할 뿐만 아니라 자금 지원 당국과 고객, 조직 내의 모든 직원들을 위해 의도되고 있는 마케팅 전략으로서도 중요하다. 모니터링은 실행되어 온 프로그램에 대한 품질 보증을 의미한다. 성과를 측정하는 도서관과 정보 센터에서 사용되어 오고 있는 커뮤니케이션 도구들로는 개인적인 관찰과 포커스 그룹, 미팅, 이메일, 통계 데이터, 서베이, 면담, 구두 보고, 서면 보고가 있다. 그 밖의 출판물들은 결과를 보고하는 프로세스를 용이하게 하는 데 도움을 준다. 인터넷을 탐색할 때는, 활동과 결과에 대해 구성원뿐만 아니라, 전 세계에 보고하기 위해 웹도 분명히 사용되고 있다. 이 보고 활동은 내부적으로 그리고 외부적으로, 여러 가지 방식으로 실행된다. 그것은 때로는 결과를 검토하기 위해 매월마다 이루어지기도 하고, 때로는 프로젝트의 평가표와 그 목적 달성을 위한 진행을 관리함으로써 내부적으로 매일 수행되기도 한다. 어떤 때는 다양한 오디언스(audiences)를 위해 검토와 보고가 덜 빈번하게 제시되기도 한다. 가끔은 그와 같은 보고가 외부 기관의 인증이나 그 밖의 통제 목적을 위해 특정한 간격을 두고 요구되기도 한다.

가장 중요한 것은 데이터를 보고하고 성과를 내부적으로 설명해야 하며, 성과 정보는 통합해야 하고 보고 메커니즘은 조직 전체에 걸쳐 일관성을 가져야 한다는 사실이다. 결과는 내부적으로는 물론 연간 보고서를 통해 고객과 이해 관계자들과 외부적으로 공유해야 한다. 기본적으로 가용한 몇몇 기법들로부터의 데이터는 다음과 같은 세 가지 기본적인 범주의 하나에 속한다.

1. **통계**(statistics)("여러분은 인풋과 직원, 자료, 서비스를 어떻게 계산하는가?")
2. **성과 지표**(performance indicators)("우리는 얼마나 훌륭하게 수행하고 있는가?")

3. **경제적 가치**(economic value)("금전적 측면에서, 우리는 얼마나 많은 가치가 있는가?")

보고 프로세스에서는, 자원 배분과 전략적 기획, 성과 측정 간에는 강력한 관계가 있으며, 각각은 다른 것을 기반으로 하고 서비스의 서클을 만들어 낸다는 사실을 인식하는 것이 중요하다. 예산은 아웃풋의 측면에서 사용해야 할 척도를 확인한 전략적 계획에서 확인한 기본적인 목적과 목표에 따라 배정된다. 도서관은 정적인 조직이 아니기 때문에, 평가는 그러한 시각에서 이루어져야 한다. 사회의 목적과 니즈는 변화함에 따라, 도서관이나 정보 센터의 경영자들도 그에 맞게 대응해야 한다. 따라서 과거의 척도들은 더 이상 중요하지 않을 수도 있으며, 새로운 척도들을 찾아내야 할 수도 있을 것이다. 좋은 예가 품질의 기준으로서 자료에 대한 "접근"(access)이나 소장(ownership)의 영역에 있다. 과거에 도서관들은 장서의 권수로 측정되고 가치를 인정받았다. 현재 전자 저널과 전자책, 데이터베이스, 벤더들과 컨소시엄의 다른 도서관과 공유하는 일부, 개선된 문헌 배달(document delivery) 방법에 의해 공급되는 패키지를 사용하여, 도서관들은 정보에 대한 접근을 제공하고 단지 자료의 소장에 대한 것 이상으로 그러한 접근에 대해 가치를 부여하고 있다.

18.5.2. 책무성

모든 유형의 도서관과 정보 센터는 소속되어 있는 상위 조직과 그 고객들에게 서비스의 가치나 부가 가치적 측면을 보여 주어야 한다. 책무성(accountability)을 통해, 도서관과 정보 센터는 이전의 어느 때보다도, 그 목적과 상위 기관의 목적을 달성하기 위해 인적 자원과 물적 자원이 효과적이고 효율적으로 사용되도록 보장하기 위해 그 기관의 성과를 평가할 것으로 기대되고 있다. 과거에는, 일부 도서관들은 도서관 서비스에 대한 공공 이익의 관점(public-good view)에 의존했었다. 이것은 현재의 경쟁적인 환경에서는 더 이상 적합하지 않다. 즉 여러분은 도서관은 좋은 것이니 그것을 그대로 두라고만 말할 수는 없는 것이다. 대학이나 학교, 지역 사회, 기업 내에는 너무나도 많은 경쟁 조직들이 존재하고 있고 도서관 이용자들을 위해서는 너무나도 많은 경쟁적인 정보원이 존재한다.

책무성 척도는 프로그램 성과의 품질 보증과 적시성을 제공하기 위한 의도를 가지고 있다. 이것은 명확하게 설명된 기대와 결과에 대한 보고를 통한 결과를 위한 경영을 필요로 한다. 또한 세 가지 요소 모두 명확하고 효과적인 책무성 척도를 설정하기 위해 필요하다. 그것은 서비스를 개선하는 데 있어서 그 부가 가치와 유효성을 입증하기 위하여 성과를 모니터링하고 평가할 때 효율성을 촉진하기 위해 설계되고 있다. 이를 위해서는 성공에 대한 결정과 조직의 목적을 달성하기 위한 책임에 대한 이해가 필요하게 된다. 책무성은 일반적으로 성공의 핵심적인 요인이다. 실행 가능한 성과 척도를 설정하는 것은 조직의 직원들을 위해 대단히 중요하며, 그러한 척도들이 작동하도록 하는 것은 훨씬 더 중요하다. 성과 측정 시스템은 전략적 계획과 업무 계획의 수립과 연결되어 있다. 직원과 경영자는 자신들의 조직의 비전의 핵심에 있는 요망되는 결과를 이해하고 이를 위해 일해야 한다. "고객 만족'의 목적에 초점을 맞추고, 최종 결과를 측정하며, 측정 그 자체에 초점을 맞추지 말라"[54]라는 말을 하나의 모토로 삼을 수도 있을 것이다.

18.6. 결 언

조정 기능은 도서관과 정보 센터의 목적과 목표의 달성을 가능하게 하기 위해 만들어진다. 그러한 표준 설정 활동과 평가 및 측정 기법들은 사명을 달성하기 위해 활동이 수행될 때, 경영층과 직원들에게 필수적인 정보를 제공해 준다. 서비스를 개발하기 위한 어떤 도구와 기법은 정교하지만 정보 서비스를 위해 훌륭하게 응용되고 있다. 그러한 것들은 책무성과 성공에 관한 보고라는 프로세스의 중요한 일부이다.

학습 내용 연습하기

1. 여러분의 공공도서관의 관장은 지역 사회가 다양한 단기 과정을 선택하는 데 관심이 있을 것이라고 생각한다. 여러분은 어떤 과정들을 제공하기로 결정하도록 어떻게 도움을 줄 것인가? 여러분은 온라인 서베이나 참가 신청서를 개발하거나, 아니면 몇 가지 질문에 직접 대답할 도서관 이용자를 무작위로 선정할 것인가? 여러분의 선택에 대한 권고안과 적당한 이유를 작성해 보라.

2. 여러분은 여러분이 참고 업무 담당 사서로 근무하는 대학이 내년도의 예산을 삭감할 수도 있

---

54) Al Gore, "Serving the American Public: Best Practices in Performance Measurement," *National Performance Review* (1997), accessed February 24, 2017, ⟨https://catalog.hathitrust.org/Record/003196518⟩.

다는 소문을 들었다. 여러분은 여러분의 도서관장이 도서관과 참고 부서의 가치를 보여 주도록 어떻게 도와줄 수 있을 것인가? 참고 부서 업무의 한 가지 측면과 그 업무와 그 업무가 학생에게 미치는 영향을 측정하기 위한 한 가지 방식을 선택해 보라.

3. 여러분은 여름 독서 프로그램의 유효성을 어떻게 측정할 것인가? 그 프로그램을 평가하는 방식을 개발하기 위해 여러분은 어떤 질문들을 해야 하는가?

4. 전문도서관에서 최우선 목표로 삼아야 한다고 여러분이 생각하는 서비스 활동을 선정해 보라. 그 최우선 목적의 달성의 성공을 측정하기 위해 사용할 수 있는 하나의 도구나 기법을 확인해 보라. 질적 척도나 아니면 계량적 척도를 사용할 수도 있을 것이다. 그 선택이 그 서비스를 위한 최선의 측정이라는 점의 정당성을 주장해 보라.

 **토론용 질문**

1. 그룹을 편성해 보라. 여러분은 학교도서관의 보조원으로, 사서가 자신이 교원들이 어떻게 도서관을 이용하는지를 평가하는 것을 도와 달라고 여러분에게 요청하였다. 여러분의 그룹에서 교원의 이용에 관해 여러분이 무엇을 알고자 하는지와 여러분은 어떻게 이러한 정보를 찾기 시작할 것인지를 결정하기 위해 브레인스토밍을 해 보라. 여러분은 어떤 정보를 찾을 것 같은가?

2. 다른 사람들과 일하면서, 평가는 왜 전략적 기획에서 중요한 단계인지에 대해 논의해 보라. 예들을 제시해 보라.

3. 여러분의 중간 규모 대학의 학생들은 도서관을 주중에 오후 10시 폐관보다 더 늦게 개관해 주기를 원하고 있다. 여러분은 추가되는 비용을 정당화하기 위해 충분한 학생들이 오후 10시 이후에 더 늦게까지 머물 것인지의 여부를 어떻게 평가할 것인가? 여러분은 여러분이 이 결정을 내리는 데 도움을 주기 위해 이러한 변경을 요청한 학생들을 어떻게 활용할 수 있을 것인가? 만일 여러분이 이 계획을 추진한다면, 여러분은 평가를 어떻게 개발할 것인가?

4. 여러분의 도서관은 비용에 신경을 써야 하고 여러분은 특정 데이터베이스가 비용 효과적인지의 여부에 의문을 가지고 있다. 여러분은 어떻게 그 데이터베이스를 유지하거나 취소하는 결정에 착수할 것인가? 여러분은 어떤 이슈들을 고려해야 할 것인가? 여러분은 누구와 상담해야 할 것인가? 어떤 데이터베이스의 이용과 가치를 측정하기 위한 좋은 방법은 무엇인가?

Chapter 19 도서관 재정과 예산

"정말, 귀찮게 하지 좀 마," 공작부인이 말했다.
"나는 숫자라면 진절머리가 난단 말이야!"

— Lewis Carroll, *Alice's Adventures in Wonderland*

이 장의 요점

이 장을 마친 후 여러분은:

- 지속적인 수입과 일회성 수입의 차이를 이해해야 한다.
- 자본 예산(capital budgets)과 운영 예산(operating budgets)을 정의할 수 있어야 한다.
- 예산 프로세스를 알아야 한다.
- 도서관에서 사용하는 서로 다른 예산 제도에 익숙해야 한다.
- 예산 업데이트를 읽는 방법을 이해해야 한다.

예산은 도서관의 스토리를 이야기해 주며, 조직의 우선순위를 보여 준다. 어느 누구도 보고서의 숫자 섹션을 건너뛸 수 없다. 모든 유형의 도서관과 정보 센터의 경영자들은 그 범위가 수천 달러에서 수백만 달러에 이르는 예산을 감독한다. 경영자들은 우선순위를 반영하고 도서관을 위한 주장을 펴기 위해 재정 데이터(fiscal data)의 이용법을 배운다. 경영자들은 그 연간 예산을 관리하는 책무성을 가지며, 그러한 관리의 성공은 매우 중요하다. 이 장에서는 예산 통제와 도서관 홍보의 중요성에 대해 살펴보고, 적용 가능한 몇 가지 예산 제도를 소개하고, 도서관과 정보 센터의 예산의 예들을 제시하고자 한다.

현장의 경영 사례: 예산 프로세스에서의 홍보의 역할

미국의 두 개의 주요 공공도서관, BPL(Boston Public Library)과 LAPL(Los Angeles Public Library)과 그들이 경제 침체기 동안 어떻게 지냈는지에 대한 스토리는 도서관의 예산 프로세스에서 도서관 홍보의 중요성을 보여 주고 있다. 예산 감축에 직면하면서, BPL의 회장(president)과 Boston의 도서관 이사회(library board of trustees)는 예산 삭감이 시행되는 회계연도의 훨씬 이전에 이를 발표하였다. 이러한 제안된 삭감에는 분관들의 폐관도 포함되었는데, 시의 주민들은 격분하였다. 정치적인 압력이 너무나도 컸기 때문에 Massachusetts 주 의회는 어느 한 분관이라도 폐관하게 되면 주의 자금 지원[1]을 하지 않겠다고 위협하였다. 그 결과 어떤 분관도 삭감되지 않았으며 자금 지원은 회복되었다.

Diane L. Velasquez의 논문 "How the Los Angeles Public Library Responded to Budget Cuts"[2]에서, 그녀는 Los Angeles에서 채택했던 접근법에 대해 논하고 있다. 그 배경은 다음과 같다. Los Angles의 각 부서에 대한 금액은 시의 헌장에 의해 결정된다. 도서관의 예산은 시의 세수(稅收)의 비율로 지원되었는데, 2009년에는 1.75퍼센트로 시작되었다. LAPL은 불경기 동안 두 가지 주요 이슈 때문에 예산 문제에 직면하였다.

1. 재산세의 세입이 재산의 가치가 떨어졌기 때문에 감소하였다.
2. 일반 기금(general fund)을 위해 더 많은 자금을 확보하기 위한 한 방식으로서, 시장은 도서관과 그 밖의 부서에 간접비(overhead)를 청구하기로 결정하였는데 도서관에 그 간접비를 지불할 어떤 추가의 자금 지원도 하지 않기로 하였다. 이전에는 연금과 유틸리티, 조경, 보안, 연료, 모터 풀(motor pool), 유지 보수와 같은 간접비 항목들은 시의 일반 기금에서 지불되었다.

이러한 변경 때문에, 도서관이 실제로 도서관 서비스를 위해 쓸 자금 지원이 현격하게 감소하였다. LAPL의 지도부는 이러한 위기 동안 다른 도시에서 했던 것과 같은 공공 홍보 캠페인을 시작하기보다는 오히려 시간과 직원을 감축하기로 결정하였다. 도서관의 전임 직원의 수는 1,156명에서 793명이 되었다. 이로 인해 793명의 직원이 도서관을 맡아 72개 분관과 하나의 중앙도서관을 운영하게 되었다. 도서관은 모든 도서관을 일주일에 6일씩 운영할 방법이 없으며 따라서 월요일에는 휴관하기로 결정하고 이틀 밤에만 저녁 시간 업무를 수행하도록 하였다. 그들은 그와 같이 많은 삭감을 할 필요가 없도록 그들이 지지를 구축할 만큼 일찍 이러한 변경을 발표하지 않았고, 단지 밀고 나가서 도서관 직원을 줄이고 시간을 단축하였다. 시간의 변경이

---

1) 역자주: 이 책에서는 "funding"이라는 용어에 대해 문맥에 따라, 자금을 제공하는 입장에서 사용될 경우에는 "자금 지원"으로 번역하고 도서관과 같이 자금을 지원받는 입장에서 사용될 경우에는 "자금 조달"로 번역하였다.
2) Diane L. Velasquez, "How the Los Angeles Public Library Responded to Budget Cuts," *Public Library Quarterly* 34, no. 3 (2015): 230-244.

시작되었을 때, 숙제에 도움을 받고자 하거나, 인터넷 접속을 위해, 그리고 월요일에 방과 후에 시간을 보내기 위해 도서관으로부터 도움을 받아야 했던 학생들은 갈 곳이 없어졌다. 결과적으로 제한된 시간에 대한 지역 사회의 격렬한 반응 때문에, 시의회는 4년의 기간 동안 LAPL에 대해 추가의 수입을 가져다주게 될 시의 헌장을 변경하기 시작했는데, 그 결과 징수되는 총 재산세의 1.25퍼센트 증가와 앞으로 몇 년 동안 추정되는 견실한 예산 증가가 이루어졌다. 흥미롭게도 다수의 시의회 의원들과 시장은 원래 도서관의 예산을 삭감하기 위한 작업을 했음에도 불구하고, 다수의 시의회 의원들은 도서관에 추가의 자금 지원을 가져다주는 이 헌장 변경에 찬성하였다. 이러한 문제는 만일 LAPL의 지도부가 시장이 대규모 삭감을 계획하고 있다는 사실을 처음 알았을 때 지지를 모았더라면 피했을 수도 있었을 것이다. 그 이유는 정치는 공공 도서관에서 삶의 일부이기 때문에 처음부터 이루어지는 훌륭한 홍보는 아마도 이러한 직원 감축과 도서관에 대한 고통을 예방할 수 있었을 것이다.

 이야기해 보기

여러분은 숫자를 좋아하는가, 아니면 어떤 논문의 표와 차트를 건너뛰는 사람 중의 한 사람인가? 만일 여러분이 후자의 범주에 속하고, 도서관 경영진의 직위를 열망한다면, 여러분은 재정과 예산 편성, 도시관 회계에 관해 더 많은 것을 배워야 한다. 왜 이것이 중요한가? 경영자들은 자신들의 영역을 옹호하고 자금 지원의 정당성을 입증한다. 성공을 거두고 그 단위 부서가 충분한 지원을 얻도록 하기 위해서는, 경영자는 어떻게 수입이 얻어지고 자금이 지출되는지에 관한 모든 것을 이해해야 한다.

여러분의 현재의 편안한 수준을 그룹의 다른 사람들과 공유해 보라. 숫자에 대해 더 편안해하는 그룹 구성원들에게 조언을 요청해 보라. 여러분의 재무 리터러시(financial literacy)를 개선시키기 위해 몇 가지 조치를 취하기로 결정해 보라. 그것은 무엇이 될 것인가?

19.1. 예산: 기획과 평가의 도구

모든 기획 활동의 가장 중요한 것 중 하나는 조직 내에서 경합하는 다양한 대안들 사이에서 자원들을 어떻게 할당할 것인지를 결정하는 것이다. 그러므로 예산은 재정적인 측면에서 설정된 계획으로 간주할 수 있다. 예산은 평가 도구로서 생각할 때는, 제공해야 하는 서비스와 프로그램에 대한 자금 지원 당국과의 약속이나 계약으로, 예산은 목적과 목표가 얼마나 성공적으로 처리되고 있는지를 평가하는 프로세스를 용이하게 할 수 있다. 그러한 의미에서, 예산은 또한 정치적인 문서로, 프로그램의 우선순위에 관한 정책 결정을 표현한다. 예산 편성은 자원이 확보되고 그리고 나서 목표를 달성하는 데 효과적이고 효율적으로 사용되도록 보장해 주는 토털 기획 방정식의 일부이다.

예산은 운영 계획(operational plan)의 다양한 부분을 조화롭게 만들어주고 그러한 것들을 금전적인 측면에서 서비스 계획과 결부시켜 준다. 이 프로세스는 조직과 제공되는 서비스를 위한 목적과 우선순위를 보여 준다. 그리고 예산은 자원들이 할당되도록 해 주고 프로그램들이 성공적으로 전달되도록 보장해 주는 지정된 회계 기간을 위한 도서관의 운영 계획이다.

예산은 자원의 이용을 할당하고 극대화하기 위한 방향을 상세하게 설명해 준다. 아울러 예산은 직원들에게 확인된 목적을 달성하기 위한 구체적인 방향을 제공해 준다. 예산은 또한 운영 성과(operational performance)를 평가하기 위해 경영진에 의해 사용된다. 효과적인 예산은 경영진에게 변화가 필요한지 아니면 행동 방침을 개선하거나 수정해야 하는지의 여부에 대해 주의를 환기시켜 주는 기준을 설정해 준다. 그러한 의미에서 예산 편성 프로세스에는 책무성이 함축되어 있기 때문에 그것은 또한 필수적인 모니터링 장치로서의 기능을 수행한다.

"기획 아니면 예산 편성, 어느 것이 먼저인가?"는 자주 던져지는 질문이다. 대답은 "둘 다 아니다"인데, 그 이유는 이 둘은 서로 불가분하게 연결되어 있고 둘 다 다른 것 없이는 진행될 수 없기 때문이다. 비용 예측은 서비스 목표에 관한 현실적인 관점과 그러한 서비스 목표를 이루기 위해 어떤 재정적인 자원들을 입수할 수 있는지를 기반으로 해야 한다.

어떤 목표들은 이미 시행되고 있을 것이고 다른 것들은 새로이 계획될 것이기 때문에, 그것은 어떤 금전을 입수할 가능성이 있는지를 바탕으로 해야 한다. 기획과 예산 편성은 또한 자금 지원 당국에 대한 준비와 프레젠테이션과 관련되어 있는데, 그 이유는 기획과 예산 편성 골자의 채택은 효과적인 기획과 자원 배분에 대한 모체 조직의 약속과 책무성을 반영해야 하기 때문이다. 이 프로세스는 전체적으로 고려해야 하는데, 동등한 중요성을 갖는 부분들이 조직의 목적과 목표를 통해 연결되어 있다. 본질적으로 예산은 전략적 계획의 금전적 표현이다.

그러므로 도서관을 위한 전략적 계획 개발의 예비 단계에서는, 각각의 잠재적 목적은 그것을 재정적으로 분석할 때, 그것을 달성하기 위해 필요한 예상되는 자원을 바탕으로 금전적인 수치를 부여할 수 있을 것이다. 그러한 목적의 각각에 대한 예비적인 예산은 다양한 잠재적인 가능성이 있는 목적들 가운데 최종적으로 선택하기에 앞서 편익을 비용과 비교할 수 있도록 개발되어야 한다.

도서관과 정보 센터는 때로는 향후 2년이나 3년의 회계 연도를 예상하는 운영 계획을 구축할 필요가 있기는 하지만, 대개 회계 연도라고 불리는 연간 사이클로 예산이 편성된다. 현재 사이클을 위한 예산이나, 나아가서는 미래 사이클을 위한 예산조차도, 과거의 약속과 설정된 서비스 표준, 기존의 조직 구조, 현재의 운영 방식은 물론 미래의 변화에 의해 영향을 받게 될 것이다. 만일 변경이 제안되면, 조직으로 하여금 그 변경과 예산 설명서(budgetary justification)와 예산 배정의 수정에 대비하도록 하는 배려가 이루어져야 한다. 예산 편성 사이클의 네 개 단계는 다음과 같은 것들을 포함한다.

1. 예산의 준비. 도서관 관리자들은 도서관이 인건비와 재료비, 장비비, 여비와 같은 다양한 비용을 처리하기 위해 얼마나 많이 필요하게 될 것인지를 추산하는 예산 요구서를 개발한다. 예산은 또한 벌금과 수수료와 같은 수입의 추정치를 포함할 수도 있을 것이다. 총 예산액은 대개 모체 조직에서 설정한다. 이러한 예산 편성 작업은 금전이 사용되기 훨씬 이전에 개발된다.
2. 충분한 설명서와 함께, 자금 지원 당국에 대한 제출. 여기에서 도서관 관리자는 다음 해의 예상되는 니즈와 이러한 니즈를 어떻게 충족시킬 것인지에 대해 설명하게 될 것이다. 관리자는 만일 또 하나의 직위의 필요성이나 특별 프로젝트, 정기간행물이나 도서의 비용에 영향을 미치게 될 인플레이션에 대한 추정, 사환과 학생 근로자들에게 영향을 미치게 될 최저 임금법의 변화와 같은 임시비(extraordinary expenses)가 존재하게 되면, 추가의 자금 지원을 얻기 위해 노력할 수도 있을 것이다. 또한 어떤 이유 때문에 관리자가 수입원이 지난해보다 더 낮아질 것으로 예상한다면, 이것은 인상된 수입에 대한 정당화나 이 수입 감소를 도서관에서 어떻게 흡수하게 될 것인지에 대한 설명과 함께, 프레젠테이션의 일부가 될 것이다.
3. 예산의 실행. 일단 예산이 승인되고 예산을 위한 회계 연도가 시작되면, 자금 지원 수준은 회계 책임을 가지고 있는 모든 사서에게 커뮤니케이션된다. 요청액 전액을 승인받지 못하는 경우에는 조정이 이루어지게 된다.
4. 예산이 편성된 수입과 비용의 모니터링. 모든 수입을 회계 연도의 최초에는 입수할 수 없을 수도 있기 때문에, 경영자는 수입의 범주들을 주시해야 하는 경우가 많다. 예를 들면 도서관 예산이 한 해 동안 축적되는 벌금이나 그 밖의 판매로부터의 수입금과 같은 수입에 의존하는 경우에는, 도서관은 연초에

는 그러한 돈을 전혀 갖지 못하게 될 것이며 그 수입이 예산이 편성된 금액과 확실하게 매치되도록 하기 위해, 도서관은 그 수입이 쌓여 가는 것을 주시해야 할 것이다. 만일 제대로 쌓여 가지 못하면, 경영자는 조정을 해야 할 것이다. 때로는 임원들이 기대했던 수익이 들어오지 않고 있다는 사실을 발견할 때는, 예산이 연중에 모체 조직에 의해 삭감되기도 한다. 한해의 시간이 흐르고 자금이 지출되면서, 모든 도서 구입의 취소나 직원들의 해고와 같은 극단적인 조치 없이 예산을 삭감할 기회는 더 적어질 것이기 때문에, 이것은 난감한 일이다. 어느 경우이든, 도서관의 직원들이 자신들의 몫 이상으로 지출하지 않도록 보장하기 위해 관리자는 도서관의 수입과 비용을 면밀하게 모니터링해야 한다. 목적은 해당 연도를 영으로 마무리하는 것이다. 그 이유는 도서관 예산이 크게 초과 지출되면, 도서관장은 책임을 져야 하고, 초과 지출은 도서관장에 대한 신뢰를 떨어뜨리게 되며, 그것이 심지어는 도서관장의 직무를 위태롭게 할 수도 있을 것이다. 도서관의 예산이 상당히 적게 지출되고 있으면, 그 과소 지출은 도서관은 모든 자금 지원이 필요하지는 않았다는 사실을 보여 주는 것이다. 결과적으로 다음 해의 요구액을 정당화시키기가 더 어려워질 것이다.

※주기: 미국의 경우, 회계 연도는 대개 7월 1일부터 6월 30일까지 실행되지만, 어떤 조직들은 역년(曆年)으로 하여 1월 1일부터 12월 31일까지 운영하기도 하며, 미국 연방 정부의 회계 연도는 10월 1일에 시작된다.

19.2. 도서관의 수입

도서관의 수입을 이해할 때는, 자금 지원을 지속적인 운영 경비(operating expenses)를 지불하기 위해 매년 반복적인 것이거나 아니면 특별 프로젝트를 다루기 위한 일회성으로 생각하는 것이 도움이 된다.

19.2.1. 반복적인 자금의 출처

- 운영 자금(operating funds)은 도서비와 구독료, 인건비, 장비비와 같은 도서관의 반복적인 경비를 지불한다. 이러한 자금은 대부분 모체 기관으로부터 오

지만 현재 사용 기부(current use gifts)나 판매 지급금에 의해 보충될 수도 있을 것이다.
- 영구 기금 자금(endowment funds)은 부유한 기부자를 가지고 있는 도서관에서 이용할 수 있다. 이러한 자금들은 지출하기 위해 매년 이용할 수 있는 이자 지불금과 함께 투자되고 영구적으로 보유된다. 이자만 사용하게 될 수도 있을 것이기 때문에, 그 돈은 무기한으로 지속된다. 영구 기금 지급은 기관과 기금이 투자되는 방법에 따라 그 범위가 2퍼센트에서 5.5퍼센트에 이른다. 따라서 만일 어떤 도서관이 1백만 달러의 영구 기금을 가지고 있다면, 매년 받게 되는 실제 자금 지원은 2만 달러에서 5만5천 달러에 이르게 될 것이다. 만일 투자를 통해 특정 연도에 2퍼센트에서 5.5퍼센트 이상의 수익을 올린다면, 그 수익의 나머지는 영구 기금에 남겨져서 원금에 추가된다. 이것은 기부금이 증가하도록 하고 인플레이션을 따라잡도록 하는 방식이다.

19.2.2. 일회성 자금 지원의 출처

- 캐피털 펀딩(capital funding)은 도서관의 수리나 신축, 주요한 테크놀로지 업그레이드와 같은 대규모의 일회성 경비를 위한 것이다. 캐피털 펀딩의 원천으로는 다음과 같은 것들이 있다.
  - 주나 카운티, 시의 자금 지원(미국의 주와 카운티, 지방 자치 단체 기관의 경우)
  - 채권(bonds)은 시와 민간 조직이 대규모의 일회성 경비를 위한 자금을 확보하는 일반적인 방식이다. 그들은 캠퍼스나 시의 건물과 그 밖의 물리적 구성 요소를 담보물로 사용하여, 돈을 빌리기 위한 방식으로 채권을 제공한다. 그러고 나서 그들은 비교적 낮은 이율로 오랜 기간 동안 그 돈을 갚는다.
- 현재 사용 기부(current use gifts)는 어떤 특정의 목적을 위해 지정되어 있는 기부된 자금이다. 그것은 대개 기부의 1년 정도 이내의 기간에 그러한 목적을 위해 지출된다.
- 보조금(grants)은 공적 자금원과 민간 자금원으로부터 입수할 수 있는 특정의 목적을 위한 자금이다. 도서관 직원은 특정의 문제점을 해결하고자 보조금을 얻기 위해 지원하며 자금은 특정 기간 동안에 지출되도록 지정된다. 기부 자금과 영구 기금, 보조금에 관해서는 제20장에서 더 상세하게 살펴보고자 한다.

 **스킬 연습하기**

1. 한 도서관 이용자가 훌륭한 어린이 프로그램에 대해 도서관에 감사를 표하고자 한다. 그녀는 2,000달러를 이를 위해 기부하였다. 이 기부는 현재 사용 기부로 처리해야 하는가 아니면 계속 사용 기부로 처리해야 하는가?
2. 도서관은 25,000달러의 영구 기금(endowment)을 가지고 있다. 다음 3년간 대략 얼마나 많은 금액을 이용할 수 있을 것인가?
3. Sam은 낡은 테이프 테크놀로지로부터 전자 포맷으로 음악 자료를 변환하기 위해 보조금을 신청하자고 제안하였다. 이 보조금 수입은 현재 사용 자금일 것인가 아니면 계속 사용 자금일 것인가?

19.3. 자금 조달 프로세스

도서관과 정보 센터의 경영자들은 자신들의 행위에 대한 책무성을 가지며 할당된 돈을 현명하게 지출할 책임을 갖는다. 외부의 정치적, 경제적, 사회적, 테크놀로지적 영향력은 예산과 예산 편성 프로세스에 영향을 미치는 불변의 요인이다. 이 책의 다른 부분에서 가치와 조직 문화, 몰입, 비전과 같은 요인들을 살펴본 바 있는데, 그러한 요인들도 예산 프로세스에 영향을 미친다. 기본적으로 그러한 것들은 예산 우선순위에 영향을 준다.

자금 지원의 수입과 지출 양 측면을 모두 설명하기 위해서는, 〈그림 19.1〉을 살펴보아야 하는데, 이것은 University of Michigan의 전반적인 예산의 수입과 지출의 양 측면을 모두 보여 주고 있다.[3] 이 삽도로부터 자금의 원천(대학을 운영하기 위한 돈이 어디에서 오는지)과 자금의 사용(지출해야 할 돈이 어디에 할당되는지)을 알 수 있다. 〈그림 19.1〉의 파이 도표에서 볼 수 있는 것처럼, 이 대학의 세입의 최대의 원천은 등록금으로, 이것은 수업료를 포함한다. 아래에 있는 파이 도표에 "도서관과 박물관"이라는 작은 범주가 있다. 따라서 이것이 그 대학의 도서관을 위한 상당 부분의 자금 지원의 원천이 될 것이다.

자금은 도서관이나 정보 센터로 직접 올 수도 있고 아니면 더 일반적으로는 도서관 사용을 구체적으로 지정하여 모체 조직(대학이나 시 정부, 학군, 회사, 재단,

---

[3] University of Michigan budget reprinted with permission, accessed March 3, 2017, 〈http://www.vpcomm.umich.edu〉.

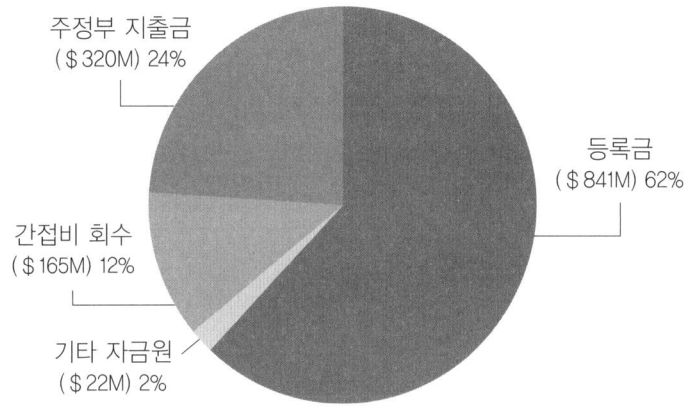

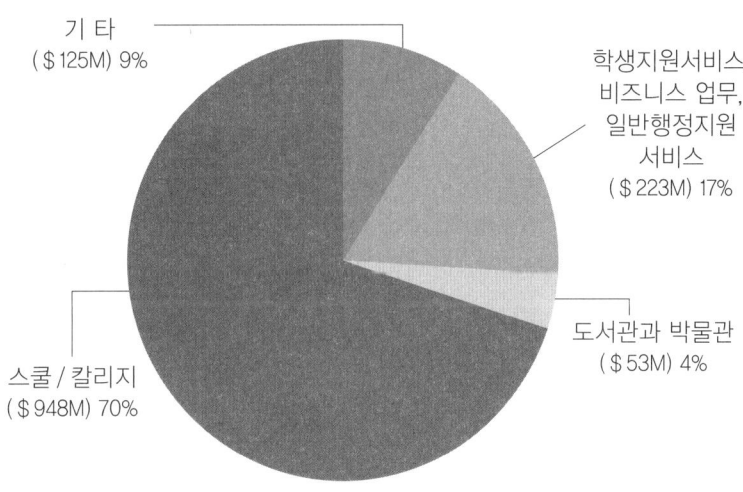

〈그림 19.1〉 University of Michigan의 자금의 원천과 사용

다른 유형의 사업체)으로 올 수도 있을 것이다. 도서관을 위한 수입 범주 내에서, 자금은 상위 조직의 운영 자금과 지방세, 로컬이나 주, 지역, 도, 연방, 국가 정부의 지원금, 민간 재단이나 그 밖의 자선 단체의 보조금, 도서관의 친구들 그룹이나 기부, 모금 운동, 영구 기금, 사용료나 벌금 등의 다양한 원천으로부터 온다. 〈표 19.1〉은 소규모 공공도서관의 최소 예산을 위한 수입의 원천을 보여 주고 있다.[4]

---

4) State of Wisconsin의 샘플 예산을 수정하였음. accessed March 6, 2017, 〈www.scls.info/ce/program/documents/moneymattersmay07/lineit emexample.doc〉.

<표 19.1> 최소 도서관 예산의 샘플 포맷: 운영 수입

운영수입	2015년 실제예산	2016년 예 산	2016년 전반기	2016년 연말추정치	2017년 예산요청액
지방자치단체	34,700달러	35,500달러	35,500달러	35,500달러	36,300달러
카운티	22,000달러	21,800달러	21,800달러	21,800달러	22,000달러
주/도서관시스템	950달러	950달러	1,000달러	950달러	1,050달러
연방(LSTA)	550달러	800달러	385달러	800달러	1,050달러
이월자금	0달러	600달러	500달러	600달러	525달러
벌 금	700달러	900달러	390달러	900달러	945달러
기부금	500달러	500달러	360달러	500달러	500달러
사용료/기타	100달러	100달러	45달러	100달러	105달러
기부기금의 이전액	500달러	500달러	0달러	500달러	525달러
운영수입 총액	60,000달러	61,650달러	59,980달러	61,650달러	63,000달러

<표 19.1>에서 설명하고 있는 예산의 수입 부문과 <표 19.2>의 경비 부문은 둘 모두 품목별 예산(line item budget)을 나타내고 있는데, 이것은 도서관의 예산 편성의 가장 일반적인 형식이다. 영어의 "line item"이라는 용어는 예산 라인은 스프레드시트의 열이며 가로로 읽게 된다는 사실에서 온 것으로, 그러한 라인은 예산을 구성하는 수입과 경비의 다양한 범주들을 정의한다. 이러한 각 라인은 별개의 범주로 어떤 도서관에서는 아주 상세할 수도 있다.

<표 19.1>을 보면, 이 가상의 공공도서관의 수입의 대부분은 자치 단체와 카운티의 자금 지원으로부터 온다. 더 작은 금액이 주와 연방, 그 밖의 자금원으로부터 온다. "이월 자금"(funds carried forward)이라는 한 라인은 약간의 설명이 필요하다. 이 도서관은 연말에 다음 해에 지출하고자 하는 약간의 여분의 돈을 가지고 있었던 것 같다. 예를 들면 이 도서관은 어떤 책들을 주문했는데 회계 연도 말 이전에 도착하지 않았을 수도 있을 것이다. 그러한 경우에, 도서관 경영자는 그러한 책들이 도착했을 때 비용을 지불하기 위해 돈을 이용할 수 있도록, 그러한 비용을 처리하는 데 필요한 자금을 확인하고 그 수입을 다음 회계 연도로 이월하게 될 것이다. 수입의 나머지 범주들은 설명이 필요 없는 것들이다.

특정 회계 연도의 예산은 항상 그 회계 연도의 시작 훨씬 이전에 완료된다는 사실에 유의해야 한다. 회계 연도 시작 이후에, 경영자는 예산 업데이트를 검토하게

〈표 19.2〉 최소 도서관 예산의 샘플 포맷: 운영 지출

운영지출	2015년 실제예산	2016년 예산	2016년 전반기	2016년 연말추정치	2017년 예산요청액
급료 및 임금	24,150달러	24,700달러	13,100달러	24,700달러	25,650달러
직원 부가 급부	16,750달러	17,000달러	9,000달러	17,000달러	16,350달러
도 서	6,465달러	6,700달러	3,900달러	6,700달러	7,035달러
정기간행물	1,330달러	1,400달러	600달러	1,400달러	1,470달러
비디오자료	950달러	1,000달러	400달러	1,000달러	1,050달러
오디오자료	380달러	400달러	300달러	400달러	420달러
소프트웨어 및 데이터베이스	475달러	500달러	200달러	500달러	525달러
계약 서비스	950달러	1,000달러	450달러	1,000달러	1,050달러
직원 및 위원의 계속교육	950달러	950달러	650달러	950달러	1,050달러
공공프로그램 운영	475달러	500달러	200달러	500달러	525달러
텔레커뮤니케이션	1,425달러	1,500달러	450달러	1,500달러	1,575달러
유틸리티	3,800달러	4,000달러	2,800달러	4,000달러	4,200달러
장비수선	475달러	500달러	300달러	500달러	525달러
용 품	1,425달러	1,500달러	1,000달러	1,500달러	1,575달러
운영지출 총액	60,000달러	61,650달러	33,700달러	61,650달러	63,000달러

되는데, 그것은 경영자에게 수입과 경비가 어떻게 흘러가고 있는지와 예상보다 더 높거나 더 낮은 것으로 보이는 어떤 품목이 있는지의 여부에 대한 좋은 아이디어를 제공해 준다. 〈표 19.1〉과 〈표 19.2〉는 둘 모두 연 중간 예산 업데이트를 제시하고 있다. 이 예산은 운영 예산의 전반기 6개월의 수입과 경비를 보여 주는 것으로 1월초에 만들어졌을 가능성이 매우 높다. 〈표 19.1〉에서 2016년 예산으로 표시된 칼럼과 2016년 연말 추정치를 비교해 보라. 이 경우에, 모든 숫자가 정확하게 똑같다. 현실에서는, 이러한 칼럼들이 동일하지 않을 수도 있을 것이다. 예를 들면 광범위한 데이터베이스나 연속간행물을 가진 대규모 학술도서관에서는, 벤더들이 회계 연도 초에 한해 전체의 경비를 받아 갈 가능성이 있다. 예산의 다른 칼럼들은 2015년의 실제 수입과 경비, 앞서 살펴본 2016년의 예산 편성 금액, 6개월 예산 업데이트, 앞서 살펴본 2016년 연말 추정치, 그리고 마지막으로 2017년도 예산 요청액을 포함하고 있다.

〈표 19.2〉의 경비 예산(expense budget)[5]에서 용품(supplies) 라인에 유의하라. 지난해인 2015년 동안, 용품에 지출된 실제 금액은 1,425달러였다. 도서관의 2016년 예산은 1,500달러로 약간의 증가를 보여 주고 있다. 지금까지 6개월 동안, 도서관은 1,000달러를 사용하고 있는데, 이것은 예산이 편성된 금액의 절반이 넘는다. 그들은 연말까지 별도의 500달러만을 지출할 것으로 기대하고 있으며 2017 회계 연도의 예산 요청액으로 75달러가 추가된 1,575달러를 요청하고 있다. 용품 라인이 6개월 시점에서 왜 50퍼센트보다 더 커져 있는지에 대한 타당한 이유가 있을 수도 있을 것이다. 예를 들면, 도서관 직원들이 필요로 하는 용품의 대부분을 연초에 구입하여 일 년 내내 그것을 사용하게 될 수도 있을 것이고, 아니면 용품이 그 해에는 다시 실시되지 않을 가을 프로그램과 연결되어 있을 수도 있을 것이다.

〈표 19.2〉의 샘플 경비 예산에서 볼 수 있는 것처럼, 대부분의 도서관과 정보 센터의 경비 예산의 가장 큰 부분은 직원을 위한 것이다. 이 도서관은 직원 부가 급부의 라인을 가지고 있다는 사실은 주목할 만하다. 어떤 기관들은 직원 부가 급부를 중앙에서 다루고 다른 기관들은 도서관으로 하여금 그러한 비용을 부담하고 책임지도록 요구한다. 미국의 경우 부가 급부가 없는 시간제 직원의 경우조차도 사회보장법(Social Security)과 연방법에 규정된 세금들은 고용주가 지불해야 할 것이다. 돈이 지출되는 그 밖의 영역들로는 장서와 장비, 유틸리티, 용품, 인쇄, 출장, 식사, 그 밖의 운영비를 포함한다.

기관들은 대개 예산의 지출에 대해 제약을 가지고 있다. 예를 들면, 어느 경우에는, 경영자들이 임금이나 다른 어떤 범주를 처리하기 위해 자료용으로 명시된 자금을 지출하지 못할 수도 있을 것이다. 또한 기부 자금이나 보조금을 이용할 수 있는 경우에는, 기부나 보조금의 목적을 주의 깊게 이해하고 지출을 모니터링해야 한다. 만일 기부 자금이 인문학 도서관 자료의 구입을 목적으로 하는 것이면, 그 돈은 컴퓨터 장비나 과학 자료를 구입하기 위해 사용할 수 없다. 급료와 장서 경비, 그 밖의 필요한 업무를 처리하고 난 후에는, 예산에서 사용할 수 있는 자유 재량의 돈은 거의 없을 수도 있을 것이다. 많은 경영자들은 예산의 경비 측면에 초점을 맞추고 있으며, 대부분의 기관에서 도서관은 연초에 정해진 금액을 배정받는다. 경영자의 업무는 경비를 모니터링하고, 예산의 범위 내에서 유지되도록 보장하는 것이다.

---

5) 역자주: 비용 예산이라고도 한다.

이해해야 할 또 하나의 재정적인 개념은 도서와 같은 어떤 것이 주문될 때와 그것과 청구서가 도착되고 지불이 예산 업데이트에 반영될 때 사이에 지체 시간이 존재할 수 있다는 사실이다. 그러한 품목을 위한 자금은 "미지급"(encumbered)이라는 용어로 불리는데, 그것은 비록 지불은 아직 이루어지지 않았지만, 그 자금은 사실상 "지출"되었음을 의미한다. 장서 개발이나 수서 담당 사서들은 자료 예산 라인에서 초과 지출을 하지 않도록 확실히 할 수 있게 하기 위해, 미지급금(encumbrances)에 대해 계속 추적하도록 두 번째 세트의 "도서"인 "주문 중 자료"를 두고 있는 경우가 많다. 모체 조직의 중앙의 행정직들은 지불된 실제 청구서와 수입이 들어올 때 그 수입을 계속 추적하고 보고서를 제공할 수도 있지만, 도서관은 미지급 경비를 계속 추적하여 그러한 청구서에 대해 지불하도록 세입을 다음 해로 이월될 수 있게 해야 할 수도 있을 것이다.

어떤 도서관과 정보 센터에서는, 경영자들이 지출뿐만 아니라, 수입에 대해서도 주의를 기울여야 한다. 예를 들면, 어떤 사서들은 벌금과 복사 서비스와 방의 대여, 디지털 이미지, 제적된 도서의 판매 등으로 받은 사용료를 관리하도록 허락 받고 있다. 이러한 사용료에 대한 추정치는 회계 연도가 시작되기 이전에 수입으로서 예산에 포함된다. 하지만 이러한 금액은 매년 변동될 수도 있을 것이다. 따라서 만일 예산의 일부가 이러한 잡세입원으로부터의 수입에 의존하는 경우에는, 이러한 수입 범주를 모니터링하고 실제 수입을 반영하기 위해 연중에 예산을 조정해야 한다.

어느 경우에는 예상되었던 세입이 들어오지 않을 때는 모체 기관이 일 년의 중간에 자금을 회수해 가게 될 것이다. 이런 일이 벌어질 때는, 연속간행물과 급료를 받는 직원들과 같은 대부분의 경비는 이미 집행되고 있기 때문에, 그것은 사서에게는 매우 도전적인 것이다.

19.4. 예산 편성 프로세스

예산은 강력한 경영 도구로 도서관의 목적과 우선순위를 설명하기 위해 필수적이다. 하나의 토털 프로세스로서, 예산 편성 개념은 다음과 같은 몇 가지 별개의 단계를 포함한다.

1. 모체 기관의 고위 경영진에 의해 발행되는 예산 지침
2. 예산 지침 안에서 작성되는 다음 해의 예산에 대한 설명서의 작성과 프레젠테이션
3. 요청액에 대한 고위 경영진의 반응
4. 예산의 집행과 모니터링
5. 할당된 자금이 실제로 어떻게 지출되었는지를 소급적으로 결정하기 위해 회계 연도 이후에 실행되는 감사. 상위 기관에 소속되어 있는 대부분의 도서관은 별도의 감사를 받지 않겠지만, 도서관 예산 정보는 모체 기관의 감사의 일부를 이루게 될 것이다.

예산의 기획은 회계 연도가 7월에 시작하는 조직에서는 대부분의 활동이 봄에 이루어지는 주기적인 것이지만, 회계에 대한 모니터링은 일 년 내내 계속된다. 보조금 지원서에 따른 자금이나 기부 자금과 같은 추가의 자금 지원은 대개 별도의 예산을 갖는다. 이러한 것들은 보조금이나 기부를 위해 제안된 활동 특유의 것으로 그러한 것들에 의해 지출되며 별도의 회계로서 모니터링된다.

19.5. 예산 설명서, 마케팅 기회

그것이 주요한 대학도서관의 일 년간의 예산이든 아니면 보조금을 위한 제안된 경비에 대한 소규모 리스트이든, 예산 설명서(budget justification)는 대단히 중요하다. 정당화(justification)란 도서관이나 정보 센터의 업무가 지원을 받아야 한다는 사실을 자금 지원 당국에 납득시키는 것을 의미한다. 그것은 사서들이 자신들의 케이스를 설명하고, 무엇이 요청되고 있는지 뿐만 아니라, 더 중요한 것으로, 왜 그것이 요청되고 있는지에 관해, 도서관의 전략적 계획과 도서관 자료에 대한 인플레이션 지표, 테크놀로지의 영향, 도서관에 영향을 미치는 트렌드와 같은 백업 문서를 통해 입증하면서, 관계자를 이해시키기 위한 기회이다. 예산은 서면으로뿐만 아니라 때로는 다양한 환경에서, 구두로도 설명된다. 구두로 설명될 때는, 이 훌륭한 마케팅 기회는 딱 알맞은 양의 정보와 정보 과다(information overload) 사이에서 균형을 이루어야만 하는 정교한 시간이다. 어떤 관계자는 이해하지 못할 수도 있지만, 다른 사람들은 정말로 신경을 쓰지 않을 수도 있을 것이다. 발표자가 일관성을 가지고 있고, 예산을 잘 관리한 역사가 있으면, 정당성을 입증하기가 더

용이하다. 또한 열정과 지식, 자신이 대표하는 도서관에 대한 존중을 보여 주는 사서들은 가장 큰 성공을 거두게 될 것이다. 상위 기관의 어느 부서에서와 마찬가지로 도서관의 경영자들은 기관에서 준비한 예산 지침을 이해하고 이를 주의 깊게 따라야 한다. 나아가 예산 프레젠테이션의 오디언스(audience)는 누가 될 것인지를 알고 도서관의 활동들이 모체 조직의 다른 부분들을 지원하는 데 어떻게 도움이 될지에 초점을 맞추는 것은 좋은 아이디어이다. 그리고 마지막으로, 어떤 질문들을 예상하고 해답을 갖도록 하라.

예산 편성의 한 가지 큰 위험은 위장된 니즈의 문제점이다. 사서들은 현재 예산 설명서의 근거를 과거 예산에 두고 자신들이 실제로 필요로 하는 것보다 더 많은 것을 요청하는 것으로 비난을 받을 수도 있을 것이다. 그와 같은 점증주의적 접근법(incremental approach)은 오늘날의 정보 서비스의 급속하게 변화하는 환경에서 더 이상 타당하지 않다. 하지만 공평하게 말하면, 이 접근법은 모체 기관에서 사용되는 예산 편성 기법에 의해 조장되는 경우가 빈번하다. 점증주의적 사고방식은 자금 지원 당국의 입장에서는 돈줄을 쥐고 있는 사람들에 의해, 그들이 시티 매니저든, 대학의 총장이든, 회사의 사장이든, 교육감이든 관계없이, 도서관 예산의 자동적인 삭감을 촉발시킬 수 있다.

예산 편성 프로세스는 시간이 지연되는 프로세스이다. 예산은 대개 일 년 전 또는 어느 경우에는, 2-3년 이전에 준비되며 회계 연도로 이어지는 몇 달 동안 다듬어진다. 훌륭한 전략적 계획을 가지고 있는 경우조차도, 니즈가 무엇일지를 2-3년 전에 예상하는 것은 지극히 어렵다. 3년 예산은 대략적인 추정치이지만, 시간이 흐르면서, 예산은 더 구체적이 된다. 2년 예산과 3년 예산은 사서와 기관의 다른 사람들에게 미래가 어떻게 될 것인지를 추측하고, 계획하고, 조정하고, 개정할 기회를 제공해 준다. 중앙의 행정직에 있는 사람들은 재산세와 학생의 유지와 입학, 수익, 세입을 증가시키거나 감소시킬 수도 있는 그 밖의 요인들에 대한 예상을 검토하고 있다는 사실을 명심해야 한다. 여전히 예산은 예산 요청액에서 다루고 있는 기간에 대해 기대되는 세입과 지원, 경비를 예측할 것으로 기대되고 있다. 도서관 경영자들은 상위 조직에서 사용하는 예산 제도와 예산 편성 주기를 따라야 한다. 대개 예산 준비를 위한 지침[6]은 학교 위원회나 미국의 경우 주나 로컬의 자금 지원 기관, 대학의 행정 부서, 기업의 회계 담당관으로부터 나온다.

---

6) 예로서는 University of Connecticut의 예산 지침을 참고하라: accessed March 4, 2017, 〈http://research.uconn.edu/sps-proposals/proposal-preparation-guidelines/budget-prep-guidelines〉.

대규모 대학들은 기본적으로 예산과 회계 프로세스에 관여하는 별도의 재정 담당 스태프를 두고 있지만, 어떤 규모이든 대부분의 도서관은 예산 계획 수립에 약간명의 직원들이 참여한다. 어떤 도서관과 정보 센터는 조직의 다양한 단위로부터의 대표자들과 도서관장으로 구성되는 내부 예산 위원회를 두기도 한다. 프로그램이나 단위 부서를 위한 예산 요청액은 특정 단위나 프로그램, 프로젝트, 업무의 그 밖의 측면에 가장 친숙한 감독자나 팀으로부터 비롯되는 경우가 빈번하다. 이 그룹은 함께 일하면서 도서관의 단위들로부터의 요청액과 모체 기관에 의해 제시된 지침을 바탕으로 예산을 개발한다. 예산 준비와 프레젠테이션, 개관(overview)을 위한 일정표는 광범위한 지원을 얻을 수 있도록 하기 위해서는 필수적이다. 다음과 같은 두 가지 원칙이 예산의 개발과 프레젠테이션의 지침이 되는데, (1) 유효성과 효율성(어떤 자금의 출처를 이용할지 포함)과 (2) 최소의 비용으로 최대의 편익을 이루어내는 방법이 그것이다.

19.6. 예산 편성 기법

도서관의 예산 편성 기법은 많은 유형의 조직들이 사용하는 전통적인 접근법과 더 적게 사용되는 접근법, 그리고 더 새로운 혁신적인 예산 편성 기법을 포함하고 있다. 전자는 그 접근법에서 더 고정적인 반면, 후자는 더 유연성을 가지고 있다. 기획 프로세스에서와 똑같이, 예산이 인풋으로서보다는 오히려 결과나 성과의 측면에서 제시되면서 초점이 이동하고 있다.

논의해야 할 가장 전통적인 유형의 예산 편성으로는 (1) 총괄 배정(lump-sum allocation)과 (2) 품목별 배정(line-item allocation)이 있는데, 총괄 배정은 기본적으로 비율의 증가가 전년도 예산에 관련되는 점증주의적 접근법을 바탕으로 하며, 품목별 배정에서는 〈표 19.1〉과 〈표 19.2〉에서 살펴본 것처럼, 경비가 급료와 부가 급부, 자료, 장비 등과 같은 범주로 구분된다.

더 적게 사용되지만 살펴보고자 하는 그 밖의 예산 편성 형식으로는 공식 예산 편성(formula budgeting)과 성과주의 예산 편성(performance budgeting), 제로베이스 예산 편성(ZBB: zero-based budgeting)이 있는데, 각각 프로그램과 목표, 벤치마크 비용을 고려한다. 책임 중심 경영(RCM: Responsibility Centered Management)은 다수의 대규모 대학에서 채택하고 있는 더 새로운 개념이다.

각각의 접근법은 그 장점을 홍보하는 지지자들을 가지고 있다. 일반적으로 모체 기관의 프로세스가 도서관의 예산 편성 프로세스를 좌우한다. 모든 예산 제도는 가장 기본적인 것조차도, 기획과 관리, 통제 프로세스로 구성된다.[7]

19.6.1. 총괄 예산 편성과 품목별 예산 편성

원시적인 단계의 예산은 총괄 접근법이다. 이 형식의 예산 편성에서는, 일정 금액이 도서관에 "총액"으로 할당되고, 그 총액을 확인이 가능한 범주로 어떻게 나누는지를 결정하는 것은 도서관 직원의 책임이 된다. 이러한 범주들은 대개는 급료와 임금, 자료와 용품, 장비 등과 같이 품목별 예산 아래에서 언급했던 것과 동일한 것이다. 이것은 품목별 예산 편성보다 더 유연성을 가지며, 목표들을 서비스와 연결시키지 않는다. 이 기법을 사용하는 사서들은 품목별 예산에서 하는 것처럼 특정 프로그램에 대해 특정 예산액을 할당하는 대신에, 할당된 총금액 내에서 프로그램을 개발해야 한다.

품목별 예산 또는 점증주의 예산(incremental budget)[8] 접근법은 예산의 범주들이 비율에 의해 증가되거나 감소되는 프로세스이다. 그와 같은 프로세스에서, 도서관장은 그 도서관의 전년도의 기본 배정이나 아무런 변화도 없는 자금 지원을 가정한다. 자금 지원에 대한 논의는 이 다음 사이클에 적용될 증가분, 또는 어느 경우에는 감소분의 금액을 바탕으로 한다. 이것은 기본적으로 기존 서비스를 사전 승인된 것으로 취급하며, 배정되는 재정적 자원의 증가나 감소가 이루어질 뿐이다. 초점은 작년의 통계를 초과하거나 미달할 것으로 예상되는 변화에 맞춰진다. 때로는 연속간행물이나 직원 임금에 대한 인플레이션이 고려되도록, 증가분이 라인마다 달라지겠지만, 다른 범주의 증가는 전년도와 동일하거나 더 적을 수도 있을 것이다(품목별 예산의 예에 대해서는 〈표 19.3〉을 참고하라).

이것은 아마도 그 단순성 때문에 가장 일반적인 유형의 예산일 것이다. 품목별 예산은 지출의 대상들을 광범위한 범주로 나누고, 그러한 범주 내에서 추가로 세분한다. 범주를 바탕으로 하는 지출에 대한 이러한 분류는 지출의 대상(직원, 장서 등)이라고 하는데, 각 범주 내에는 더 상세한 품목들(전문직 직원 급료, 시간제 근로자, 초과 근무, 연속간행물, 도서 등)이 존재한다. 이 유형의 예산은 영향을 받는

---

7) Allen Schick, "The Road to PPB: The Stages of Budget Reform," in *Perspectives on Budgeting*, ed. Allen Schick (Washington, DC: ASPA, 1980), 47.
8) 역자주: 증분 예산, 증분식 예산, 점증적 예산, 점증식 예산이라고도 한다.

<표 19.3> 품목별 예산

관리 번호		작년 회계연도 실제예산	금년 예산	내년 예산요청액
	세입원			
G100	일반 자금	6,884,009달러	6,782,912달러	7,073,802달러
G103	서비스 매출 (벌금, 미반납도서, 인쇄)	113,976달러	110,000달러	107,800달러
	소 계	6,997,985달러	6,892,912달러	7,181,602달러
	지 출			
	급 료			
100	풀타임 직원	1,451,536달러	1,490,474달러	1,550,093달러
102	파트타임 직원	996,316달러	880,653달러	889,460달러
103	시간제 직원	77,757달러	90,600달러	92,412달러
104	부가 급부	883,963달러	861,604달러	886,188달러
	소 계	3,409,572달러	3,232,731달러	3,325,740달러
	자 료			
500	도 서	701,433달러	715,462달러	729,771달러
501	연속간행물	1,345,666달러	1,372,579달러	1,441,208달러
503	전자 자원	1,007,887달러	1,028,045달러	1,130,849달러
505	미디어	209,744달러	213,939달러	220,357달러
	소 계	3,264,730달러	3,330,025달러	3,522,185달러
	기 타			
601	용품/장비	116,555달러	118,886달러	121,264달러
602	출장비	25,144달러	25,647달러	25,647달러
603	우편료	22,090달러	22,532달러	21,856달러
604	유지보수, 수리, 보험	59,877달러	61,075달러	62,296달러
605	차량 감가상각비	10,000달러	10,200달러	10,404달러
606	서비스 계약	16,550달러	16,881달러	17,219달러
607	업무용 접대비, 채용, 광고	9,077달러	9,259달러	8,000달러
608	컨소시엄 회비	20,300달러	20,706달러	21,120달러
609	텔레컴	44,090달러	44,972달러	45,871달러
	소 계	323,683달러	330,156.66달러	333,677달러
	총 계	6,997,985달러	6,892,912달러	7,181,602달러

활동이나 그 결과보다는 오히려 얼마나 많은 돈이 어떤 목적을 위해 지출되는지에 관심의 초점을 맞추고 있다.

비평가들은 그와 같은 점증주의적 접근법은 현재 상황을 유지하는 것을 바탕으로 하고 있거나, 유연성의 여지를 갖지 못하고 있거나, 심지어는 이 방법은 실적에 대한 실제 검토조차 없기 때문에 더 이상 효과적이지 못하다고 믿고 있다. 그 기본적인 단점은 그러한 다양한 이미 설정된 범주 내의 품목들은 그러한 것들을 이동하기가 불가능하지는 않다고 하더라도, 어려워질 정도로 지정되어 있다는 사실이다. 예를 들면, 어떤 도서관은 직원 라인에 잉여 자금을 가지고 있으며 전자책의 장서를 추가하고자 할 것이다. 대부분의 모체 조직은 그러한 종류의 예산 조정을 허용하지 않을 것이다. 결과적으로 품목별 예산 편성은 현재의 모든 기존 프로그램은 좋은 것이고 필수적이라고 추정하는 경향이 있으며 혁신하는 것을 하나의 도전이 되도록 하고 있다. 품목별 예산의 최대의 단점은 예산 요청액과 조직의 목표 사이에 거의 어떤 관계도 존재하지 않는다는 사실이다.

하지만 품목별 접근법은 몇 가지 장점이 있다. 품목별 예산은 준비하기가 용이하다. 대부분은 비용 증가나 인플레이션을 고려하여, 현재의 지출을 바탕으로 내년에 대해 예상함으로써 이루어진다. 이 유형의 예산은 배정된 자금이 예산이 편성되었던 영역에서 지출되는 것을 볼 수 있기 때문에 이해하고 정당화하기가 용이하다. 자금 지원 당국은 새로운 직위를 추가하거나 특정 비율로 커뮤니케이션 및 용품 예산을 증가시키기 위한 요청을 이해할 수 있는데, 그 이유는 그것이 우편료와 전화 요금, 기타 용품이 내년도에 인상될 것으로 예상되는 평균 금액이기 때문이다.

19.6.2. 공식 예산 편성

공식 예산 편성(formula budgeting)은 금전적 자원의 배정을 위해 미리 정해진 표준을 사용한다. 이 장의 시작 부분에서 살펴본 LAPL의 예산의 예는 도서관의 수입이 재산세 수입의 비율을 바탕으로 하는 공식 예산이다. 미국의 경우, 과거에는, 이 접근법이 주나 지역의 자금을 배정받기 위해 지역이나 주의 도서관 기관이나 학군 그리고 대학 시스템까지도 이 제도를 채택해왔다. 더 큰 자금 지원 당국 사이에서 이 제도가 인기가 있는 이유의 하나는 예산 요청을 위한 기준이 설정된 이후에는, 도서관 시스템 내의 모든 단위에 전반에 걸쳐 그 기준을 전면적으로 적용할 수 있기 때문이다. 공식 예산의 인기는 다음과 같은 몇 가지 요인을 반영하고 있다.

- 공식 예산은 기계적이며 준비하기가 용이하다.
- 공식 예산 프로세스는 정치적 관할 구역의 모든 기관에 적용된다.
- 이 제도에서는 각 기관이 동일한 기준에 비추어 측정되기 때문에 관리 기관에서 형평성(sense of equity)을 갖는다.
- 공식 예산을 준비하고 관리하기 위한 예산 편성과 기획 기술을 거의 필요로 하지 않다.

공식 예산의 추가의 장점은 다음과 같다.

- 기관 간의 비교를 용이하게 해 준다.
- 연도별 비교를 용이하게 해 준다.
- 예산 편성 프로세스의 서류 작업을 줄여 준다.
- 관계없는 세부 사항들을 제거해 준다.
- 체계적이고, 객관적인 배정 기법을 제공해 준다.
- 수학적인 무과실성(無過失性)을 암시해 준다.[9]

공식들은 대개 기관의 전체 비용의 비율의 측면에서 표현되는데, 기본적으로 활동보다는 오히려 인풋에 초점을 맞추고 있으며, 따라서 도서관 업무의 특정 측면에 적용 가능성이 더 높다. 예를 들면 장서 개발에서는, 학술도서관의 경우, 예산의 일정 비율이 학문적 프로그램의 수와 수준(학사, 석사, 박사)과 각 프로그램에서 가르치는 교원의 수에 따라 배정될 수 있다. 어떤 공식들은 과학과 테크놀로지, 의학 자료들이 인문학과 사회과학 자료들보다 훨씬 더 비싼 도서관 자료에 대해 시장을 고려하기도 한다. 그런 의미에서, 공식에 의한 예산 배정은 총괄 접근법과 공식 접근법의 결합형으로 생각할 수도 있을 것이다.

대부분의 사서들은 외부의 자금 지원이 이미 설정된 공식과 연결되어 있을 때나 구체적으로 자료 배정을 위한 경우를 제외하고는, 엄격한 공식 예산 편성에서 벗어나는 경향을 보이고 있다.[10] 공식 예산 편성의 분명한 한 가지 단점은 어떤 기능은 그러한 공식과 관련지을 수 없으며 별도로 정당화해야 한다는 점이다. 아마

---

9) Gary M. Shirk, "Allocation Formulas for Budgeting Library Materials: Science or Procedure?" *Collection Management* 6 (Fall-Winter 1984): 37-38.

10) William H. Walters, "A Fund Allocation Formula Based on Demand, Cost, and Supply," *Library Quarterly* 78, no. 3 (July 2008): 303-314.

도 그와 같은 접근법의 가장 큰 오류는 이것이 표현되고 있는 양과 서비스의 품질, 즉 아웃풋 척도 사이에 관계가 있다고 추정한다는 사실일 것이다. 근년에는 도서관과 정보 센터 예산을 성과 척도와 결부시키고 있는 도서관 직원에 관한 저널 문헌의 수많은 예들이 존재하고 있다.[11]

19.6.3. 프로그램 예산 편성

프로그램 예산 편성[12] 프로세스는 품목별 경비를 바탕으로 자원을 배정하는 전통적인 품목별 예산 제도와는 반대로, 조직의 모든 활동과 성과를 확인한다. 조직의 모든 활동은 모두 포함된 프로그램들을 통해 연결되어 있다. 그러한 프로그램들은 조직의 활동을 각 프로그램에 대해 확인할 수 있는 목표와 재정적 요건과 연결시켜 준다.

프로그램 예산 접근법은 각 서비스 단위/구성 요소의 총비용을 설정하고 그에 따라 지출 수준과 우선순위를 설정한다. 이 접근법은 프로그램들을 전략적 기획 프로세스에서 성과 척도의 측면에서 명시하고 있는 시간/행위 목표나 활동의 달성과 연결시킬 수 있다는 입장을 견지하고 있다. 따라서 프로그램 예산은 일련의 미니 예산들을 보여 주게 되는데, 그것들은 조직 내의 각 활동의 비용을 보여 준다. 어느 면에서는, 프로그램 예산 편성은 전략적 기획을 따라 개발된다고 말할 수 있는데, 그 이유는 그러한 유형의 기획 프로세스는 회계는 물론 예산 편성을 필요로 하는 개별 프로그램의 비용 설정을 바탕으로 하기 때문이다. 각 도서관의 활동 단위들을 확인하고 나면, 제공되는 다양한 프로그램이나 서비스에 금전적인 수치를 배정할 수 있다.

예를 들면, 어떤 공공도서관이 지역 사회를 위해 이동도서관 서비스를 제공하면, 그 서비스의 총비용(충원, 자료, 유지 보수, 간접비 등)을 계산해볼 수 있다. 이런 식으로, 예를 들면, 이동도서관 서비스에는 얼마의 비용이 들어가는지를 정확하게 알 수 있는 것이다. 〈표 19.4〉를 참고하라.

---

11) Andrew Breidenbaugh, "Budget Planning and Performance Measures for Virtual Reference Services," *Reference Librarian* 46, no. 95-96 (September 2006): 113-124.
12) 역자주: 프로그램별 예산 편성, 사업 예산 편성이라고도 한다.

<표 19.4> 프로그램 예산표

조직: 카운티 도서관	
프로그램: 이동도서관 서비스	
목표: 이 서비스는 공공도서관으로부터 3마일 이상 떨어진 곳에 거주하는 카운티의 모든 주민을 대상으로 제공된다. 제공되는 구체적인 서비스로는 모든 수준의 독자를 위한 대중적인 정기간행물과 소설/비소설 도서의 대출, 성인 및 어린이용 DVD와 인터넷 핫스팟이 포함된다. 이동도서관은 하루에 2번씩, 10마일을 포괄하며, 주5일을 운영한다. 이 서비스의 직원은 파트타임 자료 담당자와 운전기사, 사서로 구성된다.	
비용	
인건비	
사 서	52,896달러
운전기사	25,895달러
자료 담당자(트럭 상하차 작업, 주당 4시간 @9.00달러×52주)	1,872달러
부가급부	28,300달러
소 계	108,963달러
자료 구입비	
도서(1,000권 장서×평균 52달러)	52,000달러
정기간행물(15종 @각각 65달러)	975달러
수선, 제본	175달러
소 계	53,150달러
기 타	
차량 감가상각비	20,000달러
유지보수, 마일리지, 수리	2,000달러
보 험	600달러
소 계	22,600달러
총 계	184,713달러

19.6.4. 성과주의 예산 편성

어떤 면에서, 성과주의 예산 편성[13] 접근법은 실제 성과들이 서비스 유효성과 효율성의 측면에서 측정되기 때문에, "결과 예산 편성"이라고도 할 수 있을 것이다. 이것은 특정의 활동과 수행되는 단위의 수, 그 비용을 바탕으로 지출을 분류한

---

13) 역자주: 성과 예산 편성이라고도 한다.

다. 이것은 지출에 대한 단순한 품목별 회계보다는 오히려 각 업무 단위가 무엇을 하고, 그 단위가 얼마나 자주 그 일을 하며, 얼마의 비용으로 하는지에 주의를 집중한다. 프로그램 기반의 예산 제도를 근거로 성과 기반 예산을 구축하는 것은 매우 용이하다. 성과나 결과 기반 예산과 함께, 각각의 주요한 프로그램이나 기능은 일단의 기준점을 사용하여 측정된다. 기준점은 시작 일자와 시간의 특정 활동이나 기능에 대한 스냅 사진이다. 이러한 기준점은 예를 들면 6개월이나 1년, 또는 몇 년과 같이 일정 기간 동안 특정 프로그램이나 기능상의 목적 달성의 진척을 측정하기 위한 비교 목적으로 사용된다. 프로그램과 활동, 기능도 다른 내부 및 외부의 비교 대상들에 비추어 계량적으로 그리고 질적으로 측정할 수도 있을 것이다.

최근에는 성과 척도들이 프로그램의 전반적인 품질과 결과를 의미하는 그러한 것들의 직접적인 편익에 초점을 맞추는 더 주관적인 평가를 포함하도록 확장되고 있다. 그것은 세입을 측정 가능한 측면에서 자원 배분과 서비스 성과와 연결시키는데 그 자체로, 중요한 정책 도구로서의 역할을 수행한다. 이러한 접근법은 프로그램 예산 편성과 성과주의 예산 편성의 조합이다.

어떤 프로그램의 비용과 그 결과 목표, 또는 편익을 바탕으로, 그 서비스를 지속하거나, 수정하거나, 없앨는지의 여부를 결정할 수 있다. 프로그램 예산 편성은 자금 지원 당국에 니즈를 설명하는 효과적인 방법이다. 초점은 서비스를 위한 모든 우선순위와 대안에 대한 고려에 맞추어진다.[14] 예를 들면, 우선순위표의 더 낮은 등급의 서비스에 대해 단순히 자금을 지원하지 않고 보류하는 것 이외에, 이미 선정된 서비스들에 대해 특정 수준의 서비스를 제공하는 비용을 줄이고자 노력함으로써, 그 다음에 열거된 우선순위에 대해 자금이 지원될 수 있도록 하는 것을 포함하여, 다른 대안들을 탐색할 수 있다. 또 하나의 대안은 예컨대 개인과 조직에 대한 부가 가치 서비스에 대한 요금을 늘려서, 우선순위표의 다음 수준을 지원할 수도 있는 자금의 풀에 추가하는 것이 될 수도 있을 것이다.

긍정적인 면은 모든 프로그램을 확인하고 그에 대해 가치를 부여할 수 있다는 점이고, 불리한 면은 이 프로세스는 설정과 유지에 시간이 많이 소요되고, 프로그램이 부서와 단위 간에 중복되는 경향이 있기 때문에, 데이터의 수집을 어렵게 할 수도 있다는 점이다. 성과주의 예산 편성은 제공되는 서비스의 품질보다는 오히려 양을 측정한다. 지출의 분류는 특정 활동과 수행되는 단위의 수, 그 비용을 바탕으

---

14) Wisconsin Department of Public Instruction, "Program Budget Guidelines for Public Library System Annual Plans" (2014), accessed March 7, 2017, 〈https://dpi.wi.gov/sites/default/files/imce/pld/pdf/sysbudgetguide.pdf〉.

로 한다. 이러한 유형의 예산은 지출에 대한 상세한 품목별 회계보다는 오히려 어떤 업무 단위가 무엇을 하고, 얼마나 자주 그 일을 하고, 얼마의 비용으로 하는지에 관심을 집중한다. 이 접근법은 일정 기간 동안에 걸친 양적 데이터의 세심한 축적을 필요로 한다. 성과를 측정하고 규범을 설정하기 위해 비용 편익 분석 기법이 요구된다. 성과주의 예산 편성은 경제적 측면이 서비스 측면을 무색하게 하고 있기 때문에 비판을 받고 있다. 건물 유지 보수와 난방, 조명, 장비, 그리고 가변적이지만 수행되는 업무와 직접적으로 관련되어 있는 그 밖의 항목들의 고정 비용도 최종 비용에 틀림없이 추가해야 할 것이다. 그와 같은 상세한 예산 편성 활동과 함께, 인식과 참여의 편익이 그 프로세스를 유지하는 데 포함되는 비용이 많이 소요되는 시간과 노력 때문에 빛을 잃게 될 수도 있을 것이다. 제로베이스 예산 편성은 프로그램 예산 편성에서 파생된 것이다.

19.6.5. 제로베이스 예산 편성

제로베이스 예산 편성(ZZB: zero-based budgeting)[15] 접근법은 엄격한 절차적 접근법이 아니라 오히려 매년 아웃풋 척도는 물론 비용을 바탕으로 조직으로 하여금 각 서비스 프로그램과 활동을 재검토하고 재평가하도록 요구하는 접근법이다. 각 품목이나 프로그램은 이전의 자금 지원과 관계없이, 전체로서 검토된다. 활동의 성과와 비용에 대한 상세한 측정을 확인한다. 타당성을 입증할 수 없는 항목들은 제외되거나 상당한 축소가 이루어진다. 각 프로그램은 조직의 사명을 달성하는 그 중요성의 수준에 따라 타당성이 입증되고 그 우선순위가 확인되기 때문에, 효율성과 유효성은 핵심적인 고려 사항이다. 이 프로세스에서는 활동에 대한 이유는 물론 노력을 실행하지 않은 결과를 설명해야 한다. 이 예산 편성 접근법은 때로는 "상황을 흔들기" 위해 모체 조직의 신임 관리자에 의해 사용되기도 하는데, 전반적으로는 최근에는 많이 사용되지 않고 있다.

19.6.6. 책임 중심 예산 편성

비용 상승과 긴축 예산은 고등 교육 기관 사이에서 더 큰 책무성을 피할 수 없게 하고 있다. 책임 중심 예산 편성(RCM: Responsibility Centered Budgeting)은

---

15) 역자주: 영 기준 예산 편성, 영점 기준 예산 편성, 제로 기반 예산 편성이라고도 한다.

때로는 분산형 예산 편성(decentralized budgeting)이라고도 하는데, "각자도생"(each tub on its own bottom)의 접근법으로 경영자들에게 회계 문제에 대한 더 많은 통제를 제공하고 그들의 결정의 재정적인 효과를 보여 주기 위한 시도로 대규모 대학에서 실행되어 오고 있다. RCM의 목적은 권한과 책임을 캠퍼스의 적절한 단위로 위양하는 것이다.

RCM을 사용하여, 기관들은 캠퍼스를 책임 센터나 단위로 구분하는데, 문과대학과 도서관, 학사 부서, 총장실은 몇 가지 예들이다. 그리고 나서 그들은 이러한 단위들을 독립 경영이 가능한 단위들과 기관의 이익을 위해 자금 지원이 필요한 단위들로 추가로 구분한다. 전자(前者)에는 수업료와 등록금을 내는 학생들을 가지고 있는 모든 학문적 단위와 계약과 보조금의 수령이 가능한 학부, 식사 서비스와 주택, 그 밖의 비즈니스 서비스와 같은 그 밖의 수익을 창출하는 단위들이 포함된다. 이러한 단위들은 자신들이 창출한 수입으로 자금을 지원받는다. 많은 자금 지원이나 어떤 자금 지원도 받지 못하는 캠퍼스의 다른 단위들은 "공익 또는 공공의 이익"으로 간주된다. 필요하지만 독립 경영을 할 수 없는 이러한 단위들에는 중앙 행정 단위(총장실과 부총장실)는 물론 도서관도 포함된다. 이러한 단위들은 수입을 창출하는 단위들에 대한 "과세"를 통해 자금 지원을 받는다. RCM에 관해 이해하기 위한 중요한 측면은 그 단위로 갈 예정인 자금 지원은 정형화된 것이라는 사실이다. 도서관이 예를 들어 수업료의 일정 비율을 지원받는다면, 실제로 발생한 수업료는 아마도 틀림없이 예산이 편성된 것보다 더 많거나 더 적을 수도 있을 것이다. 모든 수업료가 납부된 이후에, 만일 예산이 편성되었던 것에서 기대 이하의 것이든 기대 이상의 것이든, 어떤 변화가 생기면, 수업료 수입의 그러한 변화는 수업료의 자금 지원을 받는 도서관과 그 밖의 어떤 다른 단위로든 흘러가게 되는데, 그러한 단위들은 예산의 변화에 대응하기 위해 회계 연도 시작 이후에 조정을 해야만 한다.

또한 RCM과 함께, 단위들은 특별 장서를 구입할 기회와 같은 예기치 않은 비용을 처리하거나 수리를 위한 지불을 하기 위한 일부의 자금을 적립해 둘 필요가 있다. 대학의 적립금의 일부는 도서관의 예산으로 보유되는데, 어떤 잉여금은 도서관에서 지출할 수도 있을 것이다. 만일 도서관 직원이 예산 결손이나 특별 프로젝트(개조한 분관을 위한 새 가구)를 예상하고 있으면, 그러한 목적을 위해 사용하도록 적립금의 일부가 활용될 수도 있을 것이다. RCM의 중요한 측면은 지출되지 않은 자금은 도서관에 의해 적립될 수도 있고 미래 회계 연도에 지출될 수도 있다는 사실이다. 대부분의 다른 예산 제도에서는 모든 돈이 회계 연도 말까지 지출되거나 아니면 모체 기관의 중앙 행정 부서로 반환하도록 요구한다.

이러한 RCM 공식은 복잡한데, 도서관 경영자들은 이 프로세스 전체를 처리하기 위해서는 재정적인 구조를 충분히 이해해야 한다. 중앙 행정 부서가 어떻게 단위들에 자금을 배정하는지를 주요 테마로 격렬한 논쟁이 이루어지고 있다. 예를 들면, "공간과 도서관, 그 밖의 서비스에 대한 요금을 어떻게 배정하고, 새로운 정보 시스템을 운영하기 위해 필요한 하드웨어와 소프트웨어의 환경을 어떻게 설정할 것인가"[16]하는 것이 그것이다. 행정 부서는 물리적 시설과 테크놀로지, 도서관과 같은 "공공의 이익"을 위해 존재하는 단위들을 인식하고 지원해야 하며 그러한 단위들은 적절한, 그러나 학문적 단위들이 RCM의 바탕이 되는 인센티브를 심각하게 약화시키지 않으면서 재정적으로 그리고 지적으로 지원할 수 있는 과세 수준에서 자금 지원을 받아야 한다.[17]

19.7. 책무성과 보고

여기서 언급하고자 하는 예산 편성의 마지막 측면은 지출된 것과 미집행된 것, 남아 있는 것에 대한 정확한 기록을 관리하는 것이다. 예산이 적절한 당국에 의해 승인을 받기에 앞서, 지출된 것을 기록하는 것뿐만 아니라 주문했지만 아직 수령하지 못한 품목들에 대한 자금을 따로 떼어둠으로써 자금이 적립되었다가 그 품목들이 도착했을 때 그 지불을 위해 활용할 수 있도록, 지출은 물론 미지급금에 대해 기록하기 위한 메커니즘을 갖추어야 한다. 설정된 회계 범주와 숫자는 급료와 입수되거나 주문된 자료, 설치된 장비 등과 같은 품목들을 확인하기 위해 이 프로세스에서 중요한 역할을 수행한다. 정기적인 지출 명세서와 연말의 경비에 대한 감사는 예산 프로세스에 대해 중요한 피드백을 제공해 준다. 회계 프로세스는 그 프로세스에 대한 조정이 필요할 때와 조정이 필요한 곳에서는 효율적이고 효과적인 조정을 가능하게 해 준다. 보고는 대개 회계 부서에서 준비하는 월간 기록을 통해 이루어지는데, 회계 부서는 대개 도서관의 일부이거나 시 정부와 같은 상위 조직의 일부이다. 월간 명세서나 주문형(on-demand) 전자 보고는 도서관 경영자에게

---

16) Wellford W. Wilms, Cheryl Teruya, and Marybeth Walpole, "Fiscal Reform at UCLA: The Clash of Accountability and Academic Freedom," *Change* 29 (September-October 1997): 43.

17) D. L. Slocum and P. M. Rooney, "Responding to Resource Constraints," *Change* 29 (September-October 1997): 56.

도서관의 목표를 위해 재정적으로 얼마나 진행되고 있는지를 알려 주고, 동시에 그들에게 초과 지출과 같은 잠재적인 문제 영역에 대해 주의를 환기시켜 주는 기준점(benchmarks)으로서의 역할을 할 수 있다. 이 월간 요약 명세서는 대부분의 조직에서 일반적이다(월간 요약 명세서는 〈표 19.5〉를 참고하라).

〈표 19.5〉 월간 요약 명세서

관리 번호		작년 회계연도 실제 예산	금년 예산	내년 예산 요청액
	세입원			
G100	일반 자금	6,884,009달러	6,782,912달러	6,782,912달러
G103	서비스 매출 (벌금, 미반납도서, 인쇄)	113,976달러	110,000달러	25,812달러
	소 계	6,997,985달러	6,892,912달러	6,808,724달러
	지 출			
	급 료			
100	풀타임 직원	1,451,536달러	1,490,474달러	393,494달러
102	파트타임 직원	996,316달러	880,653달러	219,362달러
103	시간제 직원	77,757달러	90,600달러	3,211달러
104	부가 급부	883,963달리	861,604달러	616,067달러
	소 계	3,409,572달러	3,232,731달러	1,228,923달러
	자 료			
500	도 서	701,433달러	715,462달러	178,865달러
501	연속간행물	1,345,666달러	1,372,579달러	1,235,321달러
503	전자 자원	1,007,887달러	1,028,045달러	873,838달러
505	미디어	209,744달러	213,939달러	47,067달러
	소 계	3,264,730달러	3,330,025달러	1,461,253달러
	기 타			
601	용품/장비	116,555달러	118,886달러	26,155달러
602	출장비	25,144달러	25,647달러	5,642달러
603	우편료	22,090달러	22,532달러	4,957달러
604	유지보수, 수리, 보험	59,877달러	61,075달러	13,436달러
605	차량 감가상각비	10,000달러	10,200달러	2,244달러
606	서비스 계약	16,550달러	16,881달러	3,714달러
607	업무용 접대비, 채용, 광고	9,077달러	9,259달러	2,037달러
608	컨소시엄 회비	20,300달러	20,706달러	20,706달러
609	텔레컴	44,090달러	44,972달러	9,894달러
	소 계	323,683달러	330,156.66달러	88,785달러
	총 계	6,997,985달러	6,892,912달러	2,778,962달러

회계는 독립적인 기능이기 때문에, 많은 대규모 도서관들은 스태프의 직위에 예산 분석가(budget analysts)를 고용하고 있는데, 예산 분석가의 기본적인 책임은 사실을 있는 그대로 또는 있었던 그대로 보고하는 것이다. 그와 같은 예산 담당관은 일반적으로 도서관의 업무에 영향을 미치는 의사 결정에 대한 책임을 갖지 않는다. 하지만 그들은 예상되는 의사 결정에 적합한 비용 데이터를 수집하고 의사 결정에 핵심이 될 수도 있는 비용을 조사하는 데 상당히 도움이 된다.

보고라는 중요한 요소는 그것이 자금 지원 당국에 대한 보고와 직원에 대한 보고, 공공에 대한 보고로, 어떻게 정의되든, 회계와 함께 진행된다. 보고 절차는 상세한 통계 자료를 갖춘 공식적인 명문화된 보고서,[18] 또는 메모나 직원 미팅, 위원회 회의, 블로그 포스트와 같은 비공식적인 보고서의 다양한 형식을 취할 수 있다. 보고에서는 사서의 공공 관계(public relations)에 대한 책임이 가장 명백해진다. 도서관과 도서관의 서비스를 의식적으로 판매함으로써만이 사서는 높은 수준의 활동과 자금 지원을 유지하기를 바랄 수 있다. 도서관이나 정보 센터의 관장의 기본적인 역할은 설득을 통해 도서관 활동에 대한 지원을 증가시키고, 모체 기관의 임원들이 도서관이나 정보 센터를 이해하고 지원하도록 하는 것이다.

제6장에서 상세하게 살펴본 것처럼, 사서의 공공 관계는 도서관의 목적에 밝혀져 있는 이유들에 대해 정보와 설득으로 공공의 지지를 요청하는 기술이다. 공공 관계 계획은 도서관의 목적과 목표, 예산 편성 절차의 핵심적인 부분이다. 이것은 프로그램을 개발하기 위해 필요한 지원을 얻어내고 지속시키기 위한 사서의 기본적인 수단이다. 이것은 또한 새로운 재정적인 이니셔티브를 통하여 그러한 지원을 확대하는 방법이기도 하다. 예산 통제 책임을 가지고 있는 경영자는 균형 예산(balanced budget)에 대한 책무성을 가지며, 시간이 흐르고 예산상의 성공을 거두면서, 모체 조직으로부터 신뢰와 믿음을 얻게 될 것이다.

19.8. 결 언

예산 편성은 도서관과 그 밖의 정보 센터의 정보 서비스에 대한 계획의 금전적 표현이기 때문에 궁극적인 통제 업무이다. 정보 서비스를 위한 계획을 세우기 위

---

18) 예를 들면 다음 자료를 참고 하라: Campbell County, Kentucky, reports, accessed March 9, 2017, 〈http://www.cc-pl.org/about-the-library/annual-financial-reports〉.

해 다양한 유형과 다양한 수준의 예산 편성이 사용된다. 어떤 것들은 다른 것들보다 비영리 조직에 더 적용하기가 용이하지만, 모두 오늘날의 도서관과 정보 센터에서 어느 한 형식이나 다른 형식으로 사용되고 있다. 예산 편성의 프로세스는 조직들이 그 계획의 자금을 조달하고, 그러한 계획의 진척을 모니터링하고, 여전히 재정적으로 책무성을 갖는 방식이기 때문에 중요하다. 다음 장에서는 기금 조성(fundraising)과 보조금 신청 제안서 작성(grant writing)을 통해 도서관이나 정보 센터의 기본 예산을 보충하는 방식들에 대해 살펴보고자 한다.

> **학습 내용 연습하기**
>
> 1. 이제 1월인데 여러분은 여러분의 시의 세수(稅收)가 회계 연도를 위한 추정치를 극적으로 놓치고 있다는 사실을 이제 막 알게 되었다. 여러분은 여러분의 예산의 17퍼센트를 삭감하도록 하는 요청을 받고 있다. 회계 연도는 7월에 시작되었고 여러분의 예산의 절반이 이미 지출되었기 때문에 이것은 아주 어려운 문제이다. 〈표 19.2〉의 예산 형식을 사용하여, 예산에 대한 17퍼센트 삭감이 얼마나 많은 돈이 될 것인지 결정해 보라. 17퍼센트 삭감을 결정하기 위해 여러분은 어떤 수치들을 사용하고 있는가? 일단 여러분이 삭감해야 하는 실제 금액을 알게 되면, 우선순위표를 작성하고 그러고 나서 어느 곳에서 여러분이 삭감을 하게 될 것인지를 결정해 보라.
>
> 2. 앞서의 예산 삭감 시나리오에서 여러분은 여러분이 홍보를 위한 기회를 가졌다고 생각하는가? 여러분은 무엇을 권고할 것인가?
>
> 3. 여러분은 여러분이 일하고 있는 고등학교 도서관에 어떤 메이커스페이스 프로그래밍을 추가하고 싶다. 교육적 편익을 열거하는 프로그램을 정당화하기 위한 간략한 설명서를 작성해 보라. 여러분은 이 프로그램으로 얼마나 많은 학생들에게 서비스를 제공할 것인가? 장비와 용품, 직원, 다른 필요한 어떤 범주를 위한 경비를 처리할 예산의 초안을 작성해 보라.
>
> 4. 여러분은 대학도서관의 관장으로 몇몇 음악학과 교원들이 몇 년 동안 자신들의 학과를 위한 별도의 분관을 간청해 오고 있다. 여러분은 분관의 통합이 추세이고, 빠듯한 예산으로 별도의 음악학과 분관의 자금을 지원할 수 있는 방법이 없다는 사실을 알고 있다. 최종적으로 절망한 나머지, 여러분은 교원들에게 그들이 음악도서관을 갖게 될 유일한 방법은 누군가가 그것을 기증하는 것이라고 말했다. 여러분은 마침내 이 요구로부터 벗어날 것이라고 생각하였다. 그러나 6개월 후, 음악학과는 주요한 기부를 발표하고, 그들의 꿈을 이루기 위해 여러분과 만날 약속을 하였다. 미팅에 앞서 여러분은 별도의 분관을 운영하는 비용을 개략적으로 작성해야 한다. 음악학과는 장서를 옮길 공간과 학생들을 제공하고 있다. 여러분이 필요로

하는 것은 도서관을 옮기고 설치하기 위한 일회성 비용의 추정치와 그러고 나서 운영비를 처리할 예산이다. 기부자는 이사와 설치를 처리할 현재 사용 기부는 물론 소규모 음악도서관의 운영비를 처리할 영구 기금을 제공할 것이라고 말하고 있다. 여러분의 대학은 영구 기금 수입에 대해 매년 4퍼센트를 지불해 준다. 충원과 그 밖의 범주를 포함하여, 이 분관을 위한 예산을 설정해 보라. 여러분은 중앙의 예산으로부터 장서를 위한 자금을 할당할 것인지, 아니면 영구 기금이 그러한 경비를 부담할 것으로 기대할 것인지의 여부를 결정해 보라. 그러고 나서 연간 운영 예산을 처리하기 위해서는 영구 기금은 얼마나 커야 할는지를 산출해 보라. 또한 도서관의 이사와 필요할 수도 있는 어떤 장식이나 리모델링을 위한 일회성 예산을 설정해 보라.

 토론용 질문

1. 이 장에서 살펴본 예산 기법 중에서, 여러분은 어느 것을 더 선호하는가? 여러분은 그러한 것들 중 어떤 것을 사용해 본 적이 있으며 여러분의 경험은 무엇이었는가?

2. 만일 여러분이 도서관 전체이든 한 프로그램이든, 어떤 예산에 대한 책임을 맡고 있다면, 여러분을 위해 일하는 사람들에게 여러분은 어떤 관여를 할 것인가? 만일 여러분이 어떤 도서관의 직원이라면, 여러분은 예산에 관해 알고자 하거나, 그것을 준비하는 것을 도와주고자 하는가, 아니면 그냥 관여하지 않고자 하는가?

3. 여러분은 병원도서관에서 일하고 있는데, 이 도서관을 위한 예산은 항상 빠듯하고 정당성을 입증하는 것은 하나의 도전이 되고 있다. 여러분의 그룹과 함께 브레인스토밍을 하고 여러분이 도서관으로부터 병원에 대해 가치를 보여 줄 수 있는 방식들의 리스트를 작성해 보라. 주요한 삭감으로부터 도서관을 지키기 위해 여러분은 어떤 다른 종류의 홍보나 마케팅을 제시할 수 있는가?

4. 여러분은 시립도서관의 친구들의 회원이다. 여러분의 그룹은 자신의 평생 동안 시립도서관에서 일했던 고령의 편목 담당자가 돌아가셨는데 어떤 특정의 목적 없이 시에 3백만 달러의 유증(遺贈)을 남겼다는 사실을 지금 막 알게 되었다. 그는 도서관에도 20만 달러를 남겼다. 이 위원회의 위원으로서, 여러분은 도서관장에게 어떻게 조언할 것인가? 도서관장은 20만 달러를 어떻게 지출할 수 있을 것인가? 도서관장은 그것을 현재 사용 기부로 사용해야 할 것인가 아니면 영구 기금으로 전환할 수 있는지의 여부를 시의 변호사에게 문의해야 하는가? 만일 도서관장이 영구 기금으로 결정하면, 도서관은 연간 지불금으로 얼마나 많이 받게 될 것인가? 3백만 달러는 어떠한가? 그 그룹은 그 돈에 대해서도 지지해야 하는가?

Chapter 20 도서관 기금 조성(도서관 개발)과 보조금 신청 제안서 작성

이 장의 요점

이 장을 마친 후 여러분은:

- 어디에서 보조금 기회를 찾아야 하는지에 대해 알아야 한다.
- 보조금 지원 신청서를 작성하기 위한 단계를 이해해야 한다.
- 기금 조성(fund-raising)1)에서 진실성의 중요성을 제대로 인식해야 한다.
- 기부자(donors)가 제공할 수도 있는 기부의 종류를 알아야 한다.
- 기부자를 양성하는 방법에 내해 이해해야 한다.
- 관리의 중요성은 단지 감사장만이 아니라는 사실을 알아야 한다.

    모든 종류의 사서들은 자신들의 모체 기관으로부터의 자금을 보충하기 위해 외부의 지원을 찾는 데 참여한다. 이러한 활동의 범위는 간단한 빵 바자회로부터 특별 장서를 구입하기 위한 보조금, 대규모 집중 거액 모금 캠페인(capital campaign)에 이르기까지 다양하다.

    이 장에서는 도서관의 기금 조성(fund-raising)에 대해 소개하고자 하며, 여기에는 기부자의 확인과 양성, 요청 방법, 그 결과로 생겨나는 관리가 포함된다. 이것은 도서관 개발(library development)이라고 불리는 경우가 많다. 이 장에서는 기금 조성 프로세스에 대한 개관과 도서관에서 수행되는 기금 조성 활동의 종류, 기부(gifts)와 증여(giving)의 유형, 기금 조성을 위한 충원에 대해 살펴보고자 한다.

---

1) 역자주: 모금이나 모금 활동이라고 번역하거나, 그대로 펀드레이징으로 옮겨 적는 경우도 많다.

기금 조성의 첫 번째 단계에 대해 설명하고, 아울러 수행되는 활동의 종류, 기부와 증여의 유형, 필요한 충원에 대해서도 살펴보고자 한다. 이 장에서는 그러고 나서 도서관이나 정보 센터를 위한 보조금에 관해 배우고 이를 확보하는 기본적인 것들에 대해 다루어 보고자 한다.

현장의 경영 사례: 도서관 개발을 위한 직원의 활용

도서관장들은 모체 조직으로부터의 지원을 보충하기 위한 외부 자금 조달의 필요성에 대해 이해하고 있다. 자신의 논문 "Cultivating an Organizational Effort for Development"[2]에서, Michael A. Crumpton은 자선 활동의 추구에 대한 직원의 교육 훈련과 참여에 긍정적인 의견을 피력하면서, 기금 조성은 돈에 관한 것일 뿐만 아니라, 관계와 네트워크를 구축하고, 도서관을 위한 공유된 비전을 갖는 것에 관한 것이라고 덧붙이고 있다. Crumpton은 관심을 가지고 있는 도서관 직원들에게 도서관이 "Development 101: What's in It for You"라는 코스를 어떻게 제공했는지를 말해 주고 있다. 이 코스의 토픽에는 캠퍼스에서 이루어지는 도서관 개발의 구조와 기금 조성 용어, 도서관 개발 담당자들과 도서관 행정 부서의 역할, 전형적인 자금 조달 필요성, 기부자에게 접근하기 위한 전략, 증여의 유형, 도서관 개발을 지원하기 위해 직원이 무엇을 할 수 있는지 등이 포함되어 있다.

기금 조성은 도서관의 전략적 기획 프로세스에 맞물려 있는데, 기금 조성 프로세스에 직원을 참여시키는 것은 직원들로 하여금 도서관의 사명과 비전을 더 잘 이해하도록 도움을 주며, 그 결과 더 몰입하고 동기가 부여된 근로자가 되도록 해 준다.

20.1. 기금 조성 프로세스 개관

Crumpton은 기금 조성의 네 개 주요 단계를 확인(identification)과 양성(cultivation), 요청(solicitation), 관리(stewardship)로 설명하고 있다. 첫 번째는 확인이다.

---

2) Michael A. Crumpton, "Cultivating an Organizational Effort for Development," *The Bottom Line* 29, no. 2 (2016): 97-113.

20.1.1. 확인

기부자는 누구인가? 학교와 대학의 기부자들은 주로 졸업생들이며, "대학도서관은 졸업생이 없기 때문에 도서관은 캠퍼스의 다른 학문적 단위에 비해 경쟁 열위(競爭劣位: competitive disadvantage)에 있다."[3] 그들은 지리적 지역의 회사일 수도 있고 대학에 애착을 가지고 있는 사람일 수도 있다. 예를 들면 도서관 벤더들은 도서관을 위해 이용할 수 있는 자금을 가진 재단을 가지고 있을 수도 있을 것이다. 공공도서관 사서들은 주민과 회원증 소지자, 로컬의 사업체들에게 요청을 할 가능성이 가장 높다. 학교도서관 사서들에게는 학부모 단체와 졸업생들이 있다. 사람들은 그 기관의 삶에 참여하고자 하고, 이용자로서 좋은 경험을 가지고 있고, 관계를 유지하고 싶어 하기 때문에 기부를 한다. 기부를 하는 것은 사람들을 기분 좋게 만들어 주며, 그들을 조직과 연결시켜 주고 그들을 인정해 준다.

도서관 개발 담당자들은 잠재적인 기부자들과 그들이 얼마나 많은 기부를 할 가능성이 있는지를 확인한다. 그러고 나서 그들은 가능성이 있는 기부자들의 관심과 도서관의 확인된 니즈를 연결시켜 준다. 만일 기금 조성이 주요한 캠페인의 일부이면, 그들은 캠페인의 사례에 대한 설명문(case statement)[4]의 다양한 부분들을 공유하거나, 나아가서는 사례에 대한 설명문의 초안을 그들에게 보여 주고 일반적으로 기부자들이 얼마나 많이 제공할 것 같은지에 관한 의견을 요청할 수도 있을 것이다. 이러한 추정치는 도서관 개발 담당 직원에게 면담한 사람의 증여 능력에 대한 아이디어를 제공해 준다. 주요한 캠페인을 기획할 때는, 필요로 하는 총금액이 캠페인의 목적을 달성하기 위해 얼마나 많은 기부가 이루어져야 하는지를 크기에 따라 보여 주는 기부 피라미드(〈그림 20.1〉을 참고하라)로 개발된다.

20.1.2. 양성

삶의 많은 다른 측면들과 마찬가지로, 소셜 미디어는 도서관 기금 조성에서 어떤 역할을 한다. 도서관의 지지자 커뮤니티를 확장하기 위해 소셜 미디어 사이트를 이용하는 것은 사람들을 프로그램이나 장서, 서비스와 연결해 주는 좋은 방법이다.[5]

---

3) Samuel T. Huang, "Where There's a Will, There's a Way: Fundraising for the Academic Library," *Bottom Line: Managing Library Finances* 19, no. 3 (August 2006): 147.
4) 역자주: 모금 명분서라고도 한다.
5) Joyce Garczynski, "#Donate: the Role of Social Media in Academic Library Fundraising," *The Bottom Line* 29, no. 2 (2016): 60-66.

<그림 20.1> 1백만 달러 캠페인을 위한 기부 피라미드

어떤 기관에서는, 도서관에 우선순위를 두어야 한다고 임원들을 설득하는 것이 주요한 장애가 될 수도 있다. 상당 부분은 모체 기관의 리더의 가치와 우선순위에 좌우된다. 임원들이 집중 거액 모금 캠페인(capital campaign)을 시작하고 있는데 도서관 프로젝트가 그 캠페인의 일부인 경우에는, 재단이 도서관에 기부자와 기부 담당 임원(gift officers)을 할당해줄 것이기 때문에 기부자를 찾는 일이 더 용이할 것이다. 종종 재단은 어떤 리서치를 수행하고 잠재적인 기부자들에게 그들이 어떤 영역을 지원하고자 하는지 묻기도 한다. 도서관의 기부 담당 임원이 도서관을 선택했거나 교원이나 학생들을 돕고자 하는 사람들에게 접근할 수 있을 것이다. 그러고 나서 그 다음 단계는 가능성이 있는 기부자가 얼마나 많이 제공하게 될 것인지와 어떤 프로젝트들이 그들의 관심을 북돋울 것인지를 결정하는 것이다.

20.1.3. 요청

기부 담당 임원은 기부자에게 도서관을 방문하거나, 사서들을 만나거나, 점심 식사를 하면서 사례에 대한 설명문을 논의하도록 초대할 수도 있을 것이다. 때로는 기부 담당 임원이나 사서가 가능성이 있는 기부자의 직장이나 가정으로 가게 될 것이다. 대개는 기부 담당 임원이 구체적인 요청서를 준비하기 전에 몇 번의 만남이 이루어지게 된다. "어떤 도서관 상황에서든, 핵심적인 전략은 주요한 기부자들과 계속해서 관계를 형성하고 활용하는 것이 될 것이다."[6] 가능성이 있는 기부자와의 관계를 구축하기 위해 보내는 시간은 매우 중요하다. 그것은 모든 사람에게 신뢰를 개발할 기회를 주고 제공된 어떤 자금이든 잘 관리될 것이라는 사실을 보여 주는 것이다. 어떤 때는 기부자가 어떤 방문이나 점심 식사도 없이 수표를 발행할 준비를 갖춘 채 나타날 때도 있다. 예를 들면, 이러한 사례들로는 기부자가 상속에서 엄청난 돈을 얻거나, 배우자가 사망하고, 미망인이 도서관의 방 하나에 그 이름을 명명함으로써 자신의 남편을 기념하고자 할 때가 있다. 어떤 때는 도서관 서비스나 프로그램이 기부자의 심금을 울려서, 그들이 도움을 제공할 때도 있다.

주요한 기부를 요청할 때, 도서관장이나 기부 담당 임원은 만일 건물이 아직 건축되지 않았으면 건축 도면을 보여 주거나, 공사 중이면 안전모를 쓰고 프로젝트에 대한 투어를 제공하거나, 공간이 존재할 때는 그 공간을 보여 줌으로써, 가능성이 있는 명명 기회를 보여 주도록 준비하게 될 것이다. 가능성이 있는 기부자들이 기념할 수도 있는 실제 공간을 보는 것은 매우 흥미로운 것이다. 연간 자금이나 더 작은 캠페인을 위해서는, 요청이 우편이나 소셜 미디어를 통해 이루어질 수도 있을 것이다.

기부를 받았을 때 도서관장은 기부에 대한 적합하고 시의적절한 감사의 표시(acknowledgement)를 하게 된다. 이러한 감사의 표시의 성격은 기부의 규모와 기부자의 바람에 좌우된다. 어떤 사람들은 어떤 공식적인 표창도 바라지 않지만, 어떤 사람들은 지속적이고 계속적인 감사를 기대한다. 잘 만들어진 손 편지는 언제나 적절한데, 상당히 인정을 받고 있으며, 아주 필수적이다.

20.1.4. 관리

관리(stewardship)는 기부가 이루어지고 처음에 감사의 표시를 한 후 기부자에 대해 수행되는 일이다. 관리의 포인트는 기부자와의 관계를 계속해서 구축하고 기부자가 도서관의 활동과 기부가 어떻게 이용되고 있는지에 관한 정보를 계속해서 평가하도록 하는 것이다.

사서나 모체 조직의 재단의 사람이 기부자를 인정하는 방식의 적절한 범위를 미리 설정함으로써 관리를 맡는다. 그러한 방식으로 적절한 인정 방법이 제공될 것이다. 어떤 조직이 감사를 표할 수 있는 방식으로는 기부자를 점심 식사나 저녁 식사에 초대하거나, 기부자와 가족을 위한 리셉션을 열거나, 어떤 의식에서 수여

---

6) Michele Reid, "Building an Academic Library Fundraising Program 'From Scratch,'" *Bottom Line: Managing Library Finances* 23, no. 2 (2010): 53.

되는 펀이나 그릇과 같은 특별한 선물을 제공하거나, 후원자에 대한 연간 출판물에 기부자의 이름을 포함시키는 것이 있다. 도서관과 기부자의 연결은 감사 편지나 인정 이벤트로 끝나는 것이 아니다. 대부분의 성공적인 도서관 기금 조성자들은 개인적인 방문과 짧은 편지로 관계를 유지한다. 기부자의 이름을 딴 도서관의 방의 이용에 관한 간략한 커뮤니케이션이나 기부자에 의해 자금이 지원된 자료들의 구입에 대해 도서관이 감사를 드리는 교원으로부터의 편지의 사본은 도서관이 자신의 기부를 어떻게 사용하고 있는지에 대한 아이디어를 기부자에게 제공해 주며, 이러한 작은 단계들이 기부자들로 하여금 도서관과 계속해서 연결되도록 해준다. 대부분의 기금 조성자들은 기부자들은 자신들의 첫 번째 기부가 진가를 인정받고 있다고 느끼면 다시 제공할 가능성이 있다고 믿는다. 자금들을 다른 부적합하지만 긴급한 목적에 재배정하는 것은 귀가 솔깃할 수도 있지만, 이것은 비윤리적인 것이다. 도서관 기획과 서비스의 다른 모든 측면들과 마찬가지로, 경영자들은 기금 조성 노력의 유효성을 곰곰이 생각해 볼 시간을 할애해야 한다.[7]

20.2. 기금 조성 자원

외부의 자금 지원을 찾는 사람들을 도와주기 위해 설계된 많은 조직들이 있다. 초심자를 위해서는, 미국도서관협회(ALA)와 그 몇몇 분과가 기금 조성에 전념하는 광범위한 활동과 출판물, 위원회를 제공하고 있다. 특히 미국도서관협회의 *Welcome to Frontline Fundraising: Getting Started in Eight Easy Steps*는 풍부한 정보를 담고 있다.[8] ARL(Association of Research Libraries)도 가장 큰 규모의 학술 도서관들의 기금 조성 상황을 조사한 *SPEC Kit on Library Development*[9]를 발행한 바 있다.

---

7) Sarah M. Prichard, "Fundraising: Collaboration, Impact, and Assessment," *Portal: Libraries & the Academy* (April 2011): 595.
8) American Library Association, *Welcome to Frontline Fundraising: Getting Started in Eight Easy Steps*, accessed March 16, 2017 ⟨http://www.ala.org/advocacy/advleg/frontlinefundraising/welcome⟩.
9) Association of Research Libraries, *SPEC Kit 297: Library Development* (December 2006), accessed March 16, 2017, ⟨http://publications.arl.org/Library-Development-SPEC-Kit-297⟩.

20.3. 첫 번째 단계

대부분의 경우, 누구든 도서관을 위한 모금을 하기에 앞서, 모체 조직과 상의해야 하고 모체 조직은 이러한 활동들을 승인해야 한다. 학술도서관의 경우, 도서관이 어떤 수준에서든 최소한의 수준에서 기금 조성에 참여하도록 허용하는 것은 교무부총장이나 총장이 될 것이다. 공공도서관은 미국의 경우 시티 매니저나 타운 매니저 또는 의회의 통제를 받거나, 아니면 그와 같은 프로젝트를 승인할 선출직이나 임명직의 이사회를 가진 독립적인 것이 될 수도 있을 것이다. 학군 내에서는, 교장이나 학교도서관 감독관, 교육감실의 다른 어떤 사람이 접촉해야 할 적합한 사람이 될 것이다.

도서관장은 왜 잠재적인 기부자에게 접근하기에 앞서 허락을 요청해야 하는가?

- 조직의 다른 어떤 사람이 이미 그 사람에게 접근하고 있을 수도 있으며, 기부자들은 동일한 조직으로부터 같은 해에 이루어지는 다수의 요청을 싫어할 수도 있다. 복수의 요청은 잠재적인 기부자에게 그 기관은 내부 커뮤니케이션이 부실하고, 제대로 조직화되어 있지 않다는 인상을 준다. 또는 기부자는 아직 알려지지 않았을 뿐인 상당한 기부를 이미 제공하고 있을 수도 있을 것이다.
- 만일 도서관장이 5천 달러를 요청하고 다른 어떤 사람은 5만 달러를 요청하려고 계획을 세우고 있었다면, 기부자는 도서관에 5천 달러를 제공하는 데 만족하고 둘 이상의 기부를 하고자 하지 않을 것이기 때문에, 도서관의 요청은 더 큰 요청을 약화시킬 수도 있을 것이다. 그러면 전체적으로 볼 때, 모체 조직은 4만5천 달러를 잃게 된다.
- 상위 관리자들은 모체 조직의 우선순위를 반영하기 위해 기금 조성을 준비하고자 한다.
- 기부자들을 찾아내고 그들에게 요청하는 것은 잠재적인 기부자에 대한 리서치와 조정, 다수의 접촉 없이 이루어지는 빨리 해치우는 어떤 것이 아니다.

20.4. 기금 조성 용어와 기부의 유형에 대한 이해

어떤 사업과도 마찬가지로, 기금 조성은 특유의 어휘를 가지고 있다. 이하에서는 이 분야의 가장 중요한 몇 가지 용어와 개념에 개해 살펴보고자 한다.

고등 교육 기관의 대학 발전 부서(institutional advancement)는 기금 조성을 감독하기 위해 총장과 함께 일하는 대학의 부분이다. 때로는 이 그룹은 졸업생 관계와 정부 관계, 커뮤니케이션을 포함하기도 한다.

접촉 보고서(contact report)는 가능성이 있는 기부자나 현재 기부자와의 만남에 대한 명문화된 간략한 개요이다. 때로는 이러한 보고서들이 대학 발전 부서에서 관리하는 데이터베이스에 저장되기도 하고, 어떤 때는 단지 도서관장의 파일의 메모로 남기도 한다. 접촉 보고서 파일은 기부자나 가능성이 있는 기부자에 관한 정보를 추적하기 위해 중요하다. 또한 신임 도서관장을 채용했을 때, 접촉 보고서 파일을 가지고 있는 것은 새로운 사람이 기금 조성에 속도를 낼 수 있도록 하는 데 도움이 된다.

챌린지 기프트(challenge gifts)는 다른 기부자들의 동기를 부여하기 위해 이루어지는 서약이다. 이것은 재단이나 정부 조직, 다른 기부자로부터 이루어질 수 있다.

기부 협약(gift agreement)은 기부자와 기부를 받는 기관 사이의 명문화된 계약서이다. 기부 협약은 기부자가 일정 기간에 걸쳐 자금을 기부하기로 약속하고 있거나 아니면 기증이 돈이 아니라, 고서나 필사본, 가구와 같은 유형의 기부일 때 중요하다.

감사의 표시(acknowledgement)는 기부를 받았을 때 취해지는 첫 번째 단계이다. 대개는 감사장(thank you notes)이 작성된다. 때로는 기부자에게 개인적으로 감사를 전하기 위해 후속의 전화 통화가 이루어지기도 한다. 감사장은 중요한 것으로 기부가 접수된 직후에 작성해야 한다. 감사장은 손으로 작성하는 것이 가장 좋으며, 이러한 기부가 도서관에 어떤 차이를 가져다줄는지에 대한 정보를 포함해야 한다.

기금 조성 용어 이외에도, 가능성이 있는 기부자들에게 도움이 될 수 있는 다음과 같은 다양한 유형의 기부와 증여의 유형들이 있다.

현재 사용 기부(current use gifts)는 단기적인 것으로, 모든 돈을 기부의 구체적인 목적을 위해 1년이나 2년 이내에 지출해야 하는 프로젝트를 위한 것이다.

영구 기금(endowments)은 도서관 직원들이 매년 이자만을 지출하는 은행 계좌와 같은 것이다. 영구 기금은 도서관의 모체 조직이나 재단 부문에 의해 투자되고 도서관에 매년 일정 비율이 지불될 것이라는 사실을 양해하고 기부가 이루어진다. 도서관은 이자를 가져올 뿐이기 때문에, 자금은 영구적으로 이용할 수 있다. 영구 기금은 법적 구속력이 있는 협약이기 때문에, 어떤 영구 기금을 현재 사용으로 전환하는 것은 매우 어려우며 권장할 수 없는 것이다. 영구 기금은 일반적으로 2만5천 달러 이하로는 설정하지 않는데, 그 이유는 지불금이 매우 작게 될 것이기 때문이다. 각 기관은 얼마나 많은 금액을 지불할지와 최초 기부금의 최소 규모에 관한 정책을 갖게 될 것이다. 어느 경우이든, 기부자는 자금을 어떻게 지출할지를 명시할 수도 있으며, 기부자의 요청에 부응하도록 보장하는 것은 도서관을 맡고 있는 사람의 책임이다.

때로는 기부자가 어떤 프로젝트가 시작되도록 하기 위한 현재 사용 기부와 그러고 나서 그것을 지속시키기 위한 영구 기금을 결합하여 제공할 수도 있을 것이다. 예를 들면, 기부자가 도서관의 디지털 프로젝트를 위해 10만 달러를 약속할 수도 있을 것이다. 처음 2만5천 달러는 첫 해나 둘째 해에 지출해야 하고, 그러고 나서 나머지 7만5천 달러에 대한 이자가 매년 지불될 것이다. 아마도 2만5천 달러는 장비를 구입하기 위해 사용될 것이며, 영구 기금 지불금은 장서를 디지털화하기 위한 학생 근로자들의 임금을 처리하게 될 것이다. 7만5천 달러의 4퍼센트의 지불금은 매년 3천 달러의 수익을 낼 것이다. 영구 기금의 이점은 그것이 영원히 지속된다는 사실이지만, 그러나 그 연간 수익률은 작다. 현재 사용 기부는 상당히 클 수도 있지만, 짧은 시간에 지출되고 그러고 나서는 사라질 것이다.

연간 자금 기부(annual fund gifts)는 현재 또는 다음 회계 연도 동안 지출될 의도를 갖는 대개는 어떤 제한도 받지 않는 기증이다. 요청은 연간 우편 요청이나 전화 요청, 또는 이 둘을 모두 수반하게 된다. 이러한 활동을 통해 지지자의 명단을 구축하고 적당한 수입을 발생시키게 된다. 어떤 공공도서관들은 도서관 회원증을 가지고 있는 모든 성인이나 프로그램이나 행사에 참여하는 사람들에게 요청을 한다. 학술도서관은 대학에 소속되지 않은 소수의 사람들에게 요청을 하지만, 도서관은 졸업생이 없기 때문에, 대학의 어떤 스쿨이나 단과대학을 졸업한 졸업생에게 요청을 하는 것은 졸업생이 도서관을 후원하는 데 대한 관심을 명시하지 않는 한, 한계를 벗어난 것이 될 수도 있을 것이다. 어떤 가족들은 자녀나 부모가 대학 내의 서로 다른 스쿨이나 단과대학에 다닐 때 학술도서관에 기부를 하기도 하는데, 그들은 도서관을 어느 한 단과대학이나 스쿨에 집중하지 않고 대학을 후원하는 중립적인 방식으로 간주한다.

미요청 기부(unsolicited gifts)는 예기치 않게 찾아온다. 이러한 기부자들이나 그들의 변호사는 수표를 가지고 또는 기부가 곧 있을 것이라는 사실을 통지하러 도서관과 접촉한다. 미요청 기부는 유증(遺贈)인 경우가 많지만, 살아 있는 도서관 기부자로부터 올 수도 있을 것이다. 어떤 사람은 도서관으로 걸어 들어와서 가족이 도서관 서비스와 프로그램에 만족하고 있기 때문에 자신들은 도서관 건축 프로그램을 돕고자 한다고 발표할 수도 있을 것이다. 미요청 기부는 대개 서비스가 훌륭하고 기부자가 도서관에서 좋은 경험을 했을 때 들어온다.

요청 기부(solicited gifts)는 단순히 요청의 결과로서 들어오는 기부이다. 이러한 요청은 언제든지 계속할 수 있지만, 기관의 집중 거액 모금 캠페인의 핵심적인 부분이 된다.

집중 거액 모금 캠페인(capital campaign)은 대규모 금액을 모금하기 위한 다년간의 활동을 의미한다. 사립학교와 대학의 도서관들은 전 기관에 걸친 캠페인에 참여하며, 공공도서관들은 특히 신축 도서관이나 보수와 같은 자본 프로젝트(capital projects)를 위한 주요한 캠페인을 가질 수도 있을 것이다. 이 캠페인은 기부자와 연결될 수 있는 구체적인 목적과 다양한 프로젝트를 갖는다. 집중 거액 모금 캠페인은 그 범위가 수백만 달러로부터 10억 달러 이상에 달하기도 하는데, 이 금액은 니즈(needs)에 의해서가 아니라 그 기관이 얼마나 많이 모금할 수 있다고 생각하는지에 의해 결정된다. 학술도서관의 경우에는, 도서관의 니즈가 캠페인의 사례에 대한 설명문(case statement)에 포함되는지의 여부를 포함하여, 캠페인의 우선순위를 총장이 결정한다. 컨설턴트나 조직의 어떤 사람이 잠재적인 기부자들의 제공 능력을 결정하고 캠페인의 재정적인 목적을 설정한다. 단과대학 학장과 운동 감독, 그 밖의 사람들이 캠페인을 위한 제안서를 개발한다. 그리고 나서 총장은 관리자의 우선순위를 반영하기 위해 제안서들을 줄이게 된다. 다음으로 직원측 작성자들이 캠페인의 구체적인 프로젝트와 목적을 각 프로젝트와 금액을 연결하여 설명해 주는 캠페인의 사례에 대한 설명문을 개발한다. 사례에 대한 설명문은 그리고 나서 잠재적인 기부자들과 공유할 준비를 갖추게 된다.

대개는 소규모의 기부가 많고, 중간 규모의 기부는 일부이며, 대규모의 기부는 아주 소수이다. 어느 누구도 어떤 프로젝트가 기부자에게 매력적일 것인지를 예측할 수 없기 때문에, 캠페인의 사례에 대한 설명문에는, 피라미드의 기부의 숫자(〈그림 20.1〉을 참고하라)보다 더 많은 프로젝트와 제안서가 있을 것이다. 도서관장은 기금 조성 기획은 물론 잠재적인 기부자의 개발과 그러한 기부자에 대한 요청에 참여해야 한다. 이러한 참여 없이는, 비록 사례에 대한 설명문에 수많은 도서관 제안서가 포함되어 있다고 하더라도, 도서관에는 기증이 부족할 수도 있을 것이다.

대략 절반의 자금이 모금될 때까지는, 캠페인은 기부자는 요청을 받지만, 외부 홍보는 없는 "조용한 단계"(quiet phase)에 있는 것으로 간주된다. 50퍼센트가 모금되고, 기금 조성 목적이 달성 가능하다고 기관에서 확신하고 난 후에는, 열의를 만들어 내고 캠페인의 완성에 박차를 가하도록 밀어붙이기 위해 적극적인 홍보 활동이 시작된다.

협동적 기금 조성(collaborative fund-raising)은 도서관 직원이 다른 조직과 함께 짝을 이루어 상호 이익을 위해 기금을 조성하는 접근법이다. 이 접근법은 장서 개발을 지지하여 나타나는 경우가 많은데, 이 경우 고등 교육 기관의 어떤 학과의 교원들이나 지역 사회 조직이 특정 토픽에 관한 장서를 구성하기 위해 공공도서관이나 학교도서관과 함께 일한다. 이러한 예에서는, 기금 조성의 잠재적인 라이벌들이 협력자가 될 수 있다.[10]

20.5. 증여의 유형

기부하는 사람들은 자선 단체에 자금을 제공하기 위한 다음과 같은 다양한 방식을 가지고 있다.

- 그들은 수표를 한 장 쓰거나 온라인으로 신용 카드 청구를 하도록 할 수 있다. 금액이 비교적 작을 경우에는, 이것이 대개 사람들이 연간 자금에 기증하는 방식이 된다.
- 후원자(benefactors)는 약속(서약이라고 부른다)을 하고 몇 년간에 걸쳐 기부금을 지불할 수도 있을 것이다. 이것은 대개 대규모 기부에서 이루어진다.
- 기부자가 유언 신탁(living trust)[11]을 설정하는데, 이것은 어떤 사람이 자신이 실제로 할 수 있는 여유가 있다고 생각하는 것보다 아마도 더 많은 것을 제공하는 방식이다. 그들은 비영리 기관에 목돈을 기증하고 특히 자금이 오랜 시간에 걸쳐 증가하는 주식이나 뮤추얼 펀드(mutual funds)로 유지되고 있으면, 세금 혜택을 받는다. 기부 이후에, 기부자는 살아 있는 동안 그 돈으로부터 연금

---

10) Joe Clark, "Creative Fundraising through Campus Collaborations," *Journal of Library Innovation* 2, no. 2 (2011): 62.
11) 역자주: 유언 대용 신탁, 생전 신탁이라고도 한다.

을 받는다. 보험 회사에 의해 관리되기 때문에, 매달 지불되는 연금의 금액은 기부자의 기대 수명과 주식 시장의 등락에 대한 추정치를 바탕으로 산정된다. 유언 신탁의 기부자가 사망한 후에는, 기부의 잔여금은 비영리 기관으로 간다. 유언 신탁은 기부자가 여전히 살아 있는 동안은 인정을 받고, 세금 혜택과 매달의 지불금을 받는 방식이다. 기부자의 사망 후에는, 비영리 기관은 더 큰 기부를 받게 될 것이다.

- 기부자가 자신의 유언장에 도서관을 명시하거나 자신의 투자나 보험 증서의 수혜자로서 도서관을 열거하게 되는데, 기부자가 사망했을 때, 그 돈은 도서관으로 가게 된다. 이를 유증(遺贈: bequest)이라고 한다. 때로는 도서관이 이러한 잠재적 기부에 관해 알고 있을 수도 있고, 때로는 그것이 멋진 놀라움으로 다가오기도 한다.

- 인터넷상의 크라우드 펀딩(crowdfunding)은 2007년부터 2008년의 재정 위기 중에 시작되었다. 이것은 도서관과 그 밖의 문화 프로젝트를 후원하는 사람들이 많은 수의 사람들로부터 돈을 모금하는 방식이다. GoFundMe와 Indiegogo, Alumni Funder, Kickstarter와 같은 온라인 서비스들이 이용된다.[12] 이러한 서비스들은 계정을 설정하고 기부되는 돈을 관리하는 데 대한 수수료를 받는다.

- 현물(in-kind) 또는 비화폐성 기부(non-monetary gifts). 예로는 할인이나 무료의 데이터베이스 이용과 같은 벤더로부터의 기증이나, 희귀 도서나 그림이나 그 밖의 예술품의 컬렉션의 기부, 사진이나 필사본, 그 밖의 미발간 자료들이 있다. 어떤 도서관이 이러한 종류의 기부를 받았을 때는, 기부자와 도서관의 대표자가 기부 문서에 서명하는 것이 중요하다.[13] 이러한 협약은 기부자가 실제로 기부되는 품목을 소유하고 있음을 검증해 주고, 소유권과 저작권의 상태를 설명해 주는데, 이것은 기부와 함께 이전될 수도 있고 이전되지 않을 수도 있을 것이다. 필사본의 소유자는 어떤 권리들을 보유할 수도 있는데 도서관은 예를 들면 디지털화할 권리에 관한 문제가 존재한다면 기부를 받아들이기를 거부할 수도 있을 것이다. 모든 기증에 대해 기부 문서를 가지고 있는 것은 매우 중요한데 그것이 없으면, 도서관에 대한 문제점이 미래에 생겨날 수도 있을 것이다.

---

12) Debra Riley-Huff, et al., "Crowdfunding in Libraries, Archives and Museums," *Bottom Line: Managing Library Finances* 29, no. 2 (2016): 67-85.

13) 기부 증서 양식의 샘플은 다음 자료에서 입수할 수 있다: M. Sue Baughman, "Model Deed of Gift," *Research Library Issues: A Quarterly Report from ARL, CNI, and SPARC*, RLI 279. (June 1, 2012): 5-9.

20.6. 기금 조성 활동의 유형

다음은 도서관의 기금 조성 활동의 예들이다. 이러한 활동들은 필요한 어떤 수입을 제공해줄 뿐만 아니라, 지역 사회에 대한 도서관의 가시성(可視性)을 제공해 주기 때문에, 기금 조성 활동을 시작하기에 좋은 곳이다.

도서 판매와 경매, 자선 음악회와 같은 이벤트들은 모두 도서관을 위한 긍정적인 지원을 만들어준다. 학교도서관 사서들은 종종 학부모들의 도움을 받아, 하루나 이틀 동안 도서 판매를 한다. 이러한 판매는 어린이의 부모들이 어린이를 서점에 데려가지 않을 때 그들이 책을 살 기회를 제공해 준다.

이벤트를 조직하는 데는 많은 자원봉사자들과 직원들이 관여하게 된다. 이벤트는 지역 사회가 함께 모이고, 어떤 즐거운 시간을 보내고, 도서관에 후원을 제공하는 방식이다. 공공도서관과 몇몇 학술도서관에서는, 도서관의 친구들(friends of the library) 그룹이 이러한 활동들을 도와준다. 도서관 이벤트에서 일하는 자원봉사자들의 이러한 헌신적인 그룹들은 도서관 개발 프로그램을 시작할 때 훌륭한 첫 번째의 곳이 된다. 도서관의 친구들 그룹은 자신들의 활동이 도움이 되고 도서관의 우선순위에 기여하도록 보장하기 위해서는 도서관 경영자의 시간을 필요로 한다. "의지할 수 있고, 다양한 퍼스낼리티를 가지고 성공적으로 일할 수 있으며, 캠퍼스 안팎에서 도서관을 위해 기꺼이 눈에 띄고, 참여하고, 열정적이 되고자 하는 개인들을 찾는 것은 도전적인 일이 될 수 있다."[14] 어떤 공공도서관들은 자신들의 도서관의 친구들 그룹을 영구 기금을 관리하거나 미국의 경우 501(c)(3)[15]에 의한 비영리 조직의 역할을 하는 상부 조직(umbrella organization)으로 이용하기도 하는데,[16] 501(c)(3)은 세금이 면제되는 비영리 조직의 유형을 정의하는 세법의 일부이다. 그들은 공공도서관이 대개 비영리이기는 하지만, 도서관이 도서관을 위해 기부된 돈에 대한 통제를 갖고 그것이 그냥 시로 가버리지 않도록, 기부금을 분리하고 유지하기 위해 자신들의 도서관의 친구들 그룹을 이용한다.

---

14) Frank D'Andraia, Jessica Fitzpatrick, and Catherine Oliver, "Academic Libraries and Friends Groups: Asset or Liability?" *Journal of Library Administration* 51, no. 2 (February 2011): 227.
15) 역자주: 미국의 경우, 세법 501(c)(3)에 해당하는 공공 자선 단체와 민간 재단은 비영리 공익 법인으로 인정받아 면세 혜택을 받는다(〈https://www.irs.gov/charities-non-profits/charitable-organizations/exemption-requirements-501c3-organizations〉).
16) Lisa Peet, "360° Fundraising," *Library Journal* 141, no. 8 (2016): 32.

비록 이러한 이벤트들이 상당한 재정적 수익을 낳지는 못할 수도 있다고 하더라도, 일부의 필요한 자금을 제공해 주게 되며 도서관을 촉진하기 위한 좋은 기회를 제공해 준다. 이러한 이벤트들은 지역 사회에 지지를 만들어 낼 기회를 제공하고 도서관으로 하여금 가능성이 있는 사람들에 대한 자신들의 데이터베이스를 구축하도록 도움을 준다.

20.7. 기금 조성을 위한 충원

소규모 도서관들은 이사회나 학부모 협의회, 도서관의 친구들 그룹과 함께 내부에서 기금 조성을 실행하는 반면, 대규모 기관들은 대개 재단이나 발전기금실(development office)과 함께 일한다. 어느 경우이든, 크든 작든, 도서관장은 기금 조성의 기획과 조정, 수행에 언제나 깊숙하게 관여된다. 이것은 도서관장은 도서관에 대한 큰 그림의 관점을 가지고 있고, 도서관의 니즈와 목적을 가장 잘 알고 있으며, 도서관의 미래에 대한 흥미진진한 비전, 추가의 재정적 지원으로 가능한 비전을 표현할 수 있기 때문이다. 또한 기부자들은 책임자와 이야기하고 싶어 한다. 반면에 어떤 전문가들은 최전선에 있는 직원들이 기부자가 될 수도 있는 사람들과 밀접한 관계를 가질 수도 있으며 모든 직원, 심지어는 학생 근로자들에게까지, 도서관 개발에 대한 교육 훈련을 제공하는 것이 좋은 아이디어라고 믿고 있다.[17]

대규모 기관의 대부분의 기금 조성은 발전기금실이나 재단에 집중되어 있다. 발전기금실은 리서치를 실행하고, 이벤트를 운영하며, 돈을 관리하는 직원과 기부 담당 임원(gift officers)이라고 불리는 주요한 기부를 요청하는 사람을 두고 있다. 기부 담당 임원은 캠퍼스의 다양한 단위나 대규모 공공도서관의 일부에 배정되는데 기부자를 확인하고 자신의 단위의 메시지를 기부자와 커뮤니케이션하는 데 도움이 된다. 몇몇 아주 대규모의 도서관들은 그 자체의 기부 담당 임원이나 복합 업무 담당 임원을 두고 있다. 기부 담당 임원은 창의적이고 다른 사람들과 함께 일하는 것을 즐기며, 대개 자신의 시간의 상당 부분을 가능성이 있는 기부자들을 만나기 위해 출장을 다니는 데 보낸다. 기부 담당 임원을 가장 훌륭하게 지원하기 위해, 사서는 그들에게 도서관의 니즈에 관한 구체적인 정보를 제공하고 그 니즈들

---

17) Jesse Whitchurch and Alberta Comer, "Creating a Culture of Philanthropy," *The Bottom Line* 29, no. 2, (2016): 114-122.

이 흥미진진하고 중요한 것으로 들리도록 해야 한다. 기부 담당 임원은 "누가 도움을 받게 될 것인가?" 그리고 "이 프로젝트는 왜 중요한가?"와 같은 질문을 한다. 사서들은 잠재적인 기부자가 될 수도 있는 특정의 개인들과 어떤 프로젝트가 그들의 마음을 끌 것인지에 관해 기부 담당 임원과 전략을 세운다. 교원은 가능성이 있는 기부자들을 도서관 직원의 관심을 끌도록 해 주고, 기부자들이 중요한 책들에 어울리는 장소를 발견하도록 도와줌으로써 학술도서관에 상당히 도움이 될 수 있다. 때로는 퇴임한 교원이 자신의 연구실에서 책들을 처분하고자 할 수도 있는데, 도서관은 그들의 책을 가져옴으로써 그러한 교원들에게 훌륭한 서비스를 제공해 준다. 교원들은 자신들의 개인 장서에 자신들의 도서관이 부여하는 것보다 더 높은 가치를 부여할 수도 있기 때문에, 원하지 않는 것은 어느 것이든 다른 도서관으로 넘기거나 그 도서관에 의해 처분할 수도 있다는 조건으로 그 책들을 받아들이는 것이 좋은 아이디어이다.

다른 어떤 직원과도 마찬가지로, 기부 담당 임원은 동기를 부여받아야 한다. 발전기금실의 직원과 함께 일하기 위한 몇 가지 아이디어를 살펴보면 다음과 같다.

- 발전기금실에 비공식적으로 나타나서, 이야기할 수 있는 사람이 누구인지를 살펴보라. 때로는 이러한 비공식적인 대화가 기부 담당 임원에게 도서관에 관해 계속해서 상기시키고 기부로 이어질 수도 있을 것이다.
- 기금을 조성하는 사람을 점심이나 저녁 식사에 초대하라. 기금 조성 담당 직원은 식사를 위해 다른 사람들을 데리고 나가는 사람이 되는 데 익숙해져 있다. 반드시 이 시간을 기금을 조성하는 사람으로부터 배우기 위해 이용하라. 그들은 대개 자신들의 기술을 가르치는 데 관심을 가지고 있다.
- 조직의 모든 기부 담당 임원과 친숙해지고 도움을 받을 수 있도록 하라. 때로는 예를 들면 경영대학원의 기부 담당 임원이 소규모 기부를 위한 목적을 찾아야 할 수도 있는데, 경영학 교원과 학생들에게 도움이 되는 도서와 그 밖의 자료들이 도서관을 그러한 기부의 대상자로 만들어 줄 수도 있을 것이다.
- 재단 직원의 리서치를 위해 도서관의 데이터베이스를 제공하라. 일대일 교육 훈련을 마련하거나, 직원 미팅에 참여하여 그곳에서 교육 훈련 세션을 실시하라.
- 재단 직원의 미팅을 위해 도서관 회의실을 제공하라. 기금을 조성하는 사람들이 도서관을 걸어서 통과하면서 학생들이나 공공도서관 이용자들이 도서관의 자원에 몰두하고 있는 것을 보는 것은 절대로 해가 되지 않는다.

기금을 조성하는 사람이 도서관장이든, 직원이든, 재단의 직원이든, 도서관 개발에 관여하는 각 개인이 가져야 하는 몇 가지 중요한 특성들이 있다.

20.8. 기금을 조성하는 사람이 가져야 할 최고의 퍼스낼리티 특성[18]

1. 윤리적(ethical)
2. 긍정적(positive)
3. 열정적(passionate)
4. 논리 정연한(articulate)
5. 창의적(creative)
6. 사려 깊은(thoughtful)
7. 정력적인(energetic)
8. 박식한(informed)
9. 조직적인(organized)
10. 우호적인(friendly)

이야기해 보기

앞서 열거한 10가지 특성을 살펴보고 그 각각의 특성이 왜 도서관 개발에 중요한지에 대해 논의해 보라. 여러분은 다른 사람들에게 돈을 요청하는 사람에게 도움이 될 다른 특성을 생각해 낼 수 있는가?

20.8.1. 기부의 제공

기부자가 기부를 하기로 약속했을 때는, 기부 담당 임원은 기증을 인정하고 기부를 한 사람을 예우할 가능한 방법을 제안할 수도 있을 것이다. 기관들은 "명명(命名) 기회"에 대한 지침을 작성하고 적절한 것들을 제공할 수 있을 것이다. 건축

---

18) Kimberly A. Thompson and Karlene Noel Jennings, *More Than a Thank You Note: Academic Library Fundraising for the Dean or Director* (Oxford: Chandos Publishing, 2009): 13.

프로젝트에서는, 중요한 기부를 인정하기 위한 방식으로서 방과 건물의 날개, 전체 건물에 이름을 붙일 수 있다. 또한 영구 기금에는 기부자의 이름을 붙이는 경우가 많다. 건축 기부금을 위해, 사서들은 기부 담당 임원과 함께 일하면서 특정 공간의 가치를 결정한다. 어떤 방이나 다른 공간의 가치를 부여하는 요인들로는 제곱피트(square feet)의 수와 위치, 목적이 포함된다. 모체 기관의 임원(총장이나 이사회, 교육감)은 이 도서관 공간의 리스트를 달러 금액과 함께 승인한다. 이 리스트는 거액을 기부할 수도 있는 사람과 함께 작업할 때 기부 담당 임원의 지침이 된다. 일단 어떤 기부자가 대규모 기부를 명확히 하고 어떤 방이나 건물에 이름을 붙이고 싶어 한다면, 총장이나 이사회에 의한 또 하나의 승인이 필요하다. 이 두 번째 승인의 이유는 관리자들은 기부가 그 조직을 곤란하게 할 누군가에 의해 제공된 것이 아니라는 사실을 확실히 하고자 하는 것이다(〈표 20.1〉을 참고하라).

소규모 기부를 인정하는 그 밖의 방식으로는 종이 장서표나 전자식 장서표, 기부자의 벽(wall of donors), 연간 보고서 등재가 포함된다. 어떤 도서관에서는 서비스 데스크와 같은 가구에 명판(name plaque)을 붙일 수도 있을 것이며, 어떤 도서관들은 방으로 명명을 제한할 수도 있을 것이다. 그것은 모두 모체 기관에 의해 설정된 지침에 좌우된다. 소규모 도서관에서는, 컴퓨터실의 의자나 참고실의 책상과 의자 세트에 명판을 붙일 수도 있을 것이다.

일단 기부에 대한 상세한 것들이 해결되고 나면, 기부자와 도서관이나 도서관의 모체 기관의 대표자 양측이 기부 협약의 초안을 작성하고 서명을 하게 된다. 대부분의 도서관장과 기부 담당 임원은 도서관장과 미래의 도서관장들이 유연성을

〈표 20.1〉 도서관의 집중 거액 모금 캠페인을 위한 명명 기회 리스트

명명 기회	금액
열람실	500,000달러
대형 전자자료실	100,000달러
정보 공유 공간	75,000달러
소형 전자자료실(2)	50,000달러
보조 테크놀로지 센터	35,000달러
대형 그룹 스터디 룸(3)	15,000달러
소형 그룹 스터디 룸(3)	10,000달러

가질 수 있도록, 그리고 도서관은 변화하고, 어떤 특정의 테크놀로지나 특정 유형의 장서에 대한 필요성은 향후 몇 년 안에 시대에 뒤떨어질 수도 있기 때문에, 가능한 한 광범위하게 기부 협약, 특히 영구 기금의 단어를 사용하고자 노력한다.

20.9. 보조금

보조금(grants)이란 무엇인가? 보조금은 돈을 나누어 주기 위해 설립된 다양한 자선 단체와 정부 조직으로부터 입수할 수 있는 자원들이다. 나누어 줄 수십억 달러의 돈을 가지고 있는 재단과 위탁 사업체(trust)와 같은 수백 개의 정부 기관과 민간 조직들이 존재하고 있다. 도전은 여러분의 니즈에 맞는 보조금을 찾아내고 그러고 나서 여러분의 도서관이나 정보 센터가 자금 지원을 받을 자격이 있다는 사실을 자금 지원 조직에 확신시켜 주는 성공적인 보조금 신청 제안서를 작성하는 것이다.

보조금 지원 조직은 그 돈을 받기 위해 무엇을 해야 하는지를 상세하게 명시한다. 보조금은 프로그램을 개선하거나, 장서를 구입하거나, 서비스를 제공하기 위한 훌륭한 방식이기는 하지만, 성공적이 되도록 하기 위해서는 시간과 헌신적인 노력이 필요하다. 보조금의 네 가지 유형은 일반 운영 지원(general operating support)과 프로그램 지원(program support), 프로젝트 지원(project support), 자본금 지원(capital support)이다. 일반 운영 지원을 위한 보조금을 찾기는 어렵다. 대부분의 보조금 기관들은 도서관을 위한 모체 조직이 운영 자금을 처리해야 하는 것으로 간주한다.

프로그램 지원은 도서관이 실업자들을 돕기 위한 성공적인 프로그램과 같은 기존 프로그램을 만들어 내거나 확장하도록 도움을 준다. 프로젝트 지원은 가정에 돌보는 사람이 없는 어린이들을 위한 방과 후 프로그램과 같은 새로운 프로젝트를 위한 자금 지원을 제공해 준다. 자본금 지원은 도서관을 보수하거나 신축 도서관을 건축하거나 새로운 테크놀로지의 자금을 지원하기 위해 사용된다.[19]

---

19) Wendy Boylan, "Why and When to Turn to Grant Seeking," *Public Libraries* 52, no. 6 (November 2013): 26-28.

20.10. 예비 단계

보조금 지원 조직에 대한 탐색은 도서관의 전략적 계획으로부터 시작된다. 계획의 어떤 영역들이 일부의 보조적인 자금 지원을 이용할 수 있을 것인가? 어떤 영역에서 도서관 직원들은 서비스나 프로그램을 실험하거나 시험 삼아 해보고 싶어 하는가? 보조금 지원 신청이 전략적 기획으로부터 나왔을 때는, 필요성과 그 케이스에 대한 근거는 더 설득력을 갖게 될 것이다. 보조금을 찾기 좋은 첫 번째 단계는 프로젝트들과 각 목적을 달성하기 위한 가능한 접근법의 우선순위화된 리스트를 개발하는 것이다. 이것을 니즈 사정(needs assessment)[20]이라고 한다. 이것은 도서관의 시각으로부터의 니즈와 이용자들로부터의 니즈를 포함해야 한다.[21]

그리고 나서 그 다음 단계는 충원과 장비, 외부 서비스에 대한 추정치를 포함한 프로젝트에 대한 개략적인 예산을 개발하는 것이다.[22] 아울러 전략적 계획은 다양한 목적의 사정을 위한 구성 요소를 가지고 있었을 수도 있을 것이다. 이 시점에서 도서관 프로젝트의 성공을 어떻게 평가할 것인지를 검토하는 것은 좋은 아이디어이다. 일단 사정 계획과 개략적인 예산이 존재하면, 적합한 보조금 기회를 확인하기가 훨씬 더 용이해질 것이다.

20.11. 보조금 정보원

시작하기 가장 좋은 곳은 홈(home)이다. 조직 내에서조차도 때로는 내부 보조금의 기회가 존재하기도 한다. 예를 들면 대학의 학술부총장실이 학생이나 교원을 위한 새로운 테크놀로지나 서비스를 지원하기 위한 자금 지원을 하고 있을 경우에, 그 기관의 도서관은 보조금이 도서관은 광범위한 학생 및 교원을 대상으로 서비스를 하고 있음을 보여 줄 수 있으면 매우 성공적이 될 수도 있을 것이다. 그러면 지원 신청서는 설득력 있는 사례를 만들어 낼 수 있다. 내부의 보조금 신청 제안서 작성의 흥미로운 예는 University of Central Florida가 테크놀로지 수업료

---

20) 역자주: 요구 사정, 요구 조사, 요구 평가, 욕구 사정, 욕구 조사, 요구도 조사라고도 한다.
21) Nancy Kalikow Maxwell, *The ALA Book of Library Grants,* 9th ed. (Chicago: ALA Editions, 2014): viii.
22) Robert P. Holley, "Library Planning and Budgeting: A Few Unappreciated Principles," *Journal of Library Administration* 54, no. 8 (2014): 720-729.

(student technology fees)에 의해 자금이 지원되는 테크놀로지 보조금을 얻으면서 거두었던 성공이다.[23]

모체 기관 외부의 자금 지원에 대해서는, Foundation Center[24]가 *The Foundation Directory*를 발행하고 있는데, 이것은 인쇄본과 온라인으로 입수할 수 있다. 이것은 입수할 수 있는 어느 정도의 자금 지원 금액을 가지고 있는 미국의 재단들과 그들이 찾고 있는 프로젝트의 유형은 물론 어떻게 언제 지원 신청서를 제출해야 하는지에 대해 리스트하고 있다.

*The ALA Book of Library Grants*도 도서관에 대해 보조금을 지급하는 조직과 보조금 관련 자원들의 광범위한 리스트를 가지고 있다.[25] 미국 정부 기관으로부터의 연방 보조금에 대해서는, 웹사이트 Grants.gov[26]를 이용하라. 지원 신청서는 제안 요청서(RFP: request for proposal)의 형식으로 되어 있으며 프로젝트 제안서를 어떻게 작성할 것인지에 대한 매우 엄격한 지침을 가지고 있다. 보조금 확보 기회를 확인하기 위한 그 밖의 곳으로는 미국의 경우, 주와 로컬의 정부나 조직과 도서관 정기간행물의 도서관에 대한 상품에 대한 설명이 포함된다.

20.12. 다음 단계

리서치를 하고, 잠재적인 보조금의 정보원을 확인한 후, 그 다음 단계는 요구되는 것에 대한 지시 사항을 읽는 것이다. 재단에 대해서는, 관심을 표시하는 편지(letter of interest)를 쓰거나 나아가 이 프로세스를 온라인으로 시작할 수도 있을 것이다. 어떤 질문이 있으면 연락처에 열거된 프로그램 담당자와 접촉하는 것은 언제나 좋은 아이디어이다. 이러한 연락을 하고 보조금 지원 조직과 관계를 구축하는 것은 이것이 적합한 보조금인지의 여부를 결정하는 데 도움이 될 수 있다.

어떤 보조금 지원 조직들은 가능성이 있는 보조금 신청 제안서 작성자들을 위해 워크샵을 열기도 한다. 이러한 것들은 보조금 신청 제안서 작성의 기술적인 이

---

23) Michael A. Arthur, "Looking for Money in All the Right Places: How One Academic Library is Making Good Use of Grant Funds," *Something's Gotta Give: Charleston Conference Proceedings, 2011,* eds. Beth R. Bernhardt, Leah H. Hinds, and Katina P. Staunch (West Lafayette, IN: Purdue University Press, 2012): 267-270.
24) Foundation Center Web site, accessed July 18, 2017, ⟨http://foundationcenter.org/⟩.
25) Nancy Kalikow Maxwell, *The ALA Book of Library Grants,* 9th ed. (Chicago: ALA Editions, 2014).
26) Grants.gov Web site, accessed July 20, 2017, ⟨https://www.grants.gov/web/grants/search-grants.html⟩.

슈의 측면에서뿐만 아니라 보조금 지원 조직의 사람들을 만날 기회로서도 도움이 될 수 있다.

 보조금 지원 신청서의 작성을 시작하기에 앞서, 작성자는 제출을 위한 지시 사항들을 아주 세심하게 읽어 보는 것이 중요하다. 보조금 제안서가 일정한 페이지 수에, 특정 크기의 폰트를 사용하여 한 줄씩 여백을 두고 작성되도록 제한되어 있으면, 더 많은 단어들을 사용하고자 시도하기 위해 행간 없이 더 작은 폰트로 작성된 지원 신청서를 제출하는 것은 도움이 되지 않을 것이다. 지시 사항을 따르지 않는 것은 그 보조금은 절차상의 문제 때문에 결코 읽히지 않는다는 것을 의미할 수도 있을 것이다. 이러한 세부 사항들이 문제가 되는 이유는 어떤 보조금 지원 기관들은 너무나도 많은 지원 신청서를 받기 때문에 이러한 외견상의 사소한 기준들로 일부를 제외시키는 것이 기관들이 보조금 지원 신청서에 대해 자신들이 필요로 하게 될 읽을 사람들의 수를 제한하는 데 도움이 되기 때문이다. 지원 신청서를 작성하는 일에 착수하기에 앞서 가능하면, 그 조직으로부터 성공을 거둔 보조금을 읽어 보는 것도 좋은 아이디어이다. 제안서의 어떤 정보는 사적인 것으로 간주되기 때문에 모든 기관들이 제안서의 정보를 합법적으로 공유할 수는 없다. 만일 여러분이 자금이 지원된 보조금을 확보하는 데 성공한 다른 도서관을 알고 있다면, 그들은 기꺼이 공유할 수도 있을 것이다. 보조금 자금 지원의 세계는 매우 경쟁적인 곳이기 때문에, 여러분은 여러분의 기관으로 밖으로 나아가는 데 약간의 어려움을 겪을 수도 있을 것이다. 아마도 보조금을 확보하는 데 성공을 거둔 여러분의 기관의 다른 사람들이 조언을 제공해줄 수 있을 것이다.

20.13. 보조금 지원 신청서의 작성

 제안서를 작성하는 좋은 방법은 지원 신청서를 선택하고 모든 표목들을 열거하고, 이러한 표목들을 제안서의 개요로 사용하고, 그리고 나서 각 표목 아래에 내용을 채워 넣는 것이다. 어떤 개요도 없으면 다음과 같은 표준적인 구조를 이용할 수 있다.

- 초록(abstract)(별도의 지시가 없으면 250단어)
- 문제에 대한 설명(problem statement)
- 프로젝트의 목적(project purpose)

- 리서치 설계(research design) 또는 업무 계획(work plan)(활동과 일정)
- 시설과 직원에 대한 지원 신청자의 자격(applicant qualifications)
- 평가 계획(evaluation plan), 기대되는 결과(expected outcomes)
  (목적에 도달하게 되면 무슨 일이 일어날 것인가?)
- 예산(budget)(개요와 설명서)
- 지속 가능성(sustainability)
- 파급 효과(dissemination)

초록은 기관에서 읽게 되는 첫 번째 것으로 아주 적은 단어로 그 프로젝트를 세일즈해야 한다. 그 프로젝트가 제안서에 적합한 것 같지 않거나 실행이 가능할 것 같지 않으면, 읽는 사람은 다음의 보조금 지원 신청서로 넘어갈 가능성이 있다.

프로젝트 목적과 문제에 대한 설명은 그 기관이 일어날 것으로 기대하고 있는 것에 적합해야 한다. 여러분은 그 문제를 어떻게 해결할 것인가?

지원자의 시설과 직원은 요청하는 기관이 프로젝트의 활동을 이행할 공간과 장비는 물론 그 활동을 수행할 유자격 직원을 가지고 있다는 것을 의미한다.

평가 섹션은 여러분이 어떻게 성공을 측정하게 될지를 보여 주는데, 즉 여러분이 문제를 해결했는지의 여부나 어느 정도로 해결했는지가 그것이다. 만일 여러분이 어떻게 여러분의 성공을 확인할 수 있는지를 보여 줄 수 없으면, 여러분의 프로젝트는 자금 지원을 받지 못하게 될 것이다.

제안되는 예산은 그 프로젝트의 대금을 지불하는 데 적합해야 하며, 그것은 필요로 하게 될 것보다 더 많은 것을 요청하는 것처럼 보이지 않는다면 최선이다. 지속 가능성은 자금 지원의 일부이다. 만일 여러분이 그 프로젝트를 수행하기 위해 추가의 직원을 채용해야 하면, 지속 가능성 요인은 그 프로젝트가 그대로 와해되지 않도록 하기 위해 프로젝트가 끝난 후에 새로 채용된 직원을 어떻게 유지하는지를 포함시키게 될 것이다.

제안 요청서를 보내는 대부분의 기관들은 자금 지원 기관은 물론 프로젝트의 결과가 더 광범위한 오디언스(audience)에게 보고되도록 그 프로젝트에 대해 어떻게 보고하게 될 것인지를 알고 싶어 한다. 여러분이 이동도서관의 측면에 로고를 붙이든 아니면 간단하게 학술 대회에서 프레젠테이션을 하든, 여러분이 프로젝트의 결과를 확산시키는 방식은 매우 중요하다.

지시 사항을 따르는 것은 매우 중요하다. 보조금은 체크리스트에 점수를 기록하게 되는데, 많은 지원 신청자들은 요청된 문서의 사본을 보내지 않거나, 꾸러미에 여러 복본을 포함시키는 것을 소홀히 하는 것과 같은 작은 세부 사항 때문에 실패한다. 명심해야 할 핵심 포인트는 읽는 사람이 다른 사서들이 될 것이라고 여러분이 확신하지 않는 한 전문 용어를 생략하고, 평범한 단어[27]를 사용하여 가장 설득력 있는 케이스를 작성하고, 다른 사람의 교정을 받는 것이다.

마지막 한 가지 주의 사항은 여러분이 이 제안서를 승인해야 하는 모든 사람들의 지지를 받고 있고 그들이 서명을 할 수 있게 될 것이라는 사실을 보장하는 것이다. 표지에 서명을 해야 했던 재무 담당 임원이 오후 4:00에 야구팀과 함께 떠났는데 여러분의 제안서는 오후 5:00까지 소인이 찍혀야 했었다는 사실을 알게 되는 것만큼 슬픈 일은 없다.

Katie Krueger는 "보조금 신청 제안서 작성의 7대 죄악"(seven deadly grant-writing sins)을 다음과 같이 제시하고 있다.

- 거의 적합하지 않은 것을 제출한다.
- 지시 사항을 무시한다.
- 익숙하지 않은 상태에 있다.
- 원고 교정을 맞춤법 검사에 일임한다.
- 엉성한 예산을 제출한다.
- 마감을 못 맞춘다.
- 불가능한 것을 요구한다.[28]

보조금은 심사를 받으며, 심사자들은 대개 의견들을 개진한다. 만일 보조금의 자금 지원을 받지 못하더라도, 이러한 의견들은 미래의 제안서를 기획하는 데 매우 유익할 수 있다.[29] 보조금이 거부되는 것은 드문 일이 아니며, 재정 자원들이 약화되면서 많은 경쟁이 이루어지고 있다. 보조금 신청 제안서 작성과 보조금 관리는 시간이 많이 들어가고 노동집약적일 수 있지만, 성공적인 도서관과 정보 센터에서는 어떤 역할을 가지고 있다. 그 보상에는 이용자에 대한 서비스와 새로운 파일럿 프로그램을 시험할 기회가 포함된다.

---

27) 역자주: 원문은 "평범한 영어"로 되어 있다.
28) Katie Krueger, "Seven Deadly Grant-Writing Sins," *Nonprofit World* 27, no. 6 (2009), accessed March 17, 2017, 〈https://www.snpo.org/publications/sendpdf.php?id=1680〉.
29) Kenneth Arlitsch, "Committing to Research: Librarians and Grantsmanship," *Journal of Library Administration* 53, no. 5-6 (2013): 377.

20.14. 결 언

어떤 사람들은 기금 조성이나 돈을 "애원"하는 아이디어에 대해 주춤하기도 하지만, 대부분의 도서관장들은 도서관을 위해 조성되는 보충적인 자금은 도서관이 그 이용자들에게 제공할 수 있는 서비스와 장서에 상당한 차이를 가져오게 될 것이라는 사실을 인식하고 있다. 기금 조성과 보조금 신청 제안서 작성에 대한 헌신은 중요하지만, 그 보상은 틀림없이 시간과 노력을 투입할 만한 가치가 있다. 만일 사서들이 도서관의 임무를 확신하고 미래에 대한 명확한 목적과 비전을 가지고 있다면, 관심을 가지고 있고 도서관을 도울 수 있는 역량을 가지고 있는 사람들과 그러한 정보를 공유하는 것은 어려운 일이 아니다. 미국의 경우, 2006년부터 2016년 사이에, 민간 자선 사업에서 29억 달러가 도서관에 제공되고 있다.[30]

> **학습 내용 연습하기**
>
> 1. 어떤 도서관을 선정하고 아웃사이더로서 그것을 살펴보고자 노력해 보라. 이 도서관은 무엇이 필요한가? 이 도서관의 최대의 도전은 무엇인가? 여러분이 리스트를 작성한 후, 기부자가 도와줄 수 있는 영역들의 초안을 작성해 보라. 주의: 기부자는 새 에어컨 시스템에 대한 자금 지원은 하지 않을 것 같다. 기부자의 시각에서 여러분의 리스트에 관해 생각해 보라. 이제 여러분의 리스트를 개선해 보라. 기부자들은 차이를 가져오는 것을 좋아한다는 사실을 명심하라.
>
> 2. 첫 번째 문항의 여러분의 리스트에서 최고의 항목을 선택하고 왜 이 니즈에 대한 자금 지원이 도서관을 이용하는 사람들의 삶에 차이를 가져올 것인지를 설명하는 한 페이지짜리 에세이의 초안을 작성해 보라.
>
> 3. 여러분이 신뢰하는 어떤 도서관이나 도서관 프로젝트를 선정해 보라. 여러분이 잠재적인 기부자에게 제시할 수도 있는 3분이 넘지 않는 "엘리베이터 스피치"의 초안을 작성해 보라. 반드시 긍정적이고 열정적이 되도록 하라.
>
> 4. 여러분의 도서관에 테크놀로지 장비를 위해 2만5천 달러를 제공한 기부자에게 감사장을 작성해 보라. 그 돈이 어떻게 지출될 것이며 그것이 도서관 이용자들에게 무엇을 의미하게 될 것인지에 관해 반드시 구체적이 되도록 하라.

---

30) Kate Tkacik, "Finding Philanthropic Funding," *Library Journal* 142, no. 3 (2017): 16-18.

토론용 질문

1. 여러분은 대출부서의 도서관 직원이다. 여러분은 도서관의 기금 조성 노력에 어떻게 도움을 줄 수도 있는지에 대해 논의해 보라.

2. 여러분은 보조금 신청 제안서를 작성해 본 적이 있는가? 그것은 어떻게 되었는가? 여러분은 제안서를 작성하는 데 관심을 가지고 있는가? 여러분의 토픽은 무엇이 될 것인가?

3. 여러분의 그룹의 구성원들에게 여러분의 "엘리베이터 스피치"를 연습해 보라. 이 엘리베이터 스피치는 어떤 도서관의 아이디어나 프로젝트에 대한 여러분의 열정을 보여 주는 방식이라는 사실을 명심하라. 여러분은 여러분이 도서관장이나 기부자가 여러분에게 자금 지원을 제공하도록 설득할 기회를 언제 갖게 되는지 결코 알 수 없기 때문에, 여러분의 아이디어에 대해 충분히 숙고한 주장을 가지고 있는 것은 좋은 아이디어이다. 각 스피치 이후에 비판을 해보고 제안들을 제시해 보라.

4. 만일 여러분이 어떤 도서관에 대규모 기부를 제공할 능력을 가지고 있다면, 여러분은 그 돈이 어떻게 지출되기를 원할 것인가? 여러분의 아이디어를 그룹 구성원들과 공유해 보라.

Section 7. 21세기의 경영

　우리는 이 책의 모든 독자가 자신이 경영자가 되고 싶어 하는지의 여부를 고려하고 있기를 바란다. 기관으로서의 도서관은 거대한 변신의 한복판에 있다. 도서관의 미래는 아직 결정되지 않았지만, 우리가 확실하게 알고 있는 한 가지 사실은 미래의 도서관은 과거와 현재의 도서관과는 다를 것이라는 점이다. 현재로부터 미래로의 여정(旅程)을 성공적으로 순항해 나가기 위해서는 재능을 갖춘 경영자들의 재능과 창의력을 필요로 하게 될 것이다.

　경영진의 직위로 이동하는 사람들에게는 수많은 도전들이 닥치게 된다. 그들의 시야는 넓어져야 한다. 경영자들은 자신들의 개인적인 성과에만 초점을 맞추는 대신, 다른 사람들이 직무상에서 잘하도록 도와주는 책임을 갖는다. 새로운 경영자들은 위양하는 방법과 자신들을 위해 일하는 사람들의 신뢰와 존경을 얻는 방법을 배워야만 한다. 경영자가 되는 것은 또한 역할의 변화도 필요로 한다. 경영자는 권위 있는 직위를 맡아야 하며 다른 사람들의 행위를 지시할 준비를 갖추어야 한다.

　어떤 사람들은 경영자가 되는 옵션을 저울질하고 그것은 자신들이 되고자 하는 어떤 것이 아니라고 결정하게 될 것이다. 하지만 많은 사람들에게는, 경영진은 성취감을 주는 경력상의 옵션이 될 수 있다. 그것은 책임을 맡고 사람들과 함께 일하기를 좋아하는 사람들을 위해서는 훌륭한 선택이다. 경영진은 또한 개인들이 변화와 어느 정도 수준의 애매성을 가진 삶에 대해 편안하게 느낀다면 좋은 옵션이 될 것이다. 경영진의 직위는 열심히 일해야 하는 자리이지만, 대신에 일반적으로 더 많은 급여와 위신은 물론 개인적인 성취감을 제공해 준다. 제7부에서는 경영자가 될 준비를 하고 있는 개인들에게 안내를 제공하고 도서관과 그 밖의 정보 센터의 경영진과 관련된 도전뿐만 아니라 보상에 대해서도 살펴보고자 한다.

Chapter 21 차세대의 경영자

이 장의 요점

이 장을 마친 후 여러분은:

- 경영자들이 직면하는 몇 가지 도전에 익숙해야 한다.
- 오늘날의 도서관에서 일하는 사람들의 세 개의 세대와 그들의 특성을 확인할 수 있어야 한다.
- 개인들이 경영자가 되기 위해 필요로 하는 기술을 습득할 수 있는 방식을 알아야 한다.
- 경영자와 비경영자가 수행하는 업무의 차이에 대해 논의할 수 있어야 한다.
- 모든 전문직이 자신의 경력 개발을 책임지는 것이 중요한 이유를 알아야 한다.

    문헌정보학 프로그램에 등록한 많은 학생들은 자신들이 경영자가 되고 싶어 할 것이라고 생각하지 않는다. 아마도 그들은 책임을 원하지 않거나 단순히 Dilbert의 뾰족 머리 상사(Dilbert's pointy-haired boss)[1)]와 같은 어떤 사람이 되리라고 스스로 상상할 수 없을 것이다. 그럼에도 불구하고 대부분의 문헌정보학과 졸업생들은 그들의 첫 번째 직무는 아니라고 하더라도 그 이후에 곧, 경영자가 될 것이다. 경영자는 타고나는 것이 아니라 만들어지는 것이며(그리고 때로는 그에 대해 주저주저하면서), 도서관은 경영진의 책임을 기꺼이 맡고자 하고 또한 그 책임을 맡을 수 있는 끊임없이 이어지는 개인들이 필요하게 된다.

---

1) 역자주: 미국의 Scott Adams에 의해 연재되었던 만화의 주인공인 Dilbert의 악마의 뿔을 연상시키는 뾰족한 머리카락을 가진 상사로 바보스럽고 나쁜 중간 관리자의 상징처럼 묘사되는 경우가 많다(〈https://dilbert.fandom.com/wiki/Pointy-Haired_Boss〉 등 참고)

오늘날의 베이비붐 세대 경영자들은 퇴직 연령에 도달하고 있기 때문에, 새로운 세대의 경영자들에 대한 훨씬 더 큰 필요성과 기회가 존재한다. 이 장에서는 우선 경영자가 되고자 하는 결정은 어떻게 내려야 하는지에 대해 살펴보고, 그러고 나서 경영을 하고자 한다고 결정한 개인들이 성공적인 도서관 경영자가 되기 위해 필요한 기술과 지식을 어떻게 습득할 수 있는지에 대해 살펴보고자 한다.

21.1. 오늘날의 도서관의 경영

미국 근대 도서관학의 아버지로 간주되는 도서관의 선구자인 Melvil Dewey가 100년 동안의 Rip Van Winkle[2]과 같은 잠에서 깨어나 갑자기 21세기의 도서관과 대면했다고 상상해 보라. 그는 자신이 맞닥뜨린 몇몇 변화들에 대해 큰 충격을 받을 것이다. 카드 목록은 어디에 있는가? 서가 목록은 어떻게 되었는가? 창문이 달린 이 납작한 직사각형의 금속 상자들은 무엇인가? 사람들이 자신들의 귀에 붙이고 있는 것 같은 도구들은 무엇인가? 그들은 다른 어떤 사람에게 말하고 있는 것인가 아니면 혼잣말을 하고 있는 것인가? 메타데이터와 더블린 코어(Dublin Core)에 대한 이 모든 이야기들은 무엇인가? OCLC와 ARL의 LibQUAL+ 척도는? 아웃소싱과 고객 만족은? 자체 지시 팀과 수평화된 조직은? 변화 관리와 전략적 기획은? DDC의 인쇄본은 어떻게 해서 WebDewey라고 불리는 어떤 것으로 대체될 수 있었는가? 오늘날에는 도서관 직원들이 실제로 무엇을 하고 있는가? 그들은 더 이상 책상 뒤에 앉아서 책을 대출하는 것이 아니라, 인터넷이라고 불리는 어떤 것에서 자신들의 대부분의 시간을 보내고 있는 것 같다.

지난 100년간에 걸쳐 일어난 도서관의 변신은 처음에는 분명히 Dewey를 어리둥절하게 하겠지만, Dewey는 언제나 개혁가였다. Dewey는 21세기 도서관의 현실에 적응한 뒤, 그가 경영자였던 것처럼 생각하고 이 도서관들이 그 이용자들에게 훨씬 더 훌륭하게 서비스를 제공할 수 있도록 해줄 추가의 혁신을 고려하기 시작할 것이다.

안정성과 지속성은 도서관이나 도서관 경영자들의 책임에 관련된 특색이 아니다. 전체 도서관 전문직은 현재 변화와 단절, 기회와 같은 단어들로 가장 훌륭하게

---

2) 역자주: 미국 작가 Washington Irving의 같은 이름의 단편 소설의 주인공으로, 이 소설은 사냥하러 산에 갔다가 술을 얻어 마시고 잠이 들었다가 깨어 내려와 보니 20년이 흘렀다는 이야기를 바탕으로 하고 있다.

특징을 설명할 수 있을 것이다. 경영자들은 오늘날 도서관에서 일어나고 있는 모든 것들의 중심에 있다. 도서관이 더 도전적이고, 필수적인 사명으로 움직여 가는 동안 과거에 구축되어온 선(善)을 보존할 수 있는 유일한 방법은 21세기 도서관이 직면하고 있는 도전들과 기꺼이 맞서고자 하는 경영자들의 리더십 아래 혁신을 하는 것이다.

> **현장의 경영 사례: 관리자급으로 도약하기**
>
> 비경영진 직원으로부터 경영자로의 이행(利行)은 때로는 이루어 내기가 어려울 수도 있다. 다행히도 더 많은 경험을 가진 경영자들은 종종 유용한 조언을 제공할 수 있다. 현재 Cornell Law School의 Edward Cornell Law Librarian인 Femi Cadmus는 그녀가 Yale Law School의 관리직을 위한 법학 부사서였던 몇 년 전에 쓴 논문에서 그와 같은 지침을 제공한 바 있다. "Making the Leap to Management: Tips for the Aspiring and New Manager"에서, Cadmus는 "행운을 가진 소수는 노력 없이 라인 직위로부터 경영진의 직위로 이행할 수 있지만, 대부분은 성공을 거두기 위해서는 경영진으로의 길을 계획해야 한다"고 말하고 있다. 그녀는 자신이 대출-참고 담당 사서로부터 자신의 첫 번째 관리직 직위로 나아갈 수 있도록 해 준 기법들을 설명하고 어떻게 "경험이 없고 미숙한 경영자의 불필요한 함정을 피하는지"[3]에 대한 조언을 제공하고 있다.
>
> Cadmus에 따르면, 여러분이 다루어야 하는 첫 번째 질문은 여러분이 이 새로운 역할을 택할 능력과 욕구를 실제로 가지고 있는지의 여부이다. 만일 여러분이 여러분의 대인 관계 기술을 활용하고, 직원들에게 코치하고 조언하며, 리더십을 제공하는 데 관심이 없으면, 그녀는 여러분이 경영자로 이행하는 것을 고려해서는 안 된다고 제시하고 있다. 하지만 만일 여러분이 관심을 가지고 있다면, 그녀의 다음과 같은 제안들이 참고가 될 것이다.
>
> - 여러분이 경영자가 되기 전에 리더십/경영자 마인드 셋을 개발하라. 그녀는 여러분은 여러분의 전문 지식의 영역에서 도움을 얻기 위해 찾는 사람("go to" person)이 되고 위원회에서 일하고 자원봉사를 하면서 리더십 기술을 얻을 것을 제시하고 있다.
> - 여러분 자신에게 올바른 이미지와 브랜드를 투영하라. 여러분은 여러분의 직장 동료들과 동년배의 사람들에게 어떻게 인식되고 있으며, 전문직 서클 내에서 어떤 종류의 평판을 얻고 있는가?
> - 경영자가 되는 것을 연습할 기회를 찾아라. 만일 여러분이 여러분의 현재 직위에서 어떤 감독 책임도 갖고 있지 않다면, 그러한 책임을 가지고 있는 어떤 사람에 대한 백업이 되겠다고 제안하라. 여러분의 정규 직무를 넘어서서 스스로를 확장해가고 프로젝트를 위해 자원봉사

---

3) Femi Cadmus, "Making the Leap to Management: Tips for the Aspiring and New Manager," *Trends in Law Library Management and Technology* 23 (2009): 23-28.

를 하고자 노력하라. 예산 편성이나 회계와 같은 영역의 경영상의 결점에 대해 협력하고 바로잡을 기회를 찾아라.
- 솔로 지향성으로부터 팀 구축의 마인드 셋으로 옮겨 가는 데 도움이 되는 관계와 네트워크를 만들어 내라.
- 진실성을 보여 주고 신뢰를 구축하라. 솔선수범하라. 공정하고 평등한 업무 현장을 만들어 내기 위해 노력하라.
- 여러분의 커뮤니케이션 및 대인 기술을 개발하라. 여러분의 조직 내에서 커뮤니케이션하기 위한 최선의 방법을 찾아내고 시의적절하고 정확한 방식으로 정보를 공유하도록 연습하라.
- 여러분에게 경력상의 조언을 제공하는 것 이외에 여러분의 강점과 약점에 관해 솔직한 조언을 해 주게 될 멘토를 찾아라.

Cadmus가 말하고 있는 것처럼, 경영자로 도약하는 것은 실제로는 코치와 리더, 경영자로서의 역할을 하고자 하는 욕구에 대한 초기의 인식만큼 그렇게 큰 도약은 아니다. 자신의 경력에서 이를 일찍 인식하는 신입 사서는 기회를 확인하고 경영의 성공적인 미래를 향한 자신의 길을 구상할 수 있게 될 것이다.

경영을 한다는 도전은 Dewey의 시대로부터 현재에 이르기까지 동일하게 유지되는 한 가지이다. 수행되고 있는 업무의 성격과 사용되는 테크놀로지의 유형, 활동이 수행되는 속도, 근로자들이 상호 작용하고, 커뮤니케이션하고, 서비스를 제공하는 방식은 모두 극적으로 변화하고 있다. 하지만 21세기 초의 경영자들은 그 전임자들이 직면했던 것과 동일한 많은 도전들을 여전히 마주하고 있다. 어떻게 근로자들의 동기를 부여할 것인가? 현실적인 예산을 어떻게 개발할 것인가? 조직은 어떻게 하면 더 효과적이면서 더 효율적일 수 있을 것인가? 도서관 조직은 근로자들이 이전에 비해 더 훌륭한 교육을 받고 있고, 의사 결정에 더 많이 참여하고 있고, 고객들과의 상호 작용에 더 많이 헌신하고 있다는 사실을 어떻게 활용할 수 있는가?

제2장에서 살펴본 것처럼, 경영의 관행과 절차는 수년간에 걸쳐 발전해 오고 있으며, 과거에 개발된 이론들에 의지하여 발전하는 트렌드에 대처하고 있다. 그것을 실행하기 위한 경영과 기법은 변화하고 있지만, 경영자의 필요성은 그대로 남아 있다. 과거에 경영자들을 성공적으로 만들어 주었던 대인 기술과 조직 기술의 상당 부분은 현대의 경영자들에게도 여전히 중요하다. 아울러 21세기 조직의 경영자들은 새로운 유형의 조직을 리드하기 위해 확장된 기술과 재능을 필요로 한다.

> **스킬 연습하기**
>
> 여러분이 알고 있는 경영자를 면담하고 경영자들이 실제로 무엇을 하고, 여러분이 미래에 경영자가 되고자 스스로 준비하기 위해 현재 무엇을 해야 하는지에 대한 통찰력을 얻는 데 도움이 될 질문들을 그 경영자에게 해 보라. 다음과 같은 질문을 하면서 시작해 보라.
>
> - 여러분은 어떻게 경영자가 되었는가?
> - 경영자로서 가장 어려운 부분은 무엇인가? 가장 보람 있는 것은?
> - 경영자가 되는 것으로부터 여러분은 무엇을 배우고 있는가?
> - 여러분은 어떻게 최신성을 유지하는가?
> - 여러분은 의사 결정을 어떻게 하는가? 여러분은 어떤 어려운 결정을 내려야 하는가?
> - 여러분의 경영 스타일은 무엇인가?
> - 여러분은 어떤 경력상의 조언을 나에게 제공해 줄 수 있는가?

21.2. 새로운 세대의 경영자

지난 몇 년 동안 도서관 전문직의 노령화(老齡化)와 신입 사서들을 모집하는 것은 물론 오늘날의 도서관 경영자들의 상당수의 대체 요원을 찾아야 할 필요성에 대해 상당히 많은 글들이 작성되었다. 현재 도서관에서 일하거나 경영을 담당하는 대부분의 사람들은 1946년에서 1964년 사이의 어느 곳에서 태어난 베이비붐 세대의 아주 대규모의 연령 세대의 일부이다. 상당수의 베이비붐 세대들은 현재 퇴직하기 시작하고 있으며, 이러한 퇴직은 새로운 경영자들의 필요성 증가로 이어지게 될 것이다. 베이비붐 세대의 다음에는 1965년부터 1978년 사이에 태어난 X세대라고 불리는 경우가 많은 훨씬 더 적은 세대로 이어진다. 도서관 업무 현장의 최신의 신입 직원들은 1979년부터 2000년 사이에 태어난 Y세대로도 알려져 있는 밀레니얼 세대이다. 21세기의 도서관의 경영자가 될 사람들은 바로 이 X세대와 밀레니얼 세대의 사서들이다.

경영자들의 세대 변화는 기대했던 것보다 더 늦게 도서관에 나타나고 있다. 미국의 경우, 경제적 상황 때문에, 새로운 세기의 첫 번째 10년의 초기에 퇴직할 것으로 기대되었던 많은 베이비붐 세대 사서들은 퇴직을 몇 년간 지연시켰다. 하지만 이 사서들은 현재 퇴직 중이며, 모든 유형의 도서관에서 채워야 할 상당히 많은 수의 경영자의 빈자리를 만들어 두고 있다. Louisiana State University의 도서관장인 Stanley Wilder는 ARL(Association of Research Libraries)의 회원 도서관들은 도서관 전문직에 대한 높은 수요의 시기에 진입하고 있다고 설명하고 있다. 그는 ARL 도서관들은 곧 "대규모의 중요한 청년의 이동"을 경험하게 될 것인데, "그 규모가 너무나 커서 1960년대의 고등 교육의 엄청난 성장에 수반되었던 젊은 베이비붐 세대의 대규모 채용이라는 우리의 최근 역사상의 유일한 전례를 갖게 될 것"[4] 이라고 예측하고 있다. ARL 도서관에서 일어날 것으로 Wilder가 보고 있는 변화는 세대 간의 경계가 변화하고, 새로운 경영자들이 전면에 나서면서, 다른 유형의 도서관에 반영되고 있는데, "새로운 경험과 태도, 열망을 우리 도서관에 불어넣어 주고, 근본적인 변화와 불확실성의 풍토와 관련성을 유지해 주고 있다."[5]

도서관은 수 세기 동안 존재해 오고 있기 때문에, 이러한 유형의 기관의 근로자들은 도서관 업무 현장으로 들어오는 근로자들의 연속적인 물결에 대한 과거의 경험을 가지고 있으며, 분명히 이것이 서로 다른 세대의 동료들과 고객들과 상호 작용해야 하는 사서들이 존재했던 첫 번째 시대는 아니다.[6] 사서들은 새로운 근로자들을 환영하곤 하지만, 그들은 여전히 업무 현장에 들어오는 오늘날의 신입 직원들의 특유의 특징을 인식할 필요가 있다. 최신의 사서들, 즉 밀레니얼 세대들은 디지털 이주민(digital immigrants)이 아니라 디지털 원주민(digital natives)으로서 도서관 업무 현장에 들어오는 첫 번째 세대이다. 그들은 팀워크와 실험적인 활동, 테크놀로지의 사용을 선호한다. 그들은 다중 작업(multitasking)과 목표 지향성, 긍정적 태도, 협력적 스타일에 강하다. 이러한 사서들은 자신들의 업무 현장에서 테크놀로지적으로 박식하고, 유연하며, 독단적일 가능성이 있으며, "사서에 대한 전통적인 책을 좋아하는 고정 관념에 들어가기를 거부할"[7] 가능성이 있다.

---

4) Stanley Wilder, "Delayed Retirements and the Youth Movement among ARL Library Professionals," (Washington, DC: Association of Research Libraries, March 2017), accessed July 14, 2017, 〈http://www.arl.org/storage/documents/publications/rli-2017-stanley-wilder-article1.pdf〉.

5) Loc. cit.

6) Rachel Singer Gordon, "Next Generation Librarianship," American Libraries 37, no. 3 (March 2006): 36-38.

7) Jenny Emanuel, "Millennial Librarians: Who They Are and How They Are Different from the Rest of Us," Proceedings of the National ACRL Conference, Philadelphia, March 30-April 2, 2011, 321, accessed July 14, 2017, 〈http://www.ala.org/acrl/sites/ala.org.acrl/files/content/conferences/confsandpreconfs/national/2011/papers/millennial_librarian.pdf〉.

> **이야기해 보기**
>
> 한 Y세대 사서는 다음과 같이 말한 것으로 인용되고 있다.
>
> > 세대의 이슈는 논의되고 해소될 필요가 있기는 하지만, 나는 그것들로부터 너무 큰 이슈가 만들어지는 것에 관해 우려하고 있다. 우리는 사서들의 두 세대 사이에 선을 긋고 의도치 않게 그들을 서로 이간시키려 하지 않는다. 대신에 우리는 우리가 공공의 니즈에 서비스하기 위해 도서관직이 시대와 함께 발전하는 데 도움을 주고자 노력하면서 함께 일하도록 배워야 한다. 신입이든 경험이 많든, 나이가 많든 젊든, 각 사서는 전문직에 가치 있는 경험과 시각, 기술, 아이디어를 가져오게 된다. 우리는 그러한 자산들을 인정하고 그것들을 훌륭하게 이용되도록 하는 방법을 찾아야 한다.[8]
>
> 여러분은 세대 차이가 근로자들에게 얼마나 많은 영향을 미친다고 생각하는가? 여러분은 베이비붐 세대와 X세대, Y세대 사서들에게서 어떤 차이점들을 보고 있는가? 도서관은 어떻게 모든 세대의 사람들을 위한 마음을 끄는 업무 환경이 될 수 있는가?

너무 많은 관심의 초점을 세대 격차에 맞추는 것은 실수일 수 있지만, 경영자들은 더 젊은 사서들의 업무 현장의 전통적인 어떤 관행에 대해 서로 다른 태도를 가질 수도 있고 "일과 삶의 균형에 대한 기대의 변화와 고용주와 직원의 충성도에 대한 서로 다른 견해, 계속적인 도전과 평생 학습에 대한 어떤 성향"[9]을 가질 수도 있다는 사실을 명심해야 한다. 사서들이 오늘날의 경영자로부터 미래의 경영자로 이어지는 후계자가 되기로 계획하기 시작하고 있기 때문에, 이러한 새로운 경영자들의 특성과 강점을 고려해야 한다.

21.3. 경영자가 되기 위한 의사 결정

모든 유형의 도서관에서, 비전문직 도서관 직원의 비율과 팀제의 이용이 계속해서 증가하고 있으며, 그 결과 대부분의 전문직 사서들은 적어도 자신들의 시간

---

8) Unnamed generation Y librarian quoted in Rachel Singer Gordon, "Next Generation Librarianship," *American Libraries* 37, no. 3 (March 2006): 28.
9) Rachel Singer Gordon, "Next Generation Librarianship," *American Libraries* 37, no. 3 (March 2006): 37.

의 일부를 경영자로서 보내고 있다. 신입 사서들은 자신들의 첫 번째 직무에서 경영을 시작하는 것이 일반적이다. 따라서 전문직 과업을 수행할 수 있는 전문직에 합류한 개인들은 곧 스스로 경영자임을 발견하게 될 것이다.

모든 수준의 경영자들의 필요성은 관료제적 조직 구조가 팀 기반 경영의 더 수평적인 구조로 대체됨에 따라 계속될 것이다. 거의 모든 사서들은 자신들의 경력의 코스에서, 다른 사람들을 감독하고 팀이나 위원회의 어떤 경영 활동에 관여하게 될 것이다. 하지만 만일 여러분이 이 수준의 경영진을 넘어서 가는 데 관심을 가지고 있고 중간층이나 상위층의 경영자가 되고자 한다면 어떻게 될까? 어떤 독자는 이미 그와 같은 경영상의 경력을 위한 초기 단계를 택하고 있을 수도 있을 것이다. 그들은 아마도 어떤 조직을 경영하거나 일들이 더 훌륭하게 작동하도록 노력하는 아이디어에 의해 관심을 갖게 되었을 것이다. 어떤 사람들은 경영상의 접근법이 부실하고 자신들이 필요한 개선을 해낼 수 있다고 믿는 직무에서 일할 수도 있을 것이다. 어떤 사람들은 이 책에서 살펴본 어떤 이론과 기법들을 실행하는 아이디어에 의해 관심을 갖게 되었을 것이다. 경영자의 업무는 종종 어렵기는 하지만, 결코 따분하지 않으며 대개는 해 볼 만한 가치가 있는 것이다.

불행히도 뛰어난 경영자가 될 어떤 사람들은 경영진의 직위로 옮길 가능성을 전혀 고려하지 않는다. 도서관직은 다른 많은 전문직들과 마찬가지로, 종종 경영하고자 하는 강한 욕구를 갖고 있지 않은 개인들의 흥미를 끌고 있다. 사실 많은 사람들은 경영자가 되는 것에 대한 강한 반감을 가지고 전문직에 들어온다. 도서관직에서, 전문직 직원들은 전통적으로 전문직에 관련된 과업들, 즉 정보의 수집과 조직, 보존, 배포를 즐긴다. 도서관 전문직에 접근하는 사람들은 정보와 사람들과 함께 일하는 것을 좋아하기 때문에 사서가 되고 있다.

아울러 많은 사서들, 특히 여성들은 자신들이 경영자로서 성공적이 될 것인지에 대해 확신이 부족하며, 따라서 경영자의 직위에 전혀 지원하지 않는다. 리서치에서는 남성과 여성 사이에는 확신의 측면에서 커다란 차이가 있음을 보여 주고 있다. 남성들에 비해 여성들은 일반적으로 자신들의 능력에 대한 확신이 적다. 여성들은 스스로 자신들의 남성 동료들만큼 승진에 준비되어 있는 것으로 간주하지 않으며, 자신들이 시험에서 더 나쁠 것이라고 예상하고, 일반적으로 자신들의 능력을 과소평가한다.[10] 예를 들면 Yale의 School of Management의 한 교수는 그녀의 학생들은 모두 고도로 지적(知的)이지만, 여성들은 자신들에 대한 믿음이 결여

---

10) Katty Kay and Claire Shipman, "The Confidence Gap," *Atlantic* 313, no. 4 (May 2014): 56-66.

되어 있다고 설명하고 있다. "여성들 사이에는 자신들이 명성 있는 직업을 얻지 못하게 될 것인데, 왜 애써야 하는가라는 일종의 자연스런 느낌이 존재한다"고 그녀는 설명하고 있다. "또는 그들은 자신들이 그 영역에서 완전한 역량을 갖추고 있지 못하다고 생각하고, 그래서 그들은 그것을 얻기 위해 가지 않는다. 결과적으로 여학생들은 손을 떼는 경향이 있다."[11] 유사한 방식으로, 대표가 불충분한 소수자들은 경영자로서 성공을 거둘 수 있는 자신들의 능력에 관해 확신하지 못하는 경우가 많다.[12] 확신의 부족은 여성과 소수자들이 특히 상위 경영자 지위에서 충분히 대표성을 갖지 못하는 유일한 이유는 아니지만, 훌륭한 경영자가 될 매우 역량 있는 사람들을 어떤 조직 내에서 더 높은 직위를 추구하지 못하도록 막는 경우가 많다.

경영자가 되는 것은 가치 있는 경력상의 선택이 될 수 있지만, 그것이 모든 사람에게 올바른 선택은 아니다. 성공은 단지 더 많은 책임을 맡고, 더 높은 급여를 받으며, 최종적으로 최고 경영자가 되는, 사다리를 타고 올라가는 것에 의해 측정될 수 있다는 일반적으로 받아들여지고 있는 믿음이 있다. 하지만 경영자 지위로 옮기는 것이 많은 사람에게는 올바른 길이지만 모든 사람에게 그런 것은 아니다. 경영은 어떤 사람들은 갖고 있지 못하는 특정의 퍼스낼리티 특성을 필요로 한다. 그것은 또한 어떤 사람들은 마음에 맞는다고 생각하지 않는 과업에 대한 헌신을 필요로 한다. 경영자의 경력을 추구하기로 결정하기에 앞서, 개인은 자신이 경영의 책임을 맡고자 하는지의 여부를 결정해야 한다. 개인들은 자신들의 경력에서 성취하고자 하는 것에서 상당한 차이가 있다.

Edgar Schein은 경력상의 관심을 발견하기 위한 가장 훌륭한 타당성을 갖고 가장 일반적으로 사용되는 모델 중의 하나를 개발하였다. 그의 이른바 경력 닻(career anchors)은 동기와 태도, 가치의 결합으로 구성되어 있다. Schein에 의하면, 이러한 닻은 인생의 초기에 형성되며, 경력 전체에 걸쳐 개인을 안내할 뿐만 아니라 구속하기도 한다. 이러한 닻은 개인이 어려움에 직면하더라도 포기하지 않게 될 경력상의 가치이다.[13] Schein의 경력 닻의 하나는 일반적인 경영 역량이다. 자신의 닻으로서 그것을 가지고 있는 사람들은 〈표 21.1〉에서 볼 수 있는 특성을 갖는다. 어떤 개인의 경력 닻이 일반적인 경영 역량일 때는, 그 사람이 경영을 즐

---

11) *Ibid.*, 60.
12) David A. Thomas and John J. Gabarro, *Breaking Through: The Making of Minority Executives in Corporate America* (Boston: Harvard Business School Press, 1999).
13) Edgar H. Schein, "Career Anchors Revisited: Implications for Career Development in the 21st Century," *Academy of Management Executive* 10, no. 4 (November 1996): 80-88.

기고 성공을 거둘 가능성이 가장 높다. 하지만 Schein이 인식하고 있는 것처럼, 한때 존재했던 경영자와 다른 직원들 간의 명확한 구분은 훨씬 더 희미해지고 있다. 그는 다음과 같이 설명하고 있다.

> 일반적인 경영은 리더십과 마찬가지로, 역할이나 직위가 되기를 멈출 수도 있을 것이며, 모든 종류의 역할과 직위에서 필요로 하게 될 더 많은 프로세스 기술이 될 것이다. 이 기술은 어느 한 개인에게 머무르기보다는 오히려 그룹이나 팀의 구성원 사이에 분산될 수도 있을 것이다. 모든 사람은 경영과 리더십에 어느 정도 역량을 갖게 될 것으로 기대될 것이다.[14]

Henry Mintzberg는 한 독창적인 연구에서, 경영자들이 하는 일을 검토한 바 있다.[15] 그는 실제로 경영자들의 사무실에 앉아 있고, 그들을 따라다니고, 그들의 활동을 기록하였다. 그는 경영자들은 너무 많은 활동에서 일하고 있음을 발견하였는데 그것들은 그 다양성과 단편성, 간략성의 특징을 가지고 있었다. 바꾸어 말하면 경영자들은 어느 한 과업에 방해를 받지 않는 긴 시간을 보내는 경우가 거의 없다. 그들은 동시에 다양한 과업에서 일하는데, 각각은 짧은 시간 동안이다. 그들의 매일매일은 쪼개져 있으며, 그들의 시간에 대해서는 많은 수요가 존재한다. 경영자는 또한 아주 빠른 속도로 엄청난 양의 업무를 수행한다. 대부분의 경영자에게는,

〈표 21.1〉 Schein의 일반적인 경영 역량 경력 닻

닻	특 성	선호하는 급여, 부가 급부, 보상
일반적인 경영 역량	여러분은 사람들을 관리하거나 감독하고자 한다. 여러분은 권한과 책임을 즐긴다. 여러분은 야심을 가지고 있으며 이슈를 분석하고, 문제를 해결하고, 복잡한 어떤 것을 책임지는 것을 즐긴다. 여러분은 의사 결정을 할 기회를 즐기며 특정의 기술이나 일을 하는 방식을 완벽하게 하기보다는 다른 사람들을 지휘하고, 조정하고, 그들에게 영향을 미치는 것을 좋아한다.	여러분은 소득 수준에 따라 성공을 측정하며 높은 급여를 받을 것으로 기대한다. 여러분은 실적과 측정된 성과, 강력한 결과를 바탕으로 하는 승진을 믿는다.

---

14) Edgar H. Schein, "Career Anchors Revisited: Implications for Career Development in the 21st Century," *Academy of Management Executive* 10, no. 4 (November 1996): 84.

15) Henry Mintzberg, *The Nature of Managerial Work* (Englewood Cliffs, NJ: Prentice Hall, 1980).

대개 그것을 할 시간보다도 더 많은 해야 할 것들이 존재한다.

경영자들은 엄청나게 많은 책임을 맡아야 한다. 그들은 다른 사람들과 그들의 행위, 사업의 성공이나 실패에 대해 책임을 갖는다. 경영자들은 다양한 수준에서, 팀이나 단위, 부, 전체 조직의 업무에 대해 책무성을 갖는다. 종종 그들은 업무는 물론 시설에 대해서도 책임을 갖는다. 이러한 무거운 업무 부담의 결과로, 그들은 스트레스를 느끼는 경우가 많다. 경영상의 책임은 경영자의 삶의 중심적인 초점이 되는 경우가 많다. 경영자의 직위와 관련된 모든 부정적인 속성들과 함께, 많은 사람들은 왜 누구나 경영자가 되고 싶어 하는지 의문을 갖는다.

경영에 관련된 많은 도전과 어려움이 존재하지만, 가장 유능한 경영자들은 자신들의 직무를 즐긴다. 그들은 자율성의 느낌과 자신의 의제를 설정할 수 있는 능력을 좋아하며 차이를 만들어 낼 수 있는 것과 훌륭한 성과를 내는 것에 자부심을 갖는다. 그들은 자신들이 수행하는 업무의 다양성과 그들이 함께 일하는 직원과 고객, 그 밖의 이해 관계자 등 사람들의 다양성의 도전을 받는다. 대부분의 경영자들은 경영자의 직위에 수반되는 높은 봉급을 높이 평가한다. 경영자들은 다른 사람들의 행위와 조직의 목표의 달성에 대한 책무성을 갖기 때문에 금전적으로 보상을 받는다.

경영상의 경력을 추구할는지의 여부에 관한 결정에 대해서는 모든 신입 전문직들이 신중하게 생각해 볼 만한 가치가 있다. 급속하게 변화하는 시대에 경영자가 되도록 배우는 것은 아주 많은 것들에 관해 배우는 것을 포함한다. 많은 경영 기술들은 오랜 실습을 통해서만 개발된다. 일관된 노력을 통해, 사서들은 경험을 쌓아가면서 자신의 경영상의 기술을 개선시키고 경영진의 직위로 나아갈 수 있다. 하지만 훌륭한 경영자가 되기 위해서는 단지 시간 이상의 것이 필요하게 된다.

21.4. 경영자가 되는 단계

만일 여러분이 여러분의 옵션에 대해 생각하고 여러분은 고위층의 경영자가 될 수 있는 가능성을 찾아보고 싶다고 생각한다고 결정했으면, 이것이 이루어지도록 하기 위해 여러분은 무엇을 해야 하는가? 경영에서 성공하는 것은 우연한 뜻밖의 발견(serendipity)에 의해 영향을 받는 경우가 많은 것 같다. 종종 어떤 사람은 단지 올바른 시간에 올바른 곳에 있는 것 같은데 그리고 나서 그 때문에 경력 사다리에서 승진을 한다. 우연한 발견과 행운이 때로는 경영자가 되는 데 어떤 역할을 하기도 하지만, 기회가 왔을 때 확실하게 준비되도록 하기 위해서는 경력의 시작으로부터 그러한 움직임을 계획하고 준비하는 것이 현명하다.

만일 여러분이 아직 경영자가 아닌데 경영자가 되고 싶다면, 첫 번째 단계는 여러분이 현재 가지고 있는 직무에서 여러분이 할 수 있는 최선을 다하는 것이다. 도서관의 신입 수준 직무라고 하더라도 대개는 적어도 자율적으로 일하고 독창성을 발휘할 어떤 기회를 제시한다. 프로젝트, 특히 부서 간에 걸쳐 있거나 조직의 다른 영역으로부터의 사람들과 함께 일하는 것을 포함하는 프로젝트에서 자원봉사를 하라. 여러분이 조직이나 다른 것의 여러분의 영역에 대한 지식을 확장시킬 수 있도록 해주게 될 직원 개발 기회를 이용하라. 가능하면 전문직 단체에 가입하고 학술 대회에 참석하라. 여러분의 조직 외부의 동료들과의 네트워크 구축은 여러분의 가시성(可視性)과 시장성을 증가시켜 줄 것이다. 아울러 여러분의 경영자가 여러분이 미래에 조직에서 위로 올라가는 데 관심을 가지고 있다는 사실을 확실하게 알도록 하라. 여러분은 여러분의 상사가 이를 알고 있다고 추정할 수도 있겠지만, 그에 관해 명확하게 하라. 앞서 살펴본 것처럼, 어떤 사람들은 경영진에 대해 열망을 갖지 않으며 여러분의 경영자는 여러분이 그들 중 한 사람이라고 추정할 수도 있을 것이다.

한 경력 전략가는 자신이 "훌륭한 학생" 신드롬이라고 부르는 것에 대해 설명하고 있다. 많은 직원들은 학교에서 자신들을 위해 작동했던 것과 똑같은 직무상의 행동을 사용하는데, 그들은 자신의 최선을 다하고 그러고 나서 인정과 승인, 승진을 위해 수동적으로 기다린다. 업무 현장에서, 이것은 기대된 인정이 이루어지지 않을 때는 좌절로 이어질 수 있으며, 조직에서 더 새로운 사람이나 더 적게 일한 것 같은 다른 사람들이 승진을 하고 새로운 기회를 얻게 될 때는 직원들이 분노하게 되는 경우가 많다.[16] 앞서 살펴본 자신감의 결여는 개인들이 스스로 적극 나서기를 원치 않는 것으로 이어질 수도 있지만, 승진을 위해 고려되고자 하는 욕구를 나타내지 않는 것은 거의 불가피하게 여러분이 간과되는 결과를 가져오게 될 것이다.

여러분이 차지하고 있는 모든 직위에서, 여러분이 다음에 원하는 직위의 유형을 위해 여러분의 자격을 갖추기 위해 여러분이 필요로 하게 될 기술과 경험에 관해 생각하기 시작하라. 여러분은 그러한 것을 어떻게 획득할 수 있는가? 다시 한 번 여러분은 그러한 기술과 경험을 획득하기 위한 방법을 찾는 데 여러분의 경영자의 도움을 요청할 수 있다. 여러분은 또한 여러분 스스로 기회를 찾아야 할 것이다. 도서관에서든 아니면 전문직 단체에서든 여러분이 위원회에서 경영 경험을 획득

---

16) Mary Pergander, "A Tale of Two Librarians," *American Libraries* 37, no. 4 (April 2006): 82.

할 기회가 존재하는가? 여러분의 역량을 증가시키기 위해 여러분이 선택할 수 있는 과정이나 워크샵이 있는가? 경영을 위해 필요한 기술을 얻는 것에 관한 더 많은 정보는 이 장의 후반부에 제시되어 있다. 제13장에서 살펴본 바 있는 멘토링도 어떤 사람이 경영자가 되고자 한다면 도움이 된다. 멘토는 프로테제(protégés)에게 직무와 조직에 대해 비공식적으로 가르쳐 줌으로써 프로테제가 어떤 조직에서 발전하는 데 도움을 준다. 아울러 프로테제가 조직의 사다리에서 상승하기 시작하면서, 멘토는 종종 그를 후원하고 자신들의 커넥션을 그들이 자신들의 현재 조직이나 그 밖의 조직에서 발전하도록 도와주기 위해 이용한다.

경영자가 되는 것이 단순히 하나의 용이한 단계에서 이루어지는 경우는 거의 없다. 소수의 새로운 졸업생들이 소규모 도서관이나 정보 서비스 단위의 디렉터로서 자신들의 경력을 시작하기는 하지만, 대부분의 연수 중인 경영자들은 일련의 직위와 승진을 통해 경영에 관해 배울 기회를 갖는다.

앞서 살펴본 것처럼, 대부분의 대규모 도서관에서는, 경영진이 일선 경영자(종종 감독자라고 불린다)와 중간 경영자, 상위 경영자의 세 층으로 구분된다. 많은 최신의 졸업생들은 곧바로 감독자가 된다. 그들은 일단의 보조 직원을 감독하거나 특정의 서비스나 절차를 지휘하는 책임을 부여받는다. 만일 새로이 자격을 갖춘 전문직이 아주 소규모의 도서관에서 업무를 시작한다면, 그는 유일한 전문직이 될 수도 있고, 따라서 최고 경영자가 될 수도 있을 것이다. 이러한 경우에, 신임 경영자는 그 직무에 필요한 전문 지식을 개발하기 위해 도서관이 일부를 이루는 상위 조직의 다른 경영자들과 함께 일해야 할 것이다. 하지만 더 빈번한 경우에는, 새로운 졸업생들은 더 큰 조직으로 가서 일하게 되는데, 여기서 그들은 스스로 중간 경영자나 상위 경영자가 되기에 앞서 자신의 감독자들로부터 경영 기술을 배울 기회를 갖는다.

신임 경영자들은 불가피하게 자신의 새로운 역할을 조정할 때 어떤 문제점에 부딪히게 된다. 만일 그들이 내부로부터 승진되었으면, 그들은 이전에는 자신의 동료였던 사람들을 관리하는 직위에 있는 자신을 발견하게 될 수도 있을 것이다. 많은 사람들은 이전의 관계가 수정되어야 할 것이기 때문에, 이러한 이행을 하기가 어렵다는 것을 알게 된다. 신임 경영자는 이제 책임을 할당하고, 성과를 평가하며, 종종 급여 인상을 결정하는 책임을 갖는다. 새로운 경영자는 분명히 이전의 동료들과 친구로 남아 있을 수 있기는 하지만, 자신이 지시를 하고, 갈등을 해소하며, 그룹을 위한 의사 결정을 내릴 수 있도록 어떤 거리를 설정해야 한다. 어떤 신임 경영자들이 직면하는 또 하나의 어려움은 자신들보다 더 나이가 많고 더 많은 해의 경험을 가진 직원들을 감독하는 데 있다. 신임 경영자들이 자신의 부모 세대의 직원들을 감독하는 것은 드물지 않다. 다시 한 번 앞서 살펴본 세대 격차를 고려해야 한다. 어떤 신임 경영자나 자신들이 더 나이가 많은 직원들에 관해 가질 수도 있는 어떤 고정 관념을 제거하는 것이 중요하다. 그들은 개인이며 그 자체로서 대우해야 한다. 그들은 자신들의 경력을 통해 얻은 풍부한 지식과 경험을 가지고 있다는 사실을 결코 잊지 말라. 그들은 조직 문화에 친밀감을 가지고 있으며, 그들의 전문 지식은 신임 경영자가 비용이 드는 실수를 피하도록 도움을 줄 수 있는 경우가 많다. 존경심을 가지고 더 나이 많은 직원들을 대우하는 더 젊은 경영자는 그들이 대단한 지식의 원천이라는 사실을 발견하는 경우가 많을 것이다.

스킬 연습하기

여러분은 여러분이 5년 전에 여러분의 문헌정보학 프로그램을 졸업한 이래로 Statesville University 도서관의 참고/이용자 교육 부서에서 근무해 오고 있다. 이것은 대단한 직무이다. 이 부서에서 8명의 다른 전문직 사서들이 일하고 있으며 여러분은 그들을 모두 좋아한다. 그들 중 다섯 명은 거의 여러분의 나이인데, 여러분과 이 다섯 명은 업무를 벗어나서도 많은 시간을 함께 보내고 있다. 여러분들은 많은 관심을 공유하는 좋은 친구들이다. 다른 두 명의 사서는 거의 퇴직할 나이이다. 그들은 둘 다 매우 즐겁고 매우 역량이 있지만, 그들은 가족과 지역 사회의 관심사에 관여하며, 여러분은 여러분이 근무하지 않을 때는 그들을 거의 만나지 않는다. 여러분의 부서장은 지난주에 약 한 달 안에 자신이 꿈꾸던 직업을 위해 떠날 것이라고 발표하여 모두를 놀라게 하였다. 오늘 아침, 도서관장이 여러분을 불러 여러분이 후임 부서장이 되고 싶은지 물었다. 여러분은 항상 경영에 대해 어떤 관심을 가지고 있었기 때문에 그 가능성에 의해 강한 호기심을 갖게 되었지만, 동시에 약간 어안이 벙벙한 상태이다. 부서장은 일정 관리와 책임 할당, 징계 처리, 모든 인사 평가의 수행에 대한 책임을 갖는다. 여러분은 경영에 경험이 없으며 여러분의 부서의 근로자들을 책임지는 것이 어떻지 모르겠다. 여러분은 그 제안에 대해 생각할 며칠간의 시간을 달라고 도서관장에게 말했다.

여러분은 여러분의 가장 큰 도전은 무엇이 될 것이라고 생각하는가? 여러분은 이러한 도전에 어떻게 부응할 수 있으며 성공할 수 있을 것인가? 여러분은 이 새로운 직위에서 여러분을 지원하기 위해 도서관장에게 무엇을 해 주도록 요청할 것인가?

아마도 신임 경영자들이 명심해야 할 가장 중요한 것은 어떤 실수는 불가피하다는 사실이다. 훌륭한 경영자가 되도록 배우는 데는 시간이 걸린다. 신임 경영자들에게는 전략과 조언을 제공하도록 도와주기 위해 멘토와 더 많은 경험을 가진 경영자들에게 부탁하는 것이 특히 중요하다.

21.5. 경영자에게 필요한 기술

경영자들은 서로 다른 경영층에서 서로 다른 일단의 기술들을 필요로 한다. 대부분의 경영자들이 필요로 하는 구체적인 기술들에 대해서는 제1장에서 살펴본 바 있다. 개념적 기술과 인간관계 기술, 전문적인 기술을 포함한 많은 다양한 기술들이 경영자들에게 필요하다. *Library Journal*의 최근 서베이에서는 학술도서관과 공공도서관의 관장들이 다음 20년간의 신입 사서들에게 필요할 것으로 기대하는 기술들을 보고한 바 있다.[17]

이러한 것들은 응답자들이 모든 신입 사서들이 가졌으면 하고 바라는 기술들이지만, 이러한 기술들의 상당수는 경영자들에게 특히 중요하다. 어떤 기관에 대해 옹호하고, 그 프로그램을 마케팅하고, 독창성과 리더십을 제공할 수 있는 능력은 핵심적인 경영 과업이다. 자신의 문헌정보학 학위를 받는 대부분의 사람들은 많은 그러한 기술들에 대한 가장 기본적인 지식을 가지고 졸업한다. 그들은 어떤 것들을 과거의 직무 경험으로부터 획득할 수도 있고, 자신들의 문헌정보학 프로그램 동안 배웠을 수도 있으며, 독창성과 사람에 대한 기술을 포함한 다른 것들은 가지고 태어나거나 자신들의 삶의 경험에서 획득하기도 한다. 하지만 고위 경영자가 되기에 충분하게 알고 졸업하는 개인들은 거의 없다.

두 사람의 학술도서관장인 Joan Giesecke와 Beth MacNeill은 성공을 거두기 위해서는 경영자와 감독자는 기술적인 전문 지식을 넘어서는 다양한 역량을 개발해야 한다고 설명하고 있다. 그들의 견해로는, 인적 자원의 "소프트 기술"과 팀 구축, 리더십은 모든 경영자들을 위한 성공의 기초이다. 그들이 특히 중요하다고 생각하는 기술들은 다음과 같다.

- 대인 기술(interpersonal skills)
- 커뮤니케이션 기술(communication skills)
- 문제 해결과 의사 결정(problem solving and decision making)
- 진취성(initiative)
- 위양(delegation)
- 시간 관리(time management)

---

17) Meredith Schwartz, "Top Skills for Tomorrow's Librarians," *Library Journal* 141, no. 4 (2016): 38-39.

- 미팅 관리(meetings management)
- 고객 서비스(customer service)[18]

Giesecke와 MacNeill은 이러한 "소프트 기술"이 기술적인 역량을 갖는 것보다 경영자에게 더 중요한 경우가 많다고 생각하고 있다. 아울러 모든 경영자들은 숫자에 어느 정도 재능을 가질 필요가 있다. 미국 Maine주에 있는 Brunswick의 Curtis Memorial Library in Brunswick의 도서관장인 Elisabeth Doucett는 다음과 같은 "사서들을 위한 기본적인 사실과 수치" 도구들은 모든 사서에게 필수적이라고 제안하고 있다. 그녀가 추천하고 있는 기본적인 기술 가운데는 (1) 마이크로소프트 엑셀(Microsoft Excel)에 대한 능숙함과 (2) 백분율 차이를 산출하는 방법을 아는 것, (3) 몇몇 이용 척도에 익숙해지는 것, (4) 도서관 예산의 기본에 대해 아는 것, (5) 대차 대조표(balance sheet)를 읽는 방법을 포함하여, 손익 계산서(profit and loss statement)를 이해하는 것[19] 등이 있다.

아울러 몇몇 기본적인 경영 도구들에 친숙해지는 것은 여러분이 성공적인 경영자가 되도록 도와주는 데 도움이 될 것이다. Patricia Katopol은 다음과 같이 경고하고 있다.

> 만일 여러분이 여러분의 환경에 대한 간단한 SWOT 분석(강점과 약점, 기회, 위협)을 할 수 없다면, 만일 여러분이 예산 편성 방법을 알지 못한다면, 만일 여러분이 여러분의 부서나 여러분의 팀, 여러분의 도서관이 가용한 한정된 자원들에 대해 권리를 주장해야 하는 이유를 입증할 수 없다면, 여러분은 그러한 것들을 얻지 못하게 될 것이다. 다른 누군가가 그렇게 할 것이고 그들은 승진이 가능한 경영진 감으로 인식될 것이다.[20]

신임 경영자들에게 필요한 지식과 기술의 리스트를 제공해 주는 수십 개의 이용 가능한 다른 정보원들이 있다. 그 리스트에는 많은 중복이 있는 것은 놀라울 게

---

18) Joan Giesecke and Beth McNeil, *Fundamentals of Library Supervision* (Chicago: American Library Association, 2010), 6-7.
19) Elisabeth Doucett, *What They Don't Teach You in Library School* (Chicago: American Library Association, 2011), 134-140.
20) Patricia Katopol, "Putting up Roadblocks on Your Path toward Management," *Library Leadership & Management* 30, no. 4 (April 2016): 1-5.

없다. 경험이 많은 경영자들은 모두 비경영자 직원으로부터 경영자가 되는 것으로의 첫 번째 이행(移行)이 가장 어렵다는 사실을 인식하고 있다. 무엇을 해야 할지에 대해 지시를 받는 대신, 신임 경영자들은 갑자기 다른 사람들에게 무엇을 해야 하는지를 이야기할 책임을 맡게 된다. 신임 경영자는 새로운 시각을 받아들이고 서로 다른 렌즈를 통해 업무 현장을 바라보지 않을 수 없으며, 더 이상 성공은 자신이 혼자 이루어낼 수 있는 것에 의해 측정되는 것이 아니라, 경영자가 다른 사람들을 통해 성취할 수 있는 것에 의해 측정된다. 아마도 신임 경영자들이 명심해야 할 가장 중요한 과제의 하나는 도움을 요청하는 것을 두려워하지 말라는 것일 것이다. 요청을 받으면 기꺼이 도움을 제공하고자 하는 많은 사람들이 있다. 어느 누구도 신임 경영자가 그 직무에서 첫날부터 모든 것을 알 것이라고 기대하지 않는다.

21.6. 경영 기술의 습득

만일 여러분이 더 많은 경영 기술을 습득하는 데 관심을 가지고 있다면, 어디로 그러한 지식을 얻으러 갈 수 있는가? 만일 여러분이 이미 경영자라면, 어떻게 여러분의 경영 기술을 개선하고 그 영역의 모든 변화와 함께 최신성을 유지해 나갈 수 있을 것인가?

경영에 관련된 지식을 배울 첫 번째 기회는 전문직에 진입하기 위한 교육적 준비의 일부로서 오는 경우가 많다. 경영은 거의 모든 문헌정보학 프로그램의 교과 과정의 일부로서 가르치고 있다. 미국의 경우, 대부분의 학교들은 인적 자원 관리와 전략적 기획, 마케팅, 재무 관리와 같은 강좌들을 포함하여, 둘 이상의 경영 코스를 제공하고 있다. 동일한 유형의 코스들은 북미뿐만 아니라 전 세계에 걸쳐 여러 학교에서 제공되고 있다.

 이야기해 보기

여러분이 모셨던 가장 훌륭한 경영자에 대해 생각해 보고, 그리고 나서 최악의 경영자에 대해 생각해 보라. 각각으로부터 여러분이 배운 세 가지 것은 무엇인가? 경영자들은 그들을 위해 일하고 있는 미래의 경영자들의 행동을 어떻게 형성해 주는가?

모든 문헌정보학과가 경영 코스를 제공하지는 않지만, 개인들이 자신들의 첫 번째 전문직 직위를 준비하기 위해 설계된 프로그램에서 경영을 가르치는 데 관련된 몇 가지 문제점들이 있다. 하나는 대부분의 프로그램은 길이가 짧다는 것이다. 문헌정보학이 표준적인 신입 수준의 학위인 미국에서는, 대부분의 프로그램이 여전히 대략 1년의 기간뿐이다. 그 해 중에, 학생들은 도서관직에 관련된 기술들을 마스터해야 하는데, 이러한 기술들의 수는 이 영역의 지식 베이스가 확장되면서 증가하고 있다. 디지털 혁명에 의해 요구되는 새로운 기술들 이외에도, 문헌정보학 학생들은 여전히 참고 업무와 장서 개발, 편목과 분류와 같은 도서관학의 전통적인 기술들을 마스터해야 한다. 많은 학생들은 스스로를 경영자가 될 것으로 간주하지 않기 때문에, 경영학 코스를 필수로 선택하도록 하지 않는 한 제공되는 경영학 코스를 택하지 않는 경우가 많다.

21.6.1. 직장에서의 기회

새로이 탄생한 사서들이 자신들의 전문직 경력을 시작했을 때, 그들이 경영의 중요성을 알게 되는 것은 바로 그때이다. 문헌정보학과의 소수의 졸업생들이 소규모 도서관의 관장으로서의 직업을 얻기는 하지만, 대부분의 졸업생들은 자신들이 중간 경영자나 고위 경영자가 되기에 앞서 어떤 경영 기술들을 배울 기회를 갖는 상위 조직에서 일하게 된다. 모든 경영자들은 하는 것으로부터 배운다. 어떤 사람이 경영하도록 배울 때는 실수를 저지르는 경우가 많지만, 실수를 하는 것은 배우는 하나의 방식이다. 신임 경영자들은 또한 조직의 다른 경영자들과 조직 외부의 전문직 동료들로부터 멘토링과 네트워킹을 통해 배운다. 관찰은 물론 직무상 훈련(OJT: on-the-job training)은 경영자로서의 개발의 중요한 측면이다. 경영 구조의 더 상위에 있는 다른 경영자뿐만 아니라 동일한 수준에 있는 사람들로부터도 기술을 습득할 수 있다. 신임 경영자들은 또한 종종 비효율적인 경영자들을 만나서 하지 말아야 할 방식들을 익힐 수도 있다.

21.6.2. 계속 교육

직장 내 교육 훈련이 충분한 경우는 거의 없다. 계속 교육(continuing education)은 모든 전문직의 경력 개발의 중요한 부분이다. 대부분의 대규모 도서관에서는 조직 내의 많은 경영자들이 필요로 하는 경영 기술들을 가르치기 위해 직원 개발

수업이 제공된다. 미국의 경우, 주는 물론 전국의 도서관협회들이 경영 기술을 배우기 위한 다른 기회들을 제공해 준다. 이러한 조직들은 특정의 경영 토픽에 관한 사전 학술 대회나 강습회를 제공하는 경우가 많다. 도서관 컨소시엄은 종종 자신들의 회원들을 위한 수업을 제공하기로 계약하기도 하는데, Lyrasis[21]와 같은 지역 네트워크는 지속적으로 코스를 제공하고 있다. 미국의 많은 주립도서관들은 자신의 주의 사서들을 위한 워크샵과 온라인 교육 훈련 기회를 제공해 준다. 아울러 많은 도서관 관련 조직들은 계속 교육 코스를 제공하고 있다. 문헌정보학 프로그램은 빈번하게 계속 교육 프로그램을 제공하고 있다. 점점 더 많이, 다양한 유형의 수업들이 경영자들이 집을 떠나지 않은 채 새로운 기법과 기술을 배울 수 있도록 온라인으로 제공되고 있다. 웨비나(Webinars)는 계속 교육을 제공하는 수단으로서 아주 대중적이 되어 가고 있다. 리더를 개발하는 데 대한 관심의 결과로서, 미국의 주 수준은 물론 국가 수준의 많은 기관들이 설립되고 있다. 문헌정보학 학위를 취득하는 것은 시작에 불과하다는 사실을 명심하는 것이 중요하다. Elisabeth Doucett는 신입 사서들에게 다음과 같이 조언하고 있다.

> 사서로서의 여러분의 직무의 첫 번째 날로부터, 여러분은 여러분 자신의 경력에 대한 소유권을 가져야 한다. 그것은 여러분은 교육 훈련을 위한 기회를 적극적으로 찾고 추구해야 한다는 것을 의미한다. … 만일 여러분의 도서관이 여러분을 세미나나 교육 훈련 기간에 보내 줄 수 있는 여유가 없다면, 혼자서 교육 훈련을 얻을 방법을 찾아라. 그러나 일단 여러분이 여러분의 도서관학 석사 학위를 받으면 여러분은 여러분의 교육을 마쳤다고 추정하는 실수를 저지르지 말라.[22]

그러므로 포부를 가진 도서관 경영자들은 아주 다양한 교육 강좌에 출석함으로써 자신들의 지식을 증진시킬 수 있다. 때로는 경영자들이 대규모의 복잡한 조직을 경영하기 위해서는 고급의 경영 전문 지식이 필요하다는 사실을 인식하고, 학문에 더 체계적으로 몰두하기를 원해서, 경영학 분야의 추가의 학위를 취득하기로

---

21) 역자주: 미국의 학술 컨소시엄으로, 도서관 네트워크를 기반으로 하고 있다(〈https://en.wikipedia.org/wiki/Lyrasis〉).
22) Elisabeth Doucett, *What They Don't Teach You in Library School* (Chicago: American Library Association, 2011), 14.

결정하기도 한다. 오늘날 많은 도서관 경영자들은 경영학 석사 학위(MBA)를 가지고 있는 반면, 어떤 사람들은 행정학의 석사 학위를 가지고 있다.

모든 경영자의 계속 교육 포트폴리오의 한 가지 중요한 구성 요소는 문헌정보학의 경영학 문헌은 물론 일반적인 경영학 문헌을 읽음으로써 최신성을 유지하도록 해야 한다는 것이다. 대부분의 사서들은 두 유형의 문헌 모두에 용이하게 접근하고 있는데, 그것은 최신의 트렌드를 파악하는 신속한 방법을 제공해 줄 수 있다. 아울러 인터넷을 통해 당장 입수할 수 있는 풍부한 경영 정보들이 있다. 사실 온라인으로 입수할 수 있는 너무나도 많은 자료가 있는데, 그것은 그 정확성과 적시성(timeliness), 진본성(authenticity)에 관해 자신의 훌륭한 판단을 이용해야 한다.

제13장에서 살펴본 것처럼, 경력 개발은 각 전문직의 책임이다. 조직은 그 직원들이 성장하고 개발하도록 돕는 데서 수행해야 할 역할을 가지고 있지만, 경력의 모습을 갖추기 위한 궁극적인 책임은 각 개인에게 속한다. Peter Drucker가 주목하고 있는 것처럼, 오늘날에조차도 스스로 직업을 선택할 준비가 되어 있는 미국인은 두드러질 정도로 거의 없다. "여러분이 '여러분은 여러분이 무엇을 잘하는지 알고 있는가? 여러분은 여러분의 제한점을 알고 있는가?'라고 물었을 때, 그들은 여러분을 멍하니 쳐다본다. 아니면 그들은 주제 지식의 측면에서 응답하는 경우가 많은데, 그것은 잘못된 대답이다."[23] 유사한 맥락에서, LinkedIn의 설립자의 한 사람인 Reid Hoffman은 오늘날의 전문직은 새로운 마인드 셋과 기술 셋이 경쟁하도록 해야 한다고 주장하고 있다. 그는 "단 하나의 경력 사다리를 올라가는 낡은 패러다임은 죽어 사라졌다. 어떤 경력도 더 이상 확실할 것은 없다. … 그러므로 여러분은 기업가가 사업을 시작할 때 접근하는 것과 같은 방식으로 경력 전략을 접근해야 한다."[24] 21세기의 도서관과 정보 서비스의 경영자들은 급속하게 변화하는 환경에 반응하는 유연성을 자신들에게 허용해 주게 될 경영 기술에 대한 자신의 포트폴리오를 개발해야 한다.

---

23) T. George Harris, "The Post-Capitalist Executive: An Interview with Peter F. Drucker," in *Managing in the New Economy*, ed. Joan Magretta (Boston: Harvard Business School, 1999): 163.

24) Quoted in Thomas L. Friedman, "The Start-Up of You," *The New York Times*, July 13, 2011.

스킬 연습하기

현대 경영학의 "권위자"의 한 사람인 Peter Drucker는 현대의 지식 근로자들을 위한 몇 가지 훌륭한 조언을 제공하고 있는데, 그는 다음과 같이 말하고 있다.

우리는 전례 없는 기회의 시대에 살고 있다. 만일 여러분이 야망을 가지고 있고 스마트하다면, 여러분이 어디에서 출발했든 관계없이, 여러분은 여러분이 선택한 전문직의 정상에 오를 수 있다. 그러나 기회에는 책임이 함께 따라온다. 오늘날의 회사들은 그 직원들의 경력을 관리해 주지 않으며, 지식 근로자들은 효과적으로, 자신의 최고 경영자가 되어야만 한다. 여러분이 있을 곳을 개척하고, 코스를 변경해야 할 때를 알고, 약 50년에 걸쳐 있는 직장 생활 동안 계속해서 스스로 몰입하고 생산적이 되도록 하는 것은 여러분에게 달려 있는 것이다. 그와 같은 일을 잘하기 위해, 여러분은 여러분 자신, 즉 여러분의 강점과 약점은 무엇인지뿐만 아니라 여러분은 어떻게 배우고, 다른 사람들과 함께 어떻게 일하며, 여러분의 가치는 무엇이고, 여러분은 어디에 가장 큰 공헌을 할 수 있는지에 대한 깊은 이해를 구축해야 할 것이다. 왜냐하면 여러분이 강점을 가지고 운영할 때만이 여러분은 진정한 탁월성을 이루어낼 수 있기 때문이다.[25]

조용한 시간과 조용한 장소를 찾아, 앉아서, Drucker가 여러분 자신을 이해하는 데 중요하다고 제시한 요인들에 관해 생각해 보라. 10년 후에 여러분은 어디에 있고자 하는가? 또는 20년 후에는? 여러분의 경력의 미지막에는? 여러분은 스스로를 여러분 자신의 경력을 책임지는 최고 경영자로 간주하고 있는가? 여러분은 여러분이 마음속에 그리고 있는 경력의 유형을 어떻게 달성할 수 있을 것인가?

훌륭한 경영자들을 위한 기회는 제한이 없다. 많은 도서관들은 21세기의 제한된 수의 재능을 갖춘 경영자들을 놓고 경쟁을 벌이고 있다. 그러한 전문직들은 새롭고 더 도전적인 직위를 맡을 수많은 기회를 갖는다. 그들은 자신들의 전문직의 목적을 달성하기 위한 자신들의 경영자의 직위에서 승진할 수 있다. 그들은 효과적으로 네트워크화하고, 전략적으로 생각하며, 기술적으로 관리하도록 배우고 있다. 결과적으로 그들은 경영자의 지위를 통해 승진하고 선도적인 기관에서 최고의 직위를 맡을 기회를 제공받는다. 자신들의 경력 목표에 관해 질문을 받으면, 대부분은 적어도 10년의 타임라인을 가지고 계획과 전략을 설명할 가능성이 있다. 그

---

25) Peter F. Drucker, "Managing Oneself," *Harvard Business Review* 83, no. 1 (January 2005): 100.

들은 다음 직위에 대한 전략을 개발하는 동안 현재의 직위에서 성공하기 위해 필요한 기술들을 확인하고 개발해 왔다.

21.7. 결언

경영진의 직위에 있는 훌륭한 사람은 도서관과 정보 서비스 조직의 생존에 중요하다. 저자들은 이 책의 모든 독자가 경영자가 되는 옵션을 고려하고 그러한 미래를 준비하기 시작하기를 바란다. 성공적인 조직의 경영은 고위 경영자들로부터 팀 리더에 이르는 많은 개인들이 참여하는 프로세스이며, 모든 경영자들은 조직의 성공에서 핵심적인 역할을 수행한다.

이 장에서는 긴 낮잠에서 깨어난 Melvil Dewey를 상상하면서 시작하였는데, 마무리도 그와 함께 하고자 한다. 경영자로서, Melvil Dewey는 그의 시대의 도서관에 커다란 영향을 미친 바 있다. 그의 노력 덕택에, 도서관 전문직은 19세기 말에 성년이 되었다.[26] Dewey와 같은 경영자들은 개별 조직과 그들의 전문직 전반에 커다란 영향을 미칠 수 있다.

Dewey와 같은 경영자들의 노력으로 인해, 우리의 도서관과 정보 관련 기관들은 과거부터 잘 작동해 오고 있는 조직과 구조를 가지고 있다. 하지만 현재에 이르러서는, 이러한 기관의 경영자들은 종이 기반의 조직으로부터 디지털 기반의 조직으로 주요한 이행(移行)을 하는 프로세스에 있다. 그들은 점점 더 증가하는 경쟁과 새로운 도전에 직면하고 있다. 도서관 경영자들은 도서관으로 하여금 미래의 수요에 부응하기 위해 준비할 필요가 있다. 도서관의 계속적인 실존을 보장하기 위해, 도서관은 21세기의 Melvil Dewey들이 될 경영자들을 필요로 한다. 우리는 이 책의 독자들이 그러한 경영자들이 되길 바란다.

---

[26] 경영자로서의 Dewey에 관한 더 많은 것에 대해서는, 다음 자료를 참고하라: Wayne A. Wiegand, *Irrepressible Reformer: A Biography of Melvil Dewey* (Chicago: American Library Association, 1996).

학습 내용 연습하기

1. Lou는 그녀가 거의 40년 전에 도서관학과를 졸업한 이후로 참고 담당 사서를 맡고 있다. 그녀는 다음 달에 퇴직하려고 계획하고 있다. 그녀의 친구 중 한 사람이 그녀에게 "Lou, 참고 담당 사서가 되는 것 이외에 어떤 일을 하는 것을 생각해본 적이 있어?"라고 물었다. Lou는 자신의 직위를 항상 즐겼지만, 한때 참고 부서장의 직위를 얻을 수 있었고 관장이 그 자리에 지원하는 것을 고려해 보라고 그녀에게 요청했을 때 경영자가 되는 것을 고려했던 적이 있었다고 대답했다. "어떻게 되었는데?" 하고 그 친구가 물었다. Lou가 말했다. "글쎄, 결국에는 지원하지 않기로 했었어. 그것에 대해 생각해 봤지만, 그것은 내가 맡고자 하는 것 이상의 것이라고 결정했거든. 부서장은 부서에서 일하는 모든 사람들의 인사 고과를 해야 하는 걸 너도 알잖아. 부서장은 또 징계 상황도 처리해야 해. 그런 걸 생각하면 생각할수록, 점점 더 나는 그 책임을 원하지 않는다는 걸 알게 되었지. 만일 누군가가 나쁜 일을 하고 있으면 어쩔 거야? 내가 바로 부정적인 고과를 작성해야 하는 사람이 될 거잖아. 만일 어떤 직원이 계속해서 늦으면 내가 질책을 해야 하잖아? 그건 그 정도의 번거로움을 감수할 만한 가치가 있는 게 아니라고 결정했었어."

   분명한 도전과 번거로움은 경영자가 되는 것과 관련되어 있다. 경영자들이 하는 특정의 일들 가운데 여러분이 하기 싫어할 일이 있는가? 여러분은 여러분이 즐기게 될 경영자의 직무의 다른 측면들을 생각할 수 있는가? 경영자가 되는 것의 장점이 여러분을 위한 단점보다 더 큰가?

2. 여러분 자신을 이해하는 것은 여러분이 어떤 경력 경로를 택할는지를 선택할 때 대단히 중요하다. 어떤 사람들은 자신들의 경력으로부터 무엇을 얻고자 하는지에 대해 아주 분명한 생각을 갖고 있는 반면, 어떤 사람들은 애매모호한 생각을 가지고 있거나 아니면 어떤 생각도 전혀 갖고 있지 않다. 만약 여러분이 경력 호환성 테스트를 한다면, 여러분은 어느 하나를 선택할 수 있는지 보라. 여러분의 대학의 테스트 센터는 여러분에게 전문적으로 테스트를 받을 기회를 제공할 수도 있을 것이다. 만일 여러분이 전문적으로 관리되는 테스트에 대한 접근을 갖고 있지 못한다면, 인터넷상에 많은 무료의 경력 자기 평가 도구들이 있다. 한두 개를 시도해 보라. 이러한 테스트의 결과로부터 여러분은 어떤 통찰력을 얻었는가? 여러분이 알게 된 것을 바탕으로 할 때, 여러분은 올바른 경력을 선택하였는가? 그 결과는 여러분이 경영자가 되는 것을 즐길 것이라는 사실을 보여 주고 있는가?

3. Duckettville은 미국 Tennessee의 중심에 있는 중간 규모의 타운이다. 급속하게 성장하는 시와의 인접성 때문에, Duckettville은 지속적인 인구 증가를 겪고 있다. 이 타운의 느낌은 Duckettville Library의 신입 대리인 Meredith가 가졌던 매력의 하나였다. New England 지역에서 살고, 일하고, 공부한 후, Meredith가 몇 년 전에 이 직위에 대한 채용 공고를 보았을 때, 그녀는 미국의 다른 부분에서의 삶을 경험할 기회에 관해 흥분하였고, 그래서 그녀의 첫 번째 경영자 직위에 지원하기로 결정했었다. 하지만 1년 후, 그 흥분은 서서히 사라지고, 그녀

는 그녀가 왜 남아 있는지 궁금해 하고 있다.

대리의 직위를 충원하도록 그녀가 선발되었던 사실이 Meredith에게는 약간 놀라웠다. 도서관장 Pam과의 그녀의 면접이 잘 되어 가기는 했지만, Meredith는 자신은 필요한 경험을 갖고 있지 못하다고 생각했었다. Pam은 그녀를 고용하도록 했던 것은 Meredith의 근면하고, 믿을 수 있고, 창의적인 태도였다고 설명하였다. 그녀가 도착했던 직후, Meredith는 도서관의 모든 풀타임 직원들을 감독하도록 요청받았다. 그녀는 계속적으로 자신의 일을 완성시키기 위해 서둘렀으며, 결코 자신이 따라잡은 것처럼 느끼지 못하였다. Meredith는 번아웃(burnout)의 시점에 도달하였다. 그녀는 얼마나 많은 일을 그들이 수행해야 하는지에 대해 그가 바라보는 불일치 때문에 Pam에게 분개하기 시작하고 있다.

Meredith는 경영자의 직위를 맡고 있지만 그녀는 힘에 벅차다고 느끼고 있다. Pam이 그와 같이 행동한 동기는 무엇인가? 여러분이 Meredith라면, 여러분은 어떻게 할 것인가?

4. Jennifer는 항상 자신의 스마트폰이나 랩탑을 끼고 있는 신임 Y세대 경영자로, 그녀는 모든 상황에서 전자적으로 커뮤니케이션하는 것이 가장 편안하다. 그녀는 다양한 연령과 다양한 햇수의 경험을 가진 10명의 직원의 그룹을 감독하고 있다. 그녀가 감독하는 몇몇 개인들은 그녀의 경영 스타일에 대해 불평하기 시작하고 있다. 그들은 자신들이 그녀를 전혀 보지 못하고 있고, 그녀는 그들이나 그들의 직무에 관해 어떤 것도 아는 것 같지 않다고 말하고 있다.

만일 여러분이 Jennifer의 감독자라면, 여러분은 더 효과적인 감독자가 되기 위해 그녀는 무엇을 하도록 제안할 것인가?

 **토론용 질문**

1. Robert Quinn은 다음과 같이 말하고 있다.

조직의 사다리를 올라감에 따라, 일들이 유형성도 적어지고 예측 가능성도 줄어든다. 특히 더 높은 수준에서의 경영의 기본적인 특성은 변화와 애매성, 모순의 대립이다. 경영자들은 지각된 긴장의 영역에서 살면서 자신들의 많은 시간을 보낸다. 그들은 계속해서 절충을 하지 않을 수 없으며, 어떤 올바른 해답도 존재하지 않는다는 사실을 발견하는 경우가 많다. 어떤 조직에서 더 높이 올라가면 올라갈수록, 점점 더 이 현상은 두드러지게 된다.[27]

---

27) Robert E. Quinn, *Beyond Rational Management* (San Francisco: Jossey&#65534;Bass, 1988): 3.

이 인용문에서, Robert Quinn은 최고 경영자들이 부딪히는 몇 가지 도전에 대해 지적하고 있다. 애매한 환경에서 기능을 수행하는 것이 왜 그렇게 어려운가? 경영자들은 그와 같은 환경에 대처하도록 어떻게 배우는가? 여러분은 이와 같은 상황에서 어떻게 할 것이라고 생각하는가?

2. Joseph Berk와 Susan Berk는 다음과 같은 사실에 주목하고 있다.

멘토링은 복잡한 주제이다. 그 관행에는 장점과 단점이 있다. 분명히 멘토를 갖지 못한 조직의 사람들은 멘토를 가진 사람들에게 분개할 수도 있을 것이다.… 만일 계속해서 승진하고자 한다면, 멘토를 포함하는 네트워크를 개발하는 것은 성공 확률을 상당히 향상시켜 준다.[28]

Berks가 설명하고 있는 것처럼, 멘토링에는 장점은 물론 단점도 있다. 여러분은 기본적인 장점과 단점은 무엇이라고 생각하는가? 만일 멘토를 갖지 못한 사람들이 멘토를 가진 사람들에게 분개한다면, 조직이 모든 사람에게 멘토링을 제공하는 방법이 있는가?

3. 여러분이 이제 막 여러분의 첫 번째 경영자 직위에 임명되었다고 가정해 보라. 여러분의 첫 번째 날에 여러분은 어떤 일을 할 것인가? 여러분의 상위 다섯 개 우선순위의 리스트를 작성하고 그 우선순위를 한 명 이상의 동료들의 상위 우선순위와 비교해 보라.

4. Diane Brady는 다음과 같이 지적하고 있다.

21세기에 앞서 가고자 하는 경영자들은 지난 세기의 자신들의 상대와는 완전히 다른 도구의 세트를 필요로 하게 될 것이다.… 유일한 상수인 변화와 함께, 경영자들은 훨씬 더 기업가적이 되어야 할 것이다. 명령을 기다리거나 확립된 절차를 따를 생각을 가지고 있는 사람은 누구든 그냥 없어져 버릴 것이다. 산업 시대는 기계와 소유권 제도를 중요시한 반면, 정보 시대는 근로자들의 머리에 있는 아이디어와 기술에 의존한다. 테크놀로지와 제품, 시장, 고객이 모두 유동적인 상태에서, 기업은 불확실성과 함께 성공할 수 있는 집단 지향적인 리더를 필요로 하게 될 것이다.[29]

Brady는 21세기 경영자들은 과거에 사용되었던 것과는 다른 도구를 필요로 하게 될 것이라고 생각한다. 이 도구들은 왜 필요할 것인가? 여러분은 어떤 기술들이 21세기 경영자들에게 가장 필요할 것이라고 생각하는가?

---

28) Joseph Berk and Susan Berk, *Managing Effectively: A Handbook for First Time Managers* (New York: Sterling, 1991): 93-94.
29) Diane Brady, "Wanted: Eclectic Visionary with a Sense of Humor," *Business Week* 3696 (August 21 2000): 143.

국문색인 Index

360도평가 ································ 363

ㄱ

가상도서관 ································ 299
가상접근 ··································· 93
가상커뮤니케이션 ················· 565-566
가상팀 ······························· 595, 596
가정(假定), 조직문화의 ············ 225, 226
가정형 시나리오 ························· 120
가치
    조직문화의 ····················· 225, 226
    핵심 ······························· 122
가치공학 ·································· 171
기혹회, 인사고과의 ····················· 367
갈등 ····························· 65, 570-577
    결과 ··························· 573-576
    관리 ··························· 576-577
    악화 ······························· 577
감독, 직접 ································ 269
감독의 질, 위생요인으로서의 ········· 446
감독자 ······························ 30-31, 723
    인사고과 ··························· 363
감사의 표시, 기금조성의 ·········· 687, 690
강압적 권력 ······························ 257
강제배분법, 인사고과의 ··········· 368-369
강화, 행동수정의 ························ 455
개념적 기술 ······························· 39
개방시스템, 도서관의 ··············· 107-109
개방형질문 ······························· 343
개인의 권리, 윤리의 ···················· 527
개인주의, 조직문화의 ··················· 227
거래적 리더십 ··························· 487
거버넌스 ··························· 585, 608
거주후평가, 도서관시설의 ········· 173-174
건강문제, 인적자원의 ················ 406-412
건축견적서 ······························ 171
건축프로그램 ······················· 168-171
격동기, 팀개발의 ······················· 602

결과(outcome)
    정의 ······························ 623
    평가 ······························ 622
경력개발 ···························· 397-406
    도서관경영자의 ···················· 730
경력격차, 이중의 ······················· 323
경력단계 ································· 399
경력닻 ··································· 719
경력전단계 ······························ 399
경력정체 ································· 403
경로, 커뮤니케이션모델의 ············· 547
경영, 정의 ································ 30
경영개혁 ································· 209
경영계층 ······························· 30-31
경영계층, 도서관의 ······················ 31
경영과학 ································· 70
경영교육, 문헌정보학의 ············ 727-732
경영기술
    습득 ··························· 727-732
    필요한 ······················· 725-727
경영사상, 역사 ······················· 49-88
경영역량 ···························· 719-720
경영원칙, Fayol의 ························ 63
경영윤리
경영자
    기능 ··························· 32-34
    되기 위한 의사결정 ············ 717-721
    되는 단계 ······················ 721-724
    리더와의 관계 ················· 473-474
    신임 ······················ 723, 726-727
    여성의 ······················· 718-719
    역할 ··························· 35-37
    유형 ··························· 30-32
    일선 ··················· 30-31, 432, 723
    중간 ·························· 30, 432
    차세대의 ······················ 711-735
    최고 ·························· 30, 432
    필요기술 ················· 39-42, 725-727
    활용자원 ··························· 38

경영하위시스템 ················· 108-109
경영학파
　계량적 관점 ····················· 69-70
　고전적 관점 ····················· 56-64
　상황적응적 경영 ················ 73-74
　새로운 접근법 ··················· 74-79
　시스템적 관점 ··················· 71-72
　인본주의적 관점 ················ 64-69
경쟁벤치마킹 ··························· 639
경쟁우위 ····················· 25, 250, 564
경쟁형, 갈등의 ························· 571
경제적 가치 ···························· 650
경청, 커뮤니케이션의 ················ 549
경험, 의사결정의 ······················ 150
계량적 관점 ··························· 69-70
계속교육, 도서관경영자의 ········ 728-732
계층구조
　수직적 ················ 239, 255, 267
　조직의 ······················ 52, 254-266
계층화 ·································· 63
계획설계 ······························· 171
계획수립 → 기획
고객니즈 ································ 26
고객서비스 ··························· 726
고객중심 부문화 ······················ 249
고용안정, 위생요인으로서의 ······· 446
고원현상 ··························· 402-403
고유의 정책 ··························· 154
고전적 관점
　경영사상의 ····················· 56-64
　과학적 관리운동 ················ 57-60
　관료제학파 ····················· 60-62
　관리원칙 ························ 62-64
고충처리시스템 ············ 379-380, 563
공감성, 정서지능의 ·················· 435
공공관계 102, 130, 192, 265, 680 ↔ 마케팅
공공의 이익 ················· 25-26, 43, 650
공동의사결정 ·························· 591
공리주의 ······························· 527
공식성, 조직구조의 ··················· 280
공식예산편성 ······················ 671-673
공식조직 ······························· 217
공유리더십 583 ↔ 참여적 리더십
공유비전 ································ 96
공정성 ··································· 63
공정성이론, 동기부여의 ········· 450-451
공평성, 급여결정의 ··················· 382
과업관리역할, 팀제의 ················ 605

과업구조, 리더십의 ··················· 489
과업복잡성, 목표설정이론의 ········ 458
과업정체성, 직무충실화의 ··········· 327
과업중요성, 직무충실화의 ··········· 327
과업형리더십 ··························· 486
과학적 관리운동 ···················· 57-60
관계분석 ································ 295
관계지향적 리더십 ···················· 496
관대화, 인사고과의 ··················· 367
관료제
　경영학사 ························ 60-62
　조직구조의 ···················· 281-287
관리, 기금조성의 ················· 687-688
관리그리드
관리기능 ····························· 32-34
　정책개발의 ······················· 156
관리기술 ································· 29
관리시스템, 리더십의 ············ 483-485
관리원칙 ····························· 62-64
관리폭 ·································· 262
관리하위시스템
관찰법, 직무분석의 ··················· 332
광고
　마케팅의 ·························· 193
　직무모집의 ······················· 336
교대서열법, 인사고과의 ·············· 368
교육훈련
　교차 ··················· 101, 326, 403
　기존직원의 ···················· 356-359
　온보딩 ························ 352-355
　윤리의 ························ 534-535
　임파워먼트 ······················· 592
　직무교환 ·························· 357
　직원개발계획 ················· 356-359
　초기의 ························ 355-356
교차기능팀 ······················· 596, 609
교차훈련 ··················· 101, 326, 403
구두경고 ······························· 376
구두커뮤니케이션 ················ 558-559
구전커뮤니케이션 ····················· 567
구조적 고원현상 ······················· 402
구조조정 → 리스트럭처링
구조주도, 리더십의 ··················· 482
구조하위시스템 ···················· 108-109
권력 ······················· 65, 239, 256-258
　권한과의 관계 ····················· 61
　집단의사결정의 ·················· 149
권력, 행사 ······························ 474

권력격차, 조직문화의 ············· 227
권력욕구, 욕구이론의 ············· 448
권력의 원천 ······················ 257
권리, 개인의 ······················ 527
권위주의형리더십 ················· 486
권한 ················ 60, 63, 239, 256-258
　　위양 ··············· 52, 258-259, 725
　　집단의사결정의 ················ 149
　　흐름 ··························· 219
권한순응형리더십 ················· 486
규범기, 팀개발의 ··················· 602
규정 ································ 158
규칙 ································ 158
균형성과평가제도, 조정도구로서의
································ 642-643
균형예산 ··························· 680
균형임금법 ························· 418
그레이프바인(커뮤니케이션네트워크)
···························· 95, 567-569
근로자 → 직원
근로자산재보험 ···················· 388
근무시간자유선택제 ················ 389
근속연수 ··························· 385
근친교배 ··························· 338
글로벌리제이션 ····················· 29
글로벌복합체 ······················· 93
금전적 척도, 직무평가의 ············ 333
급여
　　결정 ······················ 382-384
　　등급표 ···················· 384-385
　　위생요인으로서의 ·············· 446
　　인상 ······················ 385-386
　　임금과의 비교 ················· 380
기계적 관점, 임파워먼트에 대한 ···· 114
기계적 조직 ················· 278-281
기금조성 ········ 166, 265, 617, 683-707
　　담당자의 퍼스낼리티 ··········· 698
　　마케팅의 ······················ 193
　　자원 ··························· 688
　　프로세스 ·················· 684-688
　　협동적 ························· 693
기능중심부문화 ···················· 245
기능팀 ····························· 596
기능형벤치마킹 ···················· 639
기대
　　기대이론의 ···················· 452
　　인적자원에 대한 영향 ·········· 316
기대이론, 동기부여의 ·········· 451-454

기본설계 ··························· 171
기부, 유형 ···················· 689-693
기부담당임원 ······················ 696
기부협약, 기금조성의 ··············· 690
기술
　　경영자의 ···················· 39-42
　　커뮤니케이션의 ················ 725
　　표준화 ···················· 269-270
기술다양성, 직무충실화의 ·········· 327
기술하위시스템 ··············· 108-109
기업격자 ··························· 403
기업문화 → 조직문화
기획 117-197 ↔ 전략적 기획
　　관리기능으로서의 ··············· 32
　　도서관시설의 ·············· 161-179
　　전략적 → 전략적 기획
　　조정과의 관계 ················· 267

ㄴ

남녀동일임금법 ···················· 418
남성성, 조직문화의 ················ 227
내부마케팅 ························· 186
내부벤치마킹 ······················ 639
내부승진 ··························· 338
내부지원자 ························· 338
내용모델, 동기부여의 ·········· 440-449
내용적 고원현상 ···················· 402
네트워크조직 ······················ 300
네트워크테크놀로지 ················· 93
노동조합 ················ 99, 380, 421-424
노이즈, 커뮤니케이션모델의 ········ 547
노자(老子) ························· 475
논쟁문화 ··························· 575

ㄷ

다면평가 ··························· 363
다수결의 원칙 ····················· 149
다양성
　　인적자원의 ···················· 316
　　충원의 ························· 316
다운사이징 ··············· 94, 306, 317
다중작업 ··························· 716
다중충성도, 정보전문직의 ·········· 522
단결 ································ 63
단순서열법, 직무평가의 ············ 333
단체교섭 ················ 379, 423, 591
단체생명보험 ······················ 388

단체적 기억 ·· 100
단체협약 ·· 99, 102
단합형리더십 ·· 487
대면커뮤니케이션 ·································· 553
대변인, 경영자의 역할 ····················· 35-37
대비, 인사고과의 ·································· 367
대인관계, 위생요인으로서의 ············ 447
대인기술 ···································· 315, 725
대인적 업무, 실제업무와의 비교 ········ 430
대인적 역할, 경영자의 ····················· 35-37
대체정보원 ·· 93
대표자, 경영자의 역할 ····················· 35-37
데이터기반경영 ································· 76-77
데이터분석, 모니터링의 ······················ 649
도덕, 윤리와의 관계 ··················· 513-515
도서관개발 194 ↔ 기금조성
도서관건축 172 ↔ 도서관시설
도서관성과지표, ISO의 ······················ 632
도서관시설
　거주후평가 ································ 173-174
　건축 ·· 172
　부지선정 ···································· 167-168
　비상계획과 안전 ······················ 174-175
　설계의 단계 ······························ 168-171
　신축 ·· 172
　예비계획 ···································· 165-166
　유지보수 ···································· 176-177
　이사 ·· 172
　자금조달 ··· 166
　주장의 정당화 ·························· 164-165
　지속가능한 ································ 172-173
도서관예산 → 예산; 예산편성기법
도서관의 친구들 ············· 102, 628, 695
도서관장, 건축프로세스상의 역할 ······ 164
도시척도법, 인사고과의 ············· 369-370
도전, 목표설정이론의 ························ 458
도표식평정척도법, 인사고과의 ······ 369-370
독성리더 ·· 476-479
독성트라이앵글 ···································· 477
독재적 리더십 ······································ 481
독피지 ··· 23
동기부여 ·· 429-467
　간단한 모델 ···································· 441
　공정성이론 ································ 450-451
　기대이론 ···································· 451-454
　내용모델 ···································· 440-449
　목표설정이론 ···························· 458-459
　욕구단계설 ································ 441-445

욕구이론 ···································· 448-449
이요인이론 ································ 445-448
정서지능의 ··· 435
프로세스모델 ····························· 450-459
행동수정 ····································· 454-458
동기요인 ·· 445-446
동료에 의한 고과 ······················· 362-363
디지털격차 ·· 522
디지털원주민 ·· 716
디지털이주민 ·· 716
디지털혁명 ·· 19
디지털화 ··· 27

ㄹ

라이프사이클, 조직의 ························ 206
라인직 ······································ 220, 265-266
레거시 미디어산업 ······························ 240
로드맵 ·· 145
리노베이션 ···································· 164, 166
리뉴얼, 조직의 ···································· 105
리더
　경영자와의 비교 ······················ 473-474
　경영자의 역할로서의 ··············· 35-37
　구성원과의 관계 ····························· 489
　권력행사 ·· 474
　독성의 ······································· 476-479
　비전제시 ·· 475
리더십 ·· 469-507
　5레벨 ··· 494
　개발 ·· 499-503
　경로-목표이론 ·························· 490-492
　관계지향적 ······································ 496
　도전 ··· 498
　변혁적 ·· 496
　복잡계 ·· 496
　분산적 ·· 494
　상황모델 ··································· 488-490
　여성의 ··· 503
　영웅적 ·· 492
　윤리적 ·· 536
　자질 ··· 474-476
　진성 ··· 495-496
　참여적 ·· 495
　카리스마 ·· 496
　특성적 접근 ···································· 480
　행태론적 접근 ·························· 481-483
리더십그리드 ································ 485-487
리더십스타일 ································ 483-488

리서치, 의사결정의 ·················· 150
리스트럭처링, 조직의 ········ 207, 277, 403
리엔지니어링············ 92, 94, 209-210, 296

ㅁ

마스터플랜·························· 165
마음챙김 ··························· 409
마케팅 ························ 181-197
   가치요인 ······················ 189-191
   전략적 구성요소 ················ 183-186
마케팅감사 ······················ 186-189
마케팅믹스 ······················ 184-185
마켓리서치 ·························· 27
매트릭스 조직구조 ················ 291-293
메시지, 커뮤니케이션모델의 ········· 547
메시지과다 ························· 561
멘토링 ··················· 353, 396, 404-406
면담
   인사고과상의 ·················· 374-375
   정보수집을 위한 ···················· 316
면접, 채용후보자의 ················ 341-343
면접법, 직무분석의 ···················· 332
면제직원 ··························· 381
명령일원화 ·························· 63
명령체인 ······················ 256, 258
명령통일의 원칙 ······················ 262
명명기회 ··························· 699
명문화된 정책 ······················· 157
명확성, 목표설정이론의 ················ 458
모니터, 경영자의 역할 ················ 35-37
모니터링 ······················ 648-650
모범사례 ······················ 622, 639
모집 ··························· 335-346
모험이행 ··························· 600
목적 ····················· 30, 137-138
목적과 가치 하위시스템 ············ 108-109
목표 ····················· 30, 138-140, 591
목표설정, 기본요소 ···················· 139
목표설정이론, 동기부여의 ·········· 458-459
목표에 의한 관리(MBO) ················ 69
몰입, 경영학사의 ······················ 77-79
무경계조직 ·························· 300
무기력형리더십 ······················ 485
무보수정직 ························· 376
무인자동차 ·························· 18
무장휴전 ··························· 574
문서커뮤니케이션 ···················· 554
문제해결기술, 경영자의 ············ 41, 725

문헌배달 ··························· 650
문호개방정책 ·················· 379, 562
문화적 차이, 커뮤니케이션의 ········· 551
물적자원 ··························· 38
물질남용 ··························· 389
뮤추얼펀드 ························· 693
미국도서관협회 ··· 189, 205, 270, 322, 337, 358, 383, 419, 502, 530, 620, 627, 630, 638
   윤리강령 ························ 532
미국의회도서관 ················· 28, 235
미요청기부, 기금조성의 ················ 692
미팅, 커뮤니케이션의 ·················· 564
미팅관리 ··························· 726
민족차이, 커뮤니케이션의 ············· 551
민주적 리더십 ······················· 481
밀레니얼세대 ······················· 401

ㅂ

바디랭귀지 ·························· 559
반복사용 긴장성손상증후군 ············ 406
반응성 ······························ 26
발전기금실 ·························· 696
방관형리더십 ························ 485
방종, 조직문화의 ······················ 227
배경확인, 지원자의 ···················· 343
배려, 리더십의 ······················· 482
배치전환, 수평적 ······················ 403
번아웃 ···················· 402, 410-412, 734
범죄, 업무현장의 ·················· 412-413
법률, 윤리와의 관계 ················ 512-515
법적보호, 직원의 ·················· 413-424
베이비붐세대 ······················· 401
벤치마킹, 조정도구로서의 ·········· 638-640
벽이 없는 도서관 ····················· 299
변혁적 리더십 ·················· 487, 496
변화
   급진적 ·························· 105
   도서관의 ························ 93
   연속체 ·························· 103
   저항 ························ 109-112
   점진적 ·························· 105
   진단 ·························· 104-107
   촉진요인 ······················ 91-96
   혁신프로세스 ··················· 89-115
변화를 위한 조직화 ················ 101-104
보고, 예산의 ···················· 678-680
보급자, 경영자의 역할 ················ 35-37
보상시스템 ····················· 380-391

보상적 권력 257
보조금 700-705
    유형 700
    정보원 701-702
    지원신청서 703-705
보조스태프 242
보조직원 318
보편이론 610
복수평가자피드백 363
복잡계리더십 496
복잡성, 조직구조의 280
복합기능팀 303
부가급부 387-391
부문화 방법 243-254 ↔ 조직구조
부식성 관료주의 226
부정적 강화, 행동수정의 455
부지선정, 도서관시설의 167-168
부하고과 363
분관 245, 247
분권화 260-262
분산적 리더십 495, 583
분산형예산편성 677
분산화 246
분석, 의사결정의 150
분석적 기술, 경영자의 41
분업 54, 63, 215, 326
분위기, 마케팅의 193
분쟁해결자, 경영자의 역할 35-37
브레인스토밍 121
비강화, 행동수정의 455
비공식조직 217, 443
비공식커뮤니케이션 566-570
비교가치 418-419
비기업 211
비면제직원 381
비상계획과 안전, 도서관시설의 174-175
비언어적 커뮤니케이션 559
비영리조직, 경영 25, 43-44
비용, 집단의사결정의 149
비용-편익분석 631, 635
비용편익분석, 조정도구로서의 636-638
비용효과 631, 637
비이성의 시대 95
비전 120, 133-135,
비전, 리더십 자질로서의 475
비전선언문 134
비즈니스 프로세스 리엔지니어링 209, 296
비트코인 19

비화폐성기부 694
빅데이터 76
뾰족머리상사 711

ㅅ

사명 135-137
사명선언문 135-137
사실데이터 623
사업상의 기능 156
사용성연구 319, 624
사용성연구, 조정도구로서의 646-647
사회보장제도 388
사회적 기술
    경영자의 41-42
    정서지능의 435
사회적 욕구 442
사회적 정의 527
사회적 책임, 기업의 518
사회적 태만 600
산업시대, 경영 54-55
산출척도 622
상징, 조직문화의 223-224
상향적 커뮤니케이션 562-563
상호조절 268
상황모델, 리더십의 488-492
상황이론가 488
상황적응적 접근법 73-74, 581, 611
생리적 욕구 442
생명주기 → 라이프사이클
생산에 대한 관심, 리더십의 485
생산중심적 경영자 482
서비스, 목표설정의 139
서비스의 영향력, LibQual의 643-644
서술법, 인사고과의 368
서열법, 인사고과의 368
선발 339
    프로세스 340
선택적 근로시간제 389
선형적 사고 121
설계의 단계, 도서관시설의 168-171
설문지법, 직무분석의 332
성과 → 조직성과
성과주의예산편성 674-676
성과지표 623, 624-625, 632, 649
    계획의 143
성과측정, 표준과 대비한 627, 630-633
성과태도표준, 성과표준의 366
성과평정 361

성과표준 ························· 365-366
성숙테크놀로지 ···················· 79
성취감, 동기요인으로서의 ············ 446
성취욕구, 욕구이론의 ··············· 448
성취지향적 리더십 ················· 491
성희롱 ························ 419-421
세금지도 ·························· 167
세대차이, 커뮤니케이션의 ··········· 550
소거, 행동수정의 ·················· 455
소셜네트워크사이트(SNS) ············ 344
소셜미디어 ························ 555
소속감 ····························· 67
소수자, 충원상의 ·················· 337
소수자우대정책 ···················· 417
소장, 자료의 ······················ 650
소진 ······························ 411
소크라테스 ························· 53
소프트기술 ···················· 42, 725
소프트머니 ······················· 381
소프트웨어 ························· 18
손목터널증후군 ···················· 406
수단성, 기대이론의 ················ 452
수신자, 커뮤니케이션모델의 ········· 547
수업료환불 ······················· 389
수용형, 갈등의 ···················· 571
수익성회계 ······················· 637
수입 ··························· 658-660
수직적 계층구조 ········ 239, 255, 267
수직적 분화 ······················· 239
수직적 전문화 ····················· 255
수직적 조직구조 ··················· 264
수직적 통합
수평적 배치전환 ··················· 403
수평적 전문화 ················ 239, 255
수평적 조직도 ····················· 263
수평적 커뮤니케이션 ············ 563-565
스칼라원칙 ······················· 256
스킬 → 기술
스태프직 ············· 221, 265-266, 268
스트레스, 육체적 ··············· 406-407
스트레스, 정신적 ··············· 407-410
슬로건, 조직문화의 ················ 224
승진, 동기요인으로서의 ············· 446
시간 및 동작 연구 ·················· 631
시간관리 ························· 725
시너지 ························ 72, 597
시뮬레이션 ························ 70
시스템, 개방 ··················· 107-109

시스템, 폐쇄 ··················· 71, 282
시스템, 하위 ················ 71, 108-109
시스템기술, 경영자의 ··············· 42
시스템적 관점 ··················· 71-72
신체언어 ························· 559
신체적 스트레스 ··············· 406-407
신축, 도서관시설의 ················ 172
신화, 조직문화의 ·················· 224
실시설계 ························· 171
실업보험 ························· 388
실적제 ····················· 385-386, 454
실제업무, 대인적 업무와의 비교 ······ 430
실행기, 팀개발의 ·················· 602
실험, 의사결정의 ·················· 150
심리사회 하위시스템 ············ 108-109
심사위원회 ······ 266, 290, 315, 339, 344
쌍대비교법, 인사고과의 ············· 368
쌍방향 커뮤니케이션 ············ 95, 548

ㅇ

아리스토텔레스
아웃소싱 ·············· 288, 302, 320, 321
아웃풋
    시스템적 접근의 ······················ 71
    평가
    표준화 ································ 269
아웃풋지표 ······················· 623
아웃풋척도 ······················· 622
아이콘택트 ······················· 549
안전욕구 ························· 442
암시된 정책 ······················ 154
압력
    내부의 ································ 107
    외부의 ································ 107
압축근로시간제도 ················· 389
액션리서치 ······················· 648
양성, 기금조성의 ·············· 685-686
어필에 의한 정책 ·················· 154
언론, 직원보호 ···················· 414
업무계획 ························· 141
업적평가 ············ 330, 525 ↔ 인사고과
엑스(X)세대 ················· 401, 715
엑스(X)이론 ··················· 68, 88
여성성, 조직문화의 ················ 227
역할갈등 ························· 408
역할명료성 ······················· 590
역할모호성 ······················· 408
연간자금기부 ····················· 691

연공서열	385
연락담당자, 경영자의 역할	35-37
연상, 인사고과의	367
연쇄효과, 인사고과의	367
연차심사	360
영구기금	381, 659, 690-691
영웅, 조직문화의	224
영웅적 리더십	492
예비계획, 도서관시설의	165-166
예산	653-682
예산, 인적자원을 위한	319
예산보고	678-680
예산분석가	680
예산삭감	654-655, 681
예산설명서	657, 666-667
예산편성기법	668-669
예산편성사이클	657
예산편성프로세스	665-667
오리엔테이션	355
온보딩과의 관계	355
오색모델, 조직구조의	284
오퍼레이션즈리서치	70
오픈북경영	583
온라인교육훈련과정	357
온보딩	350, 352-355, 621
와이(Y)세대	401, 715, 717
와이(Y)이론	68, 88
외부규정, 인적자원에 대한 영향	317
외부에서 부과되는 정책	154
외부지원자	338
요망효과표준, 성과표준의	366
요소비교법, 직무평가의	333
요청, 기금조성의	686-687
요청기부, 기금조성의	692
욕구단계설, 동기부여의	67, 441-445
욕구이론, 동기부여의	448-449
우유부단성, 집단의사결정의	149
운영경비	658
운영계획	141
운영성과	656
운영수입	662
운영예산	166, 656
운영자금	658-659
운영지출	663
원격회의	357
웨비나	357, 729
웰니스프로그램	413, 456
웰빙	637

위생요인	446-447
위양	52, 258-259, 725
위원회	268, 289-290
윈윈전략	65, 413, 571
유급휴가	388
유기적 관점, 임파워먼트에 대한	114
유기적 조직구조	278-281
유비쿼터스	91, 247
유언신탁	693
유연근무제	99, 389
유의성, 기대이론의	452
유증	194, 694
유지보수, 도서관시설의	176-177
유지역할, 팀제의	605
육체적 스트레스	406-407
윤리	
교육훈련	534-535
전문직의	509-540
정의	513-517
중요성	517-521
윤리강령	225, 510, 530-534
윤리적 딜레마	516, 523
윤리적 의사결정	526-538
윤리적 퇴색	535
윤리적 틀	526-529
윤리적 행동	519-521
은퇴, 경력단계의	399-400
의료보험	388
의사결정	145-151
기술	725
단계	146-148
분석	295
요인	150-151
집단의	148-150
의사결정역할, 경영자의	35-37
의사결정이론	70
의식, 조직문화의	224
이데올로기, 조직구조의	242
이름부르기	232
이메일	555-557
이상형리더십	487
이요인이론, 동기부여의	445-448
이해충돌	525
인간관계운동	66-67
인간에 대한 관심, 리더십의	485
인간적 기술	39
인공물, 조직문화의	224-225, 226
인공지능	18

인기형리더십 ·································· 486
인사고과 ································· 359-375
    면담 ································· 374-375
    목표 ································· 360-361
    방법 ································· 367-373
    심사프로세스 ···························· 373
    여러 방법의 조합 ······················ 373
    일반적 오류 ···························· 367
인사관리 → 인적자원관리
인센티브 ··· 380
인스턴트메시지 ································ 542
인적자원 38, 265, 311-425 ↔ 충원
    기능 ································· 349-393
    목표설정의 ······························ 139
인적자원관리
    건강문제 ··························· 406-412
    경력개발 ··························· 398-406
    모집과 고용 ······················ 335-346
    문헌정보학교육과의 관계 ······· 322-324
    복잡성 ······························ 316-317
    윤리적 딜레마
    절차 ································· 397-398
    정부규정의 영향
    정책 ································· 397-398
인정, 동기요인으로서의 ···················· 446
인증 ·· 628
인증위원회, 미국도서관협회의 ··········· 628
인터넷 ·· 557
인터랙티브 미디어 ··························· 191
인풋, 시스템적 접근법의 ····················· 71
인풋지표 ··· 623
인풋척도 ··· 622
일 자체, 동기요인으로서의 ················ 446
일과 삶의 균형 ································ 410
일반벤치마킹 ·································· 639
일방적 커뮤니케이션 ······················· 548
일선경영자 ·························· 30-31, 432, 723
임금, 급여와의 비교 ························· 380
임의고용의 원칙 ······························ 414
임파워먼트 65, 89, 284, 317, 327, 581-615
    변화주도자 ······························ 96-98
    부여방법 ··························· 590-592
    장점 ································· 587-589
    책무성과의 관계 ······················ 100
    팀제의 활용 ······················ 581-615

ㅈ

자금조달
    도서관시설의 ··························· 166
    프로세스 ··························· 660-665
자금지원, 출처 ···························· 658-660
자기고과 ··· 365
자기소개서 ······································ 341
자기인식, 정서지능의 ······················· 435
자기조절, 정서지능의 ······················· 435
자기주도업무팀 ································ 484
자문적 시스템, 리더십의 ··················· 484
자발적 행동 ···································· 455
자본예산 ··· 166
자비적 권위시스템, 리더십의 ············ 484
자아실현욕구 ·································· 442
자아실현운동 ·································· 67-69
자원봉사자 ······································ 578
자원분배자, 경영자의 역할 ·········· 35-37
자원의 형식중심부문화 ···················· 252
자유방임적 리더십 ··························· 481
자율관리조직 ·································· 285
자율관리팀 ··························· 294, 593, 596
자율성, 직무충실화의 ······················· 327
자율지시팀 ··························· 294, 596, 607
자존심 ·· 443
작업조건, 위생요인으로서의 ············· 446
작업프로세스의 표준화 ···················· 269
잡음, 커뮤니케이션모델의 ················ 547
장소로서의 도서관, LibQual의 ······ 643-645
장애보험 ··· 388
재정 ·· 653-682
재정자원 ··································· 38, 139
재정적 기술, 경영자의 ······················ 42
재조직화 ··· 208
재택근무 ··· 390
저작권 ·· 521
적극적 강화, 행동수정의 ·················· 455
적극적 평등실현조치 ············ 417-418, 525
적응적 문화 ···································· 229
적응적 조직구조 ························ 275-310
전략 ·· 625
전략적 계획, 개발프로세스 사례 ········ 127
전략적 기획 ··························· 90, 119-160
    가치선언문 ······························ 128
    개요 ································· 122-125
    구성요소 ··························· 126-128
    목적 ······················· 125-126, 137-138
    목표설정 ··························· 138-140

전략적 기획(계속)
　　비전선언문 134-135
　　사명선언문 135-137
　　예산편성과의 관계 656
　　자체점검 130
　　정의 121
　　지속적 프로세스로서의 122, 124
　　편익 129
　　평가 141-145
　　프로세스 127
　　활동 140
전략적 비전화 121
전략적 사고 120
전략적 정점 242
전략적 행동 121
전력조사 343
전문용어 224
　　커뮤니케이션의 552
전문적 권력 257
전문적 기술 39, 294, 434, 435
전문직사서 318
전문직윤리 509-540
전문화 199, 216, 238-241
　　수직적 239
　　수평적 239, 253-254
　　조직의 238-241
　　커뮤니케이션의 장애
전사적 품질관리 74, 638
전자감시 525
전자게이트웨이 204
전자커뮤니케이션 554-558
전통적 기능, 도서관의 20
절제, 조직문화의 227
절차 158
절차매뉴얼 398
절충, 집단의사결정의 149
절충형, 갈등의 571
절충형리더십 486
점수법, 직무평가의 333
점증주의예산 667, 668, 669
점진적 징계 376
점토판 23
접근, 도서관에 대한 194
접근, 자료에 대한 650
접촉보고서, 기금조성의 690
정보
　　여과 561
　　풍부성 553

정보경제 93
정보공유공간 166
정보과다 545, 666
정보기반조직 78
정보기술 → 정보테크놀로지
정보니즈 20, 207
정보리터러시, 조정도구로서의 647
정보비즈니스 241
정보성취 192
정보요구서 170
정보원
　　대체 93
　　커뮤니케이션모델의 547
정보윤리 521
정보자원 38
정보적 역할, 경영자의 35-37
정보적재용량 553
정보중개자 102
정보테크놀로지 20, 93, 261, 522
정보테크놀로지혁명 204
정보통제, LibQual의 643-644
정서 및 사회역량목록 436
정서지능(EQ) 434-437
정신적 스트레스 407-410
정점, 전략적 242
정책 152-158
　　매뉴얼 154
　　명문화된 157
　　목표와의 차이 152
　　실행 157-158
　　예 152-153
　　원천 154-155
　　인적자원 397-398, 591
　　절차, 규칙과의 차이 157-158
　　조정메커니즘으로서의 267
　　특성 156
　　필요성 153
　　효과적인 개발 156-157
정치적 기술, 경영자의 41
제2차기계시대 19
제4차산업혁명 19
제너럴리스트 216
제로베이스예산편성 676
제안요청서(RFP) 702
제안제도 591
제안함 563
제품중심부문화 248
젠더차이, 커뮤니케이션의 550

조 정 …………………………………… 617-707
   도구 …………………………………… 635-648
   메커니즘 ……………………………… 267-270
   조직화의 ………………… 199, 216, 266-270
   통제와의 관계 ………………………… 625-629
조 직
   인간적 측면 …………………………… 430-437
   정의 …………………………………… 205-207
조직갈등 ……………………………………… 65
조직구조 ………………………… 208-213, 235
   고객중심의 …………………………… 248-249
   관료제 ………………………………… 281-287
   기계적 ………………………………… 278-281
   기능중심의 …………………………… 244-245
   미래 …………………………………… 299-305
   수직적 ……………………………………… 264
   수평적 ……………………………………… 263
   오색모델 …………………………………… 284
   유기적 ………………………………… 278-281
   일반적인 변형 ………………………… 289-295
   자원의 형식중심의 ……………………… 252
   재조직화 ……………………………… 295-299
   적응적 ………………………………… 275-310
   제품중심의 ……………………………… 248
   주제중심의 …………………………… 251-252
   지역별의 ……………………………… 245-247
   참여적 …………………………………… 260
   팀제기반의 …………………………… 293-295
   프로세스중심의 ……………………… 249-251
   환경변화와의 관계 ……………………… 211
조직도 ………………… 97, 202, 217, 218-221
   수직적 …………………………………… 263
조직매뉴얼 ……………………………… 267-268
조직문화 ………………………… 202, 222-226
   전세계적 차이 …………………………… 227
조직설계 …………………………………… 208
조직재편 → 리엔지니어링
조직행동론 ………………………………… 430
조직화 …………………………………… 199-310
   관리기능의 ……………………… 33, 203-204
조합라인 ………………………………… 269, 278
존경욕구 ………………………………… 390, 442
종업원 → 직원
주장의 정당화, 도서관시설의 ………… 164-165
주제중심부문화 ………………………… 251-252
주제통각검사 ……………………………… 448
준거적 권력 ……………………………… 257
준전문직직원 ……………………………318, 333

중간경력단계 ……………………………… 399
중간경영진 ………………………………… 30-31
중간라인 ……………………………………… 242
중간형리더십 ……………………………… 486
중심화, 인사고과의 ……………………… 367
중재 ………………………………………… 379
증거기반경영 ……………………………… 76-77
증분식예산 ………………………………… 669
증여, 유형 ……………………………… 693-694
지리적 분산화 ……………………………… 246
지속가능한 도서관 ……………………… 172-173
지시적 리더십 …………………………… 491-492
지식근로자 ………………………………… 95
지식이전 …………………………………… 95
지식전문가 ………………………………… 78
지역별부문화 …………………………… 245-247
지역사회에 대한 책임 …………………… 139
지원 ………………………………………… 341
지원서 ……………………………………… 341
지원자 …………………………………… 338-339
지원적 리더십 ……………………… 491-492, 590
지위, 위생요인으로서의 ………………… 446
지적자유 …………………………………… 521
지휘 ……………………………………… 427-625
   관리기능으로서의 ……………………… 33
   동기부여 ……………………………… 429-467
지휘일원화 ………………………………… 63
지휘 및 통제 조직 …78, 260, 461, 585, 598
직 무
   전체기관과의 관계 ……………………… 330
   정의 ……………………………………… 325
   특성 ………………………………… 327-328
직무개요 …………………………………… 329
직무공유 …………………………………… 99
직무교환 …………………………………… 357
직무기술서 ……………………………262, 329-331
직무면접 ………………………………… 341-343
직무명세서 ………………………………… 330
직무명칭 …………………………………… 329
직무분류법, 직무평가의 ………………… 333
직무분석 ………………………………… 332-333
직무분장 …………………………………… 326
직무상훈련(OJT) ………………………… 355
   도서관경영자의 ………………………… 728
직무설계 …………………………………… 325
직무요건 …………………………………… 330
직무절차 …………………………………… 329
직무지원자 ……………………………… 338-339

직무충실화 ············· 327-329, 403, , 591
직무평가 ························· 333-335
직무확인사항 ························ 329
직무활동 ····························· 329
직업, 직무와의 차이 ················ 325
직원, 유형 ···················· 318-322
직원개발 → 교육훈련
직원몰입 ························· 77-79
직원보상 ························ 380-391
직원부가급부 ·················· 387-391
직원중심적 경영자 ·················· 482
직원지원프로그램 ··················· 389
직원퇴직연금 ························ 388
직위 ································· 257
　계층구조 ··················· 334-335
　정의, ···························· 325
직위권한, 리더십의 ················· 489
직접감독 ····························· 269
진부화 ································ 111
진성리더십 ·························· 496
진취성 ······················· 592, 725
질서유지 ······························· 63
질적-양적표준, 성과표준의 ········ 366
집권화 ······················ 63, 260-262
집단, 팀과의 비교 ·················· 597
집단규범, 조직문화의 ··············· 224
집단사고 ····························· 600
집단역학 ····························· 600
집단의사결정 ·················· 148-149
집단적 권한 ························· 148
집단적 판단 ························· 148
집단주의, 조직문화의 ··············· 227
집중거액모금캠페인, 기금조성의
················· 194, 686, 692, 699
집중화, 지리적 ······················ 260
징계
　점진적 ··························· 376
　직원의 ····················· 375-379

ㅊ

차별수정조치 ························ 417
착취적 권위시스템, 리더십의 ········ 484
참여, 조직구조의 ···················· 280
참여적 경영 ························· 583
참여적 리더십 ············ 491, 495, 593
참여적 시스템, 리더십의 ··········· 484
참여적 조직구조 ···················· 260
창의존중 ······························· 63

채권 ································· 659
채널, 커뮤니케이션의 ··············· 547
채용프로세스 ·················· 335-346
책무성
　예산편성의 ················· 678-680
　조정과의 관계 ·················· 617
　척도 ······················· 650-651
　평가와의 관계 ········· 195, 650-651
책임 ································· 239
책임감, 동기요인으로서의 ·········· 446
책임중심예산편성 ············· 676-678
챌린지기프트, 기금조성의 ·········· 690
처벌, 행동수정의 ···················· 455
초기경력단계 ························ 399
총괄예산편성 ················· 669-671
최고경영자(CEO) ···················· 28
최고경영진 ··············· 30-31, 591
최신성, 인사고과의 ················· 367
최종책임 ····························· 326
추세연장자 ·····························96
충성도, 다중 ························· 522
충성심 ·························· 601-602
충원 ···························· 313-347
　관리기능의 ························ 33
　기금조성을 위한 ··········· 696-698
　다양성 ··················· 316, 336-337
　모집 ······················· 335-346
　선발 ······················· 339-340
　직무기술서 ··············· 329-331
　직무분석 ··················· 332-333
　직무설계 ························· 325
　직무평가 ··············· 333-335
　직원개발계획
　채용 ······················· 335-346
측정, 평가와의 관계 ·········· 622-625
친교욕구, 욕구이론의 ··············· 448
친목형리더십 ························ 486

ㅋ

카리스마리더십 ····················· 496
카오스 ································· 95
카페테리아식제도 ··················· 389
카피편목 ················ 39, 250, 318, 322
캐피털펀딩 ·························· 659
커뮤니케이션
　가상 ······················· 565-566
　갈등 ······················· 570-577
　구두 ······················· 558-559

기술	725
마케팅의	191-194
모델	547-548
문서	554
비공식의	566-570
비언어적	559
상향적	562-563
수평적	563-565
쌍방향	548
유형	553-560
일방적	548
장애요인	549-552
전자	554-558
조직구조의	280
중요성	544-547
지휘의	541-580
집단의사결정의	148
팀제의	607
하향적	560-561
흐름	560-566
커버레터	341
컨트리클럽형리더십	486
코닥	17
코칭	607
코호트도서관	645
크라우드펀딩	694
클라우드	204
클라이언트, 목표의	139

ㅌ

타협형리더십	486
탈진현상	411
태스크포스	126, 290
태양열발전	19
테크노스트럭처	242
테크놀로지, 인적자원에 대한 영향	317
테크놀로지자원, 목표의	139
통각검사	448
통계	649
통솔범위	262
통제	
관리기능의	33
요건	626-629
조정과의 관계	625-629
통제범위	221, 262-265, 591
통화	19
퇴출	376
투입척도	622

투자수익률(ROI)	592
투자수익률, 조정도구로서의	636-638
팀워크	65
팀제	293-295
가상의	595, 596
개발단계	602-604
단점	599-600
유형	596
임파워먼트의 부여	581-615
집단과의 차이	597
커뮤니케이션	607
특성	600-602
팀형리더십	487

ㅍ

파견사서	246, 293, 324
파트타임 직원	319
패러다임 전환	89, 98-101
정보의	99
퍼블리시티	193
편견, 인사고과의	367
편차, 수정	627, 633
편파성, 인사고과의	367
평가	
기법	629-635
노력에 대한	633-635
마케팅의	195
전략적 기획의	141-145
책무성과의 관계	619-652
측정과의 관계	622-625
평가담당사서	620
평가절하자	96
평등고용기회	341, 415-417, 525
평등주의경영	285
폐쇄시스템	71, 282
포괄성	631
포상, 직원의	387-391, 590
포커스그룹	563
조정도구로서의	645-646
폭력, 업무현장의	412-413
표준	
개발	629-630
설정	627
표준화	
기술의	269-267
아웃풋의	269
작업프로세스의	269
표창, 직원의	387-391, 590

풀타임환산노동자 ·································· 434
품목별예산편성 ················· 662, 669-671
품질 ··· 26-27
품질보증 ··································· 74-75
프라이버시 ···················· 414, 522, 525
프로그램예산편성 ···················· 673-674
프로세스, 표준화 ···························· 269
프로세스모델, 동기부여의 ··········· 450-459
프로세스중심부문화 ················· 249-251
프로젝트관리 ·························· 290-291
프로젝트팀 ···································· 596
프로테제 ······························· 396, 404
플라톤 ··· 469
피그말리온 ···································· 433
피드백
   목표설정이론의 ························· 458
   성과측정의 ·························· 648-650
   시스템적 접근법의 ······················ 71
   의사결정프로세스의 ·················· 147
   전략적 기획의 ··························· 124
   직무충실화의 ···························· 328
   커뮤니케이션모델의 ·················· 548
   커뮤니케이션의 ························· 556

ㅎ

하급자고과 ··································· 363
하드기술 ·· 42
하위시스템 ························· 71, 108-109
   상호관계 ·································· 109
하향적 커뮤니케이션 ················ 560-561
학습, 지속적 ·································· 357
학습공유공간 ································· 166
학습관리시스템 ······························ 247
학습조직 ···························· 77-78, 358
합법적 권력 ·································· 257

합의(consensus) ····························· 103
핫라인 ··· 563
해고 ·· 378
해산기, 팀개발의 ··························· 602
해임 ·· 378
해직 ·· 376
핵심가치 ······································ 122
핵심과업 ······································ 239
핵심운영부문 ································ 242
행동기준고과법, 인사고과의 ······· 370-372
행동수정, 동기부여의 ··············· 454-458
헌신, 목표설정이론의 ····················· 458
혁신 ·· 26-27
현물기부 ······························· 194, 694
현장경영 ······························· 569-570
현재사용기부 ························· 659, 690
협동적 기금조성 ···························· 693
협력형, 갈등의 ······························· 571
협상자, 경영자의 역할 ················ 35-37
형성기, 팀개발의 ··························· 602
호소적 정책 ·································· 154
홀라크라시 ··································· 285
홍보, 예산프로세스의 ················ 654-655
확인, 기금조성의 ··························· 685
환경슈프라시스템 ·························· 109
환경스캐닝 ···························· 131-133
환경평가, 전략적 기획을 위한 ········· 130
활동분석 ······································ 295
회피형, 갈등의 ······························· 571
효율성 ································ 26-27, 635
후광효과, 인사고과의 ····················· 367
후기경력단계 ································ 399
후보자면접, 충원의 ·················· 341-343
후원자 ··· 693
휴가, 유급의 ································· 688

영문색인 Index

360-degree feedback ················· 363
3D printing······························ 18

A

Accommodators, ··············· 404, 404
Adams, John Stacey ················· 450
Adobe···································· 589
ALA → 미국도서관협회
ALA Jobline ·························· 346
Amazon ··················· 76, 222, 472, 530
American Library Association → 미국도서관협회
Angelou, Maya ························ 347
Apple ·································· 300
Arnold, Gretchen ····················· 524
Association of College and Research Libraries
　(ACRL) ················ 353, 620, 638
Association of Research Libraries (ARL)
　····· 337, 383, 594, 629, 632, 638, 643, 716
Avolio, Bruce J. ······················· 495

B

Babbage, Charles ······················ 54
balanced scorecard ············· 642-643
Ball, Rafael ···························· 89
Barnard, Chester ······················ 542
Barrett, Dermot ······················· 545
BARS ································· 370-372
Bavels, Alex ··························· 545
Bazerman, Max H. ···················· 535
Behaviorally anchored rating scales (BARS)
　································· 370-372
Bennett, Scott ····················· 165-166
Bennis, Warren G. ···················· 506
Bentham, Jeremy ······················ 527
Bentheim, Christina A. ················ 90
Berk, Joseph ·························· 735
Bernstein, Ethan ······················ 285
Bertalanffy, Ludwig von ··············· 71
Blake, Robert ·························· 485
Bostwick, Arthur E. ···················· 81

BPR ································ 209, 296
Bradsher, Keith ······················· 300
Brady, Diane ·························· 735
Broadbent, Marianne ·················· 615
Brown, Michael ······················· 519
Bryan, Lowell ························· 289
BSC ··································· 642-643
Buchholtz, Ann K. ···················· 512
Burns, James McGregor ········· 472, 487, 492
Business process reengineering (BPR)
　··································· 209, 296

C

Cadmus, Femi, ················· 512-13, 713
Cain, Susan, ······················ 424, 599
Carroll, Archie B. ···················· 512
Channing, Rhoda ····················· 297
Churchill, Winston ············· 506-507, 625
Cihak, Herbert E. ····················· 537
ClimateQUAL ····················· 629, 645
Coleman, David E. ···················· 120
Collins, Jim ························ 493-494
Committee on Accreditation (ALA) ······ 628
Coney, Donald ························ 82
Cook, Catherine ······················ 160
Covey, Stephen ······················· 474
Cowan, David ························ 545
Critical Path Method (CPM) ··········· 649
Cruden, F. M. ························ 81
Crump, Amy ·························· 440
Cutter, Charles ······················· 80

D

Danton, J. Periam ····················· 82
Deming, W. Edwards ·················· 74
Dewey, Melvil ················ 80, 81, 712, 732
DigiQUAL ···························· 645
Doucett, Elisabeth ················ 726, 729
Drucker, Peter
　············ 44, 69, 74, 149, 239, 295, 730, 731

Dublin Core … 712
Duhigg, Charles … 300
Dupin, Charles … 54

E

Emmons, Mark … 621
Employee Assistance Programs (EAPs) … 389
Enron … 510, 520-521, 533
Epictetus … 580
Equal employment opportunities (EEO) … 415-417
Equal Employment Opportunity Commission (EEOC) … 341
Evans, Philip … 230
Evidence-based management (EBM) … 76

F

Facebook … 76, 344, 546, 588, 589
Fayol, Henri … 62-64, 203, 256
Fiedler, Fred … 489
Fischer, Rachel K. … 24
Fister, Barbara … 214, 251
Follett, Mary Parker … 30, 64-65, 572
France, Anatole … 160
French, John … 257
Froehlich, Thomas J. … 524

G

Gabriel, Raquel J. … 570
Gallina, Timothy J. … 272
Gandhi, Mahatma … 114, 159
Gantt, Henry L. … 59-60
Gates, Bill … 574, 648
General Motors (GM) … 284, 530
Generation X … 401, 715
Generation Y … 401, 715, 717
Giesecke, Joan … 466, 725, 726
Gilbreth, Frank … 59
Gilbreth, Lillian … 59
Gladwell, Malcolm … 568
Goffee, Robert … 569
Goleman, Daniel … 435
Google … 76, 222, 344, 531, 540, 588
Gorman, Michael … 531
Grants.gov … 702
Guarino, Carl … 309

H

Hackman, J. R. … 527
Hakala-Ausperk, Catherine … 400
Hales, Stuart … 648
Hamel, Gary … 79, 285
Handy, Charles … 211, 279
Hawthorne studies … 66-67
Hayes, James … 614
Herbert, Clara W. … 82
Herzberg, Frederick … 445
Hitler, Adolf … 477
Hoffman, Reid … 730
Hofstede, Geert … 227
House, Robert J. … 490-492
Howland, Joan S. … 537
Huebert, Joy … 286

I

IBM … 222
International Federation of Library Associations and Institutions(IFLA) … 531
International Standards Organization (ISO) … 628, 632

J

James, William … 438
Jaques, Elliot … 309
Jennings, Eugene … 480
Jobs, Steve … 231
Jones, Gareth … 569
Jordan, Michael … 614
Juran, Joseph M. … 74

K

Kant, Immanuel … 527
Kanter, Rosabeth Moss … 48, 234
Kaplan, Robert … 304
Katopol, Patricia … 726
Katz, Robert … 39
Katzell, Raymond … 462
Keisling, Bruce … 350
Kellerman, Barbara … 477, 504
Kilgour, Frederick G. … 213
King, Martin Luther, Jr. … 473
Kotler, Philip … 197
Koufogiannakis, Denise … 87
Krueger, Katie … 705

L

Laissez-faire leaders, 341
Laloux, Frederic 284
Laning, Melissa 350
Leadership in Energy and Environmental Design(LEED) 173
Leeder, Kim 431
Lewin, Kurt 481
LibQUAL 106, 643-645, 712
Library Journal 336, 415-416, 541, 648, 725
Library of Congress(LC) → 미국의회도서관
LibValue 645
Likert, Re645nsis 483-485
Line, Maurice 27
LinkedIn 344, 730
Lipman-Blumen, Jean 477
Locke, Edwin 458-460
Lubans, John 465, 595

M

MacNeill, Beth 725, 726
Management by Objectives(MBO) 69
Managing by walking around (MBWA) 569-570
Maslow, Abraham 67, 441-445
Mayo, Elton 66-67, 443
McCarthy, Charles 80
McClelland, David 448-449
McGregor, Douglas 68, 88
Metz, Ruth 598
Microsoft 222, 574
Millar, Victor 250
Mintzberg, Henry 35, 44, 47, 242, 268, 273, 542, 720
Mouton, Jane 485
Mumby, Dennis K. 545

N

Nanus, Burt 506
Nicholson, E. W. B. 51, 81, 506
Nixon, Mark 286
Nooshinfard, Fatemeh 195
Norton, David 304
Nutter, Susan 470-471, 589

O

Oakleaf, Megan 621
OCLC 86, 213
Oldham, G. R. 327
Owen, Jo 207
Owen, Robert 54

P

Page, Larry 222
Pearce, Craig L. 584
PERT(Program Evaluation and Review Techniques) 640-642
PERT/CPM 642
PEST(political, economic, sociological, and technological) analysis 131-132, 186
Peters, Thomas 268
Pink, Daniel H. 461
Porath, Christine 575, 587, 613
Porter, Michael 250
Powell, Colin 558
PR → 공공관계
Preer, Jean 522
Pygmalion 433

Q

Question Point 301
Quinn, Robert E. 114, 734

R

Raises, 271-72
Raven, Bertram 257
red hot stove method 377
red tape 281
Repetitive stress injury (RSI) 406
Request for information (RFI) 170
RFID tags 538-539
Robbins, Jennifer 648
Robbins, Kenneth 120
Romero, Steven 244
Roy, Senora 374
Rubin, Richard 524

S

Sandberg, Sheryl, 401
Saunders, Laura 316
Schein, Edgar 224, 719
Senge, Peter 261, 492-493, 499

Shaw, Ralph R. ····· 82
Sidorko, Peter ····· 582-593
Skilling, Jeffrey ····· 477
Skinner, B. F. ····· 454-458
Skype ····· 454-457
Smallwood, Carol ····· 194
SMART goals ····· 457-458
Smith, Adam ····· 54, 326
Smith, Martha ····· 522
Social networking sites(SNS) ····· 344
Southwest Airlines ····· 588
Spreitzer, Gretchen ····· 576, 587, 613
Sterling, Lorelei ····· 467
Stoelhorst, J. W. ····· 309
Stoffle, Carla ····· 310
Strikwerda, J. ····· 309
Stueart, Robert D. ····· 603
Sullivan, Maureen 603
SWOT (strengths, weaknesses, opportunities, and threats) analysis ····· 105, 132-133, 186, 726

T
Tannen, Deborah ····· 575
Taylor, Frederick Winslow ····· 57-58, 73
Teal, Thomas ····· 433
Tenbrunsel, Ann E. ····· 535
Thematic Apperception Test (TAT) ····· 448
Theory X ····· 68, 88
Theory Y ····· 68, 88
Thompson, Donna ····· 462
Tooey, Mary Joan ····· 524

Total Quality Management (TQM) ····· 74
Trevino, Linda ····· 519

U
United States Postal Service(USPS) ····· 210

V
Velasquez, Diane L. ····· 654
Vollrath, Jean ····· 608
Vroom, Victor ····· 452-454

W
Waterman, Robert ····· 268
Wealth of Nations (Smith) ····· 54, 326
WebDewey ····· 712
Weber, Max ····· 60-62, 281
Wells Fargo ····· 520, 533
White, Joseph ····· 284
Whyte, William Hollingsworth ····· 543
Wilder, Stanley ····· 716
Williamson, Charles C. ····· 81
Wills, Garry ····· 475
World Intellectual Property Organization(WIPO) ····· 628
Wozniak, Steve ····· 231
Wurster, Thomas ····· 230

Z
Zaleznik, Abraham ····· 430
Ziaei, Soraya ····· 195

역자소개

오 동 근(吳東根)

문학사(영어영문학), 이학사(전자계산학), 경영학사(경영학)
중앙대학교대학원 도서관학과(도서관학석사)
경북대학교대학원 경영학과(경영학석사, 마케팅전공)
중앙대학교대학원 문헌정보학과(문학박사)
교육인적자원부 도서관정책자문위원 역임
한국도서관·정보학회 학술위원장, 윤리위원장, 편집위원장, 학회장 역임
한국문헌정보학회 편집위원장 역임
대구광역시 공공도서관(중앙, 남부, 서부, 두류, 달서구립, 수성구립 등) 도서관운영위원 및
  위원장 역임
한국도서관협회 분류위원회 위원장(현재)
Scopus등재 국제학술지 Journal of Information Science Theory and Practice
  공동편집위원장(현재)
국제전문학술단체 I-LISS(International Library and Information Science Society) 회장(현재)
계명대학교 문헌정보학과 교수(1992-현재)

〈주요 저서 및 역서〉

문헌분류이론(공역)(구미무역출판부, 1989)
도서관문화사(공저)(구미무역출판부, 1991)
공공도서관운영론(공역)(구미무역출판부, 1991)
영미편목규칙 제2판 간략판(공역)(구미무역출판부, 1992)
도서관경영론(공역)(계명대학교출판부, 1993)
서지정보의 상호교류(공역)(아세아문화사, 1993)
도서관정보관리편람(공편)(한국도서관협회, 1994)
문헌정보학 연구 입문: 의의와 방법(공역편)(계명대학교출판부, 1995)
정보사회와 공공도서관(역)(한국도서관협회, 1996)
한국십진분류법 제4판(공편)(한국도서관협회, 1996)
도서관·정보센터경영론(공역)(계명대학교출판부, 1997)
학위논문의 작성과 지도(공역)(계명대학교출판부, 1999)
도서관인 박봉석의 생애와 사상(엮음)(도서출판 태일사, 2000)

〈계속〉

역자소개

DDC 연구(저)(도서출판 태일사, 2001)
KDC의 이해(공저)(도서출판 태일사, 2002)
학술정보론(공역)(도서출판 태일사, 2002)
주·참고문헌 어떻게 작성할 것인가(공저)(도서출판 태일사, 2002)
국제표준서지기술법(단행본용 2002년판)(공역편)(도서출판 태일사, 2003)
메타데이터의 이해(역) (도서출판 태일사, 2004)
도서관·정보센터의 고객만족경영(공역)(도서출판 태일사, 2004)
객관식 자료조직론 해설 II: 목록조직편(편저)(도서출판 태일사, 2005)
영미편목규칙 제2판 핸드북(역)(도서출판 태일사, 2005)
영미편목규칙 제2판 간략판 제4판(역)(도서출판 태일사, 2006)
DDC 22의 이해(저)(도서출판 태일사, 2006)
KORMARC의 이해(공저)(도서출판 태일사, 2006)
문헌정보학연구의 현황과 과제(역)(도서출판 태일사, 2007)
객관식 자료조직론 해설 III: 목록이론·서지기술편(편저)(도서출판 태일사, 2008)
객관식 자료조직론 해설 IV: 표목·목록자동화편(편저)(도서출판 태일사, 2008)
한국십진분류법 제5판(공편)(서울: 한국도서관협회, 2009)
객관식자료조직론해설I: 문헌분류편, 제3개정판(도서출판 태일사, 2009)
공공도서관경영론(역)(도서출판 태일사, 2009)
FRBR의 이해(공역)(도서출판 태일사, 2010)
공공도서관 어린이서비스(공역)(도서출판 태일사, 2010)
도서관서비스의 평가와 측정(역)(도서출판 태일사, 2010)
문헌정보학 용어 사전(역)(도서출판 태일사, 2011)
랑가나단 박사의 도서관학의 5법칙에서 배우는 도서관이 나아갈 길(역)(도서출판 태일사, 2012)
한국십진분류법 제6판(공편)(서울: 한국도서관협회, 2013)
한국십진분류법 제6판의 이해와 적용(공저)(도서출판 태일사, 2014)
최신분류론(도서출판 태일사, 2015)
정보자원의 조직화와 제공(역)(도서출판 태일사, 2016)
문헌정보학의 기초(공역)(도서출판 태일사, 2017)
정보자원의 사회제도와 경영(공역)(도서출판 태일사, 2017)
자료조직개론 I: 분류(도서출판 태일사, 2020)

저자소개

BARBARA B. MORAN, PhD

University of North Carolina at Chapel Hill의 School of Information and Library Science의 Louis Round Wilson Distinguished Professor(1990-1998). Moran 박사의 연구와 교육에 대한 관심은 리더십과 조직 개발, 경력 발전 패턴을 포함한 경영의 다양한 측면에 초점을 두고 있었다. Moran 박사는 이 책의 제3판부터 공저자로 참여한 바 있고, 도서관 경영에 관련된 많은 논문과 저서를 발표한 바 있다.

CLAUDIA J. MORNER, PhD

University Library at the University of New Hampshire의 Dean/Professor Emerita 겸 Simmons College의 School of Library and Information Science의 겸임교수. Morner 박사는 이 책의 제8판부터 공저자로 참여한 바 있으며, 도서관 건축과 기금 조성, 그 밖의 경영 관련 토픽에 대해 컨설팅과 저술, 강연 등의 활발한 활동을 해오고 있다.

도서관 경영의 이론과 실제

2021년 8월 25일 1쇄 인쇄
2021년 8월 30일 1쇄 발행

역저자 _ 오동근
펴낸이 _ 김선태
발행처 _ 도서출판 태일사(www.taeilsa.kr)
　　　　 41968 대구광역시 중구 2·28길 26-5
　　　　 전화 053-255-3602 / 팩스 053-255-4374
등록일자 _ 1991. 10. 10.
등록번호 _ 제01-03-440호

값 47,000원

ⓒ오동근 2021
ISBN 979-11-87268-54-3   93020

이 책은 저작권법에 따라 보호받는 저작물이므로 무단 전재와 무단 복제를 금하며,
이 책 내용의 전부 또는 일부를 사용하려면 반드시 저작권자와 태일사의 사전동의를 받아야 합니다.